Visual Basic 6

Michael Kofler

Visual Basic 6

Programmiertechniken, Datenbanken, Internet

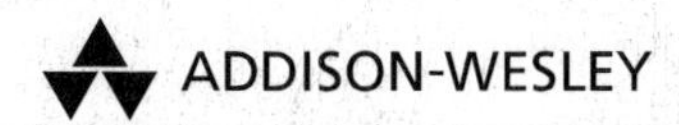

An imprint of Pearson Education

München • Reading, Massachusetts • Menlo Park, California • New York • Harlow, England
Don Mills, Ontario • Sydney • Mexico City • Madrid • Amsterdam

Die Deutsche Bibliothek – CIP-Einheitsaufnahme

Visual Basic 6 [Medienkombination]
Programmiertechniken, Datenbanken, Internet /
Michael Kofler. – Bonn : Addison-Wesley-Longman
(Professionelle Programmierung)
ISBN 3-8273-1428-3
Buch. – 1998
Gb.
CD-ROM. – 1998

10 9

03 02

Lektorat: Irmgard Wagner
Korrektorat: Armin Schäfer
Produktion: Kunigunde Huber
Satz: Michael Kofler
Druck: Kösel, Kempten
Umschlaggestaltung: vierviertel Gestaltung, Köln

Das verwendete Papier ist aus chlorfrei gebleichten Rohstoffen hergestellt und alterungsbeständig. Die Produktion erfolgt mit Hilfe umweltschonender Technologien und unter strengsten Auflagen in einem geschlossenen Wasserkreislauf unter Wiederverwendung unbedruckter, zurückgeführter Papiere.

Kapitelübersicht

Inhaltsverzeichnis

Vorwort

Im Vorwort zur letzten Auflage dieses Buchs habe ich geschrieben: Visual Basic ist erwachsen geworden. Wie läßt sich das noch steigern? Mit Visual Basic 6 können Sie

- Tools jeder Art
- Multithreading-fähige Komponenten
- Client / Server-Systeme
- Datenbankanwendungen
  (von der kleinen Adreßkartei bis zum Three-Tier-Enterprise-System)
- Internet-Anwendungen (Client- und Server-seitig)

entwickeln. Was immer Ihnen an Technologien einfällt – DCOM, ActiveX, Integration mit dem Microsoft Transaction Server – es ist kein Problem für Visual Basic! Gleichzeitig beträgt der Zeitaufwand für die Programmierung einen Bruchteil dessen, was beispielsweise mit C / C++ erforderlich wäre.

Warum dieses Buch?

Das Programmieren ist also zum Kinderspiel geworden; dank zahlloser Assistenten erledigt sich die Arbeit eigentlich schon von alleine – warum dann noch so ein dickes Buch? Nun ja, es gibt ein paar kleine Haken, die in der Werbung nicht verraten werden: Einer besteht darin, daß Visual Basic ein so gigantisches Werkzeug geworden ist, daß offenbar selbst Microsoft den Überblick verloren hat. Inkonsistente Bibliotheken sind die Folge. Ein anderes Problem ist die Ausgereiftheit: Visual Basic unterstützt zwar tatsächlich beinahe jede Technologie von Microsoft (oft schon, bevor diese fertig entwickelt ist). In der Praxis treten dann aber oft Fehler auf, die beweisen, daß nicht jedes neue Feature auch ausreichend durchdacht und getestet ist.

Nun soll ein Vorwort unter anderem die Leser überzeugen, das Buch zu kaufen. Der Verlag wünscht sich folglich einen möglichst positiven Text: Die Leser sollen schon in der Buchhandlung überzeugt werden, daß sie zu einem tollen Produkt ein noch besseres Buch in Händen halten.

Diesmal bin ich dieser Erwartung vielleicht nicht ganz gerecht geworden. Ich will damit durchaus nicht sagen, daß Visual Basic kein konzeptionell großartiges Produkt wäre (die Leser früherer Auflagen werden sich an meine geradezu euphorischen Vorworte erinnern) oder daß man damit nicht arbeiten könne. Visual Basic ist nicht umsonst die unter Windows am häufigsten eingesetzte Programmiersprache. Aber es ist nicht frei von Mängeln, und es ist bei weitem nicht so einfach zu verwenden, wie es in den ersten Versionen der Fall war (und wie Microsoft es noch immer verspricht).

Dieses Buch gaukelt keine heile Welt vor. Es soll vielmehr die Lücke schließen, die sich zwischen Online-Dokumentation und Werbung auf der einen Seite und der täglichen Praxis auf der anderen Seite auftut. Es beschreibt Visual Basic so, wie es wirklich funktioniert.

Was bietet dieses Buch?

Im Vordergrund der ersten Hälfte dieses Buchs stehen Grundlagen: Ob Sie Informationen zur objektorientierten Programmierung oder eine übersichtliche Beschreibung aller wichtigen Steuerelemente suchen – Sie werden nicht enttäuscht werden.

Der Anwendungsteil setzt die Schwerpunkte bei der neuen ADO-Datenbanktechnologie (Objekte, Steuerelemente, Werkzeuge) sowie beim Themenkomplex ActiveX / Internet. Auch wenn der Platz nicht ausreicht, um hier bis ins letzte Detail vorzudringen, werden Sie zumindest einen raschen Einstieg in diese Spielarten moderner Programmierung finden.

Syntaxzusammenfassungen am Ende jedes Abschnitts vermitteln den Überblick, der in einer durch Tausende von Querverweisen zerstückelten Online-Dokumentation verlorengeht. Und im Unterschied zu manchen anderen Büchern werden die Inhalte der Originaldokumentation nicht einfach gebetsmühlenartig wiederholt. (Diese ist wegen der bisweilen sehr holprigen Übersetzung ins Deutsche ohnedies oft schwer zu verstehen.)

In diesem Buch erhalten Sie Hintergrundwissen, *warum* etwas funktioniert – nicht nur *wie*. Wenn etwas *nicht* funktioniert, wird das auch nicht verheimlicht. Statt dessen werden – so weit möglich – alternative Wege vorgeschlagen.

Viel Erfolg!

Wenn Sie oder Ihre Chefs sich dazu entschlossen haben, Visual Basic einzusetzen, dann wird dieses Buch Ihre Arbeit entscheidend erleichtern. Es wird Ihnen helfen, neue Technologien zu beurteilen, ohne zwei Monate in die Erprobung zu investieren. Es wird Ihnen gerade wegen des bisweilen kritischen Tons viel Mühe und Ärger ersparen. Ich wünsche Ihnen Erfolg beim Programmieren und viel Spaß beim Lesen!

Michael Kofler `<kofler@ping.at>`, Oktober 98

`http://www.addison-wesley.de/Service/Kofler`

PS: Bedanken möchte ich mich bei meiner Lektorin Irmgard Wagner und bei Herrn Arne Steingräber, dem Herausgeber der Zeitschrift BasicPro. Beide haben maßgeblich geholfen, daß dieses Buch termingerecht fertiggestellt wurde.

Konzeption des Buches

Das Buch ist in fünf Teile gegliedert:

Intuitiver Einstieg: Das erste Kapitel richtet sich an VB-Neueinsteiger: Anhand zweier Beispielprogramme lernen Sie die wichtigsten Elemente von Visual Basic kennen. Das folgende Kapitel versucht, einen Überblick über Visual Basic zu geben: Welche Komponenten wurden installiert und wozu dienen sie? Worin unterscheiden sich die zahllosen Visual-Basic-Versionen und -Dialekte? Ein weiteres Kapitel beschäftigt sich mit der Entwicklungsumgebung von Visual Basic und insbesondere mit dem Paket- und Weitergabe-Assistenten (kurz Installationsassistenten) zur Weitergabe von VB-Programmen.

Grundlagen: Der Grundlagenabschnitt gibt fundierte Informationen zu den Sprachelementen von Visual Basic. Dazu zählen neben den weitgehend bekannten prozeduralen Elementen immer mehr objektorientierte Erweiterungen, die in einem eigenen Kapitel ausführlich behandelt werden. Den zweiten Schwerpunkt setzen Steuerelemente, die ja quasi die Bausteine jedes Visual-Basic-Programms sind. In zwei Kapiteln werden die wichtigsten Standard- und Zusatzsteuerelemente behandelt (inklusive aller *Windows Common Controls*). Der Grundlagenteil endet mit einer Diskussion der Möglichkeiten zur Fehlersuche und Fehlerabsicherung.

Programmiertechniken: Die zentrale Frage in diesem Abschnitt lautet nicht: Welche Funktionen gibt es?, sondern: Wie können häufig vorkommende Aufgabenstellungen gelöst werden? Die Themenliste ist fast endlos: Umgang mit Zeichenketten, Dateiverwaltung, Maus und Tastatur, Drag and Drop, Grafik, Ausgabe am Drucker, Verwendung von DLL-Funktionen, Zugriff auf die Registriedatenbank, eigene Online-Hilfe etc.

Datenbanken: Ein großer Prozentsatz aller Visual-Basic-Programme hat in irgend einer Form mit Datenbanken zu tun. Da eine vollständige Beschreibung aller Datenbankmöglichkeiten aus Platzgründen unmöglich ist, beschränkt sich dieses Buch auf den Datenbankzugriff mit der neuen ADO-Bibliothek und den dazugehörigen ADO-Steuerelementen sowie auf Access-kompatible Jet-Datenbanken.

Internet / ActiveX: Dieser Abschnitt könnte ebensogut den Titel *Component Object Model* (COM) tragen, aber Internet ist nun mal das gängigste Schlagwort und ActiveX das dazugehörende Microsoft-Modewort. Das Themenspektrum reicht von der Programmierung eigener, internet-tauglicher Steuerelemente bis zur Programmierung des Internet Information Servers durch Active Server Pages und *WebClasses*.

HINWEIS

Während die Grundlagen Visual Basics und wesentliche Programmiertechniken in diesem Buch sehr ausführlich und umfassend beschrieben werden, gilt dies für die Themenkomplexe Datenbanken / Internet / ActiveX nur mit Einschränkungen. Visual Basic bietet mittlerweile so viele Möglichkeiten, daß eigene Bücher zur Komponenten-Programmierung, zu Client- und Server-seitigen Internet-Projekten sowie zur Datenbankanwendungen etc. angebracht wären. Es ist schon lange nicht mehr möglich, Visual Basic in *einem* Buch vollständig zu beschreiben. Betrachten Sie die Datenbank- und ActiveX-Kapitel daher als kompakte Einführungen zu diesen Themen.

Speziell zum Thema Client / Server-Datenbanksysteme wird wenige Monate nach diesem Titel ein eigenes Buch des Autors bei Addison Wesley erscheinen.

Beispielprogramme

Alle Beispielprogramme befinden sich auf der beiliegenden CD-ROM. Aus diesem Grund sind längere Programmlistings oft nur auszugsweise abgedruckt. Am Beginn von Programmlistings finden Sie zumeist eine Kommentarzeile, die auf das Verzeichnis innerhalb der Beispieldateien auf der CD verweist:

```
' Einführung\HelloWorld\HelloWorld.frm
```

Generell sind die Programme kapitelweise in den Verzeichnissen der CD-ROM gespeichert, d.h., alle Programme zum Kapitel *Prozedurale Programmierung* befinden sich im Verzeichnis `ProzeduraleProgrammierung` etc.

Querverweise auf die MSDN-Library

Daß dieses Buch unmöglich alle Aspekte der Visual-Basic-Programmierung abdecken kann, wurde bereits erwähnt. Wo in diesem Buch der Platz zur umfassende Beschreibung von Features oder Anwendungsmöglichkeiten fehlt, wird häufig in grauen Boxen wie dieser hier auf einen Ort in der MSDN-Library hingewiesen, wo Sie weitere Details finden. (Die MSDN-Library wird mit der Professional- und Enterprise-Version von Visual Basic mitgeliefert und ist auf Seite 97 kurz beschrieben.)

VERWEIS

Diese Querverweise sollen Ihre Suchzeiten in der tief verästelten Bibliothek möglichst reduzieren. Die Syntax der Querverweise sollte in Zusammenhang mit der folgenden Abbildung klar werden.

PLATTFORM SDK | INTERNET/INTRANET | INTERNET TOOLS | OFFLINE BROWSING

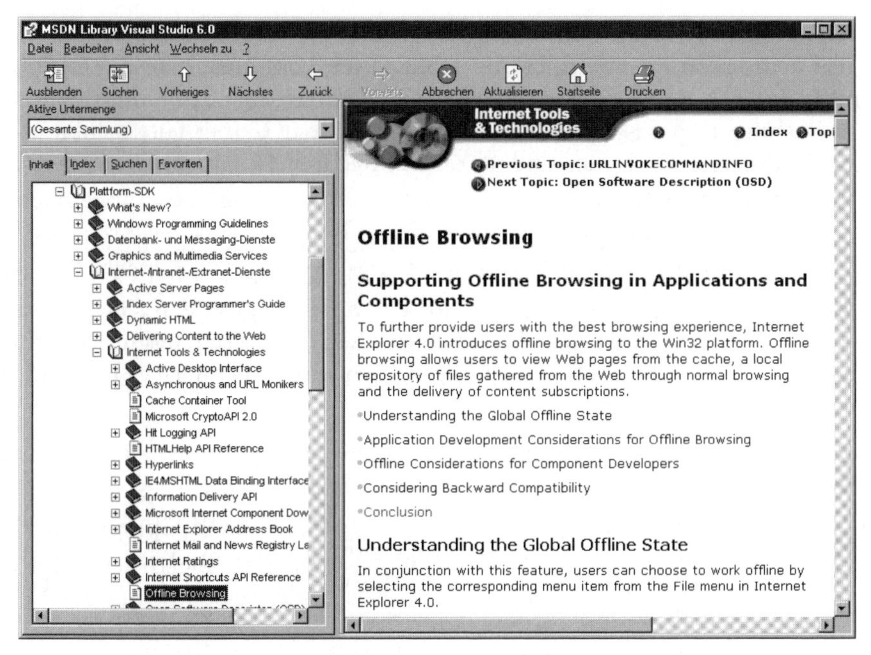

Bild 0.1: Die MSDN-Library

Querverweise auf die Visual-Basic- bzw. Visual-Studio-CDs

Gelegentlich finden sich im Text Verweise auf Zusatzprogramme, die sich an allen möglichen und unmöglichen Orten der von Microsoft ausgelieferten CDs befinden (und nur teilweise auch auf die Festplatte installiert werden). Sehr häufig beziehen sich diese Verweise auf das Verzeichnis `Common/Tools`. Wenn Sie Visual Studio besitzen, gibt es davon allerdings gleich zwei. Das ersten `Common/Tools`-Verzeichnis befindet sich auf der CD1 und enthält gemeinsame Tools aller Visual-Studio-Komponenten. Das zweite `Common/Tools`-Verzeichnis befindet sich auf der CD3 und enthält zusätzlich eine Reihe von Visual-Basic-spezifischen Ergänzungen.

Verwendete Hard- und Software

Während es früher üblich war, daß ein Programm in einer bestimmten Version eine Weile verwendet werden konnte, wird Software heutzutage in Raten geliefert (wobei diese Raten nicht etwa Bugfixes heißen, sondern *Service Packs* oder *Service Releases*). Gelernte Computer-Anwender wissen ja ohnedies schon lange, was von einer *n*.0-Versionen zu halten ist: die moderne Form einer Beta-Version. Bevor die Versionsnummer nicht *n*.0.1 oder *n*.0A erreicht hat, ist größte Vorsicht geboten.

Wie auch immer: Service Packs und versteckte Updates in Form von neuen DLL-Versionen, die nach der Installation irgendwelcher Programme plötzlich im Systemverzeichnis landen, gehören zum Windows-Alltag. Sie führen dazu, daß es weltweit vermutlich keine zwei Rechner gibt, die exakt gleich konfiguriert sind. Die Folge: Ein Programm, das auf Rechner A entwickelt wurde und dort zufriedenstellend läuft, zeigt auf Rechner B gewisse Probleme, ist auf Rechner C (bei vergleichbarer Hardware) um 50 Prozent langsamer und stürzt auf Rechner D ganz ab. Viel Spaß bei der Suche nach den Ursachen!

Wenn eines der Beispielprogramme auf der CD-ROM nicht funktioniert, ist eine mögliche Ursache natürlich die, daß dem Autor ein Fehler unterlaufen ist. (Niemand ist vollkommen. Wenn Sie glauben, daß Sie auf einen Fehler gestoßen sind, schicken Sie mir eine E-Mail – ich werde sehen, was sich machen läßt.) Eine andere Ursache kann aber eine unterschiedliche Software-Konfiguration Ihres Rechners sein – und in solchen Fällen ist guter Rat teuer.

Als Hilfestellung für solche Probleme finden Sie hier einige Informationen zur Hard- und Software des Autors: Als primärer Rechner für die Entwicklung der Programme und für deren Test wurde ein Pentium PC mit Windows NT 4.0 Workstation verwendet (400 MHz, 128 MByte RAM). Zur IIS-Programmierung (Kapitel 27 und 28) wurde NT 4.0 Server mit dem Internet Information Server 4 verwendet. Intranet-Anwendungen wurden mit Windows-95-Clients getestet. Die Vernetzung erfolgte mit einer 10-MBit-Ethernet-Verbindung. Die folgende Software-Liste ist geordnet nach Herkunft bzw. Zugehörigkeit der Programme. Bei allen Produkten handelt es sich um Endversionen (keine Betas!).

- Windows 95B (deutsch)
- Windows NT 4.0 Workstation mit Service Pack 3 (deutsch)
- Windows NT 4.0 Server mit Service Pack 3 (englisch)
    - Windows NT 4 Option Pack 1 (englisch)
        - Internet Information Server 4 mit Active Server Pages (englisch)
        - Script Debugger 1.0.7295 (englisch)
- Visual Studio 6.0 Enterprise (deutsch)
    - Visual Basic 6.0 (deutsch)
    - Internet Explorer 4.01 ohne Active Desktop (deutsch)
    - MSDN Library Visual Studio 6
- Office 97 Professional mit Service Release 1 (deutsch)

Abkürzungen

Es wurde versucht, Abkürzungen so sparsam wie möglich einzusetzen. Ein paar Visual-Basic-spezifische Abkürzungen, die nicht vor jeder Verwendung neu erklärt werden, haben sich aber nicht vermeiden lassen:

ADO ActiveX Data Objects (neue Datenbank-Objektbibliothek)
COM Component Object Model (Technologie zum Umgang mit Objekten)
DAO Data Access Objects (alte Datenbank-Objektbibliothek)

FSO	File System Objects (Bibliothek zum Zugriff auf Dateien)
IE	Internet Explorer
IIS	Internet Information Server
OLE	Object Linking and Embedding (Technologie zum Umgang mit Objekten)
SP	Service Pack (die zur Zeit übliche Bezeichnung eines Bug-Fixes)
VB	Visual Basic
VBA	Visual Basic für Applikationen (beispielsweise in Excel, WinWord etc.)

Informationen, die sich gleichermaßen auf Windows 95 und Windows 98 beziehen, sind in diesem Buch unter dem Begriff Windows 9x zusammengefaßt.

Und eine Entschuldigung

Ich bin mir bewußt, daß unter den Lesern dieses Buchs auch zahlreiche Frauen sind. Dennoch ist in diesem Buch immer wieder von *dem Anwender* die Rede, wenn ich keine geschlechtsneutrale Formulierung gefunden habe. Ich bitte dafür alle Leserinnen ausdrücklich um Entschuldigung. Ich bin mir der Problematik bewußt, empfinde Doppelgleisigkeiten der Form *der/die Anwender/in* oder kurz *AnwenderIn* aber sprachlich nicht schön – sowohl beim Schreiben als auch beim Lesen.

Teil I

Intuitiver Einstieg

1 Schnelleinstieg

Dieses Kapitel vermittelt einen raschen Einstieg in Visual Basic, und zwar nicht anhand einer abstrakten Beschreibung, sondern mit zwei Beispielprogrammen. *Hello World* stellt ein Minimalprogramm dar, das mit einer einzigen Zeile Code auskommt. Um einiges anspruchsvoller ist *Split*: Das Programm zerlegt eine vorher ausgewählte Datei in kleinere Dateien und ermöglicht so die einfache Speicherung und Weitergabe großer Dateien auf Disketten.

Ganz nebenbei vermittelt das Kapitel auch Grundlagenwissen zu Visual Basic, etwa über die Bedienung der Programmierumgebung, über den Aufbau von Visual-Basic-Programmen etc.

Das Kapitel richtet sich insbesondere an Visual-Basic-Neulinge, die bereits Programmiererfahrung mit einer anderen Sprache haben. Wenn Sie schon mit früheren Versionen von Visual Basic gearbeitet haben, können Sie das kurze Kapitel getrost überspringen.

1.1 Die wichtigsten Bedienungselemente von Visual Basic

Bevor einige Seiten weiter das erste Visual-Basic-Programm beschrieben wird, sind einige elementare Informationen zu den Bedienungselementen von Visual Basic erforderlich. Dieser Abschnitt verzichtet dabei bewußt auf Vollständigkeit. Es geht nur darum, Ihnen einen ersten Überblick zu schaffen.

Nach dem Start von Visual Basic erscheinen am Bildschirm mehrere Fenster: Das Hauptfenster mit dem Menü und der Symbolleiste, die Toolbar mit den zur Verfügung stehenden Steuerelementen, ein leeres Formularfenster, ein Projektfenster und ein Eigenschaftsfenster.

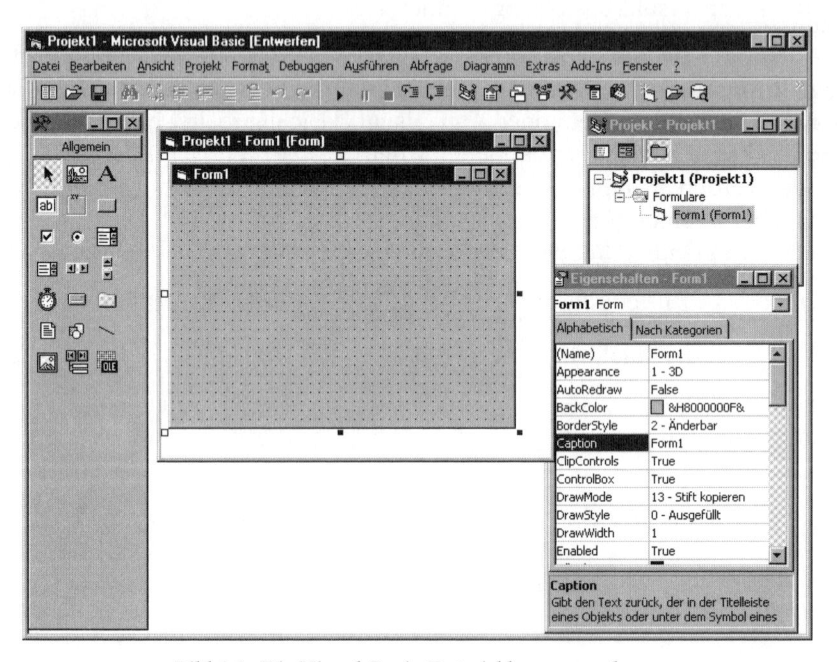

Bild 1.1: Die Visual-Basic-Entwicklungsumgebung

Formularfenster: In den Formularfenstern werden die Formulare (die späteren Fenster Ihres Programms) angezeigt. Der erste Schritt bei der Entwicklung eines typischen Visual-Basic-Programms spielt sich in diesem Fenster ab. Sie können darin Steuerelemente einfügen, deren Größe und Position, die Beschriftung und andere Eigenschaften ändern etc. Ein Doppelklick auf ein beliebiges Element im Eigenschaftsfenster führt Sie in das Codefenster, wo Sie Code zum jeweiligen Steuerelement eingeben können.

Toolbox: Die Toolbox (Werkzeugsammlung) enthält alle zur Zeit verfügbaren Steuerelemente. Um ein Steuerelement in ein Formular einzufügen, klicken Sie zuerst das

Steuerelement in der Toolbox an und zeichnen dann mit der Maus im Formular einen Rahmen, der die Größe und Position des Steuerelements bestimmt. Wenn Sie Steuerelemente benötigen, die in der Toolbox nicht angezeigt werden, müssen Sie diese mit dem Kontextmenü KOMPONENTEN (rechte Maustaste) hinzufügen.

Eigenschaftsfenster: Im Eigenschaftsfenster werden die Eigenschaften des Formulars oder des darin ausgewählten Steuerelements angezeigt. Typische Eigenschaften sind der Name des Steuerelements, seine Beschriftung (*Caption*), Vorder- und Hintergrundfarbe, Schriftart etc.

Codefenster: Codefenster werden zur Eingabe des Programmcodes verwendet. Ein Codefenster kann einem Formular oder einem Modul zugeordnet sein. Das Codefenster wird entweder vom Projektfenster aus (Button CODE ANZEIGEN) oder durch einen Doppelklick in einem Formularfenster geöffnet.

Projektfenster: Im Projektfenster werden alle Bestandteile (Dateien) eines Programms angezeigt. Mögliche Komponenten sind Formulare, Module mit globalen Variablen und Prozeduren, Klassenmodule zur Beschreibung von Objektklassen etc. In Modulen wird ausschließlich Programmcode gespeichert. Formulare bestehen aus dem eigentlichen Formular und dessen Programmcode. Formulare und der dazugehörende Programmcode werden in eigenen Fenstern mit OBJEKT ANZEIGEN oder CODE ANZEIGEN dargestellt, aber in einer gemeinsamen Datei gespeichert. Außerdem gibt es noch einige andere Komponenten, die Sie später kennenlernen werden.

Neben den oben beschriebenen Fenstertypen gibt es noch eine Menge weitere:

- den Objektkatalog mit einer Referenz aller verfügbaren Objekte (siehe Seite 80)
- die Direkt-, Lokal- und Überwachungsfenster zur Fehlersuche (siehe Seite 369)
- das Formularlayoutfenster zur Positionierung von Formularen (siehe Seite 408)
- den Menüeditor zum Erstellen von Menüs (siehe Seite 445)
- das Farbpalettenfenster zum bequemen Einstellen von Farben (siehe Seite 493)

HINWEIS

In der Defaultkonfiguration gelten die meisten Fenster als sogenannte verankerte Fenster. Diese Fenster kleben gewissermaßen an einem Ende der Entwicklungsumgebung. Wenn Sie nicht gerade mit einem 21-Zoll-Monitor arbeiten, kosten diese verankerten Fenster zuviel Platz und stellen einen Rückschritt in die Zeiten von Windows 1 dar (als überlappende Fenster noch nicht erlaubt waren). Wenn Sie wie ich normale Fenster vorziehen, führen Sie EXTRAS | OPTIONEN | VERANKERN aus und deaktivieren dort sämtliche Kontrollkästchen.

1.2 Der Aufbau von Visual-Basic-Programmen

Ein typisches Visual-Basic-Programm besteht aus mindestens einem Formular. Ein Formular ist ein Fenster mit verschiedenen Bedienungselementen, beispielsweise Buttons, Textfeldern, Optionsfeldern etc. Diese Bedienungselemente werden Steuerelemente (englisch Controls) genannt.

Visual Basic stellt Benutzereingaben in Steuerelementen automatisch fest. Die Reaktion darauf ist der Aufruf einer Ereignisprozedur, die dem Steuerelement zugeordnet ist. So wird die Ereignisprozedur für das Anklicken des PROGRAMMENDE-Buttons nach einer Sicherheitsabfrage vermutlich den Visual-Basic-Befehl *End* beinhalten und damit das Programm beenden. Viele Steuerelemente kennen übrigens eine ganze Menge Ereignisse (beispielsweise *Click*, *DblClick*, *KeyPress* etc.). Sie müssen nur Prozeduren für jene Ereignisse schreiben, auf die Sie im Programm reagieren möchten. Alle anderen Ereignisse führen dann zu keiner Reaktion des Programms.

Das Erstellen eines neuen Programms beginnt mit der Definition des ersten Formulars. Dabei werden die einzelnen Steuerelemente in das Formular eingefügt, ihre Größe und ihre Eigenschaften werden je nach Verwendungszweck eingestellt. Das Formular hat schon während der Definition das Aussehen wie im endgültigen Programm.

Als nächstes werden die Programmteile zur Reaktion auf Benutzerereignisse geschrieben. Diese Ereignisprozeduren sind fest mit dem Formular verbunden (und werden auch in einer gemeinsamen Datei gespeichert). Wenn das Programm mehrere Fenster benötigt, müssen weitere Formulare definiert und die dazugehörenden Ereignisprozeduren geschrieben werden. Die Zahl der Fenster ist praktisch unbegrenzt.

Neben den Ereignisprozeduren können auch Unterprogramme und Funktionen geschrieben werden – generelle Prozeduren, die nur innerhalb eines Formulars verwendet werden, und globale Prozeduren, die im gesamten Programm verwendet werden können. Die generellen Prozeduren werden dabei gemeinsam mit dem Formular als Einheit betrachtet, die globalen Prozeduren werden in einer eigenen Modul-Datei gespeichert.

1.3 Beispielprogramm: Hello World

Hello World ist das kleinstmögliche Visual-Basic-Programm. Nach seinem Start zeigt es den Text 'Hello World' an. Durch das Anklicken des Buttons ENDE wird das Programm beendet. Lassen Sie sich dennoch von der Unscheinbarkeit des Programms nicht täuschen! Es hat mehr Eigenschaften, als die eine Zeile Code vermuten läßt:

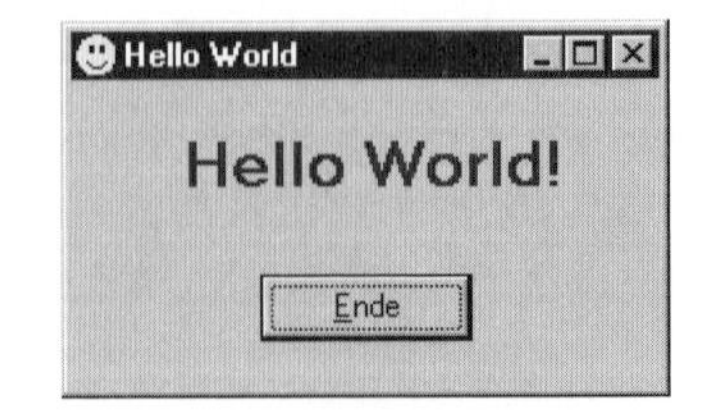

Bild 1.2: Das Programm Hello World

Beispielsweise können Sie das Fenster beliebig verkleinen oder vergrößern. Der Fensterinhalt, also der Text 'Hello World', wird automatisch neu gezeichnet, wenn Teile des Fensters von einem anderen Fenster verdeckt waren und wieder sichtbar werden. Der ENDE-Button kann nicht nur per Maus, sondern auch über die Tastatur (Return, Leertaste oder Alt+E) ausgewählt werden. All diese Merkmale kommen von Visual Basic, stehen also schon zur Verfügung. (Voraussetzung ist nur, daß diverse Eigenschaften des Formulars richtig eingestellt werden. Dazu reichen ein paar Mausklicks aus.)

Projektstart

Die Entwicklung eines neuen Programms beginnen Sie mit DATEI | NEU. Visual Basic stellt Ihnen dabei verschiedene Projekttypen zur Auswahl. Bei *Hello World* handelt es sich um ein normales Programm, entscheiden Sie sich also für STANDARD-EXE. Das neue Projekt besteht vorläufig nur aus einem leeren Formular. Sie können dieses Formular aber bereits als Visual-Basic-Programm betrachten und sofort mit AUSFÜHREN | STARTEN ausführen. Daraufhin wird aus dem Formular mit den Rasterpunkten ein eigenständiges Fenster. Da dieses Miniprogramm noch keinerlei Steuerelemente und auch keinen Programmcode besitzt, können Sie mit dem Programm nicht allzuviel anfangen. AUSFÜHREN | BEENDEN oder das Anklicken des X-Felds rechts oben im Fenster beenden den ersten Probelauf.

Steuerelemente einfügen

Hello World besitzt zwei Steuerelemente: Ein Labelfeld (Beschriftungsfeld), das die Zeichenkette 'Hello World' in einer etwas größeren Schriftart enthält, und den ENDE-Button.

Zuerst zum Labelfeld: Klicken Sie in der Toolbar das Symbol 'Label' an. (Das Labelfeld ist durch einen großen Buchstaben A gekennzeichnet. Es eignet sich zur Beschriftung von Formularen oder Steuerelementen. Verwechseln Sie es nicht mit dem Textfeld, das die Buchstaben 'ab' enthält und für Texteingaben vorgesehen ist.) Zeichnen Sie nun im Formular bei gedrückter linker Maustaste einen Rahmen, der zirka die Größe des Texts 'Hello World' besitzt. Nach dem Loslassen der Maustaste fügt Visual Basic ein Label-Feld ein, das vorläufig mit dem Text 'Label1' in einer ziemlich unscheinbaren Schrift versehen ist.

Für den Button gehen Sie entsprechend vor: Klicken Sie in der Toolbar das Symbol 'CommandButton' an, und zeichnen Sie im Formular unterhalb des Labelfelds den Rahmen für den Button. Nach dem Loslassen der Maustaste fügt Visual Basic einen Button mit der Aufschrift 'Command1' ein.

Eigenschaften einstellen

Zur Zeit sieht das Beispielprogramm noch recht unansehnlich aus: Das Formular ist im Vergleich zu den Steuerelementen zu groß, als Beschriftungstexte werden nur von Visual Basic vorgegebene Standardtexte angezeigt etc. Solche Details werden über das Eigenschaftsfenster geändert.

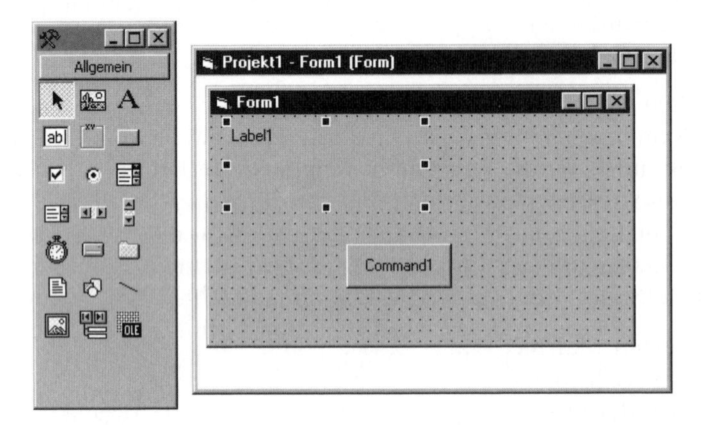

Bild 1.3: Das Programm in der ersten Entwurfsphase

Als erstes soll das Labelfeld etwas attraktiver gestaltet werden: Klicken Sie das Feld mit der Maus an. Falls dabei nicht das Eigenschaftsfenster sichtbar wird, drücken Sie F4. Im Eigenschaftsfeld wird in der obersten Zeile das gerade bearbeitete Steuerelement angegeben (momentan also 'Label1'). In der darunter befindlichen Liste sind alle Eigenschaften dieses Steuerelements aufgezählt. Drei davon sind hier von Interesse: *Caption* zur Beschriftung des Felds, *ForeColor* zur Einstellung der Textfarbe und *Font* zur Einstellung der Schriftart.

Zur Beschriftung des Felds klicken Sie *Caption* an und geben als Text 'Hello World!' ein. Die Eingabe wirkt sich unmittelbar auch auf das Labelfeld aus, wo jetzt der neue Text angezeigt wird. Die Veränderung der Schriftfarbe beginnen Sie mit einem Doppelklick auf *ForeColor*: Es erscheint ein kleines Fenster mit einer Farbpalette, aus der Sie eine beliebige Farbe auswählen (beispielsweise Blau). Jetzt ist noch die Schriftart einzustellen: Ein Doppelklick auf *Font* führt zu einem Dialog zur Einstellung von Schriftart, -typ und -größe: Wählen Sie als Schrifttyp fett und als Schriftgröße 18 Punkt.

Jetzt kann sich herausstellen, daß das Labelfeld ursprünglich zu klein war und der Text 'Hello World' in der größeren Schriftart gar nicht Platz hat. Klicken Sie das Feld an und vergrößern Sie es, indem Sie das kleine schwarze Quadrat am rechten unteren Eck des Felds mit der Maus verschieben (linke Maustaste).

Entsprechend zum Labelfeld gehen Sie nun auch beim Button vor: Klicken Sie ihn mit der Maus an, und verändern Sie die Beschriftung über *Caption*. Wenn Sie dabei nicht einfach 'Ende', sondern '&Ende' eingeben, wird der erste Buchstabe im Text unterstrichen. Das Zeichen & dient zur Markierung des Tastenkürzels, der Button kann damit auch durch Alt+E ausgewählt werden.

Jetzt kommt noch das Formular an die Reihe, das wie die Steuerelemente eine Menge Eigenschaften aufweist. Verkleinern Sie das Formular so weit, daß die beiden bearbeiteten Steuerelemente gerade noch Platz darin finden. Über die *Caption*-Eigenschaft des Formulars (Defaulteinstellung: 'Form1') können Sie den Text in der Titelzeile des Fensters einstellen. Geben Sie auch hier 'Hello World' ein.

Als letztes sollten Sie noch das Icon des Programms verändern. Visual Basic zeigt standardgemäß im linken oberen Eck von Formularen ein recht schmuckloses Icon an. Ein Doppelklick auf *Icon* führt zu einem Dateiauswahl-Dialog. Dort wählen Sie als Icon beispielsweise `Graphics\Icons\Misc\Face02.ico` aus. Im linken oberen Eck des Formulars wird jetzt ein Smiley (ein gelbes lachendes Gesicht) angezeigt. Dieses Symbol wird auch angezeigt, wenn Sie mit Alt+Tab zwischen mehreren Programmen wechseln. Icons geben Ihren Programmen ein charakteristisches Aussehen.

Falls Sie zum ersten Mal mit Visual Basic arbeiten, wird Ihnen die Einstellung der Eigenschaften vielleicht noch ein wenig umständlich vorkommen. Mit etwas Übung wird dieser Schritt der Programmerstellung später aber im Handumdrehen erfolgen.

Programmcode erstellen

Rein optisch ist das Programm jetzt fertig. Wenn Sie es mit F5 starten, werden Sie allerdings feststellen, daß das Anklicken des ENDE-Buttons zu keiner Reaktion führt. Das ist verständlich: Woher sollte Visual Basic wissen, daß Sie mit diesem Button das Programm beenden möchten? Beenden Sie das Programm also mit dem Menükommando AUSFÜHREN | BEENDEN, damit Sie den noch fehlenden Programmcode eingeben können.

Visual Basic betrachtet das Anklicken eines Buttons als Ereignis (aber auch einen Mausklick irgendwo sonst im Formular, das Drücken einer beliebigen Taste, eine Menüauswahl und vieles mehr). Die Reaktion auf Ereignisse erfolgt in sogenannten Ereignisprozeduren. Im Fall des Beispielprogramms *Hello World* muß also zum ENDE-Button für das *Click*-Ereignis eine Ereignisprozedur erstellt werden. Das erfolgt im Programmentwurf ganz einfach durch einen Doppelklick auf den Button. Visual Basic zeigt daraufhin ein Codefenster mit einer noch leeren Codeschablone für die Ereignisprozedur *Button1_Click* an.

Sie müssen jetzt nur noch zwischen den Anweisungen *Sub* und *End Sub* Ihren Programmcode eingeben. Bei diesem Beispiel reicht dazu eine einzige Zeile mit der Anweisung *End*.

TIP

Das vollständige Programm befindet sich selbstverständlich auch auf der beiliegenden CD, und zwar im Verzeichnis `Einführung\HelloWorld`.

Programm speichern

Damit Sie das Programm später wieder verwenden können, müssen Sie es noch speichern. Dazu führen Sie das Kommando DATEI | PROJEKT SPEICHERN aus. Verwenden Sie an dieser Stelle nicht das Kommando DATEI | NAME SPEICHERN! Damit würden Sie nur eine Datei des Programms speichern. Das Programm besteht aber bereits jetzt aus zwei Dateien (Projektdatei, Formulardatei).

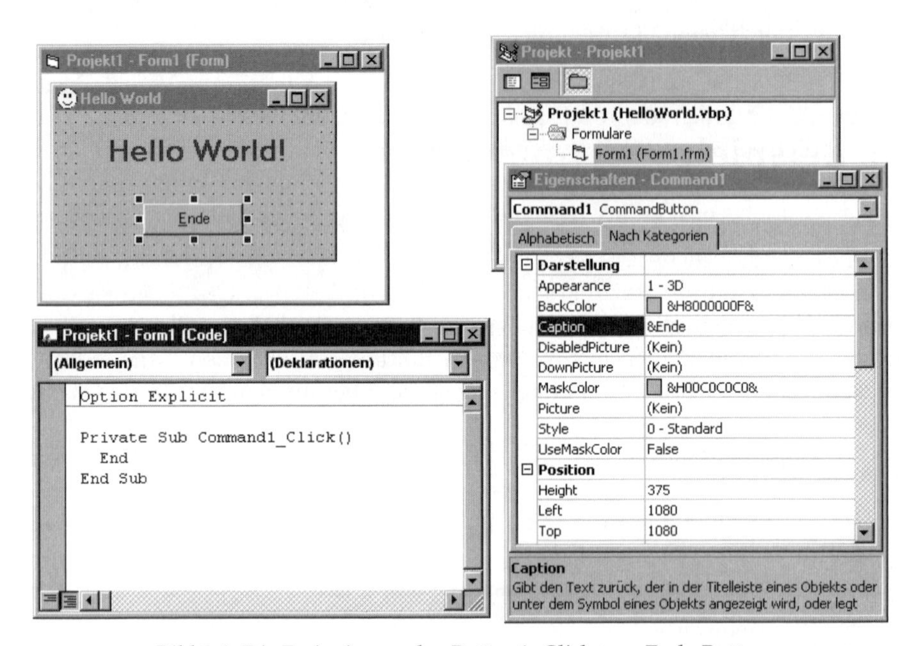

Bild 1.4: Die Ereignisprozedur Button1_Click zum Ende-Button

Visual Basic zeigt einen Dialog zum Speichern der Formulardatei an. Bevor Sie einen Dateinamen angeben, sollten Sie für das Hello-World-Programm ein eigenes Verzeichnis erstellen. (Es ist generell eine gute Idee, jedes Visual-Basic-Programm in ein eigenes Verzeichnis zu speichern. Eine Vielzahl ähnlichlautender Dateinamen stiftet nur Verwirrung.) Dazu klicken Sie im Dialog das Symbol NEUEN ORDNER ERSTELLEN an und geben als Verzeichnisnamen `HelloWorld` an. Anschließend wechseln Sie durch Doppelklick in das neue Verzeichnis und geben dann `HelloWorld` als Dateinamen für das Formular an. (Visual Basic schlägt an dieser Stelle `Form1.frm` vor, das ist aber nicht übermäßig aussagekräftig.)

Nach dem Speichern der Formulardatei erscheint sofort ein weiterer Dialog, diesmal zum Speichern der Projektdatei. Visual Basic schlägt als Dateinamen `Projekt1.vbp` vor, Sie sollten aber auch hier einen besseren Namen wählen (zum Beispiel abermals `HelloWorld`).

Das Speichern eines Programms ist übrigens nur beim ersten Mal so umständlich. In der Folge reicht dann ein einfaches Anklicken des Symbols PROJEKT SPEICHERN oder die Auswahl des gleichnamigen Kommandos aus dem DATEI-Menü.

HINWEIS

Wenn in EXTRAS | OPTIONEN | UMGEBUNG die Option DATEI SPEICHERN VOR AUSFÜHRUNG aktiviert ist, wird das Programm bereits beim ersten Test gespeichert. Die Eingabe der Dateinamen des Formulars und des Projekts erfolgt dann also entsprechend früher.

1.4 Beispielprogramm: Split

Auch im Zeitalter von Internet, CD-ROM und 18 GByte-Festplatten ist für viele Anwender die herkömmliche Diskette noch immer ein wichtiges Medium für Backups und den Datenaustausch mit anderen Computernutzern. Ein allgegenwärtiges Problem unter Windows besteht darin, daß die meisten Anwendungsprogramme (WinWord, Excel) derartig große Dateien produzieren, daß diese nicht mehr auf eine einzelne Diskette kopiert werden können. Die übliche Lösung besteht darin, daß die Datei entweder komprimiert oder mit dem Backup-Programm auf mehrere Disketten verteilt wird (bei sehr großen Dateien ist sogar eine Kombination beider Techniken erforderlich). Das Zusammensetzen der Ursprungsdatei auf einem anderen Rechner macht dann oft Probleme, etwa wenn die entsprechenden Dekomprimier- oder Backup-Programme fehlen.

Eine alternative Lösung bietet das Beispielprogramm *Split*. Das Programm teilt eine große Datei, die über einen Dateiauswahldialog ausgewählt werden kann, in zahlreiche kleinere Einzeldateien. Bild 1.5 zeigt das Hauptfenster des Beispielprogramms.

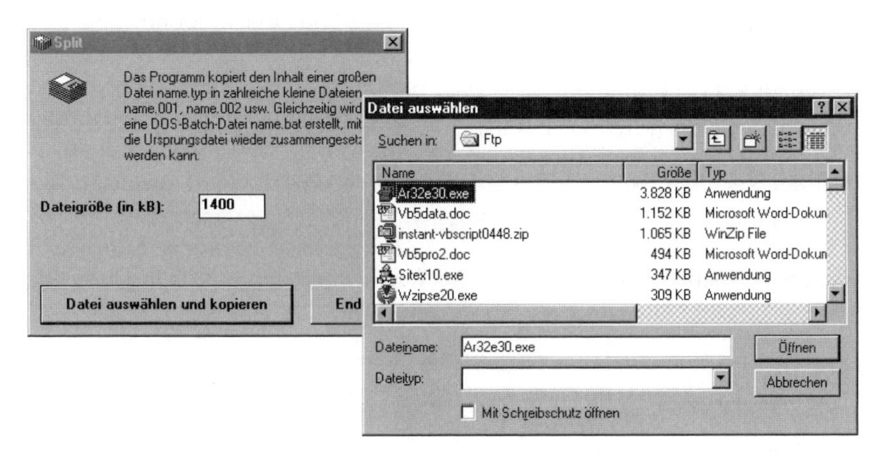

Bild 1.5: Das Beispielprogramm Split

`Ar32e30.exe` wird also beispielsweise in `Ar32e30.001`, `Ar32e30.002` etc. kopiert. Gleichzeitig wird eine Datei `Ar32e30.bat` erstellt, mit deren Hilfe `Ar32e30.exe` aus den Einzeldateien wieder zusammengesetzt werden kann. Dabei handelt es sich um eine DOS-Batchdatei, die eigentlich nur aus einem einzigen COPY-Kommando besteht:

```
COPY Ar32e30.001 + Ar32e30.002 + Ar32e30.003 Ar32e30.exe
```

Die Einzeldateien können nun mühelos auf mehrere Disketten kopiert werden. Um die Ursprungsdatei später wieder zusammenzusetzen, müssen lediglich die `*.00n`-Dateien und die `*.bat`-Datei von den Disketten in ein beliebiges Verzeichnis der Festplatte kopiert werden. Anschließend wird die `*.bat`-Datei durch einen Doppelklick gestartet.

Die Bedienung von *Split* ist ausgesprochen einfach. Im Textfeld DATEIGRÖßE IN KBYTE wird angegeben, in welche Größe die Dateien zerlegt werden sollen. Der Vorgabewert (1400 kByte) orientiert sich an der Kapazität von 3.5-Zoll-Disketten und läßt noch etwas Spielraum für allfällige Text- oder Informationsdateien. Anschließend rufen Sie über den Button DATEI AUSWÄHLEN UND KOPIEREN das Dialogfeld zur Dateiauswahl auf und wählen darin die zu kopierende Datei aus. Das Programm erstellt daraufhin automatisch die neuen Dateien im selben Verzeichnis wie die Ursprungsdatei.

ACHTUNG

Das Programm überschreibt eventuell schon existierende Dateien mit den Dateinamen `name.nnn` und `name.bat` ohne Warnung. Die zu kopierende Quelldatei wird vom Programm selbstverständlich nicht verändert.

Das Programm ist für ein Einführungsbeispiel ziemlich umfangreich. Es hat aber den Vorteil, daß es an einem praxisorientierten Beispiel demonstriert, wie Visual-Basic-Programme entstehen. Der Programmcode befindet sich auf der beiliegenden CD im Verzeichnis `Einführung\Split`.

Formulargestaltung

Der erste Schritt beim Erstellen eines neuen Programms ist immer die Gestaltung des Formulars. Das *Split*-Formular enthält die folgenden Steuerelemente:

- Ein Bildfeld (*PictureBox*) mit dem Diskettenstapel-Icon.
- Ein Labelfeld mit der Erklärung, was das Programm eigentlich tut.
- Ein weiteres Labelfeld mit dem Text *Dateigröße in kByte* zur Beschriftung des Textfelds.
- Ein Textfeld zur Eingabe der gewünschten Dateigröße.
- Noch ein Labelfeld (das in Bild 1.5 unsichtbar ist), in dem während des Programmablaufs angezeigt wird, was das Programm gerade macht (beispielsweise: 'Kopiere Daten nach text.001').

- Die beiden Buttons am unteren Ende des Formulars.
- Und schließlich ein *CommonDialog*-Zusatzsteuerelement, das in Bild 1.5 ebenfalls nicht zu sehen ist. Im Entwurfszustand wird dieses Zusatzsteuerelement durch ein Icon dargestellt. Das Steuerelement ist erforderlich, damit später (im Programmcode) der Standarddialog zum Öffnen einer Datei aufgerufen werden kann. Falls sich das CommonDialog-Feld nicht in der Toolbox befindet, klicken Sie die Toolbox mit der rechten Maustaste an, führen das Kontextmenükommando ZUSATZSTEUERELEMENTE aus und aktivieren in der Steuerelementliste den Eintrag *Microsoft Common Dialog Control*.

Nun noch einige Hinweise zur Einstellung der Eigenschaften: Beim Formular wurde das Icon `Graphics\Icons\Computer\Disks02.ico` ausgewählt, die *Caption*-Eigenschaft auf 'Split' gestellt und die *BorderStyle*-Eigenschaft auf 3 (Fixed Dialog). Die *BorderStyle*-Eigenschaft kontrolliert das Aussehen und Verhalten des Programmfensters. Der Wert 3 bedeutet, daß das Fenster als Dialog betrachtet wird, der eine vorgegebene und unveränderliche Größe hat.

In das Bildfeld wurde durch die Veränderung der *Picture*-Eigenschaft ebenfalls das oben schon erwähnte Icon geladen. Außerdem wurde die *AutoSize*-Eigenschaft auf *True* gestellt, so daß sich das Bildfeld automatisch an die Größe des darin dargestellten Bitmaps anpaßt.

Die Eingabe des Informationstexts im ersten Labelfeld ist ein wenig umständlich, weil sie im Einstellungsfeld der *Caption*-Eigenschaft erfolgen muß. Bei den restlichen Steuerelementen gibt es keine Besonderheiten bei der Einstellung der Eigenschaften.

Steuerelemente benennen

In der Beschreibung des Hello-World-Beispielprogramms im vorigen Abschnitt wurde aus Gründen der Einfachheit ein an sich wesentlicher Schritt übergangen: die Benennung der Steuerelemente. Visual Basic gibt allen Steuerelementen, die in ein Formular eingefügt werden, automatisch Namen. Diese Namen sind aber nicht gerade aussagekräftig: *Form1, Button1, Label1* etc. Im Programmcode müssen Sie auf die Namen von Steuerelementen häufig zugreifen. Um einen einigermaßen übersichtlichen und lesbaren Programmcode zu erhalten, ist es daher unbedingt notwendig, daß Sie den Steuerelementen vernünftige Namen geben. Die Benennung der Steuerelemente erfolgt durch eine Veränderung der *Name*-Eigenschaft im Eigenschaftsfenster.

ACHTUNG

Bei einer nachträglichen Veränderung von Steuerelementnamen wird der Programmcode nicht automatisch mitgeändert! Vielmehr müssen Sie den Programmcode durch BEARBEITEN | ERSETZEN an den neuen Namen anpassen. Dieser Prozeß ist ausgesprochen fehleranfällig. Geben Sie daher Ihren Steuerelementen aussagekräftige Namen, *bevor* Sie zu programmieren beginnen!

Bei größeren Programmen empfiehlt es sich, die Benennung der Steuerelemente mit einer gewissen Systematik durchzuführen. Eine mögliche Strategie besteht darin, daß Sie die ersten drei oder vier Buchstaben dazu verwenden, den Typ der Steuerelemente auszudrücken. Typische Elementnamen sind dann *btnOK* (für den OK-Button), *btnAbbruch, lblInfo, txtName, picIcon* etc. Diese Vorgehensweise hat den Vorteil, daß Steuerelemente gleichen Typs sowohl im Codefenster als auch im Eigenschaftsfenster gruppenweise geordnet sind (weil die Elemente dort in alphabetischer Reihenfolge angeordnet werden).

Im vorliegenden Beispielprogramm wurden folgende Namen verwendet:

- *picIcon* für das Bildfeld
- *labelBeschriftung* für das Labelfeld mit der Erklärung, welchen Zweck das Programm erfüllt
- *labelDateigröße* für das Labelfeld mit dem Text *Dateigröße in kByte*
- *textDateigröße* für das Textfeld zur Eingabe der gewünschten Dateigröße
- *labelInfo* für das Labelfeld, das den Programmzustand anzeigt ('Kopiere Daten nach text.001')
- *buttonKopieren* und *buttonEnde* für die beiden Buttons
- *cmdStandardDialog* für das *CommonDialog*-Feld

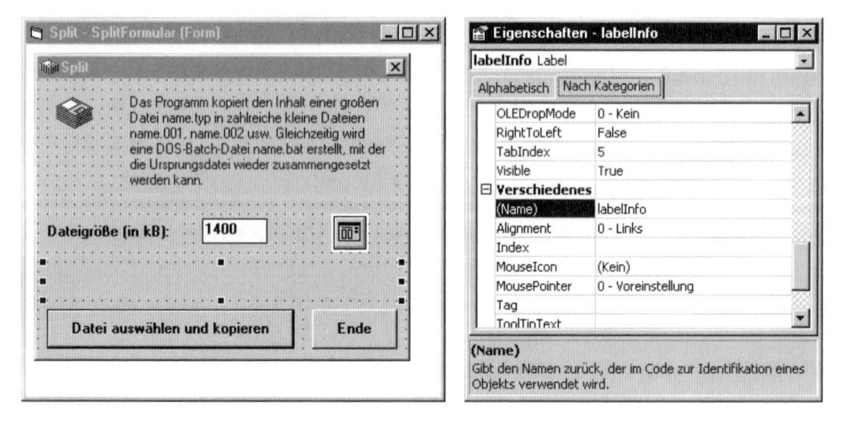

Bild 1.6: Das Split-Formular im Entwurfsstadium

Der Programmcode

Der gesamte Programmcode für *Split* umfaßt etwa 100 Zeilen. Ohne etwas Visual-Basic-Erfahrung sieht der Code ziemlich komplex aus. Wenn Sie also erstmalig mit Visual Basic arbeiten und Verständnisprobleme haben, ist das kein Grund zur Beunruhigung.

Der Programmcode geht von nur zwei Ereignisprozeduren aus: *buttonEnde_Click* und *buttonKopieren_Click*. Wie bei *Hello World* wird also auch bei *Split* nur dann Programmcode ausgeführt, nachdem Sie einen Button angeklickt haben.

Die erste Ereignisprozedur ist rasch programmiert: Nachdem Sie durch einen Doppelklick auf den ENDE-Button in das Codefenster gewechselt sind, geben Sie dort als einziges Kommando *End* ein. Damit wird das Programm beendet.

Um einiges vielschichtiger sind die Aufgaben, die *buttonKopieren_Click* erledigen muß: Die Prozedur testet, ob im Steuerelement *textDateigröße* ein sinnvoller Wert angegeben wurde. Anschließend ruft sie den Standarddialog zur Dateiauswahl auf. Nur wenn darin eine Datei ausgewählt wird, die größer als der Zahlenwert in *textDateigröße* ist, beginnt das eigentliche Kopieren der Ursprungsdatei in kleinere Dateien.

Bei der Erstellung des Programmcodes gehen Sie üblicherweise Schritt für Schritt vor. Bei *buttonKopieren_Click* besteht der erste Schritt darin, den Plausibilitätstest für den Inhalt von *textDateigröße* durchzuführen. Um den Code möglichst übersichtlich zu halten, ist es sinnvoll, Teilfunktionen in eigenen Unterprogrammen (Prozeduren) oder Funktionen zu definieren. Im unten abgedruckten Listing wird daher die Funktion *DateigrößeErmitteln* zum Auslesen des *textDateigröße*-Felds verwendet. Die Zeichenkette (*Text*-Eigenschaft) wird mit *Val* in eine Zahl umgewandelt. Wenn diese Zahl kleiner oder gleich 0 ist, wird mit *MsgBox* eine Fehlermeldung ausgegeben; andernfalls liefert die Funktion den Zahlenwert multipliziert mit 1024 als Ergebnis zurück (ein kByte hat 1024 Byte).

HINWEIS

Kommentare im Programmcode werden mit dem Zeichen ' eingeleitet. Sehr lange Anweisungen können mit _ über mehrere Zeilen verteilt werden. Dabei muß dem _ ein Leerzeichen vorangestellt werden. Bei mehrzeiligen Anweisungen darf nur die letzte Zeile kommentiert werden!

```
' Beispielprogramm Einführung\Split\Form1.frm
Private Sub buttonKopieren_Click()
  Dim max&                      'max ist eine 32-Bit-Integervariable
  max = DateigrößeErmitteln()   'gewünschte Dateigröße in Kilobyte
  If max <= 0 Then Exit Sub
  ' ...
End Sub
Private Function DateigrößeErmitteln()' Textfeld auswerten
  If Val(textDateigröße.TEXT) <= 0 Then
    DateigrößeErmitteln = 0
    MsgBox "Geben Sie bitte eine gültige Dateigröße an!"
    textDateigröße.SetFocus  'Eingabefokus in das Textfeld
  Else
    DateigrößeErmitteln = 1024 * Val(textDateigröße.TEXT)
  End If
End Function
```

Die obigen Zeilen können sofort getestet werden. Das Anklicken des KOPIEREN-Buttons führt zwar noch nicht zur Dateiauswahl, aber immerhin kann schon überprüft werden, ob die ersten Programmzeilen funktionieren. Geben Sie einfach im Textfeld 0 ein und probieren Sie aus, was beim Anklicken von KOPIEREN passiert.

Auch der nächste Programmteil – die Dateiauswahl – kann in einer Funktion untergebracht werden: *DateinameErmitteln* stellt zuerst einige Eigenschaften des Standarddialogs zur Dateiauswahl ein und ruft diesen Dialog anschließend durch die Methode *ShowOpen* auf. Sofern der Anwender einen gültigen Dateinamen angibt, *ShowOpen* also keinen Fehler als Resultat liefert, wird der Dateiname aus der *FileName*-Eigenschaft gelesen und als Ergebnis der Funktion *DateinameErmitteln* zurückgegeben.

In *DateinameErmitteln* wird anschließend getestet, ob die Datei überhaupt größer ist als der Wert im *textDateigröße*-Feld. Wenn das nicht der Fall ist, braucht die Datei nicht in kleinere Dateien zerlegt werden, die Ereignisprozedur kann also vorzeitig beendet werden.

```
Private Sub buttonKopieren_Click()
  Dim quelle$, max&, laenge&     'quelle ist ein String-Variable
  max = DateigrößeErmitteln()    'gewünschte Dateigröße in Kilobyte
  If max <= 0 Then Exit Sub
  quelle = DateinameErmitteln() 'Name der zu zerlegenden Datei
  If quelle = "" Then Exit Sub
  laenge = FileLen(quelle)       'ist Datei groß genug zum Zerlegen
  If laenge < max Then
    MsgBox "Die ausgewählte Datei ist kleiner als die " + _
      "angegebene Dateigröße. Keine Zerlegung erforderlich."
    Exit Sub
  End If
  ' ...
End Sub
' Dateiauswahl mit dem Standarddialog
Private Function DateinameErmitteln()
  On Error Resume Next         'wenn Nutzer 'Abbruch' wählt -> Fehler
  cmdStandarddialog.CancelError = True
  cmdStandarddialog.DialogTitle = "Datei auswählen"
  cmdStandarddialog.Flags = cdlOFNFileMustExist
  cmdStandarddialog.ShowOpen
  On Error GoTo 0              'wieder normales Verhalten bei Fehlern
  If Err Then Exit Function 'es wurde kein Dateiname ausgewählt
  DateinameErmitteln = cmdStandarddialog.filename
End Function
```

Bevor die noch verbleibenden Programmzeilen von *buttonKopieren_Click* beschrieben werden, die das eigentliche Kopieren der Dateien erledigen, sind noch drei Hilfsfunktionen zu besprechen: Die Funktion *Zieldateiname* verarbeitet den als Parameter übergebenen Dateinamen und liefert als Ergebnis den verkürzten Namen ohne Kennung zurück. Aus `text.doc` wird also einfach `text.` mit einem Punkt am Ende. Die Funktion sucht dazu in einer Schleife mit der Zeichenkettenfunktion *InStr* den letzten Punkt im Dateinamen.

```
' aus "name.typ" --> "name." machen
Private Function Zieldateiname(quelle)
  Dim p&
  While InStr(p + 1, quelle, ".") <> 0 ' . im Dateinamen suchen
    p = InStr(p + 1, quelle, ".")
  Wend
  If p = 0 Then
    Zieldateiname = quelle + "."
  Else
    Zieldateiname = Left$(quelle, p)
  End If
End Function
```

Die Funktion *OhnePfad* entfernt die Laufwerks- und Verzeichnisangaben aus einem vollständigen Dateinamen. Aus `c:\abc\efg.h` wird also `efg.h`. Die Zeichenkette wird mit jedem Schleifendurchlauf um die Zeichen bis zum ersten gefundenen \-Zeichen verkürzt, d.h. im ersten Durchgang zu `abc\efg.h`, im zweiten Durchgang zu `efg.h`. Dabei wird die Stringfunktion *Mid* eingesetzt, die alle Zeichen ab einer angegebenen Position der Zeichenkette zurückgibt. Die Funktion wird beendet, sobald kein \-Zeichen mehr gefunden wird.

```
' aus "c:\verzeichnis\subverz\name.abc" --> "name.abc" machen
Private Function OhnePfad$(dateiname)
  Dim p&
  Do
    OhnePfad = Mid$(dateiname, p + 1)
    p = InStr(p + 1, dateiname, "\")
    If p = 0 Then Exit Function
  Loop
End Function
```

Bytecopy kopiert schließlich eine vorgegebene Anzahl von Bytes aus einer Quell- in eine Zieldatei. Die beiden Dateien müssen durch Kanalnummern angegeben werden, d.h., die Dateien müssen vorher schon geöffnet werden. Um das Kopieren möglichst effizient zu gestalten, werden immer gleich 32768 Byte auf einmal bearbeitet.

```
' kopiert eine vorgegebene Anzahl von Bytes aus der Quell- in
' die Zieldatei
Private Sub Bytecopy(bytes, quelle, ziel)
  Dim i&, puffer() As Byte
  ReDim puffer(1 To 32768)
  For i = 0 To bytes - 1 Step 32768
```

```
    If bytes - i < 32768 Then ReDim puffer(1 To bytes - i)
    Get quelle, , puffer
    Put ziel, , puffer
  Next i
End Sub
```

Jetzt ist nur noch der vollständige Code von *buttonKopieren_Click* zu erklären: Bevor mit dem Kopieren begonnen wird, verändert das Programm das Aussehen des Mauszeigers zu einem Sanduhrsymbol. Anschließend werden gleichzeitig drei Dateien geöffnet: Die Quelldatei (Kanalnummer 1), die Batchdatei (Kanalnummer 2) und – in der Schleife – der Reihe nach eine von mehreren Zieldateien (Kanalnummer 3). Damit der Anwender weiß, was vor sich geht, wird im Labelfeld *labelInfo* der Text 'Kopiere Daten nach name.00x' angegeben. Das eigentliche Kopieren der Daten erledigt die gerade besprochene Prozedur *Bytecopy*.

```
Private Sub buttonKopieren_Click()
  Dim quelle$, max&, ziel$, zieln$, batch$
  Dim p&, i%, laenge&
  ' ... siehe oben
  MousePointer = 11              'Maus als Sanduhr-Symbol
  ziel = Zieldateiname(quelle)   'Zieldateiname:  name
  batch = ziel + "bat"           'Batchdateiname: name.bat
  Open quelle For Binary As 1    'Quelldatei zum Lesen (binär) öffnen
  Open batch For Output As 2     'Batchdatei zum Schreiben öffnen
  Print #2, "copy /b ";
                                                                  i = 1
  For p = 0 To laenge Step max
    zieln = ziel + Format$(i, "000")  'Dateiname der i-ten Zieldatei
    labelInfo.Caption = "Kopiere Daten nach " & zieln
    Refresh                           'Formular neuzeichnen
    If Dir$(zieln) <> "" Then         'falls die Zieldatei
      Kill zieln                      ' schon existiert: löschen
    End If
    Open zieln For Binary As 3        'Zieldatei 0 schreiben
    If laenge - p < max Then
      Bytecopy laenge - p, 1, 3
    Else
      Bytecopy max, 1, 3
    End If
    Close 3
    If i > 1 Then Print #2, " + "; 'Batchdatei schreiben
    Print #2, OhnePfad(zieln);
    i = i + 1                      'nächste Datei
  Next p
  Close 1                          'Quelldatei schließen
```

```
    Print #2, " " + OhnePfad(quelle) 'Quelldateiname in Batchdatei
    Close 2                           'Batchdatei schließen
    labelInfo.Caption = ""            'Infotext löschen
    MousePointer = 0                  'Maus wieder normal
    Refresh                           'Formular neu zeichnen
End Sub
```

VERWEIS

Die obige Programmbeschreibung ist relativ knapp. An den folgenden Stellen im Buch werden verschiedene hier aufgetretene Probleme detaillierter beschrieben:

Variablenverwaltung, Prozeduren und Funktionen: Seite 103
Umgang mit Steuerelementen und deren Eigenschaften: Seite 205
Standarddialog zur Dateiauswahl: Seite 244
Umgang mit Dateien: Seite 514

Split in eine eigenständige *.exe-Datei umwandeln

In der gegenwärtigen Form kann *Split* nur mit der Hilfe von Visual Basic ausgeführt werden, d.h., Visual Basic muß jedesmal gestartet werden, bevor eine Datei mit *Split* zerlegt werden kann. Während der Entwicklungsphase ist das keine Einschränkung, wenn das Programm aber einmal fertig ist, dann sollte es natürlich auch ohne die Entwicklungsumgebung funktionieren. Zu diesem Zweck existiert das Menükommando DATEI | SPLIT.EXE ERSTELLEN. Bei der Ausführung dieses Kommandos erscheint ein Dialog, in dem Sie den Namen der `*.exe`-Datei angeben müssen.

Als Defaultdateiname wird der Projektname vorgeschlagen. Bei der Kompilierung können Sie mit OPTIONEN angeben, ob Sie P-Code oder Systemcode erstellen möchten. Die zweite Option führt dazu, daß echter Maschinencode erzeugt wird, der schneller ausgeführt werden kann. Bei diesem Programm werden Sie allerdings keinen Geschwindigkeitsunterschied feststellen.

Die auf diese Weise erstellte Datei `Split.exe` kann jetzt wie jedes beliebige Windows-Programm behandelt werden. Im Explorer kann *Split* durch einen Doppelklick gestartet werden. Wenn Sie das Programm öfter verwenden, können Sie es auch in das START-Menü von Windows aufnehmen.

HINWEIS

Ganz gleich wie Sie das Programm kompilieren, die resultierende `*.exe`-Datei wird überraschend klein ausfallen (für dieses Beispiel ca. 20 kByte P-Code bzw. 28 kByte Systemcode). Damit Sie das Programm ausführen können, müssen `*.dll` und `*.ocx`-Dateien im Umfang von rund 3 MByte zur Verfügung stehen. Auf Ihrem Rechner ist das der Fall, weil Sie ja Visual Basic besitzen. Wenn Sie `Split.exe` aber an eine andere Person weitergeben möchten, müssen Sie auch die entsprechenden DLL-Dateien weitergeben (siehe Seite 88).

2 Systemüberblick

Visual Basic 1.0 war eine kompakte, leicht erlernbare Programmiersprache, die auf drei 5¼-Zoll-Disketten Platz fand. In den Folgeversionen hat sich Visual Basic zunehmend zu einer professionellen Programmiersprache entwickelt. So toll all die neuen Features sind – die Übersichtlichkeit ist dabei auf der Strecke geblieben. Je nach Version füllen Sie mit all den Komponenten, Bibliotheken, Zusatzprogrammen etc. einige 100 MByte Ihrer Festplatte mit Daten.

Dieses Kapitel versucht, wieder etwas Übersichtlichkeit herzustellen. Es beschreibt die Komponenten von Visual Basic, wobei alle drei Visual-Basic-Varianten berücksichtigt werden (Learning-, Professional- und Enterprise-Edition). Das Kapitel geht auch auf die zahlreichen Visual-Basic-Dialekte (VBA, VB-Script) ein und gibt einen Überblick über die Neuerungen gegenüber Version 5.

Eine logische Fortsetzung dieses Systemüberblicks geben die Kapitel 15 und 19: Dort finden Sie Grundlageninformationen und eine Darstellung der wichtigsten Komponenten zur Entwicklung von Datenbank- bzw. Internet-Programmen.

2.1 Neuerungen in Visual Basic 6

Nachfolgenden finden Sie einen Überblick über die wichtigsten Neuerungen in Visual Basic 6 gegenüber der Vorgängerversion 5. Vergleichsmaßstab ist jeweils die Professional Version. Der Abschnitt erhebt keinen Anspruch auf Vollständigkeit, lesen Sie als Ergänzung auch die Online-Dokumentation (NEUES IN VISUAL BASIC 6)!

2.1.1 Entwicklungsumgebung / Compiler

Entwicklungsumgebung: Die Entwicklungsumgebung ist gegenüber Version 5 praktisch unverändert geblieben, abgesehen davon, daß es noch mehr Assistenten, Designer und andere Add-Ins gibt und die Menüs allmählich überquellen. (Die Menüs ABFRAGE und DIAGRAMM sind übrigens nur bei der Verwendung entsprechender Datenbanktools aktiv.)

Vollkommen überarbeitet wurde des Installationsassistent, der jetzt (allerdings nicht in diesem Buch!) als *Paket- und Weitergabe-Assistent* bezeichnet wird. Inhaltlich besteht die wichtigste Neuerung darin, daß Internet-Dateien nicht nur zusammengestellt, sondern auch gleich auf einem Internet-Server plaziert werden können (Seite 88).

Wirklich neu ist eigentlich nur das Hilfesystem. Erstmals gibt es eine einheitliche Oberfläche für die *gesamte* Online-Dokumentation: Die eigentliche Produktdokumentation mit mit der MSDN-Library integriert (Microsoft Developer Network). Die Anzeige der Texte basiert auf HTMLHelp, dieses Tool wiederum verwendet den Internet Explorer 4 zur Anzeige der Dokumente. Auch wenn das neue System noch einige kleine Mängel aufweist, ist die Integration hilfreich. Das größte Problem besteht darin, in der unglaublichen Fülle von Informationen den Überblick zu bewahren (Seite 97).

2.1.2 Sprachmerkmale

Felder: Visual Basic bietet jetzt mehr Flexibilität beim Umgang mit Feldern: Zum einen können Felder wie normale Variablen kopiert werden (Seite 118). Zum anderen können Funktionen jetzt Felder als Ergebnis zurückgeben (Seite 126).

Eigene Datentypen: Mit *Type* definierte Datentypen dürfen nunmehr auch als Parameter in Prozeduren, Methoden und Eigenschaften verwendet werden.

Dictionary-Objekt: Dieser Objekttyp stellt eine leistungsfähigere Alternative zum *Collection*-Objekttyp dar (Seite 166). Das Objekt ist allerdings nicht direkt in Visual Basic integriert, sondern Teil der Scripting-Runtime-Bibliothek.

Mathematische Funktionen: Visual Basic kann endlich runden! Die Funktion lautet wenig überraschend *Round* (Seite 384).

Zeichenketten: Auch zur Berarbeitung von Zeichenketten sind einige schon seit langem fällige Funktionen hinzugekommen, die es in VBScript schon eine ganze Weile gab: *Filter, Join, Replace, Split, StrReverse* und *InstrRev* (Seite 386). Dieses Angebot wird noch durch einige neue *Format*-Varianten ergänzt: *FormatCurrency, -DateTime, -Number* und *-Percent*. Recht praktisch sind schließlich die Funktionen *MonthName* und *WeekdayName* (Seite 399).

File System Objekte (FSO): Dabei handelt es sich um eine ganze Sammlung von Objekten (*Drives[s], File[s], Folder[s]* und *TextStream*, siehe Seite 514), die einen objektorientierten Zugriff auf Dateien ermöglichen. Wie das *Dictionary*-Objekt sind sie Teil der Scripting-Runtime-Bibliothek.

Objektorientierung

CallByName: Mit dieser neuen Funktion können durch Zeichenketten angegebene Eigenschaften und Methoden von Objekten aufgerufen werden. Dank *CallByName* können also Eigenschaften und Methoden aufgerufen werden, deren Name zum Zeitpunkt der Programmierung nicht feststeht (Seite 148).

Komponenten-Programmierung (ActiveX)

ActiveX-EXEs und -DLLs (ActiveX-Server): Hier hat es eine Reihe unscheinbarer Detailverbesserungen gegeben, die sowohl den Komfort bei der Programmentwicklung als auch das Fine-Tuning bei Multithreading-Anwendungen verbessern. Insbesondere können DLLs jetzt gemäß dem *Apartment Multithreading Model* kompiliert werden (Seite 958).

ActiveX-Steuerelemente: Zur Entwicklung Ressourcen-sparender Activex-Steuerelemente stehen die neuen *Microsoft Windowless Controls* zur Verfügung (siehe unten). Darüberhinaus kann bei neuen ActiveX-Steuerelementen durch die Eigenschaft *Windowless* angegeben werden, ob diese Steuerelemente selbst einen Window Handle verwenden sollen (Seite 1017).

2.1.3 Steuerelemente

Standardsteuerelemente

Die neue Eigenschaft *CausesValidation* und das zugeordnete *Validate*-Ereignis (verfügbar bei fast allen Standardsteuerelementen und bei vielen Zusatzsteuerelementen) vereinfachen eine Plausibilitätskontrolle von Benutzereingaben (Seite 216).

Bei den Visual-Basic-Standardsteuerelementen gibt es verhältnismäßig wenig Neuigkeiten. Erwartungsgemäß können sie nun auch an ADO-Datenquellen, z.B. an das *Adodc*-Steuerelement, gebunden werden (Seite 822).

Windowless ActiveX Controls: Seit Version 5 gibt es dank der MS-Forms-Bibliothek die meisten Standardsteuerelemente doppelt. Version 6 setzt noch eins drauf: In den *Microsoft Windowless Controls* befindet sich eine dritte Version von *Check, Combo, Com-*

mand, Frame, H/VScroll, List, Option und *Text* (Seite 235). Diese Steuerelemente sind weitgehend zu den Standardsteuerelementen kompatibel, lediglich einige ausgefallene Features fehlen (etwa die DDE-Unterstützung). Der entscheidende Vorteil: Die Steuerelemente verbrauchen viel weniger Systemressourcen und eignen sich insbesondere zur Entwicklung eigener, kompakter ActiveX-Steuerelemente.

Dynamische Formulargestaltung: In den bisherigen Versionen war es verhältnismäßig schwierig, Formulare während der Laufzeit zu verändern. Die einzige Möglichkeit boten Steuerelementfelder. (Oft wurde der Effekt dynamischer Veränderungen auch durch das Ein- und Ausblenden vorhandener Steuerelemente erreicht.) Version 6 ermöglicht nun erstmals, über die *Controls*-Aufzählung von Formularen, beliebige Steuerelemente im laufenden Programm hinzuzufügen bzw. zu entfernen (Seite 426).

Die Verwaltung der Ereignisse solcher Steuerelemente erfolgt mit *WithEvents*. Bei Steuerelementen, die nicht über eine Objektbibliothek verwaltet werden, kann die Ereignisverwaltung über das neue *VBControlExtender*-Objekt erfolgen. Um auch lizenzierte Steuerelemente während der Laufzeit in ein Formular einzufügen, gibt es die neue *Licenses*-Aufzählung (in der VB-Bibliothek, also gleichrangig mit *Printers*, *Forms* etc.).

Erweiterungen bei Zusatzsteuerelementen

Windows Common Controls: Die sogenannten Windows-9x-Steuerelemente, erstmals eingeführt in Version 4, wurden überarbeitet, die Bibliotheken (`MsComCtl.ocx` und `MsComCtl2.ocx`) neu organisiert. Leider gibt es beim Update von Version 5 auf Version 6 massive Probleme (Seite 262).

Einige schon bisher vorhandene Steuerelemente wurden geringfügig erweitert: In das *Toolbar*-Feld lassen sich nun auch Dropdown-Menüs integrieren (Seite 274). Neu ist auch der *Toolbar*-Assistent (ein Teil des Anwendungsassistenten), mit dem neue Symbolleisten zusammen mit einem beispielhaften Code-Fragment sehr rasch erstellt werden können. Das *ListView*-Feld kennt eine neue *SubItems*-Aufzählung, die mehr Gestaltungsmöglichkeiten bei mehrspaltigen Listen zuläßt (Seite 283).

SSTab: Das Steuerelement wurde von Microsoft übernommen (bisher war es von Sheridan Software Inc. lizenziert) und trägt den neuen Komponentennamen *Microsoft Tabbed Dialog Control*.

MSGraph: Dieses Steuerelement zur Anzeige von Geschäftsdiagrammen ist mit einer Datenbankschnittstelle ausgestattet worden (allerdings nur für ADO).

Neue Zusatzsteuerelemente

ImageCombo (Windows Common Controls 1): Sieht im wesentlichen wie ein gewöhnliches Listenfeld aus, allerdings können neben den Texteinträgen kleine Bitmaps angezeigt werden (Seite 303).

FlatScrollBar (Windows Common Controls 2): Seit Windows 98 sind 'flache' Bildlaufleisten ohne 3D-Effekt wieder schick. Dank diesem Steuerelement können Sie dieses wirklich unverzichtbare Feature auch in Ihren Visual-Basic-Programmen nutzen ... (Seite 306).

MonthView und **DTPicker** (Windows Common Controls 2): Die beiden Steuerelemente ermöglichen eine komfortable Auswahl von Datum und Uhrzeit (Seite 308).

Coolbar (Windows Common Controls 3): Dieses Steuerelement hilft dabei, Symbolleisten im Stil des Internet Explorers zu erzeugen (Seite 314).

MSHFlexGrid: Zum schon bisher vorhandenen *MSFlexGrid*-Steuerelement gesellt sich diese neue Variante zur Darstellung hierarchischer Beziehungen (MSH steht für Microsoft Hierarchical). Das Steuerelement eignet sich insbesondere zur Darstellung von ADO-*Recordset*s und kann daher auch zu den ADO-Steuerelementen gerechnet werden (siehe den nächsten Abschnitt).

Nicht mehr unterstützt

Eine Reihe von Steuerelementen werden schon seit Version 5 nicht mehr offiziell unterstützt: *Graph, Grid, AniPushButton, Gauge, mhState, Outline* und *SpinButton.* Aus Kompatibilitätsgründen werden diese Steuerelemente aber noch immer gewartet und mitgeliefert. Sie befinden sich auf CD3 des Visual Studio Pakets im Verzeichnis `Common/Tools/VB/Controls`.

Etwas unklar ist die Stellung von Crystals Reports, das lange Zeit *das* Tool zur Erstellung von Datenbankberichten war. Dieses Programm ist offensichtlich ebenfalls in Ungnade gefallen: Wie schon mit der Vorgängerversion wird auch mit Visual Basic 6 die seit langem veraltete Crystal Reports Version 4.5 mitgeliefert. Diese Version hat naturgemäß von der neuen ADO-Datenbankbibliothek noch nie etwas gehört. Crystal Reports wird nicht automatisch installiert; die Installationsdateien befinden sich auf der Visual-Studio-CD 3 im Verzeichnis `Common/Tools/VB/Crysrept`. Die Online-Hilfe ist nicht in das MSDN-System integriert.

2.1.4 Datenbanken

Die größte Neuerung in Visual Basic 6 betrifft ohne Zweifel die Datenbankprogrammierung: Nach DAO, ODBCDirect und RDO bietet Microsoft eine neue Bibliothek zur Datenbankprogrammierung an: ActiveX Data Objects, kurz ADO. Diese Bibliothek bietet erstmals eine einheitliche Schnittstelle für *alle* Datenbankquellen an – ganz gleich, ob Ihre Datenbank in einer einfachen Textdatei gespeichert ist oder von einem externen Datenbank-Server verwaltet wird. ADO bietet darüber hinaus eine ganze Menge technologischer Vorteile (Seite 695) und verspricht, wenn es einmal ausgereift sein wird, die Datenbankprogrammierung unter Visual Basic grundlegend zu verändern.

Zu ADO passend gibt es einige neue Datenbanksteuerelemente (ab Seite 815):

- *Adodc* (ADO Data Control): entspricht dem *Data*-Steuerelement, das nach wie vor als Standardsteuerelement zur Verfügung steht.
- *DataGrid, DataList, DataCombo*: entspricht den *DBGrid-, DBList-* und *DBCombo*-Steuerelementen (die aus Kompatibilitätsgründen ebenfalls weiter zur Verfügung stehen).
- *DataRepeater*: dient als Container für ein anderes, selbst programmiertes Steuerelement, das einen Datensatz darstellt. Der Clou: Im laufenden Programm wird das eingesetzte Steuerelement gleichsam für jeden Datensatz vervielfacht (siehe Abbildung auf Seite 855.)
- *MSHFlexGrid*: ermöglicht die einfache Darstellung hierarchischer *Recordset*-Objekte (eine Neuerung der ADO-Bibliothek). Allerdings können die angezeigten Daten nicht verändert werden.
- *MSChart*: ermöglicht die Darstellung von Geschäftsdiagrammen. Das Steuerelement war schon Bestandteil von Version 5; neu in Version 6 ist die ADO-Schnittstelle.

Daneben gibt es zwei neue Designer (Seite 806 bzw. 862):

- *Data Environment*: hilft, die Verbindung zwischen dem Visual-Basic-Programm und der Datenbank möglichst komfortabel herzustellen. Der Designer enthält Werkzeuge zum Definition von *Connection*-Objekten sowie zum Entwurf von SQL-Kommandos und -Abfragen.
- *Data Report*: ermöglicht den Ausdruck von Datenbankberichten und stellt eine – noch unausgereifte – Alternative zum *Crystal-Report*-Steuerelement dar. Die Stärke des Designers liegt ähnlich wie beim *MSHFlexGrid*-Feld in der Unterstützung hierarchischer *Recordset*s.

Schließlich hilft das neue *StdDataFormat*-Objekt, Daten aus Datenbanken in einem benutzerdefinierten Format anzuzeigen (Seite 831). Das Objekt steht dabei gleichsam zwischen der Datenbank und dem gebundenen Steuerelement.

HINWEIS

Die aus Version 5 bekannten Steuerelemente *DBList, DBCombo* und *DBGrid* stehen für DAO-Datenbankanwendungen weiterhin zur Verfügung. Weniger erfreulich ist die Lage bei *DataEnvironment, DataReport, MSHFlexGrid* und *MSChart*, die nur mit ADO-Datenquellen verbunden werden können. (So also sehen die subtilen Argumente Microsofts aus, um Sie von der Notwendigkeit eines raschen Umstiegs von DAO / RDO auf ADO zu überzeugen ...)

2.1.5 Internet

Zu den bisherigen Möglichkeiten, Web-Seiten durch Visual-Basic-Code zu erweitern (VBScript, ActiveX-Steuerelemente und -Dokumente, Active Server Pages), sind zwei neue Varianten hinzugekommen:

- **DHTML-Anwendungen** basieren auf einer Kombination aus einer HTML-Datei und einer ActiveX-DLL. Der Code wird beim Client ausgeführt, d.h., die DLL (und beim ersten Mal auch die Datei `Msvbvm60.dll`) muß zum Client übertragen werden. Als Client kommt nur der Internet Explorer ab Version 4 in Frage. DHTML-Anwendungen erweitern also die Möglichkeiten zur Client-seitigen Internet-Programmierung. Der wesentliche Vorteil gegenüber VBScript besteht darin, daß die Programmentwicklung und Fehlersuche in der Visual-Basic-Entwicklungsumgebung durchgeführt werden kann. Zudem ist der Code deutlich effizienter (Seite 1059).

- **IIS-Anwendungen** sprechen dagegen die Freunde Server-seitiger Programmierung an (auf der Basis des Internet Information Servers IIS oder anderer ASP-fähiger Web-Server). Visual-Basic-intern handelt es sich abermals um ActiveX-DLLs, die aber diesmal vom Web-Server ausgeführt werden. (Das ist vor allem für Clients ein Vorteil: Als Web-Browser kommen auch ältere Versionen des Internet Explorers bzw. des Netscape Navigators / Communicators in Frage!) IIS-Anwendungen stellen in vielen Fällen eine Alternative zu herkömmlichen ASP-Anwendungen dar; wie bei DHTML-Anwendungen kann die Visual-Basic-Entwicklungsumgebung uneingeschränkt verwendet werden (Seite 1127).

2.1.6 Inkompatibilitäten

Glücklicherweise klappt die Übernahme von VB5-Code auf VB6 in vielen Fällen problemlos. Leider gibt es auch Ausnahmen (ohne jeden Anspruch auf Vollständigkeit und auf der Basis der Final-Version ohne Service Packs!):

- Die Online-Dokumentation verspricht, daß Windows Common Controls der Version 5 automatisch durch solche der Version 6 ersetzt werden. Dieses automatische Update funktioniert nicht, und es ist selbst manuell nur sehr schwer durchzuführen. Alter Code funktioniert zwar weiterhin (weil mit Visual Basic 6 die alten und neuen Bibliotheken dieser Zusatzsteuerelemente mitgeliefert werden), die neuen Merkmale / Steuerelemente der Windows Common Controls können aber nicht genutzt werden (Seite 262).

- Ein ähnliches Problem tritt auch beim *MSChart*-Steuerelement auf – auch hier ist ein automatisches Update unmöglich. Mit VB6 wird allerdings die VB5-Version des Steuerelements nicht mehr mitgeliefert – d.h., diesmal *müssen* Sie das Steuerelement manuell entfernen und neu laden. Dabei verlieren Sie alle Eigenschaftseinstellungen (Seite 344).

- Die Objektbibliothek des Internet Explorers wurde im Zuge der DHTML-Einführung vollständig verändert (Seite 1070). VB-Code ist nur dann davon betroffen, wenn Sie den Internet Explorer per ActiveX Automation steuern und dabei auf das IE-Objektmodell zurückgreifen (eher selten). Weit mehr Probleme schaffen VBScript-Programme für den IE.
- Bei der Codeausführung in eigenen ActiveX-Steuerelementen hat sich die Reihenfolge der Ereignisse *Resize* und *ReadProperties* verändert. Wenn sich der *Resize*-Code darauf verläßt, daß die in *ReadProperties* ermittelten Werte schon zur Verfügung stehen, gibt es Probleme (Seite 1008).

2.1.7 Weitere Neuigkeiten in diesem Buch

Dieser Abschnitt richtet sich vor allem an die Leser der letzen Auflage dieses Buchs. Die folgenden Punkte basieren zwar nicht auf Neuerungen in Visual Basic, sind aber erstmals in diesem Buch beschrieben.

MSFlexGrid: Je nach Einstellung der Eigenschaften *MergeRow(n), MergeCol(n)* und *MergeCells* werden Tabellenzellen mit demselben Inhalt automatisch zu großen Zellen vereint (in der Art von Excel-Pivot-Tabellen, Seite 334).

Euro-Symbol €: Das Zeichen € wurde als Unicode-Zeichen in die Betriebssysteme Windows 98 bzw. Windows NT 5 integriert. Für Windows 95 und Windows NT 4 gibt es entsprechende Updates. Auf Seite 388 finden Sie einige Informationen zur Nutzung dieses Zeichens in Ihren Visual-Basic-Programmen.

VarPtr, ObjPtr und **StrPtr**: Diese undokumentierten Funktionen ermitteln die Adressen, an denen Visual-Basic-Variablen gespeichert sind (Seite 628).

IntelliMouse-Ereignisse durch Sub-Classing verarbeiten: Sub-Classing bezeichnet eine Technik, bei der die Windows-interne Ereignisfunktion eines Fensters durch eine Visual-Basic-Callback-Funktion ersetzt wird. Sub-Classing ermöglicht es unter anderem, vorhandene Steuerelemente um zusätzliche Features zu erweitern. Eine mögliche Anwendung besteht darin, unter Visual Basic zur Zeit nicht unterstützte IntelliMouse-Ereignisse zu verarbeiten (Seite 623, 634 und 1017).

Type-Libraries für in C++ programmierte DLLs: Bevor Sie in C oder C++ erstellte DLL-Funktionen in Visual Basic verwenden, müssen Sie diese Funktionen deklarieren (Kommando *Declare*). Diese lästige und fehleranfällige Deklaration können Sie sich sparen, wenn Sie zusammen mit der DLL eine Type-Library entwickeln. Der Mehraufwand ist gering, der Vorteil erheblich – nämlich ein eleganter und Visual-Basic-konformer Aufruf der Funktionen (Seite 650).

2.1.8 Mängel- und Wunschliste

Es ist vermutlich nicht hilfreich, hier dem intuitiven Ansatz nachzutrauern, den Visual Basic im Laufe der letzten sechs Versionen weitgehend verloren hat. Visual Basic wurde mehr und mehr zu einer Sammlung von Komponenten, die unterschiedlicher Herkunft sind, unterschiedlich ausgereift sind und unterschiedlich gut gewartet werden. Bei all den vielen Features, die wir diesen Komponenten verdanken – Stabilität, Konsistenz und Wartbarkeit sind auf der Strecke geblieben. Design-Schwächen bei Zusatzsteuerelementen können auch durch Assistenten nur teilweise kaschiert werden.

Wahrscheinlich ist das bei einem so komplexen und vielfältigen Produkt wie Visual Basic eine unvermeidbare Entwicklung. Und vielleicht wird es ja irgendwann wieder ein neue Programmiersprache geben, die dann (in der ersten Version) wieder verspricht, die Einfachheit in die Windows-Programmierung zurückzubringen, die einst das Merkmal von Visual Basic war.

Statt hier weiter Systemkritik zu formulieren, zählt die folgende Liste diverse Mängel auf, die vergleichsweise leicht zu beseitigen wären. Ärgerlich ist der Umstand, daß viele der hier genannten Probleme nicht neu sind. Vielleicht hilft diese Liste, das Problembewußtsein bei Microsoft ein wenig zu wecken. (Erfahrungen mit den vergangenen Auflagen dieses Buchs lassen daran freilich Zweifel aufkommen, aber man soll die Hoffnung nie aufgeben ...)

- **Textverarbeitung:** Die maximale Textlänge im Textfeld ist nach wie vor Betriebssystem-abhängig (und beträgt unter Windows 95 trostlose 64 kByte). Bei der Alternative zum Textfeld, dem *RichText*-Feld, gibt es zwar keine Limitierung der Textlänge, dafür aber eine Menge ärgerlicher Einschränkungen. Wenn Sie in einem Programm auch nur minimale Textverarbeitungsmerkmale realisieren möchten (minimal wäre etwa ein Ausdruck mit Kopf- und Fußzeilen samt Seitennummern), müssen Sie auf Steuerelemente von Drittanbietern zurückgreifen.

- **Grafik:** Das Bildfeld kann zwar mittlerweile Bitmaps in einigen Formaten (inklusive GIF und JPEG) lesen, Schreiboperationen sind aber nach wie vor auf das Windows-Bitmap-Format beschränkt. Das zunehmend wichtigere PNG-Format wird überhaupt nicht unterstützt. Ebenso fehlen Möglichkeiten, WMF- bzw. EMF-Dateien zu erzeugen (also Windows-Vektor-Grafiken). Noch trostloser ist die Situation, was 3D-Grafik betrifft. Wenn Sie also anspruchsvolle Grafik- oder Multimedia-Anwendungen entwickeln möchten, laufen Sie den Drittanbietern von entsprechenden Zusatzsteuerelementen geradewegs in die Arme.

- **Ausdruck:** Der Ausdruck von Daten war nie eine Stärke von Visual Basic. Daß aber konzeptionelle Schwächen des *Printer*-Objekts seit Version 1.0 nicht beseitigt wurden, ist beinahe schon unglaublich. Also: weiterhin keine Seitenvorschau, kein Druck in eine Datei, kein Windows-konformes Zusammenspiel mit dem *CommonDialog*-Steuerelement etc.

Unerfreulich ist auch die Druckerunterstützung bei den meisten Zusatzsteuerelementen. Ein professioneller Ausdruck erfordert daher entweder mühsame Low-Level-Programmierung (GDI-Funktionen) oder den Einsatz speicherhungriger Zusatzprogramme (etwa WinWord oder Excel via ActiveX Automation).

- **Stapelspeicher:** Rekursive Funktionen stoßen rasch an die Grenzen des Stack-Speichers, der weiterhin 64 kByte beträgt (auch wenn in der Online-Dokumentation von einem MByte die Rede ist). Diese Einschränkung gilt auch in kompilierten Programmen, die bei einer Überschreitung des Stapelspeichers sofort beendet werden, ohne eventuelle *On-Error*-Anweisungen zu berücksichtigen. Wußten Sie übrigens, daß Visual Basic seit Version 4 als 32-Bit-Programmiersprache bezeichnet wird? Wo sind Sie nur, die 32 Bits, mit denen theoretisch ein 4-GByte-Stack möglich wäre?

- **Logische Ausdrücke:** Beinahe jede andere Programmiersprache läßt Abfragen der Art *If x>0 And Sqr(x)<3* zu. Wenn *x* kleiner 0 ist, wird der zweite Teil der Abfrage gar nicht mehr ausgewertet, der logische Ausdruck ist in jedem Fall falsch. Visual Basic wertet dagegen in jedem Fall beide Ausdrücke aus, was nicht nur eine Zeitvergeudung ist, sondern im Fall *x<0* auch noch einen Fehler verursacht.

- **Menüs:** Mit der Auslieferung von Office 97 hat sich die Erwartungshaltung von Windows-Anwendern bezüglich des Aussehens von Menüs grundlegend geändert: Bunte Icons in Menüs sind zu einer Selbstverständlichkeit geworden. Nicht so in Visual-Basic-Programmen. Der Grund: Der Menüeditor ist seit Visual Basic 1.0 praktisch unverändert geblieben und hat von Icons noch nie etwas gesehen oder gehört. (Auch sonst wirkt der Menüeditor zunehmend wie ein Relikt aus der Computersteinzeit.)

  Wohl wird mit Visual Basic 6 das neue *CoolBar*-Steuerelement mitgeliefert; dieses Steuerelement ist aber auch nur bedingt für Menüleisten geeignet und setzt zudem eine Installation des Internet Explorers (zumindest Version 3) am Rechner des Kunden voraus. Wenn Ihr Programm Menüs wie in Office-Komponenten haben soll, müssen Sie auf teure Zusatzsteuerelemente von Drittanbietern zurückgreifen.

- **Beispielprogramme:** Zu einigen neuen Features gibt es keine (sinnvollen) Beispielprogramme. Da Beispielprogramme oft besser als die Dokumentation zeigen, wie neue Objekte / Methoden / Eigenschaften eingesetzt werden, ist das ein gravierender Mangel.

- **HTMLHelp in eigenen Programmen:** Mit Visual Basic wird zwar der neue HTMLHelp-Workshop mitgeliefert, die Integration dieses neuen Hilfesystems in eigene VB-Programme ist aber nur mit Einschränkungen möglich.

- **Benutzeroberfläche:** Schön wäre es, wenn sich Microsoft auf seine eigene Erfindung besinnen und die IntelliMouse unterstützen würde (etwa zum Scrollen in Code-Fenstern). Die Bedienung der Designer fügt sich zum Teil sehr schlecht in die Entwicklungsumgebung ein.

- **Absolute versus relative Dateinamen:** Das größte Ärgernis der Benutzeroberfläche ist ohne Zweifel die Tatsache, daß Pfade zu externen Dateien in Projekt- und Designer-Dateien oft absolut (nicht relativ) gespeichert werden. Die Folge: Wenn Sie Ihr gesamtes Projekt in ein anderes Verzeichnis verschieben, findet die Entwicklungsumgebung Hilfe-, Datenbank- oder HTML-Dateien plötzlich nicht mehr. Dieses Problem tritt auch bei den Beispielprogrammen dieses Buchs und bei denen von Microsoft auf.
- **Datei- und Verzeichnisnamen:** Bei der Zusammenstellung des mittlerweile GBytes umfassenden Visual-Studio-Paketes fehlt Microsoft noch immer der rechte Mut bei der Verwendung langer Dateinamen; daß diese 255 Zeichen lang sein dürfen, hat sich offensichtlich noch nicht in allen Abteilungen herumgesprochen: Namen wie `Progwob`, `Offctlbr` oder `Ltwtct98.chm` sind nicht eben intuitiv.

Ausgereiftheit und Stabilität

Das gemeinsame Merkmal fast aller neuen Features (DHTML, ADO etc.) besteht darin, daß ihr Einsatz massive Probleme jeder Art verursacht.

- Die Dokumentation ist unzureichend. Zum Teil klappt nicht einmal der kontextabhängige Aufruf mit F1.
- Die mitgelieferten Designer wirken wie Fremdkörper in der VB-Entwicklungsumgebung. (Allein die Beschreibung der bekannten Mängel des DHTML-Designers in der Datei `Readmevb.htm` beansprucht mehrere Seiten!)
- Die Bibliotheken wirken oft erst halb fertig, manche Features fehlen: Da soll etwa die ADO-Bibliothek DAO und RDO ablösen, gleichzeitig fehlen aber manche Funktionen der alten Bibliotheken. Die Folge: entweder funktionale Einschränkungen, oder fehleranfällige und Ressource-verschwendende Doppelgleisigkeiten.

So toll die neuen Features in der Theorie sind, so frustrierend ist jeder Versuch, tatsächlich damit zu arbeiten. Wenn Sie glauben, diese Einschätzung wäre gar zu negativ, werfen Sie einmal einen Blick in die Datei `Readmevb.htm` auf Ihrer Visual-Basic-CD-ROM: Dort listet Microsoft Mängel auf, die bei Fertigstellung der Endversion bereits bekannt waren. Diese Datei ist 240 kB groß. Würde der Text wie dieses Buch formatiert, wären das beinahe 100 Seiten mit Bugs-Berichten, Inkompatibilitäten, Dokumentationsmängeln etc.!

Nun ist die Offenheit von Microsoft zweifellos lobenswert und ein Fortschritt gegenüber früheren Versionen. Aber den Eindruck, daß man es mit einem fertigen Produkt zu tun hat, bekommt man wirklich nicht.

TIP

Dieses Buch weist zwar – meist mit spitzer Feder – auf viele Mängel von Visual Basic hin, allerdings längst nicht auf alle. Werfen Sie bei Problemen (und besser schon davor) einen Blick in die Datei `Readmevb.htm`! So ärgerlich der Inhalt ist – der Text ist Pflichtlektüre.

VORSICHT

Falls Sie MSDN-Abonnent sind oder von einer anderen Quelle eine VB-Beta-Version erhalten haben und unvorsichtig genug waren, diese auch zu installieren, empfiehlt Microsoft in `Install.htm`: *Ehe Sie einen Computer, der als Betatestplattform gedient hat, in eine Produktionsumgebung zurückführen, müssen Sie die Festplatte neu formatieren und das Betriebssystem neu installieren.* Der Autor hat es natürlich auch nicht glauben wollen, wurde aber rasch eines Besseren belehrt.

Die paar Stunden zur Neuinstallation Ihres Betriebssystems und aller Programme sowie zur Neukonfiguration der Netzwerk- und Internetfunktionen werden Sie sicherlich gerne opfern! Und während Sie darauf warten, daß Windows zum zehnten Mal neu gestartet wird, weil irgendeine System-DLL ausgetauscht wird, werden Sie sich sicher beglückwünschen, daß Sie sich für ein so tolles Produkt entschieden haben. Entschuldigen Sie bitte den Zynismus – diese Zeilen sind entstanden, nachdem der Autor zuerst Windows NT Workstation und dann NT Server neu installiert hat. Im Prinzip ist die Notwendigkeit der Neuinstallation ein Eingeständnis von Microsoft, daß das gesamte Konzept der Registrierdatenbank von Grund auf als gescheitert zu betrachten ist.

2.2 Die Komponenten von Visual Basic

Versionen

Es gibt momentan drei Versionen zu Visual Basic: Learning-, Professional- und Enterprise-Edition. Ausgangspunkt für dieses Buch ist generell die Professional-Edition.

In der Learning-Edition fehlen sehr viele Zusatzsteuerelemente, die meisten Designer, die MSDN-Library mit der Dokumentation zahlreicher Komponenten etc. Die Version eignet sich damit für eher einfache Anwendungen. Viele Beispielprogramme dieses Buchs können mit der Learning Edition nicht ausprobiert werden.

Die wichtigste VB-spezifische Erweiterung der Enterprise-Edition besteht in der RDO-Bibliothek und dem *MSRDC*-Steuerelement. (Die *Remote Data Objects* sind eine stabile und effiziente Alternative zur ADO-Bibliothek für die Entwicklung von Client / Server-Datenbanksystemen.) Außerdem werden mit der Enterprise-Edition eine Menge Zusatzprogramme mitgeliefert: eine Entwicklerversion des SQL Servers 6.5, der Microsoft Transaction Server, die Repository zur zentralen Verwaltung von VB-Komponenten, Control Safe zur Versionskontrolle etc.

HINWEIS

Zu VB5 gab es noch eine vierte Version, die Control Creation Edition (CCE). Diese Version war frei am Internet verfügbar und eignete sich zur Entwicklung von ActiveX-Steuerelementen. Zu VB6 gibt es diese Version nicht mehr.

Systembibliotheken

Mit Visual Basic werden zahllose Objekt- und Systembibliotheken sowie Steuerelemente installiert. Die Dateien werden gleichmäßig über die ganze Festplatte verteilt. Die wichtigsten Orte sind:

- Bibliotheken und Steuerelemente im Windows-Systemverzeichnis
- weitere Bibliotheken im VB-Installationsverzeichnis
- Datenbankbibliotheken in `Programme\Gemeinsame Dateien\System`
- Designer in `Programme\Gemeinsame Dateien\Designer`

Dokumentation und Beispielprogramme

Die Installation der Dokumentation (MSDN) erfolgt in einem eigenen Schritt und in ein eigenes Verzeichnis. Während der MSDN-Installation werden Sie gefragt, welche Teile der Dokumentation Sie auf die Festplatte kopieren möchten. Solange sich die MSDN-CD 2 im Laufwerk befindet, können Sie unabhängig von diesen Angaben auf die gesamte Dokumentation zugreifen. Schneller geht es aber natürlich von der Festplatte. Empfehlung: Installieren Sie zumindest den Index, die VB-Dokumentation und die gemeinsame Dokumentation zu VS (Visual Studio).

TIP

Übersehen Sie den Punkt VB-PRODUKTBEISPIELE nicht! Das sind die Beispielprogramme zu Visual Basic, die also erst im Rahmen der MSDN-Installation auf Ihre Festplatte kopiert werden. Ganz leicht zu finden sind die Beispieldateien freilich auch dann nicht: Sehen Sie im folgenden Verzeichnis nach:

```
Msdn98\98vs\1031\Samples\Vb98
```

Nicht installierte Komponenten und Tools

Nicht alle Komponenten, die sich auf den CDs befinden, werden automatisch installiert. Anbei einige Erläuterungen zu den wichtigsten Verzeichnissen der Visual-Studio-CDs 1 und 3.

CD ROM 1

`Common\Tools`	zahlreiche Tools, primär als Hilfe zur Entwicklung und zum Test von ActiveX- bzw. OLE-Komponenten

`Dcom98`	Installationsdateien für DCOM98; die Abkürzung steht für *Distributed Component Object Model*; DCOM muß auf Windows-95-Rechnern installiert werden, damit ADO und HTMLHelp funktionieren; wenn Sie entsprechende VB-Programme entwickeln, müssen Sie die `Dcom98.exe`-Dateie mit ausliefern
`Htmlhelp`	enthält den HTMLHelp-Workshop zur Entwicklung neuer Hilfedokumente
`Nt4Sp3`	unter Windows NT 4 setzt VB6 das Service Pack 3 voraus

`CD ROM 3, Verzeichnis Common\Tools\VB`

`Cabinets`	Internet-Installationsdateien zu allen Visual-Basic-Komponenten
`Controls`	Zusatzsteuerelemente, die nicht mehr offiziell unterstützt werden
`Crysrept`	Crystal-Reports-System zur Entwicklung von Datenbankberichten
`German\Crysrept`	die deutsche Version von Crystal Reports
`German\Winless`	deutschsprachige Dokumentation zu den *Windowless*-Zusatzsteuerelementen
`Hcw`	Help-Workshop (die alte Version, also nicht HTMLHelp)
`Idgen`	Programm zur Erzeugung von UUID-Nummern
`Imagedit`	Editor für Bitmaps und Icons
`Lpktool`	Tools, um lizenzierungspflichtige Programme / Komponenten zu erstellen
`Oletools`	Hilfsprogramme zur Verwaltung und zum Test von ActiveX- und OLE-Komponenten
`Resource`	Ressource-Compiler zur Umwandlung von `*.rc`-Dateien in `*.res`-Dateien
`Script`	Script Control; damit können eigene VB-Programme extern durch VBScript gesteuert werden
`Winless`	*Windowless*-Zusatzsteuerelemente

Icons, Bitmaps für Symbolleisten

Bitmap-, WMF- und Icon-Dateien (Sammelbegriff 'Grafik' im Setup-Programm) werden nicht in das Visual-Basic-, sondern in das Visual-Studio-Verzeichnis installiert:

```
Vs98\Graphics
```

2.3 Visual Basic für Applikationen (VBA) und VBScript

An Basic-Dialekten, die von Microsoft stammen, herrscht wahrlich kein Mangel. Die älteste Basic-Variante, die noch eine nennenswerte Verbreitung hat, ist QBasic, eine recht einfache Programmiersprache für MS-DOS. Dann kam Visual Basic für Windows, Word Basic (WinWord), Access Basic, Visual Basic für DOS (Sie lesen richtig), Visual Basic für Applikationen (Excel) und schließlich VBScript (Explorer). In diesem schon fast babylonischen Sprachenwirrwarr fällt die Orientierung – oder vielmehr die Verständigung – manchmal schon schwer.

Thema dieses Buchs ist die Programmiersprache Visual Basic (kurz VB) in der aktuellen Version 6. Dabei handelt es sich um eine eigenständige Programmiersprache, mit der Sie Windows-Programme erstellen können.

Visual Basic für Applikationen (VBA)

Das Kürzel VBA wurde ursprünglich dazu verwendet, um die Makroprogrammiersprache der Office-Komponenten zu bezeichnen. Mittlerweile ist das eigentlich nicht mehr korrekt: VB und VBA wurden so weit angeglichen, daß nun auch die Kernfunktionen von Visual Basic, also all die Kommandos zur Variablenverwaltung, zur Bildung von Prozeduren und Schleifen etc. auf der VBA-Bibliothek basieren. So gesehen ist jeder VB-Programmierer auch ein VBA-Programmierer!

Umgangssprachlich wird es aber wohl dabei bleiben, daß das Kürzel VBA die Makro-Erweiterung diverser Software-Pakete meint. (VBA wurde nicht nur in das Microsoft-Office-Paket, sondern auch in diverse Produkte anderer Hersteller integriert.)

Wo liegen nun die Gemeinsamkeiten zwischen VB und VBA, wo die Unterschiede? Zuerst zu den Gemeinsamkeiten: VB und VBA haben nahezu dieselbe Syntax und dieselben Basiskommandos zur Bildung von Schleifen, zum Umgang mit Dateien etc. Beide Sprachen kennen Objekte, Methoden, Eigenschaften, Ereignisse. Die Entwicklungsumgebungen sind beinahe identisch. Nun die Unterschiede:

- VBA ist keine eigenständige Programmiersprache, sondern eine Makrosprache zur Steuerung des jeweiligen Anwendungsprogramms. Jedes VBA-Programm ist damit an das Anwendungsprogramm gebunden, in dem es entwickelt wurde. VBA-Programme können also nicht losgelöst von Excel, Access etc. verwendet werden, wie das bei VB-Programmen der Fall ist.

- VBA unterstützt nicht alle Features von Visual Basic: Beispielsweise ist es in VBA nicht möglich, ActiveX-Steuerelemente oder ActiveX-Server zu programmieren. (Es können aber solche unter VB entwickelten Komponenten in VBA genutzt werden.)

- Es existiert kein echter Compiler: VBA-Programme sind daher langsamer.
- Die größte Hürde bei der VBA-Programmierung ist nicht die Sprache an sich, sondern das Verständnis der Objekthierarchie und deren Methoden und Eigenschaften. Excel kennt beispielsweise rund 150 Objekte (Fenster, Tabellen, Zellbereiche, Diagramme, Koordinatenachsen von Diagrammen etc.), die wiederum durch etwa 1000 Eigenschaften und Methoden zu steuern sind.
- Formulare in VBA basieren auf der MS-Forms-Bibliothek und einem eigenen Formular-Editor. Es gibt wohl viele Ähnlichkeiten zu VB-Formularen und deren Standardsteuerelementen, es gibt aber leider auch eine Menge Inkompatibilitäten. Zu den größten Einschränkungen zählt der Umstand, daß gebundene Steuerelemente für Datenbankanwendungen nicht unterstützt werden.

Richtig interessant wird VBA für VB-Programmierer durch ActiveX Automation (ehemals Object Automation). Dieser Steuerungsmechanismus ermöglicht es, fremde Programme zu steuern. Mit ActiveX Automation ist es beispielsweise möglich, daß ein VB-Programm auf die Objekte, Methoden und Eigenschaften von Excel oder Access zugreift. ActiveX Automation wird ab Seite 913 detailliert besprochen.

Visual Basic Script

VBScript ist der neueste Visual-Basic-Dialekt. Die Programmiersprache war ursprünglich Microsofts Antwort auf die Sprache JavaScript von Netscape. JavaScript und VBScript ermöglichen es, Code direkt in HTML-Dateien zu integrieren. Mittlerweile reicht die Bedeutung von VBScript aber viel weiter:

- VBScript kann in sogenannten Active Server Pages verwendet werden, um dynamische Web-Seiten zu erzeugen. Dabei wird der Code am Server (nicht am Client ausgeführt).
- Mit dem Windows Scripting Host (WSH) können viele Betriebssystemfunktionen via VBScript gesteuert werden (Zugriff auf das Dateisystem, Zugriff auf die Registrierdatenbank etc.). Der WSH ist integraler Bestandteil von Windows 98 und Windows NT 5. Für Windows 95 und Windows NT 4 gibt es kostenlose Updates am Web-Server von Microsoft.
- Für viele Software-Produkte ist VBScript zum kleinen Bruder von VBA geworden, also zu einer produktunabhängigen Makroprogrammiersprache. VBScript bietet zwar nicht denselben Komfort wie VBA, ist für den Software-Hersteller aber einfacher zu integrieren.
- Das Script-Control können eigene VB-Programme so erweitert werden, daß auch sie extern durch VBScript gesteuert werden können. (D.h., Ihr Kunde kann das von Ihnen entwickelte Programm in einem gewissen Rahmen extern steuern bzw. automatisieren.)

Worin liegen nun die Unterschiede zwischen VB / VBA und VBScript? VBScript unterstützt nur eine Teilmenge von VB. Es fehlt eine richtige Entwicklungsumgebung, und auch der Script-Debugger kann nicht mit den Möglichkeiten der VB-Entwicklungsumgebung mithalten. VBScript-Code wird von einer Systembibliothek interpretiert – d.h., wie bei VBA fehlt ein Compiler. Dieses Buch gibt in Kapitel 1 ab Seite 1043 eine knappe Einführung zu VBScript. Kapitel 27 ab Seite 1087 beschreibt das Prinzip der Active Server Pages.

VERWEIS

Der Schwerpunkt dieses Buchs liegt naturgemäß bei VB, während VBA und VBScript eher Randthemen sind. Mehr Hintergrundinformationen finden Sie im Internet:

```
http://www.microsoft.com/scripting/
http://www.microsoft.com/vba/
```

3 Entwicklungsumgebung

Dieses Kapitel gibt Tips zum Umgang mit der Entwicklungsumgebung von Visual Basic, ohne allerdings auf alle Details einzugehen. Der Aufbau des Kapitels orientiert sich an den Phasen der Programmerstellung (Formulare, Code, Kompilierung).

Zwei wichtige Komponenten der Entwicklungsumgebung werden nicht in diesem Kapitel, sondern in anderen Teilen des Buchs beschrieben: das Testfenster sowie die Kommandos zur Fehlersuche in einem eigenen Kapitel zum Thema Fehlersuche / Fehlerabsicherung (Seite 365), der Menüeditor in einem Abschnitt zur Gestaltung und Programmierung von Menüs (Seite 445).

3.1 Einführung

Projekttypen

Beim Start von Visual Basic bzw. beim Einfügen eines neuen Projekts werden Sie mit einer stattlichen Auswahl von Projekttypen überrascht. Wenn Sie ein traditionelles Programm ohne Internet- und ActiveX-Spielereien entwickeln wollen, entscheiden Sie sich für STANDARD-EXE.

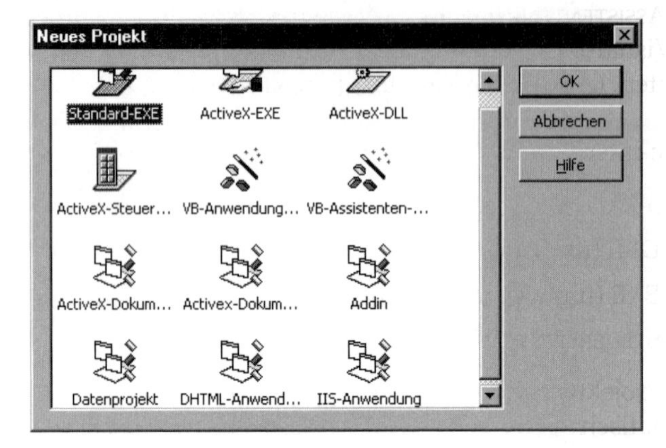

Bild 3.1: Projektauswahl in der Enterprise-Version

Die folgende Tabelle gibt einen Überblick über die restlichen Optionen:

- VB-ANWENDUNGSASSISTENT: Dieser Menüeintrag führt ebenfalls zu einem normalen Programm – allerdings ist Ihnen bei den ersten Schritten ein Assistent behilflich. Bei manchen Programmen können Sie sich damit einige Zeit für relativ monotone Arbeiten, etwa für den Menüentwurf, sparen.

- DATENPROJEKT: Das ist die dritte Variante, die zu einem gewöhnlichen Programm führt. Allerdings werden diesmal einige Datenbankfunktionen aktiviert (ADO-Bibliothek) und je ein *DataEnvironment*- und ein *DataReport*-Designer in das Projekt integriert (siehe Seite 727).

- ACTIVEX-EXE / -DLL: Dieser Eintrag leitet die Entwicklung eines Out-of-Process- bzw. In-Process-ActiveX-Server ein (kurz ActiveX-Server). Diesen Server können Sie anschließend in anderen Programmen via ActiveX Automation steuern. In Version 4 gab es das alles auch schon, allerdings sprach man damals von OLE-Servern und Object Automation (Seite 945).

- ACTIVEX-STEUERELEMENT: Damit beginnen Sie die Entwicklung eines neuen Steuerelements (Seite 991).

- ACTIVEX-DOKUMENT-EXE / -DLL: Wenn Sie Programme entwickeln möchten, die im Internet Explorer ausgeführt werden, sind Sie hier richtig (Seite 1027).
- DHTML-ANWENDUNG: Auch DHTML-Programme werden im Internet Explorer ausgeführt. Im Unterschied zu ActiveX-Dokumenten sieht die Benutzerschnittstelle aber eher wie ein Dokument aus (Seite 1059).
- IIS-ANWENDUNGEN: IIS-Anwendungen sind ActiveX-DLLs, die vom Internet Information Server ausgeführt werden (Seite 1127).
- ADD-IN / VB-ASSISTENTEN-MANAGER: Diese beiden Einträge wählen Sie, wenn Sie ein Add-In zur Visual-Basic-Entwicklungsumgebung – etwa einen Assistenten – entwickeln möchten. (Add-In-Programmierung wird in diesem Buch nicht behandelt.)

ANMERKUNG

Visual-Basic-intern gibt es nur vier unterschiedliche Projekttypen:

- STANDARD-EXE
- ACTIVEX-DLL (umfaßt auch ACTIVEX-DOKUMENT-DLL)
- ACTIVEX-EXE (umfaßt auch ACTIVEX-DOKUMENT-EXE und ADD-IN)
- ACTIVEX-STEUERELEMENT.

Die vielen Projekttypen in Bild 3.1 ergeben sich lediglich aus diversen Optionen, automatisch aktivierten Objektbibliotheken, automatisch inkludiertem Programmcode etc. Diese Einstellungen können Sie natürlich auch manuell vornehmen. Im Dialog PROJEKT | EIGENSCHAFTEN können Sie den Projekttyp auch nachträglich verändern.

Schablonen (Template-Verzeichnis)

Hinter dem gerade behandelten Projektauswahlkatalog verbirgt sich das `Template`-Verzeichnis. Dieses Verzeichnis enthält – inhaltlich gruppiert – Schablonen für neue Visual-Basic-Komponenten. Im Dialog NEUES PROJEKT wird (neben einigen vordefinierten Projekten) einfach der Inhalt des Verzeichnisses `Template/Projects` angezeigt. Die folgende Tabelle gibt einen Überblick über die `Template`-Verzeichnisse:

`Classes`	Schablonen für Klassenmodule (KLASSENMODUL HINZUFÜGEN)
`Code`	Schablenen für Module (MODUL HINZUFÜGEN)
`Controls`	Schablonen für Assistenten
`Forms`	Schablonen für Formulare (FORMULAR HINZUFÜGEN)
`MDIForms`	Schablonen für MDI-Formulare (MDI-FORMULAR HINZUFÜGEN)
`Menus`	Schablonen für Assistenten
`Projects`	Schablonen für Projekte (NEUES PROJEKT)
`PropPage`	Schablonen für Eigenschaftsdialoge zu Steuerelementen (EIGENSCHAFTSSEITE HINZUFÜGEN)

`UserCtls`	Schablonen für ActiveX-Steuerelemente (BENUTZERSTEUERELEMENT HINZUFÜGEN)
`UserDocs`	Schablonen für ActiveX-Dokumente (BENUTZERDOKUMENT HINZUFÜGEN)

Sie können problemlos eigene Schablonen zur Verfügung stellen, indem Sie Dateien aus vorhandenen Programmen in eines der Template-Verzeichnisse kopieren. Schablonen können dabei helfen, daß Formulare ein einheitliches Design haben, daß die Einstellung von Projekteigenschaften (etwa Copyright-Angaben) automatisch erfolgen etc. Immer wieder benötigte Codebausteine können im Modules-Verzeichnis abgelegt werden und ermöglichen so eine einfache Wiederverwendung einmal erstellten Codes. Wenn aus Schablonen erzeugte Komponenten gespeichert werden, muß ein neues Verzeichnis angegeben werden – es kann also nicht passieren, daß irrtümlich veränderte Komponenten im Template-Verzeichnis gespeichert werden.

Wenn die Visual-Basic-Entwicklung im Team oder innerhalb einer Firma erfolgt, kann es sinnvoll sein, allen Programmierern ein gemeinsames Template-Verzeichnis auf einem zentralen Server zugänglich zu machen. Das von der Entwicklungsumgebung verwendete Template-Verzeichnis kann dazu in EXTRAS | OPTIONEN | UMGEBUNG verändert werden.

Gleichzeitige Bearbeitung mehrerer Projekte (Projektgruppen)

Mit Visual Basic können Sie mehrere Projekte gleichzeitig bearbeiten. Das macht nicht nur die Entwicklung von ActiveX-Steuerelementen oder -Servern einfacher, sondern hilft auch beim Austausch von Programmcode oder Steuerelementen zwischen Programmen.

Zum Laden weiterer Projekte führen Sie statt DATEI | PROJEKT ÖFFNEN das Kommando - | PROJEKT HINZUFÜGEN aus. Alle geladenen Projekte werden im Projektfenster angezeigt. Wenn Sie im Projektfenster ein Projekt zusammenklappen (ausblenden), werden alle Fenster dieses Projekts geschlossen. Auf diese Weise gelingt es, selbst bei der gleichzeitigen Bearbeitung mehrerer Projekte einen Überblick über Dutzende Fenster zu bewahren.

Wenn mehrere Projekte gleichzeitig geladen sind, muß Visual Basic wissen, mit welchem Projekt es beim Programmstart beginnen soll. Dazu klicken Sie das Projekt im Fenster PROJEKTGRUPPE an und führen das Kontextmenükommando ALS STARTEINSTELLUNG FESTLEGEN aus. Dieses Projekt wird jetzt durch eine fette Schrift hervorgehoben. (Wenn Sie ActiveX-Komponenten entwickeln, muß das Programm gestartet werden, das die Komponente *einsetzt*. Das Projekt mit dem Code für die Komponente wird in der Folge ebenfalls gestartet – aber darum kümmert sich die Entwicklungsumgebung automatisch.)

Optionen

Wenn Sie nicht gerade mit einem 21-Zoll-Monitor gesegnet sind, werden Sie vor lauter verankerten Fenstern in der Visual-Basic-Entwicklungsumgebung kaum Platz für ein Formular- oder Codefenster finden. Sie können diesen Unfug abstellen, indem Sie die meisten (am besten alle) Kontrollkästchen in EXTRAS | OPTIONEN | VERANKERN deaktivieren. Anschließend können Sie alle Fenster ohne Einschränkungen verschieben und überlappend anordnen.

Standardgemäß startet die Entwicklungsumgebung jetzt als MDI-Anwendung (d.h., alle Visual-Basic-Fenster befinden sich innerhalb eines großen Hauptfensters). Unter Version 4 waren die Visual-Basic-Fenster dagegen alle eigenständig. Das hatte den Vorteil, daß das gerade ausgeführte Programm oft leichter zu finden war, weil es nicht hinter dem Hauptfenster verborgen war, während Sie Visual-Basic-Fenster zur Fehlersuche verwenden. Dieser SDI-Modus (Single Document Interface) wird weiterhin unterstützt und kann mit EXTRAS | OPTIONEN | WEITERE OPTIONEN aktiviert werden.

Symbolleisten

Visual Basic ist mit mehreren Symbolleisten ausgestattet, auch wenn normalerweise nur eine einzige angezeigt wird. Mit ANSICHT | SYMBOLLEISTE können Sie nicht nur die drei anderen Symbolleisten aktivieren, Sie können alle vorhandenen Symbolleisten, Menüs und Kontextmenüs bearbeiten sowie selbst Symbolleisten erstellen. Die Veränderung der Menüs und Symbolleisten erfolgt im wesentlichen durch *Drag and Drop* (wie in den Office-97-Programmen). Dabei werden Sie im BEFEHLE-Blatt des ANPASSEN-Dialogs auf zahlreiche Befehle stoßen, die im Visual-Basic-Standardmenü gar nicht enthalten sind! Einige Beispiele:

BEARBEITEN | BLOCK AUSKOMMENTIEREN

BEARBEITEN | AUSKOMMENTIEREN DES BLOCKS AUFHEBEN

BEARBEITEN | LESEZEICHEN SETZEN

BEARBEITEN | NÄCHSTES / VORIGES LESEZEICHEN

BEARBEITEN | LESEZEICHEN LÖSCHEN

Alle hier aufgezählten Kommandos sind nur im Codefenster von Interesse. Das Auskommentieren von Programmzeilen ist oft bei der Fehlersuche angenehm. Die Möglichkeit, im Programmcode Lesezeichen zu setzen, hilft besonders bei der Orientierung und Analyse umfangreicher Programme, die Sie nicht selbst geschrieben haben.

3.2 Gestaltung von Formularen

Das Design von Formularen ist in der Regel der erste Schritt bei der Entwicklung von Visual-Basic-Programmen. Formulare können von Ihrem Programm als Dialoge (starre Größe, der Anwender muß auf den Dialog reagieren) oder als Fenster im herkömmlichen Sinn (variable Größe, der Anwender kann in andere Fenster desselben Programms wechseln) eingesetzt werden.

Formularlayoutfenster

Mit dem Formularlayoutfenster können Sie die Startposition von Formularen bequem einstellen. (Wenn Sie möchten, können Sie natürlich auch die Formulareigenschaften *Left, Top, Width, Height* und *StartupPosition* manuell im Eigenschaftsfenster einstellen.)

Zusatzsteuerelemente

Die Toolbox (Werkzeugsammlung) stellt eine Palette der zur Zeit verfügbaren Steuerelemente dar. Wenn die Toolbar gerade nicht angezeigt wird, führen Sie das Kommando ANSICHT | WERKZEUGSAMMLUNG aus.

Wenn Sie während der Formularerstellung feststellen, daß Ihnen einzelne Zusatzsteuerelemente fehlen, klicken Sie die Toolbar mit der rechten Maustaste an und wählen den Kontextmenüeintrag KOMPONENTEN. In diesem Dialog werden wahlweise alle verfügbaren Zusatzsteuerelemente oder alle verfügbaren OLE-Objekte (etwa WordPad-Dokumente oder Excel-Tabellen) angezeigt. Durch Anklicken des jeweiligen Kontrollkästchens werden die Elemente in die Toolbar aufgenommen bzw. aus ihr entfernt. Beachten Sie, daß manche Einträge in der Liste (etwa die Data Bound List Controls) mit mehreren Steuerelementen verbunden sind.

TIP

Achten Sie darauf, daß die Toolbox keine Steuerelemente enthält, die Sie im Programm gar nicht benötigen. Dadurch verlängert sich die Zeit zum Laden des Projekts. Zudem glaubt der Installationsassistent, daß diese Steuerelemente tatsächlich benötigt werden und vergrößert damit unnötigerweise den Installationsumfang Ihres Programms.

Eine Neuerung der Toolbar besteht darin, daß Steuerelemente in mehreren Gruppen angeordnet werden können. Das ist vor allem dann praktisch, wenn Sie sehr viele Steuerelemente in einem Programm nutzen. Gruppen können ebenfalls über das Kontextmenü der Toolbar gebildet bzw. verändert werden. Steuerelemente werden immer in die gerade aktive Gruppe eingefügt. Die Standardsteuerelemente können nicht entfernt werden.

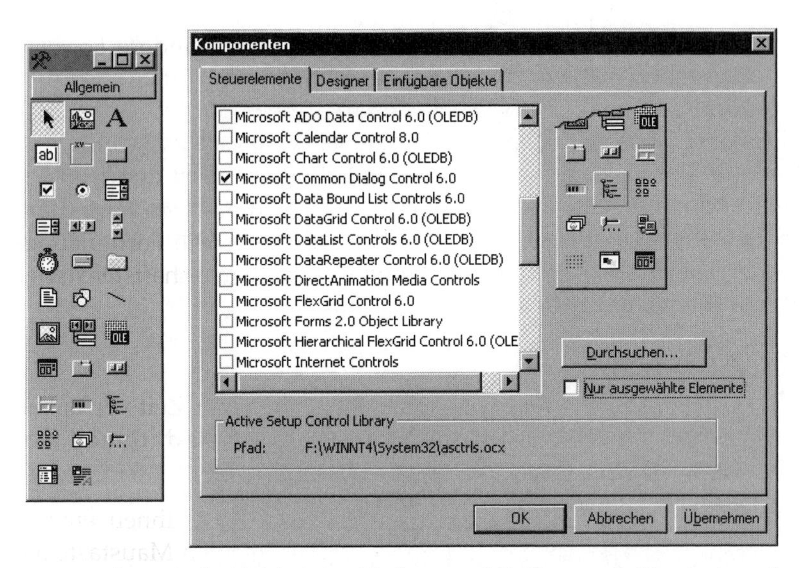

Bild 3.2: Die Toolbox mit dem Dialog zum Einfügen und Entfernen von Zusatzsteuerelementen

Steuerelemente benennen

Zur Identifikation von Steuerelementen im Programmcode ist die *Name*-Eigenschaft vorgesehen. Aber gerade diese Eigenschaft wird gerne vergessen oder gar mit der *Caption*-Eigenschaft verwechselt. (*Caption* bestimmt nur, welcher Text im Steuerelement angezeigt wird. *Caption* kann jederzeit vom Programm geändert werden. Viele Steuerelemente besitzten gar keine *Caption*-Eigenschaft, weil sie keinen Beschriftungstext anzeigen.)

Geben Sie den Steuerelementen möglichst aussagekräftige Namen. Der Name sollte sowohl etwas über die Art des Objekts als auch über seine Bedeutung für das Programm aussagen. Dabei ist es sinnvoll, im gesamten Programm eine einheitliche Konvention einzuhalten. Eine (von Microsoft favorisierte) Vorgehensweise besteht darin, die ersten drei oder vier Buchstaben dazu zu verwenden, den Typ der Steuerelemente auszudrücken. Typische Elementnamen sind dann *btnOK* (für den OK-Button), *btnAbbruch*, *lblInfo* (für ein Labelfeld), *txtName* (für ein Textfeld), *picIcon* (für ein Bild) etc.

Beachten Sie bitte, daß Sie nach der Veränderung einer *Name*-Eigenschaft bereits erstellten Code ebenfalls verändern müssen.

Steuerelementfelder

Visual Basic vergibt beim Einfügen von Steuerelementen automatisch Namen. Im Regelfall werden Sie diese Namen anschließend durch aussagekräftigere ersetzen (durch die Einstellung der *Name*-Eigenschaft im Eigenschaftsfenster).

Ein Sonderfall tritt auf, wenn zwei oder mehr Steuerelemente den gleichen Namen bekommen. Dieser Fall tritt ein, wenn Sie ein Steuerelement mehrfach über die Zwischenablage einfügen oder die *Name*-Eigenschaft eines Steuerelements so einstellen wie die eines schon vorhandenen Steuerelements. Visual Basic fragt dann, ob Sie ein Steuerelementfeld bilden möchten. Steuerelementfelder haben den Sinn, eine Gruppe gleichartiger Steuerelemente (beispielsweise vier Auswahlkästchen) durch eine gemeinsame Ereignisprozedur zu verwalten. Die Steuerelemente können noch immer durch die *Index*-Eigenschaft voneinander unterschieden werden. Steuerelementfelder sparen oft redundante und fehleranfällige Tipparbeit.

Steuerelemente in Container einfügen

Im Regelfall werden Steuerelemente direkt in das Formular eingefügt. Es gibt allerdings auch Steuerelemente, die als Container für andere Steuerelemente auftreten. Die beiden am häufigsten eingesetzten Container sind das Bild- und das Rahmenfeld. Container haben den Sinn, andere Steuerelemente optisch und logisch zu gruppieren. Besonders wichtig ist das, wenn mehrere Gruppen von Optionsfeldern gebildet werden sollen: dann sollte sich jede Gruppe in einem eigenen Container befinden (der durchaus auch unsichtbar sein darf).

Um ein neues Steuerelement nicht unmittelbar im Formular, sondern in ein Containerfeld einzufügen, muß das Containerfeld vor dem Einfügen mit der Maus markiert werden. Die so eingefügten Steuerelemente sind jetzt mit dem Containerfeld verbunden. Ein Verschieben des Containers verschiebt auch die darin enthaltenen Steuerelemente. Dasselbe gilt auch für das Löschen von Containerfeldern. Containerfelder können übrigens selbst wiederum in Containern plaziert werden. Insgesamt ist auf diese Weise eine maximal sechsstufige Hierarchie möglich. (Das Ausschöpfen dieser Grenze wird aber wohl kaum sinnvoll sein.)

Plazierung von Steuerelementen

Seit Version 5 stehen im FORMAT-Menü eine Menge Kommandos zur Verfügung, mit der Sie Gruppen von Steuerelementen ausrichten können, den Abstand zwischen diesen Steuerelementen gleichmäßig einstellen können etc. Bevor Sie sich aus langjähriger Visual-Basic-Gewohnheit damit plagen, mehrere Steuerelemente einzeln zu manipulieren, werfen Sie einen Blick auf dieses Menü und probieren Sie die Kommandos aus!

Steuerelemente können übrigens auch mit der Tastatur bewegt werden: Die vier Cursortasten zusammen mit Strg verschieben das gerade aktive Steuerelement um einen Rasterpunkt. (Der Rasterabstand kann im OPTIONEN-Dialog eingestellt werden.)

Eigenschaften

Bei den meisten Steuerelementen werden die Eigenschaften über das Eigenschaftsfenster (F4) eingestellt. Manche Zusatzsteuerelemente verfügen darüber hinaus über ein eigenes Dialogfenster mit zusätzlichen Eigenschaftsseiten (Shift+F4). Zur raschen Auswahl des gerade aktiven Steuerelements können Sie nicht nur die Maus verwenden, sondern auch Tab oder Shift+Tab.

Im Eigenschaftsfenster kann das gerade aktuelle Steuerelement aus der Liste des Elementfelds ausgewählt werden. In den meisten Fällen ist es aber bequemer, das jeweilige Steuerelement einfach im Formularfenster anzuklicken. Beachten Sie, daß auch Formulare, Module etc. Eigenschaften haben, die ebenfalls im Eigenschaftsfenster eingestellt werden. Zur Auswahl des Formulars klicken Sie einfach an eine beliebige Stelle im Formular, die nicht durch ein Steuerelement bedeckt ist.

Zur effizienten Bedienung des Eigenschaftsfensters existieren einige wichtige Tastaturkommandos: Mit Strg+Shift+Buchstabe können Sie sehr rasch die gewünschte Eigenschaft auswählen, also z.B. Strg+Shift+C für *Caption*. Mit Shift+Tab bewegen Sie den Eingabecursor in das Objektfeld und können dort mit den Cursortasten oder durch die Eingabe des Anfangsbuchstabens das gewünschte Steuerelement auswählen.

Die Eigenschaften mehrerer Steuerelemente gleichzeitig einstellen

Im Formular ist die gleichzeitige Auswahl mehrerer Steuerelemente möglich. Dazu können Sie über die gewünschten Elemente mit der Maus einen Rahmen ziehen oder die Elemente der Reihe nach bei gedrückter Shift- oder Strg-Taste mit der Maus anklikken. Im Eigenschaftsfenster werden jetzt nur noch jene Eigenschaften angezeigt, die in allen Elementen gemeinsam verfügbar sind. Die Veränderung der Eigenschaften wirkt sich dann auf alle markierten Steuerelemente gleichzeitig aus und ermöglicht so eine sehr rationelle Formulargestaltung.

Farben

Zur Einstellung der Vorder- und Hintergrundfarben von Steuerelementen steht ein Farbpalettenfenster zur Verfügung. Zur kleinen Variante dieses Fensters kommen Sie durch einen Doppelklick auf die *BackColor-* oder *ForeColor*-Eigenschaft im Eigenschaftsfenster.

Wenn Sie die Farben mehrerer Steuerelemente ändern wollen, ist es praktischer, mit ANSICHT | FARBPALETTE ein stationäres Farbpalettenfenster zu aktivieren. Im Farbpalettenfenster werden rechts ein größeres und darin ein kleineres Quadrat angeklickt. Wenn Sie das größere Quadrat anklicken, betreffen Farbveränderungen die Hintergrundfarbe. Das kleinere Quadrat steht für die Vordergrundfarbe.

In der Defaulteinstellung verwenden die Steuerelemente Windows-Systemfarben. In der Farbpalette sind dagegen nur RGB-Farben vorgesehen. Sobald Sie eine Farbe durch die Farbpalette einstellen, ist diese Einstellung starr, also unabhängig von den Windows-Systemfarben. Das ist aber nicht immer beabsichtigt und kann auf einem Rechner, auf dem ein anderes Farbschema eingestellt ist, zu unerwarteten und oft unerwünschten Farbeffekten führen. Wenn Sie eine Farbe mit einer der Systemfarben einstellen möchten, müssen Sie den entsprechenden hexadezimalen Wert per Tastatur eingeben. Eine Liste mit den hexadezimalen Codes der Farben finden Sie in der Online-Hilfe (Thema *Color-Konstanten*).

ANMERKUNG

Unter Visual Basic gibt es zwei Möglichkeiten, Farben zu codieren: Die eine ist der allseits bekannte RGB-Wert: Für die Farbanteile Rot, Grün und Blau kann ein Wert zwischen 0 und 255 angegeben werden. Das Ergebnis ist eine hexadezimale Zahl, deren beide erste Stellen 0 sind, also etwa *&H00FF0000* für ein intensives Rot. (Dieser hexadezimale Wert wird auch im Eigenschaftsfenster angezeigt.) Daneben existieren Windows-Systemfarben, deren Codierung mit *&H80000000* beginnt. Windows-Systemfarben können im Windows-System eingestellt werden (klicken Sie mit der rechten Maustaste auf den Windows-Desktop) und gelten für alle Windows-Programme. *&H8000000F* ist beispielsweise die Hintergrundfarbe für alle 3D-Objekte (Buttons, Dialoge etc.). Eine Auswahl aller Systemfarben gibt das Eigenschaftsfenster bei der Veränderung von Farbeinstellungen.

Zeichenreihenfolge

Steuerelemente sind generell gleichberechtigt. Allerdings wird bei der Darstellung unterschieden, in welcher Reihenfolge die Steuerelemente eingefügt wurden: Wenn sich Steuerelemente überlappen, dann überdecken die zuletzt eingefügten Steuerelemente die schon früher eingefügten. Die Zeichenreihenfolge von Steuerelementen kann über FORMAT | REIHENFOLGE | IN DEN VORDER-/HINTERGRUND nachträglich verändert werden. Die beiden Kommandos stehen auch im Kontextmenü zur Verfügung, das beim Anklicken eines Steuerelements mit der rechten Maustaste erscheint.

Tabulatorreihenfolge

Der Eingabecursor in Formularen kann sowohl beim Formularentwurf als auch im laufenden Programm mit Tab von einem Element zum nächsten bewegt werden. Da beim Entwurf von Formularen selten exakt die Reihenfolge eingehalten wird, die für Tab gelten soll, müssen Sie die *TabIndex*-Werte am Ende des Entwurfs zumeist manuell im Einstellungsfeld des Hauptfensters ändern. Visual Basic paßt nach der Änderung eines *TabIndex*-Werts automatisch alle anderen Werte an, d.h., es kann nicht vorkommen, daß mehrere Steuerelemente denselben *TabIndex* aufweisen.

Bei zusammengehörenden Kontrollkästchen ist es oft nicht sinnvoll, diese Kontrollkästchen alle mit Tab zu durchlaufen. Wenn Sie möchten, daß einmal Tab den Eingabecursor zum ersten Kontrollkästchen bewegt und nochmals Tab den Cursor zum ersten Steuerelement nach den Kontrollkästchen, dann müssen Sie bei allen Kontrollkästchen außer beim ersten die Eigenschaft *TabStop* auf *False* setzen.

Tastenkürzel

Bekanntlich können Buttons in Formularen mit Alt+Buchstabe ausgewählt werden, wenn in den Buttons ein unterstrichener Buchstabe steht. Dazu müssen Sie im *Caption*-Text vor den jeweiligen Buchstaben ein &-Zeichen stellen. Dieses Zeichen ist auch in Labelfeldern und Rahmen erlaubt. Bei Labelfeldern wird der Eingabecursor dann in ein veränderliches Steuerelement mit dem nächstgrößeren *TabIndex*-Wert bewegt, bei Rahmen wird der Eingabecursor in das erste Steuerelement im Rahmen gestellt.

Steuerelemente kopieren und einfügen

Steuerelemente können ebenso wie Textausschnitte in die Zwischenablage kopiert und anschließend wieder in das Formular eingefügt werden. Dadurch können Sie mit wenig Aufwand mehrere gleichartige Steuerelemente erzeugen: Sie stellen zuerst alle Eigenschaften eines Steuerelements ein, kopieren es dann mit Strg+Einfg (Menükommando BEARBEITEN | KOPIEREN) in die Zwischenablage und fügen es mit Shift+Einfg (Menükommando BEARBEITEN | EINFÜGEN) so oft in Ihr Formular ein, wie Sie das Element benötigen. Das Kopieren und Einfügen funktioniert auch für ganze Gruppen markierter Steuerelemente und zwischen unterschiedlichen Formularen.

Beim Einfügen eines zweiten gleichartigen Steuerelements meldet sich Visual Basic mit der Frage, ob Sie ein Steuerelementfeld bilden möchten. Wenn Sie die Frage mit JA beantworten, vergibt Visual Basic automatisch ansteigende *Index*-Werte und beläßt die *Name*-Eigenschaft unverändert. Wenn Sie dagegen NEIN wählen, gibt Visual Basic dem neuen Steuerelement automatisch eine andere *Name*-Bezeichnung (z.B. *Text2* statt *Text1*).

Steuerelemente sperren

Wenn Sie einzelne Steuerelemente vor ungewollten Veränderungen schützen möchten, können Sie die Steuerelemente sperren. Dazu markieren Sie die betroffenen Elemente mit der Maus und führen BEARBEITEN | STEUERELEMENTE SPERREN aus. Ein nochmaliges Ausführen des Kommandos deaktiviert den Schutz. Wenn Sie nicht einzelne Steuerelemente, sondern das ganze Formular auswählen, gilt der Schutz für alle Steuerelemente des Formulars.

3.3 Codeeingabe

Nach der Gestaltung der Formulare ist die Erstellung des Programmcodes der nächste Schritt zu einem funktionierenden Visual-Basic-Programm. Der Programmcode wird in eigenen Codefenstern angezeigt (je Datei eines). Um ein einfaches Kopieren von Programmteilen aus einem Unterprogramm in ein anderes zu erlauben, kann das Programmcodefenster in zwei Bereiche geteilt werden.

Definition neuer Prozeduren

Wenn Sie eine neue Prozedur schreiben möchten, bestehen dazu mehrere Möglichkeiten. Am einfachsten geht es bei den Ereignisprozeduren: Durch einen Doppelklick auf das Formular bzw. auf das Steuerelement wird das Codefenster automatisch geöffnet. Der Cursor wird in die Codeschablone mit der für das jeweilige Element wichtigsten Ereignisprozedur gestellt. Wenn Sie den Code für ein anderes Ereignis schreiben möchten, wählen Sie das betreffende Ereignis einfach im rechten Listenfeld des Codefensters aus.

Bei allgemeinen Prozeduren (Unterprogramme, Funktionen) müssen Sie zuerst das Codefenster öffnen, indem Sie die Prozedur programmieren möchten. Anschließend können Sie mit EXTRAS | PROZEDUR HINZUFÜGEN eine Schablone für eine neue Prozedur per Mausklick erstellen. (Die Bedeutung der Schlüsselwörter *Sub, Function, Property, Public, Privat* und *Static* wird ab Seite 121 genau beschrieben.)

Wenn Sie ein wenig Übung und Erfahrung mit Visual Basic haben, werden Sie die Definition einer neuen Prozedur noch schneller erledigen, indem Sie die Anweisungen *Function Name* oder *Sub Name* im Codefenster eingeben. Visual Basic vervollständigt die Prozedurdefinition automatisch durch *End Function* oder *End Sub.*

Prozedurattribute

Im Dialog EXTRAS | PROZEDURATTRIBUTE können Sie zusätzliche Attribute zu Prozeduren einstellen. Dazu zählen eine Kurzbeschreibung der Prozedur, Verweise auf Hilfedateien sowie diverse Attribute, die dann von Interesse sind, wenn Sie Eigenschaftsprozeduren für Klassenmodule bzw. für ActiveX-Komponenten programmieren.

So können Sie eine Eigenschaftsprozedur als Defaultprozedur deklarieren: PROZEDUR-ID = VOREINSTELLUNG. Etwas komplizierter ist die Definition von Aufzähleigenschaften: PROZEDUR-ID = -4 (wie intuitiv!), Option IM EIGENSCHAFTSFENSTER NICHT ANZEIGEN aktivieren (gemeint ist hier der Objektkatalog). Mehr Informationen zur Programmierung von Eigenschaftsprozeduren finden Sie ab Seite 170.

Der Dialog kann als Musterbeispiel dafür gelten, wie man eigene Dialoge möglichst nicht gestalten sollte: unübersichtlich, zweideutig beschriftet, nur mit hellseherischen Fähigkeiten zu bedienen ... Warum die Einstellungen nicht überhaupt im Eigenschaftsfenster durchgeführt werden können (was mit der restlichen Entwicklungsumgebung konsistent gewesen wäre), bleibt auch rätselhaft.

Cursorbewegung im Programmcodefenster

Der Textcursor kann innerhalb eines Unterprogramms bzw. einer Funktion wie gewohnt mit den Cursortasten bewegt werden. Bild ↑ bzw. Bild ↓ bewegen den Textcursor seitenweise durch eine Prozedur. Wenn der Cursor bereits am Anfang bzw. am Ende des Unterprogramms steht, wird die vorangegangene bzw. nächste Prozedur angezeigt. (Die Reihenfolge der Prozeduren orientiert sich an der Reihenfolge, in der die Prozeduren definiert wurden.)

Strg+↑ und Strg+Bild ↑ bzw. Strg+↓ und Strg+Bild ↓ zeigen unabhängig von der aktuellen Position des Textcursors in jedem Fall das vorige bzw. das nächste Unterprogramm an. F6 wechselt den aktiven Ausschnitt, wenn das Fenster geteilt ist.

Shift+F2 bewegt den Cursor zum Code der Prozedur, auf dessen Name der Cursor gerade steht (Kommando ANSICHT | PROZEDURDEFINITION). Wenn die betroffene Prozedur in einer anderen Datei des Projekts definiert ist, wechselt Visual Basic automatisch in das betreffende Codefenster. Strg+Shift+F2 springt zurück zur vorherigen Position. Visual Basic verwaltet dazu einen mehrstufigen Puffer für die Rücksprungpositionen.

Zum raschen Springen zu einem anderen Programmteil können Sie schließlich auch den Objektkatalog verwenden, in dem (unter anderem) sämtliche von Ihnen programmierte Prozeduren verzeichnet sind – siehe den folgenden Abschnitt.

Blöcke ein- und ausrücken

Damit der Programmcode leichter zu lesen ist, werden Blöcke innerhalb von Verzweigungen und Schleifen normalerweise eingerückt (wie in allen Programmlistings dieses Buchs). Die Einrückungen erfolgen nicht automatisch, sondern müssen durch die Eingabe von Leer- oder Tabulatorzeichen vorgenommen werden. Wenn Sie später die Struktur des Programms ändern (z.B. durch eine zusätzliche Sicherheitsabfrage), müssen Sie oft zahlreiche Zeilen ein- oder ausrücken. Anstatt das für jede Zeile manuell zu erledigen, können Sie sich von Visual Basic helfen lassen: Markieren Sie den gesamten Zeilenblock mit der Maus, und geben Sie dann Tab bzw. Shift+Tab ein. Visual Basic rückt den gesamten Block um eine Tabulatorposition ein oder aus.

Die Tabulatorweite kann im Optionenfenster (EXTRAS | OPTIONEN | EDITOR) beliebig eingestellt werden – sogar auf ein einziges Zeichen. Die Defaulteinstellung lautet vier Zeichen, in diesem Buch wurden aber nur zwei Zeichen verwendet, was zu einem weniger stark auseinandergezogenen Programmcode führt. (Visual Basic arbeitet übrigens nicht mit echten Tabulatoren. Die Tabulatorweite gibt nur an, wie viele Leerzeichen durch Tab eingefügt werden.)

Änderungen rückgängig machen

Wenn Sie versehentlich einen markierten Bereich löschen oder eine Änderung am Programmcode rückgängig machen möchten, können Sie den bisherigen Zustand des Programms mit dem Kommando BEARBEITEN | RÜCKGÄNGIG bzw. mit Alt+Backspace wiederherstellen. Mit BEARBEITEN | WIEDERHERSTELLEN bzw. mit Strg+Backspace können Sie auch das Rückgängig-Kommando wieder rückgängig machen. Diese Undo- und Redo-Funktion arbeitet mehrstufig, d.h., Sie können mehrere Änderungen zurücknehmen.

Variablendeklaration

Wenn Sie am Beginn des Programmcodes eines Moduls die Anweisung *Option Explicit* angeben, dann müssen Sie alle Variablen mit *Dim* deklarieren, bevor Sie sie zum ersten Mal verwenden. Dieser Schutzmechanismus bewahrt Sie vor Tippfehlern: Wenn Sie bei der Eingabe einer Variablen zwei Buchstaben vertauschen, einen Buchstaben vergessen etc., meldet sich Visual Basic mit der Fehlermeldung, daß die falsch geschriebene Variable nicht deklariert ist. Wenn im Dialogblatt EXTRAS | OPTIONEN | EDITOR die Option VARIABLENDEKLARATION ERFORDERLICH aktiviert ist, dann fügt Visual Basic die Anweisung *Option Explicit* bei allen neuen Modulen automatisch ein.

Die Option hat keinen Einfluß auf vorhandene Programme, d.h., sie wirkt nur auf neue Formulare oder Module. Sie können aber selbstverständlich die Anweisung *Option Explizit* nachträglich im Deklarationsabschnitt eines Moduls eintragen bzw. löschen.

Syntaxkontrolle

Visual Basic überprüft jede Programmzeile sofort auf syntaktische Fehler. Fehlerhafte Zeilen werden dabei rot markiert. Gleichzeitig erscheint ein Meldungsdialog, der auf die Ursache des Fehlers hinweist. Die ständige Benachrichtigung über Fehlerquellen ist allerdings ausgesprochen lästig, wenn Sie während der Eingabe einer Programmzeile das Fenster wechseln (beispielsweise um in einem anderen Programmcodefenster eine Definition nachzusehen).

Über die Option AUTOMATISCHE SYNTAXKONTROLLE im Dialogblatt EXTRAS | OPTIONEN | EDITOR können Sie die automatische Benachrichtigung abstellen. (Fehlerhafte Zeilen werden weiterhin rot markiert, was nach einer kurzen Gewöhnung an Visual Basic vollkommen ausreicht. Zudem meldet Visual Basic eventuell noch vorhandene Fehler beim Programmstart.)

3.4 Objektkatalog

Der Objektkatalog ist eine zentrale Referenz aller zur Zeit verfügbaren Funktionen, Methoden, Eigenschaften, Prozeduren etc. Die Referenz umfaßt Visual-Basic-Grundfunktionen ebenso wie Erweiterungen durch Zusatzsteuerelemente, durch Objektbibliotheken und selbst programmierte Funktionen. Soweit die Information verfügbar ist, wird im unteren Bereich des Objektfensters eine kurze Beschreibung des Schlüsselworts angegeben. Das Anklicken des ?-Buttons zeigt den Hilfetext zu diesem Schlüsselwort an. (Das funktioniert auch dann, wenn sich der Hilfetext in einer nicht zu Visual Basic gehörenden Hilfedatei befindet! Objektbibliotheken speichern ihre eigene Referenz auf Hilfedateien.)

Der Objektkatalog kann wahlweise über das Menükommando ANSICHT | OBJEKTKATALOG, mit F2 oder durch Anklicken des Objektkatalogsymbols aufgerufen werden.

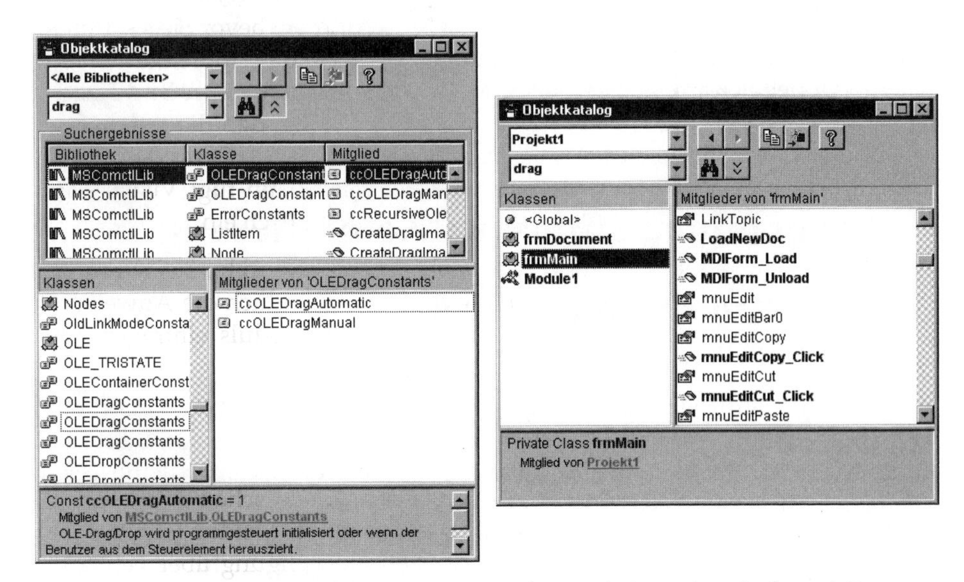

Bild 3.3: Zweimal der Objektkatalog: links mit den Ergebnissen einer Suche nach Drag, rechts mit Prozeduren und eigenen Datentypen des aktuellen Projekts

Im Objektkatalog werden folgende Daten angezeigt:

- Objekte mit deren Eigenschaften und Methoden
- globale Funktionen und Kommandos von Visual Basic
- vordefinierte Konstanten
- Formulare, Module, Prozeduren und Datentypen des aktuellen Projekts (in fetter Schrift)

Generell werden alle Einträge alphabetisch geordnet. Mit dem Kontextmenükommando ELEMENTE GRUPPIEREN erreichen Sie, daß Objekte, Eigenschaften, Ereignisse etc. jeweils in Gruppen zusammengefaßt werden. Das ist insbesondere dann hilfreich, wenn Sie etwa einen raschen Überblick über alle Ereignisse eines Objekts gewinnen möchten.

Im Objektkatalog werden zwar viele, aber nicht alle Objekte, Eigenschaften, Methoden etc. angezeigt. Bewußt ausgeblendet sind diverse Elemente, die bei der Programmierung nicht verwendet werden sollen. Dazu zählen diverse interne Schlüsselwörter sowie Elemente, die nur noch aus Kompatibilitätsgründen zur Verfügung stehen. Sie können diese verborgenen Schlüsselwörter in grauer Schrift anzeigen lassen, wenn Sie das Kontextmenükommando VERBORGENE ELEMENTE ANZEIGEN ausführen.

Das im Objektkatalog gerade ausgewählte Objekt kann mit Strg+C bzw. mit Strg+Einfg in die Zwischenablage kopiert und anschließend bequem in den Programmcode eingefügt werden.

Bei Objekten, die im Programmcode des aktuellen Projekts definiert sind, gelangen Sie mit einem Doppelklick im Objektkatalog an die entsprechende Stelle im Programmcode.

3.5 Programmausführung, Kompilierung

3.5.1 Programmausführung in der Entwicklungsumgebung

Die Programmausführung wird am bequemsten mit F5 gestartet. Wenn ein Programm aus mehreren Formularen besteht, fragt Visual Basic vor dem ersten Start, welches Formular nach dem Programmstart automatisch angezeigt werden kann (PROJEKT | EIGENSCHAFTEN). Alternativ dazu besteht die Möglichkeit, die Programmausführung mit der Prozedur *Main* zu beginnen. Der Programmcode für *Main* muß dazu in einem Modul angegeben werden.

VERWEIS

Die Fehlersuche in Visual-Basic-Programmen, also das Setzen von Haltepunkten, die Einzelschrittausführung, Überwachungsausdrücke etc., werden in Kapitel 8 ab Seite 365 beschrieben.

Bevor Visual Basic ein Programm ausführt, wird dessen Code in P-Code umgewandelt. (P-Code ist eine Zwischenform zwischen wirklich kompiliertem Code und purem ASCII-Text, der interpretiert wird. `*.exe`-Dateien früherer Visual-Basic-Versionen basierten auf P-Code.)

Standardgemäß erfolgt diese Kompilierung nur nach Bedarf für die gerade benötigten Prozeduren. Der Vorteil besteht darin, daß die Programmausführung praktisch verzögerungslos beginnt. Das ist natürlich auch mit einem Nachteil verbunden: Visual Basic führt vor dem Programmstart keine ordentliche Syntaxkontrolle durch. Eine Menge Fehler, die beim Kompilieren entdeckt würden, treten so erst irgendwann während der Programmausführung auf (oder gar nicht, wenn die betroffenen Programmteile bei einem Testlauf nicht ausgeführt werden).

Aus diesem Grund ist es zur Fehlersuche oft sinnvoller, eine vollständige Kompilierung vor dem Programmstart zu erzwingen. Dazu deaktivieren Sie in EXTRAS | OPTIONEN | ALLGEMEIN | KOMPILIEREN das Kontrollkästchen BEI BEDARF.

Befehlszeile

An Visual-Basic-Programme kann eine Kommandozeile (Befehlszeile) übergeben werden. Um die Auswertung einer Befehlszeile auch in der Entwicklungsumgebung zu testen, können Sie in PROJEKT | EIGENSCHAFTEN | ERSTELLEN eine entsprechende Zeichenkette angeben. Im Visual-Basic-Programm erfolgt die Auswertung der Kommandozeile dann mit der Funktion *Command*.

Automatisch speichern

Visual Basic sieht zwar keine Möglichkeit vor, Ihr Projekt regelmäßig (etwa alle 10 Minuten) zu speichern, aber immerhin können Sie via EXTRAS | OPTIONEN | UMGEBUNG angeben, ob Sie (mit oder ohne Rückfrage) das Projekt vor jedem Ausführen speichern möchten. Vor allem wenn Sie potentiell absturzgefährdete Programmteile entwickeln (Einbindung von DLL-Funktionen etc.) ist es empfehlenswert, die Optionen ÄNDERUNGEN SPEICHERN zu setzen.

3.5.2 Kompilierung zu *.exe- oder *.dll-Dateien

Wenn die Entwicklung eines Programms abgeschlossen ist, kompilieren Sie Ihr Programm oder Steuerelement zu einer eigenständigen Datei, die je nach Programmtyp die Kennungen `*.exe`, `*.dll` oder `*.ocx` aufweist. Sofern Sie mit der Professional- oder Enterprise-Version arbeiten, stehen zwei Varianten zur Auswahl: Sie können P-Code oder echten Binärcode erstellen. Da Binärcode meist deutlich schneller ist und die resultierenden Dateien dabei nicht wesentlich größer werden, besteht kein vernünftiger Grund, diese neue Möglichkeit nicht zu nutzen. Dazu müssen Sie lediglich im Kompilierungsdialog (oder schon vorher in PROJEKT | EIGENSCHAFTEN | KOMPILIEREN) die Option NATIVE CODE auswählen.

Schon interessanter sind die zahlreichen Compiler-Optionen: Damit können Sie Einfluß auf den Code nehmen. Allerdings müssen Sie dabei zumeist einen Kompromiß eingehen: Kompakter Code oder schneller Code? Sicherer Code oder schneller Code? Dazu einige Informationen:

Rücksicht auf die Größe des Kompilats brauchen Sie eigentlich nur dann zu nehmen, wenn Sie Internet-Komponenten entwickeln. Bei allen anderen Anwendungen ist die (ohnedies nicht sehr große) Platzersparnis kein wirkliches Kriterium.

Die Optimierung für Pentium-Pro-Prozessoren bedeutet, daß einige Besonderheiten dieses Prozessors bezüglich der Parallelverarbeitung von CPU-Kommandos berücksichtigt werden. Der Code kann zwar weiterhin auf allen Intel-CPUs (bis hinab zum 386er) ausgeführt werden, allerdings dann etwas langsamer als ohne Pentium-Pro-Optimierung.

Wenn Sie die Option TESTINFORMATIONEN FÜR SYMBOLISCHE DEBUGGER wählen, wird der Code signifikant größer. Dafür können Sie selbst im Kompilat noch nach Fehlern suchen. Voraussetzung ist allerdings, daß Sie einen symbolischen Debugger besitzen, wie er etwa mit Visual C++ mitgeliefert wird.

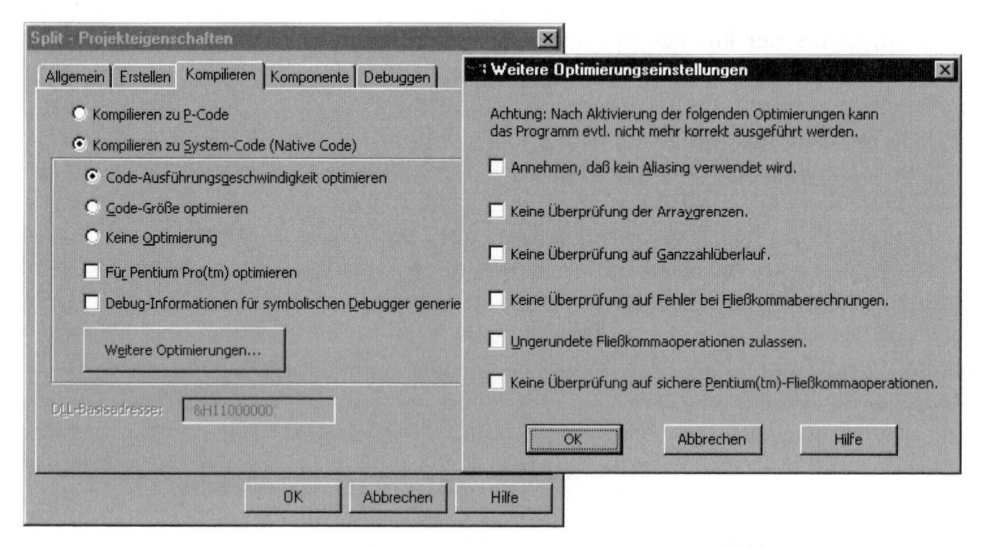

Bild 3.4: Optionen des Compilers

Die weiteren Optionen betreffen diverse automatische Tests, die Visual Basic üblicherweise durchführt: Tests etwa auf Überlauffehler, auf den Zugriff nicht-existenter Feldelemente etc. Wenn Sie wirklich sicher sind, daß Ihr Programm fehlerfrei ist, können Sie diese Kontrollen abschalten. Wenn es dann doch zu einem Fehler kommt, ist die Reaktion des Programms allerdings unklar. Im ungünstigsten Fall stürzt das Programm einfach ab. Wenn Sie die Fehlerüberprüfung dagegen aktiviert lassen, tritt ein definierter Fehler auf, den Sie mit *On Error* abfangen können. Auf diese Weise können Sie dem Anwender beispielsweise noch die Möglichkeit geben, seine Daten zu speichern. (Wie oft hätte ich mir das bei WinWord 97 auch gewünscht!)

Wieviel Geschwindigkeitsgewinn bzw. Platzersparnis die jeweiligen Optimierungen tatsächlich bringen, können Sie nur durch Ausprobieren feststellen. Bei den meisten typischen Visual-Basic-Anwendungen sind die Unterschiede so gering, daß sich ein Experimentieren mit den Optionen kaum lohnt. Wenn Sie wirklich sehr rechenintensive Algorithmen verwenden, kann der Unterschied spürbar werden – aber dann stellt sich ohnedies die Frage, ob es nicht eine bessere Programmiersprache als Visual Basic gäbe.

3.5.3 Bedingte Kompilierung

Manchmal kommt es vor, daß Sie parallel zu einem Programm eine zweite Version verwalten möchten (etwa eine Demoversion mit eingeschränkten Merkmalen oder eine Debugversion mit zusätzlichen Sicherheitsabfragen). Dazu können Sie in PRO-

JEKT | EIGENSCHAFTEN | ERSTELLEN im Textfeld ARGUMENTE FÜR BEDINGTE KOMPILIERUNG eine Konstante definieren, beispielsweise *demo=1*. Im Programmcode können Sie den Inhalt der Konstanten dann mit *#If*-Anweisungen auswerten.

Je nach Ergebnis der *#If*-Abfrage wird entweder der eine oder andere Zweig ausgeführt. Im Unterschied zu normalen *If*-Abfragen erfolgt die Unterscheidung zwischen den beiden Varianten allerdings schon bei der Kompilierung. Das Kompilat enthält nur eine Variante und keine *#If*-Abfragen, es ergibt sich also kein Geschwindigkeitsnachteil. Die folgenden Zeilen zeigen, wie Programmcode mit *#If*-Anweisungen aussehen kann:

```
Sub Command1_Click()
  #If demo Then
    MsgBox "In der Demoversion kann nichts gespeichert werden"
  #Else
    ' ... Programmcode zum Speichern
  #End If
End Sub
```

3.6 Designer

Einfache VB-Projekte bestehen aus Dateien, die direkt durch die VB-Entwicklungsumgebung erstellt werden können. Seit Version 5 besteht darüberhinaus die Möglichkeit, sogenannte Designer-Komponenten zu verwenden (Dateityp `*.dsr`). Dabei handelt es sich um Dateien, die zwar nahtlos in das Projekt integriert werden, zu deren Manipulation aber externe Zusatzprogramme – eben ActiveX-Designer – eingesetzt werden. Die wichtigsten Designer-Komponenten in Visual Basic 6 sind:

- *UserForm*: stellen eine Alternative zu den Standardformularen dar und ermöglichen die Verwendung von MS-Forms-Steuerelementen (Seite 234)
- *DataEnvironment*: stellen die Verbindung zwischen einem VB-Programm und einer ADO-Datenquelle her (Seite 806)
- *DataReport*: ermöglichen die Anzeige und den Ausdruck von Datenbankberichten (Seite 862)
- *DHTMLPage*: helfen dabei, ein HTML-Dokument mit Client-seitigem Code zu verbinden (Seite 1059)
- *WebClass*: helfen dabei, ein HTML-Dokument mit Server-seitigem Code zu verbinden (Seite 1127)

Designer-Komponenten werden mit PROJEKT | XY HINZUFÜGEN bzw. mit PROJEKT | WEITERE ACTIVEX-DESIGNER in ein Projekt eingefügt. Unter Umständen muß der Designer vorher durch PROJEKT | KOMPONENTEN | DESIGNER aktiviert werden.

Das gemeinsame Merkmal aller Designer-Komponenten besteht darin, daß die in der `*.dsr`-Datei gespeicherten Informationen visuell durch den Designer bearbeitet werden (und nicht durch die VB-Entwicklungsumgebung). Aus diesem Grund sind auch die Standardmenüs nicht aktiv, solange eine Designer-Datei bearbeitet wird.

Jede Designer-Komponente kann auch mit Programmcode verbunden werden. Der Code wird ebenfalls in der `*.dsr`-Datei gespeichert. Die Code-Eingabe erfolgt allerdings nicht durch den Designer, sondern durch die VB-Entwicklungsumgebung.

Keine Gemeinsamkeiten gibt es hingegen darin, ob und wie Designer-Komponenten im fertigen Programm sichtbar werden. Beispielsweise stellt die *DataEnvironment*-Komponente lediglich einige unsichtbare Objekte zur Verfügung. Hier besteht der Sinn des Designers nur darin, bei der Einstellung der Eigenschaften dieser Objekte zu helfen. Im Gegensatz dazu wird eine *DataReport*-Komponente wie ein gewöhnliches Formular in einem eigenen Fenster angezeigt.

HINWEIS

Nicht alle Designer stammen unmittelbar von Visual Basic oder können nur darin verwendet werden. So ist der MS-Forms-Designer ein Bestandteil des Office-Pakets und dient dort zur Gestaltung von Dialogen. Es besteht momentan keine Möglichkeit, selbst mit Visual Basic neue Designer zu programmieren.

3.7 Assistenten

Seit Visual Basic 4 besteht die Möglichkeit, Add-Ins (also Erweiterungen zur Entwicklungsumgebung) unter Visual Basic selbst zu programmieren. Seither stehen jede Menge Assistenten zur Verfügung, mit denen sich wiederholende Schritte bei der Entwicklung neuer Programme, beim Entwurf von Formularen zur Anzeige von Daten aus einer Datenbank, bei der Umwandlung vorhandener Programme in ActiveX-Dokumente etc. vermieden werden können bzw. sich effizienter gestalten lassen.

Es bestehen zwei Möglichkeiten, Assistenten aufzurufen: Zum einen können Sie beim Beginn eines neuen Projekts oder beim Einfügen von Formularen / Modulen / Klassen etc. einen Assistenten starten, anstatt einfach nur eine leere Schablone des jeweiligen Objekts einzufügen. Zum anderen können Sie die Menüeinträge des ADD-IN-Menüs verwenden. Vorher müssen Sie den jeweiligen Assistenten allerdings im ADD-IN-Manager aktivieren. Wenn Sie einen Assistenten häufig benötigen, sollten Sie dort die Option BEIM START LADEN anklicken – der Assistent wird dann bei jedem Start der Entwicklungsumgebung aktiviert.

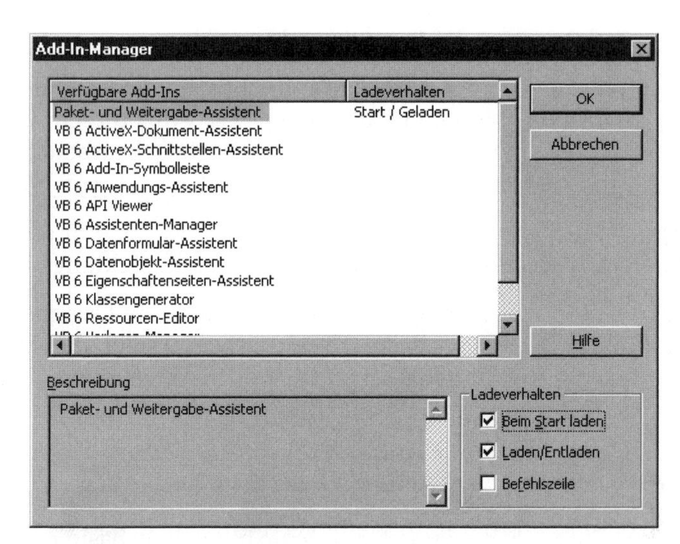

Bild 3.5: Der Add-In-Manager

Assistenten sind ein zweischneidiges Schwert. Auf der einen Seite gelingt es damit sehr rasch, funktionierende Programme zu erzeugen. Auf der anderen Seite besteht die Gefahr, daß Sie den Code nicht verstehen und beim Versuch, den Code zu ändern, mehr Zeit benötigen als bei einer Neuentwicklung. Erschwerend kommt hinzu, daß die von Assistenten produzierten Lösungen oft alles andere als optimal sind. Allzuviel Vertrauen in die Fähigkeiten der Assistenten ist also nicht angebracht. Die folgende Liste nennt einige Assistenten, die in diesem Buch zumindest kurz behandelt werden:

- PAKET- UND WEITERGABE-ASSISTENT: Hilft bei der Zusammenstellung von Installationsdateien (Seite 88). In diesem Buch wird statt des offiziellen Wortungetüms der Begriff Installationsassistent verwendet. Im Englischen finden Sie wiederum oft die Abkürzung PD-Wizard (für *Package and Deployment Wizard*).
- KLASSENGENERATOR: Hilft bei der Neudefinition einer Klassenhierarchie (Seite 193).
- API-VIEWER: Zeigt *Declare*-Definitionen zum Aufruf von DLL-Betriebssystemfunktionen an (Seite 616).
- DATENFORMULAR-ASSISTENT: Hilft beim Entwurf von Formularen, in denen Daten aus einer Datenbank angezeigt werden (Seite 734).
- ACTIVEX-SCHNITTSTELLENASSISTENT: Hilft bei der Definition der Schnittstelle zwischen einem neu entwickelten ActiveX-Steuerelement und der Außenwelt (Seite 1025).
- EIGENSCHAFTSSEITENASSISTENT: Hilft bei der Entwicklung eines Eigenschaftsdialogs zu einem neuen ActiveX-Steuerelement (Seite 1025).

- ACTIVEX-DOKUMENTASSISTENT: Hilft bei der Konvertierung eines herkömmlichen Visual-Basic-Programms in ein ActiveX-Dokument, das im Internet Explorer angezeigt und ausgeführt werden kann (Seite 1040).

TIP

Weitere Informationen zu den Assistenten finden Sie in der Online-Dokumentation:

VB-DOKUMENTATION | REFERENZ | ASSISTENTEN

3.8 Installationsassistent

3.8.1 Grundlagen

Wenn Sie ein Visual-Basic-Programm weitergeben möchten, ist es mit dem Kopieren der `*.exe`-Datei nicht getan; vielmehr müssen Sie zahllose `*.dll`- und `*.ocx`-Dateien mitliefern. Soll die Weitergabe via Internet geschehen, müssen diese Daten in `*.cab`-Dateien verpackt werden. In jedem Fall wollen diese Dateien ordnungsgemäß am Rechner des Anwenders installiert und registriert sein. Um all diese Aufgaben kümmert sich der sogenannte PAKET- UND WEITERGABE-ASSISTENT, der in diesem Buch allerdings kurz als Installationsassistent bezeichnet wird.

Die Funktionsvielfalt des Programms ist beeindruckend:

- Das Programm analysiert Ihr Programm und ermittelt eine Liste mit allen erforderlichen Dateien.
- Diese Dateien werden komprimiert und in ein Verzeichnis der Festplatte kopiert.
- Der Assistent erstellt ferner ein Setup-Programm zu den Installationsdateien, mit dem der Anwender Ihres Programms dieses vollautomatisch installieren kann.
- Dieses Setup-Programm kümmert sich darum, daß vorhandene Systemdateien nur dann überschrieben werden, wenn die Version auf den Installationsdisketten höher als die auf dem Rechner ist. Dadurch wird vermieden, daß womöglich veraltete Versionen von Systemdateien installiert werden. Das Setup-Programm erledigt auch die Registrierung von ActiveX-Komponenten. Schließlich protokolliert es den Installationsvorgang und ermöglicht später eine mühelose Deinstallation.
- Bei Internet-Komponenten ist das Setup-Programm nicht erforderlich – diese Aufgabe übernimmt dann der Internet Explorer. Dafür müssen die Installationsdateien aber in ein spezielles Format konvertiert werden.
- Die Installationsdateien von Internet-Komponenten können mit dem Assistenten direkt in ein Verzeichnis des Internet-Servers exportiert werden. Damit ist nun auch dieser letzte Schritt der Auslieferung automatisiert (neu in Version 6).

VERWEIS

Der Assistent ist hervorragend dokumentiert, die Dokumentation ist allerdings etwas verstreut:

VB-DOKUMENTATION | ARBEITEN MIT VB | EINSATZMÖGLICHKEITEN | VERTRIEB

VB-DOKUMENTATION | ARBEITEN MIT VB | KOMPONENTENHANDBUCH |
- ERSTELLEN VON INTERNET-ANWENDUNGEN |
- DOWNLOADEN VON ACTIVEX-KOMPONENTEN

VB-DOKUMENTATION | REFERENZ | ASSISTENTEN | PAKET- UND WEITERGABE-ASSISTENT

Lesen Sie außerdem die Datei `Readmevb.htm` (siehe unten)!

Probleme

Leider war der Installationsassistent seit jeher einer der Schwachpunkte von Visual Basic, d.h., nicht alle obigen Punkte werden tatsächlich so klaglos erledigt, wie es den Anschein hat. Der weitgehend neu entwickelte Assistent von Version 6 ist in dieser Beziehung leider keine Ausnahme; im Gegenteil, die Anzahl der Probleme ist im Vergleich zu Version 5 deutlich größer geworden.

- Das gravierendste Problem besteht darin, daß das vom Assistenten erzeugte Setup-Programm auf Windows-95-Rechnern unter Umständen mit einer Fehlermeldung abbricht. (Das Problem tritt nur bei alten Windows-95-Versionen auf, nicht bei der OEM-Version 2.*n*. Das Problem tritt nur auf, wenn am Rechner weder der Internet Explorer 3 / 4 noch Office 97 noch ein VB5-Programm installiert ist.)

  Abhilfe: Weisen Sie Ihre Kunden in einer `Readme`-Datei darauf hin, daß sie gegebenenfalls die Datei `Oleaut32.dll` selbst in das Windows-Systemverzeichnis kopieren. Eine aktuelle Version dieser Datei finden auf der Visual-Basic-CD-ROM im Verzeichnis `Os\System`.

- Wenn Ihr Programm ADO-Datenbankfunktionen nutzt, muß auf dem Windows-9x-Rechner DCOM installiert werden, bevor das Setup-Programm ausgeführt wird! DCOM-Installationsdateien befinden sich auf der Visual-Basic-CD-ROM im Verzeichnis `Dcom98`. Das Setup-Programm überprüft nicht, ob DCOM installiert ist – dafür ist abermals Ihr Kunde zuständig.

- Die Datei `Readmevb.htm`, die mit Visual Basic mitgeliefert wird, listet eine Menge weiterer Probleme auf, die hier nicht alle wiedergegeben werden. Der Abschnitt 'Themen zu Assistenten' in `Readmevb.htm` ist eine unablässige Pflichtlektüre, bevor Sie den Installationsassistenten anwenden!

HINWEIS

Die goldene Regel für den Umgang mit dem Installationsassistenten lautet: Glauben Sie nie, daß die Installation auf einem fremden Rechner funktioniert, bevor Sie es nicht ausprobiert haben! (Am besten erfolgt der Test auf mehreren Rechnern mit unterschiedlichen Betriebssystemen ... Ein Test am eigenen Entwicklungsrechner ist aussagelos.)

Voraussetzungen zur Ausführung von Visual-Basic-Programmen

Wenn Sie ein Visual-Basic-Programm in eine `*.exe`-Datei kompilieren (DATEI | *.EXE-DATEI ERSTELLEN), bekommen Sie ein eigenständiges Programm, das Sie unabhängig von der Entwicklungsumgebung von Visual Basic ausführen können – aber leider nur auf Ihrem Rechner! Wenn Sie die `*.exe`-Datei auf eine Diskette kopieren und auf dem Rechner eines Bekannten installieren, ist eine Programmausführung nicht möglich. Das `*.exe`-Programm baut nämlich auf einer Unzahl von `*.dll`-, `*.ocx`- und anderer Dateien auf, die vorher installiert werden müssen. Auf Ihrem Rechner ist das durch die Installation der Visual-Basic-Entwicklungsumgebung automatisch der Fall – aber auf anderen Rechnern eben nicht.

Seit Version 1 benötigen Visual-Basic-Programme eine sogenannte Runtime-Library. In Version 6 trägt diese Datei den Namen `Msvbvm60.dll` (Microsoft Visual Basic Virtual Machine – Java läßt grüßen) und hat die stattliche Größe von 1.4 MByte (was gegenüber Version 5 aber nur eine geringfügige Vergrößerung darstellt). Zu dieser Datei gesellen sich einige weitere Dateien, die bei den meisten Projekten ebenfalls erforderlich sind (etwa die OLE-Bibliotheken, die die Verwendung von Objekten in Visual Basic erst möglich machen).

Das ist der Grund, warum die Installation des 20 kByte kleinen Hello-World-Programms Dateien mit einer Gesamtgröße von mehr als 2 Mbyte erfordert! Selbst in komprimierter Form finden diese Dateien nicht auf einer Installationsdiskette Platz. Ohnehin ist eine CD-ROM mittlerweile das einzig adäquate Medium zur Weitergabe von Visual-Basic-Programmen geworden.

3.8.2 Bedienung des Installationsassistenten

Vorarbeiten

Bevor Sie den Installationsassistenten starten, sollten Sie an Ihrem Programm einige Vorarbeiten leisten:

- Entfernen Sie alle Zusatzsteuerelemente, die zwar in der Toolbox angezeigt, aber von Ihrem Programm nicht verwendet werden.
- Entfernen Sie alle Referenzen auf nicht benötigte Programmbibliotheken (Menükommando PROJEKT | VERWEISE). Besonders in Programmen, die mit älteren Versionen von Visual Basic entwickelt wurden, wimmelt es oft nur so von überflüssigen

Verweisen. Wenn Sie sich nicht sicher sind, ob Sie eine Bibliothek brauchen oder nicht, versuchen Sie einfach, sie zu deaktivieren. Visual Basic läßt nicht zu, daß Sie Bibliotheken entfernen, die benötigt werden (bzw. meldet sich beim probeweisen Ausführen oder Kompilieren mit einer Fehlermeldung).

- Speichern, kompilieren und testen Sie das Programm nochmals. Werfen Sie auch einen Blick in PROJEKT | EIGENSCHAFTEN | KOMPILIEREN, und optimieren Sie eventuell die Compiler-Einstellungen.

Installationstypen

Der Assistent wird über das ADD-IN-Menü gestartet und automatisch auf das gerade geladene Projekt angewandt. Im Begrüßungsdialog können Sie zwischen drei Operationen auswählen:

- VERPACKEN: Installationsdateien erstellen
- VERTEILEN: zuvor erstellte Dateien auf einen Internet-Server exportieren
- SKRIPTS VERWALTEN: Konfigurationsdateien des aktuellen Projekts verwalten

Der folgende Text bezieht sich auf die VERPACKEN-Funktion, die sicherlich am häufigsten benötigt wird. Die nächste Frage bezieht sich auf den Pakettyp. Zur Auswahl stehen:

- STANDARD SETUP-PAKET: Installationsdateien mit Setup-Programm, die auf CD-ROM weitergegeben werden und am Rechner des Kunden installiert werden
- INTERNET-PAKET: `*.cab`-Dateien, die am Internet-Server zum Herunterladen bereit gestellt werden; diese Option steht nur bei ActiveX-Komponenten, nicht aber bei normalen Programmen zur Auswahl; Informationen zur Internet-Installation von ActiveX-Komponenten finden Sie auf Seite 997
- ABHÄNGIGKEITSDATEI: `*.dep`-Dateien, die Informationen enthalten, welche Bibliotheken zur Ausführung eines Programms oder einer Komponente erforderlich sind; Abhängigkeitsdateien werden im Regelfall nur für ActiveX-Komponenten erstellt, die an andere Programmierer weitergegeben werden

Standard-Setup-Paket

Als nächstes müssen Sie ein Verzeichnis angeben, in das die Installationsdateien geschrieben werden sollen. Dazu können Sie beispielsweise ein Unterverzeichnis `setup` im aktuellen Verzeichnis anlegen.

Im nächsten Schritt zeigt der Assistent alle Installationsdateien an (Bild 3.6): Dabei handelt es sich um das eigentliche Programm, die dazugehörigen Bibliotheken sowie um zwei Setup-Programme (deren Bedeutung unten noch beschrieben wird). Falls Ihr

Programm noch weitere, spezifische Dateien benötigt (etwa eine Hilfedatei, eine Datenbankdatei, zusätzliche Systembibliotheken etc.), können Sie diese HINZUFÜGEN.

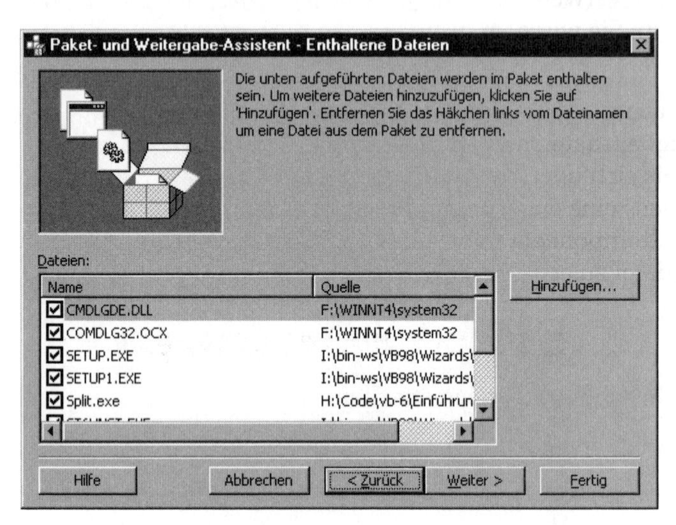

Bild 3.6: Der Installationsassistent

Anschließend geben Sie an, ob diese Dateien in eine riesige `*.cab`-Datei gepackt oder ob mehrere `*.cab`-Dateien mit einer Größe von jeweils 1.4 MByte gebildet werden sollen (zur Weitergabe auf Disketten). Eine weitere Frage betrifft den Ort, wo das Programm in das Windows-Startmenü eingetragen werden soll. Danach können Sie angeben, in welche Verzeichnisse die einzelnen Dateien am Rechner des Kunden installiert werden sollen (z.B. Windows-Systemverzeichnis). Im Regelfall können Sie hier die Vorgaben einfach bestätigen.

Als Ergebnis erhalten Sie letztlich im `Setup`-Verzeichnis je eine `*.cab`- und `*.lst`-Datei sowie das Programm `setup.exe`. Diese drei Dateien müssen Sie an Ihren Kunden weitergeben. Im `Setup`-Verzeichnis wird außerdem ein `Support`-Verzeichnis angelegt, das den gesamten Inhalt der `*.cab`-Datei in unkomprimierter Form enthält. Dieses Verzeichnis erleichtert eine spätere Aktualisierung der Installationsdateien: Sie brauchen nur einzelne Dateien austauschen und dann die `*.bat`-Datei ausführen, um eine aktualisierte `*.cab`-Datei zu erstellen. Aber auch das neuerliche Ausführen des Installationsassistenten ist kein Problem: Alle Konfigurationsinformationen werden in der Konfigurationsdatei `projektname.pdm` gespeichert, Sie müssen also nicht alle Eingaben wiederholen.

Abhängigkeitsdateien

Vielleicht fragen Sie sich, woher der Installationsassistent weiß, welche Dateien zur Ausführung des Projekts erforderlich sind. Eine wesentliche Informationsquelle sind dabei die Abhängigkeitsdateien mit der Kennung `*.dep`, die sich für alle Zusatzsteuerelemente im Windows-Systemverzeichnis befinden. Diese Dateien enthalten Informationen darüber, welche Voraussetzungen erfüllt sein müssen, damit ein Zusatzsteuerelement verwendet werden kann. Ein Blick in diese Dateien ist recht aufschlußreich, wenn Sie wissen möchten, wozu die vielen Installationsdateien gebraucht werden.

Wenn der Installationsassistent Komponenten in Ihrem Projekt entdeckt, zu denen keine Abhängigkeitsdateien existieren, zeigt er eine Warnung an (Bild 3.7). An dieser Stelle können Sie sich über die Warnung nur hinwegsetzen (und durch Anklicken des Auswahlkästchens eine neuerliche Warnung beim nächsten Mal vermeiden). Wenn Sie die betreffende Komponente selbst entwickelt haben, ist es allerdings besser, dazu eine Abhängigkeitsdatei zu erstellen.

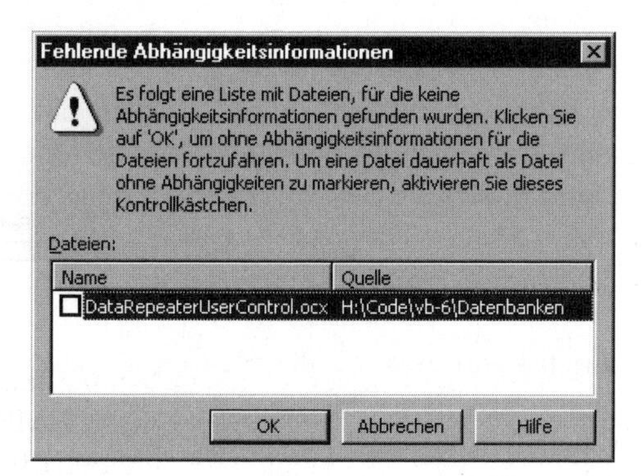

Bild 3.7: Der Installationsassistent beklagt sich über fehlende Abhängigkeitsinformationen

Probleme mit fehlenden Bibliotheken

Wenn ein ausgeliefertes Visual-Basic-Programm beim Kunden nicht funktioniert, liegt eine wahrscheinliche Fehlerursache bei Bibliotheken, die Sie via *CreateObject("bibliothek.obj")* nutzen, ohne einen entsprechenden Verweis darauf einzurichten. Das ist ohne weiteres möglich, und zahlreiche Beispiele in der Online-Dokumentation schlagen diese Vorgehensweise vor (insbesondere die Beispiele zur Scripting-Bibliothek, die das neue *Dictionary*-Objekt und die *File System Objects* (FSO) enthalten). Das Problem besteht darin, daß der Installationsassistent mangels Verweis nicht erkennen kann, daß Sie diese Bibliothek nutzen. Sie müssen die Bibliothek daher im Schritt HINZUFÜGEN manuell zu den Installationsdateien hinzufügen!

Um den Dateinamen der Bibliothek herauszufinden, starten Sie am besten eine zweite Instanz von Visual Basic und sehen im Dialog PROJEKT | VERWEISE nach. Die Scripting-Runtime-Bibliothek trägt beispielsweise den Namen `Scrrun.dll` und befindet sich im Windows-Systemverzeichnis.

Nach der Auswahl der Datei fragt der Installationsassistent möglicherweise nach Abhängigkeiten, d.h., ob andere Bibliotheken notwendig sind, um die gerade ausgeführte Bibliothek zu nutzen (siehe vorherigen Teilabschnitt).

Um festzustellen, welche Bibliotheken ein Visual-Basic-Programm benutzt, können Sie auch das Systeminformationsprogramm verwenden (Start unter Visual Basic mit HILFE | ÜBER VISUAL BASIC). Beenden Sie möglichst alle laufenden Programme und speichern Sie dann den aktuellen Status der Systeminformation (dazu wird automatisch der Dateiname `Msinfo32.txt` im Windows-Verzeichnis benutzt). Erstellen Sie eine Kopie dieser Datei, starten Sie Ihr Visual-Basic-Programm und wiederholen Sie die Status-Speicherung.

Jetzt brauchen Sie die beiden Textdateien nur noch zu vergleichen (insbesondere den Abschnitt *Active Modules*). Zum Textvergleich können Sie beispielsweise WinWord benutzen (Kommando EXTRAS | ÄNDERUNGEN VERFOLGEN | DOKUMENTE VERGLEICHEN). Die Aussagekraft dieses Vergleichs ist insofern eingeschränkt, als manche erforderlichen Bibliotheken unter Umständen auch auf Betriebssystemebene benutzt werden und daher nicht entdeckt werden können.

Adaption des Setup-Programms

Bei komplexen Programmen kann es sein, daß Sie dem Anwender bei der Installation mehrere Varianten anbieten möchten. Oder Sie möchten das Installationsprogramm mit Informationen über Ihre Firma ergänzen. Oder Sie möchten die Installation mit der Eingabe einer Lizenznummer absichern. Oder ...

All das ist möglich, erfordert aber einige Arbeit und vor allem ein Verständnis über den Ablauf der Installation: Die Installation beginnt mit dem Programm `Setup.exe`. Dieses Programm führt den ersten Teil der Installation durch und kopiert unter anderem die elementaren Visual-Basic-Libraries in das Windows-Systemverzeichnis (sofern sich dort nicht schon eine aktuelle Version befindet). Nachdem das erledigt ist, wird das Visual-Basic-Programm `Setup1.exe` gestartet, das für den zweiten Teil der Installation zuständig ist. Und eben dieses Programm `Setup1.exe` können Sie nach Ihren eigenen Vorstellungen anpassen.

Der Programmcode für dieses Programm befindet sich im Visual-Basic-Verzeichnis `Wizards\PDWizard\Setup1`. Bevor Sie irgendetwas ändern, erstellen Sie eine Sicherheitskopie vom gesamten Verzeichnis! Der Startpunkt des umfangreichen Programms ist die Prozedur *Form_Load* des Formulars *frmSetup1*. Der Code ist zwar gut dokumentiert, Veränderungen bedürfen aber dennoch einer intensiven Einarbeitung.

Internet-Installation

Wenn Sie mit Visual Basic nicht herkömmliche Programme, sondern ActiveX-Komponenten entwickelt haben, gibt es eine zweite Installationsvariante: Cabinet-Dateien. Das sind spezielle komprimierte Dateien, die vom Internet Explorer über ein lokales

Netz oder über das Internet geladen werden können – siehe Seite 997. (An dieser Stelle wird auch das Thema Sicherheit und ActiveX eingehend diskutiert.)

VERWEIS

Das Buch beschreibt in den betreffenden Kapitel einige weitere Sonderfälle beim Umgang mit dem Installationsassistenten (etwa die Integration von DLLs und eigener Type-Libraries). Werfen Sie einen Blick in das Stichwortverzeichnis, Eintrag 'Installationsassistent'!

3.8.3 Installation mit dem Setup-Programm ausführen

Ihr Kunde startet die Installation einfach mit dem Programm `Setup.exe` auf der ersten Installationsdiskette oder CD-ROM. Default erfolgt die Installation in ein Unterverzeichnis des `Programme`-Verzeichnisses von Windows – dieses Verzeichnis kann aber verändert werden. Vor Beginn der Installation sollten alle laufenden Visual-Basic-Programme und -Komponenten beendet werden, damit gegebenenfalls Visual-Basic-Libraries aktualisiert werden können.

Wenn es sich um die erste Installation eines VB6-Programms am Rechner handelt, beginnt die Installation mit der für den Kunden unerfreulichen Nachricht, daß einige Systemdateien aktualisiert werden müssen. Dazu muß der Rechner neu gestartet werden! (Diese Unsitte greift immer mehr um sich. Betriebssysteme wie Unix / Linux laufen oft jahrelang ohne Reboot! Davon ist Windows (auch NT) noch meilenweit entfernt – mittlerweile erfordert jede noch so minimale Installation schon einen Neustart. Davon abgesehen haben viele Windows-Anwender mittlerweile ein berechtigtes Mißtrauen gegen jedes Programm, das Systemdateien verändert. Alles in allem wird der erste Eindruck, den der Kunde von Ihrem Programm hat, leider ein negativer sein.)

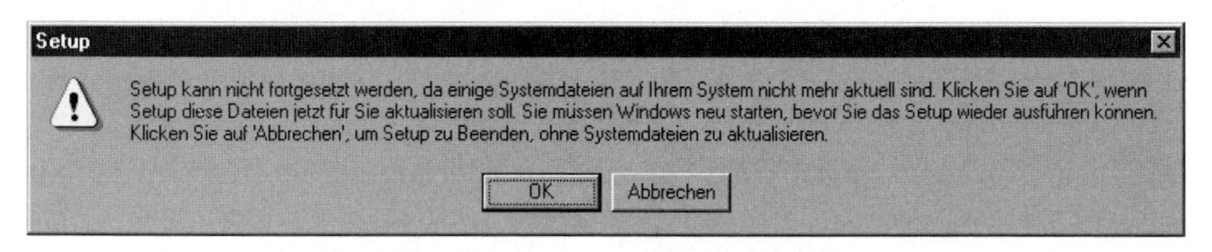

Bild 3.8: Das Setup-Programm fordert zum Rechnerneustart auf

Nach dem Neustart muß der Kunde `Setup.exe` neuerlich starten. Jetzt sollte alles glatt laufen. Das Programm meldet sich mit dem folgenden Dialog, in dem das Installationsverzeichnis verändert werden kann:

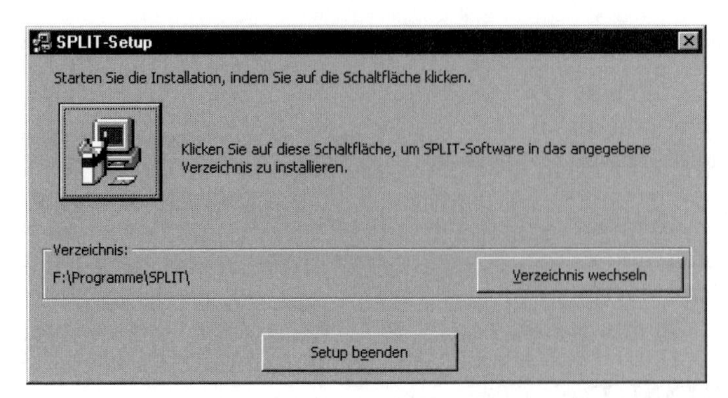

Bild 3.9: Das Setup-Programm

Installationsprobleme

Je nach Windows-Version können beim Ausführen des Installationsprogramms erhebliche Probleme auftreten. Um es nochmals zu wiederholen: Lesen Sie unbedingt die mit Visual Basic mitgelieferte Datei `Readmevb.htm`! Beim Autor sind mit Windows 95 B noch zwei weitere Probleme aufgetreten:

- Einzelne Dateien im Windows-Systemverzeichnis sind unter Umständen schreibgeschützt. Das Setup-Programm beklagt sich dann darüber, daß es die Dateien nicht verändern kann. Abhilfe: Markieren Sie alle Dateien im Systemverzeichnis, wählen Sie das Kontextmenü EIGENSCHAFTEN aus und deaktivieren Sie das Attribut SCHREIBGESCHÜTZT.
- Das Setup-Programm beklagt sich darüber, daß auf diverse Dateien momentan zugegriffen wird. Abhilfe: Beenden Sie alle anderen Programme (auch den Explorer)!

Beachten Sie, daß diese Probleme nicht bei Ihnen, sondern am Rechner Ihres Kunden auftreten (können). Bereiten Sie eine entsprechende Readme- oder Hilfe-Datei vor!

Generell sollten Sie jede Installation vor der Auslieferung an den Kunden auf einem 'jungfräulichen' Rechner mit einem möglichst alten Betriebssystem testen, d.h. idealerweise auf einem frisch installierten Windows-95-System *ohne* irgendwelche Systemerweiterungen, ohne vorherige Installation einer aktuellen Internet-Explorer-Version etc. Nur wenn Ihr Programm auf diesem System läuft, können Sie einigermaßen sicher sein, daß Sie nichts vergessen haben.

Auf Ihrem Entwicklungssystem ist dieser Test nicht möglich, weil dort Visual Basic, der Internet Explorer 4 usw. mit allen erforderlichen Bibliotheken ohnedhin installiert sind. (Der Autor ist sich durchaus bewußt, daß dieser Ratschlag schneller formuliert als tatsächlich ausgeführt ist. Woher einen Rechner bzw. eine Partition nehmen, auf die schnell ein Windows 95 installiert werden kann? Aber vermutlich ist dieser Aufwand immer noch besser als nachträgliche Reklamationen und Beschwerden.)

Deinstallation

Während der Installation werden alle dabei durchgeführten Aktionen – also die Installation von Bibliotheken in das Systemverzeichnis, die Veränderung von Einträgen in der Registrierdatenbank etc. – in der Datei `St6unst.log` protokolliert. Diese Datei wird im selben Verzeichnis wie das Visual-Basic-Programm gespeichert und darf nicht gelöscht werden! Sie enthält die für die Deinstallation erforderlichen Informationen. Die Deinstallation erfolgt über das Icon SOFTWARE INSTALLIEREN / ENTFERNEN der Windows-Systemsteuerung.

3.9 MSDN-Dokumentation

Seit Visual Basic 6 steht die gesamte Dokumentation zu Visual Basic in Form der Microsoft Developer Network Library zur Verfügung (nur Professional- und Enterprise-Version). Das eine feine Sache: erstmals können Sie zentral in einem Programm nach Stichwörtern suchen.

Generell stellt die MSDN-Library eine großartige Informationsquelle dar – es lohnt sich wirklich, den Umgang damit zu erlernen. Auch wenn diverse Details verbesserungswürdig sind (z.T. funktioniert etwa der kontextabhängige Aufruf mit F1 nicht), muß man immer vor Augen haben, welche unglaublichen Textmengen hier ansprechend formatiert und einigermaßen strukturiert zur Verfügung stehen. Der für das Internet oft fragwürdige Werbeslogan *information at your finger tips* wird der MSDN-Library fast uneingeschränkt gerecht.

Der Umgang mit der Library ist an sich einfach: Das Programm wird entweder durch F1 oder über das Hilfemenü gestartet. Die Navigation kann auf drei Arten erfolgen: über das hierarchische Inhaltsverzeichnis (das leider bisweilen unübersichtlich tief strukturiert ist), über den alphabetischen Index (im dem aber vereinzelt Einträge fehlen) oder über die Volltextsuche. Vor allem letzteres führt fast immer zum Ziel – liefert aber oft weit mehr Ergebnisse, als Ihnen lieb ist.

Anbei einige Tips, um den Umgang mit der Library zu optimieren:

- Sie können die MSDN-Library nicht nur von Visual Basic aus starten, sondern auch als eigenständiges Programm (Startmenü PROGRAMME | DEVELOPER NETWORK | MICROSOFT MSDN). Das hat zwei Vorteile: Erstens läuft die Library dann auch nach einem Absturz von Visual Basic weiter; und zweitens können Sie das Programm mehrfach öffnen, was beim Wechseln zwischen zwei oder drei Themen sehr hilfreich ist.
- Nutzen Sie die Möglichkeit, Lesezeichen zu setzen (Dialogblatt FAVORITEN). Es wird Ihnen sonst immer wieder passieren, daß Sie einmal gefundene Informationen kein zweites Mal wiederfinden (wie im Internet).
- Schränken Sie den Inhalt, den Index und die Stichwortsuche gezielt auf Teile der Dokumentation ein (Listenfeld AKTIVE TEILMENGE)! Wenn Ihre Englischkenntnisse

bescheiden sind, wählen Sie den Eintrag ÜBERSETZTER INHALT! (Nur ein Bruchteil der MSDN-Library ist ins Deutsche übersetzt. Die Qualität der Übersetzung ist allerdings nicht immer optimal, daß man sich bisweilen das besser verständliche englische Original zurückwünscht.)

- Sortieren Sie die Suchergebnisse nach der Herkunft (Spaltenüberschrift POSITION). Sehr oft ist die gewünschte Information dann rasch lokalisiert.
- Mit dem Kommando ANSICHT | THEMA IM INHALT SUCHEN können Sie meistens (wenn auch nicht immer) in das Inhaltsverzeichnis wechseln, wo der gerade angezeigte Text markiert wird. Das ist vor allem nach Suchoperationen praktisch, weil Sie so leichter ein Überblick über verwandte Themen finden.
- Leider passiert es recht häufig, daß Code-Beispiele nicht von der MSDN-Library in ein Code-Fenster von Visual Basic kopiert werden können, weil die Zeilenumbrüche verloren gehen. Statt mühsam zu versuchen, die Zeilenenden zu rekonstruieren, können Sie mit dem Kontextmenüeintrag QUELLE ANZEIGEN den HTML-Quellcode in einem Notepad-Fenster öffnen. Dieser Text läßt sich problemlos in das Code-Fenster kopieren. Sie müssen jetzt nur noch mit Suchen und Ersetzen einige HTML-Codes durch die entsprechenden Sonderzeichen ersetzten (etwa *&* durch das Zeichen &).

Knowledge Base

Ein wichtiger Teil der MSDN-Library ist die sogenannte *Knowledge Base* (kurz KB), eine schier endlose Liste von Artikeln, die kurze Informationen zu oft gestellten Fragen, Problemen, Bugs etc. enthalten. Das Problem besteht darin, daß die für ein Problem gerade relevanten Informationen unter einem Berg anderer Daten versteckt sind. Nützen Sie die Suchfunktionen, schränken Sie die Suche gezielt auf die Knowledge Base ein (bzw. auf den VB-Teil der Knowledge Base)!

In diesem Buch werden manchmal KB-Artikelnummern angegeben, etwa Q171583. Diese Nummern sind zumeist innerhalb der gesamten MSDN-Library eindeutig, d.h. Sie finden den entsprechenden Artikel ganz rasch durch eine Volltextsuche.

Die MSDN-Library steht unter der Adresse `support.microsoft.com/support` auch Online zur Verfügung. Die Online-Version hat natürlich den Vorteil, daß sie aktueller ist und bereits diverse VB6-Artikel enthält (vornehmlich zu den zahllosen Fehlern der neuen Version). Leider entspricht das Online-Suchformular nicht dem der MSDN-Library.

3.10 Tastenkürzel

Der Abschnitt gibt einen Überblick über die wichtigsten Tastenkürzel, die während der Programmentwicklung benötigt werden. Nicht mit aufgenommen wurden Tastenkürzel, die generell unter Windows gelten (etwa Strg+C zum Kopieren in die Zwischenablage). Die Tastenkürzel wurden nach Bereichen geordnet, in denen sie am häufigsten benötigt werden. Viele Tastenkürzel stehen aber generell unter Visual Basic zur Verfügung (unabhängig davon, welches Fenster gerade aktiv ist).

Generell

Strg+N	Neues Projekt
Strg+O	Projekt öffnen
Strg+D	Datei hinzufügen
Strg+S	Datei speichern
F1	Online-Hilfe

Wechsel des aktuellen Fensters

Strg+Tab	wechselt zwischen allen Visual-Basic-Fenstern
Alt+F6	wechselt zwischen den beiden zuletzt aktiven Fenstern
Strg+E	Menüeditor aufrufen
Strg+G	ins Direktfenster (Debugfenster) wechseln
Strg+L	Liste der aufgerufenen Prozeduren anzeigen (Debugging)
Strg+R	ins Projektfenster wechseln
Strg+T	Dialog für Zusatzsteuerelemente anzeigen
F2	in den Objektkatalog wechseln
F4	ins Eigenschaftsfenster wechseln
Shift+F4	Eigenschaftsdialog zum Steuerelement anzeigen
F7	ins Codefenster wechseln
Shift+F7	ins Formularfenster wechseln

Programmausführung

F5	Programm starten
Strg+F5	Programm zuerst vollständig kompilieren, dann starten
Strg+Untbr	Programm unterbrechen
F8	ein einzelnes Kommando ausführen (single step)
Shift+F8	Kommando / Prozeduraufruf ausführen (procedure step)
Strg+F8	Prozedur bis zur Cursorposition ausführen
Strg+Shift+F8	aktuelle Prozedur bis zum Ende ausführen
F9	Haltepunkt setzen
Strg+F9	Ort des nächsten Kommandos bestimmen

Im Formularfenster

Tab	zum nächsten Steuerelement wechseln
Strg+J	Steuerelement in den Hintergrund bringen
Strg+K	Steuerelement in den Vordergrund bringen
Strg+Cursortasten	Steuerelement verschieben

Im Eigenschaftsfenster

Shift+Tab	springt ins Steuerelement-Listenfeld
Strg+Shift+X	springt zur Eigenschaft mit dem Anfangsbuchstaben X

Im Codefenster

Tab	markierten Zeilenblock einrücken
Shift+Tab	markierten Zeilenblock ausrücken
Strg+Y	Zeile löschen
Alt+Backspace	Änderung widerrufen (Undo)
Strg+Z	Änderung widerrufen (Undo)
Strg+Backspace	Widerruf rückgängig (Redo)
Strg+↑ / ↓	Cursor zur vorigen/nächsten Prozedur
Shift+F2	zur Prozedurdefinition bzw. zur Variablendeklaration
Strg+Shift+F2	zurück zur letzten Cursorposition (Undo zu Shift+F2)
F6	Codeausschnitt wechseln (bei zweigeteiltem Fenster)
Strg+F	Suchen
F3	Weitersuchen
Strg+H	Suchen und Ersetzen
Strg+Leertaste	Schlüsselwort / Variablennamen vervollständigen
Tab	Auswahl im IntelliSense-Listenfeld durchführen
Esc	IntelliSense-Listenfeld verlassen

Teil II

Grundlagen

4 Prozedurale Programmierung

Dieses Kapitel beschäftigt sich mit den prozeduralen Sprachelementen von Visual Basic – sozusagen mit den traditionellen Sprachmerkmalen. Dazu zählen Variablen, Schleifen, Verzweigungen, Prozeduren, Funktionen und Operatoren. Im nächsten Kapitel werden dann die objektorientierten Sprachelemente (Objekte, Methoden, Eigenschaften, Ereignisse) behandelt.

4.1 Variablen und Felder

Dieser Abschnitt geht auf die Grundlagen der Variablenverwaltung ein. Er beschreibt die zur Verfügung stehenden Variablentypen, die Definition von Konstanten, die Definition eigener Variablentypen und den Umgang mit Feldern.

VERWEIS

Zwei Aspekte der Variablenverwaltung werden nicht in diesem Abschnitt, sondern erst später behandelt: Gültigkeitsbereiche von Variablen im Zusammenhang mit Prozeduren auf Seite 130 und Objektvariablen im Zusammenhang mit der Objektverwaltung auf Seite 155.

4.1.1 Variablenverwaltung, Datentypen

Variablen sind Platzhalter für Zahlen, Textzeichen und andere Daten. Variablen werden dazu verwendet, Daten während des Programmablaufs vorübergehend zu speichern und Berechnungen mit ihnen durchzuführen. Das folgende Beispielprogramm zeigt eine triviale Anwendung von Variablen:

```
Option Explicit
Sub Form_Load()
  Dim l, b, fläche
  l = 3
  b = 4
  fläche = l * b
  Debug.Print fläche   'Ausgabe im Testfenster
End Sub
```

In den Variablen *l* und *b* werden Länge und Breite eines Rechtecks gespeichert. Daraus wird der Flächeninhalt berechnet und in *fläche* gespeichert. Das Ergebnis der Berechnung wird mit *Debug.Print* in das Testfenster ausgegeben.

ANMERKUNG

Form_Load ist eine Ereignisprozedur, die automatisch beim Laden eines Formulars – also bei jedem Programmstart – ausgeführt wird. Prozeduren im allgemeinen und Ereignisprozeduren im besonderen werden in den folgenden Abschnitten dieses Kapitels noch zur Genüge behandelt. Für die Variablenverwaltung relevant sind nur die Zeilen *Option Explicit* und *Dim l, b, fläche.*

Variablendeklaration

Sofern am Beginn des Moduls die Anweisung ***Option Explicit*** angegeben wird, müssen alle Variablen vor ihrer Verwendung mit dem Kommando ***Dim*** deklariert werden. Das scheint auf den ersten Blick lästig zu sein, ist in Wirklichkeit aber ein wichtiger und wirksamer Schutz gegen Tippfehler. Visual Basic weigert sich jetzt nämlich, eine

Prozedur auszuführen, bevor es nicht alle darin vorkommenden Variablennamen kennt. Wenn Sie in EXTRAS | OPTIONS | EDITOR die Option VARIABLENDEKLARATION ERFORDERLICH aktivieren, fügt Visual Basic in jedes neue Modul automatisch die Anweisung *Option Explicit* ein.

Bei der Deklaration von Variablen können Sie einen Variablentyp angeben, und zwar in zwei Notationen: In der ausführlichen Notation schreiben Sie den Typ aus, in der Kurznotation fügen Sie einfach ein Kennungszeichen hinter den Variablennamen:

```
Dim x As String      'lange Notation
Dim x$               'kurze Notation
```

Wenn Sie keinen Typ angeben, verwendet Visual Basic automatisch den Typ *Variant*. (Die zur Verfügung stehenden Variablentypen werden gleich behandelt.) Der Typ braucht nur bei der Definition von Variablen angegeben werden, nicht aber bei der weiteren Verwendung von Variablen. (Sie dürfen aber auch im weiteren Programmcode ein Kennungszeichen angeben, sofern dieses nicht der tatsächlichen Definition der Variable widerspricht.)

Variablen können Sie an beliebigen Stellen innerhalb einer Prozedur definieren. Die Definition gilt ab der Zeile, in der das *Dim*-Kommando steht, unabhängig davon, ob es sich dabei um einen Zweig einer Abfrage oder einer Schleife handelt. Aus Gründen der Übersichtlichkeit erfolgen Variablendeklarationen aber im Regelfall am Beginn einer Prozedur. Im Gegensatz zu C / C++ ist es nicht möglich, Variablen zu definieren, die nur innerhalb einer Blockstruktur (Schleife, Verzweigung) gelten.

VORSICHT

Es ist syntaktisch erlaubt, mehrere Variablen zwischen *Dim* und *As* zu stellen. Allerdings bekommt nur die letzte Variable den gewünschten Variablentyp, alle anderen Variablen gelten als *Variant*-Variablen!

```
Dim a, b, c As Integer  'nur c ist eine Integerzahl, a und b
                        'haben den Datentyp Variant !!!
```

VERWEIS

Variablen können so deklariert werden, daß Sie nur in einer Prozedur, im ganzen Modul oder in der gesamten Programm (global) verwendet werden können. Details zum Gültigkeitsbereich von Variablen finden Sie auf Seite 130.

Variablennamen

Variablennamen müssen mit einem Buchstaben beginnen, dürfen maximal 255 Zeichen lang sein und keine Leerzeichen, Punkte sowie einige weitere Sonderzeichen enthalten. Deutsche Sonderzeichen (ä, ö, ü, ß) sind erlaubt. Zwischen Groß- und Kleinschreibung wird nicht unterschieden. Die im Programm verwendete Schreibweise hängt von der Schreibweise bei der Deklaration der Variablen ab. Variablennamen dürfen nicht mit vordefinierten Schlüsselwörtern übereinstimmen. Beispiele für vordefinierte Schlüsselwörter sind etwa *Sub, Function, End, For, Next* etc.

Beachten Sie, daß Objekt-, Methoden- und Eigenschaftsnamen nicht als Schlüsselwörter gelten, also auch als Variablennamen verwendet werden dürfen. Visual Basic hat damit normalerweise keine Probleme und erkennt aus dem Zusammenhang, ob Sie die Variable oder die gleichnamige Eigenschaft oder Methode meinen. (Bei Eigenschaften oder Methoden, bei denen die Objektangabe sonst optional ist, muß im Fall von gleichnamigen Variablen eine Objektangabe erfolgen.) Gleichnamige Variablennamen stiften allerdings oft Verwirrung beim Lesen oder Analysieren des Programmcodes und sollten daher vermieden werden.

Variablentypen (Datentypen)

Im Beispiel zu Beginn des Kapitels wurden drei Variablen zwar mit *Dim* als Variablen definiert, es wurde aber kein Variablentyp angegeben. Das ist zulässig, Visual Basic wählt automatisch einen geeigneten Variablentyp aus. Dennoch ist es sinnvoll, wenn Sie die in Visual Basic vorgesehenen Variablentypen kennen und Variablen mit der Angabe des gewünschten Variablentyps definieren. Auf diese Weise erhöhen Sie die Verarbeitungsgeschwindigkeit, reduzieren den Speicherverbrauch und vermindern die Fehlergefahr. Visual Basic kennt folgende Variablentypen (jeweils mit Kennungszeichen, falls eines existiert):

	Byte: ganze Zahlen zwischen 0 und 255; 1 Byte Speicherbedarf
	Boolean: Wahrheitswerte (*True, False*); 2 Byte
%	***Integer***: ganze Zahlen zwischen -32768 und +32767; 2 Byte
&	***Long***: ganze Zahlen zwischen -2147483648 und +2147483647; 4 Byte
@	***Currency***: Festkommazahlen mit 15 Stellen vor und 4 Stellen nach dem Komma; 8 Byte
	Decimal: hierbei handelt es sich nicht um einen eigenständigen Datentyp, sondern um einen Untertyp von *Variant*; die Genauigkeit beträgt 28 Stellen; die Anzahl der Stellen hinter dem Komma hängt von der Größe der Zahl ab – bei einer zehnstelligen Zahl bleiben noch 18 Stellen hinter dem Komma; der zulässige Zahlenbereich beträgt $\pm 10^{28}$; 12 Byte
!	***Single***: Fließkommazahlen mit 8 Stellen Genauigkeit; 4 Byte
#	***Double***: Fließkommazahlen mit 16 Stellen Genauigkeit; 8 Byte
	Date: für Datum und Uhrzeit; der Datumsbereich ist eingeschränkt auf den Bereich zwischen dem 1.1.100 und dem 31.12.9999, die Uhrzeit auf den Bereich zwischen 00:00 und 23:59:59; 8 Byte
$	***String***: Zeichenketten; die Zeichenanzahl ist seit Version 4 nur noch durch das RAM beschränkt (2147483647 Zeichen); 10 Byte plus 2 Byte pro Zeichen
	Object: Objekte (siehe Seite 159); die Variable speichert einen Verweis auf ein Objekt; 4 Byte

Variant: Defaultvariablentyp, nimmt je nach Bedarf einen der obigen Variablentypen an (mit automatischer Konvertierung); der Speicherbedarf beträgt mindestens 16 Byte, bei Zeichenkette sogar 22 Byte plus 2 Byte pro Zeichen

Das Zeichen in der linken Spalte dient zur Kennzeichnung des Variablentyps und kann bei der Kurzform von *Dim* zur Definition von Variablen verwendet werden.

Generell gilt Variant als der Defaultdatentyp. Durch die Kommandos *DefBool, DefByte, DefCur, DefDate, DefDbl, DefInt, DefLng, DefObj, DefSng* und *DefStr* können Sie (in Abhängigkeit des Anfangsbuchstabens des Variablennamens) andere Defaultdatentypen definieren.

```
DefInt A-Z    'Defaultdatentyp Integer (für alle Variablen)
DefDbl E-F    'Default Double für Variablen, die mit E oder F beginnen
```

VERWEIS

Neben den vorgegebenen Variablentypen besteht noch die Möglichkeit, eigene Datentypen mit *Type* zu definieren (siehe Seite 115). Außerdem können Objektvariablen mit jedem verfügbaren Objekttyp definiert werden (etwa *CommandButton, Picture* etc.; siehe Seite 155).

Der universelle Datentyp Variant

Der Variablentyp ***Variant*** wird standardgemäß für alle Variablen verwendet, die nicht explizit in einem anderem Variablentyp definiert sind. Variablen vom Typ *Variant* eignen sich gleichermaßen zum Speichern von ganzen Zahlen, von Fließkommazahlen, von Datums- und Zeitangaben und von Zeichenketten. Die Variable ändert gegebenenfalls im Verlauf des Programms automatisch die interne Datendarstellung. Damit sind diese Variablen ungeheuer flexibel und bequem zu verwenden.

Zum Umgang mit *Variant*-Variablen existieren zahlreiche Test- und Umwandlungsfunktionen: ***IsNumeric*** testet, ob der Inhalt einer *Variant*-Variablen in eine Zahl umgewandelt werden kann. Das ist auch bei manchen Zeichenketten der Fall (etwa "123.4"). ***IsDate*** testet, ob die *Variant*-Variable ein Datum oder eine Uhrzeit enthält, bzw. ob eine Zeichenkette diesem Format entspricht (etwa "12:00").

IsNull testet, ob die Variable den Wert *Null* enthält. Mit *Null* können *Variant*-Variablen gelöscht werden. *Null* ist nicht mit 0 oder "" identisch und kann so zur eindeutigen Identifikation verwendet werden (z.B. könnte eine Funktion beim Auftreten eines Fehlers *Null* statt eines numerischen Ergebnisses zurückgeben).

IsEmpty testet, ob eine Variable noch gar nicht belegt ist. (Dieser Zustand unterscheidet sich von *Null,* wo die Variable zwar belegt ist, aber eben mit dem Wert *Null.*) *IsError* testet, ob die Variable eine Fehlernummer enthält. *IsObject* testet, ob es sich um eine Objektvariable handelt, die auf ein Objekt verweist.

Mit der Funktion ***VarType*** kann der Datentyp festgestellt werden, der intern zur Speicherung in einer *Variant*-Variablen verwendet wird. Eine Liste mit allen Möglichkeiten (inklusive *Null* und *Empty*) finden Sie im Online-Hilfetext. Eine ähnliche Funktion erfüllt ***TypeName***: Die Funktion liefert den Namen des Datentyps oder Objekts in einer Variablen als Zeichenkette zurück.

Wenn Sie erreichen möchten, daß in einer *Variant*-Variable ein ganz bestimmter Datentyp verwendet werden soll, können Sie dazu die Konversionsfunktionen ***CXxx*** verwenden. So erreichen Sie etwa mit *x=CDec(0.5)*, daß 0.5 als Zahl im *Decimal*-Typ gespeichert wird. (Eine Tabelle aller Konversionsfunktionen finden Sie auf Seite 395.)

Integerzahlen (Byte, Integer und Long)

Integerzahlen sind ganze Zahlen ohne Kommastellen. Der wesentliche Vorteil von Integerzahlen besteht darin, daß die Rechengeschwindigkeit hoch und der Speicheraufwand gering ist. Allerdings kommt es beim Rechnen mit ganzen Zahlen leicht zu Überlauffehlern. Beispiel:

```
Dim l As Long
l = 255 * 256
```

Visual Basic bricht die Programmausführung wegen eines Überlauffehlers ab. Das sieht auf ersten Blick unlogisch aus, *l* wurde ja als *Long* deklariert; der Überlauffehler tritt aber nicht bei der Zuweisung, sondern schon vorher bei der Multiplikation auf. Visual Basic betrachtet die beiden Zahlen 255 und 256 als *Integer*-Zahlen. Das Ergebnis überschreitet aber den *Integer*-Zahlenbereich. Abhilfe liefert das Kennungszeichen &, das einem der beiden Faktoren nachgestellt wird. Damit wird die Zahl als *Long* gekennzeichnet, Visual Basic führt dann die Multiplikation im *Long*-Zahlenbereich durch.

```
Dim l As Long
l = 255& * 256
```

Beinahe noch heimtückischer ist das folgende Beispiel:

```
l1 = &H12345678
l2 = l1 And &HFF00
?Hex$(l2)    'Ergebnis: &H12345600 (falsch!) statt &H5600 (richtig)
```

Mit *And* wird eine logische UND-Verknüpfung der beiden Zahlen durchgeführt. Dabei wird &HFF00 zuerst als *Integer*-Zahl betrachtet. Diese Integerzahl hätte den Wert 65280; da damit der *Integer*-Zahlenbereich überschritten würde, wird die Hexadezimalzahl als negative Zahl (-256) interpretiert. Visual Basic erkennt nun, daß die Zahl für die *And*-Operation auf 32 Bit erweitert werden muß – und führt diese Erweiterung vorzeichenrichtig zu &HFFFFFF00 durch! Damit hat auch dieses scheinbar so offensichtliche Fehlverhalten eine logische Begründung. Abhilfe schafft wieder ein nachgestelltes & zur Markierung als *Long*-Zahl:

```
l2 = l1 And &HFF00&
?Hex$(l2)     'Ergebnis: &H5600 (richtig)
```

Das Beispiel zeigt, daß Sie bei der Definition von hexadezimalen Konstanten (das kommt vor allem beim Aufruf von DLL-Funktionen oft vor) immer ein &-Zeichen nachstellen sollten!

Fließkommazahlen (Typ Single und Double)

Fließkommazahlen werden zur Speicherung von Zahlen mit Nachkommastellen und für mathematische Berechnungen eingesetzt. Die beiden Datentypen unterscheiden sich im Zahlenbereich, Genauigkeit und Speicherbedarf (4 Byte für *Single*, 8 Byte für *Double*). Falls Sie einen arithmetischen Koprozessor besitzen, sollten Sie sich bei aufwendigen Berechnungen grundsätzlich für den Datentyp *Double* entscheiden, weil dessen Zahlenformat vom Koprozessor besser unterstützt wird.

Bei der Verwendung von Fließkommazahlen treten Rundungsfehler auf. Das ist systembedingt und nicht die Schuld von Visual Basic. Sie sollten sich der Konsequenzen aber immer bewußt sein.

```
Dim i
For i = -3 To 3 Step 0.1
  Debug.Print i
Next i
```

Im obigen Miniprogramm soll *i* in einer Schleife die Werte -3, -2.9, -2.8 etc. durchlaufen. Obwohl *i* als *Variant*-Variable deklariert ist, verwendet Visual Basic hier automatisch *Double* als Datentyp für *i* (wegen der Schrittweite 0.1). Das Programm gibt die folgenden Werte im Testfenster aus:

```
-3
...
-1,1
-0,999999999999998     'das ist ungefähr -1
-0,899999999999998     '             -0,9
...
-9,99999999999985E-02  '             -0,1
 1,52655665885959E-15  '              0
 0,100000000000002     '              0,1
...
 2,8
 2,9                   '3 wird nie erreicht !
```

Der letzte Schleifenwert beträgt nicht 2.9, sondern 2.900000000000001 (auch wenn nur 15 Stellen angezeigt werden). Daher errechnet Visual Basic 3.000000000000001 als nächsten Wert und bricht die Schleife dann ab (weil dieser Wert größer als 3.0 ist).

Beachten Sie übrigens auch, daß Visual Basic bei der Ausgabe durch *Print* ein Komma statt des Dezimalpunkts verwendet. *Print* beachtet also die Ländereinstellung in den Windows-Systemeinstellungen. Im Programmcode müssen Sie aber immer den Dezimalpunkt verwenden.

Wenn Sie die obige Schleife exakt ausführen wollten, könnten Sie als Schleifenvariable eine Integervariable verwenden, eine Schleife von –30 bis 30 bilden und in der Schleife einer Fließkommavariablen ein Zehntel der Schleifenvariable zuweisen:

```
Dim i As Int, f As Double
For i = -30 To 30
  f = i / 10
  Debug.Print f
Next i
```

Eine andere Alternative besteht darin, Variablen vom Typ *Currency* oder *Variant/Decimal* zu verwenden. Wenn die Schleife in einem rechenintensiven Fließkomma-Algorithmus verwendet wird, kostet allerdings auch diese Vorgehensweise viel Konvertierungszeit (auch wenn das im Code jetzt weniger offensichtlich ist).

```
Dim i
For i = CDec(-3) To 3 Step 0.1
  Debug.Print i
Next i
```

Festkommazahlen (Typ Currency, Variant/Decimal)

Diese zwei Variablentypen stellen eine Kompromißlösung zwischen Integer- und Fließkommazahlen dar. Der Zahlenbereich ist viel stärker eingeschränkt als bei echten Fließkommazahlen, gleichzeitig verlängert sich die Rechenzeit erheblich. Dafür sind aber Rundungsfehler weitgehend ausgeschlossen.

Festkommazahlen eignen sich damit besonders gut für kaufmännische Anwendungen. (Erklärung: Die *Currency*-Zahl 0.2 wird intern als *Integer*-Zahl 2000 exakt dargestellt. Die *Double*-Zahl 0.2 kann dagegen im binären Zahlensystem durch die Summe von 1/8+1/16+1/128+1/256+1/2048+... nie ganz genau zusammengesetzt werden.)

Zeichenketten (Typ String)

Zeichenketten sind zur Speicherung von Texten geeignet. Die maximale Länge von Zeichenketten beträgt seit Version 4 (endlich) 2147483647 Zeichen. Die Länge von Zeichenketten ist normalerweise variabel und darf sich während des Programmverlaufs ändern.

```
Dim s As String          'Zeichenketten mit variabler Größe
```

Falls es programmtechnisch sinnvoll ist, können Sie die Größe einer String-Variable auch voreinstellen. Das ist allerdings mit zwei Nachteilen verbunden: erstens verbraucht die Variable auch dann Speicher, wenn sie noch gar nicht genutzt wird (während sich der Speicherverbrauch von normalen String-Variablen nach deren Inhalt orientiert), und zweitens sind fest eingestellte Zeichenketten auf 65536 Zeichen limitiert.

```
Dim s As String * 100  'Zeichenkette für 100 Zeichen
```

VERWEIS

Zeichenketten werden seit Version 4 im Unicode-Format gespeichert (früher: ANSI). Das bedeutet, daß pro Zeichen zwei Byte verwendet werden. Die Besonderheiten, die sich aus der Umstellung auf Unicode ergeben, werden auf Seite 386 behandelt. Dieser Abschnitt beschäftigt sich ausschließlich mit dem Umgang mit Zeichenketten und den dafür vorgesehenen Befehlen und Funktionen.

Datum und Uhrzeit (Typ Date)

Der eigene Datentyp *Date* ist neu seit Version 4. (In früheren Versionen bestand nur die Möglichkeit, Daten und Zeiten in *Variant*-Variablen zu speichern.) Datumswerte werden intern als Fließkommazahlen betrachtet. Dabei gilt der 31.12.1899 als Stichtag und hat den Wert 1. Mit jedem weiteren Tag erhöht sich das Datum um einen Tag. Daten vor dem 30.12.1899 bekommen negative Zahlen.

HINWEISE

In Excel-Tabellen gilt dasselbe Prinzip zur Darstellung von Daten und Zeiten, allerdings gilt dort der 1.1.1900 als Stichtag. Dafür nimmt Excel an, daß es den 29.2.1900 gab – was falsch ist. Damit stimmen die Datumswerte von Excel und Visual Basic ab dem 1.3.1900 überein. Detaillierte Informationen zum Rechnen mit Datum und Uhrzeit finden Sie auf Seite 399.

Spezifikation von Zeichenketten, Zahlen, Daten und Zeiten

Im Programmcode können ganze Zahlen durch ein nachgestelltes &-Zeichen als *Long*-Zahlen spezifiziert werden. Zwei Beispiele für die Notwendigkeit dieses Zeichen wurden oben (Festkommazahlen) bereits gegeben. Ebenso kann ein nachgestelltes !-, #- oder @-Zeichen verwendet werden, um Zahlen eindeutig als *Single*, *Double* oder *Currency* zu identifizieren.

Die folgenden Beispiele zeigen, wie Visual Basic Zahlenangaben standardgemäß interpretiert und wie es durch zusätzliche Kennungszeichen zu einer anderen Interpretation überredet werden kann. (Wenn Sie feststellen möchten, welchen Typ Visual Basic intern zur Speicherung einer Variant-Variable verwendet, geben Sie im Testfenster einfach *?TypeName(x)* ein.)

```
Dim x As Variant
x = 12                    'Integer (default)
```

```
x = 12&                    'Long
x = 123456                 'Long (wegen der Größe der Zahl default)
x = 3.1                    'Double (default)
x = 3.1!                   'Single
x = 3.1@                   'Currency
x = CDec(3.1)              'Decimal
```

Sehr große oder sehr kleine Fließkommazahlen können Sie im Programmcode in der wissenschaftlichen Notation angeben, also etwa 3.1E10, wenn Sie $3.1*10^{10}$ meinen. Visual Basic ersetzt diese Eingabe dann automatisch durch 31000000000#. Nur bei wirklich großen Zahlen beläßt Visual Basic es bei der Dezimalnotation (3.1E+50).

Normalerweise verwendet Visual Basic Zahlen im dezimalen System. Wenn der Zahl &H oder &O vorangestellt wird, betrachtet Visual Basic diese Zahl als hexadezimal bzw. oktal. Mit den Funktionen ***Hex*** und ***Oct*** können dezimale Zahlen in die hexadezimale bzw. oktale Schreibweise umgewandelt werden. Das binäre Zahlenformat wird nicht in dieser Form unterstützt.

```
x = &H10                  'dezimal 16 (hexadezimal 10, Integer)
x = &H10&                 'dezimal 16 (hexadezimal 10, Long)
x = &FFF0                 'dezimal -16 (hexadezimal FFF0, Integer)
x = &FFF0&                'dezimal 65520 (hexadezimal FFF0, Long)
x = &O10                  'dezimal 8 (oktal 10, Integer)
```

Zeichenketten werden einfach in Hochkommas " gestellt. Wenn das Hochkomma selbst als ein Zeichen innerhalb der Zeichenkette verwendet werden soll, müssen zwei Hochkommas hintereinander geschrieben werden.

```
x = "abc"                 'Zeichenkette abc
x="a""bc"                 'Zeichenkette a"bc
x="""abc"""               'Zeichenkette "abc"
```

Analog zu einem Hochkomma kann das Zeichen # zur Angabe von Daten und Zeiten verwendet werden. Uhrzeiten werden in der Form *hh:mm* oder *hh:mm:ss* angegeben, Daten in der Form *mm/tt/jj* oder *mm/tt/jjjj*. Auch eine Kombination beider Angaben ist möglich, um gleichzeitig Datum und Zeit zu spezifizieren. Bei besonderen Daten – nämlich wenn eindeutig erkennbar ist, welche Zahl den Monat und welche den Tag angibt, ist übrigens auch die Form *tt/mm/jj* möglich. Sie sollten aber darauf verzichten, weil das nur Verwirrung stiftet. (31/12/95 meint den 31.12.95, aber 11/12/95 den 12.11.95!)

Eine Datumsangabe in der im deutschen Sprachraum üblichen Form (tt.mm.jjjj) ist aus Portabilitätsgründen nicht möglich. Sie können aber die Funktion ***DateValue*** verwenden, die bei der Interpretation des Datums die Windows-Systemeinstellungen berücksichtigt und daher deutsche Datumsangaben versteht.

```
x = #12/31/1997#              '31.12.1995
x = #12:15#                   '12:15:00 (heute)
```

```
x = #12/31/1997 12:00#          '31.12.1997 um 12:00
x = DateValue("31.12.1997")     '31.12.1997
x = DateValue("31. Dez 97")     '31.12.1997
x = DateValue("31 Dezember")    '31.12. (dieses Jahr)
```

VORSICHT

Im Hinblick auf die kommenden Jahrtausendwende sollten Sie Angaben wie *#12/31/97#* unbedingt unterlassen. Sie haben keine Garantie, wie sich ein Visual-Basic-Programm nach 2000 verhalten wird. (In der aktuellen Version werden die Jahreszahlen 30 bis 99 dem 20. Jahrhundert zugeordnet, 00 bis 29 dagegen dem 21. Jahrhundert. Dieses Verhalten kann sich aber schon mit der nächsten Visual-Basic-Version ändern.)

Automatische Datentypenkonvertierung

Visual Basic führt Datentypkonvertierungen normalerweise selbständig aus. Bei den verschiedenen numerischen Datentypen ist das noch nicht besonders verwunderlich. Die automatische Konvertierung gilt aber selbst für Zeichenketten und Daten. Daß bei der automatischen Konvertierung Vorsicht angebracht ist, zeigen die folgenden Beispiele.

```
a$ = 12.3     'a enthält "12,3" (Vorsicht, Komma statt Dezimalpunkt!)
a$ = Empty    'a enthält "" (leere Zeichenkette)
b# = "12.3"   'b enthält die 123 (. wird ignoriert, Tausendertrennung)
b# = "12,3"   'b enthält die 12.3 (, gilt als Dezimalpunkt)
b# = "abc"    'Fehler 'Datentypen unverträglich'
b# = Empty    'b enthält 0.0
```

Zur Frage der automatischen Typenkonvertierung siehe auch den Teilabschnitt zur Beschreibung der Integerzahlen einige Seiten weiter oben. Wenn Sie die Typenkonvertierung selbst erledigen möchten, stehen Ihnen dazu die Funktionen *CDbl* ('Convert Double'), *CInt*, *CStr* etc. zur Verfügung – siehe Seite 398, wo alle Konvertierungsfunktionen zusammengefaßt sind.

ACHTUNG

Bei der Übergabe von Parametern an Prozeduren wird nur dann eine automatische Konvertierung durchgeführt, wenn es sich um Wertparameter (Schlüsselwort *ByVal*) handelt. In Visual-Basic-Prozeduren gelten allerdings alle nicht mit *ByVal* gekennzeichneten Parameter als Rückgabeparameter. Aus diesem Grund ist es nicht möglich, eine *Integer*-Variable an ein Unterprogramm zu übergeben, das eine *Long*-Variable erwartet. Visual Basic meldet sich in solchen Fällen mit einer Fehlermeldung (siehe auch Seite 121).

4.1.2 Konstanten und Enum-Aufzählungen

Wenn Sie Symbole verwenden, die während des gesamten Programmablaufs ihren Wert nicht verändern, sollten Sie diese Symbole mit ***Const*** als Konstanten definieren. Dabei können Sie wie bei normalen Variablen einen Variablentyp angeben:

```
Const maximalgröße& = 3
Const Pi = 3.1415926535897932 As Double
```

In Visual Basic sind zahllose Konstanten bereits vordefiniert. Neben den Wahrheitswerten *True* und *False* und den *Variant*-Werten *Null* und *Empty* handelt es sich dabei um diverse Werte, die zur Einstellung von Eigenschaften oder zur Auswertung von Methoden verwendet werden können. Diese Konstanten beginnen mit den Buchstaben *vb* (für Visual-Basic-Konstante). Daneben sind für viele Zusatzsteuerelemente und Objektbibliotheken eigene Konstanten definiert, deren Namen mit anderen Kürzeln beginnen.

Eine Liste der zur Verfügung stehenden Konstanten finden Sie im Objektkatalog. Die Kreisteilungszahl *Pi* (siehe obiges Beispiel) gehört übrigens nicht zu den zahllosen vordefinierten Konstanten.

Enum-Aufzählungen

Seit Version 5 besteht eine zweite Variante zur Definition von Aufzählungen: ***Enum***-Objekte. In einem *Enum*-Block können mehrere zusammengehörende Integer-Konstanten definiert werden. Die Syntax wird anhand eines Beispiels deutlich:

```
Public Enum Farben
  Grün        'automatisch Wert 0
  Rot         'Wert 1
  Blau = 10
  Gelb        'Wert 11
End Enum
```

Enum-Konstanten werden automatisch Konstanten des Typs *Long* zugewiesen. Die automatische Wertzuweisung beginnt mit Null und erhöht sich mit jeder Konstanten um eins. Wenn Sie explizite Wertzuweisungen verwenden, wird dieser Wert als Grundlage für die Numerierung der weiteren Konstanten verwendet. Es ist erlaubt, mehreren Konstanten denselben Wert zuzuweisen.

Enum-Konstanten haben zwei wichtige Vorteile gegenüber herkömmlichen Konstanten: Zum einen können sie wie Variablentypen bei der Deklaration von Variablen, Parametern und Funktionsergebnissen verwendet werden; das macht den Code nicht nur übersichtlicher, sondern auch sicherer. Zum anderen können *Enum*-Konstanten in die Klassenbibliothek exportiert werden und stehen bei ActiveX-Steuerelementen oder -Servern auch nach außen hin zur Verfügung.

```
Dim f As Farben
```

```
f = Blau
```

Enum-Konstanten können nur in Modulen oder in Klassenmodulen definiert werden. Sie gelten automatisch als *Public* (also global verfügbar), wenn sie nicht explizit als *Private* deklariert werden. Wenn es sich bei Ihrem Projekt um ein ActiveX-Steuerelement oder um einen ActiveX-Server handelt, werden *Enum*-Blöcke aus den Klassenmodulen in die Klassenbibliothek aufgenommen, *Enum*-Blöcke aus normalen Modulen dagegen nicht. Auf diese Weise können Sie zwischen Konstanten unterscheiden, die nach außen hin zugänglich sind, und solchen, die nur lokal innerhalb des Projekts ansprechbar sind.

4.1.3 Eigene Datentypen

Bei vielen Anwendungen kommt es vor, daß eine Gruppe verschiedener Daten eine Einheit bildet, die gemeinsam bearbeitet werden soll. Solche Datentypen (auch Datenstrukturen genannt) können Sie mit dem Befehl ***Type*** im Deklarationsteil eines Moduls definieren.

```
Type komplex
  real As Double
  imag As Double
End Type
```

Die obigen Zeilen definieren den neuen Datentyp *komplex* zur Speicherung komplexer Zahlen. Wenn Sie im Programm eine Variable dieses Typs verwenden möchten, müssen Sie diese Variable mit *Dim* definieren. Sie können auch Felder von eigenen Datentypen dimensionieren:

```
Dim zahl1 As komplex, zahl2 As komplex
Dim feld(20) As komplex
```

Bei der Verwendung von Variablen eines eigenen Datentyps greifen Sie auf die einzelnen Elemente mit dem Trennungzeichen in Form eines Punkts zu, beispielsweise:

```
zahl1.real=10: zahl1.imag=-5
```

Bei Feldern muß die Indexangabe in der Form *var(n).element* erfolgen. Variablen gleichen Datentyps können einander zugewiesen werden, etwa:

```
zahl2 = zahl1
```

Dabei wird sowohl der Real- als auch der Imaginärteil in die zweite komplexe Zahl kopiert. Die Zahl der Bytes, die zur Speicherung aller Elemente benötigt werden, können Sie mit der Funktion *Len* ermitteln:

```
bytes = Len(zahl1)
```

Innerhalb von *Type*-Strukturen können sowohl Zeichenketten mit variabler als auch solche mit vorgegebener Länge gespeichert werden. Im ersten Fall wird innerhalb der

Struktur nur ein Zeiger auf die Zeichenkette gespeichert, im zweiten Fall die tatsächlichen Daten.

```
Type zeichenketten
  a As String          'Zeichenkette mit variabler Länge
  b As String * 10     'Zeichenkette mit vorgegebener Länge
End Type
```

VORSICHT

Visual-Basic-intern beansprucht jedes Element in einem *Type* zumindest 4 Byte (also auch *Byte*- und *Int*-Elemente)! *Len* ist daher oft kleiner als der tatsächliche Speicherbedarf, der mit *LenB* ermittelt werden kann.

Abweichungen gibt es auch bei Zeichenketten mit vorgegebener Länge: *Len* rechnet mit Zeichen, *LenB* dagegen mit Bytes (und wegen des Unicode-Formats von Zeichenketten beansprucht jedes Zeichen gleich zwei Byte!).

Wie das folgende Beispiel zeigt, dürfen in eigenen Datentypen schon vorher definierte Datenpunkte und Felder verwendet werden. Die Gesamtgröße eines selbst definierten Datentyps ist mit 64 kByte limitiert. Falls Sie mit diesem Limit Probleme haben, verwenden Sie Zeichenketten mit variabler statt mit vorgegebener Zeichenanzahl: Zeichenketten mit variabler Zeichenanzahl beanspruchen im Datentyp nur 4 Byte (weil ja nur der Zeiger auf die Zeichenkette gespeichert wird).

```
Type datenpunkt
  x As Double
  y As Double
End Type
Type testreihe
  p(10)  As Datenpunkt
  s1 As String * 10
  s2 As String
End Type
Dim x As testreihe
x.p(3).y = 3
```

HINWEIS

Eigene Datentypen müssen immer im Deklarationsteil eines Moduls oder Formulars definiert werden. Bei Formularen müssen Datentypen als *Privat* definiert werden, d.h., ihre Gültigkeit beschränkt sich auf den Code des Formulars. Globale (programmweite) Datentypen können Sie nur in Modulen definieren. Weitere Informationen zur Gültigkeit von Variablen und anderen Deklarationen finden Sie auf Seite 130.

TIP

Seit Version 6 dürfen eigene Datentypen auch als Parameter in Prozeduren, Methoden und Eigenschaften verwendet werden.

4.1.4 Felder

Felder sind Listen von Variablen gleichen Namens, die über eine oder mehrere Indexnummern angesprochen werden. Felder werden immer dann eingesetzt, wenn mehrere ähnliche Informationen (z.B. Namenlisten, die Zahlenwerte einer Matrix) gespeichert und / oder bearbeitet werden sollen.

Statische Felder

Vor der Verwendung von Feldern müssen diese definiert werden. Dazu dient abermals der Befehl ***Dim***. In der einfachsten Form wird hinter dem Feldnamen der größte erlaubte Index in Klammern angegeben. Der Datentyp des Felds wird wie bei Variablen mit dem Kennungszeichen oder mit dem Schlüsselwort *As* angegeben.

```
Dim feld(20) As Integer
Dim feld2(10)#              'Datentyp Double (Kurzschreibweise)
```

Beim Dimensionieren eines Felds muß die Elementanzahl durch eine Zahl oder eine Konstante angegeben werden. Eine Dimensionierung mit einer variablen Anzahl von Elementen ist nur bei dynamischen Feldern möglich (siehe unten). Der Zugriff auf das Feld erfolgt dann immer mit der Angabe des Indexes, also beispielsweise:

```
feld(4)=10: feld(5)=feld(4)/2
```

Der Index darf im Bereich zwischen 0 und *max_index* liegen. Mit *Dim feld(10)* wird daher ein Feld mit elf Elementen erzeugt. Wenn Sie möchten, können Sie auch Felder dimensionieren, deren erlaubte Indexwerte in einem beliebigen Bereich liegen – etwa zwischen -5 und +7:

```
Dim feld(-5 To 7) As Integer
```

Visual Basic erlaubt auch die Dimensionierung mehrdimensionaler Felder, etwa in der Form:

```
Dim feld(10,20) As Integer
```

Es liegt jetzt ein Feld mit 11 mal 21 Elementen vor. Auch bei mehrdimensionalen Feldern dürfen die Indizes als Bereiche angegeben werden. Die Größe von Feldern ist in Visual Basic nur durch den zur Verfügung stehenden Speicher limitiert.

Dynamische Felder

Visual Basic unterstützt auch Felder, deren Größe dynamisch während des Programmablaufs bestimmt und verändert werden dürfen. Solche Felder müssen im Deklarationsabschnitt eines Formulars bzw. eines Moduls mit *Dim*, jedoch ohne die Angabe von Indizes definiert werden, also beispielsweise:

```
Dim feld() As Integer
```

An der Stelle im Programm, an der das Feld in einer bestimmten Größe benötigt wird, steht der Befehl ***ReDim***, beispielsweise:

```
ReDim feld(anzahl)
```

Die Größe des Felds kann später mit einem weiteren *ReDim*-Befehl verändert werden. Wenn Sie das zusätzliche Schlüsselwort ***Preserve*** verwenden, bleibt dabei sogar der Inhalt des Felds erhalten.

```
ReDim Preserve feld(anzahl+10)
```

Felder kopieren

Seit Version 6 können Sie ganze Felder direkt kopieren. (In den früheren Versionen war das nicht möglich; statt dessen mußte jedes Element in einer Schleife einzeln kopiert werden.) Die einzige Voraussetzung besteht darin, daß das Zielfeld als dynamisches Feld dimensioniert wird. Das Zielfeld übernimmt automatisch die Dimensionierung des Quellfelds; aus diesem Grund ist im Beispiel unten kein *ReDim* für *y()* erforderlich. Als Quellfeld ist dagegen auch ein statisches Feld oder ein Datenfeld (siehe unten) erlaubt.

```
Dim i, x(), y()
ReDim x(10)
For i = 0 To 10
  x(i) = i
Next
y() = x()
```

Felder löschen

Der Befehl ***Erase*** löscht den Inhalt der Elemente von statischen Feldern (d.h., Zahlenwerte werden auf 0 zurückgesetzt, Zeichenketten auf "", *Variant*-Elemente auf *Empty*). Bei dynamischen Feldern wird durch *Erase* das ganze Feld gelöscht und der reservierte Speicher wieder freigegeben. Das Feld muß vor einer weiteren Verwendung mit *ReDim* wieder dimensioniert werden.

Indexgrenzen ermitteln

Die Funktionen ***UBound*** und ***LBound*** ermitteln den größten und kleinsten erlaubten Index eines Felds. Bei mehrdimensionalen Feldern muß im optionalen 2. Parameter die Dimension angegeben werden, deren Indexgrenze bestimmt werden soll – etwa *UBound(x(), 3)*. Es existiert keine Funktion, mit der Sie die Anzahl der Dimensionen eines Felds feststellen können.

Datenfelder

Als ob normale Felder nicht ausreichen würden, hat Microsoft noch das Datenfeld erfunden. Datenfelder werden intern in einer einzelnen *Variant*-Variablen gespeichert, obwohl sie sich nach außen hin wie ein Feld verhalten. Datenfelder werden mit dem Kommando ***Array*** erzeugt, in dem die einzelnen Feldelemente aufgezählt werden. Der *Array*-Ausdruck wird dann der *Variant*-Variablen zugewiesen. Das erste Element hat den Index 0.

Datenfelder haben in der Praxis gegenüber normalen Feldern den Vorteil, daß sie sich bequemer initialisieren lassen. Bei normalen Feldern müssen Sie jedes Element einzeln zuweisen, also: *a(0)=1: a(1)=7: a(2)=3* etc. Bei Datenfeldern geht das einfacher: *a=Array(1, 7, 3)*.

```
Dim x
x = Array(10, 11, 12)
Debug.Print x(1)            'liefert 11
```

Im obigen Beispiel stellt *x* eigentlich ein *Variant*-Feld dar. (Ob eine *Variant*-Variable ein *Array* enthält, kann mit der Funktion *IsArray* überprüft werden.) Im Unterschied zu einem normalen Feld, das mit *Dim x(2)* deklariert wird, kann *x* ohne die Angabe eines leeren Klammerpaars als Feld an eine Prozedur übergeben werden.

Es besteht keine Möglichkeit, ein Datenfeld mit *Dim* in einer bestimmten Größe im voraus zu dimensionieren oder seine Größe nachträglich zu verändern. Aus diesen Gründen eignen sich Datenfelder nur für sehr kleine Felder, während echte Felder für alle anderen (anspruchsvolleren) Anwendungen vorgesehen sind.

Seit Version 6 kann *Array* auch zur Initialisierung normaler dynamischer Felder verwendet werden. Diese Felder werden dabei automatisch neu dimensioniert.

```
Dim x()
x() = Array(1, 2, 3)
```

Aufzählungen (Collection, Dictionary)

In Visual Basic 4 wurde der neue Objekttyp *Collection* (Auflistung) eingeführt, in Version 6 kam der verwandte Objekttyp *Dictionary* dazu. Bei beiden Objekttypen handelt es sich um eine Art dynamisches Feld, in das Sie mit den Methoden *Add* und *Remove* Elemente einfügen bzw. löschen können. Der Umgang mit den beiden Objekttypen wird im Rahmen der objektorientierten Sprachmerkmale auf Seite 166 beschrieben.

4.1.5 Syntaxzusammenfassung

Deklaration von Variablen und Konstanten
Option Explicit
Dim var1, var2%, var3 As typ
Const c1=1, c2&=12, c3=7 As typ

Deklaration von Enum-Konstanten	
[Private] Enum name	nur in (Klassen-)Modulen; default *Public*
konstname1 [= wert]	default Wert 0
konstname2 [= wert]	default Wert 1
End Enum	

Vordefinierte Konstanten	
True	*Empty*
False	*Null*

Variablentypen (Datentypen)		
	Boolean	*True* oder *False*
	Byte	ganze Zahlen (0 bis 255)
%	*Integer*	ganze Zahlen (-32768 bis 32767)
&	*Long*	ganze Zahlen (-2^{31} bis 2^{31})
!	*Single*	Fließkommazahlen (8 Stellen)
#	*Double*	Fließkommazahlen (16 Stellen)
@	*Currency*	Ganzkommazahlen (15 Vor-, 4 Nachkommastellen)
	Variant / Decimal	Ganzkommazahlen (28 Stellen)
$	*String*	Zeichenketten
	Date	Datum- und Zeitwert
	Object	Objektverweise
	Variant	beliebige Daten

Umgang mit Variant-Variablen	
IsArray(v)	Test, ob v ein Datenfeld enthält
IsDate(v)	Test, ob Konvertierung in Datum / Zeit möglich ist
IsEmpty(v)	Test, ob leer
IsError(v)	Test, ob v Fehlerwert enthält
IsNull(v)	Test, ob Null
IsNumeric(v)	Test, ob Konvertierung in Zahl möglich ist
TypeName(v)	Zeichenkette, die den Daten- / Objekttyp beschreibt
VarType(v)	numerischer Wert, der den Datentyp angibt

Eigene Datentypen	
Type neuertyp	der Name des neuen Datentyps
element1 As Long	alle Elemente müssen mit Datentyp angegeben werden
element2(n) As Double	auch Felder sind erlaubt
element3 As eigenertyp	auch eigene Datentypen sind als Elemente erlaubt
...	
End Type	

Felder	
Dim feld(5)	definiert ein eindimensionales statisches Feld
Dim feld(10, 15, 20)	definiert ein mehrdimensionales statisches Feld
Dim feld(-3 To 3)	Indexbereich von -3 bis 3
Dim feld()	definiert ein dynamisches, vorläufig leeres Feld
ReDim feld(n)	dynamische Neudimensionierung mit n Elementen
ReDim Preserve f(n+10)	Erweiterung des Felds, ohne Daten zu löschen
Erase feld()	löscht Feldelemente (statisch) bzw. das ganze Feld (dynamisch)
UBound(feld())	ermittelt den größten erlaubten Index
LBound(feld())	ermittelt den kleinsten erlaubten Index
U/LBound(f(),n)	wie oben, aber für die n-te Dimension

Datenfelder	
Dim x	normale Variant-Variable
x = Array(x1, x2, x3 ...)	Speicherung eines Datenfelds in der Variablen

4.2 Prozeduren

Prozedurale Programmiersprachen zeichnen sich dadurch aus, daß der Programmcode in kleinen, voneinander getrennten Programmteilen angeschrieben wird. Diese Programmteile (Prozeduren) können sich gegenseitig aufrufen und dabei Parameter übergeben. Beinahe alle zur Zeit populären Programmiersprachen – etwa Pascal, C und modernere Basic-Dialekte – zählen zu den prozeduralen Programmiersprachen.

4.2.1 Unterprogramme und Funktionen

Prozedur ist also ein Überbegriff für Funktionen und Unterprogramme. Aus den vorangegangenen Beispielen sind die beiden generellen Syntaxvarianten für Prozeduren bereits hervorgegangen: ***Sub*** *name() ... End Sub* definiert ein Unterprogramm. Prozeduren dieser Art können zwar bestimmte Aktionen durchführen (beispielsweise die aktuelle Arbeitsmappe speichern), aber keine Ergebnisse zurückgeben. In Visual-Basic-Programmen werden Unterprogramme vor allem zur Reaktion auf Ereignisse (etwa das Anklicken eines Buttons) verwendet; dieser Typ von Unterprogrammen wird dann als Ereignisprozedur bezeichnet.

Funktionen stellen einen zweien Prozedurtyp dar. Sie werden mit ***Function*** *name()* eingeleitet und mit *End Function* beendet. Vor dem Verlassen der Funktion, also spätestens in der letzten Zeile, muß der Rückgabewert der Funktion durch eine Zuweisung an *name* angegeben werden. Wenn in einer Funktion kein Rückgabewert zugewiesen wird, liefert die Funktion je nach Deklaration 0 (numerische Funktion), eine leere Zeichenkette (Stringfunktion) oder *Empty* (*Variant*-Funktion).

Unterprogramme und Funktionen werden automatisch beendet, wenn die Anweisung *End Sub / Function* erreicht wird. Wenn eine Prozedur schon vorher verlassen werden soll, stehen dazu die Kommandos ***Exit Sub*** bzw. ***Exit Function*** zur Verfügung.

Beachten Sie, daß Prozeduren sich gegenseitig aufrufen dürfen. Wenn Sie ein neues Kommando programmieren möchten, darf die dem Kommando unmittelbar zugewiesene Prozedur durchaus andere Unterprogramme oder Funktionen aufrufen. Prozeduren dienen nicht zuletzt dazu, umfangreiche Programmierprobleme in kleine, überschaubare Module zu zerlegen.

ANMERKUNG

In Formularen fügt Visual Basic vor die *Sub*- oder *Function*-Kommandos zumeist noch das Kommando *Private* ein. *Private* schränkt die Gültigkeit von Prozeduren auf ein Formular oder ein Modul ein. Das ist zwar ohnedies die Defaulteinstellung, fördert aber die bessere Lesbarkeit. Die Gültigkeitsbereiche von Variablen und Prozeduren und die dazu vorgesehenen Schlüsselwörter werden im nächsten Teilabschnitt behandelt.

VERWEIS

Ein Spezialfall von Prozeduren, nämlich Eigenschaftsprozeduren, wird auf Seite 170 im Zusammenhang mit der Definition eigener Objekte durch Klassenmodule behandelt.

Das folgende Beispiel demonstriert die Syntax von Prozeduren und Funktionen. *Command1_Click* wird aufgerufen, wenn der einzige Button des Programms angeklickt wird. In dieser Prozedur wird das Unterprogramm *ZeigeWochentag* aufgerufen, das wiederum die Funktion *Reverse* zu Hilfe nimmt, um den gerade aktuellen Wochentag zu verdrehen (*Reverse* bildet gatnoM aus Montag).

```
' ProzeduraleProgrammierung\Prozedur.vbp
Private Sub Command1_Click()
  ZeigeWochentag
End Sub
Sub ZeigeWochentag()
  Dim x$
  x = Format(WeekDay(Date), "dddd ")
  MsgBox "Heute ist: " & Reverse(x)
```

```
End Sub
Function Reverse$(x$)
  Dim i, tmp$
  For i = Len(x) To 1 Step -1
    tmp = tmp + Mid(x, i, 1)
  Next
  Reverse = tmp
End Function
```

Prinzipiell ist ein Funktionsaufruf auch in der Form eines Unterprogramms möglich. Der Rückgabewert der Funktion wird dabei aber ignoriert und geht verloren.

```
Reverse "abc"     'Funktionsaufruf, das Ergebnis wird ignoriert
```

Der Datentyp von Funktionen

Im obigen Beispiel wurde *Reverse* ohne die Angabe eines Datentyps definiert. Die Funktion gilt daher – in Analogie zur Definition von Variablen – als *Variant*-Funktion. Der Rückgabewert der Funktion richtet sich also nach den Daten, die dem Funktionsnamen im Verlauf des Programmablaufs zugewiesen werden. Da *Reverse* in jedem Fall eine Zeichenkette zurückgibt, ist es sinnvoll, die Funktion als *String*-Funktion zu definieren. Wie bei den Variablen bestehen dafür zwei mögliche Schreibweisen:

```
Private Function Reverse(x) As String   'lange Notation
Private Function Reverse$(x)            'kurze Notation
```

Funktionen können in jedem Datentyp definiert werden, der auch für Variablen zur Verfügung steht. Der Vorteil einer exakten Funktionsdefinition besteht darin, daß der Verwendungszweck der Funktion damit deutlicher wird und eine exaktere Typenkontrolle möglich ist.

Prozedurnamen

Für Prozedurnamen gelten dieselben Regeln wie für Variablennamen: Der Name muß mit einem Buchstaben beginnen, darf maximal 255 Zeichen lang sein und sollte außer dem Unterstrich keine Sonderzeichen enthalten. Der Name darf nicht mit dem eines vordefinierten Schlüsselwortes übereinstimmen. Namen von Objekten, Eigenschaften und Methoden zählen in der Regel nicht zu diesen Schlüsselwörtern und können daher auch als Prozedurnamen verwendet werden. Es ist also erlaubt, einer Prozedur den Namen *Add* zu geben, obwohl für zahlreiche Objekte die gleichnamige Methode *Add* existiert. VBA erkennt aus der Objektangabe, ob es sich um die *Add*-Methode oder um Ihre *Add*-Prozedur handelt.

Es ist nicht erlaubt, zwei Prozeduren innerhalb eines Moduls denselben Namen zu geben. Gleichnamige Prozeduren in unterschiedlichen Modulen sind hingegen erlaubt, wenn das Schlüsselwort *Private* vorangestellt wird.

4.2.2 Parameter von Prozeduren

Was für die Definition des Datentyps von Variablen und Funktionen gilt, hat auch für die Parameter eines Unterprogramms bzw. einer Funktion Gültigkeit: Aus Gründen der Effizienz und der Zuverlässigkeit sollten für alle Parameter einer Prozedur Datentypen angegeben werden. Im Beispiel unten wird auch der Parameter von *Inverse* als Zeichenkette deklariert (wieder in langer und in kurzer Notation):

```
Private Function Inverse(x As String) As String  'lange Notation
Private Function Inverse$(x$)                    'kurze Notation
```

Aus dem Beispiel geht hervor, daß die Verwendung der Kennungszeichen zu deutlich kürzeren und übersichtlicheren Funktionsdefinitionen führt als die lange Notation.

Parameter gelten innerhalb von Prozeduren als lokale Variablen. Eine gleichnamige Variable außerhalb der Prozedur wird nicht beeinflußt.

Rückgabeparameter (call by reference)

Normalerweise gelten die Parameter in Prozeduren als Rückgabeparameter. Das bedeutet, daß ihr Inhalt in der Prozedur verändert werden kann und sich diese Änderung auch auf die Variable der aufrufenden Prozedur auswirkt. Am schnellsten werden Sie dieses Prinzip anhand eines Beispiels verstehen:

In *Form_Load* werden die beiden Variablen *x* und *y* definiert und mit 1 und 2 vorbelegt. Anschließend wird die Prozedur *Rückgabe* aufgerufen. In *Rückgabe* sind die beiden Parameter *a* und *b* definiert. An die Parameter werden beim Aufruf die Werte 1 und 4 übergeben. In *Rückgabe* werden die Werte je um 10 vergrößert.

Nach dem Rücksprung aus *Rückgabe* weist *x* den Wert 11 auf, d.h., die Änderung des Rückgabe-Parameters in *Rückgabe* hat die Variable *x* nachhaltig verändert. *y* ist dagegen unverändert geblieben. Es ist zwar auch *b* ein Rückgabeparameter, es wurde aber nicht direkt *y*, sondern der Ausdruck *y+2* übergeben, der auch bei Rückgabeparametern nicht verändert werden kann.

```
' Beispielprogramm ProzeduraleProgrammierung\Parameter.frm
Private Sub Form_Load()
  Dim x, y
  x = 1: y = 2
  MsgBox "Anfangszustand: x=" & x & ", y =" & y
  Rückgabe x, y+2
  ' jetzt ist x=11, y=2
  MsgBox "Nach Aufruf von 'Rückgabe': x=" & x & ", y =" & y
  Wert x, y+2
  ' immer noch x=11, y=2
```

```
  MsgBox "Nach Aufruf von 'Wert': x=" & x & ", y =" & y
  End
End Sub
Private Sub Rückgabe(a, b)
  a = a + 10: b = b + 10
  MsgBox "In 'Rückgabe': a=" & a & ", b=" & b
End Sub
Private Sub Wert(ByVal a, ByVal b)
  a = a + 10: b = b + 10
  MsgBox "In 'Wert': a=" & a & ", b=" & b
End Sub
```

HINWEIS

Es ist nicht möglich Eigenschaften wie Rückgabeparameter zu behandeln. Wenn an *Rückgabe* irgendwelche Eigenschaften eines Objekts übergeben werden, so kann das Unterprogramm zwar mit den Werten arbeiten, eventuelle Änderungen wirken sich aber nicht aus. Wenn Sie die Eigenschaften von Objekten in einem Unterprogramm verändern möchten, müssen Sie das Objekt als solches an das Unterprogramm übergeben.

ACHTUNG

Bei Rückgabeparametern muß der Variablentyp der übergebenen Variable mit dem Variablentyp des Parameters übereinstimmen – andernfalls kommt es zu einer Fehlermeldung. Es ist daher nicht möglich eine *Long*-Variable zu übergeben, wenn der Parameter als *Double* deklariert ist. Diese Typenkontrolle kann manchmal lästig sein, weist aber fast immer auf ein schlampiges Programmieren hin und hilft, so zu klar deklarierten und damit zuverlässigeren Programmen zu gelangen.

Wertparameter (call by value)

Wenn eine ungewollte Veränderung von Variablen verhindert werden soll, müssen die Parameter mit dem zusätzlichen Schlüsselwort ***ByVal*** deklariert werden. Die Parameter gelten damit als Wertparameter. Obwohl *a* und *b* auch in *Wert* um 10 vergrössert werden, gibt es diesmal keine Rückwirkungen auf die Variable *x*. Die lokalen Variablen *a* und *b* sind vollkommen von den Variablen *x* und *y* losgelöst. Das Programm zeigt somit der Reihe nach folgende Werte mit *MsgBox* am Bildschirm an:

```
x=1, y=2
a=11, b=14
x=11, y=2
a=21, b=14
x=11, y=2
```

ANMERKUNG

In Analogie zu *ByVal* existiert seit Version 4 auch das Schlüsselwort ***ByRef***; dessen Verwendung ist aber überflüssig, weil Parameter automatisch als Rückgabeparameter gelten, wenn sie nicht mit *ByVal* gekennzeichnet sind.

C-Programmierer werden es bereits erkannt haben: Die Verwendung von Rückgabeparametern entspricht der Verwendung von Zeigern. Der Unterschied besteht darin, daß Visual Basic auch dann keinen Fehler meldet, wenn Daten (und keine Rückgabeparameter) übergeben werden.

Felder als Parameter übergeben

Ebenso wie normale Variablen als Parameter übergeben können, ist das auch für Felder möglich. Bei der Definition des Parameters muß das Klammerpaar zur Identifizierung als Feld angegeben werden.

```
Private Sub Form_Load()
  Dim a(10)
  Feldtest a()
  End
End Sub
Private Sub Feldtest(feld())
  Debug.Print LBound(feld()), UBound(feld())
End Sub
```

Das Unterprogramm *Feldtest* kann übrigens nicht für Datenfelder verwendet werden. Wenn Sie mit Datenfeldern arbeiten, muß der Code geändert werden. Der Parameter *datenfeld* ist jetzt kein echtes Feld mehr, sondern eine *Variant*-Variable. Aus diesem Grund dürfen auch die Klammerpaare zur Identifizierung von Feldern nicht mehr angegeben werden.

```
Private Sub Form_Load()
  Dim a: a = Array(1, 2, 3)
  Feldtest a
  End
End Sub
Private Sub Feldtest(datenfeld)
  Debug.Print LBound(datenfeld), UBound(datenfeld)
End Sub
```

HINWEIS

Seit Version 6 können Felder nicht nur als Funktionsparameter, sondern auch als Ergebnis einer Funktion verwerndet werden. Die erforderliche Deklaration unterscheidet sich lediglich durch das nachgestellte Klammernpaar zur Kennzeichnung eines Felds.

```
Private Function Reverse(parameter) As Long()
```

Im folgenden Beispiel wird an die Funktion *Reverse* ein Feld übergeben. *Reverse* liefert ein neues Feld zurück, dessen Elemente die umgekehrte Reihenfolge aufweisen.

```
' ProzeduraleProgrammierung\Felder
Private Sub Command3_Click()
  Dim test1(), test2(), i As Long
  test1() = Array(1, 2, 3)
  test2() = Reverse(test1())
  For i = LBound(test2()) To UBound(test2())
    Debug.Print test2(i)
  Next
End Sub
Function Reverse(feld()) As Variant()
  Dim i As Long, maxindex As Long, tmp()
  maxindex = UBound(feld())
  ReDim tmp(LBound(feld()) To maxindex)
  For i = LBound(feld()) To maxindex
    tmp(i) = feld(maxindex - i)
  Next i
  Reverse = tmp()
End Function
```

Optionale Parameter

Normalerweise müssen beim Aufruf einer Prozedur alle Parameter angegeben werden, die in der Prozedurdefinition angeführt sind. Durch das Schlüsselwort ***Optional*** entfällt der Zwang zur Parameterangabe. Innerhalb der Funktion müssen Sie jetzt allerdings mit ***IsMissing*** testen, ob beim Prozeduraufruf überhaupt ein Parameter angegeben wurde.

In Version 4 mußten optionale Parameter immer vom Typ *Variant* sein. Diese Einschränkung ist seit Version 5 weggefallen. Sie können nun auch bei optionalen Parametern einen Datentyp angeben.

Sobald ein Parameter als *Optional* gekennzeichnet wird, müssen auch alle weiteren Parameter in dieser Form gekennzeichnet werden. (Es ist also erforderlich, zuerst alle nicht-optionalen Parameter und anschließend alle optionalen Parameter in der Parameterliste anzugeben.)

Im Beispiel unten wird das Unterprogramm *Inc* definiert, das den Inhalt einer Variable um den Wert des zweiten Parameter vergrößert. Wenn nur ein Parameter angegeben wird, so wird dieser um eins vergrößert.

```
Private Sub Form_Load()
  Dim x: x = 3
  Inc x     'entspricht x=x+1; x ist jetzt 4
  Inc x, 2  'entspricht x=x+2; x ist jetzt 6
  End
End Sub
Private Sub Inc(a, Optional b)
  If IsMissing(b) Then
    a = a + 1
  Else
    a = a + b
  End If
End Sub
```

Variable Parameterzahl

Optionale Parameter haben den Nachteil, daß ihre Anzahl vorgegeben ist. Wenn Sie eine Prozedur formulieren möchten, an die beliebig viele Parameter übergeben werden können, müssen Sie das Schlüsselwort ***ParamArray*** verwenden und ein *Variant*-Feld angeben. An die Prozedur können dann beliebig viele Parameter übergeben werden.

ParamArray verträgt sich nicht mit *Optional* – Sie müssen sich entweder für optionale Parameter oder für eine variable Parameteranzahl entscheiden. Beachten Sie außerdem, daß alle *ParamArray*-Parameter Wertparameter sind. Eine Veränderung der ursprünglichen Variablen ist daher nicht möglich! Das Beispiel unten zeigt die Funktion *Min*, die alle übergebenen Parameter auswertet und den mathematisch kleinsten Wert zurückgibt.

```
Private Sub Form_Load()
  Debug.Print Min(1)
  Debug.Print Min(-3, 2, -5)
  End
End Sub
Private Function Min(ParamArray x())
  Dim i: Min = 1E+230
  For i = LBound(x()) To UBound(x())
    If x(i) < Min Then Min = x(i)
  Next i
End Function
```

Die obige *For*-Schleife kann auch mit *For Each* gebildet werden. Dabei setzt Visual Basic selbständig alle Feldelemente in die Schleifenvariable ein:

```
For Each i In x()
  If i < Min Then Min = i
Next i
```

Aufruf von Prozeduren mit benannten Parametern

Wenn eine Prozedur mehrere optionale Parameter hat, beim Aufruf aber nur wenige Parameter angegeben werden, wird der Code rasch unübersichtlich. (Dasselbe gilt auch für Methoden von Objekten.) Daher wurde in Visual Basic 4 ein neuer Übergabemechanismus mit benannten Parametern eingeführt. Angenommen, Sie haben ein neues Kommando zum Zeichnen von Ellipsen definiert:

```
Sub Ellipse(x, y, r1, Optional r2, Optional startwinkel, _
  Optional endwinkel, Optional randfarbe, Optional füllfarbe)
```

An *Ellipse* müssen auf jeden Fall die Koordinaten und ein Radius übergeben werden. Die weiteren Parameter – ein zweiter Radius, Start- und Endwinkel sowie die Farbangaben – sind optional. Wenn Sie von den optionalen Parametern nur die Farbe des Rands angeben möchten, sieht der Prozeduraufruf in herkömmlicher Schreibweise so aus:

```
Ellipse 100, 100, 50, , , , RGB(255,0,0)
```

Auf den ersten Blick ist angesichts der vielen Kommas schwer zu entscheiden, ob mit der Farbangabe die Rand- oder die Füllfarbe gemeint ist. Mit dem Mechanismus der benannten Parameter kann die Prozedur folgendermaßen aufgerufen werden:

```
Ellipse x:=100, y:=100, r1:=50, randfarbe:=RGB(255,0,0)
```

Jetzt ist auf Anhieb klar, was mit welchem Parameter gemeint ist. Allerdings ist die Benennung aller Parameter etwas mühsam. Es besteht auch die Möglichkeit, beide Formen der Parameterübergabe zu kombinieren: Sie können die ersten Parameter unbenannt und alle weiteren Parameter benannt angeben. Daraus ergibt sich eine dritte Variante zum Aufruf von *Ellipse*:

```
Ellipse 100, 100, 50, randfarbe:=RGB(255,0,0)
```

Bei benannten Parametern spielt deren Reihenfolge keine Rolle. Es ist aber in jedem Fall erforderlich, daß Sie alle nicht-optionalen Parameter angeben.

4.2.3 Rekursion

So wie eine Prozedur eine andere aufrufen kann, kann eine Prozedur auch sich selbst aufrufen. Dieser Vorgang wird als Rekursion bezeichnet. Durch rekursive Unterprogramme oder Funktionen können insbesondere Programmierprobleme bei der Bearbeitung komplexer Datenstrukturen elegant und einfach gelöst werden. Das bekannteste und einfachste Beispiel für rekursive Funktionen ist die Berechnung der Fakultätsfunktion. Die Fakultät ganzer Zahlen ist definiert als das Produkt aller Zahlen zwischen 1 und der angegebenen Zahl. Die Fakultät von 5 beträgt somit 1*2*3*4*5=120.

```
' Beispielprogramm ProzeduraleProgrammierung\Rekursion.frm
Option Explicit
Private Sub Form_Load()
  Debug.Print Fakultät(5)
End Sub
Private Function Fakultät(ByVal n)
  If n <= 1 Then
    Fakultät = 1
  Else
    Fakultät = n * Fakultät(n - 1)
  End If
End Function
```

Der Programmablauf sieht für die Berechnung der Fakultät von 3 folgendermaßen aus: Die Funktion *Fakultät* wird aufgerufen, *n=3*. In der *If*-Bedingung wird daher der *Else*-Block abgearbeitet. Dort wird *Fakultät* neuerlich mit *n=2* aufgerufen. Abermals wird der *Else*-Block ausgeführt, jetzt mit *n=1*. Diesmal ist die *If*-Bedingung erfüllt, der dritte Aufruf gibt den Wert 1 zurück. Die Programmausführung befindet sich jetzt wieder in der zweiten Ebene, als *n=2* galt. Das Ergebnis wird mit dem Rückgabewert 1 multipliziert (ergibt 2) und an die erste Aufrufebene zurückgegeben, wo *n=3* gilt. Dort wird der Rückgabewert 2 mit *n=3* multipliziert und an die *Print*-Methode zurückgegeben, wo die Berechnung gestartet wurde.

Im Verlauf dieser Berechnung gab es also zugleich (!) drei verschiedene Variablen *n* mit unterschiedlichen Werten! Sie sehen, daß Variablen, die in einer Prozedur definiert sind, wirklich nur lokal für diesen Prozeduraufruf gültig sind. Es entsteht mit jedem Aufruf der Funktion ein neuer Gültigkeitsbereich für die aktuelle Ebene der Funktion, ohne daß die Gültigkeitsbereiche der anderen Ebenen angetastet werden.

4.2.4 Gültigkeitsbereiche von Variablen und Prozeduren

Variablen und Prozeduren können nur in einem bestimmten Gültigkeitsbereich verwendet werden. Mit Gültigkeitsbereich wird jener Bereich im Programmcode bezeichnet, in dem eine Variable gelesen und verändert bzw. in dem eine Prozedur aufgerufen werden kann. Visual Basic kennt drei Gültigkeitsebenen:

- innerhalb einer Prozedur
- innerhalb eines Moduls oder Formulars
- innerhalb des gesamten Programms (also für alle Module/ Formulare)

Lokale, generelle und globale Variablen / Konstanten

Der Gültigkeitsbereich von Variablen orientiert sich in erster Linie an dem Ort, an dem die Variablen definiert sind. Wenn ***Dim*** innerhalb einer Prozedur verwendet wird, handelt es sich um eine *lokale Variable,* die nur innerhalb der Prozedur verwendet werden kann. In anderen Prozeduren kann es gleichnamige Variablen geben, ohne daß es zu Komplikationen kommt. Parameter von Prozeduren gelten automatisch als lokale Variablen.

Variablen, die außerhalb von Prozeduren im Deklarationsteil eines Formulars oder Moduls definiert werden, sind generell auf der Ebene eines Formulars oder Moduls verfügbar. Alle Prozeduren innerhalb des Moduls können die Variable verwenden. Falls innerhalb einer Prozedur eine gleichnamige Variable definiert wird, so hat die lokale Variable Vorrang gegenüber der *generellen Variablen.* Generelle Variablen stellen also eine Zwischenstufe zwischen lokalen und globalen Variablen dar.

Zur Definition globaler Variablen muß statt *Dim* das Schlüsselwort ***Public*** verwendet werden. *Public* darf zur Definition von Variablen allerdings nur in Modulen, nicht aber im Code zu Formularen verwendet werden. Wenn Sie eine *globale Variable* benötigen, die in mehreren Formularen zur Verfügung steht, müssen Sie diese Variable also mit *Public* oder dem gleichwertigen, aber nicht mehr dokumentierten Kommando *Global* in einem Modul definieren.

Für Konstanten gelten dieselben Regeln wie für Variablen. Der einzige syntaktische Unterschied tritt bei globalen Konstanten auf. Sie werden mit der Schlüsselwortkombination ***Public Const*** definiert.

HINWEIS

Auf Prozedur- und Modulebene kann statt *Dim* bzw. *Const* auch ***Private*** bzw. *Private Const* zur Definition von Variablen und Konstanten verwendet werden. Dadurch verändert sich aber nichts am Gültigkeitsbereich der Variablen bzw. Konstanten, weil *Private* für Variablen ohnedies die Defaulteinstellung ist.

Statische Variablen

Mit ***Static*** können Variablen auf Prozedurebene als statisch definiert werden. Der Inhalt von statischen Variablen wird im Gegensatz zu dem lokaler Variablen auch nach dem Ende der Prozedur behalten. Wenn die Prozedur ein zweites Mal aufgerufen wird, hat eine statische Variable noch immer den zuletzt gültigen Wert. (Normalerweise werden sämtliche lokale Variablen mit *End Sub* oder *End Function* endgültig gelöscht.) *Static* wird wie *Dim* verwendet und hat dieselbe Syntax.

Das Schlüsselwort *Static* kann auch einer Prozedurdefinition vorangestellt werden. In diesem Fall gelten automatisch alle Variablen der Prozedur als statisch.

Generelle und globale Prozeduren

Bei Prozeduren gibt es nur zwei Gültigkeitsebenen: Eine Prozedur ist entweder generell innerhalb eines Moduls bzw. eines Formulars verfügbar oder aber global im gesamten Programmcode. Auch die Unterscheidung zwischen generellen und globalen Prozeduren ist sehr einfach: Global sind nur solche Prozeduren, bei denen das Schlüsselwort ***Public*** vor *Sub* oder *Function* angegeben wird.

ANMERKUNG

Das Schlüsselwort *Private,* das seit Version 4 standardgemäß vor alle Ereignisprozeduren und vor alle aus alten Visual-Basic-Versionen übernommenen Prozeduren gestellt wird, ist auch bei Prozeduren überflüssig. Alle Prozeduren, die nicht als *Public* definiert werden, sind automatisch und ohne das Zutun von *Private* nur generell verfügbar. *Private* trägt allein zu einer besseren Lesbarkeit bei.

HINWEIS

In Formularen und in Klassenmodulen können globale Prozeduren und Eigenschaftsprozeduren definiert werden, die sich nach außen wie neue Methoden bzw. Eigenschaften verhalten. Mehr Informationen zu diesem Thema finden Sie auf Seite 170 bei der Behandlung von Klassenmodulen. Nur soviel vorweg – für die Gültigkeit von Eigenschaftsprozeduren gelten die umgekehrten Regeln wie bei normalen Prozeduren:

Standardgemäß sind Eigenschaftsprozeduren global verfügbar. Nur wenn Eigenschaftsprozeduren auf die Verwendung innerhalb eines Formulars oder einer Objektklasse eingeschränkt werden sollen, muß *Private* vorangestellt werden. Außerdem gibt es zwischen *Private* und *Public* eine dritte Gültigkeitskategorie, nämlich *Friend.*

Das Schlüsselwort *Private* hat noch einige weitere Anwendungen: Erstens können mit *Private Type* eigene Datentypen definiert werden, die nur innerhalb eines Formulars oder Moduls gültig sind. (Globale Datentypen können nicht in Formularen definiert werden, sondern nur in Modulen.) Und zweitens können mit *Private Declare* DLL-Funktionen definiert werden, die nur innerhalb eines Formulars gelten. (*Declare* wird auf Seite 612 vorgestellt.)

Wirklich überflüssig ist dagegen die Anweisung *Option Private.* Diese Anweisung existiert nur aus Kompatibilitätsgründen zu VBA für Office-Produkte und wird in Visual Basic ignoriert. (Bei der VBA-Programmierung in Excel hat diese Option aber durchaus ihre Berechtigung.)

4.2.5 Syntaxzusammenfassung

Prozedurdefinition	
Sub name(parameterliste)	
...	
Exit Sub	Prozedur vorzeitig verlassen
...	
End Sub	
Function fname(parameterliste) [As datentyp]	
...	
fname = ... : Exit Function	
...	
Exit Function	

Parameterliste	
para1, para2, para3	3 Parameter im Defaulttyp Variant
para As datentyp	Parameter im angegebenen Typ
para() [As datentyp]	Feld
ByVal para [As datentyp]	Wertparameter (call by value)
Optional para [As datentyp]	optionaler Parameter
ParamArray para()	Liste mit variabler Parameteranzahl

Auswertung der Parameter im Prozedurcode	
IsMissing(para)	Test, ob optionaler Parameter übergeben wurde
For Each x In para()	Schleife für alle Parameter einer Parameterliste
...	
Next x	

Prozeduraufruf	
name x1, x2, x3	Angabe aller Parameter
ergebnis = fname(x1, x2, x3)	
name para1:=x1, para3:=x3	Aufruf mit benannten Parametern (nur bei optionalen Parametern)
ergebnis = fname(x1, para3:=x3)	

Gültigkeitsbereich von Variablen und Prozeduren	
Definition von Variablen auf Prozedurebene (lokal, statisch)	
Dim var	lokale Variable
Static var	lokal und statisch (behält Wert nach Prozedurende)
Static Sub / Function name()	alle Variablen der Prozedur sind statisch

Definition von Variablen auf Modulebene (generell oder global)

Dim var	generelle Variable
Public var	globale Variable (nur in Modul erlaubt, nicht in Formular)

Definition von Prozeduren (generell oder global)

Sub / Function name()	generell
Public Sub / Function name()	global

4.3 Verzweigungen (Abfragen)

Mit Abfragen können Programmteile wahlweise – je nach dem Eintreffen einer Bedingung – ausgeführt werden. Der Programmcode verzweigt sich also in mehrere Äste, von denen in einem Durchlauf immer nur jeweils einer ausgeführt werden kann.

4.3.1 If-Then-Else

Im folgenden Programm wird eine ***If***-Struktur verwendet, um Tastatureingaben auszuwerten. Der Code ist in der Ereignisprozedur *Form_KeyPress* angegeben, die nach der Eingabe von alphanumerischen Zeichen (Buchstaben, Ziffern, Sonderzeichen) automatisch aufgerufen wird. Das Drücken von Funktions- oder Cursortasten wird ignoriert. An diese Ereignisprozedur übergibt Visual Basic den Parameter *KeyAscii*, der den ANSI-Code des Zeichens enthält, das der gedrückten Taste entspricht.

Das Programm beginnt damit, den Parameter in einer kürzeren Variablen zu speichern, um Schreibarbeit zu sparen. (Es wäre auch möglich, den Parameternamen in der *Sub*-Zeile zu ändern.) Der Code und das dazugehörende Zeichen werden mit *Print* im Fenster ausgegeben. Zur Umwandlung des Codes in ein Textzeichen wird die Funktion *Chr* verwendet.

Anschließend wird der Tastencode ausgewertet: Wenn der Code zwischen 65 und 90 liegt, handelt es sich zum Beispiel um einen Großbuchstaben. Um eine kombinierte Abfrage (z.B. zwischen 65 und 90, d.h. größer gleich 65 und kleiner gleich 90) auszuführen, wird der logische Operator *And* eingesetzt. Nur wenn beide Bedingungen zugleich erfüllt sind, gilt die gesamte Bedingung als erfüllt.

Beachten Sie insbesondere die Verwendung von ***ElseIf***. Dieser Befehl wird nur dann ausgeführt, wenn keine der darüberliegenden Bedingungen erfüllt war. Das gleiche gilt auch für den ***Else***-Block, der nur dann ausgeführt wird, wenn keine der obigen Bedingungen erfüllt war.

In der letzen Programmzeile der Ereignisprozedur sehen Sie die einzeilige Kurzform von *If*. Wenn die Bedingung hinter *If* erfüllt ist, dann führt Visual Basic alle Anweisungen, die unmittelbar hinter *Then* stehen, sofort aus. Ein *End If* ist nicht nötig. Die

Programmzeile beendet das Programm, wenn das Zeichen Esc (Code 27) eingegeben wird.

```
' Beispielprogramm ProzeduraleProgrammierung\If.frm
Private Sub Form_KeyPress(KeyAscii As Integer)
  Dim t
  Cls
  t = KeyAscii
  Print "Tastencode: "; t, "Zeichen: "; Chr$(t)
  If t >= 65 And t <= 90 Then
    Print "Großbuchstabe"
  ElseIf t >= 97 And t <= 122 Then
    Print "Kleinbuchstabe"
  ElseIf t > 192 Then
    Print "deutsches Sonderzeichen"
  ElseIf t >= 48 And t <= 57 Then
    Print "Ziffer"
  Else
    Print "Sonderzeichen"
  End If
  If t = 27 Then End
End Sub
```

Formulierung und Auswertung logischer Bedingungen

In *If*-Verzweigungen und in Schleifen müssen Sie oft logische Bedingungen formulieren. Dazu stehen Ihnen die Vergleichsoperatoren =, <>, <, >, <= und >= zur Verfügung, mit denen Sie feststellen, ob zwei Ausdrücke gleich / ungleich sind, bzw. ob einer der beiden Ausdrücke kleiner, kleiner-gleich, größer oder größer-gleich ist. Für den Vergleich von Zeichenketten steht außerdem noch der Operator *Like* zur Verfügung, mit dem Sie Zeichenkettenmuster ("M*r" für "Mayr", "Meier" oder "Mayer") erkennen. Das Ergebnis eines Vergleichs ist ein sogenannter Wahrheitswert. Im binären System eines Computers kommen nur zwei Werte in Frage: *True* oder *False*.

Neben Bedingungen können auch diverse Funktionen einen Wahrheitswert als Ergebnis liefern: Etwa die *IsXxx*-Funktionen, die feststellen, ob ein Ausdruck einem bestimmten Datentyp entspricht (*IsNumeric, IsDate* etc.). Wie das Beispiel oben gezeigt hat, können mehrere Vergleiche (Teilbedingungen) miteinander verknüpft werden. Auch in diesem Fall ergibt sich als Gesamtergebnis ein Wahrheitswert.

Als Verknüpfungsoperatoren kommen *And* und *Or* sowie seltener *Xor, Imp* und *Eqv* in Frage. Durch *Not* kann der Wahrheitswert verkehrt werden (entspricht dem negativen Vorzeichen bei Zahlen).

ACHTUNG

Effizienz war offensichtlich nie ein Motiv bei der Weiterentwicklung von Visual Basic – anders ist es schwer zu erklären, daß Visual Basic trotz Compilers keine Optimierung bei der Auswertung von Bedingungen kennt: Eine Abfrage in der Form *If x>=0 And Sqr(x)<3* führt bei negativen Zahlen in *x* zu einem Fehler. (In fast allen anderen Programmiersprachen wird der zweite Teil der Abfrage gar nicht mehr ausgewertet, wenn der erste Teil ohnedies schon falsch und somit das Ergebnis der zusammengesetzten *And*-Bedingung klar ist.)

VERWEIS

Eine Übersicht der in Visual Basic definierten Operatoren finden Sie auf Seite 142. Informationen zum Umgang mit Zeichenketten (inklusive des Vergleichs zweier Zeichenketten) finden Sie auf Seite 384.

4.3.2 Select-Case

Alternativ zur *If*-Abfrage kennt VBA eine zweite Verzweigungsstruktur, die mit den Schlüsselwörtern ***Select Case*** eingeleitet wird. Diese Variante kann bei der Formulierung von Verzweigungen mit vielen Fällen übersichtlicher sein. Das Beispiel unten stellt eine Variation des *If*-Beispiels von oben dar.

```
' Beispielprogramm ProzeduraleProgrammierung\Case.frm
Option Explicit
Private Sub Form_KeyPress(KeyAscii As Integer)
  Dim t
  Cls
  t = KeyAscii
  Print "Tastencode: "; t, "Zeichen: "; Chr$(t)
  Select Case t
  Case 65 To 90
    Print "Großbuchstabe"
  Case 97 To 122
    Print "Kleinbuchstabe"
  Case Is > 192
    Print "deutsches Sonderzeichen"
  Case 48 To 57
    Print "Ziffer"
  Case Else
    Print "Sonderzeichen"
  End Select
  If t = 27 Then End
End Sub
```

Die Syntax von *Select Case* ist am Beispiel gut erkennbar. Im Anschluß an *Select Case* muß der zu analysierende Ausdruck angegeben werden. Dieser gilt für die gesamte Verzweigungskonstruktion (was gegenüber *If*-Verzweigungen eine Einschränkung darstellt). In den nachfolgenden *Case*-Zweigen müssen Bedingungen formuliert werden, die der Ausdruck erfüllt. Dazu können Sie einzelne Werte aufzählen oder Bereiche mit dem Schlüsselwort *To* angeben. Als dritte Variante können Sie über *Is* Bedingungen ähnlich wie in *If*-Verzweigungen formulieren. *Is* stellt dabei eine Referenz auf den anfangs angegebenen Ausdruck dar.

4.3.3 IIf, Choose und Switch

Seit Visual Basic 4 gibt es eine weitere *If*-Variante, die dem C-Konstrukt *x?a:b* entspricht. Der Funktion ***IIf*** werden drei Parameter übergeben. Wenn der erste Parameter ungleich 0 ist (also *True*), liefert die Funktion den zweiten Parameter, sonst den dritten Parameter zurück.

```
IIf(1<2, "a", "b")             'liefert "a" (1<2 ist wahr)
IIf(1=2, 10, 15)               'liefert 15 (1=2 ist falsch)
```

Choose weist eine ähnliche Syntax wie *If* auf: Im ersten Parameter wird ein Indexwert angegeben, der zeigt, welchen der folgenden Parameter *Choose* zurückgeben soll. Wenn der Indexwert kleiner als 1 oder größer als der größtmögliche Index ist, liefert die Funktion als Ergebnis *Null*. Bei Fließkommazahlen werden die Nachkommastellen ignoriert.

```
Choose(1, "a", "b", "c")     'liefert "a"
Choose(2.8, "a", "b", "c")   'liefert "b"
Choose(0, "a", "b", "c")     'liefert Null
Choose(4, "a", "b", "c")     'liefert Null
```

Eine dritte Variante für die Formulierung einzeiliger Auswahlentscheidungen stellt seit Version 5 die Funktion ***Switch*** dar. In *Switch(a,x,b,y,..)* wird getestet, ob *a* ungleich 0 (also *True*) ist. Wenn ja, liefert *Switch* als Ergebnis *x*, andernfalls wird der Test für *b* wiederholt etc. Ist keine der in jedem zweiten Parameter formulierten Bedingungen wahr, liefert die Funktion als Ergebnis *Null*.

```
Switch(1, "a", 1, "b")       'liefert "a"
Switch(0, "a", 1, "b")       'liefert "b"
Switch(0, "a", 0, "b")       'liefert Null
```

HINWEIS

Unabhängig vom Ergebnis werden bei *IIf*, *Choose* und *Switch* alle Parameter ausgewertet. Den Grund für dieses merkwürdige und vollkommen ineffiziente Verhalten verschweigt die Online-Hilfe.

4.3.4 Syntaxzusammenfassung

Verzweigungen mit If-Then	
If bedingung Then kommando	einzeilige Kurzform
If bedingung Then kom1 Else kom2	einzeilige Kurzform mit Else
If bedingung Then	mehrzeilige Variante
...	beliebig viele Kommandos
ElseIf bedingung Then	optional, beliebig oft
...	
Else	optional
...	
End If	

Verzweigungen mit Select-Case	
Select Case ausdruck	
Case möglichkeit1	beliebig viele Fälle
...	
Case möglichkeit2	
...	
Case Else	optional
...	
End Select	

Bedingungen bei Case	
wert	Einzelwert (oder Zeichenkette)
wert1, wert2, wert3	Aufzählung
wert1 To wert2	Wertebereich
Is operator vergleichswert	allgemeiner Vergleich, z.B. Is < 3

Fallunterscheidungen mit IIf, Choose und Switch	
IIf(bedingung, ausdruck1, ausdruck2)	die Bedingung entscheidet, welchen Ausdruck *IIf* als Ergebnis liefert
Choose(index, ausd1, ausd2, ausd3 ...)	der erste Ausdruck wirkt wie ein Index
Switch(bed1, ausd1, bed2, ausd2 ...)	die erste wahre Bedingung entscheidet über den Ergebnisausdruck

4.4 Schleifen

Schleifen dienen dazu, Programmteile mehrfach hintereinander auszuführen. Visual Basic kennt dazu drei Kommandogruppen: *For-Next*, *Do-Loop* und *While-Wend*.

4.4.1 For-Next-Schleifen

Die einfachste und gebräuchlichste Schleifenform in Visual Basic sind ***For-Next***-Schleifen. Dabei setzt Visual Basic in die Schleifenvariable automatisch die Werte ein. Mit jedem Schleifendurchgang wird die Variable um eins oder um die bei *Step* angegebene Schrittweite erhöht. *For*-Schleifen sind abweisend, d.h., die Schleife wird kein einziges Mal ausgeführt, wenn der Startwert größer als der Endwert ist (also etwa bei *For i=4 To 2*). Bei einem negativen Schrittwert verändert sich die Abbruchbedingung natürlich. *For*-Schleifen können vorzeitig mit ***Exit For*** verlassen werden.

Im Beispiel unten werden drei ineinander verschachtelte Schleifen dazu verwendet, eine Menge bunter Rechtecke in ein Formular zu zeichnen. Zum Zeichnen wird die Methode *Line* verwendet, mit der nicht nur Linien, sondern auch gefüllte Rechtecke gezeichnet werden können. Zur Berechnung der Größe der Rechtecke werden *Scale-Width* und *-Height* herangezogen, zwei Eigenschaften des Formulars, die dessen Innenmaße enthalten.

```
' Beispielprogramm ProzeduraleProgrammierung\Farben.frm
Option Explicit
Private Sub Form_Paint()
  Dim rot, grün, blau, x0, y0, x1, y1
  Cls
  FillStyle = 0
  For rot = 0 To 255 Step 25
    For grün = 0 To 255 Step 25
      For blau = 0 To 255 Step 25
        FillColor = RGB(rot, grün, blau)
        x0 = ScaleWidth * (blau + rot / 10) / 300
        y0 = ScaleHeight * (grün + rot / 10) / 300
        x1 = x0 + ScaleWidth / 16
        y1 = y0 + ScaleHeight / 16
        Line (x0, y0)-(x1, y1), , B
      Next blau
    Next grün
  Next rot
End Sub
```

For-Each-Schleifen

For Each setzt der Reihe nach alle Elemente einer Aufzählung (Auflistung) in die Schleifenvariable ein. *For-Each*-Schleifen eignen sich damit besonders zur Abarbeitung von Aufzählobjekten (Auflistungen) und *Collection*-Objekten, die im nächsten Kapitel im Rahmen der objektorientierten Programmierung behandelt werden. Die folgende Schleife gibt beispielsweise die Namen aller Steuerelemente des Formulars aus:

```
Dim c As Control
For Each c In Controls
  Debug.Print c.Name
Next c
```

c ist dabei eine Objektvariable. Objektvariablen werden ebenfalls im nächsten Kapitel behandelt. Soviel vorweg: Sie können *c* so behandeln, als würden Sie direkt auf das jeweilige Objekt zugreifen (im obigen Beispiel also auf ein bestimmtes Steuerelement).

For-Each-Schleifen lassen sich gut dazu einsetzen, alle Elemente eines Datenfelds abzuarbeiten. In den folgenden Schleifen werden für *n* der Reihe nach die vier Zeichenketten aus *Array* eingesetzt.

```
Dim n As Variant
For Each n In Array("links", "rechts", "oben", "unten")
  Debug.Print n
Next n
```

For-Each-Schleifen können auch für normale Felder verwendet werden, um so alle Elemente des Felds abzuarbeiten. Eine Verwendung bei großen Feldern ist allerdings nicht empfohlen, weil *For-Each*-Schleifen langsamer als entsprechende *For-Next*-Schleifen sind.

4.4.2 While-Wend-Schleifen

Bei ***While-Wend***-Schleifen müssen Sie sich selbst um die Schleifenvariable kümmern. Das folgende Beispiel zeigt eine Anwendung der *While-Wend*-Schleife: Es gibt die Zahlen 3, 3.5, 4, 4.5, 5 und 5.5 am Bildschirm aus.

```
' Beispielprogramm ProzeduraleProgrammierung\While.frm
Private Sub Form_Paint()
  Dim x
  Cls
  x = 3
  While x < 6
    Print x
    x = x + 0.5
  Wend
End Sub
```

Do-Loop-Schleifen

In der einfachsten Form bilden ***Do-Loop***-Schleifen Endlosschleifen. Im Beispiel unten wird die Schleife zeitlich limitiert: Vor Beginn der Schleife wird die Endzeit mit der aktuellen Zeit plus 10 Sekunden fixiert. Sobald dieser Zeitpunkt erreicht ist, wird die Schleife mit ***Exit Do*** verlassen. Innerhalb der 10 Sekunden zeichnet das Programm lauter zufällig geformte und gefärbte Rechtecke in das Fenster.

```
' Beispielprogramm ProzeduraleProgrammierung\Rechtecke.frm
Option Explicit
Private Sub Form_Paint()
  Dim x0, y0, x1, y1, ende
  ende = Now + CDate("00:00:10")   'nach 10 Sekunden beenden
  Do
    FillColor = RGB(Rnd * 256, Rnd * 256, Rnd * 256)
    x0 = ScaleWidth * Rnd
    y0 = ScaleHeight * Rnd
    x1 = ScaleWidth * Rnd
    y1 = ScaleHeight * Rnd
    FillStyle = 0
    Line (x0, y0)-(x1, y1), , B
    If Now > ende Then MsgBox "Ende": Exit Do
  Loop
  End
End Sub
```

Die Möglichkeiten von *Do-Loop*-Schleifen sind damit aber noch lange nicht ausgeschöpft: Sowohl hinter *Do* als auch hinter *Loop* können Bedingungen mit den Schlüsselwörtern *Until* oder *While* angegeben werden (siehe die nachfolgende Syntaxzusammenfassung).

4.4.3 Syntaxzusammenfassung

Schleifen mit For-Next	
For var=start To ende [Step schrittw]	
...	
If ... Then Exit For	Schleife vorzeitig verlassen
...	
Next var	

Schleifen mit For-Each	
For Each var In liste	für Aufzähl-Objekte, Collections und Felder
...	
Next var	

Schleifen mit While-Wend

While bedingung
...
Wend

Schleifen mit Do-Loop

Do [While bedingung oder *Until bedingung]*	
...	
If ... Then Exit Do	Schleife vorzeitig verlassen
...	
Loop	
Do	Variante 2
...	
If ... Then Exit Do	Schleife vorzeitig verlassen
...	
Loop [While bedingung oder *Until bedingung]*	

4.5 Operatoren

Zu den Operatoren in Visual Basic gehören Zeichen wie + - * / = > < sowie Schlüsselwörter wie *And, Or, Not* etc. Dieser Abschnitt gibt eine knappe Übersicht darüber, welche Operatoren existieren, und weist auf einige Besonderheiten bei der Verwendung von Operatoren hin.

Arithmetische Operatoren werden zur Durchführung von Berechnungen verwendet. Während + - * und / keiner weiteren Erklärung bedürfen, sind \ und *Mod* schon interessanter: \ führt eine ganzzahlige Division durch. Die beiden Argumente werden zu ganzen Zahlen gerundet, falls das vorher nicht der Fall war. 5\2 liefert daher ebenso wie 5,5\1,5 das Ergebnis 2. *Mod* führt ebenfalls eine ganzzahlige Division nach dem gleichen Schema wie \ durch, liefert als Ergebnis aber den Rest der Division. *21 Mod 5* liefert daher den Rest 1.

Zur Verkettung von Zeichenketten stehen zwei Operatoren zur Auswahl: + kann wirklich nur mit Zeichenketten umgehen und verbindet etwa *"ab"+"cd"* zu *"abcd"*. & kommt auch mit Zahlen zurecht und wandelt diese automatisch in Zeichenketten um. *"12" & 3* liefert *"123"*.

Bei den Vergleichsoperatoren stechen *Like* und *Is* hervor. *Is* dient zum Vergleich zweier Objektvariablen und liefert *True*, falls beide Variablen auf dasselbe Objekt verweisen. *Like* ermöglicht die Mustererkennung in Zeichenketten. Im Suchmuster (rechts von *Like*) dürfen die Jokerzeichen ? (ein beliebiges Zeichen), * (beliebig viele Zeichen), # (beliebig viele Ziffern), [abc] (eines der angegebenen Zeichen) und [!abc] (keines der angegebenen Zeichen) verwendet werden. Ein Beispiel: *"Mayr" Like "M*r"* liefert *True*.

Logische Operatoren ermöglichen die Verknüpfung mehrerer Bedingungen. *a Or b* liefert *True*, wenn zumindest eine der beiden Teilbedingungen *a* oder *b* erfüllt ist. *And* ist restriktiver und verlangt, daß beide Teilbedingungen gleichzeitig erfüllt sind. *XOr* entspricht dem sprachlichen Ausdruck »entweder oder«: Es muß entweder *a* oder *b* erfüllt sein, andernfalls liefert *XOr* das Ergebnis *False*. Seltener benötigt werden *Imp* und *Eqv*: *Imp* liefert immer *True*, es sei denn *a=True* und *b=False*. *Eqv* liefert dann *True*, wenn *a* und *b* übereinstimmen.

HINWEIS

Visual Basic kennt keine Optimierungen bei der Auswertung von Bedingungen: Eine Abfrage in der Form *If x>=0 And Sqr(x)<3* führt bei negativen Zahlen in *x* zu einem Fehler.

Neben den Operatoren existieren noch einige weitere Sonderzeichen: ' zur Kennzeichnung von Kommentaren, _ zur Formulierung mehrzeiliger Anweisungen, die Kennungszeichen ! & # % @ zur Zuordnung einer Zahl zu einem bestimmten Datentyp, # zur Formulierung von Daten und Zeiten und &H und &O zum Anschreiben hexadezimaler und oktaler Zahlen.

HINWEIS

Visual Basic erlaubt zwar ab Version 4 dank _ mehrzeilige Programmzeilen, Sie dürfen aber nur die letzte Zeile mit ' kommentieren! Die folgende Anweisung ist daher nicht zulässig!

```
If InStr(LCase$(title), "speicher") Or _   'für Speichern unter
    InStr(LCase(title), "druck") Then       'für Drucken in Datei
```

Statt dessen müssen Sie den Code so formulieren:

```
If InStr(LCase$(title), "speicher") Or _
   InStr(LCase(title), "druck") Then       'Speichern/Drucken
```

Hierarchie der Operatoren

Die Operatoren sind untereinander nicht gleichberechtigt. Bei der Anweisung *a+b*c* wird beispielsweise zuerst *b*c* und dann die Summation mit *a* durchgeführt. An oberster Stelle in der Hierarchie der Operatoren stehen die arithmetischen Operatoren für Zahlen bzw. die Verknüpfungsoperatoren für Zeichenketten. Ihnen folgen die Vergleichs- und schließlich die logischen Operatoren. Die beiden Zuweisungsoperatoren spielen bei der Auswertung von Ausdrücken keine Rolle. Eine vollständige Rangliste aller Operatoren finden Sie in der Online-Hilfe zum Thema *Operatoren: Vorrang*.

Syntaxzusammenfassung

Verknüpfung von Zeichenketten	
+	nur für Zeichenketten
&	für alle Datentypen, automatische Umwandlung in Zeichenketten

Arithmetische Operatoren	
-	negatives Vorzeichen
+ - * /	Grundrechenarten
^	Potenz
\	ganzzahlige Division
Mod	Modulo-Operation (Rest einer ganzzahligen Division)

Vergleichsoperatoren	
=	gleich
<>	ungleich
< <=	kleiner bzw. kleiner-gleich
> >=	größer bzw. größer-gleich
Is	Vergleich von Objekten
Like	Mustervergleich für Zeichenketten

Logische Operatoren	
And	logisches Und
Or	logisches Oder
Xor	exklusives Oder (entweder a oder b, aber nicht beide)
Imp	Implikation (wenn a wahr ist, dann muß auch b wahr sein)
Eqv	Äquivalenz (a und b müssen übereinstimmen)
Not	logische Negation

Zuweisungsoperatoren	
=	Zuweisung an Variablen und Eigenschaften
:=	Zuweisung an benannte Parameter beim Prozeduraufruf

Sonderzeichen im Programmcode	
'	Kommentar
_	mehrzeilige Anweisungen (mit Leerzeichen vor dem _)
.	Zugriff auf Objekte, Methoden, Eigenschaften, etwa *Label1.Caption*
!	Zugriff auf Aufzählobjekte, etwa *Controls!Button1*
123%	Kennzeichnung als *Integer*-Zahl
123&	Kennzeichnung als *Long*-Zahl
123!	Kennzeichnung als *Single*-Zahl
123#	Kennzeichnung als *Double*-Zahl
123@	Kennzeichnung als *Currency*-Zahl

&H123	hexadezimale Zahl
&O123	oktale Zahl
"abc"	Zeichenketten
#12:30#	Zeitangaben
#12/31/1997#	Datumsangaben

5 Objektorientierte Programmierung

Darüber, ob Visual Basic eine objektorientierte Sprache ist oder nicht, läßt sich trefflich streiten. Aus der Sicht einer traditionellen, rein prozeduralen Sprache (C, Pascal) ist Visual Basic auf jeden Fall objektorientiert. Aus der Sicht einer echten objektorientierten Sprache (C++, Smalltalk) fehlen dagegen manche Sprachelemente, etwa die Vererbung oder die Definition eigener Operatoren. Visual Basic nimmt also eine Zwischenstellung ein, wobei beinahe mit jeder neuen Version wieder ein paar objektorientierte Merkmale dazukommen – sozusagen Objektorientierung in Raten.

Dieses Kapitel betrachtet objektorientierte Programmierung von zwei Seiten. Der eine Aspekt ist die Nutzung fertiger Objekte, die von Visual Basic oder von anderen Programmen vorgegeben sind. Der zweite Aspekt betrifft die Programmierung eigener, neuer Objekte.

5.1 Umgang mit vorgegebenen Objekten

5.1.1 Objekte, Methoden, Eigenschaften

Objekte

Als Objekte gelten in Visual Basic Formulare, Steuerelemente, einige Windows-Elemente (Drucker, Zwischenablage, Bildschirm) etc. Falls Sie Datenbankanwendungen programmieren, erfolgt auch der Zugriff auf die Datenbank und deren Tabellen über Objekte (Data Access Objects, kurz DAO). Selbst fremde Programme wie Excel können über eine Objektbibliothek von Visual Basic aus gesteuert werden (ActiveX Automation).

Der wesentliche Vorteil von Objekten besteht darin, daß sie ein einheitliches Konzept für den Umgang mit ganz unterschiedlichen Datenstrukturen bzw. Programmkomponenten anbieten. Eine Menge Schlüsselwörter (etwa *Delete, Width* etc.) können gleichermaßen auf ganz unterschiedliche Elemente von Visual Basic angewendet werden. Mit anderen Worten: Je mehr Objekte Sie kennenlernen, desto leichter wird der Umgang mit weiteren Objekten.

Eigenschaften

Eigenschaften bestimmen die charakteristischen Merkmale eines Objekts, also etwa die Hintergrundfarbe eines Formulars, die Größe und Position eines Buttons etc. Für den Programmierer sehen Eigenschaften wie vordefinierte Variablen aus, die gelesen bzw. verändert werden können. Der einzige formale Unterschied besteht darin, daß vor jeder Eigenschaft das Objekt angegeben werden muß, auf das sich die Eigenschaft bezieht.

Am einfachsten lernen Sie den Umgang mit Objekten und Eigenschaften, wenn Sie die Mechnismen ausprobieren: Starten Sie mit DATEI | NEUES PROJEKT ein neues Projekt, fügen Sie zwei Buttons in das Formular ein, starten Sie das Programm (dazu ist kein Code erforderlich) und unterbrechen Sie die Programmausführung mit AUSFÜHREN | UNTERBRECHEN.

Im Testfenster können Sie nun die Eigenschaften des Formulars (Objekt *Form1*) und der beiden Buttons (Objekte *Command1* und *Command2*) ansehen und verändern. (Visual Basic verwendet in Formularen generell die Einheit Twip. 567 Twips entsprechen je nach Grafikauflösung und Monitorgröße etwa einem Zentimeter.) Wenn Sie gleichzeitig das laufende Programm sehen möchten, müssen Sie das Fenster der Visual-Basic-Entwicklungsumgebung soweit verkleinern, daß das Fenster Ihres Programms daneben oder darunter am Bildschirm Platz findet.

```
?Form1.ScaleWidth                    'Innenbreite des Fensters
 3630                                'Einheit Twip
Form1.Command1.Caption="Button eins"  'Text des ersten Buttons
```

```
Command2.Caption="Button zwei"         ' 2. Button, Kurzschreibweise
?Command1.Left                         'linkes Eck des ersten Buttons
 360
Command1.Left = 100                    'Button weiter nach links
Form1.BackColor=RGB(255,255,255)       'Hintergrundfarbe weiß
Form1.WindowState = vbMinimized        'Formular verkleinern
Form1.WindowState = vbNormal           'Formular wieder normal
```

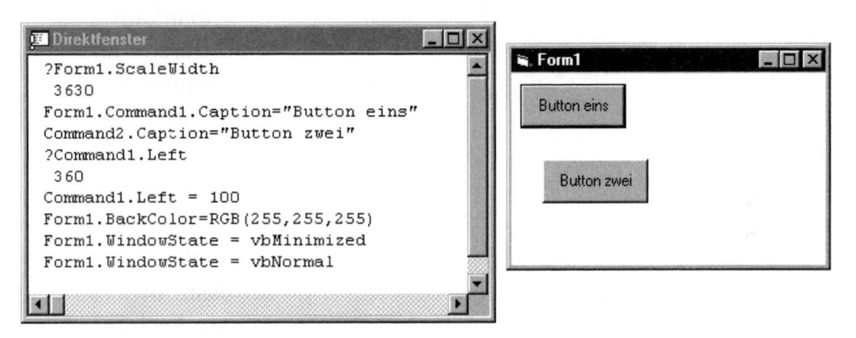

Bild 5.1: Eigenschaften und Methoden im Testfenster ausprobieren

Methoden

Während Eigenschaften am ehesten mit Variablen vergleichbar sind, entsprechen Methoden eher Prozeduren. Mit Methoden führen Sie Anweisungen aus, löschen beispielsweise den Fensterinhalt (*Cls*), zeichnen eine Linie (*Line*), drucken den Fensterinhalt (*PrintFrom*) etc. Auch Methoden können Sie im Testfenster ausprobieren.

```
Form1.Line (0,0)- (5000,5000)      'Linie zeichnen
Form1.Circle (2000,2000), 500      'Kreis zeichnen
?Form1.Point(0,0)                  'ermittelt Farbe des Punkts (0,0)
 0                                 'das ist Schwarz
?Form1.Point(100,0)                'Farbe des Punkts (100,0)
 16777215                          'das ist Weiß
Form1.Cls                          'Fensterinhalt löschen
```

Es existieren zwei Typen von Methoden: solche, die einem Unterprogramm entsprechen und keinen Rückgabewert besitzen (wie *Line*), und solche, die wie Funktionen ein Ergebnis zurückgeben (wie *Point*).

Eigene Eigenschaften und Methoden

Seit Version 4 bietet Visual Basic die Möglichkeit, eigene Eigenschaften und Methoden zu definieren. Diese Spracherweiterung kann sowohl bei der Programmierung vollkommen eigenständiger Objektklassen verwendet werden als auch zur Erweiterung von Formularen durch zusätzliche Eigenschaften und Methoden. Die Programmierung von Objektklassen und Eigenschaftsprozeduren wird auf Seite 170 behandelt.

Aufruf von Eigenschaften und Methoden per Zeichenkette

Der Aufruf von Methoden und Eigenschaften erfolgt üblicherweise durch die Syntax *objekt.eigenschaft* bzw. *objekt.methode*. In seltenen Fällen kann es vorkommen, daß Sie zum Zeitpunkt der Code-Erstellung noch nicht wissen, wie die Eigenschaft oder Methode heißt, die Sie aufrufen möchten. Beispielsweise kann es vorkommen, daß Sie eine Reihe von Funktionen auswerten möchten, die der Anwender als Text eingegeben hat. In solchen Fällen können Sie sich seit Version 6 der Funktion ***CallByName*** bedienen. Damit rufen Sie Eigenschaften oder Methoden auf, deren Name durch eine String-Variable angegeben wird. Die Syntax sieht folgendermaßen aus:

```
ergebnis = CallByName(objekt, name$, vbGet, parameter())
CallByName objekt, name$, vbLet/vbSet/vbMethod, parameter()
```

Zum besseren Verständnis noch einige Beispiele (ausgeführt im DIREKT-Fenster):

```
t = CallByName(Form1, "Caption", vbGet)              'Titel lesen
CallByName Form1, "Caption", vbLet, "neuer Titel"    'Titel ändern
CallByName Form1, "Move", vbMethod, 1000, 1000       'neue Position
CallByName Form1, "Picture", vbSet, _                'neue Bitmap
  LoadPicture("c:\test.bmp")
```

5.1.2 Defaulteigenschaften und -methoden

Die meisten Objekte besitzen eine Defaulteigenschaft, die nicht extra angegeben werden muß. Beispielsweise ist bei einem Labelfeld die Eigenschaft *Caption* die Defaulteigenschaft. Wenn Sie in das Formular ein Labelfeld einfügen, können Sie die folgenden Anweisungen im Textfenster durchführen:

```
?Label1.Caption                    'vollständige Schreibweise
 Label1
Label1 = "neuer Text"              'Kurzschreibweise, Caption = default
?Label1                            'nochmals Kurzschreibweise
 neuer Text
```

Beim Button gilt *Value* als Defaulteigenschaft. *Value* gibt den aktuellen Zustand des Buttons (gedrückt oder nicht gedrückt) an. Die Eigenschaft kann allerdings nicht geändert werden: Die Zuweisung von *True* löst statt dessen ein *Click*-Ereignis aus. Der Button ist insofern als Demonstrationsobjekt für Defaulteigenschaften schlecht geeignet.

HINWEIS

Das Button-Steuerelement besitzt die Eigenschaft *Default*. Diese Eigenschaft hat nichts mit den gerade erwähnten Defaulteigenschaften von Objekten zu tun, sondern ist eine besondere Eigenschaften des Buttons (unter vielen anderen). Wenn *Default* auf *True* steht, kann der Button mit Return ausgewählt werden. Der Button – meist OK – gilt damit als Defaultbutton eines Dialogs.

Für das Formular gilt Controls als Defaulteigenschaft. Controls verweist auf eine Auflistung aller Steuerelemente im Formular. Bei Aufzählobjekten (Auflistungen) gibt es zwar gewöhnlich keine Defaulteigenschaft, dafür aber die Defaultmethode *Item*. Defaultmethoden sind der Grund, warum Sie auf das aktuelle Formular, auf dessen Steuerelemente und auf diverse Eigenschaften des *Global*-Objekts (z.B. *App, Clipboard, Forms*) im Programmcode direkt zugreifen können, also ohne die Angabe aller untergeordneten Objekte.

HINWEIS

In der Online-Hilfe fehlt bei den meisten Objekten die Information, welche Eigenschaft oder Methode als Defaulteigenschaft / -methode gilt. Aufschlußreicher ist der Objektkatalog, in dem das jeweilige Icon der Defaulteigenschaft / -methode mit einer hellblauen Markierung ausgestattet ist.

5.1.3 Auflistungen (Aufzählobjekte und -methoden)

Eine besondere Rolle spielen die Aufzählobjekte (Auflistungen, engl. Collections), die meist mit einem Plural-s enden (*Controls, Forms, MenuItems, Printers*). Aufzählungen enthalten eine Liste gleichartiger Objekte, etwa alle Formulare eines Programms, alle Steuerelemente eines Formulars etc. Immer noch im Testfenster können Sie mit *Controls* experimentieren:

```
?Form1.Controls.Count              '2 Steuerelemente im Formular
 2
?Form1.Controls(1).Caption         'Zugriff auf das erste Steuerelement
 Button eins
?Form1(1).Caption                  'Kurzschreibweise mit Indexnummer
 Button eins
?Form1("Command1").Caption         'Kurzschr. mit Name-Eigenschaft
 Button eins
?Form1![Command1].Caption          'noch eine Variante
 Button eins
?Form1!Command1.Caption            'noch eine Variante
 Button eins
?Command1.Caption                  'kürzer geht's nicht mehr
 Button eins
```

Die Varianten in den Beispielanweisungen zeigen, auf wie viele unterschiedliche Weisen sich Aufzählobjekte ansprechen lassen. Welche der vielen Varianten Sie verwenden, bleibt Ihnen überlassen.

Neu in den obigen Beispielen ist das Ausrufezeichen, das in zwei Fällen statt des Punkts verwendet wird. Das Ausrufezeichen muß immer dann verwendet werden, wenn auf ein Element einer Aufzählung zugegriffen werden soll. (Zumindest in der Theorie: In den meisten Fällen funktioniert es aus Kompatibilitätsgründen mit Visual Basic 3.0 auch mit einem Punkt – etwa *Form1.Command1*. Das macht eine klare Trennung zwischen Punkt und Ausrufezeichen nicht eben leichter.)

Kurz zur Begründung, warum überhaupt zwischen Punkt und Ausrufezeichen differenziert wird: Aus der Formulierung *Form1.abcd* geht syntaktisch nicht hervor, ob *abcd* eine Eigenschaft / Methode oder ein Objekt der *Controls*-Liste ist. Eine Differenzierung kann nur anhand der Liste der definierten Eigenschaften und Methoden vorgenommen werden. Theoretisch wäre es aber auch möglich, daß ein Steuerelement den gleichen Namen hat wie eine Formular-Eigenschaft. Spätestens dann ist eine klare syntaktische Unterscheidung notwendig, und die erfolgt eben durch das Ausrufezeichen.

ANMERKUNG

In VBA für Excel oder Access gibt es eigenständige Aufzählobjekte (etwa das *Databases*-Objekt für die Liste aller *Database*-Objekte). Bei den Visual-Basic-eigenen Objekten ist die Realisierung von Aufzählungen dagegen ziemlich schwammig ausgefallen: Es existieren zwar Schlüsselwörter wie *Forms* oder *Controls*, sie werden aber weder in der Online-Hilfe noch im Objektkatalog als eigenständige Objekte behandelt. Dennoch können *Controls* oder *Forms* analog wie VBA-Aufzählobjekte behandelt werden.

HINWEIS

Bei den VB-Aufzählobjekten (*Forms, Controls, Printers* etc.) und bei den Datenbankobjekten lautet der kleinste mögliche Index 0, der größte *obj.Count-1*. Beim *Collection*-Objekt und bei den Aufzählobjekten in VBA-Excel reicht der Index hingegen von 1 bis *obj.Count*. Verlassen Sie sich bei unbekannten Objekten nie darauf, daß eine bestimmte Numerierung vorherrscht, probieren Sie es aus! (In der Online-Hilfe nachschauen hilft nur manchmal weiter, oft ist das Verhalten auch dort nicht dokumentiert.)

5.1.4 Objekthierarchie, Objektzugriff mit With

Objekte sind hierarchisch organisiert. Während diese Hierarchie bei manchen Objektklassen (etwa bei den Datenbankobjekten) leicht verständlich und gut dokumentiert ist, ist die Hierarchie der Visual-Basic-Standardobjekte etwas versteckt.

Global	die Spitze der Hierarchie (default)
├─ *App*	Zugriff auf Eigenschaften des Programms
├─ *Clipboard*	Zugriff auf die Zwischenablage
├─ *Forms*	Zugriff auf alle Formulare des Programms (default)
│ └─ *Controls*	Zugriff auf Steuerelemente im Formular (default)
├─ *Printer*	Zugriff auf den Standarddrucker
├─ *Printers*	Zugriff auf alle unter Windows verfügbaren Drucker
└─ *Screen*	Zugriff auf den Bildschirm und dessen Eigenschaften

Global ist ein fiktives Objekt. Es wird zwar im Objektkatalog bei den Visual-Basic-Objekten aufgezählt, es gibt aber kein gleichnamiges Schlüsselwort für das Objekt. Das ist auch nicht notwendig, weil *Global* als Defaultobjekt im gesamten Visual-Basic-Programm gilt und daher alle seine Eigenschaften und Methoden ohne Voranstellung des Objekts verwendet werden können.

Im obigen Diagramm sind die Eigenschaften des *Global*-Objekts angeführt. (Auf einige ebenfalls vorhandene Methoden wurde verzichtet, weil sie für die Objekthierarchie keine Rolle spielen.) Die Eigenschaften *App*, *Clipboard*, *Printer* und *Screen* verweisen auf die gleichnamigen Objekte. *Forms* ist eine Auflistung aller *Form*- und *MDIForm*-Objekte des Programms. Von dort geht es via *Controls* weiter zu den Steuerelementen innerhalb der Formulare. *Printers* führt zu einer Liste aller unter Windows definierten Drucker (inklusive Fax). Bei vielen Steuerelementen geht die Hierarchie noch weiter. So wird zum Beispiel die Schriftart von Texten durch das *Font*-Objekt gesteuert.

HINWEIS

Die Hierarchie von Objekten innerhalb eines Formulars – also beispielsweise das Einfügen mehrerer Optionsfelder in einen Rahmen – spiegelt sich nicht in der Objekthierarchie wider.

Um also auf die Schriftart eines Buttons in einem Formular zuzugreifen, würde die vollständige Syntax lauten:

```
Global.Forms.Item("Form1").Controls.Item("Command1").Font.Italic = ...
```

Nun ist *Global* zum einen das Defaultobjekt und zum anderen als Schlüsselwort gar nicht verfügbar. (*Global* kann wie *Public* zur Definition von globalen Variablen verwendet werden. Das hat aber nichts mit dem *Global*-Objekt zu tun.) *Forms* ist die Defaulteigenschaft des *Global*-Objekts; *Item* wäre die Defaulteigenschaft des *Forms*-Objekts (wenn dieses dokumentiert wäre), so daß die direkte Angabe des Formularnamens ausreicht. *Controls* ist wiederum die Defaulteigenschaft des *Form*-Objekts, *Items* die (die ebenfalls nicht dokumentierte) Defaulteigenschaft von *Controls*, so daß auch hier die Angabe des Steuerelementnamens ausreicht. Da also fast alles default ist, ergibt sich die Kurzschreibweise:

```
Form1!Command1.Font.Italic = ...
```

Falls diese Anweisung im Code zu *Form1* verwendet wird, kann außerdem auf *Form1* verzichtet werden, weil dieses Objekt dort ebenfalls als Defaultobjekt gilt:

```
Command1.Font.Italic = ...
```

Form1 muß aber angegeben werden, wenn Sie den Button-Text vom Code eines anderen Formulars oder Moduls aus verändern möchten! Das kommt in der Praxis häufiger vor, als Sie jetzt vielleicht vermuten. Mit diesem Beispiel sollte nun endgültig klar geworden sein, warum die vielen Kurzschreibweisen erlaubt sind.

Vereinfachter Zugriff auf Objekte mit With

Die bisherigen Beispiele dieses Abschnitts haben bereits gezeigt, daß sich manchmal recht lange Ketten von Objektnamen und Eigenschaften ergeben, bis auf das Objekt zugegriffen werden kann, das eigentlich benötigt wird. Wenn Sie auf ein Objekt mehrfach zugreifen müssen, können Sie sich das Leben ein wenig leichter machen: Mit ***With*** *objekt* können Sie ein Objekt vorübergehend, d.h. bis zum nachfolgenden *End With*, fixieren. Anstatt jedesmal die komplette Objektreferenz anzugeben, reicht nun ein vorangestellter Punkt. Ein Beispiel illustriert das Verfahren:

```
Form1.Label1.Font.Italic = True  'herkömmlicher Code
Form1.Label1.Font.Bold = True
Form1.Label1.Font.Size = Form1.Label1.Font.Size + 3
Form1.Label1.Font.Underline = True
With Form1.Label1.Font            'dasselbe mit With
  .Italic = True
  .Bold = True
  .Size = .Size + 3
  .Underline = True
End With
```

With-Strukturen können wie Schleifen, Abfragen etc. ineinander verschachtelt werden. Selbstverständlich ist auch innerhalb *With* ein ganz normaler Zugriff auf alle Objekte möglich, die vollständig angegeben werden. *With* gilt nur für Objektbezeichnungen, die mit einem Punkt beginnen.

HINWEIS

With kann nicht zusammen mit den Methoden *Line*, *Print*, *Circle* und *PSet* verwendet werden. Bei diesen Methoden muß das Objekt unabhängig von *With* vollständig angegeben werden.

5.1.5 Ereignisse

Windows-Programme arbeiten ereignisorientiert. Als Ereignis gilt etwa das Drücken einer Taste, das Bewegen der Maus, die Auswahl eines Menüs etc. Die Verwaltung von Ereignissen in Visual-Basic-Programmen erfolgt weitgehend automatisch. Jedes Steuerelement unterstützt eine von Visual Basic vorgegebene Anzahl von Ereignissen. Wenn Sie in Ihrem Programm auf diese Ereignisse reagieren möchten, fügen Sie einfach Programmcode in die für das Ereignis vorgesehene Codeschablone ein.

Der Name einer Ereignisprozedur ergibt sich aus dem Namen des Objekts / Steuerelements und dem Namen des Ereignisses, beispielsweise *btnOk_Click* für das *Click*-Ereignis des Buttons *btnOk*.

ACHTUNG

Wenn Sie den Namen eines Steuerlements nachträglich verändern, müssen Sie anschließend auch die Namen aller Ereignisprozeduren verändern! Visual Basic erledigt das nicht automatisch.

Die folgende Liste gibt eine Übersicht der wichtigsten Ereignisse der Standardsteuerelemente von Visual Basic. (Allerdings unterstützt nicht jedes Steuerelement alle Ereignisse; manche Steuerelemente kennen noch viel mehr Ereignisse!)

- *Click, DblClick*: Klick bzw. Doppelklick mit der Maus.
- *MouseMove, MouseDown, MouseUp*: Bewegung der Maus, Drücken und Loslassen von Maustasten.
- *KeyPress, KeyDown, KeyUp*: Tastatureingabe, Drücken und Loslassen von Tasten.
- *Load, Paint, Resize, Unload*: Laden von Formularen, Aufforderung zum Neuzeichnen des Inhalts, Information über eine erfolgte Änderung der Größe, Entfernen von Formularen.
- *Change*: Veränderung des Inhalts von Steuerelementen (z.B. Textfeld, Optionsfeld, Auswahlkästchen, Listenfeld etc.)
- *Scroll*: Bewegung der Bildlaufleiste.

VERWEIS

Eine Menge praktischer Beispiele zur Verwendung von Ereignisprozeduren finden Sie im nächsten Kapitel, das die Standardsteuerelemente mit ihren wichtigsten Ereignissen bespricht.

5.2 Objektbibliotheken

Implizit waren die Beispiele des vorigen Abschnitts sehr auf Steuerelemente ausgerichtet. Steuerelemente sind der Objekttyp, mit dem Sie in den ersten Phasen der Visual-Basic-Programmierung sicherlich am meisten zu tun haben, aber es sind keinswegs die einzigen Objekte, mit denen Sie zu tun haben.

Seit Version 4 ist das Objektkonzept von Visual Basic fast unbeschränkt erweiterbar. Zur Aktivierung zusätzlicher Objekte bestehen zwei Möglichkeiten: Sie können mit PROJEKT | KOMPONENTEN Zusatzsteuerelemente aktivieren, und Sie können mit PROJEKT | VERWEISE einen Verweis auf ein Programm oder eine Funktionsbibliothek herstellen. In beiden Fällen wird eine sogenannte Objektbibliothek aktiviert, die die

Schnittstelle für die Programmierung definiert. Zu dieser Schnittstelle zählen die verfügbaren Objekte sowie deren Methoden, Eigenschaften, Ereignisse und Konstanten.

Die Programmierung fremder Objekte unterscheidet sich in den meisten Fällen nicht vom Umgang mit den in Visual Basic eingebauten Objekten. Die Verwaltung der gerade verfügbaren Objekte erfolgt mit dem Objektkatalog (Bedienung siehe Seite 80). Der Objektkatalog stellt eine zentrale Referenz aller momentan verfügbaren Objekte mit ihren Eigenschaften, Methoden und Ereignissen dar. Über den Objektkatalog gelangen Sie auch sehr bequem zu den Hilfetexten des jeweiligen Objekts. (Die Hilfe ist ja ebenso wie die Objektbibliotheken auf viele Dateien verteilt.)

Ständig verfügbare Objektbibliotheken

Die folgenden Bibliotheken sind in Visual-Basic-Projekten auf jeden Fall aktiv:

- **VBA – Visual Basic für Applikationen**: In dieser Bibliothek gibt es wenige echte Objekte. Vielmehr sind hier unter Begriffen wie Conversion, DateTime etc. die wichtigsten Grundfunktionen von Visual Basic verzeichnet – eben zur Konvertierung von Dateitypen, zum Umgang mit Zeichenketten, zum Zugriff auf Dateien etc. Die einzig echten Objekte sind *Global, ErrObject* und *Collection.* (Mit *Collection* lassen sich eigene Aufzählobjekte definieren – siehe Seite 166.)

  Die Bibliothek wird deswegen VBA genannt, weil exakt dieselben Funktionen in allen VBA-Sprachen zur Verfügung stehen (also auch in WinWord, Excel, Access etc.). Diese Bibliothek ist also der gemeinsame Nenner zwischen der eigenständigen Programmiersprache Visual Basic und der Makroprogrammiersprache VBA verschiedener Anwendungsprogramme.

  Elementare Schlüsselwörter wie *Dim, Sub, Function, Double, If, Then* etc. sind in der VBA-Bibliothek übrigens nicht verzeichnet. Deren Definition erfolgt auf einer noch niedrigeren Ebene und nicht auf der Ebene der Objektbibliotheken.

- **VBRUN – Visual Basic runtime objects and procedures:** Diese Bibliothek ergänzt die VB-Bibliothek mit Objekten und Konstanten, die zur Ausführung von Visual-Basic-Programmen erforderlich sind.

- **VB – Visual Basic objects and procedures**: In der VB-Bibliothek werden alle elementaren Visual-Basic-Objekte aufgelistet: die Standardsteuerelemente, das *Menu*-Steuerelement zur Realisierung von Menüs, zwei Formularobjekte (*Form* und *MDIForm*), die Objekte *App, Clipboard, Printer* und *Screen* sowie das an der Spitze der Objekthierarchie stehende Objekt *Global.*

- **STDOLE2 – OLE Automation**: Diese Bibliothek hat einen irreführenden Namen – mit OLE-Automation (oder nunmehr ActiveX Automation) hat die Bibliothek reichlich wenig zu tun. Vielmehr befinden sich dort die Objekte *StdFont* und *StdPicture* sowie die Methoden *LoadPicture* und *SavePicture. StdFont* und *StdPicture* enthalten Defaulteinstellungen zur Erzeugung neuer *Font-* und *Picture*-Objekte.

- **Projektname**: Als eine Bibliothek des Objektkatalogs gilt das gerade entwickelte Programm. In diesem Fall werden im Objektkatalog alle Formulare und (Klassen-) Module des Programms mit allen darin definierten Prozeduren genannt (Ereignisprozeduren, Unterprogramme, Funktionen). Bei Formularen werden auch alle Eigenschaften und Methoden des *Form*-Objekts aufgelistet, wodurch die Liste recht unübersichtlich wird.

Optionale Objektbibliotheken

Die Existenz bzw. Notwendigkeit der folgenden Bibliotheken hängt davon ab, welche Zusatzsteuerelemente bzw. welche Objektbibliotheken Sie mit PROJEKT | KOMPONENTEN bzw. mit PROJEKT | VERWEISE aktiviert haben.

- **ADODB – Microsoft ActiveX Data Objects 2.0 Library:** Dieses Bibliothek enthält ein neues Objektmodell zur Datenbankprogrammierung. Die Bibliothek soll DAO und RDO ablösen. Die Bibliothek wird im Detail in Kapitel 17 ab Seite 749 beschrieben.
- **Scripting – Microsoft Scripting Runtime:** Diese Bibliothek enthält einige Objekte, die ehemals nur in VBScript, seit Version 6 aber auch in Visual Basic zur Verfügung stehen: Die wichtigsten sind das *Dictionary*-Objekt (eine verbesserte Version des *Collection*-Objekts) sowie die File-System-Objekte *Drives[s], File[s], Folder[s]* und *TextStream*.
- **DAO – Microsoft DAO 3.51 Objekt Library:** Diese Bibliothek enthält Objekte zur Datenbankprogrammierung gemäß dem DAO-Objektmodell DAO, das bis zu Visual Basic 5 den Standard für die Datenbankprogrammierung darstellte. Diese Bibliothek steht aus Kompatibilitätsgründen weiter zur Verfügung, wird aber nicht mehr weiter entwickelt; neue Projekte sollten nach Möglichkeit auf der ADO-Bibliothek basieren.
- **DAO – Microsoft DAO 2.5 / 3.51 Compatiblity Library:** Diese Bibliothek kann alternativ zur obigen DAO-3.5-Bibliothek verwendet werden. Im wesentlichen enthält sie dieselben Objekte und Methoden. Die Bibliothek ist mit der Nomenklatur der alten Datenbankobjekte aus Visual Basic 3 kompatibel.
- **XxxName – Zusatzsteuerelement:** Wenn Sie über die Standardsteuerelemente hinaus mit Zusatzsteuerelementen arbeiten, stehen auch für diese Zusatzsteuerelemente Objektbibliotheken zur Verfügung. In den Bibliotheken sind die Steuerelemente, deren Methoden, Eigenschaften und Konstanten aufgezählt.
- **MS-Forms-Bibliothek**: Diese Bibliothek enthält einen Satz Steuerelemente, die alternativ oder parallel zu den Standardsteuerelementen verwendet werden können. Die Steuerelemente wurden für den Internet Explorer 3 und für Office 97 entwickelt und bieten gegenüber den Standardsteuerelementen einige interessante Erweiterungen.

- **VBIDE – Microsoft Visual Basic Extensibility**: Diese Objektbibliothek ermöglicht den Zugriff auf einige Komponenten der Entwicklungsumgebung von Visual Basic und eignet sich zur Entwicklung eigener Add-Ins. Die Bibliothek steht nur in den Professional- und Enterprise-Versionen zur Verfügung.
- **Objektbibliotheken von Anwendungsprogrammen**: Anwendungsprogramme, die VBA und Objekt Automation unterstützen (z.B. Excel ab Version 5, Access ab Version 7, WinWord ab Version 8 alias 97) stellen eigene Objektkataloge zur Verfügung. Darin sind alle anwendungsspezifischen Objekte (im Fall von Excel: über 130!) mit ihren Methoden und Eigenschaften aufgezählt. Sobald die Objektbibliothek mit PROJEKT | VERWEISE aktiviert wird, können diese Schlüsselwörter wie alle anderen Objekte und Methoden verwendet werden. Allerdings muß zur Ausführung des Programms das jeweilige Anwendungsprogramm (Excel, Access etc.) zur Verfügung stehen.

VORSICHT

Die Aufzählungen *Forms, Printers* und *MenuItems* gelten in Visual Basic nicht als eigenständige Objekte, obwohl sie in der Nomenklatur von VBA (Excel, Access) als Aufzählobjekte betrachtet werden können und auch wie solche funktionieren.

Manche Objekte / Methoden / Eigenschaften sind im Objektkatalog bewußt ausgeblendet, weil sie nur aus Gründen der Kompatibilität mit früheren Versionen zur Verfügung gestellt werden. Diese Schlüsselwörter sollten in neuen Programmen nicht mehr benutzt werden. Sie können sie anzeigen lassen, wenn Sie im Kontextmenü des Objektkatalogs VERBORGENE ELEMENTE ANZEIGEN auswählen.

ActiveX Automation

Der Begriff ActiveX Automation (auch OLE-Automation, Object Automation oder einfach nur Automation) bezeichnet den Mechanismus zur Steuerung externer Objekte bzw. ganzer Programme. In vielen Fällen ist ActiveX Automation vollkommen transparent – etwa bei Zusatzsteuerelementen oder bei der DAO-Bibliothek. Sie merken beim Programmieren also keinen Unterschied, ob Sie mit elementaren Visual-Basic-Steuerelementen arbeiten, oder ob es sich um externe Objekte handelt. Insofern bedarf ActiveX Automation keiner weiteren Erklärung – wenn Sie mit Objekten, Eigenschaften und Methoden umgehen können, beherrschen Sie auch schon ActiveX Automation.

Ein wenig anders sieht es aus, wenn Sie ActiveX Automation zur Steuerung externer (eigenständiger) Programme wie WinWord oder Excel verwenden. In diesen Fällen müssen Sie im Programmcode zuerst eine Verbindung zum externen OLE-Programm herstellen. Zur Programmierung müssen Sie sich zudem in das Objektmodell des jeweiligen Programms einarbeiten, was eine Menge Zeit kostet. (Excel 97 kennt etwa 130

Objekte mit hunderten Eigenschaften und Methoden.) In solchen Fällen kann sich ActiveX Automation zu einer echten Herausforderung entwickeln.

VERWEIS

Wenn in diesem Buch von *ActiveX Automation* die Rede ist, dann ist fast immer die Steuerung externen Programme gemeint. Einige Anwendungsbeispiele für die Nutzung von Excel-, Access- und WinWord-Funktionen in Visual Basic finden Sie ab Seite 913 in einem eigenen Kapitel. Dort wird auch das OLE-Feld ausführlich beschrieben.

5.3 Objektvariablen

Daß Sie in Variablen Zahlenwerte und Zeichenketten speichern können, wurde im vorigen Kapitel bereits beschrieben. Sie können in Visual Basic aber auch Objekte in Variablen speichern. Dazu muß die Variable entweder für den jeweiligen Objekttyp oder allgemein als *Object*-Variable definiert werden.

5.3.1 Umgang mit Objektvariablen

Als Objekttypen sind die Namen aller unter Visual Basic verfügbaren Objekte erlaubt, beispielsweise *Form, Font, Label* etc. Des weiteren sind die Namen der im Programm definierten Formulare und Klassen erlaubt, etwa *Form1* (wenn der Defaultname des Formulars verwendet wird) oder *StartFormular* (wenn dem Formular dieser Name gegeben wurde). Es ist allerdings nicht möglich, den Namen eines beliebigen Steuerelements als Objekttyp zu verwenden; das funktioniert nur bei Formularen, die intern wie Klassen behandelt werden. Als Überbegriff für alle Steuerelemente kann auch der Objekttyp *Control* verwendet werden.

Eine wichtige Anwendung von Objektvariablen besteht darin, den Zugriff auf Objekte übersichtlicher zu gestalten. Wenn Sie in einer Prozedur öfter auf ein bestimmtes Objekt zugreifen müssen, können Sie am Beginn der Prozedur eine Objektvariable einrichten und in der Folge alle Objektzugriffe damit durchführen. Auf diese Weise sparen Sie sich die wiederholte Angabe der vollständigen Objektbezeichnung.

```
Dim a As Variant           'alle Datentypen (Variablen / Objekte)
Dim b As Object            'jedes beliebige Objekt
Dim c As Form              'jedes beliebige Formular (auch MDI)
Dim d As MDIForm           'MDI-Formular
Dim e As Form1             'spezielles Formular Form1
Dim f As Control           'jedes beliebige Steuerelement
Dim g As CommandButton     'Button-Steuerelement
```

Während es bei der Definition von Objektvariablen keine Unterschiede zu normalen Variablen gibt, unterscheiden sich Zuweisungen recht deutlich: Es muß das Kommando ***Set*** verwendet werden:

```
Set c = Screen.ActiveForm
```

In *c* ist jetzt ein Verweis (für C-Programmierer: ein Zeiger) auf das aktive Fenster gespeichert. Ebenso wie Sie mit *Screen.ActiveForm.BackColor=...* die Hintergrundfarbe dieses Fensters verändern, können Sie das jetzt auch mit *c.BackColor=...* erledigen. Das Objekt existiert also weiterhin nur einmal, es kann aber jetzt von mehreren Seiten darauf zugegriffen werden. Hierin besteht ein wichtiger Unterschied zu normalen Variablen, in denen kein Verweis, sondern tatsächlich die Daten gespeichert werden. *Set* kann übrigens wirklich nur für Objekte verwendet werden; es ist also nicht möglich, mittles *Set* das Arbeiten mit Zeigern für normale Daten (Zahlen, Zeichenketten) einzuführen.

Wenn Sie im obigen Beispiel statt *c* die Variable *d* verwenden, kommt es zu einer Fehlermeldung, falls *Screen.ActiveForm* nicht gerade auf ein MDI-Fenster zeigt. (MDI-Fenster sind Hauptfenster, in denen mehrere kleinere Datenfelder eines Programms angeordnet werden. MDI steht für Multiple Document Interface und wird auf Seite 435 beschrieben.)

Noch restriktiver ist die Variable *e*: Falls *Screen.ActiveForm* nicht auf das von Ihnen definierte Formular mit dem Namen *Form1* zeigt, kommt es ebenfalls zu einer Fehlermeldung. Eine analoge Rangordnung gilt auch für die beiden Steuerelement-Variablen *f* und *g*. Dabei ist *f* für jedes beliebige Steuerelement geeignet, *g* nur für Buttons.

ACHTUNG

Wenn Sie *Variant*-Variablen verwenden, um Objektverweise zu speichern, können Sie die Defaulteigenschaften von Objekten nicht nutzen. Beispiel:

```
Dim x As Label, y As Variant
Set x = Label1    'x verweist auf ein Labelfeld
x = "abc"         'verändert die Caption-Eigenschaft des Labels
                  ' (Caption ist Defaulteigenschaft für Label)
Set y = Label1    'y verweist auch auf das Labelfeld
y = "efg"         'das Labelfeld ändert sich nicht, y enthält
                  ' jetzt eine Zeichenkette!
```

Sie sollten Objektvariablen immer so restriktiv wie möglich definieren. Wenn Sie wissen, daß als Objekte nur Labelfelder in Frage kommen, dann definieren Sie die Variable *As Label* und nicht *As Control, As Object* oder gar *As Variant*. Je restriktiver Ihre Definition, desto sicherer wird Ihr Code (weil Sie dann bereits bei der Programmentwicklung eine fehlerhafte Objektverwendung bemerken). Gleichzeitig wird Ihr Programm schneller, weil die Auswertung von Methoden und Eigenschaften für Visual Basic um so leichter (und schneller) möglich ist, je stärker der mögliche Objektbereich eingeschränkt ist. Auf Seite 191 finden Sie weitergehende Informationen zum internen Umgang mit Objekten sowie eine Beschreibung der Begriffe *early* und *late binding*.

Objekte als Parameter an Prozeduren übergeben

Ebenso wie Sie Objektvariablen definieren können, ist auch die Übergabe von Objekten an Prozeduren erlaubt. Innerhalb der Prozedur kann dann über die Objektvariable auf alle Eigenschaften und Methoden des Objekts zugegriffen werden. Die folgenden Zeilen geben dazu ein einfaches Beispiel:

```
Sub Form_Load()
  fontinfo Form11              'Infos zum Font des Formulars ausgeben
  fontinfo Label1              ' Font des Steuerelements Label1
  fontinfo Command1            ' Font des Steuerelements Command1
End Sub
Sub fontinfo(c As Object)     'oder As Variant oder As Control
  Debug.Print "Objektname: " & c.Name
  Debug.Print "Font:       " & c.Font.Name
  Debug.Print "Größe:      " & c.Font.Size
End Sub
```

Objekte als Ergebnisse von Funktionen zurückgeben

Sie können Objekte nicht nur als Parameter in Prozeduren verwenden, Sie können auch den Ergebnistyp einer Funktion als Objekt definieren. Die folgende Funktion zeigt ein einfaches Beispiel: Die Funktion *MakeFont* erzeugt aus den vier übergebenen Parametern ein *Font*-Objekt, das für Zuweisungen verwendet werden kann und so einen kompakten Code ermöglicht.

Beachten Sie, daß bei der Zuweisung der neuen *Font*-Merkmale wiederum *Set* verwendet wird. *Font* ist keine Eigenschaft des Buttons, sondern ein Objekt. Allerdings ist hier die Wirkung von *Set* ein wenig anders als bei Objektvariablen: Das vorhandene *Font*-Objekt des Buttons wird real verändert. (Bei Objektvariablen wird ja nur ein Verweis auf ein anderes Objekt gespeichert. Das ist hier nicht der Fall. Nach dem Ende der *Set*-Anweisung wird das durch die Funktion erzeugte *Font*-Objekt bereits wieder gelöscht, weil es in keiner Variable mehr gespeichert wird.)

```
' ObjektorientierteProgrammierung\Zeichensatz
Private Sub Command1_Click()
  Set Command1.Font = MakeFont(True, True, 18, "Arial")
End Sub
Function MakeFont(Bold As Boolean, Italic As Boolean, _
    Size%, Name$) As Font
  Dim f As New StdFont
  f.Bold = Bold: f.Italic = Italic
  f.Size = Size: f.Name = Name
  Set MakeFont = f
End Function
```

Vergleich zweier Objekte

Der Operator ***Is*** erlaubt es, zwei Objekte direkt miteinander zu vergleichen. Beispielsweise können Sie testen, ob zwei Objektvariablen auf dasselbe Objekt verweisen oder ob die *ActiveForm*-Eigenschaft des *Screen*-Objekts und des MDI-Formulars übereinstimmen (das ist meistens, aber nicht immer der Fall, siehe unten). Beachten Sie, daß Sie für solche Vergleiche nicht den sonst üblichen Zuweisungsoperator = verwenden können!

```
If a Is b Then ...
If Screen.ActiveForm Is MDIForm1.ActiveForm Then ...
```

Interessant ist der Vergleich besonders dann, wenn mehrere Instanzen eines Objekts existieren (siehe unten). Der Vergleich führt nur dann zu einem positiven Ergebnis, wenn beide Objektangaben auf dieselbe Instanz eines Objekts verweisen.

Mit ***Is Nothing*** kann festgestellt werden, ob eine Objektvariable überhaupt auf ein Objekt verweist:

```
If a Is Nothing Then Exit Sub
```

Objekttyp feststellen

Mit *Is* können Sie nur testen, ob zwei Objektangaben auf dasselbe Objekt verweisen. Oft reicht es aus, wenn Sie nur den Objekttyp feststellen können. Dazu bestehen zwei Möglichkeiten: *TypeOf* und *TypeName*.

Zuerst zur Funktion ***TypeName***, die bereits aus der Variablenverwaltung bekannt ist. Die Funktion liefert als Ergebnis eine Zeichenkette, die den Objekttyp angibt. *TypeName(c)* liefert also *CommandButton*, wenn *c* auf einen Button verweist, oder *Label*, wenn es sich um ein Labelfeld handelt. Wenn *c* eine leere Objekt- oder *Variant*-Variable ist, dann liefert *TypeName* die Zeichenkette *Nothing*. Wenn *c* eine leere *Variant*-Variable ist, dann liefert *TypeName* die Zeichenkette *Nothing*.

TypeOf hat eine vollkommen andere Syntax als *TypeName* und kann nur in *If*-Abfragen verwendet werden. Wenn die Objektvariable *c* auf das Textfeld *Text1* verweist, dann sind folgenden Bedingungen erfüllt.

```
If TypeOf c Is Object Then ...
If TypeOf c Is Control Then ...
If TypeOf c Is TextBox Then ...
```

Dagegen wird bei den folgenden Abfragen ein falscher Objekttyp festgestellt, die Befehle nach *Then* werden nicht bearbeitet:

```
If TypeOf c Is Form Then ...
If TypeOf c Is CommandoButton Then ...
If TypeOf c Is Form1 Then ...
```

TypeIf ist also insofern flexibler, als es auch Oberbegriffe wie *Control* oder *Form* erlaubt. *TypeName* liefert normalerweise nicht *Control* oder *Form* als Ergebnis, sondern gleich den Namen des Formulars (das ja als eigene Klasse betrachtet wird) oder den Typ eines Steuerelements.

ACHTUNG

Wenn *c* auf kein Objekt verweist, dann kommt es bei der *TypeOf*-Bedingung zu einer Fehlermeldung. Wenn diese Möglichkeit besteht, sollten Sie vorher mit *If c Is Nothing* kontrollieren, ob ein Objektverweis vorliegt. Falls Sie nicht einmal sicher sind, daß *c* überhaupt eine Objektvariable ist (das kann etwa in einer Prozedur der Fall sein, der ein Objektverweis übergeben werden soll), müssen Sie vorher noch mit *If VarType(c)=vbObject* testen, ob Sie es mit einer Objektvariable zu tun haben.

Die Schlüsselwörter Me, ActiveForm und ActiveControl

Screen.ActiveForm und *MDIForm.ActiveForm* enthalten jeweils den Verweis auf das aktuelle Visual-Basic-Fenster. Wenn ***ActiveForm*** als Eigenschaft eines MDI-Fensters verwendet wird, dann ist das Ergebnis immer ein Subfenster, auch dann, wenn ein vom MDI-Hauptfenster unabhängiges Fenster darüberliegt. In diesem speziellen Fall unterscheiden sich die *ActiveForm*-Ergebnisse voneinander.

ActiveForm ist auf Visual-Basic-Fenster beschränkt. Selbst wenn ein Fenster eines anderen Programms über den Visual-Basic-Fenstern liegt, verweist *ActiveForm* auf das am weitesten oben liegende Visual-Basic-Fenster.

VORSICHT

ActiveForm zeigt auf *Nothing*, wenn kein Fenster geöffnet ist. Das kann insbesondere bei MDI-Subfenstern vorkommen. Wenn in diesem Fall versucht wird, irgendeine Operation mit Ausnahme eines *Is*-Vergleiches durchzuführen, kommt es zu einer Fehlermeldung.

Me verweist ebenfalls auf ein Formular, und zwar auf jenes, dessen Programmcode gerade abgearbeitet wird. In der Regel ist dieses Formular identisch mit dem *ActiveForm*-Formular. Allerdings gibt es Ausnahmen: Wenn eine Ereignisprozedur durch ein Zeitfeld oder durch die Veränderung einer Eigenschaft im Programmcode eines anderen Formulars ausgelöst wird, dann zeigt *ActiveForm* weiterhin auf das oben liegende Fenster, während *Me* auf jenes Fenster zeigt, dessen Ereignisprozedur gerade bearbeitet wird.

*Formularname.**ActiveControl*** zeigt auf das aktuelle Steuerelement innerhalb des angegebenen Formulars.

5.3.2 Neue Objekte erzeugen

Bis jetzt wurden Objektvariablen nur dazu eingesetzt, um schon vorhandene Objekte (zumeist Steuerelemente) zu bearbeiten. Manchmal besteht aber die Notwendigkeit, wirklich neue Objekte zu erzeugen:

- Sie besitzen noch kein Objekt eines bestimmten Typs (genaugenommen spricht man hier von Klassen) und möchten ein neues Objekt dieses Typs bzw. dieser Klasse erzeugen. Diese Art der Anwendung kommt in Visual Basic beispielsweise bei den Objektklassen *StdFont*, *StdPicture* und *Collection*, bei der Verwendung selbst definierter Klassen, bei externen Klassenbibliotheken (Datenbankprogrammierung) und beim Umgang mit ActiveX-Servern vor.
- Sie besitzen bereits ein Objekt und möchten eine zweite Instanz dieses Objekts erzeugen. Eine Instanz ist im Prinzip eine eigenständige Kopie eines Objekts. In der Praxis werden neue Instanzen vor allem bei Formularen eingesetzt (siehe Seite 443).

Zur Erzeugung neuer Objekte bestehen nicht weniger als vier Möglichkeiten: Die erste Variante bietet das Schlüsselwort ***New***, das Sie zusammen mit *Dim* verwenden können. Das folgende Kommando erzeugt ein *Dictionary*-Objekt. Dabei muß der vollständige Objektname angegeben werden, der in diesem Fall *Scripting.Dictionary* lautet, weil *Dictionary* keine Visual-Basic-Objektklasse ist, sondern Teil der *Scripting*-Bibliothek. Damit das Kommando ausgeführt werden kann, muß zudem mit PROJEKT | VERWEISE ein Verweis auf die Microsoft-Scripting-Runtime-Bibliothek eingerichtet werden.

```
Dim dic As New Scripting.Dictionary    'Variante 1
```

Sofern die *Dictionary*-Objektklasse nicht auch in einer zweiten Bibliothek definiert ist (bei den mitgelieferten Bibliotheken ist das sicherlich nicht der Fall), reicht auch die folgende Kurzschreibweise:

```
Dim dic As New Dictionary              'Variante 1, Kurzschreibweise
```

Die zweite Variante besteht darin, *Dim* weiterhin ohne *New* zu verwenden und das Objekt anschließend mit *CreateObject* zu erzeugen. (Bei *CreateObject* muß immer auch die Bibliothek – hier also *Scripting* – angegeben werden!)

```
Dim dic As Scripting.Dictionary        'Variante 2
Set dic = CreateObject("Scripting.Dictionary")
Dim dic As Dictionary                  'Variante 2, Kurzschreibweise
Set dic = CreateObject("Scripting.Dictionary")
```

Bei der dritten Variante wird *dic* nicht als *Scripting.Dictionary*, sondern allgemein als *Object* definiert. Diese dritte Variante funktioniert auch ohne den Verweis auf die *Scripting*-Bibliothek.

```
Dim dic As Object                      'Variante 3
Set dic = CreateObject("Scripting.Dictionary")
```

Die Variante vier entspricht im wesentlichen der Variante zwei, allerdings wird statt *CreateObject* jetzt *Set var = New klasse* verwendet:

```
Dim dic As Scripting.Dictionary        'Variante 4
Set dic = New Scripting.Dictionary
Dim dic As Dictionary                  'Variante 4, Kurzschreibweise
Set dic = New Dictionary
```

HINWEIS

Jetzt stellt sich natürlich die Frage: Welche Vorgehensweise sollen Sie wählen? Die kurze Antwort lautet: zwei oder vier. Nun zur Begründung:

Dim obj As New klasse ist zwar mit der geringsten Tipparbeit verbunden, allerdings hat diese Vorgehensweise den Nachteil, daß es praktisch unmöglich ist, ein so erzeugtes Objekt wieder zu löschen; es wird beim nächsten Kommando, in dem die Variable vorkommt, automatisch neu erzeugt! Besonders bei der Programmierung neuer Objektklassen ist diese Vorgehensweise daher strikt zu vermeiden, und auch sonst gibt es (außer der Bequemlichkeit) keinen zwingenden Grund, *Dim As New* zu verwenden.

Variante drei hat den Nachteil, daß dem Visual-Basic-Compiler hierbei genaue Informationen über den Typ der Objektvariable fehlen und daher keine Syntaxkontrolle möglich ist (etwa ob die verwendeten Eigenschaften und Methoden überhaupt existieren). Außerdem ist der Code geringfügig langsamer (*late binding*). Weitere Informationen über die Interna des Umgangs mit Objekten finden Sie auf Seite 191.

ANMERKUNG

Die Verwendung von *New* ist nicht für alle Objektklassen zulässig. Insbesondere können neue Zeichensätze oder Bilder nicht mit der Anweisung *Dim f As New Font* oder *Picture* erzeugt werden. Statt dessen müssen die in der *StdOLE*-Bibliothek definierten Objekte ***StdFont*** bzw. ***StdPicture*** verwendet werden. *StdFont* erzeugt ein gewöhnliches *Font*-Objekt mit einigen Defaulteinstellungen der Eigenschaften.

Das Beispielprogramm unten ändert die Schriftart aller Label-Steuerelemente in einem Formular. Dazu werden zuerst einige Eigenschaften des *StdFont*-Objekts *f* eingestellt. Anschließend wird dieses Objekt den *Font*-Eigenschaften aller *Label*-Steuerelemente zugewiesen.

```
Private Sub Command1_Click()
  Dim f As New StdFont, c As Control
  f.Bold = True: f.Italic = True: f.Size = 24
  For Each c In Controls                 'Schleife für alle Steuerelemente
    If TypeName(c) = "Label" Then        'nur Labelfelder
      Set c.Font = f                     'Set, weil Font ein Objekt ist
    End If
  Next c
End Sub
```

5.3.3 Objekte / Objektvariablen löschen

Objektvariablen werden durch die Zuweisung von *Nothing* gelöscht. Falls es sich bei der Objektvariablen nur um einen Verweis auf ein woanders erzeugtes Objekt (z.B. auf ein Steuerelement) handelt, wird das eigentliche Objekt nicht von dieser Zuweisung berührt. Handelt es sich dagegen um ein Objekt, das mit *CreateObject* erzeugt wurde, dann werden durch die *Nothing*-Zuweisung auch die tatsächlichen Objektdaten gelöscht.

```
Set c = Nothing              'Objektverweis löschen
Unload f: Set f = Nothing    'Formularinstanz löschen
Unload Me                    'Formular, dessen Code ausgeführt wird,
                             ' löschen
```

ACHTUNG

Der von Objekten beanspruchte Speicher kann nur dann freigegeben werden, wenn es keine Objektvariable mehr gibt, die auf das Objekt verweist. Daher ist es bei globalen und generellen Variablen wichtig, Objektverweise zu löschen, die nicht mehr benötigt werden. (Bei lokalen Variablen löst sich das Problem am Prozedurende von selbst, da dort alle Variablen – selbst Objektvariablen – mit dem Ende der Prozedur ihre Gültigkeit verlieren.)

5.4 Collection- und Dictionary-Objekte

Seit Version 4 gibt es in Visual Basic das Objekt ***Collection***, das die Definition eigener Auflistungen (Aufzählobjekte) ermöglicht. Sie können also denselben Mechanismus verwenden, der Visual-Basic-intern auch zur Verwaltung von Subobjekten verwendet wird. Seit Version 6 steht daneben auch noch das ***Dictionary***-Objekt zur Verfügung, das zum einen fehlertoleranter ist und zum anderen eine nachträgliche Veränderung von Objekten ermöglicht.

Collection-Objekttyp

Der Umgang mit dem *Collection*-Objekt ist ausgesprochen einfach. Sie müssen mit *Dim New* eine neues Objekt des *Collection*-Typs erzeugen. Anschließend können Sie mit der *Add*-Methode Variablen, Felder, Objektverweise, ja selbst weitere *Collection*-Objekte in die Auflistung einfügen. Im Gegensatz zu Feldern können die Elemente einer *Collection* also unterschiedliche Typen aufweisen.

Als zweiten Parameter müssen Sie eine Zeichenkette angeben, die als Schlüssel zum Objektzugriff verwendet wird. Diese Zeichenkette muß eindeutig sein, darf also nicht mit einer schon vorhandenen Zeichenkette übereinstimmen. Bei den Schlüsseln wird wie bei Variablennamen nicht zwischen Groß- und Kleinschreibung unterschieden.

```
Dim c As New Collection
c.Add eintrag, "schlüssel"
```

VORSICHT

Die Tatsache, daß in *Collections* auch Objekte (genaugenommen: Verweise auf Objekte) gespeichert werden können, kann bei der Datenbankprogrammierung Verwirrung stiften. *c.Add rec!ID, "abc"* fügt nicht, wie beabsichtigt, den Inhalt des *ID*-Felds des aktuellen Datensatzes ein, sondern ein Datenbankobjekt vom Typ *Field*. Sobald sich der aktuelle Datensatz ändert, ändert sich scheinbar der Inhalt des *Collection*-Eintrags. (In Wirklichkeit ist ein Verweis auf das Objekt gespeichert. Nicht dieser Verweis ändert sich, wohl aber der Inhalt des Objekts, auf das verwiesen wird.)

Der Zugriff auf Objekte erfolgt wie bei allen Auflistungen: Durch die Angabe eines Indexwerts (zwischen 1 und *c.Count*) oder durch die Angabe der Zeichenkette, die bei *Add* als Schlüssel verwendet wurde. Die Methode *Items* zum Zugriff auf die Elemente gilt als Defaultmethode und braucht deswegen nicht explizit angegeben werden. Es sind wiederum mehrere Syntaxvarianten möglich (siehe die Beispiele unten).

Über die Eigenschaft *Count* können Sie feststellen, wie viele Elemente die Auflistung enthält. *Remove* löscht einzelne Einträge, *RemoveAll* den gesamten Inhalt des Objekts.

Mit der Methode *Exists* kann getestet werden, ob ein Eintrag zu einem bestimmten Schlüssel schon existiert. *Keys* liefert ein Datenfeld mit allen definierten Schlüsseln, *Items* ein Datenfeld mit allen gespeicherten Elementen.

Wenn Sie mit dem *Collection*-Objekt experimentieren möchten, starten Sie ein neues Projekt, fügen einen Button in das Formular und geben folgende Ereignisprozedur ein:

```
Sub Form_Click
  Dim c As New Collection
  Stop
End Sub
```

Anschließend starten Sie das Programm, klicken das Fenster mit der Maus an und geben die folgenden (oder andere) Anweisungen im Textfenster ein:

```
c.Add "eine Zeichenkette", "abc"
c.Add 123123, "def"
c.Add Form1, "ghi"
c.Add Command1, "jkl"
?c.Count                    'liefert 4
?c.Items(1)                 'liefert "eine Zeichenkette"
?c(1)                       'wie oben (Items ist Defaultmethode)
?c("def")                   'liefert 123123
?c![jkl].Caption            'liefert den Text des Buttons Command1
```

Im obigen Beispiel sind "abc", "def", "ghi" und "jkl" also die Schlüssel, mit denen auf die Elemente zugegriffen werden kann. Elemente, die in ein *Collection*-Objekt eingefügt werden, bleiben unsortiert. Sie können allerdings durch zwei optionale Parameter der *Add*-Methode angeben, an welcher Stelle in der Liste die neuen Elemente eingefügt werden sollen. Die Position geben Sie entweder durch die Indexnummer oder durch die Zeichenkette eines bereits vorhandenen Elements an.

Wenn Sie eine bereits verwendete Zeichenkette als Schlüssel für ein neues Element verwenden, kommt es zum Fehler 457 ('This key is already associated with an element of this collection.')

Erwartungsgemäß können die Elemente einer Collection in einer *For-Each*-Schleife angesprochen werden. *element* hat dann den Typ des jeweiligen Elements. Falls Sie in einer *Collection* Daten unterschiedlichen Typs speichern, müssen Sie den Typ mit *TypeName* feststellen und eine entsprechende Fallunterscheidung vorsehen.

```
Dim element As Variant          'oder As Object für Objekte
For Each element In c
  Bearbeite element
Next
```

ACHTUNG

Wenn Sie in der Form *c(n)* auf die Elemente einer *Collection* zugreifen, ist der kleinste zulässige Index 1. Dasselbe gilt auch für die Objekte von VBA-Excel. Bei den VB-Aufzählobjekten *Forms, Controls, Printers* etc. und bei den Datenbankobjekten beginnt die Zählung dagegen mit 0!

Dictionary

Ein *Collection*-Objekt bietet im wesentlichen die Funktionen eines assoziativen Felds (associative array), wie es in vielen anderen Programmiersprachen bekannt ist (allen voran in Perl). Die Besonderheit solcher Felder besteht darin, daß ihre Größe nicht im voraus definiert werden muß und daß als Index nicht eine durchlaufende Nummer, sondern eine beliebige Zeichenkette verwendet werden kann. Im Gegensatz zu echten assoziativen Feldern ist es in *Collection*-Objekten allerdings nicht möglich, einen einmal getätigten Eintrag zu ändern, ohne ihn zu löschen und anschließend neu einzufügen.

Nachdem eine bessere Entsprechung assoziativer Felder bereits seit einiger Zeit in VBScript zur Verfügung stand, kann seit Version 6 auch unter Visual Basic das verbesserte ***Dictionary***-Objekt verwendet werden. Die wichtigste Verbesserung zu *Collection*-Objekten besteht darin, daß eine nachträgliche Veränderung von Einträgen möglich ist. Die beim *Collection*-Objekt schmerzlich vermißte *ExistsKey*-Methode fehlt allerdings auch hier.

ACHTUNG

Die Reihenfolge der Parameter von *Add* ist bei *Dictionary* und *Collection* gerade vertauscht!

```
coll.Add element, "schlüssel"                    'Collection
dict.Add "schlüssel", element                    'Dictionary
```

Eine weitere Inkompatibilität betrifft *For-Each*-Schleifen: Während bei *Collection* die Elemente durchlaufen werden, sind es bei *Dictionary* die Schlüssel! Die folgenden beiden Schleifen sind daher gleichwertig.

```
For Each element In coll: bearbeite element: Next 'Collection
For Each key In dict: bearbeite Dict(key): Next   'Dictionary
```

Der *Dictionary*-Objekttyp ist nicht direkt in Visual Basic definiert, sondern in der Microsoft-Scripting-Runtime-Bibliothek (`Scrrun.dll` im Windows-System-Verzeichnis). Die folgenden Kommandos zeigen die prinzipielle Anwendung des Objekts.

```
Dim d As Object
Set d = CreateObject("Scripting.Dictionary")
d.Add "schlüssel", "eintrag"    'neuen Eintrag erzeugen
d("schlüssel") = "geändert"     'vorhandenen Eintrag ändern oder neuen
                                'Eintrag erzeugen
n = d.Count                     'Anzahl der Einträge
```

Wenn Sie einen Verweis auf die Scripting-Runtime-Bibliothek einrichten, kann *d* exakter deklariert werden:

```
Dim d As Scripting.Dictionary
Set d = CreateObject("Scripting.Dictionary")
... wie oben
```

Oder:

```
Dim d As New Scripting.Dictionary
... wie oben
```

TIP

Grundlageninformationen zu den drei oben vorgestellten Möglichkeiten zur Deklaration externer Objekte finden Sie auf Seite 164.

Anwendung

Jetzt bleibt noch die Frage offen, wofür *Collection*- und *Dictionary*-Objekte in der Praxis verwendbar sind. Beide Objektklassen eignen sich in erster Linie zur Verwaltung kleiner Datenmengen, die nur vorübergehend benötigt werden (also nur während das Programm läuft). *Collection*- und *Dictionary*-Objekte sind für diese Art der Anwendung oft bequemer einzusetzen als Felder.

So richtig interessant wird das *Collection*-Objekt aber erst bei der Definition eigener Klassen, in denen Sie Aufzählungen eigener Objekte realisieren möchten. Ein Beispiel finden Sie auf Seite 179. Dort wird auch die verborgene Methode *_NewEnum* des *Collection*-Objekts beschrieben, die Sie zur Realisierung von *For-Each*-Schleifen für Aufzählobjekte benötigen.

HINWEIS

Unverständlicherweise können Variablen mit selbst definierten Datentypen nicht als *Collection*- oder *Dictionary*-Elemente verwendet werden. Sie müssen statt dessen eine neue Klasse definieren und statt mit eigenen Datentypen mit Klassen arbeiten. Das scheint zwar in keinem Verhältnis zum Nutzen zu stehen, ist aber auch nicht viel aufwendiger zu programmieren. Näheres zur Definition von Klassen folgt im nächsten Teilabschnitt.

5.5 Programmierung eigener Objekte (Klassenmodule)

Alle Objekte, mit denen Sie bisher zu tun hatten, waren vorgegeben. Durch Objektvariablen konnten Sie zwar eigene Objekte oder zumindest Verweise darauf verwalten, Sie hatten aber keinerlei Einfluß auf die Merkmale der Objekte; mit anderen Worten: Sie mußten die Objekte nehmen, wie sie eben sind, und hatten keine Möglichkeit, eigene Methoden oder Eigenschaften zu definieren.

5.5.1 Einführung

Seit Visual Basic 4 besteht die Möglichkeit, neue, eigenständige Objekte zu definieren. Zu diesem Zweck wurde ein neuer Modultyp definiert: das Klassenmodul. Globale Funktionen und Unterprogramme in einem Klassenmodul können wie Methoden verwendet werden, globale Variablen wie Eigenschaften; eine weitergehende Funktionalität bei der Simulierung von neuen Eigenschaften bilden sogenannte Eigenschaftsprozeduren. Seit Version 5 besteht zudem die Möglichkeit, auch eigene Ereignisse zu definieren.

Wenn der Begriff *Objektklasse* Ihnen Verständnisprobleme bereitet, können Sie den Begriff auch von einer anderen Warte aus betrachten: Eine Objektklasse ist eine starke

Erweiterung dessen, was Sie mit einem eigenen Datentyp (Definition mit *Type*) machen können. Mit *Type* können Sie mehrere Variablen zu einer Einheit kapseln – das entspricht den globalen Variablen in einer Objektklasse. Der Punkt, bei dem eine Objektklasse über Datentypen hinausgeht, besteht darin, daß dort auch Programmcode gespeichert werden kann.

Formulare werden intern ganz ähnlich wie Objektklassen verwaltet. Die Namen von Formularen können wie die Namen von Klassenmodulen zur Definition neuer Objektvariablen verwendet werden. Es ist möglich, Formulare mit neuen Eigenschaften oder Methoden auszustatten. Das ist vor allem dann praktisch, wenn Formular-spezifische Daten von fremden Modulen oder anderen Formularen angesprochen werden sollen. (Bis Version 3 mußten zu diesem Zweck globale Variablen definiert werden, was nicht besonders elegant war.)

Objektklassen stehen im Regelfall nur in dem Programm zur Verfügung, in dem Sie definiert sind. Sie können im Programmcode zur Definition von Objektvariablen verwenden:

```
Dim c As MeineKlasse        'in der Variablen kann später ein
                            'Verweis auf ein MeineKlasse-Objekt
                            'gespeichert werden
Dim d As New MeineKlasse    'ein MeineKlasse-Objekt wird sofort
                            'erzeugt, der Objektverweis wird in
                            'd gespeichert
```

VERWEIS

Objektklassen können natürlich als solche in ganz normalen Visual-Basic-Programmen verwendet werden (wie im Beispielprogramm dieses Kapitels). So richtig interessant wird der Umgang mit Objektklassen aber erst, wenn Sie damit eigenständige ActiveX-Komponenten (neue Steuerelemente, Automation-Server etc.) programmieren, die von anderen Programmen verwendet werden können. Das, was bei einer Anwendung in einem normalen Programm wie überflüssiger Overhead aussieht, ergibt plötzlich Sinn. Der Programmierung von ActiveX-Servern, -Steuerelementen und -Dokumenten sind jeweils eigene Kapitel gewidmet – Seite 945, 991 und 1027. Die folgenden Abschnitte sind dafür aber unabdingbare Voraussetzung!

5.5.2 Programmierung von Objektklassen

Die Erstellung einer neuen Objektklasse beginnt damit, daß Sie mit PROJEKT | KLASSENMODUL HINZUFÜGEN ein neues Klassenmodul erzeugen. Bei der Ausführung dieses Kommandos können Sie den Klassenassistenten aufrufen, der Ihnen bei der Erzeugung neuer Klassen behilflich ist (und der auf Seite 193 beschrieben wird). Bevor Sie sich dem Assistenten anvertrauen, sollten Sie allerdings die Grundzüge der Klassenprogrammierung verstanden haben – andernfalls haben Sie fast keine Chance, sich im automatisch erzeugten Code zu orientieren bzw. diesen an Ihre Anforderungen anzupassen.

Bevor Sie mit der Programmierung beginnen, sollten Sie den Namen Ihrer Objektklasse im Eigenschaftsfenster einstellen. (Falls Sie einen ActiveX-Server programmieren, stehen im Eigenschaftsfenster neben *Name* noch weitere Eigenschaften zur Verfügung, die an dieser Stelle aber noch nicht von Interesse sind.)

Initialize- und Terminate-Ereignisse

Klassenmodule kennen ähnlich wie Formulare oder Steuerelemente Ereignisse. Die Zahl der Ereignisse ist allerdings viel kleiner. Wie bei Formularen bleibt es Ihnen überlassen, ob Sie auf die Ereignisse mit einer Ereignisprozedur reagieren oder nicht.

Das ***Initialize***-Ereignis tritt auf, wenn ein neues Objekt der jeweiligen Klasse erzeugt wird. (Wenn mehrere Objekte der gleichen Klasse erzeugt werden, sind diese Objekte voneinander unabhängig, haben also ihre eigenen Variablen, Eigenschafts-Einstellungen etc. Aus diesem Grund muß *Class_Initialize* bei der Erzeugung jedes Objekts aufgerufen werden.) In der *Class_Initialize*-Ereignisprozedur können Initialisierungsarbeiten erledigt werden – etwa die Dimensionierung von Feldern, das Einlesen von Defaultdaten etc.

In Analogie zum *Initialize*-Ereignis tritt unmittelbar vor dem Löschen eines Objekts ein ***Terminate***-Ereignis auf. Die Ereignisprozedur eignet sich für allfällige Aufräumarbeiten.

Tips zur Benennung von Objekten, Methoden, Eigenschaften und Ereignissen

Darüber, ob im Programmcode deutsch- oder englischsprachige Variablennamen verwendet werden sollen, kann man lange diskutieren (was hier aber vermieden wird). Im wesentlichen betrifft diese Entscheidung nur den oder die Programmierer, die an einem Projekt arbeiten.

Ganz anders sieht es, wenn Sie ActiveX-Komponenten entwickeln, die oft von vollkommen fremden Personen und womöglich in unterschiedlichen Ländern verwendet werden. (Das gilt insbesondere für ActiveX-Steuerelemente, die am Internet verfügbar sind.) In solchen Fällen sollte die Verwendung möglichst prägnanter englischer Bezeichnungen eine Selbstverständlichkeit sein.

Namen von Eigenschaften, Methoden, Ereignissen und Konstanten sollten sich an den üblichen Gepflogenheiten orientieren. Verwenden Sie also *Count* für die Anzahl der Objekte einer Aufzählung und nicht *NrOfItems* oder *MaxIndex*, oder was Ihnen sonst einfällt. Sie erleichtern anderen Programmierern damit die Nutzung Ihrer Komponenten.

Es ist eine gute Idee, einmal einen Blick in die Objektbibliothek von Excel zu werfen. Diese Bibliothek liegt nunmehr bereits in der dritten Version vor und ist sicherlich die ausgereifteste verfügbare Objektbibliothek von Microsoft.

Seit Version 5 besteht die Möglichkeit, Ihre Prozeduren im Dialog PROZEDURATTRIBUTE knapp zu dokumentieren. Die dort angegebenen Texte werden im Objektkatalog angezeigt und sind insbesondere dann unentbehrlich, wenn es keine Online-Hilfe gibt.

5.5.3 Eigenschaftsprozeduren

Eigenschaften lassen sich auf zwei Arten definieren: Die einfache Variante besteht darin, daß Sie einfach im Klassenmodul eine globale Variable definieren. Der Anwender des Objekts kann die Variable anschließend wie eine Eigenschaft lesen.

```
' im Klassenmodul 'MeineKlasse.cls'
Public MeineEigenschaft

' Anwendung der Klasse (z.B. in einem Formular)
Sub Command1_Click()
  Dim c As New MeineKlasse
  c.MeineEigenschaft = 10
  Debug.Print c.MeineEigenschaft
End Sub
```

Eigenschaftsprozeduren für Zahlenwerte / Zeichenketten

Das Problem besteht darin, daß Ihre Klasse von der Veränderung einer Eigenschaft nichts weiß. Das Verändern der Eigenschaft löst keinen Programmcode aus, der automatisch ausgeführt wird und sich um die Konsequenzen dieser Änderung kümmert. Es gibt Objekte, bei denen das durchaus kein Problem ist und alle Eigenschaften erst beim Ausführen einer Methode ausgewertet werden. (Ein Beispiel aus den Visual-Basic-Objekten sind die Standarddialoge: Zuerst stellen Sie alle Eigenschaften ein, dann führen Sie den Dialog mit einer *ShowXxx*-Methode aus. Erst jetzt werden die Einstellungen der Eigenschaften zum Aufbau des Standarddialogs berücksichtigt.)

Häufig ist es aber so, daß bei jeder Eigenschaftsveränderung sofort ein Programmcode ausgeführt werden soll. Wenn Sie die Eigenschaft *BackColor* ändern, sollte tatsächlich die Hintergrundfarbe neu eingestellt werden. Die Speicherung der neuen Farbe in einer Variablen ist nicht ausreichend. Auch beim Lesen einer Eigenschaft kann die Ausführung von Code sinnvoll sein, etwa wenn der Inhalt einer Eigenschaft im Objekt erst ermittelt werden muß.

Um das zu ermöglichen, stellt Visual Basic Eigenschaftsprozeduren zur Verfügung. Für jede Eigenschaft gibt es zwei gleichnamige (!) Prozeduren. Eine davon wird mit ***Property Get*** eingeleitet und zum Lesen einer Eigenschaft verwendet, die andere wird mit ***Property Let*** eingeleitet und verwendet, um einer Eigenschaft einen neuen Inhalt zuzuweisen. Das Beispiel von oben läßt sich mit Eigenschaftsprozeduren folgendermaßen realisieren:

```
' im Klassenmodul 'MeineKlasse.cls'
' MeineEigenschaft ist für Werte geeignet
Private eigenschaft
Property Get MeineEigenschaft()                'Eigenschaft lesen
  MeineEigenschaft = eigenschaft
End Property
Property Let MeineEigenschaft(einstellung)    'Eigenschaft verändern
  eigenschaft = einstellung
End Property
' Anwendung der Klasse (z.B. in einem Formular)
Private Sub Command1_Click()
  Dim c As New MeineKlasse
  c.MeineEigenschaft = 3             'Aufruf von Let MeineEigenschaft
  Debug.Print c.MeineEigenschaft     'Aufruf von Get MeineEigenschaft
End Sub
```

Der Inhalt der Eigenschaft wird jetzt also in der generellen Variablen *eigenschaft* gespeichert, die nur im Code des Klassenmoduls angesprochen werden kann. Wenn Sie eine Eigenschaft durch eine Zuweisung verändern, wird die Prozedur *Let MeineEigenschaft* aufgerufen und der Zuweisungswert als Parameter übergeben.

Im Beispiel wurde auf die Deklaration von Datentypen verzichtet. Bei praktischen Anwendungen sollten Sie unbedingt darauf achten, die Datentypen so weit als sinnvoll einzugrenzen. Seit Version 5 sind in Eigenschaftsprozeduren auch optionale Parameter und Parameterlisten erlaubt.

Eigenschaftsprozeduren für Objekte (Objektverweise)

In *MeineEigenschaft* des obigen Beispiels können nur Werte und Zeichenketten gespeichert werden, nicht aber Objekte. Die Zuweisung *c.MeineEigenschaft=Command1* würde nur die Defaulteigenschaft des Buttons speichern, nicht aber einen Objektverweis. Wenn eine Eigenschaft mit Objekten zurechtkommen soll, muß statt *Property Let* die verwandte Eigenschaftsprozedur ***Property Set*** definiert werden. Zum Lesen der Eigenschaft wird weiterhin *Property Get* verwendet, allerdings muß auch darin der Code verändert werden (Zuweisung des Rückgabewerts mit *Set*).

```
' im Klassenmodul 'MeineKlasse.cls'
' MeineEigenschaft ist für Objekte geeignet
Dim eigenschaft As Control
Property Get MeineEigenschaft() As Control
  Set MeineEigenschaft = eigenschaft
End Property
```

```
Property Set MeineEigenschaft(einstellung As Control)
  Set eigenschaft = einstellung
End Property
' Anwendung der Klasse (z.B. in einem Formular)
Private Sub Command1_Click()
  Dim c As New MeineKlasse
  Set c.MeineEigenschaft = Command1
  Debug.Print c.MeineEigenschaft.Caption
End Sub
```

HINWEIS

Eigenschaftsprozeduren sind standardgemäß global gültig, können also auch von anderen Formularen oder Modulen verwendet werden. Zur Einschränkung der Gültigkeit von Eigenschaftsprozeduren auf die aktuelle Objektklasse oder das aktuelle Formular müssen Sie *Private* bei der Definition voranstellen.

Read-Only-Eigenschaften

Read-Only-Eigenschaften lassen sich ganz einfach dadurch realisieren, daß Sie keine *Property Set* Prozedur programmieren oder diese als *Private* oder *Friend* (siehe unten) deklarieren. Die Eigenschaft kann jetzt immer noch durch internen Klassenmodul-Code eingestellt werden, von außen aber nur gelesen werden.

```
Property Get Name()                    'Name-Eigenschaft (read only)
  Name = "MeineKlasse"
End Property
```

Defaulteigenschaften

Die meisten Steuerelemente und viele Objekte kennen Defaulteigenschaften, die nicht explizit ausgeschrieben werden müssen und so den Tippaufwand reduzieren. Seit Version 5 können Sie Defaulteigenschaften auch für eigene Objektklassen definieren (wenn auch ein wenig umständlich). Dazu führen Sie EXTRAS | PROZEDURATTRIBUTE aus, wählen die gewünschte Eigenschaftsprozedur aus und stellen im PROZEDUR-ID-Listenfeld (VOREINSTELLUNG) ein.

ACHTUNG

Es ist zwar möglich, mehrere Eigenschaften als default zu deklarieren, das Verhalten des Moduls ist dann aber nicht definiert. Der PROZEDURATTRIBUTE-Dialog führt weder eine automatische Sicherheitsabfrage durch, ob es schon eine Defaulteigenschaft gibt, noch bietet es die Möglichkeit, danach zu suchen. Am schnellsten entdecken Sie die zur Zeit gültige Defaulteigenschaft im Objektkatalog (das Icon ist durch einen kleinen hellblauen Punkt hervorgehoben). Zur Änderung der Defaulteigenschaft müssen Sie bei der bisher gültigen Eigenschaft die PROZEDUR-ID-Einstellung auf KEIN zurücksetzen.

5.5.4 Methoden

Viel einfacher als eigene Eigenschaften lassen sich Methoden definieren. Dazu müssen Sie lediglich eine ganz normale Prozedur (*Sub* oder *Function*) programmieren und diese als *Public* erzeugen. Im Gegensatz zu normalen Modulen können diese Prozeduren außerhalb des Klassenmodulcodes nur in der Form *objekt.Prozedurname* aufgerufen werden. Damit entsprechen die Prozeduren der bei Methoden üblichen Syntax. (Öffentliche Prozeduren in normalen Modulen werden einfach durch *Prozedurname* aufgerufen.) Die Namen von Methoden dürfen mit den Namen von Methoden anderer Visual-Basic-Objekte übereinstimmen; Visual Basic erkennt aus dem Objektkontext, welche Methode es verwenden muß.

Im Beispiel unten wird eine *ShowCopyright*-Methode eingerichtet, die eine kurze Meldung über die Herkunft der Klasse anzeigt. Bei dieser Gelegenheit wird auch gleich die *Name*-Eigenschaft realisiert, die es bei Klassenmodulen standardgemäß nicht gibt. (Auf die im Eigenschaftsfenster angezeigte *Name*-Eigenschaft kann im Programmcode nicht zugegriffen werden.)

Methoden können selbstverständlich auch (eventuell optionale) Parameter aufweisen. Wenn Methoden einen Rückgabewert besitzen sollen, müssen sie als *Function* statt als *Sub* deklariert werden.

```
' im Klassenmodul 'MeineKlasse.cls'
Public Sub ShowCopyright()                'ShowCopyright-Methode
  MsgBox "Beispielklasse " & Name & Chr$(13) _
    & "Copyright Michael Kofler 1995"
End Sub

' Anwendung der Klasse (z.B. in einem Formular)
Private Sub Command1_Click()
  Dim c As New MeineKlasse
  c.ShowCopyright
End Sub
```

5.5.5 Eigene Ereignisse

Ereignisse definieren und auslösen

Seit Version 5 besteht die Möglichkeit, eigene Objektklassen auch mit eigenen Ereignissen auszustatten. Die Syntax dafür ist denkbar einfach ausgefallen: Sie müssen lediglich im Deklarationsteil der Klasse mit ***Event*** den Namen und die Parameter des Ereignisses definieren. Anschließend können Sie diese Prozedur überall im Code der Klasse mit dem Kommando ***RaiseEvent*** auslösen.

```
' im Klassenmodul 'MeineKlasse.cls'
Public Event Error(ByVal ErrNr As Integer)
```

```
Public Sub MeineMethode(x,y)
  If x<y Then Raise Error(57)
  ...
End Sub
```

Wenn der Anwender der Klasse im zugehörigen Code eine *Error*-Ereignisprozedur vorsieht (siehe unten), wird diese durch das *Raise*-Kommando aufgerufen, andernfalls passiert einfach nichts. Dieses Verhalten entspricht dem, was Sie auch bei anderen Ereignissen gewohnt sind – wenn Sie keine *Form_Click*-Ereignisprozedur vorsehen, bleibt das Anklicken eines Formulars auch ohne Reaktion.

Für die Deklaration der Ereignisprozedur mit *Event* bestehen einige Einschränkungen: Die Ereignisprozedur darf keine Funktion sein (kein Rückgabewert). Wenn Sie Informationen aus der Ereignisprozedur an die aufrufende Klasse zurückgeben möchten, können Sie einzelne Parameter mit *ByRef* als Rückgabeparameter deklarieren.

Die Parameterliste darf keine optionalen Parameter und keine Parameterliste enthalten. Beim Auslösen des Ereignisses darf die Parameterübergabe nicht mit benannten Parametern erfolgen.

Ereignisse empfangen

Auch nicht viel komplizierter ist das Empfangen von Ereignissen aus Objektklassen. Dazu müssen Sie die Objektvariable mit dem zusätzlichen Schlüsselwort ***WithEvents*** deklarieren. Diese Deklaration darf nicht mit *New* kombiniert werden; Sie müssen das neue Objekt also später explizit mit *Set var As New Klasse* erzeugen. Sobald Sie die *WithEvents*-Deklaration eingegeben haben, können Sie in den Listenfeldern des Codefensters die verfügbaren Ereignisprozeduren auswählen (wie bei Steuerelementen).

```
' im Code, in dem die Objektklasse genutzt wird
' im Deklarationsteil
Dim WithEvents meinObjekt As MeineKlasse
' in einer Initialisierungsprozedur (etwa Form_Load)
Set meinObjekt = New MeineKlasse
' Ereignisprozedur für das Error-Ereignis
Private Sub meinObjekt_Error(ByVal ErrNr As Integer)
  ...
End Sub
```

Beachten Sie, daß die Ereignisprozedur *meinObjekt_Error* nur für die *Error*-Ereignisse der *meinObjekt*-Variablen gelten. Wenn Sie eine zweite Variable der Klasse *MeineKlasse* verwenden, müssen Sie dafür eine eigene Ereignisprozedur schreiben.

Dasselbe gilt ja auch für Steuerelemente: Wenn Sie in einem Formular zwei Buttons verwenden, benötigen Sie auch zwei Ereignisprozeduren. Bei Steuerelementen können Sie dieser Regel entkommen, indem Sie Steuerelementfelder bilden, also mehrere gleichnamige Steuerelemente, die sich durch einen zusätzlichen Indexparameter unterscheiden. Hierfür gibt es bei eigenen Objekten zur Zeit keine Analogie. Es ist also nicht möglich, mit *Dim meinObjekt(3)As MeineKlasse* ein ganzes Feld von Objektvariablen zu bilden. Vielleicht in der nächsten Version?

Ereignisse können nicht überall im Code empfangen werden: Das Schlüsselwort *WithEvents* darf nur in Formular- oder Klassenmodulen eingesetzt werden, nicht aber in gewöhnlichen Modulen. (Dort ist generell keine Ereignisverarbeitung vorgesehen.)

Anwendung

Die offensichtlichste Anwendung eigener Ereignisse ist die Programmierung neuer ActiveX-Steuerelemente. Ein Steuerelement ohne Ereignisse ja fast nicht vorstellbar. Zudem erleichtert die Analogie zu vorhandenen Steuerelementen die Vorstellung, was mit eigenen Ereignissen erreicht werden kann. (Objektklassen, die als ActiveX-Steuerelemente verwendet werden, haben einen weiteren Vorteil: Die Deklaration mit *WithEvents* entfällt.) Das Anwendungspotential ist aber viel größer:

- Sie können eigene Ereignisse zur zentralen Fehlerbenachrichtigung für eine ganze Objektklasse benutzen.
- Sie können Ereignisse zum Aufbau asynchroner Kommunikationsstrukturen verwenden. (Der Nutzer eines Objekts braucht nicht zu warten, bis eine zeitaufwendige Berechnung innerhalb der Objektklasse vollendet ist. Statt dessen wird er beim Ende der Berechnung durch ein Ereignis informiert.)

VERWEIS

Beispiele für die Programmierung eigener Ereignisse finden Sie ab Seite 987 (Programmierung von ActiveX-Servern) bzw. ab Seite 1008 (ActiveX-Steuerelemente). Ein gelungenes Beispiel enthält auch die Online-Dokumentation (asynchrone Kommunikation bei rechenintensiven Objektklassen, mit Prozentanzeige und Abbruchsmöglichkeit):

VB-DOKUMENTATION | PROGRAMMIERHANDBUCH | EINSATZMÖGLICHKEITEN | - PROGRAMMIEREN MIT OBJEKTEN | HINZUFÜGEN VON EREIGNISSEN

5.5.6 Konstanten

Zur Einstellung von Eigenschaften, aber auch für Fehlernummern, numerische Parameter etc. werden oft Konstanten verwendet. Seit Version 5 bietet Visual Basic dazu die Möglichkeit, Konstantengruppen mit *Enum* zu deklarieren (siehe Seite 114).

```
Public Enum mkColorCodes
  mkColGreen = 1
  mkColRed        ' automatisch 2
  mkColBlue       ' automatisch 3
End Enum
```

Um Konfusionen mit Konstantendeklarationen in anderen Klassen zu vermeiden, werden der *Enum*-Gruppe und den einzelnen Konstanten zumeist zwei Kürzel vorangestellt, einer für die Objektklasse (hier *mk* für *MeineKlasse*) und einer für die *Enum*-Gruppe (hier *col* für *ColorCodes*). Werfen Sie einen Blick in den Objektkatalog und sehen Sie sich an, wie die Konstanten bereits vorhandener Objekte benannt sind!

Anschließend können Sie *Farben* als Datentyp bei der Deklaration von Eigenschaften, Parametern etc. verwenden:

```
' Methode SetColor
Public Sub SetColor(ForeColor As mkColorCodes, _
                    BackColor As mkColorCodes
' Eigenschaft BackColor
Property Let BackColor(newcolor As mkColorCodes)
Property Get BackColor() As mkColorCodes
```

Als *Public* deklarierte *Enum*-Gruppen stehen nicht nur im gesamten Projekt zur Verfügung, sondern (bei ActiveX-Komponenten) auch extern.

5.5.7 Programmierung von Aufzählklassen

Recht häufig kommt es vor, daß Sie nicht nur ein einzelnes Objekt verwalten möchten, sondern auch Gruppen gleichartiger Objekte. Beispiele für solche Aufzählobjekte finden Sie in den DAO (Data Access Objects), aber auch in den diversen Objektbibliotheken externer Programme (etwa Excel) zuhauf. Die übliche Vorgehensweise sieht so aus, daß Sie *zwei* neue Objektklassen definieren: Eine für das eigentliche Objekt (singular) und eine zweite für die Auflistung solcher Objekte (plural). Alle Objekt-spezifischen Eigenschaften, Methoden und Ereignisse bringen Sie im ersten Objekt unter. Das zweite Objekt entspricht dagegen einem schablonenhaften Aufbau, der bis auf ganz wenige Details vollkommen unabhängig vom eigentlichen Objekt ist.

Die folgende Liste faßt die Merkmale eines Aufzählobjekts zusammen.

- Mit der Methode *Add* können Sie der Auflistung neue Objekte hinzufügen. *Add* liefert einen Verweis auf das neue Objekt als Rückgabewert.
- Mit *Remove* löschen Sie einzelne Objekte.
- Die Eigenschaft *Count* liefert die Anzahl der gespeicherten Objekte.
- Der Zugriff auf einzelne Objekte erfolgt mit der Eigenschaft *Item*. Diese Eigenschaft wird als Defaulteigenschaft deklariert und muß dann nicht jedesmal ausgeschrieben werden. Damit wird die Syntax *meinAufzählobjekt(n)* bzw. *meinAufzählobjekt("schlüssel")* möglich.
- Damit *For-Each*-Schleifen über alle Objekte gebildet werden können, wird schließlich die Eigenschaft *NewEnum* definiert. Diese Eigenschaft bekommt in PROZEDURATTRIBUTE die ID=-4. Außerdem wird die Eigenschaft als verborgen definiert (IM

EIGENSCHAFTSKATALOG NICHT ANZEIGEN). Die Eigenschaft soll explizit ja gar nicht verwendet werden (sondern nur implizit in *For-Each*-Schleifen, ohne daß der Programmierer merkt, daß dabei die *NewEnum* verwendet wird).

Die folgenden Zeilen zeigen die Codeschablone für eine Aufzählklasse. (Das Modul ist Teil des Beispielprogramms *Objektklassen-Bücher*, das ab Seite 194 genauer beschrieben wird.) Diese Schablone können Sie praktisch unverändert für eigene Aufzählklassen wiederverwenden. Sie müssen lediglich einige Variablennamen ändern und die *Add*-Methode an die Eigenschaften des zu verwaltenden Objekts anpassen.

```
' Objektklasse Bookmarks (zur Verwaltung von Bookmark-Objekten)
Option Explicit
Private lesezeichenCol As Collection     'Collection für Bookmark-Objekte
Private lesezeichenID As Long            'Zähler für Collection-Schlüssel
' Initialisierung
Private Sub Class_Initialize()
  Set lesezeichenCol = New Collection
End Sub
' Add-Methode
Public Function Add(seite As Integer, notiz As String) As Bookmark
  'neues Objekt erstellen
  Dim neuesLesezeichen As New Bookmark
  neuesLesezeichen.Page = seite
  neuesLesezeichen.Content = notiz
  'in Collection speichern
  neuesLesezeichen.ID = lesezeichenID
  lesezeichenCol.Add neuesLesezeichen, Str(lesezeichenID)
  lesezeichenID = lesezeichenID + 1
  'das erstellte Objekt zurückgeben
  Set Add = neuesLesezeichen
  Set neuesLesezeichen = Nothing
End Function
' Remove-Methode
Public Sub Remove(lesezeichenID As Variant)
  lesezeichenCol.Remove lesezeichenID
End Sub
' Item-Eigenschaft (Prozedurattribute: ID=Voreinstellung)
Public Property Get Item(lesezeichenID As Variant) As Bookmark
  Set Item = lesezeichenCol(lesezeichenID)
End Property
' Count-Eigenschaft
Public Property Get Count() As Long
  Count = lesezeichenCol.Count
End Property
```

```
' NewEnum-Eigenschaft für For-Each-Schleifen (Prozedurattribute:
' ID=-4, Im Eigenschaftskatalog nicht anzeigen)
Public Property Get NewEnum() As IUnknown
  Set NewEnum = lesezeichenCol.[_NewEnum]
End Property
' Objekt zerstören
Private Sub Class_Terminate()
  Set lesezeichenCol = Nothing
End Sub
```

Große Teile des Codes bedürfen keiner langatmigen Erklärung: Die *Bookmark*-Objekte sind in einer *Collection* gespeichert. In der *Add*-Methode werden zwei Eigenschaften eines neuen *Bookmark*-Objekts sofort eingestellt (*Page* und *Content*). Da die *Add*-Methode das neue *Bookmark*-Objekt als Verweis zurückgibt, können nach einem *Add*-Aufruf alle weiteren Eigenschaften des neuen Objekts problemlos eingestellt werden.

Die Aufzähleigenschaft *NewEnum*

Relativ undurchsichtig wirkt vermutlich die Eigenschaftsprozedur *NewEnum*: Darin wird ganz einfach die Aufzähleigenschaft *_NewEnum* des *Collection*-Objekts zurückgegeben. *_NewEnum* ist eine verborgene Eigenschaft des *Collection*-Objekts, die den *For-Each*-Zugriff auf alle Elemente ermöglicht. Da *_NewEnum* keinen in Visual Basic verfügbaren Datentyp aufweist, muß die Eigenschaft als *IUnknown* deklariert werden.

Ebenso dubios sind die Einstellungen, die Sie für die *NewEnum*-Prozedur mit EXTRAS | PROZEDURATTRIBUTE vornehmen müssen: Als ID müssen Sie den Wert -4 eingeben. (Mit dieser Einstellung wird die Eigenschaft als *Numerator* erkannt. Ist ja offensichtlich, oder?) Außerdem sollte die Prozedur als verborgen gekennzeichnet werden (IM EIGENSCHAFTSKATALOG NICHT ANZEIGEN). Ob *_NewEnum* wirklich die eleganteste Möglichkeit war, dieses Merkmal zu realisieren, sei dahingestellt.

Verwaltung der Collection-Schlüssel

Als Programmierer haben Sie relativ viel Spielraum bei der Verwaltung der Zugangsschlüssel zu den Aufzählobjekten. Im Beispiel oben wird eine lokale Variable bei jedem *Add*-Aufruf um eins erhöht. Der resultierende Zahlenwert wird mit *Str* in eine Zeichenkette umgewandelt und dann als *Collection*-Schlüssel verwendet. Die Methode stellt sicher, daß jedes Objekt einen eindeutigen Schlüssel hat. Dieser Schlüssel wird gleichzeitig in einer *ID*-Eigenschaft des *Bookmark*-Objekts gespeichert, damit auch der Anwender der Klasse Zugriff darauf hat. Der Vorteil dieser Vorgehensweise besteht darin, daß sie einfach und weitgehend sicher ist. (Probleme gibt es erst, wenn Sie mehr als 2^{31} Objekte einfügen.) Der Nachteil besteht darin, daß die Schlüssel nicht sehr intuitiv sind und nichts mit dem Inhalt der Objekte zu tun haben.

Eine Variante besteht darin, daß der Anwender der Klasse seinen Wunschschlüssel bei der *Add*-Methode als Parameter angibt. Damit wird das Schlüsselproblem auf den Anwender abgewälzt. Allerdings kommt es nun zu einem Fehler, wenn der Schlüssel schon vergeben ist. Da Sie keinen Zugriff auf die Liste der von der *Collection* bereits benutzten Schlüssel haben, können Sie den Fehler nicht vermeiden, sondern nur mit *On Error* abfangen und dann entsprechend darauf reagieren (Prozedur abbrechen, *Null* statt des Verweises auf das neue Objekt zurückgeben). Ein weiterer Nachteil besteht darin, daß der Schlüssel des Anwenders vermutlich länger ausfallen wird, was sich in einem erhöhten Speicherbedarf auswirkt.

Noch komplizierter wird es, wenn Sie den Schlüssel mit einer veränderlichen Eigenschaft des Objekts verbinden wollen. Beispielsweise könnte es sein, daß Sie in einer Aufzählklasse die Fenster Ihres Programms verwalten möchten. Als Zugriffsschlüssel soll der Fenstertitel gelten, der gleichzeitig eine Eigenschaft des Fensterobjekts ist (also *fenster("titel")*).

Was tun, wenn der Fenstertitel geändert wird? Das *Collection*-Objekt sieht keine Veränderung des Schlüssels vor. Die Lösung besteht darin, daß Sie klassenintern wieder eigene Schlüssel generieren (wie im abgedruckten Beispiel). In der *Item*-Eigenschaftsprozedur verwenden Sie aber nicht diese Schlüssel, sondern durchlaufen in einer Schleife alle Fenster, bis Sie das finden, das den gewünschten Titel aufweist. Diese Vorgehensweise ist natürlich langsam, insbesondere dann, wenn die Auflistung sehr viele Objekte enthält. Außerdem gibt es Probleme, wenn der Anwender der Klasse zwei Fenstern den selben Titel gibt.

5.5.8 Gültigkeit von Variablen und Prozeduren in Klassenmodulen

Kapselung von Daten und Prozeduren

Ein wesentliches Element objektorientierter Programmierung besteht darin, daß Objekte von einem ungewollten oder unbeabsichtigten Zugriff so weit wie möglich abgekapselt sind. Der Zugriff auf Daten, die durch eine Objektklasse verwaltet werden, darf ausschließlich durch die dafür vorgesehenen Methoden und Eigenschaften erfolgen. Ein direkter Zugriff auf Variablen oder ein Aufruf anderer Prozeduren des Moduls sollte ausgeschlossen sein. Beachten Sie daher, daß im Klassenmodul ausschließlich Eigenschaftsprozeduren und Methoden als *Public* deklariert sind.

Wie die Daten innerhalb einer Klasse tatsächlich gespeichert werden, ist Ihnen als Programmierer überlassen. Sie können diese Mechanismen ohne weiteres später ändern und möglicherweise effizienter gestalten, solange die Schnittstelle nach außen (also die Namen und Datentypen von Eigenschaften und Methoden) unverändert bleiben.

Die Kapselung von Daten ist letzten Endes ein Kompromiß zwischen Datensicherheit (Stabilität) und Geschwindigkeit. Je sauberer die Kapselung der Daten durchgeführt wird, desto größer ist der Overhead durch Eigenschaften und Methoden, die jetzt zum

Zugriff auf die Daten benötigt werden. Sie müssen selbst abwägen, wo in Ihrem Programm die Prioritäten zu setzen sind.

Gültigkeitsebenen für Variablen und Prozeduren

Prinzipiell gelten für Klassenmodule dieselben Regeln für die Gültigkeitsbereiche von Variablen und Prozeduren wie in Formularen oder in normalen Modulen (siehe Seite 130). Kurz zusammengefaßt bedeutet das: Alle Variablen und Prozeduren, die nicht explizit als *Public* deklariert sind, sind nur innerhalb des Moduls verfügbar. Allerdings gibt es einige Ausnahmen:

- Eigenschaftsprozeduren gelten automatisch als *Public*, können aber bei Bedarf auch als *Private* deklariert werden.
- *Enum*-Konstanten (ebenfalls *Public* per default) sind bei ActiveX-Komponenten auch nach außen hin zugänglich.
- Für Prozeduren gibt es zwischen *Public* und *Private* einen dritten Gültigkeitsbereich: ***Friend***. Solchermaßen deklarierte Prozeduren können auch im Code aller anderen Module des Projekts aufgerufen werden, verhalten sich also scheinbar wie *Public*. Nach außen hin sind *Friend*-Prozeduren aber unbekannt (wie *Private*). Diese Unterscheidung ermöglicht es, zwischen zwei Klassenmodulen desselben Projekts einen geregelten Datenaustausch zu ermöglichen, ohne diese Schnittstelle nach außen hin freizulegen.

HINWEIS

Einen Unterschied zwischen *Public* und *Friend* bemerken Sie nur dann, wenn Sie eine Objektklasse in einer ActiveX-Komponente von einem anderen Programm aus benutzen! Ein Beispiel für eine *Friend*-Prozedur finden Sie auf Seite 987 (ActiveX-Server).

Besonderheiten bei ActiveX-Komponenten

Wenn Sie Objektklassen in Form von ActiveX-DLLs, -EXEs oder -Steuerelementen weitergeben, können Sie über die Eigenschaft ***Instancing*** für jedes Klassenmodul angeben, wie es verwendet werden darf. Wenn Ihnen die Programmierung von ActiveX-Komponenten noch fremd ist, können Sie diesen Abschnitt vorläufig überspringen. Praktische Anwendungen der *Instancing*-Eigenschaft werden auf Seite 971 diskutiert.

Mögliche Einstellungen für die *Instancing*-Eigenschaft sind:

- *Private (1)*: Das Objekt ist nach außen hin nicht zugänglich. Es kann nur innerhalb der ActiveX-Komponente genutzt werden.
- *PublicNotCreatable (2)*: Das Objekt kann zwar von fremden Programmen verwendet, aber nicht von ihnen erzeugt werden. Deklarationen oder Zuweisungen mit *New* sowie die Ausführung von *CreateObject* sind nicht zulässig.

Wahrscheinlich fragen Sie sich jetzt, wo dann der Unterschied zu *Private* liegt: Nun, es ist möglich, daß das neue Objekt innerhalb einer anderen Objektklasse erzeugt wird und über diese angesprochen werden kann. Werfen Sie einen Blick in das folgende Beispielprogramm (Seite 194): Dort könnten die Objektklassen *Book, Bookmark* und *Bookmarks* als *PublicNotCreatable* deklariert werden. All diese Objekte lassen sich aus einem einzigen *Books*-Objekt erzeugen (das als *MultiUse* deklariert werden muß).

- *SingleUse (3)*: Das Objekt kann von fremden Programmen verwendet und erzeugt werden. Für jede neue Instanz des Objekts wird eine neue Instanz des Servers gestartet. Diese Variante verbraucht mehr Ressourcen als *MultiUse*, ermöglicht dafür aber Multithreading mit Visual Basic.
- *GlobalSingleUse (4):* Wie *SingleUse*, allerdings stehen die Eigenschaften und Methoden global zur Verfügung, ohne daß ein Objekt explizit erzeugt werden muß, und ohne daß das Objekt im Programmcode genannt wird. Diese Variante ist dann sinnvoll, wenn Sie global verfügbare Kommandos oder Funktionen programmieren möchten. (Beispielsweise sind alle höheren Mathematikfunktionen in Visual Basic dem Objekt *Math* zugeordnet. Dieses Objekt gilt als *Global*, weswegen Sie Funktionen wie *Sin* verwenden können, ohne sich Gedanken über das *Math*-Objekt zu machen. Werfen Sie einen Blick in den Objektkatalog, und sehen Sie sich die VBA-Bibliothek nochmals an!)
- *MultiUse (5)*: Wie *SingleUse* (Objekte erzeugen und verwenden), allerdings werden mehrere Objekte von einer einzigen Instanz des ActiveX-Servers verwaltet. Vorteil: weniger Speicherbedarf. Nachteil: wenn mehrere Clients auf den ActiveX-Server zugreifen, können sie sich gegenseitig blockieren.
- *GlobalMultiUse (6)*: Wie *MultiUse*, die Eigenschaften und Methoden stehen aber global zur Verfügung.

Welche dieser sechs Einstellmöglichkeiten tatsächlich zur Verfügung stehen, hängt vom Projekttyp ab. Einfach ist es bei Standardprogrammen (alle Module sind *Privat*) und bei ActiveX-EXEs (alle sechs Varianten sind möglich). Bei ActiveX-Steuerelementen haben Sie die Wahl zwischen *Private* und *PublicNotCreatable*, bei ActiveX-DLLs stehen außerdem *MultiUse* und *GlobalMultiUse* zur Auswahl.

5.5.9 Objekthierarchien / Vererbung / Polymorphismus

Objekthierarchien

In vielen Anwendungen sind Objekte hierarchisch strukturiert. Bei den Visual-Basic-Standardobjekten ist diese Hierarchie nicht übermäßig stark ausgeprägt; sehr viel besser können Sie eine Objekthierarchie bei den Datenbankobjekten oder bei den Objekten der Office-Programme beobachten.

Prinzipiell stellt es kein Problem dar, eine eigene Objekthierarchie herzustellen. Genaugenommen stellt bereits eine einfache Aufzählklasse eine Hierarchie aus zwei Objektklassen dar:

Books übergeordnete Aufzählklasse
└─ *Book* untergeordnete Einzelobjekte

Wenn Sie eine tiefere Hierarchie bilden möchten, definieren Sie zunächst die benötigten Klassen (bzw. Aufzählklassen) in eigenen Klassenmodulen. Diese Klassen sind noch vollkommen unabhängig voneinander. Anschließend erweitern Sie die Klassen durch Eigenschaften und Methoden zum Zugriff auf untergeordnete Objekte (Eigenschaft *Objektname* oder Methode *Objektnames(index)*) und übergeordnete Objekte (Eigenschaft *Parent*). Werfen Sie auch einen Blick auf das Beispiel auf Seite 194!

Vererbung – Bitte warten!

Vererbung (eine der fundamentalen Merkmale von wirklich objektorientierten Programmiersprachen) wird in Visual Basic nach wie vor nicht unterstützt. Es ist nicht möglich, auf der Basis einer vorhandenen Objektklasse eine neue Objektklasse zu definieren und diese um einige zusätzliche Methoden / Eigenschaften zu erweitern.

Um es an einem Beispiel zu erklären: Vererbung würde bedeuten, daß Sie nach der Definition eines *Document*-Objekts mit den Eigenschaften *Title, PublishingYear* und *NrOfPages* davon neue Objekte ableiten könnten: etwa *Book* (mit der zusätzlichen Eigenschaft *Author*) und *Magazine* (mit der zusätzlichen Aufzähleigenschaft *Articles* zur Beschreibung der darin enthaltenen Beiträge). Alle anderen Eigenschaften würden von *Document* vererbt und müßten nicht neu programmiert werden. Bei einem *Book*-Objekt stünden damit sowohl die speziellen *Book*-Eigenschaften (*Author*) als auch die von *Document* vererbten Eigenschaften (*Title, PublishingYear* und *NrOfPages*) zur Verfügung – und das alles mit einem Minimum an Code. Vererbung bedeutet also eine enorme Vereinfachung für den Programmierer einer Klassenbibliothek.

Polymorphismus – Viel Wind um Nichts

Nun – offensichtlich haben die Microsoft-Programmierern keine Möglichkeit gefunden, echte Vererbung im Objektkonzept von Visual Basic unterzubringen. (Genaugenommen hat das auch mit Einschränkungen des dahinterliegenden COM-Konzepts zu tun. COM steht für *Component Object Model*, DCOM für dessen Erweiterung *Distributed Component Object Model*.)

Als Ersatz bietet Visual Basic Polymorphismus (laut Duden *Auftreten, Vorkommen in verschiedener Gestalt, in mehreren Modifikationen, Ausprägungen*). Polymorphismus bedeutet im wesentlichen, daß Sie in einem Klassenmodul Eigenschaften und Methoden einer übergeordneten Klasse aufrufen können. Der Vorteil für den Programmierer der Klassenbibliothek besteht darin, daß vorhandener Code wiederverwendet werden kann (wenngleich die syntaktischen Voraussetzungen geradezu haarsträubend umständlich sind). Der Vorteil für den Anwender der Klasse besteht darin, daß Gruppen von Objekten, die von einer gemeinsamen Überklasse abgeleitet sind, einheitlich bearbeitet werden können.

Im Vergleich zu echter Vererbung ist der Polymorphismus von Visual Basic reichlich umständlich – zumindest vom Standpunkt desjenigen, der Objektklassen erstellen soll. Zu dieser Erkenntnis kommen Sie spätestens bei einem genaueren Blick auf die Beispielprogramme.

TIP

Sollten Sie nach dem Lesen dieses Abschnitts noch Appetit auf mehr Polymorphismus haben, empfiehlt sich ein Blick auf das mit Visual Basic mitgelieferte Beispielprogramm `ProgWOb`. Der Code der Klassen *IShape, Polygon, Rectangle, Triangle* und *IDebug* ist sehr ausführlich kommentiert und vermittelt viel besser als die Online-Dokumentation, wie Polymorphismus wirklich funktioniert.

Anwendung von Polymorphismus-Klassen

Das folgende Beispiel basiert abermals auf dem Vererbungsbeispiel von oben: Es seien drei Klassen definiert: *Document* als Überklasse mit den Eigenschaften *Title* und *PublishingYear* sowie die davon abgeleiteten Klassen *Book* und *Magazine* mit den zusätzlichen Eigenschaften *Author* bzw. *Articles.*

Bevor der Code dieser Klassen erläutert wird, kurz zur Anwendung dieser Klassen. In den folgenden Zeilen werden zwei Objekte des Typs *Book* und *Magazine* intialisiert. Interessant ist dabei eigentlich nur der Aufruf von *Print_Info.* An diese Prozedur, deren einziger Parameter als *Document* deklariert ist, wird einmal ein *Book-* und beim zweiten Mal ein *Magazine*-Objekt übergeben.

```
Dim buch As New Book
Dim zeitschrift As New Magazine
buch.Title = "Linux"
buch.PublishingYear = 1996
buch.Author = "Kofler, Michael"
zeitschrift.Title = "Linux Magazine 1/97"
zeitschrift.PublishingYear = 1997
zeitschrift.Articles = "Booting Linux from EPROM;Let Linux Speak"
Print_Info buch
Print_Info zeitschrift
```

Das Unterprogramm *Print_Info* gibt jeweils den Titel des Dokuments und das Erscheinungsjahr aus. Was ist nun eigentlich das besondere an Polymorphismus? Technisch interessant ist eigentlich nur die Tatsache, daß Visual Basic bei der Anweisung *x.Title* automatisch erkennt, welcher Klasse das dahinter verborgene Objekt angehört. Je nach Typ wird automatisch der Code der Ereignisprozedur der jeweiligen Klasse ausgeführt.

```
Sub Print_Info(x As Document)
  Print "Titel: " & x.Title
  Print "Erscheinungsjahr: " & x.PublishingYear
End Sub
```

Print_Info kann natürlich nur auf jene Eigenschaften von *Book*- und *Magazine*-Objekten zugreifen, die von der *Magazine*-Klasse abgeleitet sind. Mit einem kleinen Klimmzug können Sie aber auch auf Objekt-spezifische Eigenschaften zugreifen.

```
Dim dummybuch As Book
If TypeName(x) = "Book" Then
    Set dummybuch = x
    Print "Autor: " & dummybuch.Author
End If
```

Code für die übergeordnete Klasse

Die *Document*-Klasse definiert die Eigenschaften *Title* und *PublishingYear* sowie die Methode *ShowInfo*. Um das Prinzip des Polymorphismus zu demonstrieren reicht der Abdruck einer Eigenschaftsprozedur. (Wenn Sie der Code zu *PublishingYear* und *ShowInfo* interessiert, werfen Sie einen Blick in `ObjektorientierteProgrammierung\Polymorphismus` auf der beiliegenden CD-ROM.)

```
' ObjektorientierteProgrammierung\Polymorphismus\Document.cls
Private docTitle As String
Public Property Get Title() As String
  Title = docTitle
End Property
Public Property Let Title(ByVal titel As String)
  docTitle = titel
End Property
```

Code für die abgeleiteten Klassen

In den Klassenmodulen zu *Book* und *Magazine* fügen Sie das Kommando ***Implements*** *Document* ein, um so auszudrücken, daß diese zwei neuen Klassen von *Document* abgeleitet sind und auf dessen Eigenschaften und Methoden zugreifen können. (Außerdem können Sie in diesen Klassen natürlich nach Belieben zusätzliche Eigenschaften und Methoden definieren – aber das ist ja nichts Neues.)

Bei der Programmierung der *Book*- und *Magazine*-Klassen stehen Sie jetzt vor der Entscheidung, ob Sie auf die gleichnamigen *Document*-Eigenschaften zurückgreifen oder ob Sie diese Eigenschaften neu implementieren. Bei der zweiten Variante dient *Document* nur als Schablone für die Namen und Typen von Eigenschaften oder Methoden, Sie können den tatsächlichen Code aber an die Eigenheiten des Objekts anpassen. In jedem Fall müssen Sie sämtliche Eigenschaftsprozeduren neu codieren und den Aufruf der übergeordneten Eigenschaften manuell vornehmen. Statt einer eleganten Vererbung müssen Sie sich mit einer umständlichen Syntax plagen.

TIP

Sobald Sie die *Implements*-Anweisung in den Code eingefügt haben, sind alle abgeleiteten Eigenschaften und Methoden in den Listenfeldern des Codefensters bekannt. Indem Sie dort eine Prozedur auswählen, erzeugt die Entwicklungsumgebung automatisch die Prozedurdeklaration. Sie sparen sich auf diese Weise fehleranfällige Tipparbeit.

ACHTUNG

Sie müssen die Syntaxanforderungen sehr exakt einhalten, damit der Polymorphismus funktioniert. Es müssen in jeder Klasse *alle* abgeleiteten Eigenschaften und Methoden neu implementiert werden. Die entsprechenden Prozeduren sind als *Private* zu deklarieren, der Name muß mit *Überklasse_* beginnen. Da der Unterstrich für Polymorphismus eine besondere Bedeutung hat, darf er nicht in Klassen-, Methoden- oder Eigenschaftsnamen verwendet werden. Der Aufbau der Parameterliste von Methoden und Eigenschaften muß exakt gleich bleiben (achten Sie insbesondere auch auf *ByVal / ByRef*).

Eigenschaften / Methoden neu implementieren

Im folgenden Codeausschnitt wird die *Title*-Eigenschaft für die *Magazine*-Klasse neu codiert (ohne Rückgriff auf die *Document*-Klasse). Beachten Sie die ungewöhnlichen Namen der Eigenschaftsprozeduren, die aus der übergeordneten Klasse und der Eigenschaft zusammengesetzt werden müssen. Beachten Sie auch, daß diese Eigenschaftsprozeduren als *Private* deklariert werden müssen. Der Aufruf von *Document_ Title* erfolgt automatisch durch Visual Basic bei der Nutzung der *Title*-Eigenschaft.

```
' ObjektorientierteProgrammierung\Polymorphismus\Magazine.cls
Implements Document
Private magazineTitle As String
' Code für die Eigenschaft aus Document wird neu implementiert
Private Property Get Document_Title() As String
  Document_Title = magazineTitle
End Property
Private Property Let Document_Title(ByVal titel As String)
  magazineTitle = titel
End Property
```

Auf Eigenschaften / Methoden des übergeordneten Objekts zurückgreifen

Die folgenden Zeilen zeigen, wie auf die Eigenschaften aus *Document* direkt zurückgegriffen werden kann. (Das erspart die Neuprogrammierung der Eigenschaft, wenn das Objekt keine davon abweichenden Merkmale realisieren muß.) Beachten Sie, daß

Sie dazu in *Class_Initialize* ein Objekt vom Typ *Document* erzeugen müssen (Variable *mydoc*)!

```
' ObjektorientierteProgrammierung\Polymorphismus\Book.cls
Implements Document
Private mydoc As Document
Private bookAuthor As String
Private Sub Class_Initialize()
  Set mydoc = New Document
End Sub
Private Sub Class_Terminate()
  Set mydoc = Nothing
End Sub
' Rückgriff auf die Eigenschaft des Document-Objekts
Private Property Get Document_PublishingYear() As Date
  Document_PublishingYear = mydoc.PublishingYear
End Property
Private Property Let Document_PublishingYear(ByVal datum As Date)
  mydoc.PublishingYear = datum
End Property
```

Bei diesem schematischen Beispiel ist keine wirkliche Ersparnis gegenüber der Neuprogrammierung zu erkennen. Wenn die Eigenschaftsprozeduren in *Document* aber 20 Zeilen lang sind, dann ist es in jedem Fall bequemer, diese in *Book* einfach aufzurufen statt sie neu zu programmieren (und sei es nur durch KOPIEREN und EINFÜGEN). Zudem ist es nie wünschenswert, denselben Code an mehreren Stellen warten zu müssen. Wenn Sie einen Fehler in der *Title*-Eigenschaftsprozedur entdecken, müssen Sie diesen Fehler nur einmal korrigieren (in der *Document*-Klasse).

Offenlegen der übergeordneten Eigenschaften / Methoden

Egal, für welche der beiden obigen Varianten Sie sich entschieden haben: Die Eigenschaft *Title* steht momentan nur bei Objekten des Typs *Document* zur Verfügung. In der Praxis bedeutet das, daß der Anwender der *Book*-Klasse zuerst in einer *Document*-Variable einen Verweis auf das *Book*-Objekt einrichten muß, bevor auf die *Title*-Eigenschaft zugegriffen werden kann:

```
Dim buch As New Book
Dim dummyDocument As Document
Set dummyDocument = buch
dummyDocument.Title = "Linux"
```

Für den Anwender einer Objektklasse wäre das eine Zumutung. Die Benutzung der Klassen wurde dank Polymorphismus komplizierter und unübersichtlicher anstatt einfacher!

Damit *Title* in einem *Book*- bzw. *Magazine*-Objekt auch direkt verwendet werden kann, müssen Sie diese Klassen durch zusätzliche Eigenschaftsprozeduren erweitern. (Dieser Schritt ist in der Online-Dokumentation nicht erwähnt!) Der erforderliche Code ist für beide Klassen identisch. In den beiden *Title*-Eigenschaftsprozeduren werden einfach die *Document_Title*-Eigenschaften genutzt.

```
' Erweiterung in Document.cls und Book.cls
Public Property Get Title() As String
  Title = Document_Title
End Property
Public Property Let Title(ByVal titel As String)
  Document_Title = titel
End Property
```

Fazit: Polymorphismus in der Ausprägung von Visual Basic bedeutet, daß Sie für eine in der Überklasse bereits vorhanden Eigenschaft vier (bei Methoden zwei) neue Prozeduren schreiben müssen, selbst dann, wenn Sie die Eigenschaft (Methode) unverändert nutzen möchten! Das ist Objektorientierung zum Abgewöhnen!

Hintergründe

Vielleicht fragen Sie sich, wann nun die *Title*- und wann die *Document_Title*-Eigenschaftsprozeduren verwendet werden. Wenn diese Frage auf die Objektklassen *Document* und *Book* eingeschränkt wird, gibt es drei Fälle:

- Es liegt ein *Document*-Objekt vor, das von Anfang an als solches definiert wurde. Wenn Sie für dieses Objekt die *Title*-Eigenschaft verwenden, wird eine der beiden *Title*-Prozeduren in `Document.cls` ausgeführt.

```
Dim mydoc As New Document
mydoc.Title = "Visual Basic 6"     'Let Title in Document.cls
```

- Es liegt ein *Book*-Objekt vor. In diesem Fall wird die *Title*-Prozedur in `Book.cls` ausgeführt.

```
Dim mybook As New Book
mybook.Title = "Visual Basic 6"     'Let Title in Book.cls
```

- Es liegt ein *Book*-Objekt vor, dieses wird aber an eine Prozedur mit einem *Document*-Parameter übergeben oder mit *Set* in einer *Document*-Variablen gespeichert. Obwohl das Objekt jetzt über eine *Document*-Variable angesprochen wird, erkennt Visual Basic, daß das Objekt als *Book*-Objekt definiert wurde. Daher ruft es die *Document_Title*-Prozeduren in `Book.cls` auf.

```
Dim mybook As New Book
Dim mydoc As Document         'ohne New!
Set mydoc = mybook            'mydoc enthält Verweis auf mybook
mydoc.Title = "Visual Basic 6"    'Let Document_Title in Book.cls
```

Mehrfachpolymorphismus

Es ist zulässig, daß eine neue Klasse die Eigenschaften mehrerer Überklassen übernimmt. Dazu müssen Sie einfach entsprechend viele *Implements*-Anweisungen im Deklarationsteil der Klasse angeben. Wenn dabei mehrfache Hierarchien entstehen, müssen *alle* übergeordneten Objekte angegeben werden:

```
Implements ÜberdrüberKlasse
Implements ÜberKlasse
```

5.5.10 Interna der Objektverwaltung

Namenskonflikte

Wenn in mehreren Objektbibliotheken dieselben Namen für Schlüsselwörter verwendet werden, kann es zu Konflikten kommen. Visual Basic gibt grundsätzlich den Schlüsselwörtern den Vorzug, die zu den Bibliotheken am Beginn der Liste des Dialogs PROJEKT|VERWEISE stehen. Um gleichnamige Schlüsselwörter niedriger Priorität verwenden zu können, müssen Sie unter Umständen auch den Namen der jeweiligen Bibliothek voranstellen.

```
Dim app As Application              'Visual-Basic-Application-Objekt
Dim app As Excel.Application        'Excel-Application-Objekt
```

Early and Late Binding

Da ich Sie nicht mit Bindungen, Beziehungen und deren Krisen belästigen möchte, habe ich die Begriffe *Early Binding* und *Late Binding* unübersetzt gelassen. *Binding* bezieht sich auf die Umsetzung von Visual-Basic-Code (Schlüsselwörter) in ausführbaren Code. Wenn Visual Basic in der Lage ist, diese Umsetzung schon beim Kompilieren des Programms zu machen (*Early Binding*), kann das Programm anschließend deutlich schneller ausgeführt werden. Am besten wird das anhand eines Beispiels illustriert:

```
' late binding
Dim x As Object
Set x = Form1.Text1
Text1.Text = "abc"
```

Da *x* im Programmcode sehr allgemeingültig als *Object* definiert wird, hat Visual Basic beim Kompilieren des Codes keine Chance festzustellen, ob *Text* eine zulässige Eigenschaft von *x* ist. Es weiß auch nicht, welcher Code ausgeführt werden muß, um auf diese Eigenschaft zuzugreifen. Daher wird dieser Punkt beim Kompilieren offengelassen. Wenn die letzte der vier Zeilen oben tatsächlich ausgeführt wird, testet das Programm erst jetzt, ob *Text* ein korrektes Schlüsselwort ist und wie damit umzugehen ist. Das kostet erstens Zeit und hat zweitens den Nachteil, daß Fehler erst jetzt gemeldet werden können. Wenn Sie sich also vertippen und *Texxt* schreiben, wird dieser Fehler erst bei der Ausführung des Programms bemerkt.

Anders sieht es im zweiten Beispiel aus: Hier wird *x* gleich als *TextBox* deklariert. Visual Basic weiß bereits beim Kompilieren, welche Eigenschaften und Methoden in Frage kommen. Es kann daher einen effizienteren Code produzieren und dabei gleich testen, ob das Schlüsselwort zulässig ist.

```
' early binding
Dim x As TextBox
Set x = Form1.Text1
Text1.Text = "abc"
```

Analog gilt das natürlich auch für die Eigenschaften von abgeleiteten Klassen (Polymorphismus). Der Zugriff auf die *Title*-Eigenschaft eines Objekts erfolgt viel schneller, wenn der Objekttyp bereits bei der Kompilierung feststeht. Um nochmals auf das Beispiel des vorherigen Abschnitts zurückzukommen: *x.Title* wird schneller ausgeführt, wenn *x* den Typ *Book* oder *Magazine* hat, langsamer, wenn der Typ *Document* lautet (wie es etwa in der Prozedur *Print_Info* unumgänglich ist).

Lebensdauer von Objekten

Die Lebensdauer von Objekten – also die Zeit, während der sie Speicher beanspruchen – orientiert sich daran, ob an irgendeiner Stelle im Programm auf das Objekt verwiesen wird. Solange es also zumindest eine Objektvariable gibt, die auf ein Objekt zeigt, wird dieses nicht gelöscht. Bei lokalen Variablen ist das im Regelfall kein Problem – mit dem Ende der Prozedur, in der diese Variable deklariert ist, endet die Lebensdauer der Variablen und damit auch das Leben des Objekts. Bei globalen Variablen ist es dagegen oft erforderlich, daß Sie einen Objektverweis explizit löschen:

```
Set objvar = Nothing
```

Schwierigkeiten können in solchen Fällen *Parent*-Eigenschaften bereiten. Wenn ein zu *objvar* untergeordnetes Objekt einen *Parent*-Verweis auf *objvar* enthält, werden durch die obige Anweisung weder *objvar* noch dessen untergeordnete Objekte gelöscht. In solchen Fällen muß das Aufräumen mit den untergeordneten Objekten beginnen (was oft nur mit zusätzlichem Code in der jeweiligen Objektklasse erreicht werden kann). Noch schwieriger wird es, wenn eine Reihe von Objekten gegenseitig aufeinander verweisen (circular references).

Problematisch ist auch die an sich sehr bequeme Deklaration *Dim x As New Klasse*. Selbst wenn Sie der Objektvariablen *x* später im Code *Nothing* zuweisen, wird das Objekt bei nächster Gelegenheit automatisch neu erstellt. (Die Online-Dokumentation spricht von Stehaufmännchen.) Definieren Sie Objektvariablen statt dessen ohne *New* und erzeugen Sie das Objekt erst bei Bedarf mit *Set x = New*:

```
Dim objvar As Klasse
Set objvar = New Klasse
```

In eigenen Klassenmodulen können Sie für die Initialisierung *Class_Initialize* und für Aufräumarbeiten *Class_Terminate* verwenden.

TIP

Zum Testen, ob und wie lange welche Objekte aus eigenen Objektklassen existieren, können Sie sämtliche Klassenmodule von einer eigenen Debug-Klasse ableiten. Diese Klasse speichert in einem Feld eine Liste aller zur Zeit existierenden Objekte. Ein Beispiel für die Realisierung einer solchen Klasse finden Sie in der Online-Dokumentation zum Thema:

VB-DOKUMENTATION | ARBEITEN MIT VB | PROGRAMMIERHANDBUCH |
- EINSATZMÖGLICHKEITEN | PROGRAMMIEREN MIT OBJEKTEN | OBJEKTMODELLE

5.5.11 Der Objektklassenassistent

Der Objektklassenassistent eignet sich vor allem dazu, eine neue Objektbibliothek mit minimalem Tippaufwand zu erstellen. Der Assistent ermöglicht das Definieren neuer Objekte, Methoden, Eigenschaften, Ereignisse. Das Programm erstellt anschließend den gesamten erforderlichen Code. Wenn Sie mit der Klassenprogrammierung einmal vertraut sind, kann der Klassenassistent eine Menge Zeit sparen. (Die eigentliche Programmierung bleibt Ihnen natürlich nicht erspart, aber zumindest müssen Sie nicht die vielen – oft unübersichtlichen – Deklarationen von Hand eingeben.)

Das Zusatzprogramm wird über ADD-INS | KLASSENGENERATOR gestartet. (Wenn dieses Menükommando nicht zur Verfügung steht, müssen Sie den Assistenten vorher im Add-In-Manager aktivieren.)

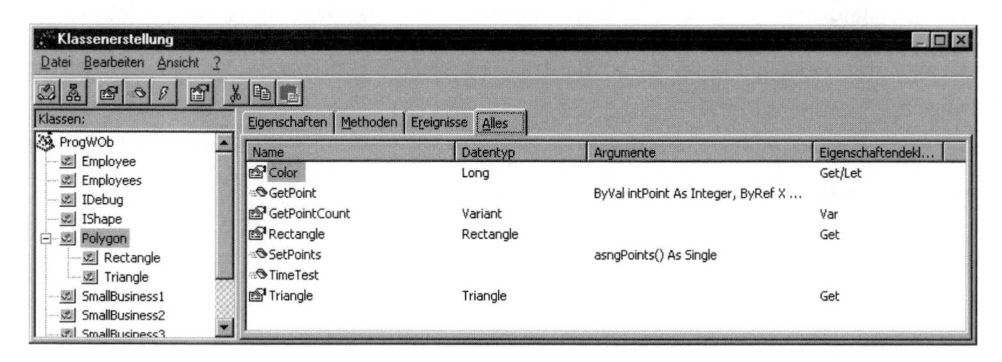

Bild 5.2: Der Objektklassenassistent

Einschränkungen

Der Objektklassenassistent unterstützt Objekthierarchien, aber keinen Polymorphismus. Wenn Sie ein neues Objekt erstellen und im Listenfeld BASIERT AUF eine Klasse angeben, fügt der Assistent dieser übergeordneten Klasse eine Eigenschaft mit dem

Namen der gerade erstellten Klasse ein. Die neue Klasse ist damit ein untergeordnetes Objekt der 'Basis'-Klasse. Das hat aber nichts mit Polymorphismus oder mit der Anweisung *Implements* zu tun! Die Hierarchie der Objekte kann auch nachträglich durch *Drag and Drop* verändert werden.

Grundsätzlich kann der Klassenassistent auch bei bereits existierenden Klassen eingesetzt werden. Dabei ist aber Vorsicht geboten: Überschätzen Sie die Intelligenz des Assistenten nicht und erstellen Sie vorher eine Sicherheitskopie Ihres gesamten Projekts!

HINWEIS

Der Klassenassistent definiert zu jeder von ihm verwalteten Klasse einige Attribute, die in der Visual-Basic-Entwicklungsumgebung unsichtbar sind, die aber in den Klassendateien gespeichert werden. (Sehen Sie sich einfach eine `*.cls`-Datei an! Dort finden Sie Anweisungen wie *Attribute VB_Ext_KEY = "SavedWithClassBuilder", "Yes"*.)

5.6 Objektklassenbeispiel

So toll die Konzepte objektorientierter Programmierung auch sein mögen, übersichtlicher ist die Programmierung dadurch nicht geworden. Der Code verteilt sich über fünf Dateien, die Reihenfolge der Codeausführung ist alles andere als offensichtlich, die Programmierung als Ganzes ist noch abstrakter geworden.

Damit Sie sich in all den neuen Begriffen nicht ganz verlieren, ist es allerhöchste Zeit für ein etwas umfangreicheres Beispiel. Es demonstriert die Programmierung und Anwendung von Objekten aus Aufzählklassen sowie deren Methoden und Eigenschaften. (Um das Beispiel nicht zu überladen, wird an dieser Stelle auf Ereignisse und Polymorphismus verzichtet.)

5.6.1 Anwendung der Klassen

Das Beispiel umfaßt vier Objektklassen:

- *Book*: beschreibt ein Buch (Autor, Titel, Anzahl der Seiten etc.)
- *Books*: Aufzählobjekt (z.B. für alle gelesenen Bücher)
- *Bookmark*: beschreibt ein Lesezeichen bzw. eine Notiz zu einem Buch (Seitennummer, Anmerkung)
- *Bookmarks*: Aufzählobjekt (z.B. alle Lesezeichen eines Buchs)

Die Hierarchie dieser Objekte sieht folgendermaßen aus:

Books
└─ *Book*
  └─ *Bookmarks*
    └─ *Bookmark*

Das eigentliche Thema dieses Abschnitts ist natürlich der Code zu diesen vier Klassen. Vorher ist es aber sinnvoll, daß Sie verstehen, wie diese vier Objektklassen eingesetzt werden. Dazu wurde ein minimales Beispielprogramm erstellt. Es speichert zu drei Büchern einige Daten. In einem Listenfeld können Sie eines dieser Bücher auswählen; dessen Daten werden daraufhin angezeigt.

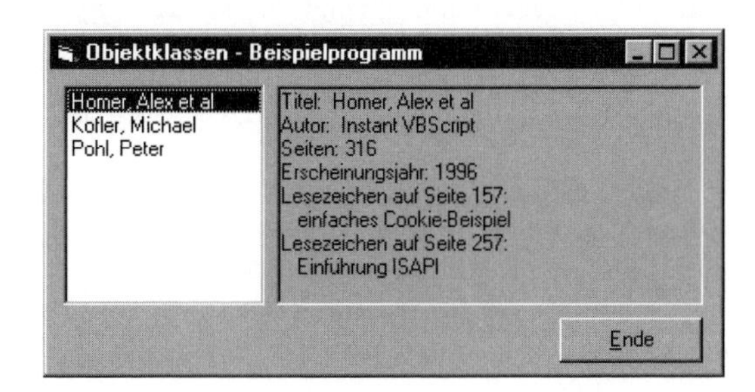

Bild 5.3: Die Benutzeroberfläche des Beispielprogramms

Der Code fällt relativ kompakt aus. Die globale Variable *bücher* enthält den Verweis auf das Aufzählobjekt für alle gespeicherten Bücher. (Dieses Objekt wird beim Programmstart automatisch erstellt.) *aktuellesbuch* ist ein Verweis auf das gerade im Listenfeld ausgewählte Buch, also auf ein Element der *bücher*-Aufzählung.

Die Initialisierung von *bücher* erfolgt in der Prozedur *Form_Load*, die beim Programmstart automatisch ausgeführt wird. In leicht verständlichen Anweisungen werden die Daten zu drei Büchern sowie einige dazugehörige Lesezeichen definiert. *buch* wird dabei als lokale Variable verwendet, um nach der Erzeugung eines neuen *Book*-Objekts auf dessen Eigenschaften zugreifen zu können.

Erwähnenswert ist schließlich die Initialisierung des Listenfelds, in das nicht nur die Autoren der Bücher eingetragen werden, sondern in der *ItemData*-Eigenschaft zu jedem Listenelement die Objekt-ID-Nummer jedes Buchs. Das macht bei der Auswahl eines Listenelements den Zugriff auf das Objekt leichter.

```
' ObjektorientierteProgrammierung\Objektklasse-Bücher\Bedienung.frm
Option Explicit
Dim bücher As New Books
Dim aktuellesbuch As Book
```

```
Private Sub Form_Load()
  Dim buch As Book
  Set buch = bücher.Add("Pohl, Peter", _
                         "Der Regenbogen hat nur 8 Farben")
  buch.Pages = 290
  buch.Year = 1993
  '
  Set buch = bücher.Add("Kofler, Michael", "Linux")
  buch.Pages = 800
  buch.Year = 1996
  buch.Bookmarks.Add 4, "peinliche Tippfehler im Impressum"
  '
  Set buch = bücher.Add("Homer, Alex et al", "Instant VBScript")
  buch.Pages = 316
  buch.Year = 1996
  buch.Bookmarks.Add 157, "einfaches Cookie-Beispiel"
  buch.Bookmarks.Add 257, "Einführung ISAPI"
  '
  For Each buch In bücher   'Listenfeld initialisieren
    List1.AddItem buch.Title
    List1.ItemData(List1.NewIndex) = Val(buch.ID)
  Next
End Sub
```

HINWEIS

Wenn die *Books*-Klasse Ereignisse vorsieht, muß die Deklaration der *bücher*-Variablen anders aussehen:

```
Dim WithEvents bücher As Books      'im Deklarationsabschnitt
```

Da *WithEvents* nicht in Kombination mit *New* erlaubt ist, kann das neue *Books*-Objekt erst in *Form_Load* erzeugt werden (momentan ist *bücher* ja noch unbelegt):

```
Set bücher = New Books              'in Form_Load
```

Der zweite Teil des Programms kümmert sich darum, daß nach dem Anklicken eines Listenfelds tatsächlich die Daten des dazugehörigen Buchs angezeigt werden. In *List1_Click* wird in der globalen Variablen *aktuellesbuch* ein Verweis auf das ausgewählte Buch gespeichert. *Picture1_Paint* gibt alle relevanten Daten dieses Buchs im Bildfeld *Picture1* aus.

```
Private Sub List1_Click()
  Set aktuellesbuch = bücher(List1.ItemData(List1.ListIndex))
  Picture1_Paint
End Sub
```

```
Private Sub Picture1_Paint()
  Dim lesezeichen As Bookmark
  Picture1.Cls
  If aktuellesbuch Is Nothing Then Exit Sub
  Picture1.Print "Titel:  " & aktuellesbuch.Title
  Picture1.Print "Autor:  " & aktuellesbuch.Author
  Picture1.Print "Seiten: " & aktuellesbuch.Pages
  Picture1.Print "Erscheinungsjahr: " & aktuellesbuch.Year
  If aktuellesbuch.Bookmarks.Count = 0 Then
     Picture1.Print "keine Lesezeichen"
  Else
    For Each lesezeichen In aktuellesbuch.Bookmarks
      Picture1.Print "Lesezeichen auf Seite " & lesezeichen.Page & ":"
      Picture1.Print "   " & lesezeichen.Content
    Next
  End If
End Sub
```

ANMERKUNG

Ein gemeinsames Merkmal dieses Beispiels und der meisten Objektklassenbeispiele in der Online-Dokumentation besteht darin, daß reale Objekte (Bücher, Lesezeichen) nachgebildet werden. Das hat den Vorteil, daß das Beispiel leichter vorstellbar und der Code besser nachvollziehbar wird. Es führt aber auch auf eine falsche Fährte, weil der Eindruck entsteht, als wären Objektklassen für Datenbankaufgaben geeignet. Das ist aber gerade nicht der Fall! Es gibt keine vernünftige Möglichkeit, den Inhalt eigener Objekte oder Aufzählungen zu speichern.

Wenn Sie wirklich eine Literaturdatenbank verwalten möchten, würden Sie dazu auf ADO-Datenbankobjekten aufbauen. Anstatt neue Aufzählungsobjekte mühsam zu definieren, würden Sie die schon vorhandenen Objekte (Tabellen, Relationen) nutzen. Natürlich besteht die Möglichkeit, eigene Objektklassen als Schnittstelle zu einer Datenbank zu verwenden (das ist das Prinzip sogenannter Three-Tier-Datenbanken) – aber nur um den Preis eines sehr komplexen Codes.

5.6.2 Die Klassen Book und Books

Die einzige Aufgabe von *Books* besteht darin, mehrere *Book*-Objekte zu verwalten. Es können Bücher hinzugefügt und entfernt werden, eine *For-Each*-Schleife über alle Bücher gebildet werden etc. Insofern entspricht der Code zu *Books* dem auf Seite 179 bereits beschriebenen Standardschema für Aufzählobjekte.

```
' ObjektorientierteProgrammierung\Objektklasse-Bücher\Books.cls
' Aufzählobjekt für Book-Objekte
Option Explicit
Private bücherCol As Collection   'Collection für die Bücher
Private buchID                    'Zähler für Collection-Schlüssel
' Initialisierung
Private Sub Class_Initialize()
  Set bücherCol = New Collection
End Sub
' neues Buch in die books-Liste aufnehmen
Public Function Add(titel As String, autor As String) As Book
  'neues Objekt erstellen
  Dim neuesBuch As New Book
  neuesBuch.Author = autor
  neuesBuch.Title = titel
  'in Collection speichern
  neuesBuch.ID = buchID
  bücherCol.Add neuesBuch, Str(buchID)
  buchID = buchID + 1
  'das erstellte Objekt zurückgeben
  Set Add = neuesBuch
  Set neuesBuch = Nothing
End Function
' Zugriff auf Bücher (diese Eigenschaft ist als Default definiert)
Public Property Get Item(buchID As Variant) As Book
  Set Item = bücherCol(Str(buchID))
End Property
' wieviel Bücher sind gespeichert
Public Property Get Count() As Long
    Count = bücherCol.Count
End Property
' Buch löschen
Public Sub Remove(buchID As Variant)
    bücherCol.Remove buchID
End Sub
' For-Each-Schleifen ermöglichen (Attribute: ID=-4, nicht anzeigen)
Public Property Get NewEnum() As IUnknown
    Set NewEnum = bücherCol.[_NewEnum]
End Property
' Objekt zerstören
Private Sub Class_Terminate()
  Set bücherCol = Nothing
End Sub
```

Die Definition von *Book* kann sehr minimalistisch erfolgen. Sämtliche Eigenschaften sind als Read- / Write-Eigenschaften in Form von globalen Variablen realisiert. Beachten Sie, daß bei der Deklaration der *Bookmarks*-Eigenschaft *New* verwendet wird. Es reicht hier nicht, eine Objektvariable zu definieren, die einen Verweis aufnehmen kann, die Variable muß von Anfang an initialisiert sein (mit einer leeren *Bookmarks*-Auflistung).

```
' ObjektorientierteProgrammierung\Objektklasse-Bücher\Book.cls
' Objektklasse zur Speicherung der Eigenschaften eines Buchs
' alle Eigenschaften sind read/write, daher keine Property-Prozeduren
Option Explicit
Public ID As String
Public Title As String
Public Author As String
Public Pages As Integer
Public Year As Integer
Public Bookmarks As New Bookmarks
```

Natürlich kann die *Book*-Klasse auch etwas liebevoller definiert werden. Ein paar Vorschläge:

- *Bookmarks* kann in *Class_Initialize* initialisiert und in *Class_Terminate* gelöscht werden. Damit ist sichergestellt, daß wirklich alle Objektreferenzen aufgelöst werden.
- *ID* sollte als read-only-Eigenschaft realisiert werden. (Wenn der Anwender die *ID*-Eigenschaft mutwillig verändert, kann das nur Probleme verursachen.)
- Die Eigenschaften *Title, Author, Pages* und *Year* könnten als Write-Once-Eigenschaften definiert werden. (*Property Set* verweigert eine Änderung, wenn die jeweilige Variable schon belegt ist.) Damit würde eine nachträgliche Veränderung ausgeschlossen (aber auch die Korrektur eines Tippfehlers).

Wie weit solche Verbesserung für eine Anwendung notwendig oder sinnvoll sind, müssen Sie natürlich selbst entscheiden. Der abgedruckte Programmcode ist aber in jedem Fall ein gutes Beispiel für eine rasche Prototypenentwicklung.

ANMERKUNG

Die einfache Namenskonvention in diesem Beispiel lautet: Objekte, Ereignisse und Methoden (also alles, was nach außen hin zugänglich ist) haben englische Namen, lokale Variablen im Code dagegen deutsche Namen. Diese Regel ermöglicht es auf einen Blick, zwischen Schlüsselwörtern und Variablen zu unterscheiden.

5.6.3 Die Klassen Bookmark und Bookmarks

Der Code zu *Bookmark(s)* bietet wenig Neuerungen im Vergleich zu *Book(s)*. Der Code von *Bookmark* reduziert sich auf ganze drei Zeilen mit der *Public*-Deklaration der Eigenschaften *ID*, *Page* und *Content*. Der Code von *Bookmarks* ist nahezu deckungsgleich zu dem von *Books* – geändert haben sich lediglich ein paar Variablennamen (SUCHEN UND ERSETZEN). Der Code zu *Bookmarks* wurde schon auf Seite 179 abgedruckt, *Bookmarks.cls* sieht so aus:

```
' ObjektorientierteProgrammierung\Objektklasse-Bücher\Bookmark.cls
Option Explicit
Public ID As String
Public Page As Integer
Public Content As String
```

Ein grundsätzliches Problem besteht darin, daß der Anwender die Möglichkeit hat, eigene *Bookmark(s)*-Objekte nach Belieben – also unabhängig von *Book*-Objekten – zu verwenden. Prinzipiell ist das kein Problem, es könnte aber wünschenswert sein, daß *Bookmarks* nur als Eigenschaft des *Book*-Objekts zur Verfügung steht.

5.7 Syntaxzusammenfassung

Methoden und Eigenschaften	
ergebnis = objekt.eigenschaft	Eigenschaft lesen
objekt.eigenschaft = ...	Eigenschaft verändern
objekt.methode [para1, para2, ...]	Methode ohne Rückgabewert
erg = objekt.methode([p1,p2,...])	Methode mit Rückgabewert
	Methoden / Eigenschaftsaufruf via Zeichenkette
CallByName objekt, name$, type, para()	
erg = CallByName(objekt, name$, vbGet, para())	

Aufzähleigenschaften (Auflistungen)	
Controls, Forms, ...	Plural-s zeigt Auflistung an
lists.Count	Anzahl der Objekte
lists(n)	Zugriff auf das n-te Objekt
lists("oname")	Zugriff auf das Objekt mit *Name="oname"*
lists!oname	Zugriff auf das Objekt mit *Name="oname"*
lists![oname]	Zugriff auf das Objekt mit *Name="oname"*
For Each objvar In lists	Schleife für alle Elemente einer Liste
...	
Next objvar	

Kurzschreibweise für den Zugriff auf Steuerelemente in Formularen	
form(n)	Zugriff auf n-tes Steuerelement im Formular
form("Sname")	Zugriff auf Steuerelement mit *Name="sname"*
form!Sname	
form![Sname]	

Objektzugriff mit With	
With objekt	fixiert das Objekt
.eigenschaft = ..	
.methode para1, para2	
End With	

Objektvariablen	
Dim objvar As objekttyp	definiert eine Objektvariable
Dim objvar As New objekttyp	erzeugt ein neues Objekt
Set objvar = objekt	Zuweisung (für Objektverweis)
Set objvar = Nothing	Objekt(verweis) löschen
TypeName(objvar)	liefert den Namen des Objekttyps als Zeichenkette
If ref1 Is ref2 Then	testet, ob beide Referenzen auf dassselbe Objekt verweisen
If TypeOf objvar Is objekttyp Then	testet, ob Objekttyp übereinstimmt
If VarType(var) = vbObject Then	testet, ob *var* eine Objektvariable ist

Objekte erzeugen	
Dim obj As New klasse	Variante 1, vermeiden (*obj* ist 'Stehaufmännchen')
Dim obj As klasse *Set obj = CreateObject("klasse")*	Variante 2, ok
Dim obj As Object *Set obj = CreateObject("klasse")*	Variante 3, vermeiden (late binding, keine Syntaxkontrolle möglich)
Dim obj As klasse *Set obj = New klasse*	Variante 4, ok

Zugriff auf das aktive Formular / Steuerelement	
Forms	verweist auf alle Formulare des Programms
[formular.]Controls	verweist auf Steuerelemente eines Formulars
ActiveForm	verweist auf aktives (oberstes) Formular
[formular.]ActiveControl	verweist auf aktives Steuerelement (Fokus)
Me	verweist auf das Formular, dessen Code ausgeführt wird

Das Collection-Objekt	
Dim c As New Collection	*c* enthält eine neue Aufzählung
c.Add daten, "schlüssel"	Element hinzufügen
c(n) oder *c("schlüssel")* oder *c!schlüssel* oder *c![schlüssel]*	Zugriff auf ein Element
c.Remove(n) oder *("schlüssel")*	Element löschen
c.Count	liefert die Zahl der Elemente
c.Items	liefert Datenfeld aller Elemente
c.Keys	liefert Datenfeld aller Schlüssel
c.Exists(element)	testet, ob das Element schon existiert
Set c = Nothing	Aufzählung löschen
c.RemoveAll	Aufzählung löschen
For Each daten In c	Schleife über alle Elemente

Das Dictionary-Objekt	
Dim d As Object	*d* enthält eine neue Aufzählung
Set d = CreateObject("Scripting.Dictionary")	
d.Add "schlüssel", daten	Achtung: umgekehrte Reihenfolge als bei *Collection*!
d("schlüssel") = neu	Element verändern
For Each schlüssel In d	Schleife über alle Schlüssel
...	anderen Eigenschaften und Methoden wie bei *Collection*

Definition eigener Klassen

Eigenschaftsprozeduren für Daten (Zahlen / Zeichenketten)	
Property Get eigenschaft() *eigenschaft = ...* *End Property*	Eigenschaft lesen
Property Let eigenschaft(wert) *... = wert* *End Property*	Eigenschaft verändern

Eigenschaftsprozeduren für Objekte	
Property Get eigenschaft() As Object *Set eigenschaft = ...* *End Property*	Eigenschaft lesen
Property Set eigenschaft(obj As Object) *Set ... = obj* *End Property*	Eigenschaft verändern

Methoden	
Public Sub / Function methode(paraliste)	Methode ohne / mit Rückgabewert
[methode = ...]	Rückgabewert (bei Funktionen)
End Sub / Function	

Ereignisse	
Public Event name(paraliste)	Deklaration im Klassenmodul
Dim WithEvents objvar As MeineKlasse	Deklaration im Modul, das die Klasse nutzt

Polymorphismus	
Implements überklasse	gibt an, wovon die neue Klasse abgeleitet wird
Private Sub überklasse_methode(...)	Syntax zur Neudeklaration von Methoden
Private Property L/S/Get überkl_eigens(...)	Syntax zur Neudeklaration von Methoden

6 Standardsteuerelemente

Zur Grundausstattung aller Visual-Basic-Versionen gehören die Standardsteuerelemente. Sie stellen die elementarsten Komponenten zur Gestaltung von Visual-Basic-Formularen dar: Buttons, Label- und Textfelder, Bildfelder, Optionsfelder, Auswahlkästchen etc.

Dieses Kapitel beschreibt den Umgang mit den meisten dieser Steuerelemente (Ausnahmen: Datenbankfeld, OLE-Feld). Es gibt gleichzeitig einen Überblick über die wichtigsten charakteristischen Ereignisse, Eigenschaften und Methoden jedes Steuerelements.

Das Kapitel gibt gleichzeitig einen Überblick über die verwandten Steuerelemente der Windowless-Bibliothek. Diese Steuerelemente stellen für manche Anwendungsfälle eine Alternative zu den Visual-Basic-Standardsteuerelementen dar.

6.1 Überblick

In diesem Kapitel stehen die Standardsteuerelemente im Mittelpunkt. Als Alternativen stehen die *MS-Forms-* unddie sogenannten *Windowless*-Steuerelemente zur Verfügung (neu in Version 6, speziell zum Entwurf kompakter ActiveX-Steuerelemente). Die folgende Tabelle soll bei der Orientierung in diesem Kapitel helfen:

	Standard (S. 208)	MS-Forms (S. 234)	Windowless (S. 235)
Buttons			
Button	*CommandButton*	*CommandButton*	*WLCommand*
Umschaltbutton		*ToggleButton*	
Kontrollkästchen	*CheckBox*	*CheckBox*	*WLCheck*
Optionsfeld	*OptionButton*	*OptionButton*	*WLOption*
Text / Beschriftung			
Labelfeld	*Label*	*Label*	
Textfeld	*TextBox*	*TextBox*	*WLText*
Rahmenfeld	*Frame*	*Frame*	*WLFrame*
Listenfelder			
Listenfeld	*ListBox*	*ListBox*	*WLList*
Kombilistenfeld	*ComboBox*	*ComboBox*	*WLCombo*
Dateilistenfeld	*FileListBox*		
Verzeichnislistenfeld	*DirListBox*		
Laufwerklistenfeld	*DriveListBox*		
Grafik			
Bildfeld	*PictureBox*		
Figuren- / Linienfeld	*Shape, Line*		
Image-Feld	*Image*	*Image*	
Sonstiges			
Bildlaufleiste	*H- / VScrollBar*	*ScrollBar*	*WLH- / VScroll*
Drehfeld		*SpinButton*	
Zeitgeber	*Timer*		
Formulare	*Form* (S. 406)		
Dialogblätter		*TabStrip / MultiPage*	

6.2 Gemeinsame Merkmale

In den folgenden Abschnitten wird nur auf die charakteristischen Eigenschaften/ Methoden / Ereignisse der Steuerelemente eingegangen. Der Vollständigkeit halber finden Sie hier eine Zusammenfassung der wichtigsten gemeinsamen Eigenschaften, die bei fast allen Standardsteuerelementen zur Verfügung stehen.

Gemeinsame Ereignisse der meisten Steuerelemente

GotFocus, LostFocus	Steuerelement hat Eingabefokus bekommen / verloren
Validate	Validitätskontolle der Eingabe (neu in Version 6, siehe Seite 216)
Click, DblClick	Mausklick
KeyUp, -Down, -Press	Tastatureingabe (siehe Seite 541)
MouseUp, -Down, -Move	Mausbewegung (siehe Seite 547)
DragXxx, OLEXxx	*Drag and Drop* (siehe Seite 552)

Gemeinsame Eigenschaften der meisten Steuerelemente

Left, Top, Width, Height	Position, Größe
Font	Zeichensatz
MousePointer	Form des Mauscursors in diesem Steuerelement
Enabled	gibt an, ob Steuerelement aktiv (verwendbar) ist
Visible	gibt an, ob Steuerelement sichtbar ist
CausesValidation	gibt an, ob für das zuletzt aktive Steuerelement ein *Validate*-Ereignis ausgelöst werden soll (neu in Version 6, Default *True*)
Tag	Zusatzinformation, wird nicht angezeigt
TabIndex	Reihenfolge für Tab (siehe Seite 76)
TabStop	gibt an, ob Steuerelement per Tab aktiviert werden kann

Drag and Drop (siehe Seite 552)

DragMode	gibt an, ob Steuerelement verschoben werden kann
DragIcon	Aussehen des Steuerelements während einer Drag-Operation
OLEDropMode	gibt an, wie auf Drop-Ereignis reagiert werden soll

Online-Hilfe (siehe Seite 671)

HelpContextID	Querverweis in Hilfedatei
WhatsThisHelpID	Querverweis in Hilfedatei
ToolTipText	Hilfetext, wird als gelbes Feld angezeigt

Bindung an Datenbankquellen (siehe Seite 822)

DataChanged	gibt an, ob die Daten durch den Anwender verändert wurden
DataField	Name des Datensatzfeldes
DataFormat	automatische Formatierung der Daten
DataMember	Name des *Command*-Objekts eines *DataEnvironments*
DataSource	Datenquelle (*Adodc*-Name, *DataEnvironm.*-Name oder *Recordset*)

Gemeinsame Methoden der meisten Steuerelemente

Move	Größe / Position verändern
ZOrder	Steuerelement ganz nach oben / unten bewegen
SetFocus	Eingabefokus in das Steuerelement richten
Refresh	Inhalt des Steuerelements aktualisieren
Drag, OLEDrag	*Drag and Drop* (siehe Seite 552)
ShowWhatsThis	Online-Hilfe aufrufen (siehe Seite 680)

6.3 Bildfeld (Picture)

Bildfelder werden zur Ausgabe von Text und Grafik bzw. zur Anzeige von Grafiken verwendet. Unterstützte Grafikformate sind `*.bmp`, `*.dib`, `*.emf`, `*.gif`, `*.ico`, `*.jpg` sowie `*.wmf`.

Prinzipiell können Sie das ganze Formular wie ein einziges großes Bildfeld behandeln und darin Linien zeichnen, Text ausgeben etc. Bildfelder haben gegenüber Formularen allerdings einige erhebliche Vorteile:

- Sie können mehrere voneinander unabhängige Bildfelder in einem Formular anordnen.
- Sie können die Position und Größe von Bildfeldern unabhängig vom Formular einstellen.
- Sie können im Formular neben den Bildfeldern weitere Steuerelemente verwenden, ohne daß diese Steuerelemente die dargestellte Grafik stören.

Methoden zur Grafikausgabe

Zur Ausgabe von Linien, Texten oder anderen Grafikelementen sieht das Bildfeld eine Reihe von Methoden vor: *Line* (für Linien), *Circle* (für Kreise und Ellipsen), *PSet* (für Punkte), *Print* (für Texte) und *Cls* (um den Inhalt des ganzen Bildfelds zu löschen). Wichtig ist, daß Sie diesen Methoden den Namen des Bildfelds voranstellen – sonst gelten die Methoden automatisch für das Formular, das als Defaultobjekt gilt.

Die für Grafikausgaben gültige Zeichenfarbe kann über die Eigenschaft *ForeColor* eingestellt werden. *BackColor* bestimmt die Hintergrundfarbe von Bildfeldern, *FillColor* die Farbe, die zum Füllen von Rechtecken oder Kreisen verwendet wird.

```
Picture1.ForeColor = RGB(255,0,0)   'Zeichenfarbe rot
Picture1.Print "irgendein Text"     'Text ausgeben
Picture1.Line (0,0) - (100,100)     'Linie zeichnen
```

Das Koordinatensystem in Bildfeldern

Visual Basic verwendet als Maßeinheit grundsätzlich Twip, das ist eine sehr kleine, vom Grafiksystem unabhängige Einheit (567 Twips entsprechen beim Ausdruck einem Zentimeter). Der Koordinatennullpunkt ist in der linken oberen Ecke. Die Position der rechten unteren Ecke kann den beiden Eigenschaften *Width* und *Height* entnommen werden. Im Beispiel unten sehen Sie, wie Sie mit diesen beiden Eigenschaften eine Linie vom linken oberen ins rechte untere Eck des Bildfelds zeichnen können. Das vorgegebenen Koordinatensystem kann mit den *ScaleXxx*-Methoden und -Eigenschaften verändert werden – siehe Seite 473.

Icons darstellen

Um im Bildfeld ein einzelnes Icon oder eine schon vorhandene Bitmap-Grafik darzustellen, laden Sie die Datei nach einem Doppelklick auf die *Picture*-Eigenschaft. Wenn Sie zusätzlich die Eigenschaft *AutoSize* auf *True* stellen, paßt sich die Größe des Bildfelds automatisch an die Größe der Grafik an. (Wenn Sie die Bitmap bzw. das Icon nur darstellen, aber nicht verändern möchten, sollten Sie das für diesen Zweck besser optimierte *Image*-Feld verwenden.)

Das Paint-Ereignis

Das wichtigste Ereignis für Bildfelder ist das *Paint*-Ereignis: Es tritt auf, wenn der Inhalt des Bildfelds neu gezeichnet werden muß. Das ist natürlich am Beginn des Programms der Fall, wenn das leere Bildfeld am Bildschirm zum ersten Mal sichtbar wird. Das kann aber auch später wieder notwendig werden, wenn der Benutzer das Visual-Basic-Fenster vorübergehend mit einem anderen Fenster überdeckt hat. Auch in diesem Fall wird das leere Bildfeld (dessen Inhalt normalerweise nicht gespeichert wird) wieder sichtbar. Die Programmierung der *Paint*-Ereignisprozedur ist also von zentraler Bedeutung beim Umgang mit einem Bildfeld.

Sie können das *Paint*-Ereignis vermeiden, wenn Sie die Eigenschaft *AutoRedraw* im Eigenschaftsfenster auf *True* setzen. Dann speichert Visual Basic den Inhalt des Bildfelds in einer eigenen Bitmap. Diese Vorgehensweise ist sehr bequem, kostet aber Speicherplatz und verlangsamt den normalen Zeichenvorgang.

Beispiel

In Bild 6.1 sehen Sie ein Formular, das nur aus einem Bildfeld besteht. Im Bildfeld wird beim Programmstart und in der Folge immer dann, wenn ein verdeckter Teil des Felds erneut sichtbar wird, eine Linie und ein Kreis gezeichnet und eine kurze Textmeldung ausgegeben. Die Ereignisprozedur für das *Paint*-Ereignis des Bildfelds lautet:

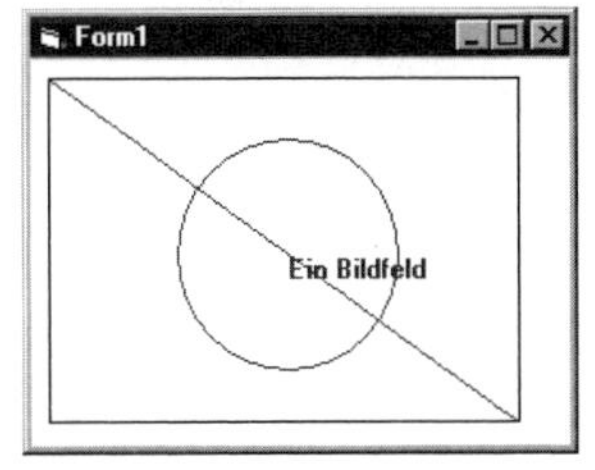

Bild 6.1: Ein Bildfeld

```
' Standardsteuerelemente\Bildfeld.frm
Option Explicit
Private Sub Picture1_Paint()
  Picture1.ForeColor = RGB(0, 0, 255)
  Picture1.Line (0, 0)- Picture1.Width, Picture1.Height)
  Picture1.Circle (Picture1.Width / 2, Picture1.Height / 2), _
    Picture1.Height / 3
  Picture1.Print "Ein Bildfeld"
End Sub
```

VERWEIS

Die Grafikprogrammierung birgt mehr Tücken in sich, als es hier auf ersten Blick den Anschein hat. Vertiefende Informationen finden Sie in einem eigenen Kapitel ab Seite 457. Dort erfahren Sie, wie Sie Grafiken an die Größe des Formulars anpassen, den 256-Farben-Modus optimal nutzen, Grafiken aus Dateien laden und speichern etc.

Ein verwandtes Steuerelement ist das Image-Feld (Seite 233): Es ist auf die Darstellung unveränderlicher Grafiken beschränkt, d.h., es kann nicht darin gezeichnet werden.

Syntaxzusammenfassung

Bildfeld – Ereignisse	
Paint	die Grafik muß neu gezeichnet werden
Resize	die Größe des Bildfelds hat sich geändert

Bildfeld – Eigenschaften	
AutoRedraw	gibt an, ob Bildinhalt automatisch gespeichert wird
AutoSize	das Bildfeld paßt sich automatisch an die Größe der Bitmap an
ForeColor, BackColor	Zeichenfarbe (Vor- und Hintergrund)
FillColor, FillStyle	Füllfarbe und -muster
DrawWidth, DrawStyle	Linienform
ScaleMode	bestimmt das Koordinatensystem im Bildfeld

Bildfeld – Methoden	
Circle	Kreis / Ellipse zeichnen
Line	Linie / Rechteck / gefülltes Rechteck zeichnen
Print	Text ausgeben
PSet	Punkt (Pixel) ausgeben

6.4 Button (CommandButton)

Buttons werden zum Abschluß der Arbeiten an einem Formular bzw. zum Auslösen einer Aktion verwendet. Typische Buttons heißen OK, ABBRUCH, SUCHEN etc.

Der im Button dargestellte Text wird mit der Eigenschaft *Caption* eingestellt. Wie Bild 6.2 zeigt, kann die Schriftart und -größe eingestellt werden. Am einfachsten erfolgt das durch einen Doppelklick auf *Font* im Eigenschaftsfenster.

Wenn in einem Formular mehrere Buttons verwendet werden, kann bei einem der Buttons die Eigenschaft *Default* und bei einem weiteren Button die Eigenschaft *Cancel* mit *True* belegt werden: Der eine Button kann dann mit Return, der andere mit Esc ausgewählt werden. Der Defaultbutton ist mit einem etwas stärkeren Rand umgeben und so auch optisch markiert. Es ist auch möglich, daß bei einem Button beide Eigenschaften aktiviert sind (z.B. der ABBRUCH-Button für einen Löschbefehl).

HINWEIS

Wenn ein Button mit der *Default*-Eigenschaft gekennzeichnet ist, kann in keinem anderen Steuerelement des Formulars die Eingabe von Return festgestellt werden! Return führt sofort zum *Click*-Ereignis für den betreffenden Button.

Damit Buttons direkt mit Alt+Buchstabe ausgewählt werden können, muß im *Caption*-Text vor dem betreffenden Buchstaben das Zeichen & stehen, also beispielsweise &Ok.

Seit Version 5 können in Buttons auch Bilder (Bitmaps) dargestellt werden. Dazu muß die *Style*-Eigenschaft auf *vbButtonGraphical* (1) gestellt werden und die *Picture*-Eigenschaft mit einer Bitmap belegt werden. Optional können Sie zwei weitere Bitmaps angeben: *DownPicture* (wird angezeigt, während der Button gedrückt ist) und *DisabledPicture* (wird angezeigt, wenn der Button deaktiviert ist, also *Enabled=False*).

Weniger Möglichkeiten gibt es, was die Plazierung der Bitmap angeht: Sie wird immer oberhalb des Beschriftungstexts angezeigt. Farbige Beschriftungstexte wie in den Steuerelementen des Office-Pakets (MS-Forms) sind leider weiterhin nicht möglich.

Die *Click*-Ereignisprozedur wird immer dann aufgerufen, wenn der Button durch einen Mausklick oder über die Tastatur ausgewählt wird. In der Ereignisprozedur erfolgt die Reaktion auf diese Benutzereingabe.

Beispiel

Die nebenstehende Abbildung zeigt ein Formular mit drei Buttons und einem Bildfeld. Das Anklicken eines der beiden Buttons führt dazu, daß im Bildfeld der Text Button1 bis -3 angezeigt wird. Die dafür notwendigen Ereignisprozeduren sehen folgendermaßen aus:

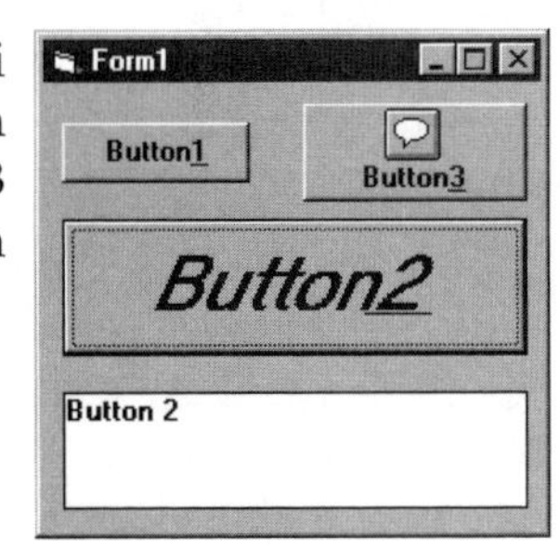

Bild 6.2: Drei Buttons

```
' Standardsteuerelemente\Buttons.frm
Private Sub Command1_Click()
  Bild1.Cls
  Bild1.Print "Button 1"
End Sub
Private Sub Command2_Click()
  Bild1.Cls
  Bild1.Print "Button 2"
End Sub
Private Sub Command3_Click()
  Bild1.Cls
  Bild1.Print "Button 3"
End Sub
```

Syntaxzusammenfassung

CommandButton – Ereignis	
Click	der Button wurde angeklickt

CommandButton – Eigenschaften	
Caption	Beschriftungstext
Cancel	Button kann mit Esc ausgewählt werden
Default	Button kann mit Return ausgewählt werden
Picture	bestimmt die im Button angezeigte Bitmap
DownPicture	Bitmap, wenn der Button gedrückt ist
DisabledPicture	Bitmap, wenn der Button deaktiviert ist (*Enabled=False*)
Style	gibt an, ob im Button eine Bitmap angezeigt werden kann

6.5 Kontrollkästchen und Optionsfelder (CheckBox, OptionButton)

Kontrollkästchen und Optionsfelder werden zur Auswahl von mehreren Optionen verwendet. Der Unterschied zwischen den eckigen Kontrollkästchen und den runden Optionsfeldern besteht darin, daß bei den Kontrollkästchen beliebige Kombinationen der Einstellungen möglich sind, während bei den Optionsfeldern genau eine von mehreren Möglichkeiten gewählt werden muß. (Optionsfelder werden im Englischen auch als *radio buttons* bezeichnet, weil – wie bei den Stationstasten eines Radios – immer nur ein Sender ausgewählt werden kann.)

Der neben dem Auswahlkästchen oder -kreis dargestellte Text wird wie bei den Buttons mit der Eigenschaft *Caption* eingestellt. Der aktuelle Zustand der Auswahlfelder – ausgewählt oder nicht ausgewählt – kann der Eigenschaft *Value* entnommen werden. Bei Optionsfeldern sind die Werte *True* und *False* möglich, bei Kontrollkästchen die Werte *vbUnchecked* (ausgewählt, Wert 0), *vbChecked* (nicht ausgewählt, Wert 1) und *vbGrayed* (inaktiv, Wert 2).

Beim Anklicken eines Kontrollkästchens oder Optionsfelds wird der Zustand automatisch verändert. Gleichzeitig wird ein *Click*-Ereignis ausgelöst. Die Programmierung einer Ereignisprozedur für das *Click*-Ereignis ist nur dann notwendig, wenn auf die geänderte Einstellung sofort (und nicht erst nach Abschluß der Eingabe im Formular) reagiert werden soll.

Wie bei dem *CommandButton* können auch bei Optionsfeldern und Kontrollkästchen seit Version 5 die Eigenschaften *Picture* und *Style* verwendet werden, um diese Steuerelemente mit Bitmaps auszustatten. Die Steuerelemente verlieren dadurch allerdings ihre charakteristische Form (also den Punkt bzw. das Auswahlkästchen). Damit büßt dieses neue Merkmal etwas an Attraktivität ein. Andererseits eignen sich die zwei Steuerelemente in dieser Form zur Realisierung einfacher Button-Leisten.

Steuerelemente gruppieren

Wenn in einem Formular mehrere eigenständige Gruppen von Kontrollkästchen oder von Optionsfeldern untergebracht werden, dann müssen die Steuerelemente einer Gruppe jeweils in einem Rahmenelement untergebracht werden – siehe Seite 218. Dort wird auch beschrieben, wie mehrere Buttons zu einem Steuerelementfeld zusammengefaßt werden können.

Beispiel

Das Formular besteht aus zwei Kontrollkästchen, drei Optionsfeldern und einem Bildfeld. Sobald der Benutzer die Auswahl eines Kontrollkästchens oder eines Optionsfelds verändert, wird die aktuelle Einstellung im Bildfeld angezeigt. Die Anzeige des Zustands der Auswahlmöglichkeiten erfolgt im Unterprogramm *Zustandsanzeige*. Dieses Unterprogramm wird von allen fünf *Click*-Ereignisprozeduren aufgerufen.

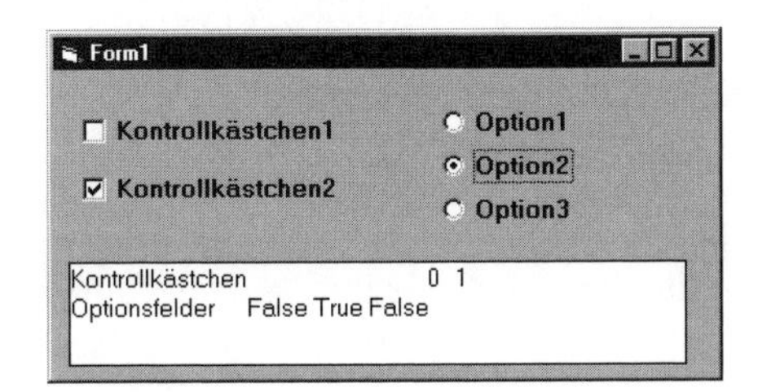

Bild 6.3: Optionsfelder und Auswahlkästchen

```
' Beispielprogramm Standardsteuerelemente\Option.frm
Private Sub Check1_Click()
  ZustandsAnzeige
End Sub
Private Sub Check2_Click()
  ZustandsAnzeige
End Sub
Private Sub Option1_Click()
  ZustandsAnzeige
End Sub
Private Sub Option2_Click()
  ZustandsAnzeige
End Sub
Private Sub Option3_Click()
  ZustandsAnzeige
End Sub
```

```
Private Sub ZustandsAnzeige()
  Picture1.Cls
  Picture1.Print "Kontrollkästchen " & Check1.Value & " " _
    & Check2.Value
  Picture1.Print "Optionsfelder " & Option1.Value & " " _
    & Option2.Value & " " & Option3.Value
End Sub
```

VERWEIS

Ein weiteres Beispiel zur Verwendung von Optionsfeldern und Kontrollkästchen finden Sie auf Seite 218. Dort werden mehrere Optionsfelder in Gruppen zusammengefaßt. Außerdem demonstriert dieses Beispiel, wie Steuerelementfelder gebildet werden.

Syntaxzusammenfassung

Optionsfeld und Kontrollkästchen – Ereignisse	
Click	das Steuerelement wurde angeklickt

Optionsfeld und Kontrollkästchen – Eigenschaften	
Caption	Beschriftungstext
Picture	bestimmt die angezeigte Bitmap
DownPicture	Bitmap, wenn der Button gedrückt ist
DisabledPicture	Bitmap, wenn der Button deaktiviert ist (*Enabled=False*)
Style	gibt an, ob eine Bitmap angezeigt werden kann
Value	Optionsfeld: *True* oder *False*
	Kontrollkästchen: *vbChecked*, *vbUnchecked* oder *vbGrayed* (inaktiv)

6.6 Textfelder (TextBox) und Labelfelder (Label)

Text- und Labelfelder eignen sich zur Darstellung von ein- und mehrzeiligem Text. Das Textfeld ist aber noch erheblich vielseitiger: Der darin enthaltene Text kann verändert, gelöscht, neu eingegeben, in die Zwischenablage kopiert und von dort wieder eingefügt werden; durch die Anzeige von vertikalen und horizontalen Bildlaufleisten eignet sich das Textfeld auch für größere Textmengen (32 kByte unter Windows 95, 2 GByte unter Windows NT).

Normalerweise werden Labelfelder dazu verwendet, andere Steuerelemente des Formulars zu beschriften. Der Hauptverwendungszweck von Textfeldern besteht darin, dem Benutzer eine Eingabemöglichkeit für eine Textzeile zu geben (z.B. für einen Namen).

Textzugriff

Der gesamte in den Labelfeldern dargestellte Text wird über die Eigenschaft *Caption* angesprochen; in Textfeldern heißt diese Eigenschaft dagegen *Text*. Bei Textfeldern kann darüber hinaus über die Eigenschaft *SelText* auf den gerade markierten (selektierten) Text zugegriffen werden. *SelStart* und *SelLength* geben Ort und Größe der Markierung an. Die folgenden Zeilen geben einige Beispiele für die Verwendung dieser Eigenschaften. (Weitere Informationen zum Textaustausch über die Zwischenablage finden Sie auf Seite 581.)

```
With Text1
  .SelStart=0: .SelLength=0: .SelText="x" 'x am Textanfang einfügen
  .SelStart=Len(.Text)                    'Cursor ans Ende stellen
  .SelStart=0: .SelLength=Len(.Text)      'ganzen Text markieren
  .SelText = UCase(.SelText)              'Markierung in Großbuchstaben
End With
```

Das wichtigste Ereignis des Textfelds ist *Change*: Die entsprechende Ereignisprozedur wird nach jeder Veränderung im Textfeld aufgerufen, also nach der Eingabe bzw. dem Löschen jedes Buchstabens. Daneben können Sie über die *KeyPress-*, *KeyDown-* und *KeyUp*-Ereignisse ganz gezielt auf das Drücken einzelner Tasten reagieren – doch das ist Thema eines eigenen Abschnitts auf Seite 541.

Textanzeige

Font und *ForeColor* bestimmen das Aussehen des Texts. Mit *Alignment* können Sie bestimmen, ob der Text linksbündig, rechtsbündig oder zentriert angezeigt werden soll (nur für einzeiligen Text). In *PasswordChar* können Sie ein Zeichen (zumeist ein *) angeben, das anstelle der Textzeichen angezeigt werden soll, um eine sichere Eingabe von Passwörtern zu ermöglichen.

In beiden Feldern kann mehrzeiliger Text angezeigt werden; beim Textfeld muß dazu die Eigenschaft *MultiLine* auf *True* gesetzt werden. Wenn das Textfeld mit vertikalen und / oder horizontalen Bildlaufleisten ausgestattet werden soll, müssen Sie die Eigenschaft *ScrollBars* mit Werten ungleich 0 belegen.

VERWEIS

Sie können für Text- und Labelfeld zwar Farbe und Zeichensatz verändern, diese Änderungen gelten dann aber für den gesamten Text. Wenn Sie zusätzliche Gestaltungsmöglichkeiten benötigen, können Sie auf das *RichText*-Feld ausweichen (siehe Seite 319). Es ist zwar komplizierter zu programmieren, ermöglicht aber praktisch alle Formatierungsoptionen, die Ihnen auch im WordPad-Programm zur Verfügung stehen.

Validätskontrolle

In vielen Programmen muß kontrolliert werden, ob die vom Anwender durchgeführten Eingaben zulässig sind (ob es sich beispielsweise um ein Datum handelt, ob der Zahlenwert im vorgesehenen Wertebereich liegt etc.). Dabei helfen die Ereignisse *GotFocus* und *LostFocus*, die auftreten, wenn der Cursor in ein Textfeld gestellt wird bzw. dieses verläßt. Damit kann beispielsweise automatisch der Inhalt des ganzen Textfelds markiert werden, eine Plausibilitätskontrolle nach der Eingabe durchgeführt werden, der eingegebene Text formatiert werden etc.

Neu in Version 6 ist das Ereignis ***Validate***, das sich besser als *LostFocus* für Qualitätskontrollen eignet. Dieses Ereignis wird ebenfalls bei einem Fokuswechsel ausgelöst, allerdings nur dann, wenn der Eingabefokus in ein Steuerelement wechselt, bei dem die Eigenschaft ***CausesValidation*** auf *True* gesetzt ist. Diese Eigenschaft ist ebenfalls neu in Version 6. Die Default-Einstellung ist *True*. Der Sinn dieser Eigenschaft besteht darin, daß das Aktivieren mancher Steuerelemente gerade keine Validätskontrolle auslösen soll – etwa das Anklicken eines HILFE- oder ABBRECHEN-Buttons.

VERWEIS

Vergessen Sie nicht, *CausesValidation* bei solchen Steuerelementen auf *False* zu setzen – sonst hat der Anwender nach einer Fehleingabe keine Chance mehr, den Tastaturfokus aus dem gerade aktuellen Steuerelement zu bewegen!

Innerhalb der *Validate*-Ereignisprozedur kann durch *KeepFocus=True* verhindert werden, daß der Fokus tatsächlich in ein anderes Steuerelement bewegt wird. Durch die folgenden Zeilen wird beispielsweise erreicht, daß das Textfeld erst verlassen werden kann, nachdem darin ein gültiges Datum eingegeben wurde.

```
Private Sub Text1_Validate(KeepFocus As Boolean)
  If Not IsDate(Text1.Text) Then
    KeepFocus = True
    MsgBox "Geben Sie bitte ein Datum ein."
  End If
End Sub
```

Beispiel

Im Formular können Sie vier Zahlenwerte eingeben. Sobald Sie den Cursor in eines der Textfelder stellen, wird der gesamte Text markiert, um ein bequemes Überschreiben des alten Werts zu ermöglichen. Wenn Sie ein Komma eingeben, wird dieses automatisch in einen Dezimalpunkt umgewandelt. Nach der Eingabe wird kontrolliert, ob es sich tatsächlich um eine Zahl handelt. Gegebenenfalls werden Sie zur Neueingabe aufgefordert. Das Quadrat mit dem doppelseitigen Pfeil wurde übrigens aus einigen Figuren- und Linienfeldern zusammengesetzt – siehe Seite 232.

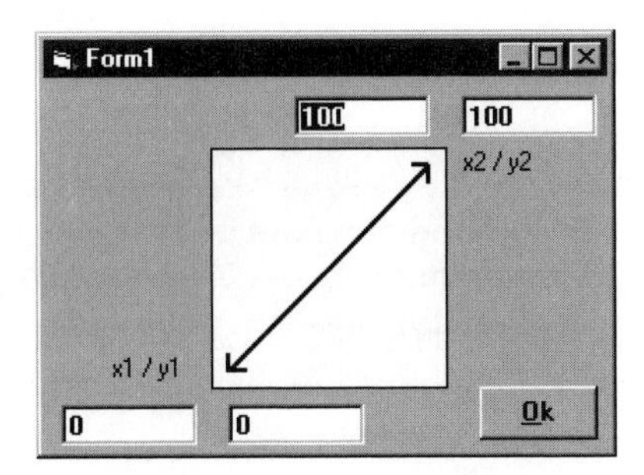

Bild 6.4: Text- und Labelfeld

Das Programm demonstriert gleichzeitig auch den Umgang mit Steuerelementfeldern (Seite 424): Alle vier Textfelder haben den gleichen Namen *Text1*, der Zugriff auf die Felder erfolgt durch einen Index. Auf diese Weise wird vermieden, daß viermal dieselbe Prozedur erstellt werden muß.

```
' Beispielprogramm Standardsteuerelemente\Text.frm
Private Sub Command1_Click()
  End
End Sub
' alles markieren
Private Sub Text1_GotFocus(Index As Integer)
  Text1(Index).SelStart = 0
  Text1(Index).SelLength = Len(Text1(Index).Text)
End Sub
' Komma automatisch durch Dezimalpunkt ersetzen
Private Sub Text1_KeyPress(Index As Integer, KeyAscii As Integer)
  If KeyAscii = Asc(",") Then
    KeyAscii = Asc(".")
  End If
End Sub
' Kontrolle, ob Zahl eingegeben wurde
Private Sub Text1_LostFocus(Index As Integer)
  If Not IsNumeric(Text1(Index).Text) Then
    Text1_GotFocus Index
    MsgBox "Geben Sie bitte eine Zahl ein!"
    Text1(Index).SetFocus
  End If
End Sub
```

Syntaxzusammenfassung

Textfeld – Ereignisse	
Change	Veränderung des Inhalts
GotFocus, LostFocus	Veränderung des Eingabefokus
KeyPress, KeyUp, KeyDown	Tastatureingabe

Textfeld und Labelfeld – Eigenschaften	
Text	Text im Textfeld
Caption	Text im Labelfeld
SelText	markierter Text (nur Textfeld)
SelStart, SelLength	Ort und Größe der Markierung (nur Textfeld)
Font	Zeichensatz
Alignment	Ausrichtung (linksbündig, rechtsbündig, zentriert)
ScrollBars	Anzeige von Bildlaufleisten (nur Textfeld)
WordWrap	automatischer Zeilenumbruch (nur Labelfeld)
PasswordChar	Anzeige eines Sonderzeichens (nur Textfeld)

6.7 Rahmen zur Gruppierung anderer Steuerelemente (Frame)

Mit dem Rahmenelement können andere Steuerelemente in Gruppen zusammengefaßt werden. Das ist bei großen und komplexen Formularen sinnvoll, um das Formular in logische Gruppen zu unterteilen. Eine Gruppierung durch Rahmen ist unumgänglich, wenn in einem Formular zwei oder mehr Gruppen von Optionsfeldern benötigt werden (wie im Beispielformular in Bild 6.5); die Rahmen werden von Visual Basic benötigt, um die Zusammengehörigkeit von Optionsfeldern zu erkennen.

Die Verwendung von Rahmen hat auch bei der Gestaltung von Formularen Vorteile: Alle im Rahmen befindlichen Steuerelemente können zugleich mit dem Rahmen verschoben werden.

Im linken oberen Eck des Rahmens kann ein Text (Eigenschaft *Caption*) angezeigt werden. Zur bequemeren Tastaturbedienung des Formulars kann dieser Text mit dem Zeichen & versehen werden: Der Benutzer kann dann den gestrichelten Markierungsrand mit Alt+Buchstabe in das erste Steuerelement des Rahmens bewegen.

Steuerelemente in den Rahmen einfügen

Beim Zeichnen von Formularen mit Rahmen muß darauf geachtet werden, daß zuerst der Rahmen gezeichnet wird und anschließend die Steuerelemente direkt in den Rahmen eingefügt werden: Der Rahmen muß angeklickt werden, bevor darin ein anderes Steuerelement plaziert wird! Andernfalls erkennt Visual Basic nicht, daß das Steuerelement in den Rahmen gehört.

Beispiel

Das Beispiel zeigt sowohl die Verwendung von Rahmen zur Gruppierung von Steuerelementen als auch den Einsatz von Steuerelementfeldern. Mit dem Beispielprogramm können Sie eine begrenzte Schriftart- und Schriftgrößenauswahl treffen. Auf Seite 254 wird ein eleganterer Weg zur Zeichensatzauswahl beschrieben, der auf einem Standarddialog des CommonDialog-Zusatzsteuerelement basiert.

Im folgenden Bild sehen Sie drei Rahmen, die mit Schriftart, Schriftstil und Schriftgröße überschrieben sind. In diesen Rahmen befinden sich jeweils einige Auswahlfelder. Unterhalb der drei Rahmen befindet sich ein Labelfeld, bei dem die Eigenschaft *BorderStyle* auf 1 (fixed single) gesetzt wurde, um so eine Umrandung zu erreichen.

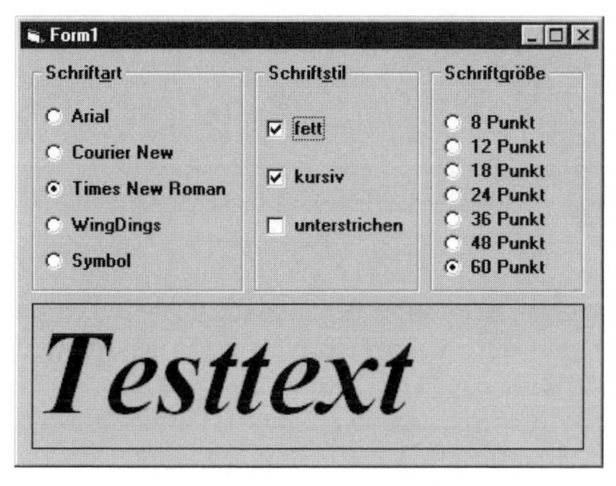

Bild 6.5: Options-und Auswahlfelder

Wenn eines der 14 Auswahlkästchen über die Tastatur oder durch Anklicken mit der Maus verändert wird, dann wird in den zugehörenden Ereignisprozeduren die Schriftart, der Stil und die Größe des Texts im Labelfeld verändert.

Beachten Sie im folgenden Programmcode insbesondere die Verwaltung der Steuerelementfelder. In der Ereignisprozedur *SchriftOption_Click* wird als Parameter die Variable *Index* übergeben. Diese Variable enthält die *Index*-Nummer des Steuerelements, das angeklickt wurde. Normalerweise werden die *Index*-Nummern in der Reihenfolge vergeben, in der die Objekte innerhalb des Rahmens gezeichnet wurden, wobei in jedem Rahmen mit dem Wert 0 begonnen wird. Sie können die *Index*-Nummer aber auch manuell im Eigenschaftsfenster einstellen.

Um die Schriftart des Labeltexts zu ändern, wird der Eigenschaft *Name* des *Font*-Objekts des Labels ein neuer Name gegeben. Auch die restlichen Parameter des Zeichensatzes (kursiv, fett, unterstrichen, Größe) sind Eigenschaften des *Font*-Objekts: *Italic, Bold, Underline* und *Size.*

Da bereits bei der Benennung der Optionsfelder darauf geachtet wurde, daß die Namen mit den offiziellen Font-Namen in Windows übereinstimmen, ist eine direkte Zuweisung mit dem *Caption*-Text der Optionsfelder möglich. Dabei ist die Indizierung des Objektnamens von Interesse: Im Formular gibt es ja insgesamt fünf Optionsfelder mit der Bezeichnung *SchriftOption.* Damit Visual Basic weiß, welchen *Caption*-Text dieser Optionsfelder es verwenden soll, muß unmittelbar hinter dem Objektnamen der in Klammern gestellte Index angegeben werden.

Die Einstellung der Schriftgröße in der Ereignisprozedur *GrößeOption* erfolgt im Prinzip nach dem gleichen Schema. Da die Zeichensatzgröße als numerischer Wert (und nicht als Zeichenkette) angegeben werden muß, wird die Funktion *Val* eingesetzt: Diese Funktion wandelt den als Parameter angegebenen Text in einen numerischen Wert um – aus "12 Punkt" wird der Wert 13.

```
' Beispielprogramm Standardsteuerelemente\Rahmen.frm
Private Sub FettKontroll_Click()
  Label1.Font.Bold = FettKontroll.Value
End Sub
Private Sub GrößeOption_Click(Index As Integer)
  Label1.Font.Size = Val(GrößeOption(Index).Caption)
End Sub
Private Sub KursivKontroll_Click()
  Label1.Font.Italic = KursivKontroll.Value
End Sub
Private Sub SchriftOption_Click(Index As Integer)
  Label1.Font.Name = SchriftOption(Index).Caption
End Sub
Private Sub UnterKontroll_Click()
  Label1.Font.Underline = UnterKontroll.Value
End Sub
```

6.8 Bildlaufleisten (HScrollBar, VScrollBar)

Horizontale und vertikale Bildlaufleisten werden verwendet, um dem Benutzer des Programms eine Einstellung des gerade sichtbaren Bereichs eines Fensters oder einer Liste zu erlauben oder um dem Benutzer eine bequeme und optisch sehr anschauliche Form zur Eingabe von Zahlenwerten zu geben. Bei einigen Steuerelementen, nämlich bei Text- und Listenfeldern, sind bereits Bildlaufleisten vorgesehen. In allen anderen Fällen müssen Sie Bildlaufleisten selbst in das Formular eingefügen und sich um deren Verwaltung kümmern.

Der aktuelle Zustand der Bildlaufleiste wird durch die Eigenschaft *Value* ausgedrückt. Der dort enthaltene Wert liegt normalerweise zwischen 0 (wenn das bewegliche Schiebefeld am linken bzw. oberen Ende der Bildlaufleiste steht) und 32767 (wenn das Schiebefeld am anderen Ende steht).

Mit den Eigenschaften *Min* und *Max* können die gewünschten Minimal- und Maximalwerte beliebig im Bereich zwischen –32768 und +32767 eingestellt werden. Im Beispiel unten wurde *Max* im Eigenschaftsfenster je auf 255 gestellt; *Min* wurde bei 0 belassen.

Die Eigenschaften *SmallChange* und *LargeChange* geben an, wie stark die Position des Schiebefelds beim Anklicken eines der beiden Pfeile (*SmallChange*) bzw. beim Anklikken der Fläche zwischen dem Schiebefeld und einem der Pfeile (*SmallChange*) verändert wird.

Bild 6.6: Der gesamte Text ist sichtbar

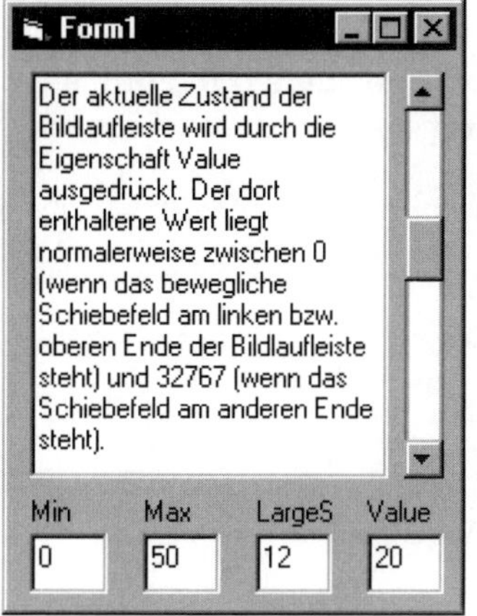

Bild 6.7: Die Zeilen 20 bis 31 eines 50-zeiligen Texts sind sichtbar

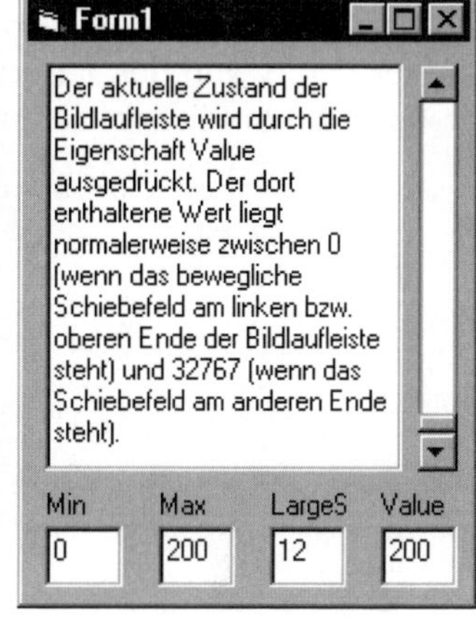

Bild 6.8: Die letzten 12 Zeilen eines 200-zeiligen Texts sind sichtbar

LargeChange hat übrigens auch einen (nicht dokumentierten) Einfuß auf die Größe des beweglichen Schiebefelds: Je größer *LargeChange* im Verhältnis zur Differenz aus *Max-Min* ist, desto größer erscheint auch der bewegliche Schieber. Das kann dazu ausgenutzt werden, um dem Anwender anzuzeigen, wie groß der gerade sichtbare Ausschnitt aus der Gesamtmenge der Daten ist. Die drei Abbildungen oben veranschaulichen drei korrekte Einstellungen.

Nach der Veränderung der Position des Schiebefelds wird ein *Change*-Ereignis ausgelöst. In der Ereignisprozedur kann dann die neue Position aus *Value* gelesen werden. Die *Scroll*-Ereignisprozedur wird bereits während des Verschiebens des Schiebefelds kontinuierlich aufgerufen. Eine Reaktion auf das *Scroll*-Ereignis sollte im Programmcode nur dann vorgenommen werden, wenn dabei kein erheblicher Rechenaufwand erforderlich ist. Das Programm verhält sich dann dynamisch, vermittelt also ein bessers Feedback während der Veränderung.

Seit Version 6 steht in den Windows Common Controls 2 auch eine flache Bildlaufleiste (Windows-98-Optik) zur Verfügung – siehe Seite 306.

Beispiel

Im nebenstehenden Formular werden drei Bildlaufleisten zur Einstellung der Rot-, Grün- und Blauanteile der Hintergrundfarbe des Bildfelds verwendet. Beim Auftreten eines *Change-* oder *Scroll*-Ereignisses in einer der drei Bildlaufleisten wird das Unterprogramm *NeueFarbe* aufgerufen. In der Prozedur *Form_Load* werden die Startwerte der Bildlaufleisten zufällig gesetzt. *Form_Load* wird aufgerufen, wenn das Formular geladen, d.h. zum ersten Mal am Bildschirm dargestellt wird.

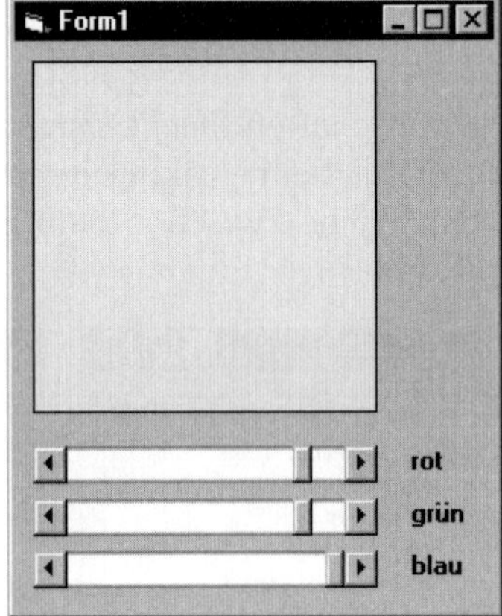

Bild 6.9: Drei Bildlaufleisten

```
' Standardsteuerelemente\Bildlauf.frm
Private Sub Form_Load()
  Randomize
  BildlaufRot = Rnd * 255
  BildlaufGrün = Rnd * 255
  BildlaufBlau = Rnd * 255
End Sub
Private Sub BildlaufBlau_Change()
  NeueFarbe
End Sub
Private Sub BildlaufGrün_Change()
  NeueFarbe
End Sub
Private Sub BildlaufRot_Change()
  NeueFarbe
End Sub
' neue Farbe auch während der Bewegung des Schiebefelds
Private Sub BildlaufBlau_Scroll()
  NeueFarbe
End Sub
Private Sub BildlaufGrün_Scroll()
  NeueFarbe
End Sub
Private Sub BildlaufRot_Scroll()
  NeueFarbe
End Sub
```

```
Private Sub NeueFarbe()
  Bild.BackColor = RGB(BildlaufRot.Value, BildlaufGrün.Value, _
  BildlaufBlau.Value)
End Sub
```

Syntaxzusammenfassung

Bildlaufleiste – Ereignisse	
Change	nach Veränderung (*Value* enthält die neue Position)
Scroll	während der Veränderung (*Value* enthält aktuelle Position)

Bildlaufleiste – Eigenschaften	
Value	aktuelle Position (zwischen *Min* und *Max*)
Min, Max	Grenzwerte (im Bereich ±32768)
SmallChange	Veränderung von *Value* bei einer zeilenweisen Bewegung
LargeChange	Veränderung von *Value* bei einer seitenweisen Bewegung

6.9 Listenfeld und Kombinationsfeld (ListBox, ComboBox)

Visual Basic kennt eine ganze Menge Listenfelder: die beiden in diesem Abschnitt behandelten Listenfelder zur Anzeige und Auswahl von eigenen Textlisten, die im nächsten Abschnitt behandelten Listenfelder zur Anzeige und Auswahl von Dateinamen, Verzeichnissen und Laufwerken, die *ListView*- und *TreeView*-Felder zur grafischen Darstellung von Listen wie im Explorer (siehe Seite 283), das *ImageCombo*-Feld zur Darstellung von Listen mit zusätzlichen Icons / Bitmaps (Seite 303), ein Listenfeld mit Datenbankverbindung (Seite 836) etc.

Alle Listenfelder werden automatisch mit Bildlaufleisten ausgestattet, wenn die Liste nicht vollständig in der vorgesehenen Fläche angezeigt werden kann. Daneben gibt es eine Menge weiterer gemeinsamer Merkmale, weswegen sich eine etwas ausführlichere Beschreibung lohnt.

Obwohl hier nur zwei Steuerelemente behandelt werden, sind gleich fünf Erscheinungsformen möglich:

- Dropdown-Kombinationsfeld (*ComboBox, Style=0*): Die Dropdown-Liste zur Auswahl eines Texts erscheint erst nach dem Anklicken des Dropdown-Buttons. Im Textfeld können Listeneinträge mit den Cursortasten ausgewählt oder direkt über die Tastatur eingegeben werden.
- Einfaches Kombinationsfeld (*Combobox, Style=1*): Das Steuerelement verhält sich wie ein Dropdown-Kombinationsfeld, die Auswahlliste ist aber immer sichtbar.

- Dropdown-Listenfeld (*ComboBox, Style=2*): Das Steuerelement verhält sich wie ein Dropdown-Kombinationsfeld, allerdings ist keine Eingabe von eigenen Texten über die Tastatur möglich. Es können also nur Einträge ausgewählt werden, die wirklich in der Auswahlliste stehen.
- Normales Listenfeld (*ListBox, Style=0*): Die Liste wird in einem rechteckigen Bereich angezeigt, dessen Größe bereits beim Formularentwurf festgelegt wird. Wenn nicht alle Elemente gleichzeitig angezeigt werden können, erscheint automatisch eine Bildlaufleiste.
- Listenfeld mit Auswahlkästchen (*ListBox, Style=1*): Zu jedem Listeneintrag wird ein Auswahlkästchen angezeigt, das separat aktiviert / deaktiviert werden kann. (Diese Variante des Listenfelds gibt es erst seit Version 5.)

Ein wesentlicher Unterschied zwischen Listenfeld und Kombinationsfeld besteht also darin, daß das Kombinationsfeld mit einem zusätzlichen Textfeld ausgestattet ist, in dem der zuletzt gewählte Eintrag angezeigt wird und der gewünschte Text (oder ein neuer Eintrag) direkt über die Tastatur eingegeben werden kann. Außerdem können Kombinationsfelder als Dropdown-Felder sehr platzsparend eingesetzt werden.

Dafür können in Listenfeldern auch mehrspaltige Listen angezeigt werden, was vor allem dann für mehr Übersicht sorgt, wenn eine sehr große Anzahl von Einträgen zur Auswahl stehen. Zudem sind Listenfeldern sehr viel flexibler, was die Auswahl mehrerer Einträge betrifft: Bereits in der herkömmlichen Form war in Listenfeldern eine Markierung mehrerer Einträge möglich, wenn die Eigenschaft *MultiSelect* auf *vbMultiSelectSimple (1)* oder *-Extended (2)* gesetzt wurde. (Die Mehrfachauswahl erfolgt durch gleichzeitiges Drücken der Maustaste mit Shift oder Strg.) Seit Visual Basic 5 steht darüber hinaus die bequemere und einfacher zu bedienende Variante mit Auswahlkästchen zur Verfügung. In beiden Fällen ist allerdings eine etwas aufwendigere Auswertung der Auswahl im Programmcode erforderlich.

Gemeinsame Merkmale

Die einzelnen Einträge einer Liste werden mit der Methode *AddItem* an das Steuerelement übergeben (siehe Beispielprogramm). Wenn die Eigenschaft *Sorted* aktiviert ist, werden die Einträge automatisch sortiert. Der Zugriff auf die Listenelemente erfolgt über die Eigenschaft *List(n)*. *ListIndex* gibt den zuletzt ausgewählten Eintrag an (oder -1, falls kein Eintrag aus der Liste gewählt wurde), *ListCount* gibt die Anzahl der Einträge der Liste an.

Über die Aufzähleigenschaft *ItemData* kann zu jedem Listeneintrag ein weiteres Datum (im *Variant*-Typ) gespeichert werden. Diese Daten werden nicht angezeigt, können aber die programminterne Verwaltung von Zusatzinformationen (etwa Indexnummern) erheblich erleichtern. Beim Einfügen neuer Listeneinträge kann über die Eigenschaft *NewIndex* ermittelt werden, an welcher Stelle in der Liste sich das neue

Element befindet. Anschließend können Zusatzdaten über eine Zuweisung an *List1. ItemData(List1.NewIndex)* gespeichert werden.

Zur Verwaltung der Listenfelder sind zwei Ereignisse von Interesse: *Click* (bei der Auswahl eines Listeneintrages) und *Change* (wenn der Text von Kombinationsfeldern durch eine Tastatureingabe verändert wird).

Auswertung einer Mehrfachauswahl in Listenfeldern

Falls Sie in Listenfeldern eine Mehrfachauswahl zulassen (*Style=1* oder *MultiSelect>1*), müssen Sie nach Ende der Auswahl in einer Schleife alle *Selected(i)*-Eigenschaften abfragen.

Beispiel

Bild 6.10 zeigt ein Formular mit allen Spielarten der beiden Listenfelder. In allen Steuerelementen wird dieselbe Liste (nämlich die Namen der zur Verfügung stehenden Zeichensätze) angezeigt. Die Zeichensatzlisten sind automatisch sortiert, weil im Eigenschaftsfenster die *Sorted*-Eigenschaft jeweils auf *True* gesetzt wurde. Die Listen werden in der Ereignisprozedur *Form1_Load* mit den Einträgen belegt. Diese Ereignisprozedur wird von Visual Basic aufgerufen, wenn das Formular zum ersten Mal am Bildschirm dargestellt wird.

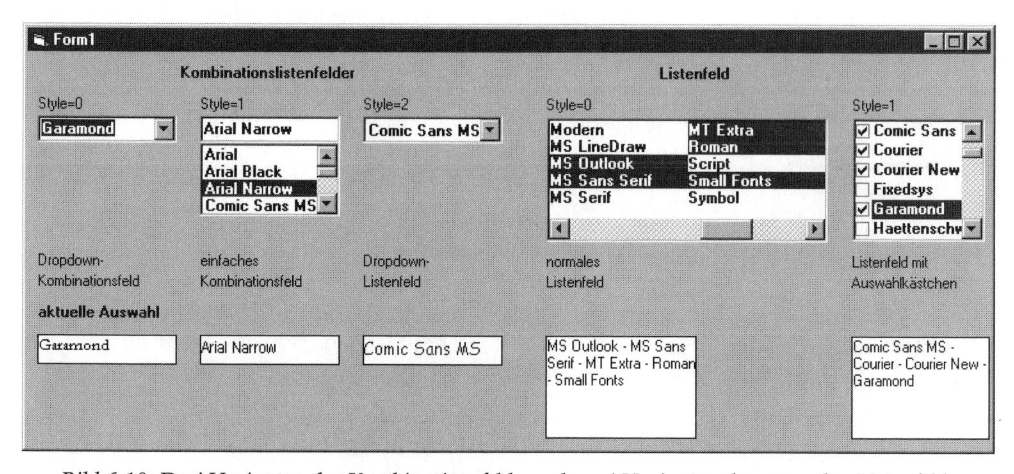

Bild 6.10: Drei Varianten des Kombinationsfelds und zwei Varianten des normalen Listenfelds

Beachten Sie die Verwendung der *AddItem*-Methode, um die Namen der Zeichensätze den Einträgen der Liste zuzuweisen. Sie erlaubt den Zugriff auf die Zeichensatznamen über die *Fonts*-Eigenschaft. (*Fonts* ist eine Eigenschaft des *Screen*-Objekts, das auf den Bildschirm verweist. *Fonts* ermöglicht den Zugriff auf alle bekannten Zeichensatznamen.)

Zu jedem Listenfeld existiert ein Labelfeld, in dem der gerade ausgewählte Eintrag des Listenfelds (natürlich in der entsprechenden Schriftart) angezeigt wird. Die Listenfelder und die ihnen zugeordneten Labelfelder (*LabelCombo* bzw. *ListCombo*) sind jeweils als Steuerelementfelder realisiert, um den Programmcode möglichst kompakt zu halten.

Die Veränderung der Labelfelder erfolgt in den drei Ereignisprozeduren *Combo_Click* und *Combo_Change* und *List1_Click*. *Combo_Click* wird bei einer direkten Auswahl aus der Liste aufgerufen, *Combo_Change* bei einer Änderung des Texts über die Tastatur. In diesem Fall ist es möglich, daß der Anwender einen ungültigen Zeichensatznamen eingibt. Um Fehlermeldungen bei der Zuweisung *Font.Name=...* zu vermeiden, wird das Kommando *On Error Resume Next* eingesetzt. Durch dieses Kommando wird das Programm einfach in der nächsten Programmzeile fortgesetzt.

Beim Zugriff auf die Liste über die *List*-Eigenschaft muß der Index (die Nummer des gewählten Eintrages) angegeben werden. Dieser Wert wird der Eigenschaft *ListIndex* entnommen. Beiden Eigenschaften muß der Name des Steuerelements vorangestellt werden, so daß sich die Anweisung *Combo(Index).List(Combo(Index).ListIndex)* ergibt. Um diesen komplexen Ausdruck etwas zu vereinfachen, wird *Combo(Index)* mit *With* fixiert, so daß die Kurzschreibweise *.List(.ListIndex)* möglich wird.

```
'Beispielprogramm Standardsteuerelemente\List.frm
Option Explicit
Private Sub Form_Load()
  'die Listenfelder mit Texteinträgen belegen
  Dim i%
  For i = 0 To Screen.FontCount - 1
    Combo(0).AddItem Screen.Fonts(i)
    Combo(1).AddItem Screen.Fonts(i)
    Combo(2).AddItem Screen.Fonts(i)
    List1(0).AddItem Screen.Fonts(i)
    List1(1).AddItem Screen.Fonts(i)
  Next i
  'das jeweils erste Element der Liste auswählen
  Combo(0).ListIndex = 0
  Combo(1).ListIndex = 0
  Combo(2).ListIndex = 0
  List1(0).ListIndex = 0
  List1(1).ListIndex = 0
End Sub
' Texteingabe in den Kombinationsfelder
Private Sub Combo_Change(Index As Integer)
  LabelCombo(Index).Caption = Combo(Index).Text
  On Error Resume Next    'vermeidet Fehler bei ungültigen Fontnamen
  LabelCombo(Index).Font.Name = Combo(Index).Text
End Sub
```

```
' Auswahl eines Listenelements in den Kombinationsfeldern
Private Sub Combo_Click(Index As Integer)
  With Combo(Index)
    LabelCombo(Index).Caption = .List(.ListIndex)
    LabelCombo(Index).Font.Name = .List(.ListIndex)
  End With
End Sub
'Auswahl eines Listenelements im normalen Listenfeld
Private Sub List1_Click(Index As Integer)
  Dim auswahl$, i
  With List1(Index)
    For i = 0 To .ListCount - 1
      If .Selected(i) Then
        If auswahl <> "" Then auswahl = auswahl + " - "
        auswahl = auswahl + .List(i)
      End If
    Next
    LabelList(Index).Caption = auswahl
  End With
End Sub
```

Syntaxzusammenfassung

Listenfeld / Kombinationslistenfeld – Ereignisse	
Click	ein Listeneintrag wurde ausgewählt
Change	Veränderung der Eingabe im Textfeld (Kombinationslistenfeld)
ItemCheck	wie *Click* (Listenfeld mit Auswahlkästchen)

Listenfeld / Kombinationslistenfeld – Eigenschaften	
ListCount	Anzahl der Listeneinträge
ListIndex	Index des aktuellen (ausgewählten) Listeneintrags
Text	Beschriftungstext des aktuellen Listeneintrags bzw. der Eingabe
List(index)	Zugriff auf Listenelemente (*index* reicht von 0 bis *ListCount*-1)
ItemData(index)	Zugriff auf Zusatzdaten zu jedem Listenelement
NewIndex	Index des zuletzt eingefügten Listeneintrags
Sorted	Listeneinträge beim Einfügen automatisch sortieren
Style	Typ des Listen- bzw. Kombinationslistenfelds
MultiSelect	Mehrfachauswahl zulassen (nur Listenfelder)
Selected(index)	ausgewählte Listeneinträge (Listenfeld mit Mehrfachauswahl)
Columns	Anzahl der Spalten (nur Listenfelder)

Listenfeld / Kombinationslistenfeld – Methoden	
AddItem	Eintrag einfügen
Clear	gesamte Liste löschen
RemoveItem	einzelnen Eintrag löschen

6.10 Datei-, Verzeichnis- und Laufwerkslistenfelder (File-, Dir-, DriveList)

Zur Gestaltung von Formularen zur Dateiauswahl stellt Visual Basic drei eigene Steuerelemente zur Verfügung: Das Laufwerkslistenfeld erlaubt die Auswahl des gewünschten Laufwerks aus der Liste der zur Verfügung stehenden Laufwerke. Das Verzeichnislistenfeld ermöglicht den Wechsel in das gewünschte Verzeichnis. Im Dateilistenfeld werden alle Dateien eines bestimmten Verzeichnisses angezeigt, die den Spezifikationen einer Maske genügen.

Die drei Steuerelemente können dazu verwendet werden, eine eigene Dateiauswahlbox zu programmieren. Erheblich einfacher ist es allerdings, den Standarddialog zur Dateiauswahl des *CommonDialog*-Steuerelements zu verwenden (Seite 246). Aus diesem Grund werden die drei Listenfelder mittlerweile nur noch selten verwendet, etwa zur Auswahl eines Verzeichnisses (im Standarddialog müssen Sie einen Dateinamen angeben, eine Verzeichnisauswahl ist dort nicht möglich).

Laufwerkslistenfeld

Wenn das Ereignis *Change* auftritt, hat der Benutzer das Laufwerk gewechselt. Die Bezeichnung des Laufwerks kann der Eigenschaft *Drive* entnommen werden. Wenn sich im Formular auch ein Verzeichnislistenfeld befindet, so sollte jetzt dessen *Drive*-Eigenschaft entsprechend verändert werden.

Verzeichnislistenfeld

Auch hier ist vor allem das Ereignis *Change* von Bedeutung. Es tritt auf, wenn der Benutzer (oder das Programm, siehe oben) das Verzeichnis gewechselt hat. Das aktuelle Verzeichnis steht in der Eigenschaft *Path*. Nach einer Veränderung sollte auch die *Path*-Eigenschaft des Dateilistenfelds geändert werden.

Dateilistenfeld

Im Dateilistenfeld werden alle Dateien im eingestellten Laufwerk *Drive* und Verzeichnis *Path* angezeigt, die den Spezifikationen der Maske *Pattern* entsprechen. Die vom Anwender ausgewählte Datei kann der Eigenschaft *FileName* entnommen werden.

Beim Dateilistenfeld sind vor allem die Ereignisse *Click* und *DblClick* von Bedeutung. Das *Click*-Ereignis tritt auf, wenn der Benutzer mit den Cursortasten oder mit der Maus einen anderen Dateinamen der Liste markiert. Das *DblClick*-Ereignis tritt auf, nachdem der Benutzer einen Dateinamen zweimal rasch hintereinander angeklickt hat und so eine endgültige Auswahlentscheidung trifft (wie mit OK).

Beispiel

Das Beispielprogramm ermöglicht die bequeme Auswahl eines Verzeichnisses. Dabei kann auch ein neues Verzeichnis erstellt werden. Das Beispielprogramm wurde so konzipiert, daß Sie es problemlos auch in eigenen Programmen verwenden können. (Das zur Dateiauswahl konzipierte *CommonDialog*-Steuerelement (siehe Seite 244) ist für diese Aufgabe nicht geeignet.) Sie müssen lediglich die Formulardatei `ChangeDir-Form.frm` in Ihr Projekt aufnehmen und können das Formular dann mit der Methode *ChangeDirForm.DirName()* aufrufen.

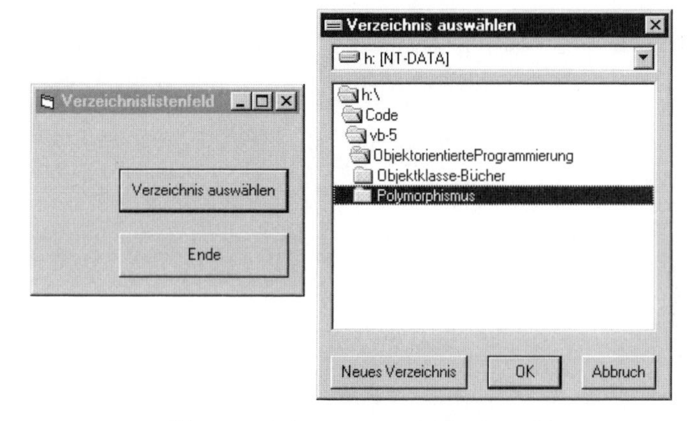

Bild 6.11: Dialog zur Verzeichnisauswahl

```
' Beispielprogramm Standardsteuerelemente\ChangeDirForm.frm
' global verfügbare Methode des ChangeDirForm-Formulars
Public Function DirName$()
  Show vbModal
  DirName = Tag
End Function
' Startlaufwerk c:
Private Sub Form_Load()
  On Error Resume Next
  Dir1.Path = "C:\"
  Drive1.Drive = "C:\"
End Sub
```

```
' Ende
Private Sub Form_Unload(Cancel As Integer)
  Cancel = True
  Tag = ""
  Me.Hide
End Sub
' Laufwerkwechsel
Private Sub Drive1_Change()
  On Error Resume Next
  Dir1.Path = Drive1.Drive
End Sub
'ok
Private Sub Command1_Click()
  Tag = Dir1.List(Dir1.ListIndex)
  Me.Hide
End Sub
'Abbruch
Private Sub Command2_Click()
  Tag = ""
  Me.Hide
End Sub
'neues Verzeichnis
Private Sub Command3_Click()
  On Error Resume Next
  Dim verz$, pfad$
  pfad = Dir1.List(Dir1.ListIndex)
  verz = InputBox("Neues Verzeichnis erstellen in: " _
    & pfad, "Verzeichnis erstellen")
  If verz <> "" Then
    If Right(pfad, 1) = "\" Then
      MkDir pfad + verz
      Dir1.Path = pfad + verz
    Else
      MkDir pfad + "\" + verz
      Dir1.Path = pfad + "\" + verz
    End If
    Dir1.Refresh
  End If
End Sub
```

Syntaxzusammenfassung

Laufwerkslistenfeld	
Change	Ereignis: das ausgewählte Laufwerk wurde verändert
Drive	Eigenschaft: gibt den Namen des aktuellen Laufwerks an

Verzeichnislistenfeld	
Change	Ereignis: das ausgewählte Verzeichnis hat sich geändert
Path	Eigenschaft: gibt das aktuelle Verzeichnis an (mit allen Unterverzeichnissen)

Dateilistenfeld	
Click / DblClick	Ereignis: eine Datei wurde (per Doppelklick) ausgewählt
Drive	Eigenschaft: Laufwerk, dessen Dateien angezeigt werden
Path	Eigenschaft: Verzeichnis, dessen Dateien angezeigt werden
Pattern	Eigenschaft: Muster für Dateien (z.B. *.txt)
FileName	Eigenschaft: Ergebnis der Auswahl (Dateiname)

6.11 Zeitmesser (Timer)

Das Zeitmesserfeld ist ein Steuerelement, das unsichtbar ist und außerhalb des unmittelbaren Einflusses des Programmbenutzers liegt. Es erzeugt nach einer einstellbaren Zeit (maximal eine Minute) ein *Timer*-Ereignis. Zeitmesser können zur Programmierung von Hintergrundprozessen verwendet werden (z.B. um einmal pro Sekunde die Uhrzeit abzufragen und eventuelle Reaktionen auszulösen), oder um Infotexte nach einer vorgegebenen Zeit automatisch wieder verschwinden zu lassen.

Die Zeit, nach der der Zeitmesser ein *Timer*-Ereignis auslösen soll, wird in der Eigenschaft *Interval* in Millisekunden (1/1000 Sekunden) angegeben. Mit der *Enabled*-Eigenschaft wird bestimmt, ob der Zeitmesser aktiv ist (*True*) oder nicht (*False*).

Beispiel

Das Beispielprogramm ist diesmal ebenso klein wie das Formular in Bild 6.12: Es besteht aus einer einzigen Zeile. In der Ereignisprozedur *Timer1_Timer* wird in den Titel des Formulars die aktuelle Uhrzeit geschrieben. Im Einstellungsfeld des Hauptfensters von Visual Basic wurde für die *Interval*-Eigenschaft der Wert 1000 festgelegt: Die aktuelle Uhrzeit wird also einmal pro Sekunde mit der Visual-Basic-Funktion *Time$* ermittelt und angezeigt. Bei den Formulareigenschaften wurden die beiden Eigenschaften *MinButton* und *MaxButton* auf *False* gestellt – aus diesem Grund fehlen dem Fenster die sonst üblichen Buttons zum Verkleinern und Vergrößern.

```
' Beispielprogramm Standardsteuerelemente\Zeit.frm
Private Sub Timer1_Timer()
  Form1.Caption = " Uhrzeit: " + Time$
End Sub
```

Bild 6.12: Die aktuelle Uhrzeit

Syntaxzusammenfassung

Timer-Feld	
Timer	Ereignis: die *Interval*-Zeit ist verstrichen
Interval	Eigenschaft: Zeitintervall für das periodische *Timer*-Ereignis (in Millisekunden)
Enabled	Eigenschaft: Timer-Feld aktivieren / deaktivieren

6.12 Figuren- und Linienfeld (Shape, Line)

In Abschnitt 6.1 wurden die Grafikmethoden *Line* und *Circle* vorgestellt, um in Formularen oder in Bildfeldern Grafiken zu zeichnen. Alternativ dazu stellt Visual Basic zwei Steuerelemente zur Verfügung, die ebenfalls zur Darstellung einfacher geometrischer Formen geeignet sind. Diese Steuerelemente eignen sich besonders für einfache optische Effekte, beispielsweise zur Darstellung einer Gliederungslinie zwischen zwei Abschnitten eines Formulars.

Der Vorteil gegenüber den erwähnten Grafikmethoden liegt in der einfacheren Handhabung und der damit verbundenen höheren Geschwindigkeit: Sie müssen als Programmierer nur einmal die Eigenschaften dieser Steuerelemente einstellen, Visual Basic kümmert sich dann selbst darum, daß die Grafikelemente korrekt am Bildschirm dargestellt werden. Im Gegensatz dazu müssen Sie bei der Verwendung der *Line*- und *Circle*-Methoden Programmcode für die *Paint*-Ereignisprozedur schreiben.

Ein weiterer Vorteil besteht darin, daß Sie bereits während des Formularentwurfs sehen, wie das Fenster aussehen wird (während der Code für die *Paint*-Ereignisprozedur erst mit dem Start des Programms zur Geltung kommt).

Das Linienelement wird vor allem durch die Eigenschaften *X1, Y1, X2* und *Y2* dominiert, die die Lage der Linie angeben. Das Aussehen der Linie wird über die Eigenschaften *BorderWidth* und *BorderColor* eingestellt.

Beim Figurenelement kann über die Eigenschaft *Shape* zwischen sechs verschiedenen Erscheinungsformen ausgewählt werden: Quadrat oder Rechteck, wahlweise je mit abgerundeten Ecken, sowie Kreis und Ellipse.

HINWEIS

Die *Shape-* und *Line*-Steuerelemente sind keine 'echten' Steuerelemente. Intern haben Sie keinen eigenen Window-Handle, nach außen hin wirkt sich der Unterschied so aus, daß die Steuerelemente keine Ereignisse besitzen (nicht einmal *Click*). Der Vorteil: Die Steuerelemente verbrauchen weit weniger Windows-Resourcen.

Beispiel

Das Beispielprogramm demonstriert in erster Linie die verschiedenen Erscheinungsformen des Figurenelements. Durch Anklicken des rechten Buttons wird die *Shape*-Eigenschaft zyklisch erhöht. Der linke Button verändert die Farbe des Linienelements.

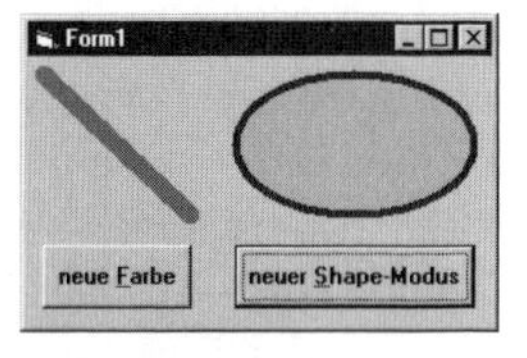

Bild 6.13: Linien- und Figurenfeld

```
' Standardsteuerelemente\Figur.frm
Private Sub Command1_Click()
  Linie1.BorderColor = _
    RGB(Rnd * 256, Rnd * 256, Rnd * 256)
End Sub
Private Sub Command2_Click()
  Figur1.Shape = (Figur1.Shape + 1) Mod 6
End Sub
```

6.13 Image-Feld (Image)

Beim Image-Feld handelt es sich um eine Sparversion des Bildfelds (Abschnitt 6.1). Das Steuerelement weist zwar nur einen Bruchteil der Funktionalität des Bildfelds auf, für die Darstellung von Bitmaps und Metafile-Grafiken ist es aber ausreichend. Auf das *Image*-Feld können im Gegensatz zum Bildfeld keine Grafikmethoden zum Zeichnen oder zur Textausgabe angewendet werden. Der Vorteil gegenüber dem Bildfeld besteht darin, daß das *Image*-Feld erheblich weniger Ressourcen beansprucht und etwas schneller ist. (Im Gegensatz zu *Shape* und *Line* ist *Image* aber durchaus ein 'richtiges' Steuerelement mit Ereignissen.)

Die beiden wichtigsten Eigenschaften sind *Picture* und *Stretch*. Über die *Picture*-Eigenschaft kann im Eigenschaftsfenster von Visual Basic eine Bitmap-Datei oder eine Metafile-Grafik geladen werden, die dann in dem Image-Feld angezeigt wird. Eine Bitmap ist ein Grafikraster, in dem ein Bild Punkt für Punkt abgespeichert ist. Eine Metafile-Grafik ist im Gegensatz dazu aus Grafikkommandos zusammengesetzt. Metafile-Grafiken erfordern normalerweise einen höheren Zeitaufwand beim Zeichnen, dafür ist der Speicherbedarf klein und die Bildqualität auch bei starker Verkleinerung oder Vergrößerung gut. Die im Image-Feld dargestellte Grafik kann auch später mit der *LoadPicture*-Funktion noch verändert werden.

Die *Stretch*-Eigenschaft gibt an, ob die im Image-Feld angezeigte Grafik an die Größe dieses Steuerelements angepaßt werden soll. Wenn diese Eigenschaft auf *True* gestellt wird, wird die Grafik automatisch so stark verkleinert bzw. vergrößert, daß sie das Steuerfeld exakt ausfüllt. Bei Bitmap-Grafiken leidet die Bildqualität darunter allerdings erheblich.

Beispiel

Im Beispielprogramm wird das Image-Feld automatisch an die Größe des Fensters angepaßt. Das geschieht in der Ereignisprozedur *Form_Resize*, die von Visual Basic automatisch immer dann aufgerufen wird, wenn sich die Größe des Fensters ändert. Dort werden Breite und Höhe (*Width, Height*) des Image-Felds auf die Innenbreite und -höhe (*ScaleWidth, ScaleHeight*) des Formulars gesetzt. Beim Image-Feld ist die Eigenschaft *Stretch* auf *True* gesetzt, so daß die darin dargestellte Grafik wiederum an die Größe dieses Steuerelements angepaßt wird.

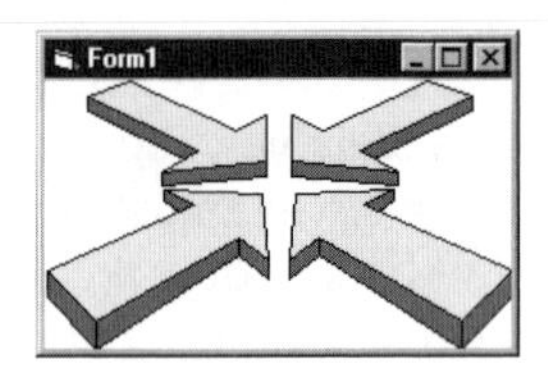

Bild 6.14: Das Image-Feld

Die vier im Image-Feld dargestellten Pfeile stammen übrigens aus der Metafile-Datei `3darrows1.wmf`, die mit Visual Basic mitgeliefert wird.

```
' Beispielprogramm Standardsteuerelemente\Image.frm
Option Explicit
Private Sub Form_Resize()
  Image1.Width = Form1.ScaleWidth
  Image1.Height = Form1.ScaleHeight
End Sub
```

Syntaxzusammenfassung

Image-Feld – Eigenschaften	
Picture	Referenz auf die gespeicherte Grafik
Stretch	Bildgröße an die Größe des Steuerelements anpassen

6.14 Die MS-Forms-Bibliothek

Speziell für Office 97 bzw. für den Internet Explorer 3 hat Microsoft einen zweiten Satz Steuerelemente entworfen, die sogenannten MS-Forms-Steuerelemente. Auf den ersten Blick sehen diese Steuerelemente wie die Standardsteuerelemente aus, tatsächlich bieten Sie aber einige neue Eigenschaften, die man sich bei den Visual-Basic-Standardsteuerelementen auch wünschen würde.

Diese Steuerelemente können in Visual Basic mit einem Designer in *UserForm*-Formularen verwendet werden. Theoretisch ist auch eine direkte Integration in Standardformularen möglich; viele Eigenschaften der MS-Forms-Steuerelemente können dort aber nicht genutzt werden!

Ganz kurz die Highlights der MS-Forms-Bibliothek:

- Der Umschalt-Button (*ToggleButton*) ermöglicht ein bequemens Umschalten zwischen zwei Zuständen. Das Steuerelement hat eine ähnliche Funktion wie ein Auswahlkästchen, sieht aber optisch ganz anders aus.
- Der Inhalt des Rahmenfelds kann mit Bildlaufleisten verschoben und durch die *Zoom*-Eigenschaft verkleinert oder vergrößert werden. Das Feature ist interessant, wenn sehr viele Steuerelemente in einem kleinen Formular untergebracht werden sollen. (Wie weit das auch für den Anwender praktisch ist, ist natürlich eine andere Frage.)
- In *ListBox* und *ComboBox* sind mehrspaltige Listeneinträge möglich.
- Der *SpinButton* bietet ähnliche Funktionen wie das Zusatzsteuerelement *UpDown* (Seite 305).
- Die Steuerelemente *TabStrip* und *MultiPage* bieten zwei Möglichkeiten zur Gestaltung mehrblättriger Dialoge. Das *TabStrip*-Steuerelement ist so unkomfortabel wie das gleichnamige Steuerelement aus den Windows Common Controls (Seite 268). Das *MultiPage*-Steuerelement ist dagegen einfach zu nutzen und stellt eine echte Alternative zum *SSTab*-Zusatzsteuerelement dar (Seite 317).

Auch wenn die Features verlockend sein mögen – die Verwendung der MS-Forms-Bibliothek hat schon unter VB5 mehr Probleme geschaffen als gelöst (und die Bibliothek wurde mit VB6 nicht aktualisiert!). Insofern ist ihr Einsatz nur mit Vorbehalten zu empfehlen. Möglicherweise wird es aber im Rahmen der nächsten Office-Version auch eine neue und verbesserte Version der MS-Forms-Bibliothek geben.

VERWEIS

Auf eine detaillierte Beschreibung der MS-Forms-Bibliothek wurde in dieser Auflage verzichtet. Wenn Sie mehr Interesse an diesem Thema haben, werfen Sie einen Blick in die WinWord-Datei im Verzeichnis `Standardsteuerelemente\MSForms` auf der beiliegenden CD-ROM. (Der Text stammt aus der letzten Auflage dieses Buchs.)

6.15 Windowless-Steuerelemente

Fast alle wichtigen Standardsteuerelementen stehen in den Windowless-Steuerelementen ein weiteres Mal zur Verfügung. Die entsprechende *Microsoft-Windowless-Controls*-Bibliothek muß allerdings extra installiert werden. Dazu kopieren Sie einfach die Dateien aus `Common\Tools\Vb\Winless` in das Windows-Systemverzeichnis und führen die Registrierungsdatei `Mswless.reg` per Doppelklick aus.

Die Steuerelemente *WLCheck, WLCombo, WLCommand, WLFrame, WLH- / WLVScroll, WLList, WLOption* und *WLText* sind bis auf Details (etwa die fehlende DDE-Unterstützung im Textfeld) mit den Standardsteuerelementen kompatibel. Der entscheidenen Vorteil besteht darin, daß deutlich weniger Systemresourcen benötigt werden. Wenn Sie sich also wundern, daß Ihr Formular mit 50 Textfeldern nur schleppend am Bildschirm erscheint, probieren Sie es einmal mit der *Windowless*-Alternative! Ein weiteres Einsatzgebiet ist die Entwicklung kompakter ActiveX-Komponenten (ab Seite 991).

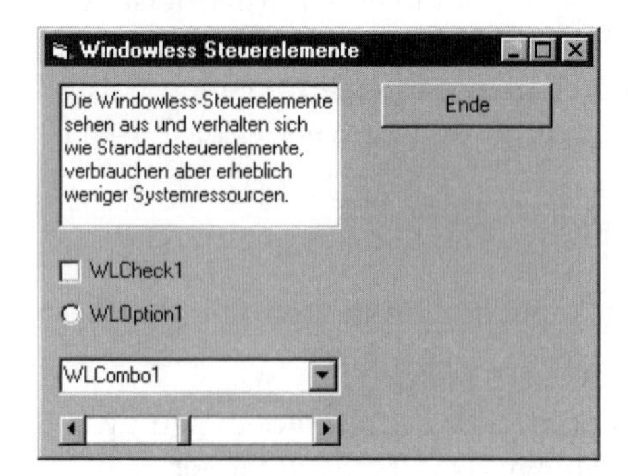

Bild 6.15: Windowless-Steuerelemente sehen aus wie Standardsteuerelemente

Die Anwendung der *Windowless*-Steuerelemente unterscheidet sich kaum von den Standardsteuerelementen. Ein kleiner Vorteil besteht darin, daß viele Eigenschaften über einen eigenen Eigenschaftsdialog bequemer eingestellt werden können (Steuerelement anklicken, Shift+F4).

HINWEIS

Einige Steuerelemente scheinen in der Bibliothek der *Microsoft Windowless Controls* zu fehlen: *Label, Image, Line* und *Shape*. Der Grund: Diese Steuerelemente sind bereits in der Standardversion 'windowless' (also ohne eigenen Windows-Handle) implementiert, so daß keine Notwendigkeit besteht, diese nochmals zur Verfügung zu stellen.

7 Zusatzsteuerelemente

Dieses Kapitel geht auf die wichtigsten Zusatzsteuerelemente von Visual Basic 6 ein: Common Dialogs (Standarddialoge), Windows Common Controls (alias Windows-9x-Steuerelemente), *FlexGrid* und *MSChart* etc. Mit diesen Steuerelementen können Sie Ihren Programmen ein modernes Aussehen verleihen – allerdings nur mit beträchtlichem Programmieraufwand. Während die Standardsteuerelemente zumeist gut durchdacht und einfach handzuhaben sind, kommt bei den in diesem Kapitel behandelten Zusatzsteuerelementen oft die Frage auf, ob es denn wirklich nicht einfacher gegangen wäre.

7.1 Einführung

Zusatzsteuerelemente stellen eine zentrale Komponente des Baukastensystems von Visual Basic dar: Anstatt das Rad ständig neu zu erfinden, wählen Sie die für Ihre Anwendung erforderlichen Zusatzsteuerelemente aus, plazieren diese in einem Formular und gelangen mit vergleichsweise minimalem Programmieraufwand zu leistungsfähigen Programmen.

Zusatzsteuerelemente konnten schon in Version 1 verwendet werden, allerdings wurden damals noch keine mitgeliefert. Inzwischen hat sich das geändert: Bereits das Angebot der mit Visual Basic bzw. mit anderen Microsoft-Programmen mitgelieferten Zusatzsteuerelemente ist unübersehbar. Dazu kommen Hunderte kommerzieller Zusatzsteuerelemente und unzählige im Internet kostenlos verfügbare ActiveX-Steuerelemente. Ob das ein Segen oder Fluch ist, sei dahingestellt. Die Redundanz des Steuerelementeangebots ist schon jetzt beachtlich, und die Begeisterung des Anwenders nach der Installation des zehnten ActiveX-Elements für einen 'supertoll' animierten Button wird sich vermutlich in Grenzen halten.

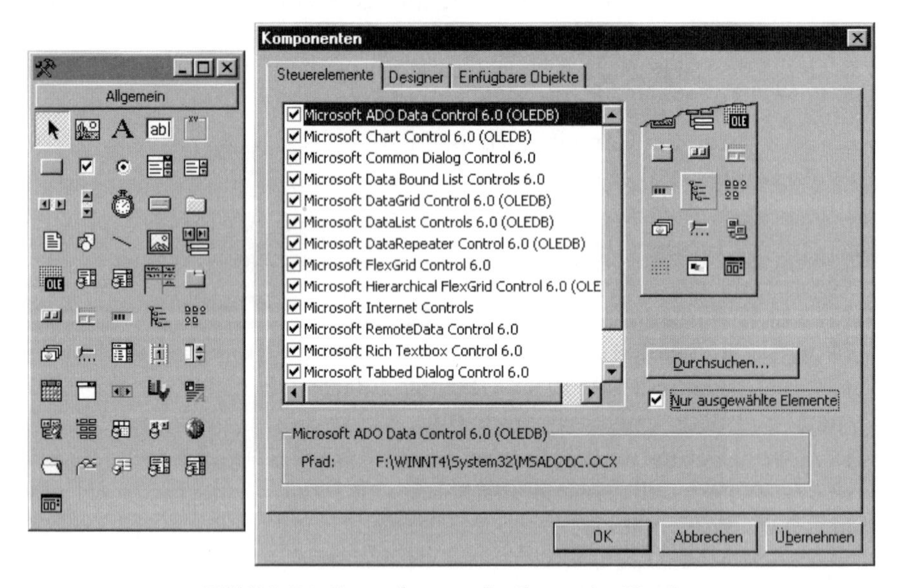

Bild 7.1: Die Steuerelemente der Enterprise-Version

Zusatzsteuerelemente verwenden

Wenn Sie ein Programm entwickeln, das Zusatzsteuerelemente benutzt, müssen Sie diese zuvor mit dem Menükommando PROJEKT | KOMPONENTEN aktivieren (Strg+T). Die Steuerelementliste dieses Dialogs enthält zum Teil einzelne Steuerelemente, zum Teil aber auch ganze Bibliotheken, in denen sich mehrere Steuerelemente befinden. Es werden nicht nur die mit Visual Basic mitgelieferten Steuerelemente angezeigt, sondern alle am Rechner installierten Steuerelemente. Steuerelementdateien weisen die Kennung `*.ocx` auf und werden im Windows-Systemverzeichnis gespeichert.

Nach dem Aktivieren von Zusatzsteuerelementen werden diese in der Toolbox angezeigt. In vielen Fällen wird gleichzeitig eine Objektbibliothek aktiviert, die die Programmierung der Steuerelemente ermöglicht. (Werfen Sie einen Blick in PROJEKT | VERWEISE bzw. in den Objektkatalog!)

Wenn Sie Zusatzsteuerelemente in ein Formular einfügen, können Sie wie üblich deren Eigenschaften im Eigenschaftsfenster (F4) einstellen. Darüber hinaus stellen viele Steuerelemente einen zusätzlichen Eigenschaftsdialog zur Verfügung, der entweder über das Kontextmenü oder mit Alt+F4 aufgerufen wird.

Zusatzsteuerelemente automatisch laden

In Version 4 konnten Sie in der Visual-Basic-Projektdatei `Auto32ld.vbp` einstellen, welche Zusatzsteuerelemente bei einem neuen Projekt automatisch geladen werden. Seit Version 5 gibt es dafür ein allgemeineres Konzept: Sie können in das Verzeichnis `Template\Projects` Projektdateien speichern, die als Vorlage (Schablone) beim Start neuer Projekte verwendet werden. Die in diesen Projektdateien vermerkten Zusatzsteuerelemente werden anschließend automatisch geladen.

Zusatzsteuerelemente weitergeben

Wenn Sie ein Programm mit Zusatzsteuerelementen entwickelt haben und dieses auf einem anderen Rechner installieren möchten, müssen Sie auch die entsprechenden `*.ocx`-Dateien weitergeben. Oft müssen darüber hinaus auch weitere Dateien (DLLs) mitgeliefert werden, deren Funktionen von den Zusatzsteuerelementen genutzt werden. Der Installationsassistent kümmert sich automatisch darum, welche Dateien mit dem eigentlichen Programm kopiert werden müssen (siehe Seite 88).

> **HINWEIS**
> Die ebenfalls zu den Zusatzsteuerelementen gehörenden `*.oca`-Dateien werden nur während der Programmentwicklung, nicht aber für die Ausführung des Programms benötigt. Diese Dateien dürfen im Regelfall nicht weitergegeben werden (das wäre ein Verstoß gegen das Copyright!). Eine Liste aller Dateien Visual Basics, die Sie (rein rechtlich) an andere Personen weitergeben dürfen, enthält die Datei `Redist.txt` im Visual-Basic- bzw. Visual-Studio-Verzeichnis.

7.2 Überblick über die Zusatzsteuerelemente

Dieser Abschnitt will einen ersten Überblick über die in Version 6 verfügbaren Zusatzsteuerelemente geben. Auch wenn in den Namen der meisten Steuerelemente *Microsoft* oder zumindest *MS* vorkommt, sind nicht alle Steuerelemente direkt von Microsoft entwickelt worden. Einige Steuerelemente wurden von anderen Firmen lizenziert oder angekauft. Der Nachteil dieser unterschiedlichen Herkunft besteht darin, daß Eigenschafts- und Methodennamen vollkommen inkonsistent verwendet werden. Inhaltlich miteinander verwandte Steuerelemente (etwa *FlexGrid* zur Anzeige tabellarischer Daten und *MSChart* zur Visualisierung solcher Daten) weisen vollkommen unterschiedliche Objektmodelle auf.

Standarddialoge (CommonDialog-Steuerelement)

Über das Steuerelement können die Windows-Standarddialoge (Datei öffnen, Farbauswahl, Drucken etc.) aufgerufen werden.

Windows-9x-Steuerelemente (Microsoft Windows Common Controls Teil 1 bis 3)

Mit Windows 9x haben sich einige neue Gestaltungselemente für Dialoge durchgesetzt. Die dazu erforderlichen Steuerelemente sind jeweils gruppenweise in den von Version zu Version erweiterten Windows Common Controls enthalten:

Microsoft Windows Common Controls (*ComctlLib*-Bibliothek)

Slider zur Anzeige eines neuen Einstellschiebers
ProgressBar zur Anzeige des Zustands langwieriger Prozesse
TabStrip zur Gestaltung mehrblättriger Dialoge
ImageList zur Speicherung von Bitmaps für *ToolBar*, *ListView*, *TreeView* etc.
ToolBar und *StatusBar* zur Gestaltung von Symbol- und Statusleisten
ListView und *TreeView* zur Darstellung von hierarchischen Listen wie im Explorer
ImageCombo zur Anzeige von Listen mit Bitmaps (neu in Version 6)

Microsoft Windows Common Controls 2 (*ComCtl2*-Bibliothek)

UpDown zur bequemen Einstellung von Zahlenwerten (ein Spin-Button)
FlatScrollBar für flache Bildlaufleisten (neu in Version 6)
Animation zur Wiedergabe einfacher Animationen
MonthView und *DtPicker* zum Umgang mit Datum und Uhrzeit (neu in Version 6)

Microsoft Windows Common Controls 3 (*ComCtl3*-Bibliothek)

Coolbar für Symbolleisten wie im Explorer (neu in Version 6)

ACHTUNG

Das automatische Steuerelement-Update von VB5 auf VB6 funktioniert für die Windows Common Controls nicht. Als Übergangslösung bis zur Korrektur dieses Schlamperei durch ein Service Pack finden Sie auf Seite 262 ein Visual-Basic-Programm, das versucht, das Update durch eine direkte Veränderung der `*.frm` und `*.vbp`-Dateien durchzuführen.

Formatierter Text (RTF-Feld)

Während das normale Textfeld auf reinen ASCII-Text limitiert ist (und unter Windows 95 nach wie vor ein unsinniges 64-kByte-Limit aufweist), kann im *RichText*-Feld ein beliebig langer Text in beinahe beliebiger Formatierung (mehrere Schriftarten, Farben etc.) angezeigt werden. Doch leider ist nicht alles Gold was glänzt: Zahlreiche Einschränkungen machen das Steuerelement für professionelle Anwendungen weitgehend wertlos. Inbesondere beim Ausdruck der Texte gibt es erhebliche Probleme (mangelnde Einstellmöglichkeiten für das Seitenlayout, keine Kopf- und Fußzeilen etc.).

Tabellen (MSFlexGrid und MSHFlexGrid)

Zum schon bisher bekannten *MSFlexGrid*-Steuerelement zur Darstellung von Tabellen ist in Version 6 die neue Variante *MSHFlexGrid* (Microsoft Hierarchical FlexGrid) dazugekommen. Damit lassen sich hierarchische Daten besser organisieren; das Steuerelement ist insbesondere für die neue ADO-Datenbankbibliothek optimiert.

Geschäftsdiagramme (MSChart)

Das *MSChart*-Steuerelement zeichnet sich durch ein ausgesprochen komplexes Objektmodell aus: Mit über mehr als 30 Objekten kann beinahe jedes Detail von Geschäftsdiagrammen gesteuert werden. Neu in Version 6 ist das ADO-Interface, das bei der grafischen Darstellung von Daten hilft, die sich aus einer Datenbankabfrage ergeben.

Steuerelemente für Datenbankanwendungen

Bei den Datenbanksteuerelementen fällt es allmählich schwer, noch den Überblick zu bewahren. Der Grund für die Vielzahl der Steuerelemente liegt in den Datenbankbibliotheken, die sich im Laufe der Zeit entwickelt haben und die soweit miteinander inkompatibel sind, daß jeweils eigene Steuerelemente erforderlich sind. In diesem Buch werden nur die ADO-Steuerelemente beschrieben (ab Seite 805).

Die Verbindung zur Datenbank wird über ein Datenbankfeld (*Data, RDO* oder *Adodc*) hergestellt. Anschließend können die Inhalte von Datenbanktabellen in anderen Steuerelementen dargestellt werden, sofern diese die Eigenschaften *DataSource / DataField* (für DAO / RDO) oder *DataSource / DataMember* (für ADO) besitzen. Das ist nicht nur bei den unten aufgezählten Datenbanksteuerelementen, sondern auch bei vielen Standardsteuerelementen (etwa bei Text- und Labelfeldern, Image- und Bildfeldern und Kontrollkästchen) und einigen Zusatzsteuerelementen (etwa *MonthView*) der Fall.

Steuerelemente für DAO / ODBCDirect

Data (Datenbankfeld): stellt Verbindung zur Datenbank her
DBList, DbCombo: Darstellung von Listen
DBGrid: Darstellung von Tabellen
Report: Anzeige / Ausdruck von Datenbankberichten (Crystal Reports)

Steuerelemente für RDO (nur Enterprise-Version)

RDO: entspricht dem *Data*-Steuerelement für Remote Data

Steuerelemente bzw. Designer für ADO (neu in Version 6)

Adodc (ADO Data Control): entspricht dem *Data*-Steuerelement
DataGrid, DataList, DataCombo: entspricht *DBGrid-, DBList-* und *DBCombo*
DataRepeater: Tabellen-Container für Datenbanksteuerelemente
DataReport: Anzeige / Ausdruck von Datenbankberichten
MSHFlexGrid: hierarchische Tabellen (siehe oben)
MSChart: Geschäftsdiagramme (siehe oben)

Dieses Buch beschreibt ausschließlich die ADO-Datenbanksteuerelemente (Kapitel 18 ab Seite 805).

Steuerelemente zur Internet-Programmierung

Die Internet-Steuerelemente helfen beim Datenaustausch auf der Basis verschiedener Internet-Protokolle.

Inet (Internet Transfer): HTTP- und FTP-Datenübertragung
WinSock: ermöglicht eine direkte TCP- oder UDP-Verbindung zweier Programme
MAPIMessage und *MAPISession*: hilft beim Versenden von E-Mails

Sonstiges

Daneben gibt es einige weitere Steuerelemente, die sich nur schwer in eine der obigen Gruppen einordnen lassen.

MSComm (Microsoft Communication): Steuerung der seriellen Schnittstelle
MMControl (Multimedia): Zugang zu Multimediafunktionen des Betriebssystems
PictureClip: ermöglicht die Verwaltung einer Palette von Bitmaps
SSTab (mehrblättrige Dialoge): komfortable Alternative zu *TabStrip*
SysInfo: ermöglicht das Feststellen von Systemereignissen

VERWEIS

Ein Teil der erwähnten Zusatzsteuerelemente wird nicht in diesem Kapitel, sondern in eigenen Kapiteln behandelt:

SysInfo-Steuerelement: Seite 662
Datenbanksteuerelemente: Seite 805
Internet-Steuerelemente: Seite 881
OLE-Feld: Seite 917
Programmierung eigener Steuerelemente: Seite 991

Die Steuerelemente *MSComm, MMControl* und *PictureClip* werden in diesem Buch nicht beschrieben.

HINWEIS

Einige Zusatzsteuerelemente älterer Visual-Basic-Versionen werden nicht mehr offiziell unterstützt. Damit Sie vorhandene Programme nicht vollständig umstellen müssen, werden diese Steuerelemente in einer aktualisierten Form weiterhin mitgeliefert (aber nicht automatisch installiert). Die Steuerelementen befinden sich im Verzeichnis `Common/Tools/VB/Controls` der Visual-Basic-CD. Sie sollten diese Steuerelemente bei neuen Projekten nicht mehr verwenden, da nicht sicher ist, wie lange Microsoft diese Steuerelemente noch wartet.

Welches Steuerelement für welchen Zweck?

Das Angebot der Steuerelemente ist zum Teil redundant. Daher haben Sie bei der Entscheidung für ein Steuerelement oft die Qual der Wahl. Selbst wenn Sie sich auf die von Microsoft mitgelieferten Steuerelemente beschränken, gibt es zum Teil mehrere Steuerelemente für den gleichen Zweck (Aufbau mehrblättriger Dialoge, Anzeige von Tabellen etc.)

Naturgemäß ist ein entscheidendes Kriterium für die Auswahl von Steuerelementen deren Funktionsangebot. Darüber hinaus sollten Sie aber noch zwei Dinge berücksichtigen:

- Versuchen Sie den Speicherbedarf des Programms zu minimieren: Je weniger Zusatzsteuerelemente bzw. Steuerelementbibliotheken, desto besser. Das gilt in besonderem Maße für Internet-Anwendungen, die erst über das Netz geladen werden müssen.
- Verwenden Sie Steuerelemente großer Hersteller: Ein – womöglich kostenloses – Zusatzsteuerelement aus dem Internet, das in der nächsten Version von Visual Basic nicht mehr unterstützt wird, kann die Wartung bzw. Weiterentwicklung Ihres Programms sehr aufwendig machen.

7.3 Standarddialoge (CommonDialog)

Um Ihnen unnötige Arbeit beim Entwurf immer wieder benötigter Dialoge zu ersparen, gibt es unter Windows einige vordefinierte und standardisierte Dialoge für häufig vorkommende Aufgaben, etwa zur Auswahl eines Dateinamens. Solche Dialoge sind das Thema dieses Abschnitts.

Meldung anzeigen, Textzeile eingeben

Die beiden einfachsten Standarddialoge in Visual Basic werden über die Funktionen *MsgBox* und *InputBox* aufgerufen. ***MsgBox*** zeigt eine einfache Textbox am Bildschirm an, die mit maximal drei Buttons ausgestattet ist. Die Textbox kann für Meldungen, Warnungen, einfache Auswahlentscheidungen etc. verwendet werden. ***InputBox*** funktioniert ganz ähnlich, ermöglicht aber die Eingabe einer Zeichenkette.

Dazu drei Beispiele: Durch die erste Anweisung wird ein einfacher Meldungsdialog angezeigt, der mit OK quittiert werden muß. Mit der zweiten Anweisung wird eine Ja / Nein-Entscheidung durchgeführt. In der Titelzeile des Dialogs steht 'MsgBox-Beispiel'. Die dritte Anweisung ermöglicht die Eingabe einer Zeichenkette, wobei der Name 'Hubert Huber' als Defaulteingabe vorgeschlagen wird.

```
MsgBox "Eine kurze Meldung"
ergebnis = MsgBox("Ist das Wetter heute schön?", vbYesNo, _
  "MsgBox-Beispiel")
zeichenkette = InputBox("Geben Sie bitte Ihren Namen ein!", _
   "InputBox-Beispiel", "Hubert Huber")
```

Die Verwendung der beiden Funktionen ist also denkbar einfach. Eine vollständige Dokumentation der restlichen (optionalen) Parameter und der Konstanten zur Einstellung des Dialogtyps und zur Auswertung des Ergebnisses (nur bei *MsgBox*) finden Sie in der Online-Hilfe.

CommonDialog-Steuerelement

Um einiges komplexer sind die Standarddialoge, die durch das *CommonDialog*-Zusatzsteuerelement zur Verfügung stehen (Microsoft Common Dialog Control, Datei `Comdlg32.ocx`). Bevor die einzelnen Anwendungsmöglichkeiten des Steuerelements in den folgenden Teilabschnitten detailliert behandelt werden, einige allgemeine Informationen:

Bevor ein Standarddialog aufgerufen werden kann, muß das *CommonDialog*-Steuerelement in ein Formular eingefügt werden. Der unmittelbare Effekt ist vergleichbar gering: Im Formular wird dasselbe Icon wie in der Toolbox dargestellt. Nach dem Programmstart wird auch dieses Icon unsichtbar – es dient also nur als Platzhalter für die vorläufig noch unsichtbaren Standarddialoge.

Das Steuerelement wird durch das Kommando *CommonDialog1.ShowXxx* aktiviert. Erst jetzt erscheint der Standarddialog in einem eigenen Fenster, das vom Formular, in dem sich das Steuerelement befindet, vollkommen unabhängig ist. Es ist nicht möglich, den Ort zu bestimmen, an dem der Standarddialog am Bildschirm erscheint.

*CommonDialog1.**ShowOpen / -Save***	Datei öffnen / speichern: Seite 246
*CommonDialog1.**ShowColor***	Farbauswahl: Seite 253
*CommonDialog1.**ShowFont***	Zeichensatzauswahl: Seite 254
*CommonDialog1.**ShowPrinter***	Druckparameter einstellen: Seite 259
*CommonDialog1.**ShowHelp***	Windows-Hilfe aufrufen: Seite 680

Vor der *ShowXxx*-Anweisung müssen in der Regel diverse Eigenschaften des Steuerelements eingestellt werden. Anschließend wird die Ausführung des Programmcodes unterbrochen, bis der Dialog beendet wird. Nach *ShowXxx* können aus den Eigenschaften des Steuerelements die Ergebnisse der Auswahl (z.B. der Dateiname) gelesen werden.

Von allgemeiner Bedeutung ist die Eigenschaft ***CancelError***: Wenn diese Eigenschaft den Wert *False* besitzt (Defaulteinstellung), führt ein Abbruch des Dialogs (Anklicken des ABBRUCH-Buttons während der Dateiauswahl etc.) zu keinem Fehler. Das klingt zwar erfreulich, ist aber für die Praxis unsinnig. Es gibt dann nämlich keine Möglichkeit festzustellen, ob der Nutzer eine gültige Auswahl getroffen hat oder ob er die Auswahl abgebrochen hat.

Aus diesem Grund ist es fast immer erforderlich, die Eigenschaft auf *True* zu stellen. Damit der jetzt mögliche Fehler nicht zu einem Abbruch des Programms führt, muß mit *On Error Resume Next* dafür gesorgt werden, daß die Programmausführung trotz des Fehlers in der nächsten Zeile fortgesetzt wird. In dieser Zeile kann jetzt über die Funktion *Err* getestet werden, ob die Auswahl gültig abgeschlossen wurde (*Err=0*) oder nicht (*Err<>0*).

```
' Schema für die Verwendung des CommonDialog-Steuerelements
On Error Resume Next
CommonDialog1.CancelError = True
CommonDialog1.EigenschaftXxxx = ...
CommonDialog1.EigenschaftYyyy = ...
CommonDialog1.Flags = ...
CommonDialog1.ShowZzzz
If Err = 0 Then
  CommonDialog1.EigenschaftXxxx ... auswerten
End If
```

Ebenfalls gemeinsam gültig für alle Verwendungsmöglichkeiten sind die Eigenschaften *Flags, HelpCommand, HelpContext, HelpFile* und *HelpKey*: Mit *Flags* können einige Merkmale des Standarddialogs eingestellt werden (siehe unten). Mit *HelpCommand, HelpContext, HelpFile* und *HelpKey* können Sie angeben, welcher Hilfetext beim Anklicken des HILFE-Buttons im Standarddialog angezeigt werden soll.

7.3.1 Datei öffnen, Datei speichern unter

Im einfachsten Fall sieht der Programmcode zur Dateiauswahl (mit *CMDialog1* als Name des *CommonDialog*-Steuerelements) folgendermaßen aus:

```
CMDialog1.CancelError = True
CMDialog1.DialogTitle = "Datei öffnen"
On Error Resume Next
CMDialog1.ShowOpen      'oder .ShowSave für Speichern unter
If Err = 0 Then         'Dialog wurde mit OK beendet
  Open CMDialog1.Filename As #1 ...
End If
```

Für viele Anwendungen ist das Defaultverhalten des Standarddialogs allerdings unzureichend – dann wird die Kenntnis der diversen *CommonDialog*-Eigenschaften erforderlich:

DialogTitle gibt den Text an, der in der Titelzeile der Dateiauswahlbox angezeigt wird (z.B. GRAFIK SPEICHERN UNTER). Wenn für *DialogTitle* keine Zeichenkette angegeben wird, dann verwendet Visual Basic automatisch "Datei laden" (*ShowOpen*1) oder "Datei speichern unter" (*ShowSave*).

InitDir gibt das Verzeichnis an, dessen Dateien beim Aufruf der Dialogbox angezeigt werden sollen. Wenn kein Verzeichnis angegeben wird, verwendet Visual Basic das aktuelle Verzeichnis oder das zuletzt im Standarddialog eingestellte Verzeichnis.

FileName gibt den Dateinamen an, der im Textfeld der Dateiauswahlbox angezeigt werden soll. Dabei kann es sich um einen Vorschlag für den Dateinamen, aber auch um eine Maske (z.B. `*.txt`) handeln. Wenn *FileName* auch Pfadangaben enthält, so haben diese Vorrang gegenüber *InitDir*. Nach Abschluß des Standarddialogs enthält *FileName* den vollständigen Dateinamen (inklusive Laufwerk und Verzeichnis).

FileTitle ist ein reiner Rückgabeparameter. Die Eigenschaft enthält nach Abschluß des Standarddialogs den Dateinamen ohne Laufwerk und Verzeichnis und eignet sich besonders zur Anzeige in der Titelzeile des Fensters.

Filter enthält eine Liste mit mehreren Standardfiltern zur Anzeige der Dateinamen. Üblich sind beispielsweise `*.txt` für Textdateien, `*.bmp`, `*.wmf` für Bilddateien etc. Jeder Eintrag dieser Liste besteht aus zwei Teilen: Der erste Teil gibt eine Erklärung an (z.B. *"Bitmaps (*.bmp)"*, der zweite Teil enthält die Maske und wird nicht angezeigt *"*.bmp"*. Die einzelnen Einträge sind durch | (ANSI-Code 124) voneinander getrennt.

FilterIndex zeigt auf jenen Eintrag innerhalb der Filterliste, der beim Aufruf der Dateiauswahlbox gültig ist.

DefaultExt stellt unabhängig vom Filter eine Standarddateierweiterung dar, die automatisch immer dann verwendet wird, wenn der Nutzer einen Dateinamen ohne Kennung eingibt. Aus der Eingabe 'text' wird mit *DefaultExt="txt"* der Dateiname *"text.txt"*.

MaxFileSize limitiert die Länge der Zeichenkette, in der die Dateinamen zurückgegeben werden. Die Standardeinstellung beträgt 255 Zeichen. Wenn sehr viele Dateinamen gleichzeitig ausgewählt werden sollen, muß ein deutlich größerer Wert für diese Eigenschaft eingestellt werden.

Flags steuert einige Merkmale im Verhalten der Dateiauswahlbox. Die Bedeutung der zur Einstellung von *Flags* vorgesehenen Konstanten können Sie der Übersicht unten entnehmen. Die Konstanten sind auch in der Online-Hilfe beim *Flags*-Steuerelement ausführlich dokumentiert.

Der Aufruf des Standarddialogs erfolgt mit ***ShowOpen*** (Datei laden) oder ***ShowSave*** (Datei speichern unter). Der einzige Unterschied zwischen diesen beiden Varianten besteht darin, daß die Buttons (ÖFFNEN oder SPEICHERN) unterschiedlich beschriftet werden. Alle anderen Unterschiede, die sinnvollerweise zwischen einem Öffnen-Dialog und einem Speicher-Dialog bestehen sollten, müssen durch *Flags*-Einstellungen erzielt werden. Beispielsweise ist es bei SPEICHERN UNTER sinnvoll, neue (noch nicht existente) Dateinamen zu erlauben, bei ÖFFNEN dagegen nicht.

Wenn die Dateiauswahl ordnungsgemäß abgeschlossen wird, enthält *FileName* den vollständigen Dateinamen inklusive aller Verzeichnisse und der Laufwerksangabe. *FileTitle* enthält nur den Dateinamen. Der Eigenschaft *Flags* sind (je nach Einstellung vor dem Aufruf) einige Ergebnisse zu entnehmen – beispielsweise ob bei der Dateiauswahl das SCHREIBGESCHÜTZT-Auswahlkästchen angeklickt wurde. Um die *Flags*-Eigenschaft einfach auszuwerten, wird diese mit der jeweiligen Konstante durch den *And*-Operator verknüpft: Wenn das Ergebnis ungleich Null ist, ist die jeweilige Konstante in *Flags* enthalten (d.h., das der Konstanten zugeordnete Bit steht auf 1).

```
If CMDialog1.Flags And cdlOFNReadOnly Then
  ' Datei nur zum Lesen öffnen
Else
  ' Lesen und Schreiben erlaubt
Endif
```

Aussehen und Eigenschaften des Standarddialogs

Das Aussehen und Verhalten des Standarddialogs läßt sich über die ***Flags***-Eigenschaft einstellen. Dazu stehen zahllose vordefinierte Konstanten zur Verfügung, von denen hier nur die wichtigsten erwähnt werden. Eine vollständige Referenz enthält die Online-Hilfe.

cdlOFNHideReadOnly	Bei der Verwendung dieser Konstanten wird im Standarddialog das SCHREIBGESCHÜTZT-Auswahlkästchen nicht angezeigt.
cdlOFNOverwritePromt	Wenn eine schon existierende Datei ausgewählt wird, erscheint eine Kontrollabfrage, ob diese Datei überschrieben werden soll. Nur sinnvoll für SPEICHERN UNTER.

cdlOFNCreatePrompt	Falls der Nutzer eine nicht vorhandene Datei angibt, erscheint eine Abfrage, ob er eine neue Datei anlegen möchte.

Erlaubte Merkmale der ausgewählten Datei

cdlOFNPathMustExist	Verhindert, daß Dateien in gar nicht existierenden Verzeichnissen angegeben werden können.
cdlOFNFileMustExist	Verhindert, daß nicht existierende Dateien ausgewählt werden. Diese Option ist zum Laden einer Datei praktisch, für das Kommando SPEICHERN UNTER allerdings nicht sinnvoll.
cdlOFNShareAware	Erlaubt Dateiauswahl auch dann, wenn Netzwerkschutzmechanismen dies verhindern würden.
cdlOFNNoReadOnlyReturn	Es können nur Dateien ausgewählt werden, die verändert werden dürfen (d.h., bei denen das Readonly-Attribut nicht gesetzt ist).
cdlOFNNoValidate	Erlaubt die Eingabe ungültiger Zeichen (z.B. »:« im Dateinamen).

Mehrfachauswahl

cdlOFNAllowMultiSelect	Ermöglicht die Auswahl mehrerer Dateien gleichzeitig. Standardgemäß wird dabei aus Kompatibilitätsgründen der alte Windows-3.1-Dialog verwendet.
cdlOFNExplorer	Verwendet den Windows-9x-Dialog statt des alten Windows-3.1-Dialogs. (Diese Option ist nur zusammen mit *cdlOFNAllowMultiSelect* notwendig, ansonsten wird der neue Dialog ohnedies automatisch verwendet.)
cdlOFNLongNames	Ermöglicht die Auswahl langer Dateinamen. (Unter Windows 9x ist das ohnedies immer der Fall, wenn nicht *cdlOFNAllowMultiSelect* verwendet wird.)

Zusatzinformationen, Rückgabeparameter

cdlOFNReadOnly	Zustand des SCHREIBGESCHÜTZT-Auswahlkästchens (sowohl als Voreinstellung als auch als Rückgabewert). Nur relevant, wenn *cdlOFNHideReadOnly* nicht verwendet wird.
cdlOFNExtensionDifferent	Zeigt nach Ende der Dateiauswahl an, daß die Dateikennung mit der Defaultkennung nicht übereinstimmt.

In der Praxis wird eine Kombination dieser Flags verwendet, wobei die Konstanten mit + oder mit *Or* verknüpft werden, beispielsweise so:

```
CMDialog1.Flags = cdlOFNPathMustExist + cdlOFNFileMustExist
```

In den beiden folgenden Zeilen werden zwei zusätzliche Konstanten definiert, die eine für die meisten Situationen sinnvolle Einstellung darstellen:

```
Const cdlOFNOpenDefault = cdlOFNHideReadOnly + cdlOFNFileMustExist
Const cdlOFNSaveDefault = cdlOFNPathMustExist + _
                          cdlOFNOverwritePrompt
```

Mehrfachauswahl

Ein Sonderfall bei der Dateiauswahl ist die Mehrfachauswahl (also die Auswahl mehrerer Dateien auf einmal). Damit eine Mehrfachauswahl für lange Dateinamen (Windows 9x) möglich ist, müssen die beiden Flags *cdlOFNAllowMultiSelect* und *cdlOFNExplorer* verwendet werden. Der Anwender kann jetzt mehrere Dateinamen mit Strg anklicken. Aus Sicht des Programmierers ändert sich die Auswertung. *FileName* enthält jetzt nicht mehr einen Dateinamen, sondern zuerst den Pfad und dann der Reihe nach die einzelnen Dateinamen ohne Pfad. Die Teilzeichenketten sind durch *Chr(0)* getrennt, nach dem letzten Dateinamen steht ebenfalls *Chr(0)*. Ein Codebeispiel für die Auswertung einer Mehrfachauswahl finden Sie im Listing des Beispielprogramms unten (Prozedurname *MenuDateiÖffnenMulti_Click*).

TIP

Wenn Sie Mehrfachauswahl zulassen, sollten Sie für die Eigenschaft *MaxFileSize* einen deutlich größeren Wert als die Defaulteinstellung (256) wählen. Andernfalls tritt bei der Auswahl sehr vieler Dateinamen der Fehler 20476 auf ('The Filename buffer is too small to store the selected file name(s).') Für das folgende Beispielprogramm gilt *MaxFileSize=5000*.

Die Hilfsfunktionen FileSel und AnalyseName

Um die Verwendung der Dateiauswahlbox noch weiter zu vereinfachen, enthält das Beispielprogramm zu diesem Abschnitt im Modul `CommonDialog.bas` noch zwei weitere Funktionen:

```
dat$ = FileSel(cmdlg, datei$, maske$, titel$)   'Syntax
dat$ = FileSel(CMDialog1, "", "", "")           'Beispiel 1
dat$ = FileSel(CMDialog1, "name", "*.bmp", _    'Beispiel 2
          "Grafik speichern")
```

FileSel zeigt eine Dateiauswahlbox an, wobei der in *datei* angegebene Verzeichnispfad und Dateiname verwendet wird. *maske* gibt an, welche Dateien angezeigt werden sollen (z.B. *"*.*"*). *titel* bestimmt den in der Titelzeile der Dateiauswahlbox angezeigten Text (z.B. *"Datei laden"*). Die Funktion verwendet normalerweise *ShowOpen*, nur wenn die Titelzeile den Begriff *"speicher"* enthält (egal, ob mit Klein- oder Großbuchstaben), wird *ShowSave* verwendet.

Im ersten Parameter *cmdlg* muß der Name des *CommonDialog*-Steuerelements angegeben werden (gegebenenfalls zusammen mit dem Formularnamen, wenn sich das Steuerelement in einem anderen Formular befindet). Für die drei anderen Parameter können auch leere Zeichenketten angegeben werden. Dann verwendet *FileSel* sinnvolle Defaulteinstellungen (das aktuelle Verzeichnis, "*.*" als Maske).

FileSel gibt entweder den kompletten Dateinamen inklusive Laufwerk und Verzeichnis zurück, oder einen Leerstring, falls die Dateiauswahl abgebrochen wurde. *FileSel* erlaubt damit die bequeme Verwendung der Dateiauswahlbox in einer einzigen Programmzeile!

```
AnalyseName gesamt$, laufwerk$, verzeichnis$, datei$
```

AnalyseName zerlegt den im ersten Parameter angegebenen Dateinamen in seine Bestandteile (Laufwerk, Verzeichnis und Datei) und schreibt die Ergebnisse in die drei weiteren beim Aufruf angegebenen Variablen. Aus "c:\windows\system\name.ext" wird "c:", "\windows\system" und "name.ext".

Auswahl von Verzeichnissen anstatt von Dateien

Leider bietet der Standarddialog keine Möglichkeit, ein Verzeichnis auszuwählen (ohne eine Dateinamen anzugeben). Das wäre manchmal praktisch, wenn ein Programm alle Dateien ab einer bestimmten Verzeichnisebene verarbeiten soll. In solchen Fällen müssen Sie sich mit den Laufwerks- und Verzeichnislistenfeldern behelfen. Ein Beispiel für einen Dialog zur Verzeichnisauswahl finden Sie auf Seite 228.

Beispielprogramm

Das Beispielprogramm *CommonDialog* wird in diesem und den folgenden Teilabschnitten sukzessive erklärt. (An dieser Stelle finden Sie nur Informationen zu den Programmteilen, die die Dateidialoge betreffen.)

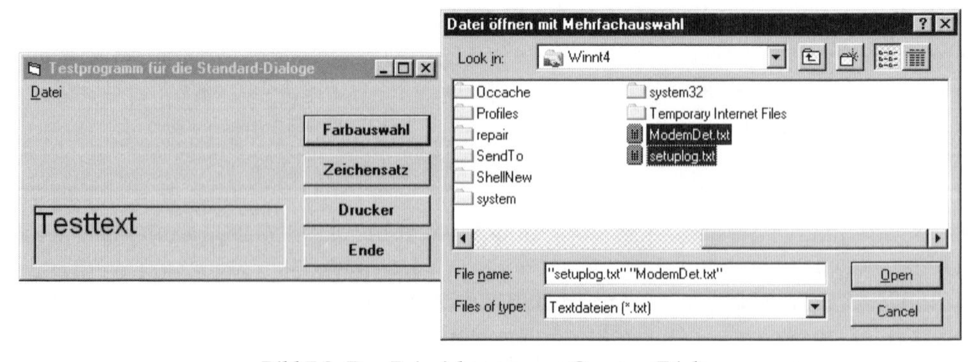

Bild 7.2: Das Beispielprogramm CommonDialog

Das Programm besteht aus zwei Dateien: `CommonDialog.bas` enthält diverse Hilfsfunktionen, die den Umgang mit den Standarddialogen erleichtern. Die Datei ist damit eine praktische Ergänzung zu allen Projekten, die das *CommonDialog*-Steuerelement verwenden. `CommonDialog.frm` enthält das Startformular des Beispielprogramms (Bild 7.2) und den Code zum Aufruf und zur Auswertung der verschiedenen Standarddialoge.

`CommonDialog.frm` enthält drei Menüereignisprozeduren, in denen der Standarddialog zum Öffnen / Speichern wahlweise direkt oder unter Anwendung der *FileSel*-Funktion aufgerufen wird. (Natürlich wird in keinem Fall tatsächlich eine Datei geöffnet oder gar verändert.)

```
' Beispielprogramm Zusatzsteuerelemente\CommonDialog.frm
' Standarddialog Datei-Öffnen aufrufen
Private Sub MenuDateiÖffnen_Click()
  On Error Resume Next
  CMDialog1.CancelError = True
  CMDialog1.Flags = cdlOfnOpenDefault
  CMDialog1.DialogTitle = "Datei öffnen"
  CMDialog1.Filter = _
    "Textdateien (*.txt)|*.txt|alle Dateien (*.*)|*.*"
  CMDialog1.ShowOpen
  Cls
  If Err = 0 Then
    Print CMDialog1.filename
    Print CMDialog1.FileTitle
    Print Hex$(CMDialog1.Flags)
  Else
    Print "Abbruch oder Fehler"
  End If
End Sub
' Datei öffnen, dabei Mehrfachauswahl ermöglichen
Private Sub MenuDateiÖffnenMulti_Click()
  Dim ergebnis$, pfad$, dat$, pos&
  On Error Resume Next
  CMDialog1.CancelError = True
  CMDialog1.Flags = cdlOfnOpenDefault + cdlOFNAllowMultiselect + _
                    cdlOFNExplorer
  CMDialog1.DialogTitle = "Datei öffnen mit Mehrfachauswahl"
  CMDialog1.Filter = _
    "Textdateien (*.txt)|*.txt|alle Dateien (*.*)|*.*"
  CMDialog1.ShowOpen
  Cls
```

```
  If Err <> 0 Then
      Print "Abbruch oder Fehler"
      Exit Sub
  End If
  On Error GoTo 0
  ergebnis = CMDialog1.filename
  pos = InStr(ergebnis, Chr(0))
  If pos Then          'war es Mehrfachauswahl?
    pfad = Left(ergebnis, pos - 1)
    ergebnis = Mid(ergebnis, pos + 1) + Chr(0)
    Do
      pos = InStr(1, ergebnis, Chr(0))
      If pos = 0 Then Exit Do
      dat = pfad + "\" + Left(ergebnis, pos - 1)
      ergebnis = Mid(ergebnis, pos + 1)
      Print dat
    Loop
  Else    ' nein
    Print ergebnis
  End If
End Sub
' Standarddialog Dateiauswahl über die Hilfsfunktion
' Filesel aufrufen und den resultierenden Dateinamen
' im Fenster ausgeben
Private Sub MenuDateiFileSel_Click()
  Cls
  Print Filesel(CMDialog1, "", "", "")
End Sub
```

Interessanter ist der Code der Funktion *FileSel*: Darin wird zuerst der übergebene Dateiname analysiert und zur Voreinstellung von *Filename* und *InitDir* verwendet. Falls in *mask* eine Maske angegeben wurde, wird diese sowohl als Defaultextension als auch in der Filterliste verwendet. Mit *InStr* wird getestet, ob der Dialogtitel den Text *"speicher"* enthält. Um den Zeichenkettenvergleich unabhängig von Groß- und Kleinschreibung zu gewährleisten, wird *titel* mit *LCase* in Kleinbuchstaben verwandelt.

```
' Beispielprogramm Oberfläche\CommonDialog.bas
' einige nützliche Konstanten
Public Const cdlOfnOpenDefault = _
  cdlOFNHideReadOnly + cdlOFNFileMustExist
Public Const cdlOfnSaveDefault = _
  cdlOFNPathMustExist + cdlOFNOverwritePrompt
' bequeme Dateiauswahl in einer Funktion; die Funktion
' gibt den vollständigen Dateinamen zurück
```

```
Function Filesel$(cmdlg As CommonDialog, dat$, mask$, title$)
  Dim l$, o$, d$
  On Error Resume Next          'Dateiname in Laufwerk
  AnalyseName dat$, l, o, d     'Verzeichnis und Name zerlegen
  If Left$(mask$, 2) <> "*." Then mask$ = "*.*"
  If title$ = "" Then title$ = "Dateiauswahl"
  cmdlg.CancelError = True
  cmdlg.DialogTitle = title$
  cmdlg.filename = d            'Dateiname
  cmdlg.InitDir = l + o         'Laufwerk + Pfad
  cmdlg.DefaultExt = Mid$(mask, 3)
  If mask = "*.*" Then
    cmdlg.Filter = "Alle Dateien *.*|*.*"
  Else
    cmdlg.Filter = mask + "|" + mask + "|" + "Alle Dateien *.*|*.*"
  End If
  If InStr(LCase$(title), "speicher") Then
    cmdlg.Flags = cdlOfnSaveDefault
    cmdlg.ShowSave
  Else
    cmdlg.Flags = cdlOfnOpenDefault
    cmdlg.ShowOpen
  End If
  If Err = 0 Then
    Filesel$ = cmdlg.filename
  Else
    Filesel$ = ""
  End If
End Function
```

Die Prozedur *AnalyseName* besteht lediglich aus einigen Zeichenkettenkommandos und ist hier nicht abgedruckt. Informationen zur Analyse von Dateinamen finden Sie auch auf Seite 386.

7.3.2 Farbe auswählen

Der Standarddialog zur Farbauswahl ist vergleichsweise einfach zu programmieren. Der Dialog wird mit ***ShowColor*** gestartet. Zwei Eigenschaften sind zur Steuerung dieses Dialogs ausreichend: ***Color*** gibt beim Aufruf die Startfarbe an, die verändert werden soll, und gibt die neu eingestellte Farbe (als *RGB*-Wert) zurück. ***Flags*** ermöglicht die Feinabstimmung des Dialogs.

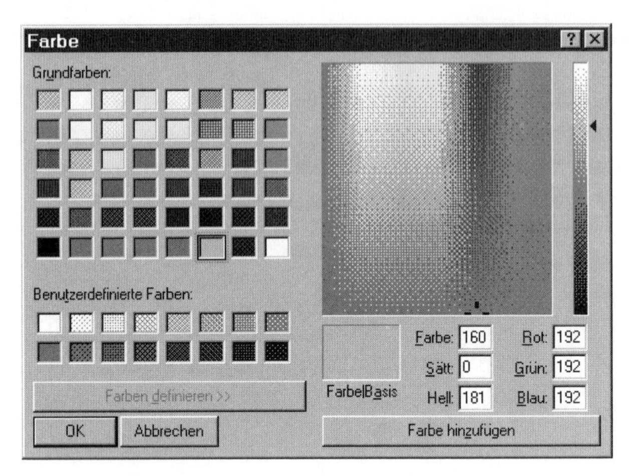

Bild 7.3: Der Standarddialog zur Farbauswahl

Die Konstanten für die Flags-Eigenschaft

cdlCCFullOpen	Der Farbauswahldialog erscheint in voller Größe, d.h. mit den vordefinierten Farben links und dem Farbeinstellbereich rechts.
cdlCCPreventFullOpen	Der Farbeinstellbereich kann nicht verwendet werden.
cdlCCRGBInit	Die Farbe *Color* wird als Startfarbe für den Farbeinstellbereich rechts verwendet.

Beispielprogramm

```
' Beispielprogramm Zusatzsteuerelemente\CommonDialog.frm
' Formularfarbe Farbeinstellung aufrufen
Private Sub btnFarbe_Click()
  On Error Resume Next
  CMDialog1.Color = Form1.BackColor     'Voreinstellung
  CMDialog1.CancelError = True          'auf OK/Abbrechen reagieren
  CMDialog1.Flags = cdlCCFullOpen + cdlCCRGBInit
  CMDialog1.ShowColor                   'Standarddialog Farbauswahl
  If Err = 0 Then                       'falls "OK"
    Form1.BackColor = CMDialog1.Color   'Farbe des Fensters ändern
  End If
End Sub
```

7.3.3 Zeichensatz auswählen

Die Auswahl des Zeichensatzes ist ein relativ aufwendiger Prozeß, weil zahlreiche Eigenschaften gleichzeitig eingestellt werden können. Der Dialog wird mit ***ShowFont*** gestartet. Die folgende Liste zählt die Eigenschaften des *CommonDialog*-Steuerelements auf, die für die Einstellung des Zeichensatzes relevant sind.

FontName	Name des Zeichensatzes
FontSize	Größe des Zeichensatzes
FontBold	Attribut fett
FontItalic	Attribut kursiv
FontStrikethru	Attribut durchgestrichen
FontUnderline	Attribut unterstrichen
Min	minimale Zeichensatzgröße, die ausgewählt werden kann
Max	maximale Zeichensatzgröße
Color	Textfarbe
Flags	zur Feinabstimmung des Dialogs

Die Konstanten für die Flags-Eigenschaft

cdlCFEffects	Im Standarddialog können auch Farben sowie die Attribute durchgestrichen und unterstrichen ausgewählt werden.
cdlCFForceFontExist	Verhindert die Auswahl eines nicht vorhandenen Zeichensatzes.
cdlCFLimitSize	Die Zeichensatzgröße ist nur im Bereich zwischen *Min* und *Max* einstellbar.
cdlCFScreenFonts	Nur Bildschirmzeichensätze anzeigen.
cdlCFPrinterFonts	Nur Druckerzeichensätze anzeigen.
cdlCFBoth	Sowohl Bildschirm als auch Druckerzeichensätze anzeigen.
cdlCFANSIOnly	Nur ANSI-Zeichensätze anzeigen (keine DOS-Zeichensätze, keine grafischen Zeichensätze wie Symbol, Wingdings oder ZapfDingbats).
cdlCFFixedPitchOnly	Nur Zeichensätze mit konstanter Zeichenbreite (Courier) anzeigen.

Eine für viele Anwendungen brauchbare Kombination lautet:

```
cdlCFBoth + cdlCFEffects + cdlCFForceFontExist
```

HINWEIS

Damit im Standarddialog überhaupt ein Zeichensatz ausgewählt werden kann, muß *Flags* zumindest *cdlCFScreenFonts* oder *cdlCFPrinterFonts* enthalten. (*cdlCFBoth* entspricht der Kombination dieser beiden Konstanten.) Andernfalls meldet sich Visual Basic mit der Fehlermeldung 'keine Schriftarten installiert'.

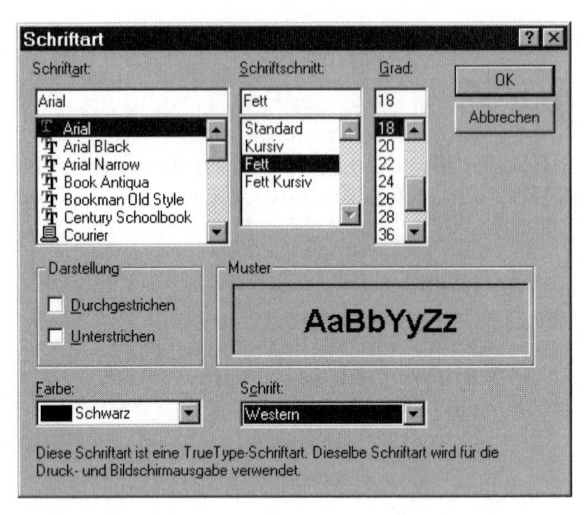

Bild 7.4: Standarddialog zur Einstellung der Schriftart

Das Font-Objekt

Obwohl ausgerechnet das *CommonDialog*-Steuerelement die Eigenschaft *Font* nicht kennt, muß diese Eigenschaft hier kurz beschrieben werden. Bei allen anderen Steuerelementen weist die *Font*-Eigenschaft auf ein gleichnamiges *Font*-Objekt, und erst über dessen Eigenschaften werden die Attribute eines Zeichensatzes eingestellt:

```
Label1.Font.Name = "Arial"
Label1.Font.Size = 14
```

Um das Ergebnis des Standarddialogs zur Veränderung des Zeichensatzes eines Steuerelements zu nutzen, kann folgende Tabelle zu Hilfe genommen werden:

CommonDialog	alle anderen Steuerelemente	
FontBold	*Font.Bold*	fett
FontItalic	*Font.Italic*	kursiv
FontName	*Font.Name*	Zeichensatzname
FontSize	*Font.Size*	Größe in Punkt
FontStrikeThru	*Font.StrikeThrough*	durchgestrichen (beachten Sie die unterschiedliche Schreibweise!)
FontUnderline	*Font.Unterline*	unterstrichen
	Font.Weight	Schriftstärke

Beachten Sie bitte, daß das *Font*-Objekt keinerlei Informationen über die Farbe enthält. Diese Information muß über die *ForeColor*-Eigenschaft des jeweiligen Steuerelements eingestellt werden. Die *Weight*-Eigenschaft kann alternativ statt *Bold* zur Einstellung der Schriftstärke verwendet werden. Der gültige Bereich reicht von 0 (dünne Schrift) bis 1000 (ganz fette Schrift). Übliche Werte sind 400 (*Bold=False*) und 700 (*Bold=True*).

Zur Zeit kommen nur wenige TrueType-Schriften (beispielsweise Arial) mit anderen Einstellungen als mit 400 und 700 zurecht.

Font-Objekte können auch unabhängig von Steuerlementen als eigenständige Objekttypen verwendet werden, müssen dann aber als Typ *StdFont* (mit einer Defaulteinstellung für den Zeichensatz) definiert werden.

```
Dim f As New StdFont
```

Die Hilfsfunktionen FontSel, InitCommonFont, ReadCommonFont

Vor dem Aufruf des Standarddialogs müssen Sie normalerweise eine Vielzahl von Eigenschaften einstellen, nach dem Aufruf müssen Sie diese wieder auswerten. In der Datei `CommonDialog.bas` befinden sich einige Hilfsfunktionen, die Ihnen diese Verwaltungsaufgaben weitgehend abnehmen. Am bequemsten ist das Unterprogramm *FontSel*. Durch die folgende Programmzeile wird der Standarddialog zur Einstellung der Zeichensatzeigenschaften des *Text1*-Steuerelements aufgerufen. Die aktuelle Einstellung dieses Steuerelements wird automatisch berücksichtigt; wenn der Dialog mit OK beendet wird, ändert die Funktion anschließend automatisch alle Eigenschaften des Steuerelements.

```
FontSel CMDialog1, Text1          'Zeichensatz von Text1 einstellen
```

Das Unterprogramm *InitCommonFont* erledigt die Initialisierung der Eigenschaften des *CommonDialog*-Steuerelements. Dabei werden die *FontXxx*-Eigenschaften des angegebenen Steuerelements verwendet. Außerdem werden die Elemente *CancelError, Min, Max* und *Flags* mit vernünftigen Werten vorbelegt.

```
InitCommonFont CMDialog1, Text1  'CMDialog1 initialisieren
```

Genau die umgekehrte Funktion erfüllt *ReadFontType*. Diese Prozedur liest die Eigenschaften des *CommonDialog*-Steuerelements und verändert damit die *FontXxx*-Eigenschaften des angegebenen Steuerelements.

```
ReadFontType CMDialog1, Text1    'CMDialog1 auswerten
```

Die Verwendung der beiden Funktionen sieht dann so aus:

```
On Error Resume Next
InitCommonFont CMDialog1, Text1
CMDialog1.ShowFont
If Err = 0 Then ReadCommonFont CMDialog1, Text1
```

Der Vorteil gegenüber der noch einfacheren Funktion *FontSel* liegt darin, daß Sie eine exaktere Kontrolle über die Eigenschaften des *CommonDialog*-Steuerelements haben und beispielsweise *Flags* selbst einstellen können.

Beispielprogramm

```
' Beispielprogramm Oberfläche\CommonDialog.bas
Public Const cdlCfDefault = _
  cdlCFBoth + cdlCFEffects + cdlCFForceFontExist
' Zeichensatz für ein Steuerelement ändern
Sub FontSel(cmdlg As CommonDialog, ctrl As Control)
  Dim ok%
  On Error Resume Next
  InitCommonFont cmdlg, ctrl    'Eigenschaften von cmdlg einstellen
  cmdlg.ShowFont                'Standarddialog Zeichensatz
  If Err = 0 Then               'Zeichensatz des Steuerel.
    ReadCommonFont cmdlg, ctrl  'ändern
  End If
End Sub
'FontInfo aus Steuerelement lesen, in cmFontType-Struktur schreiben
Sub InitCommonFont(cmdlg As CommonDialog, ctrl As Control)
  Dim fnt As Font
  On Error Resume Next
  Set fnt = ctrl.Font
  cmdlg.FontName = fnt.Name
  cmdlg.FontSize = fnt.Size
  cmdlg.FontBold = fnt.Bold
  cmdlg.FontItalic = fnt.Italic
  cmdlg.FontStrikethru = fnt.Strikethrough
  cmdlg.FontUnderline = fnt.Underline
  cmdlg.Color = ctrl.ForeColor
  cmdlg.Min = 0
  cmdlg.Max = 128
  cmdlg.Flags = cdlCfDefault
  cmdlg.CancelError = True
End Sub
'FontInfo aus commondialog lesen und in ctrl schreiben
Sub ReadCommonFont(cmdlg As CommonDialog, ctrl As Control)
  Dim fnt As Font
  On Error Resume Next
  Set fnt = ctrl.Font
  fnt.Name = cmdlg.FontName
  fnt.Size = cmdlg.FontSize
  fnt.Bold = cmdlg.FontBold
  fnt.Italic = cmdlg.FontItalic
  fnt.Strikethrough = cmdlg.FontStrikethru
  fnt.Underline = cmdlg.FontUnderline
  ctrl.ForeColor = cmdlg.Color
End Sub
```

7.3.4 Drucker auswählen

Genaugenommen gibt es nicht einen Standarddialog zur Einstellung der Druckparameter, sondern zwei. Bild 7.5 zeigt den Hauptdialog zur Einstellung des Druckbereichs und den Drucker-spezifischen Dialog zur Einstellung diverser Druckerparameter.

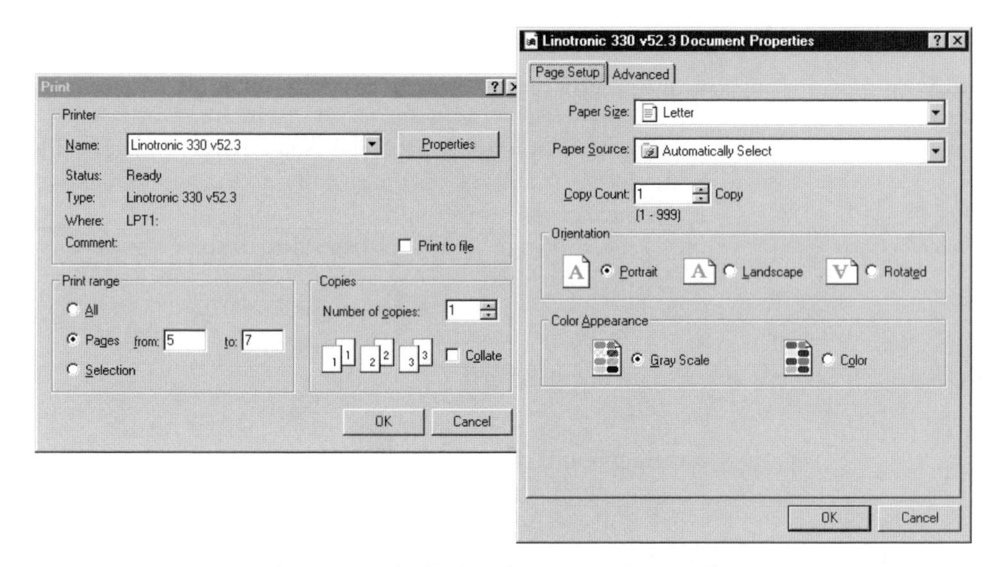

Bild 7.5: Standarddialoge für die Druckereinstellung

Solange nur die Parameter des Hauptdialogs im linken Teil von Bild 7.5 geändert werden, bereitet der Standarddialog kaum Schwierigkeiten. Die unten aufgezählten Eigenschaften des *CommonDialog*-Steuerelements werden verändert und müssen anschließend im Programm beim Ausdruck der Daten berücksichtigt werden.

Problematisch ist dagegen die Veränderung der Druckerparameter. Visual Basic stellt hierfür zwei prinzipielle Vorgehensweisen zur Verfügung:

- Wenn die *CommonDialog*-Eigenschaft *PrinterDefault* auf *True* gestellt wird, wird mit dem Standarddialog die Einstellung des Windows-Defaultdruckers verändert. Diese Einstellung gilt für alle Programme – nicht nur für das laufende Visual-Basic-Programm. Eine Veränderung durch ein Visual-Basic-Programm entspricht aber nicht dem Verhalten, das sich der Nutzer üblicherweise vom Programm erwartet. Der Vorteil liegt darin, daß weiterhin das Visual-Basic-*Printer*-Objekt zum Drucken verwendet werden kann – mit anderen Worten: minimaler Programmieraufwand.
- Alternativ dazu (mit *PrinterDefault=False*) gibt der Standarddialog den Device-Context (*hDC*-Eigenschaft) des neu eingestellten Druckers zurück. Das *Printer*-Objekt kann zum Ausdrucken nicht mehr verwendet werden, statt dessen müssen Windows-GDI-Funktionen verwendet werden. Das erfordert wiederum einigen

Programmieraufwand und setzt vor allem Wissen über die Interna der Druckerfunktionen von Windows voraus.

Der Standarddialog wird mit *ShowPrinter* gestartet. Anschließend müssen die unten aufgezählten Eigenschaften in ihren Prozeduren zum Ausdruck Ihrer Daten ausgewertet werden. Ausführliche Informationen zum Ausdruck von Grafik und Text finden Sie ab Seite 588.

Nun zu den Eigenschaften zur Voreinstellung bzw. Auswertung des Standarddialogs:

Min, Max	Eingrenzung des zulässigen Seitenbereichs (Voreinstellung)
FromPage, ToPage	Drucken von Seite bis Seite
Copies	Anzahl der Kopien, die pro Seite ausgedruckt werden sollen
hDC	neuer Device Context des eingestellten Druckers (Rückgabe)
Flags	Flags zur Feinabstimmung
PrinterDefault	falls *True*, darf der Windows-Defaultdrucker verändert werden (siehe oben)

Die Konstanten für die Flags-Eigenschaft

cdlPDPrintSetup	Sofort Dialog zur Einstellung der Druckerparameter anzeigen (statt des normalen Dialogs zur Einstellung der zu druckenden Daten).
cdlPDNoSelection	Auswahlkästchen MARKIERUNG nicht anzeigen.
cdlPDNoPagenums	Auswahlkästchen SEITEN sowie die Textfelder VON und BIS nicht anzeigen.
cdlPDDisablePrintToFile	Auswahlkästchen DRUCK IN DATEI in grauer Schrift (inaktiv) anzeigen.
cdlPDHidePrintToFile	Das Auswahlkästchen gar nicht angezeigen.
cdlPDUseDevmodeCopies	KOPIEN-Textfeld anzeigen, um den automatischen Ausdruck mehrerer gleicher Seiten zu ermöglichen.
cdlPDReturnDC	Rückgabe der *hDC*-Eigenschaft, falls die Druckereinstellung verändert wird.
cdlPDReturnIC	Rückgabe eines Informationkontext in der *hDC*-Eigenschaft. *hDC* kann anschließend mit der Windows-API-Funktion *GetDeviceCaps* ausgewertet werden.
cdlPDAllPages	Alle Seiten drucken (Voreinstellung / Ergebnis).
cdlPDSelection	Markierten Bereich drucken (Voreinstellung / Ergebnis).
cdlPDPageNums	Seitenbereich von-bis drucken (Voreinstellung / Ergebnis)
cdlPDCollate	Ausdruck mit mehreren Kopien pro Seite sortieren (Voreinstellung / Ergebnis).
cdlPDPrintToFile	In Datei drucken (Voreinstellung / Ergebnis).

Beispielprogramm

Im Beispielprogramm `CommonDialog` wird der Druckdialog mit einigen Voreinstellungen für *Min*, *Max* etc. aufgerufen. Nach Ende des Dialogs werden die neuen Werte in *FromPage* und *ToPage* sowie der Inhalt der *Flags*-Eigenschaft im Fenster ausgegeben.

```
' Beispielprogramm Oberfläche\CommonDialog.frm
' Standarddialog Druckereinstellung aufrufen
Private Sub btnPrint_Click()
  CMDialog1.CancelError = True
  CMDialog1.Copies = 1
  CMDialog1.Min = 1          'zulässiger Bereich
  CMDialog1.Max = 10
  CMDialog1.FromPage = 5     'Vorgabe
  CMDialog1.ToPage = 7
  CMDialog1.PrinterDefault = False
  CMDialog1.Flags = cdlPDPageNums + cdlPDUseDevModeCopies
  On Error Resume Next
  CMDialog1.ShowPrinter
  Cls
  If Err = 0 Then
    Print "Kopien: ", CMDialog1.Copies
    Print "Von: "; CMDialog1.FromPage; " bis "; CMDialog1.ToPage
    Print "Flags: "; Hex$(CMDialog1.Flags)
  Else
    Print "Abbruch"
  End If
End Sub
```

VERWEIS

Ein Beispiel zum Aufruf des Druckdialogs, bei dem anschließend eine Testseite mit GDI-Funktionen ausgedruckt wird, finden Sie auf Seite 599. Dieses Beispielprogramm demonstriert auch eine einfache Seitenvorschau und den Ausdruck in eine Datei.

7.3.5 Syntaxzusammenfassung

Meldungsdialog, Zeichenkette eingeben	
ergebnis = _ MsgBox(text, buttons, titel)	Meldung, Ja / Nein-Entscheidung
zeichenkette = _ InputBox(text, titel, default)	Zeichenkette eingeben

CommonDialog – Eigenschaften	
EigenschaftXxxx = ...	Initialisierung
Flags = ...	diverse Optionen
CancelError = True	damit Abbruch registriert werden kann

CommonDialog – Methoden	
On Error Resume Next	damit Abbruch registriert werden kann
ShowLoad / ShowSave /	Dialog anzeigen: Laden, Speichern unter
ShowColor / ShowFont /	Dialog anzeigen: Farbauswahl, Zeichensatz
ShowPrint	Dialog anzeigen: Drucken
If Err = 0 Then	falls OK
ergebnis = cm.EigenschaftXxxx ...	Auswertung
End If	

7.4 Windows-9x-Steuerelemente (Windows Common Controls)

Die *Windows Common Controls* werden häufig mit dem Sammelbegriff Windows-9x-Steuerelemente bezeichnet. Diese Bibliothek von Steuerelementen ermöglicht es, Visual-Basic-Programmen mit dem typischen 'Look and Feel' von Windows 9x bzw. Windows NT zu gestalten. Dieser Abschnitt beschreibt die gemeinsamen Eigenschaften dieser Steuerelemente. Die folgenden Abschnitte gehen dann auf die Details der unterschiedlichen Steuerelemente ein.

Eigenschaftsdialog

Eine gemeinsame Eigenschaft aller Windows-9x-Steuerelemente ist ein eigener Dialog zur Einstellung der Steuerelement-spezifischen Eigenschaften. Dieser Eigenschaftsdialog muß parallel zum normalen Visual-Basic-Eigenschaftsfenster verwendet werden. Im Eigenschaftsfenster werden weiterhin gewöhnliche Eigenschaften (Name des Steuerelements, Größe und Position etc.) eingestellt. Der über das Kontextmenü bzw. mit Alt+F4 erreichbare Eigenschaftsdialog enthält in mehr oder weniger übersichtlich angeordneten Dialogblättern weitere Einstellmöglichkeiten. Einige Eigenschaften können sowohl im Eigenschaftsfenster als auch im Eigenschaftsdialog eingestellt werden.

Eine zweite gemeinsame Eigenschaft der meisten neuen Windows-9x-Steuerelemente besteht darin, daß die Einstellung der Eigenschaften unglaublich umständlich und unübersichtlich organisiert ist. Wenn Sie Steuerelemente wie *TabStrip* oder *TreeView* das erste Mal verwenden, werden Sie sich zurecht fragen, ob es nicht auch einfacher gegangen wäre. Besonders irritierend ist die Tatsache, daß viele Einstellungen in der Entwurfsphase nicht angezeigt werden und erst nach dem Start des Programms sichtbar werden. Unverständlich ist auch, daß es hier seit Version 4 keinerlei Verbesserungen gegeben hat.

Generell bestehen bei der Programmierung von Visual-Basic-Programmen mit den neuen Steuerelementen zwei mögliche Vorgehensweisen:

- Die eine sieht so aus, daß Sie möglichst viele Einstellungen bereits im Eigenschaftsfenster bzw. -dialog durchführen und im Programmcode darauf aufbauen. Die Beispielprogramme dieses Buchs basieren auf dieser Vorgehensweise.
- Alternativ dazu können Sie die Einstellungen der meisten Eigenschaften auch im Programmcode vornehmen (üblicherweise in der *Form_Load*-Ereignisprozedur). Der Nachteil dieses Verfahrens besteht darin, daß es der Idee einer intuitiven Gestaltung von Formularen, wie sie unter Visual Basic üblich ist, widerspricht. Die umständlichen Eigenschaftsdialoge verleiten aber nach ersten Experimenten mit den Steuerelementen eher zum zweiten Ansatz – mit anderen Worten: Wenn Sie etwas Erfahrung mit den Steuerelementen haben, kann es schneller sein, den Code zur Initialisierung der Steuerelemente zu programmieren als diese Initialisierung mit Hunderten von Mausklicks im Eigenschaftsdialog vorzunehmen.

VERWEIS

Das BILD-Blatt des Eigenschaftsdialogs ist nicht für das Laden oder Einstellen von Bitmaps zuständig, die im Steuerelement angezeigt werden, sondern zum fast nie erforderlichen Neuladen einer Mauscursor-Datei. Wenn Sie in Windows-9x-Steuerelementen Bitmaps verwenden möchten, müssen Sie zuerst ein *ImageList*-Feld in Ihr Formular geben und in dieses die benötigten Bilddateien laden. Anschließend stellen Sie in dem Steuerelement, in dem die Bitmaps angezeigt werden sollen, eine Verbindung zum *ImageList*-Steuerelement her (Einstellung der *ImageList*-Eigenschaft). Erst jetzt können Sie auf die darin befindlichen Bitmaps über Indexzahlen zugreifen (siehe Seite 268).

Update von Version 5 auf Version 6

In Visual Basic 6 wurden die Windows-Common-Control-Bibliotheken nicht nur aktualisiert und erweitert, sondern auch neu organisiert. Die Dateien `ComCtl32.ocx` → `MsComCtl.ocx` und `ComCt232.ocx` → `MsComCtl2.ocx` wurden umbenannt. `ComCtl-32.dll` wurde in die `*.ocx`-Dateien integriert und wird daher nicht mehr benötigt. Des weiteren wurden die Bibliotheksnamen geändert: *ComctlLib* → *MSComctlLib* und *ComCtl2* → *MSComCtl2*.

Microsoft verspricht in der Online-Dokumentation (NEUES IN VB6 | AKTUALISIEREN), daß beim Laden eines VB5-Projekts mit Windows-Common-Control-Steuerelemente diese automatisch durch die neue Version ersetzt werden. In der Beta Version hat das auch klaglos funktioniert, in der Endversion dann leider nicht mehr. Microsoft hat in letzter Minute noch die UUIDs und Bibliotheksnamen geändert und dann offensichtlich auf einen Test verzichtet. (Der Fehler ist im Knowledge-Base-Artikel Q190952 bestätigt.)

Bis dieser Fehler mit einem Service Pack korrigiert wird, stehen Sie vor einem Dilemma: Das automatische Update funktioniert nicht, und ein manueller Wechsel der Bibliothek ist nur möglich, wenn Sie zuerst alle Steuerelemente aus Ihren Formularen entfernen und diese anschließend wieder einfügen und alle Eigenschaften neu einstellen – ein riesiger Arbeitsaufwand. Die möglicherweise beste Lösung besteht darin, vorläufig auf das Update zu verzichten und mit den alten Bibliotheken weiter zu arbeiten. (Dann können Sie in diesen Programmen allerdings keines der neuen Common-Control-Steuerelemente mit Ausnahme der *Coolbar* verwenden!)

Als Übergangslösung können Sie das auf der beiliegenden CD-ROM befindliche Programm `Zusatzsteuerelemente\Repair\Repair.exe` verwenden. Das Benutzeroberfläche des Programms besteht im wesentlichen aus einem Listenfeld, in das Sie die zu korrigierenden `*.vbp`- und `*.frm`-Dateien per Drag and Drop vom Explorer fallen lassen können. (Sie können im Explorer übrigens einfach alle betroffenen VB-Dateien finden, in dem Sie nach allen Dateien suchen, die die Zeichenketten 'COMCTL32.OCX' oder 'COMCT232.OCX' enthalten.)

Sobald Sie nun den REPAIR-Button anklicken, werden die UUIDs / Dateinamen sowie die Bibliotheksnamen für Version 6 eingefügt. Von den ursprünglichen Dateien wird mit der Kennung `*.bak` eine Sicherheitskopie angefertigt.

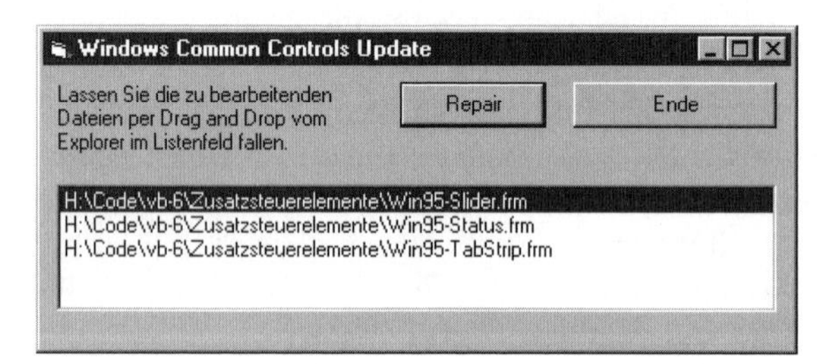

Bild 7.6:Manuelles Update der Windows Common Controls von Version 5 auf Version 6

VORSICHT

Bitte betrachten Sie dieses Programm als eine Übergangslösung und wenden Sie es nur mit Vorsicht an (nachdem Sie eine Sicherheitskopie Ihres gesamten Projekts erstellt haben). Das Programm hat zwar dem Autor gute Dienste geleistet, es ist aber nicht sicher, ob es wirklich in jedem Fall funktioniert. So wurde das Programm nicht mit allen zu VB5 verfügbaren Service Packs getestet. Ebenso ist nicht abzusehen, wie das Bugfix von Microsoft im ersten VB6-Service-Pack aussieht. Möglicherweise treten dann neuerlich Probleme auf.

Leider hat sich offensichtlich auch das Binärformat für Bitmaps im *ImageList*-Steuerelement geändert. Diese erscheinen nach dem Update geschwärzt und müssen neu eingefügt werden.

7.5 Schieberegler (Slider)

Das *Slider*-Feld ist eine grafisch ansprechende Alternative zu den Bildlaufleisten, wenn ein Wert innerhalb eines Wertebereichs eingestellt werden soll. Im Beispielprogramm (siehe nebenstehende Abbildung) wird es dazu verwendet, die Geschwindigkeit zu kontrollieren, mit der sich der Kreis im schwarzen Bildfeld bewegt.

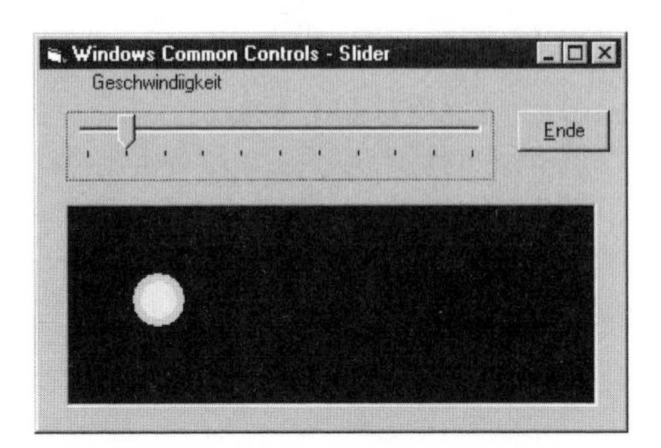

Bild 7.7: Das Slider-Steuerelement

Die charakteristischen Eigenschaften des Steuerelements entsprechen den Bildlaufleisten: *Min* und *Max* bestimmen den zulässigen Wertebereich, *Small-* und *LargeChange* das Ausmaß der Änderung, wenn der Slider verschoben bzw. angeklickt wird. Beim Verschiebens des Sliders treten *Change*-Ereignisse auf, am Ende ein *Click*-Ereignis.

Innerhalb der Skala kann ein Bereich zusätzlich markiert werden. Dazu muß *SelectRange* auf *True* gestellt werden. *SelStart* und *SelLength* bestimmen Position und Länge der Markierung. *SelStart* und *SelLength* werden bei einer Verschiebung des Sliders nicht verändert; es ist die Aufgabe des Programmierers, sich darum zu kümmern.

Das Aussehen des Sliders wird am bequemsten im Eigenschaftsdialog eingestellt: *TickFrequency* bestimmt, ab wieviel Einheiten ein Skalenstrich angezeigt werden soll. Dank *TickStyle* können die Skalenstriche oberhalb, unterhalb, auf beiden Seiten oder gar nicht angezeigt werden. *Orientation* bestimmt die Ausrichtung des Sliders (horizontal oder vertikal).

Im Beispielprogramm wird ein Großteil des Codes dazu benötigt, den bewegten Kreis zu zeichnen. Die *Timer1_Timer*-Prozedur wird alle 50 ms aufgerufen (20 mal in der Sekunde). Darin wird der alte Kreis gelöscht und anschließend der neue gezeichnet. Damit das funktioniert, wurde für das Bildfeld *AutoRedraw=True* eingestellt. Als Zeichenmodus wird *vbXorPen* verwendet, so daß zwei aufeinanderfolgende gleichartige Zeichenoperationen einander auslöschen.

```
' ZusatzSteuerelemente\Win95-Slider
Dim speed
Private Sub Form_Load()
  speed = Slider1.Value
End Sub
Private Sub Slider1_Change()
  Label1 = "Geschwindigkeit: " & Slider1.Value
  speed = Slider1.Value
End Sub
```

```
Private Sub Slider1_Scroll()
  Label1 = "Geschwindigkeit: " & Slider1.Value
  speed = Slider1.Value
End Sub
Private Sub Timer1_Timer()
  Static not_first_time, winkel
  Static oldx, oldy
  If not_first_time Then
    winkel = winkel + speed / 100
    Picture1.Circle (oldx, oldy), 200
    oldx = Picture1.ScaleWidth * (1.5 + Sin(winkel)) / 3
    oldy = Picture1.ScaleHeight * (1.5 + Cos(winkel)) / 3
    Picture1.Circle (oldx, oldy), 200
  Else
    not_first_time = 1
    Picture1.DrawMode = vbXorPen
    Picture1.FillStyle = vbFSSolid
    oldx = Picture1.ScaleWidth * (1 + Sin(winkel)) / 3
    oldy = Picture1.ScaleHeight * (1 + Cos(winkel)) / 3
    Picture1.Circle (oldx, oldy), 200
  End If
End Sub
```

Slider – Eigenschaften	
Min / Max	zulässiger Wertebereich
Small- / LargeChange	Wertänderung
TickFrequency	Häufigkeit der Skalenstriche
TickStyle	Aussehen der Skalenstriche
Value	aktuelle Position
SelectRange	zusätzliche Bereichsmarkierung (*True / False*)
SelPosition, SelLength	Ort und Größe der Bereichsmarkierung

Slider – Ereignisse	
Change	der Slider wird verschoben
Click	der Slider wurde verschoben (Ende der Einstellung)

7.6 Zustandsanzeige (ProgressBar)

Das *ProgressBar*-Feld wird bei länger andauernden Prozessen dazu verwendet, dem Anwender das Gefühl zu vermitteln, daß das Programm noch läuft und Fortschritte macht. Die Programmierung ist denkbar einfach: *Min* und *Max* geben den zulässigen

Wertebereich an, *Value* den aktuellen Zustand. Die Prozentanzeige in der nebenstehenden Abbildung wurde durch ein zusätzliches Labelfeld realisiert.

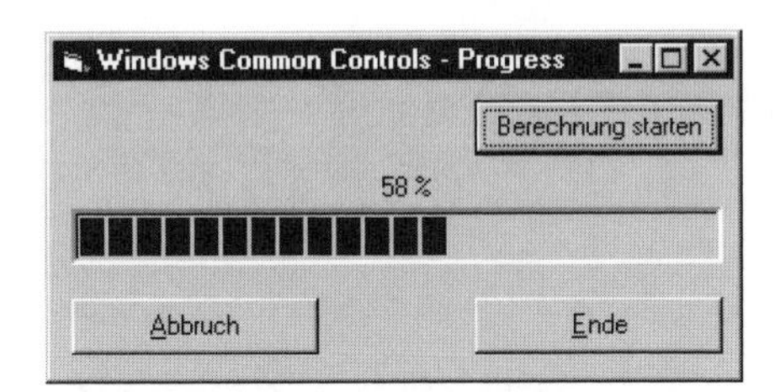

Bild 7.8: Das ProgressBar-Steuerelement

Im Beispielprogramm wird ein *Timer*-Feld dazu verwendet, um das Verstreichen einer zehntel Sekunde zu messen. (Eine tatsächliche Berechnung wird nicht durchgeführt.) Mehr Informationen zu Hintergrundprozessen und zum Umgang mit *DoEvents* finden Sie auf Seite 663.

```
' Zusatzsteuerelemente\Win995-Progress
Dim cancel
Private Sub Command1_Click()
  Dim i
  cancel = 0
  Command1.Enabled = False
  For i = 1 To 100
    ProgressBar1.Value = i
    Label1 = i & " %"
    ' eine zehntel Sekunde warten
    Timer1.Interval = 100
    Do
      DoEvents
    Loop Until Timer1.Interval = 0
    If cancel Then Exit For
  Next
  ProgressBar1.Value = 0
  Label1 = ""
  Command1.Enabled = True
End Sub
Private Sub Command2_Click()
  cancel = 1
End Sub
Private Sub Command3_Click()
  End
End Sub
```

```
Private Sub Timer1_Timer()
  Timer1.Interval = 0
End Sub
```

Progress – Eigenschaften	
Min / Max	zulässiger Wertebereich (default: 0 bis 100)
Value	aktueller Wert

7.7 Mehrblättrige Dialoge (TabStrip)

Mit dem *TabStrip*-Steuerelement können Sie mehrblättrige Dialoge zu entwerfen. Leider ist der Entwurf eines *TabStrip*-Dialogs derart zeitraubend, daß Sie es kaum ein zweites Mal versuchen werden. Ohne gründliches Studium des Handbuchs oder der Online-Hilfe ist ohnedies jeder Versuch zum Scheitern verurteilt. In den meisten Fällen ist es sinnvoller, das auf Seite 317 beschriebene *SSTab*-Steuerelement.

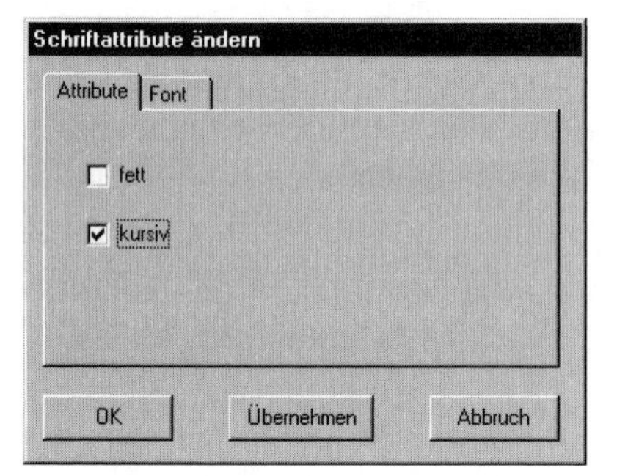

Bild 7.9: Ein mehrblättriger Dialog

Beispielprogramm

Der Entwurf des nebenstehenden Dialogs beginnt mit dem Einfügen des *TabStrip*-Felds. Zur Beschriftung öffnen Sie über das Kontextmenü das Eigenschaftsfenster. Dort fügen Sie ein zweites Blattregister (das dort Registrierkarte genannt wird) hinzu und führen die Beschriftung durch. Falls Sie in den Blattregistern Bilder anzeigen möchten, müssen Sie in das Formular ein *ImageList*-Feld einfügen, die Bitmap dorthin laden und diese schließlich wie bei *CommandBar*, *ListView* oder *TreeView* mit dem *TabStrip*-Feld verbinden.

Wenn Sie glauben, Sie könnten nun einfach Steuerelemente in die einzelnen Blätter einfügen, so täuschen Sie sich. Das *TabStrip*-Feld ist nämlich nicht in der Lage, Steuerelemente aufzunehmen, schon gar nicht in jedem Blatt eigene. Die einzige Funktion des Steuerelements besteht darin, die Blattregister anzuzeigen! Die Steuerelemente pro Blatt müssen Sie in eigene Bildfelder einfügen. Es ist sinnvoll, die Bildfelder als Steuerelementfeld (also mit demselben Namen) zu definieren und die gleichen Indexnummern wie im *TabStrip*-Feld zu verwenden. Die Bildfelder sollten so groß sein wie der Innenbereich der *TabStrip*-Felder. Während der Entwurfsphase ist es sinnvoll, die Bildfelder nebeneinander zu plazieren, damit Sie effizienter arbeiten können.

Wenn Sie soweit gekommen sind wie in Bild 7.10, sollten Sie die Umrandung der Bildfelder abschalten (*BorderStyle=0*). Anschließend verschieben Sie die Bildfelder über das *TabStrip*-Feld. (Die Bildfelder liegen jetzt übereinander, d.h., es kann nur noch das oberste Blatt bearbeitet werden. Ein Anklicken der Blattregister nützt gar nichts. Sie können aber das oberste Bildfeld mit der rechten Maustaste anklicken und mit IN DEN HINTERGRUND BRINGEN nach hinten verschieben. Damit wird das nächste Bildfeld sichtbar.)

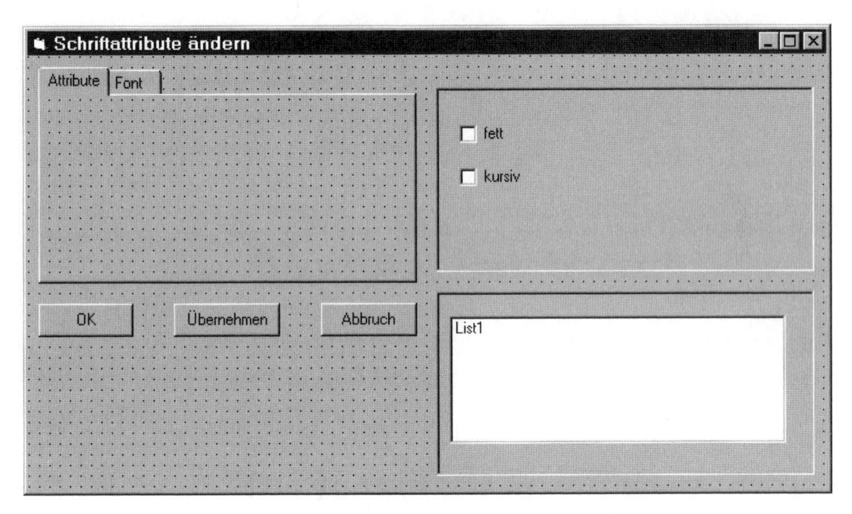

Bild 7.10: Das TabStrip-Feld in der Entwurfsphase

Programmcode

Der Programmcode zum Beispielprogramm entspricht weitgehend dem des Beispielprogramms zum *SSTab*-Steuerelement (Seite 317), weswegen auf einen Abdruck verzichtet wurde. Die einzige Neuigkeit im Programmcode betrifft die Bildfelder mit den Steuerelementen für die einzelnen Blätter. Das *TabStrip*-Feld ist nicht einmal in der Lage, das ausgewählte Bildfeld selbst in den Vordergrund zu stellen. Vielmehr erhalten Sie ein *Click*-Ereignis. In der Ereignisprozedur rücken Sie dann das ausgewählte Bildfeld mit der Methode ***ZOrder*** ganz nach oben. Der Programmcode unten geht davon aus, daß die Bildfelder *TabPicture* genannt wurden und deren Indexnummern mit den Indexnummern des TabStrip-Felder übereinstimmen.

```
' Zusatzsteuerelemente\Win95-TabStrip.frm
' das richtige Bild mit Steuerelementen nach oben bewegen
Private Sub TabStrip1_Click()
  TabPicture(TabStrip1.SelectedItem.Index - 1).ZOrder 0
End Sub
```

Noch eine Anmerkung zum Objektmodell des *TabStrip*-Steuerelements: Jedes Registerblatt gilt als *Tab*-Objekt, die ganze Liste dieser Objekte kann über die *Tabs*-Aufzählung angesprochen werden. Eigenschaften des *Tab*-Objekts sind unter anderem *Caption, Image, ToolTipText*.

Syntaxzusammenfassung

TabStrip – Eigenschaften	
ClientLeft, -Top, -Width, -Height	Bereich, der für Steuerelemente genutzt werden kann
MultiRow	Blätter in mehreren Zeilen (*True / False*)
SelectedItem	verweist auf das aktuelle *Tab*-Objekt
Tabs	Zugriff auf *Tab*-Objekte

TabStrip – Ereignis	
Click	ein anderes Dialogblatt wurde angeklickt

Tab – Eigenschaften	
Caption	Beschriftung des Dialogblatts

7.8 Bitmap-Container (ImageList)

Das *ImageList*-Feld ist ein Container für Bitmaps, der im Regelfall zusammen mit anderen Steuerelementen (*ToolBar, TreeView, ListView* etc.) verwendet wird. Das *ImageList*-Feld ist während des Programmentwurfs nur in Form eines kleinen Icons im Formular sichtbar, nach dem Programmstart wird es ganz unsichtbar. Die in das Steuerelement geladenen Bitmaps werden erst über andere Steuerelemente sichtbar.

Am einfachsten wird das System anhand eines Beispiels verständlich: Wenn Sie in einer Symbolleiste bunte Buttons darstellen möchten, fügen Sie in Ihr Formular ein *ImageList*-Feld ein. Über den Eigenschaftsdialog (Bild 7.11) laden Sie die gewünschten Bitmaps in das Steuerelement (am besten in der Reihenfolge, in der sie auch in der Symbolleiste erscheinen sollen). Entscheidend für den Zugriff auf die Bitmaps in einem anderen Steuerelement sind die Eigenschaften *Index* und *Key*. Die *Index*-Eigenschaft wird beim Laden der Bitmaps vorgegeben. Dafür kann die *Key*-Eigenschaft mit einem beliebigen Text belegt werden, der dann in einem zweiten Steuerelement zur Identifizierung der Bitmaps verwendet wird.

Im zweiten Schritt fügen Sie ein *ToolBar*-Feld in das Formular ein. Im Blatt ALLGEMEIN des *Toolbar*-Eigenschaftsdialogs geben Sie für die *ImageList*-Eigenschaft den Namen des *ImageList*-Steuerelements ein. (Der Defaultname lautet *ImageList1*, es ist aber wie bei allen Steuerelementen sinnvoll, aussagekräftigere Namen zu vergeben.) Damit ist eine Verbindung zwischen den beiden Steuerelementen hergestellt.

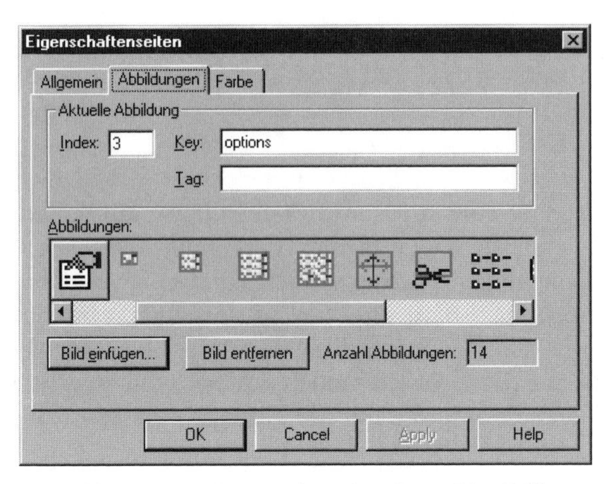

Bild 7.11: Die Bitmap-Liste eines ImageList-Felds

TIP

Bitmaps zur Gestaltung von Symbolleisten finden Sie in den Verzeichnissen `Common\Graphics\Bitmaps\Offctlbr` und `-\Tlbr_w95` der VB-CD-ROM. Einen raschen Überblick über den Inhalt dieser Verzeichnisse erhalten Sie mit dem Beispielprogramm `Zusatzsteuerelemente\BitmapViewer` auf der beiliegenden CD-ROM. Seit Version 6 kommt *ImageList* übrigens nicht nur mit `*.bmp`-Dateien, sondern auch mit `*.gif`, `*.cur` und `*.jpg` zurecht.

ACHTUNG

Sobald Sie das *ImageList*-Feld mit einem anderen Steuerelement verbunden haben, können Sie die vorhandenen Bitmaps des *ImageList*-Felds weder ändern noch löschen noch zwischen den vorhandenen Bitmaps neue Bitmaps einfügen! Um überhaupt noch Bitmaps einfügen zu können, müssen Sie zuerst die letzte Bitmap anklicken. Jetzt können neue Bitmaps am Ende der Liste eingefügt werden. Wenn Sie wirklich eine vorhandene Bitmap ändern möchten, müssen Sie im zugeordneten zweiten Steuerelement (also beispielsweise in einem *ToolBar*-Feld) die Verbindung zum *ImageList*-Feld auflösen. Damit verlieren Sie aber alle *Image*-Einstellungen, d.h., Sie müssen später allen Buttons wieder von neuem die Bitmaps zuordnen. Ein weiterer Geniestreich bei der Konzeption der Windows-9x-Steuerelemente!

Im dritten Schritt fügen Sie im SCHALTFLÄCHEN-Blatt des *Toolbar*-Eigenschaftsdialogs Buttons in die Symbolleiste ein. Jeden dieser Buttons können Sie über die Eigenschaft *Image* mit einer Bitmap aus dem *ImageList*-Feld verbinden. Dabei müssen Sie die Indexnummer oder den *Key*-Text angeben. (Lästig ist dabei, daß Sie die Indexnummer oder den *Key*-Text auswendig wissen sollten. Es ist nicht möglich, den Eigenschaftsdialog des *ImageList*-Felds und eines anderen Steuerelements gleichzeitig anzuzeigen. Das ständige Neuaktivieren des Eigenschaftsdialogs – mal für *ImageList* und mal für *Toolbar* – ist extrem lästig. Ein Schildbürgerstreich!) Sobald Sie den Button ÜBER-

NEHMEN anklicken, zeigt Visual Basic die eingestellte Bitmap im Steuerelement tatsächlich an.

Bitmap-Größe

Alle Bitmaps im *ImageList*-Feld müssen dieselbe Größe aufweisen. Im Regelfall wird die Größe durch die erste geladene Bitmap bestimmt, alle weiteren Bitmaps werden dann auf diese Größe skaliert. Alternativ dazu können Sie bereits vor dem Laden der ersten Bitmap im ALLGEMEIN-Blatt eine Größe vorgeben, auf die dann alle Bitmaps (inklusive der ersten) skaliert werden. Eine nachträgliche Veränderung der Größe ist nicht möglich. Wenn Sie die Größe dennoch ändern wollen, müssen Sie alle Bitmaps rauswerfen, die Größe ändern und dann die Bitmaps neu laden ...

BackColor und MaskColor

BackColor und *MaskColor* werden im FARBEN-Dialogblatt eingestellt. Welchen Sinn diese beiden Farben haben, ist leider nie ganz klar geworden. Angeblich bestimmt *MaskColor* jene Farbe der Bitmaps, die als durchsichtig gilt. *BackColor* wäre dann die dort sichtbare Hintergrundfarbe. Tatsächlich ist dieses Verhalten aber nicht reproduzierbar. Um eine gute Qualität bei der Darstellung der Bitmaps zu gewährleisten, sollten Sie die Defaulteinstellung von *MaskColor* ändern und auf Weiß stellen. Bewährt hat es sich auch, für *BackColor* und *MaskColor* dieselben Farben einzustellen wie für die Hintergrundfarbe des Steuerelements, in dem die Bitmaps angezeigt werden (d.h. meistens zweimal Grau oder zweimal Weiß).

Programmierung

In das *ImageList*-Feld können nicht nur während des Formularentwurfs Bitmaps geladen werden, es besteht auch die Möglichkeit, dies dynamisch im Programmcode zu tun. Die wichtigste Eigenschaft des *ImageList*-Felds lautet ***ListImages*** und verweist auf ein *ListImages*-Objekt. Dieses Objekt enthält wiederum eine Aufzählung von *ListImage*-Objekten. (Verwechseln Sie die ähnlichen Namen nicht: *ImageList*-Steuerelement, *ListImages*-Aufzählung und *ListImage*-Objekt.) Die wichtigsten Methoden von *ListImages* sind *Clear* (alle *ListImage*-Objekte löschen), *Add* (neues *ListImage*-Objekt hinzufügen) und *Remove* (*ListImage*-Objekt entfernen).

Der Zugriff auf die einzelnen *ListImage*-Objekte erfolgt entweder durch die Angabe eines Index oder durch eine Zeichenkette. Die Zeichenkette muß mit der *Key*-Eigenschaft eines *ListImage*-Objekts übereinstimmen:

```
ImageList1.ListImages(3).Picture = ...
ImageList1.ListImages("stopicon").Picture = ...
```

Die ***ListImage***-Objekte dienen als Container für die Bitmaps – d.h., jede Bitmap wird in einem *ListImage*-Objekt gespeichert. *Picture* stellt neben *Index* und *Key* die wichtigste

Eigenschaft dar. Der Programmcode zum Erzeugen einer neuen Bitmap in einem *ImageList*-Feld sieht folgendermaßen aus:

```
ImageList1.ListImages.Add [index], [key] , bmp
```

Die Bitmap *bmp* kann durch *LoadPicture(datname)* oder durch die *Image*- oder *Picture*-Eigenschaft eines anderen Steuerelements (meistens eines Bildfelds) angegeben werden. Die Angabe eines Index und / oder einer Zeichenkette für die *Key*-Eigenschaft sind optional.

Wie im Eigenschaftsdialog gilt auch im Programmcode, daß ein vorhandenes *ImageList*-Feld nur dann frei veränderbar ist, wenn keine Verbindung zu einem anderen Steuerelement vorhanden ist. Da es im Programmcode keine (dokumentierte) Möglichkeit gibt, die Verbindung einfach zu trennen, muß beim Programmentwurf ein weiteres leeres *ImageList*-Feld vorgesehen werden. Bevor Sie Änderungen an Ihrem *ImageList*-Feld vornehmen, ersetzen Sie die Verbindung zu dem Steuerelement durch eine neue Verbindung:

```
steuerel.ImageList = ImageList2  'Verbindung zu ImageList1 trennen
ImageList1.ListImages.Clear      'ImageList1 bearbeiten
ImageList1.ListImages.Add ...
steuerel.ImageList = ImageList1  'neue Verbindung herstellen
```

Auch hier gilt, daß anschließend die Zuordnung zu den Bitmaps im *ImageList*-Feld wieder neu hergestellt werden muß. Ein Beispiel für die dynamische Veränderung eines *ImageList*-Felds im Zusammenspiel mit dem *ListView*-Feld finden Sie auf Seite 355.

Syntaxzusammenfassung

***ImageList* – Eigenschaften**	
ImageWidth	Breite der Bitmaps in der *ListImages*-Aufzählöung
ImageHeight	Höhe der Bitmaps
ListImages.Count	Anzahl der Bitmaps
ListImages(index / keytext)	Zugriff auf ein *ListImage*-Objekt
ListImages.Add	neues *ListImage*-Objekt (also eine Bitmap) einfügen
ListImages.Remove	*ListImage*-Objekt löschen
ListImages.Clear	alle Bitmaps löschen

***ListImage* – Eigenschaften**	
Index	Indexnummer des Objekts
Key	Text zum Zugriff auf das Objekt
Picture	der eigentliche Inhalt (eine Bitmap)

7.9 Symbolleiste (ToolBar)

Mit Office 97 hat Microsoft eine neue Form kombinierter Menü- und Symbolleisten eingeführt (Objekt *CommandBar*). Für Visual-Basic-Programmierer heißt es aber weiterhin: Bitte warten! Das *CommandBar*-Objekt wird in Visual Basic nicht unterstützt (d.h. nur zur Add-In-Programmierung, aber nicht in eigenständigen Programmen).

Symbolleisten können mit dem hier beschriebenen *ToolBar*- oder mit dem auf Seite 314 beschriebenen *Coolbar*-Feld (*Common Controls 3*) gebildet werden. Beide Steuerelemente zeichnen sich aber nicht gerade durch besonderen Komfort während der Programmerstellung aus. Noch trostloser ist die Situation bei Menüs: Sie müssen sich mit dem auf Seite 445 beschriebenen Menü-Editor bescheiden, der seit Visual Basic 1 nicht mehr nennenswert verbessert wurde.

TIP

Seit Version 6 steht ein *Toolbar*-Assistent zur Verfügung, der beim Entwurf neuer Symbolleisten viel Zeit spart. Bevor Sie den Assistenten verwenden können, müssen Sie mit ADD-INS | ADD-IN MANAGER den ANWENDUNGSASSISTENTEN aktivieren. Anschließend steht das Kommando ADD-INS | TOOLBAR ASSISTENT zur Verfügung, mit den eine neue Symbolleiste in das aktuelle Formular eingefügt wird.

Einstellungen im Eigenschaftsdialog

Der Entwurf einer Symbolleiste beginnt damit, daß Sie das Steuerelement in Ihr Formular einfügen. Die Symbolleiste wird durch ***Align****=1* (Defaulteinstellung) automatisch am oberen Fensterrand plaziert und nimmt die gesamte Breite in Anspruch. Bei einer Größenänderung des Fensters paßt sich die Symbolleiste automatisch an. Weitere mögliche Orte sind der untere, linke oder rechte Rand (*Align=2,3,4*).

Im ALLGEMEIN-Blatt des Eigenschaftsdialogs sind einige allgemeine Optionen einzustellen: ***AllowCustomize*** bestimmt, ob die Symbolleiste im laufenden Programm vom Anwender verändert werden kann. Wenn die Eigenschaft auf *True* steht, kann per Doppelklick ein Veränderungsdialog angezeigt werden. ***ShowTips*** gibt an, ob während der Buttonauswahl sogenannte *ToolTip*-Texte angezeigt werden, wenn die Maus längere Zeit über einen Button verweilt. *Enabled* aktiviert oder deaktiviert die ganze Symbolleiste. ***Wrappable*** bestimmt, ob die Symbolleiste bei schmalen Fenstern automatisch auf mehrere Zeilen verteilt wird.

ButtonWidth und ***ButtonHeight*** bestimmen Breite und Höhe der Buttons. Die Eigenschaften sind normalerweise durch die Größe der Bitmaps der Buttons vorgegeben. Sie können manuell größere Werte einstellen, nicht aber kleinere.

Mit der ***Style***-Eigenschaft kann bestimmt werden, ob die Buttons der Symbolleiste im 3D-Look (wie in Office 95) oder im moderneren 2D-Look (wie in Office 97) angezeigt werden sollen.

Die eigentliche Gestaltung der Symbolleiste erfolgt im SCHALTFLÄCHEN-Dialogblatt: Mit SCHALTFLÄCHE EINFÜGEN können Sie unmittelbar hinter dem gerade aktiven Button einen neuen Button einfügen. Die Buttons werden automatisch durchnumeriert, die *Index*-Eigenschaft kann nicht manuell verändert werden.

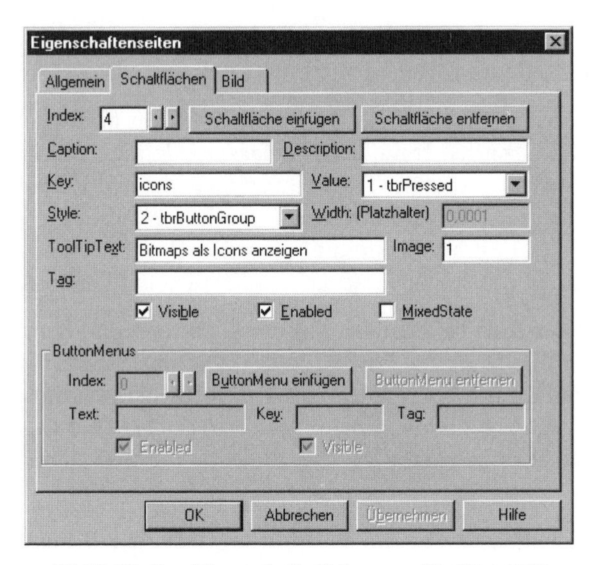

Bild 7.12: Der Eigenschaftsdialog zum ToolBar-Feld

Mit ***Style*** stellen Sie den Typ des Buttons ein. Zur Auswahl stehen:

0 normaler Einzelbutton (Defaulteinstellung): Dieser Buttontyp wird zum Ausführen von Kommandos (etwa zum Speichern) verwendet.

1 Check-Button: Der Button verweilt in der gedrückten Position und springt erst durch nochmaliges Anklicken zurück in den Ausgangszustand. Dieser Buttontyp wird zur Einstellung von Eigenschaften verwendet (etwa Schriftart fett).

2 ButtonGroup: Mehrere Buttons dieses Typs bilden eine Gruppe. Das Anklicken des einen Buttons deaktiviert die anderen Buttons der Gruppe. Buttongruppen werden wie Optionsfelder zur Einstellung voneinander ausschließenden Eigenschaften verwendet (etwa Textausrichtung linkbündig, zentriert oder rechtsbündig).

3 Separator: Der Button dient zur Trennung von Buttongruppen. In der Symbolleiste erscheint statt des Buttons ein kleiner Freiraum. Separator-Buttons erhöhen die Übersichtlichkeit innerhalb der Symbolleiste.

4 Placeholder: Anstelle des Buttons wird ein Freiraum variabler Breite gelassen. An diese Stelle kann dann per Programmcode ein anderes Steuerelement in die Symbolleiste eingefügt werden (siehe Teilabschnitt *Eigene Steuerelemente in Symbolleisten* etwas weiter unten).

5 Dropdown (neu in Version 6): Rechts vom Button wird ein kleiner Pfeil angezeigt, um so ein Dropdown-Menü zu kennzeichnen. Die Einträge dieses Menüs

werden über den Button BUTTONMENU EINFÜGEN erzeugt und anschließend über die *ButtonMenus*-Eigenschaften beschriftet. (Die Menüeinträge bestehen ausschließlich aus Text, Bitmaps wie bei den Toolbar-Buttons werden nicht unterstützt.)

Beschriftung der Buttons bzw. Menüeinträge

Microsofts Programmierer haben ihrer Phantasie bei fünf ähnlichen, aber doch unterschiedlichen Texteigenschaften freien Lauf gelassen: ***Caption*** bestimmt den im Button (unterhalb der Bitmap) angezeigten Text. Normalerweise werden in Symbolleisten nur Bitmaps angezeigt, *Caption* bleibt dann leer. ***Description*** gibt den Text an, der im Dialog zur Veränderung der Symbolleiste im laufenden Programm angezeigt wird. Wenn Sie *AllowCustomize* auf *False* setzen, sind *Description*-Texte überflüssig.

Schon wichtiger ist der ***Key***-Text: Er erlaubt einen bequemen Zugriff auf die einzelnen Buttons im Programmcode in der Form *ToolBar1.Buttons("keytext")*. In der ***Tag***-Eigenschaft lassen sich weitere Informationen zur Auswertung im Programmcode speichern (wird selten benötigt). Als letztes kann noch die ***ToolTipText***-Eigenschaft eingestellt werden: Dieser Text wird angezeigt, wenn die Maus längere Zeit über einem Button verweilt (nur bei *ShowTips=True*).

Über die ***Image***-Eigenschaft wird die Verbindung zu einer Bitmap des zugeordneten *ImageList*-Feld hergestellt (siehe auch den vorangegangenen Abschnitt). Seit Version 5 kann dankenswerterweise nicht nur eine Indexzahl angegeben werden, die auf eine Bitmap im zugeordneten *ImageList*-Feld verweist, sondern auch einer der *Key*-Texte im *ImageList*-Feld.

Der Zustand des Buttons wird durch die Eigenschaften *Value* und *MixedState* bestimmt: ***Value*** gibt an, ob der Button gedrückt ist, ***MixedState*** deutet an, daß kein eindeutiger Zustand vorliegt. (Der Button wird dann grau unterlegt. Dieser Zustand ist beispielsweise dann sinnvoll, wenn ein Textbereich markiert ist, der sowohl fetten als auch normalen Text enthält. Für einen FETT-Button gibt es daher keinen klar definierten Zustand.) *Visible* und *Enabled* geben an, ob der Button sichtbar ist und ob er verwendet werden kann.

Programmierung

Unter der Oberfläche des Eigenschaftsdialogs sind die Buttons der Symbolleiste als eigenständige Objekte vom Typ ***Button*** implementiert. Der Zugriff erfolgt über die Eigenschaft ***Buttons***. Menüelemente werden über die ***ButtonMenus***-Aufzählung des *Button*-Objekts angesprochen.

```
MSComctlLib.Toolbar                  das Toolbar-Steuerelement
 ├─ Buttons                          Aufzählung aller Buttons / Gruppen / Abstandhalter etc.
 │   └─ Button                       das Button-Objekt
 │       └─ ButtonMenus              Aufzählung der Menüeinträge (nur für Button.Style=5)
 │           └─ ButtonMenu           das ButtonMenu-Objekt
 └─ ImageList
```

Im einfachsten Fall besteht der ganze Code zur Symbolleiste aus einer einzigen *ToolBar_ButtonClick*-Ereignisprozedur. An die Prozedur wird der angeklickte Button als Objekt übergeben. Durch die Auswertung der *Key-* oder *Index*-Eigenschaft des *Button*-Objekts kann festgestellt werden, welcher der Buttons angeklickt wurde. Bei Check-Buttons und bei Button-Gruppen erfolgt eine automatische Umstellung des Button-Zustands; es muß also nur die *Value*-Eigenschaft ausgelesen werden, um den aktuellen Zustand festzustellen.

```
Private Sub Tool_ButtonClick(ByVal Button As MSComctlLib.Button)
  Select Case Button.Key
  Case "open"      'Datei öffnen
    ...            'etc.
```

Bei Dropdown-Menüs tritt zuerst ein ***ButtonDropDown***-Ereignis auf, das gegebenenfalls dazu genutzt werden kann, das Menü unmittelbar vor dem Erscheinen noch zu verändern (etwa um es an den aktuellen Status des Programms anzupassen). Wird tatsächlich ein Menüeintrag ausgewählt, führt dies zu einem ***ButtonMenuClick***-Ereignis, dessen Auswertung wie in der *ButtonClick*-Ereignisprozedur erfolgen kann.

Natürlich können sämtliche im Eigenschaftsdialog vorgenommenen Einstellungen auch per Programmcode realisiert werden. Über *Buttons.**Add*** können Sie neue Buttons hinzufügen, mit ***Remove*** wieder löschen.

VERWEIS

Der Umgang mit den Methoden *Add* und *Remove*, die für alle Windows-9x-Steuerelemente weitgehend gleich funktionieren, wird am Beispiel der *ListView-* und *TreeView*-Steuerelemente ab Seite 283 demonstriert. Ein Beispiel zum Umgang mit Symbolleisten finden Sie auf Seite 355.

Eigene Steuerelemente in der Symbolleiste

Viele Programme setzen in der Symbolleiste nicht nur Buttons, sondern auch andere Steuerelemente ein. Diese Möglichkeit besteht auch beim *Toolbar*-Feld, wenngleich der dazu eingesetzte Mechanismus nicht besonders elegant ist. Die Idee besteht darin, daß ein Button im Eigenschaftsdialog als *Placeholder* gekennzeichnet wird (d.h. Button-Eigenschaft *Style=4*). Im Eigenschaftsdialog kann auch gleich eine Breite für das Steuerelement angegeben werden. (Diese Einstellung kann aber auch erst im Programmcode erfolgen.) Der so eingestellte Button ist wirklich nur ein Platzhalter – in der Toolbar ist einfach nur ein leerer Bereich ohne Funktion sichtbar.

Der nächste Schritt besteht darin, das gewünschte Steuerelement – beispielsweise ein Listenfeld – an der gewünschten Stelle in die Toolbar einzufügen. Zur exakten Positionierung des Steuerelements muß entweder die Rasterausrichtung deaktiviert werden (EXTRAS | OPTIONEN | ALLGEMEIN) oder *Left* und *Top* müssen im Eigenschaftsfenster manuell eingestellt werden.

HINWEIS

Wenn Sie eigene Steuerelemente verwenden, sollten Sie die *Wrappable*-Eigenschaft der Toolbar auf *False* stellen. Der Grund: Bei einer Verschmälerung des Fensters kann es passieren, daß der Steuerelement-Platzhalter in die zweite Zeile rutscht. Ein Beispiel für ein Listenfeld in einer Symbolleiste gibt das BitmapViewer-Programm, das ab Seite 355 beschrieben wird.

VERWEIS

Ein Beispielprogramm zur Verwaltung einer Symbolleiste finden Sie auf Seite 319. Das Programm zeigt, wie auf der Basis des *RichText*-Felds ein einfacher Texteditor mit Menü, Status- und Symbolleiste programmiert werden kann.

Verschiebbare Symbolleisten

Im Prinzip ist es nicht schwierig, durch Anwendung der Drag-and-Drop-Technik verschiebbare Symbolleisten zu realisieren. Die Eigenschaft *Wrappable* muß dazu unbedingt auf *True* gesetzt werden, damit die Buttons bei einer Anordnung der Symbolleiste am linken oder rechten Rand untereinander statt nebeneinander plaziert werden. Ein Beispiel finden Sie auf Seite 555 im Zusammenhang mit *Drag-and-Drop*-Programmiertechniken.

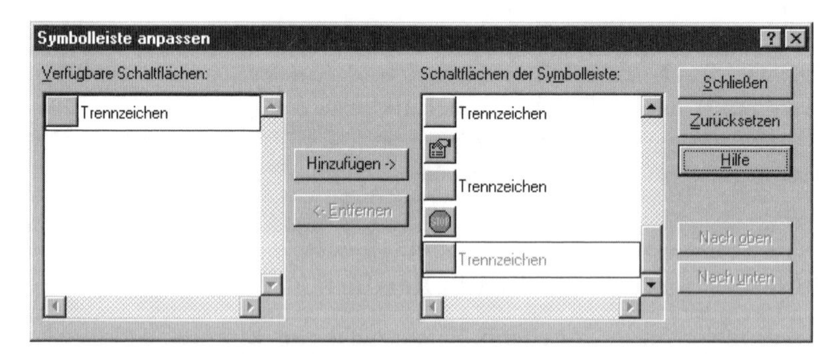

Bild 7.13: Dialog zur Veränderung der Symbolleiste im laufenden Programm

Veränderung der Symbolleiste während des Programmablaufs

Wenn Sie die Eigenschaft ***AllowCustomize*** im Eigenschaftsdialog auf *True* (Defaulteinstellung) belassen, kann der Anwender Ihres Programms durch einen Doppelklick einen Dialog zur Veränderung der Symbolleiste aufrufen. Das ist mit keinem zusätzlichen Programmieraufwand verbunden (es sei denn, Sie wollen die neue Einstellung speichern). Der automatisch angezeigte Dialog ist allerdings weder besonders schön noch intuitiv zu bedienen. Achten Sie darauf, daß Sie beim Formularentwurf *Description*-Texte angeben, die die einzelnen Buttons beschreiben. (In Bild 7.13 war das nicht der Fall.)

Syntaxzusammenfassung

***ToolBar* – Eigenschaften**	
Align	Ausrichtung oben, unten, links, rechts (1,2,3,4)
AllowCustomize	Veränderung im laufenden Programm (*True / False*)
ImageList	verweist auf *ImageList* mit Bitmaps
ShowTips	*ToolTipText* anzeigen (*True / False*)
Wrappable	Verteilung der Buttons auf mehrere Zeilen
Buttons.Count	Anzahl der Buttons
Buttons(index / keytext)	Zugriff auf Buttons
Buttons.Add	Button hinzufügen
Buttons.Remove	Button löschen
Buttons.Clear	alle Buttons löschen

***ToolBar* – Ereignisse**	
ButtonClick	ein Button wurde angeklickt
ButtonDropDown	bevor ein DropDown-Menü erscheint
ButtonMenuClick	ein Eintrag eines DropDown-Menüs wurde ausgewählt

***Button* – Eigenschaften**	
Style	Buttontyp (normal, Check-Button, Button-Group, Separator, Placeholder, Dropdown: 0,1,2,3,4,5)
Image	gibt Indexnummer / *Key*-Text des *ImageList*-Felds an
Caption	Text, wird im Button angezeigt
Description	Beschreibung, wird im Customize-Dialog angezeigt
Key	Text zum Zugriff auf des Objekt
Tag	Platz für (unsichtbare) Zusatzinformationen
ToolTipText	wird angezeigt, wenn Maus länger über Button verweilt
Value	Zustand (0 / 1 für nicht gedrückt / gedrückt)
MixedState	undefinierter Zwischenzustand (*True / False*)
Enabled	Button kann verwendet werden (*True / False*)
Left / Top / Width / Height	Position und Größe des Buttons innerhalb der Toolbar

7.10 Statusleiste (StatusBar)

Im Vergleich zur Symbolleiste ist die Gestaltung der Statusleiste recht einfach. Generell kann die Statusleiste auf zwei Arten verwendet werden: In der einfachen Variante (***Style***=*1*) kann nur ein einziger Text über die Eigenschaft ***SimpleText*** dargestellt werden. Für wenig anspruchsvolle Anwendungen ist das ausreichend.

Wenn Sie *Style* dagegen auf 0 belassen (Defaulteinstellung), können in der Statusleiste mehrere sogenannte Panels dargestellt werden (in der Online-Dokumentation sehr treffend mit Grundflächen übersetzt; da bleibt dieses Buch doch lieber bei Panels ...). Panels sind Informationseinheiten, in denen verschiedene Informationen angezeigt werden. Bei einigen Informationstypen (z.B. Uhrzeit) kümmert sich das *StatusBar*-Feld selbst um die Aktualisierung, ansonsten ist das Programm dafür zuständig.

Einstellungen im Eigenschaftsdialog

Die meisten Einstellungen werden im GRUNDFLÄCHEN-Blatt des Eigenschaftsdialogs durchgeführt werden. Mit EINFÜGEN und ENTFERNEN können neue Panels hinzugefügt bzw. vorhandene Panels gelöscht werden. Der Panel-Typ wird über die ***Style***-Eigenschaft eingestellt: Mögliche Einstellungen sind unter anderem 0 (Text), 1 (CapsLock), 2 (NumLock), 3 (Einfüge- / Überschreibmodus), 5 (Datum) und 6 (Uhrzeit). Außer bei *Style=0* kümmert sich Visual Basic um den Inhalt des Panels. Bei *Style=0* können Sie die *Text*-Eigenschaft beim Formularentwurf voreinstellen und dann im Programmcode je nach Bedarf dynamisch einstellen. Die ***Key***-Eigenschaft ermöglicht im Programmcode einen übersichtlichen Zugriff auf die Panels: *StatusBar1.Panels("keytest").*

Die Größe der Panels wird über zwei Eigenschaften eingestellt: ***MinWidth*** bestimmt die minimale Breite des Panels (unabhängig vom Inhalt). ***AutoSize*** gibt an, wie sich die Breite des Panels je nach ihrem Inhalt und der Fensterbreite ändern soll. Mögliche Einstellungen sind 0 (manuelle Einstellung der Breite), 1 (die Panels füllen den gesamten zur Verfügung stehenden Platz aus, d.h., die Größe orientiert sich an der Fensterbreite) oder 2 (Größe je nach Inhalt).

Bevel bestimmt das Layout des Panels: Die Defaulteinstellung lautet 1 (Inset), d.h., das Panel erscheint ein wenig zurückgesetzt. Andere Einstellungen sind 0 (neutral) oder 2 (herausgerückt). ***Alignment*** bestimmt, wie der Inhalt innerhalb des Panels ausgerichtet werden soll (linksbündig, rechtsbündig oder zentriert).

Geradezu sensationell ist die Möglichkeit, Bitmap-Dateien direkt in ein Panel zu laden (also ohne den Umweg über *ImageList*-Felder). Da stellt sich nur die Frage, warum bei den anderen Windows-9x-Steuerelementen nicht ebenfalls diese einfache Lösung gewählt wurde.

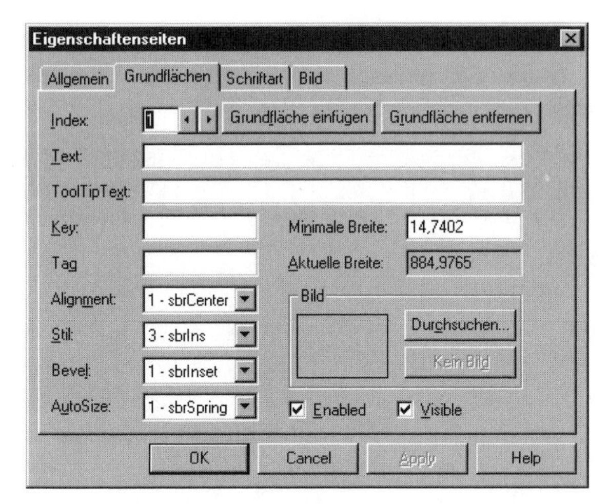

Bild 7.14: Der Eigenschaftsdialog zum StatusBar-Feld

Programmierung

Üblicherweise werden die meisten Eigenschaften der Statusleiste bereits beim Formularentwurf voreingestellt, so daß sich die Programmierung auf die Veränderung der *Text*-Eigenschaft einiger Panels beschränkt. Die Panels werden von Visual Basic als eigenständige ***Panel***-Objekte betrachtet, der Zugriff erfolgt über die ***Panels***-Eigenschaft des Statusbar-Felds.

Eigene Steuerelemente in der Statusleiste

Anders als die Toolbar sieht die Statusleiste keine Möglichkeit vor, andere Steuerelemente zu integrieren. Ein Grund mag darin bestehen, daß eine fixe Plazierung wegen der sehr dynamischen Größenverwaltung der einzelnen Panels nur schwer möglich wäre.

Dennoch wäre es manchmal praktisch, in der Statusbar eine Zustandsanzeige über Ladeinformationen etc. anzuzeigen – wie man es eben aus Excel oder WinWord gewohnt ist. Die folgenden Programmzeilen zeigen einen Weg dorthin.

Bild 7.15: Zustandsanzeige innerhalb der Statusleiste

Am Beginn der Prozedur wird die *Style*-Eigenschaft des Panels auf 1 gestellt, d.h., in der Statuszeile kann jetzt nur noch ein einziger Text angezeigt werden (Eigenschaft *SimpleText*). Als nächstes wird ein *ProgressBar*-Feld am rechten Ende der Statusbar plaziert und sichtbar gemacht. In der folgenden Schleife wird ein länger dauernder Prozeß mit der *Sleep*-Funktion simuliert. (In Visual Basic fehlt ein *Wait*- oder *Pause*-

Kommando. *Sleep* ist ein guter Ersatz. Während der *Sleep*-Zeit steht praktisch die ganze Rechenkapazität anderen Prozessen zur Verfügung. Die Deklaration von DLL-Funktionen wird auf Seite 612 näher beschrieben.)

```
' Beispielprogramm Zusatzsteuerelemente\Win95-Status.frm
Private Declare Sub Sleep Lib "kernel32" (ByVal dwMilliseconds _
  As Long)
Private Sub Command1_Click()
  Dim st As Object, pr As Object, i&
  Set st = StatusBar1
  Set pr = ProgressBar1
  st.Style = 1
  st.SimpleText = "Jetzt wird gearbeitet"
  pr.Top = st.Top + 30
  pr.Height = st.Height - 30
  pr.Left = st.Width - pr.Width
  pr.Visible = True
  pr.ZOrder 0
  For i = 1 To 100
    pr = i
    Sleep 50
    DoEvents
  Next i
  pr.Visible = False
  st.Style = 0   'alten Zustand wiederherstellen
End Sub
Private Sub Form_Resize()
  Dim pr As ProgressBar, st As StatusBar
  Set st = StatusBar1
  Set pr = ProgressBar1
  pr.Top = st.Top + 30
  pr.Height = st.Height - 30
  pr.Left = st.Width - pr.Width
  pr.ZOrder 0
End Sub
```

Syntaxzusammenfassung

StatusBar – Eigenschaften	
Style	Typ: 0 mit Panels, 1 nur *SimpleText* anzeigen
SimpleText	Text für *Style=1*
Panels.Count	Anzahl der Panels ermitteln
Panels(index / keytext)	Zugriff auf Panels

Panels.Add.	Panel hinzufügen
Panels.Remove ...	Panel löschen
Panels.Clear	alle Panels löschen

***Panel* – Eigenschaften**	
Style	Panel-Typ: 0 für Text, 5 für Datum, 6 für Zeit etc.
Text	Inhalt des Panels (für *Style=0*)
Alignment	Ausrichtung des Inhalts (0 links, 1 zentriert, 2 rechts)
Picture	Bitmap, die im Panel angezeigt wird
AutoSize	Größe: 0 manuell, 1 so groß wie möglich, 2 je nach Inhalt
MinWidth	Mindestbreite
Width	tatsächliche Breite
Bevel	Layout: 0 flach, 1 zurückgesetzt, 2 hervorgehoben
Key	Text zum Zugriff auf des Objekt

7.11 Tabellen (ListView)

Das *ListView*-Feld dient zur Darstellung von Listen. Das bekannteste Programm, das auf dem *ListView*-Steuerelement basiert, ist der Explorer. Die meisten Merkmale der Dateiansicht des Explorers können Sie mit etwas Programmieraufwand auch in Visual-Basic-Programmen mit dem *ListView*-Feld erreichen: Anzeige tabellarischer Daten in verschiedenen Formaten (mit und ohne Icons), Sortierung nach dem Inhalt einzelner Spalten, problemlose Veränderung der Spaltenbreite etc. Häufig wird das *ListView*-Steuerelement in Kombination mit dem *TreeView*-Feld eingesetzt, das Thema des nächsten Abschnitts ist.

HINWEIS

In Version 6 wurde das Steuerelement mit einigen neuen Eigenschaften ausgestattet, unter anderem *Checkboxes* zur Anzeige von Auswahlkästchen bei den Listeneinträgen, *ColumnHeaderIcons* zur Anzeige von Icons in den Tabellenüberschriften, *FlatScrollbar* zur Darstellung 'flacher' Bildlaufleisten (Windows-98-Look) und *HoverSelection* zur automatischen Selektion von Einträgen, wenn die Maus darüber einige Zeit verweilt (also ohne Mausklick!). Zur komfortableren Programmierung gibt es zudem die neuen *ListSubItem[s]*-Objekte.

Alternativen

Zur Darstellung von Tabellen kommen gleich fünf mit Visual Basic mitgelieferte Steuerelemente in Frage:

- Das hier beschriebene *ListView*-Steuerelement: Sein wesentlicher Vorzug besteht in den unterschiedlichen Anzeigeformen mit unterschiedlich großen Icons.

- Das *MSFlexGrid*-Steuerelement: Dieses Steuerelement orientiert sich im Aussehen und in seiner Funktion eher an Tabellenkalkulationsprogrammen. Es bietet sehr viele Möglichkeiten zur Formatierung einzelner Zellen (Seite 334).
- Das *DBGrid*- (DAO) bzw. *DataGrid*-Steuerelement (ADO): Im Gegensatz zu den drei obigen Steuerelementen ermöglicht es einen direkten Zugang auf Daten einer Datenbank (Seite 841).
- Das *MSHFlexGrid*-Steuerelement: Diese Variante zu *MSFlexGrid* eignet sich besonders zur Darstellung hierarchische Daten aus ADO-Datenbanken (Seite 851).

Allgemeine Einstellungen im Eigenschaftsdialog

Die folgenden Absätze beschreiben die wichtigsten Eigenschaften des *ListView*-Felds, soweit sie bereits beim Programmentwurf im Eigenschaftsdialog eingestellt werden können. Dort können allerdings noch keine Listeneinträge definiert werden – dieser Schritt muß dann im Programmcode erfolgen. Von zentraler Bedeutung für das Erscheinungsbild des *ListView*-Felds sind die Eigenschaften *View* und *Arrange*. ***View*** gibt an, wie die Liste angezeigt wird:

0 (*lvwIcon*)	Anzeige mit großen Icons, Beschriftung unterhalb der Icons, Plazierung je nach *Arrange*
1 (*lvwSmallIcon*)	Anzeige mit kleinen Icons, Beschriftung neben den Icons, Plazierung je nach *Arrange*
2 (*lvwList*)	wie 1, spaltenweise Plazierung
3 (*lvwReport*)	wie 2, aber ausführlichere Informationen zu jedem Eintrag in mehreren Spalten; die Spalten sind mit grauen Spaltenköpfen beschriftet

Arrange ist nur für die Einstellungen *View=0* oder *View=1* relevant. In diesen Fällen bestimmt *Arrange*, wie die Icons im Steuerelement angeordnet werden. Mögliche Einstellungen sind:

0 (*lvwNone*)	die Icons können vom Anwender mit der Maus nach Belieben plaziert werden
1 (*lvwAutoLeft*)	die Icons werden spaltenweise beginnend am linken Rand des Steuerelements plaziert
2 (*lvwAutoTop*)	die Icons werden zeilenweise beginnend mit dem oberen Rand des Steuerelements plaziert

LabelWrap gibt an, ob die Beschriftung von Icons bei *View=0* auf mehrere Zeilen aufgeteilt werden kann. Das ist sinnvoll, um auch längere Texte in schmalen Spalten anzuzeigen.

AllowColumnReorder gibt an, ob der Anwender die Reihenfolge der Spalten bei *View=3* verändern darf. (Im Programmcode kann die Spaltenreihenfolge durch die Veränderung der *Position*-Eigenschaft des *ColumnHeader*-Objekt ausgelöst werden.)

Checkboxes bestimmt, ob neben allen Listeneinträgen Auswahlkästchen angezeigt werden sollen. Die Auswahlkästchen können nur einzeln verändert werden, eine Veränderung für eine ganze Gruppe von Einträgen ist nicht möglich. Die Auswahlkästchen können unabhängig von der Markierung der Listeneinträge ausgewählt werden. Damit stehen gleichzeitig zwei Selektionsmöglichkeiten zur Verfügung: Diese Doppelgleisigkeit kann leicht Verwirrung stiften – überlegen Sie also zweimal, ob Sie dieses in Version 6 eingeführte Feature nutzen möchten! (Im Programmcode erfolgt die Auswertung der beiden Markierungen über die *Selected*- und *Checked*-Eigenschaften des *ListItem*-Objekts.)

Mit ***FlatScrollbar*** wird man in Zukunft vermutlich bestimmen können, ob die Bildlaufleisten des Steuerelements im flachen Windows-98-Look erscheinen sollen. Momentan werden die Bildlaufleisten bei *FlatScrollbar=True* allerdings gleich ganz unsichtbar.

HoverSelection bestimmt, ob ein Listeneintrag automatisch selektiert wird, wenn die Maus darüber einige Zeit verweilt (also ohne Mausklick!). Die Eigenschaft ***HotTrakking*** hat im Widerspruch zu den Informationen aus der Online-Dokumentation dieselbe Wirkung wie *HoverSelection*. Möglicherweise wird die Eigenschaft in Zukunft aber wie beschrieben funktionieren und nur ein optisches Feedback geben, den Eintrag aber nicht wirklich selektieren.

Weitere Einstellungen

Im ABBILDUNGSLISTEN-Blatt des Eigenschaftsdialogs können Sie die Namen von zwei *ImageList*-Feldern angeben. Aus dem ersten Feld (Eigenschaft ***Icons***) werden die Bitmaps für die Icons der Ansicht mit *View=0* entnommen, aus dem zweiten Feld (***SmallIcons***) die Bitmaps für die Icons der drei anderen Modi.

> HINWEIS
>
> Achten Sie darauf, daß Sie *MaskColor* auf Weiß stellen – sonst werden die Icons in einem leichten Grauton angezeigt. Prinzipiell können Sie das *ListView*-Feld auch ohne Icons verwenden, damit geht allerdings der Reiz dieses Steuerelements verloren.

Im SORTIERUNGS-Blatt des Eigenschaftsdialogs können Sie angeben, ob die Einträge sortiert werden, und wenn ja, nach welchem Kriterium. Die Eigenschaft ***SortKey*** entspricht dabei der Spaltennummer. (Die Numerierung beginnt zur Abwechslung mit 0. Alle anderen Aufzählungen des *ListItem*-Felds beginnen mit 1.) ***SortOrder*** gibt an, ob auf- oder absteigend sortiert werden soll. Die Sortierordnung kann selbstverständlich jederzeit geändert werden. Damit Zahlen und Daten korrekt sortiert werden, sind allerdings einige Besonderheiten zu beachten, die etwas weiter unten behandelt werden.

Als letzter Einstellungspunkt bleiben nun noch die Spaltentitel: Deren Einstellung ist nur erforderlich, wenn Sie das Listenfeld mit *View=3* verwenden möchten. Im Blatt

SPALTENKÖPFE können Sie beliebig viele Spaltenköpfe einfügen und beschriften. Die Eigenschaft ***Alignment*** gibt an, wie die Spalte ausgerichtet werden soll. (Die Defaulteinstellung für eine linksbündige Ausrichtung ist selten sinnvoll.) *Width* gibt die Spaltenbreite vor. (Die Spaltenbreite kann im laufenden Programm einfach mit der Maus eingestellt werden.)

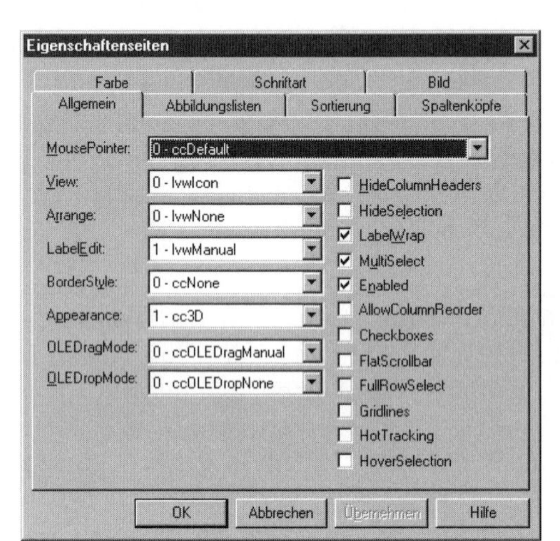

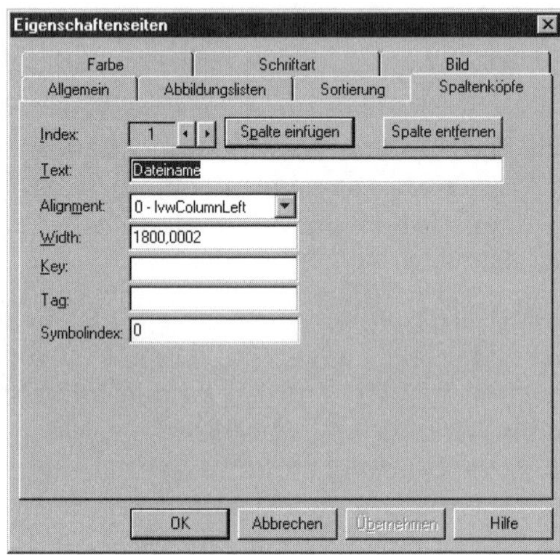

Bild 7.16: Zwei Blätter aus dem Eigenschaftsdialog des ListView-Felds

Objekthierarchie

Grundlage für die Programmierung des *ListView*-Felds ist das Verständnis für das Konzept, wie das Steuerelement die Listeneinträge verwaltet. Es verwendet dazu die beiden Aufzählobjekte *ListItems* und *ColumnHeaders*, die wiederum auf beliebig viele *ListItem*- und *ColumnHeader*-Objekte verweisen. Neu in Version 6 sind die *ListSubItems*-Aufzählung und die dort referenzierten *ListSubItem*-Einträge, die eine vielseitiger Steuerung des Aussehens der Listeneinträge ab der zweiten Spalte (nur bei *View=3*) zulassen.

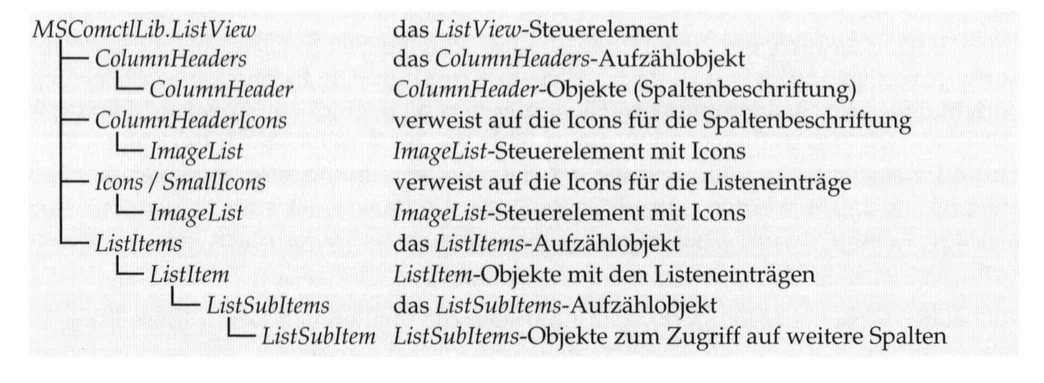

MSComctlLib.ListView	das *ListView*-Steuerelement
├─ *ColumnHeaders*	das *ColumnHeaders*-Aufzählobjekt
│ └─ *ColumnHeader*	*ColumnHeader*-Objekte (Spaltenbeschriftung)
├─ *ColumnHeaderIcons*	verweist auf die Icons für die Spaltenbeschriftung
│ └─ *ImageList*	*ImageList*-Steuerelement mit Icons
├─ *Icons / SmallIcons*	verweist auf die Icons für die Listeneinträge
│ └─ *ImageList*	*ImageList*-Steuerelement mit Icons
└─ *ListItems*	das *ListItems*-Aufzählobjekt
└─ *ListItem*	*ListItem*-Objekte mit den Listeneinträgen
└─ *ListSubItems*	das *ListSubItems*-Aufzählobjekt
└─ *ListSubItem*	*ListSubItems*-Objekte zum Zugriff auf weitere Spalten

Jedes ***ListItem***-Objekt enthält in der *Text*-Eigenschaft den im *ListView*-Feld angezeigten Text des Listeneintrags. Die ***Icon***-Eigenschaft enthält die Nummer des bei *View=0* angezeigten Icons. (Die Indexnummer bezieht sich auf das durch die *Icons*-Eigenschaft des *ListView*-Felds zugeordnete *ImageList*-Feld.) ***SmallIcon*** enthält die Nummer des angezeigten kleinen Icons für *View=1,2,3*. (Diese Indexnummer bezieht sich auf das durch *SmallIcons* zugeordnete zweite *ImageList*-Feld.)

Die Texte für mehrspaltige Listeneinträge (*View=3*) können am einfachsten über die *SubItems*-Eigenschaft erzeugt und verändert werden. Obwohl der Name es nahelegt, verweist ***SubItems*** nicht auf eine weitere Objektaufzählung, sondern ist wie ein Textfeld zu verwenden. *SubItems(1)=...* definiert also den Text für die zweite Spalte, *SubItems(2)=...* den Text für die dritte Spalte etc. (Der Text für die erste Spalte ist ja schon durch die *Text*-Eigenschaft des *ListItem*-Objekts definiert.) Die Anzahl der erlaubten Indizes ist durch die Spaltenanzahl vorgegeben. Spalten können entweder während des Formularentwurfs im Eigenschaftsdialog hinzugefügt werden oder im Programmcode durch *ListView1.ColumnHeaders.Add.*

Alternativ besteht seit Version 6 auch die Möglichkeit, die mehrspaltigen Einträge über die ***ListSubItems***-Aufzählung anzusprechen. Wenn die Spalteneinträge nicht bereits durch eine einfache Zuweisung *SubItems(n)=...* erzeugt wurden, muß *ListSubItems.Add* verwendet werden. Die *Text*-Eigenschaft der ***ListSubItem***-Objekte entspricht den *SubItems*-Einstellungen (d.h. *SubItems(n)* und *ListSubItems(n).Text* verweisen auf denselben Text). Darüberhinaus können über die Eigenschaften *Bold, ForeColor* und *Tag* weitere Eigenschaften eingestellt werden.

ColumnHeaders verweist auf eine Gruppe von *ColumnHeader*-Objekten. Jedes ***ColumnHeader***-Objekt enthält in der *Text*-Eigenschaft den Beschriftungstext für die Spalte. ***SubItemIndex*** enthält die Spaltennummer (beginnend mit 0, damit die Ziffern mit *SubItems(n)* übereinstimmen). ***Width*** gibt die Breite der Spalte an.

ANMERKUNG

ColumnHeader-Objekte werden nur für die Report-Ansicht des *ListView*-Felds benötigt (*View=3*). Die *ColumnHeader*-Objekte werden üblicherweise bereits während des Formularentwurfs im Eigenschaftsdialog voreingestellt. Insofern sind deren Eigenschaften für die Programmierung oft von zweitrangiger Bedeutung.

Programmierung

Die Programmierung des *ListView*-Felds ist weit weniger kompliziert, als die obige (übrigens bei weitem noch nicht vollzählige) Beschreibung der wichtigsten Eigenschaften vermuten läßt. Im folgenden werden einige wichtige Programmiertechniken kurz beispielhaft beschrieben.

Listeneintrag hinzufügen

Im einfachsten Fall reicht die folgende Programmzeile:

```
ListView1.ListItems.Add [pos], [key], text, [iconnr], [siconnr]
```

Die meisten Parameter von ***Add*** sind optional: *index* gibt die Indexposition an, an der das neue Element in die Liste eingefügt werden soll. Wenn auf die Angabe verzichtet wird, hängt Visual Basic das Element am Ende der Liste an. (Das ist fast immer ausreichend. Im *ListView*-Feld kann die Anzeige der Liste dann ohnedies nach unterschiedlichen Kriterien sortiert werden.)

In *key* können Sie eine eindeutige Zeichenkette zur Identifizierung des Eintrags angeben. *text* gibt den Text des Listeneintrags ein, *iconnnr* die Nummer einer Bitmap aus dem *Icons-ImageList*-Feld und *siconnr* die Nummer einer Bitmap aus dem *SmallIcons-ImageList*-Feld an. Die Icon-Nummern dürfen die Anzahl der in den *ImageList*-Feldern gespeicherten Bitmaps natürlich nicht übersteigen.

Die *Add*-Methode erlaubt es nicht, Text für mehrere Spalten (*View=3*) anzugeben. Um einen mehrspaltigen Eintrag einzufügen, sieht die Vorgehensweise ein wenig anders aus. Mit *Set* wird jetzt das Ergebnis von *Add* – das neu erzeugte *ListItem*-Objekt – vorübergehend in einer Variablen gespeichert. Über diese Variable kann nun auf die *SubItems*-Eigenschaft zugegriffen werden, um Texte für die weiteren Spalten zuzuweisen.

```
Dim litem As ListItem
Set litem = ListView1.ListItems.Add( ... )  'Parameter wie oben
litem.SubItems(1) = ...                     'Text für 2. Spalte
litem.SubItems(2) = ...                     'Text für 3. Spalte
```

Wenn Sie bei mehrspaltigen Einträgen außerdem noch die Formatierung ändern möchten, müssen Sie *ListSubItems* zum Zugriff auf die *ListSubItem*-Objekte verwenden:

```
litem.ListSubItems(2).ForeColor = RGB(...)  'Farbe für 3. Spalte
```

Listeneintrag löschen

```
ListView1.ListItems.Remove index            'oder
ListView1.ListItems.Remove key
```

Gesamte Liste löschen

```
ListView1.ListItems.Clear
```

Liste neu sortieren

Als Sortierkriterium für die Liste gilt die im Eigenschaftsdialog voreingestellte Sortierordnung. Wenn Sie diese Ordnung ändern möchten, müssen Sie die drei *Sort*-Eigenschaften neu einstellen:

```
ListView1.SortKey = n        'n bestimmt die Spalte (beginnend mit 0)
ListView1.SortOrder = 0/1    '0 auf-, 1 absteigend
ListView1.Sorted = True      'jetzt neu sortieren
```

ACHTUNG

Listeneinträge werden wie Zeichenketten sortiert. Aus diesem Grund ist "10" kleiner als "2"! Zahlen werden also falsch sortiert. Abhilfe: Stellen Sie allen Zahlen so viele Leerzeichen voran, daß alle Einträge gleich lang sind (also beispielsweise " 1" mit zwei Leerzeichen, " 11" mit einem Leerzeichen und "111" ohne Leerzeichen, wenn Sie maximal dreistellige Zahlen haben. Im Programmcode sieht das dann etwa so aus:

```
litem.SubItems(1) = Space(10 - Len(Str(x))) & x
```

Dieselben Probleme treten auch bei Daten auf. Eine Möglichkeit besteht darin, Daten so anzugeben, daß zuerst das Jahr, dann der Monat und zuletzt der Tag enthalten ist. Für diese Art der Konvertierung eignet sich *Format* hervorragend.

```
litem.SubItems(2) = Format(datumzeit, "yy-mm-dd  hh:nn")
```

Daten in der Form 95-10-06 sind im deutschen Sprachraum allerdings unüblich und sehen nicht besonders schön aus. Sie können das Problem auch so lösen, daß Sie das Datum in zwei Spalten eintragen, einmal in einem sortierbaren Format und dann in der üblichen Schreibweise (10.6.95). Die erste Spalte machen Sie mit

```
ListView1.ColumnHeaders(n+1).Width=0
```

unsichtbar. Jetzt müssen Sie nur noch darauf achten, daß Sie die richtige Spalte zum Sortieren auswählen – wenn der Anwender die Datumsspalte *n* auswählt, muß also nach Spalte *n+1* sortiert werden.

Ereignisse

Das *ListView*-Feld kennt neben vielen aus anderen Steuerelementen bekannten Ereignissen vier eigene Ereignisse: *ItemClick, ColumnClick, AfterLabelEdit, BeforeLabelEdit*.

ItemClick und ***ColumnClick*** treten auf, nachdem der Anwender einen Listeneintrag bzw. einen Spaltentitel angeklickt hat. Im einen Fall sollten Sie sich das ausgewählte Objekt merken, im anderen Fall die Sortierreihenfolge ändern.

Ein *ItemDblClick*-Ereignis gibt es leider nicht. Es existiert zwar ein normales *DblClick*-Ereignis, das tritt aber auch dann auf, wenn die Maus irgendwo im Steuerelement zweimal angeklickt wird. Um einen Doppelklick auf ein Element sicher feststellen zu können, sind einige Verrenkungen erforderlich:

```
Dim click_item As ListItem    'zuletzt angeklickter Eintrag
Dim click_time
' Click auf Item: Auswahl und Zeit merken
Private Sub ListView1_ItemClick(ByVal Item As ListItem)
  Set click_item = Item
  click_time = Timer
End Sub
' DblClick irgendwo im ListView-Feld
Private Sub ListView1_DblClick()
  If click_time + 0.5 < Timer Then Exit Sub
  If click_item Is Nothing Then Exit Sub
  ...
End Sub
```

In *ListView1_ItemClick* werden sowohl das ausgewählte Objekt als auch der Zeitpunkt des Ereignisses in generellen Variablen gespeichert. In *ListView1_DblClick* wird dann getestet, ob in der letzten halben Sekunde ein *ItemClick*-Ereignis aufgetreten ist und ob ein *ListItem*-Objekt ausgewählt wurde. Wenn das der Fall ist, wird der weitere Code ausgeführt.

Die Ereignisse ***AfterLabelEdit*** und ***BeforeLabelEdit*** treten auf, wenn der Benutzer des Programms den Text eines Eintrags verändert (ein Ereignis vor Beginn des Edit-Vorgangs, ein zweites nach Abschluß). Eine Veränderung der Einträge ist nur möglich, wenn die Eigenschaft ***LabelEdit*** auf *True* steht (Defaulteinstellung!). Für viele Anwendungen ist es sinnvoll, diese Eigenschaft auf *False* zu stellen – dann können auch die beiden *XxxEdit*-Ereignisse ignoriert werden.

Auswertung von Mehrfachmarkierungen

Wenn ***MultiSelect*** auf *True* steht (nicht Defaulteinstellung), kann der Benutzer auch mehrere Einträge der Liste markieren. Um im Programmcode feststellen zu können, welche Einträge zur Zeit markiert sind, müssen Sie in einer Schleife für alle Einträge die *Selected*-Eigenschaft testen.

```
Dim li As ListItem
For Each li In ListView1.ListItems
  If li.Selected Then
    ...
  End If
Next
```

Beispielprogramm

Das Beispielprogramm ist trotz seiner Kürze (etwa 100 Zeilen) erstaunlich leistungsstark: Nach dem Start zeigt es eine Liste der Verzeichnisse und Dateien im aktuellen Verzeichnis an. Durch einen Doppelklick auf Verzeichnisse ist ein Wechsel in über-

und untergeordnete Verzeichnisse möglich. Über den Button VIEW = N können die vier *View*-Modi getestet werden, mit dem Button ARRANGE = N die drei Plazierungsmodi (nur relevant bei *View=0* oder *1*). Im Report-Modus (*View=3*) werden außer dem Dateinamen auch die Größe der Datei und drei Daten / Zeiten angezeigt: der Entstehungszeitpunkt, der Zeitpunkt der letzten Änderung und das Datum des letzten lesenden Zugriffs.

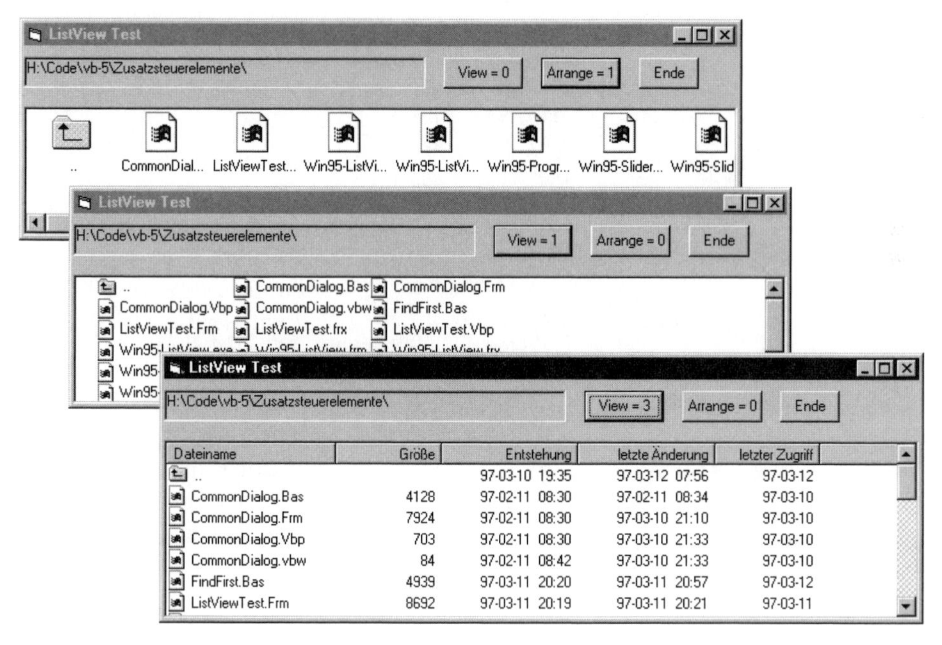

Bild 7.17: Drei verschiedene Ansichten des ListView-Felds

Im Entwurfsstadium wurden in das Formular zwei *ImageList*-Felder eingefügt. Jedes dieser Felder enthält jeweils drei Bitmaps (*ImageList*1 kleine Bitmaps mit 16*16 Pixeln, *ImageList*2 große Bitmaps mit 32*32 Pixeln). Für das *ListView*-Feld wurden diverse Eigenschaften, insbesondere die Beschriftung der fünf Spalten und deren Breiten, im Eigenschaftsdialog voreingestellt.

Zu den interessantesten Prozeduren zählt sicherlich *ReadDirectory*, wo alle Dateien und Unterverzeichnisse des aktuellen Verzeichnisses (*CurDir*) gelesen und in das *ListView*-Feld eingetragen werden. Innerhalb der Prozedur werden Methoden der FSO-Bibliothek verwendet – siehe auch Seite 514.

In *ReadDirectory* wird zwischen drei Dateitypen unterschieden: normalen Dateien (Iconnummer 1), normalen Verzeichnissen (Iconnummer 2) und dem Verzeichnis »..«, das auf das übergeordnete Verzeichnis verweist (Iconnummer 3). Beim Eintragen von Dateigröße und Zeit wird darauf geachtet, daß den Texten einige Leerzeichen vorangestellt werden, um später ein richtiges Sortieren zu ermöglichen.

In *ListView1_DblClick* wird ein Doppelklick auf das Iconsymbol festgestellt. Nach einem Wechsel in das neue Verzeichnisses durch *ChDrive* und *ChDir* wird dieses mit *ReadDirectory* neu eingelesen.

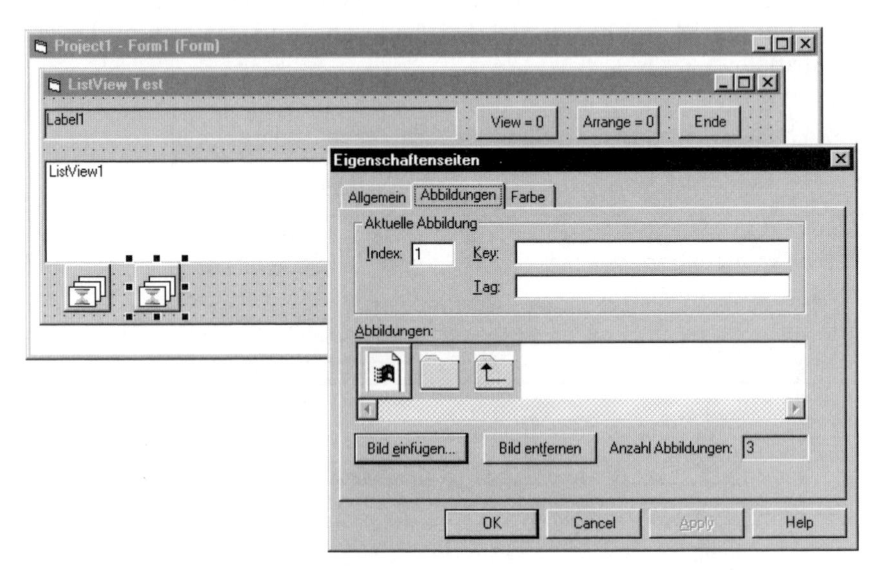

Bild 7.18: Das ListViewTest-Programm im Entwurfsstadium

```
' Beispielprogramm Zusatzsteuerelemente\Win95-ListView.frm
Option Explicit
Dim click_item As ListItem          'zuletzt angeklickter Eintrag
Dim click_time
Dim fso As New FileSystemObject     'Zugang zur FSO-Bibliothek
' Programmstart
Private Sub Form_Load()
  On Error Resume Next
  ChDrive App.Path
  ChDir App.Path
  ReadDirectory
End Sub
' Fenstergröße ändern
Private Sub Form_Resize()
  If WindowState = vbMinimized Then Exit Sub
  If Width < 2000 Then Width = 2000: Exit Sub
  If Height < 2000 Then Height = 2000: Exit Sub
  ListView1.Width = ScaleWidth
  ListView1.Height = ScaleHeight - ListView1.Top
End Sub
```

```
' Verzeichnis einlesen
Sub ReadDirectory()
  Dim litem As ListItem
  Dim fld As Folder, subfld As Folder, fil As File
  ' aktuelles Verzeichnis im Labelfeld 'Text1' anzeigen
  If Right(CurDir, 1) = "\" Then
    Text1.Caption = CurDir
  Else
    Text1.Caption = CurDir + "\"
  End If
  ListView1.ListItems.Clear
  ' Zugang zu übergeordnetem Verzeichnis
  Set fld = fso.GetFolder(CurDir)
  If Not fld.IsRootFolder Then
    ListView1.ListItems.Add , , " ..", 3, 3
  End If
  ' Unterverzeichnisse
  For Each subfld In fld.SubFolders
    Set litem = ListView1.ListItems.Add(, , " " & subfld.name, 2, 2)
    litem.SubItems(2) = Format(subfld.DateCreated, "yy-mm-dd  hh:nn")
    litem.SubItems(3) = Format(subfld.DateLastModified, _
                                                   "yy-mm-dd  hh:nn")
    litem.SubItems(4) = Format(subfld.DateLastAccessed, "yy-mm-dd")
    litem.ListSubItems(4).ForeColor = RGB(128 + Rnd * 127, 0, 0)
    litem.ListSubItems(4).Bold = True
  Next
  ' Dateien
  For Each fil In fld.Files
    Set litem = ListView1.ListItems.Add(, , fil.name, 1, 1)
    litem.SubItems(1) = Space(10 - Len(Str(fil.Size))) & fil.Size
    litem.SubItems(2) = Format(fil.DateCreated, "yy-mm-dd  hh:nn")
    litem.SubItems(3) = Format(fil.DateLastModified, _
                                                "yy-mm-dd  hh:nn")
    litem.SubItems(4) = Format(fil.DateLastAccessed, "yy-mm-dd")
    litem.ListSubItems(4).ForeColor = RGB(0, 0, 128 + Rnd * 127)
    litem.ListSubItems(4).Bold = True
  Next
End Sub
' Click auf Item: Auswahl und Zeit merken
Private Sub ListView1_ItemClick(ByVal Item As ListItem)
  Set click_item = Item
  click_time = Timer
End Sub
```

```
' DblClick irgendwo im ListView-Feld
Private Sub ListView1_DblClick()
  If click_time + 1 < Timer Then Exit Sub
  If click_item Is Nothing Then Exit Sub
  If click_item.Icon = 1 Then  'normale Datei
    Exit Sub
  Else                         'Verzeichnis, wechseln
     ChDir Trim(click_item.Text)
     ReadDirectory
  End If
End Sub
' Sortieren beim Anklicken der Spaltentitel
Private Sub ListView1_ColumnClick(ByVal ColumnHeader As ColumnHeader)
  With ListView1
    If .SortKey = ColumnHeader.Index - 1 Then
      .SortOrder = 1 - .SortOrder
    Else
      .SortKey = ColumnHeader.Index - 1
      .SortOrder = lvwAscending
    End If
    .Sorted = True
  End With
End Sub
' View- und Arrange-Eigenschaft des ListView-Felds durchzirkulieren
Private Sub Command2_Click()
  Dim v
  v = (Val(Right(Command2.Caption, 1)) + 1) Mod 4
  ListView1.View = v
  Command2.Caption = "View = " & v
End Sub
Private Sub Command3_Click()
  Dim a
  a = (Val(Right(Command3.Caption, 1)) + 1) Mod 3
  ListView1.Arrange = a
  ListView1.SortKey = 0
  ListView1.SortOrder = lvwAscending
  ListView1.Sorted = True
  Command3.Caption = "Arrange = " & a
End Sub
```

Syntaxzusammenfassung

ListView – Eigenschaften	
View	Aussehen der Liste: 0 große Icons, 1 und 2 kleine Icons, 3 Liste
Arrange	Anordnung der Elemente: 0 gar nicht, 1 spaltenweise, 2 zeilenweise
AllowColumnReorder	Veränderung der Spaltenreihenfolge zulassen (*True* / *False*)
Checkboxes	Anzeige von Auswahlkästchen (*True* / *False*)
FlatScrollbar	flache Bildlaufleisten (*True* / *False*)
HoverSelection	Markierung ohne Mausklick (*True* / *False*)
LabelEdit	Veränderung der Listentexte zulassen (*True* / *False*)
LabelWrap	mehrzeilige Beschriftung zulassen (*True* / *False*)
SortKey	gibt die Spalte an, nach der sortiert wird
SortOrder	Sortierordnung (0 auf-, 1 absteigend)
ListItems	Zugriff auf *ListItem*-Objekte (Listeneinträge)
ColumnHeaders	Zugriff auf *ColumnHeader*-Objekte (Spaltenbeschriftung)
ColumnHeadersIcons	verweist auf *ImageList*-Feld für die Icons zur Spaltenbeschriftung
Icons	verweist auf *ImageList*-Feld für große Icons
SmallIcons	verweist auf *ImageList*-Feld für kleine Icons

ListView – Ereignisse	
ItemCheck	Mausklick auf Auswahlfeld eines Listeneintrags
ItemClick	Mausklick auf einen Listeneintrag
ColumnClick	Mausklick auf einen Spaltentitel (*View=3*)
BeforeLabelEdit	vor Beginn einer Änderung eines Listentexts
AfterLabelEdit	nach der Änderung

ListItem – Eigenschaften	
Bold	fette Schrift (*True* / *False*)
Checked	gibt an, ob das Auswahlfeld des Listeneintrags ausgewählt wurde
ForeColor	Textfarbe
Icon	Nummer oder *Key*-Text für Bild im *ImageList*-Feld
Selected	gibt an, ob Listeneintrag mit Maus ausgewählt wurde
SmallIcon	Nummer oder *Key*-Text für Bild im *ImageList*-Feld
SubItems(n)	Text der weiteren Spalten (*n*=1 für zweite Spalte)
Tag	Zusatzinformation (Text)
Text	Text der ersten Spalte
ListSubItems	Zugriff auf *ListSubItem*-Objekte (Einträge der Zusatzspalten)

ListSubItem – Eigenschaften	
Bold	fette Schrift (*True* / *False*)
ForeColor	Textfarbe
Tag	Zusatzinformation (Text)
Text	Text

ColumnHeader – Eigenschaften	
Alignment	Ausrichtung der Spalte (0 links, 1 rechts, 2 zentriert)
Position	bestimmt die Position der Spalte (erste, zweite etc.)
SubItemIndex	Spaltennummer (0 für erste Spalte)
Text	Spaltenbeschriftung
Width	Breite der Spalte

7.12 Hierarchische Listen (TreeView)

Das bekannteste Beispiel für eine hierarchische Liste ist die Verzeichnisstruktur von Festplatten. Die Darstellung dieser Struktur ist auch die vorrangige Aufgabe des *TreeView*-Felds. Da die im *TreeView*-Feld dargestellten Symbole frei einstellbar sind (wie im *ListView*-Feld über eine Bitmap-Sammlung in einem *ImageList*-Feld), sind auch andere Anwendungsmöglichkeiten denkbar – etwa die Anzeige der Usenet-Diskussionsgruppen.

Einstellungen im Eigenschaftsdialog

Im Vergleich zum *ListView*-Feld weist das *TreeView*-Feld nur wenig Einstellmöglichkeiten auf: Die Eigenschaft ***ImageList*** bestimmt das zugeordnete *ImageList*-Feld. ***Style*** bestimmt eine von acht möglichen Darstellungsformen: Die hierarchischen Listen können wahlweise mit oder ohne Symbolen, mit oder ohne Linien und mit oder ohne + / - Symbolen dargestellt werden. Daraus ergeben sich acht Kombinationen, die Sie sehr bequem im Beispielprogramm dieses Abschnitts ausprobieren können. Für die meisten Anwendungen sind *Style=5* oder *Style=7* die brauchbarsten Einstellungen.

LineStyle bestimmt, wie die Linien für die niedrigste Hierarchieebene gezeichnet werden sollen: Bei *LineStyle=0* (Defaulteinstellung) beginnen die Linien bei den Root-Objekten (also bei den Objekten der tiefsten Hierarchieebene). Bei *LineStyle=1* sind auch die Root-Objekte durch Linien verbunden. *LineStyle=1* ist nur sinnvoll, wenn es mehrere Root-Objekte geben kann. (Bei Dateiverzeichnissen kann es nur eine Wurzel geben – etwa C:.)

LabelEdit*=True* ermöglicht dem Anwender wie beim *ListView*-Feld ein Editieren der Verzeichniseinträge. Da das zumeist nicht sinnvoll ist, werden Sie diese Option in den meisten Fällen deaktivieren.

Identation gibt an, wie weit untergeordnete Einträge gegenüber der nächst höheren Ebene eingerückt werden sollen. Die Angabe erfolgt in der Koordinateneinheit des Formulars (üblicherweise in Twip).

PathSeparator gibt an, welches Zeichen zur Trennung zwischen den Verzeichniseinträgen verwendet werden soll (Default \). Dieses Zeichen wird nicht angezeigt, sondern ist nur für die *FullPath*-Eigenschaft der *Nodes*-Objekte von Bedeutung: *FullPath* gibt den kompletten Namen eines Eintrags zurück, der aus allen übergeordneten Einträgen – getrennt durch das *PathSeparator*-Zeichen – zusammengesetzt wird.

CheckBoxes bestimmt, ob links von den Listeeinträgen Auswahlkästchen angezeigt werden. Damit können mehrere Teile des Baums markiert werden (beispielsweise für ein Backup).

Das Nodes-Subobjekt

Die eigentlichen Listeneinträge können nur im Programmcode (und nicht im Eigenschaftsdialog) eingestellt werden. Zur Verwaltung dieser Einträge verweist die ***Nodes***-Eigenschaft des *TreeView*-Felds auf ein gleichnamiges Aufzählobjekt mit ***Node***-Objekten. Jedes *Node*-Objekt enthält einen Verzeichniseintrag (*Text*-Eigenschaft). Außerdem kann es durch die *Child*-Eigenschaft auf eine Gruppe weiterer, untergeordneter *Node*-Objekte verweisen. Die *Child*-Eigenschaft ist also der Schlüssel für die hierarchische Strukturierung der *TreeView*-Einträge. Die folgende Tabelle gibt einen Überblick über die *Node*-Eigenschaften, die zur Verwaltung der Hierarchie dienen.

Child	verweist auf das erste untergeordnete *Node*-Objekt.
Children	gibt die Anzahl der untergeordneten *Node*-Objekte an.
FirstSibling	verweist auf das erste *Node*-Objekt der gleichen Hierarchieebene.
Next	verweist auf das nächste *Node*-Objekt der gleichen Hierarchieebene. Wenn das aktuelle *Node*-Objekt bereits das letzte ist, enthält *Next* den Wert *Nothing*.
Previous	verweist auf das vorherige *Node*-Objekt der gleichen Hierarchieebene (oder auf *Nothing*).
LastSibling	verweist auf das letzte *Node*-Objekt der gleichen Hierarchieebene.
Parent	verweist auf das übergeordnete *Node*-Objekt. (Bei Root-Einträgen verweist *Parent* auf das *TreeView*-Feld. Es kann immer nur einen *Parent* geben, wohl aber mehrere *Child*-Objekte.)
Root	verweist auf das übergeordnete Root-Objekt.

ANMERKUNG

Obwohl das *TreeView*-Feld zur Verwaltung hierarchischer Listen konzipiert ist und alle dazu erforderlichen Eigenschaften zur Verfügung stellt, werden die Einträge intern doch als flache *Node*-Liste verwaltet. *TreeView1.Nodes.Count* liefert deswegen die Anzahl *aller* Listeneinträge (und nicht etwa nur die Anzahl der unmittelbaren Kinder). Über *Nodes(n)* bzw. mit einer *For-Each*-Schleife können Sie auf *alle* Einträge zugreifen, nicht nur auf die einer Hierarchieebene. Zum Zugriff auf alle *Child*-Objekte eines bestimmten *Node*s müssen Sie mit *Child* und *Next* arbeiten.

Die restlichen Eigenschaften bestimmen Aussehen und Zustand der *Node*-Objekte: *Text* enthält – wie bereits erwähnt – den Text des Eintrags. ***Expanded*** gibt an, ob die untergeordneten *Node*-Objekte angezeigt werden oder nicht. Je nach Zustand von *Ex-*

panded stellt Visual Basic den Eintrag mit dem Icon ***Image*** oder ***ExpandedImage*** dar. Diese beiden Eigenschaften enthalten also Indexnummern oder *Key*-Texte, die sich auf das zugeordnete *ImageList*-Feld beziehen.

Selected gibt an, ob das Element zur Zeit ausgewählt ist. Falls ***SelectedImage*** einen gültigen Wert oder Text enthält, wird der Eintrag dann mit einer dritten Bitmap angezeigt.

Sorted bestimmt, ob die *Child*-Objekte des *Node*s sortiert angezeigt werden oder nicht. (Es kann also für jede Subliste getrennt angegeben werden, ob sortiert werden soll oder nicht. *Sorted* ist keine globale Eigenschaft des *TreeView*-Felds. Die *Sorted*-Eigenschaft des *TreeView*-Felds, die bereits im Eigenschaftsdialog voreingestellt werden kann, bezieht sich nur auf die Root-Objekte des Steuerelements.)

FullPath enthält eine Zeichenkette, in der alle übergeordneten Einträge, die zum aktuellen *Node*-Objekt führen, enthalten sind. Die Einträge werden durch das *PathSeparator*-Zeichen voneinander getrennt.

Programmierung

Ähnlich wie beim *ListView*-Feld macht die Programmierung des Steuerelements weniger Schwierigkeiten, als die Unzahl der Eigenschaften vermuten läßt. In den folgenden Absätzen werden ganz kurz die wichtigsten Programmiertechniken aufgezählt. Vorweg das recht einfache Objektmodell:

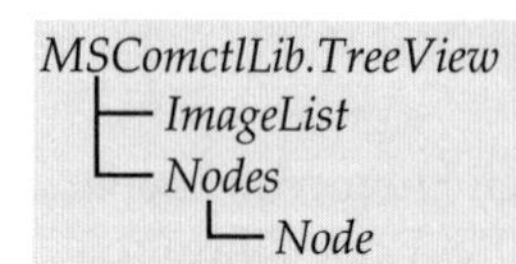

MSComctlLib.TreeView	das *ListView*-Steuerelement
ImageList	*ImageList*-Steuerelement mit Icons
Nodes	verweist auf die Listeneinträge
Node	*Node*-Objekt zur Beschreibung der Listeneinträge

Eintrag hinzufügen

Am Beginn des Programms ist das *TreeView*-Feld leer. In fast allen Anwendungen ist es sinnvoll, in *Form_Load* zumindest das erste Root-Objekt einzufügen. Das Einfügen neuer Objekte erfolgt – wie in Visual Basic üblich – mit ***Add***. Damit außer den in *Add* vorgesehenen Parametern weitere Eigenschaften eingestellt werden können, muß das Rückgabeergebnis von *Add* – ein *Node*-Objekt – vorübergehend in einer Objektvariablen gespeichert werden.

```
Dim nodx As Node
Set nodx = TreeView1.Nodes.Add(, , , text, iconclosed)
nodx.ExpandedImage = iconopen
nodx.Sorted = True
```

text gibt die Beschriftung des Eintrags an. *iconclosed* gibt die Indexnummer oder den *Key*-Text des zugeordneten Icons an, das angezeigt wird, solange keine Subeinträge sichtbar sind.

Im weiteren Programmverlauf ist es dann zumeist notwendig, zu einem gegebenen *Node*-Objekt *n* weitere Objekte einzufügen. Um untergeordnete Einträge zu *n* zu erzeugen, sieht der Programmcode folgendermaßen aus:

```
Set nodx = TreeV.Nodes.Add(n.Index, tvwChild, , text, iconclosed)
nodx.ExpandedImage = iconopen
nodx.EnsureVisible
```

Entscheidend sind jetzt die ersten zwei optionalen Parameter von *Add:* Dabei gibt *n.Index* an, zu welchem *Node*-Objekt das neue Objekt eingefügt werden soll. Die Konstante *tvwChild* bestimmt, daß das Objekt als untergeordnetes Objekt eingefügt werden soll. (Möglich wären auch *tvwLast, tvwNext* oder *tvwPrevious,* um das neue Objekt in derselben Hierarchieebene einzufügen.)

Die Methode ***EnsureVisible*** sorgt dafür, daß der soeben eingefügte Eintrag auch tatsächlich im *TreeView*-Feld sichtbar ist. (Ohne diese Methode könnte es sein, daß sich der Eintrag in einem zur Zeit nicht sichtbaren Ausschnitt der Liste befindet und der Anwender den Eintrag durch Verschieben der Bildlaufleiste erst suchen müßte.)

Zugriff auf alle Child-Objekte eines Nodes

Um auf alle untergeordneten Objekte eines gegebenen *Node*s *n* zuzugreifen, muß zuerst das erste untergeordnete Objekt mit *Child* ermittelt werden. Das Objekt wird vorübergehend in der Objektvariablen *cn* gespeichert. Über *cn.Next* kann dann auf das nächste Objekt der gleichen Ebene zugegriffen werden – solange, bis *cn* nur noch *Nothing* enthält.

```
Dim cn As node
If n.Children > 0 Then
  Set cn = n.Child
  While Not cn Is Nothing
    ... cn bearbeiten
    Set cn = cn.Next     'nächster Eintrag auf gleicher Ebene
  Wend
End If
```

Gesamte Liste löschen

```
TreeView1.Clear
```

Ereignisse

Das *TreeView*-Element kennt vier spezifische Ereignisse: *BeforeLabelEdit* und *AfterLabelEdit* treten wie beim *ListView*-Feld auf, wenn der Anwender den Text eines Eintrags verändert (und nur wenn *LabelEdit* auf *True* gestellt ist).

Wichtiger ist das Ereignis ***NodeClick***, das nach dem Anklicken eines Eintrags auftritt. Im Code der Ereignisprozedur muß im Regelfall getestet werden, ob das angeklickte Objekt schon Kinder hat. Wenn das der Fall ist, ist nichts zu tun (Visual Basic expandiert die Liste automatisch). Wenn es dagegen noch keine *Child*-Objekte gibt, müssen diese eventuell erst erzeugt werden (in dem etwa die untergeordneten Subverzeichnisse ermittelt werden).

Das Ereignis ***Expand*** tritt auf, nachdem die untergeordneten Einträge eines *Node*-Objekts angezeigt wurden. Da das ohnedies automatisch erfolgt, ist zumeist keine Ereignisprozedur erforderlich.

Beispielprogramm

Das Beispielprogramm zeigt die Verzeichnisstruktur des ausgewählten Laufwerks an. Durch Anklicken der Verzeichnisse werden die dazugehörenden Unterverzeichnisse eingelesen. Mit den beiden Buttons STYLE und LINESTYLE können die verschiedenen Anzeigeformate bequem durchgetestet werden. EXPAND führt dazu, daß die gesamte Verzeichnisstruktur der Festplatte eingelesen wird.

Während des Formularentwurfs wurden in das *ImageList*-Feld zwei Bitmaps geladen: eine mit dem Symbol eines geschlossenen Verzeichnisses (*Key*-Text *"closed"*) und eine mit einem geöffneten Verzeichnis (*Key*-Text *"open"*).

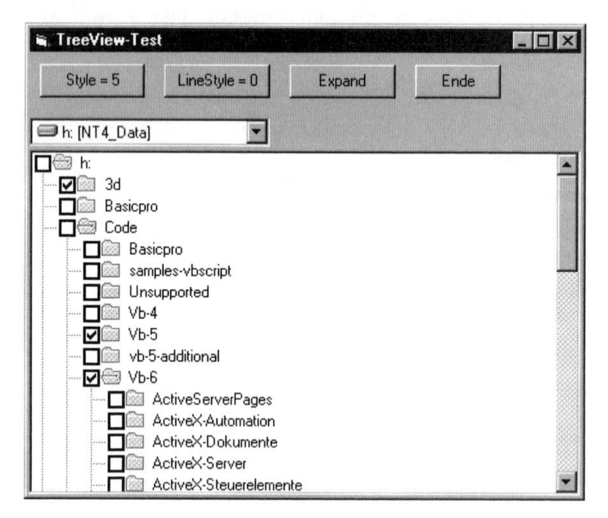

Bild 7.19: Das TreeView-Beispielprogramm mit CheckBoxes=True

Die beiden interessantesten Prozeduren des Codes sind *ExpandTreeV* zum Einlesen der Subeinträge zu einem gegebenen *Node* sowie *TotalExpandTreeV*, das rekursiv alle Unterverzeichnisse ermittelt und dabei *ExpandTreeV* aufruft. Der Programmcode baut wie schon beim *ListView*-Beispiel auf der FSO-Bibliothek auf (siehe Seite 514).

```
' Beispielprogramm Zusatzsteuerelemente\Win95-TreeView.frm
Dim fso As New FileSystemObject
' Wurzel des aktuellen Laufwerks anzeigen
Private Sub Form_Load()
  Dim nodx As Node, drv$
  drv = Drive1.Drive
  If InStr(drv, ":") Then drv = Left(drv, InStr(drv, ":"))
  Set nodx = TreeV.Nodes.Add(, , , drv, "closed")
  nodx.ExpandedImage = "open"
  nodx.Sorted = True
End Sub
' Laufwerkswechsel
Private Sub Drive1_Change()
  TreeV.Nodes.Clear
  Form_Load
End Sub
' Style und LineStyle ändern
Private Sub StyleButton_Click()
  Dim st
  st = (Right(StyleButton.Caption, 1) + 1) Mod 8
  StyleButton.Caption = "Style = " & st
  TreeV.Style = st
End Sub
Private Sub LineStyleButton_Click()
  Dim st
  st = (Right(LineStyleButton.Caption, 1) + 1) Mod 2
  LineStyleButton.Caption = "LineStyle = " & st
  TreeV.LineStyle = st
End Sub
' rekursiv alle Unterverzeichnisse einlesen
Private Sub ExpandButton_Click()
  TotalExpandTreeV TreeV.Nodes(1)
End Sub
' ein Subverzeichnis einlesen
Private Sub TreeV_NodeClick(ByVal Node As Node)
  If Node.Children = 0 Then
    ExpandTreeV Node
  Else
    Node.Expanded = Not Node.Expanded
  End If
End Sub
```

```
' Unterverzeichnisse zu einem Eintrag ermitteln und anzeigen
Sub ExpandTreeV(nod As Node)
  Dim pth$, nodx As Node
  Dim fld As Folder, subfld As Folder
  pth = nod.FullPath
  If Right(pth, 1) <> "\" Then pth = pth + "\"
  Set fld = fso.GetFolder(pth)        'Folder-Obj. des aktuellen Verz.
  For Each subfld In fld.SubFolders   'Schleife für Unterverzeichnisse
    Set nodx = TreeV.Nodes.Add(nod.Index, tvwChild, , _
       subfld.name, "closed")
    nodx.ExpandedImage = "open"
    nodx.EnsureVisible
  Next
  nod.Sorted = True
End Sub
' rekursiv alle Unterverzeichnisse einlesen
Sub TotalExpandTreeV(n As Node)
  Dim cn As Node
  If n.Children = 0 Then  'nur expandieren, wenn noch keine
    ExpandTreeV n         'Subeinträge da sind
  End If
  If n.Children > 0 Then  'TotalExpand für alle Subeinträge
    Set cn = n.Child      'rekursiv aufrufen
    While Not cn Is Nothing
      TotalExpandTreeV cn
      Set cn = cn.Next    'nächster Eintrag auf gleicher Ebene
    Wend
  End If
End Sub
```

Syntaxzusammenfassung

TreeView – Eigenschaften	
Checked	Auswahlkästchen neben den Einträgen anzeigen
Identation	Maß, wie weit Einträge pro Hierarchieebene eingerückt werden
ImageList	verweist auf *ImageList*-Feld mit Bitmaps
LineStyle	die Root-Einträge durch Linien verbinden (*True / False*)
LabelEdit	Veränderung der Listentexte zulassen (*True / False*)
Nodes	Zugriff auf die *Node*-Objekte mit den Listeneinträgen
PathSeparator	Trennungszeichen zwischen den Hierarchien (Default \)
Style	Aussehen der Liste (mit / ohne Linien, Symbolen, + / -)

TreeView – Ereignisse	
AfterLabelEdit	nach der Änderung
BeforeLabelEdit	vor Beginn einer Änderung eines Listentexts
Collapse	Hierarchieebene wurde geschlossen
Expand	Hierarchieebene wurde geöffnet
NodeClick	Mausklick auf Listeneintrag

Node – Eigenschaften	
Expanded	gibt an, ob Subeinträge sichtbar sind oder nicht
ExpandedImage	wie oben, Bitmap wird angezeigt, wenn *Expanded=True*
FullPath	Text inklusive der übergeordneten Einträge, getrennt durch *PathSeparator*
Image	Indexnummer / *Key*-Text für Bitmaps im *ImageList*-Feld
SelectedImage	wie oben, Bitmap wird angezeigt, wenn *Selected=True*
Selected	gibt an, ob Eintrag mit Maus ausgewählt wurde
Sorted	gibt an, ob Subeinträge sortiert sind
Text	Text des Listeneintrags
Child	verweist auf das erste untergeordnete *Node*-Objekt
Children	Anzahl der untergeordneten *Node*-Objekte
FirstSibling	verweist auf ersten *Node* der gleichen Hierarchieebene
Next	verweist auf nächsten *Node* der gleichen Hierarchieebene
Previous	verweist auf vorherigen *Node* der gleichen Hierarchieebene
LastSibling	verweist auf das letzte *Node*-Objekt der gleichen Hierarchieebene
Parent	verweist auf das übergeordnete *Node*-Objekt
Root	verweist auf das übergeordnete Root-Objekt

7.13 Bitmap-Listenfeld (ImageCombo)

Mit Version 6 wurden die *Windows Common Controls 1* um ein Steuerelement erweitert, dem *ImageCombo*-Feld. Es ermöglicht die Anzeige eines Kombinationslistenfelds, bei dem links von jedem Listeneintrag eine Bitmap angezeigt wird. Zusätzlich können die Listeneinträge individuell eingerückt werden.

Der Umgang mit dem Steuerelement ist einfach: Die Bitmaps stammen wie bei den anderen *Windows Common Controls* aus einem *ImageListe*-Steuerelement. Die eigentliche Liste wird durch eine ***ComboItems***-Aufzählung verwaltet und kann erst im Programmcode initialisiert werden.

MSComctlLib.ImageCombo	das *ImageCombo*-Steuerelement
├─ *ComboItems*	Aufzählung aller Listeneinträge
│ └─ *ComboItem*	einzelner Listeneintrag
└─ *ImageList*	zugeordnetes *ImageListe*-Steuerelement mit den Bitmaps

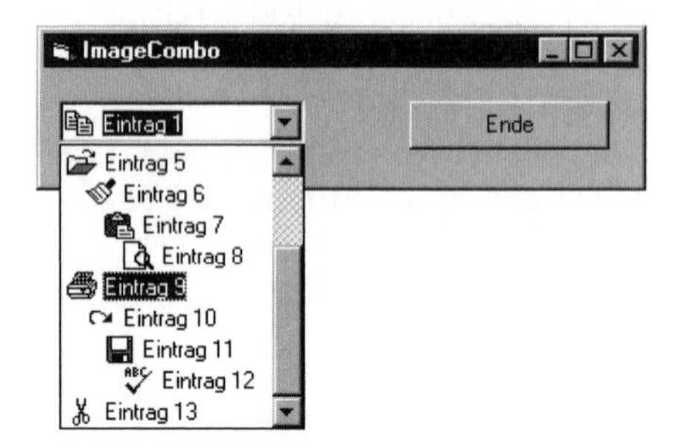

Bild 7.20: Das Bitmap-Listenfeld

Das Steuerelement kennt im wesentlichen dieselben Eigenschaften wie das gewöhnliche Kombinationslistenfeld. Neu ist neben *ComboItems* die Eigenschaft ***SelectedItem***, die auf den ausgewählten *ComboItem*-Eintrag verweist. (Die Eigenschaft enthält also keine Indexnummer, sondern einen Objektverweis. Daher müssen Zuweisungen mit *Set* erfolgen!)

Die wichtigsten Eigenschaften der ***ComboItem***-Objekte sind ***Image*** mit der Bitmap-Nummer im zugeordneten *ImageList*-Feld und ***Indentation*** mit der Einrücktiefe. Wenn bei ausgewählten Listeneinträgen eine andere Bitmap angezeigt werden soll, kann die gewünschte Bitmap-Nummer mit ***SelImage*** angegeben werden. ***Selected*** ist beim ausgewählten Listeneintrag *True*. (Es kann immer nur ein Element ausgewählt werden.)

Der Programmcode zur Initialisierung des Beispielprogramms (Bild 7.20) sieht so aus:

```
' Zusatzsteuerelemente\ImageCombo
Private Sub Form_Load()
  Dim i%
  With ImageCombo1
    For i = 1 To ImageList1.ListImages.Count
      .ComboItems.Add i, , "Eintrag " & i, i, , (i - 1) Mod 4
    Next i
    Set .SelectedItem = .ComboItems(1)
  End With
End Sub
```

ImageCombo – Eigenschaften	
ComboItems	verweist auf die Listeneinträge
ImageList	verweist auf ein *ImageList*-Steuerelement mit den Bitmaps
SelectedItem	verweist auf das gerade ausgewählte *ComboItem*
Text	enthält den aktuellen Text im Textfeld

ImageCombo – Ereignisse	
Change	der Text im Textfeld wurde geändert
Click	ein neuer Listeneintrag wurde ausgewählt

ComboItem – Eigenschaften	
Image	Bitmap-Nummer
Indentation	Einrücktiefe (Vielfache von 10 Pixel)
Selected	gibt an, daß der Eintrag ausgewählt ist
Text	Text des Eintrags

7.14 Drehfeld (UpDown)

Das Drehfeld ist Teil der *Windows Common Controls 2*. Im Prinzip handelt es sich um eine reduzierte Variante der Bildlaufleiste. Der zulässige Wertebereich wird wie bei vergleichbaren Steuerelementen durch *Min* und *Max* eingegrenzt. *Increment* gibt an, wie stark sich *Value* beim Anklicken der Pfeilbuttons ändert.

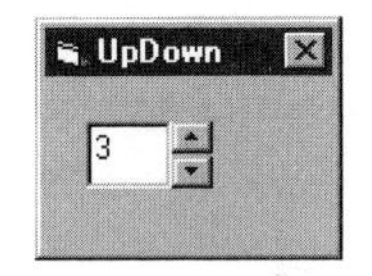

Bild 7.21: Ein Drehfeld

Neu im Vergleich zur Bildlaufleiste ist die Eigenschaft ***Wrap***: Wenn *Wrap* auf *True* gesetzt wird, wird beim Erreichen eines Endes des Zahlenraums am anderen Ende neu begonnen (also etwa 8, 9, 10, 0 ..., bei *Min=0* und *Max=10*).

Mit ***BuddyControl*** können Sie ein zweites Steuerelement (etwa ein Textfeld) mit dem Drehfeld verbinden. ***BuddyProperty*** bestimmt die Eigenschaft des Partnerfelds, über die die Kommunikation erfolgt (bei einem Textfeld etwa die *Text*-Eigenschaft). Wenn *SyncBuddy* auf *True* gesetzt wird, erfolgt die Kommunikation zwischen den beiden Steuerelementen automatisch, d.h. ohne eine einzige Zeile Code. Je nach Einstellung von *Alignment* wird das Drehfeld automatisch am linken oder rechten Rand des anderen Steuerelements positioniert.

UpDown – Eigenschaften	
Increment	Ausmaß der Veränderung durch die Pfeil-Buttons
Min / Max	Wertebereich
Orientation	horizontale / vertikale Pfeile
Value	aktueller Wert
BuddyControl	Name des zugeordneten Steuerelements
BuddyProperty	Name der Eigenschaft dieses Steuerelements
SyncBuddy	automatische Kommunikation zwischen beiden Feldern

UpDown – Ereignis	
Change	Veränderung
UpClick / DownClick	der Auf- / Ab-Button wurde angeklickt

7.15 Flache Bildlaufleiste (FlatScrollBar)

Wenn es einen Preis für das sinnloseste neue Zusatzsteuerelement in Visual Basic 6 gäbe – dieses Steuerelement hätte ihn ohne Zweifel verdient. Nun kann man durchaus geteilter Meinung sein, ob die Rückkehr zur 2D-Optik eine wichtige Erungenschaft von Windows 98 ist. Sollte das der Fall sein – nichts wäre leichter, als die *HScroll-* und *VScroll*-Steuerelemente (und am besten gleich alle Steuerelemente, in denen Bildlaufleisten vorkommen) mit der neuen Eigenschaft *FlatStyle* auszustatten. Aber warum einfach, wenn es auch kompliziert geht? (Das Beispielprogramm zur nebenstehenden Abbildung ist nahezu identisch mit dem für das Standardsteuerelement. Auf den Abdruck des Codes wurde daher verzichtet – siehe Seite 220.)

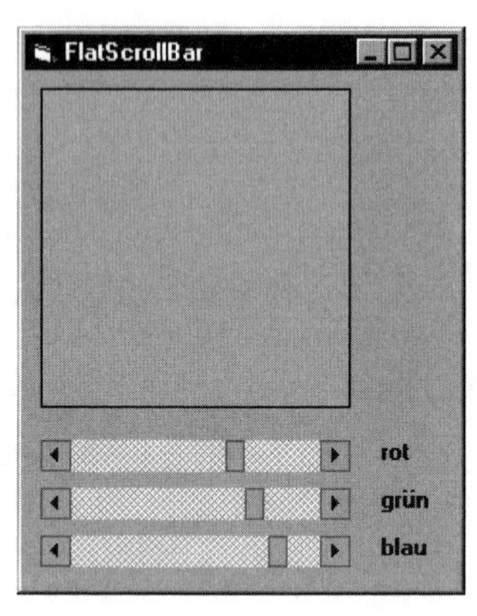

Bild 7.22: FlatScrollBars

Das *FlatScrollBar*-Steuerelement kann gleichermaßen für horizontale als auch für vertikale Bildlaufleisten verwendet werden (Eigenschaft ***Orientation***). Neu im Vergleich zu den Standardbildlaufleisten ist die Möglichkeit, selektiv den einen oder anderen Pfeilbutton zu deaktivieren (***Arrows***=*cc2Both / cc2LeftUp / cc2RightDown*).

Am wichtigsten ist aber zweifellos die Eigenschaft ***Appearance***. Die möglichen Einstellungen sind:

fsb3D=0	3D-Optik wie bei den Standardsteuerelementen
fsbFlat=1	flache 2D-Optik
fsbTrack3D=2	2D-Optik, aber 3D-Effekt, wenn sich die Maus über dem Steuerelement befindet

FlatScrollBar– Eigenschaften	
Appearance	2D- oder 3D-Aussehen
Increment	Ausmaß der Veränderung durch die Pfeil-Buttons
Min / Max	Wertebereich
Large- / SmallChange	Veränderung von *Value* beim Scrollen
Orientation	horizontale / vertikale Pfeile
Value	aktueller Wert

FlatScrollBar– Ereignisse	
Change	nach Veränderung (*Value* enthält neue Position)
Scroll	während Veränderung (*Value* enthält vorläufige Position)

7.16 Bildsequenzen (Animation)

Das *Animation*-Feld dient zum Abspielen einfacher Animationen. Es können nur `*.avi`-Dateien abgespielt werden, die entweder gar nicht oder nur nach der RLE-Methode (Run Length Encoding) komprimiert sind. Klänge können nicht wiedergegeben werden. Damit wird klar, daß das Steuerelement nicht für Video- oder Multimedia-Anwendungen konzipiert ist.

Bild 7.23: Eine Beispiel-Animation

Hauptaufgabe sind eher Spielereien in der Art des Windows Explorers, der die Anwender bekanntlich mit allen möglichen Animationen irritiert, anstatt beispielsweise aussagekräftig Auskunft darüber zu geben, wie weit das Kopieren mehrerer Dateien fortgeschritten ist. Mit anderen Worten: Das *Animations*-Feld eignet sich dazu, mit grafischen Spielereien die Schwächen eines Programms zu verbergen und dabei noch ein wenig CPU-Leistung zu verbrauchen. (Sie merken schon, noch ein Steuerelement, das beim Autor auf begrenzte Begeisterung stößt ...)

Kurz zu den wichtigsten Methoden des Steuerelements: *Open* lädt eine `*.avi`-Datei. Das Steuerelement nimmt dabei die durch die Animation vorgegebene Größe an. (Während des Formularentwurfs können Sie diese Größe nicht feststellen – da hilft nur Ausprobieren.) Mit *Play* wird die Animation gestartet, die dann läuft, bis sie durch *Stop* beendet wird. Durch drei optionale Parameter von *Play* können Sie genau angeben, welche Frames der Animation wie oft gezeigt werden sollen.

Es gibt keine Möglichkeit, Einfluß auf die Abspielgeschwindigkeit zu nehmen (es sei denn, Sie verwenden *Play* zur Anzeige von Einzelbildern). Ebenso ist es unmöglich, bereits beim Programmentwurf eine Verbindung zu einer `*.avi`-Datei herzustellen oder diese gar zu laden.

Animation – Methoden	
Open datei	lädt eine `*.avi`-Datei
Play [anzahl, n1, n2]	spielt die Animation ab (*anzahl* mal Frame *n1* bis *n2*)
Stop	beendet die Animation

7.17 Datum- und Zeiteingabe (MonthView, DTPicker)

Das *MonthView*-Steuerelement zeigt den Kalender eines oder mehrerer Monate übersichtlich an. Der Anwender kann darin einen Tag oder einen ganzen Zeitbereich markieren. Das verwandte *DTPicker*-Steuerelement (*DT* steht für Date / Time) ist im wesentlichen eine platzsparende Version von *MonthView*. Das ausgewählte Datum wird in einem Kombinationsfeld angezeigt; zur Auswahl eines neuen Datums kann die Monatsübersicht quasi ausgeklappt werden. *DTPicker* kann darüberhinaus das Datum auf verschiedene Arten formatieren und kommt auch mit Uhrzeiten zurecht.

Gemeinsame Merkmale

Daten bzw. Zeiten werden im Visual-Basic-Datentyp *Date* übergeben. Der zulässige Datumsbereich reicht vom 1.1.1601 bis zum 31.12.9999. Diese beiden Daten werden auch für die Defaulteinstellungen der Eigenschaften ***MinDate*** und ***MaxDate*** verwendet, die den Eingabebereich begrenzen.

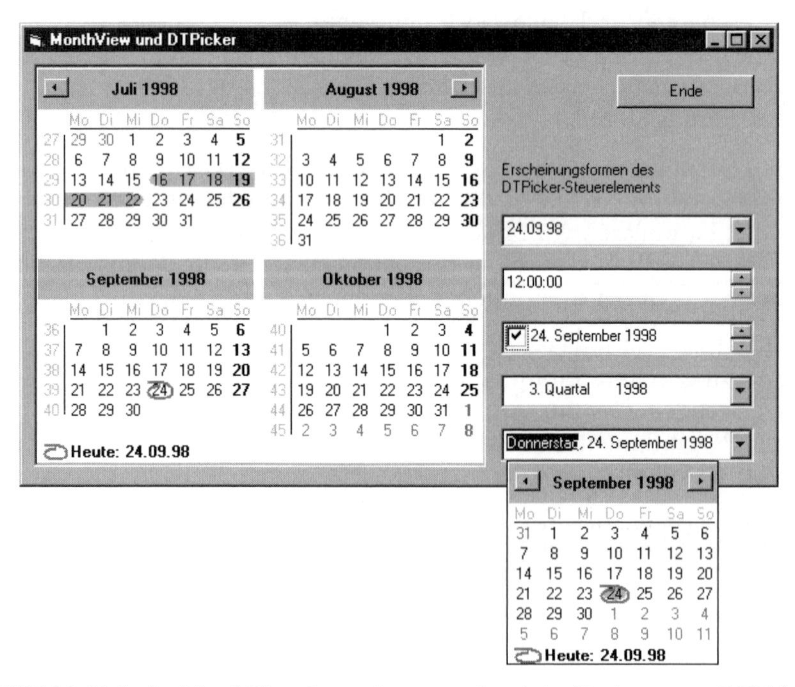

Bild 7.24: Links das MonthView-Steuerelement, rechts einige Varianten von DTPicker

Das ausgewählte Datum kann aus *Value* gelesen bzw. dort verändert werden; die Komponenten des Datums können auch via ***Day, Week, Month*** und ***Year*** gelesen bzw.

verändert werden. Bei *DTPicker* kommen die Eigenschaften ***Second, Minute*** und ***Hour*** hinzu. ***DayOfWeek*** gibt an, um welchen Tag der Woche (Montag bis Sonntag) es sich handelt.

TIP

Beim Formularentwurf wird automatisch das gerade aktuelle Datum als Voreinstellung für das Datum gespeichert. Wenn Sie möchten, daß das Steuerelement auch beim späteren Start das aktuelle Datum (und nicht das Entwurfsdatum) anzeigt, verwenden Sie folgende *Form_Load*-Ereignisprozedur:

```
Private Sub Form_Load()
  MonthView1 = Now
End Sub
```

VERWEIS

Über die *DataXxx*-Eigenschaften können Steuerelemente direkt mit Datumsfeldern aus einer Datenbank verbunden werden, womit die lästige Programmierung von Datumseingabemasken für Datenbanken ein für alle Mal der Vergangenheit angehört. *MonthView* und *DTPicker* können sowohl mit der DAO- als auch mit der ADO-Bibliothek verwendet werden – siehe Seite 822.

MonthView

Das Aussehen des *MonthView*-Steuerelements können Sie über eine Reihe von Eigenschaften steuern. Der Großteil der Eigenschaften läßt sich bequem im Eigenschaftsdialog einstellen: ***ShowWeekNumbers*** bestimmt, ob im Steuerelement auch die Kalenderwoche angezeigt werden soll. ***StartOfWeek*** bestimmt, mit welchem Tag die Woche beginnen soll (in unserem Kulturkreis üblicherweise mit dem Montag).

Mit ***MonthRows*** und ***-Columns*** können Sie die Größe des Steuerelement einstellen. Normalerweise sind beide Eigenschaften auf 1 gestellt, d.h., es wird nur ein Monat angezeigt. Für Bild 7.24 wurden beiden Eigenschaften auf 2 erhöht, um vier Monate gleichzeitig anzuzeigen.

Wenn Sie ***MultiSelect*** auf *True* setzen, können Sie im Steuerelement nicht nur einen einzelnen Tag markieren, sondern einen Zeitbereich (z.B. Ihren nächsten Urlaub). Die maximale Länge dieses Bereichs wird durch ***MaxSelCount*** eingestellt. Den ausgewählten Zeitbereich können Sie anschließend den Eigenschaften ***SelStart*** und ***-End*** entnehmen.

Recht raffiniert ist der Mechanismus, mit dem Tage innerhalb des Kalenders (z.B. Feiertage) durch eine fette Schrift hervorgehoben werden können. Im Feld ***DayBold(n)*** muß für jeden Tag, der fett dargestellt werden soll, *True* eingetragen werden. *n* reicht von 1 für das erste bis *nmax* für das letzten sichtbare Datum. Die Initialisierung des Felds erfolgt normalerweise über die ***GetDayBold***-Ereignisprozedur, die automatisch immer dann aufgerufen wird, wenn sich der sichtbare Datumsbereich ändert. Durch die Zeilen unten werden alle Sonntage durch fette Schrift hervorgehoben. (Eine Kennzeichnung der Feiertage ist schwieriger, weil sich deren Daten von Jahr zu Jahr sowie je nach Staat / Bundesland / Gesetzgebung ändern.)

```
Private Sub MonthView1_GetDayBold(ByVal StartDate As Date, _
       ByVal Count As Integer, State() As Boolean)
  Dim i As Integer
  For i = 1 To Count
    If Weekday(StartDate + i) = vbSunday Then
      State(i) = True
    Else
      State(i) = False
    End If
  Next
End Sub
```

Die beiden übrigen *MonthView*-spezifischen Ereignisse lauten ***DateClick, DateDblClick*** und ***SelChange*** und bedürfen keiner weiteren Erklärung.

DTPicker

Mit der Eigenschaft ***Format*** kann zwischen vier Darstellungsformen variiert werden:

dtpLongDate (0)	Anzeige eines Datums in langer Schreibweise gemäß Systemsteuerung
dtpShortDate (1)	Anzeige eines Datums in Kurzschreibweise gemäß Systemsteuerung
dtpShortDate (2)	Anzeige einer Uhrzeit
dtpCustom (3)	Anzeige eines Datums / einer Zeit gemäß einer eigenen Formatierung (Eigenschaft ***CustomFormat***)

Bei den Modi 0 und 1 kann das Datum über eine ausklappbare *MonthView*-Komponente eingestellt werden. Bei Modus 2 erscheint zur Einstellung der Uhrzeit ein *Spin-Button*. Bei Modus 3 können Sie schließlich über die Eigenschaft ***UpDown*** wählen, welche der beiden Einstellungsvarianten für Ihre Anwendung günstiger ist.

VORSICHT

Wenn Sie *DTPicker* zur Eingabe von Uhrzeiten verwenden, achten Sie darauf, daß *Value* immer eine Kombination von Datum und Uhrzeit enthält. Die vom Datum lösgelöste Uhrzeit entspricht dem Nachkommaanteil von *Value* und kann mit der folgenden Formel ermittelt werden:

```
CDate(CDbl(DTPicker1.Value) - Fix(CDbl(DTPicker1.Value)))
```

Unabhängig vom Modus können Sie mit ***CheckBox*** links neben dem Datum bzw. der Zeit ein Auswahlkästchen anzeigen. Wird das Kästchen vom Anwender deaktiviert, enthält *Value* statt dem Zeitwert nur *Null*.

Unverständlicherweise fehlen beim *DTPicker*-Steuerelement einige Eigenschaften zur Beeinflussung der ausklappbaren *MonthView*-Komponente (*ShowWeekNumbers, StartOfWeek, DayBold*).

Benutzerdefinierte Datums- / Zeitformatierung

Mit der Einstellung *Format=dtpCustom* haben Sie beinahe uneingeschränkte Kontrolle über die Formatierung des Datums bzw. der Zeit. Wenn Sie sich an die vorgegebenen Formatmöglichkeiten halten, müssen Sie dazu lediglich ***CustomFormat*** eine geeignete Zeichenkette zuweisen, etwa *"d.M.yyyy"* für Daten im Format *31.12.1998*. (Eine genaue Beschreibung aller Formatierungszeichen finden Sie in der Online-Hilfe.)

Doch damit nicht genug! Das Steuerelement ermöglicht es auch, vollkommen eigene Formatierungen zu bilden. Dazu verwenden Sie ein *X* in *CustomFormat*. (Wenn Sie mehrere Positionen getrennt behandeln möchten, unterscheiden Sie diese durch die Anzahl der *X* – beispielsweise *"X.XX.XXX"*.) Damit die Formatierung klappt, müssen Sie jetzt allerdings drei Ereignisprozeduren einrichten:

- Die ***FormatSize***-Ereignisprozedur wird aufgerufen, wenn das Steuerelement wissen möchte, durch wieviele Zeichen das X maximal ersetzt werden soll.
- Die ***Format***-Ereignisprozedur wird bei jeder Datumsänderung aufgerufen: Dort müssen Sie als Ergebnis eine Zeichenkette mit der von Ihnen gewünschten Formatierung zurückgeben.
- Am schwierigsten ist zumeist der Code für die ***CallbackKeyDown***-Prozedur, die bei Tastatureingaben aufgerufen wird, während der Cursor im selbstformatierten Feld steht. Dabei müssen normalerweise die Cursortasten ↑ und ↓ sowie Zahleneingaben berücksichtigt werden.

HINWEIS

Merkwürdigerweise gibt es kein Ereignis, wenn benutzerdefinierte Formatfelder mit einem *SpinButton* verändert werden sollen. Aus diesem Grund ist die Kombination eigener Formate mit *UpDown= True* nicht sinnvoll.

Die folgenden drei Prozeduren zeigen, wie eine Formatierung in der Form *3. Quartal 1998* erreicht werden kann (siehe Bild 7.24, viertes *DTPicker*-Feld). Als *CustomFormat* wurde dabei *"X yyyy"* verwendet.

```
Private Sub DTPicker2_FormatSize(ByVal CallbackField$, Size%)
  If CallbackField = "X" Then Size = Len("1. Quartal")
End Sub
Private Sub DTPicker2_Format(ByVal CallbackField$, FormattedString$)
  If CallbackField = "X" Then
    FormattedString = Fix((DTPicker2.Month + 2) / 3) & ". Quartal"
  End If
End Sub
```

Die beiden ersten Prozeduren werden kaum Verständnisprobleme verursachen. Etwas diffiziler ist die *CallbackKeyDown*-Prozedur. Dort wird bei einer Änderung des Quartals versucht, das aktuelle Datum so wenig wie möglich zu ändern. Aus dem 15.3.1999 wird bei mit dem nächsten Quartal der 15.6.1999 (und nicht etwa der 1.4.1999). Problematisch wird es natürlich bei Monatstagen größer als 28. Aus dem 31.3.1998 kann nicht der 31.6.1999 werden. (*DateSerial* würde daraus automatisch den 1.7.1999 bilden und somit ein Quartal überspringen!)

In der Prozedur wird zuerst das neue Quartal und daraus der neue Monat berechnet. (Dabei treten Zahlenwerte zwischen -2 bis +15 auf. *DateSerial* kommt damit zurecht und verändert automatisch die Jahreszahl.) Anschließend wird in einer *While*-Schleife der Monatstag solange verkleinert, bis der Tag trotz Monatsänderung gleich bleibt. Das resultierende neue Datum wird schließlich in *CallbackDate* an das Steuerelement zurückgegeben.

```
Private Sub DTPicker2_CallbackKeyDown(ByVal KeyCode%, ByVal Shift%, _
     CallbackField$, CallbackDate As Date)
  Dim quartal%, newquartal%, monthoffset%
  Dim newday%, newmonth%, newyear%
  If CallbackField = "X" Then
    quartal = Fix((DTPicker2.Month + 2) / 3)
    newquartal = -1
    If KeyCode >= Asc("1") And KeyCode <= Asc("4") Then
      newquartal = Val(Chr(KeyCode))
    ElseIf KeyCode = vbKeyUp Then
      newquartal = quartal + 1
    ElseIf KeyCode = vbKeyDown Then
      newquartal = quartal - 1
    End If
    If newquartal <> -1 Then
      monthoffset = DTPicker2.Month Mod 3
      If monthoffset = 0 Then monthoffset = 3
      newmonth = (newquartal - 1) * 3 + monthoffset
      newday = DTPicker2.Day
      newyear = DTPicker2.Year
      While Day(DateSerial(newyear, newmonth, newday)) <> newday
        newday = newday - 1
      Wend
      CallbackDate = DateSerial(DTPicker2.Year, newmonth, newday)
    End If
  End If
End Sub
```

Syntaxzusammenfassung

MonthView / DTPicker – Gemeinsame Eigenschaften	
Value	ausgewähltes Datum bzw. Zeit
Year, Month, Week, Day	Datumskomponenten
DayOfWeek	Wochentag (Montag bis Sonntag)
Min / MaxDate	zulässiger Eingabebereich

MonthView – Eigenschaften	
ShowWeekNumbers	Kalenderwochen anzeigen (*True / False*)
StartOfWeek	Tag, an dem die Woche beginnen soll
MonthRows / -Columns	Zeilen / Spalten des Steuerelements
DayBold(n)	Tage, die in fetter Schrift hervorgehoben werden
MultiSelect	Zeitbereiche auswählen (*True / False*)
MaxSelCount	maximale Länge des Zeitbereichs in Tagen
SelStart / -End	Anfang und Ende des Zeitbereichs

MonthView – Ereignisse	
DateClick	Klick auf (neues) Datum
DateDblClick	Doppelklick
GetDayBold	Aufforderung zur Initialisierung von *DayBold(n)*
SelChange	Veränderung der Auswahl eines Zeitbereichs

DTPicker – Eigenschaften	
Hour, Minute, Second	Zeitkomponenten
Format	Zeitformat (Datum kurz / lang, Zeit, benutzerdefiniert)
CustomFormat	Zeichenkette für benutzerdefiniertes Format
CheckBox	Auswahlkästchen anzeigen (*True / False*)
UpDown	*SpinButton* anzeigen (für benutzerdefiniertes Format)

DTPicker – Ereignisse	
Change	neues Datum / neue Zeit
CloseUp	*MonthView*-Komponente wurde geschlossen
FormatSize	Aufforderung zur Längenangabe für benutzerdef. Feld
Format	Aufforderung zur Formatierung des benutzerdef. Felds
CallbackKeyDown	Tastatureingabe für benutzerdefiniertes Feld

7.18 Symbolleiste (CoolBar)

Das *CoolBar*-Steuerelement, momentan das einzige Steuerelement der *Microsoft Windows Common Controls 3*, bietet seit Visual Basic 6 eine weitere Möglichkeit, Programme mit Symbolleisten auszustatten. Angesichts der Namensgebung dieses Steuerelements fragt man sich unwillkürlich, ob man es nun mit einem Spielzeug für pubertierende Jugendliche oder mit einer professionellen Programmiersprache zu tun hat. Es wird sich aber rasch herausstellen, daß der eigenwillige Name noch der geringste Mangel ist ...

Obwohl das Steuerelement prinzipiell eine ähnliche Aufgabe wie das *Toolbar*-Steuerelement erfüllt, gibt es wenig Ähnlichkeiten bei der Programmerstellung. Zum einen verwaltet das *CoolBar*-Steuerelement mehrere Leisten (*Band*-Objekte), die wie im Internet Explorer mit der Maus verschoben werden können. Zum anderen beschränkt sich die Funktion des *CoolBar*-Steuerelements auf die eines Containers – für den Inhalt der einzelnen Symbolleisten sind Sie selbst zuständig.

Um die Sache noch schwieriger zu machen, kann in jedes Band eines *CoolBar*-Steuerelements nur *ein* anderes Steuerelemente eingefügt werden (beispielsweise *Picture*- oder *ToolBar*-Feld). Wenn Sie also mehrere Steuerelemente in ein Band geben möchten, ist eine zweifache Verschachtelung notwendig: Die Steuerelemente *x* und *y* befinden sich in einem *Picture*-Feld in einem *Coolbar*-Band. Insgesamt ist der Entwurf einer *CoolBar*-Symbolleiste also nicht gerade intuitiv. (Vielleicht gibt es in Visual Basic 7 in bewährter Manier einen entsprechenden Assistenten, der diesen Mangel nachträglich zu beheben versucht?)

Ein Feature der Symbolleiste des IE3 bestand darin, daß diese mit einem Muster (Bitmap) unterlegt werden konnte. Die darüberliegenden Buttons waren transparent. Während dieser optische Effekt aus dem IE4 wieder verschwunden ist, ermöglicht das *Coolbar*-Steuerelement tatsächlich die Einstellung einer Hintergrund-Bitmap. Der erwünschte Effekt kann aber dennoch nicht erzielt werden, weil mit Visual Basic kein transparentes Container-Steuerelement mitgeliefert wird. Wenn Sie nun glauben, daß Sie ein entsprechendes Container-Steuerelement rasch als neues ActiveX-*UserControl* selbst basteln können, irren Sie: Mit Visual Basic erzeugte ActiveX-Steuerelemente können entweder Container für andere Steuerelemente oder transparent sein, aber nicht beides. Fazit: Den einzigen Vorteil, den die Coolbar gegenüber der gewöhnlichen Toolbar aufweist, besteht in der Beweglichkeit der Bänder.

VORSICHT

Aus unerfindlichen Gründen zählt das Steuerelement (also die *Microsoft-Windows-Common-Controls-3*-Bibliothek) im VB-Installationsprogramm nicht zu den VB-Komponenten. Das Steuerelement wird nur dann installiert, wenn Sie den Listeneintrag ACTIVEX auswählen ('zusätzliche ActiveX-Steuerelemente installieren'). Wenn Sie darauf bei der Installation vergessen haben, starten Sie einfach nochmals das `Setup.exe` und ergänzen Ihre Installation.

VORSICHT

Ärgerlich ist auch der Umstand, daß die Verwendung des *Coolbar*-Steuerelements voraussetzt, daß der Internet Explorer (ab Version 3.01) am Rechner des Kundens installiert ist. Auch wenn man davon mittlerweile schon fast ausgehen kann – den einen oder anderen Windows-95-Anwender wird es wohl doch geben, der den Internet Explorer nicht neu installiert hat. (Mit der ersten Windows-95-Version wurde ja nur Version 2 dieses Web-Browsers mitgeliefert.) Die Begeisterung darüber, nur wegen eines *Coolbar*-Steuerelements eine neue Version des Internet Explorers zu installieren und dabei dutzende MBytes der Festplatte zu füllen, wird sich vermutlich in Grenzen halten.

Programmentwurf

Im Regelfall werden Sie das *Coolbar*-Steuerelement mit einem oder mehreren *Toolbar*-Feldern kombinieren. Der erste Schritt besteht also darin, die *Windows Common Controls 2* und *3* zu aktivieren. Anschließend fügen Sie per Doppelklick zuerst das *Coolbar*-Steuerelement in das Formular ein. Dieses Steuerelement wählen Sie nun mit der Maus aus und fügen anschließend ein oder mehrere *Toolbar*-Felder ein. Deren Position ist vorerst unwichtig, entscheidend ist nur, daß sich die Felder innerhalb der *Coolbar* befinden.

Als nächstes wählen Sie im BANDS-Blatt des Eigenschaftsdialog der Reihe nach jene Bänder aus, in denen die *Toolbar*-Steuerelemente verbunden werden sollen (*Index*-Eigenschaft). Die Verbindung wird über das Listenfeld der *Child*-Eigenschaft hergestellt. Sobald die Verbindung hergestellt ist, werden die *Toolbar*-Steuerelemente korrekt plaziert.

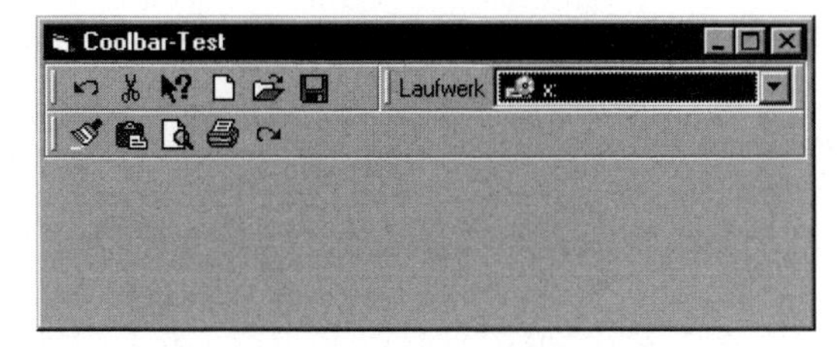

Bild 7.25: Coolbar-Beispielprogramm

Um ein optimales Aussehen sicherzustellen, müssen noch einige Eigenschaften eingestellt werden. Bei den *Toolbar*-Elementen sollten Sie *Wrappable* deaktivieren (*False*), *Appearance* auf *ccFlat* und *Style* auf *tbrFlat* setzen.

Bei den Bändern der *Coolbar* bestimmt *Width* deren Breite beim Programmstart, *MinHeight* die Höhe. Wenn Sie *NewRow* aktivieren (steht erst ab dem zweiten Band zur Verfügung), wird mit dem betreffenden Band eine neue Zeile begonnen. Je nach Bandinhalt kann es sinnvoll sein, diesen mit einem kurzen Text zu beschriften. Dazu brauchen Sie kein eigenes Steuerelement; viel einfacher ist es, die *Caption*-Eigenschaft des Bandes zu verwenden.

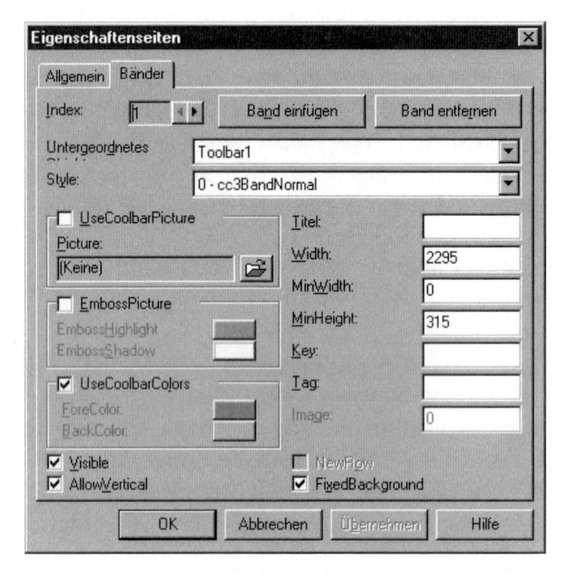

Bild 7.26: Der Eigenschaftsdialog des Coolbar-Steuerelements

TIP

Mit den Bändern der *Coolbar* können keine sogenannten *Lightweight*-Steuerelemente verbunden werden (d.h., das Steuerelement benötigt einen Windows-Handle).

Wenn Sie ein *Picture*-Steuerelement als Container verwenden, müssen Sie dessen *Visible*-Eigenschaft auf *False* stellen. (Das Steuerelement bleibt dennoch sichtbar, *Visible* hat hier lediglich Einfluß auf die Plazierung. Warum das so ist, weiß alleine Microsoft.)

So mühsam der Aufbau einer *Coolbar*-Symbolleiste ist, so komfortabel ist die weitere Verwaltung. Es ist keine einzige Zeile Code erforderlich! Das Steuerelement kümmert sich selbständig um die Reorganisation und Sichtbarkeit der Bänder, wenn der Anwender diese verschiebt oder zusammenklappt.

Selbstverständlich können Sie diese Operationen auch per Programmcode durchführen. Ausgangspunkt ist die *Bands*-Aufzählung, über die Sie Zugang zu den *Band*-Objekten haben. Die im Objektkatalog aufgezählten Objekte *BandProperties*, *BandPage* und *CoolbarPage* dienen nur zur internen Verwaltung und sind nicht zur Programmierung gedacht.

7.19 Mehrblättrige Dialoge (SSTab)

Das *SSTab*-Feld bietet neben dem *TabStrip*-Feld eine zweite Möglichkeit, mehrblättrige Dialoge zu erstellen (siehe auch Seite 268). Im Vergleich zu *TabStrip* ist *SSTab* aber geradezu ein Geniestreich: Das Steuerelement verhält sich in der Entwurfsphase so intuitiv, wie man es sich in Visual Basic zu Recht erwarten kann. Ein weiterer Vorteil: Die Position der Registerblätter ist frei einstellbar (oben, unten, links, rechts). Nur individuelle Tooltips für die einzelnen Tabellenblätter fehlen weiterhin.

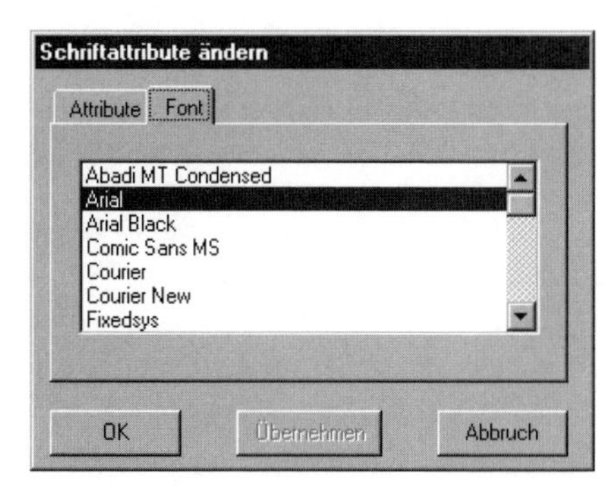

Bild 7.27: Ein mehrblättriger Dialog

TIP: Das Steuerelement trägt seit Version 6 den Komponentennamen *Microsoft Tabbed Dialog Control* (bisher: *Sheridan Software Tabbed Dialog*).

Beispielprogramm

Das Beispielprogramm hat wieder einmal reinen Demonstrationscharakter: Zur Einstellung der Schriftart eines Labelfelds wird mit SCHRIFTATTRIBUTE ein zweiblättriger Dialog aufgerufen.

Zur Gestaltung des Dialogs fügen Sie ein *SSTab*-Feld in das Formular ein. Im Eigenschaftsfenster reduzieren Sie die Anzahl der Dialogblätter auf 2 (Eigenschaft *TabCount*) und stellen auf Windows-9x-Optik um (*Style=ssStylePropertyPage*).

Zum Blattregister klicken Sie einfach das gewünschte Register an und verändern die *Caption*-Eigenschaft. Um Steuerelemente in ein Blatt einzufügen, klicken Sie vorher das *SSTab*-Feld an. Jedes Blatt des *SSTab*-Felds verhält sich wie ein Containerfeld, d.h., es kann andere Steuerelemente aufnehmen. Wenn Sie in den Blattregistern auch Bilder anzeigen möchten, ändern Sie einfach die *Picture*-Eigenschaft des gerade aktiven Blatts (im Eigenschaftsfenster, nicht im Eigenschaftsdialog).

Der Programmcode teilt sich in zwei Teile auf: In `SSTab-Main.frm` wird der aktuelle Zeichensatz des Labelfelds in der globalen Variable *fnt* des Dialogformulars gespeichert. Anschließend wird der Dialog mit *Show* aufgerufen.

```
' Zusatzsteuerelemente\SSTab-Main.frm
Private Sub Command1_Click()
  Set TabDialog.fnt = Label1.Font  'Übergabe des Zeichensatzes
  TabDialog.Show vbModal           '  durch globale Variable
End Sub
```

Die eigentliche Arbeit in `SSTab.frm` übernehmen die Prozeduren *AttributeLesen* und *-Schreiben*, die sich um die Synchronisation zwischen den Steuerelementen und der *fnt*-Variablen kümmern. Die restlichen Prozeduren übernehmen die Verwaltungsaufgaben.

```
' Zusatzsteuerelemente\SSTab.frm
Public fnt As Font
' initialisieren (nur beim ersten Aufruf)
Private Sub Form_Load()
  Dim i
  For i = 0 To Screen.FontCount - 1
    List1.AddItem Screen.Fonts(i)
  Next i
End Sub
' initialisieren (bei jedem Aufruf)
Private Sub Form_Resize()
  AttributeLesen
  btnÜbernehmen.Enabled = False
End Sub
' sobald sich was ändert, Übernehmen-Button aktivieren
Private Sub List1_Click()
  btnÜbernehmen.Enabled = True
End Sub
Private Sub chkFett_Click()
  btnÜbernehmen.Enabled = True
End Sub
Private Sub chkKursiv_Click()
  btnÜbernehmen.Enabled = True
End Sub
' OK / Übernehmen / Abbruch
Private Sub btnOK_Click()
  AttributeSchreiben
  Hide
End Sub
Private Sub btnÜbernehmen_Click()
  AttributeSchreiben
  btnÜbernehmen.Enabled = False
End Sub
Private Sub btnAbbruch_Click()
  Hide
End Sub
```

```
' Daten aus fnt-Variable lesen
Sub AttributeLesen()
  Dim i
  If fnt.Bold Then chkFett = 1 Else chkFett = 0
  If fnt.Italic Then chkKursiv = 1 Else chkKursiv = 0
  For i = 0 To List1.ListCount - 1
    If fnt.Name = List1.List(i) Then
      List1.ListIndex = i: Exit For
    End If
  Next i
End Sub
' Daten in fnt-Variable schreiben
Sub AttributeSchreiben()
  If chkFett Then fnt.Bold = True Else fnt.Bold = False
  If chkKursiv Then fnt.Italic = True Else fnt.Italic = False
  fnt.Name = List1.List(List1.ListIndex)
End Sub
```

Syntaxzusammenfassung

SSTab – Eigenschaften	
Tabs	Anzahl der Dialogblätter
Tab	Nummer des aktiven Dialogblatts
TabCaption(n)	Beschriftung des Dialogblatts *n*
TabOrientation	Position der Dialogblätter (links, rechts, oben, unten)

SSTab – Ereignis	
Click	ein neues Dialogblatt wurde angeklickt

7.20 Formatierter Text (RichText)

Das normale Textfeld ist aufgrund seiner Einschränkung auf 64 kByte (Windows 95) für die meisten anspruchsvolleren Aufgaben ungeeignet. Außerdem ist das normale Textfeld nicht in der Lage, unterschiedliche Textteile in unterschiedlichen Zeichensätzen darzustellen – es eignet sich also nur Text ohne jede Formatierung. Das RTF-Feld verspricht Abhilfe:

- Beliebige Textlänge.
- Unterstützung von verschiedenen Farben und Zeichensätzen im Text.

- Diverse Möglichkeiten zur individuellen Absatzformatierung (inklusive Blocksatz, Einrückungen, Aufzählpunkte etc.).
- Methoden zum bequemen Laden, Speichern und Drucken des Texts.
- Ziemlich vollständige Tastaturunterstützung (inklusive der Kommandos zum Datenaustausch mit der Zwischenablage und Undo mit Alt+BackSpace).

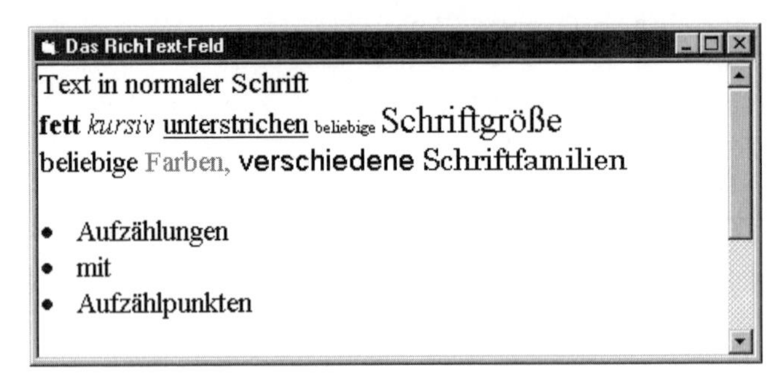

Bild 7.28: Das RTF-Feld in seiner vollen Pracht

Trotz dieser eindrucksvollen Feature-Liste kommt beim Arbeiten mit dem RTF-Feld keine rechte Freude auf. Obwohl in den Versionen 5 und 6 diverse Bugs beseitigt wurden (mittlerweile kann man ohne Fehlermeldungen drucken, man glaubt es kaum ...), gibt es noch immer fundamentale Einschränkungen:

- Es fehlen jegliche Einstellmöglichkeiten für einen einigermaßen professionellen Ausdruck, etwa Kopf- und Fußzeilen, womöglich gar mit Seitennummern.
- Die Einstellung von Zeichensätzen ist nicht kompatibel zum Rest von Visual Basic. Statt über die (nicht vorhandene) Eigenschaft *SelFont* auf ein *Font*-Objekt zu verweisen, gibt es zahllose Eigenschaften wie *SelColor, SelFontName, SelFontSize* etc., die bei einer Veränderung der Schriftart alle einzeln eingestellt werden müssen. Diese Einschränkung mag technische Gründe haben (es kann ja ein Textausschnitt markiert werden, in dem mehrere Schriftformen vorkommen), ist beim Programmieren aber dennoch lästig.
- Die Methode *Find* zum Suchen im Text kann nur vorwärts suchen. Jeder noch so primitive Texteditor mit der Ausnahme von WordPad kann auch rückwärts suchen. Diese Restriktion stammt genaugenommen nicht von Visual Basic, sondern vom dahinterliegenden *rich edit control* des Win32 SDK (Software Development Kit).

Der Einsatzbereich des Steuerelements beschränkt sich somit darauf, Text in unterschiedlichen Farben und Formaten am Bildschirm anzuzeigen. Wenn Sie professionelle Ansprüche stellen, die in Richtung Textverarbeitung gehen, müssen Sie sich bei den diversen Drittanbietern umsehen, die vergleichbare Zusatzsteuerelemente mit einem besseren Funktionsrahmen anbieten.

Einstellungen im Eigenschaftsdialog

Nachdem nun die Einschränkungen des RTF-Felds beschrieben wurden, kommt die konkrete Anwendung an die Reihe: Wie bei allen Windows-9x-Steuerelementen können über den Eigenschaftsdialog einige Einstellungen vorgenommen werden.

Über ***FileName*** kann eine RTF- oder Textdatei angegeben werden, die beim Programmstart automatisch geladen wird. Das ist ideal für Anwendungen, in denen das RTF-Feld zur Anzeige von Hilfetexten oder anderen unveränderlichen Informationen verwendet wird. Für solche Anwendungen sollte außerdem ***Locked*** auf *True* gesetzt werden, so daß sich der Anwender zwar im Text bewegen, diesen aber nicht verändern kann. Erheblich restriktiver ist es, ***Enabled*** auf *False* zu setzen: Der Text wird zwar noch angezeigt, der sichtbare Ausschnitt kann aber nicht mehr bewegt werden.

HideSelection gibt an, ob ein markierter Text auch dann invers dargestellt werden soll, wenn das Textfeld gerade nicht aktiv ist. Normalerweise ist diese Option aktiviert – das entspricht aber nicht dem unter Windows üblichen Verhalten. Für den Anwender ist es im Regelfall angenehmer, wenn er den markierten Text auch dann erkennt, wenn gerade ein anderes Fenster angezeigt wird. Sie sollten die Option also deaktivieren.

HINWEIS

HideSelection hat eine weitere, nicht dokumentierte, dafür aber um so wichtigere Bedeutung: Wenn die Option aktiviert ist (Defaulteinstellung), wird der sichtbare Textausschnitt nicht mit *SelStart* synchronisiert. Wenn Sie die Cursorposition durch eine Zuweisung an *SelStart* verändern (etwa in einer Suchen-Prozedur) kann es also vorkommen, daß der Cursor ebensowenig wie die gesuchte Stelle sichtbar sind. Das ist ein weiterer Grund, weswegen Sie *HideSelection* auf jeden Fall deaktivieren sollten. (Die Einstellung muß im Eigenschaftsdialog erfolgen. Im laufenden Programm kann die Eigenschaft nur gelesen, aber nicht verändert werden.)

DisableNoScroll (raffiniert, diese doppelte Verneinung in einem Schlüsselwort ...) gibt an, was mit den Bildlaufleisten passiert, wenn der Text vollständig im RTF-Feld angezeigt werden kann: Wenn *DisableNoScroll* aktiviert ist (Defaulteinstellung), verschwinden die Bildlaufleisten bei kurzen Texten. Wenn die Option dagegen abgeschaltet wird, bleiben die Bildlaufleisten in jedem Fall sichtbar.

Die Einstellungen ***RightMargin*** und ***BulletIndent*** geben die gesamte Textbreite und das Defaultmaß der Einrückungen von Aufzählungen an. Falls im Formular *ScaleMode* verändert wurde, müssen hier für das entsprechende Koordinatensystem sinnvolle Werte eingetragen werden – die Defaultwerte sind fix für die Einheit Twip eingestellt.

Programmierung

Bevor auf die Details der Programmierung eingegangen wird, ist eine kurze Erklärung notwendig, wie das RTF-Feld die Daten intern verwaltet. Das RTF-Feld unterstützt ein

Subset des Rich-Text-Formats (daher der Name). Das ist ein Textformat, in dem alle Formatinformationen als ASCII-Text dargestellt werden.

Aussehen: normaler Text **fetter Text** normaler Text *kursiver Text*

RTF-Zeichenkette: \deflang1031\pard\plain\f6\fs20 normaler Text \plain\f6\fs20\b fetter Text \plain\f6\fs20 normaler Text \plain\f6\fs20\i kursiver Text\plain\f6\fs20 par }

Die Umstellung auf fette Schrift erfolgt also mit *\b*, die Umstellung auf kursive Schrift mit *\i*. Die anderen Formatkommandos dienen zur Auswahl der Schriftart (die am Beginn des RTF-Texts in einer Tabelle definiert wird), zur Einstellung der Schriftgröße etc. Auch deutsche Sonderzeichen werden durch Kommandos dargestellt (*\'fc* entspricht beispielsweise dem Buchstaben ü). Eine Referenz der von Visual Basic unterstützten RTF-Codes finden Sie in der Online-Hilfe zum RTF-Feld. Zweifel daran, ob die Referenz vollständig ist, sind allerdings angebracht – die Kommandos zur Darstellung der deutschen Sonderzeichen fehlen darin auf jeden Fall.

Im Regelfall werden Sie mit den RTF-Codes nichts zu tun haben. Sie greifen über die ***Text***-Eigenschaft auf den normalen Text (ohne Formatinformationen) zu bzw. verwenden ***SelText***, um den gerade markierten Text zu lesen oder zu verändern. Die Einstellung der Schriftart, der Textausrichtung etc. erfolgt über Visual-Basic-Eigenschaften und Methoden wie *SelBold* (um den markierten Text fett zu formatieren), *SelItalic* (für kursive Schrift) etc.

Für manche Anwendungen kann es nützlich sein, auch auf die Formatcodes zuzugreifen. In diesem Fall verwenden Sie statt *Text* bzw. *SelText* die Eigenschaften ***TextRTF*** bzw. ***SelRTF***, die den Text im RTF-spezifischem Format enthalten. (*SelRTF* wurde etwa verwendet, um die Zeichenkette für das Beispiel oben zu ermitteln.) Wenn Sie Formatinformationen direkt verändern möchten, ist allerdings eine ausgezeichnete Kenntnis der RTF-Codes und ihrer Bedeutung erforderlich.

Cursorposition, markierter Text

Der Zugriff auf die aktuelle Cursorposition und den markierten Text erfolgt wie beim normalen Textfeld durch die drei Eigenschaften *SelStart*, *SelLength* und *SelText*: ***SelStart*** gibt die aktuelle Cursorposition an. (*SelStart* enthält eigentlich eine Zeichennummer. Wenn sich der Cursor im 537. Zeichen des Texts befindet, hat *SelStart* eben diesen Wert. Das Zeilen- bzw. Absatzende gilt als zwei Zeichen, *Chr(13)* und *Chr(10)*. RTF-Codes werden nicht gerechnet, d.h., *SelStart* bezieht sich ausschließlich auf den reinen Text.)

Wenn mehrere Zeichen im Text markiert sind, dann wird die Länge der Markierung (wiederum in Zeichen) in ***SelLength*** ausgedrückt. Die Cursorposition ergibt sich aus *SelStart+SelLength*. Die schon erwähnte Eigenschaft ***SelText*** enthält den markierten Text (ohne Formatinformationen).

Alle drei Eigenschaften können sowohl geschrieben als auch gelesen werden. Eine Veränderung von *SelStart* bewirkt eine Änderung der Cursorposition. (Damit sich bei einer Veränderung der Cursorposition automatisch auch der sichtbare Textausschnitt ändert, müssen Sie im Eigenschaftsdialog *HideSelection* deaktivieren – siehe oben!) Eine Veränderung von *SelText* ersetzt den zur Zeit markierten Text durch einen neuen Text.

Formatierung von Text

Die Formatierung von Text erfolgt generell in zwei Schritten. Zuerst muß der zu formatierende Text markiert werden. Das kann sowohl vom Anwender des Programms als auch per Programmcode (*SelStart, SelLength*) erfolgen. Anschließend können die Formatierungsattribute über diverse *SelXxx*-Eigenschaften verändert werden.

Den *SelXxx*-Eigenschaften muß bei einer Veränderung ein klar definierter Wert (*True, False*, ein Zahlenwert) zugewiesen werden. Umgekehrt ist es aber möglich, daß das Ergebnis beim Auslesen der Eigenschaft *Null* (bei *True / False*-Eigenschaften) oder 0 (bei numerischen Eigenschaften) lautet – nämlich dann, wenn der markierte Bereich kein eindeutiges Ergebnis zuläßt. Beispielsweise liefert *SelBold* das Ergebnis *Null*, wenn die Markierung sowohl fetten als auch normalen Text enthält.

Zeichenformat

SelBold für fetten Text.

SelItalic für kursiven Text.

SelUnderline für unterstrichenen Text.

SelStrikeThru für durchgestrichenen Text. (Beachten Sie die Schreibweise! Beim *Font*-Objekt heißt es *StrikeTrough*.)

SelColor Textfarbe. (Es kann nur die Vordergrundfarbe der Markierung verändert werden. Eine Veränderung der Hintergrundfarbe durch *BackColor* gilt für das gesamte Textfeld.)

SelFontName Zeichensatzname.

SelFontSize Größe des Zeichensatzes in Punkt.

SelCharOffset Ausmaß der Höher- oder Tieferstellung (für Hoch- und Indexzahlen). Die Angabe erfolgt in Twip (positiv zum Höherstellen, negativ zum Tieferstellen).

Absatzformat

SelAlignment bestimmt die Ausrichtung des Texts (0,1,2 für linksbündig, rechtsbündig, zentriert). Blocksatz wird nicht unterstützt.

SelBullet gibt an, ob die Absätze mit Aufzählungspunkten versehen werden. (Um eine Aufzählung aufzulösen, muß *SelBullet=False* und *SelHangingIndent=0* ausgeführt werden.)

BulletIndent bestimmt das Maß der Einrückung für Absätze mit Aufzählungspunkten (Einheit Twip bzw. je nach *ScaleMode* des Formulars). Die Eigenschaft muß eingestellt werden, *bevor* die Anweisung *SelBullet=True* ausgeführt wird! Eine nachträgliche Veränderung der Einrücktiefe kann über *SelHangingIndent* erfolgen.

SelIndent gibt an, wie weit der gesamte Absatz vom linken Rand eingerückt wird.

SelHangingIndent gibt an, wie weit alle Zeilen ab der zweiten Zeile gegenüber *SelIndent* eingerückt sind. Hier sind auch negative Werte zulässig, falls nur die erste Zeile einen Einzug haben soll.

SelRightIndent gibt an, wie weit die Zeilen vom rechten Rand eingedrückt werden sollen.

SelTabCount gibt die Anzahl der Tabulatoren im markierten Bereich an.

SelTabs(n) bestimmt den Ort der Tabulatoren. *n* geht von 0 bis *SelTabCount-1*. Vor dem Einfügen neuer Tabulatoren muß *SelTabCount* vergrößert werden. Alle Tabulatoren sind linksbündig. Die Tabulatorpositionen müssen geordnet sein, sonst erfolgt keine korrekte Formatierung. (*SelTab(2)* darf also nicht kleiner als *SelTab(1)* sein.)

RightMargin bestimmt die Breite des gesamten Texts. In vielen Fällen ist es sinnvoll, diese Eigenschaft in der *Form_Resize*-Prozedur dynamisch mit der Breite des RTF-Felds gleichzusetzen, sofern ein bestimmter Minimumwert nicht unterschritten wird. *RightMargin* bestimmt auch die Breite des Ausdrucks und muß gegebenenfalls für die Dauer des Ausdrucks verändert werden.

Noch eine Anmerkung zur Eingabe von Tabulatoren: *Tab* wird in Visual Basic normalerweise dazu verwendet, zwischen den Steuerelementen im Formular zu wechseln. Aus diesem Grund können Tabulatoren laut Online-Hilfe mit Strg+Tab eingegeben werden. Das funktioniert allerdings meistens genausowenig, weil mit dieser Tastenkombination zwischen mehreren Fenstern eines Programms (bzw. zwischen den Fenstern eines MDI-Formulars) gewechselt wird.

Das Tabulatorproblem löst sich von selbst, wenn ein Formular nur ein einziges Steuerelement (nämlich ein RTF-Feld) aufweist – dann kann ganz normal mit Tab gearbeitet werden. Wenn Sie dagegen mehrere Fenster *und* mehrere Steuerelemente pro Fenster haben, dann müssen Sie bei den restlichen Steuerelementen *TabStop* auf *False* setzen. Das kann dynamisch im Programm erfolgen (siehe Codebeispiel in der Online-Hilfe).

Suchen im Text

Zum Suchen im Text stehen gleich mehrere Methoden zur Verfügung: ***Find*** ermittelt die Position eines Suchtexts. Wie bereits erwähnt kann *Find* nur vorwärts suchen.

```
pos = RTF.Find("zeichenkette")
```

Span vergrößert die aktuelle Markierung wahlweise nach vorne oder nach hinten (man staune). Dabei wird im ersten Parameter eine Zeichenkette angegeben. Die darin enthaltenen Zeichen gelten als Suchkriterium. Der zweite Parameter gibt die Suchrichtung an (*True* meint vorwärts). Der dritte Parameter gibt an, wie die Zeichenkette des ersten Parameters zu interpretieren ist: Bei *True* wird die Markierung bis zum ersten gefundenen Zeichen erweitert (nicht inklusive, d.h., das gefundene Zeichen gehört nicht zur Markierung). Bei *False* wird die Markierung erweitert, bis ein Zeichen gefunden wird, das nicht im ersten Parameter angegeben worden ist. Informationen zur Syntax der Suchzeichenkette finden Sie in der Online-Hilfe.

```
RTF.Span ".", True, True   'Markierung bis zum nächsten . erweitern
```

UpTo funktioniert wie *Span*, verändert aber nicht die Markierung, sondern nur die Cursorposition.

Bildlaufleisten

Wenn im RTF-Feld mehrere Zeilen Text angezeigt werden sollen (***MultiLine***=*True*), sollen zumeist auch Bildlaufleisten angezeigt werden. Dazu muß ***ScrollBars*** entsprechend eingestellt werden (z.B. mit *rtfBoth=3*, wenn sowohl eine horizontale als auch eine vertikale Bildlaufleiste erwünscht ist).

Eine Besonderheit ist bei der horizontalen Bildlaufleiste zu beachten: hierfür wird die Einstellung des rechten Seitenrands durch ***RightMargin*** berücksichtig. Die Defaulteinstellung lautet 0, in diesem Fall wird die horizontale Bildlaufleiste nicht angezeigt! Wenn Sie *RightMargin* einen Wert zuweisen (die Maßeinheit wird durch das gültige Koordinatensystem bestimmt und lautet daher zumeist Twip), werden Zeilen ab dieser Länge automatisch umgebrochen. Nur wenn *RightMargin* größer ist als die Breite des Steuerelements, wird die horizontale Bildlaufleiste angezeigt! Wenn Sie einen Zeilenumbruch ganz vermeiden möchten, setzen Sie *RightMargin* einfach auf einen sehr großen Wert (1000000).

Zeilennummer ermitteln

Mit ***GetLineFromChar*** kann aus der aktuellen Position die Zeilennummer ermittelt werden:

```
z = RTF.GetLineFromChar(RTF.SelStart)
```

Eine entsprechende Funktion zur Ermittlung der Spaltennummer gibt es leider nicht. Da auch kein Rückwärtssuchen möglich ist, können Sie nur von der aktuellen Position aus das letzte *Chr(13)*-Zeichen (Zeilenende) suchen und anschließend die Differenz zur aktuellen Position ausrechnen.

Textdatei laden und speichern

Zum Laden und Speichern von Text stehen die Methoden *LoadFile* und *SaveFile* zur Verfügung. An ***LoadFile*** kann neben dem Dateinamen noch ein optionaler Parameter übergeben werden, der den Texttyp angibt (0 für RTF (Default), 1 für ASCII-Text). Da in jedem Fall auch normale ASCII-Dateien eingelesen werden können, kann auf den Parameter zumeist verzichtet werden. *LoadFile* speichert den Dateinamen in der Eigenschaft ***FileName***. (*FileName* kann nicht durch eine direkte Zuweisung verändert werden!)

```
RTF.LoadFile dat
```

LoadFile behauptet manchmal, daß eine Textdatei keine Textdatei ist und weigert sich, die Datei zu laden (Fehlernummer 32002). In so einem Fall können Sie versuchen, die Datei mit den folgenden Anweisungen zu laden:

```
Open dat For Binary As #1
RTF.Text = Input(LOF(1), 1)
Close #1
RTF.FileName = dat
```

Diese Vorgehensweise ist aber mit Vorsicht zu genießen: Wenn die Datei wirklich binäre Daten enthält, kommt es zu unglaublich langen Wartezeiten, am Ende werden dann einige wenige sinnlose Zeichen angezeigt.

Zum Speichern des Inhalts des Textfelds kann auch ***SaveFile*** verwendet werden. Der optionale zweite Parameter bestimmt das Ausgabeformat (RTF oder ASCII-Text).

```
RTF.SaveFile dat,1        'im ASCII-Format speichern
```

Datenaustausch mit der Zwischenablage

Seit Version 5 kommt die *ClipBoard*-Methode *SetText* auch mit dem *RichText*-Format zurecht. Der Datenaustausch über die Zwischenablage ist damit kein Problem mehr:

```
Select Case Index
Case menuAusschneiden
  Clipboard.SetText RTF.SelRTF, vbCFRTF
  RTF.SelRTF = ""
Case menuKopieren
  Clipboard.SetText RTF.SelRTF, vbCFRTF
Case menuBearbeitenEinfügen
  RTF.SelRTF = Clipboard.GetText(vbCFRTF)
Case menuLöschen
  RTF.SelRTF = ""
End Select
```

Ausdruck

Die Methode ***SelPrint*** druckt den zur Zeit markierten Textausschnitt aus. Wenn momentan keine Markierung vorliegt (*SelLength=0*), wird der gesamte Text ausgedruckt. An *SelPrint* muß der Device-Context (DC) des Druckers übergeben werden; der Device-Context stammt üblicherweise vom *CommonDialog*-Steuerelement (siehe Seite 259). Die folgenden Zeilen stellen ein Minimalbeispiel dar; im Rahmen des Beispielprogramms am Ende dieses Abschnitts finden Sie die Prozedur *Drucken*, die etwas flexibler ist (Abbruchmöglichkeit, Fehlerabsicherung, je nach Einstellung im Standarddialog Druck des gesamten Texts oder der aktuellen Markierung etc.)

```
CMDialog.PrinterDefault = False
CMDialog.Flags = cdlPDReturnDC
CMDialog.ShowPrinter
RTF.SelPrint CMDialog.hDC
```

VERWEIS

Ein möglicher Weg, *RichText*-Inhalte mit Kopf- und Fußzeilen, Seitennummern etc. auszudrucken, bietet WinWord. Ein Beispielprogramm zum Thema ActiveX Automation (Seite 941) demonstriert die Vorgehensweise.

Ein zweiter Weg wird im KnowledgeBase-Artikel Q146022 beschrieben: Durch den Einsatz einiger API-Funktionen können Sie erreichen, daß der Text im *RichText*-Feld so formatiert wird, wie er später beim Ausdruck erscheint; außerdem kann der Text seitenweise unter Beachtung eines benutzerdefinierten Seitenrands ausgedruckt werden. Mit wenig Aufwand können Sie die Ausgabe durch einen einfachen Seitenzähler erweitern. Sie finden den Artikel in der MSDN-Library oder im Internet: `support.microsoft.com/support`

Drag and Drop

Wenn Sie eine Datei per *Drag-and-Drop* vom Explorer in das Textfeld verschieben, wird die Datei dort als Icon angezeigt. Ein Doppelklick auf das Icon startet das betreffende Programm (etwa `NotePad` im Fall einer `*.txt`-Datei). Bei Dateien, die OLE-fähigen Programmen zugeordnet sind (etwa eine `*.xls`-Datei von Excel), wird dieses Programm automatisch gestartet, um statt des Icons den Inhalt der Datei im *RichText*-Feld anzuzeigen. (Mehr Informationen zum Thema *Drag and Drop* finden Sie in einem eigenen Abschnitt ab Seite 552.)

Beispielprogramm

Das Beispielprogramm zeigt, wie auf der Basis des *RichText*-Felds ein einfacher Texteditor erstellt werden kann. Ein besonderes Feature ist die Suchenfunktion: Sie ermöglicht es, alle gefundenen Texte im gesamten Text rot zu markieren. Auf diese Weise können Sie die für Sie interessanten Textpassagen besonders schnell finden. In der

Statuszeile werden die aktuelle Zeile, die Anzahl der Zeilen, das aktuelle Zeichen und die Anzahl der Zeichen angezeigt.

Obwohl das Programm auf dem RTF-Feld aufbaut, nutzt es dessen Möglichkeiten nur sehr eingeschränkt aus. Der Editor ist zur Bearbeitung von ASCII-Texten gedacht. Aus diesem Grund können nur reine Textdateien (keine RTF-Dateien) geladen und gespeichert werden. Eine Vergrößerung bzw. Verkleinerung der Schriftart über die entsprechenden Buttons der Symbolleiste gilt für den gesamten Text. Das Beispielprogramm demonstriert gleichzeitig auch die Programmierung einer Symbol- und Statusleiste.

Im Folgenden sehen Sie die interessantesten Passagen des etwa 250 Zeilen langen Codes. Auf einen vollständigen Abdruck wurde verzichtet, weil ein Großteil des Codes ohnedies nur triviale Dinge betrifft (Kontrolle, ob Datei geändert wurde, automatische Aufforderung zum Speichern etc.).

Bild 7.29: Ein einfacher Texteditor

Auswertung von Command beim Programmstart

Dem Editor kann beim Programmstart als optionaler Parameter ein Dateiname übergeben werden. In diesem Fall wird diese Datei sofort geladen. Dazu wird in *Form_Load* die vordefinierte Variable *Command* ausgewertet.

```
Private Sub Form_Load()
  Dim f As Form, dat$, msg$, ergebnis&
  If Command = "" Then
    RTF.Text = ""
    RTF.Tag = "unchanged"
    Caption = "Unbenannt"
  Else
    dat = Command
    If Dir(dat, vbHidden + vbSystem) = "" Then Exit Sub
    On Error Resume Next
```

```
    RTF.LoadFile dat, 1
    If Err <> 0 Then
      msg = "Die Textdatei konnte nicht geladen werden. " _
        & "Grund: " & Err.Description
      MsgBox msg
      Exit Sub
    End If
    Show
    Caption = Dir(dat, vbHidden + vbSystem)
    Dateiname = dat
    RTF.Tag = "unchanged"
  End If
End Sub
```

Verwaltung der Toolbar

Die Toolbar wird durch eine einzige Ereignisprozedur verwaltet. In den meisten Fällen erfolgt darin einfach nur ein Aufruf der Prozeduren, die bereits für die diversen Menükommandos existieren. Um den Programmcode etwas übersichtlicher zu gestalten, werden dabei Konstanten für die Indexnummern der Menüeinträge verwendet.

```
' Zusatzsteuerelemente\RichText.frm
' Reaktion auf das Anklicken der Toolbar
Private Sub Tool_ButtonClick(ByVal Button As Button)
  Static suchtext$, old_tag, old_start, old_len
  Dim pos&, oldpos
  Select Case Button.Key
  Case "neu"
    MenuDatei_Click menuNeu
  Case "öffnen"
    MenuDatei_Click menuÖffnen
  Case "speichern"
    MenuDatei_Click menuSpeichern
```

Textgröße verändern

Schon interessanter wird es bei den Buttons SMALL und BIG: Damit kann die Schriftart des ganzen Textfelds verkleinert bzw. vergrößert werden. Dazu wird der gesamte Text des Textfelds markiert. Nach der Veränderung von *SelFontSize* wird die alte Markierung wiederhergestellt.

```
  Case "small", "big"
    With RTF
      old_start = .SelStart: old_len = .SelLength
```

```
    old_tag = .Tag
    .SelStart = 0: .SelLength = 100000000
    If .SelFontSize = 0 Then .SelFontSize = 10
    If Button.Key = "small" Then
      .SelFontSize = .SelFontSize - 1
    Else
      .SelFontSize = .SelFontSize + 1
    End If
    .SelStart = old_start: .SelLength = old_len
    .Tag = old_tag
  End With
```

Suchen und Markieren

SUCHEN ermöglicht das Suchen einer Zeichenkette im Text. Der Suchtext wird in der generellen Variablen *suchtext* gespeichert und steht so auch später wieder zur Verfügung. Der Code nach der *If*-Abfrage für den Zustand des MARKALL-Buttons setzt eine eventuell vorhandene Markierung aller früher gesuchten Texte wieder zurück (siehe unten).

```
Case "suchen"  'Text suchen
  ' alte Markierung löschen
  If Tool.Buttons("markall").Value = 1 Then
    oldpos = RTF.SelStart + RTF.SelLength
    RTF.SelStart = 0: RTF.SelLength = Len(RTF.Text)
    RTF.SelColor = ForeColor
    RTF.SelBold = False
    RTF.SelLength = 0
    RTF.SelStart = oldpos
    Tool.Buttons("markall").Value = 0
    Markierung = ""
  End If
  suchtext = InputBox("Suchtext", , suchtext)
  pos = RTF.Find(suchtext, RTF.SelStart + RTF.SelLength)
  If pos > 0 Then
    RTF.SelStart = pos
    RTF.SelLength = Len(suchtext)
  End If
  RTF.SetFocus
Case "next"  'weitersuchen
  If suchtext <> "" Then
    pos = RTF.Find(suchtext, RTF.SelStart + RTF.SelLength)
    If pos > 0 Then
      RTF.SelStart = pos
      RTF.SelLength = Len(suchtext)
```

```
      End If
    End If
  Case "previous"  'noch immer kein Rückwärtssuchen möglich
```

Der Button MARKALL ermöglicht es, alle gefundenen Textstellen rot zu markieren. Ein nochmaliges Anklicken des Buttons hebt diese Hervorhebung wieder auf. Die Markierung der Suchtexte in umfangreichen Texten kann einige Zeit dauern.

```
  Case "markall"
    If suchtext = "" Then Tool.Buttons("markall").Value = 0: Exit Sub
    'alte Markierungen entfernen
    oldpos = RTF.SelStart + RTF.SelLength
    old_tag = RTF.Tag
    RTF.SelStart = 0: RTF.SelLength = Len(RTF.Text)
    RTF.SelColor = ForeColor
    RTF.SelLength = 0
    If Tool.Buttons("markall").Value = 1 Then
      'neue Suchtexte markieren
      MousePointer = 11 'das kann schon ein bißchen dauern
      If suchtext <> "" Then
        pos = RTF.Find(suchtext, 0)
        Do While pos > 0
          RTF.SelStart = pos
          RTF.SelLength = Len(suchtext)
          RTF.SelColor = RGB(255, 0, 0)
          RTF.SelBold = True
          pos = RTF.Find(suchtext, pos + Len(suchtext))
        Loop
      End If
      MousePointer = 0
      Markierung = "1"
    Else
      Markierung = ""
    End If
    RTF.SelStart = oldpos: RTF.SelLength = 0
    RTF.SetFocus
    RTF.Tag = old_tag  'Change ignorieren
  End Select
End Sub
```

Verwaltung der Statuszeile

In *RTF_KeyUp* und *RTF_MouseUp* wird die Statuszeile aktualisiert. Dazu wird die aktuelle Zeichenposition und die aktuellen Zeilennummer ermittelt und der Gesamtzeichenanzahl bzw. der größten Zeilennummer gegenübergestellt.

```
' aktuelle Zeilennummer anzeigen
Private Sub RTF_Keyup(KeyCode As Integer, Shift As Integer)
  Dim z$, pos&, tlen&, fpos&
  pos = RTF.SelStart + RTF.SelLength: tlen = Len(RTF.Text)
  z = "Zeichen " & pos & " / " & tlen
  MainForm.status.Panels("zeichen").Text = z
  z = "Zeile " & RTF.GetLineFromChar(pos + 1) + 1
  z = z & " / " & RTF.GetLineFromChar(tlen + 1) + 1
  MainForm.status.Panels("zeile").Text = z
End Sub
Private Sub RTF_MouseUp(Button%, Shift%, x!, y!)
  RTF_Keyup 0, 0
End Sub
```

Veränderung der Fenstergröße

Da sowohl die Status- als auch die Symbolleiste mit Menükommandos ein- und ausgeschaltet werden können, muß deren Höhe berücksichtigt werden, wenn in *Form_Resize* das *RichText*-Feld an die aktuelle Fenstergröße angepaßt wird.

```
' Größe des RTF-Felds anpassen
Private Sub Form_Resize()
  On Error Resume Next
  If WindowState = vbMinimized Then Exit Sub
  RTF.Width = ScaleWidth
  If Tool.Visible Then RTF.Top = Tool.Height Else RTF.Top = 0
  RTF.Height = ScaleHeight - IIf(Tool.Visible, Tool.Height, 0) - _
                             IIf(Status.Visible, Status.Height, 0)
End Sub
```

Text ausdrucken

```
Private Sub Drucken()
  Dim dc, oldsellength
  ' Druckerdialog konfigurieren und anzeigen
  CMDialog.PrinterDefault = False
  CMDialog.Flags = cdlPDReturnDC
  If RTF.SelLength > 0 Then
    CMDialog.Flags = CMDialog.Flags + cdlPDSelection
  End If
  On Error Resume Next
  CMDialog.ShowPrinter
  If Err Then Exit Sub
  On Error GoTo 0
  ' Ausdruck
```

```
  dc = CMDialog.hDC
  If (CMDialog.Flags And cdlPDSelection) = 0 Then
    RTF.SelLength = 0  'gesamten Text (nicht nur Markierung) drucken
  End If
  RTF.SelPrint dc
  RTF.SelLength = oldsellength  'alte Markierung wiederherstellen
End Sub
```

Syntaxzusammenfassung

RichText – Allgemeine Eigenschaften	
Text	Zugriff auf ganzen Text (ASCII)
TextRTF	Text mit RTF-Codes
SelText	markierter Text (ASCII)
SelRTF	markierter Text mit RTF-Codes
SelStart	Cursorposition
SelLength	Anzahl der markierten Zeichen (ASCII)
FileName	Dateiname der RTF-Datei
Locked	keine Textveränderung möglich
HideSelection	Markierung anzeigen, wenn Feld nicht aktiv (Default *True*, sinnvoller ist zumeist *False*)
DisableNoScroll	keine Bildlaufleisten bei kurzen Texten (*True / False*)
MultiLine	mehrere Zeilen Text anzeigen (*True / False*)
ScrollBars	Bildlaufleisten rechts / unten bei langen Texten
RightMargin	rechter Seitenrand (für untere Bildlaufleiste)

RichText – Formateigenschaften	
SelBold	markierter Text fett
SelItalic	kursiv
SelUnderline	unterstrichen
SelStrikeThru	durchgestrichen
SelColor	Textfarbe
SelFontName	Zeichensatzname
SelFontSize	Größe des Zeichensatzes in Punkt
SelCharOffset	Ausmaß der Höher- oder Tieferstellung
SelAlignment	Ausrichtung des Texts (0,1,2 für linksbündig, rechtsbündig, zentriert)
SelBullet	Absätze mit Aufzählungspunkten
BulletIndent	Einrückmaß für Aufzählungen (muß vor *SelBullet* eingestellt werden)

SelIndent	Einrückmaß für Absatz
SelHangingIndent	Einrückmaß ab der zweiten Zeile, relativ zu *SelIndent*
SelRightIndent	Einrückmaß vom rechten Rand
SelTabCount	Anzahl der Tabulatoren im markierten Bereich
SelTabs(n)	Ort der Tabulatoren (*n* von 0 bis *SelTabCount-1*)
RightMargin	Breite des gesamten Texts

RichText – Methoden	
LoadFile	Textdatei laden
SaveFile	Textdatei speichern
SelPrint DC	Markierung oder ganzen Text drucken
Find	vorwärts suchen
Span	Markierung vorwärts / rückwärts erweitern
UpTo	Cursor vorwärts / rückwärts bewegen
GetLineFromChar	Zeilennummer ermitteln

RichText – Ereignisse	
Change	Text hat sich verändert
SelChange	Größe der Markierung hat sich geändert

7.21 Tabellen (MSFlexGrid / MSHFlexGrid)

Mit dem *MSFlexGrid*-Steuerelement (kurz *FlexGrid*) können Sie Tabellen darstellen. Das Steuerelement zeichnet sich durch zahllose Möglichkeiten aus, die Tabelle bzw. einzelne Zellen zu formatieren. So können für jede einzelne Zelle ein beliebiger Zeichensatz, beliebige Vor- und Hintergrundfarben, beliebige Textausrichtung etc. eingestellt werden. Über die *DataSource*-Eigenschaft kann das Steuerelement mit einem *Data*-Feld verbunden werden; in diesem Fall wird in der Tabelle das betreffende *Recordset* angezeigt.

Je nach Einstellung von *MergeCells* werden Zellen mit gleichem Inhalt automatisch zu einer großen Zelle zusammengefaßt (in der Art von Excel-Pivot-Tabellen), was sehr bei der übersichtlichen Darstellung von Tabellen helfen kann. Bild 7.30 zeigt das mit Visual Basic mitgelieferte Beispielprogramm. Achten Sie insbesondere auf Felder wie *Addison-Wesley Publishing*, *Knuth Donald* etc.

Leider gelten auch diverse Einschränkungen:

- Das Steuerelement ist nicht in der Lage, Zahlenwerte zu speichern. Vielmehr müssen in den einzelnen Feldern Zeichenketten gespeichert werden (*Text*-Eigenschaft), was zwar einfach ist, aber zur schnellen Bearbeitung großer Zahlenmengen nicht gerade beiträgt.

- Es gibt keine Rechenfunktionen.
- Es gibt keine Methode zum Ausdruck von Tabellen. (Es kann wohl eine Bitmap vom sichtbaren Bereich des *MSFlexGrid*-Felds erzeugt und ausgedruckt werden, das ist aber qualitativ eine vollkommen unbefriedigende Lösung.)

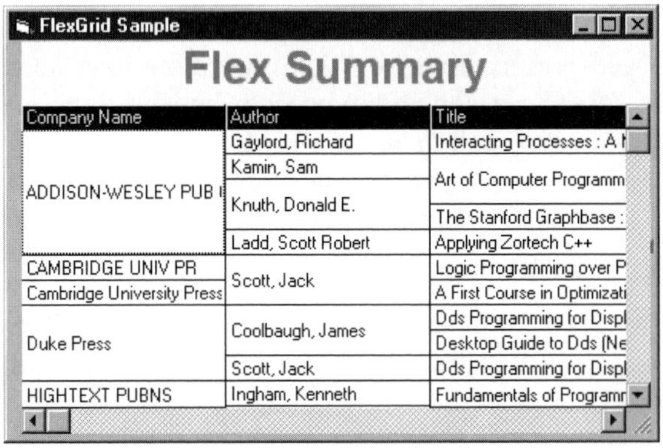

Bild 7.30: Zusammengesetzte Zellen im FlexGrid-Feld

Hierarchical FlexGrid (MSHFlexGrid)

Seit Version 6 steht neben dem gewöhnlichen *FlexGrid*-Steuerelement auch noch eine erweiterte (und kompatible) Variante zur Verfügung, das *MSHFlexGrid*. Die Unterschiede sind rasch zusammengefaßt:

- Die Tabelle kann mit ADO-*Recordset*s aus einem *Adodc*-Feld oder *DataEnvironment*-Objekt gefüllt werden.
- Bei hierarchischen *Recordset*s können untergeordnete Details ein- und ausgeblendet werden. (Im Prinzip ist dieser Vorgang mit dem Auseinander- und Zusammenklappen von Verzeichnissen im *TreeView*-Steuerelement vergleichbar. Aber während das *TreeView*-Steuerelement allgemeingültig für jede Art verschachtelter Strukturen verwendet werden kann, kommt das *MSHFlexGrid*-Steuerelement ausschließlich mit hierarchischen *Recordset*s zurecht.)

VERWEIS

Weitere Informationen zu diesen zwei sehr vielseitigen Steuerelementen finden Sie in der MSDN-Libary:

VB-DOKUMENTATION | ARBEITEN MIT VB | PROGRAMMIERHANDBUCH | TEIL 2 | STANDARDSTEUERELEMENTE | HIERARCHICAL FLEXGRID

TECHNICAL ARTICLES | VISUAL TOOLS | VB | VB 5.0 | MSFLEXGRID TIPS & TRICKS

HINWEIS

MSFlexGrid-Steuerelemente in Visual-Basic-5-Projekten werden nicht automatisch durch *MSHFlexGrid* ersetzt. Bei neuen Projekten spricht aber nichts dagegen (außer vielleicht der höhere Speicherbedarf), generell das *MSHFlexGrid*-Steuerelement zu verwenden.

Da die Zusatzfunktionen von *MSHFlexGrid* im Vergleich zu *MSFlexGrid* nur in Datenbankanwendungen genutzt werden können, werden diese Features nicht in diesem Kapitel, sondern ab Seite 851 im Rahmen der Datenbankprogrammierung behandelt. Die folgenden Seiten beschreiben Merkmale, die gleichermaßen für beide Steuerelemente gelten.

Steuerung des FlexGrid-Steuerelements

Das Steuerelement erledigt folgende Aufgaben automatisch: Cursorbewegung inklusive Bereichsmarkierung mit Shift bzw. mit der Maus, Einstellung der Spalten- und Zeilenbreite und Verwaltung der Bildlaufleisten.

Vom Programmierer sind (falls notwendig) folgende Funktionen zu realisieren: Belegung der Felder mit Texten, Tastaturverwaltung zur Veränderung des Inhalts eines Felds, Tastaturverwaltung für den Datenaustausch über die Zwischenablage (inklusive Kopier- und Löschfunktionen), Kommandos zum Laden und Speichern der Tabelle.

Es besteht keine Möglichkeit, den Inhalt einzelner Felder bereits beim Formularentwurf festzulegen. Dazu sind Sie erst im Programmcode in der Lage (z.B. in der *Form_Load*-Prozedur des Fensters).

Die Felder eines *FlexGrid*-Steuerelements können in zwei Gruppen unterteilt werden: In die Beschriftungsfelder am linken und am oberen Rand und in die normalen Felder. Die Beschriftungsfelder werden normalerweise mit grauem Hintergrund angezeigt und bleiben immer sichtbar (daher die Bezeichnung »fixed« in den dazugehörenden Eigenschaften).

Die Gesamtgröße der Tabelle wird durch die beiden Eigenschaften ***Cols*** (Spalten) und ***Rows*** (Zeilen) definiert. Wie viele dieser Spalten und Zeilen zur Beschriftung vorgesehen sind, wird durch ***FixedCols*** und ***FixedRows*** bestimmt. Alle vier Eigenschaften können auch während des Programmablaufs verändert werden, vorhandene Daten bleiben – soweit sie im Bereich der neuen Tabelle liegen – erhalten. Einzelne Zeilen können auch mit der Methoden ***AddItem*** hinzugefügt bzw. mit ***RemoveItem*** entfernt werden. Die Maximalgröße der Tabelle ist nur durch den Arbeitsspeicher beschränkt.

Wenn das Steuerelement mehr Felder umfaßt, als unmittelbar angezeigt werden können, wird das Steuerelement automatisch mit Bildlaufleisten erweitert (es sei denn, Sie stellen die *ScrollBars*-Eigenschaft auf 0). Mit *ScrollTrack* können Sie bestimmen, ob der Inhalt des Tabellenfelds sofort während der Veränderung des Schiebefelds bewegt werden soll (oder erst zum Ende der Einstellung).

Gestaltungsmöglichkeiten im FlexGrid-Steuerelement

Bei den Gestaltungsmöglichkeiten muß zwischen Eigenschaften unterschieden werden, die auf einzelne Zellen angewendet werden können, und solchen, die global für das gesamte Tabellenfeld gelten. Dazu zählen unter anderem die Farben *BackColorXxx, ForeColorXxx* und *GridColorXxx*, die Defaultschriftart *Font* sowie diverse Stilattribute, die sich am bequemsten im Eigenschaftsdialog des Steuerelements einstellen lassen.

Zeichensatz sowie Vor- und Hintergrundfarbe können auch spezifisch für jede Zelle eingestellt werden. Dazu verwenden Sie die Eigenschaften *CellFontXxx, CellForeColor* und *CellBackColor*. Diese Eigenschaften beziehen sich immer auf den gerade markierten Bereich (Zeile *Row* bis *RowSel*, Spalte *Col* bis *ColSel*).

Die Ausrichtung von Texten kann spaltenweise über die ***ColAlignment****(spalte)*-Eigenschaft eingestellt werden. Dabei sind die drei Werte 0, 1, 2 für linksbündig, rechtsbündig oder zentriert möglich. (In der aktuellen Version funktioniert die rechtsbündige Ausrichtung durch *ColAlignment* allerdings nicht – verwenden Sie *FormatString*!) Die Ausrichtung der Beschriftungstexte in den »fixed«-Texten erfolgt davon unabhängig durch die ***FixedAlignment****(spalte)*-Eigenschaft. Schließlich besteht noch eine zellspezifische Einstellmöglichkeit mit *CellAlignment*.

Spaltenbreite und Zeilenhöhe können im Programmverlauf durch den Nutzer mit der Maus eingestellt werden. Im Programm können Sie darauf durch die Eigenschaften ***ColWidth****(spalte)* und ***RowHeight****(zeile)* zugreifen.

Die Einstellung der Spaltenausrichtung und der Beschriftung für jede einzelne Spalte ist mit verhältnismäßig viel Code verbunden. Deutlich einfacher geht es, wenn Sie dazu die Eigenschaft ***FormatString*** verwenden. Dieser Eigenschaft weisen Sie eine Zeichenkette zu, in der die Spalten durch das Zeichen | voneinander getrennt sind. Die Ausrichtung der Spalten wird durch <, > oder ^ für linksbündig, rechtsbündig oder zentriert ausgedrückt. Nach einem Strichpunkt kann die Beschriftung für Zeilen angegeben werden.

Das folgende Kommando beschriftet die vier Spalten mit den angegebenen Texten. Die Ausrichtung der erste Spalte ist links-, die der drei folgenden Spalten rechtsbündig. Voraussetzung ist *Cols=4* und *FixedRow=1*.

```
.FormatString = "<Artikel|>Anzahl|>Einzelpreis|>Gesamtpreis"
```

Das nächste Kommando läßt das linke obere Eckfeld frei. Die Spalten 2 bis 4 werden wie oben beschriftet, außerdem die Zeilen 2 bis 4 mit A, B und C. Voraussetzung ist *Cols=4, Rows=4, FixedRows=1* und *FixedCols=1*.

```
.FormatString = "|<Artikel|>Anzahl|>Einzelpreis;|A|B|C"
```

Felder vereinen

Um Zellen gleichen Inhalts wie in Bild 7.30 im Stil von Pivot-Tabellen zu einer großen Zelle zu vereinen, sind zwei Voraussetzungen erforderlich: Zum einen müssen für die

Zeilen oder Spalten, in denen eine automatische Vereinigung erfolgen soll, die Eigenschaften ***MergeRow****(zeile)* bzw. ***MergeCol****(spalte)* auf *True* gesetzt werden. Das kann nur im Programmcode erfolgen. (Die Defaulteinstellung ist *False*!) Zum anderen muß mit der Eigenschaft ***MergeCells*** einer der vier möglichen Vereinigungsmodi ausgewählt werden. (Die Defaulteinstellung lautet *flexMergeNever=0*.)

Auf ersten Blick erscheint es merkwürdig, daß gleich drei Eigenschaften zur Steuerung dieses Features zur Verfügung stehen. Tatsächlich erlaubt das aber eine sehr präzise Kontrolle darüber, wann welche Zellen vereint werden sollen. Werfen Sie auch einen Blick in die Online-Dokumentation: Das Beispiel zu *MergeCells* ist sehr illustrativ.

Der Zugriff auf einzelne Felder

Der Zugriff auf einzelne Felder erfolgt über die ***Row***- und ***Col***-Eigenschaften (die nicht mit *Rows* und *Cols* verwechselt werden dürfen). *Row* und *Col* geben die aktuelle Cursorposition an. Der Wertebereich beginnt jeweils mit 0, d.h., das linke obere Feld hat die Position (0,0).

Die *Text*-Eigenschaft enthält den in diesem Feld gespeicherten Text, die *CellPicture*-Eigenschaft die darin angezeigte Bitmap. Wenn in einem Feld sowohl die *Picture*- als auch die *Text*-Eigenschaft genutzt wird, dann wird der Text rechts neben der Grafik angezeigt.

Wenn Sie den Text eines Felds ändern möchten, in dem der Cursor gerade nicht steht, müssen Sie die Cursorposition zuerst durch die Einstellung der *Row*- und *Col*-Werte verändern. Dieses Verfahren ist vor allem bei umfangreichen Änderungen in der Tabelle mühselig und langsam. Aus diesem Grund steht Ihnen über die Eigenschaft *TextMatrix(zeile, spalte)* auch ein direkter Zugriff auf den Text einer beliebigen Zelle offen.

Die beiden Eigenschaften ***LeftCol*** und ***TopRow*** sind vor allem für große Tabellen von Bedeutung, wenn nur ein Teil der Tabelle im Steuerelement sichtbar ist. Die beiden Eigenschaften geben die erste sichtbare Spalte links und die erste sichtbare Zeile oben im Steuerelement an.

Die Veränderung der *Row*- und *Col*-Eigenschaft verändert den sichtbaren Ausschnitt nicht. Wenn Sie den Cursor gezielt an einen anderen Ort stellen möchten (z.B. nach einem Suchkommando), um dem Nutzer dort eine Eingabe zu ermöglichen, müssen Sie über *LeftCol* und *TopRow* auch den sichtbaren Ausschnitt verändern.

Der Zugriff auf den markierten Bereich

Die Größe des markierten Bereichs wird durch die vier Eigenschaften ***Row***, ***Col***, ***RowSel*** und ***ColSel*** bestimmt. Beachten Sie bitte, daß sich der durch *RowSel* und *ColSel* angegebene zweite Eckpunkt des Markierungspunkt auch links bzw. oberhalb der markierten Zelle befinden kann.

Die Eigenschaft ***Clip*** enthält den *Text*-Inhalt des gesamten markierten Bereichs, wobei einzelne Felder durch das Tabulatorzeichen *Chr(9)* (Konstante *vbTab*), Zeilen durch das Carriage-Return-Zeichen *Chr(13)* getrennt sind (Konstante *vbCR*). Problematisch ist der Zugriff auf die *Clip*-Eigenschaft dann, wenn einzelne Felder selbst diese Zeichen enthalten.

Durch die Veränderung der *Clip*-Eigenschaft können größere Bereiche der Tabelle rasch mit neuen Daten belegt werden. Allerdings werden die Daten nur im markierten Bereich eingefügt. Gegebenenfalls müssen die *Row- / ColSel*-Eigenschaften entsprechend eingestellt werden.

Datenaustausch über die Zwischenablage

Der Datenaustausch über die Zwischenablage erfolgt am einfachsten über die *Clip*-Eigenschaft. Da auch Tabellenkalkulationsprogramme sich an das von *Clip* vorausgesetzte Format halten, ist ein Datenaustausch mit Programmen wie Excel relativ problemlos. (Formatierungsinformationen gehen natürlich verloren.)

Der Programmausschnitt unten zeigt, wie der Programmcode zur Bedienung der Zwischenablage aussieht (wobei allerdings nur die *Text*-Eigenschaft der Felder des *FlexGrid*-Steuerelements bearbeitet werden – die *Picture*-Eigenschaft wird ignoriert).

Die Prozedur wertet die Parameter *KeyCode* und *Shift* aus, um die gedrückte Tastenkombination zu erkennen (siehe Seite 541). Die Kommandos KOPIEREN, AUSSCHNEIDEN und LÖSCHEN sind vollkommen unproblematisch. Zum Löschen des markierten Bereichs muß dessen *Clip*-Eigenschaft lediglich mit einem Leerstring belegt werden.

Etwas aufwendiger ist das EINFÜGEN-Kommando, falls kein Bereich markiert ist. In diesem Fall ermittelt das Programm in zwei Schleifen, wie viele Spalten und Zeilen die Zeichenkette umfaßt, anschließend wird ein entsprechend großer Bereich durch die Veränderung der *ColSel* und *-RowSel*-Eigenschaft markiert.

```
' Kommandos zur Bedienung der Zwischenablage
Private Sub Grid1_KeyDown(KeyCode As Integer, Shift As Integer)
  Dim work$, i&, zeilen%, spalten%, bedingung%
  If Shift = 2 And (KeyCode = vbKeyInsert Or _
    KeyCode = vbKeyC) Then              'Strg+Einfg, Strg+C (Kopieren)
    Clipboard.SetText Grid1.Clip
    KeyCode = 0
  ElseIf (Shift = 1 And KeyCode = vbKeyDelete) Or _
    (Shift = 2 And KeyCode = vbKeyX) Then 'Shift-Entf., Strg+X
    Clipboard.SetText Grid1.Clip
    Grid1.Clip = ""
    KeyCode = 0
```

```
  ElseIf Shift = 0 And KeyCode = vbKeyDelete Then    'Entf
    Grid1.Clip = ""
    KeyCode = 0
  ElseIf (Shift = 1 And KeyCode = 45) Or _
    (Shift = 2 And KeyCode = vbKeyV) Then      'Shift-Einfg., Strg+V
    If Clipboard.GetFormat(1) = False Then Exit Sub 'kein Textformat
    work = Clipboard.GetText()
    If (Grid1.Row = Grid1.RowSel) And _
      (Grid1.Col = Grid1.ColSel) Then
      ' falls kein Bereich markiert ist, dann beginnend von
      ' der Cursor-Position einen so großen Bereich markieren,
      ' daß die in der Variablen work befindliche Tabelle darin
      ' Platz findet
      i = 0: zeilen = 1
      Do  ' Schleife für Spalten in work
        i = InStr(i + 1, work, Chr$(13))
        If i <> 0 Then zeilen = zeilen + 1
      Loop Until i = 0
      i = 0: spalten = zeilen
      Do  ' Schleife für Zeilen in work
        i = InStr(i + 1, work, Chr$(9))
        If i <> 0 Then spalten = spalten + 1
      Loop Until i = 0
      spalten = spalten / zeilen
      Grid1.RowSel = Min(Grid1.Rows - 1, Grid1.Row + zeilen - 1)
      Grid1.ColSel = Min(Grid1.Cols - 1, Grid1.Col + spalten - 1)
      KeyCode = 0
    End If
    Grid1.Clip = work
  End If
End Sub
```

Zeilen sortieren

Durch die Zuweisung eines Werts an die Eigenschaft *Sort* wird der Inhalt des Tabellenfelds sortiert. (Warum *Sort* nicht als Methode realisiert wurde, bleibt rätelhaft.) Sortiert werden generell nur ganze Zeilen mit den Zeilennummern zwischen *Row* und *RowSel*. Als Sortierkriterium wird der Inhalt der Spalten zwischen *Col* und *ColSel* verwendet, wobei den Spalten links Priorität gegeben wird. Die Sortierreihenfolge wird durch die Konstanten bestimmt, die *Sort* zugewiesen werden (auf- oder absteigend, mit korrekter Berücksichtigung von Zahlen etc.). Wenn Ihnen die vordefinierten Sortierfolgen nicht ausreichen, können Sie sogar eine benutzerdefinierte Sortierung durchführen. Dazu wird für jeden Zeilenvergleich die Ereignisprozedur *Compare* aufgerufen.

FlexGrid-Beispielprogramm

Das Beispielprogramm demonstriert den Umgang mit dem *FlexGrid*-Steuerelement. Das Fenster wird durch eine Tabelle von 20*20 Feldern dominiert. Oberhalb der Tabelle wird in einem Label-Steuerelement das aktuelle Feld angezeigt (z.B. B5), daneben befindet sich ein Text-Steuerelement zur Eingabe bzw. zum Verändern des Inhalts eines Tabellenfelds. Die Eingabe muß mit Return abgeschlossen werden. Das Programm unterstützt alle Kommandos zum Datenaustausch mit der Zwischenablage.

Die erste Aufgabe des Programms besteht darin, in den Beschriftungsfeldern der Tabelle die Buchstaben A bis S bzw. die Zahlen 1 bis 19 einzutragen. Das geschieht in *Form_Load*, noch bevor das Fenster sichtbar wird. In *Form_Resize* wird die Größe der Tabelle an die Fenstergröße angepaßt.

Bild 7.31: Beispielprogramm zum FlexGrid-Feld

```
' Zusatzsteuerelemente\FlexGrid.frm
Private Sub Form_Load()
  Dim i
  Grid1.Col = 0
  For i = 1 To Grid1.Rows - 1
    Grid1.Row = i
    Grid1.Text = i
  Next i
  Grid1.Row = 0
  For i = 1 To Grid1.Cols - 1
    Grid1.Col = i
    Grid1.Text = Chr$(64 + i)
    Grid1.ColWidth(i) = 1000
  Next
  Grid1.Row = 1: Grid1.Col = 1
End Sub
```

```
' Gridfeld an Fenstergröße anpassen
Private Sub Form_Resize()
  If WindowState = 1 Then Exit Sub
  Grid1.Width = ScaleWidth
  Grid1.Height = ScaleHeight - Grid1.Top
End Sub
```

Die Ereignisprozedur *Grid1_RowColChange* wird immer dann aufgerufen, wenn sich die Position des Cursors in der Tabelle verändert (entweder durch das Drücken der Cursortasten oder durch das Anklicken eines neuen Felds mit der Maus). In der Prozedur wird im Labelfeld die aktuelle Position und im Textfeld der dazugehörende Inhalt angezeigt.

```
Private Sub Grid1_RowColChange()
  Label1.Caption = "Feld " + Chr$(64 + Grid1.Col) + _
     Str$(Grid1.Row) + " ändern:"
  Text1.Text = Grid1.Text
End Sub
```

In *Grid1_KeyPress* wird der Eingabefokus an das Textfeld weitergegeben, wenn eine alphanumerische Taste gedrückt wird (keine Shift- oder Cursortasten). Außerdem wird die soeben gedrückte Taste als neues Zeichen an das Ende des bisherigen Texts angefügt.

```
Private Sub Grid1_KeyPress(KeyAnsi As Integer)
  If KeyAnsi >= 32 Then
    Text1.SetFocus
    Text1.Text = Text1.Text + Chr$(KeyAnsi)
    Text1.SelStart = Len(Text1.Text)
  End If
End Sub
```

Schließlich wird in *Text1_KeyPress* festgestellt, ob der Nutzer Return gedrückt hat. In diesem Fall wird der Inhalt des Textfelds im aktuellen Feld der Tabelle gespeichert.

```
Private Sub Text1_KeyPress(KeyAnsi As Integer)
  If KeyAnsi = 13 Then
    Grid1.Text = Text1.Text
    Grid1.SetFocus
    KeyAnsi = 0
  End If
End Sub
```

Der Code zum Datenaustausch mit der Zwischenablagen (Prozedur *Grid1_KeyDown*) wurde bereits oben abgedruckt.

Syntaxzusammenfassung

MS(H)FlexGrid – Eigenschaften	siehe auch Seite 855
Cols	Anzahl der Spalten (inklusive Beschriftungsspalten)
Rows	Anzahl der Zeilen (inklusive Beschriftungszeilen)
FixedCols	Anzahl der Beschriftungsspalten (grau)
FixedRows	Anzahl der Beschriftungszeilen
ColAlignment(n)	Ausrichtung der Spalte
FixedAlignment(n)	Ausrichtung für Spaltenbeschriftung
CellAlignment	Ausrichtung für markierte Zellen
FormatString	zur raschen Einstellung von Zeilen- und Spaltenbeschriftung und der Spaltenausrichtung
ColWidth	Spaltenbreite
ColHeight	Zeilenhöhe
Col / Row	aktuelle Spalte / Zeile
ColSel / RowSel	Ende des markierten Bereichs
LeftCol / TopRow	erste sichtbare Spalte / Zeile
MergeRow(n)	bestimmt, ob in der Zeile Zellen vereint werden (*True/False)*
MergeCol(n)	bestimmt, ob in der Spalte Zellen vereint werden
MergeCells	gibt den Vereinigungsmodus an (0-4 für *flexMergeNever, -All, -RestrictRows, -RestrictColumns, -RestrictAll*)
Text	Zugriff auf Text in aktueller Zeile / Spalte
TextMatrix(z,sp)	Zugriff auf den Text in Zeile *z* und Spalte *sp*
CellPicture	Zugriff auf Bild in aktueller Zeile / Spalte
Clip	Inhalt des markierten Bereichs als Zeichenkette
Sort = n	Zeilen zwischen *Row* und *RowSel* nach dem Inhalt der Spalte *Col* sortieren; *n* bestimmt die Sortierfolge

MS(H)FlexGrid – Methoden	
AddItem	Zeile einfügen
RemoveItem	Zeile löschen

MS(H)FlexGrid – Ereignisse	
Enter- / LeaveCell	Cursor wird in eine Zelle hinein / aus ihr heraus bewegt
RowColChange	Änderung der aktuellen Zeile / Spalte
Scroll	Veränderung des sichtbaren Bildausschnitts
Compare	ermöglicht den Vergleich zweier Zeilen für das benutzerdefinierte Sortieren

7.22 Diagramme (MSChart)

Das *MSChart*-Steuerelement löst das *Graph*-Steuerelement früherer Versionen ab. Es wird zur Darstellung von Geschäftsdiagrammen verwendet (etwa Balken-, Linien- und Kreisdiagramme). Der Zugriff auf die Diagramme erfolgt über ein komplexes Objektmodell. Die Programmierung der über 30 Objekte und weit über 100 Eigenschaften und Methoden erreicht eine ähnliche Komplexität wie bei Excel-Diagrammen (zu denen aber *MSChart* selbstredend inkompatibel ist).

HINWEIS

Seit Version 6 kann *MSChart* direkt mit ADO-Datenbanken verbunden werden. Mehr Informationen zu diesem Thema finden Sie auf Seite 860.

Neben diversen Zusatzsteuerelementen von Drittanbietern gibt es zwei Microsoft-Alternativen zu *Chart*: zum einen das noch immer mitgelieferte *Graph*-Steuerelement aus früheren Visual-Basic-Versionen (das bezüglich Gestaltungsmöglichkeiten und Programmierung allerdings nicht mehr mithalten kann), zum anderen Excel, das via ActiveX Automation auch von Visual Basic aus gesteuert werden kann (siehe Seite 931).

ACHTUNG

Wenn Sie ein VB5-Projekt mit einem *MSChart*-Steuerelement in VB6 zu laden versuchen, wird (falls vorhanden) weiterhin das alte *MSChart*-Feld aus Version 5 verwendet. Ist dieses nicht verfügbar ist (weil VB5 entfernt oder auf dem Rechner nie installiert wurde), kommt es zu einem Ladefehler: VB findet die *MSChart*-Library nicht. Der Grund: Microsoft hat in letzter Minute sowohl die UUID des Steuerelements als auch das Binärformat für die `*.frx`-Daten geändert. Sie müssen das Steuerelement neu in das Projekt einfügen und verlieren dabei alle Einstellungen von Eigenschaften.

Merkmale

Das *MSChart*-Steuerelement kennt zwölf Diagrammtypen (davon fünf in 3D-Darstellung), die über die Eigenschaft ***ChartType*** eingestellt wird. Einen guten Überblick gibt Bild 7.32. Einige Diagrammtypen lassen sich miteinander kombinieren, indem beispielsweise eine Datenreihe durch Balken und eine zweite durch Linien angezeigt wird.

Beinahe alle Parameter des Diagramms lassen sich durch eine Unzahl von Objekten und Eigenschaften steuern: Farben und Muster der Diagrammelemente, Plazierung und Beschriftung der Achsen, Blickwinkel und Beleuchtung von 3D-Diagrammen, Aussehen der Legende, Über- und Unterschriften etc. Ein Großteil dieser Parameter kann gleich im Eigenschaftsdialog eingestellt werden, was eine Menge Programmcode spart.

Im laufenden Programm kann der Anwender die meisten Diagrammelemente per Mausklick auswählen. Diese Auswahl kann durch diverse *XxxActivated* oder *XxxSelected*-Ereignisse festgestellt werden und dazu verwendet werden, dem Anwender eine dynamische Formatierung des Diagramms zu ermöglichen. (Die dazu erforderlichen Dialoge müssen Sie allerdings selbst programmieren.)

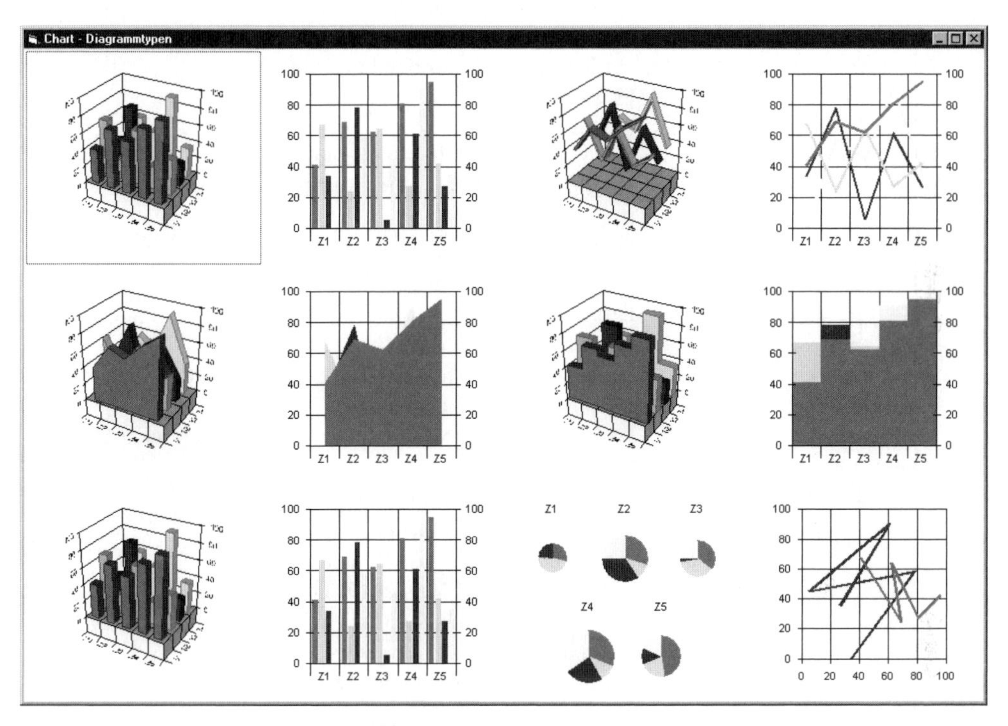

Bild 7.32: Die zwölf Diagrammtypen des Chart-Steuerelements

Vernachläßigt wurde wie bei fast allen Steuerelementen der Ausdruck: Eine entsprechende Methode fehlt. (In dieser Hinsicht war selbst das betagte *Graph*-Steuerelement noch flexibler.) Der einzige Ausweg: Übertragen Sie mit der Methode *EditCopy* das aktuelle Diagramm im Windows Metafile Format in die Zwischenablage. Von dort ist dann mit einigen Tricks (sprich: GDI-Funktionen) ein Ausdruck möglich.

VERWEIS

Angesichts der Komplexität des *MSChart*-Objektmodells ist eine vollständige Beschreibung hier ausgeschlossen (die wäre länger als die Beschreibung aller übrigen Steuerelemente dieses Kapitels). Weitere Informationen zur Programmierung finden Sie in der Online-Dokumentation:

VB-DOKUMENTATION | ARBEITEN MIT VB | KOMPONENTENHANDBUCH |
- VERWENDEN DER ACTIVEX-STEUERELEMENTE | MSCHART

Das Objektmodell

Die folgende Aufstellung stellt die Hierarchie der wichtigsten Objekte des *MSChart*-Steuerelements vor.

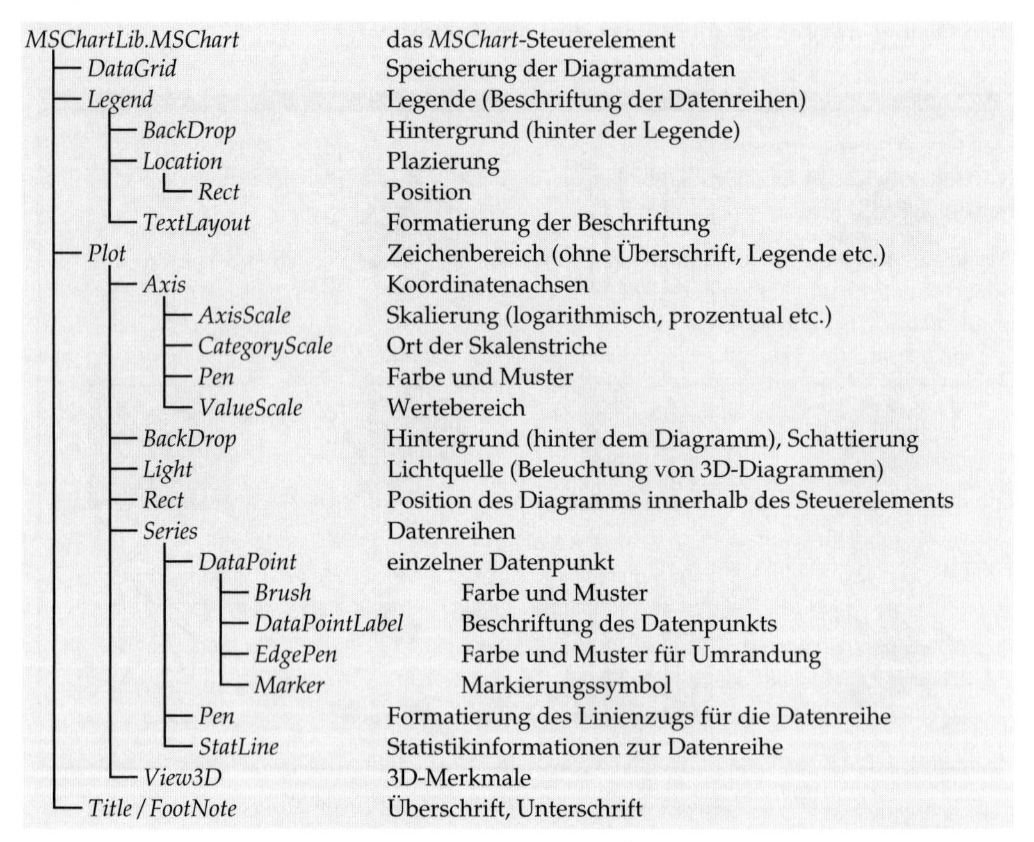

MSChartLib.MSChart das MSChart-Steuerelement
DataGrid Speicherung der Diagrammdaten
Legend Legende (Beschriftung der Datenreihen)
BackDrop Hintergrund (hinter der Legende)
Location Plazierung
Rect Position
TextLayout Formatierung der Beschriftung
Plot Zeichenbereich (ohne Überschrift, Legende etc.)
Axis Koordinatenachsen
AxisScale Skalierung (logarithmisch, prozentual etc.)
CategoryScale Ort der Skalenstriche
Pen Farbe und Muster
ValueScale Wertebereich
BackDrop Hintergrund (hinter dem Diagramm), Schattierung
Light Lichtquelle (Beleuchtung von 3D-Diagrammen)
Rect Position des Diagramms innerhalb des Steuerelements
Series Datenreihen
DataPoint einzelner Datenpunkt
Brush Farbe und Muster
DataPointLabel Beschriftung des Datenpunkts
EdgePen Farbe und Muster für Umrandung
Marker Markierungssymbol
Pen Formatierung des Linienzugs für die Datenreihe
StatLine Statistikinformationen zur Datenreihe
View3D 3D-Merkmale
Title / FootNote Überschrift, Unterschrift

So toll die durch die Hierarchie angedeuteten Möglichtkeiten sind, so unausgegoren wirkt deren aktuelle Implementierung: beispielsweise funktioniert die Aufzählmethode *DataPoints* nicht. Auch die Veränderung von Schriftattributen per Programmcode bereitet Probleme (etwa *MSChart1.Title.Font.Size=n*) – die Einstellung muß bereits in der Entwurfsphase erfolgen. Beide Fehler traten schon bei der letzten Version auf. Statt diese endlich zu korrigieren, sind aber offensichtlich nur neue Fehler dazugekommen: In Version 6 führt der Versuch, ein Diagramm mit einer logarithmischen Y-Achse auszustatten, zu einer Endlosschleife; das Programm muß per Task-Manager gestoppt werden. (In Version 5 hatte das noch funktioniert.)

Datenübergabe

Vermutlich sind Sie von der Komplexität des Objektmodells jetzt zuerst einmal überwältigt. Wenn Sie nicht alle Spezialitäten des *MSChart*-Felds nutzen möchten, ist die

Programmierung aber nicht so schwierig, wie es auf den ersten Blick aussieht. Die übliche Vorgehensweise besteht darin, daß Sie so viele Eigenschaften wie möglich im Eigenschaftsdialog einstellen. (Die Anzahl der Datenreihen kann übrigens nur im Eigenschaftsfenster verändert werden, Eigenschaft ***ColumnCount***.)

Im Programmcode müssen Sie sich dann zumeist nur noch darum kümmern, daß das Steuerelement die richtigen Daten bekommt. Von zentraler Bedeutung ist dabei das ***DataGrid***-Objekt. Darin werden die Daten gespeichert, die im Diagramm visualisiert werden. Ärgerlicherweise können diese Daten weder in einer Tabellensicht angezeigt werden, noch gibt es irgendwelche Ähnlichkeiten mit dem im vorigen Abschnitt behandelten *MSFlexGrid*-Steuerelement.

Als erstes müssen Sie in der Regel die Größe des Datenbereichs einstellen. *MSChart* unterscheidet dabei zwischen Zeilen (*RowCount*) und Spalten (*ColumnCount*). Mit Spalten sind die unterschiedliche Datenreihen gemeint, die durch unterschiedliche Farben gekennzeichnet sind. Eine Zeile enthält dann alle Werte für diese Datenreihe. Um es anhand eines Beispiels zu erklären: Wenn Sie die Verkaufszahlen von drei Geschäftsfilialen für zwölf Monate anzeigen möchten, wäre *ColumnCount=3* und *RowCount=12*.

Die eigentlichen Daten übergeben Sie mit *SetData* – im ersten Parameter die Zeilennummer (beginnend mit 1), im zweiten Parameter die Spaltennummer und im dritten Parameter den tatsächlichen Wert. Der vierte Parameter ist normalerweise *False*. Nur wenn an dieser Stelle kein Wert verfügbar ist, muß *True* übergeben werden.

```
With MSChart1.DataGrid
   .ColumnCount = 3   ' 3 Filialen
   .RowCount = 12     ' Januar bis Dezember 97
   .SetData monat, filiale, verkaufszahlen, False
   ...
End With
```

Plot.SeriesCollection(column).DataPoints(row) sollte eine zweite Zugriffsmöglichkeit auf dieselben Diagrammdaten geben, dabei aber mehr Formatierungsdetails offenlegen. Allerdings funktioniert *DataPoints* in der aktuellen Version nicht: ganz egal, welcher Index als Parameter von *DataPoints* angegeben wird, lautet die Fehlermeldung 'Angegebener Index liegt außerhalb des gültigen Bereichs'.

Beschriftung

Dem Diagramm als Ganzes kann mit *Title* eine Überschrift und mit *Footnote* eine Unterschrift (Fußnote) gegeben werden. Bei *Title* und *Footnote* handelt es sich um eigenständige Objekte, deren zahllose Subobjekte die Einstellung von Farbe, Schriftart, Ort der Beschriftung etc. ermöglichen. In vielen Fällen reicht es aus, wenn Sie einfach die Eigenschaft *TitleText* verändern (und die restlichen Eigenschaften im Eigenschaftsdialog im voraus einstellen).

Die Beschriftung der Zeilen und Spalten erfolgt über die *DataGrid*-Eigenschaften *ColumnLabel* und *RowLabel*. Im Regelfall werden die *ColumnLabel*s in der Legende angezeigt, die *RowLabel*s direkt im Diagramm. Nur bei 3D-Diagrammen wird versucht, beide Informationen direkt im Diagramm anzuzeigen (was dazu führt, daß die Beschriftung vollkommen unleserlich wird).

Den Eigenschaften *Column*- und *RowLabel* müssen zwei Parameter übergeben werden. Der erste Parameter gibt einfach die Zeilen- oder Spaltennummer an. Der zweite Parameter gibt die Hierarchieebene der Beschriftung an. Im Regelfall wird hier 1 übergeben. Wenn Sie Werte größer 1 verwenden, bildet *MSChart*-Beschriftungsgruppen. Beispielsweise könnten Sie die Quartale der Jahre 97 und 98 auf die folgende Weise beschriften:

```
With MSChart1.DataGrid
   .RowLabelCount = 2            'zwei Beschriftungsebenen
   .RowLabel(1, 1) = "Jän-Mrz"  'Beginn der ersten Gruppe
   .RowLabel(1, 2) = "1997"     'Gruppenüberschrift (2. Ebene)
   .RowLabel(2, 1) = "Apr-Jun"
   .RowLabel(3, 1) = "Jul-Sep"
   .RowLabel(4, 1) = "Okt-Dez"
   .RowLabel(5, 1) = "Jän-Mrz"  'Beginn der zweiten Gruppe
   .RowLabel(5, 2) = "1998"     'Gruppenüberschrift (2. Ebene)
   .RowLabel(6, 1) = "Apr-Jun"
   .RowLabel(7, 1) = "Jul-Sep"
   .RowLabel(8, 1) = "Okt-Dez"
End With
```

Als letztes Problem bleibt dann zumeist die Plazierung der Legende. In der Defaulteinstellung wird diese in einer schmalen Spalte rechts vom Diagramm angezeigt. Die Spalte ist im Regelfall zu schmal für die Spaltenbeschriftung, so daß die Texte abgeschnitten werden. Mit *Legend.Location.**LocationType*** können Sie eine von neun vorgegebenen Positionen auswählen (links, links oben, oben etc.) Wenn Sie statt dessen die Position *VtChLocationTypeCustom* wählen, können Sie die Koordinaten des *Legend*-Rechtecks frei einstellen. (Das eigentliche Diagramm wird automatisch so verschoben, daß es den verbleibenden Platz optimal nutzt.)

Für die Koordinateneinstellung müssen Sie sich in einer Unzahl von Objekten bewegen. Statt die in allen anderen Steuerelementen üblichen Eigenschaften *Left, Top, Width* und *Height* zu verwenden, ist den *MSChart*-Programmierern wohl die Phantasie durchgegangen: Die linke X-Koordinate erreichen Sie beispielsweise mit *MSChart1.Legend.Location.**Rect.Min.X***. Beachten Sie bitte auch, daß die Y-Koordinate von unten nach oben gerechnet wird (*Y=0* ist also unten, nicht oben).

```
With MSChart1.Legend.Location
   .Visible = True
   .LocationType = VtChLocationTypeCustom
   .Rect.Min.X = 0
```

```
  .Rect.Max.X = MSChart1.Width
  .Rect.Min.Y = 0      'Achtung: y=0 ist unten (nicht oben!)
  .Rect.Max.Y = 300
End With
```

ACHTUNG

Die Positionierung von *MSChart*-Elementen unmittelbar nach Programmstart (also von *Form_Load* aus) kann Probleme machen. Sie können sich nicht an der Position anderer *MSChart*-Komponenten orientieren, weil diese noch gar nicht sichtbar sind. Daher sind deren Koordinaten ausnahmslos 0. Selbst wenn das Diagramm bereits sichtbar ist, kann es sein, daß Sie es mit *Refresh* aktualisieren müssen, bevor die Koordinaten anderer Elemente gültige Werte enthalten.

Ausdruck

Das *MSChart*-Objekt sieht keine Methode zum Ausdruck vor. Das Diagramm kann aber mit der Methode *EditCopy* als WMF-Grafik (Windows Metafile Format) in die Zwischenablage kopiert werden. Die folgenden Zeilen zeigen, wie es von dort in ein Bildfeld kopiert wird (das Bildfeld kann unsichtbar sein, wie das auch im folgenden Beispielprogramm der Fall ist) und dann mit *PaintPicture* ausgedruckt wird. Der Ausdruck erfolgt im Querformat. Die Seitenränder des Blatts werden freigehalten (1/20 der Papiergröße, Variable *border*).

```
Dim border
MSChart1.EditCopy
Set Picture1.Picture = Clipboard.GetData(vbCFMetafile)
Printer.Orientation = vbPRORLandscape
border = Printer.ScaleWidth / 20
Printer.PaintPicture Picture1.Picture, border, border, _
  Printer.ScaleWidth - 2 * border, _
  Printer.ScaleHeight - 2 * border
Printer.EndDoc
```

VERWEIS

Die wenigen Zeilen Code bauen auf einer ganzen Menge Visual-Basic-Know-how auf: Das Kommando *PaintPicture* ist auf Seite 461 beschrieben. Der Umgang mit der Zwischenablage ist auf Seite 581 beschrieben. Informationen zum Thema Drucken und zum Umgang mit dem *Printer*-Objekt finden Sie ab Seite 588.

Kreisdiagramme

Das Beispielprogramm zu diesem Kapitel zeichnet auf Button-Klick drei typische Diagrammtypen: ein Kreisdiagramm, ein Balkendiagramm und ein Liniendiagramm. Die Gestaltung von Kreisdiagrammen weicht ein wenig von den diversen Varianten der

Balkendiagramme ab. Normalerweise wollen Sie nur einen Kreis (und nicht mehrere) anzeigen. Dazu stellen Sie *RowCount* auf 1. *ColumnCount* bestimmt nun die Anzahl der Segmente. Einzelne Segmente könnten mit der ***Offset***-Eigenschaft des *DataPoint*-Objekts aus dem Kreis herausgerückt werden, wenn die *DataPoints*-Aufzählung funktionieren würde. (Für Bild 7.33 wurde das Segment im laufenden Programm mit der Maus herausgezogen.)

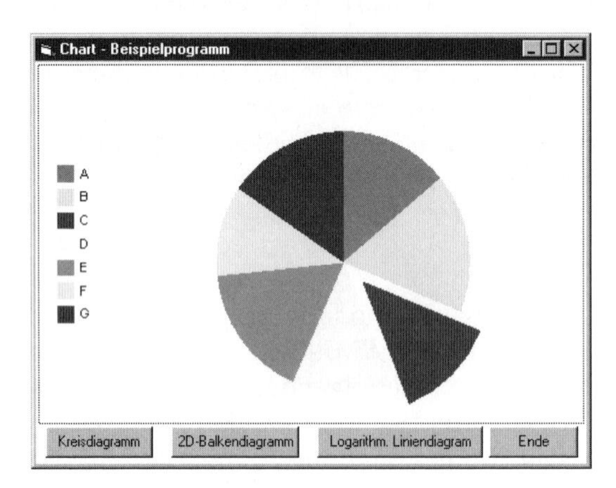

Bild 7.33: Ein Kreisdiagramm

```
' Zusatzsteuerelemente\Chart.frm
Private Sub Command1_Click()   'Kreisdiagramm
  Dim i
  With MSChart1
    .chartType = VtChChartType2dPie
    With .Legend
      .Location.Visible = True
      .Location.LocationType = VtChLocationTypeLeft
    End With
    With .DataGrid
      .RowCount = 1
      .ColumnCount = 3 + Rnd * 6  'Anzahl der Segmente
      For i = 1 To .ColumnCount
        .SetData 1, i, 100000 * (1 + Rnd), False
        .ColumnLabel(i, 1) = Chr(i + 64)  'Buchstaben A, B, C ...
      Next
      .RowLabel(1, 1) = ""
    End With
    ' leider ist es nicht möglich, das dritte Segment hervorzuheben
    ' (Fehler in DataPoints)
    ' .Plot.SeriesCollection(3).DataPoints(1).Offset = 50
  End With
End Sub
```

2D-Balkendiagramm

Der Großteil des Programmcodes für das Balkendiagramm betrifft die Beschriftung der Zeilen (Monate) und Spalten (Filialen) des Diagramms. Damit die Einträge in der Legende leserlich sind, wird diese unterhalb des Diagramms in voller Breite angezeigt.

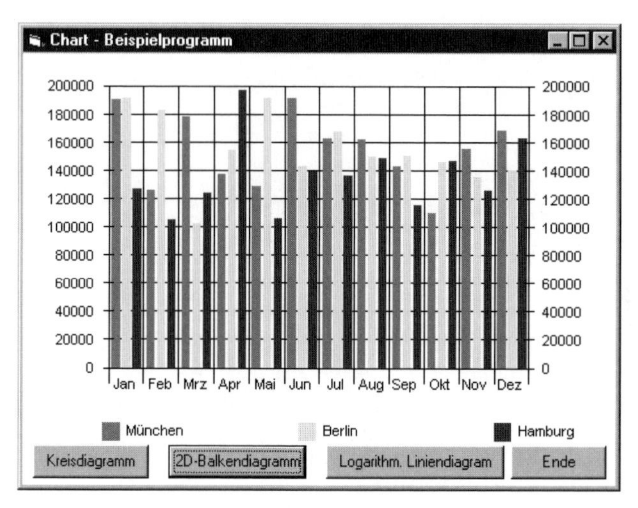

Bild 7.34: Ein Balkendiagramm

```
' 2D Balkendiagramm
Private Sub Command2_Click()
  Dim i, j
  With MSChart1
    .chartType = _
      VtChChartType2dBar
    'Position der Legende
    With .Legend.Location
      .Visible = True
      .LocationType = VtChLocationTypeCustom
      .Rect.Min.X = 0
      .Rect.Max.X = MSChart1.Width
      .Rect.Min.Y = 0      'Achtung: y=0 ist unten (nicht oben!)
      .Rect.Max.Y = 300
    End With
    'diverse Defaultwerte einstellen
    .Plot.SeriesCollection(2).Pen.VtColor.Set 0, 255, 0
    .Plot.Axis(VtChAxisIdX).CategoryScale.Auto = True
    .Plot.Axis(VtChAxisIdY).AxisScale.Type = VtChScaleTypeLinear
    .Plot.SeriesCollection(2).SecondaryAxis = False
    .Plot.Axis(VtChAxisIdY2).ValueScale.Auto = True
    With .DataGrid
```

```
      ' Beschriftung der Spalten
      .ColumnCount = 3   ' 3 Filialen
      .RowCount = 12     ' Januar bis Dezember 97
      For i = 1 To .RowCount
        .RowLabel(i, 1) = Format(DateSerial(1997, i, 1), "mmm")
      Next
      .ColumnLabel(1, 1) = "München"
      .ColumnLabel(2, 1) = "Berlin"
      .ColumnLabel(3, 1) = "Hamburg"
      ' zufällige Daten
      For i = 1 To .ColumnCount
        For j = 1 To .RowCount
          .SetData j, i, 100000 * (1 + Rnd), False
        Next
      Next
    End With
  End With
End Sub
```

Logarithmisches Liniendiagramm

Während die zwei obigen Diagramme eher aus der Geschäftswelt kommen, zeigt das dritte Beispiel, daß sich *MSChart* auch für technische bzw. wissenschaftliche Diagramme eignet (zumindest in einfachen Fällen). Die Abbildung rechts zeigt den Amplitudenverlauf und Phasengang eines Regelkreises. Die X-Achse ist logarithmisch skaliert, ebenso die erste Y-Achse für die Amplitude. Die zweite Y-Achse ist linear skaliert.

Der Programmcode für dieses Diagramm fällt wegen der zahlreichen Einstellarbeiten sehr viel umfangreicher aus. Die im Diagramm angezeigten Daten entsprechen keinem richtigen Regelkreis, sondern erfüllen nur den Zweck, irgendeine Kurve anzuzeigen. Von allgemeiner Bedeutung ist hingegen die Vorgehensweise: Die logarithmische Skalierung der X-Achse wird dadurch erreicht, daß die 61 Werte (von 0 bis 60) in den Zahlenraum 10^{-2} bis 10^{4} transformiert werden (Variable *frequenz*). Daraus wird dann die Amplitude und die Phase berechnet und mit *SetData* als Wert für die erste und zweite Datenreihe verwendet. (Beachten Sie, daß der Index in *SetData* größer gleich 1 sein muß). Die Beschriftung der Achse erfolgt manuell durch *RowLabel;* dieser Eigenschaft wird nur bei ganzen Zehnerpotenzen eine Zeichenkette zugewiesen.

Einige Mühe bereitet eine sinnvolle Skalierung der Koordinatenachsen: Für die X-Achse wird mit *CategoryScale.DivisionsPerTick=10* erreicht, daß die vertikalen Gitterstriche nur alle 10 Punkte gezeichnet werden. Bei der ersten Y-Achse wird mit *AxisScale.Type = VtChScaleTypeLogarithmic* eine logarithmische Skalierung erreicht. Die zweite Y-Achse, die für die zweite Datenreihe verwendet wird (*SeriesCollection(2).SecondaryAxis = True*), wird auf den Wertebereich -180 bis 180 (Grad) eingeschränkt. Mit

ValueScale.MajorDivision = 8 wird zudem erreicht, daß die Achse in 45-Grad-Schritten beschriftet wird.

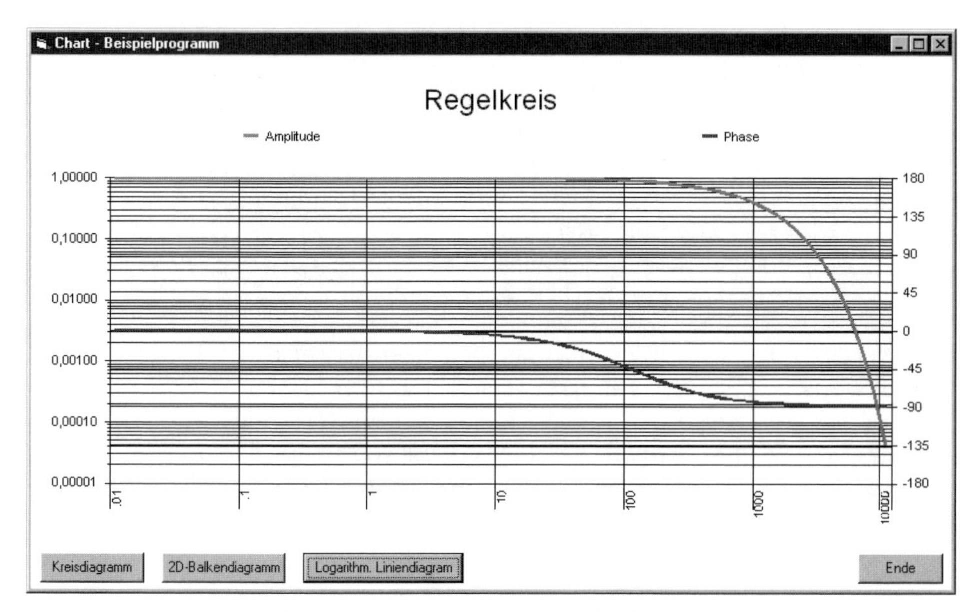

Bild 7.35: Ein logarithmisches Liniendiagramm

```
' logarithmisches Liniendiagramm
Private Sub Command3_Click()
  Dim i, j, frequenz, amplitude, phase
  With MSChart1
    .TitleText = "Regelkreis"
    ' .Title.Font.Size = 18  'funktioniert nicht
    .chartType = VtChChartType2dLine
    With .DataGrid
      .ColumnCount = 2
      .RowCount = 61
      For i = 0 To 60
        frequenz = 10 ^ ((i - 20) / 10)
        amplitude = 1 / Exp((frequenz / 1000))
        phase = -180 / 3.1415 * Atn(frequenz / 100)
        .SetData i + 1, 1, amplitude, False
        .SetData i + 1, 2, phase, False
        If (i Mod 10) = 0 Then
          .RowLabel(i + 1, 1) = Str(frequenz)
        Else
          .RowLabel(i + 1, 1) = ""
        End If
```

```
      Next i
      .ColumnLabel(1, 1) = "Amplitude"
      .ColumnLabel(2, 1) = "Phase"
    End With
    ' Phasenkurve blau
    .Plot.SeriesCollection(2).Pen.VtColor.Set 0, 0, 255
    ' X-Achse: Skalenstriche nur alle 10 Punkte
    .Plot.Axis(VtChAxisIdX).CategoryScale.Auto = False
    .Plot.Axis(VtChAxisIdX).CategoryScale.DivisionsPerTick = 10
    ' 1. Y-Achse: logarithmisch
    .Plot.Axis(VtChAxisIdY).AxisScale.Type = VtChScaleTypeLogarithmic
    ' 2. Y-Achse: linear von -180 bis 180
    .Plot.SeriesCollection(2).SecondaryAxis = True
    .Plot.Axis(VtChAxisIdY2).ValueScale.Auto = False
    .Plot.Axis(VtChAxisIdY2).ValueScale.Maximum = 180
    .Plot.Axis(VtChAxisIdY2).ValueScale.Minimum = -180
    .Plot.Axis(VtChAxisIdY2).ValueScale.MajorDivision = 8
    ' Position der Legende
    With .Legend.Location
      .Visible = True
      .LocationType = VtChLocationTypeTop
    End With
  End With
End Sub
```

Syntaxzusammenfassung

Diese Syntaxzusammenfassung beschränkt sich auf jene Eigenschaften und Methoden, die im Text bzw. in den Beispielprogrammen genutzt wurden. Werfen Sie auch einen Blick auf die Objekthierarchie auf Seite 346.

***MSChart* – Datenübergabe**	
ChartType	Diagrammtyp
DataGrid.ColumnCount	Anzahl der Spalten (Datenreihen, Kreisdiagramme)
DataGrid.RowCount	Anzahl der Zeilen (Datenpunkte, Kreissegmente)
DataGrid.SetData row, col, data, False	Datenpunkt setzen
Plot.SeriesCollection(c).DataPoints(r)	alternativer Zugriff auf Datenpunkte

***MSChart* – Beschriftung**	
TitleText	Titel
DataGrid.RowLevelCount	Ebenen der Zeilenbeschriftung (default 1)
DataGrid.ColumnLevelCount	Ebenen der Spaltenbeschriftung (default 1)

DataGrid.RowLabel(row, level)	Zeilenbeschriftung
DataGrid.ColumnLabel(row, level)	Spaltenbeschriftung
Legend.Location	Positionierung der Legende

***MSChart* – Achsenformatierung**	
Plot.Axis(id).CategoryScale	Ort der Skalenstriche
Plot.Axis(id).AxisScale	Skalierung (linear / logarithmisch)
Plot.Axis(id).ValueScale	Wertebereich
Plot.SeriesCollection(n).SecondaryAxis	zweite Y-Achse für Datenreihe

7.23 Beispielprogramm: Bitmap-Viewer

Zum Abschluß dieses Kapitel soll ein *richtiges* Beispielprogramm – also eines, das eine konkrete Aufgabe erfüllt – die Anwendung einiger wichtiger Zusatzsteuerelemente demonstrieren.

Merkmale und Bedienung

Wenn Sie im Explorer ein Verzeichnis mit Icon-Dateien betrachten, werden automatisch alle Icons als Bilder angezeigt. Sie wissen also sofort, wie die Icons aussehen. Nicht so bei Bitmap-Dateien: Wenn Sie einen Überblick über die Bitmap-Dateien im Visual-Basic-Verzeichnis `Graphics\Bitmaps\Tlbr_w95` gewinnen möchten, müssen Sie jede Datei in das Paint-Programm (oder in ein anderes Zeichenprogramm) laden. Der in diesem Abschnitt vorgestellte Bitmap-Viewer stellt eine erheblich elegantere Lösung dar: Er zeigt alle Bitmap- und Icondateien des aktuellen Verzeichnisses in Form von kleinen Bitmaps in einem *ListView*-Feld an.

Nach dem Programmstart zeigt der Bitmap-Viewer lediglich den Verzeichnisbaum des aktuellen Laufwerks an. Über ein Listenfeld können Sie das Laufwerk wechseln, durch einen Klick auf ein Verzeichnis können Sie dessen Unterverzeichnisse ansehen. Im Listenfeld im rechten Fensterabschnitt werden alle im gerade aktuellen Verzeichnis gefundenen Bitmaps oder Icons angezeigt. Die Raumaufteilung zwischen dem Verzeichnisfeld links und der Bitmap-Liste rechts ist variabel und kann durch eine bewegliche vertikale Linie zwischen den beiden Steuerelementen verändert werden.

Über die Symbolleiste können Sie zwischen verschiedenen Ansichten wechseln: Die Liste kann wahlweise mit kleinen Icons, mit großen Icons oder in Tabellenform angezeigt werden. (In letzterem Fall werden außer dem Dateinamen auch das Datum der letzten Änderung, die Größe der Datei in Byte sowie die Größe in Pixeln angezeigt.)

Bei der Iconsichtweise kann zwischen mehrere Icongrößen gewählt werden: 16*16 Pixel, 32*32 Pixel, 64*64 Pixel (Defaulteinstellung) oder ein beliebiges anderes Format.

Variiert werden kann auch der Umgang mit Bitmaps, die nicht exakt die voreingestellte Größe aufweisen: Standardgemäß werden solche Bitmaps so gedehnt oder gestreckt, daß sie die vorgesehene Bitmap-Größe einhalten. Kleine Bitmaps werden dadurch vergrößert, große Bitmaps sehr stark verkleinert. Wahlweise können Sie durch das Symbol mit der Schere in einen Modus wechseln, in dem die Bilder an den Grenzen der Icongröße einfach abgeschnitten werden. Kleine Bitmaps werden außerdem im Icon zentriert. Diese Sichtweise hat den Vorteil, daß besonders kleine Bitmaps unverfälscht und ohne Verzerrung angezeigt werden.

Das Programm ist mit einer eigenen Online-Hilfedatei ausgestattet. Die Hilfe kann durch Anklicken der Hilfe-Buttons im Hauptfenster oder im Optionen-Dialog sowie durch F1 aufgerufen werden.

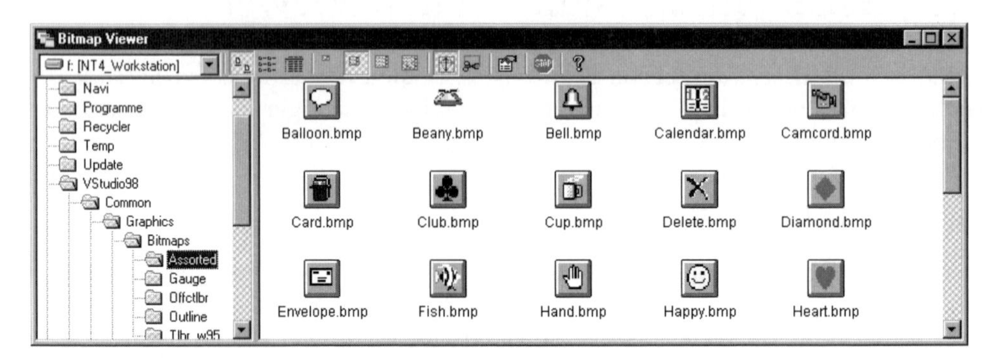

Bild 7.36: Der Bitmap-Viewer

HINWEIS

Damit die Bitmaps angezeigt werden können, müssen sämtliche Bitmaps des gerade aktuellen Verzeichnisses gelesen werden. Das kann einige Zeit in Anspruch nehmen – etwa wenn das Verzeichnis mit allen Bildern dieses Buchs angezeigt werden soll (insgesamt über 40 MByte). Sie können das Einlesen der Bilder jederzeit durch einen Klick auf den STOP-Button in der Symbolleiste abbrechen.

Der Programmcode

Das Programm besteht aus vier Formularen bzw. Modulen:

`Hauptfenster.frm` das Hauptfenster, das auch einen Großteil des Programmcodes enthält

`Optionen.frm` Dialog zur Einstellung der Darstellungsoptionen

`ViewBitmap.frm` Fenster zur Anzeige einzelner Bitmaps in Originalgröße

Die Programmausführung beginnt in *Form_Load* von `Hauptfenster.frm`. Dort wird die erste Ebene des Verzeichnisbaums des aktuellen Laufwerks gelesen. Anschließend läuft das Programm ereignisorientiert weiter. Die wichtigsten Ereignisse sind:

TreeV_NodeClick	aktiviert ein neues Verzeichnis, ermittelt eventuell vorhandene Unterverzeichnisse, lädt die Bitmaps im Verzeichnis
Drive1_Change	wechselt das aktuelle Laufwerk, liest das Wurzelverzeichnis ein
ListV_DblClick	zeigt eine Bitmap in einem eigenen Fenster in Originalgröße an
Tool_ButtonClick	wertet die Ereignisse für die Symbolleiste aus, verändert die Anzeigeoptionen

VERWEIS

Das Programm ist mit einer eigenen Hilfedatei ausgestattet. Der Aufbau der Datei und die Einbindung in das Programm sind in Kapitel 14 beschrieben, das sich ausschließlich mit dem Thema Online-Hilfe beschäftigt.

Formularentwurf für das Hauptfenster

Im Entwurfsstadium hat das Hauptformular noch wenig Ähnlichkeit mit seinem tatsächlichem Erscheinungsbild. Angesichts der großen Anzahl von Steuerelementen wird hier eine vollständige Aufzählung angegeben, die auch bei der Orientierung im Programmcode hilft. Die Steuerelemente in der folgenden Tabelle sind von oben nach unten bzw. von links nach rechts geordnet.

Haupt	Formularname. Um den Umgang mit den Bitmaps zu vereinfachen, ist *ScaleMode=vbPixels* (Pixel) eingestellt. Dieses Koordinatensystem gilt damit für die Koordinaten- und Größenangaben *aller* Steuerelemente! Eine weiter Abweichung von den Defaulteinstellungen ist *KeyPreview=True*: Dadurch können alle Tastaturereignisse in den *Form*-Ereignisprozeduren verarbeitet werden (wichtig zur Anzeige des Kontextmenüs).
MenuPopup	Menüleiste, bestehend aus dem Titel (*MenuPopup*) und zwei Einträgen (*MenuAnzeigen, MenuBearbeiten*). Das ganze Menü ist unsichtbar, weil die *Visible*-Eigenschaft von *MenuPopup* auf *False* gestellt wurde. Das Menü wird im Programmcode zur Anzeige eines Popupmenüs benötigt.
Tool	Symbolleiste. Alle Einträge sind mit *ToolTipText*en ausgestattet, die angezeigt werden, wenn die Maus länger über einem Button verweilt.
ToolImages	*ImageList*-Feld mit den Bitmaps der Symbolleiste.
Drive1	Laufwerkslistenfeld. Die Position des Steuerelement wird im Programmcode verändert, so daß es aussieht, als wäre es Teil der Buttonleiste.
TreeV	*TreeView*-Feld zur Darstellung der Verzeichnisstruktur.
TreeImages	*ImageList*-Feld mit zwei Bitmaps zum *TreeView*-Feld: *"open"* und *"closed"*.
SplitLine	schmales Bildfeld, das zwischen *TreeV* und *ListV* liegt. Das Bildfeld ist wegen seiner grauen Hintergrundfarbe sowohl in Bild 7.37 als auch im laufenden Programm unsichtbar. Der Anwender

bemerkt es dennoch, weil sich der Mauscursor verändert, sobald die Maus über das Feld bewegt wird (*MousePointer=VbSizeWE*, also horizontaler Pfeil ↔). Das Bildfeld kann mit der Maus verschoben werden (*DragMode=vbAutomatic*) und ermöglicht so eine Veränderung der Raumaufteilung zwischen *TreeV* und *ListV*. Das Verfahren basiert auf *Drag and Drop* und ist auf Seite 555 beschrieben.

ListV	*ListView*-Feld zur Darstellung der Bitmap-Liste.
ListImagesSmall	*ImageList*-Feld, in dem die kleinen Bitmaps zum *ListView*-Feld (*View=1,2,3*) gespeichert werden können. Die Bitmaps werden erst im Programmcode geladen.
ListImagesBig	*ImageList*-Feld für die großen Bitmaps (*View=0*).
ListImagesDummy	*ImageList*-Feld, das im Programmcode benötigt wird, damit die beiden anderen Felder dynamisch verändert werden können. Erklärung siehe unten.
Picture1,-2,-3	Bildfelder, die vorübergehend beim Einlesen der Bitmap-Dateien benötigt werden. Alle drei Felder sind unsichtbar (*Visible=False*), bei allen Feldern ist *AutoRedraw=True* (damit vernünftig mit Bitmaps gearbeitet werden kann). Bei allen Feldern gilt *ScaleMode=vbPixels*. *Picture1* hat darüber hinaus *AutoResize=True*, d.h., dessen Größe paßt sich an die Größe der geladenen Bitmap an. Auf diese Weise kann die Größe der Bitmap ermittelt werden.

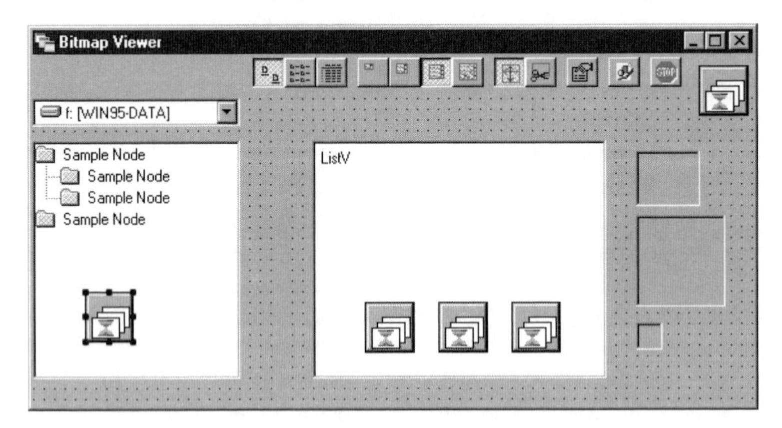

Bild 7.37: Der Bitmap-Viewer im Entwurfsstadium

Generelle Variablen

```
'Beispielprogramm Zusatzsteuerelemente\BitmapViewer\Hauptformular.frm
Dim last_index      'Index des zuletzt geöffneten Verzeichnisses
Dim selected_index  'Index der zuletzt angeklickten Bitmap
```

```
Dim last_bitmap      'zuletzt geöffnetes Formularfenster
Dim scaling          'gibt an, wie große Bitmaps behandelt werden
Dim stop_read        'zur Unterbrechung des Bitmap-Einlesens
Dim fso As New FileSystemObject   'Zugang zu FSO-Objekten
```

Verwaltung des TreeView-Felds

Form_Load sorgt dafür, daß der erste Eintrag in das *TreeView*-Feld kommt (z.B. *"c:\"*). Dann wird *ExpandTreeV* aufgerufen, um die Verzeichnisse des Laufwerks einzulesen, sowie *ReadBitmaps*, um im Wurzelverzeichnis befindliche Bitmaps anzuzeigen.

```
' erste Verzeichnisebene (aktuelles Lautwerk) anzeigen
Private Sub Form_Load()
  Dim nodx As Node, drv$
  scaling = True
  ChangeSplitting SplitLine.Left
  drv = drive1.Drive
  If InStr(drv, ":") Then drv = Left(drv, InStr(drv, ":"))
  Set nodx = TreeV.Nodes.Add(, , , drv, "closed")
  nodx.ExpandedImage = "open"
  nodx.Sorted = True
  ExpandTreeV nodx
  ReadBitmaps nodx.FullPath
  nodx.Expanded = True
  last_index = nodx.Index    'last_index gibt den zuletzt geöffneten
End Sub                      'Node an
```

ExpandTreeV ermittelt mit Hilfe der FSO-Bibliothek (Seite 514) alle Unterverzeichnisse zum *Node n*. Durch *Sorted=True* wird sichergestellt, daß die Einträge auch sortiert werden.

```
' eine Verzeichnisebene einlesen und anzeigen
Sub ExpandTreeV(nod As Node)
  Dim pth$, nodx As Node
  Dim fld As Folder, subfld As Folder
  pth = nod.FullPath
  If Right(pth, 1) <> "\" Then pth = pth + "\"
  Set fld = fso.GetFolder(pth)
  For Each subfld In fld.SubFolders
    Set nodx = TreeV.Nodes.Add(nod.Index, tvwChild, , _
       subfld.name, "closed")
    nodx.ExpandedImage = "open"
    nodx.EnsureVisible
  Next
  nod.Sorted = True  'sortieren
End Sub
```

ExpandTreeV wird nicht nur von *Form_Load* aufgerufen, sondern auch von *TreeV_NodeClick*, wenn festgestellt wird, daß der gerade angeklickte Eintrag keine Subeinträge besitzt. (Das kann zwei Ursachen haben: Entweder hat das Verzeichnis wirklich keine Unterverzeichnisse, oder sie wurden noch nicht gelesen. Im ersten Fall kostet ein neuerlicher Aufruf von *ExpandTreeV* wenig Zeit, im anderen Fall werden die Verzeichnisse jetzt einmal eingelesen und stehen dann unbeschränkt zur Verfügung.)

Ein wenig verwirrend sieht möglicherweise der Test mit *last_index* aus: In dieser Variablen wird der zuletzt geöffnete *Node* (also das zur Zeit aktuelle Verzeichnis) gespeichert. Wenn ein anderes Verzeichnis angeklickt wird, dann muß beim vorherigen Verzeichnis die *Expanded*-Eigenschaft auf *False* gesetzt werden (sonst sieht es so aus, als wären mehrere Verzeichnisse auf derselben Hierarchieebene geöffnet).

Expanded darf aber nicht auf *False* gesetzt werden, wenn der zuletzt angeklickte Eintrag Subeinträge aufweist – sonst würden die Subeinträge unsichtbar, was ja nicht beabsichtigt ist. Ein Beispiel: Wenn das aktive Verzeichnis `c:\vb6\bitmaps` lautet, dann sind die *Expanded*-Eigenschaften der *Node*-Einträge zu `c:`, zu `vb6` und zu `bitmaps` gleichzeitig *True*. Trotz des Wechsels in das Unterverzeichnis `tlbr_w95` müssen alle drei Eigenschaften weiter auf *True* bleiben.

```
Private Sub TreeV_NodeClick(ByVal Node As Node)
  If Node.Children = 0 Then
    ExpandTreeV Node
  End If
  ReadBitmaps Node.FullPath
  Node.Expanded = True
  If Node.Index <> last_index And last_index <> 0 Then
    With TreeV.Nodes(last_index)
      If .Children = 0 Then .Expanded = False
    End With
  End If
  last_index = Node.Index   'Index des geöffneten TreeView-Nodes
  selected_index = 0        'Index des markierten ListView-Items
End Sub
```

Wenn der Anwender das Laufwerk wechselt, werden alle Einträge des *TreeView*-Felds einfach gelöscht. Um das Feld neu zu initialisieren, wird nochmals *Form_Load* aufgerufen.

```
' Laufwerkwechsel
Private Sub Drive1_Change()
  TreeV.Nodes.Clear
  Form_Load
End Sub
```

Verwaltung des ListView-Felds, Bitmaps einlesen

In der oben abgedruckten Prozedur *TreeV_NodeClick* wird auch *ReadBitmaps* aufgerufen. Das ist das wohl wichtigste Unterprogramm des Bitmap-Viewers: Es lädt – unter Berücksichtigung diverser Optionen – die Bitmaps aus dem als Parameter übergebenen Verzeichnis und stellt sie im *ListView*-Feld dar.

Die Prozedur beginnt mit einigen Verwaltungsdetails: Es werden alle Buttons der Symbolleiste mit Ausnahme des STOP-Buttons deaktiviert. Anschließend wird der aktuelle Inhalt des *ListView*-Felds mit *Clear* gelöscht. Damit auch die beiden *ImageList*-Felder bearbeitet werden können, muß zuerst die Verbindung zum *ListView*-Feld unterbrochen werden. Die einzige Möglichkeit besteht darin, den Eigenschaften *Icon* bzw. *SmallIcons* ein neues *ImageList*-Steuerelement zuzuordnen – genau das ist die Aufgabe des *ImageList*-Felds *ListImagesDummy*.

Nun werden die *ImageList*-Felder ebenfalls mit *Clear* gelöscht und die neue Icongröße eingestellt. Für *ListImagesBig* ergibt sich die Größe aus dem *Picture2*-Feld. (Dessen Größe wird unter anderem in *Tool_ButtonClick* verändert, wenn der Anwender die entsprechenden Buttons anklickt.) Für *ListImagesSmall* wird die Größe des *Picture3*-Felds verwendet. Dieses wurde während des Programmentwurfs auf 20*20 Pixel eingestellt. Wegen der 3D-Umrandung des Steuerelements entspricht das einem Innenbereich von 16*16 Pixeln.

```
' Bitmaps für ListView-Feld suchen
Sub ReadBitmaps(pth$)
  Dim litem As ListItem, but As Button
  Dim fld As Folder, fil As File
  Dim typ$, filnam$
  Dim i&, iconb&, iconh&, b&, h&, x0&, y0&, siconb&, siconh&
  Dim lastupdate&
  lastupdate = Timer
  MousePointer = 11
  ' Buttons deaktivieren
  stop_read = False
  For Each but In Tool.Buttons
    If but.Key <> "stop" Then but.Enabled = False
  Next
  Tool.Buttons("stop").Enabled = True
  ' Initialisierungsarbeiten
  iconb = Picture2.ScaleWidth: iconh = Picture2.ScaleHeight
  siconb = Picture3.ScaleWidth: siconh = Picture3.ScaleHeight
  ListV.ListItems.Clear                'ListView löschen
  ListV.Icons = ListImagesDummy
  ListV.SmallIcons = ListImagesDummy
  ListImagesBig.ListImages.Clear       'Icon-Feld löschen
  ListImagesBig.ImageWidth = iconb
```

```
ListImagesBig.ImageHeight = iconh
ListImagesBig.MaskColor = ListV.BackColor
ListImagesSmall.ListImages.Clear     'Icon-Feld löschen
ListImagesSmall.ImageWidth = siconb
ListImagesSmall.ImageHeight = siconh
ListImagesSmall.MaskColor = ListV.BackColor
```

In der nun beginnenden Schleife werden der Reihe nach alle `*.bmp`, `*.gif`, `*.jpg` und `*.ico`-Dateien in das *Picture1*-Feld geladen. Dieses Feld nimmt dank *AutoSize=1* automatisch die Größe der Bitmap ein. Als nächstes wird die Bitmap von *Picture1* nach *Picture2* (für *ListImagesBit*) und nach *Picture3* (für *ListImagesSmall*) kopiert. Dazu wird die Methode ***PaintPicture*** verwendet, die es ermöglicht, die Größe von Bitmaps beim Kopieren zu verändern. (Die Qualität wird dabei natürlich nicht gerade besser, die Ergebnisse sind aber besser als befürchtet.) Die Bitmaps aus *Picture2* bzw. *Picture3* werden schließlich dazu verwendet, um sie per *Add* in die entsprechenden *ImageList*-Felder zu übertragen.

```
If Right(pth, 1) <> "\" Then pth = pth + "\"
Set fld = fso.GetFolder(pth)
For Each fil In fld.Files
  filnam = fil.name
  If Len(filnam) > 4 Then
    typ = LCase(Right(filnam, 3))
    If typ = "bmp" Or typ = "ico" Or typ = "gif" Or _
        typ = "jpg" Then
      i = i + 1
      'Bitmap laden
      Picture1.Picture = LoadPicture(pth + filnam)
      If Err <> 0 Then
        Picture1.Picture = BildFehler.Picture: Err = 0
      End If
      'Bitmap für großes Icon skalieren / abschneiden
      b = Picture1.ScaleWidth: h = Picture1.ScaleHeight
      Picture2.BackColor = ListV.BackColor    'alte Bitmap löschen
      If scaling Then
        Picture2.PaintPicture Picture1.Picture, 0, 0, _
          iconb, iconh, 0, 0, b, h
        ListImagesBig.ListImages.Add i, , Picture2.Image
      Else
        x0 = IIf(b < iconb, (iconb - b) / 2, 0)  'kleine Bitmaps
        y0 = IIf(h < iconh, (iconh - h) / 2, 0)  ' zentrieren
        Picture2.PaintPicture Picture1.Picture, x0, y0, _
          iconb, iconh, 0, 0, iconb, iconh
        ListImagesBig.ListImages.Add i, , Picture2.Image
      End If
```

```
        'dasselbe für kleines Icons
        Picture3.BackColor = RGB(255, 255, 255)
        Picture3.PaintPicture Picture1.Picture, 0, 0, _
             siconb, siconh, 0, 0, b, h
        ListImagesSmall.ListImages.Add i, , Picture3.Image
        If i = 1 Then
          ListV.Icons = ListImagesBig
          ListV.SmallIcons = ListImagesSmall
        End If
```

Jetzt müssen nur noch die *ListView*-Einträge erzeugt werden, wobei die Indexnummern für die Bitmaps in den *ImageList*-Feldern angegeben werden. Nach jeder fünften Bitmap wird *DoEvents* ausgeführt. Dadurch wird erreicht, daß die neu geladenen Bitmaps angezeigt werden (der Anwender also ein Feedback bekommt). Außerdem können Ereignisse wie das Anklicken des STOP-Buttons registriert werden.

```
        Set litem = ListV.ListItems.Add(, , filnam, i, i)
        litem.SubItems(1) = Space(10 - Len(Str(fil.Size))) & fil.Size
        litem.SubItems(2) = Format(fil.DateLastModified, _
          "yy-mm-dd  hh:nn")
        litem.SubItems(3) = Space(6 - Len(Str(b))) & b
        litem.SubItems(4) = Space(6 - Len(Str(h))) & h
        If (i Mod 5) = 0 And Timer - lastupdate > 2 Then
          DoEvents: If stop_read Then Exit For
          lastupdate = Timer
        End If
      End If
    End If
  Next
  For Each but In Tool.Buttons
    but.Enabled = True
  Next
  Tool.Buttons("stop").Enabled = False
  MousePointer = 0
End Sub
```

Der restliche Code

Auf eine detaillierte Behandlung der verbleibenden Prozeduren wird verzichtet – sie enthalten keinen wirklich innovativen Code mehr. Wenn Sie sich den Code doch ansehen möchten, hilft die folgende Tabelle bei der Orientierung.

ListV_ColumnClick	sortiert die *ListView* Tabelle neu.
ListV_ItemClick	merkt sich den angeklickten Eintrag (für *ListV_DblClick*).
ListV_MouseDown	zeigt ein Popupmenü an.
Form_KeyDown	zeigt ein Popupmenü an.

ListV_DblClick	lädt eine Bitmap in das Bildfeld eines *ViewBitmap*-Fensters und zeigt dieses an.
MenuAnzeigen_Click	lädt eine Bitmap, zeigt sie an.
Tool_ButtonClick	wertet die Symbolleisten-Ereignisse aus.
ReReadBitmaps	liest die Bitmaps neu ein (nach einer Veränderung der Darstellungsoptionen).

8 Fehlersuche, Fehlerabsicherung

Daß Programme nie fehlerfrei sind (und sein werden), hat sich inzwischen herumgesprochen; kleine und große Softwarehersteller liefern mit unausgegorenen Programmen immer neue Beispiele ihrer eigenen Unvollkommenheit. Wie Sie Fehler in eigenen Anwendungen entdecken bzw. wie Sie Ihre Programme gegen Fehler absichern, ist das Thema dieses Kapitels.

8.1 Hilfsmittel zur Fehlersuche (Debugging)

8.1.1 Syntaxkontrolle

Fehler, die bereits vor der Programmausführung gemeldet werden

Visual Basic erkennt offensichtliche Syntaxfehler schon vor der Ausführung des Programmcodes. Je nach Einstellung von EXTRAS | OPTIONEN | ALLGEMEIN | KOMPILIEREN erfolgt dieser Syntaxtest allerdings nicht für das gesamte Programm beim Start, sondern erst sukzessive, wenn eine Prozedur gerade benötigt wird. Der Grund: Der erweiterte Syntaxtest (richtiger Parametertyp beim Prozeduraufruf, nicht deklarierte Variablen etc.) wird erst beim Kompilieren des Programms durchgeführt.

Im Optionendialog kann angegeben werden, daß Visual Basic das gesamte Programm nicht sofort kompiliert, sondern erst während des Programmverlaufs. Das hat den Vorteil, daß (vor allem größere Projekte) nahezu verzögerungsfrei gestartet werden. Zur Fehlersuche ist es aber sinnvoll, entweder die Option KOMPILIEREN BEI BEDARF zu deaktivieren oder das Programm mit AUSFÜHREN | START MIT VOLLSTÄNDIGER KOMPILIERUNG (Strg+F5) zu starten. (Kompilierung meint hier übrigens die Umwandlung in einen Pseudocode, der zur Ausführung von Visual-Basic-Programmen innerhalb der Entwicklungsumgebung verwendet wird.)

VBA erkennt falsch oder gar nicht deklarierte Variablen (siehe unten), die fehlerhafte Verwendung von Schlüsselwörtern als Variablen- oder Prozedurnamen, den Versuch, eine gar nicht existente Prozedur aufzurufen, doppelt definierte Prozeduren etc. Die meisten dieser Fehler sind einfach zu erkennen und mit wenig Aufwand zu beseitigen.

Fehler bei der Variablendeklaration

Wenn am Beginn Ihres Moduls die Anweisung *Option Explicit* steht, dann muß jede Variable vor ihrer Verwendung mit *Dim* deklariert werden. Das sieht zwar nach zusätzlicher Arbeit aus, ist in Wirklichkeit aber ein wichtiger und effizienter Mechanismus zur Vermeidung von Tippfehlern. Gerade bei den oft recht langen Schlüsselwörtern sind Tippfehler quasi schon vorprogrammiert. Ohne die *Option Explicit* interpretiert VBA ein falsch geschriebenes Schlüsselwort in der Regel wie eine nicht deklarierte *Variant*-Variable. Es kann ohne weiteres vorkommen, daß ein solches Programm trotz des offensichtlichen inhaltlichen Fehlers syntaktisch gesehen korrekt ist! Das Programm wird also anstandslos gestartet, womöglich tritt nicht einmal während der Ausführung ein Problem auf – wenn man davon absieht, daß die Prozedur den beabsichtigten Zweck nicht erfüllt.

Wenn Sie in EXTRAS | OPTIONEN | EDITOR die Option VARIABLENDEKLARATION ERFORDERLICH aktivieren, fügt Visual Basic automatisch in jedes neue Codefenster die Anweisung *Option Explicit* ein. Das gilt allerdings nicht rückwirkend für bereits vorhandenen Code!

8.1.2 Reaktion auf Fehler

In EXTRAS | OPTIONEN | ALLGEMEIN können Sie zwischen drei Optionen wählen, wie Visual Basic auf Fehler beim Ausführen von Code reagieren soll. Die Option BEI JEDEM FEHLER bedeutet, daß jeder Fehler selbst dann zu einer Programmunterbrechung führt, wenn dieser Fehler durch *On Error* abgefangen würde. (Informationen zur Programmierung von Fehlerbehandlungsroutinen finden Sie im nächsten Unterkapitel ab Seite 372.) Die Option ist insofern sehr praktisch, als durch *On-Error*-Routinen oft während der Programmentwicklung Fehler verborgen bleiben, an die Sie gar nicht gedacht hatten, als Sie *On Error Xxx* in den Code eingefügt haben. Die Option BEI JEDEN FEHLER deaktiviert alle *On-Error*-Anweisungen.

Bei den beiden anderen Optionen (IN KLASSENMODUL, BEI NICHTVERARBEITETEN FEHLERN) führt ein Fehler nur dann zur Programmunterbrechung, wenn es keine Fehlerbehandlungsroutine gibt. Einen Unterschied zwischen den beiden Optionen gibt es nur, wenn Sie ActiveX-Komponenten testen und ein Fehler in einem Klassenmodul dieser Komponente auftritt.

Das Direktfenster (Testfenster)

Seit Version 5 gibt es kein Testfenster mehr. Dieses Universalfenster früherer Versionen wurde in drei voneinander unabhängige Fenster geteilt, von denen das Direktfenster vermutlich das wichtigste ist. Es gibt viele Möglichkeiten, während der Programmausführung in das Direktfenster zu gelangen:

- Eine Programmunterbrechung mit Strg+Untbr bzw. durch Anklicken des UNTERBRECHEN-Buttons der Symbolleiste.
- Das Auftreten eines Fehlers, sofern Sie dann den Button TESTEN anklicken.
- Die Kommandos ***Stop*** und *Debug.**Assert*** im Programmcode.
- Ein Haltepunkt.

Wenn das Direktfenster nicht sichtbar ist, können Sie es mit Strg+G aktivieren. Anschließend können Sie darin beinahe beliebige Kommandos ausführen. Sie können Variablen und Eigenschaften anzeigen und verändern, Unterprogrammen oder Funktionen starten etc. Wenn Sie beispielsweise den Wert der Variablen *xyz* wissen möchten, unterbrechen Sie das Programm und geben im Direktfenster

```
?xyz
```

ein. Das *?*-Zeichen ist eine Abkürzung für *Print*. Falls der Programmablauf innerhalb einer Prozedur unterbrochen wurde, sind alle in dieser Prozedur verfügbaren Variablen, Eigenschaften etc. unmittelbar verwendbar.

Anweisungen im Testfenster können Sie beliebig oft wiederholen: Bewegen Sie einfach den Cursor in die Zeile, in der die Anweisung steht, und drücken Sie nochmals Return. Wenn Sie eine zusätzliche leere Zeile einfügen möchten, drücken Sie Strg+Return.

TIP

Beachten Sie bitte, daß seit Version 5 der Inhalt von Variablen bzw. der Zustand von Eigenschaften viel bequemer dadurch ermittelt werden kann, indem die Maus über den entsprechenden Variablen bzw. Eigenschaftsnamen im Codefenster bewegt wird. Der aktuelle Zustand wird daraufhin in einem kleinen gelben Fenster angezeigt. Das Lokalfenster zur automatischen Anzeige von Variableninhalten steht insofern eher aus Kompatibilitätsgründen zu früheren Versionen zur Verfügung.

Das Direktfenster wird gleichzeitig auch zur Anzeige der letzten 100 Ausgaben von ***Debug.Print*** verwendet. *Debug.Print* stellt eine bequeme Möglichkeit dar, im laufenden Programm Kontrollausgaben durchzuführen, ohne das Programm zu unterbrechen oder ernsthaft zu verlangsamen.

Prozedurliste (Aufrufeliste)

Mit Strg+L bzw. dem Menükommando ANSICHT | AUFRUFELISTE können Sie ein Dialogfenster anzeigen, das alle Vorläuferprozeduren aufzählt, die zum Aufruf der gerade aktuellen Prozedur geführt haben. Die Liste ist verkehrt sortiert: Ganz oben steht die aktuelle Prozedur, in der Zeile darunter jene Prozedur, aus der die aktuelle Prozedur aufgerufen wurde etc. Bei rekursiven (sich selbst aufrufenden) Prozeduren kann es vorkommen, daß derselbe Prozedurname unzählige Male in der Liste der Prozeduraufrufe steht.

In Bild 8.1 wurde das Apfelmännchenprogramm in der Prozedur *Calc_Point* unterbrochen. *Calc_Point* wurde von *Calc_Grafik* und diese Prozedur wiederum von *Main* aufgerufen. Alle drei Prozeduren stammen aus dem Projekt *Apfel* und dem Modul *ApfelMain*. Der AUFRUFE-Dialog gibt also Rückschluß, wie es zum Aufruf der aktuellen Prozedur gekommen ist. Durch einen Doppelklick auf eine der Prozeduren verändern Sie den aktuellen Gültigkeitsbereich (Kontext) für Variablen im Direktfenster.

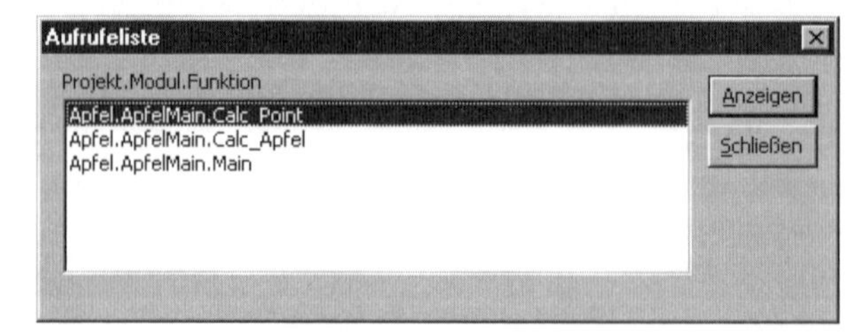

Bild 8.1: Die Prozedurliste

Programm fortsetzen

Unterbrochene Programme können mit F5 oder mit F8 (Einzelschritt) fortgesetzt werden. Das gilt auch für Programme, in denen ein Fehler aufgetreten ist. Eine Fortsetzung ist allerdings nur dann sinnvoll, wenn die Ursache des Fehlers im Testfenster behoben werden konnte (was nur selten möglich ist). Ein Beispiel: In einem Programm tritt bei der Anweisung *a=b/c* eine Division durch 0 auf. Sie können im Testfenster *c=1* ausführen und das Programm dann fortsetzen.

Programmänderung im laufenden Programm

Visual Basic ist in einer Beziehung einzigartig: Sie können in einem vorübergehend unterbrochenen Programm Veränderungen am Programmcode durchführen und das Programm anschließend wieder fortsetzen. (Allerdings ist nicht jede Änderung zulässig: Wenn Sie beispielsweise eine neue globale oder generelle Variable einfügen oder deren Typ ändern, müssen Sie das Programm neu starten. Visual Basic warnt Sie vor solchen Änderungen.)

Kontrollausgaben durch das Programm

Eine Unterbrechung des Programms hat zwar eine Menge Vorteile, es bestehen aber auch Nachteile: Zum einen geht der Inhalt von Bildfeldern bzw. die in Formularen dargestellte Grafik verloren, sofern nicht die *AutoRedraw*-Eigenschaft aktiviert ist. Zum anderen wird die Ausführung zeitaufwendiger Programmteile durch ständige Unterbrechungen stark verlangsamt. In vielen Fällen ist es daher zweckmäßiger, vom Programm aus Kontrollausgaben durchzuführen, ohne die Programmausführung zu stoppen. Dazu gibt es zwei Möglichkeiten:

- Sie verwenden den Befehl *MsgBox*, mit dem Sie einen beliebigen (kurzen) Text in einem kleinen Fenster anzeigen können. Sobald Sie den OK-Button dieses Fensters drücken, wird das Programm fortgesetzt.
- Sie verwenden die *Print*-Methode für das *Debug*-Objekt, um Texte oder Zahlenfenster im Testfenster auszugeben.

8.1.3 Kontrollierte Programmausführung

Mit F8 bzw. mit dem Menükommando TESTEN | EINZELSCHRITT können Sie das Programm Zeile für Zeile ausführen (bzw. Schritt für Schritt, wenn sich in einer Zeile mehrere Anweisungen befinden). Visual Basic führt also die jeweils nächste Programmzeile aus und unterbricht das Programm danach selbständig wieder. Mit dem Kommando können Sie den Programmverlauf (beispielsweise in verschachtelten Schleifen, Verzweigungen oder Ereignisprozeduren) genau verfolgen. Sie können jederzeit den Inhalt verschiedener Variablen überprüfen und so die einzelnen Berechnungsschritte nachvollziehen.

Zum Einzelschrittkommando gibt es einige Varianten:

- TESTEN | PROZEDURSCHRITT bzw. Shift+F8 führt normalerweise ebenfalls nur eine einzige Anweisung aus. Wenn in dieser Anweisung allerdings ein Unterprogramm oder eine Funktion aufgerufen wird, dann wird diese Prozedur als Ganzes sofort ausgeführt.
- TESTEN | PROZEDUR ABSCHLIEßEN bzw. Strg+Shift+F8 führt alle Anweisungen bis zum Ende der aktuellen Prozedur aus. Wenn dabei andere Prozeduren aufgerufen werden, werden auch diese vollständig ausgeführt.
- TESTEN | AUSFÜHREN BIS CURSORPOSITION bzw. Strg+F8 funktioniert ähnlich, allerdings wird die Ausführung bereits in der Zeile der aktuellen Prozedur wieder gestoppt, in der sich gerade der Cursor befindet. Das Kommando erspart in vielen Fällen das Setzen eines Haltepunkts.

Anweisungen überspringen oder wiederholen

Das Programm wird normalerweise Anweisung für Anweisung ausgeführt. Wenn die Programmausführung (durch einen Haltepunkt, bei der Ausführung im Einzelschritt-Modus etc.) unterbrochen ist, können Sie mit dem Kommando TESTEN | NÄCHSTE ANWEISUNG FESTLEGEN bzw. mit Strg+F9 die Zeile bestimmen, an der das Programm mit F5 oder mit F8 fortgesetzt werden soll. Es ist nicht möglich, eine Zeile, die sich außerhalb der aktuellen Prozedur befindet, auf diese Weise zu markieren. Das Kommando NÄCHSTE ANWEISUNG FESTLEGEN eignet sich insbesondere dazu, einige schon ausgeführte Programmzeilen nochmals auszuführen oder einen Programmteil zu überspringen.

Die meisten auf diesen Seiten beschriebenen Kommandos sind auch über das Kontextmenü des Codefensters verfügbar.

Programmunterbrechung durch Haltepunkte (Breakpoints)

Bevor Sie das Programm starten, bzw. solange die Programmausführung unterbrochen ist, können Sie mit F9, mit dem Menükommando AUSFÜHREN | HALTEPUNKT EIN / AUS oder durch einen Klick auf die Symbolleiste des Codefensters (links vom Code) einzelne Programmzeilen als Haltepunkt (englisch Breakpoint) markieren. Visual Basic unterbricht die Ausführung automatisch bei jeder so markierten Zeile (und zwar bevor diese Zeile ausgeführt wird).

Haltepunkte eignen sich hervorragend dazu, kritische Programmteile zu überprüfen. Setzen Sie einfach einen Haltepunkt in der ersten Zeile einer Prozedur, in der Sie einen Fehler vermuten. Sobald diese Prozedur im Programmverlauf erreicht wird, unterbricht Visual Basic die Programmausführung. Sie können jetzt einzelne Variablen im Testfenster überprüfen oder das Programm im Einzelschrittmodus fortsetzen.

Programmunterbrechung durch Überwachungsausdrücke (Watch-Expressions)

Eine ausgefeiltere Möglichkeit zur Definition von Haltepunkten stellen Überwachungsausdrücke dar. Dabei handelt es sich zumeist um einfache Variablen oder Eigenschaften, deren Zustand überwacht werden soll. (Erlaubt sind aber auch einfache zusammengesetzte Ausdrücke.)

Die Eingabe der Überwachungsausdrücke erfolgt am einfachsten im Codefenster, indem Sie über der jeweiligen Variablen mit der rechten Maustaste den Kontextmenüeintrag ÜBERWACHUNG HINZUFÜGEN auswählen. Es erscheint dann der in Bild 8.2 dargestellte Dialog.

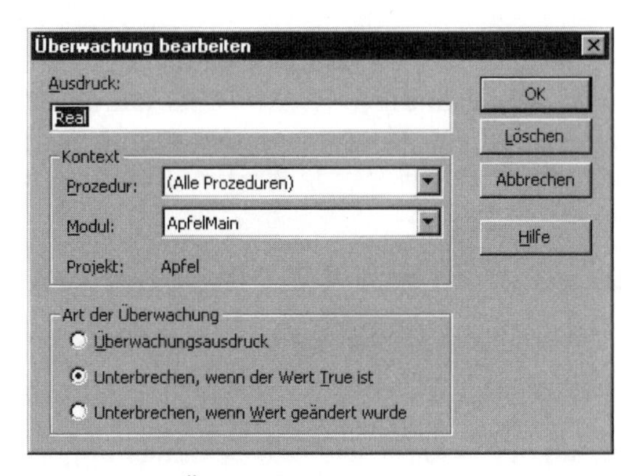

Bild 8.2: Überwachungsausdruck definieren

Sie können zwischen drei Formen der Überwachung auswählen: Die einfachste Variante lautet AUSDRUCK ÜBERWACHEN, d.h., Visual Basic zeigt den aktuellen Wert bei einer Programmunterbrechung im Testfenster an. Bei den beiden anderen Varianten kommt es zu einer Programmunterbrechung, wenn der gesamte Ausdruck den Wahrheitswert *True* annimmt oder sich nur ändert. Sie können Überwachungsausdrücke also dazu verwenden, um ein Programm automatisch zu unterbrechen, sobald eine Variable größer als 100 wird.

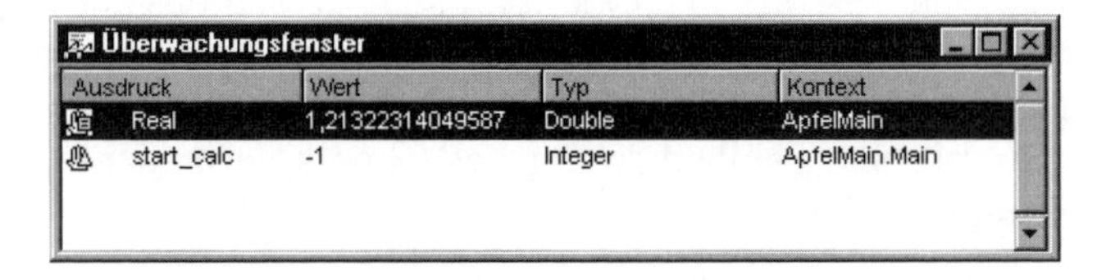

Bild 8.3: Das Überwachungsfenster

Im ÜBERWACHUNGS-Dialog können Sie auch angeben, aus welchem Kontext die Variable gelesen werden soll (d.h. welches Modul, welche Prozedur; diese Frage ist wichtig, weil es gleichnamige lokale Variablen in verschiedenen Kontexten geben kann). Alle definierten Überwachungsausdrücke werden im Überwachungsfenster angezeigt.

Programmunterbrechungen per Programmcode

Zu einer Programmunterbrechung kann es auch per Programmcode kommen. Ungewollt durch einen Fehler, oder gewollt durch die Kommandos ***Stop*** oder *Debug.**Assert***. *Assert* ist eine bedingte Variante zu *Stop*. Statt

```
If bedingung Then Stop
```

können Sie nun auch schreiben:

```
Debug.Assert bedingung
```

Der Vorteil von *Assert* besteht darin, daß die gesamte Anweisung beim Kompilieren des Programms zu einer eigenständigen `*.exe`-Datei eliminiert wird. Im Gegensatz dazu bleibt die *If*-Anweisung beim Kompilieren erhalten (und kostet damit Zeit und Speicherplatz); lediglich die *Stop*-Anweisung wird im Kompilat ignoriert.

8.1.4 Fehlersuche in ActiveX-Komponenten

Prinzipiell sind die Methoden der Fehlersuche dieselben wie bei eigenständigen Programmen. Unterschiede ergeben sich daraus, daß nicht ein Programm, sondern zwei Programme quasi gleichzeitig ausgeführt werden (im Fall von ActiveX-EXEs sogar in zwei getrennten Instanzen der Visual-Basic-Entwicklungsumgebung).

In EXTRAS | OPTIONEN | ALLGEMEIN | UNTERBRECHEN können Sie zwischen drei Optionen wählen, wie Visual Basic auf Fehler beim Ausführen von Code reagieren soll. Die Option BEI JEDEM FEHLER bedeutet, daß jeder Fehler sofort bei der fehlerhaften Anweisung zu einer Programmunterbrechung führt, selbst wenn dieser Fehler durch *On Error* abgefangen würde.

Wenn die Option IN KLASSENMODUL aktiv ist, wird das Programm im Klassenmodul des Servers unterbrochen. Diese Option ist also sinnvoll, wenn Sie Fehler im Server suchen.

Die Option BEI NICHTVERARBEITETEN FEHLERN hält statt dessen das Client-Programm an, und zwar in der Zeile, in der eine fehlerhafte Eigenschaft oder Methode der ActiveX-Komponente ausgeführt wurde. Diese Vorgehensweise ist dann sinnvoll, wenn der Fehler im Server durch eine Fehlbedienung des Clients verursacht wird und Sie die Ursache dort beseitigen wollen.

Die UNTERBRECHEN-Option kann übrigens auch im Kontextmenü eines Codefensters geändert werden. Sie wird in diesem Fall nicht gespeichert und gilt nur für das aktuelle Projekt.

VERWEIS

Informationen zu einigen Tools zur Fehlersuche in ActiveX-Komponenten finden Sie auf Seite 970. Eine knappe Beschreibung des Debuggers für VBScript-Programme finden Sie auf Seite 1056. Ein Hilfsprogramm zur Protokollierung von Ereignissen in Active Server Pages und zur Fehlersuche in solchen Programmen ist auf Seite 1113 abgedruckt.

8.2 Fehlertolerantes Verhalten von Programmen

Während der Entwicklung und des Ablaufs von Visual-Basic-Programmen können grundsätzlich vier Fehlertypen auftreten:

- **Fehler beim Laden des Programms:** Dieser Fehlertyp tritt auf, wenn Visual Basic beim Laden eines Programms einzelne in der `*.vbp`-Datei genannte Dateien nicht findet (z.B. Dateien für Zusatzsteuerelemente). Visual Basic erzeugt in diesem Fall eine `*.log`-Datei, in der alle Fehler aufgelistet werden.
- **Syntax- und Strukturfehler:** Diese Fehler treten auf, wenn das Format (die Syntax) der Sprache Visual Basic nicht eingehalten wird – z.B. bei falsch geschriebenen Befehlsnamen, bei *For*-Schleifen ohne *Next* etc. Die Entwicklungsumgebung von Visual Basic erkennt solche Fehler normalerweise sofort nach der Eingabe der fehlerhaften Programmzeile, spätestens aber beim Kompilieren des Programms mit Strg+F5. Dieser Fehlertyp ist zwar lästig, die Fehler sind aber meistens leicht behebbar.
- **Fehler während des Programmablaufs:** Solche Fehler werden normalerweise als Laufzeitfehler (run time errors) bezeichnet. Sie sind aus dem Programmcode nicht unmittelbar ersichtlich und treten erst beim Ablauf des Programms auf – beispielsweise in der Anweisung *a=b/c*, wenn die Variable *c* den Wert 0 hat. Die folgenden Absätze dieses Abschnitts konzentrieren sich auf diesen Fehlertyp, weil nur auf solche Fehler im Programm reagiert werden kann.
- **Logikfehler:** Weder beim Start noch beim Ablauf des Programms werden von Visual Basic irgendwelche Fehler gemeldet, die Ergebnisse des Programms sind aber nicht korrekt bzw. entsprechen nicht den Vorstellungen des Programmierers. Die häufigste Ursache ist ein Denkfehler. Die Suche nach solchen Fehlern ist in der Regel am mühsamsten.

Der Befehl On Error

Normalerweise meldet sich Visual Basic sogleich mit einer Fehlermeldung, falls während der Ausführung des Programms ein Fehler auftritt. Wenn das Programm in der Entwicklungsumgebung von Visual Basic ausgeführt wird, kann der Programmcode verändert oder die Fehlerursache (fehlende Diskette etc.) behoben werden, anschließend kann das Programm mit F5 fortgesetzt werden. Bei eigenständigen *.exe-Dateien besteht diese Möglichkeit nicht, das Programm wird nach der Fehlermeldung abgebrochen.

Um den Programmabbruch zu vermeiden bzw. eine vernünftige Reaktion des Programms beim Auftreten eines Fehlers zu ermöglichen, stellt Visual Basic den Befehl *On Error* zur Verfügung. Dieser Befehl bestimmt, was im Fall eines Fehlers innerhalb einer Prozedur passiert. Es bestehen folgende Möglichkeiten:

On Error Goto 0	Normalverhalten, d.h. Programmunterbrechung und Anzeige einer Fehlermeldung
On Error Resume Next	der Fehler wird ignoriert, das Programm wird mit der nächsten Anweisung fortgesetzt
On Error Goto marke	beim Auftreten eines Fehlers wird der Programmcode ab der Sprungmarke ausgeführt

Die Variante ***On Error Goto 0*** dient hauptsächlich dazu, vorhandene Fehlerbehandlungsroutinen abzuschalten.

Mit ***On Error Resume Next*** kann ein Programmteil ohne Rücksicht auf mögliche Fehler ausgeführt werden. Fehlerhafte Anweisungen werden einfach übersprungen. Das Kommando ist ungeheuer bequem für den Programmierer, sein Einsatz ist allerdings nur in seltenen Fällen sinnvoll. Am Ende von mehreren auf diese Weise ausgeführten Programmzeilen kann mit *Err* getestet werden, ob ein Fehler aufgetreten ist. Wenn *Err* den Wert 0 enthält, ist kein Fehler aufgetreten.

HINWEIS

Zur Verdeutlichung ein kurzes Code-Fragement, das zeigt, wie der Aufruf eines Kommandos ganz einfach abgesichert werden kann.

```
Dim errnr As Long
' code ...
On Error Resume Next   'das nächste Kommando kann u.U. zu
kritisches_kommando    'Fehlern führen
errnr = Err.Number
On Error Goto 0        'Fehlertoleranz wieder abschalten
If errnr <> 0 Then     'Reaktion auf Fehler
  Select Case errnr
  Case 1:
    MsgBox "Fehler 1"
  Case Else:
    MsgBox "anderer Fehler"
  End Select
End If
```

Die für die Praxis wichtigste Variante lautet ***On Error Goto marke***. Sobald ein Fehler auftritt, verzweigt die Programmausführung in den bei der Sprungmarke beginnenden Programmteil. Dieser Programmteil muß innerhalb der Prozedur liegen.

Zum besseren Verständnis ein Beispiel: Im abgedruckten Unterprogramm wird eine einfache Berechnung (drei Anweisungen) durchgeführt. Wenn dabei kein Fehler auftritt, wird das Unterprogramm mit *Exit Sub* verlassen. Andernfalls wird die Fehlerbehandlungsroutine ab der Sprungmarke *Fehler_in_Berechnung* ausgeführt.

```
Sub Berechnung ()
  On Error Goto Fehler_in_Berechnung
  x=a*b
  y=c*d
  ergebnis=x/y
Abbruch_Berechnung:
  Exit Sub
Fehler_in_Berechnung:
  If Err=6 Or Err=11 Then
    MsgBox "Überlauf oder Division durch 0"
    ergebnis=0
    Resume Abbruch_Berechnung
  Else
    Error Err
  End If
End Sub
```

VERWEIS

Weitere Beispiele für Fehlerbehandlungsroutinen sind über das ganze Buch verstreut:

CommonDialog-Feld: Seite 245
Grafikprogrammierung: Seite 485
Adodc-Feld: Seite 815
ADO-Bibliothek: 802
ActiveX Automation: Seite 940
Active Server Pages: Seite 1115

Sprungmarken

Sprungmarken sind durch eine Nummer oder durch einen Text mit einem nachgestellten Doppelpunkt gekennzeichnete Orte innerhalb einer Prozedur, an denen die Programmausführung mit *Goto* oder *On Error Goto* fortgesetzt werden kann. Beispiele:

```
10                'Sprungmarke 10
10 Beep           'Sprungmarke 10 und ein nachfolgender Befehl
Zielpunkt:        'Sprungmarke Zielpunkt
Zielpunkt: Beep   'Sprungmarke Zielpunkt + Befehl
```

Sprungmarken werden von Visual Basic ganz nach links ausgerückt. Die Syntax der letzen Beispielzeile ist nicht ganz eindeutig: *Zielpunkt* könnte auch ein Unterprogramm ohne Parameter sein. Wenn Sie in einer Zeile mehrere Unterprogramme aufrufen möchten, müssen Sie vor das erste Unterprogramm den Befehl *Call* stellen.

Fehlerbehandlungsroutinen

Nach diesem Einschub zum Thema Sprungmarken zurück zum obigen Programmbeispiel: Der Programmteil ab *Fehler_in_Berechnung* wird nur ausgeführt, wenn ein Fehler aufgetreten ist. Um zu vermeiden, daß diese Zeilen ohne einen vorherigen Fehler ausgeführt werden, steht vor diesem Programmteil der Befehl *Exit Sub*. Achten Sie in Ihren eigenen Programmen darauf, daß Sie diesen Befehl nicht vergessen!

Falls *Err* die Fehlernummer 6 (Überlauf) oder 11 (Division durch 0) ergibt, wird die Variable für das Ergebnis mit 0 belegt und die Berechnung bei der Sprungmarke *Abbruch_Berechnung* beendet. Falls ein anderer (nicht vorgesehener) Fehler auftritt, wird mit *Error Err* eine normale Fehlermeldung angezeigt.

Der Befehl Resume

Mit dem Kommando ***Resume*** kann die Prozedur aus der Fehlerbehandlungsroutine heraus an einem beliebigen (mit einem Label markierten) Ort wieder fortgesetzt werden. Dabei wird gleichzeitig der Fehlerwert in *Err* auf 0 zurückgesetzt. Es ist aber durchaus möglich, aus der Fehlerbehandlungsroutine andere Unterprogramme aufzurufen (beispielsweise zum Speichern von Daten). Es bestehen drei Varianten des *Resume*-Befehls:

Resume	führt die fehlerhafte Anweisung neuerlich aus
Resume Next	setzt das Programm mit der darauffolgenden Anweisung fort
Resume marke	setzt das Programm bei der Sprungmarke fort

In allen drei Fällen wird das Programm in der Prozedur fortgesetzt, in der auch die Fehlerbehandlungsroutine steht. Es ist nicht möglich, mit *Resume marke* in eine andere Prozedur zu springen. Wenn Visual Basic das Ende einer Fehlerbehandlungsroutine erreicht (*Exit Sub*), ohne daß vorher *Resume* ausgeführt wurde, erfolgt ein Rücksprung in die aufrufende Prozedur, *Err* wird auf 0 zurückgesetzt.

Das Err-Objekt

Das *Err*-Objekt gibt Zugriff auf diverse Informationen zum letzten Fehler. *Number* gilt als Defaulteigenschaft und enthält die Fehlernummer.

Err.Clear	Fehler löschen (entspricht *Err=0*)
Err.Raise n,...	Fehler auslösen (entspricht *Error n*, mit *Raise* können aber weitere Parameter übergeben werden; siehe Online-Hilfe)
Err.Description	enthält Fehlertext (entspricht *Error(Err)*)
Err.HelpContext	Verweis auf Hilfetext zum Fehler

Err.HelpFile	Verweis auf Hilfedatei
Err.LastDLLError	Fehlercode zur letzten aufgerufenen DLL-Funktion
Err.Number	Fehlernummer (entspricht *Err*)
Err.Source	Zeichenkette, die das Objekt oder das Modul identifiziert, in dem der Fehler ausgelöst wurde

Error.Raise ermöglicht es, Fehler zu simulieren. Das ist besonders bei der Programmierung von ActiveX-Servern wichtig, in denen es ja eine Möglichkeit geben muß, Fehler an das aufrufende Programm zu melden.

Fehlerbehandlung in verschachtelten Prozeduren

Angenommen, die Ereignisprozedur *Form_Load* ruft das Unterprogramm *A* auf, *A* ruft *B* auf und *B* ruft *C* auf. Wenn nun in *C* ein Fehler auftritt, wird die zu *C* gehörende Fehlerbehandlungsroutine aufgerufen. Wenn für *C* keine eigene Fehlerbehandlungsroutine existiert, wird *C* automatisch abgebrochen. Das Programm wird in der Fehlerbehandlungsroutine von *B* fortgesetzt. Wenn auch dort keine Fehlerbehandlung vorgesehen ist, springt die Programmausführung in die Fehlerbehandlungsroutine von *A* oder schließlich in die Fehlerbehandlungsroutine von *Form_Load*.

Resume in verschachtelten Prozeduren

Die beiden Befehle *Resume* und *Resume Next* gelten immer nur für die Prozedur, in der sie eingesetzt werden. Wenn ein Fehler in der Prozedur *C* auftritt, dieser Fehler aber erst in der Fehlerbehandlungsroutine von Prozedur *A* berücksichtigt wird, dann wird das Programm an der durch *Resume* spezifizierten Stelle in *A* fortgesetzt. Es ist nicht möglich, mit *Resume* aus der aktuellen Prozedur (beispielsweise zur fehlerhaften Anweisung in C) zu springen!

Tips und Tricks zur Fehlerbehandlung

Verlassen Sie sich in Ihrer Fehlerbehandlungsroutine nicht darauf, daß es gelingt, den Fehler zu beheben. Wenn Sie in diesem Programmteil das Programm mit *Resume* fortsetzen, ohne die tatsächliche Fehlerursache zu beseitigen, kommt es ungewollt zu einer Endlosschleife (die Programmausführung wechselt zwischen der fehlerhaften Zeile und der Fehlerbehandlungsroutine).

Abhilfe: Setzen Sie am Beginn der Prozedur eine Fehlerflag-Variable auf 0. Diese Variable wird am Ende der Fehlerbehandlungsroutine mit *True* belegt. Am Beginn der Fehlerbehandlungsroutine können Sie somit feststellen, ob die Routine zum ersten oder zum wiederholten Male aufgerufen wurde, und entsprechend differenziert auf den Fehler reagieren. Beispielsweise könnten Sie beim ersten Aufruf der Fehlerbehandlungsroutine versuchen, den Fehler zu beheben. Beim zweiten Aufruf geben Sie eine Fehlermeldung aus, speichern alle Daten und beenden anschließend das Programm.

Auch in der Fehlerbehandlungsroutine selbst können Fehler auftreten! Wenn Sie auf solche Fehler nicht in einem weiteren Programmteil reagieren (*On Error Goto* in der ersten Zeile der Fehlerbehandlungsroutine), kann es zu einem wiederholten (rekursiven) Aufruf Ihrer Fehlerbehandlungsroutine kommen.

Beide oben geschilderten Fälle sind insofern fatal, als das Programm jetzt durch eine ungewollte Endlosschleife blockiert ist. Falls ein Fehler auftritt, sollte der Benutzer aber in jedem Fall die Möglichkeit haben, seine Daten zu sichern.

Wenn in verschiedenen Prozeduren ähnliche Fehler möglich sind, können Sie eine gemeinsame Funktion zur Reaktion auf Fehler in diesen Prozeduren schreiben. Diese Fehlerbehandlungsfunktion rufen Sie von den Fehlerbehandlungsroutinen der verschiedenen Prozeduren auf. In der Funktion können Sie Fehlermeldungen ausgeben, Daten speichern, gegebenenfalls das Programm beenden etc. Da eine unmittelbare Fortsetzung des Programms mit *Resume* innerhalb der Fehlerbehandlungsfunktion nicht möglich ist, müssen Sie an die fehlerhafte Prozedur einen Kennwert zurückgeben, damit die Prozedur erkennt, ob das Programm mit *Resume, Resume Next* oder *Resume label* fortgesetzt werden soll.

VERWEIS

Das Thema Fehler wird in der Online-Dokumentation sehr ausführlich behandelt. Der Text gibt einen ausgezeichneten Überblick über verschiedene Strategien zur Reaktion auf Fehler und ist eine ideale Ergänzung zu diesem Kapitel.

VB-DOKUMENTATION | ARBEITEN MIT VB | PROGRAMMIERHANDBUCH |
- EINSATZMÖGLICHKEITEN | FEHLERBESEITIGUNG.

VERWEIS

Neben den dokumentierten Kommandos zum Umgang mit Fehlern gibt es auch undokumentierte. Obwohl das Kommando *On Local Error ...* mittlerweile sogar Eingang in einige mit Visual Basic mitgelieferte Beispielprogramme gefunden hat, hält Microsoft es offensichtlich weiterhin nicht notwendig, den Unterschied zu einem normalen *On Error* Kommando zu beschreiben. Gleiches gilt für die Funktion *Erl*, die die Zeilennummer eines Fehlers angibt. Eine Beschreibung dieser Spezialfeatures finden Sie im Buch *Advanced Visual Basic* in der MSDN-Library. (Wirklich klar wird die Bedeutung von *On Local Error* freilich auch dort nicht.)

BOOKS | ADVANCED VB | CHAPTER 1 | TIP 2, TIP 5

Reaktion auf Strg+Untbr in Kompilaten

Während der Programmentwicklung können Programme bequem mit Strg+Untbr unterbrochen werden. In kompilierten `*.exe`-Dateien hat diese Tastenkombination dagegen keinerlei Wirkung. Wenn Sie auch dort eine Möglichkeit der Programmunterbrechung vorsehen möchten, können Sie in *Form_KeyDown* auf diese Tastenkombination warten. (Zum Thema Tastaturauswertung siehe Seite 541.) Diese Ereignisprozedur kann allerdings nur aufgerufen werden, wenn Visual Basic auch die Möglichkeit zur Ereignisverwaltung gegeben wird. In einer Endlosschleife oder in einem rechenintensiven Programmteil, in dem kein *DoEvents* aufgerufen wird, nützt daher auch die Ereignisprozedur nichts.

Teil III

Programmiertechniken

9 Zahlen, Zeichenketten, Datum und Uhrzeit

Dieses Kapitel beschreibt die wichtigsten Funktionen zum Umgang mit Zahlen (Rundungsfunktionen, Zufallszahlen), zur Bearbeitung von Zeichenketten sowie zur Verwaltung von Datum und Uhrzeit.

9.1 Zahlen

Zahlen runden

Seit Version 6 gibt es in Visual Basic endlich eine komfortable Funktion zum Runden von Zahlen: ***Round****(zahl, nachkommastellen)* rundet auf die gewünschte Stellenanzahl. *Round(12.456)* liefert 12, *Round(12.456, 2)* liefert 12.46. *Round* rundet bei einem Nachkommaanteil größer als 0.5 auf und bei einem Anteil kleiner als 0.5 ab. Eigentümlich ist das Verhalten allerdings bei einem Nachkommaanteil von genau 0.5: Dort runden die Funktionen zur nächsten *geraden* (!) Zahl: 1.5 wird ebenso wie 2.5 zu 2 gerundet. (Dieses Verhalten entspricht also nicht ganz der Schulmathematik, wo bei 0.5 immer aufgerundet wird.)

Neben *Round* gibt es eine Menge weiterer Funktionen, die eine ähnliche Wirkung haben: ***CInt*** und ***CLng*** funktionieren wie *Round*, allerdings können keine Nachkommastellen angegeben werden. *CInt* und *CLng* unterscheiden sich den anderen hier genannten Funktionen in einem Punkt: die Funktionen liefern eine Fehlermeldung, wenn der Bereich der Variablentypen *Int* (±32757) bzw. *Long* ($\pm 2^{31}$) über- bzw. unterschritten wird.

Auch die Funktionen ***Int*** und ***Fix*** wandeln eine Fließkommazahl in eine Integerzahl um. Bei *Fix* wird dabei einfach der Nachkommaanteil abgeschnitten. *Int* verhält sich für positive Zahlen gleich, bei negativen Zahlen wird auf die nächst kleinere Zahl abgerundet. *Fix(-1.8)* liefert daher -1, *Int(-1.8)* liefert dagegen -2.

Nachkommaanteil ermitteln

Die Anweisung *x-Fix(x)* liefert den Nachkommaanteil einer Zahl, wobei das Vorzeichen von *x* übernommen wird. Gegebenenfalls können Sie das Vorzeichen ja mit *Abs* eliminieren.

Modulo, Vorzeichen, Absolutwert

Mit dem Modulo-Operator kann der Rest zu einem Vielfachen ermittelt werden. *x Mod 60* liefert die Anzahl der Minuten, die nicht in einer vollen Stunde Platz haben (Ergebnis 10 bei *x=70*, Ergebnis 50 bei *x=230*). Der Modulo-Operator funktioniert allerdings nur für ganze Zahlen.

Abs liefert den Absolutwert (Betrag) einer Zahl, d.h. aus negativen Zahlen werden positive. ***Sign*** liefert -1 für negative Zahlen, +1 für positive Zahlen und 0 für 0.

Trigonometrische und logarithmische Funktionen

VBA kennt alle grundlegenden trigonometrischen Funktionen, nämlich ***Sin***, ***Cos***, ***Tan***, ***Atn***, ***Log***, ***Exp*** und ***Sqr***. In der Online-Hilfe zum Thema *abgeleitete Funktionen* finden Sie

Informationen darüber, wie Sie aus diesen grundlegenden Funktionen andere bilden können. (Suchen Sie einfach nach *ArcSin*.)

Zufallszahlen

Rnd liefert eine 16-stellige Zufallszahl zwischen 0 (inklusive) und 1 (exklusive). Damit Sie Zufallszahlen in einem bestimmten Zahlenbereich bekommen, müssen Sie mit *Rnd* weiterrechnen. Dazu zwei Beispiele:

```
a + Rnd * (b-a)             'liefert Zufallszahlen zwischen
                            'a (inklusive) und b (exklusive)
Int(a + Rnd * (b-a+1))      'liefert ganze Zufallszahlen
                            'zwischen a (inkl.) und b (inkl.)
```

Wenn Sie vermeiden möchten, daß Ihr Visual-Basic-Programm nach jedem Start die gleiche Abfolge von Zufallszahlen generiert, dann müssen Sie in Ihrem Programm ***Randomize*** ausführen.

Numerische Funktionen	
CLng(x)	rundet bei .5 zur nächsten geraden Zahl
Fix(x)	schneidet den Nachkommaanteil ab
Int(x)	wie *Fix*, rundet aber bei negativen Zahlen ab
x Mod n	ermittelt den Rest der Division (für ganze Zahlen)
Abs(x)	Betrag
Sign(x)	Signum (+1 bei positiven Zahlen, 0 bei 0, sonst -1)
Sqr(x)	Quadratwurzel
Log(x), Exp(x)	logarithmische Funktionen
Sin(x), Cos(x), Tan(x)	trigonometrische Funktionen
Atn(x)	Arcustangens

Zufallszahlen	
Rnd	liefert zufällige Fließkommazahlen mit 0<=x<1
Randomize	initialisert den Zufallszahlengenerator neu

Konversionsfunktionen	
CLng(x)	liefert *Long*-Zahl (32 Bit)
CInt(x)	liefert *Integer*-Zahl (16 Bit)
CByte(x)	liefert *Byte*-Zahl (8 Bit)
CBool(x)	liefert Wahrheitswert (*True* / *False*)
CDbl(x)	liefert Fließkommazahl (64 Bit)
CSng(x)	liefert Fließkommazahl (32 Bit)
CDec(x)	liefert Festkommazahl (96 Bit)

CDate(x)	wandelt eine Zahl in ein Datum um
CStr(x)	wandelt eine Zahl in eine Zeichenkette um
CErr(x)	wandelt eine Zahl in einen Fehlerwert um

9.2 Zeichenketten

9.2.1 Grundlagen

Der Umgang mit Zeichenketten ist sicherlich nicht die große Stärke Visual Basic's – auch wenn es seit Version 6 einige neue, bisher nur in VBScript verfügbare Funktionen zur Bearbeitung von Zeichenketten gibt. Aber nach wie vor ist der Umgang mit Zeichenketten vergleichsweise langsam, elementare Funktionen fehlen (etwa zum Suchen und Ersetzen mit regulären Mustern). Für ernsthafte Anwendungen, die große ASCII-Textmengen verarbeiten, sollten Sie Alternativen wie Perl in Erwägung ziehen.

Unicode

Seit Visual Basic 4 werden Zeichenketten innerhalb von Visual Basic nicht mehr im ANSI-Code, sondern im Unicode gespeichert, d.h. mit zwei Byte pro Zeichen. Unicode bringt unmittelbar wenig Vorteile mit sich: Im deutschen wie im englischen Sprachraum reichen normalerweise ANSI-Zeichen aus. Das erste Mal wirklich mit Unicode in Berührung kommen Sie vermutlich, wenn Sie in Ihren Programmen das Euro-Symbol € nutzen möchten (mehr dazu auf Seite 388).

ANMERKUNG

Die folgende Tabelle faßt ganz kurz die Unterschiede zwischen ASCII, ANSI und Unicode zusammen.

ASCII: amerikanisches 7-Bit-Format, keine deutsche Sonderzeichen
ANSI: 8-Bit-Format unter Windows, mit deutschen Sonderzeichen (Achtung: es gab eine Reihe anderer 8-Bit-Formate, die nicht ANSI-kompatibel sind; dazu zählt auch der DOS-Zeichensatz!)
Unicode: 16-Bit-Format, weltweit standardisiert

Sehr oft wird ASCII auch zur Bezeichnung von ANSI-Daten verwendet – nicht zuletzt deswegen, weil die ersten 128 Zeichen übereinstimmen. Das spiegelt sich auch in der Namensgebung von Visual-Basic-Funktionen wieder: Die Funktion *Asc* hat genaugenommen nie ASCII-Daten erwartet, sondern bis Version 3 ANSI- und seither mit Unicode-Zeichen.

Unicode hat einen offensichtlichen Nachteil: Der Speicherverbrauch von Zeichenketten steigt auf das Doppelte (bei ANSI-Zeichen ist jedes zweite Byte 0) und die ohnedies erbärmliche Geschwindigkeit der Funktionen zur Bearbeitung von Zeichenketten sinkt entsprechend. Längerfristig ist Unicode aber dennoch eine sinnvolle Sache, weil damit erstmals ein einheitlicher Mechanismus zum Umgang mit Zeichenketten auf der ganzen Welt zur Verfügung steht.

Kompatibilität

Alle Visual-Basic-Funktionen nehmen automatisch auf Unicode Rücksicht. Beim Programmieren werden Sie im Regelfall gar nicht bemerken, daß Sie es mit Unicode zu tun haben.

Eine Ausnahme stellen die Funktionen *Asc* und *Chr* dar. *Asc* ermittelt den Code eines Zeichens, *Chr* bildet das einem Code entsprechende Zeichen. Die Frage ist nur, welcher Code verwendet wird. Die Abkürzung *Asc* verweist eigentlich auf den historischen 7-Bit-ASCII-Code, daneben kommen auch ANSI, Unicode sowie die Binär-Entsprechung in Frage. Daher gibt es jetzt gleich mehrere Funktionen:

AscB / ChrB	arbeiten Byte-orientiert
Asc / Chr	orientieren sich am ANSI-Code (8-Bit), liefern / erwarten aber Unicode-Zeichenketten
AscW / ChrW	orientieren sich an Unicode (16-Bit)

Zu einigen weiteren Funktionen gibt es nur die Byte-Variante: *LeftB, MidB, RightB, LenB* und *InStrB*.

Zum besseren Verständnis einige Beispiele, die im DIREKT-Fenster ausgeführt werden können: Zuerst wird in *x* ein normales Textzeichen gespeichert (der Buchstabe *"A"*). Da Visual Basic generell auf Unicode umgestellt wurde, beansprucht dieses Zeichen 2 Byte, was mit *LenB* festgestellt werden kann.

```
x = Chr(65)
?x, Asc(x), AscB(x), AscW(x)
A             65            65            65
?Len(x), LenB(x)
1             2
```

Das zweite Byte dieses Zeichens ist hier 0, weil bei *"A"* ANSI- und Unicode übereinstimmen.

```
?AscB(MidB(x, 2, 1))
0
```

Wenn *x* mit *ChrB* erzeugt wird, ist die resultierende Zeichenkette dagegen nur 1 Byte lang! *Asc* und *AscW* liefern bei dieser Zeichenkette Fehlermeldungen. Auch ein Ausdruck mit *?* funktioniert nicht mehr.

```
x = ChrB(65)
?LenB(x)
1
```

Zur Umwandlung zwischen Unicode und herkömmlichen Zeichenketten wird die Funktion ***StrConv*** eingesetzt. An die Funktion wird als erster Parameter die zu konvertierende Zeichenkette angegeben, als zweiter Parameter eine Konstante, die die Konvertierungsrichtung angibt: *StrConv(s,vbUnicode)* verwandelt eine herkömmliche Byte-Zeichenkette in Unicode. *StrConv(s,vbFromUnicode)* wandelt eine Unicode-Zeichenkette in eine Byte-Zeichenkette.

ACHTUNG

Wenn Sie in älteren Visual-Basic-Programmen Zeichenketten dazu mißbraucht haben, um binäre Daten zu verarbeiten, sind Probleme zu erwarten. Die herkömmliche Regel, wonach ein Zeichen einem Byte entspricht, gilt nicht mehr. Sie stehen nun vor zwei Alternativen: Entweder steigen Sie auf den Datentyp *Byte* zur Speicherung von Binärdaten um, oder Sie verwenden die oben erwähnten Funktionen *AscB, ChrB, LeftB, MidB, RightB, LenB* und *InStrB,* die wie die Stringfunktionen aus früheren Versionen byteorientiert arbeiten.

Vorsicht im Zusammenhang mit Unicode ist bei zwei weiteren Anwendungsfällen geboten: Beim Speichern von Zeichenketten in Random-Access-Dateien und beim Aufruf von DLL-Funktionen: Visual Basic führt aus Kompatibilitätsgründen in beiden Fällen eine automatische Konvertierung nach ANSI durch. (Der Umgang mit Unicode-Dateien wird auf Seite 522 näher erläutert. Informationen zum Thema DLL und Zeichenketten finden Sie auf Seite 621.)

9.2.2 Das Euro-Symbol €

Vorweg einige Grundlageninformationen: Das Euro-Symbol ist erst ab den Betriebssystemversionen Windows 98 / Windows NT 5 bzw. ab Office 97 Service Release 2 integraler Bestandteil. Bei den Vorgängerversionen muß ein Update durchgeführt werden. Die erforderlichen Dateien finden Sie im Internet:

```
http://www.microsoft.com/windows/euro.asp
```

Die Installation dieses Updates bewirkt zweierlei: Erstens wird ein neues Tastenkürzel Alt+E zur Eingabe dieses Zeichens definiert. Und zweitens wird das Euro-Zeichen in die Zeichensätze *Arial, Courier New, Microsoft Sans Serif, Tahoma* und *Times New Roman* eingebaut (nicht aber in alle andern Zeichensätze!). Im Code-Fenster der Entwicklungsumgebung können Sie das Euro-Zeichen nur sehen, wenn Sie einen dieser Zeichensätze verwenden. (Die Einstellung der Schriftart erfolgt durch EXTRAS | OPTIONEN | EDITOR.) Eine Eingabe des Zeichens ist aber auch in allen anderen Schriftarten möglich und zulässig – nur sehen Sie dann statt dem Euro-Symbol ein schwarzes Kästchen.

HINWEIS

Damit das Euro-Symbol automatisch als Währungszeichen verwendet wird, müssen Sie die Ländereinstellung der Systemsteuerung verändern. *Format* und *FormatCurrency* verwenden dann automatisch € statt DM (bzw. statt Ihres bisher eingestellten Währungssymbols).

Intern wird das Zeichen sowohl durch den Unicode 8364 (hexadezimal 20AC) als auch durch den ANSI-Code 128 repräsentiert. (Damit ist es selbst in ANSI-Dateien möglich, ein Euro-Zeichen zu speichern.)

```
euro="€"
?Asc(euro), AscW(euro), AscB(euro), AscB(RightB(euro, 1))
 128          8364          172          32
```

Bei der Eingabe und Bildschirmanzeige bereitet das Euro-Zeichen dank der langjährigen Unicode-Kompatibilität wenig Probleme für Visual Basic. Sie müssen lediglich darauf achten, daß Sie passende Zeichensätze in Ihren Steuerelementen verwenden.

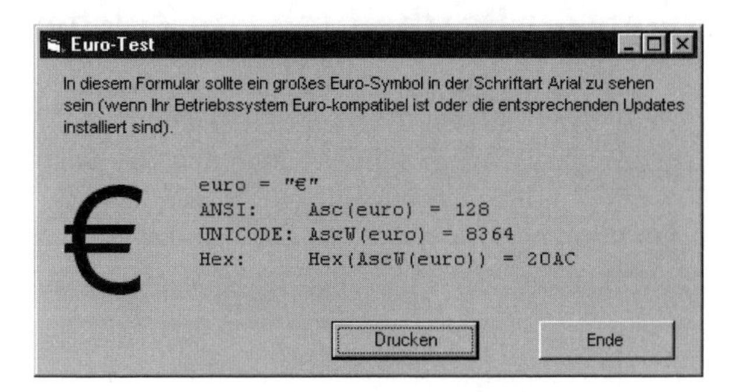

Bild 9.4: Euro-Beispielprogramm

HINWEIS

Wenn Ihr Euro-Programm auf einem nicht Euro-kompatiblem Betriebssystem läuft, ist statt dem Euro-Symbol nur ein rechteckiges Zeichen □ oder ein Fragezeichen zu sehen. Der Unicode *&H20AC* wird nicht in den ANSI-Code 128 übersetzt, sondern in den Code 63 (Fragezeichen).

Problematisch kann hingegen der Ausdruck des Zeichens sein. Hier steht Microsoft (nicht ganz unberechtigt) auf dem Standpunkt, daß es Aufgabe der Druckerhersteller ist, gegebenenfalls neue Treiber zur Verfügung zu stellen. Das Problem besteht nun darin, daß es kaum Informationen gibt, welche Drucker mit dem Euro-Symbol zurechtkommen und welche nicht. Auf dem Uralt-PostScript-Drucker des Autors gelang der Ausdruck überraschenderweise auf Anhieb. Die einzige Voraussetzung besteht darin, für *Printer.FontName* einen geeigneten Zeichensatz einzustellen.

```
' ZahlenZeichenDaten\Euro.vbp
Private Sub Command2_Click()
  'so funktioniert es (am PostScript-Drucker des Autors, NT4) nicht
  Printer.Print "das Euro-Symbol € in der Standardschrift"
  'so dagegen schon
  Printer.FontName = "Arial"
  Printer.Print "das Euro-Symbol € in der Schrift Arial"
  Printer.EndDoc
End Sub
```

TIP

Wenn Sie auf Nummer sicher gehen möchten, sollten Sie in Ihrem Programm eine Option vorsehen, mit der Sie zwischen dem Euro-Symbol € und dem Börsenkürzel EUR umstellen können – zumindest letzteres bereitet weder Probleme bei der Bildschirmdarstellung noch beim Ausdruck.

9.2.3 Funktionen zur Bearbeitung von Zeichenketten

Die drei wichtigsten Funktionen sind ***Left***, ***Mid*** und ***Right***: *Left(s,n)* ermittelt die *n* ersten Zeichen, *Right(s,n)* die *n* letzten Zeichen der Zeichenkette. *Mid(s,n)* liefert alle Zeichen ab dem *n*-ten Zeichen, *Mid(s,n,m)* liefert ab dem *n*-ten Zeichen *m* Zeichen. *Mid* kann auch als Befehl verwendet werden, um einige Zeichen einer Zeichenkette zu verändern. In allen Funktionen wird das erste Zeichen mit *n=1* angesprochen (nicht *n=0*).

```
Dim s$
s="abcdef"
Mid(s, 3)="12"     's enthält jetzt "ab12e"
```

Len ermittelt die Anzahl der Zeichen einer Zeichenkette. (Das Ergebnis von *Len* ist nicht die Anzahl der Bytes, weil Zeichenketten seit Version 4 mit zwei Byte pro Zeichen codiert werden.)

UCase wandelt alle Buchstaben in Großbuchstaben um, ***LCase*** liefert Kleinbuchstaben. ***Trim*** eliminiert die Leerzeichen am Anfang und Ende der Zeichenkette, ***LTrim*** und ***RTrim*** arbeiten nur auf jeweils einer Seite.

Zum Suchen einer Zeichenkette in einer anderen steht die Funktion ***InStr*** zur Verfügung. Die Funktion ermittelt die Position, an der die gesuchte Zeichenkette zum ersten Mal gefunden wird. *InStr("abcde", "cd")* liefert beispielsweise 3. Wenn die Suche erfolglos bleibt, gibt die Funktion den Wert 0 zurück. Optional kann in einem Parameter angegeben werden, an welcher Position die Suche begonnen wird. *InStr* berücksichtigt *Option Compare*, sofern nicht durch einen weiteren optionalen Parameter das gewünschte Vergleichsverhalten vorgegeben wird.

Str und ***Format*** wandeln Zahlen in Zeichenketten um. ***Val*** liefert den Wert einer Zahl. Diese und andere Umwandlungsfunktionen werden im nächsten Abschnitt ausführlicher beschrieben.

Mit ***Space*** und ***String*** können Zeichenketten erzeugt werden: *Space* liefert die angegebene Anzahl von Leerzeichen zurück, *String(n, s)* vervielfacht die angegebene Zeichenkette *n* mal.

Zwei einfache Kommandos zur Ein- und Ausgabe von Zeichenketten sind ***MsgBox*** und ***InputBox*** (siehe Seite 244): *MsgBox* zeigt die angegebene Zeichenkette in einer Dialogbox an, die mit OK quittiert werden kann. *InputBox* ermöglicht die Eingabe von Zeichenketten, wobei ein beschreibender Text und eine Defaulteingabe als Parameter übergeben werden können.

Neue Funktionen in Version 6

Mit Visual Basic 6 beglückt Microsoft die Programmierer mit einigen neuen Zeichenkettenfunktionen. (Wirklich neu sind diese freilich nicht – VBScript-Programmierer standen die Funktionen bereits seit geraumer Zeit zur Verfügung.)

Split zerlegt eine Zeichenkette in ein eindimensionales Datenfeld. Dabei kann ein beliebiges Trennzeichen angegeben werden (default " ").

```
a = "abc efg"
b = Split(a)                  'liefert b(0)="abc", b(1)="efg"
```

Die Umkehrfunktion zu *Split* lautet ***Join*** und setzt die einzelnen Zeichenketten wieder zusammen.

```
c = Join(b)                   'liefert c="abc efg"
```

Eine Hilfe bei der Verarbeitung des Datenfelds bietet ***Filter***: Die Funktion erwartet im ersten Parameter ein eindimensionales Feld mit Zeichenketten und im zweiten Parameter eine Suchzeichenkette. Das Ergebnis ist ein neues Feld mit allen Zeichenketten, in denen die Suchzeichenkette gefunden wurde. Die zulässigen Indizes des Ergebnisfelds können mit *UBound* und *LBound* ermittelt werden.

```
Dim x, y
x = Array("abc", "ebg", "hij")
y = Filter(x, "b")            'liefert y(0)="abc", y(1)="ebg"
```

StrReverse dreht eine Zeichenkette einfach um (das erste Zeichen wird zum letzten). ***InstrRev*** funktioniert wie *Instr*, durchsucht die Zeichenkette aber von hinten.

```
x = StrReverse("abcde")                'liefert "edcba"
n = InstrRev("abcababc","ab")          'liefert 6
```

Replace ersetzt in einer Zeichenkette einen Suchausdruck durch einen anderen Ausdruck. Komplexe Suchmuster wie in Perl oder in Unix-Kommandos gibt es zwar nicht, aber für einfache Anwendungen reicht *Replace* schon aus. Im folgenden Beispiel werden Kommas durch Punkte ersetzt.

```
x = Replace("12,3 17,5 18,3", ",", ".")    'liefert "12.3 17.5 18.3"
```

Die Verkettungsoperatoren + und &

Mehrere Zeichenketten können mit + zusammengesetzt werden. *"ab"+"cd"* liefert also *"abcd"*. Noch universeller ist der Operator *&*, der Daten in anderen Typen (Zahlen, Datum und Uhrzeit) automatisch in Zeichenketten umwandelt. *"ab" & 1/3* ergibt damit *"ab0,3333333"*.

Vordefinierte Zeichenketten (Zeichenkettenkonstanten)

Einige oft benötigte Zeichenketten sind als Konstanten vordefiniert. Die Konstanten werden meist dann benötigt, wenn mehrzeilige Zeichenketten (etwa für das Textfeld) oder Tabellen (etwa für das *FlexGrid*-Steuerelement) gebildet werden. *vbNewLine* enthält die Codes zur Markierung einer neuen Zeile. Die Zeichenkette hat je nach Rechner einen unterschiedlichen Wert (*vbCrLf* unter Windows) und wird dann interessant, falls Visual Basic einmal auch für andere Betriebssysteme zur Verfügung stehen sollte.

vbNullChar	Zeichen mit Code 0, also *Chr(0)*
vbNullString	Zeiger auf leere Zeichenkette (zum Aufruf von DLL-Funktionen)
vbTab	Tabulator, *Chr(9)*
vbLF	Line Feed, *Chr(10)*
vbCr	Carriage Return, *Chr(13)*
vbCrLf	Kombination aus *vbLf* und *vbCr* (Zeilenende in Windows)
vbNewLine	rechnerabhängiges Zeilenende (unter Windows identisch mit *vbCrLf*)

Vergleich von Zeichenketten

Zeichenketten werden normalerweise binär miteinander verglichen, also durch die Codes der einzelnen Zeichen. Dabei können die Zeichen <, > und = als Vergleichsoperatoren verwendet werden. Binäre Vergleiche können zwar schnell verarbeitet werden, liefern aber nicht immer brauchbare Ergebnisse: So werden Klein- und Großbuchstaben unterschiedlich behandelt, deutsche Sonderzeichen falsch eingeordnet etc. Es gilt also etwa *"Z"<"a"* oder *"ä">"b"*.

Wenn Sie am Beginn eines Moduls die Anweisung ***Option Compare Text*** ausführen, verwendet Visual Basic für Zeichenkettenvergleiche generell einen alternativen Algorithmus, der Klein- und Großbuchstaben als gleichwertig betrachtet und Sonderzeichen der jeweiligen Landessprache (ä, ö, ü, ß) korrekt einsortiert.

Unabhängig von der Einstellung durch *Option Compare* läßt sich die Funktion ***StrComp*** zum Vergleich von Zeichenketten verwenden. Bei dieser Funktion können Sie das gewünschte Vergleichsverfahren in einem optionalen dritten Parameter angegeben. *Str-*

Comp liefert 0 zurück, wenn beide Zeichenketten gleich sind, -1, wenn die erste kleiner ist als die zweite, und 1, wenn die erste größer ist.

```
ergebnis = StrComp(x1$, x2$)      'je nach Option Compare
ergebnis = StrComp(x1$, x2$, 0)   'binärer Vergleich
ergebnis = StrComp(x1$, x2$, 1)   'Text-Vergleich
```

Mit dem Vergleichsoperator *Like* können Sie testen, ob eine Zeichenkette einem bestimmten Muster entspricht, beispielsweise:

```
If x$ Like "*1.*" Then ...
```

Die wichtigsten Platzhalter sind * für beliebig viele Zeichen, ? für ein Zeichen und # für eine Ziffer. Weitere Regeln für komplexere Suchbedingungen können Sie den Visual-Basic-Hilfetexten entnehmen.

Umwandlungsfunktionen

Umwandlungsfunktionen zwischen den verschiedenen Visual-Basic-Datentypen gibt es wie Sand am Meer. Die elementarsten Funktionen sind *CInt*, *CDbl*, *CStr* etc., die den in einem beliebigen Format übergebenen Ausdruck in das jeweilige Datenformat (*Int*, *Double*, *String* etc.) umwandeln.

ACHTUNG

Bei der Umwandlung zwischen Zahlen und Zeichenketten werden in beiden Richtungen die Windows-Landeseinstellungen berücksichtigt. *CStr(1.5)* liefert die Zeichenkette *"1,5"*, *CDbl("1,5")* liefert den Wert 1.5 und *CDbl("1.5")* liefert den Wert 15! (Der Punkt wird als Tausendertrennung interpretiert und bei der Auswertung einfach ignoriert.) Diese Konventionen gelten für alle Visual-Basic-Umwandlungsfunktionen mit Ausnahme von *Val* und *Str*.

Val ermittelt den Wert einer Zeichenkette. Im Prinzip funktioniert die Funktion damit ähnlich wie *CDbl*. Allerdings trennt der Dezimalpunkt hier immer Vor- und Nachkommaanteil (unabhängig von der Landeseinstellung). Wenn eine Zeichenkette nicht als Zahl interpretiert werden kann, liefert *Val* den Wert 0 als Ergebnis. (*Val("abc")* ergibt also 0 und nicht, wie bei *CDbl* oder den verwandeten Funktionen, einen Laufzeitfehler.)

Die Umkehrfunktion zu *Val* lautet ***Str***: Die Funktion wandelt einen numerischen Wert in die äquivalente Zeichenkette um. *Str(1/3)* liefert *" .333333"*. Bei positiven Zahlen beginnt die von *Str* erzeugte Zeichenkette mit einem Leerzeichen.

Zur Umwandlung zwischen einzelnen Zeichen und deren Codes stehen ***Chr*** und ***Asc*** zur Verfügung: *Chr(n)* liefert das Zeichen mit dem ANSI-Code *n*. *Chr(65)* liefert also *"A"*. *Asc* gibt den ANSI-Code eines Zeichens zurück. *Asc("A")* liefert daher 65.

Mit der Funktion ***StrConv*** können Zeichenketten von / nach Unicode konvertiert werden. Außerdem kann die Groß- und Kleinschreibung verändert werden, wobei auch die Möglichkeit besteht, alle Anfangsbuchstaben von Wörtern groß und die weiteren Buchstaben klein zu machen.

Format-Funktionen

Sehr viel flexibler als *Str* ist die Funktion ***Format***: Hier wird zur Umwandlung eine Formatzeichenkette verwendet. Zwei Beispiele zeigen das Anwendungsspektrum der Funktion: *Format(1/3, "Scientific")* liefert 3,33E-01, *Format(1234.5678, "#,##0.##")* liefert 1.234,57. Dabei gilt # als Platzhalter für eine optionale Ziffer, 0 als Platzhalter für Ziffern oder 0, . als Platzhalter für ein Komma und , als Platzhalter für das Tausendertrennzeichen.

VERWEIS

Die schier endlose Liste von vordefinierten Formaten und Platzhalterzeichen (auch für Daten und Zeiten) zur Definition eigener Formate ist in der Online-Hilfe zu *Format* dokumentiert. (Klicken Sie die Verweise SIEHE AUCH und BEISPIEL an!)

Neu in Version 6 sind die Funktionen ***FormatNumber, -Currency*** und ***-Percent*** zur Formatierung von Zahlen sowie ***FormatDateTime*** zur Formatierung von Datums- und Zeitangaben (siehe den nächsten Abschnitt). Diese Funktionen sind zwar weniger vielseitig als *Format*, aber zumeist einfacher zu bedienen. Die Steuerung erfolgt durch einige optionale Parameter, von denen der erste normalerweise die Nachkommastellen angibt. Die Grundeinstellungen werden wie bei *Format* der Systemeinstellung entnommen (etwa das Währungssymbol). Einige Beispiele:

```
?FormatPercent(0.123456)          'liefert 12,35%
?FormatPercent(0.123456, 1)       'liefert 12,3%
?FormatCurrency(12345678)         'liefert 12.345.678,00 DM
?FormatNumber(123456.789012)      'liefert 123.456,79
?FormatNumber(123456.789012, 4)   'liefert 123.456,7890
```

9.2.4 Programmiertechniken

Zeichenketten suchen

Mit *InStr* können Sie die Position eines Suchtexts in einer Zeichenkette ermitteln. Oft wollen Sie aber nicht nur das erste Auftreten des Suchtexts bestimmen, sondern die ganze Zeichenkette durchsuchen. Die folgende Schleife ermittelt alle Positionen, an denen sich *"ab"* in der Zeichenkette *"abcdeababcd"* befindet (1, 6 und 8). Die Variable *pos* enthält der Ergebnis des letzten Suchvorgangs. Diese Position plus eins wird solange als Startposition für den nächsten *InStr*-Aufruf verwendet, bis der Suchtext nicht mehr gefunden wird und *InStr* 0 als Ergebnis liefert.

```
Dim pos As Long
pos = 0
Do
  pos = InStr(pos+1, "abcdeababcd", "ab")
  Debug.Print pos
Loop Until pos = 0
```

Analyse von Dateinamen

Eine der häufigsten Anwendungen von Zeichenkettenfunktionen ist die Analyse von Dateinamen. Beispielsweise soll aus `C:\Verz\Name.dat` der Name für eine Backup-Datei `C:\Verz\Name.bak` gebildet werden oder nur `Name` extrahiert werden. Die Analyse von Dateinamen ist keineswegs so trivial, wie es auf erste Blick den Anschein hat (inbesondere seit in langen Dateinamen auch Leerzeichen, mehreren Punkte etc. erlaubt sind). Immer noch gibt es Programme, die ungewollt doppelte Dateikennungen produzieren (etwa `Name.dat.doc`).

Die folgende Sammlung von Funktionen ermittelt alle wichtigen Komponenten eines Dateinamens (Laufwerk, Pfad, Kennung etc.) Die Anwendung ist im Beispielprogramm `Filename.frm` demonstriert – siehe Bild 9.5.

TIP

Die meisten hier vorgestellten Funktionen stehen in ähnlicher Form auch als Methoden des *FileSystemObject*s zur Verfügung – siehe Seite 516.

```
' Beispielprogramm Programmiertechniken\Filename.frm
' Dateiname ohne Pfad extrahieren
Function DateiName$(vollständig$)
  Dim pos&
  pos = InStrRev(vollständig, "\")
  If pos <> 0 Then
    DateiName = Mid(vollständig, pos + 1)
  Else
    DateiName = vollständig
  End If
End Function
' Pfad ohne Dateinamen extrahieren
Function Pfad$(vollständig$)
  Dim pos&
  pos = InStrRev(vollständig, "\")
  If pos <> 0 Then
    Pfad = Left(vollständig, pos)
  End If
End Function
```

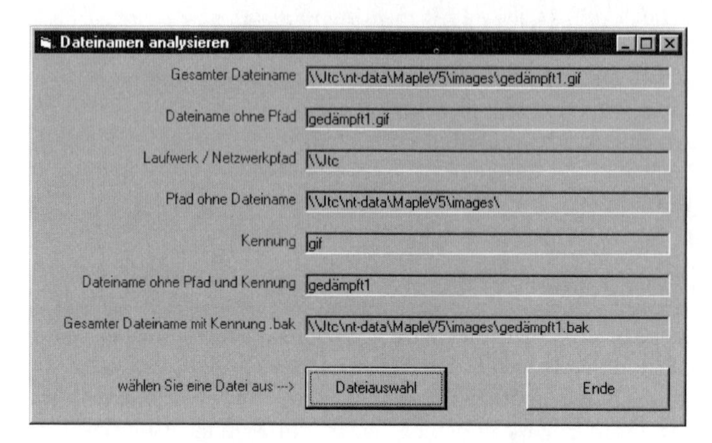

Bild 9.5: Hilfsfunktionen zur Analyse von Dateinamen

```
' Laufwerksname extrahieren
Function Laufwerk$(vollständig$)
  Dim pos&
  On Error Resume Next
  If Left(vollständig, 2) = "\\" Then
    pos = InStr(3, vollständig, "\")
    Laufwerk = Left(vollständig, pos - 1)
  Else
    pos = InStr(vollständig, ":")
    Laufwerk = Left(vollständig, pos)
  End If
End Function
' Dateikennung extrahieren
Function Kennung$(DateiName$)
  Dim pos&
  pos = InStrRev(DateiName, ".")
  If pos <> 0 Then
    Kennung = Mid(DateiName, pos + 1)
  End If
End Function
' Dateikennung entfernen
Function NameOhneKennung$(DateiName$)
  Dim pos&
  pos = InStrRev(DateiName, ".")
  If pos <> 0 Then
    NameOhneKennung = Left(DateiName, pos - 1)
  Else
    NameOhneKennung = DateiName
  End If
End Function
```

```
' Dateiauswahl, Ergebnis analysieren
Private Sub Command1_Click()
  Dim vollständig$
  On Error Resume Next
  CommonDialog1.CancelError = True
  CommonDialog1.Flags = cdlOFNFileMustExist
  CommonDialog1.ShowOpen
  If Err Then
    vollständig = ""
  Else
    vollständig = CommonDialog1.FileName
  End If
  ' Textfelder des Dialogs
  Text1 = vollständig
  Text2 = DateiName(vollständig)
  Text3 = Pfad(vollständig)
  Text4 = Kennung(DateiName(vollständig))
  Text5 = NameOhneKennung(DateiName(vollständig))
  Text6 = Pfad(vollständig) + _
          NameOhneKennung(DateiName(vollständig)) + ".bak"
  Text7 = Laufwerk(vollständig)
End Sub
```

9.2.5 Syntaxzusammenfassung

s steht für Zeichenketten (String), *n* für numerische Werte.

Konstanten	
vbNullChar	Zeichen mit Code 0, also *Chr(0)*
vbNullString	Zeiger auf leere Zeichenkette (für DLL-Funktionen)
vbTab	Tabulator, *Chr(9)*
vbLF	Line Feed, *Chr(10)*
vbCr	Carriage Return, *Chr(13)*
vbCrLf	Kombination aus *vbLf* und *vbCr* (Zeilenende in Windows)
vbNewLine	rechnerabhängiges Zeilenende (unter Windows identisch mit *vbCrLf*)

Operatoren	
Option String Text	Klein- und Großbuchstaben gleichwertig behandeln
s1 + s2	verbindet Zeichenketten
s & n	verbindet Zeichenketten und andere Datentypen
s1 Like s2	Mustervergleich

Funktionen	
Left(s, n)	liefert die *n* ersten Zeichen des Strings *s*
Right(s, n)	liefert die *n* letzten Zeichen von *s*
Mid(s, n)	liefert alle Zeichen ab dem *n*-ten
Mid(s, n1, n2)	liefert *n2* Zeichen ab dem *n1*-ten
Mid(s1, n1) = s2	verändert einige Zeichen von *s1*
Len(s)	Anzahl der Zeichen
UCase(s)	Umwandlung in Großbuchstaben
LCase(s)	Umwandlung in Kleinbuchstaben
Trim(s)	entfernt Leerzeichen am Anfang und Ende
LTrim(s)	entfernt Leerzeichen am Anfang
RTrim(s)	entfernt Leerzeichen am Ende
StrReverse	dreht die Reihenfolge der Zeichen um
Space(n)	liefert *n* Leerzeichen
String(n, s)	liefert *n* mal *s*
StrComp(s1, s2)	vergleicht *s1* mit *s2*; Ergebnis 1, 0 oder -1
InStr([n,] s,"x")	sucht *"x"* in *s1* (ab Position *n*)
InStrRev([n,] s, "x")	wie *InStr*, aber Suche von hinten nach vorne
Split(s, "x")	zerlegt *s* an den Stellen des Zeichens *"x"*; liefert Array
Join(array, "x")	setzt ein Array von Zeichenketten wieder zusammen (mit *"x"* an den Anfügestellen)
Filter(array, "x")	liefert Array mit allen Zeichenketten, die *"x"* enthalten
Replace(s, "x", "y")	ersetzt in *s* alle *"x"* durch *"y"*

Konvertierung / Formatierung	
Chr(n)	liefert Zeichen mit dem angegebenen ANSI-Code
Asc(s)	liefert ANSI-Code des ersten Zeichens in *s*
ChrW(n)	liefert Zeichen mit dem angegebenen Unicode
AscW(s)	liefert Unicode des ersten Zeichens in *s*
StrConv(s, vbUnicode)	Konvertierung vom Byteformat nach Unicode
StrConv(s, vbFromUnicode)	Konvertierung von Unicode ins Byteformat
CDbl(x), CStr(x) ...	Umwandlung in den jeweiligen Datentyp
Val(s)	liefert den Wert einer numerischen Zeichenkette
Str(n)	wandelt *n* in eine Zeichenkette um (z.B. 65 → *"65"*)
Format(x, "xxx")	formatiert den Wert *x* (Zahl, Datum, Zeit) gemäß der Formatvorlage; liefert Zeichenkette
FormatNumber(x, n)	formatiert *x* als Betrag mit *n* Nachkommastellen
FormatCurrency(x, n)	formatiert *x* als Geldbetrag mit *n* Nachkommastellen
FormatPercent(x, n)	formatiert *x* als Prozentwert mit *n* Nachkommastellen

Byte-orientierte Funktionen (nicht Unicode)	
LeftB, RightB, MidB	Teilstrings lesen
LenB	Länge in Bytes
InStrB	Byte-orientierte Suche
AscB, ChrB	ANSI-Code eines Zeichens

9.3 Datum und Uhrzeit

Der folgende Teilabschnitt gibt einen knappen Überblick über die zahlreichen Funktionen zum Rechnen mit Datum und Uhrzeit, der anschließende Teilabschnitt zeigt dann einige typische Anwendungen.

9.3.1 Funktionen

Die aktuelle Zeit ermitteln

Zur Speicherung von Daten und Uhrzeiten existiert der Datentyp *Date*. Intern werden Daten und Uhrzeiten allerdings wie ganz normale Fließkommazahlen behandelt. Dabei gilt der 31.12.1899 als Stichtag und hat den Wert 1. Mit jedem weiteren Tag erhöht sich das Datum um einen Tag. Daten vor dem 30.12.1899 bekommen negative Zahlen. Die Uhrzeit wird im Nachkommaanteil gespeichert. 6:00 entspricht 0.25, 12:00 entspricht 0.5 etc. Im Programmcode können Daten und Zeiten in der Form *#12/31/97#* bzw. *#12:15#* angegeben werden.

Als dieser Text geschrieben wurde, ergaben Datum und Uhrzeit in der internen Darstellung von Visual Basic den Wert 34949,59923. Dieser Wert wurde mit *CDbl(Now)* ermittelt. ***Now*** liefert also das aktuelle Datum und die aktuelle Zeit. ***CDbl*** wandelt das Datum dann in eine Fließkommazahl um. Wenn Sie neugierig sind, können Sie den obigen Wert mit der Umwandlungsfunktion ***CDate*** in ein leichter lesbares Format konvertieren.

Entsprechend wie *Now* funktionieren auch ***Date*** und ***Time***, die nur das aktuelle Datum bzw. die aktuelle Zeit liefern. (*Date* gibt den Datumswert für die Zeit 0:00 an, *Time* die Uhrzeit für den Tag 0, also für den 31.12.1899.) Die beiden Schlüsselwörter können auch in Zuweisungen verwendet werden, um die Systemzeit des Rechners zu verändern.

Timer liefert die Anzahl der Sekunden seit Mitternacht als Fließkommawert. Der Vorteil von *Timer* gegenüber den anderen hier erwähnten Funktionen besteht darin, daß der *Timer*-Wert unter Windows NT 100 mal und unter Windows 95 immerhin noch 17 mal pro Sekunde aktualisiert wird. (Alle anderen Funktionen werden nur einmal pro Sekunde aktualisiert.)

Funktionen zur Bearbeitung der Uhrzeit

Die drei Funktionen ***Hour, Minute*** und ***Second*** extrahieren die Anzahl der Stunden, Minuten und Sekunden aus der angegebenen Uhrzeit. *Minute(#12:30#)* liefert beispielsweise 30. Umgekehrt kann mit ***TimeSerial*** die Uhrzeit aus diesen drei Komponenten zusammengesetzt werden. *TimeSerial(12,30,0)* liefert also die Zeit 12:30. ***TimeValue*** funktioniert ähnlich, nimmt als Parameter aber eine Zeichenkette entgegen: *TimeValue("12:30")* liefert also abermals 12:30.

Funktionen zur Bearbeitung des Datums

Wesentlich mehr Funktionen existieren zur Bearbeitung von Daten: ***Year, Month, Day*** und ***WeekDay*** stellen die analogen Funktionen zu *Hour, Minute* und *Second* dar. Wenn *WeekDay* ohne zusätzliche Parameter verwendet wird, liefert die Funktion 1 für Sonntag, 2 für Montag etc. und schließlich 7 für Samstag. Durch den optionalen zweiten Parameter kann jeder beliebige andere Wochentag als Starttag angegeben werden.

Auch ***DateSerial*** und ***DateValue*** sind Analogien zu *TimeSerial* und *TimeValue*: *DateSerial(95,12,31)* liefert das Datum 31.12.95. Bemerkenswert ist, daß die Funktion auch mit scheinbar ungültigen Daten zurechtkommt, etwa *DateSerial(95,12,32)*: Die Funktion macht daraus den 1.1.96, was für die Durchführung von Datumsberechnungen oft ausgesprochen praktisch ist. *DateValue* ist recht flexibel bei der Interpretation der Zeichenkette und versteht beispielsweise "31.12.95" oder "31 Dezember".

DateAdd eignet sich dazu, zu einem Datum oder zu einer Uhrzeit ein oder mehrere Zeitintervalle zu addieren. Das Intervall wird in Form eine Zeichenkette angegeben: *"yyyy"* zum Addieren von Jahren, *"q"* für Quartale, *"m"* für Monate, *"ww"* für Wochen, *"y"*, *"w"* oder *"d"* für Tage, *"h"* für Stunden, *"m"* für Minuten und *"s"* für Sekunden. Der zweite Parameter gibt an, wie oft das Intervall addiert werden soll. (Mit negativen Zahlen können Sie auch rückwärts rechnen. Es sind allerdings nur ganze Intervalle möglich, halbe oder viertel Stunden müssen Sie in Minuten rechnen.) Der dritte Parameter enthält die Ausgangszeit:

```
DateAdd("yyyy", 1, Now)    'Datum und Zeit in einem Jahr
DateAdd("h", -2, Now)      'Datum und Zeit vor zwei Stunden
```

Wenn sich durch die Addition ungültige Daten ergeben (etwa der 31.4.), ermittelt Visual Basic den ersten gültigen Tag vorher (30.4.). Beachten Sie, daß sich *DateSerial* hier anders verhält und aus *DateSerial(95,4,31)* den 1.5.95 macht!

Mit ***DateDiff*** können Sie auf einfache Weise ermitteln, wie viele Zeitintervalle sich zwischen zwei Daten oder Zeiten befinden. Das Intervall wird wie bei *DateAdd* durch eine Zeichenkette angegeben. Die Online-Hilfe beschreibt im Detail, wie die Funktion rechnet. (Im Regelfall wird einfach auf das jeweilige Intervall rückgerechnet. Die Zeitdifferenz vom 31.1. zum 1.2. gilt deswegen als ganzes Monat, während die viel längere Zeitdifferenz vom 1.1. zum 31.1. keinen Monat ergibt.)

```
DateDiff("m", Now, "1.1.96")  'Anzahl der Monate bis/vom 1.1.96
```

DatePart ermittelt die Anzahl der Perioden für einen bestimmten Zeitpunkt: Bei Jahren wird vom Jahr 0 aus gerechnet, bei Quartalen, Monaten, Wochen, Kalenderwochen (*"ww"*) und Tagen (*"y"*) vom 1.1. des Jahres, bei Monatstagen (*"w"*) vom ersten Tag des Monats, bei Wochentagen (*"d"*) vom ersten Tag der Woche (ohne optionale Parameter ist das der Sonntag) und bei Stunden von 0:00, bei Minuten und Sekunden von der letzten vollen Stunde oder Minute. *DatePart* erfüllt also in den meisten Fällen dieselbe Aufgabe wie die schon erwähnten Funktionen *Year, Month, Day, Weekday* etc.

```
DatePart("m", Now)              'Anzahl der Monate seit dem 1.1.
DatePart("y", Now)              'Anzahl der Tage seit dem 1.1.
DatePart("d", Now)              'Anzahl der Monatstage
DatePart("w", Now)              'Anzahl der Wochentage
```

Zeichenketten für Datum und Zeit ermitteln

Recht praktisch sind auch ***MonthName*** und ***WeekdayName*** (neu in Version 6), die Zeichenketten gemäß der Landeseinstellung am lokalen Rechner zurückgeben. Beispielsweise liefert *MonthName(2)* die Zeichenkette *"Februar"* und *WeekdayName(1)* das Resultat *"Montag"*.

Bei *FormatDateTime* gibt der optionale Parameter das gewünschte Format an (*vbGeneralDate, vbLongDate, vbShortDate, vbLongTime, vbShortTime*):

```
For i=0 To 4: ?FormatDateTime(Now, i): Next
  09.07.98 11:41:49
  Donnerstag, 9. Juli 1998
  09.07.98
  11:41:49
  11:41
```

9.3.2 Rechnen mit Daten und Zeiten

Ein Monat zu einem Datum addieren

Die einfachste Form, mit Daten zu rechnen, besteht in einer Addition. *d+30* erhöht das Datum in *d* um 30 Tage. Da Monate aber unterschiedlich lang sind, reicht eine einfache Addition nicht aus. Die Funktion *DateAdd* verhält sich da schon intelligenter:

```
DateAdd("m", 1, d)                          'Datum in einem Monat
```

Der obige Ausdruck berechnet das Datum in einem Monat, d.h., aus dem 15.3.98 wird der 15.4.98. Wenn das Ergebnis der Addition ein ungültiges Datum ist (etwa der 30.2.), liefert *DateAdd* automatisch ein früheres Datum (also den 28.2. oder 29.2., je nachdem, ob es sich um ein Schaltjahr handelt oder nicht).

```
DateSerial(Year(d), Month(d)+1, Day(d))     'Datum in einem Monat
```

Der obige Ausdruck scheint auf den ersten Blick dieselbe Funktion wie *DateAdd* zu erfüllen. In den meisten Fällen ist das auch der Fall. *DateSerial* verhält sich allerdings bei ungültigen Daten anders und macht aus dem 30.2. den 1.3. oder 2.3.

Datum des Monatsendes ermitteln

Im folgenden Ausdruck wird aus einem vorgegebenem Datum der 0-te Tag des Folgemonats berechnet. *DateSerial* betrachtet den Tag 0 wie 'gestern' und liefert als Ergebnis das Datum des letzten Tags des Vormonats.

```
DateSerial(Year(d), Month(d)+1, 0)          'Datum zum Monatsletzten
```

Zeitdifferenz in Jahren (Altersberechnung)

Zur Berechnung von Zeitdifferenzen ist eigentlich die Funktion *DateDiff* vorgesehen. Diese Funktion hat aber ihre Tücken: Sie nimmt nur auf das unmittelbare Intervall Rücksicht. Für die Berechnung des Alters (aus Geburtsdatum und aktuellem Datum) ist das nicht ausreichend, neben dem Geburtsjahr müssen auch Tag und Monat berücksichtigt werden.

```
DateDiff("yyyy", d, Now)                    'liefert falsches Alter
```

In der Formel unten wird die reine Differenz der Jahre um ein Jahr verringert, wenn das Datum *d2* kleiner ist als das Datum *d1*, wobei in *d1* das Jahr aus *d2* eingesetzt wird.

```
Year(d2) - Year(d1) - _                     'korrektes Alter
  IIf(d2<dateserial(year(d2), month(d1), day(d1)), 0, 1)
```

9.3.3 Syntaxzusammenfassung

Die aktuelle Zeit	
Now	Datum und Uhrzeit
Date [=..]	nur Datum
Time [=..]	nur Zeit
Timer	Sekunden seit 0:00

Rechnen mit Zeiten	
Hour(d)	Anzahl der Stunden (0 bis 23)
Minute(d)	Anzahl der Minuten (0 bis 59)
Second(d)	Anzahl der Sekunden (0 bis 59)
TimeSerial(h,m,s)	setzt die Uhrzeit zusammen
TimeValue("zeit")	konvertiert die Zeichenkette in einen Zeitwert

Rechnen mit Daten	
Year(d)	Anzahl der Jahre
Month(d)	Anzahl der Monate (1 bis 12)
Day(d)	Anzahl der Monatstage (1 bis 31)
WeekDay(d)	Anzahl der Wochentage (1 bis 7)
DateSerial(y,m,d)	setzt das Datum zusammen
DateSerial("datum")	konvertiert die Zeichenkette in einen Datumswert
DateAdd(p, n, d)	addiert *n* Perioden *p* zur Zeit *d*
DateDiff(p, d1, d2)	Anzahl der Perioden zwischen den beiden Zeiten
DatePart(p, d)	Anzahl der Perioden bis zur Zeit *d*
Angabe der Periode *p*	*"yyyy"* für Jahre, *"q"* für Quartale, *"m"* für Monate, *"ww"* für Wochen, *"y"* für Tage im Jahr, *"d"* für Monatstage , *"w"* für Wochentage, *"h"* für Stunden, *"m"* für Minuten und *"s"* für Sekunden

Formatierung von Zeiten und Daten	
WeekdayName(n)	liefert Zeichenkette mit Wochentagsname (1 entspricht Montag, 7 Sonntag)
MonthName(n)	liefert Zeichenkette mit Monatsnamen
FormatDateTime(d, type)	liefert Zeichenkette mit Datum oder Zeit (*type=vbGeneralDate / vbLongDate / vbShortDate / vbLongTime / vbShortTime)*

10 Oberflächengestaltung

Dieses Kapitel setzt sich mit der Gestaltung grafischer Benutzeroberflächen für Visual-Basic-Programme auseinander. Wichtige Fragen, die hier beantwortet werden, sind unter anderem: Wie können Formulare effizient verwaltet werden? Wie wird die Menüleiste gestaltet? Wie werden MDI-Anwendungen programmiert (Multiple Document Interface)?

Version 6 hat bezüglich Oberflächengestaltung wenig Neues zu bieten, wenn man einmal von den bereits in Kapitel 7 beschriebenen Zusatzsteuerelementen absieht. Lediglich die *Controls*-Aufzählung wurde überarbeitet und ermöglicht jetzt, zur Laufzeit beliebige Steuerelemente in ein Formular einzufügen bzw. daraus wieder zu entfernen (Seite 426).

10.1 Formulare, Fenster, Dialoge

Unter Visual Basic werden die drei Begriffe *Formulare, Fenster* und *Dialoge* zumeist synonym verwendet. Genaugenommen handelt es sich aber um unterschiedliche Dinge: Mit einem *Fenster* ist normalerweise ein Arbeitsbereich mit variabler Größe gemeint – etwa das Programmcodefenster von Visual Basic. Der Anwender kann die Form des Fenster nach Wunsch einstellen, der Fensterinhalt paßt sich automatisch an die neue Größe an. Ein Wechsel in ein anderes Fenster (z.B. in ein zweites Programmcodefenster) ist problemlos möglich.

Ein *Dialog* ist dagegen in der Größe zumeist fest vorgegeben. Sobald ein Dialog angezeigt wird, muß der Anwender diesen beantworten und mit OK oder ABBRECHEN abschließen. Solange der Dialog angezeigt wird, sind alle anderen Operationen des Programms blockiert. Ein typisches Beispiel ist der Dialog SPEICHERN UNTER.

In der Praxis gibt es noch eine Vielzahl Zwischenlösungen, die verdeutlichen, daß die sprachliche Trennung zwischen den Begriffen Dialog und Fenster nicht wirklich exakt ist. Der SUCHEN-Dialog von Visual Basic sieht aus wie ein Dialog (starre Größe, ein paar Eingabefelder, ein paar Buttons), kann aber parallel zum Programmcodefenster verwendet werden. (In der Windows-Fachsprache heißt so ein Dialog nicht-modal – im Gegensatz zu modalen Dialogen, die beendet werden müsen, bevor im dahinterliegenden Programm weitergearbeitet werden kann.)

Visual Basic läßt sich daher nicht auf die Unterscheidung zwischen Fenstern und Dialogen ein und nennt einfach alles Formular (Form). Letztlich beschäftigt sich das gesamte Kapitel mit Formularen: Zuerst mit ihrer ursprünglichen Form, dann in der MDI-Variante (Multiple Device Interface, ein Hauptfenster und darin untergeordnete Dokumentfenster) und schließlich mit Menüs.

10.1.1 Fenstermerkmale

Das Verhalten und Aussehen von Formularen läßt sich durch Eigenschaften steuern. Einige dieser Eigenschaften müssen bereits in der Entwurfsphase im Eigenschaftsfenster eingestellt werden und können während des Programmablaufs nicht mehr verändert werden.

BorderStyle bestimmt den Typ des Formulars:
vbNone: kein Rand; weder Größe noch Position des Fensters kann verändert werden; nur sehr selten in Grafikanwendungen sinnvoll
vbSizeable: variable Größe; das ist die Einstellung für normale, veränderliche Fenster
vbFixedSingle: feste Größe, aber mit Min- und Max-Button (sofern *Min-* und *MaxButton* auf *True* gestellt werden)

	vbFixedDouble: feste Größe, ohne Min- und Max-Button; diese Einstellung sollten Sie für Dialoge verwenden, die Sie modal anzeigen *vbFixedToolWindow*: kleine Schrift in Titelzeile, ohne Min- und Max-Button, ohne Icon, starre Größe; mit dieser Einstellung sollten Sie Toolbox-Fenster anzeigen *vbSizableToolWindow*: wie *vbFixedToolWindow*, aber variable Größe
Caption	Text in der Titelzeile
Icon	bestimmt das Icon für das Formular; Icons werden im linken oberen Eck des Formulars, als Programmsymbol im Explorer, in der Task-Leiste und im Dialog zum Programmwechsel (Alt+Tab) angezeigt
ControlBox	gibt an, ob das Formular mit einem Fenstermenü und mit Buttons ausgestattet ist; wenn *ControlBox=False*, werden *Min-* und *MaxButton* ignoriert
MaxButton	gibt an, Vergrößerungs-Button angezeigt wird (*True / False*)
MinButton	gibt an, Verkleinerungs-Button angezeigt wird (*True / False*)
MoveAble	gibt an, ob das Formular verschoben werden kann
ShowInTaskbar	gibt an, ob das Fenster als Icon in der Task-Leiste angezeigt werden soll; bei (modalen) Dialogen sollte diese Eigenschaft auf *False* gesetzt werden
WindowState	gibt den den Fensterzustand an (*vbNormal, vbMinimized, vbMaximized*)

Formulargröße und -koordinaten

Die Außenmaße eines Fensters werden durch die vier Eigenschaften *Left*, *Top*, *Width* und *Height* bestimmt. Diese vier Eigenschaften werden immer in der Einheit Twip angegeben. Theoretisch entsprechen 567 Twip einem Zentimeter. In der Realität machen einem die Bildschirmauflösung und die Monitorgröße allerdings oft einen Strich durch die Rechnung. Wenn Sie Twip in Pixel umrechnen möchten, können Sie die *Screen*-Eigenschaften ***TwipsPerPixelX*** und ***TwipsPerPixelY*** zu Hilfe nehmen.

ScaleWidth und *-Height* unterscheiden sich von *Width* und *Height* nicht nur im Koordinatensystem, sondern auch im erfaßten Bereich. Die *Scale*-Eigenschaften erfassen nur den Innenbereich *ohne* Fensterrand, Titelzeile, allfällige Menüs etc. Nur dieser Innenbereich kann zur Grafikausgabe oder zur Plazierung von Steuerelementen verwendet werden.

Left	linke Kante des Formulars in Twip
Top	obere Kante des Formulars in Twip
Width	Breite in Twip
Height	Höhe in Twip
ScaleWidth	Breite des Innenbereichs, Einheit je nach *ScaleMode*

ScaleHeight	Höhe des Innenbereichs
StartUpPosition	Ort, bei dem das Fenster beim Programmstart erscheint (*vbStartUpWindowsDefault*, *vbStartUpScreen*, *vbStartUpOwner* oder *vbStartUpManual*, siehe unten)

Das Screen-Objekt

Bei der Manipulation von Formularen sind häufig auch die Eigenschaften des ***Screen***-Objekts interessant. Es dient primär als Informationsquelle: Neben *Width* und *Height* enthält es einige andere Eigenschaften, die Informationen über das gerade aktive Formular, Steuerelement, die zur Verfügung stehenden Zeichensätze etc. geben. Die Bildschirmauflösung in Pixeln können Sie mit *Screen.Width / Screen.TwipsPerPixelX* ermitteln.

ActiveControl	Objektverweis auf das aktive Visual-Basic-Formular
ActiveForm	Objektverweis auf das Steuerelement mit Tastaturfokus
FontCount	Anzahl der Zeichensätze zur Bildschirmanzeige
Fonts(n)	Namen der Zeichensätze
TwipsPerPixelX / Y	Umrechnung Twip ↔ Bildschirmpixel
Width	Bildschirmbreite in Twip
Height	Bildschirmhöhe in Twip

Plazierung von Formularen

Es gibt verschiedene Möglichkeiten, wie Sie Einfluß darauf nehmen können, wo ein Fenster erscheint. Seit Version 5 ist die bequemste Variante die Verwendung des Formularlayoutfensters in der Entwicklungsumgebung. In diesem Fenster kann für alle Fenster des Programms bestimmt werden, wo sie am Bildschirm erscheinen sollen. Genaugenommen ist dieses Fenster lediglich eine bequeme Einstellmöglichkeit für die Formulareigenschaften *Left*, *Top* und *StartUpPosition*.

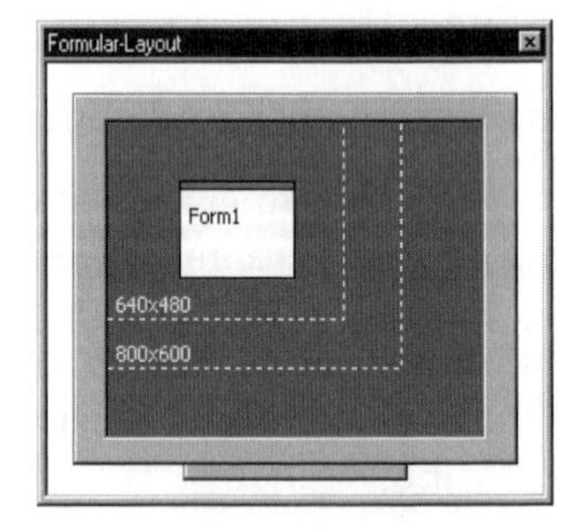

Bild 10.1: Das Formularlayoutfenster

Im Kontextmenü dieses Fensters stehen vier Standartvarianten zur Auswahl: WINDOWS-VOREINSTELLUNG (das Betriebssystem entscheidet, wo das Fenster erscheint), ZENTRIERT AM BILDSCHIRM oder ZENTRIERT IM UMGEBENDEN OBJEKT. Diese dritte Variante ist nur bei MDI-Fenstern sinnvoll, die dann relativ zum Hauptfenster des Programms zentriert werden. Die vierte Option lautet MANUELL und wird automatisch aktiviert, wenn Sie das Formular per Maus verschieben. Diesen vier Optionen entsprechen der *StartUpPosition*-Konstante.

Neben dieser automatischen Plazierung besteht wie in den früheren Visual-Basic-Versionen weiterhin die Möglichkeit, die Fensterposition durch die Eigenschaften *Left* und *Top* per Programmcode einzustellen. Die folgenden Zeilen zeigen, wie Sie ein Formular horizontal zentrieren und vertikal ziemlich weit oben anzeigen:

```
Private Sub Form_Load()
  Left = (Screen.Width - Width) / 2
  Top = Screen.Height / 4
End Sub
```

VORSICHT

Achten Sie bei der Plazierung von Fenstern immer darauf, daß das Fenster tatsächlich am Bildschirm sichtbar ist. Es ist per Programmcode möglich, ein Fenster außerhalb der Bildschirmgrenzen zu plazieren. Es ist für den Anwender sonst sehr schwierig, dieses Fenster in den sichtbaren Bereich zu verschieben. (Prinzipiell geht es: Mit Alt+Tab wechseln Sie in das Fenster, dann öffnen Sie mit Alt+Leertaste das (unsichtbare) Fenstermenü, führen mit V das VERSCHIEBEN-Kommando aus und können das Fenster nun mit den Cursortasten verschieben.)

Beispielprogramm: Formular unter Mausposition zentrieren

Um einiges schwieriger als ein einfaches Zentrieren ist es, ein Formular an der aktuellen Mausposition anzuzeigen. Das Problem besteht darin, daß die Mausposition in absoluten Bildschirmkoordinaten unter Visual Basic nicht zur Verfügung steht. Sie kann aber mit der Betriebssystemfunktion *GetCursorPos* problemlos ermittelt werden.

Das Beispielprogramm `FormPosition` besteht aus einem Startformular, mit dem über zwei Buttons ein zweites Formular wahlweise zentriert am Bildschirm oder zentriert über der aktuellen Mausposition angezeigt werden kann. Die Deklaration der DLL-Funktion und zweier Hilfsprozeduren befinden sich im Modul `FormPosition.bas`: Mit *MousePosition* werden diese Pixelkoordinaten dann in die Visual-Basic-Einheit Twip umgerechnet. (Informationen zum Umgang mit DLL-Funktionen finden Sie ab Seite 612.)

```
' Beispielprogramm Oberfläche\FormPosition.bas
Type POINTAPI
  x As Long
  y As Long
End Type
Declare Sub GetCursorPos Lib "user32" (lpPoint As POINTAPI)
' Mausposition in Twips ermitteln
Sub MousePosition(x&, y&)
  Dim pos As POINTAPI
  GetCursorPos pos
  ' Umrechnung von Pixel in Twips
```

```
  x = pos.x * Screen.TwipsPerPixelX
  y = pos.y * Screen.TwipsPerPixelY
End Sub
' Formular unter dem angegebenen Punkt zentrieren
Sub FormPosition(f As Form, x&, y&)
  Dim b&, h&, x0&, y0&
  b = f.Width: h = f.Height
  x0 = x - b / 2: If x0 < 0 Then x0 = 0
  y0 = y - h / 2: If y0 < 0 Then y0 = 0
  If x0 + b > Screen.Width Then x0 = Screen.Width - b
  If y0 + h > Screen.Width Then y0 = Screen.Height - h
  f.Move x0, y0
End Sub
```

Der Aufruf von *FormPosition* erfolgt im Code des Startformulars. *Dialog* ist der Name des zweiten Formulars, das angezeigt werden soll. Nachdem die *Left*- und *Top*-Eigenschaften eingestellt wurden, wird der Dialog durch *Show* angezeigt.

```
' Beispielprogramm Oberfläche\Start.frm
Option Explicit
' Dialog rechts vom Fenster anzeigen
Private Sub Command1_Click()
  Dialog.Left = Left + Width + 100
  If Dialog.Left + Dialog.Width > Screen.Width Then
    Dialog.Left = Screen.Width - Dialog.Width
  End If
  Dialog.Top = Top
  Dialog.Show vbModal
End Sub
' Dialog über Mausposition zentrieren
Private Sub Command2_Click()
  Dim x&, y&
  MousePosition x, y
  FormPosition Dialog, x, y
  Dialog.Show vbModal
End Sub
```

10.1.2 Formular-Ereignisse

Ereignisse beim Erstellen eines Fensters (Initialize, Load)

Beim Laden von Formularen treten zuerst das ***Initialize***- und dann das ***Load***-Ereignis auf. Beim Start eines Programms durch das Anzeigen eines Formulars ist die *Initialize*-Ereignisprozedur (sofern vorhanden) der erste Code, der überhaupt ausgeführt wird. Prinzipiell können sowohl die *Initialize*- als auch die *Load*-Ereignisprozeduren dazu verwendet werden, Variablen des Programms oder Steuerelemente des Formulars zu initialisieren. (Aus historischen Gründen – das *Initialize*-Ereignis wurde erst in Version 4 eingeführt – erfolgt die Initialisierung aber zumeist in der *Load*-Ereignisprozedur.) Beide Ereignisprozeduren werden ausgeführt, bevor das Formular sichtbar wird.

HINWEIS

Drei andere Ereignisse treten in Kombination mit *Intialize* und *Load* auf: *Resize, Activate* und *Paint*. Das *Resize*-Ereignis informiert darüber, daß das Fenster eine neue Größe hat – Details folgen im nächsten Abschnitt. *Activate* informiert darüber, daß das Fenster jetzt das aktive Fenster ist. Das Ereignis ist nur bei Programmen mit mehreren Fenstern von Interesse (siehe unten). *Paint* tritt immer dann auf, wenn der Fensterinhalt neu gezeichnet werden muß. (*Paint* wird im nächsten Kapitel zum Thema Grafikprogrammierung ausführlich behandelt.) Die Reihenfolge der Ereignisse ist: *Initialize – Load – Resize – Activate – Paint*.

Ereignisse beim Schließen eines Fenster (QueryUnload, Load und Terminate)

Analog zu *Initialize* und *Load* existieren auch für das Schließen eines Formulars mehrere Ereignisse, die in der Reihenfolge *QueryUnload*, *Unload* und *Terminate* auftreten. Das Auftreten dieser Ereignisse kann unterschiedliche Ursachen haben: die Ausführung des Kommandos *Unload* im Programmcode, ein Mausklick auf das Schließen-Feld des Fensters, das Beenden des Programms durch den Task-Manager, das Beenden von Windows etc.

Als erstes Ereignis informiert ***QueryUnload*** darüber, daß das Fenster geschlossen werden soll. An die Ereignisprozedur wird ein Parameter übergeben, der Aufschluß über die Ursache des Ereignisses gibt. Mögliche Werte sind in den *QueryUnloadConstants* im Objektkatalog verzeichnet. Mit einem zweiten Parameter kann die Ereignisprozedur angeben, ob sie mit dem *Unload* einverstanden ist (*Cancel=True*) oder nicht (*Cancel=False*). Der *Cancel*-Parameter wird ignoriert, wenn Windows beendet wird. In diesem Fall kommt es auf jeden Fall zum Programmende.

Sofern keines der entsprechenden Fenster Einwände hat, tritt als nächstes für alle betroffenen Formulare das ***Unload***-Ereignis auf. (Bei MDI-Programmen, die auf Seite 435 behandelt werden, können mehrere Formulare quasi gleichzeitig vom Schließen bedroht werden.) Die *Unload*-Ereignisprozedur bietet abermals die Möglichkeit, das Schließen des Fensters abzuwenden.

Zuletzt tritt noch ein ***Terminate***-Ereignis auf: Zu diesem Zeitpunkt ist das Formular zwar nicht mehr am Bildschirm sichtbar, es stehen aber noch alle Inhalte (Steuerelemente, Variablen) zur Verfügung. Erst dann wird das Formular mit all seinen Daten endgültig gelöscht.

Bei den meisten Anwendungen reicht es aus, nur eines der beiden *Unload*-Ereignisse zu verarbeiten. Die *Unload*-Prozedur kann unter anderem dazu verwendet werden,

Daten automatisch zu speichern oder zumindest dem Anwender die Möglichkeit zu geben, Daten in einer Datei zu speichern. (Wenn Sie ein Programm mit *End* beenden, treten keine *Unload*-Ereignisse auf. Das Programm wird sofort und endgültig beendet.)

Ereignisse beim Fensterwechsel (Activate, Deactive, GotFocus, LostFocus)

Bei Programmen mit mehreren Formularen treten bei einem Fensterwechsel die Ereignisse ***Activate*** und ***Deactivate*** auf (zuerst *Deactivate* für das bisher aktive Fenster, dann *Active* für das neue aktive Fenster).

Parallel zu *Activate* und *Deactivate* treten die Ereignisprozeduren *GotFocus* und *LostFocus* für jene Steuerelemente in den Steuerelementen auf, die den Eingabefokus erhalten bzw. verlieren. *GotFocus* und *LostFocus*-Ereignisse sind auch für Formulare definiert, treten dort aber nur auf, wenn es im Formular kein einziges aktiviertes Steuerelement (mit *Enabled=True*) gibt. Dieser Fall tritt in der Realität praktisch nie auf.

Beispielprogramm

Das Beispielprogramm `FormEvents` besteht aus einem winzigen Formular mit einem Button, um ein weiteres Fenster zu erzeugen. Es handelt sich hier um ein Mehrfachinstanzenprogramm, wie es auf Seite 443 beschrieben wird.

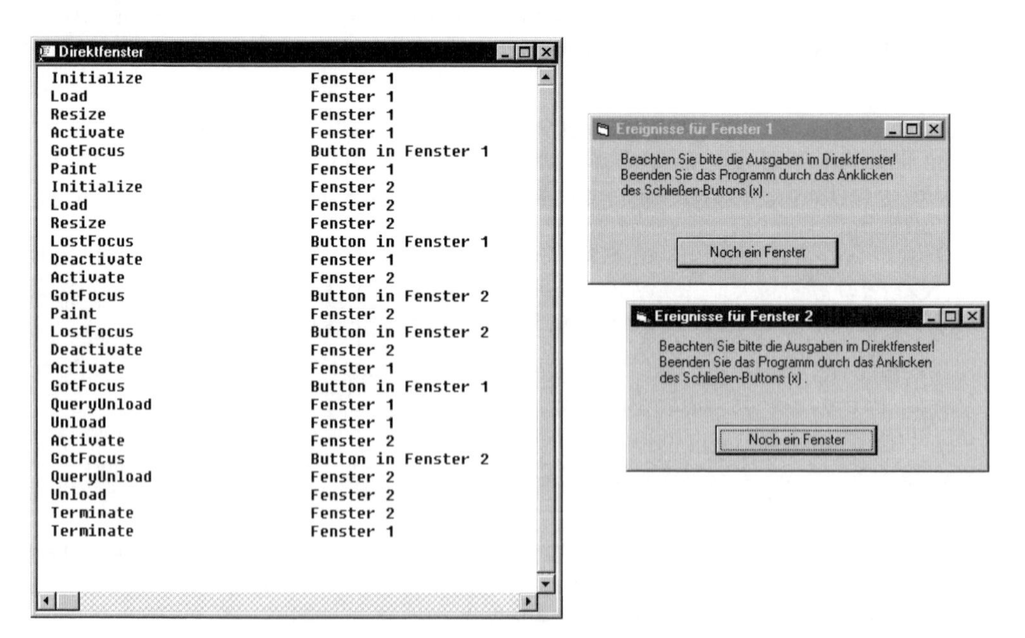

Bild 10.2: Die Ereignisse, die beim Erzeugen von Fenster 1 und 2, einem Fensterwechsel von Fenster 2 auf 1 und beim Schließen von Fenster 1 und 2 auftreten

An dieser Stelle ist allerdings nicht der Mechanismus der Mehrfachinstanzen von Interesse, sondern die Ereignisse, die beim Erzeugen und Beenden zweier Fenster auftreten. Das Beispielprogramm enthält zu allen in diesem Abschnitt beschriebenen Ereignissen Ereignisprozeduren, die einfach den Namen des Ereignisses und die Fensternummer in das Direktfenster ausgeben.

10.1.3 Fenster mit variabler Größe

Das Resize-Ereignis und seine Konsequenzen

Das *Resize*-Ereignis tritt ein, wenn die Größe des Fensters durch Ziehen mit der Maus verändert wurde, wenn es durch Anklicken der dafür vorgesehenen Buttons in ein Icon verkleinert oder auf maximale Größe vergrößert wurde oder das Fenster per Programmcode verändert wurde (*WindowState=...*, *Width=...* oder *Height=...*). Als Größenänderung gilt auch das erste Anzeigen eines Fensters.

In der *Resize*-Ereignisprozedur müssen Sie primär dafür sorgen, daß der Inhalt des Formulars an die neue Fenstergröße angepaßt wird. Wenn sich im Formular nur ein einziges Steuerelement befindet, ist der erforderliche Programmcode denkbar einfach. Die folgenden Zeilen zeigen ein *Resize*-Ereignisprozedur, in der das Textfeld *Text1* an die aktuelle Fenstergröße angepaßt wird. (Dabei wird vorausgesetzt, daß das Textfeld bereits beim Programmentwurf in die linke obere Ecke des Fensters plaziert wurde.)

```
' Textfeld an die aktuellen Fenstergröße anpassen
Private Sub Form_Resize()
  Text1.Width = ScaleWidth
  Text1.Height = ScaleHeight
End Sub
```

ScaleWidth und *-Height* beziehen sich automatisch auf das Formular, das als Defaultobjekt gilt. Vielleicht wundern Sie sich, warum hier überhaupt *Scale*-Eigenschaften verwendet werden; das Formular kennt ja auch die Eigenschaften *Width* und *Height* (ohne vorangestelltes *Scale*). Wie etwas weiter oben schon erwähnt wurde, enthalten die *Scale*-Eigenschaften die *Innenmaße* des Formulars, und nur die sind hier von Interesse!

Häufig befinden sich in Ihren Formularen mehrere Steuerelemente: Vielleicht möchten Sie am oberen Ende einige Optionsfelder plazieren, im Mittelteil soll ein Listenfeld angezeigt werden und ganz unten ein paar Buttons zum Beenden des Formulars. So ist auf jeden Fall die Ausgangslage des folgenden Beispielprogramms.

HINWEIS

Wenn die Größe eines Fensters mit der Maus verändert wird, tritt unter Windows 95 nur ein *Resize*-Ereignis auf, nachdem die Maus losgelassen wurde. Unter Windows NT treten dagegen kontinuierlich Ereignisse auf, bis die neue Fenstergröße feststeht. In der Realität hat das ein dynamischeres Verhalten zur Folge, das Fenster wird also schon während der Veränderung immer wieder neu gezeichnet. Wenn dabei allerdings zeitaufwendige Berechnungen notwendig sind, wird die Veränderung der Fenstergröße zur Qual. Versuchen Sie daher, in der *Resize*-Prozedur keine aufwendigen Operationen unterzubringen. (Bei Grafikprogrammen, wo der Fensterinhalt neu aufgebaut werden muß, ist das leider nur schwer möglich.)

TIP

Wie das folgende Beispielprogramm zeigt, kann der Code für das *Resize*-Ereignis recht umfangreich werden. Sie können sich etwas Mühe sparen, wenn Sie in das Formular Bildfelder einfügen und diese mit *Align* am linken, rechten, oberen oder unteren Rand gleichsam fixieren. Visual Basic kümmert sich dann selbstständig um die Anpassung der Breite oder Höhe dieser Bildfelder. In das Bildfeld können Sie dann wieder andere Steuerelemente einfügen. Beispielsweise können Sie eine Reihe von Buttons am unteren Rand in ein schmales Bildfeld plazieren (*Align=vbAlignBottom*).

Beispielprogramm: Formular mit veränderlicher Größe

Die *Resize*-Prozedur soll dafür sorgen, daß die Steuerelemente auch nach einer Veränderung der Fenstergröße optimal plaziert werden. Das Listenfeld soll die zur Verfügung stehende Flächte natürlich optimal ausnützen. Außerdem soll es unmöglich sein, das Fenster kleiner zu machen, als es ursprünglich ist. Die Wirkungsweise des Beispielprogramms `Resize` geht aus den beiden folgenden Abbildungen hervor.

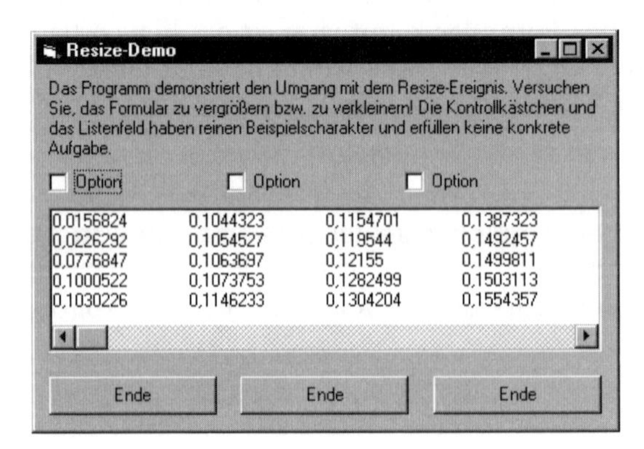

Bild 10.3: Das Resize-Programm in seiner Ausgangsgröße

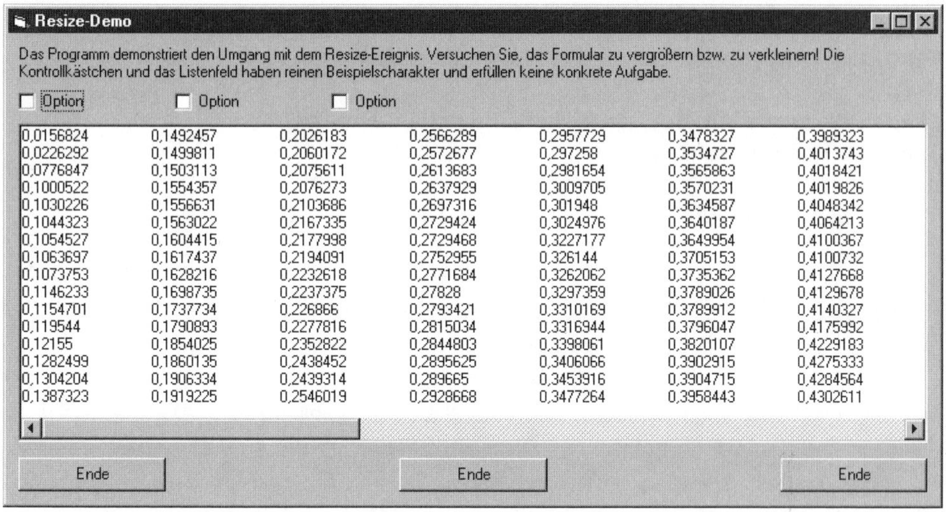

Resize-Demo

Das Programm demonstriert den Umgang mit dem Resize-Ereignis. Versuchen Sie, das Formular zu vergrößern bzw. zu verkleinern! Die Kontrollkästchen und das Listenfeld haben reinen Beispielscharakter und erfüllen keine konkrete Aufgabe.

Option Option Option

0,0156824	0,1492457	0,2026183	0,2566289	0,2957729	0,3478327	0,3989323
0,0226292	0,1499811	0,2060172	0,2572677	0,297258	0,3534727	0,4013743
0,0776847	0,1503113	0,2075611	0,2613683	0,2981654	0,3565863	0,4018421
0,1000522	0,1554357	0,2076273	0,2637929	0,3009705	0,3570231	0,4019826
0,1030226	0,1556631	0,2103686	0,2697316	0,301948	0,3634587	0,4048342
0,1044323	0,1563022	0,2167335	0,2729424	0,3024976	0,3640187	0,4064213
0,1054527	0,1604415	0,2177998	0,2729468	0,3227177	0,3649954	0,4100367
0,1063697	0,1617437	0,2194091	0,2752955	0,326144	0,3705153	0,4100732
0,1073753	0,1628216	0,2232618	0,2771684	0,3262062	0,3735362	0,4127668
0,1146233	0,1698735	0,2237375	0,27828	0,3297359	0,3789026	0,4129678
0,1154701	0,1737734	0,226866	0,2793421	0,3310169	0,3789912	0,4140327
0,119544	0,1790893	0,2277816	0,2815034	0,3316944	0,3796047	0,4175992
0,12155	0,1854025	0,2352822	0,2844803	0,3398061	0,3820107	0,4229183
0,1282499	0,1860135	0,2438452	0,2895625	0,3406066	0,3902915	0,4275333
0,1304204	0,1906334	0,2439314	0,289665	0,3453916	0,3904715	0,4284564
0,1387323	0,1919225	0,2546019	0,2928668	0,3477264	0,3958443	0,4302611

Ende Ende Ende

Bild 10.4: Das Resize-Programm, nachdem sein Fenster vergrößert wurde

Der Programmcode für das *Resize*-Ereignis fällt umfangreicher aus, als Sie wahrscheinlich vermutet hätten. Eigentlich beginnt der Programmcode schon in *Form_Load*: Dort wird die Fensterinnengröße beim Programmstart in den beiden generellen Variablen *origb* und *origh* gespeichert. Die Werte werden benötigt, um die ursprüngliche Fenstergröße – falls erforderlich – wieder herzustellen.

Form_Resize beginnt dann mit einer Abfrage, die gern vergessen wird: Ist das Fenster überhaupt sichtbar? Wenn das Fenster zu einem Icon verkleinert wird, tritt zwar auch ein *Resize*-Ereignis auf, es wäre aber sinnlos, zu diesem Zeitpunkt irgendeinen Programmcode auszuführen.

Als nächstes wird getestet, ob die aktuelle Fenstergröße nicht kleiner ist als die Ausgangsgröße. Wenn das der Fall ist, wird die ursprüngliche Größe wiederhergestellt. Durch diese neuerliche Veränderung der Fenstergröße wird sofort wieder ein *Resize*-Ereignis ausgelöst, weswegen dieser Programmzweig mit *Exit Sub* beendet wird. Visual Basic arbeitet die *Resize*-Prozedur ohnedies ein zweites Mal ab. Zur Veränderung der Fenstergröße wird die Methode ***Move*** verwendet, anstatt *Width* und *Height* neue Werte zuzuweisen. Das hat den Vorteil, daß nur ein weiteres *Resize*-Ereignis auftritt (und nicht zwei).

```
' Beispielprogramm Oberfläche\Resize.frm
Option Explicit
Dim origb, origh  'Original-Breite und -Höhe des Formulars
' Listenfeld mit ein paar Zufallszahlen füllen
Private Sub Form_Load()
  Dim i
  origb = Width: origh = Height
  For i = 1 To 300
```

```
    List1.AddItem Rnd
  Next i
End Sub
' Steuerelemente an die neue Fenstergröße anpassen
Private Sub Form_Resize()
  Dim b, h, i
  ' ist das Formular überhaupt sichtbar?
  If WindowState = vbMinimized Then Exit Sub
  ' Mindestgröße sicherstellen
  If Height < origh Or Width < origb Then
    b = IIf(Width < origb, origb, Width)
    h = IIf(Height < origh, origh, Height)
    Move Left, Top, b, h          'löst neues Resize-Ereignis aus
    Exit Sub                      'daher Prozedur sofort verlassen
  End If
```

Nachdem die Vorarbeiten nun abgeschlossen sind, kommen die Steuerelemente an die Reihe. Obwohl es schwierig ist, für *Resize*-Prozeduren allgemeingültige Regeln anzugeben, ist es doch fast immer sinnvoll, an den Fensterrändern zu beginnen: Erst wenn die Steuerelemente an den Rändern ihre neuen Positionen und Größen erhalten haben, kann der verbleibende Rest unter den weiteren Steuerelementen aufgeteilt werden.

Daher wird als erstes das Labelfeld an die aktuelle Fensterbreite angepaßt. Die Subtraktion mit 240 ist notwendig, damit zwischen Steuerelement und Fensterrand an beiden Seiten etwas Platz frei bleibt. Das Labelfeld wurde bereits während des Programmentwurfs 120 Twip eingerückt (das ist die Standardrastergröße von Visual Basic).

Nach der Veränderung der Breite des Labelfelds ist es möglich, daß sich (automatisch) auch dessen Höhe verändert hat. Der Grund für diese Eigenmächtigkeiten liegt in zwei Eigenschaften, die beim Programmentwurf voreingestellt wurden: Wegen ***WordWrap****=True* führt das Labelfeld bei langen Texten automatisch einen Zeilenumbruch durch; und wegen ***AutoSize****=True* paßt es die Größe an seinen Inhalt an.

Daher müssen als nächstes die Kontrollkästchen nach oben oder nach unten gerückt werden. Die Kontrollkästchen wurden beim Formularentwurf als Steuerelementfeld definiert und können somit einfach in einer Schleife angesprochen werden.

```
  ' Labelfeld an die Breite anpassen; dabei kann sich dessen Höhe
  ' verändern (WordWrap=True, AutoSize=True)
  Label1.Width = ScaleWidth - 240
  ' Kontrollkästchen nach oben / unten rücken
  For i = 0 To 2
    checkbtn(i).Top = Label1.Top + Label1.Height + 120
  Next i
```

Nun kommt der untere Fensterrand an die Reihe: Dort werden die drei Buttons bündig zum unteren Rand angeordnet (wieder mit dem Abstand 120 Twip), außerdem werden die Buttons über die ganze Breite verteilt, was ein bißchen Nachdenken beim Austüfteln einer geeigneten Formel notwendig macht. (In der Formel wird relativ zum Rand des vorherigen Buttons die Hälfte des insgesamt verfügbaren Zwischenraums eingefügt.)

```
  ' Buttons am unteren Rand plazieren
  For i = 0 To 2
    btnEnde(i).Top = ScaleHeight - btnEnde(i).Height - 120
  Next i
  ' Buttons über die ganze Breite verteilen
  For i = 1 To 2
    btnEnde(i).Left = btnEnde(i - 1).Left + btnEnde(i - 1).Width + _
      (ScaleWidth - 3 * btnEnde(0).Width - 240) / 2
  Next i
```

Als letztes kann der verbleibende Platz für das Listenfeld verwendet werden. Die Berechnung der oberen Kante orientiert sich an den Kontrollkästchen; die Höhe ergibt sich aus dem freien Raum bis zum Beginn des Buttons. Damit die jetzt zur Verfügung stehende Größe optimal genutzt wird, wird auch die Anzahl der gleichzeitig angezeigten Spalten neu berechnet (davon ausgehend, daß zu Beginn vier Spalten ausreichend Platz hatten; in der Formel wird *Width* verwendet, weil damit auch *origb* initialisiert wurde).

```
  ' Höhe des Listenfelds anpassen
  List1.Top = checkbtn(0).Top + checkbtn(0).Height + 120
  List1.Height = btnEnde(0).Top - List1.Top - 120
  ' Breite des Listenfelds anpassen
  List1.Width = ScaleWidth - 240
  ' Anzahl der sichtbaren Spalten des Listenfelds anpassen
  List1.Columns = Int(Width / origb * 4)
End Sub
' Programmende
Private Sub btnEnde_Click(Index As Integer)
  End
End Sub
```

Fenstermaße von innen her verändern

Im obigen Beispielprogramm wurde versucht, die Steuerelemente im Fensterinneren an die neuen Maße anzupassen. Manchmal tritt der umgekehrte Fall ein, d.h., die Maße des Fensters sollen verändert werden, um einem neuen Steuerelement Platz zu machen. In diesem Fall ist also das Wunschmaß für das Fensterinnere vorgegeben (etwa in den Variablen *b* und *h*). Nun ist es aber leider nicht möglich, die Fenstermaße durch

```
ScaleWidth=b: ScaleHeight=h
```

zu verändern. Mit der obigen Anweidung verändern Sie lediglich das Koordinatensystem. Eine Veränderung der Fenstergröße ist nur über die Außenmaße *Width* und *Height* möglich. Allerdings müssen Sie jetzt die Differenz zwischen Innen- und Außenmaßen berücksichtigen. Der Code sieht dann so aus:

```
b = b + Width - ScaleWidth: h = h + Height - ScaleHeight
Move Left, Top, b, h
```

Falls Sie mit Menüs arbeiten, wird es noch komplizierter: Wenn Sie die Fensterbreite verkleinern, kann es nämlich passieren, daß das Menü plötzlich zwei Zeilen beansprucht. In solchen Fällen müssen Sie die Fensterveränderung in zwei Teilen durchführen, zuerst die Breite, dann die Höhe.

Beachten Sie immer, daß die Veränderung der Fenstergröße ein neues *Resize*-Ereignis verursacht. Wenn Sie nicht aufpassen, erzeugen Sie einen endlosen rekursiven Aufruf von *Resize*.

10.1.4 Programme mit mehreren Fenstern

Die meisten Visual-Basic-Programme bestehen nicht nur aus einem einzigen Fenster, sondern aus mehreren. In solchen Programmen ist es eine gute Idee, den Formularen aussagekräftige Namen zu geben. (Visual Basic vergibt automatisch die Namen *Form1*, *Form2* etc.). Der Formularname kann im Eigenschaftsfenster eingestellt werden.

Startformular

Bei Programmen mit mehreren Formularen muß Visual Basic wissen, welches Formular (nur ein einziges!) beim Start des Programms automatisch angezeigt werden soll. Alle weiteren Formulare können per Programmcode als Reaktion auf Benutzerereignisse sichtbar gemacht werden. Das Startformular wird über PROJEKT | EIGENSCHAFTEN | ALLGEMEIN | STARTOBJEKT voreingestellt. (Wenn Sie es vergessen, fordert Visual Basic Sie beim ersten Start des Programms dazu auf.)

Es besteht übrigens auch die Möglichkeit, das Programm in einer Prozedur namens *Main* zu starten und von dort aus das erste Formular anzuzeigen. Die Prozedur *Main* muß sich in einem Modul befinden (nicht in einem Formular).

Gleichrangige Formulare anzeigen

Mit *formularname.***Show** machen Sie das durch seinen Namen genannte Formular sichtbar. Das neue Formular erscheint zwar als oberstes Fenster, es ist aber prinzipiell mit den anderen, schon vorher sichtbaren Formularen gleichberechtigt. Sie können also auch zurück in ein anderes Visual-Basic-Formular wechseln und dort weiterarbeiten.

Modale Formulare anzeigen

Alternativ dazu können Sie Formulare auch *modal* anzeigen: Das bedeutet, daß der Anwender auf dieses Formular reagieren muß. Solange das Formular am Bildschirm angezeigt wird, kann kein anderes Visual-Basic-Formular mehr bedient werden. Zum Anzeigen von modalen Formularen verwenden Sie ebenfalls die *Show*-Methode, geben allerdings für den optionalen Parameter die Konstante *vbModal* an. Modale Formulare werden sehr häufig bei Dialogen verwendet (in denen der Anwender eine Eingabe machen soll und das Programm dann fortgesetzt wird).

```
f.Show            'Formular normal anzeigen
f.Show vbModal    'Formular modal anzeigen
```

Beachten Sie auch den Unterschied bei der Programmausführung: Bei *f.Show* wird das betreffende Formular angezeigt, anschließend wird das Programm sofort in der nächsten Zeile fortgesetzt. Anders bei *f.Show vbModal*: Hier stoppt die Programmausführung bis das Formular geschlossen wird.

Modale Formulare können auch verschachtelt werden. In einem modalem Formular kann ein weiteres, ebenfalls modales Formular geöffnet werden. In der Praxis sollten Sie das aber möglichst vermeiden, weil es für die Anwender Ihres Programms sehr irritierend sein kann, wenn nicht mehr klar ist, welches Formular in welcher Reihenfolge bearbeitet werden muß.

HINWEIS

Vor dem Anzeigen eines Formulars können Sie dieses mit *Load f* laden. (Beachten Sie die andere Syntax: ***Load*** ist ein Kommando, keine Methode.) Das Formular wird dadurch in den Speicher geladen, aber noch nicht angezeigt. *Load* ist dann sinnvoll, wenn Sie das Formular per Programmcode verändern möchten, bevor Sie es mit *Show* anzeigen.

Formular schließen

Wenn Sie ein Formular schließen möchten, führen Sie die Methode *f.Hide* aus. Alternativ können Sie auch *Unload f* verwenden. Auch wenn beide Methoden scheinbar dasselbe Resultat erzielen, werden sie intern unterschiedlich verarbeitet: Bei ***Hide*** wird das Formular nur »versteckt«, es bleibt aber im Speicher. (Denselben Effekt erzielen Sie übrigens auch mit *f.Visible=False*.)

Durch ***Unload*** werden das Formular und die beanspruchten Daten dagegen gelöscht, alle darin enthaltenen Variablen gehen verloren. (Das Formular kann natürlich mit *Show* später ein zweites Mal angezeigt werden, der erforderliche Programmcode ist ja weiterhin vorhanden; allerdings beansprucht der Aufbau komplexer Formulare einige Zeit.)

Die Entscheidung zwischen *Hide* und *Unload* ist im wesentlichen eine Entscheidung zwischen maximaler Geschwindigkeit und sparsamen Umgang mit Speicherplatz. (Ein geladenes Formular mit all seinen Variablen, womöglich Bitmaps mit *AutoRedraw=True*, kann eine Menge Speicher beanspruchen!)

TIP

Wenn Sie ein Formular mit *Hide* unsichtbar und später mit *Show* wieder sichtbar machen, tritt kein *Load*-Ereignis auf! Falls sich in dem Formular Bildfelder mit *AutoRedraw=True* befinden, treten für diese Bildfelder auch keine *Paint*-Ereignisse auf.

Dieses Verhalten klingt selbstverständlich, wird aber oft übersehen: Wenn ein Formular beim ersten Anzeigen klaglos funktioniert, beim zweiten Mal aber alte Inhalte anzeigt, haben Sie sich irrtümlich auf das Eintreten von *Load* oder *Paint* verlassen. Abhilfe: Stellen Sie auf *Unload* um, oder rufen Sie die Prozedur zur Aktualisierung des Fensterinhalts manuell aus. Passen Sie aber auf, daß jetzt beim ersten Anzeigen nichts doppelt ausgeführt wird!

Beispielprogramm: Aufruf mehrerer Formulare

Das Beispielprogramm `Formulare` demonstriert gut den Unterschied zwischen modalen und nicht-modalen Formularen und das Zusammenspiel mehrerer Formulare. Das Programm zeigt nach dem Start ein Startformular an. Darin kann durch einen Button wahlweise ein zweites nicht-modales bzw. ein drittes modales Formular geöffnet werden.

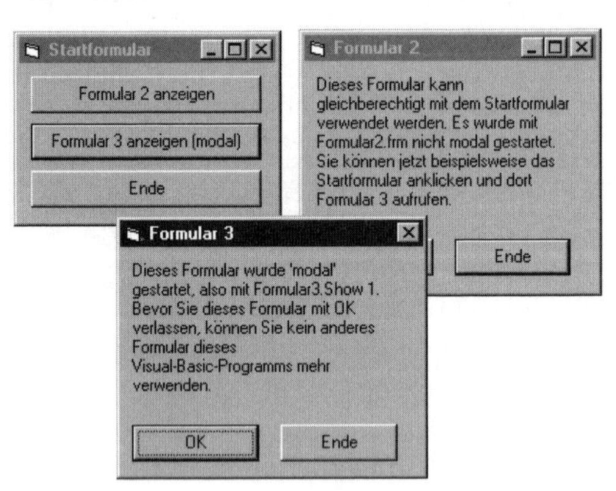

Bild 10.5: Beispiel für ein Programm mit mehreren Formularen

Startformular

```
' Beispielprogramm Oberfläche\Startformular.frm
Private Sub Command1_Click()
  Formular2.Show    'Formular normal anzeigen
End Sub
```

```
Private Sub Command2_Click()
  Formular3.Show 1   'Formular modal anzeigen
End Sub
Private Sub Command3_Click()
  End
End Sub
```

Formular 2

```
' Beispielprogramm Oberfläche\Formular2.frm
Private Sub Command1_Click()
  End
End Sub
Private Sub Command2_Click()
  Hide
End Sub
```

Formular 3

```
' Beispielprogramm Oberfläche\Formular3.frm
Private Sub Command1_Click()
  Visible = False
End Sub
Private Sub Command2_Click()
  End
End Sub
```

10.1.5 Interna der Formularprogrammierung

Programmausführung

Wenn Sie das erste Mal mit mehreren Formularen arbeiten, bekommen Sie vielleicht ein unangenehmes Gefühl im Magen: Welchen Code verarbeitet Visual Basic eigentlich, und wann? Bedenken Sie immer, daß Visual Basic ereignisgesteuert arbeitet. Wenn sich mehrere nicht-modale Formulare am Bildschirm befinden, wird meistens überhaupt kein Code ausgeführt. Visual Basic wartet auf Ereignisse (egal durch welches Formular diese ausgelöst werden), arbeitet dann die entsprechende Ereignisprozedur ab und geht wieder in Warteposition.

Ein wenig anders sieht es bei modalen Formularen aus: Dort teilt sich die Programmausführung quasi auf. Zum einen bleibt die Programmausführung bei der Zeile *f.Show vbModal* stehen und wartet dort auf das Verschwinden des modalen Formulars. Gleichzeitig können aber sehr wohl Ereignisprozeduren des modalen Formulars ausgeführt werden (sonst wäre es ja unmöglich, ein modales Formular durch einen Button zu beenden).

Einige Gedanken sollten Sie sich auch zum Zugriff auf Steuerelemente, Eigenschaften etc. machen: Selbstverständlich können Sie im Programmcode eines Formulars auf ein Steuerelement eines anderen Formulars zugreifen – etwa um dort den Inhalt eines Textfelds zu verändern. Sie müssen dann aber immer den Namen des Formulars voranstellen – sonst glaubt Visual Basic, Sie meinen ein Steuerelement des Formulars, dessen Programmcode gerade ausgeführt wird. (Dieses Formular gilt als Defaultformular. Wann immer Sie auf ein anderes Formular zugreifen, müssen Sie den Formularnamen angeben, also etwa *Formular3.Button1.Caption=...*)

Das Schlüsselwort Me

Das Schlüsselwort ***Me*** verweist auf das Formular, dessen Code gerade ausgeführt wird. Statt *Me* könnte natürlich auch der komplette Formularname angegeben werden – aber *Me* ist bequemer und außerdem unempfindlich gegenüber Namensänderungen.

Eigene Eigenschaften und Methoden in Formularen

Oft soll im gesamten Programm – und nicht nur im Code eines Formulars – auf Daten des Formulars zugegriffen werden – beispielsweise, um an das Formular Daten zu übergeben oder nach Abschluß eines Dialogs die Ergebnisse auszulesen.

Die einfachste Möglichkeit besteht darin, eine globale Variable im Formular zu definieren. (In früheren Visual-Basic-Versionen war das nicht möglich, seit Version 4 gibt es damit aber keine Probleme mehr.) In externen Modulen können die Variablen in der Form *formname.variablenname* angesprochen werden. (Mit der gleichen Syntax können natürlich auch sämtliche Steuerelemente angesprochen und deren Inhalte gelesen oder verändert werden.)

Weitergehende Möglichkeiten zum Datenaustausch zwischen Formularen und dem restlichen Programmcode ergeben sich daraus, daß Formulare mit globalen Prozeduren (die sich wie Methoden verhalten) und mit Eigenschaftsprozeduren ausgestattet werden können. Der Aufruf von außen erfolgt als *formname.methode* bzw. *formname.eigenschaft*.

Dialoge wie Funktionen verwenden

Manche Dialoge haben sehr klar umrissene Aufgaben, deren Ergebnis oft in einem einzigen Wert oder in einer Zeichenkette ausgedrückt werden kann. Die übliche Vorgehensweise sieht so aus:

```
formular.Show vbModal
ergebnis = formular.variable
```

Es geht aber auch eleganter: Wenn Sie im Formular eine globale Funktion definieren, die sich um die Formularverwaltung kümmert, kann diese Funktion das Ergebnis als Rückgabewert übergeben. Das folgende Beispielprogramm demonstrierte diese Vorgehensweise. Im Startformular wird der Dialog in der Form *Dialog.GetName()* aufgerufen und das Ergebnis anschließend mit *Print* im Formular ausgegeben.

```
' Oberfläche\FormFunktionMain.frm
Option Explicit
Private Sub Command1_Click()
  Dim nam$
  nam = Dialog.GetName()
  Cls
  Print nam
End Sub
```

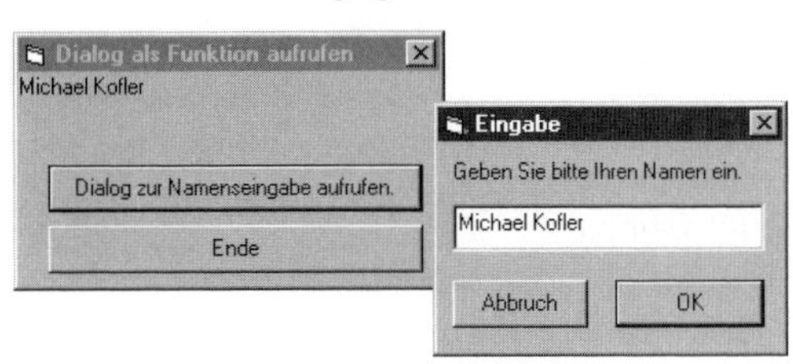

Bild 10.6: Das Ergebnis der Eingabe wird als Funktionsergebnis zurückgegeben

Nun zum Code des Eingabedialogs *Dialog*: An die Funktion *GetName* kann als optionaler Parameter die Voreinstellung für den Eingabetext übergeben werden. Mit *Show vbModal* wird der Dialog angezeigt. Der Code in *GetName* wird erst fortgesetzt, wenn der Dialog in einer der drei folgenden Ereignisprozeduren mit *Hide* beendet wird. Jetzt wird anhand der lokalen Variable *result* festgestellt, ob der Dialog durch OK oder ABBRUCH beendet wurde. Dementsprechend wird als Ergebnis der Inhalt des Textfelds oder eine leere Zeichenkette zurückgegeben.

Zwei Details sind noch erwähnenswert: Erstens ist es nicht möglich, in *GetName* den Eingabefokus mit *Text1.SetFocus* auf das Textfeld zu richten, weil der Dialog zu diesem Zeitpunkt noch gar nicht sichtbar ist. Das Problem muß daher anders gelöst werden: Wenn der Dialog zum ersten Mal angezeigt wird, ist der Eingabefokus ohnedies im Textfeld (weil dieses in der *Tab*-Reihenfolge an erster Stelle steht). Ganz egal, wie der Dialog beendet wird, der Fokus wird zum Abschluß wieder in das Textfeld gesetzt, so daß er beim nächsten Aufruf des Dialogs bereits dort ist.

Und zweitens muß in *QueryUnload* getestet werden, aus welchem Grund der Dialog geschlossen werden kann. Im Normalfall (Anklicken des Schließen-Felds) wird auf ein echtes Schließen verzichtet und der Dialog nur wie bei ABBRUCH unsichtbar gemacht. *QueryUnload* wird aber auch zum Programmende aufgerufen – und in diesem Fall muß der Dialog natürlich wirklich geschlossen werden.

```
' Oberfläche\FormFunktionDialog.frm
Option Explicit
Private result
Public Function GetName$(Optional default$)
  If IsMissing(default) Then
    Text1.Text = ""
  Else
    Text1.Text = default
    Text1.SelStart = 0
```

```
    Text1.SelLength = Len(default)
  End If
  Show vbModal
  If result = False Then
    GetName = ""
  Else
    GetName = Text1.Text
  End If
End Function
' Abbruch
Private Sub Command1_Click()
  result = False
  Text1.SetFocus
  Hide
End Sub
Private Sub Form_QueryUnload(Cancel%, UnloadMode%)
  If UnloadMode = vbFormControlMenu Then
    result = False
    Text1.SetFocus
    Cancel = True
    Hide
  End If
End Sub
' OK
Private Sub Command2_Click()
  result = True
  Text1.SetFocus
  Hide
End Sub
```

VERWEIS

Ein komplexeres Beispiel für einen Dialog, der wie eine Funktion aufgerufen werden kann, gibt das Beispielprogramm zur Druckerprogrammierung auf Seite 599. Dessen Dialog zur Seitenvorschau kann in der Form *ok=Seitenvorschau.Draw(parameter)* aufgerufen werden. *ok* enthält anschließend die Information, ob die Seite tatsächlich gedruckt werden soll.

10.1.6 Entwurf und Design komplexer Formulare

In den meisten Beispielen dieses Buchs wurden nur relativ wenige Steuerelemente verwendet. In der Praxis sind Formulare mit ungleich mehr Steuerelementen die Regel. Im folgenden erhalten Sie einige Tips, wie Sie solche Formulare übersichtlich gestalten und effizient auswerten können.

Anordnung der Steuerelemente

Versuchen Sie die Steuerelemente in der Reihenfolge anzuordnen, in der der Benutzer die Informationen normalerweise einträgt bzw. verändert (also von oben nach unten oder von links nach rechts). Gruppieren Sie zusammengehörende Elemente (beispielsweise alle Buttons, die die Formulareingabe beenden).

Jeder Dialog sollte zumindest mit den Buttons OK und ABBRUCH ausgestattet sein. Diese Buttons sollten bei allen Dialogen einheitlich plaziert werden, am besten am unteren Dialogrand oder auf der rechten Seite.

Optische Gliederung der Steuerelemente

Verwenden Sie Rahmen, um mehrere zusammengehörende Auswahlfelder zu einer Gruppe zusammenzufassen (dabei müssen Sie das Rahmenelement aber *vor* den Auswahlfeldern zeichnen). Statt eines Rahmenfelds können Sie auch ein Bildfeld oder *Shape*-Feld verwenden – damit haben Sie mehr Möglichkeiten zur optischen Gestaltung.

Bei allen Steuerelementen besteht die Möglichkeit, Vorder- und Hintergrundfarbe einzustellen. Damit können Sie einzelne Steuerelemente oder ganze Gruppen durch eine eigene Farbgebung markieren. (Übertreiben Sie aber nicht – sonst wird das Formular unübersichtlich!)

Bedienung des Formulars per Tastatur

Achten Sie beim Formularentwurf darauf, daß die Reihenfolge der Steuerelemente der Bedienung entspricht. Der Anwender kann sich mit Tab von einem Steuerelementen zum nächsten bewegen. Welches Steuerelement das nächste ist, bestimmt die *TabIndex*-Eigenschaft (siehe auch Seite 76).

Eine weitere Bedienungshilfe stellen Tastenkürzel für die Alt-Taste dar. Das Steuerelement ist durch einen Unterstrich in der Beschriftung gekennzeichnet (ABBRUCH). Dazu müssen Sie im *Caption*-Text vor den jeweiligen Buchstaben ein &-Zeichen stellen.

Effiziente Formularauswertung durch Steuerelementfelder

Bei der Auswertung der Ereignisse von Steuerelementen können Sie Zeit und Programmcode sparen, wenn Sie mehrere gleichartige Steuerelemente zu Feldern zusammenfassen. Das ist für Auswahlfelder ebenso sinnvoll wie für eine Reihe von Buttons oder Textelementen. Um Steuerelementfelder zu bilden, müssen Sie den zusammengehörenden Feldern die gleiche *Name*-Bezeichnung geben. Visual Basic faßt dann die Ereignisprozeduren dieser Felder zu einer einzigen Prozedur (pro Ereignis) zusammen und gibt als zusätzlichen Parameter einen Indexwert an, der die Nummer des Elements angibt. Auch der Zugriff auf die Eigenschaften der Elemente muß jetzt mit einer Indexangabe erfolgen.

Der Vorteil liegt insbesondere darin, daß Sie sämtliche Elemente in einer Schleife bearbeiten und verändern können. Die gewünschten *Index*-Werte können Sie wie alle anderen Eigenschaften im Eigenschaftsfenster von Visual Basic einstellen. Ein Beispiel für Steuerelementfelder finden Sie unter anderem beim *Resize*-Beispiel auf Seite 413.

Validätskontrolle

Seit Version 6 kann jedes Steuerelement mit einer *Validate*-Ereignisprozedur ausgestattet werden, die automatisch ausgeführt wird, bevor ein anderes Steuerelement den Eingabefokus erhält (siehe Seite 216). Eine letzte Ergänzung zum Thema Validierung: Mit der Formular-Methode ***ValidateControls*** kann diese Prozedur für das gerade aktuelle Steuerelement bequem per Programmcode ausgeführt werden. Die Methode ist insbesondere dann praktisch, um die Gültigkeit der letzten Eingabe abzuklären, bevor ein Formular geschlossen wird.

10.1.7 Dynamische Veränderung von Formularen

Bei vielen Programmen besteht der Wunsch, Formulare während der Ausführung zu verändern, beispielsweise um je nach Anwendungssituation ein Steuerelement hinzuzufügen. Dazu bestehen drei Möglichkeiten:

- Alle erforderlichen Steuerelemente werden bereits beim Formularentwurf berücksichtigt; per Programmcode können diese Steuerelemente ein- oder ausgeblendet werden.
- Sie verwenden ein Steuerelementefeld. Damit können Sie gleichartige Steuerelemente vervielfachen.
- Oder Sie greifen direkt auf die *Controls*-Aufzählung zu. (Diese Variante steht erst seit Version 6 zur Verfügung.)

Steuerelemente ein- und ausblenden

Wenn Sie während des Programmverlaufs einige Steuerelemente mit ***Visible***=*True / False* ein- und wieder auszublenden, sieht das für den Anwender so aus, als würden plötzlich neue Steuerelemente erzeugt – aber in Wirklichkeit waren sie immer schon da. Sie können auch mehrere Steuerelemente übereinanderlegen und je nach Notwendigkeit mal das eine und dann wieder das andere sichtbar machen.

Steuerelemente, die momentan nicht verwendet werden können (weil das aus dem Kontext des Programms nicht sinnvoll ist), können auch durch ***Enabled***=*False* deaktiviert werden. Das ist optisch weniger irritierend als ein vollständiges Ein- oder Ausblenden, hilft bei der Bedienung des Dialogs und macht die innere Logik des Programms verständlicher.

Dynamische Steuerelementfelder

Manchmal sollen sich Formulare dynamisch an die Erfordernisse anpassen: Da wäre es schön, wenn wirklich neue Steuerelemente erzeugt werden können – so viele, wie eben benötigt werden. Das Arbeiten mit sichtbaren und unsichtbaren Steuerelementen (siehe oben) würde da rasch an Grenzen stoßen.

Eben diese Möglichkeit bietet das Kommando ***Load***: Damit können Sie ein neues, vorläufig unsichtbares Steuerelement erzeugen, das die Kopie eines bereits vorhandenen Steuerelements ist. Nachdem Sie das Steuerelement (im Programmcode) an eine neue Position verschoben haben, machen Sie das Steuerelement sichtbar. Wenn Sie die dynamisch erzeugten Steuerelemente nicht mehr benötigen, können Sie sie mit ***Unload*** wieder löschen.

Die einzige Voraussetzung für das Erzeugen neuer Steuerelemente besteht darin, daß das Ausgangssteuerelement als Steuerelementfeld organisiert ist. Dazu reicht es, im Eigenschaftsfenster die *Index*-Eigenschaft des betreffenden Steuerelements auf 0 zu stellen. Visual Basic erzeugt damit intern ein Steuerelementfeld (auch wenn dieses vorläufig nur ein einziges Element hat).

Die Möglichkeit, mit *Load* dynamisch neue Objekte zu erzeugen, existiert übrigens auch für Formulare und für Menüeinträge (siehe Seite 443 und 445).

Der Umgang mit dynmaischen Steuerelementfeldern wird am einfachsten anhand eines Beispiels deutlich: Das Beispielprogramm `DynamicButton` startet mit drei Buttons (Neu, Entfernen und Ende). Mit Neu können Sie (maximal neun) neue Buttons erzeugen, mit Entfernen können Sie die Buttons wieder löschen. Die Fenstergröße wird automatisch angepaßt. Bild 10.7 zeigt das Programm, nachdem drei neue Buttons erzeugt wurden.

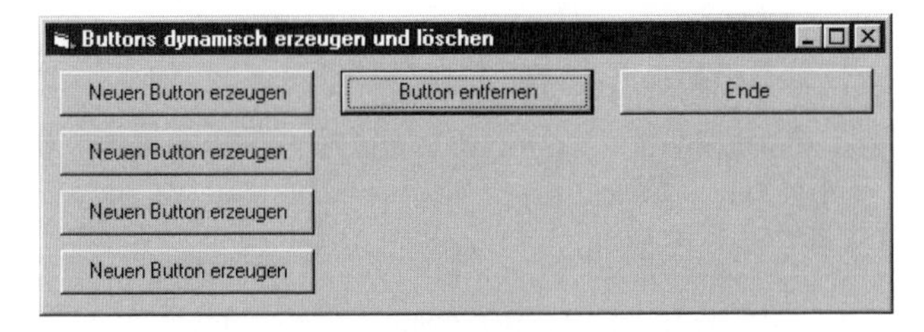

Bild 10.7: Das Beispielprogramm DynamicButton

```
' Beispielprogramm Oberfläche\DynamicButton.frm
Dim n%
' n initialisieren
Private Sub Form_Load()
  n = 1
End Sub
```

```
' neuen Button erzeugen
Private Sub btnNeu_Click(Index As Integer)
  Dim h
  If n >= 10 Then Exit Sub
  ' neuen Button erzeugen, plazieren, sichtbar machen
  Load btnNeu(n)
  btnNeu(n).Top = btnNeu(n - 1).Top + btnNeu(0).Height + 120
  btnNeu(n).Visible = True
  ' Formular vergrößeren
  h = btnNeu(n).Top + btnNeu(n).Height + 120
  Height = h + Height - ScaleHeight
  ' Anzahl der Buttons vergrößern
  n = n + 1
End Sub
' Button löschen
Private Sub btnEntfernen_Click()
  Dim h
  If n = 1 Then Exit Sub
  ' Button löschen
  n = n - 1
  Unload btnNeu(n)
  ' Formular verkleineren
  h = btnNeu(n - 1).Top + btnNeu(n - 1).Height + 120
  Height = h + Height - ScaleHeight
End Sub
' Ende
Private Sub btnEnde_Click()
  End
End Sub
```

Die Controls-Aufzählung

Bereits in bisherigen Visual-Basic-Versionen konnten Sie über die *Controls*-Aufzählung auf alle Steuerelemente eines Formulars zugreifen. Neu in Version 6 ist die Möglichkeit, über *Add* und *Remove* Steuerelemente hinzuzufügen bzw. zu entfernen. Gegenüber den beiden oben erwähnten Varianten zur dynamischen Formulargestaltung bietet diese Variante die größte Flexibilität; sie ist allerdings auch mit dem größten Programmieraufwand verbunden, insbesondere wegen der umständlicheren Reaktion auf Ereignisse.

HINWEIS

Obwohl *Controls* unzweifelhaft ein Objekt ist (mit den Methoden *Add* und *Remove* und mit den Eigenschaften *Count* und *Item*), ist die Aufzählung, wie schon in allen vorangegangenen Versionen, nicht als eigenständiges Objekt im Objektkatalog zu finden.

Prinzipiell ist es recht einfach, ein neues Steuerelement einzufügen:

```
Form1.Controls.Add "RichText.RichTextctrl.1", "new"
```

HINWEIS

Achten Sie im obigen Beispiel auf den ungewöhnlichen Steuerelementnamen. Wenn Sie *RichTextLib.RichTextBox* verwenden, was eigentlich naheliegend wäre, beklagt sich Visual Basic darüber, daß dieser Name ungültig ist. In der Fehlermeldung wird auch gleich angegeben, wie der tatsächliche Objektname lautet. (Diese Logik soll einer verstehen! Visual Basic ist offensichtlich in der Lage, das Steuerelement korrekt zu identifizieren – sonst wäre die Fehlermeldung nicht so exakt. Was wäre naheliegender, als das Steuerelement ohne weitere Rückfragen einzufügen?)

Wenn Sie das Steuerelement nicht direkt in das Formular, sondern in ein anderes Container-Steuerelement einfügen möchten, können Sie dieses Steuerelement als dritten Parameter angeben.

Das neue Steuerelement befindet sich jetzt allerdings noch unsichtbar in der linken oberen Ecke. Abhilfe schaffen die folgenden Kommandos:

```
With Form1.Controls!new    '(oder: Form1.Controls("new")
  .Move 200, 200, 2000, 800
  .Visible = True
  .Text = "dummytext"
End With
```

Im Regelfall wollen Sie das neue Steuerelement nicht nur anzeigen, sondern auch dessen Ereignisse empfangen. Wenn Sie von Anfang an wissen, um welches Steuerelement es sich handelt, ist das einfach: Sie dimensionieren einfach eine entsprechende Objektvariable mit *WithEvents*. Damit können Sie alle für dieses Steuerelement vorgesehenen Ereignisse wie üblich mit Ereignisprozeduren verarbeiten.

```
Dim WithEvents newbutton As CommandButton
Private Sub Command_Add_Click()
  Set newbutton = Form1.Controls.Add("VB.CommandButton", "new")
  With newbutton
     .Move 200, 200, 2000, 800
     .Visible = True
     .Caption = "dummytext"
  End With
End Sub
Private Sub newbutton_Click()
  MsgBox "click"
End Sub
```

Dieses Szenario ist allerdings unrealistisch: Wenn Sie ohnehin wissen, welchen Steuerelementtyp Sie brauchen, können Sie ohne die *Controls*-Aufzählung mit den am Beginn dieses Abschnitts beschriebenen Methoden viel einfacher vorgehen. Der Clou an *Controls* besteht ja gerade darin, daß der Steuerelementtyp erst zur Laufzeit bestimmt werden kann (und damit ein immenses Potential für eine nachträgliche Konfiguration bietet). Damit ist es allerdings unmöglich, die Objektvariable für das einzufügende Steuerelement exakt zu deklarieren.

Um dennoch Ereignisse verarbeiten zu können, stellt Visual Basic seit Version 6 einen neuen Objekttyp zur Verfügung: ***VBControlExtender***. So deklarierte Objektvariablen können mit *Controls.Add* erzeugte Steuerelemente aufnehmen (nicht aber bereits zur Entwurfszeit definierte Steuerelemente). Das *VBControlExtender*-Objekt kennt einige wenige Ereignisse, die auf alle Steuerelemente zutreffen (*DragDrop* und *-Over*, *Got-* und *LostFocus* und *Validate*). Alle weiteren Ereignisse werden durch das allgemeingültige ***ObjectEvent***-Ereignis abgedeckt, das immer dann ausgelöst wird, wenn irgendein anderes Ereignis eintritt.

An die *ObjectEvent*-Ereignisprozedur wird ein ***EventInfo***-Objekt als Parameter übergeben. Dieses Objekt enthält in der Eigenschaft *Name* den Ereignisnamen (etwa *"Click"*) und in der Aufzählung *EventParameters* alle weiteren Parameter (so es welche gibt). Die Aufzählung verweist wiederum auf ***EventParameter***-Objekte, deren beiden einzigen Eigenschaften *Name* und *Value* sind (also Name und Inhalt der Parameter).

Objektklassen-Überblick

```
Dim WithEvents newctrl As VBControlExtender
Private Sub newctrl_ObjectEvent(info As EventInfo)
  info.EventParameters(...)
End Sub
```

Möglicherweise haben Sie mittlerweile den Überblick verloren. Ein kurzes Beispiel hilft, die Orientierung im Wirrwarr der Objekte wiederzufinden: Die Objektvariable *newctrl* wird als *VBControlExtender* deklariert. *WithEvents* ist erforderlich, damit Ereignisse verarbeitet werden können. Das neue Steuerelement wird, wie gehabt, mit *Controls.Add* erzeugt:

```
' Oberfläche\Controls.frm
Dim WithEvents newctrl As VBControlExtender
Private Sub Command_Add_Click()
  Set newctrl = Form1.Controls.Add("RichText.RichTextctrl.1", "new")
  newctrl.Move 200, 200, 2000, 800
  newctrl.Visible = True
  newctrl.Text = "dummytext"
  Command_Add.Enabled = False
  Command_Remove.Enabled = True
End Sub
```

Eine mögliche Ereignisprozedur zur Auswertung des *MouseDown*-Ereignisses könnte so aussehen:

```
Private Sub newctrl_ObjectEvent(Info As EventInfo)
  Dim x, y
  If Info.Name = "MouseDown" Then
    x=Info.EventParameters("x")
    y=Info.EventParameters("y")
    ...
  End If
End Sub
```

Für das Beispielprogramm wurde folgende Prozedur verwendet, um das *EventInfo*-Objekt besser zu illustrieren (siehe Bild 10.9):

```
Private Sub newctrl_ObjectEvent(Info As EventInfo)
  Dim msg$, i&, para As EventParameter
  msg = "Ereignis: " & Info.Name & vbCrLf
  For Each para In Info.EventParameters
    msg = msg + "  Parameter " & para.Name & ": " & _
      para.Value & vbCrLf
  Next
  Debug.Print msg
End Sub
```

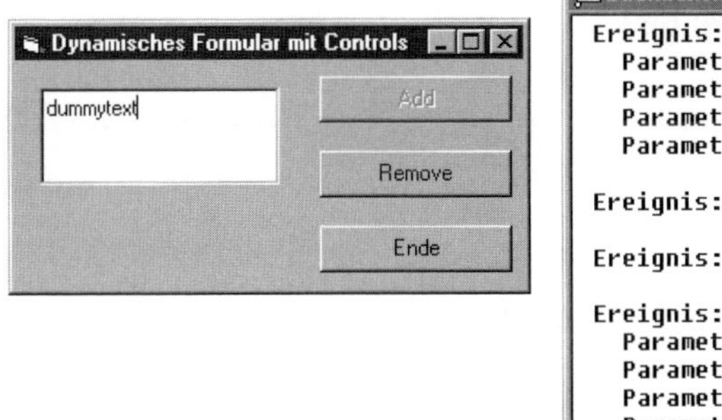

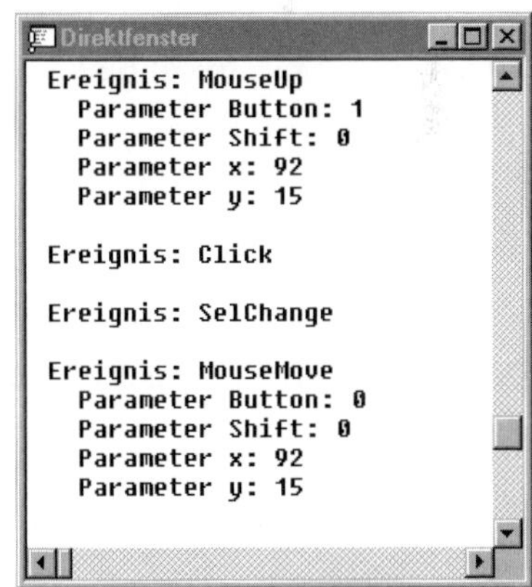

Bild 10.8: Die RichTextBox wurde dynamisch eingefügt; im Direktfenster sind Informationen zu den empfangenen Ereignissen zu sehen

Interna

Das *VBControlExtender* kann zwar für alle Zusatzsteuerelemente (auch selbst programmierte ActiveX-Steuerelemente) verwendet werden, nicht aber für die Visual-Basic-Standardsteuerelemente.

Die Objektbibliothek des jeweiligen Steuerelements muß aktiv sein. Es reicht nicht aus, das betreffende Steuerelement in die Toolbox zu laden (PROJEKT | KOMPONENTEN). Visual Basic eliminiert nämlich automatisch alle Objektverweise auf nicht verwendete Steuerelemente. Um das zu vermeiden, deaktivieren Sie die Option INFORMATIONEN ZU NICHT VERWENDETEN ACTIVEX-STEUERELEMENTEN ENTFERNEN im Dialog PROJEKT | EIGENSCHAFTEN | ERSTELLEN.

Mit *WithEvents* lassen sich nur einzelne Variablen, nicht aber Felder deklarieren. Aus diesem Grund besteht keine einfache Möglichkeit, Steuerelementfelder mit *Controls.Add* zu bilden. (Diese Notwendigkeit wird sich vermutlich ohnedies nur selten ergeben.)

HINWEIS

Die Online-Dokumentation beschreibt noch einen Spezialfall: das Einfügen von lizenzierten Steuerelementen. Dazu ist es erforderlich, daß vor der *Controls.Add*-Anweisung der Lizenzschlüssel mit ***Licenses**.Add "library.control", "key"* angegeben wird. Da die mit Visual Basic mitgelieferten Steuerelemente lizenzfrei weitergegeben und daher auch dynamisch eingesetzt werden können, werden Sie *Licenses* im Regelfall nicht benötigen.

ANMERKUNG

Vom technischen Standpunkt ist die Erweiterung des *Controls*-Konzepts sicherlich faszinierend. Eine Frage bleibt freilich – auch in der Online-Dokumentation – unbeantwortet: Gibt es dafür auch eine ernsthafte Anwendung? (Wenn Sie eine Idee haben, senden Sie dem Autor eine E-Mail!)

10.1.8 Syntaxzusammenfassung

Standardformulare

f steht als Abkürzung für einen Formularnamen.

Formularverwaltung	
Load f	Formular laden (noch nicht anzeigen)
f.Show	Formular anzeigen (das ist auch ohne vorheriges *Load* möglich)
f.Show vbModal	Formular modal (als Dialog) anzeigen
f.Hide	Formular beenden (unsichtbar machen)
Unload f	Formular aus dem Speicher entfernen

Me	verweist auf das Formular, dessen Code ausgeführt wird
Forms.Count	Anzahl der Visual-Basic-Formulare
Forms(n)	Zugriff auf Formulare (*n=0* bis *Count-1*)

Form – Eigenschaften	
Left / Top	linker oberer Eckpunkt (Außenkoordinaten in Twip)
Top / Width	Breite und Höhe (Außenkoordinaten in Twip)
StartUpPosition	Position, bei der das Fenster erscheint
ScaleWidth	Innenbreite (Koordinatensystem je nach *ScaleMode*)
ScaleHeight	Innenhöhe
ScaleMode	Koordinatensystem (*vbTwips*, *vbPixels* etc.)
BorderStyle	variable oder fixe Fenstergröße, Toolbox
Caption	Titel
Icon	Icon
ControlBox	Fenstermenü und Fensterbuttons anzeigen (*True / False*)
Min- / MaxButton	Button zum Verkleinern / Vergrößern anzeigen
ShowInTaskbar	Formular in Taskbar anzeigen (*True / False*)
WindowsState	Fensterzustand (*vbNormal*, *vbMinimized*, *vbMaximized*)

Form – Methoden	
Cls, Circle, Line, Pset ...	Zeichenmethoden
Move	Fenster bewegen, vergrößern / verkleinern
PopupMenu	Menü anzeigen (Seite 453)
ValidateControl	*Validate*-Ereignisprozedur des aktuellen Steuerelements ausführen

Form – Ereignisse	
Initialize	Formular wird geladen (ist aber noch nicht sichtbar)
Load	Formular wird geladen (ist aber noch nicht sichtbar)
Activate	Formular wurde zum aktiven Visual-Basic-Fenster (bereits sichtbar)
Resize	Formular hat neue Größe (eventuell auch Icon)
Paint	Formularinhalt muß neu gezeichnet werden
Deactivate	Formular ist nicht mehr aktives Visual-Basic-Fenster
QueryUnload	erste Ankündigung, daß Formular gelöscht werden soll
Unload	zweite Ankündigung
Terminate	jetzt ist es wirklich soweit

Screen-Objekt

Screen – Eigenschaften	
ActiveForm	verweist auf aktives Visual-Basic-Fenster
ActiveControl	aktives Steuerelement im aktiven Fenster
FontCount	Anzahl der Zeichensätze zur Bildschirmanzeige

Fonts(n)	Namen der Zeichensätze
Width	Bildschirmbreite in Twip
Height	Bildschirmhöhe
TwipsPerPixelX / -Y	Umrechung Twips in Pixel

Dynamische Formulare mit Controls

Form – Objekthierarchie	
Forms	ein Formular
├─ *Controls*	Zugriff auf alle darin enthaltenen Steuerelemente
└─ *Licenses*	Lizenzen (nur bei lizenzierten Steuerelementen)
└─ *LicenseInfo*	Lizenzschlüssel, ID

Controls – Eigenschaften	
Controls.Count	Anzahl aller Steuerelemente
Controls.key	Zugriff auf statisch definierte Steuerelemente
Controls!key	Zugriff auf dynamisch erzeugte Steuerelemente
Controls("key")	allgemeingültiger Zugriff

Controls – Methoden	
Add "lib.control", "key"	Steuerelement in Formular einfügen
Add "lib.control", "key", container	Steuerelement in ein anderes Container-Feld einfügen
Remove "key"	Steuerelement entfernen

VBControlExtender – Ereignisse	
DragDrop / DragOver	*Drag and Drop*
GotFocus / LostFocus / Validate	Fokus-Verwaltung
ObjectEvent	allgemeine Ereignisse; *EventInfo*-Objekt als Parameter

EventInfo – Eigenschaften	
Name	Ereignisname
EventParameters(n)	Zugriff auf *EventParamter*-Objekte

EventParamter – Eigenschaften	
Name	Parametername
Value	Inhalt / Wert des Parameters

10.2 Multiple Document Interface (MDI)

Das Multiple Document Interface ist für Programme gedacht, in denen mehrere gleichartige Daten verarbeitet werden, beispielsweise mehrere Texte, Tabellen etc. Es existiert ein Hauptfenster mit der Menüleiste, zumeist auch mit Buttonleiste und einer Statuszeile. Innerhalb dieses Hauptfensters können mehrere Unterfenster (Subfenster) angezeigt werden. Deren Sichtbarkeit ist auf den Bereich des Hauptfensters eingeschränkt. Wenn die Subfenster in Icons verkleinert werden, werden diese Icons ebenfalls im Hauptfenster angezeigt (und nicht in der Taskleiste). Beispiele für MDI-Programme sind WinWord oder Excel.

Ein zweites Verfahren zur Verwaltung mehrerer gleichartiger Texte stellen Mehrfachinstanzen dar. Dabei handelt es sich praktisch um eine Kopie des Programms, die in einem eigenen Fenster läuft, aber andere Daten (z.B. einen anderen Text) bearbeitet. Mehrfachinstanzen sind üblicherweise voneinander unabhängig, jedes Programm (oder Fenster) hat seine eigene Menüleiste, es kann für sich beendet werden, es wird in der Taskleiste mit einem eigenen Icon dargestellt o.ä. Beispiele für Programme dieses Typs sind der NotePad- und der WordPad-Editor, das PaintBrush-Programm etc.

In diesem Teilabschnitt wird die Programmierung von MDI-Anwendungen behandelt. Der folgende Teilabschnitt geht dann auf Mehrfachinstanzen-Programme ein, die programmtechnisch viele Ähnlichkeiten haben.

Aufbau und Verwaltung von MDI-Programmen

MDI-Programme bestehen zumindest aus zwei Formularen. Das erste Formular ist das MDI-Hauptfenster; es wird in Visual Basic mit dem Kommando PROJEKT | MDI-FORM HINZUFÜGEN erzeugt. MDI-Formulare verhalten sich gegenüber normalen Formularen etwas abweichend. So ist es beispielsweise nicht möglich, darin irgendwelche Steuerelemente einzufügen (mit Ausnahme des Bildfelds und einiger Zusatzsteuerelemente, die die *Align*-Eigenschaft besitzen). Auch eine Einstellung der Hintergrundfarbe ist nicht möglich: Als Hintergrundfarbe wird automatisch die durch das Systemsteuerungsprogramm eingestellte Farbe für MDI-Fenster verwendet. Wenn Ihr MDI-Programm mit einer Menüleiste ausgestattet sein soll, müssen Sie diese im MDI-Formular definieren.

Als zweites Formular benötigen Sie das Fenster, das (beliebig oft) im MDI-Fenster angezeigt wird. Dazu reicht ein normales Formular aus, allerdings müssen Sie die Eigenschaft ***MDIChild*** auf *True* setzen. Während des Entwurfs des MDI-Subfensters wird dieses als eigenständiges Fenster angezeigt. Wenn Sie das Programm starten, kann das MDI-Subfenster allerdings nur noch innerhalb des MDI-Hauptfensters angezeigt werden. Die Größe des MDI-Subfensters ist nur von der Größe des MDI-Hauptfensters abhängig, nicht aber von der Größe während des Entwurfs.

Neben diesen zwei Basisformularen kann das Programm mit beliebig vielen weiteren Formularen ausgestattet werden. Dabei kann es sich sowohl um weitere MDI-Subfenster handeln (beispielsweise ein Subfenster zur Darstellung von Texten, ein zweites zur Darstellung von Grafiken; *MDIChild=True*) als auch um normale Fenster, die unabhängig vom MDI-Hauptfenster angezeigt werden können (beispielsweise ein Formular für das Kommando SUCHEN UND ERSETZEN, *MDIChild=False*). Es ist allerdings nicht möglich, in einem Programm mehrere MDI-Hauptfenster zu verwenden.

Das erste Beispielprogramm

Das Beispielprogramm `MDI1test` stellt den einfachsten Fall eines MDI-Programms dar. Das MDI-Hauptfenster ist mit einem Menü zum Öffnen und Schließen neuer Subfenster sowie mit einem weiteren Menü zur Verwaltung der Subfenster ausgestattet. Das Programm startet mit der Anzeige des leeren Hauptfensters (d.h., in PROJEKT | EIGENSCHAFTEN wurde *MDIForm1* als Startformular angegeben). Jedesmal, wenn Sie beim Testen des Programms das Kommando DATEI | NEU auswählen, wird ein neues Subfenster geöffnet. In diesem Subfenster wird lediglich eine zufällige Farbe angezeigt

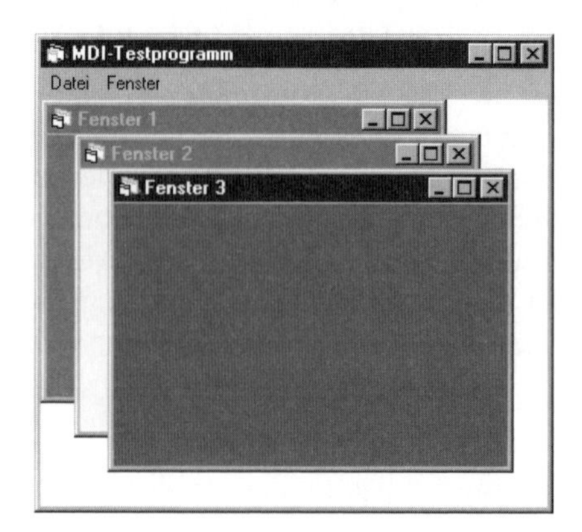

Bild 10.9: MDI-Testprogramm

Entscheidend ist die Ereignisprozedur *MenuDateiNeu_Click*, in der die MDI-Subfenster geöffnet werden. In der Programmzeile

```
Dim f As New Form1
```

wird mit ***New*** ein neues Objekt vom Objekttyp *Form1* erzeugt. *Form1* ist der Name des MDI-Subfensters. (Natürlich können Sie auch einen aussagekräftigeren Namen verwenden, in diesem Programm wurde einfach der Defaultname von Visual Basic übernommen.)

Das Schlüsselwort *New* erzeugt ein vollkommen neues Fenster, das alle Eigenschaften des Formulars *Form1* besitzt. Sämtliche lokalen und generellen Variablen im Programmcode zu diesem Formular werden ebenfalls neu angelegt! Sie können generelle Variablen im Code des Formulars so verwenden, als wäre das Fenster einmalig. (Wenn mehrere Subfenster geöffnet sind, hat jedes Subfenster eigene, von den anderen Subfenstern unabhängige Variablen und Eigenschaften.)

f dient innerhalb der Ereignisprozedur als lokale Variable zum Zugriff auf das neue Subfenster. *f* ist allerdings nur ein Verweis auf dieses Fenster. Mit dem Ende der Ereignisprozedur endet auch die Existenz der lokalen Variablen *f*. Das neue Subfenster existiert aber selbstverständlich weiter.

In der Ereignisprozedur wird dem neuen Fenster eine Titelzeile (*Caption*-Eigenschaft) mit durchlaufender Numerierung gegeben, anschließend wird das Fenster mit *Show* angezeigt. (Bisher existierte das Fenster zwar, es war aber noch unsichtbar.) Beim Laden des neuen Fensters wird automatisch die Ereignisprozedur *Form_Load* im Code zum Subformular *Form1* ausgeführt. In dieser Ereignisprozedur bekommt das Formular seine Hintergrundfarbe.

ANMERKUNG

Sobald bei einem neu erzeugten Formular irgendeine Eigenschaft eingestellt wird (z.B. die *Caption*-Eigenschaft), wird die *Form_Load*-Prozedur des Formulars aufgerufen. Das Formular ist zu diesem Zeitpunkt noch unsichtbar. Sichtbar wird es erst durch die Anweisung *Show*. Auch *Show* führt zum Aufruf von *Form_Load*, wenn das nicht schon vorher passiert ist

```
' Beispielprogramm Oberfläche\MDI1main.frm
Dim zaehler%
' neues MDI-Sub-Fenster erzeugen
Private Sub MenuDateiNeu_Click()
  zaehler = zaehler + 1
  Dim f As New Form1
  f.Caption = "Fenster " & zaehler
  f.Show
End Sub
' MDI-Sub-Fenster entfernen (löschen)
Private Sub MenuDateiSchließen_Click()
  If Not (MDIForm1.ActiveForm Is Nothing) Then
    Unload ActiveForm
  End If
End Sub
' Fenster anordnen (nebeneinander, übereinander etc.)
Private Sub MenuFensterArrange_Click(Index As Integer)
  MDIForm1.Arrange Index
End Sub
' alle offenen Fenster in Icons verkleinern
Private Sub MenuFenster_Click(Index As Integer)
  Dim i%
  For i = 0 To Forms.Count - 1
    If TypeOf Forms(i) Is Form1 Then Forms(i).WindowState = 1
  Next i
End Sub
' Beispielprogramm Oberfläche\MDI1sub.frm
Private Sub Form_Load()
  Randomize
  BackColor = QBColor(Int(Rnd * 16))
End Sub
```

Merkmale von MDI-Programmen

Selbst dieses einfache Beispielprogramm weist bereits einige typische MDI-Eigenschaften auf. So kann jedes Subfenster in ein Icon verkleinert werden. (Genaugenommen ist es ja kein Icon mehr: Seit Windows 95 werden MDI-Fenster einfach sehr stark verkleinert, aber immer noch als Fenster dargestellt.) Es kann mit der Maus beliebig verschoben werden.

Wenn Sie ein Subfenster auf Maximalgröße vergrößern, füllt es automatisch den gesamten zur Verfügung stehenden Platz aus und überdeckt alle anderen Subfenster und Icons. In der Titelzeile des Hauptfensters wird dann außer dessen *Caption*-Text auch der *Caption*-Text des aktuellen Subfensters in eckigen Klammern angezeigt, also beispielsweise: 'MDI-Testprogramm - [Fenster 1]'. Zwischen den Subfenstern des Programms können Sie mit Strg+Tab wechseln.

Beachten Sie, daß für die aufgezählten Merkmale keine einzige Programmzeile erforderlich ist. Es handelt sich hier einfach um die Standard-MDI-Merkmale, die automatisch von Visual Basic bzw. von Windows zur Verfügung gestellt werden.

Die Eigenschaft ScrollBars

Die ***ScrollBars***-Eigenschaft des MDI-Hauptfensters bestimmt, wie das Programm reagieren soll, wenn einzelne Subfenster über die Begrenzung des Hauptfensters hinausgeschoben werden. Wenn die Eigenschaft den Wert *True* hat, zeigt Visual Basic das Hauptfenster mit Bildlaufleisten an. Wenn *ScrollBars* den Wert *False* hat, wird auf die Anzeige von Bildlaufleisten verzichtet. (Das ist bei den Beispielprogrammen der Fall.)

Welche der beiden Vorgehensweisen als angenehmer empfunden wird, ist hauptsächlich eine Geschmacksfrage. Die Bildlaufleisten nehmen verhältnismäßig viel Platz weg und machen das Programm ziemlich unübersichtlich (besonders dann, wenn auch in den Subfenstern Bildlaufleisten verwendet werden). Andererseits kann es passieren, daß sich in einem Hauptfenster ohne Bildlaufleisten Fenster oder Icons vollkommen außerhalb des sichtbaren Bereichs befinden. Gleichzeitig fehlt aber jeder Hinweis darauf, daß diese Fenster / Icons überhaupt existieren.

Subfenster im MDI-Fenster anordnen

Praktisch alle MDI-Programme weisen Menüeinträge wie FENSTER | ÜBERLAPPEND oder FENSTER | ÜBEREINANDER auf, um alle geöffneten MDI-Fenster neu zu plazieren. Hierfür stellt Visual Basic die Methode ***Arrange*** zur Verfügung, die nur auf MDI-Formulare angewendet werden kann:

```
MDIForm1.Arrange 0   'Fenster überlappend anordnen
MDIForm1.Arrange 1   'Fenster übereinander anordnen
MDIForm1.Arrange 2   'Fenster nebeneinander anordnen
MDIForm1.Arrange 3   'Icons anordnen
```

Im Beispielprogramm wurde den entsprechenden Menüeinträgen die *Name*-Eigenschaft *MenuFensterArrange* gegeben, als *Index*-Werte wurden die oben genannten Zahlenwerte verwendet. Damit beschränkt sich die Ereignisprozedur *MenuFensterArrange_Click* auf eine einzige Programmzeile.

```
' Fenster bzw. Icons anordnen
Sub MenuFensterArrange_Click (Index As Integer)
  MdiForm1.Arrange Index
End Sub
```

Die Eigenschaften ActiveForm und ActiveControl

Im Beispielprogramm oben ist das Menükommando DATEI | SCHLIESSEN zum Schließen von Fenstern vorgesehen. Wenn die zugehörende Ereignisprozedur aufgerufen wird, stellt sich für den Programmierer natürlich die Frage, welches Fenster er schließen soll und wie er überhaupt auf dieses Fenster zugreifen kann. Für solche Fälle existiert die Eigenschaft ***ActiveForm***, die auf das aktive (oberste) Subfenster verweist.

In der Ereignisprozedur muß allerdings der Sonderfall beachtet werden, daß gar kein Subfenster geöffnet ist. In diesem Fall enthält *ActiveForm* einen Verweis ins Leere (für C-Programmier: einen 0-Pointer), der mit dem Schlüsselwort *Nothing* verglichen werden kann. Als Vergleichsoperator wird *Is* eingesetzt. *Is* testet, ob zwei Objektvariablen auf die gleichen Daten zeigen (in diesem Fall: beide auf 0).

```
' MDI-Subfenster schließen
Sub MenuDateiSchließen_Click ()
  If Not (ActiveForm Is Nothing) Then
    Unload ActiveForm
  End If
End Sub
```

Die Eigenschaft *ActiveForm* existiert auch für das *Screen*-Objekt. *Screen.ActiveForm* und *MDIForm1.ActiveForm* müssen aber nicht identisch sein. Die *ActiveForm*-Eigenschaft des MDI-Hauptfensters verweist immer auf ein MDI-Subfenster, während *Screen.ActiveForm* auch auf ein anderes Formular des Visual-Basic-Programms verweisen kann, das über dem MDI-Hauptformular liegt.

Die Eigenschaft ***ActiveControl*** ist mit *ActiveForm* verwandt. Sie verweist auf das aktive Steuerelement (mit dem Eingabe-Fokus) innerhalb eines Formulars. Als Formular kann ein durch die *Name*-Eigenschaft bekanntes Formular oder *ActiveForm* verwendet werden.

Mit dem Schlüsselwort *TypeOf* können Sie in der Folge feststellen, welchen Typ das aktive Steuerelement hat.

```
If TypeOf ActiveControl Is TextBox Then ...
```

Der Zugriff auf alle geöffneten Formulare

Im Beispielprogramm ist das Kommando ALLE FENSTER IN ICONS VERKLEINERN vorgesehen, mit dem sämtliche aktiven Fenster in Icons verkleinert werden. Die Möglichkeit, auf alle Fenster von einem zentralem Ort im Programm zuzugreifen, erfolgt über die Aufzählungseigenschaft ***Forms***.

Forms.Count gibt an, wieviel Visual-Basic-Formulare zur Zeit geöffnet sind (egal ob sichtbar oder nicht). Dabei werden alle Formulare gleichrangig gezählt, also MDI-Haupt- und Subfenster sowie normale Fenster. *Forms(i)* enthält den Verweis auf alle Formulare, wobei *i* den Wertebereich zwischen 0 und *Forms.Count-1* umfaßt.

In der Prozedur *MenuFenster_Click* sollen alle Subfenster in Icons verkleinert werden. Damit nicht auch das Hauptfenster verkleinert wird (oder andere Visual-Basic-Fenster), muß bei jedem Fenster getestet werden, ob es vom Typ *Form1* (*Name*-Eigenschaft der Subfenster) ist.

```
' alle offenen Fenster in Icons verkleinern
Sub MenuFenster_Click()
  Dim i%
  For i = 0 To Forms.Count - 1
    If TypeOf Forms(i) Is Form1 Then Forms(i).WindowState = 1
  Next i
End Sub
```

Analog zu *Forms* existiert auch die Aufzählungseigenschaft ***Controls*** zum Zugriff auf alle Steuerelemente innerhalb eines Formulars. Deren Anzahl kann erwartungsgemäß mit *Formularname.Controls.Count* ermittel werden.

ANMERKUNG

Ein Umstand bereitet bei der MDI-Programmierung manchmal Verständnisprobleme: MDI-Subfenster (also die *Kinder*) existieren in mehreren Instanzen. Jedesmal, wenn ein neues Subfenster geöffnet wird, legt Visual Basic ein neues Objekt (eine neue Instanz) an, das sämtliche Variablen, Eigenschaften etc. enthält, und zwar unabhängig von den anderen Subfenstern. Obwohl der Code für das MDI-Subfenster nur einmal existiert – die in diesem Formular genannten Variablen existieren mehrfach und werden über die Formularvariable bzw. über *Forms(n)* angesprochen.

Beispielprogramm: Variante 2 mit einem Collection-Objekt

In der ersten Variante des MDI-Beispielprogramms erfolgte der Zugriff auf alle geöffneten Sub-Fenster über *Forms(n)*. Für manche Anwendungen – insbesondere wenn eine Menge unterschiedlicher Fenstertypen existieren – ist es aber wünschenswert, wenn auf alle Subfenster über ein globales Feld oder über eine globale *Collection* zugegriffen werden kann. (Das folgende Beispielprogramm basiert auf einer *Collection*.)

Der einzige Nachteil: In *Collections* können keine eigenen Datentypen gespeichert werden. Daher muß statt eines Datentyps mit Verwaltungsinformationen gleich eine eigene Klasse definiert werden. Das ist aber weniger schlimm, als Sie vielleicht befürchten: Um die Funktionalität eines Datentyps in einer Klasse nachzubilden, müssen Sie lediglich ein Klassenmodul einfügen und dort die für das Fenster spezifischen Daten als globale Variablen deklarieren. (Klassemodule erlauben es zwar auch, Eigenschaftsprozeduren, eigene Methoden, private Variablen etc. zu definieren. Das ist für dieses Beispiel aber nicht notwendig.)

Auch wenn der Programmcode zunehmend eleganter wird (oder zumindest stärker objektorientiert), verteilt er sich auch auf immer mehr Einzeldateien, was die Übersichtlichkeit nicht eben fördert. Der Code in den einzelnen Dateien ist aber immerhin sehr kurz.

`MDI2module.bas`	Definition einer globalen Variable für die *Collection*
`MDI2class.cls`	Definition einer Klasse mit den für das Fenster spezifischen Daten
`MDI2main.frm`	Formular für das MDI-Hauptfenster
`MDI2sub.frm`	Formular für das MDI-Subfenster

Modul MDI2module.bas

```
' Beispielprogramm Oberfläche\MDI2module.bas
Public fcol As New Collection
```

Klasse MDI2class.cls (Klassenname fdata)

```
' Beispielprogramm Oberfläche\MDI2class.cls
' fdata-Klasse definieren (besteht nur aus einem öffentlichen
'   Datenelement, kann aber beliebig erweitert werden)
Public fenster As Form
```

Formular MDI2main.frm

Beim Öffnen eines neuen Fensters wird in *fd* eine neue Objektvariable der *fdata*-Klasse erzeugt. In dieser Variable wird der Objektverweis auf das neue Fenster gespeichert. Als Zugriffsschlüssel für die *Collection*-Elemente wird ein einfacher Zähler verwendet, der bei jedem neuen Fenster um den Wert eins erhöht wird. Damit dieser Schlüssel auch im Code des jeweiligen MDI-Subfensters zur Verfügung steht, wird er in der *Tag*-Eigenschaft des Formulars gespeichert.

Der Zähler wird absichtlich beim Löschen von Fenstern nicht verkleinert. Auf diese Weise wird sichergestellt, daß es auch beim Einfügen und Löschen von MDI-Fenstern in beliebiger Reihenfolge nicht vorkommen kann, daß für zwei *Collection*-Elemente derselbe Zugriffsschlüssel verwendet wird.

```
' Beispielprogramm Oberfläche\MDI2main.frm (Collection-Variante)
Dim zaehler
Option Explicit
' neues MDI-Fenster erzeugen
Sub MenuDateiNeu_Click()
  Dim fd As New fdata              'neues fdata-Objekt
  Set fd.fenster = New Form1       'neues MDI-Subfenster
  zaehler = zaehler + 1
  fd.fenster.Tag = zaehler         'eindeutiger Handle
  fd.fenster.Caption = "MDI-Fenster " & zaehler
  fd.fenster.Show
  fcol.Add fd, fd.fenster.Tag      'in Collection aufnehmen
End Sub
```

Der Zugriff auf alle geöffneten Fenster ist jetzt denkbar einfach:

```
' alle offenen Fenster in Icons verkleinern
Private Sub MenuFenster_Click(Index As Integer)
  Dim fd As fdata
  For Each fd In fcol
    fd.fenster.WindowState = vbMinimized
  Next fd
End Sub
```

Formular MDI2sub.frm

```
' Beispielprogramm Oberfläche\MDI2sub.frm
' Farbe für MDI-Sub-Fenster
Private Sub Form_Load()
  Randomize
  BackColor = QBColor(Int(Rnd * 16))
End Sub
' fdata-Variable aus Collection entfernen
Sub Form_Unload(Cancel As Integer)
   fcol.Remove Tag
End Sub
```

Menüs, Buttonleiste und Statuszeile in MDI-Programmen

Die Programmierung einer Symbol- und Statusleiste mit den *ToolBar-* und *StatusBar-*Steuerelementen wurde bereits auf den Seiten 274 und 280 behandelt. Informationen zum Aufbau und zur Verwaltung von Menüs folgen auf Seite 445.

MDI-Programmentwicklung mit dem Anwendungsassistenten

Einer der schnellsten Wege zu einem MDI-Programm führt über den Anwendungsassistenten. Dieses Visual-Basic-AddIn erzeugt nach wenigen Mausklicks ein MDI-Haupt- und Subformular samt Menüs, Symbolleiste und dem elementaren Verwaltungscode. Der Zugriff auf die MDI-Subfenster erfolgt über *Forms(n)*, d.h., es wird keine *Collection* angelegt.

Syntaxzusammenfassung

h steht als Abkürzung für ein MDI-Hauptfenster, *s* für ein MDI-Subfenster.

MDI-Formulare	
h.ScrollBars	im MDI-Hauptfenster Bildlaufleisten anzeigen (*True/False*)
Dim s As New subformname	neues MDI-Subfenster erzeugen
h.ActiveForm	aktives MDI-Subfenster
h.ActiveControl	aktives Steuerelement im aktiven Subfenster
h.Arrange n	MDI-Subfenster anordnen (*vbArrangeIcons, vbCascade, vbTileHorizontal, vbTileVertical*)
s.Unload	MDI-Subfenster schließen
Forms.Count	Anzahl aller geöffneten Fenster (Haupt- und Subfenster)
Forms(n)	Zugriff auf diese Fenster

10.3 Mehrfachinstanzen von Formularen

Obwohl Programme mit Mehrfachinstanzen rein äußerlich wenig Gemeinsamkeiten mit MDI-Programmen haben, verhalten sie sich intern doch ganz ähnlich. Der wesentliche Unterschied besteht in der Steuerung der Fenstervervielfachung. Bei MDI-Programmen wird durch ein Menükommando im Hauptfenster ein neues Subfenster erzeugt. In Programmen mit Mehrfachinstanzen gibt es die Trennung zwischen Haupt- und Subfenster nicht mehr, daher muß das Mehrfachinstanzenformular selbst die Möglichkeit bieten, eine neue Instanz zu bilden.

Eine Instanz ist im Prinzip das gleiche wie ein MDI-Subfenster: die Kopie eines Formulars. Dabei ist zu beachten, daß das leere Formular, so wie es in der Entwurfsphase definiert wurde, kopiert wird. Wenn im Programm die erste Instanz des Programms verschiedene Eigenschaften verändert, werden diese Änderungen beim Erzeugen einer neuen Instanz nicht übernommen. Das Erstellen einer neuen Instanz erfolgt wie in MDI-Programmen durch die Anweisung:

```
Dim f As New Form1  'neue Instanz von Form1
f.Show              'Laden und Anzeigen der neuen Instanz
```

f enthält jetzt einen Verweis auf ein neues Formular. (Wenn Sie *Dim* ohne *New* ausgeführt hätten, würde *f* lediglich auf das vorhandene Formular verweisen, es wäre kein neues Formular erzeugt worden.) Zum Löschen / Entfernen von Formular-Instanzen muß die Methode *Unload* verwendet werden.

```
Unload f: Set f = Nothing          'Formularinstanz löschen
Unload Me    'Formular, dessen Code ausgeführt wird, löschen
```

VERWEIS

Das Erzeugen neuer Instanzen ist nur bei Formularen möglich, nicht aber bei Steuerelementen. Mechanismen zum dynamischen Verändern der Steuerelemente in einem Formular sind auf Seite 426 beschrieben.

Das in Bild 10.10 dargestellte Beispielprogramm demonstriert die Vorgehensweise bei der Programmierung von Mehrfachinstanzen: Das Formular besteht nur aus zwei Buttons. Jedesmal, wenn der Button NEUES FENSTER angeklickt wird, erzeugt das Programm eine neue Instanz (mit einer neuen, zufälligen Hintergrundfarbe). Das Programm hat damit eine ähnliche Funktionalität wie das erste MDI-Beispielprogramm.

Bild 10.10: Mehrfachinstanzen-Beispielprogramm

```
' Beispielprogramm Oberfläche\MultiInstanz.frm
Option Explicit
' neues Formular erzeugen
Private Sub Command1_Click()
  Dim F As New Form1   ' Definiert eine Form-Variable
  F.Move Left + (Width \ 10), Top + (Height \ 10)
  F.Show          ' Laden und anzeigen der neuen Instanz
End Sub
Private Sub Form_Load()
  Randomize
  BackColor = QBColor(Int(Rnd * 16))
End Sub
' Programmende
Private Sub Command2_Click()
  End
End Sub
```

Beachten Sie bitte, daß hier ein und derselbe Programmcode (etwa die Prozedur *Command1_Click*) für mehrere Formulare gleichzeitig verwendet wird! Visual Basic greift im Programmcode automatisch auf die zum jeweiligen Formular gehörenden Daten (Steuerelemente) zu.

Feststellen, ob ein Programm mehrfach gestartet wurde

Von Mehrfachinstanzen von Programmen spricht man auch in einem anderen Zusammenhang: Nämlich dann, wenn ein Programm mehrfach gestartet wurde. Auch in diesem Fall liegt das Programm in mehreren Instanzen vor, allerdings besteht im Gegensatz zu den obigen Beispielen keine unmittelbare Kommunikation zwischen diesen Instanzen, es existieren keine gemeinsamen Variablen etc.

Sie können sofort nach dem Start eines Programms in *Form_Load* mit der Eigenschaft ***PrevInstance*** des ***App***-Objekts feststellen, ob das Programm bereits früher gestartet wurde:

```
Sub FormLoad ()
  If App.PrevInstance Then
    MsgBox "Programm läuft schon!"
  End If
End Sub
```

Wenn es nicht sinnvoll ist, daß das Programm zweimal läuft, können Sie das schon laufenden Programm mit *AppActivate* (siehe Seite 667) aktivieren und das neu gestartete Programm sofort wieder beenden.

10.4 Menüs

Wenige Elemente von Visual Basic weisen soviel Konstanz auf wie die Erzeugung und Verwaltung von Menüs: Seit Version 1 hat sich nichts wesentliches geändert. Die in vielen Programmen üblichen Gestaltungsmerkmale (Menüeinträge in verschiedenen Schriftarten, Menüeinträge mit Grafiken, Veränderung des Systemmenüs etc.) können nur unter Verwendung von API-Funktionen realisiert werden. Die in der Visual-Basic-Entwicklungsumgebung bzw. im Office-97-Paket eingeführten neuen *CommandBar*-Menüs, bei denen Menüs und Symbolleisten durch ein einheitliches Konzept verwaltet werden, stehen unter Visual Basic überhaupt nicht zur Verfügung. Der Menüeditor wirkt auch schon ziemlich betagt, die mangelhafte Bedienung wurde nie verbessert. Mit anderen Worten: Was Menüs betrifft, hinkt Visual Basic dem aktuellen Stand der Dinge ziemlich hinter her.

10.4.1 Grundlagen

Um ein Visual-Basic-Programm mit einer Menüleiste auszustatten, sind grundsätzlich zwei Schritte notwendig:

- die Gestaltung des Menüs im Menüeditor und
- die Reaktion auf eine Menüauswahl in den zugeordneten Ereignisprozeduren.

Menüs entwerfen

Das Menüeditor wird nach Anklicken des jeweiligen Formulars mit EXTRAS | MENÜ-EDITOR aufgerufen. Der Entwurf eines neuen Menüs beginnt damit, daß Sie sich passende Bezeichnungen für die Einträge in der Menüleiste und den dazugehörenden Pulldownmenüs überlegen. Falls Ihr Programm mit anderen Windows-Programmen vergleichbar ist, sollten Sie versuchen, ähnliche Bezeichnungen wie in diesen Programmen zu verwenden. Für den Benutzer ist es angenehm, wenn sich beispielsweise die Kommandos zum Laden und Speichern von Daten bei allen Programmen im DATEI-Menü befinden.

Tragen Sie die Menütexte im Textfeld *Caption* ein. Verwenden Sie dabei das Zeichen & zur Kennzeichnung des Alt-Buchstabens, um dem Benutzer eine bequeme Menüauswahl mit Alt+Anfangsbuchstabe zu ermöglichen.

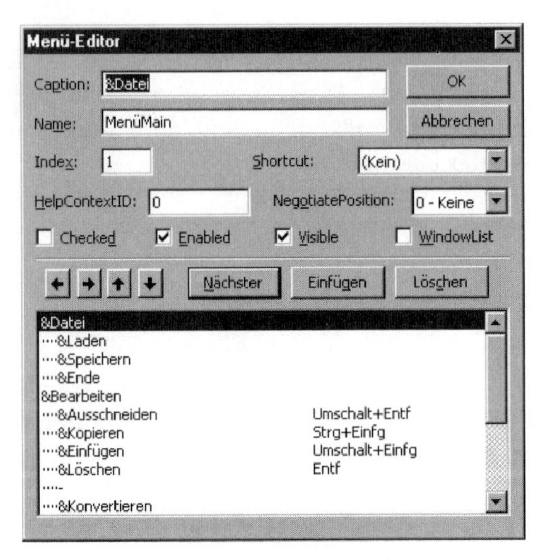

Bild 10.11: Der Menüeditor

Im Textfeld *Name* müssen Sie die interne Bezeichnung der Menüeinträge eingeben. Diese Bezeichnungen benötigen Sie zur Reaktion auf Menüereignisse. Die *Name*-Eigenschaft bestimmt wie bei anderen Steuerelementen den Namen der Ereignisprozedur. Logisch zusammengehörende Menüelemente, d.h. die Einträge der Menüleiste, die Einträge eines Pulldownmenüs, die Einträge eines Submenüs etc. dürfen die gleiche *Name*-Bezeichnung haben; die Einträge müssen sich dann allerdings durch unterschiedliche *Index*-Werte unterscheiden.

HINWEIS

Alle Menüeinträge müssen eine *Name*-Bezeichnung besitzen. Gleichlautende *Name*-Bezeichnungen für Menüeintragsfelder sind nur innerhalb zusammengehörender Menüelemente erlaubt! Die Indexzahlen müssen in aufsteigender Reihenfolge vergeben werden, es sind aber Lücken zwischen den Indexzahlen erlaubt.

Die beiden Buttons ← und → erlauben es, einzelne Menüeinträge ein- und wieder auszurücken. Auf diese Weise wird die Struktur des Menüs festgelegt: Nicht eingerückte Texte bilden die Menüleiste, einfach eingerückte Texte bilden die Pulldownmenüs zu den oberhalb stehenden Menüeinträgen, zweifach eingerückte Texte bilden Submenüs zu einzelnen Einträgen des Pulldownmenüs etc. Das Prinzip wird in den beiden folgenden Abbildungen gut ersichtlich.

Mit den Buttons ↑ und ↓ können Sie einzelne Menüeinträge innerhalb der Liste verschieben (um so die Struktur des Menüs zu verändern). Damit können Sie beispielsweise einen Menüeintrag, den Sie zuerst relativ weit unten vorgesehen haben, weiter nach oben rücken.

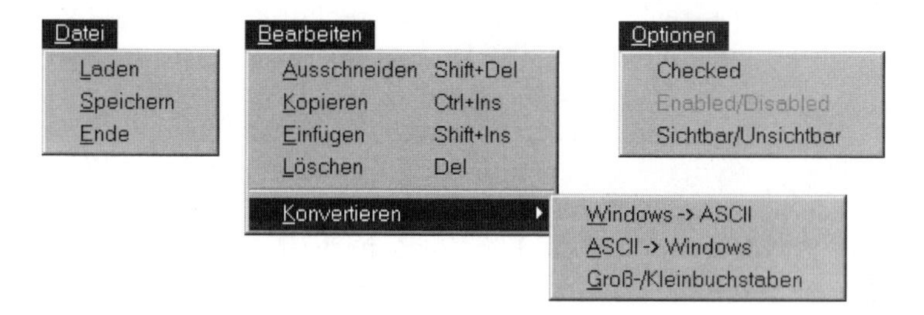

Bild 10.12: Die zu Bild 10.11 gehörenden Menüs

Tastaturabkürzungen im Menüeditor

Return	bewegt den Eingabecursor zum nächsten Menüeintrag
Alt+R	Abkürzung für den Pfeilbutton → zum Einrücken von Menüeinträgen (nach rechts)
Alt+L	Abkürzung für den Pfeilbutton ← zum Ausrücken von Menüeinträgen (nach links)
Alt+U	Abkürzung für den Pfeilbutton ↓ zum Verschieben von Menüeinträgen nach unten

Eigenschaften von Menüeinträgen

Caption	Menütext.
Name	Interne Bezeichnung des Menüeintrags (für die Ereignisprozedur).

Index	Zur Unterscheidung mehrerer Menüeinträge mit gleicher *Name*-Eigenschaft.
Enabled	Wenn diese Eigenschaft auf *False* gestellt wird, kann der Menüeintrag nicht ausgewählt werden und wird in grauer Schrift dargestellt.
Visible	Wenn diese Eigenschaft auf *False* gestellt wird, bleibt der Menüeintrag unsichtbar. (Für den Benutzer sieht es so aus, als würde dieser Menüeintrag gar nicht existieren.)
Checked	Wenn diese Eigenschaft aktiviert wird (das ist normalerweise nicht der Fall), wird links neben dem Menüeintrag ein Auswahlhäkchen dargestellt, um so zu signalisieren, daß diese Einstellung aktiviert wurde.
Shortcut	Mit dem Listenfeld kann den Menüeinträgen (zusätzlich zu den unterstrichenen Alt-Buchstaben) ein Tastenkürzel gegeben werden, mit dem eine sofortige Menüauswahl ohne vorheriges Anklicken der Menüleiste möglich ist. Wenn der Benutzer die entsprechende Tastenkombination drückt, wird ein *Click*-Ereignis wie bei einer Menüauswahl mit der Maus gemeldet. Als Tastenkürzel kommen die Funktionstasten (auch zusammen mit Shift und / oder Strg) sowie Strg+Anfangsbuchstabe in Frage. Das Tastenkürzel kann nur während des Menüentwurfs eingestellt werden (im Gegensatz zu den meisten anderen Eigenschaften, die auch während des Programmablaufs verändert werden können).
HelpContextID	Verweis auf die Position innerhalb des Hilfetexts, der Informationen zum Menüeintrag enthält (siehe Seite 671 zur Programmierung eines Online-Hilfe-Systems).
WindowList	Wenn die Eigenschaft aktiv ist, wird an dieser Stelle im Menü eine Liste mit allen geöffneten MDI-Subfenstern angezeigt.
NegotiatePosition	Gibt an, welche Teile des Menüs auch dann sichtbar bleiben, wenn im Formular das Menü eines aktivierten OLE-Objekts angezeigt wird. *NegotiatePosition* ermöglicht es beispielsweise, daß das DATEI-Menü links und das HILFE-Menü rechts vom OLE-Menü angezeigt wird.

Gliederungslinien

Umfangreiche Menüs sollten mit Gliederungslinien in logische Gruppen unterteilt werden. Sehen Sie sich beispielsweise das DATEI-Menü von Visual Basic an: Dort wird zwischen Menüeinträgen zur Bearbeitung ganzer Projekte, solchen zur Bearbeitung einzelner Dateien und Menüeinträgen für sonstige Aufgaben unterschieden. Um eine Gliederungslinie einzufügen, geben Sie für den *Caption*-Text das Zeichen - ein. Beachten Sie, daß Sie auch bei Gliederungslinien einen *Name*-Text angeben müssen, auch wenn die zugeordnete Ereignisprozedur nicht aufgerufen werden kann.

10.4.2 Programmiertechniken

Menüs im Programm verwalten

Bei Menüeinträgen gibt es (im Gegensatz zu allen anderen Steuerelementen) nur ein einziges Ereignis, nämlich *Click*. Dieses Ereignis tritt auch auf, wenn der Benutzer ein Tastenkürzel zur Menüauswahl verwendet. Im Programmcode zum Formular ist für jede im Menü verwendete *Name*-Bezeichnung eine eigene Ereignisprozedur *name_-Click* vorgesehen. Wenn beim Menüentwurf für mehrere Menüelemente eine gemeinsame *Name*-Bezeichnung verwendet wurde, dann wird an die Ereignisprozedur ein *Index*-Parameter übergeben, der ausgewertet werden muß.

Die Namensgebung ist somit für die Menüauswertung von großer Bedeutung. Sie können jedem Menüeintrag eine eigene *Name*-Bezeichnung geben und damit Mehrdeutigkeiten vermeiden. Allerdings haben Sie dann bei umfangreichen Menüs zahllose Ereignisprozeduren, der Programmcode wird eher unübersichtlich. Um das Schema einer Menüverwaltung zu demonstrieren, wird nochmals das Beispielmenü aus Bild 10.12 herangezogen. In diesem Menü wurden folgende *Name*- und *Index*-Eigenschaften vergeben:

Caption	***Name***	***Index***
Datei	*MenüMain*	1
Laden	*MenüDateiLaden*	kein Index
Speichern	*MenüDateiSpeichern*	kein Index
Ende	*MenüDateiEnde*	kein Index
Bearbeiten	*MenüMain*	2
Ausschneiden	*MenüBearbeiten*	1
Kopieren	*MenüBearbeiten*	2
Einfügen	*MenüBearbeiten*	3
Löschen	*MenüBearbeiten*	4
–	*MenüBearbeiten*	5
Block konvertieren	*MenüBearbeiten*	6
Windows -> ASCII	*MenüBearbeitenKonvertieren*	1
ASCII -> Windows	*MenüBearbeitenKonvertieren*	2
Groß- / Kleinbuchstaben	*MenüBearbeitenKonvertieren*	3
Optionen	*MenüMain*	3
Checked	*MenüChecked*	kein Index
Enabled / Disabled	*MenüEnable*	kein Index
VisibleInvisible	*MenüVisible*	kein Index

Demzufolge sind im Programmcodefenster folgende Ereignisprozeduren zur Reaktion auf die Menüauswahl vorgesehen:

```
Private Sub MenüMain_Click(Index)
```

```
Private Sub MenüDateiLaden_Click()
Private Sub MenüDateiSpeichern_Click()
Private Sub MenüDateiEnde_Click()
Private Sub MenüBearbeiten_Click(Index)
Private Sub MenüBearbeitenKonvertieren_Click(Index)
Private Sub MenüChecked_Click()
Private Sub MenüEnable_Click()
Private Sub MenüVisible_Click()
```

Die Ereignisprozedur *MenuMain_Click* wird immer dann aufgerufen, wenn ein Eintrag der Menüleiste mit der Maus angeklickt wird. Da in diesem Fall automatisch das entsprechende Pulldownmenü erscheint, ist keine Reaktion auf dieses Ereignis notwendig. Sie können diese Ereignisprozedur im Programm einfach ignorieren.

Beispielprogramm Menü

Einige Codebeispiele finden Sie im folgenden Beispielprogramm, das hier nur ausschnittsweise abgedruckt ist. *MenüBearbeitenKonvertieren_Click* ist eine typische Ereignisprozedur zur Reaktion auf die Auswahl zusammengehörender Menüeinträge.

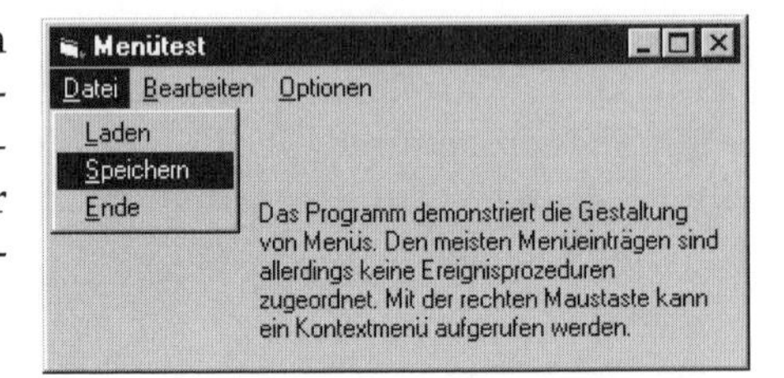

Bild 10.13: Menü-Beispielprogramm

```
' Beispielprogramm Oberfläche\Menü.frm
Private Sub MenüBearbeitenKonvertieren_Click(Index As Integer)
  Const ConvertToAscii = 1, ConvertToWindows = 2, _
        ConvertUpperLower = 3
  Cls
  Select Case Index
  Case ConvertToAscii
    Print "Konvertierung Windows->ASCII"
  Case ConvertToWindows
    Print "Konvertierung ASCII->Windows"
  Case ConvertUpperLower
    Print "Konvertierung Groß/Klein"
  End Select
End Sub
```

Informationen zum Menüeintrag in der Statuszeile anzeigen

Bei vielen Programmen, die mit einer Statuszeile ausgestattet sind, wird ein kurzer Hilfetext zum gerade ausgewählten Menüeintrag angezeigt. Diese Texte sind vor allem für noch ungeübte Nutzer sehr hilfreich. In Visual Basic existiert leider keine

Möglichkeit festzustellen, ob der Nutzer des Programms gerade eine Menüauswahl tätigt und welchen Menüeintrag er gerade ausgewählt hat. Aus diesem Grund ist eine Anzeige von Infotexten in der Statuszeile nicht möglich. Sie können aber immerhin für jeden Menüeintrag die *HelpContextID*-Eigenschaft einstellen und (nach dem Drücken von F1) einen passenden Hilfetext anzeigen (siehe auch Seite 680).

Menüeinträge im Programm verändern

Bei manchen Programmen ist es sinnvoll, die Eigenschaften oder auch den Text von Menüeinträgen während des Programmablaufs zu ändern. In einem Textverarbeitungsprogramm mit den Menüeinträgen TEXT LINKSBÜNDIG FORMATIEREN, RECHTSBÜNDIG, ZENTRIERT oder BLOCKSATZ könnten Sie neben dem zuletzt ausgewählten Eintrag ein Auswahlhäkchen stellen. Der Programmteil für diese vier Menüeinträge könnte etwa so aussehen:

```
Sub MenüModus(Index As Integer)
  Dim i
  Select Case Index
  Case 1 To 4
    For i=1 To 4                   'alle Auswahlhäkchen
      MenuModus(i).Checked=0       'löschen
    Next i
    MenuModus(Index).Checked=-1    'Häkchen setzen
    AusrichtungsModus Index
  Case 5
    ' ..
  End Select
End Sub
```

In der Schleife werden die *Checked*-Eigenschaften aller vier fraglichen Menüeinträge gelöscht, anschließend wird diese Eigenschaft für den zuletzt ausgewählten Eintrag *MenuModus(Index)* wieder gesetzt. Im Unterprogramm *AusrichtungsModus* wird der neue Modus für die Ausrichtung des Texts gespeichert; der Text wird gegebenenfalls neu formatiert.

Menüs vor deren Auswahl einstellen

Menüs enthalten häufig Kommandos, die nur in bestimmten Situationen verwendet werden können. Beispielsweise ist das Kommando SPEICHERN nur dann sinnvoll, wenn vorher Daten geladen wurden. Wenn das Kommando zur Zeit nicht ausgeführt werden kann, dann sollte der Menüeintrag durch eine graue Schrift markiert, seine *Enabled*-Eigenschaft also auf *False* gesetzt werden.

Sie können das Menü unmittelbar vor der Auswahl noch verändern, wenn Sie auf das *Click*-Ereignis des entsprechenden Eintrags in der Menüleiste reagieren. Das Beispiel unten setzt ein Mini-Menü voraus: In der Menüleiste befindet sich der Text DATEI

(*Name*-Eigenschaft *MenuDatei*), als einziger Menüeintrag im dazugehörenden Menü ist SPEICHERN vorgesehen (*Name*-Eigenschaft *MenuSpeichern*). Der Menüeintrag ist nur dann aktiv, wenn das Textfeld *Text1* mindestens ein Zeichen enthält:

```
Sub MenuDatei_Click()
  If Len(Text1.Text) > 0 Then
    MenuSpeichern.Enabled = True
  Else
    MenuSpeichern.Enabled = False
  End If
End Sub
```

Die gleiche Vorgehensweise können Sie auch wählen, wenn Sie die Kommandos zur Bedienung der Zwischenablage nur dann als aktiv kennzeichnen möchten, wenn gerade Daten markiert sind bzw. sich in der Zwischenablage befinden.

Menüs im Programm dynamisch erweitern

Im vorherigen Abschnitt wurden Möglichkeiten zur Veränderung bereits vorhandener Menüeinträge besprochen. In Visual Basic können Sie aber auch während des Programmablaufs neue Menüeinträge hinzufügen bzw. wieder aus dem Menü löschen. Die einzige Voraussetzung besteht darin, daß Sie bereits beim Menüentwurf für den betroffenen Eintrag einen *Index*-Wert angeben, so daß das Menü von Visual Basic wie ein Steuerelementfeld behandelt wird.

Im Programmcode können Sie dann einzelne Menüeinträge mit dem Befehl ***Load*** hinzufügen bzw. mit ***Unload*** wieder entfernen. Es können nur dynamisch mit *Load* erzeugte Menüeinträge entfernt werden, nicht aber solche Menüeinträge, die bereits im Menüeditor angelegt wurden. Bei *Load* werden alle Eigenschaften des vorigen Menüeintrags übernommen. Wenn Sie einzelne Eigenschaften (beispielsweise den dargestellten Text) ändern möchten, müssen Sie die dazu notwendigen Anweisungen im Programmcode vorsehen.

Beispielprogramm: Dynamische Menüs

Das Beispielprogramm `DynamicMenü` wird beim Programmstart mit einem Mini-Menü ausgestattet (nämlich den beiden Einträgen TEXT WECHSELN und TEXT 1). Wenn der Benutzer den Button MENÜ ERWEITERN anklickt, wird in der Ereignisprozedur *Command1_Click* ein zusätzlicher Menüeintrag hinzugefügt, beim Anklicken des Buttons MENÜ REDUZIEREN wird der letzte Menüeintrag wieder entfernt.

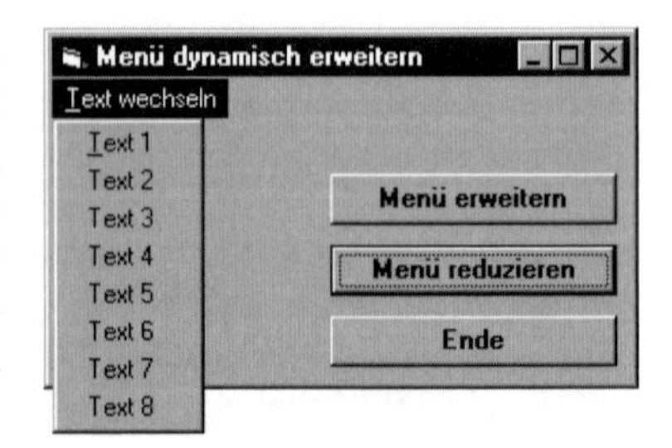

Bild 10.14: Menüs dynamisch erweitern

```
' Beispielprogramm Oberfläche\DynamicMenü.frm
Dim anzahl   'Anzahl der Menüeinträge
' Programmstart
Private Sub Form_Load()
  anzahl = 1
End Sub
' Menü erweitern
Private Sub Command1_Click()
  anzahl = anzahl + 1
  Load MenuText(anzahl)
  MenuText(anzahl).Caption = "Text" + Str$(anzahl)
End Sub
' Menü verkleinern
Private Sub Command2_Click()
  If anzahl <= 1 Then Exit Sub
  Unload MenuText(anzahl)
  anzahl = anzahl - 1
End Sub
' Ende
Private Sub Command3_Click()
  End
End Sub
```

Kontextmenüs (Popupmenüs)

In Visual Basic können Sie grundsätzlich nur ein Menü definieren, dessen sichtbaren Elemente am oberen Fensterrand angezeigt werden. Über das Kommando ***PopupMenu*** können Sie einzelne Pulldown- oder Submenüs dieses Hauptmenüs an jedem Ort am Bildschirm anzeigen. Wenn Sie möchten, daß einige Menüeinträge nur als Popupmenü verwendet werden und im normalen Menü nicht aufscheinen sollen, können Sie die *Visible*-Eigenschaft des dazugehörenden Menütitels auf *False* stellen.

Die Anzeige des Popupmenüs an einem beliebigen Ort am Bildschirm erfolgt über die Methode *PopupMenu*. Die einfachste Variante des Menüaufrufs sieht folgendermaßen aus:

```
PopupMenu menuname
```

Das Menü wird in diesem Fall rechts von der aktuellen Mausposition angezeigt. *menuname* muß den Namen eines Pulldownmenüs (oder eines Submenüs) enthalten. Das Programm ist jetzt bis zum Ende der Menüauswahl blockiert. Wenn eine gültige Menüauswahl getroffen wurde, wird vor der Fortsetzung des Programms in der Zeile unter *PopupMenu* die betreffende Menüereignisprozedur abgearbeitet. Die vollständige Syntax der Methode sieht zahlreiche Einflußmöglichkeiten für den Menüaufruf vor:

```
formular.PopupMenu menuname, flags [, x, y]
```

Mit dem *flags*-Parameter kann das Verhalten und der Erscheinungsort des Menüs variiert werden. Dabei sind folgende Werte (auch in Kombination) erlaubt:

vbPopupMenuLeftAlign	Das Menü erscheint rechts von der aktuellen Mausposition bzw. dem angegebenen Koordinatenpunkt (Normaleinstellung).
vbPopupMenuRightButton	Die Menüauswahl kann auch mit der rechten Maustaste erfolgen.
vbPopupMenuCenterAlign	Das Menü wird horizontal zentriert.
vbPopupMenuRightAlign	Das Menü erscheint links von der Maus bzw. vom Koordinatenpunkt.

Mit der Angabe der Koordinaten *x* und *y* wird das Menü relativ zum linken oberen Eck des angegebenen Formulars plaziert. Die Koordinatenangabe erfolgt im Koordinatensystem des jeweiligen Fensters (*ScaleMode*-Einstellung).

Beispielprogramm: Kontextmenü anzeigen

Das am Beginn dieses Abschnitts schon vorgestellte Beispielprogramm `Menü` enthält auch zwei Ereignisprozeduren zur Anzeige eines Kontextmenüs. Sowohl für das Formular als auch für das darin angezeigte Labelfeld wird beim Anklicken der rechten Maustaste das DATEI-Menü angezeigt. Zur Auswertung der Menüereignisse ist kein weiterer Code erforderlich, auch durch das Popupmenü werden dieselben Prozeduren wie durch das Standardmenü aufgerufen.

Der Aufruf von *PopupMenu* erfolgt sowohl in den *MouseDown*-Ereignisprozeduren, wenn die rechte Maustaste gedrückt wird, als auch in *Form_KeyDown*, wenn die neue Windows-Taste für Kontextmenüs (*KeyCode=93*) gedrückt wird.

```
' Beispielprogramm Oberfläche\Menü.frm
' Kontextmenü anzeigen
Private Sub Form_MouseDown(Button%, Shift%, X!, Y!)
  If Button = vbRightButton Then PopupMenu MenüMain(1)
End Sub
Private Sub Label1_MouseDown(Button%, Shift%, X!, Y!)
  If Button = vbRightButton Then PopupMenu MenüMain(1)
End Sub
Private Sub Form_KeyDown(KeyCode As Integer, Shift As Integer)
  'KeyPreview=True, daher kein Label1_KeyDown erforderlich
  If KeyCode = 93 Then PopupMenu MenüMain(1)
End Sub
```

Menüdefinition in ein neues Formular übernehmen

Menüdefinitionen zu Formularen können nicht wie Steuerelemente über die Zwischenablage zwischen verschiedenen Programmen ausgetauscht werden. Wenn Sie mit erheblichem Aufwand ein Menü entworfen haben und dieses Menü in einem neuen Programm wiederverwenden möchten, bestehen zwei Möglichkeiten. Die eine ist trivial – Sie kopieren die Formulardatei, laden die Kopie mit DATEI HINZUFÜGEN und löschen anschließend alle anderen Steuerelemente aus dem Formular. Diese Vorgehensweise ist nicht mehr möglich, wenn Sie das neue Formular bereits begonnen haben und erst dann erkennen, daß Sie eine Menüleiste verwenden möchten. In diesem Fall laden Sie die alte und die neue Formulardatei in einen Texteditor und kopieren dort jene Zeilen, in denen das Menü definiert wird, von dem einen Text in den anderen. Wenn Sie dabei keine Fehler machen (bewahren Sie sich auf jeden Fall eine Sicherheitskopie auf), erscheint das vollständige Menü beim nächsten Laden des Programms in Visual Basic.

Menüs in MDI-Programme

In MDI-Programmen können sowohl das Hauptfenster als auch die Subfenster (Child-Fenster) mit jeweils eigenen Menüs ausgestattet werden. Die Menüs werden aber in jedem Fall im Hauptfenster angezeigt. Dort ist immer jenes Menü sichtbar, das zum gerade aktuellen Fenster gehört. Das Menü des Hauptfensters kann daher nur verwendet werden, solange kein einziges Subfenster mit einem eigenen Menü geöffnet ist. Aus diesem Grund fällt das Menü für das MDI-Hauptfenster zumeist sehr kurz aus: Es muß nur Einträge zum Laden einer Datei und zum Verlassen des Programms enthalten. Sobald eine Datei geladen wurde, übernimmt ohnedies das zumeist sehr viel umfangreichere Menü eines MDI-Subfensters die Kontrolle.

Das Fenstermenü in MDI-Programmen

MDI-Programme sind normalerweise mit einem FENSTER-Menü ausgestattet, in dem die Titel aller MDI-Subfenster aufgezählt sind. Das Menü ermöglicht so einen bequemen und raschen Wechsel zwischen den Fenstern.

Ein entsprechendes Fenstermenü wird von Visual Basic selbständig verwaltet. Sie müssen lediglich im Menüeditor bei einem Menüeintrag die Eigenschaft *WindowList* aktivieren. Wenn es sich bei dem Menüeintrag um einen Text in der Menüleiste handelt, wird die Fensterliste beim Programmablauf automatisch (nach einer Trennlinie) am Ende des dazugehörenden Pulldownmenüs angezeigt. Handelt es sich dagegen um einen Menüeintrag in einem Pulldownmenü, wird die Fensterliste in einem Submenü dazu angezeigt. Der Unterschied wird in Bild 10.15 ersichtlich.

Abgesehen davon, daß Sie im Menüeditor einmal das *WindowList*-Auswahlkästchen anklicken, brauchen Sie sich um die Fensterliste nicht mehr zu kümmern. Während des Programmablaufs wird nicht nur automatisch die aktuelle Fensterliste angezeigt, das Programm reagiert auch beim Anklicken eines Eintrages dieser Liste automatisch und zeigt das Fenster an. Falls in Ihrem MDI-Programm Haupt- und Subfenster mit eigenen Menüs ausgestattet sind, müssen Sie die *WindowList*-Eigenschaft für einen Menüeintrag des Subfensters aktivieren. (Das Menü des Hauptfensters ist ja nur dann sichtbar, wenn kein Subfenster geöffnet ist – und genau dann ist eine Fensterliste ohnedies überflüssig, weil leer.)

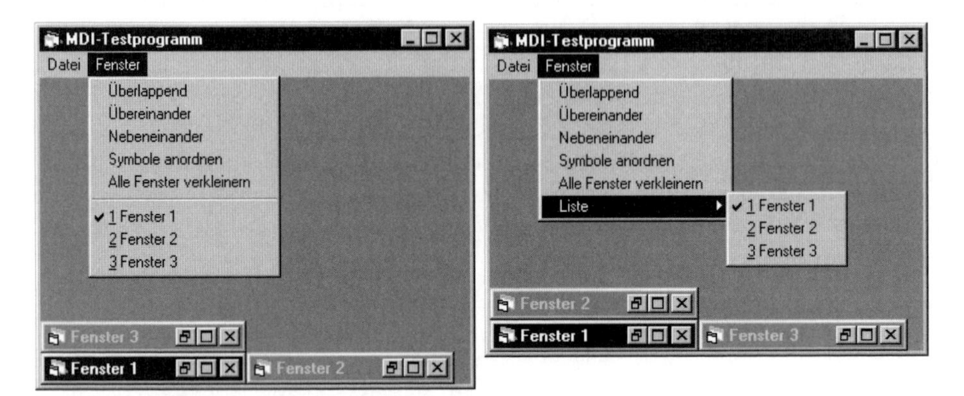

Bild 10.15: Links ist die Eigenschaft WindowList beim Menüeintrag Fenster aktiviert, rechts beim Menüeintrag Liste

10.4.3 Syntaxzusammenfassung

m steht als Abkürzung für einen Menüeintrag (*Name*-Eigenschaft im Menüeditor).

Menüs	
m.Caption	Menütext
m.Enabled	aktiviert (*True* / *False*)
m.Visible	sichtbar (*True* / *False*)
m.Checked	Auswahlhäkchen anzeigen (*True* / *False*)
PopupMenu m, flags	Kontextmenü bei Mausposition anzeigen
Load m(n)	neuen Menüeintrag für Menüeintragsfeld erzeugen
Unload m(n)	Menüeintrag entfernen

11 Grafikprogrammierung

Erläuterungen der Grundlagen und Beispielprogramme wechseln sich in diesem Kapitel ab: Zu den Spezialitäten im Grundlagenbereich zählen unter anderem der Umgang mit GDI-Funktionen sowie detaillierte Informationen zum Arbeiten im 256-Farben-Modus. Die Beispielprograme reizen die Möglichkeiten von Visual Basic aus – etwa bei der Bearbeitung beliebig großer Bitmaps (z.B. 2400*2400 Pixel).

11.1 Grundlagen

Eigene Grafiken können direkt in Formularen oder in Bildfeldern ausgegeben werden. Um Konflikten mit ebenfalls im Formular befindlichen Steuerelementen aus dem Weg zu gehen, enthalten die meisten Grafikprogramme aber ein eigenes Bildfeld, in dem sämtliche Ausgaben stattfinden. Egal, für welche Variante Sie sich entscheiden – praktisch alle in diesem Kapitel beschriebenen Methoden, Eigenschaften und Ereignisse gelten gleichermaßen für Bildfelder und Formulare. Beachten Sie, daß Sie zur Ausgabe in Bildfeldern immer den Namen des Bildfelds voranstellen müssen. Bei Formularen ist diese Angabe nicht notwendig, weil das Formular ohnedies als Defaultobjekt gilt.

11.1.1 Grafikmethoden und -eigenschaften

Eigenschaften

BackColor bestimmt die Hintergrundfarbe eines Formulars. Eine Veränderung der Eigenschaft im Programmcode führt dazu, daß die zur Zeit sichtbare Grafik gelöscht wird. Das Formular und Bildfeld wird mit der neuen Hintergrundfarbe vollkommen ausgefüllt.

ForeColor bestimmt die Zeichenfarbe, die bei der Ausgabe von Grafik oder Text verwendet wird. (Bei einigen Grafikmethoden kann in einem optionalen Parameter ebenfalls eine Zeichenfarbe angegeben werden. Dieser Parameter hat Vorrang gegenüber *ForeColor*.) Beim Zeichnen von Linien oder Punkten wird die nächste volle Farbe verwendet, während beim Füllen von Rechtecken mit *FillColor* auch Mischfarben verwendet werden.

DrawStyle gibt an, wie Linien gezeichnet werden. Folgende Einstellmöglichkeiten kommen in Frage:

vbSolid	normale Linie (Defaulteinstellung); die Linienbreite kann in dieser (und nur in dieser) Einstellung mit *DrawWith* eingestellt werden
vbDash	gestrichelt
vbDot	punktiert
vbDashDot	strichpunktiert
vbDashDotDot	strichpunktiert – • • – • •
vbInvisible	unsichtbar
vbInsideSolid	unsichtbarer Rand, aber Füllmuster im Inneren (bei *Circle* und bei *Line (x,y)-(x,y),,BF*)

DrawWidth bestimmt die Breite von Linien in Pixeln (Default: 1 Pixel). *DrawWidth* wird nur bei *DrawStyle=vbSolid* berücksichtigt.

DrawMode gibt an, wie bereits vorhandene Grafik bei der Ausgabe neuer Grafikobjekte berücksichtigt werden soll. Insgesamt sind 16 Einstellungen möglich, von denen hier aber nur die interessantesten drei aufgezählt werden:

vbCopyPen	transparent zeichnen (das ist die Defaulteinstellung)
vbInvert	Bildschirminhalt invertieren (unabhängig von Zeichenfarbe)
vbXorPen	beim Zeichnen aktuellen Bildinhalt mit *XOr* verknüpfen

FillColor bestimmt die Füllfarbe zum Zeichnen gefüllter Rechtecke oder Ellipsen. Damit die Farbe bei der Ausführung von *Line* und *Circle* berücksichtigt wird, muß auch *FillStyle* eingestellt werden.

FillStyle gibt an, womit Rechtecke oder Ellipsen gefüllt werden. Es bestehen folgende Einstellmöglichkeiten:

vbFSSolid	vollständig mit der durch *FillColor* angegebenen Farbe ausfüllen
vbFSTransparent	nicht ausfüllen (also nur Kreislinie oder Rechteckrahmen zeichnen; Defaulteinstellung)
vbHorizontalLine	mit horizontalen Linien füllen; als Farbe wird die nächste volle Farbe verwendet (während bei *vbFSSolid* auch Mischfarben verwendet werden)
vbVerticalLine	wie oben, aber vertikale Linien
vbUpwardDiagonal	wie oben, aber diagonale Linien nach oben
vbDownwardDiagonal	wie oben, aber diagonale Linien nach unten
vbCross	wie oben, aber Quadratgitter
vbDiagonalCross	wie oben, aber diagonales Quadratgitter

Font verweist auf ein *Font*-Objekt, mit dessen Hilfe alle Merkmale des Zeichensatzes eingestellt werden können – siehe Seite 254. Die Einstellungen gelten für Textausgaben durch *Print*.

Methoden

Angesichts der Fülle von Eigenschaften, die auch noch miteinander kombiniert werden müssen, um ein vernünftiges Ergebnis zu liefern, sieht es bei den Grafikmethoden erstaunlich übersichtlich aus:

Cls	Bildfeld oder Formular löschen (mit Hintergrundfarbe ausfüllen)
PSet *(x,y) [,farbe]*	Punkt zeichnen
Line *(x,y) - (x,y)*	Linie zeichnen
Line *(x,y) - (x,y),,B*	Rechteck (B wie *box*) zeichnen
Line *(x,y) - (x,y),,BF*	gefülltes Rechteck zeichnen (F wie *filled*)
Circle *(x,y),r1 [,r2]*	Kreise oder Ellipsen zeichnen
PaintPicture *quelle,...*	kopiert eine Grafik aus dem Quellobjekt (ein anderes Bildfeld oder eine *Picture*-Objektvariable) in das Bildfeld oder Formular; durch eine Menge weiterer Parameter kann angegeben werden,

	welcher Bereich der Quelle an welchen Ort des Ziels kopiert werden soll; Bitmaps werden dabei gedehnt oder gestreckt
***Print** text*	Textausgabe an der aktuellen Koordinatenposition (kann durch *CurrentX* und *CurrentY* eingestellt werden)
***TextHeight**(str)*	gibt an, wieviel vertikalen Platz die Ausgabe der Zeichenkette *str* durch *Print* beanspruchen würde
***TextWidth**(str)*	wie oben, aber horizontal

Die *Line*- und *Circle*-Methoden weisen noch ein paar optionale Parameter auf, mit denen die Zeichenfarbe und (bei Kreisen und Ellipsen) Start- und Endwinkel angegeben werden können – siehe Online-Hilfe.

HINWEIS

Grafikmethoden können nicht auf Steuerelemente angewendet werden, die im Programmcode mit *With* vorübergehend als Defaultobjekte fixiert wurden. Statt *.Line* muß also immer *bildfeld.Line* geschrieben werden.

Beispiele

Abschließend einige kurze Beispiele, die den Umgang mit den erwähnten Eigenschaften und Methoden demonstrieren: Durch die folgenden Zeilen wird ein mit Farbe gefülltes Rechteck ohne Rand gezeichnet. Beachten Sie, daß die Farbe mit *ForeColor* angegeben werden muß (und nicht mit *FillColor*, die nur für andere *FillStyle*-Einstellungen relevant ist).

```
' Grafik\PaintPicture.frm
DrawStyle = vbInsideSolid  'kein Rand
FillStyle = vbFSSolid      'mit Farbe füllen
ForeColor = RGB(Rnd * 256, Rnd * 256, Rnd * 256)
Line (x0,y0)-(x1,y1), , BF
```

Eine formatierte Textausgabe in Bildfeldern ist zumeist sehr aufwendig. Nachdem die Schrift durch *Font* eingestellt wurde, können die Methoden *TextHeight* und *TextWidth* dazu verwendet werden, um im voraus zu ermitteln, wieviel Platz die Ausgabe in Anspruch nehmen wird (im jeweils gültigen Koordinatensystem). Wenn Sie feststellen, daß die Ausgabe zuviel Platz brauchen würde, können Sie die Zeichenkette verkürzen oder die Schriftgröße verkleinern.

Die folgenden Zeilen zeigen, wie zwei Zeilen Text horizontal und vertikal im Bildfeld *pic* zentriert werden können. Beachten Sie, daß für die zweite Zeile Text *CurrentY* nicht gesetzt werden muß – nach *Print* gibt *CurrentY* das untere Ende der Ausgabe an.

```
Dim txt1$, txt2$, h
txt1 = "Dieser Text"
txt2 = "wird zentriert ausgegeben."
pic.Font.Size = 10 + Rnd * 20
h = pic.TextHeight(txt1) + pic.TextHeight(txt2)
```

```
pic.CurrentX = (pic.ScaleWidth - pic.TextWidth(txt1)) / 2
pic.CurrentY = (pic.ScaleHeight - h) / 2
pic.Print txt1
pic.CurrentX = (pic.ScaleWidth - pic.TextWidth(txt2)) / 2
pic.Print txt2
```

Viele Möglichkeiten bietet das Kommando *PaintPicture*. Sie können damit Teile eines Bildfelds verschieben oder kopieren, und zwar sowohl innerhalb eines Bildfelds als auch zwischen unterschiedlichen Bildfeldern. *PaintPicture* ist mit insgesamt zehn Parametern allerdings nicht ganz einfach zu bedienen. (Sieben der zehn Parameter sind optional.)

```
ziel.PaintPicture quelle, qx, qy, qb, qh, zx, zy, zb, zh, drawmode
```

ziel gibt an, in welches Bildfeld die Ausgabe erfolgen kann. (Als Zielobjekt kann auch *Printer* genannt werden – dann wird die Bitmap ausgedruckt.) *quelle* gibt an, wo die Daten herstammen. Zumeist handelt es sich dabei ebenfalls um ein Bildfeld – dann muß dessen *Image*-Eigenschaft angegeben werden. Als Quelle sind aber auch *Picture*-Variablen möglich.

Wenn ein Bildfeld als Quelle für *PaintPicture* verwendet wird, dann muß *AutoRedraw* auf *True* gesetzt werden!

Die folgenden vier Parameter geben den Quellbereich an, der von *(x,y)* bis *(x+b-1, y+b-1)* reicht. Analog wird in den nächten vier Parametern der Zielbereich angegeben. Wenn die Breite für Quell- und Zielbereich unterschiedlich groß ist, wird die Bitmap verzerrt. Beachten Sie, daß für alle acht Positionsparameter das *ScaleMode*-Koordinatensystem des Zielobjekts gilt!

Im letzten Parameter kann schließlich angegeben werden, auf welche Weise die Quellbitmap mit den Daten im Ziel verknüpft werden soll. Alle 16 möglichen Einstellungen für *DrawMode* sind zulässig. (Wenn auf die Angabe verzichtet wird, wird die Bitmap einfach kopiert.)

11.1.2 Paint-Ereignis, AutoRedraw- und ClipControl-Eigenschaft

Das ***Paint***-Ereignis für Formulare und Bildfelder tritt auf, wenn Teile eines Formulars und Bildfelds neu gezeichnet werden müssen. Das ist am Beginn des Programms der Fall, wenn das Fenster zum ersten Mal erscheint, aber auch, nachdem verdeckte Teile wieder sichtbar werden oder wenn das Fenster vergrößert wurde. Das *Paint*-Ereignis ist nur für eigene Grafikausgaben im Formular oder Bildfeld relevant. Alle anderen Steuerelemente werden von Visual Basic selbständig neu gezeichnet, wenn das erforderlich ist.

Generell dürfen Sie beim Programmieren der *Paint*-Prozedur nicht davon ausgehen, daß der neu zu zeichnende Bereich weiß ist (bzw. die aktuelle Hintergrundfarbe aufweist). Insbesondere nach der Veränderung der Fenstergröße bleibt der bisher sichtbare Bereich erhalten. Wenn sich mit der Fenstergröße auch die Größe der Grafik ändert, müssen Sie das Fenster oder Bildfeld in der *Resize*-Prozedur mit *Cls* löschen und anschließend von der *Resize*-Prozedur die zugehörende *Paint*-Prozedur aufrufen.

ACHTUNG

Im Zusammenhang mit dem ***Resize***-Ereignis ist eine Besonderheit zu beachten: Wenn für ein Steuerelement oder Formular eine *Resize*-Ereignisprozedur existiert *und* wenn in dieser Prozedur der Inhalt des Steuerelements oder Formulars durch eine Grafikmethode (z.B. durch *Cls*) verändert wird, dann verzichtet Visual Basic auf den automatischen Aufruf der *Paint*-Prozedur! In diesem Fall müssen Sie die *Paint*-Prozedur selbst (aus der *Resize*-Prozedur) aufrufen. (Das ist durchaus sinnvoll, andernfalls ließe es sich bei Größenänderungen kaum vermeiden, daß Teile des Formulars oder eines Bildfelds doppelt gezeichnet werden müßten.)

Paint und Resize bei Grafik, die von der Fenstergröße abhängig ist

Das folgende Mini-Programm zeigt das funktionierende Zusammenspiel zwischen der *Resize*- und *Paint*-Prozedur. Im Fenster wird eine Diagonale zwischen dem linken oberen und dem rechten unteren Eck gezeichnet (d.h., Länge und Steigung der Gerade ändern sich mit der Fenstergröße). Um das Zusammenspiel der drei Ereignisprozeduren besser zu dokumentieren, geben beide Prozeduren im Testfenster von Visual Basic Meldungen aus, wenn sie aufgerufen werden.

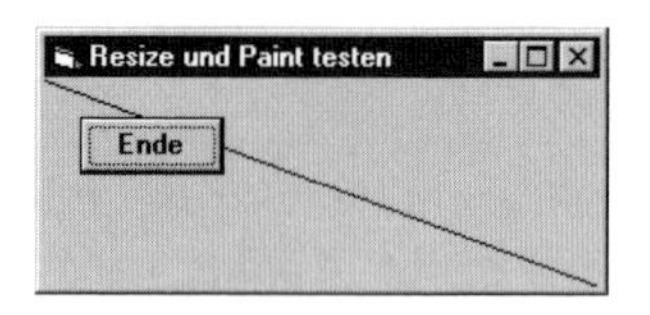

Bild 11.1: Programm zum Paint- und Resize-Test

```
' Beispielprogramm Grafik\Resize1Paint.frm
Option Explicit
Private Sub Form_Paint()
  Debug.Print "Paint"
  Line (0, 0)-(ScaleWidth, ScaleHeight)
End Sub
Private Sub Form_Resize()
  Debug.Print "Resize"
  If WindowState <> vbMinimized Then Cls: Form_Paint
End Sub
```

Paint und Resize bei Grafik, die von der Fenstergröße unabhängig ist

Bei anderen Programmen bleibt der Fensterinhalt dagegen gleich, eine Veränderung der Fenstergröße ändert lediglich den sichtbaren Ausschnitt der Grafik. In diesem Fall wäre die *Cls*-Methode des obigen Programms ungünstig, weil dadurch noch vorhandene Reste der Grafik gelöscht würden. Auf die *Resize*-Prozedur kann ganz verzichtet werden, sofern keine Bildlaufleisten berücksichtigt werden müssen. Ein Beispiel für diesen Ansatz finden Sie einige Absätze weiter unten (Eigenschaft *ClipControl*).

Doppeltes Neuzeichnen vermeiden

Ein Problem, das bei der Programmierung von *Paint*- und *Resize*-Prozeduren häufig auftritt, ist das mehrfache Neuzeichnen des Fensterinhaltes. Dazu kommt es insbesondere dann, wenn Sie innerhalb der *Resize*-Prozedur durch die Veränderung von Eigenschaften (oft unbeabsichtigt) ein *Paint*-Ereignis auslösen.

Abhilfe kann eine generelle Variable *kein_Redraw* schaffen. In der *Paint*-Ereignisprozedur testen Sie den Inhalt dieser Variablen und brechen die Prozedur sofort ab, wenn die Variable den Wert *True* hat. Innerhalb der *Resize*-Prozedur (oder anderer Unterprogramme, in denen Sie Eigenschaften des Formulars oder Bildfelds verändern), setzen Sie diese Variable vor der Veränderung auf *True*. Selbst wenn Visual Basic jetzt die *Paint*-Prozedur aufruft, kommt es zu keinem Neuzeichnen. Am Ende der kritischen Prozedur setzen Sie die Variable wieder auf *False* und rufen anschließend die *Paint*-Prozedur selbst auf.

Die Eigenschaft ClipControls

Unter Clipping versteht man das Herausschneiden einzelner Rechtecke aus einer Fläche. Normalerweise hat ***ClipControls*** den Wert *True*. In diesem Fall gilt immer das gesamte sichtbare Fenster als Zeichenbereich – auch dann, wenn bei einem *Paint*-Ereignis nur ein kleiner Bereich des Fensters neu gezeichnet werden muß.

Das Beispielprogramm demonstriert den Effekt: Im Fenster werden einige Kreise angezeigt, deren Füllmuster einen Farbübergang von Weiß nach Rot vollziehen. Das Neuzeichnen der Kreise dauert relativ lange. Wenn Sie das Fenster nun ein bißchen vergrößern, wird nicht die gesamte Grafik neu gezeichnet, sondern nur der kleine Bereich am Fensterrand, der bisher noch nicht sichtbar war. Bei einer Verkleinerung des Fensters ist ein Neuzeichnen überhaupt überflüssig.

Bild 11.2: ClipControl-Demo

Wenn *ClipControl* auf *False* gesetzt wird, wird eine etwas intelligentere Vorgehensweise gewählt: Sämtliche Zeichenoperationen wirken sich nur auf den Bereich innerhalb des Fensters aus, der tatsächlich neu gezeichnet werden muß. Dieser Bereich ist der Clipping-Bereich während des *Paint*-Ereignisses. Das hat mehrere Vorteile: Zum einen vollzieht sich das Neuzeichnen erheblich schneller (weil nur solche Grafikmethoden ausgeführt werden, die wirklich notwendig sind), zum anderen bleibt der restliche Bereich des Fensters unberührt. Das Flackern während des Löschens und Neuzeichnens nimmt dadurch deutlich ab.

Verändern Sie nun im Eigenschaftsfenster die *ClipControls*-Eigenschaft, und starten Sie das Programm neu – dann sehen Sie, daß das Programm jetzt, vor allem bei kleinen Fensteränderungen, viel schwerfälliger und langsamer reagiert. (*ClipControl* kann im laufenden Programm nicht verändert werden, daher fehlt ein entsprechendes Kontrollkästchen.)

```
' Beispielprogramm Grafik\Resize2Paint.frm
' das Aussehen der Grafik ist von der Fenstergröße unabhängig
Option Explicit
Private Sub Form_Paint()
  Dim i
  For i = 2800 To 100 Step -5
    FillStyle = 0  'Kreise mit Farbe füllen
    DrawStyle = 5  'Kreise ohne Rand
    FillColor = RGB(255, i / 12, i / 12)
    Circle (3000, 3300), i
  Next i
End Sub
```

VORSICHT

ClipControl darf nur dann auf *False* gesetzt werden, wenn der Inhalt des Fensters von dessen Größe unabhängig ist. Andernfalls muß bei jeder Größenänderung der gesamte Fensterinhalt neu gezeichnet werden. Die Einschränkung des Clipping-Gebiets auf die veränderten Bereiche ist dann nicht zulässig und führt zu falsch zusammengesetzten Grafiken!

ClipControl darf nicht auf *False* gesetzt werden, wenn folgende drei Bedingungen zutreffen: das Formular enthält Steuerelemente, das Formular (kein Bildfeld) wird zum Zeichnen verwendet, und der Aufruf von Grafikkommandos erfolgt (auch) durch *Form_Resize*. Bei dieser seltsamen Kombination von Bedingungen kommt es dazu, daß die Steuerelemente im Formular durch die Grafikkommandos überschrieben werden.

Die Eigenschaft AutoRedraw

Bei manchen Grafiken ist das Neuzeichnen des Fensterinhalts mit einem enormen Zeitaufwand verbunden – nämlich dann, wenn der Inhalt der Grafik mit einem aufwendigen Berechnungsprozeß ermittelt werden muß, der einmal berechnete Inhalt aber nicht gespeichert werden kann. Ein sehr drastisches Beispiel dafür ist das Apfelmännchenprogramm am Ende des Kapitels, bei dem Rechenzeiten von mehreren Minuten die Regel sind. In solchen Fällen ist eine Neuberechnung der Grafik bei jedem *Paint*-Ereignis vollkommen unakzeptabel.

Aus diesem Grund bietet Visual Basic die Eigenschaft ***AutoRedraw*** an. Diese Eigenschaft ist normalerweise nicht aktiv. Wenn sie mit dem Wert *True* belegt wird, speichert Visual Basic die Grafik in einer separaten Bitmap ab. Wenn Teile des Fensters neu gezeichnet werden müssen, kopiert Visual Basic automatisch die relevanten Informationen aus der Bitmap. Der Programmierer braucht sich also um fast nichts mehr zu kümmern.

HINWEIS

Objekte mit *AutoRedraw=True* können daher kein *Paint*-Ereignis empfangen! Selbst wenn eine *Paint*-Prozedur existiert, ruft Visual Basic diese Prozedur nicht auf. Sie müssen in der *Resize*-Prozedur selbst dafür sorgen, daß die Grafik am Beginn des Programms bzw. nach Größenänderungen gezeichnet wird.

Bevor Sie jetzt denken, daß mit *AutoRedraw=True* alle Grafikprobleme gelöst sind, sollte Sie berücksichtigen, daß *AutoRedraw*-Bitmaps eine Menge Speicher brauchen (beispielsweise für ein Bildfeld mit 800*600 Punkten bei einem Grafikmodus mit 256 Farben rund 0.5 MByte). Außerdem gibt es andere Nachteile, die gleich beschrieben werden.

Die *AutoRedraw*-Eigenschaft kann sowohl für Formulare als auch für Bildfelder verwendet werden. Bei Formularen veränderlicher Größe wird automatisch eine Bitmap in der Größe des gesamten Bildschirms reserviert, damit die Grafik auch nach einer Verkleinerung des Formulars und einer anschließenden Vergrößerung wieder angezeigt werden kann.

Bei Formularen konstanter Größe (*BorderStyle=vbFixedXxx*) sowie bei Bildfeldern wird die Bitmap exakt in der aktuellen Größe des Objekts angelegt. Wenn sich ein Bildfeld im Verlauf des Programms vergrößert, wird auch die zugeordnete Bitmap automatisch vergrößert. Bei einer Verkleinerung des Bildfelds ist das allerdings nicht der Fall: Die Bitmap behält ihre ursprüngliche Größe. Wenn Sie die Bitmap löschen möchten, führen Sie die *Cls*-Methode aus:

```
Bild1.Cls
```

Bei der Ausführung der nächsten Grafikmethode wird die Bitmap automatisch wieder angelegt – und zwar in der aktuellen Größe des Bildfelds. Wenn Sie die obige Anweisung in der *Resize*-Prozedur Ihres Bildfelds unterbringen, wird die Bitmap bei einer Verkleinerung des Fensters ebenfalls verkleinert. (Allerdings verlieren Sie den bisherigen Inhalt der Bitmap und müssen die Grafik neu aufbauen. Je nach Grafikanwendung ist das bei einem *Resize*-Ereignis ohnedies oft unvermeidbar.)

Nachteile durch AutoRedraw

Beim Zeichnen mit der *AutoRedraw*-Eigenschaft gilt es eine Besonderheit zu beachten: Visual Basic führt sämtliche Grafikmethoden ausschließlich in der Bitmap aus, am Bildschirm sehen Sie vorläufig keine Veränderung. Erst nach Abschluß der Prozedur wird der aktuelle Inhalt der Bitmap in das Fenster kopiert, so daß die Änderungen auch dort sichtbar werden. Das hat zwei Konsequenzen:

- Die Ausgabe wird verlangsamt, weil zusätzlich zum Zeichenvorgang auch noch ein Kopiervorgang notwendig ist.
- Bei aufwendigen Grafiken sieht der Benutzer nichts vom Aufbau dieser Grafik und vermutet, daß der Rechner nichts tut. Bei längeren Berechnungen ist es daher unbedingt notwendig, den Benutzer durch eine Meldung oder durch ein Symbol davon zu informieren, daß die Grafik schon in Arbeit ist: Ändern Sie die Titelzeile des Fensters mit der *Caption*-Eigenschaft, zeigen Sie dort 'Grafik wird gerade berechnet' an, und setzen Sie die *MousePointer*-Eigenschaft auf den Wert 11 (Sanduhr).

Mit der Methode ***Refresh*** können Sie Visual Basic anweisen, den aktuellen Inhalt der Bitmap sofort in das Fenster zu kopieren. Im Prinzip könnten Sie *Refresh* nach jeder Zeichenanweisung ausführen – das würde aber viel zuviel Rechenzeit beanspruchen. Daher müssen Sie einen vernünftigen, Ihrer Grafik angepaßten Kompromiß finden. (Bei einer Grafik, die Punkt für Punkt berechnet wird, könnten Sie *Refresh* beispielsweise nach der Vollendung jeder Zeile oder alle 10 Sekunden ausführen.)

AutoRedraw-Interna (Vordergrund- und Hintergrundgrafik)

Die *AutoRedraw*-Eigenschaft wird normalerweise schon im voraus während des Programmentwurfs eingestellt. Die Eigenschaft kann aber auch im Verlauf des Programms verändert werden:

Wenn die *AutoRedraw*-Eigenschaft von *False* auf *True* gesetzt wird, dann geht die bisherige Grafik verloren. Bei der Ausführung der nächsten Grafikmethode legt Visual Basic eine Bitmap an, führt die Grafikmethode dort aus und kopiert das Ergebnis anschließend in das Bildfeld oder Formular.

Wenn die *AutoRedraw*-Eigenschaft von *True* auf *False* gesetzt wird, bleibt die Bitmap erhalten. Der in der Bitmap gespeicherte, bisher angezeigte Objektinhalt gilt dann als Hintergrund der Grafik. Wenn jetzt *Bild1.Cls* durchgeführt wird, werden alle seit der Änderung von *AutoRedraw* durchgeführten Zeichenoperationen gelöscht, die alte Bitmap wird wieder angezeigt. Sie können diese etwas ungewöhnliche Eigenschaft verwenden, wenn Sie im Hintergrund der Grafik einen Raster, ein Koordinatenkreuz etc. anzeigen möchten, das nach *Cls* automatisch wieder erscheint.

Dieses etwas ungewöhnliche Verhalten von Visual Basic wird verständlicher, wenn Sie wissen, daß Visual Basic in Bildfeldern und Formularen in Wirklichkeit zwei Grafiken verwaltet:

- Die Hintergrundgrafik ist fest vorgegeben (z.B. durch eine Grafik, die während des Formularentwurfs als Einstellung der *Picture*-Eigenschaft geladen wurde, oder eine Grafik, die zuerst mit *AutoRedraw=True* gezeichnet und anschließend mit *AutoRedraw=False* als Hintergrundgrafik fixiert wurde). Wenn Sie die Hintergrundgrafik löschen möchten, müssen Sie folgende Anweisung ausführen:

```
Bild1.Picture = LoadPicture ()
```

- Die Vordergrundgrafik ist variabel, sie wird mit *Cls* oder durch das Verdecken der Grafik gelöscht und muß anschließend (in der *Paint*-Ereignisprozedur) neu gezeichnet werden.

Sehr große AutoRedraw-Bilder

Bildfelder dürfen größer als Formulare (sogar größer als der Bildschirm) sein. Sie werden dann allerdings nur bis zu den Grenzen des Formulars angezeigt. Wenn bei solchen Bildfeldern die *AutoRedraw*-Eigenschaft aktiviert ist, dann wird der Inhalt dieses Bildfelds unabhängig vom tatsächlich sichtbaren Ausschnitt vollständig gespeichert. Mit

```
Bild1.Left = -xoffset
Bild1.Top = -yoffset
```

kann das Bildfeld innerhalb des Formulars nach links oben verschoben werden, so daß Bildteile aus dem rechten unteren Bereich des Bildfelds sichtbar werden.

Durch die Kombination von sehr großen Bildfeldern mit der *AutoRedraw*-Eigenschaft und zwei Bildlaufleisten können Programme zur Bearbeitung und Anzeige von beinahe beliebig großen Bitmap-Grafiken geschrieben werden. Die Vorgehensweise wird auf Seite 484 besprochen.

Datenaustausch über die Zwischenablage

Wenn eigene Grafiken über die Zwischenablage in andere Programme kopiert werden sollen, muß die *AutoRedraw*-Eigenschaft gesetzt sein. Es ist nicht möglich, Grafiken in die Zwischenablage zu kopieren, die nicht in einer eigens dafür reservierten Bitmap stehen. Mehr Informationen zum Datenaustausch über die Zwischenablage und ein (auch aus der Sicht der Grafikprogrammierung) interessantes Beispiel finden Sie auf Seite 581.

Zusammenfassung AutoRedraw

- Visual Basic legt bei der Ausführung der ersten Grafikmethode eine Bitmap an, in der der Objektinhalt gespeichert wird.
- Bei einer Vergrößerung des Objekts wird auch die Bitmap vergrößert, bei einer Verkleinerung behält die Bitmap ihre ursprüngliche Größe.
- Beim Wiedererscheinen verdeckter Teile zeichnet Visual Basic diese Bereiche automatisch neu. Das gilt auch bei der erneuten Vergrößerung eines vorher verkleinerten Objekts, sofern die Bitmap nicht zwischenzeitlich im Programm gelöscht wurde.
- Die *Paint*-Prozedur von Objekten mit der *AutoRedraw*-Eigenschaft wird von Visual Basic nie aufgerufen. Sie müssen in der *Resize*-Prozedur oder in anderen Programmteilen selbst dafür sorgen, daß im Objekt die gewünschte Grafik dargestellt wird.
- Eigene Grafiken können nur in die Zwischenablage kopiert werden, wenn die *AutoRedraw*-Eigenschaft aktiviert ist.
- Die Bitmap kann mit *objekt.Cls* gelöscht werden und wird bei der Ausführung der nächsten Grafikmethode wieder erzeugt.
- Wenn die *AutoRedraw*-Eigenschaft während des Programms deaktiviert (auf *False* gesetzt) wird, gilt der momentane Inhalt der Bitmap von nun an als Hintergrund des Formulars oder des Bildfelds. Wenn das nicht erwünscht ist, müssen Sie die Bitmap vor der Änderung von *AutoRedraw* mit *Cls* löschen.
- Wenn die *AutoRedraw*-Eigenschaft während des Programms eingeschaltet wird (also auf *True* gesetzt wird), geht der aktuelle Inhalt des Fensters oder Formulars verloren.
- Die wesentlichen Nachteile der *AutoRedraw*-Eigenschaft sind: hoher Speicherbedarf, Geschwindigkeitseinbußen beim Neuzeichnen durch ein zusätzliches Kopierkommando von der Bitmap auf den Bildschirm und das schlechtere Feedback, weil Grafiken erst nach ihrer Vollendung bzw. nach der Ausführung von *Refresh* sichtbar werden.

11.1.3 Umgang mit Bitmaps und Icons

Die beiden vorangegangenen Abschnitte und ein Großteil des folgenden Texts beschäftigen sich damit, wie Sie neue Grafiken erstellen und anzeigen können. Manchmal reicht es aber aus, eine fertige Grafik in einem Bildfeld anzuzeigen. Dieser Abschnitt gibt daher einige Informationen zum Laden und Speichern von Grafikdateien und zum Umgang mit Icons. Diese Informationen gelten für alle Steuerelemente, in denen Bitmaps angezeigt werden können. (Seit Version 5 gibt es ja fast kein Steuerelement, in dem Sie nicht auch eine Bitmap anzeigen können. Allerdings lassen diese

Steuerelemente keine Zeichenoperationen zu – die geladene Bitmap kann also nicht verändert werden.)

Bilder in Dateien speichern

Mit dem Befehl ***SavePicture*** speichern Sie den Inhalt eines Bildfeldes oder Formulars in einer Datei. Dabei können Sie wahlweise die *Picture-* oder *Image*-Eigenschaft als Parameter angeben:

```
SavePicture Bild.Image, "test.bmp"
SavePicture Bild.Picture, "test.bmp"
```

Wenn Sie die ***Image***-Eigenschaft angeben, wird die angezeigte starre Hintergrundgrafik oder die in einer eigenen *AutoRedraw*-BitMap gespeicherte Vordergrundgrafik im Bitmap-Format in die angegebene Datei geschrieben. Wenn Sie dagegen die ***Picture***-Eigenschaft angeben, wird die im Hintergrund des Bildes angezeigte Grafik in der angegebenen Datei gespeichert, und zwar im gleichen Datenformat, in dem die Grafik geladen wurde (Icon-, Metafile- oder Windows-Bitmap-Format). Grafikdateien, die als `*.gif` oder als `*.jpg`-Dateien geladen wurden, werden ebenfalls als Windows-Bitmaps gespeichert.

HINWEIS

Die *Picture*-Eigenschaft kann nur während des Formularentwurfs durch *LoadPicture* oder durch *Clipboard.GetData* belegt werden, aber nicht durch Zeichenmethoden wie *Line* verändert werden. Die Zeichenmethoden wirken nur für die Vordergrundgrafik, die wiederum nur über die *Image*-Eigenschaft und nur bei *AutoRedraw=True* gespeichert werden kann. Wenn Sie eigene Grafiken speichern möchten, müssen Sie also unbedingt *AutoRedraw=True* verwenden – trotz aller Nachteile, die sich dadurch ergeben.

Bilder aus Dateien laden

Mit ***LoadPicture*** können Sie Grafiken in den folgenden Formaten laden: `*.ico` (Icons), `*.wmf` und `*.emf` (Metafile-Grafiken), `*.cur` (Maus-Cursor-Dateien) sowie `*.bmp`, `*.rle`, `*.gif` und `*.jpg` (Bitmaps). Die Grafik wird im Hintergrund des Bildfelds oder Formulars angezeigt. Im darüberliegenden Vordergrund können Sie weiterhin mit den normalen Zeichenbefehlen Grafikausgaben durchführen. Wenn Sie *LoadPicture* ohne Parameter verwenden, wird die *Picture*-Eigenschaft gelöscht. (Das ist übrigens die einzige Möglichkeit, Hintergrundgrafiken zu löschen!) Allerdings wird dabei auch eine eventuell vorhandene 256-Farben-Bitmap gelöscht. Damit der 256-Farbenmodus weiter genutzt werden kann, muß diese Bitmap in einem anderem Bildfeld zur Verfügung stehen. Von dort wird sie nach dem Löschen wieder in das Bildfeld kopiert.

```
Bild.Picture = LoadPicture ("test.bmp")     'Bitmap laden
Bild.Picture = LoadPicture ("icon.ico")     'Icon laden
```

```
Bild.Picture = LoadPicture ("metafile.wmf")  'Metafile laden
Bild.Picture = LoadPicture ()                'Bild löschen
```

Mit *LoadPicture* können Sie auch die *Icon*-Eigenschaft von Formularen sowie die *DragIcon*-Eigenschaft aller Steuerelemente verändern:

```
Form.Icon = LoadPicture ("icon.ico")
```

Bei Bildfeldern und Formularen wird durch *LoadPicture* ein *Paint*-Ereignis ausgelöst, weil durch den Befehl auch die angezeigte Vordergrundgrafik gelöscht wird. Bei manchen Anwendungen muß die Vordergrundgrafik jetzt neuerlich über die geladene Hintergrundgrafik gezeichnet werden; bei den meisten anderen Anwendungen ist dieses *Paint*-Ereignis allerdings eher störend.

Größe des Bildfelds automatisch an die Grafik anpassen

Bei Bildfeldern können Sie mit der Eigenschaft ***AutoSize***=*True* bestimmen, daß sich die Bildgröße beim Laden von Grafiken automatisch an die Größe der Bitmap anpaßt. In manchen Programmen ist es darüber hinaus sinnvoll, anschließend auch die Fenstergröße anzupassen. Die Vorgehensweise wird in den Programmzeilen unten gezeigt:

In der Variablen *n* speichern Sie die aktuelle Skalierung (das Koordinatensystem) des Formulars. Anschließend stellen Sie mit *ScaleMode=1* als Koordinateneinheit Twip ein. In *diffb* und *diffh* berechnen Sie die Differenz zwischen den Innen- und den Außenmaßen des Fensters. (Diese Maße sind nicht identisch, weil zu den Außenmaßen auch der Fensterrand, die Titelleiste und das Menü gerechnet wird.) Wenn das Bildfeld den gesamten Innenraum des Fensters füllen soll, dann ergeben sich die Außenmaße des Fensters auf Bildgröße plus *diffb* bzw. *diffh*.

Wenn Ihr Fenster mit einer Menüleiste ausgestattet ist, müssen Sie unbedingt die Reihenfolge wie im Beispiel unten einhalten. Zuerst wird die Fensterbreite eingestellt, anschließend die Höhendifferenz *diffh* berechnet und erst jetzt auch die Fensterhöhe eingestellt. Das ist notwendig, weil sich die Differenz zwischen Fensteraußenhöhe und Fensterinnenhöhe durch die Veränderung der Fensterbreite ändern kann (nämlich dann, wenn die Menüleiste im Fenster plötzlich statt einer Zeile zwei Zeilen beansprucht, weil das Fenster schmaler geworden ist).

```
...
Bild.Picture = LoadPicture(datei$)
n = ScaleMode                'alte Skalierung
ScaleMode = 1                'Größenberechnung in Twip
diffb = Width - ScaleWidth   'Differenz Außenbreite-Innenbreite
Width = Bild.Width + diffb   'neue Fenster-Außenbreite
diffh = Height - ScaleHeight 'Differenz Außenhöhe-Innenhöhe
Height = Bild.Height + diffh 'neue Fenster-Außenhöhe
ScaleMode = n                'wieder alte Skalierung
```

Umgang mit Icons

Icons sind kleine Symbole und werden zur Identifizierung von Programmen, Fenstern, Komponenten etc. verwendet. Dazu muß die Icon-Datei lediglich in die *Icon*-Eigenschaft des Formulars geladen werden. Das kann sowohl im Eigenschaftsfenster als auch durch *LoadPicture* erfolgen. Wenn Sie das Icon im laufenden Programm verändern wollen, können Sie auch einige Bild- oder *Image*-Felder in das Formular einfügen und dorthin Icons laden. Damit diese Icons im Formular nicht angezeigt werden, setzten Sie *Visible* auf *False*. Jetzt können Sie die *Icon*-Eigenschaft ohne Dateioperationen ganz einfach durch die folgende Anweisung ändern:

```
formularname.Icon = bildfeldname.Picture
```

Icons können auch während *Drag-and-Drop*-Operationen dazu verwendet werden, um den gerade stattfindenden Vorgang zu symbolisieren. Dazu weisen Sie der *DragIcon*-Eigenschaft des betroffenen Steuerelements ein Icon zu (dieselbe Vorgehensweise wie oben). Weitere Informationen zum Thema *Drag and Drop* finden Sie auf Seite 552.

Eher selten wird es vorkommen, daß Sie Icons direkt in Bild- oder *Image*-Feldern anzeigen möchten. Dazu sollten Sie *BorderStyle* auf 0 setzen (keine Umrandung). Außerdem ist es zweckmäßig, die Eigenschaft *AutoSize* auf *True* zu setzen. Das Bildfeld paßt sich dann automatisch an die Icon-Größe an. (Beim *Image*-Feld lautet die entsprechende Einstellung *Stretch= False*.)

Icons-Interna

Icons sind nicht einfach kleine Bitmaps! Vielmehr gibt es zwei wesentliche Unterschiede:

- In Icons wird eine Zusatzinformation gespeichert, die angibt, welche Teile des Icons transparent (durchsichtig) sind.
- Icons können intern mehrere Bitmaps in unterschiedlichen Größen und unterschiedlichen Farben enthalten. Beispielsweise enthalten alle Icons im Verzeichnis `Common\Graphics\Icons` zwei unterschiedlich große Bitmaps. (Der Grund: Seit Windows 95 wird das eingestellte Icon auch im linken oberen Eck des Fensters und in der Task-Leiste angezeigt. Die üblicherweise 32*32-Pixel großen Icons werden dabei auf 16*16 Pixel reduziert. Um unabhängig von der aktuellen Icon-Größe und von der am Rechner verfügbaren Farbauswahl eine qualitativ optimale Darstellung zu erzielen, werden eben mehrere Bitmaps gespeichert.)

TIP

Einen (schon etwas betagten) Editor zur Erstellung eigener Icons finden Sie auf der Visual-Basic-CD im Verzeichnis `Common\Tools\Vb\ImagEdit`.

Seit Version 6 wird die Funktion *LoadPicture* dem internen Icon-Format besser gerecht. Beim Laden von Icons kann in optionalen Parametern die gewünschte Größe und

Farbanzahl angegeben werden. Die Funktion wählt dann die am besten geeignete Bitmap aus dem Icon aus:

```
LoadPicture(dateiname, größe, farben [, x, y])
```

Mögliche Werte für *größe* sind *vbLPSmall, vbLPLarge, vbLPSmallShell, vbLPLargeShell* oder *vbLPCustom*. (Welche Größe dann tatsächlich gewählt wird, hängt entweder vom Treiber der Grafikkarte oder von der Systemeinstellung ab. Im Normalfall sind es aber je 16*16 bzw. 32*32 Pixel. Die Parameter *x* und *y* kommen nur bei *vbLPCustom* zur Geltung.) Mögliche Werte für *farben* sind *vbLPDefault, vbLPMonochrome* (2 Farben), *vbLPVGAColor* (16 Farben) oder *vbLPColor* (256 Farben).

Bild 11.3: Ein Icon in zwei Größen

Beispielprogramm

```
' Grafik\LoadIcon.frm
Option Explicit
Private Sub Command1_Click()
  With CommonDialog1
    .CancelError = True
    .DialogTitle = "Icon laden"
    On Error Resume Next
    .ShowOpen
    If Err = 0 Then
      Picture1 = LoadPicture(.FileName, vbLPLarge)
      Picture2 = LoadPicture(.FileName, vbLPSmall)
    End If
  End With
End Sub
```

Die Objekttypen Picture und StdPicture

Manchmal kann es vorkommen, daß Sie eine Bitmap in einer Variablen speichern möchten, ohne dazu ein neues Bild oder *Image*-Feld in Ihr Formular einzufügen. Dazu müssen Sie eine Objektvariable vom Typ ***Picture*** definieren.

```
Dim p As Picture
Set p = Picture1.Picture
```

Wenn Sie dagegen per Programmcode ein neues *Picture*-Objekt erzeugen möchten, müssen Sie den Objekttyp ***StdPicture*** verwenden. Im Prinzip ist das dasselbe wie *Picture,* allerdings die Objektvariable gleich korrekt initialisiert.

```
Dim p As New StdPicture
```

Picture-Objekte zeichnen sich nicht gerade durch sehr viele Eigenschaften oder Methoden aus:

Height / Width	enthält Informationen über die Größe der Bitmap
Type	Grafiktyp (*vbPicTypeNone, vbPicTypeBitmap, vbPicTypeMetafile, vbPicTypeIcon* oder *vbPicTypeEMetafile*)
Render	kopiert Teile des Inhalts des *Picture*-Objekts in ein Bildfeld

Sie können also eine Bitmap in eine *Picture*-Variable laden und anschließend Teile davon mit *Render* in ein Formular oder Bildfeld kopieren. Die umgekehrte Richtung, also das Kopieren von Teilen eines Bildfelds in die *Picture*-Variable, erfolgt mit der Bildfeld-Methode *PaintPicture.*

11.2 Eigene Koordinatensysteme verwenden

Das Standardkoordinatensystem von Visual Basic verwendet die Einheit Twip. Diese Einheit ist auf die durchschnittliche Buchstabengröße bezogen (120 * 240 Twip). Beim Ausdruck entsprechen 567 Twip einem Zentimeter. Am Bildschirm wird dies normalerweise nicht exakt der Fall sein (hängt von Grafikkarte, Grafikmodus und Monitor ab). Die Verwendung von Twip als Maßeinheit hat den Vorteil, daß die Größe und Proportion von Formularen und ihren Steuerelementen unabhängig vom Grafiksystem angegeben werden kann.

So sinnvoll dieses Koordinatensystem für den Entwurf und die Verwaltung von Formularen ist – zum Zeichnen von Grafiken ist es nicht immer optimal. Sie haben aber die Möglichkeit, ein anderes Koordinatensystem zu verwenden. Das gewünschte Koordinatensystem kann für jedes Bildfeld separat und unabhängig von den anderen Bildfeldern eingestellt werden. Sie können auch das Koordinatensystem des Formulars verändern. Diese Änderung gilt dann allerdings nicht nur für *ScaleLeft, ScaleTop, ScaleWidth* und *ScaleHeight* des Formulars, sondern auch für *Left, Top, Width* und *Height* aller Steuerelemente dieses Formulars.

Der Unterschied zwischen den Außenmaßen in *Left, Top* etc. und den skalierten Innenmaßen in *ScaleLeft, ScaleTop* etc. wurde schon auf Seite 406 besprochen. Zur Wiederholung nochmals die beiden wesentlichen Unterschiede:

- Die *ScaleXxx*-Eigenschaften beziehen sich immer auf den Innenbereich des Objekts (bei Formularen unterscheidet sich dessen Größe von den Außenmaßen).
- Eine Veränderung der *ScaleXxx*-Eigenschaften wirkt sich auf das Koordinatensystem aus, während eine Veränderung von *Left, Top* etc. den tatsächlichen Ort und die Größe der Objekte beeinflußt.

Sämtliche Grafikmethoden verwenden das Koordinatensystem, das in den Eigenschaften ***ScaleLeft, ScaleTop, ScaleWidth*** und ***ScaleHeight*** gespeichert wird! Koordinatenangaben erfolgen in Visual Basic grundsätzlich in Fließkommazahlen im *Single*-Format (und nicht, wie in anderen Sprachen üblich, im *Integer*-Format). Sie können also durchaus ein Koordinatensystem definieren, das horizontal und vertikal jeweils von 0 bis 1 reicht, und die Punkte dazwischen mit den Nachkommastellen der Koordinaten ansprechen.

Zur Veränderung des Koordinatensystems bestehen drei Möglichkeiten, die auf den folgenden Seiten im Detail beschrieben werden.

- Sie wählen mit der Eigenschaft *ScaleMode* eines von sieben Standardkoordinatensystemen aus.
- Sie weisen den Eigenschaften *ScaleLeft, ScaleTop, ScaleWidth* und *ScaleHeight* die gewünschten Koordinatenwerte für das linke obere Eck, die Breite und die Höhe zu.
- Sie verwenden die Methode *Scale*, mit der die vier Eigenschaften gleichzeitig eingestellt werden können.

Standardkoordinatensysteme mit der ScaleMode-Eigenschaft einstellen

Der ***ScaleMode***-Eigenschaft können folgende Werte zugewiesen werden:

VbTwips	Twip (Normaleinstellung)
VbPoints	Punkt (ein Punkt entspricht 20 Twip)
VbPixels	Pixel
VbCharacters	Zeichen (als Einheit wird die Größe eines Standardzeichens verwendet, d.h. 120 Twip horizontal, 240 Twip vertikal; beachten Sie, daß damit unterschiedliche vertikale und horizontale Skalierungsfaktoren gelten)
VbInches	logische Inch (ein Inch entspricht 1440 Twip)
VbMillimeters	logische Zentimeter (ein Zentimeter entspricht 567 Twip)
VbCentimeters	logische Millimeter (ein Millimeter entspricht etwa 57 Twip)
VbUser	das Koordinatensystem wurde durch Veränderung von *ScaleXxx* eingestellt (benutzerspezifisches Koordinatensystem)

Am wichtigsten ist sicherlich der Modus *vbPixels*, bei dem die reale Bildschirmgröße als Einheit verwendet wird. Solche Koordinatensysteme müssen verwendet werden, wenn eine Grafik Punkt für Punkt berechnet werden muß (Apfelmännchengrafik, Raytracing), oder wenn Bitmap-Grafiken Punkt für Punkt bearbeitet werden sollen.

Wenn die *ScaleMode*-Eigenschaft verändert wird, setzt Visual Basic die Eigenschaften *ScaleLeft* und *ScaleTop* auf 0. *ScaleWidth* und *ScaleHeight* werden aus der tatsächlichen Objektgröße unter Beachtung des gewünschten Koordinatensystems errechnet.

Koordinatensystem mit den Scale-Eigenschaften einstellen

Mit ***ScaleWidth*** und ***ScaleHeight*** bestimmen Sie die horizontale und vertikale Skalierung der Grafik. *ScaleWidth=100* bedeutet, daß die horizontale Differenz zwischen einem Koordinatenpunkt ganz links und einem zweiten Punkt ganz rechts 100 beträgt.

Mit ***ScaleLeft*** und ***ScaleTop*** bestimmen Sie die Position des Koordinatennullpunkts, ohne die *ScaleWidth*- und *ScaleHeight*-Einstellungen zu verändern. Am leichtesten ist das anhand zweier Beispiele zu verstehen:

```
Bild1.ScaleTop=0
Bild1.ScaleLeft=0
Bild1.ScaleWidth=100
Bild1.ScaleHeight=100
```

Unabhängig von der tatsächlichen Fenstergröße hat der Punkt links oben jetzt die Koordinaten (0,0), der Punkt rechts unten die Koordinaten (100,100). Wenn Sie möchten, daß der Koordinatennullpunkt in der Mitte liegt, verwenden Sie die beiden folgenden Anweisungen:

```
Bild1.ScaleTop=-50
Bild1.ScaleLeft=-50
```

Der Punkt links oben hat jetzt die Koordinaten (-50,-50), der rechte untere Punkt liegt um je 100 Einheiten versetzt bei (50,50), der Mittelpunkt des Bildes liegt bei (0,0).

Koordinatensystem mit der Scale-Methode einstellen

Die Veränderung der vier Eigenschaften *ScaleLeft*, *ScaleTop*, *ScaleWidth* und *ScaleHeight* hat den Vorteil, daß Offset und Skalierung getrennt und ohne Nebenwirkungen auf die jeweils andere Eigenschaft eingestellt werden können. Mit ***Scale*** werden alle vier Eigenschaften zugleich verändert. Als Parameter von *Scale* geben Sie die gewünschten Koordinaten der beiden Eckpunkte links oben und rechts unten ein. Um nochmals das Koordinatensystem (-50,-50) bis (50,50) einzustellen, verwenden Sie einfach die Anweisung:

```
Bild1.Scale (-50,-50)-(50,50)
```

Mathematische Koordinatensysteme definieren

Alle bisherigen Koordinatensysteme wiesen steigende Koordinaten von links nach rechts und von oben nach unten auf. Zur Darstellung mathematischer oder physikalischer Kurven ist aber zumeist erwünscht, daß die vertikale Koordinatenachse nach oben zeigt. Mit Visual Basic kein Problem:

```
Bild1.Scale (-50,50)-(50,-50)
```

ScaleHeight hat jetzt einen negativen Wert (nämlich -100).

Der Einfluß der Objektgröße auf das Koordinatensystem

Bei einer Veränderung der Größe eines Bildfelds oder eines Formulars bleiben die Eigenschaften *ScaleLeft* und *ScaleTop* unverändert. *ScaleWidth* und *ScaleHeight* werden dagegen so verändert, daß die aktuelle Skalierung erhalten bleibt. Wenn Sie unabhängig von der tatsächlichen Objektgröße immer mit einem Koordinatensystem zwischen (0,0) und (100,100) arbeiten möchten, müssen Sie *ScaleWidth* und *ScaleHeight* nach jeder Größenänderung in der *Resize*-Ereignisprozedur erneut mit den Werten 100, 100 belegen.

Koordinatenoffset einstellen

Wenn sehr große Grafiken nicht vollständig in einem Fenster dargestellt werden können, hat der Benutzer normalerweise die Möglichkeit, den sichtbaren Bereich mit Bildlaufleisten oder auf andere Weise einzustellen. Um einen Ausschnitt der Grafik im Fenster darzustellen, der nicht an der Position (0,0) beginnt, müssen Sie bei sämtlichen Grafikanweisungen einen Offset berücksichtigen. Anstatt bei jeder Anweisung eine Berechnung durchzuführen, ändern Sie einfach *ScaleLeft* und *ScaleTop*. Dazu gleich ein Beispiel:

Angenommen, Ihre Grafik hat eine Größe von 1024 * 768 Bildschirmpunkten und Sie verwenden *ScaleMode=vbPixels*. Nun wollen Sie im Fenster den Ausschnitt Ihrer Grafik darstellen, der bei der Koordinatenposition (400,300) beginnt. Dazu sind die beiden folgenden Anweisungen erforderlich:

```
Bild1.ScaleLeft=400
Bild1.ScaleTop=300
```

Damit verschieben Sie sozusagen das Fenster nach rechts unten über die große Grafik. Die Zeichenroutine Ihres Programms ist unverändert. Um einen Kreis um den Punkt (500,400) mit dem Radius 100 zu zeichen, verwenden Sie die *Circle*-Methode:

```
Bild1.Circle (500,400),100
```

Wegen der obigen Einstellung von *ScaleLeft* und *ScaleTop* liegt der Koordinatenpunkt (500,400) jetzt jeweils 100 Punkte vom linken oberen Bildrand entfernt, der Kreis wird also tatsächlich sichtbar.

Koordinatenoffset bei AutoRedraw-Bildfeldern

Bei Bildfeldern mit der *AutoRedraw*-Eigenschaft ist die gesamte Grafik bereits fertig gespeichert. Statt mit *ScaleTop* und *ScaleLeft* das interne Koordinatensystem zu verändern, werden die Eigenschaften *Top* und *Left* neu eingestellt. Damit wird der Ort des Bildfelds im Formular verändert. Diese Vorgehensweise ist zwar mit einigen Schwierigkeiten verbunden, ermöglicht dafür aber die Bearbeitung von beinahe beliebig großen Bitmaps. Ein Beispiel dazu finden Sie im folgenden Abschnitt.

11.3 Bildlaufleisten zur Einstellung des sichtbaren Grafikausschnitts

11.3.1 Grundlagen

Für Bildlaufleisten gibt es grundsätzlich zwei Anwendungszwecke: die bequeme Einstellung von Werten aus einem bestimmten Bereich (z.B. dem Farbanteil zwischen 0 und 255) und die Auswahl des sichtbaren Ausschnitts einer größeren Datenmenge, beispielsweise einer langen Liste, eines umfangreichen Texts oder einer großen Grafik.

Im letzten Fall geht es normalerweise darum, daß eine große Grafik im Fenster nicht vollständig dargestellt werden kann (und eine Verkleinerung der Grafik nicht möglich oder nicht sinnvoll ist). Das Schiebefeld der Bildlaufleisten gibt an, welcher Ausschnitt in Relation zur Gesamtgrafik gerade sichtbar ist: Wenn das Schiebefeld ganz oben ist, dann ist das obere Ende der Grafik zu sehen, wenn es ganz unten steht, das untere Ende. (Eine kurze Einführung in den Umgang mit Bildlaufleisten finden Sie auf Seite 220.)

Ereignisprozeduren

Wenn Sie in einem Programm Bildlaufleisten zur Auswahl des sichtbaren Bereichs einsetzen, sind folgende Programmteile notwendig:

- *Form_Resize*-Prozedur: Bei einer Veränderung der Fenstergröße muß nicht nur das Bildfeld angepaßt werden, Sie müssen auch für die korrekte Position und Größe der Bildlaufleisten sorgen. Wenn das Fenster so groß ist, daß die Grafik in einer oder in beiden Richtungen vollständig darin angezeigt werden kann, sollte die jeweilige Bildlaufleiste ganz verschwinden und das Bildfeld entsprechend größer eingestellt werden. In dieser Ereignisprozedur müssen aber auch die Eigenschaften *Min, Max, SmallChange* und *LargeChange* der Bildlaufleiste für jede Fenstergröße neu eingestellt werden.
- *ScrollBar_Change*-Prozedur: Diese Ereignisprozedur wird von Visual Basic aufgerufen, wenn der Benutzer mit der Maus oder mit der Tastatur die Position des Schiebefelds verändert hat. Die aktuelle Position des Schiebefelds kann der Eigenschaft

Value entnommen werden. Der Programmcode dieser Ereignisprozedur muß ein Neuzeichnen der Grafik veranlassen.

- *ScrollBar_Scroll*-Prozedur: Falls das Neuzeichnen der Grafik so schnell möglich ist, daß es bereits während der Bewegung des Schiebefelds möglich ist, sollten Sie von *ScrollBar_Scroll* in die *ScrollBar_Change*-Prozedur springen.
- *Picture_Paint*-Prozedur: Dort wird die Grafik gezeichnet, wobei die Stellung der Schiebefelder berücksichtigt werden muß.

Die Eigenschaften Min, Max, SmallChange und LargeChange einstellen

Die Eigenschaften *Min*, *Max* und *LargeChange* sind von der jeweiligen Fenstergröße abhängig, also davon, wie groß der im Fenster sichtbare Ausschnitt in Relation zur Gesamtgrafik ist. Am leichtesten ist das anhand eines Beispiels zu verstehen:

Eine Grafik hat eine Höhe von 1000 Punkten, im Bildfeld ist aber nur Platz für 400 Punkte. Die Breite der Grafik wird hier nicht beachtet, für sie gelten aber die gleichen Überlegungen wie für die Höhe. (Wenn Sie in Pixeln rechnen, dann sollten Sie *Scale-Mode=vbPixels* verwenden. Selbstverständlich können Sie ein beliebiges anderes Koordinatensystem verwenden; dann müssen aber auch die erlaubten Werte für die Bildlaufleiste anders eingestellt werden.)

Das Fenster ist also um 600 Punkte zu klein, um die gesamte Grafik anzuzeigen. Damit alle Ausschnitte der Grafik angezeigt werden können, muß der Koordinatenoffset beim Zeichnen zwischen 0 und 600 liegen. Bei einem Koordinatenoffset von 0 wird der oberste Teil der Grafik (die Linien 0 bis 399) angezeigt, bei einem Koordinatenoffset von 600 der unterste Teil der Grafik (die Linien 600 bis 999).

Mit der Bildlaufleiste wird eben dieser Koordinatenoffset eingestellt. Daher sollten die Eigenschaften *Min* und *Max* mit den Werten 0 und 600 belegt werden.

```
ScrollBarV.Min = 0
ScrollBarV.Max = GrafikGesamtGrößeV - Bild.ScaleHeight
```

LargeChange: Beim Anklicken des Bereichs zwischen den Pfeilen und dem Schiebefeld soll der Fensterinhalt normalerweise um eine Bildschirmseite verschoben werden. Eine Bildschirmseite beträgt hier 400 Punkte, der Offset soll sich also jeweils um 400 Punkte verändern, wenn der Bereich zwischen den Pfeilen und dem Schiebefeld angeklickt wird.

SmallChange: Bei der Darstellung von Text muß *SmallChange* so eingestellt werden, daß der Text um eine Zeile nach oben oder nach unten bewegt wird. Bei Grafikanwendungen gibt es keine fixen Regeln, ein vernünftiger Wert ist oft *LargeChange/10*.

```
ScrollBarV.LargeChange = Bild.ScaleHeight
ScrollBarV.SmallChange = ScrollBarV.LargeChange / 10
```

Vor der Berechnung von *Min, Max, SmallChange* und *LargeChange* sollte getestet werden, ob die Bildlaufleiste für die aktuelle Fenstergröße überhaupt noch notwendig ist.

VORSICHT

Durch die Veränderung von *Min* und *Max* kann es zu einem *ScrollBar_Change*-Ereignis kommen – nämlich dann, wenn *Value* größer als die neue Einstellung von *Max* ist. *Value* wird dann automatisch auf den Wert von *Max* verkleinert, wodurch ein *Change*-Ereignis ausgelöst wird. Dieses führt wiederum zum Neuzeichnen der Grafik. Da ein Neuzeichnen nach der Einstellung von *Min, Max, SmallChange* und *LargeChange* in der *Resize*-Prozedur in jedem Fall erfolgt, kommt es jetzt insgesamt zu einem doppelten oder gar dreifachen Neuzeichnen (wenn diese Situation bei beiden Bildlaufleisten auftritt).

Um diesen unerwünschten Effekt zu vermeiden, setzen Sie vor der ersten Veränderung von *Min* oder *Max* eine generelle Variable, etwa *kein_Refresh*, auf *True*. In der *Paint*-Prozedur Ihres Programms testen Sie diese Variable: Wenn sie den Wert *True* hat, verlassen Sie die Prozedur sofort mit *Exit Sub*. Erst nach der vollendeten Einstellung von *Min* und *Max* belegen Sie *kein_Refresh* wieder mit *False*. Sehen Sie sich die Vorgehensweise auch im Beispielprogramm im folgenden Abschnitt an!

Die Auswertung der Value-Eigenschaft in der Paint-Prozedur

In der Prozedur zum Neuzeichnen der Grafik muß die aktuelle Position der Schiebefelder berücksichtig werden. Die Position kann der Eigenschaft *Bildfeld.Value* entnommen werden. Die *Value*-Werte der beiden Bildlaufleisten werden zur Einstellung des Koordinaten-Offsets mit den beiden folgenden Zeilen verwendet.

```
Bild.ScaleLeft=ScrollBarH.Value
Bild.ScaleTop=ScrollBarV.Value
```

Voraussetzung ist, daß das Koordinatensystem des Bildfelds mit dem Wertebereich der Bildlaufleisten übereinstimmt (für dieses Beispiel gilt *Bild.ScaleMode=vbPixels*). Detailliertere Informationen zum Thema Koordinatensysteme finden Sie im vorigen Abschnitt.

HINWEIS

Min, Max, SmallChange und *LargeChange* sind Integerwerte mit einem zulässigen Wertebereich zwischen 0 und 32767. Es ist also nicht möglich, einen Wertebereich zwischen 0 und 1 mit Fließkommazahlen darzustellen.

Eine alternative Vorgehensweise bei der Verwaltung von Bildlaufleisten besteht darin, alle vier Werte bereits während der Programmierung im Einstellungsfeld des Hauptfensters mit fixen Werten zu belegen, z.B. 0, 10000, 500, 2000. Im Programmcode werden diese Werte dann nicht mehr verändert, in der *Paint*-Prozedur für die Grafik muß eine Umrechnung dieses Zahlenbereichs in die tatsächlich benötigten Größen (abhängig von der gerade eingestellten Fenstergröße) erfolgen.

Die Darstellung von *AutoRedraw*-Grafiken, die größer als das Fenster (und unter Umständen auch größer als der gesamte Bildschirm) sind, wird im folgenden Abschnitt ab Seite 484 beschrieben. Es sind einige kleine Tricks notwendig, damit das Bildfeld mit der Bitmap nicht die anderen Steuerelemente des Fensters (insbesondere die Bildlaufleisten) überdeckt.

Tastaturbedienung der Bildlaufleisten

Bildlaufleisten werden wie andere Steuerelemente mit einem blinkenden Eingabecursor (im Schiebefeld) markiert, wenn der Benutzer mehrfach Tab drückt bzw. die Bildlaufleiste mit der Maus anklickt. (Im Windows-Jargon heißt das: Dieses Steuerelement hat den Tastaturfokus, empfängt jetzt also alle Tastaturereignisse dieses Fensters.) Wenn das der Fall ist, kann das Schiebefeld mit den Cursortasten bewegt werden.

Wenn eine Steuerung durch die Cursortasten auch dann funktionieren soll, wenn der Eingabecursor gerade nicht in der jeweiligen Bildlaufleiste steht, ist eine relativ aufwendige Auswertung der Tastaturereignisse des Formulars notwendig (*KeyDown*-Prozedur, siehe Seite 541).

11.3.2 Beispielprogramm: Gitternetz (Grafik mit Bildlaufleisten)

Das Gitternetz-Programm zeichnet eine einfache Grafik in ein Bildfeld mit *AutoRedraw=False*. Die Größe der Grafik ist vom Programm durch zwei Konstanten fix vorgegeben (900 x 700 Punkte). Die beiden Bildlaufleisten verschwinden automatisch, wenn das Fenster so groß ist, daß die gesamte Grafik darin angezeigt werden kann. Die Grafik wird dann in der Fenstermitte zentriert.

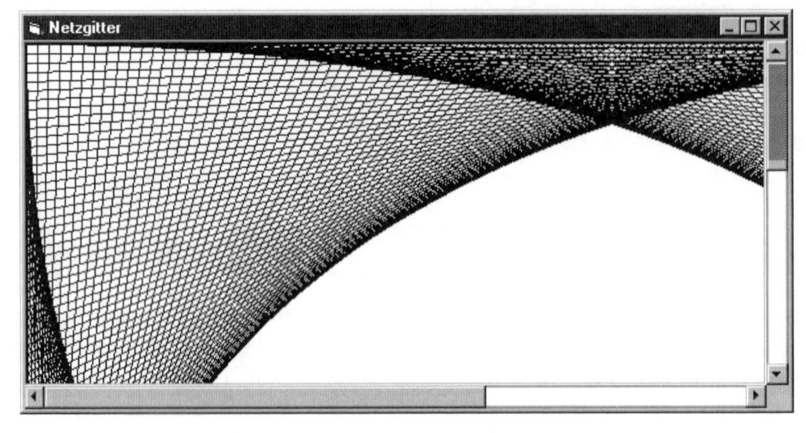

Bild 11.4: Gitternetz-Beispielprogramm

Die Größe des Bildfelds orientiert sich an der Größe des Fensters (nicht an der Größe der Grafik wie im nächsten Beispielprogramm). Bei jeder Scroll-Bewegung muß die gesamte Grafik neu gezeichnet werden, wodurch ein Flimmern auftritt. Dieses Flimmern wäre nur durch die Verwendung von *AutoRedraw=True* zu vermeiden (oder durch geschickte Low-Level-Grafikprogrammierung, die in Visual Basic aber nicht möglich ist).

Der Programmcode beginnt mit einer relativ aufwendigen *Form_Resize*-Prozedur. Dort werden die Bildlaufleisten und das Bildfeld an die aktuelle Fenstergröße angepaßt. Sobald die Fenstergröße ausreicht, um die gesamte Grafik (horizontal oder vertikal) anzuzeigen, werden die entsprechenden Bildlaufleisten unsichtbar gemacht. Zum Abschluß werden in *SetScroll* die Eigenschaften *Min*, *Max* und *LargeChange* an die neue Fenstergröße angepaßt. Schließlich wird durch *Picture1.Refresh* ein Aufruf von *Picture1_Paint* ausgelöst. Beachten Sie, daß sowohl für das Bildfeld als auch für das darunterliegende Formular *ScaleMode=vbPixels* gilt.

```
' Grafik\Gitternetz.frm
Option Explicit
Const sizex = 900, sizey = 700  'Größe der Grafik
Dim kein_Refresh                'vermeidet unnötiges Neuzeichn.
Private Sub Form_Resize()
  If WindowState = vbMinimized Then Exit Sub
  If Width < 3000 Then Width = 3000: Exit Sub
  If Height < 2000 Then Height = 2000: Exit Sub
  ScaleMode = vbPixels
  Picture1.ScaleMode = vbPixels
  'horiz. Schieber
  If ScaleWidth < sizex Then
    HScroll1.Visible = -1
    HScroll1.Top = ScaleHeight - HScroll1.Height
    VScroll1.Height = ScaleHeight - Picture1.Top - HScroll1.Height
    Picture1.Height = ScaleHeight - Picture1.Top - HScroll1.Height
  Else
    HScroll1.Visible = 0
    VScroll1.Height = ScaleHeight - Picture1.Top
    Picture1.Height = ScaleHeight - Picture1.Top
  End If
  'vert. Schieber
  If ScaleHeight < sizey Then
    VScroll1.Visible = -1
    VScroll1.Left = ScaleWidth - VScroll1.Width
    HScroll1.Width = ScaleWidth - VScroll1.Width
    Picture1.Width = ScaleWidth - VScroll1.Width
  Else
    VScroll1.Visible = 0
```

```
    HScroll1.Width = ScaleWidth
    Picture1.Width = ScaleWidth
  End If
  SetScroll
  Picture1.Refresh
End Sub
```

In *SetScroll* werden die zulässigen Wertebereiche der Bildlaufleisten so eingestellt, daß damit ein Offsetwert zwischen 0 und *GrafikGröße-FensterGröße* eingestellt werden kann. Dabei wird die Variable *kein_Refresh* auf *True* gesetzt. Der Grund: durch die Veränderung der Eigenschaften der Bildlaufleisten kann es zu einem *Change*-Ereignis kommen. In den zugeordneten Ereignisprozeduren wird *Picture1.Refresh* ausgeführt, und es käme zu einem mehrfachen Neuzeichnen des Fensterinhalts. Daher wird in *Picture1_Paint* als erstes diese Variable abgefragt und die Prozedur gegebenenfalls sofort wieder verlassen.

```
Private Sub SetScroll()
  kein_Refresh = True
  ' der
  If Picture1.ScaleWidth < sizex Then
    HScroll1.Min = 0
    HScroll1.Max = sizex - Picture1.ScaleWidth
    HScroll1.LargeChange = Picture1.ScaleWidth
    HScroll1.SmallChange = HScroll1.LargeChange / 10
  Else
    HScroll1.Value = 0
  End If
  If Picture1.ScaleHeight < sizey Then
    VScroll1.Min = 0
    VScroll1.Max = sizey - Picture1.ScaleHeight
    VScroll1.LargeChange = Picture1.ScaleHeight
    VScroll1.SmallChange = VScroll1.LargeChange / 10
  Else
    VScroll1.Value = 0
  End If
  kein_Refresh = False
End Sub
```

Die eigentliche Ausgabe der Grafik erfolgt in *Picture1_Paint*. Innerhalb der Schleife werden alle Linien im Koordinatenbereich zwischen (0,0) und (*sizex, sizey*) gezeichnet. Der Grund, daß je nach eingestelltem Bildausschnitt unterschiedliche Teile der Grafiken sichtbar werden, liegt in der Einstellung des Koordinatenoffsets durch die Eigenschaften *ScaleLeft* und *ScaleTop*.

```
Private Sub Picture1_Paint()
  Dim i
  If kein_Refresh Then Exit Sub
  ' sichtbaren Ausschnitt einstellen
  If HScroll1.Visible Then
    Picture1.ScaleLeft = HScroll1.Value
  Else
    ' wenn genug Platz: Grafik zentrieren
    Picture1.ScaleLeft = -(Picture1.Width - sizex) / 2
  End If
  If VScroll1.Visible Then
    Picture1.ScaleTop = VScroll1.Value
  Else
    Picture1.ScaleTop = -(Picture1.Height - sizey) / 2
  End If
  For i = 0 To 1 Step 0.01
    Picture1.Line (sizex * i, 0)-(sizex, sizey * i)
    Picture1.Line (sizex * i, 0)-(0, sizey * (1 - i))
    Picture1.Line (sizex * i, sizey)-(0, sizey * i)
    Picture1.Line (sizex * i, sizey)-(sizex, sizey * (1 - i))
  Next i
End Sub
```

Keinen aufregenden Code enthalten die Ereignisprozeduren für die beiden Bildlaufleisten:

```
Private Sub HScroll1_Change()
  Picture1.Refresh
End Sub
Private Sub HScroll1_Scroll()
  Picture1.Refresh
End Sub
Private Sub VScroll1_Change()
  Picture1.Refresh
End Sub
Private Sub VScroll1_Scroll()
  Picture1.Refresh
End Sub
```

11.3.3 Beispielprogramm: KingSize (Bitmaps ohne Größenbeschränkung)

Angenommen, Sie möchten einen Grafikeditor schreiben, mit dem Sie beliebig große Bitmaps bearbeiten können; oder Sie möchten das am Ende dieses Kapitels vorgestellte Apfelmännchenprogramm so erweitern, so daß es auch Grafiken berechnet, die größer als der Bildschirm sind – in beiden Fällen benötigen Sie ein Bildfeld zur Anzeige der Grafik, in der die Eigenschaft *AutoRedraw* aktiviert ist. Außerdem benötigt das Programm zwei Bildlaufleisten, damit der sichtbare Ausschnitt im Fenster angezeigt werden kann. Das Problem bei solchen Programmen liegt darin, daß das Bildfeld größer als das Fenster sein muß, um die Riesengrafik zu speichern. Wenn Sie im Formular einfach das Bildfeld und die Bildlaufleisten anordnen, wird das Bildfeld die Bildlaufleisten oft überdecken, das Programm ist unbrauchbar.

Aus diesem Grund müssen Sie bei der Formulargestaltung einen kleinen Trick anwenden: Sie fügen zuerst ein Bildfeld ein, das im Beispielprogramm unten die Bezeichnung *Fenster* trägt. Nun klicken Sie dieses Bildfeld mit der Maus an und fügen ein weiteres Bildfeld in das markierte Bildfeld ein. Dieses innere Bildfeld hat im Beispielprogramm die Bezeichnung *Bild*.

Das äußere Bildfeld wirkt nun auf das innere Bildfeld wie ein Fenster. Selbst wenn das innere Bildfeld größer als das äußere Bildfeld ist, sehen Sie nur den Bereich, der durch das Fenster sozusagen durchsichtig ist.

Sie können jetzt dem inneren Bildfeld die Eigenschaft *AutoRedraw* geben und seine Größe beinahe beliebig einstellen. Die Eigenschaften *Left* und *Top* des Bildfelds dürfen auch negative Werte enthalten. Wenn Sie diese Eigenschaften entsprechend verändern, wird die Grafik scheinbar im Fenster verschoben. Damit ist das Ziel auch schon erreicht: die Anzeige einer beliebig großen Grafik in einem Fenster.

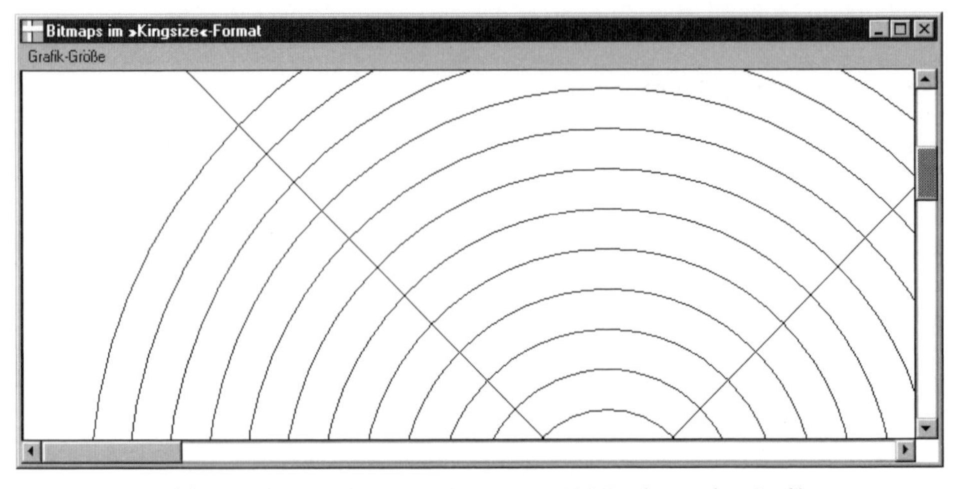

*Bild 11.5: Ein Ausschnitt aus einer 1200*1200 Punkte großen Grafik*

Die Bedienung des Beispielprogramms

Wenn Sie das Beispielprogramm `Kingsize` starten, wird ein Fenster geöffnet und darin eine 1200*1200 Punkte große Grafik dargestellt. Die Grafik besteht aus einigen konzentrischen Kreisen und zwei Linien zwischen den Eckpunkten der Grafik. Über den Menüeintrag GRAFIK-GRÖßE können Sie nun die Größe dieser Grafik im Bereich zwischen 300*300 und 2400*2400 Punkten in insgesamt acht Schritten einstellen. (Eine Bitmap mit 2400*2400 Punkten bei 256 Farben beansprucht immerhin 5.76 MByte.)

Der Aufbau des Beispielprogramms

Zuerst einige Anmerkungen zu den Eigenschaften der Steuerelemente im Formular: Bei den Bildlaufleisten ist der zulässige Wertebereich zwischen 0 und 1000 fix eingestellt. *SmallChange* und *LargeChange* sind ebenfalls starr auf die Werte 200 bzw. 20 eingestellt. Im gesamten Formular erfolgen alle Koordinatenangaben in Pixeln, d.h., *ScaleMode* ist sowohl für das Formular als auch für die beiden Bildfelder auf *vbPixels* gestellt. Für das innere Bildfeld, in dem die Grafik angezeigt wird, gilt *AutoRedraw=True*.

Der Programmablauf beginnt in *Form_Load*, wo die Grafikgröße mit 1200*1200 Punkten fixiert und sofort gezeichnet wird. In *Form_Resize* wird die Größe des Fenster-Bildfelds an die tatsächliche Fenstergröße angepaßt, und die Schiebebalken werden neu positioniert (wenn sie überhaupt noch notwendig sind). Beachten Sie bitte, daß die Größe des Bildfelds nicht mit der Fenstergröße verändert wird: Dessen Größe ist nur von der voreingestellten Größe der Grafik abhängig.

In *Ausschnitt_Wählen* wird der sichtbare Ausschnitt in Abhängigkeit von der Einstellung der Bildlaufleisten verändert. Dazu müssen lediglich die *Left*- und *Top*-Eigenschaften des Bildfelds verändert werden – das Bildfeld wird scheinbar unter dem Fensterfeld bewegt. Bei modernen Grafikkarten erfolgt das fast verzögerungsfrei.

Die Menükommandos zur Veränderung der Grafikgröße werden in *MenuGröße_Click* verarbeitet. Dort wird die alte Grafik gelöscht und eine neue Bitmap in der gewünschten Größe angefordert. Wenn es dabei zu Schwierigkeiten kommt (was dank der Swapping-Funktionen von Windows 95 und Windows NT aber unwahrscheinlich ist), startet das Programm in der Fehlerbehandlungsroutine automatisch einen neuen Versuch mit der nächstkleineren Grafikgröße.

```
' Beispielprogramm Grafike\KingSize.frm
DefLng A-Z
Dim sizex, sizey
 'Programmstart
Private Sub Form_Load()
  sizex = 1200: sizey = 1200
  Bild.Width = sizex: Bild.Height = sizey
  Zeichne_Grafik
End Sub
```

```
' Veränderung der Fenstergröße: testen, ob Bildlaufleisten
' überhaupt noch erforderlich sind; Größe des Steuerelemente
' an Fenstergröße anpassen
Private Sub Form_Resize()
  If ScaleWidth >= sizex Then
    HLauf.Visible = False
  Else
    HLauf.Visible = True
  End If
  If ScaleHeight >= sizey Then
    VLauf.Visible = False
  Else
    VLauf.Visible = True
  End If
  b = ScaleWidth: h = ScaleHeight
  If VLauf.Visible Then b = b - VLauf.Width
  If HLauf.Visible Then h = h - HLauf.Height
  Fenster.Width = b: Fenster.Height = h
  HLauf.Move 0, h, b, HLauf.Height
  VLauf.Move b, 0, VLauf.Width, h
  Ausschnitt_Wählen  'sichtbaren Bildausschnitt verändern
End Sub
' Programmende
Private Sub MenüEnde_Click()
  End
End Sub
' Veränderung der Bildlaufleisten
Private Sub HLauf_Change()
  Ausschnitt_Wählen
End Sub
Private Sub HLauf_Scroll()
  Ausschnitt_Wählen
End Sub
Private Sub VLauf_Change()
  Ausschnitt_Wählen
End Sub
Private Sub VLauf_Scroll()
  Ausschnitt_Wählen
End Sub
' Veränderung der Grafikgröße (mit 'intelligenter'
' Fehlerroutine)
Private Sub MenuGröße_Click(Index As Integer)
Noch_Ein_Versuch:
  For i = 1 To 8: MenuGröße(i).Checked = 0: Next
```

```
  MenuGröße(Index).Checked = -1
  sizex = Index * 300: sizey = sizex
  Bild.Cls
  On Error GoTo Zu_Groß
  Bild.Width = sizex: Bild.Height = sizey
  Form_Resize
  Zeichne_Grafik
  Exit Sub
Zu_Groß:
  If Index = 1 Then
    MsgBox "Viel zu wenig Speicher, Ende!"
    End
  Else
    MsgBox "Zu wenig Speicher, die Grafikgröße wird reduziert!"
    Index = Index - 1
    Resume Noch_Ein_Versuch
  End If
End Sub
' Grafik zeichnen (wegen AutoRedraw nur einmal bzw. nach Veränderung
' der Bildgröße notwendig)
Private Sub Zeichne_Grafik()
  Bild.Line (0, 0)-(sizex, sizey)
  Bild.Line (0, sizey)-(sizex, 0)
  For i = 10 To sizex / 2.1 Step sizex / 30
    Bild.Circle (sizex / 2, sizey / 2), i
  Next i
End Sub
' Left- und Top-Koordinate des Bildfelds je nach Einstellung der
' Bildlaufleisten einstellen
Private Sub Ausschnitt_Wählen()
  If Fenster.Width > sizex Then
    Bild.Left = 0
  Else
    Bild.Left = -(sizex - Fenster.Width) * HLauf.Value / 1000
  End If
  If Fenster.Height > sizey Then
    Bild.Top = 0
  Else
    Bild.Top = -(sizey - Fenster.Height) * VLauf.Value / 1000
  End If
End Sub
```

11.4 Aufruf von GDI-Funktionen

In Visual Basic stehen nur sehr wenige der unter Windows definierten Grafikfunktionen zur Verfügung. Dieses Kapitel zeigt anhand einiger Beispiele, wie GDI-Funktionen unter Visual Basic genützt werden können. (GDI steht für Graphics Device Interface und meint den Teil der Betriebssystemfunktionen, die mit der Ausgabe am Bildschirm bzw. am Drucker zu tun haben.)

Die Eigenschaften des Grafiksystems ermitteln

In Grafikprogrammen ist es oft zweckmäßig, zuerst die Eigenschaften des Grafiksystems festzustellen und die Grafikausgaben dann entsprechend zu optimieren. Das gilt insbesondere für den 256-Farbenmodus, dessen Programmierung von allen anderen Farbmodi abweicht. Der Aufruf der *GetDeviceCaps*-Funktion zur Ermittlung der Daten der Grafikkarte sieht folgendermaßen aus:

```
ergebnis = GetDeviceCaps(DC, info_nummer)
```

Die Funktion ermittelt für die angegebene *info_nummer* den aktuellen Wert (bzw. 0, wenn diese Eigenschaft nicht unterstützt wird). Anbei die wichtigsten *info_nummer*n und das ermittelte Ergebnis:

info_nummer	Ergebnis
8	Anzahl der horizontalen Bildschirmpunkte
10	Anzahl der vertikalen Bildschirmpunkte
12	Anzahl der Bit pro Pixel
14	Anzahl der Planes (Farbebenen)
24	Anzahl der Farben
104	Größe der physikalischen Palette
108	Anzahl der Bit pro Farbton

Die Interpretation der Farbinformationen ist allerdings nicht ganz einfach. Die Ergebnisse entsprechen nicht immer der in der Windows-Dokumentation angegebenen Bedeutung. Anbei die empirisch ermittelten Ergebnisse:

Modus	Farben	Planes	Palette	Bits pro Farbton	Bits pro Pixel
SW-Modus	2	1	0	0	1
16-Farben-Modus	16	4	0	0	1
256 Farben-Modus	20	1	256	18	8
32768 Farben (HiColor)	-1	1	0	0	16
256^3 Farben (True Color)	-1	1	0	0	24

Im 256-Farbenmodus werden von Windows nur 16 Farben (bzw. die 20 Systemfarben von Windows) unterstützt. Solange keine eigene Farbpalette verwendet wird, liefert

GetDeviceCaps daher als Farbanzahl nur den Wert 20 zurück, während die physikalisch in der VGA-Karte vorhandene Farbpalette 256 Farben darstellen kann. Die Zahl der Bit pro Farbton (18) deutet an, daß 2^{18} verschiedene Farben dargestellt werden können.

Gefüllte Polygone

Mit der *Line*-Methode von Visual Basic können Sie zwar gefüllte Rechtecke zeichnen, aber sobald Sie ein mit einem Muster gefülltes Dreieck zeichnen möchten, suchen Sie vergebens nach geeigneten Visual-Basic-Methoden. Dieser Mangel läßt sich mit der Polygon-Funktion leicht beheben. Der Aufruf dieser Funktion in Visual Basic sieht folgendermaßen aus:

```
Polygon DC, Punkte(0), anzahl
```

An die Funktion wird als erster Parameter wiederum der *Device Context* übergeben. Der zweite Parameter zeigt auf ein Feld des Datentyps *POINTAPI*, der folgendermaßen definiert ist:

```
Type POINTAPI        'für die Polygon-Funktion
  x As Long
  y As Long
End Type
```

Um ein Feld dieses Typs an eine DLL-Funktion zu übergeben, wird einfach das erste Feldelement (*element(0)*) als Parameter angegeben. (Visual Basic übergibt die Adresse dieses Elements, so daß die GDI-Funktion auch auf die weiteren Feldelemente zugreifen kann.) Der letzte Parameter gibt die Anzahl der Punkte im Koordinatenfeld an.

Wenn das Vieleck nicht geschlossen ist (d.h., wenn die Koordinaten des ersten und des letzten Punkts nicht identisch sind), verbindet die Funktion diese Koordinatenpunkte selbständig. Das Vieleck wird mit dem durch *FillStyle* und *FillColor* eingestellten Muster gefüllt. Wenn sich die Linien des Vielecks überlappen, bleiben im Inneren des Vielecks einige Bereiche weiß.

VORSICHT

GDI-Funktionen erwarten Koordinatenangaben prinzipiell in Bildschirmpixeln und nicht in der Einheit Twip, die in Visual Basic normalerweise verwendet wird. Um bequemer mit GDI-Funktionen arbeiten zu können, sollten Sie das Koordinatensystem des Formulars oder Bildfelds ebenfalls auf Bildschirmpixel umstellen: *Picture1.ScaleMode=vbPixels*

Beliebige Formen mit Muster füllen (FloodFill)

Mit der oben vorgestellten Polygonfunktion haben Sie zwar die Möglichkeit, eckige Formen bequem zu füllen. Wenn Sie allerdings ein Kreissegment oder andere Formen mit einer unregelmäßigen Begrenzung mit einem Muster füllen möchten, hilft auch diese Funktion nicht weiter. Statt dessen setzen Sie die Funktion *FloodFill* ein:

```
ExtFloodFill DC, x, y, farbe, modus
```

An die Funktion wird neben dem *Device Context* der Koordinatenpunkt übergeben, bei dem der Füllvorgang beginnt. Bei modus=0 füllt die Funktion ausgehend von diesem Punkt alle angrenzenden Punkte mit dem durch *FillStyle* und *FillColor* eingestellten Muster, bis es auf eine Begrenzungslinie in der durch den vierten Parameter angegebenen Farbe stößt. Bei modus=1 werden alle aneinanderhängenden Punkte in der durch den vierten Parameter angegebenen Farbe dargestellt.

Besonderheiten beim Aufruf von GDI-Funktionen

Bei der Verwendung von GDI-Funktionen sind grundsätzlich zwei Besonderheiten zu beachten:

- Als Koordinatensystem für die Parameter der GDI-Funktionen werden grundsätzlich Bildschirmpixel verwendet (wie in Visual Basic, wenn *ScaleMode=vbPixels*).
- Bei Bildfeldern mit *AutoRedraw=True* zeigt die *hDC*-Eigenschaft auf die interne Bitmap mit dem Inhalt der Grafik. Die Ausgaben der GDI-Funktionen erfolgen ebenfalls in diese Bitmap und bleiben daher unsichtbar. Aus diesem Grund ist am Ende der Grafikausgabe ein *Refresh* notwendig. Diese Methode bringt die am Bildschirm sichtbare Grafik auf den neuesten Stand.
- Der *Device Context* darf nicht über längere Zeit in einer Variablen gespeichert werden, weil sich diese Kennummer jederzeit ändern kann.

VERWEIS

Eine weitere interessante GDI-Funktion wird auf Seite 508 vorgestellt: *SetPixelV* zeichnet einen Pixel auf den Bildschirm und funktioniert damit wie *PSet*. Der Unterschied: *SetPixelV* ist etwa doppelt so schnell! Die Funktion kann im 256-Farbenmodus allerdings nicht eingesetzt werden.

Beispielprogramm

Beim Anklicken des FLOODFILL-Buttons wird der Bereich zwischen drei Ellipsen mit einem Muster gefüllt. Das Anklicken des POLYGON-Buttons führt zur Ausgabe eines zufälligen Vielecks mit 3 bis 9 Eckpunkten. Nach dem Anklicken des GRAFIKINFO-Buttons werden die Kenndaten des Grafiksystems am Bildschirm angezeigt.

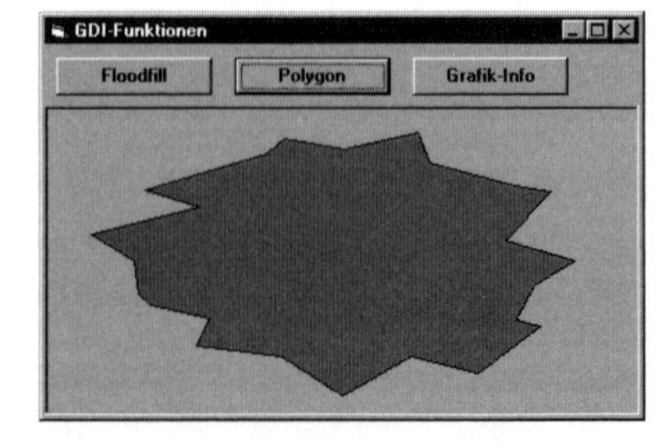

Bild 11.6: Testprogramm für GDI-Funktionen

```
' Beispielprogramm Grafik\GDI-Global.bas
DefLng A-Z
Type POINTAPI    'für die Polygon-Funktion
  x As Long
  y As Long
End Type
Global Const Bit_COPY = &HCC0020  'für die BitBlt-Funktion
Global Const Bit_AND = &H8800C6
Global Const Bit_OR = &HEE0086
Global Const Bit_XOR = &H660046
' Deklaration der DLL-Funktionen
Declare Function Polygon Lib "gdi32" (ByVal hdc, _
  lpPoint As POINTAPI, ByVal nCount)
Declare Function ExtFloodFill Lib "gdi32" (ByVal hdc, ByVal x, _
  ByVal y, ByVal crColor, ByVal wFillType)
Declare Function GetDeviceCaps Lib "gdi32" (ByVal hdc, ByVal nIndex)
```

```
' Beispielprogramm Grafik\GDI-Test.frm
DefInt A-Z
Dim modus                'gibt Grafik-Modus an
Dim koord(30) As POINTAPI 'für Ploygon
' neue Fenstergröße
Private Sub Form_Resize()
  Dim x, y, b, h
  x = 0: y = Bild.Top: b = ScaleWidth
  h = ScaleHeight - y: If h < 0 Then h = 1
  Bild.Move x, y, b, h
End Sub
' Ausgabeinhalt ändern
Private Sub ButtonModus_Click(Index As Integer)
  modus = Index
  Bild.Refresh
End Sub
' Grafikausgabe (Inhalt je nach zuletzt angeklicktem Button)
Private Sub Bild_Paint()
  Dim b, h
  Bild.ScaleMode = 3
  b = Bild.ScaleWidth
  h = Bild.ScaleHeight
  Select Case modus
  Case 0     ' Floodfill
    Bild.Cls
    Bild.ForeColor = RGB(0, 0, 255)
    Bild.FillStyle = 1
    Bild.Circle (b / 3, h / 2), h / 2, , , , 0.7
```

```
    Bild.Circle (2 * b / 3, h / 2), h / 2, , , , 0.7
    Bild.Circle (b / 2, h / 2), h / 7
    Bild.FillStyle = 0
    Bild.FillColor = RGB(50, 100, 255)
    ExtFloodFill Bild.hdc, b / 2 + h / 7 + 2, h / 2, _
      RGB(0, 0, 255), 0
  Case 2    'Polygon
    Bild.FillStyle = 0
    Bild.FillColor = RGB(256 * Rnd, 256 * Rnd, 256 * Rnd)
    Bild.ForeColor = 0
    Bild.Cls
    anzahl = 10 + Rnd * 20
    For i = 0 To anzahl - 1
      koord(i).x = b / 2 + b / 2 * (0.5 + 0.5 * Rnd) * _
                                   Sin(2 * 3.14159 * i / anzahl)
      koord(i).y = h / 2 + h / 2 * (0.5 + 0.5 * Rnd) * _
                                    Cos(2 * 3.14159 * i / anzahl)
    Next i
    Polygon Bild.hdc, koord(0), anzahl
  Case 3   'Eigenschaften der Grafikkarte ermitteln
    Bild.Cls
    Bild.Print "Horiz. Bildschirmpunkte: "; _
      GetDeviceCaps(Bild.hdc, 8)
    Bild.Print "Vert. Bildschirmpunkte:  "; _
      GetDeviceCaps(Bild.hdc, 10)
    Bild.Print "Farben: "; GetDeviceCaps(Bild.hdc, 24)
    Bild.Print "Zahl der Farbebenen (Planes): "; _
      GetDeviceCaps(Bild.hdc, 14)
    Bild.Print "Größe der physikalischen Palette: "; _
      GetDeviceCaps(Bild.hdc, 104)
    Bild.Print "Zahl der Bits pro Farbton: "; _
      GetDeviceCaps(Bild.hdc, 108)
    Bild.Print "Bits pro Pixel: "; GetDeviceCaps(Bild.hdc, 12)
  End Select
End Sub
```

11.5 Farben in Visual-Basic-Programmen

11.5.1 Grundlagen

Das Farbpalettenfenster

Mit der Farbeinstellung können Sie bereits beim Entwurf des Formulars beginnen. Mit dem Menükommando ANSICHT | FARBPALETTE bzw. durch Anklicken des Buttons, der im Hauptfenster zur Einstellung der *ForeColor*- und *BackColor*-Eigenschaft angezeigt wird, erscheint das Farbpalettenfenster. In diesem Fenster werden 48 vordefinierte Farben angezeigt, die Sie einfach durch Anklicken mit der Maus auswählen.

Mit dem Farbpalettenfenster können Sie sowohl Vorder- als auch Hintergrundfarbe einstellen. Sie verändern damit die Einstellung der ***ForeColor***- und ***BackColor***-Eigenschaften. Die Einstellung wirkt sich sofort auf das angeklickte Steuerelement des Formulars aus. Die Auswahl zwischen Vorder- und Hintergrundfarbe erfolgt in dem quadratischen Kästchen links oben im Farbpalettenfenster. Wenn Sie das Zentrum dieses Felds anklicken, können Sie die Vordergrundfarbe auswählen, wenn Sie den Rand anklicken, die Hintergrundfarbe.

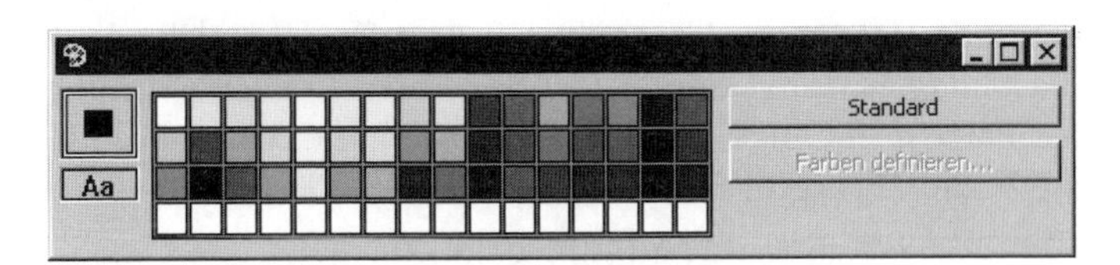

Bild 11.7: Das Farbpalettenfenster

Das darunterliegende Textfeld mit den Zeichen 'Aa' zeigt an, wie sich die Einstellung auf die Darstellung von Text auswirkt. Text kann nämlich nur in Grundfarben, nicht aber in Mischfarben ausgegeben werden. Wenn Sie eine Mischfarbe auswählen, verwendet Visual Basic automatisch jene Grundfarbe, die dieser Mischfarbe am ähnlichsten ist.

Kurz einige Worte zu den Begriffen Grundfarbe und Mischfarbe: Grundfarben sind Farben, die von der Grafikkarte direkt dargestellt werden können (bei Standard-VGA-Karten gibt es 16 Grundfarben). Mischfarben setzen sich aus zwei oder drei Grundfarben zusammen, wobei die Farbe benachbarter Bildschirmpunkte ständig gewechselt wird. Durch diese Mischung erscheinen Mischfarben zwar unscharf (weil sie sich ja aus mehreren verschiedenen Farben zusammensetzen), der Gesamteindruck ist aber ziemlich gut.

Nochmals zurück zum Farbpalettenfenster von Bild 11.7: Dort sehen Sie einen weiteren Button mit der Bezeichnung STANDARD: Damit wählen Sie die Standardeinstellung für Vordergrund- und Hintergrundfarbe aus. Die Standardfarben sind sowohl vom Steuerelement als auch von der Farbeinstellung des Benutzers im Systemsteuerungsprogramm abhängig. Im Systemsteuerungsprogramm wählt der Benutzer jene Farben aus, in denen auf seinem System Menübalken, Bildlaufleisten, der Hintergrund und Vordergrund von Fenstern etc. dargestellt werden soll. Wenn Sie im Farbpalettenfenster STANDARD auswählen bzw. die Farbeinstellung überhaupt nicht verändern, verwendet Visual Basic automatisch diese Farben. Das Programm zeigt dann je nach der Systemeinstellung auf jedem Rechner andere Farben! Nach Möglichkeit sollten Sie die Standardfarben verwenden, damit der Benutzer nicht durch Programme mit völlig unterschiedlichen Farbeinstellungen irritiert wird.

Farben im Programm einstellen

Zur Veränderung der Farbeinstellung während des Programmablaufs geben Sie einfach den drei Eigenschaften *ForeColor*, *BackColor* und *FillColor* neue Werte. (Die Bedeutung der drei Eigenschaften ist auf Seite 458 beschrieben.)

Bei der Farbzuweisung wird normalerweise die Funktion ***RGB*** verwendet. Mit dieser Funktion berechnen Sie den Farbwert für eine aus Rot-, Grün- und Blauanteilen zusammengesetzte Farbe. Jeder dieser Farbanteile umfaßt einen Wertebereich von 0 bis 255. *RGB(0,0,0)* ergibt Schwarz, *RGB(255,255,255)* ergibt Weiß.

Alternativ können Sie die Funktion *QBColor* verwenden. An diese Funktion übergeben Sie nur einen einzigen Zahlenwert zwischen 0 und 15. Visual Basic ermittelt daraus den Windows-Farbcode für eine der 16 Grundfarben. Die Zuordnung der Farben ist identisch mit den Farben in Quick Basic (daher der Name dieser Funktion): *QBColor(0)* ergibt Schwarz, *QBColor(1)* ergibt Blau etc.

Die dritte Variante bei der Farbeinstellung besteht darin, daß Sie den Farbeigenschaften die Windows-Konstanten für die Systemfarben zuweisen. Windows ersetzt diese Konstanten dann automatisch durch die vom Benutzer im Systemsteuerungsprogramm eingestellten Farben. Die hexadezimalen Farbcodes sowie die dazugehörenden Visual-Basic-Konstanten sind im Objektkatalog (*SystemColorConstants*) bzw. in der Online-Hilfe dokumentiert. Zwei Beispiele:

```
BackColor = vbDesktop  'Hintergrundfarbe wie Windows-Desktop
ForeColor = vbMenuText 'Vordergrundfarbe wie in Menüs
```

Die Einstellung von *BackColor* löscht bei Formularen und Bildfeldern die gesamte Vordergrundgrafik. Statt der eingestellten Vordergrundfarbe wird zur Ausgabe von Text oder Grafik immer die ähnlichste Grundfarbe verwendet. Gleiches gilt für die Hintergrundfarbe bei allen Steuerelementen außer dem Bildfeld für den Hintergrund der darin angezeigten Texte. Die Vorder- und Hintergrundfarben zur Darstellung von Text müssen also Grundfarben sein. Lediglich bei *FillColor* wird die eingestellte Mischfarbe wirklich immer beim Zeichnen gefüllter Flächen verwendet.

Der Einfluß der Grafikkarte bzw. des Grafikmodus auf die Farbdarstellung

Windows unterstützt die unterschiedlichsten Grafikmodi. In den folgenden Punkten wird der Einfluß der Grafikkarte bzw. des Grafikmodus auf die Darstellung der Farben am Bildschirm beschrieben:

- *Schwarz-Weiß-Grafik*: Alle Farben werden entweder eindeutig als Schwarz oder Weiß dargestellt oder (bei Hintergrund- bzw. Füllmustern) durch grau erscheinende Muster, in denen schwarze und weiße Punkte abwechselnd nebeneinander dargestellt werden. Damit Texte auf Schwarz-Weiß-Grafikkarten lesbar bleiben, sollten Sie für die Textausgabe die Standardfarben des Windows-Systems verwenden (sonst kann es passieren, daß die von Ihnen gewählten Vorder- und Hintergrundfarben beide Weiß oder beide Schwarz dargestellt werden).
- *16 Farben*: Das ist der Standardmodus, für den viele Windwos-Systemfunktionen noch immer optimiert sind.
- *256 Farben*: Die meisten Windows-Systeme laufen momentan in einem 256-Farben-Modus. Leider verhält sich Windows (und damit auch Visual Basic) weiter wie im 16-Farbenmodus, d.h., Mischfarben werden nur aus den 16 Grundfarben zusammengesetzt. Mehr Farben stehen erst dann zur Verfügung, wenn im Formular oder im Bildfeld eine eigens dafür vorbereitete Bitmap verwendet wird. Die erforderlichen Programmiertechniken werden im nächten Teilabschnitt behandelt.
- *True Color, HiColor*: Als True Color wird die Eigenschaft einer Grafikkarte bezeichnet, 16777216 Farben gleichzeitig darzustellen (je 256 Rot–, Grün- und Blautöne, 3 Byte pro Pixel). *HiColor* ist die Sparvariante mit 32*32*32 oder 32*32*64 Farben (2 Byte pro Pixel). Mit diesen Grafikmodi lassen sich naturgemäß die besten Ergebnisse erzielen. Im Gegensatz zum 16-Farbenmodus gibt es keine Mischfarben mehr, alle Farben werden als Grundfarben verwendet.

VERWEIS

Visual Basic bietet leider keine Möglichkeit, den Grafikmodus direkt festzustellen. Statt dessen müssen Sie die GDI-Funktion *GetDeviceCaps* verwenden, mit deren Hilfe alle Eigenschaften des Grafiksystems ermittelt werden können. Die Funktion und Ihre Anwendung wurde auf Seite 488 beschrieben.

11.5.2 Die Grafikprogrammierung im 256-Farbenmodus

Der 256-Farbenmodus stellt insofern eine Besonderheit dar, als die Farben nicht starr vordefiniert sind (im Gegensatz zu allen anderen Modi). Dieser Abschnitt beschäftigt sich ausschließlich mit diesem Modus. Die Beispielprogramme führen nur dann zu den erwarteten Resultaten, wenn Sie Ihre Grafikkarte auf einen 256-Farbenmodus stellen!

Das 256-Farbenmodell der Grafikkarte

VGA-Karten im 256-Farbenmodus können 256 Farben gleichzeitig darstellen. Jede dieser 256 Farben kann aber aus einer Palette von 2^{18} oder 2^{24} Farben (je nach Modell der Grafikkarte) frei gewählt werden. Innerhalb der VGA-Karte existiert ein Chip, in dem die Farbpalette definiert ist. Dieser Chip (RAM-DAC) bestimmt, ob die Farbe Nummer 27 am Bildschirm als Pastellblau oder als Dunkelrot sichtbar wird. Diese Vorgehensweise hat den Vorteil, daß die Palette an die darzustellende Grafik angepaßt werden kann. Um ein Schwarzweißbild am Bildschirm realitätsnah darzustellen, sollten die 256 Farben so definiert werden, daß möglichst viele Grautöne dargestellt werden können. Für ein Zeichenprogramm ist es dagegen wünschenswert, das gesamte Farbspektrum gleichmäßig abzudecken.

Windows verwendet auch bei 256-Farben-Grafikkarten normalerweise lediglich 20 Farben und verhält sich ansonsten wie im 16-Farbenmodus. Jedes Windows-Programm hat aber die Möglichkeit, weitere Farben anzufordern. Wenn die Palette der 256 Farben noch nicht ausgeschöpft ist, wird dem Programm diese Farbe tatsächlich zugeteilt.

Problematisch wird es, wenn mehrere 256-Farben-Programme gleichzeitig laufen und unterschiedliche Farben anfordern. In diesem Fall hat das oberste Bildschirmfenster Priorität, die übrigen Programme müssen sich mit den verbleibenden Farben begnügen. Jedesmal, wenn das Fenster gewechselt wird, verändert Windows automatisch die Palette, so daß die nun oben liegende Grafik optimal angezeigt wird.

Definition der Farbpalette in Visual Basic

Nun zurück zu Visual Basic, dessen Unterstützung des 256-Farbenmodus. In den Versionen 3 und 4 können grundsätzlich nur die 20 vom System vordefinierten Farben verwendet werden. Den einzigen Ausweg bieten Bitmap-Datei mit Farbdefinitionen, die in ein Formular- oder Bildfeld geladen werden. Alle darin enthaltenen Farben können dann auch im Visual-Basic-Programm genutzt werden. Zu diesem Zweck gibt es eigene `*.dib`-Dateien, die nur einen einzigen Pixel sowie alle Farbdefinitionen enthalten.

Seit Visual Basic 5 ist alles anders geworden: Mit der Eigenschaft ***PaletteMode*** kann für jedes Formular zwischen drei Modi unterschieden werden:

vbPaletteModeHalfTone (0): Es wird eine Systempalette verwendet, deren Aufbau aber nirgendwo genau beschrieben ist (vermutlich 6*6*6 Farben, also je sechs Rot-, Grün- und Blauschattierungen).

vbPaletteModeUseZOrder (1): Es wird die Palette des Steuerelements verwendet, das in der Zeichenreihenfolge (*ZOrder*) an oberster Stelle im Formular liegt. Diese Einstellung ist mit Visual Basic 4 kompatibel.

vbPaletteModeCustom (2): Es wird im gesamten Formular die Palette verwendet, die in die neue Eigenschaft ***Palette*** des Formulars geladen wird.

Wie das mit Visual Basic mitgelieferte Beispielprogramm `Samples\Pguide\Palmode` beweist, funktionieren diese Eigenschaften bei der Darstellung fertiger Bitmaps. Pech haben Sie hingegen, wenn Sie durch Grafikprogrammierung (*PSet, Line* etc.) selbst Grafiken im 256-Farbenmodus erstellen möchten. Der einzige funktionierende Modus lautet *PaletteMode=1*. Bei allen anderen Modi ist die Ausgabe auf die 20 vom System definierten Farben beschränkt.

Palettendateien

Mit Visual Basic werden drei Bitmap-Dateien mitgliefert, die zur Definition der Farbpalette geeignet sind: `Rainbow.dib`, `Bright.dib` und `Pastell.dib`. DIB steht für Device Independent Bitmap und bedeutet, daß diese Grafik in jedem Windows-Grafikmodus angezeigt werden kann. Im Verzeichnis `Palette` der mitgelieferten CD-ROM finden Sie einige weitere `*.dib`-Dateien:

`Gray16.dib` 16 Graustufen

`Gray64.dib` 64 Graustufen (mehr Schattierungen können auf den meisten VGA-Karten nicht angezeigt werden)

`RGB125.dib` 125 Farbtöne (fünf Grün-, fünf Blau- und fünf Rotschattierungen in allen möglichen Kombinationen)

`RGB216.dib` 216 Farbtöne (6*6*6)

`Rain192.dib` kontinuierlicher Farbübergang, speziell für das Apfelmännchenprogramm am Ende dieses Kapitels entworfen

Beispielprogramm

Das Beispielprogramm `256-Farbentest` besteht aus vier Fenstern: Fenster 1 (links oben) verwendet keine eigene Palette, also *PaletteMode=0*. Fenster 1 (rechts oben) hat eine Palette in der *Picture*-Eigenschaft und benutzt *PaletteMode=1*. Fenster 3 (links unten) probiert erfolglos *PaletteMode=2* mit einer Palette in der *Palette*-Eigenschaft aus. Fenster 4 zeigt eine fertige Bitmap mit eigener Palette an (*PaletteMode=0*).

Das Programm startet im Gegensatz zu den meisten anderen Programmen in diesem Buch nicht mit der Ereignisprozedur eines Fensters, sondern im Unterprogramm *main*. Das ist im vorliegenden Fall vorteilhaft, um alle vier Fenster am Programmstart mit der *Show*-Methode anzuzeigen.

```
' Beispielprogramm Grafik\256C_mod.bas
Sub main()
  Form1.Show:  Form2.Show
  Form3.Show:  Form4.Show
End Sub
```

```
Sub Grafik_Zeichnen(fenster As Form)
  fenster.Cls
  fenster.FillStyle = 0
  For rot = 0 To 255 Step 51
    For grün = 0 To 255 Step 51
      For blau = 0 To 255 Step 51
        fenster.FillColor = RGB(rot, grün, blau)
        x0 = fenster.ScaleWidth * (blau + rot / 10) / 300
        y0 = fenster.ScaleHeight * (grün + rot / 10) / 300
        X1 = x0 + fenster.ScaleWidth / 16
        Y1 = y0 + fenster.ScaleHeight / 16
        fenster.Line (x0, y0)-(X1, Y1), , B
      Next blau
    Next grün
  Next rot
End Sub
```

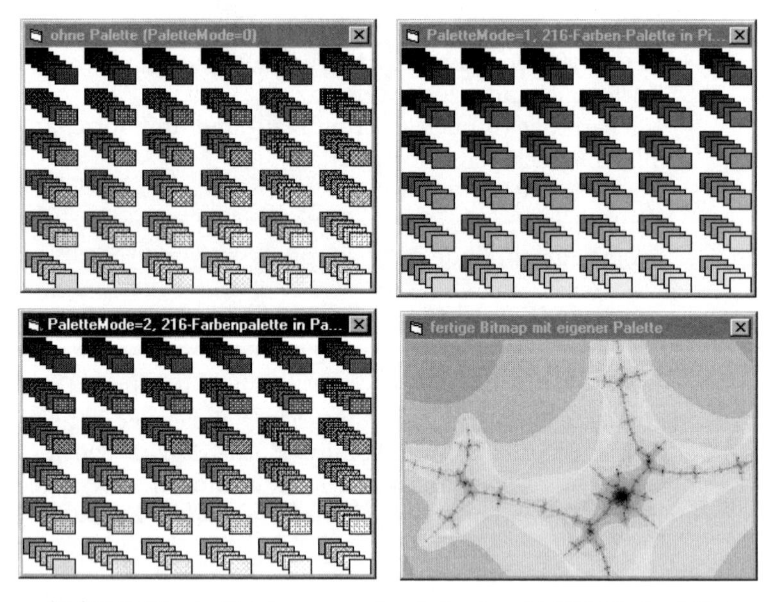

Bild 11.8: Die vier Fenster verwenden drei unterschiedliche Farbpaletten

11.6 Apfelmännchenprogramm

Obwohl der Apfelmännchen-Boom vorbei ist, begleitet dieses Beispielprogramm nun bereits die fünfte Auflage dieses Buchs. Der Grund: Einmal abgesehen davon, daß das Programm schöne Bilder liefert, demonstriert es eine Menge interessanter Programmiertechniken: Grafikprogrammierung für verschiedene Grafikmodi (das Programm funktioniert im Schwarzweiß-Modus ebenso wie bei 2^{24} Farben), Ereignisverwaltung für Hintergrundberechnungen, Geschwindigkeitsoptimierung durch den Einsatz einer in C programmierten DLL-Funktion (siehe Seite 634) etc.

11.6.1 Merkmale und Bedienung

Die Bedienung des Programms ist einfach: Das Programm zeigt nach dem Programmstart automatisch die zuletzt berechnete Grafik an bzw. berechnet die Grundfigur der Apfelmännchengrafik neu, wenn die Datei der zuletzt berechneten Grafik nicht gefunden wird.

Bild 11.9: Das Appfelmännchenprogramm

Sie können jetzt die Fenstergröße ändern und die Grafik anschließend mit dem Menükommando BERECHNUNG | NEU STARTEN neu beginnen. Die Fenstergröße wird dabei automatisch voll ausgenutzt. Der Parameter *Imagmin*, also das untere Ende der Grafik, wird neu berechnet, damit die Grafik nicht verzerrt wird.

Ausschnitt für die nächste Grafik auswählen

Mit der Maus können Sie nun bei gedrückter Maustaste den Ausschnitt einer neu zu berechnenden Grafik auswählen. Die Proportionen des Ausschnitts werden automatisch an die aktuelle Fenstergröße angepaßt. Wenn Sie ein schmales Bild haben möchten, geben Sie dem Fenster einfach vorher die entsprechende Form. Die Markierung eines Bereichs ist übrigens auch während einer Berechnung möglich. Nach der Markierung eines Rechtecks wird das Parameterformular des Programms mit den Daten für die nächste zu berechnende Grafik angezeigt. Mit ABBRECHEN können Sie darin den Beginn einer neuen Berechnung mit neuen Parametern unterbinden.

Parameter einstellen

In dem in Bild 11.10 dargestellten Formular können Sie sämtliche Parameter der Grafik einstellen. Mit Return gelangen Sie dabei in das jeweils nächste Textfeld. Bei der Eingabe der Parameter dürfen Sie statt des Dezimalpunkts auch ein Komma eingeben. Das Programm ersetzt das Zeichen automatisch durch einen Punkt.

In den meisten Fällen brauchen Sie nur die Rechentiefe an die gewählte Vergrößerung anzupassen. Je kleiner der zu berechnende Ausschnitt der Apfelmännchengrafik ist, desto größer muß die Rechentiefe eingestellt werden. Das führt zwar zu interessanten Bildern, vergrößert aber leider auch die Rechenzeit.

Die Parameter *Realmin, Realmax, Imagmin* und *Imagmax* geben den Bereich der komplexen Zahlenebene an, für den die Berechnung erfolgt. Die Zahlen werden vom Programm automatisch in Tausendergruppen gegliedert, damit sie leichter zu lesen sind.

Mit den beiden Parametern *Farboffset* und *Farbänderung* bestimmen Sie die Farbgebung der Grafik. Mit *Farboffset* geben Sie an, mit welcher der zwölf Basisfarben begonnen werden soll. *Farbänderung* gibt an, wie rasch sich die Farben ändern sollen (große Werte bedeuten eine langsame Änderung). Das Programm nutzt automatisch die Grafikmöglichkeiten Ihres Rechners, also 2, 16, 256 oder mehr Farben. Sie können aber auf Wunsch die Ausgabe auch in einem anderen Farbmodus durchführen: Der 16-Farbenmodus hat den Vorteil, daß die Ausgabe im Vergleich zum 256-Farbenmodus etwa acht mal schneller ist (eine Begründung folgt unten).

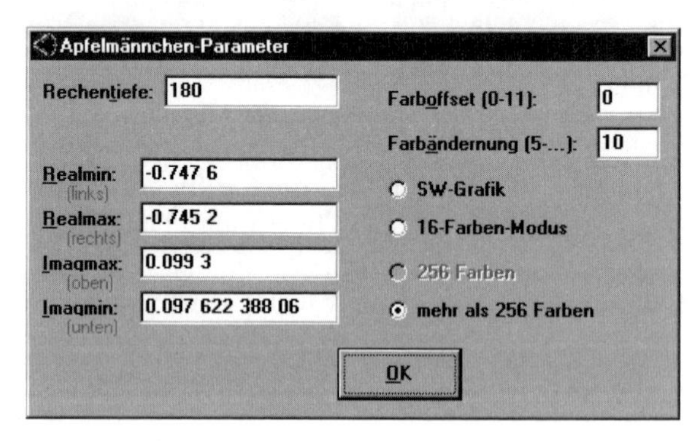

Bild 11.10: Parameter für das Apfelmännchenprogramm

Grafiken speichern und wieder laden

Mit dem Menükommando DATEI | BILD SPEICHERN wird die berechnete Grafik als Bitmap-Datei gespeichert. Diese Datei können Sie mit den meisten Zeichenprogrammen bearbeiten. Zugleich mit der `*.bmp`-Datei wird eine Infodatei mit der Kennung `*.apf` erstellt. In dieser Datei speichert das Programm sämtliche Parameter der Grafik. Wahlweise können Sie zum Speichern auch das Kommando NUR PARAMETER SPEICHERN verwenden: Dann wird die Bitmap nicht gespeichert, die Grafik muß nach dem Laden neu berechnet werden.

Mit dem Menükommando DATEI | BILD LADEN können Sie früher berechnete Grafiken wieder laden. Voraussetzung dafür ist allerdings, daß das Programm die Infodatei `*.apf` findet. (Wenn die Bitmap-Datei fehlt, ist das nicht so schlimm: Die Grafik wird einfach neu berechnet. Im umgekehrten Fall bricht das Programm den Ladevorgang ab. Sie können also nicht einfach irgendeine Bitmap laden.) Falls das Programm die Bitmap-Datei findet, wird die Fenstergröße automatisch an die Grafik angepaßt.

11.6.2 Der Programmcode

Der Aufbau des Apfelmännchenprogramms

Das Programm `ApfelStandard` setzt sich aus folgenden Dateien zusammen:

`ApfelStandard.vbp`	Projektdatei
`ApfelMain.bas`	globale Variablen, Programmcode zur Berechnung der Grafik
`ApfelHauptformular.frm`	Hauptformular, Ereignisprozeduren
`ApfelParameter.frm`	Formular zur Eingabe der Grafikparameter
`CommonDialog.bas`	Code zur Verwendung des Standarddialogs zur Dateiauswahl (siehe Seite 246)

VERWEIS

Zum Programm existiert die Variante `ApfelDLL`: Bei dieser Variante erfolgt die Berechnung der Grafik durch eine in C programmierte DLL-Funktion, was vor allem bei komplexen Apfelmännchengrafiken einen enormen Geschwindigkeitsgewinn mit sich bringt. (Bei einfachen Grafiken ist dagegen kaum ein Unterschied zu bemerken, weil dort die meiste Rechenzeit ohnedies für den Verwaltungsoverhead und die Bildschirmausgabe benötigt wird.) Die DLL-Variante wird auf Seite 647 beschrieben.

Überblick über den Programmablauf

Das Programm startet im Unterprogramm *main* des Moduls `ApfelMain`. Dort wird das Hauptformular *ApfForm* angezeigt und die zuletzt berechnete Grafik geladen bzw. neu berechnet. Das Programm läuft dann bis zum Programmende in einer *DoEvents*-Schleife in *main*. Wenn es keine Ereignisse zu verarbeiten hat, begibt sich das Programm für 50 Millisekunden in Ruheposition und beansprucht so praktisch keine Rechenzeit. (*Sleep* ist eine Betriebssystemfunktion.)

In den Ereignisprozeduren des *ApfForm*-Formulars wird die globale Variable *start_calc* auf *True* gesetzt, wenn eine neue Grafik berechnet werden soll. Das wird in der Schleife in *main* festgestellt, die Berechnung wird erst hier mit einem Aufruf der Prozedur *Calc_Apfel* gestartet.

```
' Grafik\Apfelmännchen\ApfelMain.bas
Declare Sub Sleep Lib "kernel32" (ByVal dwMilliseconds As Long)
' in Prozedur Main()
Do
  DoEvents        'Ereignisprozeduren ausführen
  If start_calc = True Then
    start_calc = False
    Calc_Apfel    'Berechnung neu starten
  Else
    Sleep 50      '50 ms nichts tun
  EndIf
Loop
```

Beachten Sie bitte, daß es keinen zwingenden Grund für den Programmstart in *main* und die dortige *DoEvents*-Schleife gibt. Die Vorgehensweise führt beim vorliegenden Programm allerdings zu mehr Transparenz, weil es nur einen zentralen Ort (nämlich *main*) gibt, an dem die Hintergrundberechnung gestartet werden kann.

Während der Berechnung einer Grafik wird regelmäßig *DoEvents* ausgeführt. Das Programm reagiert daher immer auf eventuelle Menükommandos. Wenn die Berechnung gestoppt werden soll, wählen Sie BERECHNUNG | STOPPEN. In der zugeordneten Ereignisprozedur wird die globale Variable *stop_calc* auf *True* gesetzt. In *Calc_Apfel* wird diese Veränderung festgestellt und die eventuell noch laufende Berechnung abgebrochen. Das Programm landet wieder in der *DoEvents*-Schleife in *main*.

11.6.3 Der Algorithmus zur Berechnung der Apfelmännchengrafik

Der Berechnung eines Punkts der Apfelmännchengrafik liegt die einfache Formel

```
neu = alt ^ 2 + konstante
```

zugrunde. Diese Formel wird allerdings nicht für gewöhnliche, reelle Zahlen, sondern für komplexe Zahlen berechnet. Daher finden Sie im Programm immer die Trennung zwischen Real- und Imaginärteil. Das Quadrat einer komplexen Zahl ergibt sich aus:

```
real_quad = real ^ 2 - imag ^ 2
imag_quad = 2 * real * imag
```

Die Farbe eines Punkts der Apfelmännchengrafik ergibt sich daraus, wie oft diese Formel hintereinander ausgeführt werden muß, bis der Betrag der komplexen Zahl größer als zwei wird. Da die Anzahl der Iterationen für manche Startparameter auch unendlich betragen kann, wird die Berechnung durch den Parameter *Rechentiefe* begrenzt. Die Berechnung der Farbe für einen Punkt erfolgt in *calc_apfel_point*.

Bei der Berechnung einer ganzen Apfelmännchengrafik wird lediglich die Konstante variiert. Bei der Grundfigur hat die Konstante für den linken oberen Punkt einen Realteil von -2 und einen Imaginärteil von 1.25, für den rechten unteren Punkt lautet die komplexe Zahl (1.2; -1.25).

Um die Rechenzeit zu verkleinern, wird im Visual-Basic-Unterprogramm *Calc_Apfel* zur Berechnung der gesamten Grafik ein intelligenter Algorithmus verwendet. Die Vorgehensweise sieht folgendermaßen aus:

(1) Zuerst wird die erste Zeile der Grafik ohne jede Optimierung berechnet, die Ergebnisse werden in einem Feld gespeichert.

(2) Als nächstes wird von der dritten Zeile jeder zweite Punkt berechnet. Die dazwischen liegenden Punkte werden nur dann berechnet, wenn die beiden benachbarten Punkte unterschiedliche Farben haben.

(3) Jetzt kommt die zweite Zeile an die Reihe: Hier werden Punkte nur dann berechnet, wenn die benachbarten Punkte der ersten und dritten Zeile (also die Punkte darüber und darunter) eine unterschiedliche Farbe aufweisen.

(4) Die Ergebnisse der dritten Zeile werden nun in das Feld für die erste Zeile kopiert, die Rechnung wird dann entsprechend bei Punkt (2) fortgesetzt.

Durch diese Vorgehensweise wird die Rechenzeit etwa halbiert. Noch ein bißchen schneller ginge es natürlich, wenn der ganze Algorithmus in C programmiert würde.

11.6.4 Das Modul ApfelMain

In diesem Modul befindet sich die Zentrale des Programms: Die Endlosschleife des in der Einleitung dieses Abschnitts schon erwähnten Unterprogramms *Main* wird bis zum Programmende durchlaufen:

```
Sub Main()
  Dim pos
  ' Modus: SW oder 16-Farben oder 256-Farben?
  color_mode = Farb_Modus()
  ... ' Optionfelder im Apf_Para-Formular voreinstellen
  ' Defaultwerte für die erste Apfelmännchengrafik
  realmin = -2: realmax = 1.2: imagmin = -1.25: imagmax = 1.25
  rechentiefe = 20
  farboffset = 0: farbänderung = 10: rechengeschwindigkeit = 0
  ' Datei apfel.inf suchen
  ' falls vorhanden, daraus den Namen der zuletzt berechneten
  ' Grafik entnehmen und die Grafik laden
```

```
  ChDir App.Path
  If Dir$("apfel.inf") <> "" Then
    Open "Apfel.inf" For Input As 1
    Input #1, datei_name$
    Input #1, rechengeschwindigkeit
    Close #1
    If UCase$(Right$(datei_name$, 3)) <> "apf" Then
      pos = Len(datei_name$) - 5
      If pos > 0 Then
        pos = InStr(pos, datei_name$, ".")
        If pos > 1 Then
          datei_name$ = Left$(datei_name$, pos - 1)
        End If
      End If
      datei_name$ = datei_name$ + ".apf"
    End If
  Else
    datei_name$ = "\apfel01.apf"
  End If
  ApfForm.Show
  If Dir$(datei_name$) = "" Then  'wenn apfel01.apf nicht existiert
    start_calc = True             'Berechnung neu starten
  Else
    Load_Picture (datei_name$)    'sonst laden
  End If
  ' Endlosschleife bis zum Programmende
  Do
    DoEvents
    If start_calc = True Then
      start_calc = False
      Calc_Apfel
    Else
      Sleep 50   '50 ms nichts tun
    End If
  Loop
End Sub
```

Die Berechnung der Apfelmännchengrafik findet im Unterprogramm *Calc_Apfel* statt. Dieses Unterprogramm ruft *Calc_Point* auf, von wo *Calc_Apfel_Point* zur Berechnung eines einzelnen Punkts gestartet wird. Um den Aufwand für die ständige Parameterübergabe zu reduzieren, wurden die Variablen *real* und *imag* als generelle Variablen deklariert.

```
' Funktion zur Berechnung eines Punkts aufrufen
Function Calc_Point()
  Calc_Point = rechentiefe - _
    calc_apfel_point(real, imag, rechentiefe)
End Function
' einen Punkt berechnen (wird später durch C-Funktion ersetzt)
Function calc_apfel_point%(ByVal realconst#, ByVal imagconst#, _
  ByVal rechentiefe%)
  Dim zaehler&, real#, imag#, realquad#, imagquad#
  zaehler = rechentiefe
  real = realconst
  imag = imagconst
  Do
    realquad = real * real
    imagquad = imag * imag
    If realquad + imagquad > 4 Then Exit Do
    imag = real * imag * 2 + imagconst
    real = realquad - imagquad + realconst
    zaehler = zaehler - 1
  Loop While zaehler > 0
  calc_apfel_point = rechentiefe - zaehler
End Function
```

Calc_Apfel weist einige Besonderheiten auf: Vor Beginn der Berechnung wird normalerweise das Unterprogramm *Resize_Grafik* aufgerufen, das die Fenstergröße an die Proportionen der zu berechnenden Grafik anpaßt. Nach der Berechnung jeder Zeile der Grafik wird die Prozedur *Events* aufgerufen. In *Events* wird *DoEvents* ausgeführt und gegebenenfalls das Zeichnen eines Rechtecks mit der Maus zur Auswahl des nächsten zu berechnenden Ausschnitts ermöglicht.

Nach der Rückkehr von *Events* wird die globale Variable *calc_is_running* getestet. Es ist nämlich möglich, daß diese Variable in einer Ereignisprozedur auf *False* gesetzt wurde, um die Berechnung zu unterbrechen (und eventuell eine neue Berechnung zu starten).

```
' das ist die zentrale Prozedur zur Berechnung der gesamten Grafik
Sub Calc_Apfel()
  Dim b%, h%, x%, y%, del#, del2#, del3#
  ' diverse Initialisierungen
  next_event = Timer
  calc_is_running = True
  ApfForm.MenuCalcStop.Enabled = True
  ' RGB-Farbtabelle anlegen
  Farb_Tabelle rechentiefe
  ' alte Grafik löschen
  ApfForm.Grafik = LoadPicture()
```

```
' eventuell 256-Farben-Bitmap aktivieren
If GetDeviceCaps(ApfForm.Grafik.hdc, 104) = 256 Then
  ApfForm.Grafik.Picture = ApfForm.Bitmap256.Picture
End If
If no_resize Then  'Bildgröße an Fenstergröße orientieren (nur
  no_resize = 0    ' bei Kommando 'Berechnung neu starten')
  ApfForm.Grafik.Width = ApfForm.ScaleWidth
  ApfForm.Grafik.Height = ApfForm.ScaleHeight
Else               'sonst Bildgröße an Parametern der Grafik
  Resize_Grafik    ' orientieren
End If
' Parameter der Berechnung
b = ApfForm.Grafik.ScaleWidth
h = ApfForm.Grafik.ScaleHeight
ReDim zeile1(b), zeile2(b), zeile3(b)
del = (realmax - realmin) / b
imagmin = imagmax - del * h
del2 = del * 2: del3 = del * 3
'
'  Zeile 1 berechnen
imag = imagmax
real = realmin
For x = 0 To b                  'eine Zeile der Grafik berechnen
  zeile1(x) = Calc_Point()      ' und speichern
  real = real + del
Next x
Zeichne_Linie 0, zeile1()       'Zeile ausgeben
Events                          'Ereignisverwaltung
If calc_is_running = False Then Exit Sub
'
'  y-Schleife ab Zeile 2
imag = imag - del2
For y = 2 To h Step 2       'Schleife für Imaginäranteil
  'jeden zweiten Punkt von Zeile 3 berechnen
  real = realmin
  For x = 0 To b Step 2
    zeile3(x) = Calc_Point()
    real = real + del2
  Next x
  Events
  If calc_is_running = False Then Exit Sub
  'dazwischenliegende Punkte von Zeile 3
  real = realmin + del
```

```
    For x = 1 To b - 1 Step 2
      If zeile3(x - 1) = zeile3(x + 1) Then 'falls die Nachbarpunkte
        zeile3(x) = zeile3(x - 1)           ' identisch sind,
      Else                                  ' Farbinfo kopieren,
        zeile3(x) = Calc_Point()            ' sonst berechnen
      End If
      real = real + del2
    Next x
    Zeichne_Linie y, zeile3()
    Events
    If calc_is_running = False Then Exit Sub
    'Punkte von Zeile 2
    y = y - 1
    imag = imag + del
    real = realmin
    For x = 0 To b
      If zeile1(x) = zeile3(x) Then
        zeile2(x) = zeile1(x)
      Else
        zeile2(x) = Calc_Point()
      End If
      real = real + del
    Next x
    Zeichne_Linie y, zeile2()
    Events
    If calc_is_running = False Then Exit Sub
    ' Vorbereitungen für die nächsten 2 Zeilen
    y = y + 1
    imag = imag - del3
    For x = 0 To b    ' zeile3() in zeile1() kopieren
      zeile1(x) = zeile3(x)
    Next x
  Next y  'Ende der Schleife für alle Zeilen der Grafik
  '
  ' vollendete Grafik anzeigen
  ApfForm.Grafik.Refresh
  If ApfForm.WindowState = 1 Then         'Icon
    ApfForm.WindowState = 0               'Fenster öffnen
  End If
  Beep                                    'akustisches Signal
  ReDim zeile1(0), zeile2(0), zeile3(0)   ' Speicher sparen
  calc_is_running = False
  ApfForm.MenuCalcStop.Enabled = False
End Sub
```

Events sorgt dafür, daß *DoEvents* nicht zu oft aufgerufen wird (das kostet Zeit). Solange die Variable *rubberbox* den Wert *True* hat, wird *DoEvents* ununterbrochen aufgerufen. Das hat den Vorteil, daß ein ruckfreies Zeichnen eines Auswahlrechtecks mit der Maus möglich ist. (*rubberbox* wird in der Ereignisprozedur *Grafik_MouseDown* der HauptFormulars auf *True* gesetzt.)

```
' Ereignisverwaltung (wird in Calc_Grafik regelmäßig aufgerufen)
Sub Events()
  Dim dummy
  If Timer > next_event Then
    next_event = Timer + time_diff
    If next_event > 86399 Then next_event = 0
    dummy = DoEvents()
    While rubberbox = True
      dummy = DoEvents()
    Wend
    If stop_calc = True Then
      calc_is_running = False: stop_calc = False
    End If
  End If
End Sub
```

Die zeilenweise Ausgabe der Apfelmännchengrafik erfolgt in *Zeichne_Linie*. Die erste Variante dieser Prozedur sah so aus:

```
' eine Linie der Apfelmännchengrafik zeichnen
Sub Zeichne_Linie(ByVal y%, zeile%())
  Dim x&
  For x = 0 To ApfForm.Grafik.ScaleWidth - 1
    ApfForm.Grafik.PSet (x, y), farben(zeile(x))
  Next x
End Sub
```

Die Resultate der Apfelmännchenberechnung werden also aus dem Feld *zeile* gelesen und über das zweite Feld *farbe* in *RGB*-Werte umgewandelt. (Das Feld *farbe* wird je nach Grafikmodus in der Prozedur *Farb_Tabelle* initialisiert.)

Eine Geschwindigkeitsuntersuchung ergab, daß *PSet* verhältnismäßig viel Rechenzeit kostet. Die Betriebssystemfunktion *SetPixelV* wird etwa doppelt so schnell ausgeführt. (Probieren Sie das Programm `Grafik\Apfelmännchen\SetPixelV.vbp` aus!) *SetPixelV* hat allerdings den Nachteil, daß sie im 256-Farbenmodus falsche Farben liefert. Außerdem erfolgt die Aktualisierung des Bildfelds nicht mehr automatisch. Um einerseits die Geschwindigkeit von *SetPixelV* ausnutzen zu können, andererseits korrekte Ergebnis auch im 256-Farbenmodus zu erzielen, ergibt sich folgender Code für *ZeichneLinie*:

```
Declare Function SetPixelV& Lib "gdi32" (ByVal hdc&, ByVal x&, _
  ByVal y&, ByVal crColor&)
' eine Linie der Apfelmännchengrafik zeichnen
Sub Zeichne_Linie(ByVal y%, zeile%())
  Dim x&, dc&
  Static zaehler
  If ParaForm.Option256Farben Then  'im 256-Farbenmodus PSet
    For x = 0 To ApfForm.Grafik.ScaleWidth - 1
      ApfForm.Grafik.PSet (x, y), farben(zeile(x))
    Next x
  Else                              'sonst SetPixelIV
    dc = ApfForm.Grafik.hdc         '(doppelt so schnell)
    For x = 0 To ApfForm.Grafik.ScaleWidth - 1
      SetPixelV dc, x, y, farben(zeile(x))
    Next x
    zaehler = zaehler + 1           'nur jede 4. Zeile Refresh
    If zaehler = 4 And ApfForm.WindowState <> vbMinimized Then
      zaehler = 0
      ApfForm.Grafik.Refresh
    End If
  End If
End Sub
```

Die weiteren Unterprogramme und Funktionen in ApfelMain

Farb_Tabelle	legt eine Tabelle für die Farbzuordnung an. Dabei wird zwischen verschiedenen Farbenmodi differenziert.
Load_Picture	lädt ein früher berechnetes Bild.
Min	ermittelt den kleineren von zwei Werten.
ParaForm_Show	zeigt das Parameterformular an und übergibt die Zahlenwerte an dieses Formular.
ProgrammEnde	beendet das Programm.
Resize_Grafik	paßt die Größe des Bildfelds (und des Fensters) an die Proportionen der Grafik an.
Save_Picture	speichert die Grafik.

11.6.5 Das Formular ApfelHauptformular

Der Programmcode des Hauptformulars ist vergleichsweise kurz, weil die meisten Arbeiten in den Unterprogrammen von `ApfelMain.bas` erledigt werden. Die beiden Ereignisprozeduren zur Reaktion auf die Menüauswahl der Einträge BERECHNUNG | NEU STARTEN und BERECHNUNG | STOPPEN zeigen, daß der Programmablauf im wesentlichen durch einige wenige globale Variablen gesteuert wird. Diese Variablen werden wahlweise mit *True* oder *False* belegt.

calc_is_running	gibt an, ob gerade eine Berechnung läuft
stop_calc	Aufforderung, die Berechnung abzubrechen
start_calc	Aufforderung, die Berechnung neu zu starten

```
Sub MenuCalcStart_Click ()
  If calc_is_running Then
    stop_calc = True
    Grafik.Cls
  End If
  no_resize = True
  start_calc = True
  MenuCalcStop.Enabled = True
End Sub
Sub MenuCalcStop_Click ()
  If calc_is_running Then
    stop_calc = True
    Grafik.Cls
    MenuCalcStop.Enabled = False
  End If
End Sub
```

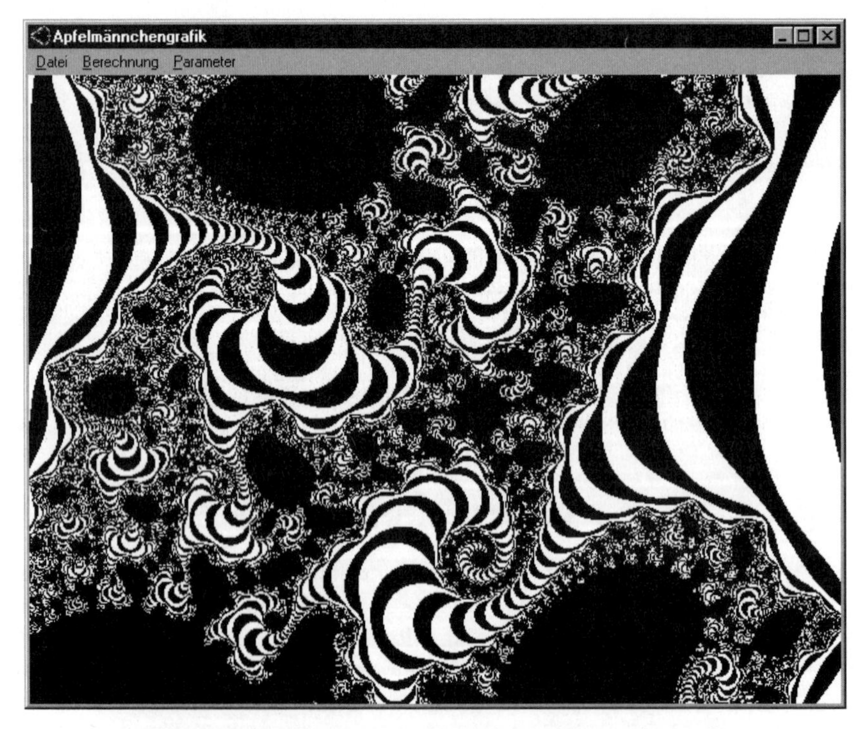

Bild 11.11: Zur Entspannung noch eine Apfelmännchengrafik

Die Aufgaben der verbleibenden Ereignisprozeduren

Form_Load	Initialisierung von Variablen
Form_Unload	Programmende
Grafik_MouseDown	Bereichsauswahl mit der Maus: Start
Grafik_MouseMove	Bereichsauswahl: Größeneinstellung
Grafik_MouseUp	Bereichsauswahl: Ende
Menu_xxx	Reaktion auf die diversen Menükommandos

11.7 Syntaxzusammenfassung

In den folgenden Syntaxboxen steht *b* für ein Bildfeld, *f* für ein Formular und *bf* für beides (d.h. für Schlüsselwörter, die sowohl für Bildfelder als auch für Formulare verwendet werden können); *dat* bezeichnet einen Dateinamen.

Formular / Bildfeld neu zeichnen	
Resize	neue Fenstergröße (Ereignis)
Paint	Fensterinhalt / Bildfeld neu zeichnen (Ereignis, tritt bei *AutoRedraw=True* nicht auf)
bf.AutoRedraw=True	die Grafik wird in einer Bitmap gespeichert

Größe	
f.ScaleLeft / -Top / -Width / -Height	Formular-Innenmaße
f.ScaleMode [=n]	Koordinatensystem für Innenmaße (Twip, Pixel etc.)
b.Left / .Top / .Width / .Height	Bildfeld Außenmaße
b.ScaleLeft / -Top / -Width / -Height	Bildfeld Innenkoordinaten
b.ScaleMode [=n]	Koordinatensystem für Innenmaße
b.AutoSize=True	Bildfeld paßt sich an die Größe der enthaltenen Bitmap an
Screen.TwipsPerPixelX / -Y	Umrechnung Twip / Pixel

Grafikeigenschaften	
bf.BackColor	Hintergrundfarbe
bf.ForeColor	Vordergrundfarbe (Zeichenfarbe, Textfarbe)
bf.DrawStyle	Linienstil (voll, punktiert, gestrichelt etc.)
bf.DrawWidth	Linienbreite
bf.DrawMode	Ausgabemodus (deckend, transparent, Xor etc.)
bf.FillColor	Füllfarbe für gefüllte Rechtecke und Kreise
bf.FillStyle	Füllstil (diverse Muster oder volle Farbe)
bf.Font	Zeichensatz für Textausgabe
bf.CurrentX / -Y	Koordinaten für Textausgabe
bf.PaletteMode	Ursprung der Palette für 256-Farbenmodus
bf.Palette	Palettendatei

Grafikmethoden	
bf.Cls	Formular / Bildfeld löschen
bf.Refresh	Neuzeichnen (*Paint*-Ereignis) auslösen
bf.Circle (x,y),r1 [,r2]	Kreis / Ellipse zeichnen
bf.Line (x,y)-(x,y)	Linie zeichnen
bf.Line (x,y) - (x,y),,B	Rechteck zeichnen
bf.Line (x,y) - (x,y),,BF	gefülltes Rechteck zeichnen
c=bf.Point(x,y)	Farbe eines Pixels ermitteln
bf.Print text	Textausgabe
bf.PSet (x,y),c	Pixel zeichnen
bf.PaintPicture quelle ...	Bitmap kopieren
n=bf.TextWidth(text)	Platzbedarf für Textausgabe berechnen
n=bf.TextHeight(text)	Platzbedarf für Textausgabe berechnen

Sonstiges	
c = RGB(r,g,b)	Farbwert ermitteln
c = QBColor(n)	16 Standardfarben
bf.Image = LoadPicture(dat)	Bitmap laden
f.Icon = LoadPicture(dat)	Icon laden
bf.Image = LoadPicture()	Bitmap löschen
SavePicture bf.Image, dat	Bitmap speichern (setzt *AutoRedraw=True* voraus)

12 Ein- und Ausgabe

Dieses Kapitel beschäftigt sich mit verschiedenen Formen der Ein- und Ausgabe: dem Zugriff auf Dateien und Verzeichnisse, dem Lesen und Schreiben von Dateien, der Reaktion auf Tastatureingaben und Mausereignisse (inklusive *Drag and Drop*), dem Datenaustausch über die Zwischenablage und schließlich dem Ausdruck von Daten durch den Drukker.

Die einzigen Neuerungen in Version 6 betreffen die *File System Objects*, die einen objektorientierten Zugriff auf Dateien sowie das Lesen und Schreiben von Unicode-Textdateien ermöglichen. Das FSO-Objektmodell und seine Anwendung wird in Abschnitt 12.1 ausführlich beschrieben.

12.1 Umgang mit Dateien

Nachdem sich bei den Kommandos für den Umgang mit Verzeichnissen und Dateien fünf Versionen lang nichts geändert hat, sind in Version 6 die *File System Objects* (kurz FSO) hinzugekommen. Der wesentliche Vorteil dieser Objektklassen besteht darin, daß sie einen modernen, übersichtlichen und objektorientierten Zugang zu den meisten Funktionen bieten, die zur Analyse des Dateisystems und zum Lesen / Schreiben von Dateien erforderlich sind. Im Gegensatz zu den herkömmlichen Kommandos können zudem Textdateien im Unicode-Format gelesen und geschrieben werden.

Auch die Nachteile seien nicht verschwiegen: Zum einen sind die neuen Objekte nicht integraler Bestandteil von Visual Basic, sondern befinden sich in der *Scriping-Runtime*-Bibliothek. Wenn Sie die Objekte verwenden, müssen Sie also wieder einmal eine zusätzliche Bibliothek mitliefern (Datei `Scrrun.dll`, ca. 400 kB). Zum anderen ist die Bibliothek unvollständig. Insbesondere fehlen Funktionen zum Lesen und Schreiben von Binär- und Random-Access-Dateien. Die Folge: in vielen Programmen ist eine unschöne und fehleranfällige Doppelgleisigkeit zwischen herkömmlichen Kommandos und FSO-Methoden unvermeidbar.

Schade ist schließlich, daß man nach Methoden wie *SafeDelete* (Löschen in den Papierkorb) oder Eigenschaften wie *CompressedSize* vergeblich sucht. Das Ansprechen dieser Betriebssystemeigenschaften erfordert weiterhin den Einsatz von DLL-Funktionen (siehe Seite 612 bzw. Seite 628). Alles in allem hinterläßt die FSO-Bibliothek damit einen halbfertigen Eindruck.

HINWEIS

In diesem Abschnitt stehen die neuen *File System Objects* im Vordergrund. Die herkömmlichen Kommandos werden nur soweit ausführlich beschrieben, als sie Funktionen anbieten, die in den neuen Objekten fehlen. (Die Syntaxzusammenfassung am Ende des Abschnitts ist aber vollständig. Zudem befinden sich auf der beiliegenden CD-ROM einige im Buch nicht mehr abgedruckte Beispielprogramme zum Umgang mit den herkömmlichen Kommandos.)

VERWEIS

Zur Auswahl eines Dateinamens durch den Windows-Standarddialog steht das *CommonDialog*-Steuerelement zur Verfügung. Der Umgang mit diesem Steuerelement wird auf Seite 246 beschrieben.

12.1.1 File System Objects – Überblick

Wenn Sie die FSO-Bibliothek in Ihrem Programm verwenden möchten, müssen Sie zuerst mit PROJEKT | VERWEISE die *Scripting-Runtime*-Bibliothek aktivieren. An der Spitze der Bibliothek steht das ***FileSystemObject***. Dieses Objekt ist der Ausgangspunkt für diverse Methoden, mit denen *Drive[s]-*, *File[s]-*, *Folder[s]-* und *TextStream*-Objekte erzeugt werden können. Aus diesem Grund ist es meistens sinnvoll, eine *FileSystemOb-*

ject-Variable global im Programm mit *Dim As New* zu definieren. Wann immer FSO-Funktionen benötigt werden, steht diese Variable zur Verfügung.

```
Public fso As New FileSystemObject
```

HINWEIS

Auf Seite 164 wurde vor der Syntaxvariante *Dim As New* zum Erzeugen von Objekten gewarnt, weil es damit nahezu unmöglich ist, Objekte wieder zu löschen. Hier wird dennoch gerade diese Variante verwendet, weil während des gesamten Programmablaufs nie die Notwendigkeit besteht, *fso* zu löschen. Die Variable soll im Gegenteil immer und ohne umständliche Initialisierung zur Verfügung stehen. Im folgenden Text wird das *fso*-Objekt auf jeden Fall als gegeben vorausgesetzt.

Wenn Sie die *FileSystemObjects* bei der Programmierung einer ActiveX-Komponente verwenden möchten, ist es aber besser, mit *CreateObject("Scripting. FileSystemObject")* zu arbeiten und das Object durch *Set fso = Nothing* nach der Verwendung wieder zu löschen.

Ausgehend von *fso* können Sie nun neue Objekte erzeugen. Die beiden folgenden Kommandos erzeugen beispielsweise ein *Folder*-Objekt, das auf das existierende Wurzelverzeichnis in `C:` verweist.

```
Dim f As Folder
Set f = fso.GetFolder("c:\")
```

Jetzt können Sie mit *f.Files* auf alle Dateien in diesem Verzeichnis zugreifen, mit *f.SubFolders* auf Verzeichnisse etc. Über Eigenschaften wie *Attributes, Name, Path* und *Size* etc. können Sie auf diverse Merkmale der so angesprochenen Dateien / Verzeichnisse ermitteln.

HINWEIS

Im Gegensatz zu den meisten anderen Aufzählungen ist bei *Drives, Files* und *Folders* der Zugriff auf einzelne Elemente durch *Files(n)* nicht möglich! Als Index kann nur der Name des jeweiligen Objekts verwendet werden. Da dieser im Regelfall nicht im voraus bekannt ist, *müssen* Sie mit *For-Each*-Schleifen arbeiten.

Methoden zum Erzeugen oder Verändern neuer Verzeichnisse und Dateien sind direkt dem *FileSystemObject* untergeordnet, beispielsweise *CopyFile, CreateFolder, DeleteFile* etc.

FileSystemObject – Objekthierarchie	
FileSystemObject	Spitze der Objekthierarchie
└─ *Drives*	Aufzählung der Laufwerke / Partitionen
└─ *Drive*	*Drive*-Objekt zur Beschreibung des Laufwerks

Drive – Objekthierarchie

Drive	*Drive*-Objekt
└─ *RootFolder*	verweist auf Wurzelverzeichnis des Laufwerks
└─ *Folder*	*Folder*-Objekt

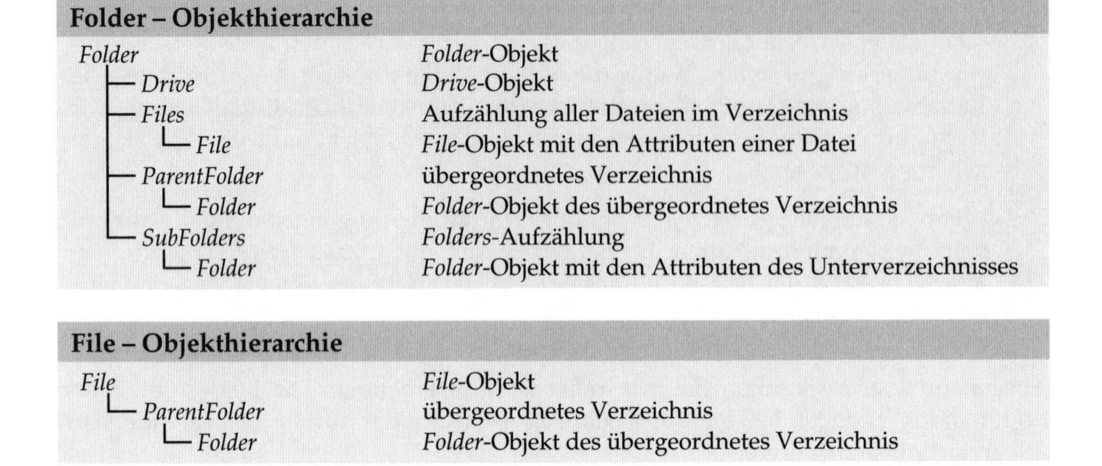

12.1.2 Laufwerke, Verzeichnisse und Dateien

Eigenschaften von Laufwerken (Drive-Objekt)

Eine Liste aller verfügbaren Laufwerke kann leicht über die Aufzählung *fso.**Drives*** ermittelt werden. Die Eigenschaften der dazugehörigen ***Drive***-Objekte geben Aufschluß über die Merkmale des Laufwerks: ***VolumeName*** (Name), ***ShareName*** (Name, unter dem das Laufwerk in einem Netzwerk angesprochen wird), ***TotalSize*** und ***FreeSpace*** (gesamte und freie Kapazität), ***FileSystem*** (der Dateisystemtyp als Zeichenkette, etwa *"FAT"*, *"NTFS"* oder *"CDFS"*) und ***DriveType*** (*Fixed*, *Remote*, *Removeable* etc.).

HINWEIS

Die *Drives*-Aufzählung enthält nur lokale Laufwerke (bzw. mit Laufwerksbuchstaben eingebundene Netzwerklaufwerke). Eventuell zugängliche Netzwerkverzeichnisse werden dagegen nicht erfaßt!

Das Beispielprogramm zeigt die wichtigsten Informationen zu allen verfügbaren Laufwerken an. Wenn sich in `A:` keine Diskette befindet, wird dieses Laufwerk dank *On Error* übersprungen.

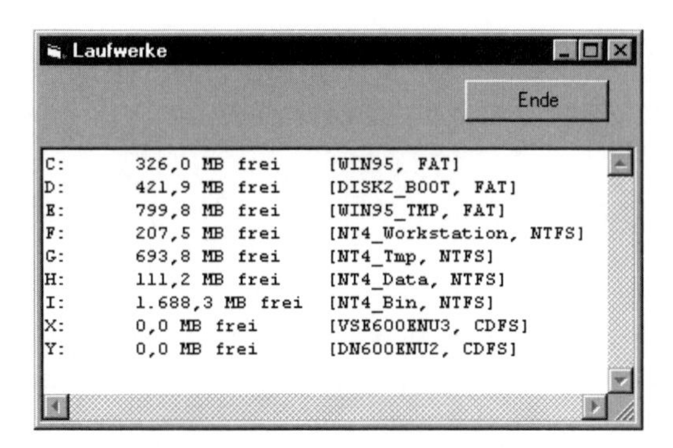

Bild 12.1: Informationen über alle verfügbaren Laufwerke

```
' EinAusgabe\FSO-Drives.frm
Dim fso As New FileSystemObject
Private Sub Form_Load()
  Dim dr As Drive
  Text1 = ""
  On Error Resume Next
  For Each dr In fso.Drives
    Text1 = Text1 & dr & vbTab & _
      FormatNumber(dr.AvailableSpace / 1024 ^ 2, 1) & " MB frei" & _
      vbTab & " [" & dr.VolumeName & ", " & dr.FileSystem & "] " & _
      vbCrLf
  Next
End Sub
```

Das aktuelle Verzeichnis

Auch wenn Sie in den FSO-Objekten vergeblich nach einer *CurrentDir*-Eigenschaft suchen, wird diese Programminformation beispielsweise bei der Methode *GetFolder* berücksichtigt. So liefert *fso.GetFolder(".").Path* den Pfad des aktuellen Verzeichnisses (bei der Programmausführung in der Entwicklungsumgebung etwa `F:\VStudio98\-VB98`).

Zur Veränderung des aktuellen Laufwerks und Verzeichnisses müssen Sie allerdings weiterhin auf einige herkömmliche Kommandos zurückgreifen: ***ChDrive*** wechselt das aktuelle Laufwerk, ***ChDir*** wechselt das aktuelle Verzeichnis, und ***CurDir*** ermittelt das aktuelle Verzeichnis (samt Laufwerk).

ACHTUNG

Zum Wechsel des aktuellen Verzeichnisses reicht *ChDir* normalerweise nicht aus – es muß auch das Laufwerk gewechselt werden. Daher lautet die übliche Kommandoabfolge:

```
pfad = "d:\backup"
ChDrive pfad
ChDir pfad
```

Wenn *pfad* allerdings auf ein Netzwerkverzeichnis zeigt (`\\server\share\`), gibt es Probleme. *ChDrive* kommt mit Netzwerkverzeichnissen nicht zurecht und löst einen Fehler aus. (Der kann mit *On Error Resume Next* leicht übergangen werden.) *ChDir* verändert zwar das aktuelle Verzeichnis, aber nur dann, wenn das Netzwerkverzeichnis als aktuelles Laufwerk gilt (etwa beim Start eines kompilierten Visual-Basic-Programms, das auf einem Netzwerk-Server liegt). Wenn das nicht der Fall ist, gibt es unter Visual Basic keine Möglichkeit, ein Netzwerkverzeichnis zum aktuellen Verzeichnis zu machen!

Applikations-Verzeichnis und temporäres Verzeichnis

Bei kompilierten Programmen enthält ***App.Path*** das Verzeichnis, in dem sich die `*.exe`-Datei befindet. Während der Programmentwicklung in der Entwicklungsumgebung zeigt *Path* dagegen auf das Verzeichnis der `*.vbp`-Projektdatei. *App.Path* eignet sich daher hervorragend, um sowohl während eines Tests in der Entwicklungsumgebung als auch in Kompilaten auf dasselbe Verzeichnis zuzugreifen.

Manchmal kommt es vor, daß Sie in Ihren Programmen eine temporäre Datei erzeugen möchten (das ist eine Datei, die Sie nur vorübergehend benötigen und danach wieder löschen). Unter Windows existiert dazu ein eigenes Verzeichnis, das für solche temporäre Dateien vorgesehen ist; normalerweise handelt es sich um das Unterverzeichnis `temp` im Windows-Verzeichnis. Das dezugehörende *Folder*-Objekt können Sie mit *fso.**GetSpecialFolder**(TemporaryFolder)* leicht erzeugen. (Visual Basic kennt zwei weitere besondere Verzeichnisse: das Windows-Verzeichnis und das Windows-Systemverzeichnis. Der Zugriff darauf erfolgt ebenfalls mit *GetSpecialFolder*. Als Parameter verwenden Sie *WindowsFolder* bzw. *SystemFolder*.)

Beinahe alle Beispielprogramme dieses Abschnitts schreiben ihre Dateien in das temporäre Verzeichnis. Das hat zwei Vorteile: Erstens laufen die Programme so auch von der CD (auf der ja keine Dateien gespeichert werden können), und zweitens können die entstehenden Beispieldateien bequem wieder gelöscht werden (indem einfach alle Dateien des temporären Verzeichnisses gelöscht werden, was ohnedies hin und wieder notwendig ist).

TIP

Den Ort des temporären Verzeichnisses können Sie übrigens auch ohne FSO-Objekte leicht feststellen: Der Pfad zu diesem Verzeichnis befindet sich in der Systemvariablen *TEMP*. Auf diese Variable können Sie über die Visual-Basic-Funktion *Environ("TEMP")* zugreifen.

TIP

Wenn Sie nicht nur den Namen des temporären Verzeichnisses brauchen, sondern auch einen Vorschlag für einen gültigen (noch nicht verwendeten) Dateinamen darin, verwenden Sie einfach *fso.**GetTempName()***. Diese Methode liefert allerdings nur den Namen, das dazugehörige Verzeichnis müssen Sie immer noch durch *GetSpecialFolder* ermitteln.

Eigenschaften von Verzeichnissen (Folder-Objekt)

Im FSO-Objektmodell erfolgt der Zugriff auf Verzeichnisse über das ***Folder***-Objekt. Soweit dieses nicht schon von einem anderen FSO-Objekt abgeleitbar ist, kann es leicht mit ***GetFolder*** erzeugt werden. (Diese Methode kommt auch mit Netzwerkverzeichnissen problemlos zurecht.)

```
Dim f As Folder
Set f = fso.GetFolder("c:\windows\system32")
```

Jetzt kann auf eine Menge Eigenschaften zugegriffen werden: ***Name*** enthält den Namen des Verzeichnisses (im Beispiel oben also *"system32"*), die Defaulteigenschaft ***Path*** den kompletten Pfad inklusive Laufwerksangabe. Falls zur Kommunikation mit alten DOS- bzw. Windows-3.1-Programmen Namen gemäß der 8+3-Zeichen-Konvention erforderlich sind, können diese mit *ShortName* bzw. *ShortPath* ermittelt werden.

DateCreated, -LastAccessed und ***-LastModified*** geben Informationen darüber, wann das Verzeichnis erzeugt und wann es zuletzt genutzt bzw. verändert wurde. ***Attributes*** enthält eine Binärkombination mehrerer Attribute (beispielsweise *Compressed, Hidden, ReadOnly*). ***Type*** liefert eine Zeichenkette mit der Beschreibung des Verzeichnistyps. Bei einem deutschsprachigem Betriebssystem lautet diese einfach *"Dateiordner"*. (Die *Type*-Eigenschaft ist bei *File*-Objekten sinnvoller, wo bei bekannten Dateikennungen der Dateityp angegeben wird.)

Drive verweist auf ein Laufwerk-Objekt. (Bei Netzwerkverzeichnissen liefert *f.Drive* übrigens erwartungsgemäß die Server- und Share-Bezeichnung in der üblichen Syntax `\\server\share`.)

Mit ***IsRootFolder*** kann festgestellt werden, ob es sich bei dem Verzeichnis um ein Wurzelverzeichnis handelt (etwa bei `c:\`). Nur wenn das nicht der Fall ist, kann mit ***ParentFolder*** das übergeordnete Verzeichnis ermittelt werden (wiederum ein *Folder*-Objekt). ***SubFolders*** verweist auf eine *Folders*-Aufzählung mit allen untergeordneten Verzeichnissen (sofern es welche gibt; andernfalls ist *SubFolders.Count=0*). Die Verzeichnisnamen in *Folders*-Aufzählungen sind nicht sortiert!

Files verweist auf alle Dateien innerhalb des Verzeichnisses. Im Gegensatz zum herkömmlichen *Dir*-Kommando werden damit weder Unterverzeichnisse noch die Pseudodateien "." und ".." erfaßt.

Size ermittelt den Platzbedarf des Verzeichnisses und berücksichtigt dabei rekursiv alle Unterverzeichnisse. Aus diesem Grund kann die Ermittlung dieser Eigenschaft einige Zeit dauern. Greifen Sie nicht unnötig auf diese Eigenschaft zu!

HINWEIS

Der resultierende Wert enthält die Summe der Byteanzahl aller Dateien. Tatsächlich ist der Platzbedarf auf der Festplatte freilich meist größer, weil Dateien immer sektorweise gespeichert werden. (Eine 3 Byte lange Datei beansprucht daher je nach Dateisystem ein oder mehrere kByte Festplattenkapazität.) Der tatsächliche Platzbedarf kann allerdings auch kleiner sein, nämlich dann, wenn die Dateien (etwa in einem NT-Dateisystem) komprimiert sind. Betrachten Sie das Ergebnis von *Size* also mit einer gewissen Vorsicht!

TIP

Die meisten Eigenschaften sind *read-only*, können also nur gelesen, aber nicht verändert werden. Die einzigen Ausnahmen sind *Attributes* und *Name*.

Eigenschaften von Dateien (File-Objekt)

Wie bereits erwähnt, kann über die Aufzählung ***Files*** des *Folder*-Objekts auf alle Dateien eines Verzeichnisses zugegriffen werden. Wie bei der *Folders*-Aufzählung sind die Dateien nicht sortiert! Im Gegensatz zur dafür früher eingesetzten Funktion *Dir* besteht keine Möglichkeit, nur Dateien eines bestimmten Typs (z.B. `*.txt`) oder mit bestimmten Attributen zu suchen – das müssen Sie innerhalb der Schleife selbst testen.

*Files.**Count*** liefert die Anzahl der Dateien, die aber nur in einer *For-Each*-Schleife abgearbeitet werden können. Die so angesprochenen ***File***-Objekte weisen zum Großteil dieselben Eigenschaften wie *Folder*-Objekte auf:

[Short]Name, [Short]Path, Drive, ParentFolder, Attributes, DateXxx, Size, Type

Der einzige erwähnenswerte Unterschied betrifft *Type*: Diese Eigenschaft enthält eine von der Dateikennung abhängige Zeichenkette mit der Beschreibung der Datei, etwa *"Microsoft Word-Dokument"* für eine `*.doc`-Datei, wenn ein deutschsprachiges WinWord installiert ist. Es handelt sich also um die selbe Zeichenkette, die auch im Explorer in der Typ-Spalte angezeigt wird.

Dateien und Verzeichnisse erzeugen / verschieben / kopieren / löschen

Mit *fse.**CreateFolder*** erzeugen Sie ein neues Verzeichnis. Die Methode erwartet sich eine Zeichenkette mit dem vollständigen Pfad des Verzeichnisses als Parameter. Bei Dateien ist die FSO-Bibliothek dagegen weniger flexibel – Sie können zur Zeit nur

Textdateien erzeugen (nicht aber Binärdateien): Die Methode ***CreateTextStream*** wird im Detail im übernächsten Abschnitt beschrieben (Seite 522).

Die Methoden ***Copy***, ***Move*** und ***Delete*** können gleichermaßen auf *Folder* und *File*-Objekte angewandt werden. Alternativ können Sie auch *fso.CopyFile / -Folder*, *fso.DeleteFile / -Folder* sowie *fso.MoveFile / -Folder* benutzen. In diesem Fall müssen Sie den vollständigen Verzeichnis- bzw. Dateinamen als Zeichenkette angeben.

Bei den *Copy*-Operationen können Sie durch einen optionalen Parameter *Overwrite* angeben, ob vorhandene Dateien / Verzeichnisse überschrieben werden sollen. Vorsicht, die Defaulteinstellung ist *True*, d.h., existierende Dateien / Verzeichnisse werden ohne Rückfrage überschrieben! Wenn Sie *False* angeben, kommt es zur Fehlermeldung 58 ('File already exists'), die Sie mit *On Error* abfangen können.

Die *Move*-Methoden können gleichermaßen dazu verwendet werden, um den Namen einer Datei bzw. eines Verzeichnisses zu verändern oder das Objekt an einen anderen Ort (auch in ein anderes Laufwerk) zu verschieben. Die Operation wird nur durchgeführt, wenn die Zieldatei bzw. das Zielverzeichnis nicht existiert. (Dieses Sicherheitsmerkmal kann nicht durch optionale Parameter beeinflußt werden.)

Für *Delete*-Operationen existiert wiederum ein optionaler Parameter *Force*, der angibt, ob sich *Delete* über das Read-Only-Attribut hinwegsetzen soll. Die Defaulteinstellung lautet *False*, d.h., Read-Only-Dateien oder -Verzeichnisse werden nicht verändert; statt dessen tritt der Fehler 70 ('Permission denied') auf. Vorsicht ist bei Verzeichnissen angebracht: Soweit die Zugriffsrechte in Ordnung sind, werden diese ohne weitere Rückfragen samt Inhalt gelöscht.

VORSICHT

Löschoperationen sind endgültig, d.h., die gelöschten Objekte landen nicht im Papierkorb! Sichere Löschoperationen können aber mit der auf Seite 536 beschriebenen DLL-Funktion *SHFileOperation* durchgeführt werden.

Hilfsfunktionen

Über das *fso*-Objekt können diverse Methoden aufgerufen werden, die bei der Analyse bzw. Synthese von Dateinamen hilfreich sind. Alle hier beschriebenen Methoden erwarten Zeichenketten als Parameter und liefern eine Zeichenkette als Ergebnis (also keine *File*- oder *Folder*-Objekte).

BuildPath*(pfad, name)*	bildet aus Pfad und Name einen vollständigen Dateinamen
GetAbsolutePath*(name)*	liefert den vollständigen Dateinamen, wenn nur ein Name relativ zum aktuellen Verzeichnis gegeben ist
GetBaseName*(name)*	liefert den einfachen Dateinamen (ohne Verzeichnis / Laufwerk)
GetDriveName*(name)*	liefert das Laufwerk
GetFileName*(name)*	wie *GetBaseName*

***GetParentFolderName**(name)* liefert Verzeichnis (inklusive Laufwerk, aber ohne den Dateinamen)

Mit den drei folgenden Funktionen können Sie testen, ob ein bestimmtes Laufwerk, Verzeichnis oder eine Datei bereits existiert:

***DriveExists**(name)*	testet, ob das Laufwerk existiert (*True / False*)
***FileExists**(name)*	testet, ob Datei existiert
***FolderExists**(name)*	testet, ob Verzeichnis existiert

12.1.3 Textdateien (TextStream)

Das ***TextStream***-Objekt hilft beim Lesen und Schreiben von Textdateien, wahlweise in ANSI- oder Unicode. Die folgende Liste faßt die Methoden zusammen, mit denen *TextStream*-Objekte erzeugt werden können:

```
Dim ts As TextStream
Set ts = fso.CreateTextFile(name$ [, overwrite, unicode])
Set ts = fso.OpenTextFile(name$ [, modus, unicode])
Set ts = folder.CreateTextFile(name$ [, overwrite, unicode])
Set ts = file.OpenAsTextStream([modus, unicode])
```

Kurz die Bedeutung der optionalen Parameter: *overwrite* (default *True*) bestimmt, ob eine eventuell schon vorhandene Datei gleichen Namens überschrieben wird.

modus gibt an, ob die Datei zum Lesen (default *ForReading*, Defaulteinstellung), zum Schreiben (*ForWriting*) oder zum Erweitern (*ForAppending*) geöffnet wird. Bei *ForWriting* wird eine eventuell schon vorhandene Datei gelöscht; bei *ForAppending* bleibt die Datei dagegen erhalten, Schreibvorgänge beginnen am Ende der Datei und erweitern diese.

Recht merkwürdig ist schließlich die Auswahl des Textformats (ANSI oder Unicode). Bei den beiden *Create*-Methoden erfolgt diese durch einen *Boolean*-Wert: *False* für ANSI (Defaulteinstellung) oder *True* für Unicode. Bei den *Open*-Methoden kann der Parameter dagegen drei Werte annehmen: *TristateFalse* für ANSI (Defaulteinstellung), *TristateTrue* für Unicode oder *TristateDefault* (Code je nach Betriebssystemdefaulteinstellung).

Der Zugriff auf die Datei erfolgt über die Eigenschaften und Methoden des *TextStream*-Objekts: Zum Lesen von Dateien dienen ***Read***, ***ReadLine*** und ***ReadAll***. Damit werden eine bestimmte Anzahl von Zeichen, eine Zeile oder der gesamte Text gelesen und als Zeichenkette zurückgegeben. Mit ***Skip*** bzw. ***SkipLine*** können Sie einzelne Zeichen oder eine ganze Zeile überspringen. Mit ***AtEndOfLine*** und ***AtEndOfStream*** können Sie feststellen, ob Sie das Ende einer Zeile bzw. das Ende der Datei erreicht haben. ***Line*** und ***Column*** geben die aktuelle Zeilen- und Spaltennummer an.

Zum Schreiben von Text dienen primär ***Write*** und ***WriteLine***. Der einzige Unterschied der beiden Methoden besteht darin, daß durch ***WriteLine*** automatisch ein Zeilenende durchgeführt wird. ***WriteBlankLines*** erzeugt eine Anzahl von Leerzeilen.

Die Dateioperation sollte schließlich durch ***Close*** abgeschlossen werden. (Beim Programmende, bzw. sobald das *TextStream*-Objekt aufhört zu existieren, erfolgt das automatisch. Im Regelfall ist es aber vorzuziehen, diesen Zeitpunkt explizit vorzugeben. Das macht auch den Programmcode besser nachvollziehbar.)

Beispielprogramm

Das folgende Miniprogramm legt in *Form_Load* eine temporäre Textdatei an. Durch den Button DATEI LESEN wird diese Datei in ein Textfeld gelesen. END beendet nicht nur das Programm, sondern löscht auch die temporäre Datei wieder.

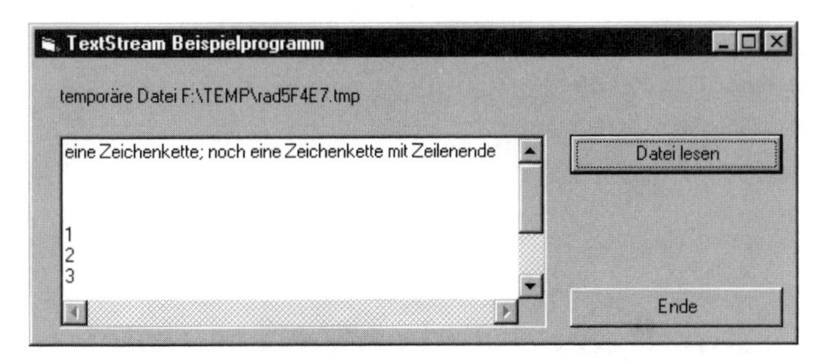

Bild 12.2: Beispielprogramm zu TextStream

```
' EinAusgabe\FSO-Textstream.frm
Option Explicit
Dim fso As New FileSystemObject
Dim filname$
' Textdatei erzeugen
Private Sub Form_Load()
  Dim i&, tstream As TextStream
  With fso
    filname = .BuildPath(.GetSpecialFolder(TemporaryFolder), _
       .GetTempName)
    Set tstream = .CreateTextFile(filname)
  End With
  With tstream
    .Write "eine Zeichenkette; "
    .WriteLine "noch eine Zeichenkette mit Zeilenende"
    .WriteBlankLines 3   '3 leere Zeilen
    For i = 1 To 5
      .WriteLine i
    Next
```

```
    .WriteLine "Ende der Datei"
    .Close
  End With
  Label1 = "temporäre Datei " & filname
End Sub
' Textdatei lesen
Private Sub Command1_Click()
  Dim tstream As TextStream
  Set tstream = fso.OpenTextFile(filname)
  With tstream
    While Not .AtEndOfStream
      Text1 = Text1 + .ReadLine() + vbCrLf
    Wend
  End With
End Sub
' Programmende, temporäre Datei löschen
Private Sub Command2_Click()
  On Error Resume Next
  fso.DeleteFile filname
  End
End Sub
```

12.1.4 Text-, Binär- und Random-Access-Dateien (Open)

Das *TextStream*-Objekt zum Bearbeiten von Textdateien funktioniert soweit zwar ganz gut, es kommt aber durchaus vor, daß Sie in Ihrem Programm auch Binär- und seltener Random-Access-Dateien verwenden möchten. Die aktuelle Version der Scripting-Bibliothek bietet dazu leider keine Funktionen. Aus diesem Grund gibt dieser Abschnitt einen Überblick über die herkömmlichen Visual-Basic-Kommandos zu diesem Zweck, wobei der Vollständigkeit halber auch gleich die Kommandos zum Umgang mit Textdateien beschrieben werden.

Datenkanal öffnen

Herkömmliche Dateizugriffe erfolgen nicht über Objekte, sondern über sogenannte Datenkanäle. Ein Datenkanal ist eine durch eine Nummer gekennzeichnete Verbindung zu einer Datei. Diese Nummer wird zumeist als Datei- oder Kanalnummer bezeichnet (engl. *file handle*). Zuerst wird mit dem Befehl *Open* der Zugang zu einer Datei geschaffen, anschließend können über diesen Kanal Daten geschrieben und gelesen werden. Das Arbeiten mit Datenkanälen wird durch zahlreiche Befehle und Funktionen unterstützt:

Open	Datei öffnen
Close	Datei schließen
Reset	alle geöffneten Dateien schließen
FreeFile	ermittelt die nächste freie Datenkanalnummer
Print, Write	Daten im Textmodus schreiben
Input, Line Input	Daten im Textmodus lesen
Put	Daten im Binär- oder Random-Access-Modus schreiben
Get	Daten im Binär- oder Random-Access-Modus lesen
LOF	ermittelt die Dateilänge (len of file)
EOF	gibt an, ob das Dateiende erreicht ist (end of file)
Loc	Location – gibt die aktuelle Position des Dateizeigers an
Seek	ändert oder liest die aktuelle Position des Dateizeigers

Bei der Ausführung von ***Open*** müssen neben dem Dateinamen und der Kanalnummer auch der Zweck des Zugriffs angegeben werden. *Input, Output* und *Append* beziehen sich auf Textdateien und implizieren bereits die Art des Zugriffs (*Input*: nur lesen; *Output*: nur schreiben; *Append*: beides). *Binary* ist für den Zugriff auf binäre Daten vorgesehen und ermöglicht sowohl das Lesen als auch das Schreiben von Daten. Optional kann bei *Binary* die Zugriffsart ausschließlich auf Lesen oder Schreiben eingeschränkt werden. Die sieben folgenden Zeilen zeigen die in der Praxis sinnvollen Varianten des *Open*-Kommandos.

```
Open "datname" For Input  As #1                  '(1)
Open "datname" For Output As #1                  '(2)
Open "datname" For Append As #1                  '(3)
Open "datname" For Binary As #1                  '(4)
Open "datname" For Binary Access Read As #1      '(5)
Open "datname" For Binary Access Write As #1     '(6)
Open "datname" For Random ...                    '(7)
```

Beispiel (1) öffnet eine Textdatei, aus der Daten gelesen werden. Eine unbeabsichtigte Veränderung der Datei ist ausgeschlossen. (2) öffnet eine Datei zum Schreiben. Falls die Datei schon existiert, wird Sie gelöscht! (3) öffnet die Datei zum Lesen und Schreiben. Eine eventuell schon existierende Datei wird nicht geschlossen. Schreib- und Leseoperationen werden standardgemäß am Ende der Datei durchgeführt (im Gegensatz zu allen anderen Varianten, bei denen die Daten vom Beginn der Datei gelesen bzw. dort verändert werden). Siehe auch *DPos* etwas weiter unten.

(4) bis (6) öffnen jeweils eine Binärdatei. Bei (4) ist sowohl das Lesen als auch das Schreiben von Daten erlaubt, bei (5) nur das Lesen, bei (6) nur das Schreiben. Eine schon vorhandene Datei wird in keinem Fall gelöscht. (7) öffnet eine Random-Access-Datei (Details siehe unten).

Wenn mehrere Dateien gleichzeitig geöffnet werden sollen, muß bei jeder Datei eine andere Kanalnummer angegeben werden. Der zulässige Zahlenbereich reicht von 1 bis 511. Die Funktion ***FreeFile*** ermittelt eine noch nicht benutzte Kanalnummer.

Nach dem Lesen bzw. Schreiben der Datei muß die Datei wieder geschlossen werden. Erst durch das Schließen der Datei werden Schreiboperationen endgültig durchgeführt. Die Datei kann jetzt wieder von anderen Programmen genutzt werden. Es ist sinnvoll, Dateien möglichst rasch wieder zu schließen, wenn sie nicht länger gebraucht werden. Das dafür vorgesehene Kommando lautet ***Close***, wobei die Kanalnummer angegeben werden muß. ***Reset*** schließt alle noch offenen Dateien.

Nun zu den Kommandos, die ausgeführt werden können, sobald eine gültige Kanalnummer vorliegt: ***LOF*** (len of file) ermittelt die Größe der Datei. Die Funktion ***Loc*** (location) ermittelt die aktuelle Schreib- bzw. Leseposition der Datei. Diese Position gibt an, welches Byte der Datei als nächstes gelesen bzw. verändert wird. (Der kleinstmögliche Wert lautet 1, nicht 0!) *Loc* kann auch in Zuweisungen verwendet werden und bestimmt dann die neue Position. Alternativ dazu kann die aktuelle Position in der Datei durch ***Seek*** verändert werden. ***EOF*** (end of file) stellt fest, ob bereits das Ende der Datei erreicht ist (*Loc* und *LOF* also übereinstimmen).

Textdateien

Textdateien werden manchmal auch sequentielle Dateien genannt, weil der Zugriff auf die Daten der Reihe nach, also sequentiell erfolgt. Das folgende Beispielprogramm beginnt mit der Ereignisprozedur *Form_Load*, die am Beginn des Programms automatisch aufgerufen wird. Dort wird im temporären Verzeichnis des Rechners eine neue Datei `Beispiel.txt` erzeugt. Im *Open*-Befehl wird dabei die Kanalnummer 1 verwendet. Alle weiteren Zugriffe auf diese Datei erfolgen unter Angabe der Kanalnummer.

Um Daten als ANSI-Texte zu speichern, wird der *Print* #-Befehl verwendet (*Print* mit einer Kanalnummer gilt als Befehl und nicht als Methode). Nach der Ausgabe von drei Textzeilen wird die Datei mit *Close* geschlossen.

Der zweite Teil des Programms befindet sich in der Ereignisprozedur Form_Click. Dieser Programmteil wird von Visual Basic automatisch aufgerufen, sobald Sie das Fenster mit der Maus anklicken. Abermals wird mit *Open* der Zugriff zur Datei ermöglicht – diesmal allerdings im *Input*-Modus, um eine Veränderung der Daten auszuschließen. In einer *While-Wend*-Schleife wird die Datei mit *Line Input* zeilenweise ausgelesen, bis das Dateiende erreicht ist (wird mit der Funktion *EOF* getestet). Die gelesenen Zeilen werden im Fenster ausgegeben. Die Schleife in *Form_Click* ist dazu geeignet, jede beliebige Textdatei zu lesen und im Fenster auszugeben (sofern der Platz im Fenster reicht).

```
' Beispielprogramm EinAusgabe\Textdatei.frm
Option Explicit
' beim Öffnen des Fensters wird automatisch beispiel.txt erzeugt
Private Sub Form_Load()
  Open Environ("temp") + "\beispiel.txt" For Output As #1
  Print #1, "1. Zeile Text"
  Print #1, "noch eine Textzeile"
```

```
  Print #1, "einige Zahlen: 1,2,3,4,5,6"
  Close #1
End Sub
' Infomeldung nach Programmstart
Private Sub Form_Paint()
  Cls
  Print "Klicken Sie das Fenster an!"
End Sub
' beim Anklicken des Fensters wird die Textdatei geladen
Private Sub Form_Click()
  Dim zeile$
  Cls
  Open Environ("temp") + "\beispiel.txt" For Input As #1
  While Not EOF(1)
    Line Input #1, zeile
    Print zeile
  Wend
  Close #1
End Sub
' Datei löschen
Private Sub Form_Unload(Cancel As Integer)
  Kill Environ("temp") + "\beispiel.txt"
End Sub
```

Neben dem Befehl *Line Input* können Textdaten auch mit *Input* gelesen werden. *Input* liest allerdings nur bis zum jeweils nächsten Komma, d.h., Zeilen, in denen Kommas stehen, werden in mehrere Teile zerlegt. Der *Input*-Befehl ist daher insbesondere zum direkten Einlesen von Zahlen in numerische Variablen geeignet.

HINWEIS

Obwohl Visual Basic bereits seit Version 4 intern Unicode verwendet, werden die herkömmlichen Dateioperationen im ANSI-Format (mit einem Byte pro Zeichen) durchgeführt. Die Konversion zwischen Uni- und ANSI-Code erfolgt automatisch; Unicode-Zeichen, zu denen es keine ANSI-Codes gibt, verursachen dabei naturgemäß Schwierigkeiten. Zum Lesen / Schreiben von Unicode-Dateien sollten Sie daher das *TextStream*-Objekt verwenden.

Binärdateien

Im obigen Beispiel wurden Zahlen und Texte im Textformat gespeichert. Es besteht aber auch die Möglichkeit, Zahlen im internen Format von Visual Basic zu speichern. Dieses Format ist insbesondere für Fließkommazahlen erheblich effizienter. Außerdem kann bei diesem Format jedes einzelne Byte einer Datei gelesen, geschrieben und verändert werden. Das ist insbesondere zur Bearbeitung von Dateien fremder Programme von größter Wichtigkeit.

Der Aufbau des folgenden Beispielprogramms ist dem des obigen Programms sehr ähnlich. In *Form_Load* wird die Binärdatei angelegt, in *Form_Click* wird sie gelesen. In der Binärdatei werden die Quadratwurzeln von den Zahlen zwischen 1 und 100 als *Double*-Werte gespeichert. In *Form_Click* werden aus dieser Datei drei Werte gelesen (die Quadratwurzeln von 15, 16 und 17).

```
' Beispielprogramm EinAusgabe\Binärdatei.frm
Option Explicit
' Datei beim Öffnen des Fensters automatisch erzeugen
Private Sub Form_Load()
  Dim wurzel As Double, i
  Open Environ("temp") + "beispiel.bin" For Binary As #1
  For i = 1 To 100
    wurzel = Sqr(i)
    Put #1, , wurzel
  Next i
  Close #1
End Sub
' Infotext anzeigen
Private Sub Form_Paint()
  Cls
  Print "Klicken Sie das Fenster mit der Maus an!"
End Sub
' Datei laden
Private Sub Form_Click()
  Dim wert As Double, i
  Cls
  Open Environ("temp") + "beispiel.bin" For Binary As #1
  Seek #1, 8 * 14 + 1
  For i = 1 To 3
    Get #1, , wert
    Print wert
  Next i
  Close
End Sub
' Datei löschen
Private Sub Form_Unload(Cancel As Integer)
  Kill Environ("temp") + "\beispiel.bin"
End Sub
```

Zum Laden und Speichern von Daten in Binärformat werden die Befehle *Get* und *Put* verwendet. ***Put*** speichert eine Zahl oder eine Zeichenkette. Dabei muß als erster Parameter der Datenkanal angegeben werden, als dritter Parameter die zu speichernde Variable. Der zweite Parameter ist optional und gibt die Position in der Datei an, an der die Daten gespeichert werden sollen. Falls auf den zweiten Parameter verzichtet wird, beginnt Visual Basic am Ort des letzten Zugriffs – mit mehreren *Put*-Befehlen werden die Daten also der Reihe nach in die Datei geschrieben. Am Ende von *Form_Load* hat die Datei `Beispiel.bin` eine Länge von 800 Byte (100 Zahlenwerte zu acht Byte, die für eine *Double*-Zahl notwendig sind).

Ähnlich wie *Put* funktioniert auch ***Get***. In *Form_Click* wird die Leseposition innerhalb der Datei mit *Seek* auf das 113. Byte gestellt. Damit werden die ersten 14 Zahlenwerte zu je acht Byte übersprungen. In der Folge werden drei *Double*-Werte aus der Datei in die Variable *wert* gelesen und am Bildschirm ausgegeben.

Variant-Variablen in Binärdateien

Bei *Boolean-* (ein Byte), *Byte-*, *Int-*, *Long-*, *Single-*, *Double-* und *Currency*-Variablen ist die Anzahl der Bytes, die durch *Put* geschrieben bzw. durch *Get* gelesen werden, durch den Datentypen eindeutig vorgegeben. Nicht so bei *Variant*-Variablen: Dort hängt der Speicherbedarf vom Typ der gerade gespeicherten Daten ab. Daher werden durch *Put* zuerst zwei Byte mit der Typinformation geschrieben; anschließend folgen die eigentlichen Daten, deren Byteanzahl dann vom Format abhängig ist.

Fazit: Vermeiden Sie nach Möglichkeit *Variant*-Variablen, wenn Sie *Get* und *Put* einsetzen wollen. Zum bereits bekannten Overhead bei der internen Speicherverwaltung vergrößert sich nun auch noch die Datei um zwei Byte für jede Variant-Variable. (Wenn Sie hauptsächlich Integer-Zahlen speichern, sind zwei Byte eine Menge: Je nach Datentyp eine Vergrößerung um 50 oder 100 Prozent!)

Zeichenketten in Binärdateien

Bei Zeichenketten tritt das Problem auf, daß *Put* nur deren Inhalt, nicht aber die Länge speichert. *Get* kann daher nicht wissen, wo die zu lesende Zeichenkette endet. *Get* liest aus diesem Grund genau so viele Bytes, wie sich momentan Zeichen in der Variablen befinden. Das ist aber natürlich keine Lösung des Problems.

HINWEIS

In der Online-Hilfe wird zuerst sehr langatmig beschrieben, wie sich *Get* und *Put* bei Random-Access-Dateien verhalten, um anschließend auf die Ausnahmen bei Binärdateien einzugehen. Generell ist es aber keine gute Idee, Random-Access-Dateien zur Speicherung irgendwelcher Daten zu verwenden, die nicht einem starren Aufbau folgen und bei jedem Datensatz gleich sind. Aus diesem Grund werden hier gleich die Spielregeln für Binärdateien zusammengefaßt.

Die richtige Vorgehensweise zum binären Speichern von Zeichenketten mit variabler Länge besteht darin, daß Sie zuerst die Länge der Zeichenkette (als *Long*-Variable) und erst dann den Inhalt der Zeichenkette speichern.

```
Dim länge As Long, zeichenkette$
zeichenkette = "123"
```

```
länge = Len(zeichenkette)
Put #1, ,länge
Put #1, ,zeichenkette
```

Beim Laden ermitteln Sie zuerst die Länge der Zeichenkette und initialisieren dann die Zeichenkette, bevor Sie *Get* ausführen:

```
Get #1, , länge
zeichenkette = Space(länge)
Get #1, , zeichenkette
```

Wenn Zeichenketten in Feldern oder in selbst definierten Datentypen auftreten, kümmern sich *Get* und *Put* übrigens selbständig um die Verwaltungsinformationen. *Put* speichert die Länge der Zeichenketten, *Get* berücksichtigt diese Information, ohne daß die Zeichenketten vorher manuell initialisiert werden. Es geht also doch (siehe den nächsten Teilabschnitt)!

Benutzerdefinierte Datentypen und Felder in Binärdateien

Seit Version 5 können Sie *Get* und *Put* auch zum effizienten Speichern von selbst definierten Datentypen bzw. von Feldern verwenden. Gerade bei Feldern ist dadurch eine ziemliche Steigerung der Programmgeschwindigkeit möglich (gegenüber dem bisher erforderlichen Speichern aller einzelnen Elemente).

Bei eigenen Datentypen werden so kompakt wie möglich gespeichert (d.h., ein *Byte*-Element beansprucht wirklich nur ein Byte, und nicht vier wie in der internen Repräsentation)! Zeichenketten in Datentypen werden wie bei allen herkömmlichen Dateikommandos im ANSI-Code gespeichert.

Was, wenn Zeichenketten freier Länge in eigenen Datentypen auftreten oder wenn ein Feld von Zeichenketten gespeichert wird? Dann speichert Visual Basic für jedes Element in zwei Byte die Länge der Zeichenkette und anschließend den Inhalt der Zeichenkette. (Bei leeren Zeichenketten werden zwei 0-Byte gespeichert.) Beim Laden werden die Zeichenketten korrekt initialisiert. Bei Zeichenketten, die größer als 64 kByte sind, wird der Vorspann auf sechs Byte vergrößert: zuerst -1 zur Kennzeichnung, daß es sich um eine lange Zeichenkette handelt (also zwei Byte mit dem Wert 255), dann in vier Byte die tatsächliche Länge.

Beim Speichern von Feldern tritt ein ähnliches Problem wie bei Zeichenketten auf: *Put* speichert nur den Inhalt des Feldes, nicht aber Informationen über die Anzahl der Dimensionen und den Gültigkeitsbereich für die Indizes. *Get* liest so viele Elemente, wie im Feld Platz haben (d.h., Sie müssen das Feld vorher korrekt dimensionieren). Auch die Lösung des Problems entspricht der bei Zeichenketten: Sie müssen die Verwaltungsdaten selbst speichern und beim Lesen dazu nutzen, das Feld entsprechend neu zu dimensionieren.

Bilder (Bitmaps) in Binärdateien

Bitmaps sind eigentlich auch Binärdaten. Die Kommandos *Load-* und *SavePicture* passen aber dennoch nicht in diesen Abschnitt, weil deren Mechanismus inkompatibel zu *Open / Get / Put / etc.* ist. Vielmehr kann in einer Datei immer nur eine Bitmap gespeichert werden. Bei *Load-* und *SavePicture* wird der Dateiname daher direkt angegeben, es ist kein *Open*-Befehl notwendig (siehe Seite 514).

Random-Access-Dateien

Random-Access-Dateien sind Dateien, in denen ganze Datensätze mit einem vorgegebenen Format gespeichert sind. Die Bezeichnung Random-Access (freier Zugriff) bezieht sich darauf, daß auf die Datensätze in beliebiger Reihenfolge einzig durch Angabe der Datensatznummer zugegriffen wird.

Bevor Random-Access-Dateien angelegt werden können, muß in einem Modul das Format des Datensatzes definiert werden. Ein Datensatz ist ein eigener Datentyp, der mit *Type* definiert wird, beispielsweise:

```
Type kunde
  name As String*40
  straße As String*20
  wohnort As String*20
  telnr As String*20
  kundennr As Long
  konto As Currency
End Type
```

Um eine Datei zum Laden und Speichern solcher Datensätze zu öffnen, ist wieder ein *Open*-Befehl notwendig. Dabei muß der Speicherbedarf für einen Datensatz angegeben werden. Dieser wird mit *Len* ermittelt, wobei als Parameter eine Variable dieses Datentyps (und nicht der Datentyp selbst) angegeben werden muß.

```
Dim satz As kunde
Open "beispiel.rec" For Random As #kanal Len=Len(satz)
```

Zum Lesen und Speichern werden abermals die Befehle *Get* und *Put* verwendet. Im zweiten Parameter kann jetzt die Nummer des Datensatzes, der gelesen oder geschrieben werden soll, angegeben werden (beginnend mit 1).

Der Umgang mit Random-Access-Dateien ist zugegebenermaßen einfacher zu verstehen als die Verwendung der Datenbankfunktionen von Visual Basic. Random-Access-Dateien bieten aber keinerlei Unterstützung zur Verbindung zwischen Datensätzen (Relationen); Sicherheitsmechanismen fehlen ganz; bei großen Datenmengen gibt es Performance- und oft auch Redundanzprobleme. Aus all diesen Gründen ist es zumeist sinnvoller, eine richtige Datenbank anzulegen, statt mit Random-Access-Dateien zu arbeiten. Daher wird hier auf eine weitere Beschreibung von Random-Access-

Dateien verzichtet. Ausführliche Informationen zum Thema Datenbanken finden Sie ab Seite 689.

12.1.5 Programmiertechniken

Backup-Dateien

Wenn Sie Dateien speichern, ist es oft sinnvoll, eine Backup-Datei anzulegen. Eine Backup-Datei ist eine Kopie einer schon vorhandenen Datei, die durch das Speichern überschrieben würde. Wenn beim Speichern irgendetwas schiefgeht, kann der Anwender immer noch auf die Backup-Datei zurückgreifen. Backup-Dateien haben üblicherweise Kennungen wie `*.bak`, `*.old` oder `*.sik`.

In den folgenden Zeilen wird zuerst getestet, ob eine Datei schon existiert: Wenn das der Fall ist, wird sie in eine Backup-Datei umbenannt. Vorher wird eine eventuell bereits vorhandene Backup-Datei gelöscht. (Auf der beiliegenden CD-ROM finden sich auch eine Version dieses Programms, die ohne FSO auskommt.)

```
' Beispielprogramm EinAusgabe\FSO-Backup.frm
Option Explicit
Dim fso As New FileSystemObject
' Inhalt des Textfelds in Datei speichern
Private Sub Command1_Click()
  Dim datname$, bakname$
  Dim ts As TextStream
  datname = fso.GetSpecialFolder(TemporaryFolder) + "\test.txt"
  bakname = fso.GetSpecialFolder(TemporaryFolder) + "\test.bak"
  If fso.FileExists(datname) Then    'Datei existiert schon
    If fso.FileExists(bakname) Then  'auch Backup existiert schon
      fso.DeleteFile bakname         'altes Backup löschen
    End If
    fso.MoveFile datname, bakname    'Datei in Backup umbenennen
    MsgBox "Von der alten Datei " & datname & _
      " wurde eine Backup-Datei " & bakname & " erstellt."
  End If
  ' Text aus Textfeld speichern
  Set ts = fso.CreateTextFile(datname)
  ts.Write Text1.Text
  ts.Close
  MsgBox "Text wurde als " & datname & " gespeichert."
End Sub
```

Verzeichnisbaum rekursiv abarbeiten

Oft möchten Sie nicht nur alle Dateien innerhalb eines Verzeichnisses bearbeiten (durchsuchen, kopieren etc.), sondern auch alle Dateien in Unterverzeichnissen. Im Regelfall ist es dazu sinnvoll, ein rekursives Unterprogramm zu formulieren, das zuerst alle Dateien im aktuellen Verzeichnis bearbeitet und sich dann selbst mit den Pfaden aller Unterverzeichnisse aufruft.

```
Sub processFile(fld As Folder)
  Dim subfld As Folder, fil As File
  For Each fil In fld.Files
    ' Dateien bearbeiten
  Next
  For Each subfld In fld.SubFolders
    processFile subfld  ' rekursiver Aufruf für alle Unterverz.
  Next
End Sub
```

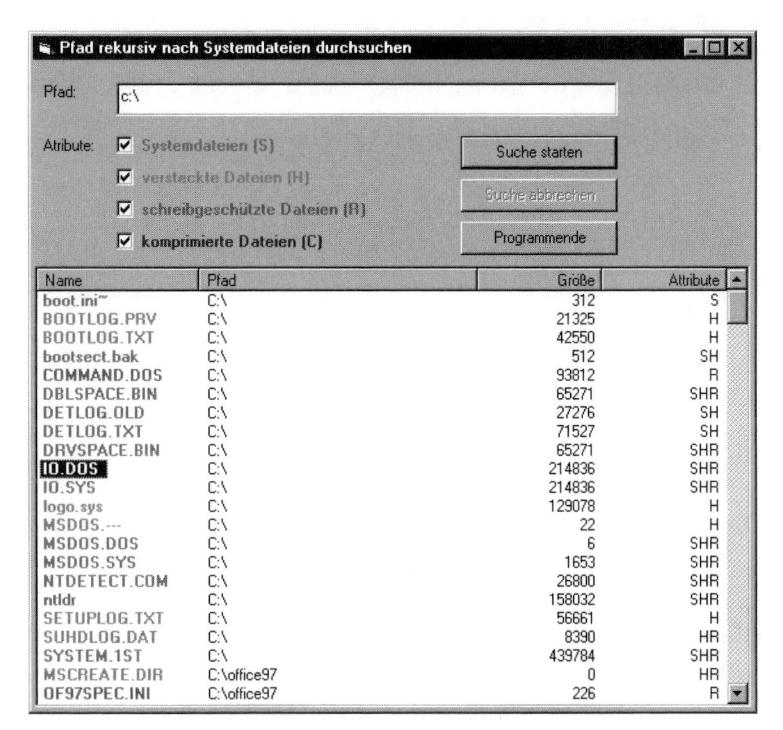

Bild 12.3: Programm zur Suche nach Systemdateien

Das Beispielprogramm (Bild 12.3) demonstriert diese Vorgehensweise. Ziel des Programms ist es, alle Systemdateien innerhalb eines Verzeichnisses (und aller Unterverzeichnisse) zu finden. Die gefundenen Dateien werden farblich codiert in einem *List-*

View-Steuerelement dargestellt. Das Großteil des Codes im rekursiven Unterprogramm betrifft die Formatierung der Einträge im Listenfeld – daher sind die wenigen Zeilen im Mustercode oben übersichtlicher. Das Programm ist aber gleichzeitig ein gutes Beispiel für den Umgang mit der *Attributes*-Eigenschaft.

```
' Beispielprogramm EinAusgabe\FSO-Verzeichnisbaum.frm
Option Explicit
Dim fso As New FileSystemObject
Dim interrupt As Boolean
' Programmstart
Private Sub Form_Load()
  txtPath.Text = CurDir
  btnAbort.Enabled = False
End Sub
' verzSpeicher aufrufen
Private Sub btnStart_Click()
  ' Validätskontrolle
  If Not fso.FolderExists(txtPath) Then
    MsgBox "Das Verzeichnis " + txtPath + " existiert nicht!"
    txtPath.SelStart = 0: txtPath.SelLength = 1000
    txtPath.SetFocus
    Exit Sub
  End If
  If (chkCompressed Or chkHidden Or _
      chkReadOnly Or chkSystem) = 0 Then
    MsgBox "Wählen Sie eines der Suchkriterien aus!"
    chkSystem.SetFocus
    Exit Sub
  End If
  ' Initialisierung / optisches Feedback
  MousePointer = 11   'Sanduhr
  btnStart.Enabled = False
  btnAbort.Enabled = True
  interrupt = False
  ' Fenster vergrößern, sodaß Listenfeld sichtbar
  ListView1.ListItems.Clear
  If ScaleHeight <= ListView1.Top Then
    Height = 2 * ListView1.Top
  End If
  ' Suche starten
  findFile fso.GetFolder(txtPath.Text), _
     chkCompressed * Compressed + chkHidden * Hidden + _
     chkReadOnly * ReadOnly + chkSystem * System
  ' optisches Feedback
  btnStart.Enabled = True
```

```
  btnAbort.Enabled = False
  MousePointer = 0
End Sub
' Suche unterbrechen
Private Sub btnAbort_Click()
  interrupt = True
End Sub
' Dateien suchen
Sub findFile(fld As Folder, attr&)
  Dim subfld As Folder, fil As File
  Dim litem As ListItem
  Dim attstring$, filattr
  If interrupt Then Exit Sub
  For Each fil In fld.Files
    filattr = fil.Attributes
    If (filattr And attr) <> 0 Then
      Set litem = ListView1.ListItems.Add(, , fil.Name)
      litem.Bold = True
      litem.SubItems(1) = fso.GetParentFolderName(fil.Path)
      litem.SubItems(2) = Space(10 - Len(fil.Size)) & fil.Size
      ' Attribut-String, Farbe des Eintrags je nach Attribut
      attstring = ""
      If (filattr And Compressed) Then
        attstring = "C"
        litem.ForeColor = chkCompressed.ForeColor
      End If
      If (filattr And ReadOnly) Then
        attstring = "R" + attstring
        litem.ForeColor = chkReadOnly.ForeColor
      End If
      If (filattr And Hidden) Then
        attstring = "H" + attstring
        litem.ForeColor = chkHidden.ForeColor
      End If
      If (filattr And System) Then
        attstring = "S" + attstring
        litem.ForeColor = chkSystem.ForeColor
      End If
      litem.SubItems(3) = attstring
    End If
  Next
  DoEvents
  If interrupt Then Exit Sub
  For Each subfld In fld.SubFolders
```

```
    findFile subfld, attr
  Next
End Sub
```

Verzeichnisbaum ohne FSO-Objekte analysieren

Mit ***Dir*** können alle Dateien eines Verzeichnisses gelesen werden. Dazu wird beim ersten *Dir*-Aufruf das Suchmuster übergeben (etwa `*.txt`). Die Funktion liefert den ersten Dateinamen zurück, der diesem Muster entspricht. Weitere Aufrufe von *Dir* liefern dann alle weiteren Dateinamen, die diesem Muster entsprechen. Durch optionale Parameter können neben gewöhnlichen Dateien auch Systemdateien, versteckte Dateien, Verzeichnisse etc. berücksichtigt werden.

Der folgende Programmausschnitt ermittelt alle Dateien aus dem gerade aktuellen Verzeichnis und gibt sie im Testfenster aus. Die Schleife wird so lange durchlaufen, bis *x* eine leere Zeichenkette enthält, also alle Dateien abgearbeitet wurden.

```
x = Dir("*.*")
Do While x <> ""
  Debug.Print x
  x = Dir
Loop
```

Die Dateien werden nicht automatisch sortiert. Wenn Sie eine sortierte Liste benötigen, müssen Sie die Dateinamen in ein Feld einlesen und dieses anschließend sortieren.

Weitere Informationen zu einzelnen Dateien können mit *FileLen*, *FileDateTime* und *GetAttr* ermittelt werden. Diese Funktionen sind allerdings sehr ineffizient (d.h. langsam). *Dir* kann auch ganz einfach dazu verwendet werden, um zu testen, ob eine bestimmte Datei existiert. Die zweite Variante unten berücksichtigt auch verborgene Dateien und Systemdateien.

```
If Dir(dname) <> "" Then                           'die Datei existiert
If Dir(dname, vbHidden + vbSystem) <> "" Then      'die Datei existiert
```

VERWEIS

Auf der beiliegenden CD-ROM (Verzeichnis `EinAusgabe\DateienHerkömmlich`) finden Sie ein Beispielprogramm zu *Dir*, das rekursiv die Größe eines Verzeichnisses ermittelt. (Eine *Size*-Eigenschaft wie beim FSO-*Folder*-Objekt gibt es ja nicht.) Da das Beispielprogramm relativ langsam ist, gibt es auch eine alternative Version, die statt *Dir* die DLL-Funktionen *FindFirstFile* und *FindNextFile* verwendet. Beide Programme sind in einer WinWord-Datei dokumentiert .

12.1.6 Dateien sicher löschen (Papierkorb)

Wenn Sie Dateien im Explorer löschen, werden diese normalerweise nicht wirklich gelöscht, sondern vorerst nur in den Papierkorb verschoben. Erst wenn dieser voll ist, werden die jeweils ältesten Dateien dort gelöscht (dann endgültig). Voraussetzung ist natürlich, daß der Papierkorb aktiviert ist (kann mit dessen Kontextmenükommando EIGENSCHAFTEN eingestellt werden).

In Visual Basic werden Dateien zumeist mit *Kill* gelöscht – diese Dateien werden dann allerdings sofort (unwiderruflich) gelöscht. Wenn Sie Dateien wie im Explorer sicher löschen möchten, können Sie die Funktion *SafeDelete* verwenden, die in der Datei `EinAusgabe\Papierkorb.bas` definiert ist. An diese Funktion übergeben Sie einfach eine beliebige Anzahl von Parametern mit den vollständigen Namen der zu löschenden Dateien. Vor dem Löschen erscheint automatisch eine Sicherheitsabfrage, ob die Dateien wirklich gelöscht werden sollen.

```
' EinAusgabe\Papierkorb.bas
Option Explicit
Const FO_DELETE = &H3
Const FOF_ALLOWUNDO = &H40
Type SHFILEOPSTRUCT
    hWnd As Long
    wFunc As Long
    pFrom As String
    pTo As String
    fFlags As Integer
    fAborted As Boolean
    hNameMaps As Long
    sProgress As String
End Type
Declare Function SHFileOperation Lib "shell32.dll" Alias _
  "SHFileOperationA" (lpFileOp As SHFILEOPSTRUCT) As Long
Public Function SafeDelete(ParamArray files() As Variant)
  Dim i As Integer, fileNames$
  Dim SHFileOp As SHFILEOPSTRUCT
  For i = LBound(files) To UBound(files)
    fileNames = fileNames & files(i) & vbNullChar
  Next
  fileNames = fileNames & vbNullChar
  With SHFileOp
    .wFunc = FO_DELETE
    .pFrom = fileNames
    .fFlags = FOF_ALLOWUNDO
  End With
  SafeDelete = SHFileOperation(SHFileOp)
End Function
```

Diese Funktion greift auf die Betriebssystemfunktion *SHFileOperation* zurück. An diese Funktion wird im benutzerdefinierten Datentyp *SHFILEOPSTRUCT* eine Zeichenkette mit allen Dateinamen übergeben (getrennt jeweils durch ein 0-Byte). Als gewünschte Operation wird *Delete* und der *Undo*-Option angegeben.

VERWEIS

Die Funktion *SHFileOperation* ist im Rahmen der Win32 SDK dokumentiert (MSDN). Weitere Informationen zur Verwendung von DLL-Funktionen finden Sie ab Seite 612.

Die Anwendung von *SafeDelete* demonstrieren die folgenden Zeilen: Darin wird ein Standarddialog zur Auswahl einer Datei verwendet. (Die Funktion *FileSel* ist im Modul `CommonDialog.bas` enthalten, siehe Seite 246.)

```
' EinAusgabe\Papierkorb.frm
Option Explicit
Private Sub Command1_Click()
  Dim dat$, ergebnis%
  dat = Filesel(CommonDialog1, "", "", "Datei löschen")
  If dat <> "" Then
    SafeDelete dat    'dabei erscheint automatisch eine Rückfrage
  End If
End Sub
```

12.1.7 Syntaxzusammenfassung

File System Objects

FileSystemObject – Eigenschaft	
Drives	verweist auf Aufzählung aller Laufwerke

FileSystemObject – Methoden	
BuildPath(pfad, name)	bildet vollständigen Dateinamen
CopyFile / -Folder	Datei / Verzeichnis kopieren
DeleteFile / -Folder	Datei / Verzeichnis löschen
DriveExists(name)	testet, ob Laufwerk existiert
FileExists(name)	testet, ob Datei existiert
FolderExists(name)	testet, ob Verzeichnis existiert
GetAbsolutePath(relname)	bildet vollständigen Dateinamen (aus relativer Angabe)
GetBaseName(name)	liefert einfachen Namen (ohne Verzeichnis / Laufwerk)
GetDrive	liefert *Drive*-Objekt
GetDriveName(name)	liefert Laufwerksnamen
GetFile	liefert *File*-Objekt
GetFileName(name)	wie *GetBaseName*
GetFolder	liefert *Folder*-Objekt
GetParentFolderName(name)	liefert Verzeichnisnamen (mit Laufwerk)
GetSpecialFolder	liefert *Folder*-Objekt für Windows-(System-)Verzeichnis

GetTempName	liefert Namen für eine temporäre Datei (ohne Verzeichnis!)
MoveFile / -Folder	Datei / Verzeichnis verschieben / umbenennen
OpenTextFile	öffnet eine Textdatei

Drive – Eigenschaften	
AvailableSpace	freie Speicherkapazität
DriveType	Laufwerktyp (z.B. *Remote, CDRom* etc.)
FileSystem	Dateisystem (z.B. *"NTFS", "FAT"* etc.)
FreeSpace	wie *AvailableSpave*
IsReady	bereit (bei A: Diskette eingelegt)
Path	Zeichenkette des Pfads ohne \ (z.B. "C:")
RootFolder	Verweis auf *Folder*-Objekt
ShareName	Laufwerksname im Netzwerk
TotalSize	Gesamtkapazität
VolumeName	Laufwerksname

File / Folder – Gemeinsame Eigenschaften	
Attributes	Attribute (schreibgeschützt, komprimiert etc.)
DateCreated	Datum und Zeit der Erzeugung
DateLastAccessed	Datum und Zeit des letzten Zugriffs
DateLastAccessed	Datum und Zeit der letzten Änderung
Drive	Verweis auf Laufwerk (*Drive*-Objekt)
Files	Aufzählung aller enthaltenen Dateien (nur *Folder*)
IsRootFolder	*True,* wenn Wurzelverzeichnis (nur *Folder*)
Name	Name (ohne Verzeichnis / Laufwerk)
ParentFolder	Verweis auf übergeordnetes Verzeichnis (*Folder*-Objekt)
Path	Zeichenkette mit vollstängem Namen (incl. Verz./Laufw.)
ShortName	Name in 8+3-Konvention (DOS / Windows 3.1)
ShortPath	Pfad in 8+3-Konvention (DOS / Windows 3.1)
Size	Dateigröße bzw. Summe der enthaltenen Dateien
SubFolders	Aufzählung aller Unterverzeichnisse (nur *Folder*)
Type	Bezeichnung des Dateityps

File / Folder – Gemeinsame Methoden	
Copy	Datei / Verzeichnis kopieren
CreateTextFile	Textdatei erzeugen (nur *Folder*)
Delete	Datei / Verzeichnis löschen
Move	Datei / Verzeichnis umbenennen bzw. verschieben
OpenAsStream	als Textdatei öffnen (nur *File*)

TextStream – Eigenschaften	
AtEndOfLine	Zeilenende erreicht?
AtEndOfStream	Dateiende erreicht?
Column	aktuelle Position innerhalb der Zeile
Line	aktuelle Zeilennummer

TextStream – Methoden	
Close	Datei schließen
Read	*n* Zeichen lesen
ReadAll	die gesamte Datei in eine Zeichenkette lesen
ReadLine	die nächste Zeile lesen
Skip	*n* Zeichen überspringen
SkipLine	Zeile überspringen
Write	Zeichenkette schreiben (ohne Zeilenumbruchzeichen)
WriteLine	eine Zeile schreiben (mit Zeilenumbruchzeichen)
WriteBlankLines	*n* leere Zeilen schreiben

Herkömmliche Kommandos

In den Syntaxboxen steht *d* für Dateinamen (etwa *"test.dat"*) und *k* für Kanalnummern.

Datei- und Verzeichnisverwaltung	
CurDir	liefert das aktuelle Verzeichnis
App.Path	liefert das Verzeichnis der `*.exe` oder `*.vbp`-Datei
Environ("Temp")	liefert das Verzeichnis für temporäre Dateien
ChDir d	ändert das aktuelle Verzeichnis
ChDrive lw	ändert das aktuelle Laufwerk
MkDir d	legt ein neues Verzeichnis an
RmDir d	löscht ein leeres Verzeichnis
Name d1 As d2	gibt *d1* den neuen Namen *d2*
FileCopy d1, d2	kopiert *d1* nach *d2*
Kill d	löscht die angegebene(n) Datei(en)
Dir(d [,attribute])	liefert die erste Datei, die dem Suchmuster entspricht
Dir	liefert die nächste Datei oder eine leere Zeichenkette
FileLen(d)	liefert die Länge von *d* in Byte
FileDateTime(d)	liefert Datum und Zeit der letzten Änderung
GetAttr(d)	liefert die Attribute (Read-Only etc.) von *d*
SetAttr d, attr	verändert die Attribute von *d*

Datenkanal öffnen	
k = FreeFile	ermittelt freie Datenkanalnummer
	Datenkanal öffnen, um eine
Open d For Input As #k	... Textdatei zu lesen
Open d For Output As #k	... Textdatei zu schreiben
Open d For Append As #k	... Textdatei zu lesen und schreiben
Open d For Binary As #k	... Binärdatei zu lesen und schreiben
Open d For Binary Access Read As #k	... Binärdatei nur zu lesen
Open d For Binary Access Write As #k	... Binärdatei nur zu schreiben
Open d For Random As #k Len=l	... Random-Access-Datei zu lesen und schreiben

Dateien via Datenkanal bearbeiten	
Close #k	Datenkanal schließen
Reset	alle offenen Datenkanäle schließen
EOF(k)	Dateiende erreicht?
LOF(k)	Dateigröße ermitteln
Loc(k)	aktuelle Position des Dateizeigers ermitteln
Seek #k, position	Dateizeiger verändern
Print #k, var1, var2	Zeile im Textformat schreiben
Write #k, var1, var2	wie oben, aber mit Formatzeichen " und ,
Input #k, var1, var2	einzelne Variablen lesen
Line Input #k, var	ganze Zeile lesen
var = Input(n, #k)	*n* Zeichen lesen
var = InputB(n, #l)	*n* Byte lesen
Put #k, , var	Variable / Feld / etc. binär speichern
Get #k, , var	Variable binär lesen
Put #k, n, var	Datensatz in Random-Access-Datei speichern
Get #k, n, var	Datensatz aus Random-Access-Datei lesen

12.2 Tastaturereignisse

Wenn unter Windows mehrere Programme quasi gleichtzeitig laufen, dann empfängt nur das aktive Programm (d.h. das Programm mit dem oben liegenden Fenster) Tastaturereignisse.

Die drei Tastaturereignisse

- *KeyPress*: Dieses Ereignis tritt beim Drücken einer alphanumerischen Taste auf. An die Ereignisprozedur wird der ANSI-Code des eingegebenen Zeichens übergeben. Neben den alphanumerischen Zeichen werden auch die Tasten Return, Esc sowie Strg-Kombinationen gemeldet. *KeyPress* tritt nicht auf, wenn der Benutzer Cursor- oder Funktionstasten, Entf, Einfg etc. drückt, und ist daher für eine allgemeingültige Tastaturverwaltung nicht ausreichend.
- *KeyDown*: Dieses Ereignis tritt beim Drücken einer beliebigen Taste auf. An die Ereignisprozedur wird der interne Tastaturcode der gedrückten Taste sowie der Zustandscode der Umschalttasten übergeben. *KeyPress* tritt nicht nur beim Drücken von Cursor- oder Funktionstasten auf, sondern auch dann, wenn nur Shift oder Strg gedrückt wird!

- *KeyUp*: Dieses Ereignis ist das Gegenstück zu *KeyDown* und tritt beim Loslassen der Taste auf. An die Ereignisprozedur werden die gleichen Parameter wie bei *KeyUp* übergeben.

Wenn eine alphanumerische Taste gedrückt wird, ruft Visual Basic zuerst die *KeyDown*-Ereignisprozedur auf, dann *KeyPress* und schließlich *KeyUp*. Wenn die Taste längere Zeit gedrückt bleibt, werden die *KeyDown*- und *KeyPress*-Ereignisprozeduren mehrfach aufgerufen (Auto-Repeat). Die drei Ereignisse treten nicht auf, wenn der Benutzer

- mit Tab zwischen Steuerelementen wechselt,
- mit Esc einen Button mit *Cancel=True* auswählt oder
- mit Return einen Button mit *Default=True* auswählt.

Das Ereignis *KeyDown* tritt außerdem auch dann nicht auf, wenn der Benutzer eine Menüauswahl mit Tastenkürzeln durchführt. (*KeyUp* tritt in diesem Fall dennoch auf!)

Einige Steuerelemente verarbeiten Tastatureingaben selbständig, z.B. das Textfeld zur Eingabe und Veränderung von Texten. Bei solchen Steuerelementen empfangen Sie die drei Ereignisse wie gewohnt. Beim *KeyPress*-Ereignis haben Sie zudem die Möglichkeit, den ASCII-Code zu verändern – das Steuerelement erhält dann ein anderes Zeichen! Diese Möglichkeit könnten Sie beispielsweise dazu verwenden, bei der Zahleneingabe jedes Komma automatisch durch einen Dezimalpunkt zu ersetzen:

```
Sub Text1_KeyPress(TastenAscii As Integer)
  If Chr$(TastenAscii)="," Then TastenAscii=Asc(".")
End Sub
```

Weitere Anwendungen: Sie können mit der Funktion *UCase* Kleinbuchstaben in Großbuchstaben umwandeln; Sie können auf das Drücken von Return mit einem eigenen Programmteil reagieren.

Diese Möglichkeit, Tastatureingaben vor der Weiterverarbeitung durch das Steuerelement zu manipulieren, existiert für das *KeyDown*-Ereignis leider nicht. Sie können mit *Tastencode=0* allerdings eine Weiterverarbeitung von Funktions- und Steuertasten unterdrücken. (Das gilt nicht für Tasten, die ein *KeyPress*-Ereignis auslösen; diese Tasten müssen Sie in der *KeyPress*-Ereignisroutine separat berücksichtigen.)

Der Tasten_Ascii-Code für das KeyPress-Ereignis

An die Ereignisprozedur *KeyPress* wird der Parameter *Key_Ascii* übergeben. Bei dem darin enthaltenen Code handelt es sich um den unter Windows verwendeten ANSI-Code, der mit dem Code des DOS-Zeichensatzes nicht identisch ist. Die Bezeichnung *Ascii* für den Parameter ist nur insofern gerechtfertigt, als die 128 Zeichen des ASCII-Codes Bestandteil des ANSI-Codes sind.

Zur Umwandlung von Textzeichen in den ANSI-Code verwenden Sie die *Asc*-Funktion. *Asc("A")* ergibt 65, *Asc("Ä")* ergibt 196. Zur Umwandlung des ANSI-Codes in das äquivalente Textzeichen verwenden Sie die *Chr*-Funktion. *Chr(65)* ergibt das Zeichen A.

Die Ereignisprozedur für *KeyPress* empfängt normalerweise den Code des eingegebenen Textzeichens. Daneben werden einige weitere Tasten(-kombinationen) berücksichtigt:

Strg+A bis Strg+Z	Code 1 bis 26
Backspace	Code 8
Return	Code 13
Esc	Code 27

Die Codes für die KeyDown- und KeyUp-Ereignisse

An die *KeyDown*- und *KeyUp*-Ereignisprozeduren werden die Parameter *Shift* und *KeyCode* übergeben. (*KeyCode* ist nicht kompatibel zu *Key_Ascii*!). Die folgenden Tabellen fassen die wichtigsten Codes für die beiden Parameter zusammen.

Zu allen Tastaturereignissen existieren entsprechende Konstanten mit den Keycodes. Eine Liste dieser Konstanten finden Sie im Objektkatalog (Libary *VB objects*, Class *KeyCodeConstants*). Ein Teil der Konstanten ist in den folgenden Tabellen genannt.

Der Shift-Parameter

Shift	Code 1, Konstante *vbShiftMask*
Strg	Code 2, Konstante *vbCtrlMask*
Alt	Code 4, Konstante *vbAltMask*

Die Codes können auch gemeinsam auftreten, z.B. 3 für Shift+Strg.

Der KeyCode-Parameter

Alphanumerische Tastatur	
A bis Z	Code 65 bis 90
a bis z	Code 97 bis 122
0 bis 9	Code 48 bis 57
Ä, Ö, Ü	Code 222, 192, 186
ä, ö, ü, ß	Code 228, 246, 252, 219
€	Code 128
^, ', ı, #	Code 220, 221, 187,191
<, ,, ., -	Code 226, 188, 190, 189

Return, Backspace	Code 13 (*vbKeyReturn*), 8 (*vbKeyBack*)
Shift, Strg	Code 16 (*vbKeyShift*), 17 (*vbKeyControl*)
Alt	Code 18
AltGr	zuerst Code 17, dann Code 18
CapsLock	Code 2 (*vbKeyCapital*)
Numerischer Ziffernblock	
0 bis 9	Code 96 bis 105 (*vbKeyNumpad0* bis *vbKeyNumpad9*)
/, *, -, +	Code 111, 106, 109, 107
Enter	Code 13 (*vbKeyReturn*)
NumLock	Code 144 (*vbKeyNumlock*)
Funktions- und Cursortasten	
Esc	Code 27 (*vbKeyEscape*)
F1 bis F12	Code 112 bis 123 (*vbKeyF1* bis *vbKeyF12*)
Rollen, Pause	Code 145, 19 (*vbKeyPause*)
Einfg, Entf	Code 45 (*vbKeyInsert*), 46 (*vbKeyDelete*)
Pos1, Ende	Code 36 (*vbKeyHome*), 35 (*vbKeyEnd*)
Bild ↑, Bild ↓	Code 33 (*vbKeyPageUp*), 34 (*vbKeyPageDown*)
↑, ↓	Code 37 (*vbKeyUp*), 39 (*vbKeyDown*)
←, →	Code 38 (*vbKeyLeft*), 40 (*vbKeyRight*)
Windows-95-Taste	Code 92
Kontextmenütaste	Code 93

Weiterleitung von Tastaturereignissen

Bei Programmen mit mehreren Formularen wird das Tastaturereignis nur dem am weitesten oben liegenden Formular gemeldet. Und wenn sich in dem Formular mehrere Steuerelemente befinden, dann wird nur für jenes Steuerelement ein Tastaturereignis gemeldet, in dem sich gerade der Eingabecursor befindet. In einem Visual-Basic-Programm mit mehreren Formularen und zahlreichen Steuerelementen wird normalerweise also nur die Ereignisprozedur des gerade aktiven Steuerelements aufgerufen, wenn der Benutzer eine Taste drückt.

Einen Sonderfall stellen Formulare dar: Sofern sich in einem Formular mindestens ein Steuerelement befindet, das Tastaturereignisse verarbeiten kann, empfängt das Formular selbst keine Tastaturereignisse. Diese im Regelfall sinnvolle Defaulteinstellung kann durch die Formulareigenschaft ***KeyPreview*** verändert werden. Wenn diese Eigenschaft auf *True* gesetzt wird, dann wird zuerst die Ereignisprozedur des Formulars und dann nochmals die Ereignisprozedur des gerade aktuellen Steuerelements aufgerufen. Das hat den Sinn, daß an einer zentralen Stelle auf Tastaturereignisse reagiert werden kann, die im gesamten Formular Gültigkeit haben sollen.

Wenn ein bestimmtes Tastaturereignis nur in der Formular-Ereignisprozedur verarbeitet werden soll, dann kann *KeyCode* in der *KeyUp* / *-Down*-Prozedur auf 0 gesetzt werden. In diesem Fall entfällt der anschließende zweite Aufruf der Ereignisprozedur des gerade aktuellen Steuerelements.

Automatische Auswertung von Ereignissen

Bei einigen Steuerelementen werden die meisten Tastaturereignisse automatisch ausgewertet. Das gilt insbesondere für das Text- und das RTF-Feld: Ob Sie den Cursor bewegen, Text eingeben oder löschen, in die Zwischenablage kopieren etc. – all das funktioniert ohne eine einzige Zeile Code. Code ist nur dann erforderlich, wenn Sie ein Verhalten benötigen, das vom Defaultzustand abweicht oder darüber hinausgeht.

Verwandte Ereignisse

Bei der Auswertung von Texteingaben sind auch die Ereignisse *GotFocus*, *LostFocus* und *Change* wertvoll. ***GotFocus*** und ***LostFocus*** treten auf, wenn der Eingabecursor in ein Steuerelement hinein bzw. aus ihm hinaus bewegt wird. Bei einem Fenster mit mehreren Textfeldern bewirkt das Anklicken eines gerade nicht aktiven Fensters demzufolge ein *LostFocus* im einen und ein *GetFocus*-Ereignis im anderen Steuerelement (in dieser Reihenfolge). Tab führt zu denselben Ereignissen (es tritt aber kein *KeyXxx*-Ereignis ein!). Der Fokus kann auch im Programmcode durch die Methode *steuerelement.**SetFocus*** gesetzt werden.

Change tritt auf, wenn sich der Inhalt des Textfelds durch eine Eingabe verändert. Das Ereignis kann sowohl durch eine Tastatureingabe im Textfeld als auch durch eine Veränderung der *Text*-Eigenschaft im Programmcode ausgelöst werden. Im ersten Fall treten außerdem die *KeyXxx*-Ereignisse auf.

Eingabe einer Zeichenkette über die Tastatur

In Visual Basic gibt es kein Kommando, um eine Zeichenkette direkt einzulesen (vergleichbar der Form von *Input* in anderen BASIC-Dialekten). Statt dessen ist es üblich, ein Textfeld in einem Formular zu plazieren, in dem der Anwender die Eingabe durchführen kann. Alternativ dazu können Sie die Funktion *InputBox* aufrufen – siehe Seite 244.

Tastatureingaben mit SendKeys simulieren

Mit dem Befehl ***SendKeys*** können Sie Tastatureingaben für das gerade aktive Programm bzw. Fenster simulieren. Dabei kann es sich sowohl um Ihr eigenes Visual-Basic-Programm als auch um ein gerade mit *AppActivate* aktiviertes anderes Windows-Programm handeln.

Für die Angabe der Tasten besteht ein eigenes Format: Normale Tasten werden einfach durch ihre Zeichen symbolisiert – *"ABC"* für die Eingabe von A, B, C. Wenn Tasten zusammen mit Shift, Alt oder Strg gedrückt werden sollen, müssen folgende Zeichen vorangestellt werden:

+	für Shift
^	für Strg
%	für Alt

Kombinationen dieser Zeichen sind natürlich ebenfalls erlaubt. Diese Zeichen gelten grundsätzlich nur für das unmittelbar folgende Zeichen, z.B. *"% W"* für Shift+Leertaste, W. Wenn die Statustasten für mehrere Zeichen gelten sollen, müssen diese Zeichen in Klammern gestellt werden, beispielsweise *"%(DF)"* für Alt+D, Alt+F.

Die Simulation von Funktionstasten erfolgt über Schlüsselwörter, die in geschweifte Klammern gestellt sind: Die folgende Tabelle gibt einige Beispiele. Eine vollständige Liste finden Sie in der Online-Hilfe.

{enter}	für Return
{del}	für Entf
{insert}	für Einfg
{f1}	für F1
{up}	für ↑

Beispielprogramm

Das folgende Beispielprogramm eignet sich zum raschen Testen der Tastencodes. In den Ereignisprozeduren zu *KeyPress*, *KeyUp* und *KeyDown* werden der Typ des jeweiligen Ereignisses und der bzw. die übergebenen Parameter am Bildschirm ausgegeben.

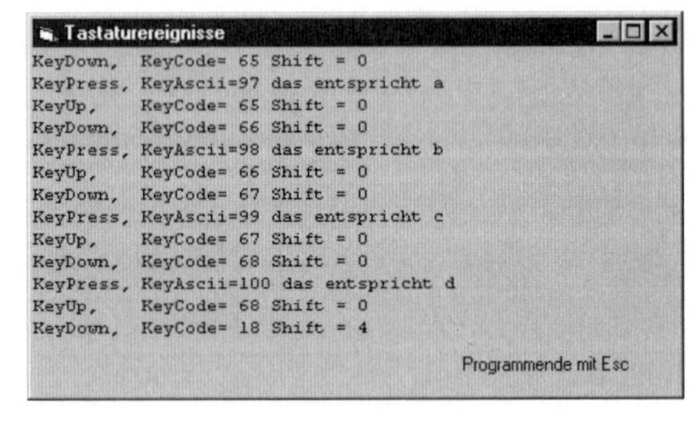

Bild 12.4: Ein Testprogramm für Tastaturereignisse

```
' Beispielprogramm EinAusgabe\Tastaturtest.frm
Dim zeilen
Const max = 15
Private Sub Form_KeyPress(KeyAscii As Integer)
  zeilen = zeilen + 1: If zeilen = max Then Cls: zeilen = 0
  Print "KeyPress, KeyAscii=" & KeyAscii & " das entspricht " & _
    Chr(KeyAscii)
  If KeyAscii = vbKeyEscape Then End
End Sub
```

```
Private Sub Form_KeyUp(KeyCode As Integer, Shift As Integer)
  zeilen = zeilen + 1: If zeilen = max Then Cls: zeilen = 0
  Print "KeyUp,    KeyCode= " & KeyCode & " Shift = " & Shift
End Sub
Private Sub Form_KeyDown(KeyCode As Integer, Shift As Integer)
  zeilen = zeilen + 1: If zeilen = max Then Cls: zeilen = 0
  Print "KeyDown,  KeyCode= " & KeyCode & " Shift = " & Shift
End Sub
```

Syntaxzusammenfassung

KeyPress-Ereignis	tritt bei normalen Tasten auf
KeyDown-Ereignis	tritt bei allen Tasten auf (auch bei Funktionstasten)
KeyUp-Ereignis	tritt bei allen Tasten auf (auch bei Funktionstasten)
GetFocus-Ereignis	wenn das Steuerelement den Fokus erhält
LostFocus-Ereignis	wenn das Steuerelement den Fokus verliert
Change-Ereignis	tritt bei Veränderung des Inhalts eines Steuerelements auf
KeyPreview=True / False	falls *True*, bekommt auch das Formular Tastaturereignisse
SendKeys zeichenkette	Tasteneingaben simulieren
steuerelement.SetFocus	Fokus in ein Steuerelement setzen

12.3 Verwaltung der Maus

Mausereignisse

Normalerweise sorgt Visual Basic selbständig für die Verwaltung der Maus (beispielsweise bei der Menüauswahl, bei der Bedienung der Bildlaufleisten, beim Verschieben von Objekten, bei Drag- und Drop-Ereignissen etc.). Viele Programme müssen daher (wenn überhaupt) nur auf das *Click*-Ereignis zu reagieren, das beim Anklikken eines Steuerelements mit der Maus ausgelöst wird.

Für manche Anwendungen ist allerdings eine differenzierte Reaktion auf Mausereignisse notwendig – beispielsweise wenn der Anwender mit der Maus einen Bereich in einem Bildfeld markieren soll. Dazu existieren folgende Mausereignisse:

Click	Steuerelement wurde angeklickt
DblClick	Steuerelement wurde zweimal kurz hintereinander angeklickt
MouseDown	Maustaste wurde gedrückt
MouseUp	Maustaste wurde losgelassen
MouseMove	Maus wurde bewegt

Zunächst zu den beiden zuerst genannten Ereignissen: ***Click*** wird beim Anklicken eines Steuerelements (exakt: nach dem Loslassen einer beliebigen Maustaste) aufgerufen. Wenn die Maustaste zweimal kurz hintereinander gedrückt wird, dann tritt zuerst das *Click-*, dann das ***DblClick***-Ereignis auf. An die Ereignisprozeduren zu *Click* und *DblClick* werden keine Parameter (also auch keine Mauskoordinaten) übergeben.

Eine präzisere Kontrolle erlauben die Ereignisprozeduren für die *MouseDown-*, *MouseUp* und *MouseMove*-Ereignisse. ***MouseDown*** wird aufgerufen, sobald über dem sichtbaren Steuerelement eine Maustaste gedrückt wird. ***MouseUp*** wird aufgerufen, wenn eine gedrückte Maustaste wieder losgelassen wird. *MouseUp* wird auch gemeldet, wenn die Maus bei gedrückter Maustaste vom Steuerelement wegbewegt wird, und die Maustaste erst woanders losgelassen wird.

Noch kurz einige Worte zum Zusammenspiel der genannten vier Ereignisse: Beim Drücken und Loslassen einer Maustaste werden der Reihe nach folgende Ereignisse gemeldet: *MouseDown, MouseUp, Click.* Wenn die Maustaste zweimal kurz hintereinander gedrückt wird, gilt dagegen folgendes Ereignisschema: *MouseDown, MouseUp, Click, DblClick, MouseUp.* Sie dürfen sich also nicht darauf verlassen, daß zu jedem *MouseDown-* ein zugehörendes *MouseUp*-Ereignis eintritt.

Die ***MouseMove***-Ereignisprozedur wird ununterbrochen aufgerufen (wenn Windows nicht mit der Abarbeitung anderer Programme beschäftigt ist), solange der Mauszeiger sich über einem sichtbaren Teil des Steuerelements befindet. Die Ereignisprozedur wird auch dann aufgerufen, wenn der Benutzer über dem Steuerelement eine Maustaste gedrückt hat und die Maus bei gedrückter Maustaste vom Steuerelement wegbewegt. In diesem Fall endet der kontinuierliche Aufruf erst, wenn keine Maustaste mehr gedrückt ist.

Wegen des sehr häufigen Auftretens des *MouseMove*-Ereignisses kann die zugeordnete Ereignisprozedur Windows stark bremsen. Sie sollten diese Prozedur grundsätzlich so rasch wie möglich verlassen (beispielsweise wenn sich die Mauskoordinaten nicht verändert haben oder wenn keine Maustaste gedrückt ist).

Die Parameter der MouseXxx-Ereignisprozeduren

An die Ereignisprozeduren für die *MouseXxx*-Ereignisse werden folgende Parameter übergeben: *Button, Shift, X* und *Y*. *X* und *Y* enthalten die Mauskoordinaten im jeweiligen Koordinatensystem des Steuerelements (mehr Informationen zum Thema Koordinaten finden Sie auf Seite 473). *Button* und *Shift* enthalten den Zustand der Maustasten und der Statustasten der Tastatur.

Button-Parameter	
linke Maustaste	1 (*vbLeftButton*)
rechte Maustaste	2 (*vbRightButton*)
mittlere Maustaste	4 (*vbMiddleButton*)

Shift-Parameter	
Shift	1 (*vbShiftMask*)
Strg	2 (*vbCtrlMask*)
Alt	4 (*vbAltMask*)

Es sind auch Kombinationen dieser Werte erlaubt, z.B. *Button=3*, wenn die rechte und linke Maustaste gleichzeitig gedrückt werden, oder *Shift=5*, wenn die Maustaste zusammen mit Shift+Alt gedrückt wird.

Das Aussehen des Mauscursors

Der Cursor kann über die Eigenschaft ***MousePointer*** für einzelne Steuerelemente, für ein ganzes Formular (*Form*-Objekt) oder für das gesamte Visual-Basic-Programm eingestellt werden (*Screen*-Objekt). Diese Einstellungen haben unterschiedliche Prioritäten: Wenn sich die Maus über einem Steuerelement befindet, wird dessen Cursor verwendet. Ist für das Steuerelement kein eigener Cursor eingestellt, wird der des Formulars verwendet. Ist auch für das Formular kein Cursor eingestellt, wird der des *Screen*-Objekts oder der Windows-Defaultcursor verwendet.

Für die Einstellung kann eine der 15 vordefinierten Mauscursorformen verwendet werden (siehe Online-Hilfe zu *MousePointer*). Wenn Sie damit nicht zufrieden sind, können Sie auch eigene Cursordateien verwenden: Dazu müssen Sie *MousePointer* auf *99* (benutzerdefiniert) stellen und in die ***MouseIcon***-Eigenschaft eine Cursordatei oder ein Icon laden. Das können Sie sowohl während des Formularentwurfs im Eigenschaftsfenster als auch im Programmcode per *LoadPicture* machen. Cursordateien finden Sie im Windows-Verzeichnis `Cursors`, Icons im Visual-Basic-Verzeichnis `Icons`.

Bereichsmarkierungen mit der Maus

In Textfeldern können Sie bei gedrückter Maustaste einen Textblock markieren. Wenn Sie eine ähnliche Funktion auch für Grafiken realisieren möchten, können Sie das folgende Beispielprogram *Rubberbox* als Anhaltspunkt verwenden. In diesem Programm können Sie mit der linken Maustaste ein Rechteck im Fenster zeichnen.

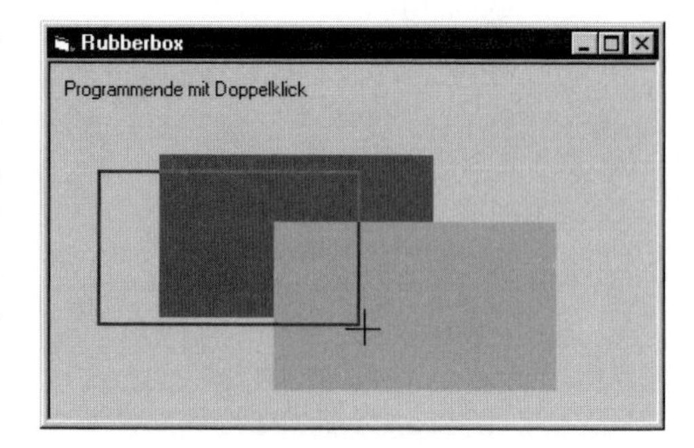

Bild 12.5: Rubberbox – Rechtecke zeichnen mit der Maus

Die Proportionen des Rechtecks werden automatisch so gewählt, daß sie denen des Fensters entsprechen. (Wenn das Fenster sehr breit ist, werden auch die Rechtecke sehr breit.) Sobald Sie die linke Maustaste loslassen, wird das Rechteck in einer zufälligen Farbe gezeichnet. Das Programm kann durch einen Doppelklick beendet werden.

Der Programmcode ist vermutlich komplexer, als Sie es nach dieser kurzen Aufgabenbeschreibung annehmen würden. Der Großteil des Programmcodes bezieht sich auf das Bildfeld mit *Name="Grafik"*. Im Eigenschaftsfenster wurde *ScaleMode* auf 7 gesetzt, so daß alle Koordinatenangaben in Bildschirmpixeln erfolgen können.

In *Grafik_MouseDown* beginnt der Auswahlprozeß, die Startkoordinaten werden in *xstart* und *ystart* gespeichert, der Mauszeiger wird in ein Fadenkreuz umgewandelt, und in *rubberbox* wird *True* gespeichert, damit *MouseMove* weiß, daß der Zeichenprozeß begonnen hat.

Gleichzeitig wird *DrawMode=7* (Xor-Modus) gesetzt: In diesem Modus wird die aktuelle Farbe am Bildschirm beim Zeichnen invertiert. Der Vorteil des Xor-Modus besteht darin, daß das gezeichnete Rechteck wieder verschwindet, wenn es ein zweites Mal gezeichnet wird (zwei Xor-Operationen heben einander auf).

Als Zeichenfarbe wird ein Grauton mit dem Hexcode *&H808080* verwendet. Dadurch wird sichergestellt, daß der Kontrast unabhängig vom Fensterhintergrund optimal ist. Außerdem wird die Zeichenbreite in *DrawWidth* auf zwei Pixel gesetzt.

In *Bild_MouseMove* wird der markierte Bereich durch ein Rechteck angedeutet. Falls bereits ein Rechteck gezeichnet worden ist, wird dieses vorher gelöscht. *Bild_MouseMove* wird nur ausgeführt, wenn die Variable *rubberbox* auf *True* gesetzt ist.

In *Bild_MouseUp* wird die Auswahl beendet und die letzte Linie gelöscht. Anschließend werden aus den Koordinaten *X*, *Y*, *xstart* und *ystart* Startpunkt, Breite und Höhe berechnet. (Das ist deswegen nicht trivial, weil der Anwender ja auch mit dem rechten unteren Eckpunkt beginnen und den Auswahlrahmen nach links oben ziehen kann.) Sofern Breite und Höhe größer als fünf Pixel sind, wird das Rechteck in einer zufälligen Farbe gezeichnet.

```
' Beispielprogramm Programmiertechniken\Rubberbox.frm
Dim rubberbox, xstart, ystart, xold, yold
Const inverse = &H808080
' Programmende
Private Sub Grafik_DblClick()
  End
End Sub
' Größe des Bildfelds ('Grafik') an Fenstergröße anpassen
Private Sub Form_Resize()
  Grafik.Width = ScaleWidth
  Grafik.Height = ScaleHeight
  Randomize
End Sub
' Rubberbox-Auswahl starten
```

```
Private Sub Grafik_MouseDown(Button%, Shift%, X!, Y!)
  rubberbox = True                  ' Rubber-Box zur Auswahl
  xstart = X: ystart = Y            ' eines Rechteckes
  xold = X: yold = Y
  Grafik.DrawMode = 7               ' XOR-Modus
  Grafik.DrawWidth = 2
  Grafik.MousePointer = 2           ' Fadenkreuz
  Grafik.Line (X, Y)-(X, Y), inverse, B
End Sub
' Rubberbox zeichnen
Private Sub Grafik_MouseMove(Button%, Shift%, X!, Y!)
  If Not rubberbox Then Exit Sub
  If X = xold And Y = yold Then Exit Sub
  ' altes Rechteck löschen
  Grafik.Line (xstart, ystart)-(xold, yold), inverse, B
  xold = X   ' Proportionen an Fenstergröße anpassen
  yold = ystart + _
    Abs(X - xstart) * Sgn(Y - ystart) / ScaleWidth * ScaleHeight
  ' neues Rechteck zeichnen
  Grafik.Line (xstart, ystart)-(xold, yold), inverse, B
End Sub
' Rubberbox beenden
Private Sub Grafik_MouseUp(Button%, Shift%, X!, Y!)
  Dim breite, hoehe, xend, yend
  If rubberbox = False Then Exit Sub
  'Rechteck löschen
  Grafik.Line (xstart, ystart)-(xold, yold), inverse, B
  rubberbox = False                 ' Ende der Rubberbox-Auswahl
  Grafik.DrawMode = 13              ' Defaultzeichenmodus
  Grafik.DrawWidth = 1              ' Defaultzeichenbreite
  Grafik.MousePointer = 0           ' Defaultmauscursor
  ' Startpunkt (X und Y), Breite und Höhe berechnen
  xend = X
  breite = Abs(xstart - xend)
  hoehe = breite / ScaleWidth * ScaleHeight
  yend = ystart _
    + Abs(X - xstart) * Sgn(Y - ystart) / ScaleWidth * ScaleHeight
  X = IIf(xstart < xend, xstart, xend)
  Y = IIf(ystart < yend, ystart, yend)
  If breite > 5 And hoehe > 5 Then   'bunte Box zeichnen
     Grafik.Line (X, Y)-Step(breite, hoehe), _
       RGB(Rnd * 256, Rnd * 256, Rnd * 256), BF
  End If
End Sub
```

ANMERKUNG

Wenn in Ihrem Programm die Möglichkeit besteht, daß ein anderer Programmteil während der Bereichsmarkierung (also während *rubberbox* den Wert -1 hat) die Grafikeigenschaften des Bildfelds verändert, dann müssen Sie die Eigenschaften *DrawMode, DrawWidth* und *FillStyle* bei jedem Aufruf von *Bild_MouseMove* neu einstellen.

Wenn Sie in Ihrem Bildfeld die Eigenschaft *AutoRedraw* aktiviert haben, dann sollten Sie diese Eigenschaft während der Markierung auf *False* setzen. Die Zeichenkommandos werden dann um ein Vielfaches schneller ausgeführt, und es besteht keinerlei Notwendigkeit, die Rechtecke bleibend zu speichern (es wird ja extra im Xor-Modus gearbeitet, damit die Rechtecke wieder einfach gelöscht werden können).

Syntaxzusammenfassung

Click-Ereignis	bei einfachem Mausklick
DblClick-Ereignis	bei Doppelklick
MouseDown-Ereignis	Maustaste drücken
MouseMove-Ereignis	Maus bewegen
MouseUp-Ereignis	Maustaste loslassen
[objekt.]MousePointer=..	Aussehen des Mauscursors verändern

12.4 Drag and Drop

Der Begriff *Drag and Drop* bezeichnet das Verschieben von Objekten an eine neue Position (im selben oder auch in einem anderen Fenster). Unter Windows treten *Drag-and-Drop*-Operationen beispielsweise im Umgang mit dem Explorer auf (Verschieben oder Kopieren von Dateien), in WinWord (Verschieben von Text) etc. *Drag and Drop* ist in Visual Basic in verschiedenen Formen implementiert:

- Innerhalb von Visual-Basic-Programmen funktioniert eine einfache Form von *Drag and Drop* schon seit einigen Versionen problemlos: das Verschieben von Steuerelementen innerhalb eines Visual-Basic-Fensters (Abschnitt 12.4.1 und 12.4.2).
- Neu seit Version 5 ist die Variante *OLE Drag and Drop* (Abschnitt 12.4.3 bis 12.4.7). Damit werden jetzt endlich auch *Drag-and-Drop*-Operationen zwischen einem Visual-Basic-Programm und einem fremden Programm unterstützt (in beide Richtungen). Verschoben werden dabei nicht Steuerelemente, sondern Daten, deren Inhalt ganz von der Anwendung abhängt. Bisher war diese Form des *Drag and Drop* nur für wenige Zusatzsteuerelemente möglich und selbst dort nur mit erheblichen Einschränkungen.
- Schließlich gibt es noch einen Sonderfall von *Drag and Drop*: Wenn Sie ein Visual-Basic-Programm bzw. einen Link darauf direkt auf dem Desktop von Windows 9x / NT plazieren und darüber eine Datei aus dem Explorer fallenlassen, wird das

Programm automatisch gestartet. Dabei wird der Name der fallengelassenen Datei in der Kommandozeile übergeben und kann über das Visual-Basic-Schlüsselwort *Command* ausgewertet werden.

12.4.1 Drag and Drop innerhalb von Visual Basic

Drag and Drop in Visual-Basic-Programmen bedeutet normalerweise, daß ein Steuerelement oder ein Icon von einer Position im Formular an eine andere Position bewegt werden kann. Zu einer *Drag-and-Drop*-Operation gehören drei Komponenten:

- *Der Start der Verschiebeoperation (Drag):* Wenn die ***DragMode***-Eigenschaft des Steuerelements auf *vbAutomatic* (1) gestellt wird, ist zum Start einer Drag-Operation kein Programmcode erforderlich. Sobald der Anwender das Steuerelement mit der Maus anklickt, wird dessen Rahmen in grauer Farbe sichtbar und das Steuerelement kann scheinbar mit der Maus verschoben werden. (In Wirklichkeit wird nur der graue Rahmen bewegt. Das Steuerelement bleibt an seinem alten Platz.) *DragMode=vbAutomatic* hat allerdings den Nachteil, daß das Steuerelement jetzt die Mausereignisse *Click* und *DblClick* nicht mehr empfangen kann. Aus diesem Grund kann eine Drag-Operation auch per Programmcode durch die Methode ***Drag vbBeginDrag*** (1) gestartet werden. Diese Methode wird üblicherweise in der *MouseDown*-Ereignisprozedur des Elements ausgeführt.
- *Die Verschiebeoperation:* Während der Verschiebeoperation erhält das gerade unter der Maus befindliche Steuerelement zahllose ***DragOver***-Ereignisse. Die Reaktion auf *DragOver* kann darin bestehen, daß das Steuerelement, das über das Icon verschoben wird, sein Aussehen verändert, um so anzudeuten, daß das Icon an diesem Ort losgelassen werden darf. Eine andere Möglichkeit besteht darin, die *DragIcon*-Eigenschaft des verschobenen Icons zu verändern, wenn das Icon hier nicht losgelassen werden darf. In diesem Fall kann als *DragIcon* beispielsweise das Verkehrssymbol EINFAHRT VERBOTEN verwendet werden. Das *DragOver*-Ereignis bietet somit die Möglichkeit, für den Benutzer ein Feedback zu erzeugen, damit er sieht, ob sein Verschiebevorgang ein gültiges Kommando auslöst. Wenn Sie auf dieses Feedback verzichten, sparen Sie sich die Arbeit mit dieser Ereignisprozedur.
- *Der Abschluß der Verschiebeoperation (Drop)*: Wenn das verschobene Objekt losgelassen wird, erhält das darunterliegende Steuerelement ein ***DragDrop***-Ereignis. In dieser Ereignisprozedur muß dafür gesorgt werden, daß auf die Operation ein sichtbares Ergebnis folgt. Visual Basic verschiebt Steuerelemente nicht automatisch (auch wenn es so aussieht)! Falls die Operation manuell mit *Drag vbBeginDrag* gestartet wurde, muß sie auch manuell mit ***Drag vbEndDrag*** (2) beendet werden.

DragOver- und DragDrop-Ereignisprozeduren

An beide *DragOver-* und *DragDrop*-Ereignisprozeduren werden folgende Parameter übergeben:

```
Private Sub SteuerElement_DragXxxx (Source As Control, X!, Y!, Status%)
```

X und *Y* geben die Mauskoordinaten innerhalb des Steuerelements an. Die Koordinaten richten sich an die *ScaleMode*-Einstellung des Steuerelements. Wenn ein Steuerelement keine *ScaleMode*-Eigenschaft hat, werden die Koordinaten in Twips übergeben – selbst dann, wenn für das darunterliegende Formular ein anderes Koordinatensystem eingestellt wurde!

Source stellt eine Referenz auf das Icon dar, das gerade verschoben wird. Mit diesem Parameter können Sie auf die Eigenschaften des verschobenen Icons zugreifen, beispielsweise:

```
Source.DragIcon=...
```

Den Namen des gerade verschobenen Steuerelements können Sie über die *Name*-Eigenschaft feststellen:

```
If Source.Name = "abc" Then
```

Für den *Status*-Parameter sind folgende Werte vereinbart:

Status = vbEnter (0)	Das Icon ist in den Bereich des Steuerelements eingetreten.
Status = vbLeave (1)	Das Icon ist aus dem Bereich des Steuerelements wieder hinausgeschoben worden.
Status = vbOver (2)	Das Icon wurde innerhalb des Steuerelements verschoben.

Normalerweise müssen nur die Fälle *Status=vbEnter* und *Status=vbLeave* berücksichtigt werden. Während Status den Wert *vbOver* hat, bleibt das Icon innerhalb der Grenzen des Steuerelements.

VORSICHT

Wenn der Benutzer die Maustaste losläßt, tritt ein *DragDrop*-Ereignis auf, aber kein (!) *DragOver*-Ereignis mit *Status=vbLeave*. Sie dürfen sich also nicht darauf verlassen, daß zu jedem *DragOver*-Ereignis mit *Status=vbLeave* ein *DragOver*-Ereignis mit *Status=vbOver* auftritt.

Drag-Methode

Wenn Sie *DragMode* auf *vbManual* (0) stellen, müssen Sie die Verschiebeoperation – beispielsweise in der Ereignisprozedur für *MouseDown* – selbst mit der ***Drag***-Methode auslösen.

Objekt.Drag vbBeginDrag (1)	startet das Verschieben.
Objekt.Drag vbEndDrag (2)	beendet das Verschieben mit einem *DragDrop*-Ereignis.
Objekt.Drag vbCancel (0)	bricht das Verschieben ohne *DragDrop*-Ereignis ab.

In den meisten Fällen brauchen Sie das Verschieben nur mit *Drag vbBeginDrag* zu starten. Sobald der Benutzer die Maustaste losläßt, wird das Verschieben automatisch mit einem *DragDrop*-Ereignis beendet.

DragIcon-Eigenschaft

Standardgemäß wird das verschobene Objekt nur durch einen grauen Rand symbolisiert. Sie können statt dessen über die Eigenschaft ***DragIcon*** ein Icon einstellen, das statt des grauen Rands während des Verschiebens angezeigt wird. Wenn Sie Icons verschieben, ist es zweckmäßig, mit *DragIcon* dasselbe Icon einzustellen. Beim Verschieben anderer Steuerelemente sollte das Aussehen von *DragIcon* die Art des Kommandos symbolisieren. *DragIcon* kann auch während des Verschiebevorgangs verändert werden.

Wenn Sie eigene Icons verwenden möchten, besteht die einfachste Vorgehensweise darin, daß Sie im Formular einige *Image*- oder Bildfelder einfügen und in diese im Eigenschaftsfenster Icons laden (etwa aus dem Visual-Basic-Verzeichnis `Graphics\Icons`). Anschließend stellen Sie die *Visible*-Eigenschaft der Bildfelder auf *False*. Damit dienen diese Bildfelder jetzt als Icons-Speicher, aus denen Sie dann im Programmcode die benötigten Icons auslesen können. (Mehr Informationen zum Thema Icons finden Sie auf Seite 468.)

Das Aussehen des Mauscursors

Häufig wird für Steuerelemente, die sich per *Drag and Drop* bewegen lassen, ein eigener Mauscursor eingestellt. Der Anwender merkt so schon beim Bewegen der Maus über das Objekt, daß dieses *Drag and Drop* unterstützt. Der Cursor kann über die Eigenschaft *MousePointer* sowohl für einzelne Steuerelemente als auch für das gesamte Formular eingestellt werden.

12.4.2 Beispiele zu Drag and Drop

Beispiel 1: Drag and Drop Demonstrationsprogramm

Das erste Beispiel erfüllt zwar keine echte Aufgabe, demonstriert dafür aber sehr eindrücklich verschiedene Möglichkeiten, dem Anwender eine Rückmeldung zu geben, ob die aktuelle Operation erlaubt ist (Verwendung verschiedener Icons, Mauscursor, Farbveränderungen etc.). Sie können die drei Flaggensymbole mit der Maus in eines der beiden Bildfelder verschieben. Nicht zulässige Verschiebeoperationen werden durch das Icon EINFAHRT VERBOTEN (Datei `Icons\Traffic\Trffc13.ico`) symbolisiert.

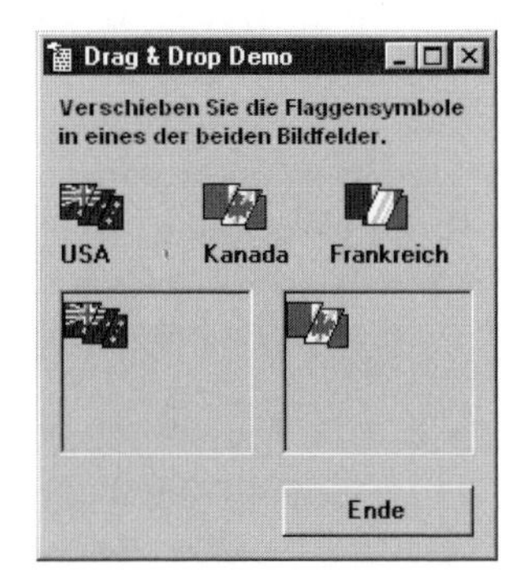

Bild 12.6: Drag and Drop Demo

Die drei Icons sind im Steuerelementfeld *BildIcon()* untergebracht. In *Form_Load* wird als *DragIcon* für jedes der drei Symbole das eigene Icon eingestellt. Außerdem wird die *Tag*-Eigenschaft mit *"Icon0"* bis *"Icon2"* belegt. In *BildIcon_MausDown* wird die Verschiebeoperation manuell gestartet. *BildIcon_DblClick* reagiert auf ein zweifaches Anklicken eines Icons. In den *BildX_DragOver*-Ereignisprozeduren wird der Hintergrund des Bildfelds und das Aussehen des Verschiebesymbols je nach Gültigkeit des Verschiebevorgangs eingestellt. In *BildX_DragDrop* wird das durch den Verschiebevorgang symbolisierte Kommando (nämlich die Anzeige des Icons im Bildfeld) ausgelöst. Außerdem werden die in *BildX_DragOver* durchgeführten Einstellungen rückgängig gemacht.

```
' Beispielprogramm EinAusgabe\DragAndDrop.frm
Option Explicit
DefInt A-Z
' Initialisierung
Private Sub Form_Load()
  Dim i
  For i = 0 To 2
    BildIcon(i).Dragicon = BildIcon(i).Picture
    BildIcon(i).Tag = "Icon" + LTrim$(Str$(i))
  Next i
End Sub
' Reaktion auf Doppelklick auf Icon
Private Sub BildIcon_DblClick(Index)
  Bild1.Picture = BildIcon(Index).Picture
  Bild2.Picture = BildIcon(Index).Picture
End Sub
' Drag and Drop starten
Private Sub BildIcon_MouseDown(Index, Maustaste, Umschalten, X!, Y!)
  BildIcon(Index).Drag 1
End Sub
' DragOver und DragDrop für Bild 1
Private Sub Bild1_DragOver(Quelle As Control, X!, Y!, State)
  Select Case State
  Case 0   'Eintritt: für Icon 1 (Kanada) verboten
    If Quelle.Tag = "Icon1" Then
      Quelle.Dragicon = BildVerboten.Picture
    Else
      Bild1.BackColor = RGB(128, 128, 128)
    End If
  Case 1   'Austritt: DragIcon 1 wieder sichtbar machen
    If Quelle.Tag = "Icon1" Then
      Quelle.Dragicon = Quelle.Picture
    Else
      Bild1.BackColor = BackColor
    End If
  End Select
End Sub
```

```
Private Sub Bild1_DragDrop(Quelle As Control, X!, Y!)
  If Quelle.Tag = "Icon1" Then
    Quelle.Dragicon = Quelle.Picture: Exit Sub
  Else
    Bild1.BackColor = BackColor
    Bild1.Picture = Quelle.Picture
  End If
End Sub
' DragOver und DragDrop für Bild 2: analog zu Bild 1
Private Sub Bild2_DragOver(Quelle As Control, X!, Y!, State)
Private Sub Bild2_DragDrop(Quelle As Control, X!, Y!)
```

Beispiel 2: Dynamische Fensteraufteilung

In vielen Windows-Programmen können Sie die Aufteilung eines Fensters dynamisch einstellen: etwa im Explorer (Aufteilung zwischen Verzeichnisbaum und Dateiliste), im Codefenster der Visual-Basic-Entwicklungsumgebung (Aufteilung in zwei voneinander unabhängige Codeabschnitte), in Excel (Aufteilung der Tabelle in bis zu vier Abschnitte) etc.

Das Beispielprogramm Bitmap Viewer zeigt, wie Sie dynamische Fenster auch in Visual Basic umsetzen können. Mit dem Programm können Sie alle Bitmaps innerhalb eines Verzeichnisses in verschiedenen Formen grafisch anzeigen. Der Großteil des Beispielprogramms ist auf Seite 355 beschrieben, an dieser Stelle geht es nur um die dynamische Fensteraufteilung.

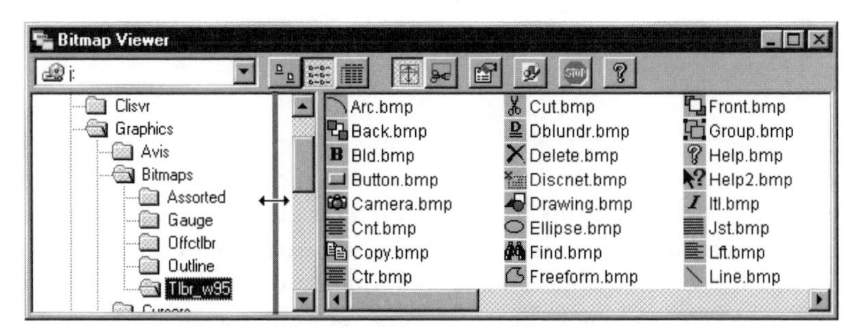

Bild 12.7: Die Fensteraufteilung zwischen dem TreeView- und dem ListView-Feld ist beliebig einstellbar

Die Aufteilung zwischen *TreeView*- und *ListView*-Feld erfolgt durch das Bildfeld *SplitLine*. Im laufenden Programm wird dieses wenige Pixel breite Steuerelement als solches gar nicht erkannt – er erscheint einfach als grauer Hintergrund zwischen *Tree*- und *ListView*.

Die Trennlinie *SplitLine* kann dank *DragMode=vbAutomatic* ohne weiteren Programmieraufwand mit der Maus verschoben werden. Leider kann die Linie nicht nur horizontal, sondern auch vertikal verschoben werden – aber dagegen ist in Visual Basic (übrigens schon seit Version 1.0) kein Kraut gewachsen. Das Loslassen der Linie wird in den *DragDrop*-Prozeduren zu *Tree*- und *ListView* registriert. Da beiden Ereignisprozeduren Twipkoordinaten übergeben werden (eigentlich sollten es Pixel sein, da ja im Formular *ScaleMode=vbPixels* gilt; hier ist Visual Basic wieder mal recht inkonsistent), muß die X-Koordinate mit *TwipsPerPixelX* in Pixel umgerechnet werden. Die Y-Koordinate wird ohnedies ignoriert.

```
' Zusatzsteuerelemente\BitmapViewer\Haupt.frm
Private Sub TreeV_DragDrop(Source As Control, X!, Y!)
  ChangeSplitting TreeV.Left + X / Screen.TwipsPerPixelX
End Sub
Private Sub ListV_DragDrop(Source As Control, X!, Y!)
  ChangeSplitting ListV.Left + X / Screen.TwipsPerPixelX
End Sub
```

Die beiden Ereignisprozeduren rufen *ChangeSplitting* auf. Dort wird die Plazierung aller drei betroffenen Steuerelemente neu eingestellt. Außerdem wird darauf geachtet, daß in jedem Fall ein minimaler Streifen (50 Pixel) am linken bzw. rechten Fensterrand erhalten bleibt. (Das erste Mal wird *ChangeSplitting* übrigens bereits in *Form_Load* aufgerufen, um einen eindeutigen Anfangszustand des Programms zu erreichen.)

```
Sub ChangeSplitting(X)
  If X < 50 Then X = 50
  If X > ScaleWidth - 50 Then X = ScaleWidth - 50
  TreeV.Width = X
  SplitLine.Left = X
  ListV.Left = SplitLine.Left + SplitLine.Width
  ListV.Width = ScaleWidth - ListV.Left
End Sub
```

Das war auch schon der ganze Code, der für die dynamische Fensteraufteilung erforderlich war. Beim vorliegenden Beispielprogramm (und wohl auch bei den meisten realen Anwendungen) ist aber noch eine Kleinigkeit zu berücksichtigen: Der Anwender kann die Fenstergröße verändern (*Form_Resize*). Auch in diesem Fall müssen Position und Größe aller drei Steuerelemente neu angepaßt werden. Dabei sind verschiedene Vorgehensweisen möglich: Eine Variante besteht darin, daß die prozentuelle Aufteilung erhalten bleibt. Eine andere besteht darin, den linken Bereich unverändert zu lassen und nur den rechten Teil zu ändern (diese Variante wurde hier gewählt). Dabei muß aber beachtet werden, daß sich in keinem Fall negative Werte ergeben (auch dann nicht, wenn das Fenster sehr stark verkleinert wird).

```
Private Sub Form_Resize()
  Dim f As Form
  If WindowState = vbMinimized Then Exit Sub
  If Width < 200 Then Width = 200: Exit Sub
  If Height < 150 Then Height = 150: Exit Sub
```

```
  SplitLine.Top = Tool.Height
  TreeV.Top = Tool.Height
  ListV.Top = Tool.Height
  If SplitLine.Left > ScaleWidth - 100 Then
    ChangeSplitting ScaleWidth - 100
  End If
  TreeV.Height = ScaleHeight - TreeV.Top
  ListV.Height = ScaleHeight - ListV.Top
  ListV.Width = ScaleWidth - ListV.Left
  SplitLine.Height = ScaleHeight - SplitLine.Top
End Sub
```

Beispiel 3: Verschiebbare Symbolleiste

Bei vielen Windows-Programmen ist der Ort der Symbolleiste variabel. Symbolleisten können am linken, rechten, oberen oder unteren Fensterende (und oft auch in unabhängigen Fenstern) angezeigt werden. Das folgende Beispielprogramm zeigt, daß eine bewegliche Symbolleiste auch mit dem Steuerelemente *ToolBar* realisiert werden kann. Das Programm ist allerdings durch einige Einschränkungen charakterisiert und ist zudem nicht in der Lage, die Symbolleiste auch als unabhängiges Fenster anzuzeigen.

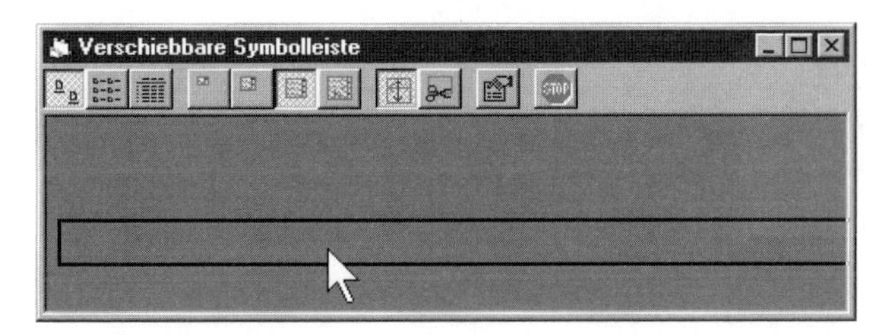

Bild 12.8: Beispielprogramm mit einer verschiebbaren Symbolleiste

Die *Drag-and-Drop*-Operation wird in *Tool_MouseDown* gestartet, wenn neben der Maustaste auch eine Umschalttaste (beispielsweise *Shift*) gedrückt wird. Diese Unterscheidung ist notwendig, weil sonst ein normales Anklicken der Buttons unmöglich wäre. Je nach dem Ort, an dem die Symbolleiste verschoben wird, wird auch die *Align*-Eigenschaft neu eingestellt. Außerdem muß die Breite oder die Höhe des Steuerelements auf die Breite bzw. Höhe der darin enthaltenen Buttons reduziert werden – die Veränderung von *Align* bewirkt keine automatische Verringerung von Breite bzw. Höhe.

```
' Beispielprogramm EinAusgabe\MoveToolbar.frm
' Drag and Drop starten
Private Sub Tool_MouseDown(Button%, Shift%, x!, y!)
 If Shift <> 0 Then Tool.Drag 1
End Sub
```

```
' Toolbar verschieben
Private Sub MDIForm_DragDrop(Source As Control, X!, Y!)
  MDIForm_DragOver Source, X, Y, 2
  Tool.Refresh
  Exit Sub
End Sub
Private Sub MDIForm_DragOver(Source As Control, X!, Y!, State%)
  Dim b, h, links, rechts, oben, unten
  If Source.Name <> "Tool" Then Exit Sub
  With Tool
    b = .Buttons(1).Width: h = .Buttons(1).Height
    links = b: rechts = ScaleWidth - b
    oben = h: unten = ScaleHeight - h
    If Y < oben And X > links And X < rechts And .Align <> 1 Then
      .Align = 1: .Height = .Buttons(1).Height    'links
      .Drag 0: .Drag 1
    ElseIf Y > unten And X > links And X < rechts _
      And .Align <> 2 Then
      .Align = 2: .Height = .Buttons(1).Height    'rechts
      .Drag 0: .Drag 1
    ElseIf X < links And Y > oben And Y < unten And .Align <> 3 Then
      .Align = 3: .Width = Tool.Buttons(1).Width  'oben
      .Drag 0: .Drag 1
    ElseIf X > rechts And Y > oben And Y < unten _
      And .Align <> 4 Then
      .Align = 4: .Width = Tool.Buttons(1).Width  'unten
      .Drag 0: .Drag 1
    End If
  End With
End Sub
```

Auch wenn die Programmierung verschiebbarer Symbolleisten ziemlich einfach aussieht, gibt es in der Praxis so viele Implikationen, daß Sie zumeist dennoch darauf verzichten werden. So gibt es beispielsweise Probleme, wenn sowohl die Statusleiste als auch die Toolbar am unteren Fensterende plaziert werden. Zum Teil gibt es am Ende der *Drag-and-Drop*-Operation Probleme mit dem Neuzeichnen der Symbolleiste, d.h., der Verschieberahmen wird nicht richtig gelöscht. Wenn die Toolbar in einem MDI-Fenster verwendet wird, kann es schließlich passieren, daß die Toolbar an der neuen Position dort bereits befindliche Fenster überdeckt. (Diese werden nicht automatisch in den sichtbaren Bereich verschoben.)

12.4.3 OLE-Drag-and-Drop

OLE Drag and Drop ermöglicht es, Daten (z.B. Text, Bilder, Listeneinträge, Dateien etc.) innerhalb eines Programms oder zwischen zwei Programmen mit der Maus zu verschieben. *OLE Drag and Drop* gibt es zwar schon seit geraumer Zeit, unter Visual Basic wird es aber erst seit Version 5 richtig unterstützt. (Eigentlich grenzt es an ein Wunder, daß es dabei nicht gleich in *ActiveX Drag and Drop* umbenannt wurde.)

Automatisches OLE Drag and Drop

Die meisten Steuerelemente wurden mit den neuen Eigenschaften *OLEDragMode* und *OLEDropMode* ausgestattet. Diese Eigenschaften geben an, ob *Drag*- bzw. *Drop*-Operationen manuell, automatisch oder überhaupt nicht unterstützt werden.

Wenn Sie rasch ein erstes Erfolgserlebnis in Sachen *OLE Drag and Drop* suchen, beginnen Sie ein neues Projekt und fügen in ein Formular zwei Textfelder ein. Setzen Sie die Eigenschaften *OLEDragMode* und *OLEDropMode* für beide Steuerelemente auf *automatisch* und starten Sie das Programm. Ohne eine einzige Zeile Code können Sie jetzt:

- Text von einem Textfeld in das andere verschieben oder kopieren (Maus plus Strg),
- Text von einem externen Programm (WordPad, WinWord etc.) in eines der Textfelder kopieren,
- Text von den Textfeldern in ein externes Programm kopieren.

Automatisches *OLE Drag and Drop* zeichnet sich also dadurch aus, daß Sie keine Zeile Code zu schreiben brauchen. (Vergessen Sie aber nicht, für alle betroffenen Steuerelemente die Eigenschaften *OLEDragMode* und *OLEDropMode* einzustellen.) Sie haben allerdings keinerlei Einfluß darüber, wann welche Daten wohin verschoben bzw. kopiert werden. Die Operation kann nicht rückgängig gemacht werden.

	OLE Drag		OLE Drop	
	manuell	automatisch	manuell	automatisch
Animation	•	–	•	–
CheckBox	•	–	•	–
ComboBox	•	•	•	–
CommandButton	•	–	•	–
Data	•	–	•	–
DBCombo	•	•	•	–
DBGrid	•	•	•	•
DBList	•	•	•	–
DirListBox	•	•	•	–
DriveListBox	•	–	•	–
FileListBox	•	•	•	–
Form	•	–	•	–

Frame	•	–	•	–
Image	•	?	•	•
ListBox	•	•	•	–
ListView	•	•	•	–
MaskEdBox	•	•	•	•
MSChart	–	–	–	–
MSFlexGrid	•	–	•	–
OptionButton	•	–	•	–
PictureBox	•	?	•	•
RichText	•	•	•	•
StatusBar	•	–	•	–
TextBox	•	•	•	•
ToolBar	•	–	•	–
TreeView	•	•	•	–

Automatisches *OLE Drop* funktioniert nur dann, wenn der Datentyp stimmt. Aus diesem Grund ist eine Verschiebeoperationen vom Explorer in ein Textfeld zum Scheitern verurteilt (der Explorer liefert Dateien, das Textfeld erwartet aber Text). Mit manuellem *Drop* können Sie die Explorer Daten dagegen auswerten und wahlweise den Dateinamen in das Textfeld einfügen oder tatsächlich eine Datei laden.

Welche Formen von *OLE Drag and Drop* die Steuerelemente unterstützen, variiert stark. Die Tabelle oben gibt einen ersten Überblick (ohne jedoch auf alle verfügbaren Steuerelemente einzugehen).

Die Online-Dokumentation behauptet, daß Bild- und Image-Feld automatisches *Drag and Drop* unterstützen. *Drop* funktioniert in der Tat, allerdings nur, wenn als Bitmap-Typ *vbCFDIB* (device independent bitmap) verwendet wird, nicht aber *vbCFBitmap* (normale Bitmaps). Außerdem wird durch die *Drop*-Operation der gesamte bisherige Inhalt der Bitmap gelöscht, was auch nicht immer wünschenswert ist.

Ob und wie die *Drag*-Operation initiiert werden kann, ist in der Dokumentation ebensowenig beschrieben wie die *vbCFDIB*-Einschränkung. Angesichts der Tatsache, daß in beiden Steuerelementen nicht einmal Daten markiert werden können, erscheint es aber recht unwahrscheinlich, daß automatisches *Drag* funktionieren kann.

Auch die anderen Steuerelementen, die automatisches *Drag and Drop* unterstützen, enttäuschen gelegentlich: So bieten Listenfelder zwar automatisches *Drag*, allerdings nur zum Kopieren. Wenn Sie einen Listeneintrag von einem Listenfeld in ein zweites verschieben möchten, hilft nur manuelles *Drag and Drop*. Da Visual Basic aber nur eine unzureichende Kontrolle über die Maus zuläßt, gibt es auch dabei Einschränkungen (siehe Beispielprogramm).

12.4.4 Manuelle OLE-Drop-Operationen

Die folgenden Absätze beschreiben, wie Sie auf eine *Drop*-Operation per Programmcode reagieren können, also auf das Fallenlassen eines Objekts in einem Steuerelement. Dabei spielt es keine Rolle, ob die Operation in einem Visual-Basic-Programm oder in einem fremdem Programm begonnen wurde. Dieser Abschnitt beschäftigt sich ausschließlich mit *Drag and Drop* aus der Sicht des Empfängers (des Ziels).

OLE-Daten (DataObject, DataObjectFiles)

Bevor näher auf die Programmierung manueller *Drag-and-Drop*-Operationen eingegangen wird, muß das neue Objekt *DataObject* beschrieben werden, das die Voraussetzung sowohl für *Drop-* als auch für *Drag*-Operationen ist. ***DataObject*** stellt vier Methoden zur Verfügung, mit denen die Daten festgesetzt werden (Quelle) bzw. gelesen werden (Empfänger).

Für den Empfänger ist die Methode *GetFormat* am interessantesten: Damit stellt er fest, welche Daten zur Verfügung stehen. Ähnlich wie beim *ClipBoard*-Objekt (Seite 581) sind mehrere unterschiedliche Datentypen gleichzeitig erlaubt. Wenn es sich bei den Daten um Dateinamen handelt, können diese über die *Files(n)*-Eigenschaft dem Subobjekt ***DataObjectFiles*** entnommen werden. Andernfalls werden die Daten mit *GetData* gelesen. Für die Datenquelle (*Drag*) ist die Methode *SetData* am interessantesten. Damit werden Daten für die Übergabe abgelegt.

Zu den vordefinierten Datentypen zählen Text und Rich Text, Bitmaps, Windows Metafiles (Vektorgrafik) sowie eine Liste von Dateinamen. Prinzipiell ist auch die Übergabe benutzerspezifischer Binärdaten in einem *Byte*-Feld möglich. Vorher muß dem neuen Datenformat aber mit der DLL-Funktion *RegisterClipboardFormat* ein Name gegeben werden. Die DLL-Funktion liefert als Ergebnis die ID-Nummer des Formats zurück (siehe Online-Dokumentation bzw. Win 32 SDK zu Clipboard-Funktionen).

OLEDropOver-Ereignis

Für alle Steuerelemente, die als Empfänger einer *Drop*-Operation verwendet werden sollen, muß ***OLEDropMode*** auf *vbOLEDropManual* gesetzt werden. (Oft ist es sinnvoll, diese Eigenschaft auch für Steuerelemente zu setzen, die gar nicht unmittelbar als Empfänger fungieren. Der Anwender kann dann die Daten irgendwo im Fenster fallen lassen. Im Programmcode kann sichergestellt werden, daß die Daten dennoch im richtigen Steuerelement verarbeitet werden.)

Während der Anwender die Maus mit den Daten über dem Steuerelement bewegt, treten kontinuierlich ***OLEDropOver***-Ereignisse auf. Die *DropOver*-Ereignisprozedur ist genaugenommen zum korrekten Funktionieren von *Drag and Drop* gar nicht erforderlich. Der alleinige Zweck der Prozedur besteht darin, dem Anwender ein Feedback zu geben, ob die Daten erwünscht sind und verarbeitet werden können. An die Ereignisprozedur werden sieben Parameter übergeben:

Data As DataObject	Beschreibung der Daten
Effect As Long	Operationen, die von der Quelle unterstützt werden (siehe unten)
Button As Integer	Zustand der Maustasten (1,2,4 für links, Mitte, rechts)
Shift As Integer	Zustandstasten (1,2,4 für Shift, Strg und Alt)
X,Y As Single	Mauskoordinaten (im Koordinatensystem des Steuerelements)
State As Integer	Beschreibung des *DropOver*-Ereignisses (siehe unten)

Der *Effect*-Parameter gibt an, welche Operationen von der Datenquelle unterstützt werden. Im Regelfall sind das *vbDropEffectCopy (1)* und / oder *vbDropEffectMove (2)*. (Daneben sind diverse andere Effekt-Bits möglich; führen Sie die Auswertung also mit *And*- und *Or*-Operatoren durch.) Der *Effect*-Parameter kann in der Ereignisprozedur geändert werden. Die Einstellung *vbDropEffectNone (0)* bedeutet beispielsweise, daß momentan kein *Drop*-Ereignis empfangen werden kann. Ebenso kann die Operation explizit auf Verschieben oder Kopieren eingeschränkt werden (zumeist als Result der Auswertung des *Shift*-Parameters).

Wie der Name bereits andeutet, hat der *Effect*-Parameter Einfluß auf das Aussehen des Mauscursors. Je nachdem, wie dieser Parameter eingestellt wird, erscheint das typische *Drag*-Symbol mit oder ohne dem Plus (zur Kennzeichnung eines Kopiervorgangs) oder aber ein ZUTRITT VERBOTEN Symbol.

Nun zum *State*-Parameter: Die drei möglichen Zustände sind *vbEnter*, *vbLeave* und *vbOver*. Wenn die Maus über das Steuerelement bewegt wird, hat *State* beim ersten Mal den Zustand *vbEnter*, dann beliebig oft *vbOver* und zum Abschluß einmal *vbLeave* (falls die *Drop*-Operation nicht schon vorher beendet wurde). Diese Zusatzinformation kann dazu genutzt werden, den Code möglichst effizient zu gestalten: So reicht es aus, den *Data*-Parameter einmal (*vbEnter*) zu analysieren und das Ergebnis dieser Auswertung in einer statischen Variablen zu speichern. Auf das Eintreten des *vbLeave*-Zustands können Sie sich nicht verlassen, aber es tritt mit Sicherheit kein *DropOver*-Ereignis mit *State=vbOver* ein, bevor *DropOver* mit *State=vbEnter* stattgefunden hat.

OLEDragDrop-Ereignis

Wenn der Anwender die Daten über dem Steuerelement losläßt, tritt zum Abschluß ein ***OLEDragDrop***-Ereignis ein. An die Ereignisprozedur werden mit Ausnahme von *State* dieselben Parameter übergeben. Die Auswertung erfolgt nach demselben Schema wie in der *DragOver*-Prozedur. Wenn Sie feststellen, daß die Daten tatsächlich verarbeiten möchten, müssen Sie diese mit *Data.GetData* auslesen.

12.4.5 Manuelle OLE-Drag-Operationen

Hier geht es um die andere Seite einer *Drag-and-Drop*-Operation, also um die Sichtweise des Senders (der Quelle). Die folgenden Absätze beschreiben, welcher Programmcode erforderlich ist, um eine manuelle *Drag-and-Drop*-Operation zu starten.

Ob der Empfänger ebenfalls ein Visual-Basic-Programm ist (womöglich dasselbe Programm wie die Datenquelle) oder ob es sich um ein fremdes Programm handelt, spielt für diese Betrachtung keine Rolle.

OLEDrag-Methode

Eine *Drag-and-Drop*-Operation wird ganz einfach durch die Methode ***OLEDrag*** (ohne Parameter) gestartet – die Frage ist nur, wann? Die erste Voraussetzung ist zumeist, daß im Steuerelement vorher Daten markiert wurden (beispielsweise einige Zeilen Text). Jetzt besteht das Problem aber immer noch darin, zu erkennen, ob der Anwender neue Daten markieren will oder ob die bereits markierten Daten tatsächlich verschoben werden sollen. Dazu wird zumeist die Position berücksichtigt, an der die Mausbewegung mit gedrückter Maustaste beginnt: liegt dieser Ort innerhalb der Markierung, wird eine *Drag-and-Drop*-Operation gestartet, andernfalls beginnt einfach ein neuer Markierungsvorgang. (Diese subtile Unterscheidung ist übrigens der Grund, weswegen im WinWord des Autors *Drag and Drop* deaktiviert ist. Zu oft ist es mir passiert, daß WinWord der Ansicht war, ich wollte *Drag and Drop*, obwohl ich in Wirklichkeit nur die aktuelle Markierung verändern wollte.)

Von dem konzeptionellen Problem der Doppelbedeutung einer Mausbewegung einmal abgesehen: Wenn Sie auf dieser Basis eine manuelle *Drag-and-Drop*-Operation für ein gewöhnliches Textfeld programmieren möchten, sind Sie ohnedies zum Scheitern verurteilt: Es fehlt eine Methode, um festzustellen, ob sich die aktuelle Mausposition innerhalb des markierten Texts befindet oder nicht. Ebensowenig können Sie verhindern, daß mit der Maus die aktuelle Markierung verändert wird – selbst wenn Sie *OLEDrag* ausführen. Ähnliche Probleme treten bei den meisten anderen Steuerelementen auf, die automatische *Drag*-Operationen demonstrieren.

Tatsächlich gibt es bei Steuerelementen mit automatischen *Drag* zumeist keinen Grund, *Drag and Drop* manuell zu starten – es funktioniert automatisch ganz gut. Zudem ist *Drag and Drop* für andere Steuerelemente als dem Textfeld mit einem derartigen Overhead verbunden, daß, wie im folgenden Beispielprogramm, der Demonstrationscharakter leicht verlorengeht.

OLEStartDrag-Ereignis

Wie auch immer: Sobald *OLEDrag* einmal ausgeführt wird, treten eine Menge Ereignisse auf. Das erste Ereignis (es tritt nur einmal auf) ist ***OLEStartDrag***. Der Ereignisprozedur werden zwei Parameter übergeben, mit denen Sie die Daten für die Operation zur Verfügung stellen:

AllowedEffects As Long	Form der Übergabe (*Copy* und / oder *Move*)
Data As DataObject	die zu übergebenden Daten bzw. Datenformate

Auf jeden Fall müssen Sie in *AllowedEffects* angeben, welche *Drag-and-Drop*-Varianten Sie unterstützen: im Regelfall *vbDropEffectCopy (1)* und / oder *vbDropEffectMove (2)*.

In *Data* sollten – sofern programmtechnisch möglich – noch nicht die eigentlichen Daten, sondern nur deren Format übergeben werden. Es ist zulässig, mehrere Formate gleichzeitig anzugeben. Die eigentliche Datenübergabe kann dann bei Bedarf später erfolgen (Ereignis *OLESetData*). Diese Vorgehensweise spart Ressourcen, da ja noch gar nicht sicher ist, ob die begonnene *Drag-and-Drop*-Operation tatsächlich beendet wird und welche der möglichen Formate vom Empfänger gewünscht sind.

```
Data.Clear
Data.SetData , format1
Data.SetData , format2
```

Wenn die Daten sofort übergeben werden sollen, muß im ersten Parameter von *SetData* eine Variable mit den geeigneten Daten angegeben werden:

```
Data.Clear
Data.SetData variable1, format1
Data.SetData variable2, format2
```

OLEGiveFeedback-Ereignis

Das ***OLEGiveFeedback***-Ereignis tritt kontinuierlich auf, während die Daten mit der Maus verschoben werden. An die *OLEGiveFeedback*-Ereignisprozedur werden zwei Parameter übergeben:

Effect As Long	vom Empfänger veränderte *Effect*-Parameter
DefaultCursors As Boolean	gibt an, ob der Defaultmauscursor verwendet wird

Effect wird durch den Empfänger verändert, je nachdem ob und in welcher Form dieser bereit ist, die Daten entgegenzunehmen. (Falls der Empfänger ein Visual-Basic-Programm ist, erfolgt diese Veränderung in der *OLEDragOver*-Ereignisprozedur.)

In der *OLEGiveFeedBack*-Ereignisprozedur können Sie den Mauscursor verändern, um dem Anwender ein Feedback darüber zu geben, was ein Loslassen der Maustaste bewirken würde. Visual Basic verwendet automatisch die Standardmauscursor für *Drag and Drop* Kommandos (ein Mauszeiger mit einem kleinen Rechteck, wahlweise mit oder ohne Plus-Symbol). Nur wenn Sie mit diesen Symbolen nicht zufrieden sind, müssen Sie *DefaultCursors* auf *False* stellen. Die Form des Mauscursors wird jetzt durch die *MousePointer*-Eigenschaft des *Screen*-Objekts bestimmt.

OLESetData-Ereignis

Sofern die Daten nicht schon in der *OLEStartDrag*-Ereignisprozedur übergeben wurden, tritt das ***OLESetData***-Ereignis auf, sobald der Empfänger die Daten anfordert. (Falls der Empfänger ein Visual-Basic-Programm ist, erfolgt diese Anforderung durch *Data.GetData* in der *OLEDragDrop*-Ereignisprozedur.) An die *OLESetData*-Ereignisprozedur werden die beiden folgenden Parameter übergeben:

Data As DataObject	Rückgabevariable für die zu übergebenden Daten
DataFormat As Integer	das vom Empfänger gewünschte Datenformat

Der *Data*-Parameter ist aus der *OLEStartDrag*-Prozedur ja schon bekannt. *DataFormat* gibt an, in welchem Format die Daten vom Empfänger erwünscht werden, und sollte nicht verändert werden.

Beachten Sie, daß das *OLESetData*-Ereignis auch mehrfach auftreten kann (etwa wenn der Empfänger bereits vor der eigentlichen Datenübergabe testen will, welchen Inhalt die Daten haben).

OLECompleteDrag-Ereignis

Im ***OLECompleteDrag***-Ereignis wird die Quelle informiert, daß die *Drag-and-Drop*-Operation entweder abgebrochen oder vollendet wurde. Der *Effect*-Parameter gibt an, für welche Art der Operation sich der Empfänger entschieden hat. In der Ereignisprozedur können nun temporäre Variablen und bei einem *Move*-Ereignis auch die lokalen markierten Daten gelöscht werden.

12.4.6 Beispiel zu manuellem OLE-Drag-and-Drop

Das folgende Beispielprogramm demonstriert manuelles *Drag and Drop* für drei verschiedene Steuerelemente: Textfelder (nur manuelles *Drop*), Bildfelder und Listenfelder (sowohl *Drag* als auch *Drop*).

Textfeld

Das Textfeld-Beispiel ist zwar nicht sehr realitätsnah, hat dafür aber den Vorteil, daß es sehr wenig Code beansprucht und leicht zu verstehen ist. Die *Drag*-Operation funktioniert automatisch. Im oberen Textfeld wird mit *DragOver*- und *DragDrop*-Prozeduren eine manuelle *Drop*-Operation realisiert. Die Prozeduren stellen sicher, daß nur Daten im Textformat entgegengenommen werden, daß der Text maximal 10 Zeichen lang ist und daß die Daten kopiert (nicht verschoben) werden. Diese Bedingungen sind willkürlich und sollen lediglich zeigen, wie die Ereignisverwaltung prinzipiell aussehen kann und wie die Parameter der Prozeduren verarbeitet werden.

```
' EinAusgabe\OLEDragAndDrop
Option Explicit
' nur Text, maximal 10 Zeichen, nur Copy
Private Sub Text1_OLEDragOver(Data As DataObject, Effect As Long, _
    Button As Integer, Shift As Integer, X As Single, Y As Single, _
    State As Integer)
  Static effectanswer As Long
  If State = vbEnter Then
    If Not Data.GetFormat(vbCFText) Then          'kein Text
```

```
      effectanswer = 0: Effect = 0: Exit Sub
    ElseIf Len(Data.GetData(vbCFText)) > 10 Then   'zuviel Text
      effectanswer = 0: Effect = 0: Exit Sub
    End If
    effectanswer = Effect And vbDropEffectCopy 'nur Copy zulassen
    Effect = effectanswer
  ElseIf State = vbOver Then         'bekannte Antwort weiterverwenden
    Effect = effectanswer
  End If
End Sub
```

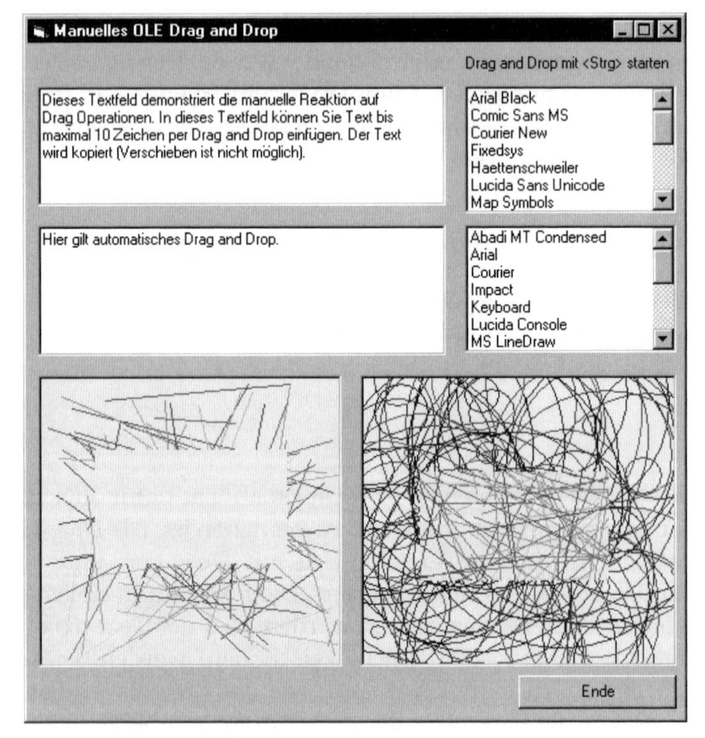

Bild 12.9: Das Beispielprogramm demonstriert verschiedene Varianten manueller Drag-and-Drop-Operationen

```
' Text einfügen, wenn max. 10 Zeichen und Copy-Operation zulässig
Private Sub Text1_OLEDragDrop(Data As DataObject, Effect As Long, _
    Button As Integer, Shift As Integer, X As Single, Y As Single)
  If Not Data.GetFormat(vbCFText) Then          'kein Text
    Effect = 0: Exit Sub
  ElseIf Len(Data.GetData(vbCFText)) > 10 Then 'zuviel Text
    Effect = 0: Exit Sub
```

```
  ElseIf Effect And vbDropEffectCopy = 0 Then  'nur Copy zulassen
    Effect = 0: Exit Sub
  End If
  ' alles ok
  Effect = vbDropEffectCopy
  Text1.SelLength = 0           'Markierung nicht überschreiben
  Text1.SelText = Data.GetData(vbCFText)
End Sub
```

Listenfelder

Zwischen den beiden Listenfeldern können Einträge verschoben werden. Die *Drag-and-Drop*-Operation muß mit gedrückter Strg-Taste begonnen werden. Die Taste kann anschließend wieder losgelassen werden, um zwischen einer Kopier- und einer Verschiebeoperation zu unterscheiden. Dieses nicht Windows-konforme Verhalten ergibt sich aus der Notwendigkeit, die *Drag*-Operation manuell zu starten. Das automatische *Drag* unterstützt nämlich nur Kopier-, aber keine Verschiebeoperationen. Da im Listenfeld aber nicht festgestellt werden kann, ob die Maus über einem bereits ausgewählten Listeneintrag angeklickt wurde, muß die Strg-Taste herhalten, um den Start einer *Drag*-Operation zu kennzeichnen.

Zur Verwaltung der *Drag-and-Drop*-Operation sind vier globale Variablen definiert. *listAllowDragDrop* wird auf *True* gesetzt, sobald die Maus mit der Strg-Taste gedrückt wird. Nur wenn die Maus dann noch ein wenig bewegt wird (im Vergleich zu den Startkoordinaten in *listX- / listYstart*), wird die *Drag*-Operation tatsächlich durch die Methode *OLEDrag* ausgelöst.

HINWEIS

Um die Deklarationen der Ereignisprozeduren etwas übersichtlicher zu gestalten, wurde in der Parameterliste die Kurzschreibweise verwendet, also % statt *As Integer* etc.

```
Dim listAllowDragDrop, listXstart, listYstart, listDragIndex
Private Sub Lst_MouseDown(Ind%, Button%, Shift%, X!, Y!)
  If Shift And vbCtrlMask Then
    listAllowDragDrop = True: listXstart = X: listYstart = Y
  End If
End Sub
Private Sub Lst_MouseMove(Ind%, Button%, Shift%, X!, Y!)
  ' Einheit Twips
  If listAllowDragDrop And _
      (Abs(X - listXstart) > 100 Or Abs(Y - listYstart) > 20) Then
    Lst(Ind).OLEDrag
    listAllowDragDrop = False
  End If
End Sub
```

```
Private Sub Lst_MouseUp(Ind%, Button%, Shift%, X!, Y!)
  listAllowDragDrop = False
End Sub
Private Sub Lst_KeyUp(Ind%, KeyCode%, Shift%)
  If KeyCode = vbKeyControl Then listAllowDragDrop = False
End Sub
```

Bei den beiden *Drag*-Ereignisprozeduren erfolgt die Datenübergabe aufgrund der minimalen Datenmengen gleich in *OLEStartDrag*. Der aktuelle Listenindex wird in *listDragIndex* zwischengespeichert. Falls das Element verschoben wurde, wird es in *OLECompleteDrag* aus der aktuellen Liste eliminiert.

```
Private Sub Lst_OLEStartDrag(Ind%, Data As DataObject, AllowedEffects&)
  AllowedEffects = vbDropEffectCopy + vbDropEffectMove
  listDragIndex = Lst(Ind).ListIndex
  Data.Clear
  Data.SetData Lst(Ind).List(listDragIndex), vbCFText
End Sub
Private Sub Lst_OLECompleteDrag(Ind%, Effect&)
  Dim i
  ' falls Element verschoben wurde: löschen
  If Effect = vbDropEffectMove Then
    Lst(Ind).RemoveItem listDragIndex
  End If
End Sub
```

Auch die beiden Prozeduren für das *Drop*-Ereignis fallen relativ kurz aus: In *OLEDragOver* wird *Effect* je nach Zustand von Strg eingestellt. In *OLEDragDrop* wird die Annahme von zu langen Zeichenketten oder bereits vorhandene Listeneinträgen verweigert.

```
Private Sub Lst_OLEDragOver(Ind%, Data As DataObject, Effect&, _
    Button%, Shift%, X!, Y!, State%)
  If Not Data.GetFormat(vbCFText) Then Effect = 0: Exit Sub
  If Shift And vbCtrlMask Then
    Effect = vbDropEffectCopy
  Else
    Effect = vbDropEffectMove
  End If
End Sub
Private Sub Lst_OLEDragDrop(Ind%, Data As DataObject, Effect&, _
    Button%, Shift%, X!, Y!)
  Dim item$, i
  If Not Data.GetFormat(vbCFText) Then Effect = 0: Exit Sub
  item = Data.GetData(vbCFText)
  ' Kontrolle, ob der Listeintrag zu lange ist
```

```
  If Len(item) > 100 Then Effect = 0: Exit Sub
  ' Kontrolle, ob der Listeneintrag schon existiert
  For i = 0 To Lst(Ind).ListCount
    If Lst(Ind).List(i) = item Then
      Effect = 0: Exit Sub
    End If
  Next
  Lst(Ind).AddItem Data.GetData(vbCFText)
  Lst(Ind).ListIndex = Lst(Ind).NewIndex
  If Shift And vbCtrlMask Then
    Effect = vbDropEffectCopy
  Else
    Effect = vbDropEffectMove
  End If
End Sub
```

Bildfelder

In beiden Bildfeldern des Beispielprogramms können Sie mit der Maus einen Ausschnitt markieren und diesen anschließend in das andere Bildfeld verschieben oder kopieren. Wenn Sie das Programm kompilieren und zweimal starten, können Sie Bildausschnitte selbstverständlich auch zwischen beiden Programmen austauschen. Und falls Sie zusammen mit Office 97 das Programm Photo Editor installiert haben, können Sie eine im Beispielprogramm markierte Bitmap in den Photo Editor bewegen. (Der umgekehrte Weg funktioniert nicht, weil der Photo Editor offensichtlich nicht in der Lage ist, eine *Drag*-Operation zu starten.)

Wie bereits angedeutet, fällt der Code für das Beispielprogramm ziemlich umfangreich aus. Der Grund besteht darin, daß nicht nur eine manuelle *Drag*-Operation initiiert werden muß, sondern auch Code für die Markierung eines Ausschnitts in einem Bildfeld sowie die Ereignisprozeduren für die dazugehörige manuelle *Drop*-Operation. (Durch automatisches *Drop* wird der gesamte Inhalt eines Bildfelds gelöscht, was nicht besonders sinnvoll ist. Im Beispielprogramm werden die Daten an der Cursor-Position eingefügt, der Rest des Bildfelds bleibt, wie er war.) Erschwerend kommt hinzu, daß der aktuelle Zustand (Markierung, *Drag-and-Drop*-Operation) in mehreren Variablen verwaltet werden muß, der Mauscursor an diesen Zustand angepaßt werden muß etc.

Allgemeine Informationen

Im Formular befinden sich nicht nur die zwei Bildfelder *Pic(0)* und *Pic(1)*, sondern ein drittes unsichtbares Bildfeld *PicDragDrop*, in dem der per *Drag* zu verschiebende Bildausschnitt zwischengespeichert wird. Für alle drei Bildfelder und das dahinterliegende Formular gilt *ScaleMode=vbPixels*. Damit ist sichergestellt, daß alle Größenangaben in der Einheit Pixel durchgeführt werden können. Für alle drei Bildfelder gilt außerdem *AutoRedraw=True*.

Die Variablen *rubberbox*, *x- / ystart* und *x- / yold* werden während der Markierung eines Bildausschnitts durch die drei *Pic_MouseXxx*-Prozeduren verwendet. Die Variablen sind als Feld dimensioniert, so daß Sie getrennt für jedes Bildfeld zur Verfügung stehen.

validselection gibt an, ob momentan ein Bildausschnitt markiert ist. Wenn das der Fall ist, enthalten *x- / ymin* und *x- / ymax* dessen Koordinatenbereich. *allowDragDrop* wird in *PicMouseDown* gesetzt, wenn eine *Drag-and-Drop*-Operation prinzipiell möglich ist. *nowDragDrop* ist *True*, während eine vom Programm initiierte *Drag-and-Drop*-Operation in Gang ist.

```
' Variablen während Markierung
Dim rubberbox(1), xstart(1), ystart(1), xold(1), yold(1)
Const inverse = &H8080FF
' Variablen um vollendete Markierung zu speichern
Dim validselection(1), xmin(1), ymin(1), xmax(1), ymax(1)
Const mark = &H80FF80
' Variablen für Drag-and-Drop-Operation
Dim allowDragDrop(1), nowDragDrop(1)
```

Markierung und Start der Drag-Operation

In den drei ersten Prozeduren kann ein rechteckiger Bereich innerhalb des Bildfelds markiert werden (Details zu dieser Funktion finden Sie auf Seite 549.) Neu dazugekommen sind die automatische Änderung des Mauscursors, wenn sich dieser innerhalb der Markierung befindet (in *Pic_MouseMove*). Neu ist natürlich auch der Start einer *Drag*-Operation durch *OLEDrag* (ebenfalls in *Pic_MouseMove*). Dabei gelten folgende Bedingungen:

- Die Maustaste muß innerhalb der Markierung gedrückt werden (dann wird die Variable *allowDragDrop* in *Pic_MouseDown* auf *True* gesetzt).
- Die Maus muß mindestens fünf Pixel weit bewegt werden (Test in *Pic_MouseMove*).
- Die Maus darf nicht vorher wieder losgelassen werden (Test in *Pic_MouseUp*).

Diese Bedingungen stellen sicher, daß eine *Drag-and-Drop*-Operation nicht unbeabsichtigt gestartet wird. Wenn das dennoch passiert, können Sie einfach Esc drücken.

```
' Rubberbox-Auswahl starten, Drag and Drop erlauben
Private Sub Pic_MouseDown(ind%, Button%, Shift%, X!, Y!)
  ' ist Drag and Drop im Gange? --> Exit
  If nowDragDrop(ind) Then Exit Sub
  If validselection(ind) Then
    ' innerhalb der Markierung: Drag and Drop ermöglichen
```

```
    ' (Start in MouseMove)
    If X > xmin(ind) And X < xmax(ind) And Y > ymin(ind) And _
         Y < ymax(ind) Then
      allowDragDrop(ind) = True
      xstart(ind) = X: ystart(ind) = Y 'Startkoordinaten
      Exit Sub
    ' außerhalb der Markierung: neue Rubberbox-Auswahl starten, dazu
    ' die alte Markierung löschen
    Else
      MarkRectangle ind
      validselection(ind) = 0
    End If
  End If
  rubberbox(ind) = True               'Rubber-Box zur Auswahl
  allowDragDrop(ind) = False          'jetzt kein Drag and Drop
  xstart(ind) = X: ystart(ind) = Y   'eines Rechteckes
  xold(ind) = X: yold(ind) = Y
  Pic(ind).DrawMode = 7               'XOR-Modus
  Pic(ind).DrawWidth = 2
  Pic(ind).MousePointer = 2           'Fadenkreuz
  Pic(ind).Line (X, Y)-(X, Y), inverse, B
End Sub
' Rubberbox zeichnen, Drag and Drop starten
Private Sub Pic_MouseMove(ind%, Button%, Shift%, X!, Y!)
  ' ist Drag and Drop im Gange? --> Exit
  If nowDragDrop(ind) Then Exit Sub
  ' Mauscursor je nach Position
  If validselection(ind) Then
    If X > xmin(ind) And X < xmax(ind) _
        And Y > ymin(ind) And Y < ymax(ind) Then
      Pic(ind).MousePointer = vbSizeAll
    Else
      Pic(ind).MousePointer = vbDefault
    End If
  End If
  If allowDragDrop(ind) Then    ' Drag and Drop starten?
    ' nur, wenn Maus zumindest 4 Pixel weiterbewegt wurde
    If Abs(X - xstart(ind)) > 4 Or Abs(Y - ystart(ind)) > 4 Then
      allowDragDrop(ind) = False
      nowDragDrop(ind) = True
      Pic(ind).OLEDrag
    End If
    Exit Sub
  End If
```

```
  If Not rubberbox(ind) Then Exit Sub
  If X = xold(ind) And Y = yold(ind) Then Exit Sub
  ' altes Rechteck löschen
  Pic(ind).Line (xstart(ind), ystart(ind))-(xold(ind), yold(ind)), _
    inverse, B
  xold(ind) = X
  yold(ind) = Y
  ' neues Rechteck zeichnen
  Pic(ind).Line (xstart(ind), ystart(ind))-(xold(ind), yold(ind)), _
    inverse, B
End Sub
' Rubberbox beenden
Private Sub Pic_MouseUp(ind%, Button%, Shift%, X!, Y!)
  Dim xend, yend, breite, hoehe
  allowDragDrop(ind) = False
  If rubberbox(ind) = False Then Exit Sub
  'Rechteck löschen
  Pic(ind).Line (xstart(ind), ystart(ind))- _
    (xold(ind), yold(ind)), inverse, B
  rubberbox(ind) = False  ' Ende der Rubberbox-Auswahl
  xend = X  ' Startpunkt (X und Y), Breite und Höhe berechnen
  yend = Y
  breite = Abs(xstart(ind) - xend)
  hoehe = Abs(ystart(ind) - yend)
  xmin(ind) = Min(xstart(ind), xend)
  ymin(ind) = Min(ystart(ind), yend)
  xmax(ind) = xmin(ind) + breite
  ymax(ind) = ymin(ind) + hoehe
  xmin(ind) = Max(0, xmin(ind))     'keine Werte kleiner 0
  ymin(ind) = Max(0, ymin(ind))
  xmax(ind) = Min(Pic(ind).ScaleWidth, xmax(ind)) 'keine Werte größer
  ymax(ind) = Min(Pic(ind).ScaleHeight, ymax(ind))'ScaleWidth/-Height
  If breite > 5 And hoehe > 5 Then  'bleibende Markierung
    MarkRectangle ind
    validselection(ind) = True
  End If
  Pic(ind).DrawMode = vbCopyPen     'Defaultzeichenmodus
  Pic(ind).DrawWidth = 1            'Defaultzeichenbreite
  Pic(ind).MousePointer = 0         'Defaultmauscursor
End Sub
Sub MarkRectangle(ind%)
  Pic(ind).DrawMode = vbXorPen
  Pic(ind).DrawWidth = 1
  Pic(ind).Line (xmin(ind) - 1, ymin(ind) - 1)- _
```

```
    (xmax(ind) + 1, ymax(ind) + 1), mark, B
End Sub
```

Datenübergabe (Drag)

Nachdem die *Drag*-Operation in *MouseMove* durch *OLEDrag* gestartet wurde, kommt es automatisch zum Aufruf von *Pic_OLEStartDrag*. Dort wird dem möglichen Empfänger mitgeteilt, daß Daten im DIB-Format (device independent bitmap) zur Verfügung gestellt werden können, und daß sowohl eine Kopier- als auch eine Verschiebeoperation möglich ist.

Falls der Empfänger die Daten tatsächlich lesen möchten, kommt es später zum *OLESetData*-Ereignis. In dieser Ereignisprozedur werden die markierten Daten aus dem Bildfeld *Pic(ind)* mit der Methode *PaintPicture* in das dafür vorgesehene *PicDragDrop*-Bildfeld kopiert. (Das ist erforderlich, weil sonst kein Teil einer Bitmap übergeben werden kann.) Mit *SetData* wird dann die *Image*-Eigenschaft dieses Bildfelds an den Empfänger übergeben.

In *Pic_OLECompleteDrag* werden in erster Linie Aufräumarbeiten durchgeführt. Das *PicDragDrop* wird so klein wie möglich gemacht, um Speicherplatz zu sparen, die Variable *nowDragDrop* wird auf *False* zurückgesetzt, damit auch die anderen Prozeduren wissen, daß die *Drag-and-Drop*-Operation vorbei ist. Um den Effekt einer Verschiebeoperation zu simulieren (*vbDropEffectMove*), wird der Quelldatenbereich im Bildfeld mit der Hintergrundfarbe überschrieben und so gleichsam gelöscht.

```
Private Sub Pic_OLEStartDrag(ind%, Data As DataObject, _
    AllowedEffects&)
  AllowedEffects = vbDropEffectCopy + vbDropEffectMove
  Data.Clear
  Data.SetData , vbCFDIB
End Sub
Private Sub Pic_OLESetData(ind%, Data As DataObject, _
    DataFormat%)
  Dim breite, hoehe
  If DataFormat = vbCFDIB Then
    breite = xmax(ind) - xmin(ind)
    hoehe = ymax(ind) - ymin(ind)
    PicDragDrop.Width = breite + 1
    PicDragDrop.Height = hoehe + 1
    PicDragDrop.PaintPicture Pic(ind).Image, 0, 0, breite, hoehe, _
      xmin(ind), ymin(ind), breite, hoehe
    Data.SetData PicDragDrop.Image, vbCFDIB
  End If
End Sub
Private Sub Pic_OLECompleteDrag(ind%, Effect&)
  nowDragDrop(ind) = False
```

```
  PicDragDrop.Width = 1
  PicDragDrop.Height = 1
  PicDragDrop.Cls
  ' Move-Operation in ein anderes Picture-Feld
  If (Effect And vbDropEffectMove) And validselection(ind) Then
    MarkRectangle ind
    Pic(ind).DrawMode = vbCopyPen
    Pic(ind).Line (xmin(ind), ymin(ind))-(xmax(ind), ymax(ind)), _
      Pic(ind).BackColor, BF
    validselection(ind) = False
    Pic(ind).MousePointer = vbDefault
  End If
End Sub
```

Datenempfang (Drop)

In den beiden *Pic_OLEDragXxx*-Prozeduren wird in erster Linie sichergestellt, daß wirklich nur DIB-Daten angenommen werden, und daß die Daten je nach Zustand der Strg-Taste kopiert oder verschoben werden. In *Pic_OLEDragDrop* wird vor dem eigentlichen Einfügen der Daten mit *PaintPicture* eine eventuell vorhandene Markierung gelöscht.

```
' manueller Datenempfang (Drop)
Private Sub Pic_OLEDragOver(Index%, Data As DataObject, _
    Effect&, Button%, Shift%, _
    X!, Y!, State%)
  If Not Data.GetFormat(vbCFDIB) Then
    Effect = 0: Exit Sub
  Else
    If Shift And vbCtrlMask Then
      Effect = Effect And vbDropEffectCopy
    Else
      Effect = Effect And vbDropEffectMove
    End If
  End If
End Sub
Private Sub Pic_OLEDragDrop(ind%, Data As DataObject, _
    Effect&, Button%, Shift%, _
    X!, Y!)
  If Data.GetFormat(vbCFDIB) Then
    If validselection(ind) Then
      MarkRectangle ind
      validselection(ind) = False
      Pic(ind).MousePointer = vbDefault
    End If
```

```
    Pic(ind).PaintPicture Data.GetData(vbCFDIB), X, Y
    If Shift And vbCtrlMask Then
      Effect = Effect And vbDropEffectCopy
    Else
      Effect = Effect And vbDropEffectMove
    End If
  End If
End Sub
```

12.4.7 Datei-Drop aus dem Explorer

In viele Programme kann eine Datei aus dem Explorer verschoben werden. Je nach Programm wird diese Datei dann an der Cursorposition eingefügt oder als neues Dokument geladen. In Visual-Basic-Programmen kann dieses Verhalten ebenfalls ohne große Probleme erzielt werden, nämlich durch die manuelle Auswertung von *Drop*-Operationen. Dabei wird festgestellt, ob der Datentyp *vbCFFiles* vorgeliegt. Wenn das der Fall ist, können die Dateien aus *Data.Files(n)* gelesen werden. Der Index für *Files* beginnt mit 1 (nicht 0), *For-Each*-Schleifen sind seltsamerweise nicht möglich.

Beispiel

Im Beispielprogramm können irgendwo (also nicht nur in einem bestimmten Steuerelement) zuvor im Explorer markierte Dateien per *Drag and Drop* abgelegt werden. Daraufhin wird im Listenfeld eine Liste aller Dateinamen angezeigt. Die alphabetisch erste Datei wird gleich in das *RichText*-Feld geladen. (Verwenden Sie beim Testen des Programms nach Möglichkeit Textdateien!) Anschließend können Sie im Listenfeld per Mausklick die Datei auswählen, die im Textfeld angezeigt wird.

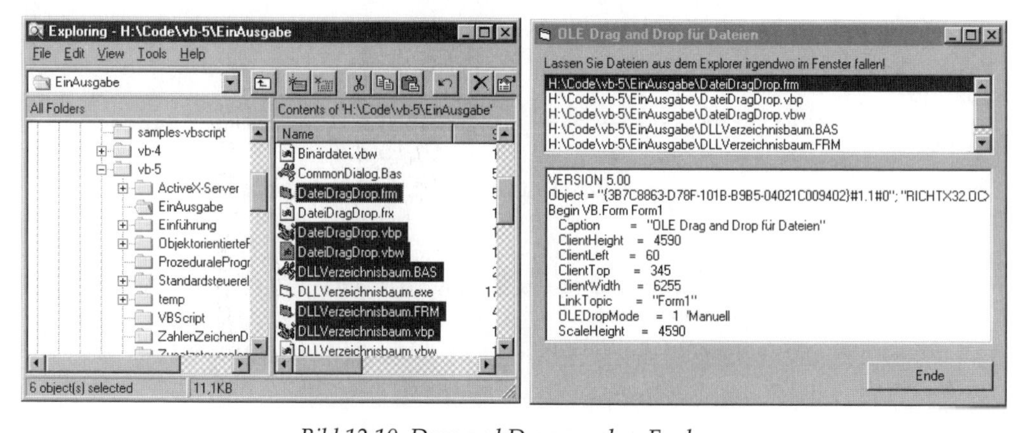

Bild 12.10: Drag and Drop aus dem Explorer

Eine Besonderheit des Beispielprogramms besteht darin, daß *Drop*-Ereignisse in allen Steuerelementen festgestellt werden können. Dazu wurde die Eigenschaft *OLEDropMode* für alle Steuerelemente und das Formular auf 1 (manuell) gestellt. Die zahlreichen *OLEDragOver-* bzw. *OLEDragDrop*-Ereignisprozeduren bestehen dann aus nur einer Zeile, in der sämtliche Parameter an eine zentrale Prozedur weitergegeben werden, die sich dann um die Auswertung kümmert.

Dabei tritt das Problem auf, daß das *DataObject* des *RichText*-Felds mit dem der Standardsteuerelemente inkompatibel ist. Es kennt zwar dieselben Eigenschaften und Methoden, *RichTextLib.DataObject* kann aber nicht an eine allgemeine *DataObject*-Variable übergeben werden. Bei den *DragOver*-Prozeduren wird das Problem so gelöst, daß an die zentrale Prozedur *OLEDragOver* nicht *DataObject*, sondern nur das Ergebnis des Tests *Data.GetFormat(vbCFFiles)* übergeben wird. Für *OLEDragDrop* ist das nicht möglich, dort wurden die Prozeduren eben doppelt implementiert.

Der eigentliche Code für *OLEDragOver* und *OLEDragDrop* ist unproblematisch: Es werden nur Daten entgegengenommen, die Dateinamen enthalten. Die Dateinamen werden in das Listenfeld eingetragen, das sich automatisch um die Sortierung kümmert (*Sorted=True*). Die Anzeige der ersten Datei im Textfeld wird durch *List1.ListIndex=0* ausgelöst (dadurch kommt es zum Aufruf von *List1_Click*).

```
' EinAusgabe\DateiDragDrop.frm
' DropOver-Auswertung für alle Steuerelemente
Private Sub Form_OLEDragOver(Data As DataObject, Effect&, Button%, _
      Shift%, x!, y!, State%)
  OLEDragOver Data.GetFormat(vbCFFiles), Effect, Button, Shift, _
      x, y, State
End Sub
Private Sub RichTextBox1_OLEDragOver(Data As RichTextLib.DataObject, _
      Effect&, Button%, Shift%, x!, y!, State%)
  OLEDragOver Data.GetFormat(vbCFFiles), Effect, Button, Shift, _
      x, y, State
End Sub
Private Sub List1_OLEDragOver(Data As DataObject, Effect&, Button%, _
      Shift%, x!, y!, State%)
  OLEDragOver Data.GetFormat(vbCFFiles), Effect, Button, Shift, _
      x, y, State
End Sub
Private Sub Label1_OLEDragOver(Data As DataObject, Effect&, Button%, _
      Shift%, x!, y!, State%)
  OLEDragOver Data.GetFormat(vbCFFiles), Effect, Button, Shift, _
      x, y, State
End Sub
Private Sub Command1_OLEDragOver(Data As DataObject, Effect&, _
      Button%, Shift%, x!, y!, State%)
  OLEDragOver Data.GetFormat(vbCFFiles), Effect, Button, Shift, _
```

```
      x, y, State
End Sub
Private Sub OLEDragOver(FileFormat As Boolean, Effect&, Button%, _
      Shift%, x!, y!, State%)
  If Not FileFormat Then
    Effect = 0
  Else
    Effect = Effect And vbDropEffectCopy
  End If
End Sub
' DragDrop-Auswertung für alle Steuerelemente
Private Sub Form_OLEDragDrop(Data As DataObject, Effect&, Button%, _
      Shift%, x!, y!)
  OLEDragDrop Data, Effect, Button, Shift, x, y
End Sub
Private Sub List1_OLEDragDrop(Data As DataObject, Effect&, Button%, _
      Shift%, x!, y!)
  OLEDragDrop Data, Effect, Button, Shift, x, y
End Sub
Private Sub Label1_OLEDragDrop(Data As DataObject, Effect&, Button%, _
      Shift%, x!, y!)
  OLEDragDrop Data, Effect, Button, Shift, x, y
End Sub
Private Sub Command1_OLEDragDrop(Data As DataObject, Effect&, _
      Button%, Shift%, x!, y!)
  OLEDragDrop Data, Effect, Button, Shift, x, y
End Sub
Private Sub OLEDragDrop(Data As DataObject, Effect&, Button%, _
      Shift%, x!, y!)
  Dim dat
  If Not Data.GetFormat(vbCFFiles) Then Effect = 0: Exit Sub
  List1.Clear
  For Each dat In Data.Files
    List1.AddItem dat
  Next
  List1.ListIndex = 0  'erste Datei laden
  Effect = vbDropEffectCopy
End Sub
' dassselbe nochmals für das RichText-Feld
Private Sub RichTextBox1_OLEDragDrop(Data As RichTextLib.DataObject, _
      Effect&, Button%, Shift%, x!, y!)
  Dim i
  If Not Data.GetFormat(vbCFFiles) Then Effect = 0: Exit Sub
  List1.Clear
```

```
  For i = 1 To Data.Files.Count
    List1.AddItem Data.Files(i)
  Next
  List1.ListIndex = 0  'erste Datei laden
  Effect = vbDropEffectCopy
End Sub
' Datei aus dem Listenfeld auswählen und in das RichText-Feld laden
Private Sub List1_Click()
  RichTextBox1.LoadFile List1.Text
End Sub
```

12.4.8 Syntaxzusammenfassung

cnt steht für ein Steuerelement.

Drop (Empfänger)	
cnt_DragOver	Verschiebeoperation findet statt (Ereignis)
cnt_DragDrop	Steuerelement wurde losgelassen (Ereignis)

Manuelles Drag (Sender)	
cnt.DragMode=vbManual	manuelles Drag and Drop (Eigenschaft)
cnt.DragIcon	Aussehen des Verschiebe-Icons (Eigenschaft)
cnt.Drag=vbBeginDrag	Verschiebeoperation beginnen (Methode)
cnt.Drag=vbEndDrag	Verschiebeoperation beenden (Methode)

Manuelles OLE Drop (Empfänger)	
cnt.OLEDropMode=vbOLEDropManual	*Drag* ermöglichen (Eigenschaft)
cnt_DragOver	Daten befinden sich über Steuerelement (Ereignis)
cnt_DragDrop	Daten wurden losgelassen (Ereignis)

Manuelles OLE Drag (Quelle)	
cnt.OLEDragMode=vbOLEDropManual	manuelles *Drag* ermöglichen (Eigenschaft)
cnt.OLEDrag	*Drag* auslösen (Methode)
cnt_OLEDragStart	Datenformat angeben (Ereignis)
cnt_OLEGiveFeedback	Mauscursor verändern (Ereignis)
cnt_OLESetData	Daten übergeben (Ereignis)
cnt_OLECompleteDrag	Ende der Operation (Ereignis)

***DataObject* - Eigenschaft**	
Files	verweist auf *DataObjectFiles*-Objekt
Files.Count	Anzahl der Dateinamen
Files(n)	Dateiname *n* (für *n=1* bis *n=Files.Count*)

DataObject – Methoden	
Clear	Daten löschen
SetData	Daten an Objekt übergeben (Aufgabe der Quelle)
GetFormat	Datenformat ermitteln (Aufgabe des Empfängers)
GetData	Daten lesen (Empfänger)

DataObjectFiles – Methoden	
Add	neuen Dateinamen hinzufügen
Clear	alle Dateinamen löschen
Remove	einen einzelnen Dateinamen löschen

12.5 Zugriff auf die Zwischenablage

Grundlagen

Die Zwischenablage wird in Visual Basic als Objekt mit der Bezeichnung ***Clipboard*** angesprochen. Zur Bearbeitung der Zwischenablage bietet Visual Basic sechs Methoden an:

Clipboard.Clear	löscht den Inhalt der Zwischenablage
Clipboard.GetFormat(n)	testet, ob die Zwischenablage Daten des Formats *n* enthält
Clipboard.SetText	schreibt Text in die Zwischenablage
Clipboard.GetText()	liest Text aus der Zwischenablage
Clipboard.SetData	schreibt eine Grafik bzw. Binärdaten in die Zwischenablage
Clipboard.GetData(n)	liest eine Grafik bzw. Binärdaten des Formats *n* aus der Zwischenablage

Je nach der Art der Daten, die sich gerade in der Zwischenablage befinden, wird ein eigenes Datenformat verwendet. Einige dieser Datenformate sind normiert und werden von beinahe allen Windows-Programmen verstanden – beispielsweise die Formate für ASCII-Texte und Bitmap-Grafiken. Andere Formate sind anwendungsspezifisch (z.B. Textformate von Textverarbeitungsprogrammen, in denen auch Steuerzeichen für die Schriftart, Schriftgröße, Ausrichtung etc. enthalten sind). In der Tabelle unten werden die von Visual Basic unterstützten Formate mit ihren Kennummern angegeben:

Text	*vbCFText=1*
Bitmap-Grafik	*vbCFBitmap=2*
Metafile-Grafik	*vbCFMetafile=3*
Device-Independent-Bitmap-Grafik	*vbCFDIB=8*
Farbpalette	*vbCFPalette=9*
Dateiliste (vom Explorer)	*vbCFFiles = 15*
RichText-Datei	*vbCFRTF = &HFFFFBF0*

Beachten Sie, daß sich in der Zwischenablage gleichzeitig Daten in mehreren Formaten befinden können. Beispielsweise werden Daten aus Tabellenkalkulationsprogrammen zumeist in zumindest zwei Formaten transferiert: im Textformat (mit Tabulatoren zur Trennung der Spalten) und in einem programminternen Format mit zusätzlichen Informationen zu jedem Feld (Schriftart und -größe, Ausrichtung etc.). Das hat den Vorteil, daß – selbst wenn Ihr Programm das *Clipboard*-Format von Excel nicht kennt – immer noch ein Transfer der Textdaten ohne Formatinformationen möglich ist.

Die eigentliche Datenübertragung erfolgt mit den Methoden *SetText / -Data* und *GetText / -Data*. Vor der Übertragung von Daten in die Zwischenablage muß die Zwischenablage mit *Clear* gelöscht werden. Die Zwischenablage wird durch *SetData* nicht automatisch gelöscht, so daß der Zwischenablage gleichzeitig Daten in verschiedenen Formaten übergeben werden können.

Wenn Sie wissen möchten, welche Daten sich in welchem Format in der Zwischenablage befinden, gewährt Ihnen das Programm `DObjView.exe` aus dem Verzeichnis `Tools\OLETools` der Visual-Basic-CD-ROM Einblick.

Texte von / zur Zwischenablage übertragen

Textelemente in Formularen unterstützen den Datenaustausch mit der Zwischenablage automatisch. Strg+Einfg kopiert den markierten Text in die Zwischenablage, Shift+Entf löscht den markierten Text anschließend. Shift+Einfg fügt den in der Zwischenablage befindlichen Text in das Textfeld an der Position des Eingabecursors ein.

Wenn die Zwischenablage mit Menükommandos gesteuert werden soll, sind einige wenige Programmzeilen notwendig. In den folgenden Ereignisprozeduren wird davon ausgegangen, daß der Datenaustausch für das Textfeld mit *Name="Editor"* erfolgen soll. Auf den im Textfeld markierten Text wird über die Eigenschaft *SelText* zugegriffen.

```
' Beispielprogramm EinAusgabe\TextZwischenablage.frm
Private Sub Form_Resize()
  Editor.Height = ScaleHeight
  Editor.Width = ScaleWidth
End Sub
Private Sub MenuBearbAusschneiden_Click()
  Clipboard.SetText Editor.SelText
  Editor.SelText = ""
End Sub
Private Sub MenuBearbEinfügen_Click()
  Editor.SelText = Clipboard.GetText()
End Sub
Private Sub MenuBearbKopieren_Click()
  Clipboard.SetText Editor.SelText
```

```
End Sub
Private Sub MenuBearbLöschen_Click()
  Editor.SelText = ""
End Sub
Private Sub MenuEnde_Click()
  End
End Sub
```

Grafik von / zur Zwischenablage übertragen

Die Übertragung von Grafiken ist nicht ganz so einfach wie die Übertragung von Text: Zum einen muß zwischen drei möglichen Datenformaten differenziert werden, zum anderen muß der Unterschied zwischen der *Image-* und der *Picture*-Eigenschaft beachtet werden. Schließlich muß die *AutoRedraw*-Eigenschaft des Bildfelds oder Formulars gesetzt sein, wenn eigene Grafiken in die Zwischenablage kopiert werden sollen. (Mehr Details über die (Un)Tiefen der Grafikprogrammierung finden Sie ab Seite 457 in einem eigenen Kapitel.)

Wie die Tabelle im Einleitungsteil zeigt, unterstützt das *Clipboard*-Objekt gleich drei Grafiktypen. Normale Bitmaps und Device Independent Bitmaps (DIBs) sind in den meisten Fällen als gleichwertig zu betrachten. Wenn beides zur Verfügung steht, sollten Sie sich allerdings für DIBs entscheiden. Unter Umständen können normale Bitmaps bei manchen Grafikmethoden (*PaintPicture*) Probleme bereiten.

Im Gegensatz zu Bitmaps stehen Metafile-Grafiken: Das sind Vektorgrafiken, deren größter Vorteil darin besteht, daß sie beliebig skaliert werden können. Visual Basic ist (mit Ausnahme des *MSChart*-Steuerelements) allerdings nicht in der Lage, selbst Grafiken in diesem Format zu erzeugen – es können also nur Metafile-Grafiken angezeigt werden, die aus fremden Programmen oder Dateien stammen. Beim Kopieren von Metafile-Daten aus einem Bildfeld muß allerdings darauf geachtet werden, daß tatsächlich die Metafile-Informationen (*Picture*-Eigenschaft) und nicht ein Abbild davon (*Image*-Eigenschaft) mit *SetData* an die Zwischenablage übergeben wird.

Picture-Eigenschaft versus Image-Eigenschaft

Die ***Picture***-Eigenschaft von Bildfeldern und Formularen enthält die Beschreibung einer (unveränderlichen) Grafik, die im Bildfeld angezeigt werden soll. Es kann sich dabei um ein Icon, um eine Bitmap-Grafik oder um eine Metafile-Grafik handeln. Die *Picture*-Grafik kann schon während des Formularentwurfs im Eigenschaftsfenster aus einer vorhandenen Datei geladen werden. Daneben besteht die Möglichkeit, die *Picture*-Eigenschaft während des Programmablaufs mit der Funktion *LoadPicture* zu verändern. Schließlich kann der *Picture*-Eigenschaft eine Grafik aus der Zwischenablage zugewiesen werden.

Die durch die *Picture*-Eigenschaft spezifizierte Grafik bestimmt lediglich das Aussehen des Hintergrunds der Grafik. Über diese im Hintergrund dargestellte Grafik können mit *Line, Circle, Print* etc. eigene Grafik- und Textausgaben geschrieben werden. Mit *Cls* werden diese zusätzlichen Ausgaben gelöscht, die Hintergrundgrafik bleibt unverändert. Die Hintergrundgrafik kann durch *LoadPicture* (ohne die Angabe eines Parameters) gelöscht werden.

Die ***Image***-Eigenschaft kann nur gelesen werden; sie kann weder während des Formularentwurfs noch beim Programmablauf verändert werden. *Image* enthält die Kennummer (den Handle) der Bitmap der unveränderlich im Bildfeld bzw. im Formular angezeigten Grafik. Die *Image*-Eigenschaft zeigt nur dann auf eine brauchbare Bitmap,

- wenn entweder durch die *Picture*-Eigenschaft eine Hintergrundgrafik definiert ist
- oder wenn die *AutoRedraw*-Eigenschaft den Wert *True* hat (so daß alle Grafikausgaben in einer getrennten Bitmap gespeichert werden).

Grafik aus der Zwischenablage einfügen

Bevor Sie eine Grafik aus der Zwischenablage einfügen können, müssen Sie das Format dieser Grafik feststellen. Mit der Methode ***GetFormat*** testen Sie, ob der Inhalt der Zwischenablage den Anforderungen eines bestimmten Formats entspricht. Die Methode ermittelt nicht die Kennummer des Formats, weil der Inhalt der Zwischenablage unter Umständen mehreren Formaten zugleich entsprechen kann. Wenn Sie mit *GetFormat* ein bekanntes Format entdeckt haben, weisen Sie dieses Format mit ***GetData*** der *Picture*-Eigenschaft eines Bildfelds zu. Bei *GetData* müssen Sie die Kennummer des Grafikformats angeben, wenn Sie nicht Standardbitmaps einfügen möchten. Durch die Veränderung der *Picture*-Eigenschaft löschen Sie den bisherigen Inhalt des Bildfelds bzw. Formulars.

```
If Clipboard.GetFormat(vbCFDIB) Then                'normale Bitmap
  Picture1.Picture = Clipboard.GetData(vbCFDIB)
ElseIf Clipboard.GetFormat(vbCFMetafile) Then      'Metafile
  Picture1.Picture = Clipboard.GetData(vbCFMetafile)
ElseIf Clipboard.GetFormat(vbCFBitmap) Then        'Dev.Independ.Bit.
  Picture1.Picture = Clipboard.GetData(vbCFBitmap)
End If
```

Image-Bitmap in die Zwischenablage kopieren

Über die *Image*-Eigenschaft haben Sie einen Zugriff auf die Bitmap, in der die im Hintergrund des Bildfelds angezeigte Grafik gespeichert wird. Falls *AutoRedraw* den Wert *True* aufweist, enthält diese Bitmap die gesamte im Bildfeld angezeigte Grafik (Hintergrund plus Vordergrund). Falls *AutoRedraw* den Wert *False* hat, enthält die Bitmap nur die im Hintergrund dargestellte Grafik, die durch die *Picture*-Eigenschaft bestimmt ist. Wenn die *Picture*-Eigenschaft nicht belegt wurde, ist die Bitmap leer – auch dann, wenn im Vordergrund des Bildes eine von Ihrem Programm mit *Line, Circle, Pset* oder *Print* erstellte Grafik sichtbar ist!

Bevor Sie mit *SetData* Grafik in die Zwischenablage kopieren können, müssen Sie mit *Clear* den Inhalt der Zwischenablage löschen (das ist nur für Grafik, nicht aber für Textkopien mit *SetText* notwendig).

```
Clipboard.Clear
Clipboard.SetData Picture1.Image
```

Picture-Grafik in die Zwischenablage kopieren

Über die *Picture*-Eigenschaft greifen Sie auf die im Hintergrund angezeigte Grafik zu. Im Gegensatz zu *Image* ist *Picture* von der *AutoRedraw*-Eigenschaft völlig unabhängig. Daneben existiert noch ein zweiter Unterschied: Während *Image* immer auf eine Bitmap verweist, kann es sich bei der *Picture*-Eigenschaft auch um eine Metafile-Grafik handeln. Bei der Kopie der Grafik in die Zwischenablage bleibt das Grafikformat unverändert! Besonders bei *Metafile*-Grafiken ist dieser Unterschied evident, weil sich die Größe solcher Grafiken automatisch an die zur Verfügung stehende Fläche anpaßt.

```
Clipboard.Clear
Clipboard.SetData Picture1.Picture
```

Das Testprogramm für die Übertragung von Grafiken von / zur Zwischenablage

Am leichtesten verstehen Sie die Mechanismen der Übertragung von Grafiken über die Zwischenablage, wenn Sie die verschiedenen Varianten selbst ausprobieren. Die Grundfunktion des Beispielprogramms besteht darin, daß Sie in Bild 1 eine Grafik erstellen, diese in die Zwischenablage und von dort nach Bild 2 übertragen. Je nach der verwendeten Methode sieht das Ergebnis in Bild 2 anders aus als die in Bild 1 angezeigte Grafik! Durch die unterschiedliche Größe der zwei Bildfelder wird der Unterschied zwischen einer Bitmap- und einer Metafile-Grafik offensichtlich.

In Bild 1 können Sie bei gedrückter Maustaste rote Kreise zeichnen. Außerdem kann durch zwei Buttons wahlweise eine Bitmap- oder eine Metafile-Grafik eingefügt werden. (Die Grafiken sind in unsichtbaren Bildfeldern des Programms gespeichert. Es handelt sich um einen symbolischen Berg bzw. um ein Diskettensymbol.)

Im mittleren Fensterbereich werden Informationen über den aktuellen Inhalt der Zwischenablage angezeigt. Diese Informationen werden zweimal pro Sekunde aktualisiert. Sie können in einem beliebigen Programm Daten kopieren und beobachten, wie sich diese Anzeige verändert. Außerdem können Sie mit zwei Buttons wahlweise die *Picture*- oder die *Image*-Eigenschaft von Bild 1 in die Zwischenablage übertragen.

Der rechte Bereich des Beispielsprogramms enthält das zweite Bildfeld, in das Sie mit dem Button den Inhalt der Zwischenablage einfugen können (natürlich nur, wenn die Zwischenablage geeignete Daten enthält).

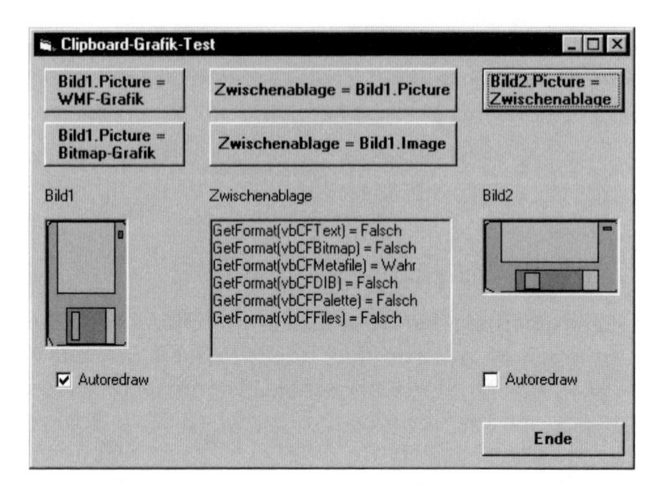

Bild 12.11: Testprogramm für die Übertragung von Grafikdaten über die Zwischenablage

Beim Ausprobieren des Programms sollten Sie auf folgende Punkte achten:

- Grafikausgaben, die Sie mit der Maus in Bild 1 durchgeführt haben, kommen nur dann in Bild 2 an, wenn *AutoRedraw* aktiv ist und die Übertragung via *Image*-Eigenschaft erfolgt.
- Wenn in Bild 1 die Bitmap angezeigt wird und diese via *Picture* in Bild 2 übertragen wird, werden auch unsichtbare Teile der Bitmap übertragen. (Die Bitmap ist größer als Bild 1.) Wenn Sie dagegen via *Image* übertragen, wird die Bitmap an den Grenzen von Bild 1 abgeschnitten.
- Wenn in Bild 1 die Metafile-Grafik angezeigt wird und diese via *Picture* in Bild 2 übertragen wird, enthält Bild 2 anschließend dieselbe Metafile-Grafik und kann diese ohne Qualitätsverlust an die abweichende Bildgröße anpassen. Wenn Sie dagegen via *Image* übertragen, wird das Abbild der Grafik als Bitmap übertragen und in Bild 2 abgeschnitten.

```
' Beispielprogramm EinAusgabe\GrafikZwischenablage.frm
Option Explicit
' das im Formular unsichtbare Bild 3 enthält eine
' Metafile-Grafik (die schon während des Formular-
' entwurfs der Picture-Eigenschaft zugewiesen wurde);
' diese Grafik wird in Bild 1 kopiert
Private Sub Command1_Click()
  Bild1.Picture = Bild3.Picture
End Sub
' das im Formular unsichtbare Bild 4 enthält eine
' Bitmap-Grafik (die schon während des Formular-
' entwurfs der Picture-Eigenschaft zugewiesen wurde);
```

```
' diese Grafik wird in Bild 1 kopiert
Private Sub Command2_Click()
  Bild1.Picture = Bild4.Picture
End Sub
' kopiert die Hintergrund-Grafik von Bild 1
' in die Zwischenablage
Private Sub Command3_Click()
  Clipboard.Clear
  Clipboard.SetData Bild1.Picture
  Timer1_Timer  'Clipboard-Info aktualisieren
End Sub
' kopiert die Image-Bitmap von Bild 1 in
' die Zwischenablage
Private Sub Command4_Click()
  Clipboard.Clear
  Clipboard.SetData Bild1.Image
  Timer1_Timer  'Clipboard-Info aktualisieren
End Sub
' fügt die in der Zwischenablage befindliche
' Grafik in Bild 2 ein
Private Sub Command5_Click()
  If Clipboard.GetFormat(vbCFDIB) Then
    Bild2.Picture = Clipboard.GetData(vbCFDIB)
  ElseIf Clipboard.GetFormat(vbCFMetafile) Then
    Bild2.Picture = Clipboard.GetData(vbCFMetafile)
  ElseIf Clipboard.GetFormat(vbCFBitmap) Then
    Bild2.Picture = Clipboard.GetData(vbCFBitmap)
  End If
End Sub
```

Syntaxzusammenfassung

Clipboard – Methoden	
Clipboard.Clear	löscht den Inhalt der Zwischenablage
Clipboard.GetFormat(n)	testet, ob das Datenformat dem Typ *n* entspricht
Clipboard.SetText	schreibt Text in die Zwischenablage
Clipboard.GetText()	liest Text aus der Zwischenablage
Clipboard.SetData	schreibt eine Grafik in die Zwischenablage
Clipboard.GetData(n)	liest eine Grafik vom Typ *n* aus der Zwischenablage

12.6 Ausgabe am Drucker

An dieser Stelle beginnt ein ziemlich unerfreulicher Abschnitt dieses Buchs. Es will ja niemand bestreiten, daß das Erstellen eines hochwertigen Ausdrucks – egal welcher Daten – kein Kinderspiel ist. Daß die Unterstützung Visual Basics aber auch in der sechsten Version noch derart miserabel ist, enttäuscht doch.

Die einfachste Form des Audrucks erfolgt über das *Printer*-Objekt. Eine Seitenvorschau ist dabei nicht vorgesehen. Der Versuch, diese Funktion selbst zu programmieren, scheitert an konzeptionellen Inkompatibiltäten zwischen Bildfeld und Drucker. Den Standarddialog zur Druckerauswahl können Sie zusammen mit dem *Printer*-Objekt nur verwenden, wenn Sie dabei eine nicht Windows-konforme Veränderung des systemweiten Defaultdruckers in Kauf nehmen. Ein Ausdruck in eine Datei ist nicht möglich (*Printer.Port* ist seit Version 5 schreibgeschützt).

Auch sonst gibt es diverse Unzulänglichkeiten und Fehler, die dem Programmierer das *Printer*-Leben schwer und oft genug den Einsatz von GDI-Funktionen erforderlich machen. (GDI steht für Graphic Device Interface. GDI-Funktionen sind Betriebssystemfunktionen auf niedriger Ebene. Sie erlauben vollen Zugang zu allen Druckerfunktionen, setzen aber erhebliches Betriebssystemwissen voraus.)

Trostlos ist auch die Druckerunterstützung der meisten Zusatzsteuerelemente: Beim *RichText*-Feld ist ein Ausdruck von Kopf- und Fußzeilen oder gar Seitennummern unmöglich. *MSFlexGrid* bietet überhaupt keine Möglichkeit zum Ausdruck. Gleiches gilt auch für *MSChart*, dort können Diagramme aber immerhin im WMF-Format in die Zwischenablage kopiert und dann gedruckt werden. Der einzige Lichtblick ist das Crystal-Reports-Zusatzsteuerelement, mit dessen Hilfe sich ordentliche Datenbankberichte ausdrucken lassen.

Um alles noch schlimmer zu machen, ist oft gar nicht klar, welche Komponente bei einem Ausdruck versagt: Ist es Visual Basic, die jeweilige Windows-Version, dessen Druckertreiber oder vielleicht der Emulationsmodus des Druckers? Windows 95, 98, NT4 und NT5 verwenden jeweils unterschiedliche Druckertreiber, d.h., ein Testausdruck ist unter allen Betriebssystemen zu empfehlen. Dabei können durchaus unterschiedliche Fehler auftreten. (Ob es auch fehlerfreie Druckertreiber gibt, ist nicht bekannt.)

In der Realität führen drei Wege zu einem professionellen Ausdruck:

- Die erste Variante besteht darin, auf die GDI-Funktionen zurückzugreifen. Der Programmieraufwand ist immens und setzt ein ausgezeichnetes Windows-Systemwissen voraus.
- Die zweite Variante sieht so aus, daß Sie von Drittanbietern Zusatzsteuerelemente ankaufen, die hoffentlich besser funktionieren als die Microsoft-Originale. Da der Zusatzsteuerelementemarkt unübersichtlich ist und auch nicht alles Gold ist, was glänzt, ist dieser Tip leichter ausgesprochen als umgesetzt.

- Die letzte Variante besteht darin, den Ausdruck mit erprobten Programmen außerhalb von Visual Basic zu erledigen. Die Steuerung erfolgt durch ActiveX Automation. Auch diese Variante ist mit Nachteilen verbunden: Wenn Sie beispielsweise einen Text via WinWord ausdrucken möchten, muß sichergestellt sein, daß WinWord tatsächlich (in der richtigen Version!) installiert ist. Gerade bei der Weitergabe von Programmen ist das oft eine elementare Einschränkung. ActiveX Automation setzt außerdem einen gut ausgerüsteten Rechner mit viel RAM voraus.

Im folgenden wird auf das *Printer*-Objekt ausführlich eingegangen – trotz vieler konzeptionellen Schwächen stellt es für weniger anspruchsvolle Aufgaben immer noch die einfachste Lösung dar. Der zweite inhaltliche Schwerpunkt liegt beim Umgang mit GDI-Funktionen. In Kapitel 21 ab Seite 913 wird schließlich anhand mehrere Beispiele demonstriert, wie diverse Office-Komponenten zum Ausdrucken verwendet werden können.

12.6.1 Drucken mit dem Printer-Objekt

Hinter dem Schlüsselwort ***Printer*** verbirgt sich ein Objekt mit ähnlichen Eigenschaften wie die vom Bildfeld. Mit den Methoden *Print*, *Pset*, *Line* und *Circle* schreiben Sie Texte und Grafik in einen unsichtbaren Pufferspeicher.

Der eigentliche Ausdruck wird erst mit den Methoden ***NewPage*** oder ***EndDoc*** tatsächlich gestartet. *NewPage* unterscheidet sich von *EndDoc* insofern, als der Druck nach *NewPage* fortgesetzt wird. *EndDoc* setzt dagegen den Seitenzähler *Printer.Page* zurück und gibt den Drucker bis zum Start des nächsten Ausdrucks für andere Programme frei. Falls ein Ausdruck vorzeitig abgebrochen werden soll, steht noch die Methode ***KillDoc*** zur Verfügung.

Die paar Programmzeilen unten geben den Text 'Hallo Drucker!', eine Linie diagonal über das gesamte Blatt sowie einen mittelgroßen Kreis in der Blattmitte aus:

```
b = Printer.ScaleWidth
h = Printer.ScaleHeight
Printer.Print "Hallo Drucker!"    'Textausgabe am Standarddrucker
Printer.Line (0,0)-(b-1,h-1)      'Grafikausgabe
Printer.Circle (b/2, h/2), b/3
Printer.EndDoc                    'startet Druck
```

Das Printer-Objekt

Das *Printer*-Objekt ist mit einer Unmenge weiterer Eigenschaften ausgestattet: ***Copies*** bestimmt die Anzahl der Kopien pro Seite, ***PaperBin*** dient der Auswahl des Papiereinzugs. ***Port*** gibt die Schnittstelle an, an die der Drucker angeschlossen ist (zumeist LPT*n*: oder COM*n*:). Sie können *Port* nur lesen, aber nicht verändern.

Wenn die Eigenschaft *TrackDefault* in ihrer Grundeinstellung belassen wird (*True*), paßt sich das *Printer*-Objekt automatisch an eine Änderung des Standarddruckers an. Es kann also während des Ablaufs eines Visual-Basic-Programms passieren, daß sich der Drucker ändert, auf den *Printer* verweist. Das ist sinnvoll, wenn im Programm selbst keine Möglichkeit besteht, zwischen verschiedenen Druckern umzuschalten. Das *Printer*-Objekt wird selbstverständlich nicht während eines Ausdrucks verändert, sondern immer nur nach *EndDoc*.

Printers-Collection

Das Aufzählobjekt ***Printers*** enthält alle im System registrierten Drucker (inklusive des Faxgerätes, das ebenfalls wie ein Drucker angesteuert wird). Mit *Printers(n)* können Sie auf jeden dieser Drucker zugreifen, wobei *n* von 0 bis *Printers.Count* reicht. Aus den Eigenschaften ***DeviceName*** und ***DriverName*** können Sie den Namen des Drukkers und den Namen des Druckertreibers lesen (und gegebenenfalls dem Anwender Ihres Programms in einem Listenfeld zur Auswahl stellen).

Über *Printers(n)* können diverse Eigenschaften der Drucker ermittelt werden. Tatsächlich drucken können Sie allerdings nur mit dem *Printer*-Objekt, nicht mit *Printers(n)*. Wenn Sie einen anderen Drucker auswählen möchten, müssen Sie dem *Printer*-Objekt mit *Set* den neuen Drucker zuweisen:

```
Set Printer = Printers(n)
```

Seitenaufbau

Das *Printer*-Objekt kennt diverse Eigenschaften, die Informationen über die Seitengröße geben bzw. diese verändern. ***PaperSize*** gibt die Papiergröße an. (Eine Liste aller gültigen Werte – inklusive *vbPRPSA4* für Din A4 – gibt die Online-Hilfe.) ***Orientation*** dient zur Auswahl der Papierausrichtung (*vbPRORPortrait* für Hochformat, *vbPRORLandscape* für Querformat).

In der Standardeinstellung hat das Koordinatensystem des Druckers die Einheit Twip. (567 Twip entsprechen einem Zentimeter.) Über die Eigenschaft *ScaleMode* oder mit der Methode *Scale* (siehe Seite 473) können Sie das Koordinatensystem beliebig verändern. Die interessantesten Einstellungen für *ScaleMode* sind neben *VbTwips* die Konstanten *VbMillimeters*, *VbCentimeters* und *VbPixels*.

Bei *ScaleMode=VbPixels* wird als Einheit der kleinste ausdruckbare Punkt verwendet. Bei einem Laser-Drucker beträgt die Auflösung zumeist 300 oder 600 Punkte pro Zoll (DPI, also Dots per Inch). Bei 300 DPI können Sie auf einer DIN-A4-Seite mit *Pset* über acht Millionen einzelne Bildpunkte ansprechen, bei 600 DPI circa 32 Millionen Punkte! Die Eigenschaft *PrintQualtity* gibt normalerweise Aufschluß über die DPI-Zahl. (Bei manchen Druckern enthält *PrintQuality* negative Zahlen und gibt dann den Qualitätsmodus an – Konzeptdruck, Schöndruck etc.)

Der Koordinatenbereich des bedruckbaren Bereichs einer Seite reicht von 0,0 (links oben) bis *ScaleHeight, ScaleWidth* (rechts unten). Die Einheit von *ScaleHeight / -Width* richtet sich nach *ScaleMode.*

Grafikdruck

Zum Ausdruck von Grafiken stehen die Methoden *Line* (zeichnen von Linien und Rechtecken), *Circle* (Kreise und Ellipsen) sowie *Pset* (Punkte) zur Verfügung. Mit den *Printer*-Eigenschaften *ForeColor, BackColor, FillColor, FillStyle, DrawMode, DrawWidth* etc. lassen sich mit den drei Kommandos überraschend vielseitige Effekte erzielen.

HINWEIS

Am PostScript-Drucker des Autors ist es unter Windows NT 4.0 nicht gelungen, mit *Pset* irgendwelche Ausgaben durchzuführen. Es ist unklar geblieben, ob das die Schuld von Visual Basic, des PostScript-Druckertreibers von Windows NT oder des Druckers ist. (Sicher ist aber, daß das Problem auch schon unter Visual Basic 5 aufgetreten ist.) Geholfen hat letztlich erst die Verwendung der folgenden Ersatzkommandos:

```
Printer.FillColor = RGB(r, g, b)
Printer.ForeColor = RGB(r, g, b)
Printer.Line (x, y)-Step(1, 1), , BF
```

Mit der Methode ***PaintPicture*** können Sie Bitmaps oder WMF-Grafiken an einer beliebigen Stelle auf dem Blatt und in einer beliebigen Skalierung ausgeben. Die zu druckende Grafik muß also schon vorher vorbereitet werden (etwa in einem Bildfeld mit *AutoRedraw=True* oder in einem *Picture*-Objekt). Ein Beispiel für den Einsatz von *PaintPicture* finden Sie auf Seite 346.

Falls Sie keinen Farbdrucker besitzen, ist bei der Einstellung von Farben Vorsicht geboten. Die Farben werden automatisch in Graustufen umgesetzt, die Ergebnisse sind unter Umständen sehr kontrastarm. Eine bessere Kontrolle über Grauschattierungen haben Sie, wenn Sie Farben grundsätzlich nur in der Form *RGB(grau, grau, grau)* einstellen. Damit vermeiden Sie die Probleme, die sich durch ein unterschiedliches Mischungsverhältnis der Farbanteile Rot, Grün und Blau ergeben.

VERWEIS

Eine ausführliche Beschreibung aller hier erwähnten Grafikmethoden und -eigenschaften finden Sie in einem eigenen Kapitel zum Thema Grafikprogrammierung ab Seite 457. Die Methoden und Eigenschaften können gleichermaßen für Bildfelder wie für das *Printer*-Objekt eingesetzt werden.

Textdruck

Der Druck von Text ist häufig mit erheblich mehr Aufwand verbunden als der Ausdruck einer Grafik. Das Problem besteht in der Seitengestaltung: Wenn Sie mehrere

Seiten Text ausgeben möchten, sollten Sie sich den Platz so einteilen, daß am oberen und am unteren Seitenende etwas Platz frei bleibt, daß zu lange Zeilen in mehrere Teile zerlegt werden etc.

Zuerst zu den Zeichensätzen: Die Einstellung des Zeichensatzes erfolgt über die Eigenschaften des *Font*-Objekts, das wiederum über das *Printer*-Objekt angesprochen werden kann. Viele Drucker unterstützen neben den Standard-Windows-Schriften einige andere Schriften. Die Liste der vom Drucker unterstützten Zeichensätze erhalten Sie mit:

```
For i=0 To Printer.FontCount-1
  Debug.Print Printer.Fonts(i)
Next i
```

Bei der Seitengestaltung stehen Ihnen die beiden Methoden *TextWidth* und *TextHeight* als Hilfsmittel zur Verfügung. Damit können Sie den vertikalen und horizontalen Platzbedarf für den Ausdruck einer Zeichenkette berechnen. Der durch ***TextHeight*** ermittelte Wert berücksichtigt bereits den notwendigen Leerraum über- und unterhalb der Buchstaben, damit der Text gut lesbar ist. Sie können diesen Wert also als Zeilenabstand verwenden. Das Ergebnis ist nur vom Zeichensatz, nicht aber von den Buchstaben der Zeichenkette abhängig. ***TextWidth*** berücksichtigt den tatsächlichen Platzbedarf der einzelnen Buchstaben (bei proportionalen Schriften ist der Platzbedarf pro Buchstabe variabel; der Buchstabe i benötigt viel weniger Platz als ein W).

Die Seitengröße können Sie den Eigenschaften ***ScaleWidth*** und ***ScaleHeight*** des *Printer*-Objekts entnehmen. Zur Positionierung Ihrer Textausgaben geben Sie den Eigenschaften ***CurrentX*** und ***CurrentY*** die gewünschten Werte (im aktuellen Koordinatensystem des Druckers). Wenn Sie beispielsweise eine Textzeile zentriert in der Seitenmitte ausdrucken möchten, müssen Sie folgende Anweisungen ausführen:

```
zeile$ = "Dieser Text wird zentriert"
breite = Printer.TextWidth (zeile$)
höhe = Printer.TextHeight (zeile$)
CurrentX = (Printer.ScaleWidth - breite) / 2
CurrentY = (Printer.ScaleHeight - höhe) / 2
Printer.Print zeile$
```

Bei der Textausgabe müssen Sie darauf achten, daß Sie keine zu langen Zeilen ausgeben: Visual Basic meldet sonst einen Überlauffehler. Überprüfen Sie vor der Ausgabe jeder Zeile mit *TextWidth*, ob die Papierbreite nicht überschritten wird. Wenn dies der Fall ist, müssen Sie die Zeichenkette in zwei (oder mehrere) Teile zerlegen. Dieselben Probleme treten natürlich auch beim Seitenumbruch auf: Sie müssen bei der Ausgabe darauf achten, daß Sie die Papierlänge nicht überschreiten und rechtzeitig eine neue Zeile beginnen.

Seitenvorschau

Das *Printer*-Objekt sieht keine automatische Seitenvorschau vor. In der Theorie ist es dennoch recht einfach, eine Seitenvorschau zu realisieren: Seit Version 5 können Unterprogramme erstellt werden, denen wahlweise *Printer* oder ein Bildfeld als Objekt übergeben werden. Damit können Sie den gesamten Code zur Ausgabe in einer Prozedur anordnen. Wenn Sie *Printer* als Parameter übergeben, erfolgt ein Ausdruck, andernfalls werden die Kommandos (für eine Seite) in einem Bildfeld zur Seitenvorschau ausgeführt. Wichtig ist, daß alle Ausgabekommandos (*Print*, *Line* etc.) und alle Größeninformationen (*ScaleWidth*, *ScaleHeight*) auf die Objektvariable bezogen sind.

Nun zur Praxis: Die Seitenvorschau ist zwar rasch programmiert, die Vorschau und der tatsächliche Ausdruck haben aber zumeist wenig Ähnlichkeit. Probleme gibt es beispielsweise bei der Einstellung der Linienstärke. Diese erfolgt zumeist in Pixel. Bildschirmpixel sind aber im Verhältnis zur Bildgröße viel dicker als Pixel am Drucker im Verhältnis zur Seitengröße. Ein weiteres konzeptionelles Problem besteht darin, daß diverse Defaulteinstellungen für *DrawMode*, *DrawStyle* etc. für *Printer* und Bildfeld nicht übereinstimmen. Manche Einstellungen sind nur im Bildfeld, nicht aber am Drucker möglich.

Noch viel mehr Probleme bereitet eine Seitenvorschau für Text: Die Einstellung der Schriftgröße erfolgt generell in Punkt und ist damit unabhängig von der Größe des Bildfelds bzw. der Seitengröße. Es ist praktisch unmöglich, bei der Seitenvorschau auch nur annähernd eine (gemessen an der Bildgröße) richtige Schriftgröße einzustellen.

Erschwerend kommt noch hinzu, daß für den Zeilen- und Seitenumbruch in jedem Fall das *Printer*-Objekt verwendet werden muß, um zu ermitteln, wieviel Platz eine Zeile Text beansprucht. Diese Resultate müßten für eine korrekte Seitenvorschau auf Bildkoordinaten rückgerechnet werden. Das ist also ein konzeptionelles Abweichen von dem Schema, einfach alle Ausgaben mal für das Bildfeld und mal für den Drucker durchzuführen. (Vielleicht wird Ihnen jetzt bewußt, was für eine Meisterleistung eine korrekt funktionierende Seitenvorschau bei einem Textverarbeitungsprogramm ist.)

Formulare drucken

Neben dem direkten Aufbau einer Grafik für das *Printer*-Objekt besteht die Möglichkeit, den Inhalt eines ganzen Formulars mit der Methode ***PrintForm*** auszudrucken. Die im Formular dargestellten Steuerelemente werden direkt (Punkt für Punkt) am Drucker ausgegeben. *PrintForm* druckt nur das Fensterinnere, nicht aber den Fensterrahmen. Wenn Sie im Formular eigene Grafiken darstellen, werden diese nur dann gedruckt, wenn Sie die Eigenschaft *AutoRedraw* auf *True* stellen. Während des Ausdrucks des Formulars zeigt Visual Basic ein kleines Fenster an, in dem Sie den Ausdruck vorzeitig abbrechen können.

Standarddialog zur Druckereinstellung

Zur Einstellung der Druckparameter (Seitenbereich, Anzahl der Kopien) und zur Auswahl des Druckers und seiner Optionen existiert ein Standarddialog. Dieser Dialog wird über das *CommonDialog*-Zusatzsteuerelement aufgerufen. Der Dialog wird auf Seite 259 beschrieben.

Wenn die *CommonDialog*-Eigenschaft *PrinterDefault* auf *True* gestellt wird, wird mit dem Standarddialog die Einstellung des Windows-Defaultdruckers verändert. Das ist nicht Windows-konform (der Anwender erwartet, daß die Einstellungen nur für das laufende Programm gelten), ermöglicht aber die Verwendung des *Printer*-Objekts. Wenn Sie *PrinterDefault* auf *False* stellen, erhalten Sie als Ergebnis des Dialogs lediglich die Eigenschaft *hDC*. Damit Sie diese nutzen können, müssen Sie allerdings die im nächsten Abschnitt beschriebenen GDI-Funktionen einsetzen.

Fehler

Wenn beim Drucken Fehler auftreten, reagiert Visual Basic darauf so wie bei allen anderen Fehlern. Der Fehler kann also mit *On Error Resume* abgefangen, mit *Error*-Objekt ausgewertet werden etc. (siehe Seite 373). Das Problem besteht darin, daß Druckfehler oft erst sehr viel später gemeldet werden: häufig bei *NewPage* oder *EndDoc*, manchmal aber auch erst dann, wenn zu einem späteren Zeitpunkt wieder auf das *Printer*-Objekt zugegriffen wird.

12.6.2 Drucken mit GDI-Funktionen

Warum einfach, wenn es auch kompliziert geht? Diese Frage drängt sich natürlich auf, wenn das ausgesprochen komfortable *Printer*-Objekt umgangen und statt dessen Windows-Systemfunktionen zum Drucken verwendet werden sollen. Die Frage ist leicht zu beantworten: Visual Basic unterstützt bei weitem nicht alle Möglichkeiten, die Windows vorgesehen hat.

Begriffserklärungen

Vor den ersten praktischen Beispielen sind noch einige Erklärungen zu den Begriffen GDI und DC erforderlich: GDI steht für Graphics Device Interface, das ist eine Sammlung von Funktionen, die für die grafische Ausgabe an Bildschirm und Drucker zuständig ist. Das GDI ist ein Teil des Application Programming Interface (API), also der Windows-Systemfunktionen. Diese Funktionen sind in Dynamic Link Libraries (DLL) gespeichert. Vor dem Aufruf einer GDI-Funktion muß deren Syntax mit *Declare* angegeben werden. *Declare* wird auf Seite 612 näher beschrieben.

DC ist die Abkürzung für Device-Context. Das ist eine Windows-Kennummer, die einen Verweis auf ein Grafikobjekt (auf den Bildschirm, auf eine Bitmap, auf einen Drucker etc.) darstellt. Diese Kennummer muß beim Aufruf von GDI-Funktionen angegeben werden, damit die Funktion weiß, wo die Ausgabe erfolgen soll. Der Device-Context kann der Eigenschaft *hDC* entnommen werden (dem Formular für ein Visual-Basic-Fenster, einem Bildfeld für einen Grafikbereich im Fenster, dem *Printer*-Objekt für den Defaultdrucker oder dem *CommonDialog*-Steuerelement für den neu eingestellten Drucker).

GDI-Funktionen zusammen mit dem Printer-Objekt verwenden

Obwohl GDI-Funktionen oft im Zusammenhang mit der Druckerauswahl via Standarddialog eingesetzt werden, besteht auch die Möglichkeit, GDI-Funktionen mit normalen Ausgaben für das *Printer*-Objekt zu kombinieren. In diesem Fall hält sich der Programmieraufwand in Grenzen.

In den Zeilen unten wird die Funktion *RoundRect* zur Ausgabe einiger abgerundeter Rechtecke verwendet. Beim Aufruf der Funktion muß die *hDC*-Eigenschaft des *Printer*-Objekts als erster Parameter angegeben werden, damit *RoundRect* weiß, wohin es die Rechtecke zeichnen soll. Des weiteren ist bei der Verwendung der Funktion darauf zu achten, daß GDI-Funktionen grundsätzlich Pixel als Maßeinheit verwenden (daher *ScaleMode=vbPixels*). Zur Einstellung von Farben, Strichstärken etc. können Sie auf die *Printer*-Eigenschaften zurückgreifen. Eine Veränderung dieser Einstellungen wirkt sich auf das Grafikobjekt aus, das durch den Device-Context *hDC* definiert ist, und ist damit auch für GDI-Ausgaben gültig.

```
Private Declare Sub RoundRect Lib "gdi32" (ByVal hdc&, _
  ByVal X1&, ByVal Y1&, ByVal X2&, ByVal Y2&, ByVal X3&, ByVal Y3&)
Sub GDI_Druck()
  Dim i, b, h
  Printer.ScaleMode = vbPixels       'GDI arbeitet immer mit Pixeln
  b = Printer.ScaleWidth
  h = Printer.ScaleHeight
  Printer.FillStyle = vbFSTransparent
  Printer.DrawWidth = 5
  Printer.Print ""              'irgendwas muß in VB ausgegeben werden
  For i = 0 To 0.3 Step 0.05
    RoundRect Printer.hdc, b * (i + 0.1), h * (i + 0.1), _
      b * (i + 0.6), h * (i + 0.6), b * 0.1, h * 0.1
  Next i
  Printer.EndDoc
End Sub
```

Das Programm zeigt, daß ein Mischbetrieb zwischen Visual-Basic-Anweisungen und GDI-Aufrufen relativ einfach ist, solange der Windows-Defaultdrucker verwendet wird. Die *Print ""*-Anweisung ist notwendig, damit irgendeine Ausgabe durch Visual Basic erfolgt – andernfalls funktioniert *EndDoc* nicht (Visual Basic glaubt, es lägen gar keine Daten zum Ausdruck vor).

Ausdruck ausschließlich mit GDI-Funktionen

Wenn Sie einen durch das *CommonDialog*-Steuerelement eingestellten Drucker verwenden möchten, oder wenn Sie einen Ausdruck in eine Datei durchführen möchten, können Sie das *Printer*-Objekt nicht verwenden. Die einzige Zugriffsmöglichkeit auf den Drucker stellt die *hDC*-Eigenschaft des *CommonDialog*-Steuerelements dar. Die prinzipielle Vorgehensweise sieht jetzt so aus:

- Druckerauswahl mit dem *CommonDialog*-Steuerelement
- Start des Ausdrucks mit der GDI-Funktion *StartDoc*
- Ermittlung der Seitengröße mit der GDI-Funktion *GetDeviceCaps*
- Einstellung von Schriftart, Linienform etc. mit diversen GDI-Funktionen
- Ausgabe von Text und Grafik mit diversen GDI-Funktionen
- Start jeder neuen Seite mit der GDI-Funktion *EndPage*
- Ende des Ausdrucks mit der GDI-Funktion *EndDoc*

Im folgenden finden Sie zu den angesprochenen Punkten einige Detailinformationen. Erwarten Sie aber keine vollständige Abhandlung zum Thema Drucken mit GDI-Funktionen – dafür würden auch 50 Seiten nicht ausreichen. Die beispielhaften Erklärungen sollten aber ausreichen, um Ihnen das Konzept der Druckerausgabe mit GDI-Funktionen zu vermitteln. Weitere Informationen finden Sie in der SDK-Dokumentation oder in guten Büchern zur Windows-Programmierung in C. Grundsätzlich müssen Sie sich mit der Tatsache abfinden, daß das Drucken mit GDI-Funktionen eine aufwendige Angelegenheit ist.

ANMERKUNG

Viele der hier vorgestellten GDI-Funktionen können auch dazu verwendet werden, Ausgaben in einem Formular, Bildfeld etc. durchzuführen. Dazu muß statt des Drucker-DCs die *hDC*-Eigenschaft eines Bildfelds angegeben werden. Das bedeutet, daß Sie auch bei der Verwendung von GDI-Funktionen eine Seitenvorschau erreichen können – wenn auch mit den gleichen konzeptionellen Problemen wie beim *Printer*-Objekt. Abweichungen zwischen Vorschau und Ausdruck sind auch beim Einsatz von GDI-Funktionen kaum zu vermeiden.

Ausdruck einleiten

Der erste Schritt zu einem GDI-Programm besteht in der Deklaration der nötigen DLL-Funktionen (siehe Seite 612). Beachten Sie im folgenden Programmausschnitt, daß mit *DefLng A-Z* alle nicht anders gekennzeichneten Variablen als *Long*-Variablen gelten, was die Tipparbeit etwas mindert.

```
DefLng A-Z          'alle nicht anders deklarierten Var. sind Long!
Type DOCINFO        'für Startdoc
```

```
  cbSize As Long
  lpszDocName As String
  lpszOutput As String
End Type
Declare Function StartDoc Lib "gdi32" Alias "StartDocA" _
  (ByVal hdc, lpdi As DOCINFO)
Declare Function StartPage Lib "gdi32" (ByVal hdc)
Declare Function EndPage Lib "gdi32" (ByVal hdc)
Declare Function EndDoc Lib "gdi32" (ByVal hdc)
Declare Function GetDeviceCaps Lib "gdi32" (ByVal hdc, ByVal nIndex)
```

Ein Ausdruck wird ähnlich wie bei der Verwendung des *Printer*-Objekts mit *StartDoc / StartPage* eingeleitet und mit *EndPage / EndDoc* beendet. Neu ist, daß in der *DOCINFO*-Variable der Name des Dokuments (scheint im Spooler-Manager auf) und die Schnittstelle angegeben werden müssen. Als Schnittstelle kann entweder *vbNullString* (für die Defaultschnittstelle), eine andere Schnittstelle (etwa *"LPT1:"*) oder ein Dateiname (Drucken in Datei) angegeben werden.

Der Druckbereich muß unter Verwendung von *GetDeviceCaps* berechnet werden. *GetDeviceCaps(dc, PHYSICALWIDTH)* ermittelt die Anzahl der Pixel für die eingestellte Blattgröße. Da die meisten Laserdrucker nicht in der Lage sind, das gesamte Blatt zu bedrucken, muß von diesem Wert zweimal *GetDeviceCaps(dc, PHYSICALOFFSETX)* abgezogen werden. Der bedruckbare Bereich für *x* reicht dann von 0 bis *x1*. Analog kann auch *y1* berechnet werden. Beachten Sie, daß die Koordinaten (0,0) nicht die linke obere Ecke des Blatts bezeichnen, sondern den ersten bedruckbaren Punkt des Blatts.

```
Dim dc&, dinfo As DOCINFO
' die Variable dc enthält den Drucker-Handle (z.B. CommonDialog1.hDC)
dinfo.lpszDocName = "GDI-Test"        'Dokumentname
dinfo.lpszOutput = vbNullString       'Defaultschnittstelle
StartDoc dc, dinfo
StartPage dc
b = GetDeviceCaps(dc, PHYSICALWIDTH) - _
    GetDeviceCaps(dc, PHYSICALOFFSETX) * 2
h = GetDeviceCaps(dc, PHYSICALHEIGHT) - _
    GetDeviceCaps(dc, PHYSICALOFFSETY) * 2
' hier erfolgt die eigentliche Ausgabe im Bereich (0,0)-(b,h)
EndPage dc
EndDoc dc
```

Ausgabe von Grafik

Wenn Sie in Visual Basic Grafik ausgeben, verwenden Sie Grafikmethoden wie *Line* oder *Circle*. Das Aussehen der Grafik stellen Sie durch verschiedene Eigenschaften wie

DrawWidth ein. Wenn Sie darauf verzichten, verwendet Visual Basic eine in vielen Fällen ausreichende Defaulteinstellung.

Ganz anders sieht es bei der Verwendung der Windows-Funktionen aus. Bevor Sie Linien ausgeben können, müssen Sie mit *CreatePen* einen Zeichenstift (Pen-Objekt) erzeugen und das *SelectObject* im Device Context (DC) des Druckers aktivieren. Am Ende der Ausgabe müssen Sie das Pen-Objekt mit *DeleteObject* wieder löschen, damit nicht unnötig Windows-Ressourcen verbraucht werden.

Im Beispiel unten wird ein Zeichenstift mit der Breite von 10 Punkten definiert. (Wie groß ein Punkt ist, hängt von der Auflösung des Druckers ab!) Durch *SelectObj* wird der DC des Druckers geändert, so daß der Zeichenstift jetzt Teil des DCs ist. Mit *Ellipse* wird anschließend eine Ellipse gezeichnet, wobei der veränderte DC als Parameter angegeben wird. *MoveToEx* bewegt den Grafikcursor, *LineTo* zeichnet eine Linie vom Cursor zum einem anderen Punkt. (Die Deklaration der erforderlichen DLL-Funktionen finden Sie einige Seiten weiter unten beim Beispielprogramm GDI-Druck.)

```
Dim pen&, pt As POINTAPI
pen = CreatePen(0, 10, 0)
SelectObject dc, pen
Ellipse dc, b / 10, h / 10, b * 9 / 10, h * 9 / 10
MoveToEx dc, 0, 0, pt
LineTo dc, b, h
DeleteObject pen
```

In ähnlicher Weise können Sie mit *CreateSolidBrush* oder mit *CreateBrushIndirect* einen »Pinsel« erzeugen (gemeint ist damit das Füllmuster, das in Visual Basic mit *FillColor* und *FillStyle* eingestellt wird).

Ausgabe von Text

Im Prinzip gilt das obige Schema auch für Textausgaben: Mit *CreateFont* muß ein Verweis auf einen Zeichensatz erzeugt werden, dieser wird wiederum mit *SelectObject* aktiviert. Das Problem liegt dabei in der Funktion *CreateFont*, die nicht weniger als 14 (!) Parameter erwartet. Die Parameter sind in der SDK-Dokumentation beschrieben.

Beachten Sie, daß die Zeichensatzgröße im ersten Parameter nicht in Punkt, sondern in der Einheit des Druckers angegeben wird. Zur Umrechnung stehen eigene Funktionen zur Verfügung, auf die hier aber nicht eingegangen wird. (Im Beispiel unten wird die Schriftgröße auf 1/20 der Seitenhöhe eingestellt.)

Der fünfte Parameter gibt an, ob die Schrift fett (Werte über 700) oder normal (400) gedruckt werden soll. Prinzipiell sind beliebige Zwischenwerte zwischen 100 und 900 möglich, es gibt aber zur Zeit wenig Schriften, deren Stärke stufenlos eingestellt werden kann.

Die eigentliche Textausgabe erfolgt am einfachsten mit *TextOut*. Wenn Sie die Ausgabe formatieren möchten, stehen Ihnen verschiedene Hilfsmittel zur Verfügung (siehe beispielsweise *GetTextExtent* und *SetTextAlign*), die hier aber ebenfalls nicht behandelt werden.

```
Dim fnt&, msg$
fnt = CreateFont(h / 20, 0, 0, 0, 400, 0, 0, 0, 0, 0, 0, 0, 0, _
  "Arial")
SelectObject dc, fnt
msg = "GDI-Testdruck"
TextOut dc, b / 3, h / 2, msg, Len(msg)
DeleteObject fnt
```

Abbruchmöglichkeit

Bei komplexen Ausdrucken ist es sinnvoll, dem Anwender eine Abbruchmöglichkeit anzubieten. Zeigen Sie dazu vor Beginn der Ausgabe ein eigenes Fenster mit einem ABBRUCH-Button an. Damit der Nutzer diesen Button auch verwenden kann, müssen Sie während des Ausdrucks regelmäßig *DoEvents* aufrufen. Anschließend testen Sie (z.B. über eine Variable des ABBRUCH-Formulars), ob der Nutzer den ABBRUCH-Button angeklickt hat. In diesem Fall verlassen Sie die Ausdruckprozedur vorzeitig und führen die GDI-Funktion *AbortDoc* aus.

12.6.3 Direkte Druckersteuerung

Es ist nach wie vor möglich, die offizielle Druckerschnittstelle von Windows zu umgehen und mit *Open* einen Datenkanal zum Drucker zu öffnen. Dazu geben Sie bei *Open* statt des Dateinamens die Schnittstellenbezeichnung für die parallele oder serielle Schnittstelle an. Normalerweise ist der Drucker an die erste parallele Schnittstelle angeschlossen. Sie sollten sich dabei natürlich im klaren sein, daß Ihr Programm jetzt nur mehr für einen ganz bestimmten Drucker funktioniert, und daß Sie eine Menge Informationen zur Programmierung des jeweiligen Druckers benötigen.

```
kanal = FreeFile
Open "lpt1" For Output As kanal
```

Jetzt können Sie mit *Print #kanal* Daten an den Drucker senden:

```
Print #kanal, "eine Zeile Text"
Print #kanal, Chr(12)                'Seitenvorschub
Close #kanal
```

12.6.4 Beispielprogramm

Das Beispielprogramm demonstriert alle in den vorherigen Abschnitten vorgestellten Programmiertechniken: Druck mit dem *Printer*-Objekt, Druck mit GDI-Funktionen, direkte Ansteuerung der seriellen Schnittstelle. Wo immer möglich, wird vor dem eigentlichen Ausdruck eine Seitenvorschau angezeigt.

Einige Anmerkungen zur Bedienung des Programms: Mit den Buttons der Gruppe *Printer*-Objekt können Sie verschiedene Formen des Grafik- und Textdrucks ausprobieren. Die Auswahl des gewünschten Druckers durch ein Listenfeld wurde deaktiviert, weil Visual Basic aufgrund eines Fehlers mit *Printer* immer den Standarddrucker des Systems anspricht. Mit Ausnahme des Buttons FORMULARDRUCK (Methode *PrintForm*) wird in allen Fällen eine Seitenvorschau angezeigt.

Die Buttons KONZENTRISCHE KREISE (siehe Bild 12.12) und ÜBERLAPPENDE RECHTECKE bedürfen keiner weiteren Erklärung.

Durch 100*100 PIXEL wird eine kleine Grafik ausgedruckt, die aus 100*100 Pixel in der Auflösung des Druckers besteht (Kommando *Pset*). Bei PostScript-Druckern wird wegen eines Fehlers lediglich ein weißes Blatt Papier ausgedruckt.

TEXT IN VERSCHIEDENEN SCHRIFTARTEN gibt eine Zeile Text in allen für den Drucker verfügbaren Schriftarten aus. (Wenn sehr viele Schriftarten installiert sind, dauert das einige Zeit. Außerdem kann es passieren, daß ein Teil der Ausgabe unter den Seitenrand rutscht.)

ABGERUNDETE RECHTECKE zeigt schließlich, daß GDI-Funktionen auch in Kooperation mit dem *Printer*-Objekt eingesetzt werden können.

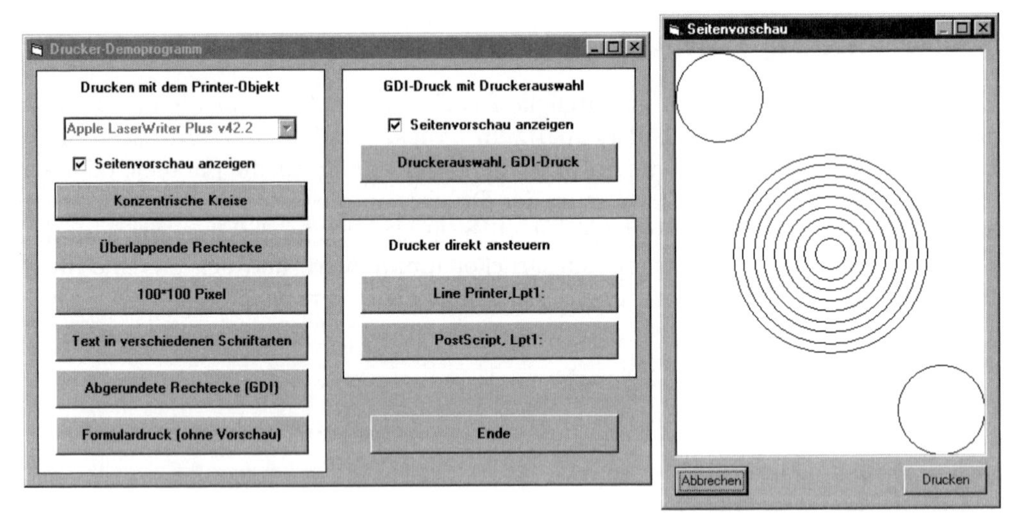

Bild 12.12: Testprogramm für unterschiedliche Druckmechanismen

Sehr viel flexibler bei der Auswahl des Druckers sind Sie mit dem Button GDI-DRUCK. Wenn Sie sich in der Seitenvorschau zum Drucken entschließen, können Sie jeden im System verfügbaren Drucker auswählen, die Seitengröße einstellen, zwischen Längs- und Querformat auswählen etc. Sogar ein Ausdruck in eine Datei ist möglich.

Die beiden Buttons LINEPRINTER und POSTSCRIPT demonstrieren die direkte Druckersteuerung. Sie sollten nur verwendet werden, wenn Sie an der ersten parallelen

Schnittstelle einen normalen Drucker (fast alle Typen) oder einen PostScript-Drucker angeschlossen haben. Im ersten Fall werden einige Zeilen Text gedruckt, im zweiten Fall eine diagonale Linie.

Aufbau des Programms

Das Programm besteht aus überraschend vielen Dateien:

`Drucken.frm`	Steuerungsformular (links in Bild 12.12)
`DruckenSeitenvorschau.frm`	Formular für die Seitenvorschau
`CommonDialog.bas`	Prozeduren zur Dateiauswahl (siehe Seite 246)
`GDIFunktionen.bas`	DLL-Deklarationen für die GDI-Funktionen

Der eigentliche Code befindet sich fast ausschließlich in `Drucken.frm`. Um eine möglichst einfache Kommunikation zwischen dem Steuerungsformular und dem Seitenvorschauformular zu ermöglichen, sind sämtliche Ausgaberoutinen in zwei zentralen Prozeduren gesammelt: *Ausgabe* und *GDIAusgabe*.

Ausdruck am Printer-Objekt

Die *Printer*-Buttons sind als Steuerelementfeld organisiert (Prozedur *CommandDruck_-Click*). Je nach Zustand des Kontrollkästchens *chkSeitenvorschau* wird der Ausdruck sofort gestartet oder zuerst das Seitenvorschauformular angezeigt. Dabei wird der Integerwert *ausgabeID* übergeben, der bestimmt, was in *Ausgabe* gezeichnet bzw. gedruckt werden soll.

Alle Grafikkommandos in *Ausgabe* werden für das Objekt *ziel* ausgeführt. *ziel* kann entweder ein *Printer*-Objekt oder ein Bildfeld sein (Aufruf von der Seitenvorschau). Beachten Sie, wie in *Ausgabe* darauf geachtet wird, alle Grafikeigenschaften wieder in den Anfangszustand zurückzusetzen. Die Funktion *RoundRect* ist in `GDIFunktionen.bas` definiert (siehe unten).

```
' Beispielprogramm EinAusgabe\Drucken.frm
Option Explicit
Enum ausgabeIDs
  ausgabeKreise
  ausgabeRechtecke
  ausgabePixel
  ausgabeText
  ausgabeGDI
End Enum
' Reaktion auf Ausdruck-Buttons
Private Sub CommandDruck_Click(Index As Integer)
  Dim ausdruckID As Integer
  Select Case Index
  Case 0: ausdruckID = ausgabeKreise
```

```
  Case 1: ausdruckID = ausgabeRechtecke
  Case 2: ausdruckID = ausgabePixel
  Case 3: ausdruckID = ausgabeText
  Case 4: ausdruckID = AusgabeGDI
  End Select
  If chkSeitenvorschau Then
    If Seitenvorschau.Draw(Me, ausdruckID) = 0 Then Exit Sub
  End If
  Ausgabe Printer, ausdruckID
  Printer.EndDoc
End Sub
' Ausgabe (wahlweise in ein Steuerelement oder am Drucker)
Public Sub Ausgabe(ziel As Control, ID As Integer)
  Dim b#, h#
  Dim i, j, grau
  Dim oldScaleMode, oldFillStyle, oldDrawWidth, oldFillColor
  Dim oldFont As Font
  ' Default-Scalemode: Zentimeter
  ziel.ScaleMode = vbCentimeters
  b = ziel.ScaleWidth
  h = ziel.ScaleHeight
  Select Case ID
  '
  ' konzentrische Kreise zeichnen/drucken
  Case ausgabeKreise
    ziel.Circle (1, 1), 1   'links oben
    For I = b / 20 To b / 3 Step b / 30
      ziel.Circle (b / 2, h / 2), I
    Next I
    ziel.Circle (b - 1, h - 1), 1 'rechts unten
  '
  ' 100 * 100 Pixel ausgeben
  Case ausgabePixel
    oldScaleMode = ziel.ScaleMode
    ziel.ScaleMode = vbPixels
    For I = 0 To 100
      For j = 0 To 100
        If Sin(Sqr(I ^ 2 + j ^ 2) / 5) > 0 Then
          ' ziel.PSet (I, j)    'funktioniert nicht
          ziel.FillColor = RGB(0, 0, 0)
          ziel.Line (I, j)-Step(1, 1), , BF
        End If
      Next j
    Next I
```

```
    ziel.ScaleMode = oldScaleMode
  '
  ' überlappende Rechtecke ausgeben
  Case ausgabeRechtecke
    oldDrawWidth = ziel.DrawWidth
    oldFillStyle = ziel.FillStyle
    oldFillColor = ziel.FillColor
    ziel.FillStyle = vbFSSolid
    ziel.DrawWidth = 3
    For I = 1 To 10
      grau = Rnd * 256
      ziel.FillColor = RGB(grau, grau, grau)
      ziel.Line (b / 20 * I, h / 20 * I)-Step(b / 10, h / 10), , B
    Next I
    ziel.DrawWidth = oldDrawWidth
    ziel.FillStyle = oldFillStyle
    ziel.FillColor = oldFillColor
  '
  ' GDI-Funktion verwenden
  Case AusgabeGDI
    oldScaleMode = ziel.ScaleMode
    oldDrawWidth = ziel.DrawWidth
    oldFillStyle = ziel.FillStyle
    ziel.ScaleMode = vbPixels       'GDI arbeitet immer mit Pixeln
    b = ziel.ScaleWidth
    h = ziel.ScaleHeight
    ziel.FillStyle = vbFSTransparent
    ziel.DrawWidth = 5
    ziel.Print ""               'irgendwas muß in VB ausgegeben werden
    For I = 0 To 0.3 Step 0.05
      RoundRect ziel.hdc, b * (I + 0.1), h * (I + 0.1), _
        b * (I + 0.6), h * (I + 0.6), b * 0.1, h * 0.1
    Next I
    ziel.ScaleMode = oldScaleMode
    ziel.DrawWidth = oldDrawWidth
    ziel.FillStyle = oldFillStyle
  '
  ' alle Drucker-Zeichensätze testen
  Case ausgabeText
    Set oldFont = ziel.Font
    For I = 0 To Printer.FontCount - 1
      ziel.Font.Name = Printer.Fonts(I)
      ziel.Font.Size = 12
      ziel.Print Printer.Fonts(I)
```

```
    Next I
    Set ziel.Font = oldFont
  End Select
End Sub
```

GDI-Druck

Auch der GDI-Druck ist auf zwei Prozeduren aufgeteilt. *CommandDruckGDI_Click* kümmert sich um die Verwaltungsaufgaben, also die Druckerauswahl, dessen Initialisierung, die Berechnung der Seitengröße (Parameter *b* und *h*) etc. Die Ausgabekommandos befinden sich in *GDIAusgabe*, der als Parameter diesmal nicht ein Objekt, sondern ein Device Context übergeben wird.

```
Private Sub CommandDruckGDI_Click()
  Dim dc&, dinfo As DOCINFO
  Dim b&, h&, dat$
  If chkSeitenvorschau Then
    If Seitenvorschau.GDIDraw(Me, 0) = 0 Then Exit Sub
  End If
  ' Drucker auswählen / konfigurieren
  On Error Resume Next                      'Abbruch registrieren
  CommonDialog1.PrinterDefault = False      'Standarddrucker nicht ändern
  CommonDialog1.Flags = cdlPDReturnDC       'hDC als Ergebnis
  CommonDialog1.CancelError = True          'Abbruch registrieren
  CommonDialog1.ShowPrinter
  If Err Then Exit Sub                      'Abbruch --> kein Ausdruck
  On Error GoTo 0                           'normale Fehlerbehandlung
  dc = CommonDialog1.hdc
  dinfo.lpszDocName = "GDI-Test"            'Dokumentname
  If CommonDialog1.Flags And cdlPDPrintToFile Then  'in Datei drucken
    dat = Filesel(CommonDialog1, "", "*.prn", "Ausdruck in Datei")
    If dat = "" Then Exit Sub
    dinfo.lpszOutput = dat
  Else
    dinfo.lpszOutput = vbNullString         'Standardschnittstelle
  End If
  StartDoc dc, dinfo                        'Ausdruck starten
  StartPage dc
  b = GetDeviceCaps(dc, PHYSICALWIDTH) - _
      GetDeviceCaps(dc, PHYSICALOFFSETX) * 2
  h = GetDeviceCaps(dc, PHYSICALHEIGHT) - _
      GetDeviceCaps(dc, PHYSICALOFFSETY) * 2
  GDIAusgabe dc, 0, b, h
  EndPage dc
  EndDoc dc
```

```
End Sub
' Ausgabe der Testseite (wahlweise am Bildschirm oder am Drucker)
Sub GDIAusgabe(dc As Long, ID As Integer, b As Long, h As Long)
  Dim pen&, fnt&, msg$, pt As POINTAPI
  'Pen-Objekt zum Linien Zeichnen
  pen = CreatePen(0, 10, 0)
  SelectObject dc, pen
  Ellipse dc, b / 10, h / 10, b * 9 / 10, h * 9 / 10
  MoveToEx dc, 0, 0, pt
  LineTo dc, b, h
  DeleteObject pen
  ' Font-Objekt zur Textausgabe
  fnt = CreateFont(h / 20, 0, 0, 0, 400, 0, 0, 0, 0, 0, 0, 0, 0, _
    "Arial")
  SelectObject dc, fnt
  msg = "GDI-Testdruck"
  TextOut dc, b / 3, h / 2, msg, Len(msg)
  DeleteObject fnt
End Sub
```

Seitenvorschau

Das Formular zur Seitenvorschau wird durch zwei Methoden gestartet, *Draw* bzw. *GDIDraw*. In diesen Methoden wird das Formular dann durch *Show vbModal* angezeigt und das restliche Programm bis zum Schließen blockiert. Beide Funktionen liefert *True* oder *False* als Rückgabewert, je nach dem, ob das Formular mit DRUCKEN oder ABBRUCH beendet wird.

Die eigentliche Ausgabe in das Bildfeld (*AutoRedraw=True*) erfolgt in der Prozedur *Form_Resize*, die auch durch *Draw* und *GDIDraw* aufgerufen wird. Darin wird die Prozedur *Ausgabe* bzw. *GDIAusgabe* des Formulars aufgerufen, in dem die Methode *Draw* bzw. *GDIDraw* ausgeführt wurde. Die vielleicht etwas umständliche Vorgehensweise hat den Vorteil, daß das Seitenvorschauformular von beliebigen Formularen oder Modulen aus gestartet werden kann.

```
' EinAusgabe\DruckenSeitenvorschau.frm
Private ausgabeID As Integer
Private quellFrm As Form
Private result, GDI
Private oldscalewidth, oldscaleheight
' Seitenvorschau für Printer-Objekt
Public Function Draw(frm As Form, ID As Integer)
  GDI = False
  Set quellFrm = frm
  ausgabeID = ID
```

```
  Form_Resize
  Show vbModal
  Draw = result
End Function
' Seitenvorschau für Device Context (GDI-Funktionen)
Public Function GDIDraw(frm As Form, ID As Integer)
  GDI = True
  Set quellFrm = frm
  ausgabeID = ID
  Form_Resize
  Show vbModal
  GDIDraw = result
End Function
' Abbruch
Private Sub Command1_Click()
  result = False
  oldscalewidth = 0
  Hide
End Sub
Private Sub Form_Unload(Cancel As Integer)
  result = False
  oldscalewidth = 0
  Hide
  Cancel = True
End Sub
' Drucken
Private Sub Command2_Click()
  result = True
  oldscalewidth = 0
  Hide
End Sub
' Bildfeld aktualisieren, wenn sich Fenstergröße ändert
Private Sub Form_Resize()
  If oldscalewidth = ScaleWidth And _
     oldscaleheight = ScaleHeight Then Exit Sub
  If ScaleWidth < 800 Then ScaleWidth = 800: Exit Sub
  If ScaleHeight < 800 Then ScaleHeight = 800: Exit Sub
  Command1.Top = ScaleHeight - Command1.Height - 120
  Command2.Top = ScaleHeight - Command2.Height - 120
  Command2.Left = ScaleWidth - Command2.Width - 120
  With Picture1
    .Width = ScaleWidth - .Left - 120
    .Height = Command1.Top - .Top - 120
    .Cls
```

```
    If GDI Then
      .ScaleMode = vbPixels
      quellFrm.GDIAusgabe .hdc, ausgabeID, .ScaleWidth, .ScaleHeight
    Else
      .ScaleMode = vbCentimeters
      quellFrm.Ausgabe Picture1, ausgabeID
    End If
    oldscalewidth = ScaleWidth
    oldscaleheight = ScaleHeight
  End With
End Sub
```

GDI-Deklarationen

Die DLL-Deklarationen wurden im wesentlichen aus dem API-Viewer kopiert. Um den Code kompakter zu gestalten, wurden alle Variablen mit dem Defaulttyp *Long* versehen. Anschließend wurden alle *As Long* Deklarationen mit BEARBEITEN|ERSETZEN entfernt.

```
' EinAusgabe\GDIFunktionen.bas
Option Explicit
DefLng A-Z        'wichtig! alle Variablen und Funktionen ohne
                  'Typangabe sind in diesem Modul automatisch Long
Public Type DOCINFO             'für Startdoc
  cbSize As Long
  lpszDocName As String
  lpszOutput As String
End Type
Public Type POINTAPI             'für MoveToEx
  x As Long
  y As Long
End Type
Public Const LOGPIXELSX = 88     'für GetDeviceCaps
Public Const LOGPIXELSY = 90
Public Const PHYSICALWIDTH = 110
Public Const PHYSICALHEIGHT = 111
Public Const PHYSICALOFFSETX = 112
Public Const PHYSICALOFFSETY = 113
' GDI-Drucker-Funktionen
Declare Function StartDoc Lib "gdi32" Alias "StartDocA" (ByVal hdc, _
  lpdi As DOCINFO)
Declare Function StartPage Lib "gdi32" (ByVal hdc)
Declare Function EndPage Lib "gdi32" (ByVal hdc)
Declare Function EndDoc Lib "gdi32" (ByVal hdc)
Declare Function Escape Lib "gdi32" (ByVal hdc, ByVal nEscape, _
```

```
  ByVal nCount, ByVal lpInData As String, lpOutData As Any)
Declare Function GetPrinter Lib "winspool.dll" Alias "GetPrinterA" _
   (ByVal hPrinter As Long, ByVal Level As Long, pPrinter As Any, _
    ByVal cbBuf, pcbNeeded) As Boolean
' normale GDI-Grafik-Funktionen
Declare Function CreateFont Lib "gdi32" Alias "CreateFontA" _
   (ByVal h, ByVal W, ByVal E, ByVal o, ByVal W, ByVal I, ByVal u, _
    ByVal S, ByVal C, ByVal OP, ByVal CP, ByVal Q, ByVal PAF, _
    ByVal F As String)
Declare Function CreatePen Lib "gdi32" (ByVal nPenStyle, _
    ByVal nWidth, ByVal crColor)
Declare Function SelectObject Lib "gdi32" (ByVal hdc, ByVal hObject)
Declare Function DeleteObject Lib "gdi32" (ByVal hObject)
Declare Function GetDeviceCaps Lib "gdi32" (ByVal hdc, ByVal nIndex)
Declare Function TextOut Lib "gdi32" Alias "TextOutA" (ByVal hdc, _
  ByVal x, ByVal y, ByVal lpString As String, ByVal nCount)
Declare Function Ellipse Lib "gdi32" (ByVal hdc, ByVal x1, _
    ByVal y1, ByVal X2, ByVal Y2)
Declare Function LineTo Lib "gdi32" (ByVal hdc, ByVal x, ByVal y)
Declare Function MoveToEx Lib "gdi32" (ByVal hdc, ByVal x, ByVal y, _
  lpPoint As POINTAPI)
Declare Sub RoundRect Lib "gdi32" (ByVal hdc, ByVal x1, ByVal y1, _
  ByVal X2, ByVal Y2, ByVal X3, ByVal Y3)
```

12.6.5 Syntaxzusammenfassung

Printer-Objekt

Druckerauswahl	
Printer	Zugriff auf den Defaultdrucker
Printer.TrackDefault=False	*Printer*-Objekt nicht ändern, wenn neuer Standarddrucker
Set Printer = Printers(n)	Zugriff auf andere Drucker
Printers.Count	Anzahl der verfügbaren Drucker

Steuerung des Ausdrucks	
Printer.StartDoc	Ausdruck beginnen
Printer.NewPage	neue Seite
Printer.EndDoc	Ausdruck beenden
Printer.KillDoc	Ausdruck abbrechen

Grafikausgabe	
Printer.ScaleHeight	Papierbreite (in Dots)
Printer.ScaleWidth	Papierhöhe (in Dots)
Printer.CurrentX / -Y	aktuelle Position des Grafikcursors
Printer.PSet ...	Punkt zeichnen
Printer.Line ...	Linie zeichnen
Printer.Circle ...	Kreis / Ellipse zeichnen
Printer.PaintPicture ...	Bitmap ausgeben
Printer.PrintForm ...	Inhalt eines Formulars ausgeben

Textausgabe	
Printer.Print ...	Text ausgeben
Printer.TextWidth(text)	Breite einer Textausgabe berechnen
Printer.TextHeight(text)	Höhe einer Textausgabe berechnen
Printer.Font	Zeichensatz ändern
Printer.Fonts	verfügbare Druckerzeichensätze

Druckereigenschaften	
Printer.DeviceName	Druckername
Printer.DriverName	Name des Druckertreibers
Printer.Copies	Anzahl der Kopien pro Seite
Printer.PaperBin	Einzug
Printer.Orientation	Ausrichtung (Hoch- oder Querformat)
Printer.Papersize	Papiergröße
Printer.Port	Schnittstelle

13 Systemnahe Programmierung

Ganz selten gelingt es, ein Visual-Basic-Programm zu schreiben, das nicht an irgendeiner Stelle direkt auf Betriebssystemfunktionen zurückgreift oder zumindest mit systemnahen Visual-Basic-Funktionen optimiert ist.

Der inhaltliche Schwerpunkt dieses Kapitels liegt bei der Verwendung von DLL-Funktionen. DLL steht für *Dynamic Link Library* und beschreibt ein Format, in dem sowohl Betriebssystemfunktionen als auch eigene, in C programmierte Funktionsbibliotheken gespeichert werden. DLLs legen nicht nur alle Spezialfunktionen des Betriebssystem offen, Sie stellen auch einen hervorragenden Weg dar, langsame Visual-Basic-Programme mit C-optimierten Rechenfunktionen zu beschleunigen.

Das Thema der systemnahen Programmierung gäbe Stoff genug für ein ganzes Buch. Da dieses Buch aber auch andere Themen abdecken will, werden Sie ungewöhnlich viele Verweise auf weiterführende Dokumentation finden. Betrachten Sie das Kapitel daher in keiner Weise als vollständig, sondern viel mehr als Hilfe, einen rachen Einstieg in diese komplexe Materie zu finden.

13.1 Aufruf von DLL-Funktionen

VERWEIS

Diese Kapitel versucht zwar, einen ersten Einblick in die systemnahe Programmierung unter Visual Basic zu geben – aber mehr als eine Einführung ist hier aus Platzgründen nicht möglich.

Bei Problemen mit API-Funktionen ist der *Visual Basic Programmer's Guide to the Win32 API* von Dan Appleman (Ziff-Davis Press) das unbestritten beste Buch zu diesem Thema – eine 1500 seitige Referenz der API-Funktionen aus der Sicht Visual Basics.

Exzellente Tips und Tricks zur Übergabe und Weiterverarbeitung von Parametern an DLLs enthält das Buch *Hardcore Visual Basic* von Bruce McKinney (Microsoft Press). Dort werden auch exotische Sonderfälle behandelt – was tun, wenn eine CallBack-Funktion eine Zeichenkette als Parameter liefert etc. Dieses Buch ist als Online-Fassung auch in der MSDN-Library enthalten!

BOOKS | HARDCORE VB | CHAPTER 2

Brauchbare (aber knappe) Informationen finden sich schließlich in der Visual-Basic-Dokumentation:

VB-DOKUMENTATION | ARBEITEN MIT VB | KOMPONENTENHANDBUCH |
- ZUGREIFEN AUF DLLS

13.1.1 Einführung

Was sind Dynamic Link Libraries?

Eine Library ist eine Sammlung von Funktionen. Dynamic Link Libraries haben zu den früher üblichen statischen Libraries vor allem zwei Vorteile. Zum einen werden die in den Libraries enthaltenen Funktionen nicht direkt in den Programmcode eingefügt. Aus diesem Grund sind `*.exe`-Dateien von Visual-Basic-Programmen normalerweise recht kurz. Und zum zweiten reicht eine DLL für mehrere Programme aus, so daß beispielsweise der Programmcode zum Öffnen eines Fensters nicht in jedem Windows-Programm steht, sondern nur ein einziges Mal in der User-Library.

DLLs werden in `*.dll`-Dateien gespeichert, die sich üblicherweise im Windows-Systemverzeichnis befinden. Diese Datei wird erst dann von der Festplatte in den Speicher geladen, wenn irgendein Windows-Programm eine Funktion dieser DLL tatsächlich benötigt (daher die Bezeichnung »Dynamic«).

Welche DLLs gibt es?

Alle den Programmierern zugänglichen Systemfunktionen von Windows befinden sich in Dynamic Link Libraries. Die Gesamtheit dieser DLLs wird API (Application Programming Interface) bezeichnet. Die drei wichtigsten Libraries sind die GDI32-Library (Grafikfunktionen), die User32-Library (Fenster, Menü, Maus) und die Kernel32-Library (Speicherverwaltung). Daneben existieren eine Menge weiterer DLLs mit Spezialfunktionen.

HINWEIS

Wenn Ihnen die Programmiersprache C zur Verfügung steht, können Sie DLLs auch selbst programmieren (siehe Seite 643). Außerdem besteht auch in Visual Basic selbst die Möglichkeit, sogenannte ActiveX-DLLs zu programmieren (Seite 945). Das ist zwar für die Komponentenprogrammierung interessant, bietet aber keinen Geschwindigkeitsvorteil gegenüber normalem Visual-Basic-Code.

Die Verwendung von DLL-Funktionen

Der Aufruf von DLL-Funktionen in Visual-Basic-Programmen ist prinzipiell sehr einfach: Sie deklarieren die Funktion und rufen sie dann wie jede andere Visual-Basic-Funktion auf.

Die meisten Probleme entstehen normalerweise mit den Parametern von DLL-Funktionen. Um an die DLL-Funktion Informationen zur Weiterverarbeitung zu übergeben, müssen Sie (wie in Visual-Basic-Prozeduren) Parameter angeben. Im Gegensatz zu Visual-Basic-Prozeduren muß diese Parameterübergabe allerdings ganz exakt vor sich gehen; die von der DLL-Funktion vorgeschriebenen Datentypen (z.B. *Integer*, *Long*) müssen vor allem bei der Deklaration genau eingehalten werden.

DLL-Funktionen deklarieren

Bevor Sie irgendwelche DLL-Funktionen verwenden können, müssen Sie diese Funktionen im Deklarationsabschnitt eines Formulars oder Moduls deklarieren. Diese Deklaration ist notwendig, damit Visual Basic weiß, in welcher DLL-Datei sich diese Funktion befindet, welche Parameter an diese Funktion übergeben und welches Format der Rückgabewert der Funktion hat (sofern es überhaupt einen Rückgabewert gibt).

Diese Deklaration erfolgt mit dem Befehl ***Declare***. Unmittelbar hinter *Declare* steht entweder das Schlüsselwort *Function* (die Funktion besitzt einen Rückgabewert) oder *Sub* (kein Rückgabewert). Daran schließt der Name der Funktion, das Schlüsselwort *Lib* und der in Hochkommata eingeschlossene Name der DLL an. Ab jetzt folgt die Deklaration den gleichen Regeln wie in der ersten Zeile von Unterprogrammen und Funktionen: Es folgt die Parameterliste und gegebenenfalls der Datentyp des Rückgabewertes.

```
Declare Function funktname Lib "libname" (parameterliste) [As
    datentyp]
Declare Sub funktname Lib "libname" (parameterliste)
```

Den Datentyp des Rückgabewertes spezifizieren Sie entweder mit einem der Zeichen &, %, !, #, $ oder @ hinter dem Funktionsnamen oder mit *As* Datentyp hinter der Parameterliste. Die beiden folgenden Deklarationen sind gleichwertig:

```
Declare Function funktname& Lib "libname" (parameterliste)
Declare Function funktname Lib "libname" (parameterliste) As Long
```

Viele DLL-Funktionen verwenden eigene Datentypen. In solchen Fällen müssen auch diese Datentypen in Visual Basic mit *Type* nachgebildet werden. Ein Beispiel dazu finden Sie etwas weiter unten.

Der Library-Name (hinter dem Schlüsselwort ***Lib***) enthält normalerweise den Dateinamen der DLL, also beispielsweise `Shell.dll`. Eine Ausnahme stellen die drei oben erwähnten System-Libraries `GDI32`, `User32` und `Kernel32` dar. Bei diesen Libraries muß der Name ohne `*.dll` angegeben werden. Sobald eine DLL-Funktion tatsächlich verwendet wird, sucht Windows die DLL-Datei im Windows-Verzeichnis, im Windows-Systemverzeichnis und im Verzeichnis der aktuellen `*.exe`-Datei. Wenn sich Ihre DLL in keinem dieser Verzeichnisse befindet, müssen Sie den Dateinamen exakt angeben, also beispielsweise `C:\Vb6\Test\Meine.dll`.

Alias ist ein weiteres Schlüsselwort, das bei der Deklaration von DLL-Funktionen häufig verwendet wird. *Alias* gibt den exakten Namen der DLL-Funktion an, wenn dieser vom Funktionsnamen abweicht. Ein Beispiel macht diesen Mechanismus verständlich:

```
Declare Function FindFirstFile& Lib "kernel32" _
  Alias "FindFirstFileA"  (ByVal lpFileName$, _
  lpFindFileData As WIN32_FIND_DATA)
```

Durch diese Anweisung wird die Kernel-Funktion *FindFirstFileA* deklariert. Im Visual-Basic-Programm wird diese Funktion unter dem Namen *FindFirstFile* aufgerufen (ohne den Endbuchstaben A). Natürlich wäre es auch möglich gewesen, die Funktion gleich als *FindFirstFileA* zu deklarieren – die obige Variante ist aber übersichtlicher. (Im Windows-API gibt es mehrere Varianten zur *FindFirstFile*, die sich im Zeichenkettenformat des Rückgabeparameters unterscheiden. *FindFirstFileA* ist die Variante, die den Dateinamen im ANSI-Format zurückgibt.)

DLL-Funktionen können wahlweise lokal oder global definiert werden. Bei einer lokalen Definition, die nur in einem Modul oder Formular gilt, muß das Schlüsselwort *Private* vorangestellt werden. Globale Definitionen werden mit *Public* eingeleitet und dürfen nur in einem Modul (nicht aber im Code zu einem Formular) durchgeführt werden.

DLL-Funktionen aufrufen

Der Aufruf von DLL-Funktionen erfolgt genauso wie der Aufruf von normalen Prozeduren (nachdem die DLL-Funktion vorher deklariert wurde).

Einführungsbeispiel

Das folgende Beispielprogramm verwendet die GDI-Funktion *GetDeviceCaps*, um die Bildschirmauflösung (Anzahl der Punkte in horizontaler und in vertikaler Richtung) zu ermitteln. An die Funktion wird mit *Form1.hdc* der Windows-Handle (Device Context) des Fensters übergeben.

```
' SystemnaheProgrammierung\DLLEinführungsbeispiel.frm
Private Declare Function GetDeviceCaps Lib "gdi32" (ByVal hdc As _
  Long, ByVal nIndex As Long) As Long
Private Sub Form_Load()
  Dim b%, h%
  b = GetDeviceCaps(Form1.hdc, 8)
  h = GetDeviceCaps(Form1.hdc, 10)
  Label1 = "Bildschirmauflösung: " & b & " * " & h & " Punkte"
End Sub
Private Sub Command1_Click()
  End
End Sub
```

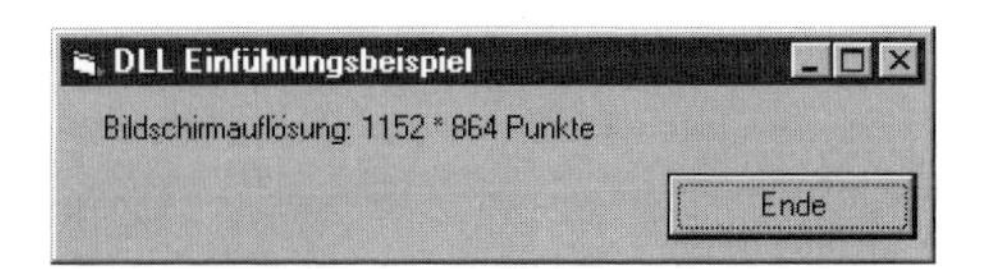

Bild 13.1: Einführungsbeispiel

Kompatibilitätsprobleme gegenüber Windows 3.1

Gegenüber Visual Basic 3 (Windows 3.1) hat sich in den nachfolgenden Visual-Basic-Versionen (für Windows 9x / NT) einiges geändert. Bei vielen Visual-Basic-Programmen, die aus Version 3 portiert werden, gibt es daher Kompatibilitätsprobleme:

- Funktionsnamen: Bei den Funktionsnamen von DLL-Funktionen wird jetzt zwischen Groß- und Kleinschreibung unterschieden. Wenn Sie den Funktionsnamen nicht in der korrekten Schreibweise angeben, findet Visual Basic die Funktion nicht.
- Selbst in C programmierte 16-Bit-DLLs können nicht weiterverwendet werden. (Solche DLLs müssen neu kompiliert werden und an die 32-Bit-Erfordernisse von Windows 9x angepaßt werden.)

Außerdem wurden die Systembibliotheken vollkommen überarbeitet und von 16 auf 32 Bit umgestellt. Die Systembibliotheken haben dabei neue Dateinamen mit der Endung 32 (also `User32.exe` statt `User.exe`) bekommen. Die alten Bibliotheken stehen aus Kompatibilitätsgründen zwar weiterhin unter ihren alten Namen zur Verfügung, sie sollten aber möglichst nicht mehr verwendet werden. Bei der Umstellung von den 16- auf die 32-Bit-Versionen reicht es nicht aus, den Dateinamen entsprechend dem *Lib*-Schlüsselwort in der *Declare*-Anweisung zu ändern. Es haben sich in den meisten Fällen auch die Datentypen geändert (vor allem *Long* statt *Int*).

13.1.2 Das Zusatzprogramm API-Viewer

Sie werden sich vielleicht beim obigen Beispiel gefragt haben: Woher kommen die Informationen eigentlich, die für eine korrekte Deklaration einer DLL-Funktion erforderlich sind? Darauf gibt es zwei mögliche Antworten: entweder aus dem Zusatzprogramm API-Viewer, das mit der Professional-Version von Visual Basic mitgeliefert wird, oder aus dem Win 32 SDK, also dem System Developer Kit zu Windows, in dem alle Systemfunktionen dokumentiert sind. Das SDK ist im Rahmen der MSDN-Library dokumentiert.

Der API-Viewer ist ein einfaches Datenbankprogramm, das selbst mit Visual Basic programmiert wurde. Das Programm befindet sich im Verzeichnis `Tools/Winapi` und kann wahlweise von dort oder über das ADD-IN-Menü gestartet werden. Nach dem Start laden Sie die Textdatei `Win32api.txt`, die Tausende Definitionen und Deklarationen enthält.

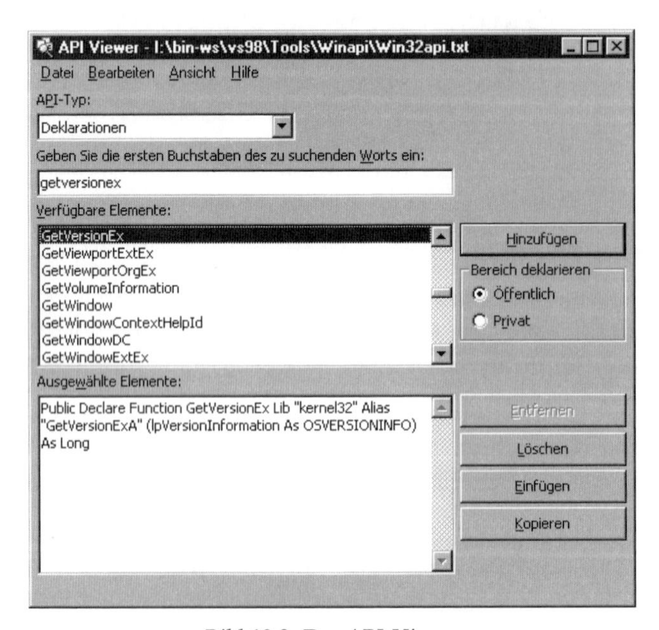

Bild 13.2: Der API-Viewer

Nun zur Bedienung: Im ersten der beiden Listenfelder kann wahlweise eine alphabetische Liste aller API-Funktionen, der dazugehörenden Konstanten oder der dazugehörenden Datentypen angezeigt werden. Zur raschen Suche eines Eintrags klicken Sie das Listenfeld an und geben einfach die Anfangsbuchstaben ein. Durch Doppelklick auf einen Listeneintrag wird dieser nach unten in die zweite Liste kopiert. Mit dem Button KOPIEREN wird der zu den ausgewählten Einträgen passende Visual-Basic-Code mit Deklarationen in die Zwischenablage kopiert. Von dort kann der Code bequem in ein Visual-Basic-Modul eingefügt werden.

VORSICHT

Verlassen Sie sich nicht auf die vom API-Viewer gelieferten Deklarationen. Auch wenn diese verhältnismäßig oft stimmen, gibt es auch eine ganze Menge falscher Einträge! Manche neuere Funktionen fehlen gänzlich.

13.1.3 Parameterübergabe an DLL-Funktionen

Auch wenn die durch den API-Viewer zur Verfügung gestellten Deklarationen für die ersten Versuche vermutlich ausreichen – längerfristing ist es damit nicht getan: Spätestens wenn Sie zum ersten Mal eine DLL-Funktion nutzen möchten, die im API-Viewer nicht verzeichnet ist, müssen Sie in der Lage sein, aus der C-Deklaration einer Funktion das entsprechende *Declare*-Kommando für Visual Basic erstellen. Dieser Abschnitt gibt daher Hintergrundinformationen zur Übergabe von Parametern von Visual Basic an DLL-Funktionen.

Zahlen

Die geringsten Probleme machen erwartungsgemäß einfache Zahlen. Die folgende Tabelle stellt Parameterdefinitionen durch das Visual-Basic-Kommando *Declare* mit der entsprechenden Definition des Parameters in der C-Funktion gegenüber:

Visual Basic	C
ByVal x As Byte	*BYTE x*
x As Byte	*LPBYTE x*
ByVal x As Integer	*short x*
x As Integer	*short far *x*
ByVal x As Long	*LONG x*
x As Long	*LPLONG x*
ByVal x As Single	*float x*
x As Single	*float far *x*
ByVal x As Double	*double x*
x As Double	*double far *x*

BYTE, LPBYTE und *LPLONG* sind in der Datei `Windef.h` definiert, *LONG* in `Winnt.h`:

```
typedef unsigned char BYTE;
typedef BYTE far *LPBYTE;
typedef long LONG;
typedef long far *LPLONG;
```

Zu den Visual-Basic-Datentypen *Currency*, *Date* und *Variant* gibt es in C keine Entsprechung. Die Datentypen sind aber in den OLE-Bibliotheken definiert (*CURRENCY*, *DATE* und *VARIANT*) und können über den Umweg der OLE-API verwendet werden (*#include <ole2.h>*).

VERWEIS

Eine ausführlichere Liste, welche C-Datentypen welchen Visual-Basic-Variablentypen entsprechen, gibt die Online-Dokumentation:

VB-DOKUMENTATION | ARBEITEN MIT VB | KOMPONENTENHANDBUCH |
- ZUGREIFEN AUF DLLS

Informationen über OLE-Datentypen und ihre Verwendung finden Sie in der MSDN-Libary:

PLATTFORM SDK | COM AND ACTIVEX OBJECT SERVICES | AUTOMATION |
CONVERSION AND MANIPULATION FUNCTIONS

Sehr informativ sind in dieser Beziehung auch die folgenden Texte, wenngleich sie mehr in Richtung DLL-Programmierung orientiert sind:

TECHNICAL ARTICLES | VISUAL TOOLS | VISUAL BASIC | EXTENDING VB WITH C++ DLLS

Felder

Felder werden durch *LPSAFEARRAY*-Datenstrukturen verwaltet, die ebenfalls in der OLE-API definiert sind. Wichtige Funktionen zur Bearbeitung dieser Datenstrukturen sind unter anderem *SafeArrayGetDim* (ermittelt die Anzahl der Dimensionen), *SafeArrayGetLBound / -UBound* (kleinster und größter Index), *GetElement* (Zugriff auf ein einzelnes Element).

Visual Basic	C
x()	*LPSAFEARRAY FAR **

Eigene Datentypen (Type)

Generell stellt die Übergabe von eigenen Datentypen zwischen Visual Basic und DLL-Funktionen kein Problem dar. Wichtig ist nur, daß der Datentyp in Visual Basic und in C exakt gleich definiert ist. Dabei müssen Sie beachten, daß Visual Basic bei der Übergabe von Datentypen an DLLs ein sogenanntes *natural alignment* durchführt: Dazu werden in die Datenstruktur Füllbytes eingefügt, so daß *Int*-Werte an einer Adresse beginnen, die ein Vielfaches von 2 beträgt, *Long*-Werte an einer Adresse, die ein Vielfaches von 4 beträgt. Zur Illustration ein Beispiel:

```
Type mytype   'relative Adresse | Datenbytes | Füllbytes
  a As Byte   '       0               1            3
  b As Long   '       4               4            0
  c As Int    '       8               2            2
  d As Long   '      12               4            0
  e As Byte   '      16               1            1
  f As Int    '      18               2            0
  g As Byte   '      20               1            0
  h As Byte   '      21               1            0
  i As Byte   '      22               1            1
  l As Long   '      24               4            0
End Type
```

Wenn Sie API-Funktionen aufrufen, werden Sie mit diesem Problem selten konfrontiert. Die Datentypen der meisten API-Funktionen sind nämlich so organisiert, daß keine Füllbytes notwendig sind.

ANMERKUNG

Visual Basic kennt nicht weniger als *drei* Formen, wie eigene Datenstrukturen repräsentiert werden:

- Die interne Darstellung verwendet zumindest 4 Byte für jedes Element. Das ist zwar bei *Byte*- und *Int*-Elementen eine Platzverschwendung, aber für die meisten Operationen in einem 32-Bit-System effizienter.
- Bei der Abspeicherung in Dateien mit *Get* und *Put* wird dagegen mit den Bytes gegeizt. Es wird wirklich nur gespeichert, was notwendig ist.
- Und bei der Übergabe von Datenstrukturen an DLLs kommt die oben beschriebene dritte Variante zur Geltung. Wenn die interne und die DLL-Repräsentierung nicht zufällig übereinstimmen, muß Visual Basic die Datenstruktur dazu vorübergehend in einen temporären Buffer kopieren, was die Übergabe nicht gerade schneller macht.

TIP

Wenn Sie in der englischsprachigen Online-Dokumentation nach weiteren Informationen suchen, sollten Sie die dort übliche Abkürzung *UDT* (für *user-defined data type*) verwenden.

Zeichenketten

Noch komplizierter sieht es bei Zeichenketten aus: In Visual Basic werden Zeichenketten mit dem ebenfalls in der OLE-API definierten Datentyp *BSTR* verwaltet. Dabei wird der Unicode-Zeichensatz (zwei Byte pro Zeichen) verwendet. An DLLs werden aber weiterhin herkömmliche Zeichenketten übergeben (ein Byte pro Zeichen, ANSI-Format)! Visual Basic erzeugt dazu automatisch temporäre Zeichenketten und kümmert sich vor und nach dem Aufruf der DLL-Funktion um die korrekte Konvertierung. Daß das die Performance von DLL-Aufrufen nicht gerade verbessert, versteht sich von selbst!

Bei manchen API-Funktionen unter Windows NT existieren mehrere Varianten für 1- und 2-Byte-Zeichenketten; in solchen Fällen muß unbedingt die ANSI-Variante benutzt werden, die durch den Endbuchstaben A im Funktionsnamen gekennzeichnet ist.

Nahezu alle DLL-Funktionen (mit Ausnahme von DLLs, die speziell ActiveX Automation unterstützen) erwarten Zeichenketten in der C-Syntax, also in Form eines einfachen Zeigers auf eine 0-terminierte Zeichenkette mit einem Byte pro Zeichen.

In Visual Basic werden Zeichenketten aber im BSTR-Datentyp verwaltet, d.h. mit einem indirekten Zeiger. Unmittelbar vor Beginn der Zeichenkette ist dessen Länge abgespeichert. BSTR-Zeichenketten enden zwar in Übereinstimmung mit C mit einem zusätzlichen 0-Code, sie dürfen aber auch im Inneren der Zeichenkette 0-Codes enthalten. (Das ist in C unmöglich. Dort gilt 0 als einziges Kennzeichen für das Ende der Zeichenkette, eine zusätzliche Längeninformation wird nicht gespeichert.)

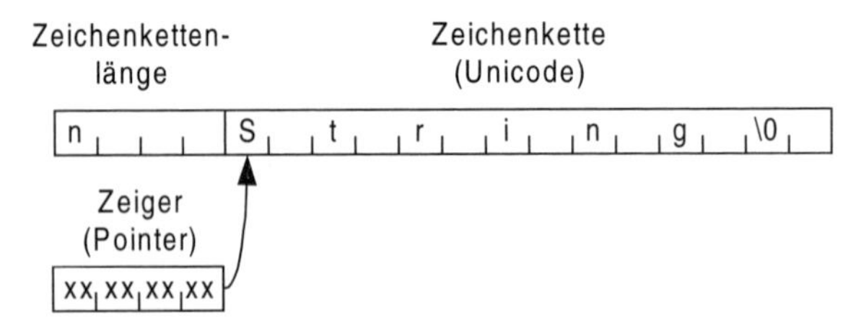

Bild 13.3: BSTR-Datentyp

Visual Basic	C
ByVal x As String	*char *x* oder *BSTR x*
x As String	*BSTR *x*

Damit an DLL-Funktionen nicht ein Zeiger auf die BSTR-Struktur, sondern tatsächlich ein Zeiger auf die Zeichenkette übergeben wird, müssen Sie bei der Deklaration von DLL-Zeichenkettenparameter das Schlüsselwort *ByVal* verwenden.

HINWEIS

ByVal verliert in diesem Zusammenhang seine ursprüngliche Bedeutung. Die Zeichenkette kann trotz *ByVal* von der DLL-Funktion verändert werden. Die DLL darf dabei die aktuelle Länge der Zeichenkette aber nicht überschreiten!

Von der DLL-Funktion zurückgelieferte Zeichenketten werden zwar automatisch zurück in Unicode konvertiert, die Längenangabe der BSTR-Struktur wird aber nicht verändert. Daher liefert *Len* die ursprüngliche Länge der Zeichenkette, und diverse andere Zeichenkettenfunktionen funktionieren unter Umständen nicht wie erwartet. Sie können aber mit *InStr* den ersten 0-Code in der Zeichenkette suchen und mit *Left* die Zeichenkette entsprechend verkürzen. Bei vielen API-Funktionen können Sie auf *InStr* verzichten, wenn Sie den Rückgabewert der Funktion auswerten – der enthält nämlich bei vielen Funktionen ebenfalls die Länge der Zeichenkette.

```
' C-Zeichenkette in VisualBasic-Zeichenkette umwandeln
Public Function C2VBString$(cstring$)
  Dim pos&
  pos = InStr(cstring, Chr(0))
  If pos = 0 Then
    C2VBString = ""
  Else
    C2VBString = Left(cstring, pos - 1)
  End If
End Function
```

VORSICHT

Wenn für einen Zeichenkettenparamater ein NULL-String übergeben werden muß, dann darf nicht einfach "" oder *Null* angegeben werden. Statt dessen müssen Sie die Konstante *vbNullString* verwenden.

ANSI-Unicode-Konversion

Für die Konversion zwischen ANSI und Unicode gilt zumeist die Regel, daß der ANSI-Code *n* (8 Bit) in denselben Unicode *n* (16 Bit) konvertiert wird. Das gilt allerdings nicht für alle Zeichen. Zudem sind die Konversionsergebnisse Betriebssystemabhängig (und bei Windows 95 und Windows NT 4 auch davon, ob Sie das Euro-Update installiert haben oder nicht)!

Der Unicode eines ANSI-Zeichens kann ganz einfach durch *AscW(Chr(i))* bestimmt werden. Das nachfolgende Programm trägt in ein *RichText*-Feld die Konversionsergebnisse für alle 256 ANSI-Codes ein. Zeilen, bei denen ANSI- und Unicode nicht übereinstimmen sind fett markiert. Bild 13.4 zeigt einen Screenshot des Programms unter Windows NT 4 SP3 mit dem Euro-Update.

```
' SystemnaheProgrammierung\AnsiToUnicode.frm
Option Explicit
Private Sub Form_Load()
  Dim i&, zeichen$
  With RichTextBox1
    .Text = ""
    For i = 0 To 255
      .SelStart = Len(.Text)
      If i >= 32 Then
```

```
        zeichen = Chr(i)
      Else
        zeichen = ""
      End If
      If i <> AscW(Chr(i)) Then
        .SelBold = True
      Else
        .SelBold = False
      End If
      .SelText = "ANSI: " & i & "  (" & zeichen & ")" & vbTab & _
        "Unicode: " & AscW(Chr(i)) & vbTab & " " & _
        Hex(AscW(Chr(i))) & vbCrLf
    Next
    .SelStart = 0
  End With
End Sub
```

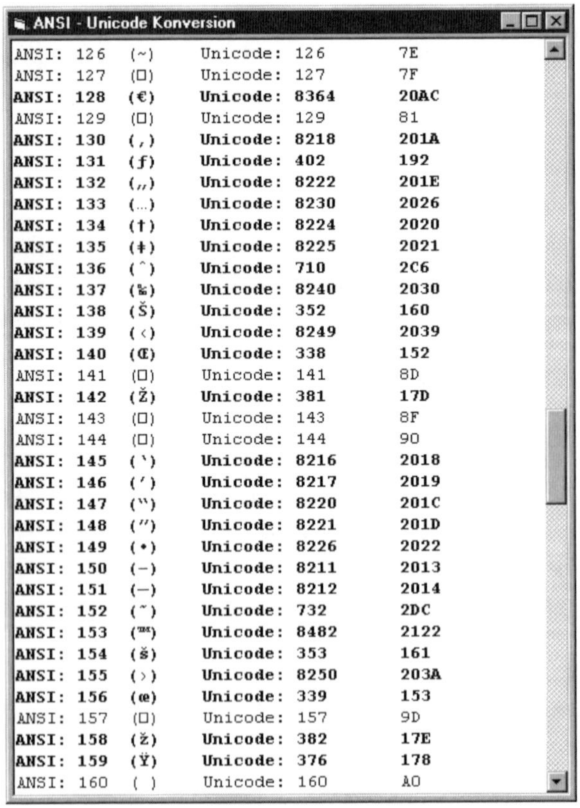

ANSI - Unicode Konversion

ANSI	Zeichen	Unicode	Hex
ANSI: 126	(~)	Unicode: 126	7E
ANSI: 127	(□)	Unicode: 127	7F
ANSI: 128	**(€)**	**Unicode: 8364**	**20AC**
ANSI: 129	(□)	Unicode: 129	81
ANSI: 130	**(‚)**	**Unicode: 8218**	**201A**
ANSI: 131	**(ƒ)**	**Unicode: 402**	**192**
ANSI: 132	**(„)**	**Unicode: 8222**	**201E**
ANSI: 133	**(…)**	**Unicode: 8230**	**2026**
ANSI: 134	**(†)**	**Unicode: 8224**	**2020**
ANSI: 135	**(‡)**	**Unicode: 8225**	**2021**
ANSI: 136	**(ˆ)**	**Unicode: 710**	**2C6**
ANSI: 137	**(‰)**	**Unicode: 8240**	**2030**
ANSI: 138	**(Š)**	**Unicode: 352**	**160**
ANSI: 139	**(‹)**	**Unicode: 8249**	**2039**
ANSI: 140	**(Œ)**	**Unicode: 338**	**152**
ANSI: 141	(□)	Unicode: 141	8D
ANSI: 142	**(Ž)**	**Unicode: 381**	**17D**
ANSI: 143	(□)	Unicode: 143	8F
ANSI: 144	(□)	Unicode: 144	90
ANSI: 145	**(‘)**	**Unicode: 8216**	**2018**
ANSI: 146	**(’)**	**Unicode: 8217**	**2019**
ANSI: 147	**(“)**	**Unicode: 8220**	**201C**
ANSI: 148	**(”)**	**Unicode: 8221**	**201D**
ANSI: 149	**(•)**	**Unicode: 8226**	**2022**
ANSI: 150	**(–)**	**Unicode: 8211**	**2013**
ANSI: 151	**(—)**	**Unicode: 8212**	**2014**
ANSI: 152	**(˜)**	**Unicode: 732**	**2DC**
ANSI: 153	**(™)**	**Unicode: 8482**	**2122**
ANSI: 154	**(š)**	**Unicode: 353**	**161**
ANSI: 155	**(›)**	**Unicode: 8250**	**203A**
ANSI: 156	**(œ)**	**Unicode: 339**	**153**
ANSI: 157	(□)	Unicode: 157	9D
ANSI: 158	**(ž)**	**Unicode: 382**	**17E**
ANSI: 159	**(Ÿ)**	**Unicode: 376**	**178**
ANSI: 160	( )	Unicode: 160	A0

Bild 13.4: Problematische ANSI-Codes und die entsprechenden Unicodes (dezimal und hexadezimal)

HINWEIS

Zur automatischen ANSI / Unicode-Konversion kommt es auch bei Zeichenketten in eigenen Datentypen, die mit *Type* definiert wurden. (Visual Basic erstellt dazu eine temporäre Kopie der gesamten Datenstruktur.) Die Konversion wird *nicht* durchgeführt, wenn ein ganzes Feld mit Elementen eines eigenen Datentyps übergeben wird (siehe Knowledge Base Artikel Q171583).

Wenn Sie die automatische Zeichenkettenkonversion vermeiden möchten (egal ob in einzelnen Variablen oder in Datentypen), sollten Sie statt Zeichenketten *Byte*-Felder der entsprechenden Größe verwenden.

Zeichenkettenübergabe ohne Konversion

Eine Übergabe von Zeichenketten an DLLs ohne automatische Konversion ist nur möglich, wenn die DLL-Funktion durch eine Typenbibliothek mit *BSTR*-Parameter deklariert ist. Voraussetzung ist natürlich, daß die DLL-Funktion nicht eine C-Zeichenkette erwartet, sondern eine *BSTR*-Struktur gemäß OLE-API mit Unicode-Inhalt. Bei den üblichen API-Funktionen ist das momentan nicht der Fall. Die Verwendung einer Typenbibliothek ist aber bei der Programmierung eigener DLLs in C++ sinnvoll.

ANMERKUNG

Typenbibliotheken kennen Sie schon aus einem anderen Zusammenhang: Jede Objektbibliothek, die Objekte, Methoden und Eigenschaften zur Verfügung stellt, definiert diese Elemente durch eine Typenbibliothek. Genau diese Vorgehensweise ist auch für gewöhnliche DLLs möglich. Eine Einführung in die Programmierung eigener DLLs mit Typenbibliothek finden Sie auf Seite 650.

13.1.4 Callback-Funktionen und Sub-Classing

Manche Betriebssystemfunktionen erwarten als Parameter eine sogenannte Callback-Adresse einer Funktion, die dann zu einem späteren Zeitpunkt automatisch vom Betriebssystem aufgerufen wird. Seit Visual Basic 5 können auch Visual-Basic-Funktionen als Callback-Funktionen verwendet werden. Dazu kann mit dem Schlüsselwort ***AddressOf*** die Adresse einer Visual-Basic-Funktion ermittelt werden.

Im folgenden Beispiel ist *SetTimer* eine DLL-Funktion, die als vierten Parameter die Adresse einer Callback-Funktion erwartet. *MeineFunktion* ist der Name einer Visual-Basic-Funktion, die nach fünf Sekunden automatisch aufgerufen wird. (*SetTimer* wird auf Seite 628 näher beschrieben.)

```
SetTimer hwnd, 12345, 5000, AddressOf MeineFunktion
```

TIP

AddressOf kann nur in der Argumentliste einer Funktion verwendet werden. Manche Betriebssystemfunktionen erwarten die Callback-Adresse aber nicht direkt als Parameter, sondern als Element einer Datenstruktur. Damit Sie die Adresse einer Visual-Basic-Funktion auch für solche Fälle ermitteln können, müssen Sie eine Hilfsfunktion benutzen:

```
Function ReturnAddress(ByVal address As Long) As Long
  ReturnAddress = address
End Function
```

Anschließend können Sie *ReturnAddress* folgendermaßen einsetzen:

```
typ.callbackptr = ReturnAddress(AddressOf funktionsname)
```

Callback-Funktionen müssen in Modulen definiert werden. (Funktionen in Formularen können nicht als Callback-Funktionen verwendet werden.) Ähnlich wie bei DLL-Funktionen genau die Parameter deklariert werden müssen, muß auch bei Callback-Funktionen die Parameterliste exakt mit den in der Dokumentation angegebenen Datentypen übereinstimmen.

Die meisten Callback-Prozeduren sollten so schnell wie möglich ausgeführt werden (das Betriebssystem wartet auf die Vollendung). Vermeiden Sie überflüssigen oder zeitkritischen Code, jeder Form von Interaktion (kein *MsgBox*) und sichern Sie den Code gegen Fehler ab! Stellen Sie sicher, daß nach dem Programmende keine Callback-Funktionen zu erwarten sind!

VORSICHT

Die Verwendung von DLL-Funktionen bietet für sich schon viele Möglichkeiten, nicht nur Ihr Programm, sondern auch Windows als Ganzes zum Absturz bringen. In noch stärkerem Maß gilt das für Callback-Funktionen! Speichern Sie die Daten aller laufenden Programme, bevor Sie mit Callback-Funktionen experimentieren!

Callback-Funktionen werden erst aufgerufen, wenn gerade keine andere Visual-Basic-Prozedur ausgeführt wird, das Programm also auf ein Ereignis wartet. Das bedeutet, daß ein Visual-Basic-Programm das Betriebssystem zumindest teilweise blockieren kann!

Sub-Classing

Sub-Classing ist eine Anwendung von Callbacks, mit der in die Ereignisverwaltung von Steuerelementen eingegriffen werden kann. Um diese Technik zu verstehen, sind ein paar Hintergrundinformationen erforderlich, die normalerweise nur für C-Programmierer interessant sind:

Fast alle Steuerelemente basieren intern auf einem Fenster. (Für das Betriebssystem kann bereits ein einfaches Rechteck ohne jede Dekoration ein 'Fenster' darstellen. Visual-Basic-Steuerelemente, die auf Fenstern basieren, erkennen Sie an der *hWnd*-Eigenschaft.) Immer, wenn ein Ereignis auftritt, das dieses Fenster betrifft (etwa weil momentan der Eingabefokus auf das Fenster gerichtet ist und der Anwender eine Taste drückt), wird eine beim Erzeugen des Fensters angegebene Funktion aufgerufen. In dieser Funktion erfolgt die Auswertung des Ereignis.

Visual-Basic-Programmierer merken davon nichts, weil diese Aufgabe Visual Basic intern erledigt und gegebenenfalls Ereignisprozeduren aufruft. Das vereinfacht natürlich die Programmierung mit Visual Basic. Aber was ist, wenn Sie ein Ereignis verarbeiten möchten, das es zwar gibt, das aber in Visual Basic nicht vorgesehen ist?

In solchen Fällen kommt Sub-Classing zum Einsatz: Durch eine API-Funktion teilen Sie dem Betriebssystem mit, daß es bei Ereignissen für ein bestimmtes Fenster (z.B. das Fenster eines Formulars oder Steuerelements) nicht weiter die Standardfunktion zur Ereignisauswertung aufrufen soll, sondern statt dessen eine von Ihnen angegebene Visual-Basic-Funktion. Damit sind jetzt Sie für die korrekte Auswertung aller Ereignisse zuständig!

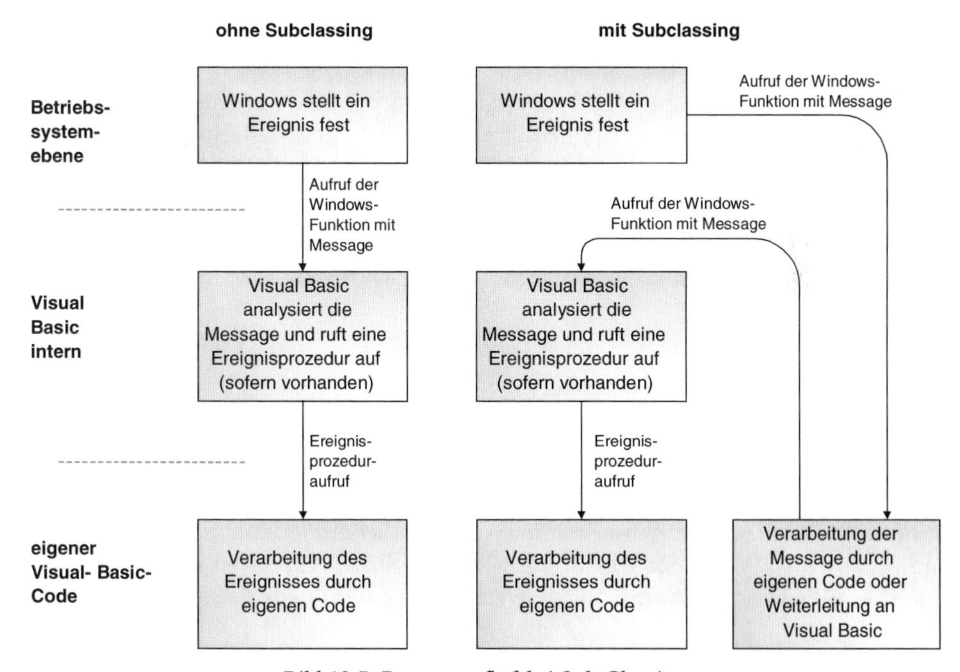

Bild 13.5: Programmfluß bei Sub-Classing

Normalerweise interessieren Sie sich freilich nicht für *alle* Ereignisse, sondern nur für ein ganz bestimmtes Ereignis. Daher kontrollieren Sie die Message-ID. Ist es das gewünschte Ereignis, verarbeiten Sie es selbst; handelt es sich dagegen um ein anderes Ereignis, rufen Sie einfach die Standard-Ereignisprozedur auf (deren Adresse Sie sich gemerkt haben). Sie leiten das Ereignis also einfach weiter, statt sich selbst darum zu kümmern. Bild 13.5 veranschaulicht den Programmfluß.

Jetzt bleibt nur noch eine Frage offen: Warum heißt diese Technik Sub-Classing? Die Begründung ist plausibel: Ausgehend von einer gegebenen Objektklasse (etwa von einem Standardsteuerelement) können Sie mit wenig Aufwand eine neue Klasse definieren, die die meisten bisherigen Eigenschaften übernimmt, aber zusätzlich einige neue Merkmale aufweist. Es ist nicht weiter überraschend, daß sich Sub-Classing besonders gut zur Komponentenprogrammierung einsetzen läßt (siehe auch Seite 1017).

VORSICHT

Bevor Sie jetzt selbst Sub-Classing ausprobieren, eine Warnung: Die Entwicklung eines Programms, das Sub-Classing nutzt, ist mühsam. Der Grund: Jedesmal, wenn die Programmausführung von Visual Basic unterbrochen oder beendet wird, bevor Sie Ihre Sub-Classing-Funktion ordnungsgemäß wieder abgemeldet haben, stürzt Visual Basic ab. In der Praxis kommt das leider recht oft – etwa bei jedem Fehler, wenn Visual Basic in den Debug-Modus wechselt. (Unter Windows NT gab es aber zumindest keine globalen Stabilitätsprobleme, d.h., Windows-Neustarts sind dem Autor immerhin erspart geblieben.)

TIP

In der englischsprachigen Dokumentation zum Thema Sub-Classing werden Sie viel von *hooks* (Haken) lesen. Damit wird angedeutet, daß Sie sich mit einer eigenen Prozedur in den Kommunikationsfluß quasi einhaken. Wenn Ihnen diese einleitenden Informationen noch nicht ausreichen, sollten Sie einen Blick in das *Hardcore*-Buch werfen (in der MSDN-Library):

BOOKS | HARDCORE VISUAL BASIC | CHAPTER 6

Sub-Classing-Funktion einrichten

Mit der API-Funktion *SetWindowLong* können Sie ein Attribut eines Fensters ändern. Zu den veränderlichen Attributen zählt auch die Windows-Ereignisfunktion (*window procedure*). *SetWindowLong* liefert in diesem Fall die Adresse der ursprünglichen Ereignisfunktion zurück. Diese Adresse müssen Sie speichern – zum einen, weil Sie diese Funktion aufrufen, wenn Sie das Ereignis nicht selbst verarbeiten möchten, und zum anderen, weil Sie vor Programmende den alten Zustand wiederherstellen müssen.

```
Const GWL_WNDPROC = -4
Declare Function SetWindowLong& Lib "user32" Alias "SetWindowLongA" _
    (ByVal hWnd&, ByVal nIndex&, ByVal dwNewLong&)
Dim oldWindProc&
Public Sub Hook()
  oldWindProc = SetWindowLong(Form1.hWnd, GWL_WNDPROC, _
    AddressOf newWindProc)
End Sub
```

Die neue Windows-Funktion

Von jetzt an wird bei jedem Ereignis, das für *Form1* registriert wird, die Visual-Basic-Prozedur *newWindowProc* aufgerufen. Diese Funktion wertet die Message-ID (Parameter *uMsg*) aus. Handelt es sich nicht um die gewünschte Nachricht, werden sämtliche Message-Parameter mit *CallWindowProc* an die ursprüngliche Windows-Funktion weitergegeben. Die *On-Error*-Anweisung zeigt, wie man in der Testphase allzuviele Abstürze durch einfache Fehler im Visual-Basic-Code von *newWindowProc* vermeidet.

```
Declare Function CallWindowProc& Lib "user32" Alias _
  "CallWindowProcA" (ByVal lpPrevWndFunc&, ByVal hWnd&, _
  ByVal Msg&, ByVal wParam&, ByVal lParam&)
Private Function newWindowProc&(ByVal hw&, ByVal uMsg&, _
    ByVal wParam&, ByVal lParam&)
  ' hw   ... Window Handle    wParam ... erster Parameter
  ' uMsg ... Message ID       lParam ... zweiter Parameter
  On Error Resume Next
  If uMsg = 1234 Then
    ' Ereignisparameter auswerten, auf dieses Ereignis reagieren ...
    ...
  Else
    WindowProc = CallWindowProc(oldWindProc, hw, uMsg, _
      wParam, lParam)
  End If
  If Err Then Beep
End Function
```

HINWEIS

Der Message-ID-Test muß so effizient wie möglich codiert werden! Die Windows-Funktion wird sehr oft aufgerufen (unter anderem bei jeder auch noch so kleinen Mausbewegung!); daher würde ein langsamer Message-ID-Test *alle* Ereignisse bremsen!

Die Bedeutung der Parameter hängt von der jeweiligen Message ab (siehe SDK-Dokumentation). Dieses Beispiel zeigt nur das Schema für *eine* mögliche Sub-Classing-Funktion. Selbstverständlich gibt es andere Möglichkeiten des Sub-Classings, bei denen dann auch die Parameter der Callback-Funktion anders aussehen.

Sub-Classing-Funktion abmelden

Rechtzeitig vor dem Programmende (oder vor der Zerstörung des Window-Objekt, dessen *hWnd*-Eigenschaft benutzt wurde), muß die Sub-Classing Funktion wieder deaktiviert werden. Dazu wird einfach nochmals *SetWindowLong* verwendet, wobei als neue Windowsfunktion wieder die Adresse der ursprünglichen Funktion angegeben wird.

```
Public Sub Unhook()
  SetWindowLong Form1.hWnd, GWL_WNDPROC, oldWindProc
End Sub
```

VERWEIS

Auf ein richtiges Beispiel wird an dieser Stelle verzichtet – das finden Sie auf Seite 634, wo es darum geht, Ereignisse einer IntelliMouse (also einer Maus mit zusätzlichem Rädchen) mittels Sub-Classing zu verarbeiten.

13.1.5 Die Funktionen VarPtr, StrPtr und ObjPtr

Offiziell gibt es die Funktionen *VarPtr*, *StrPtr* und *ObjPtr* gar nicht, d.h., Sie werden in der Online-Dokumentation vergeblich danach suchen. Die Funktionen sind aber sehr wohl schon seit Jahren in diversen Microsoft-Press-Büchern beschrieben und haben damit einen 'halb-offiziellen' Charakter. (Als freier Autor drängt sich natürlich schon die Frage auf, woher Microsoft-Press-Autoren diese Informationen nehmen. Da behauptet Microsoft doch immer, alles wäre dokumentiert, gleiche Chancen für Microsoft-interne wie -externe Entwickler etc. Wer's glaubt, wird selig!)

***VarPtr**(x)* liefert als Ergebnis die Adresse, an der eine gewöhnliche Visual-Basic-Variable gespeichert wird. ***ObjPtr**(x)* funktioniert analog, allerdings für Objektvariablen. ***StrPtr**(x$)* ist nur für Zeichenketten definiert und liefert die Adresse, an der die Zeichenkette gespeichert ist.

HINWEIS

VarPtr und *StrPtr* liefern nicht dieselben Ergebnisse: *VarPtr* zeigt auf eine *BSTR*-Datenstruktur, *StrPtr* direkt auf die Zeichenkette. Anwendungsbeispiele für die Funktionen finden Sie in den in der MSDN-Library enthaltenen Büchern *Advanced Visual Basic 5* und *Hardcore Visual Basic.*

13.1.6 Beispiele

Windows-Version ermitteln (GetVersionEx)

Die richtige Windows-Version zu ermitteln ist mittlerweile schon ein kleines Kunststück. Als diese Zeilen geschrieben wurden, standen die in der Tabelle angegebenen Versionen zur Auswahl. Windows NT 5 steht aber bereits vor der Haustür, und das erste Service Pack zu Windows 98 wird wohl auch schon verfügbar sein, bevor dieses Buch zum ersten Mal in einem Buchregal steht; zu den Versionscodes dieser Betriebssysteme können hier freilich noch keine Informationen angegeben werden.

Bild 13.6: Die Windows-Version des Autors

Die DLL-Version *GetVersionEx* füllt eine Datenstruktur mit Informationen, mit denen sich mit etwas gutem Willen die meisten Informationen herauskitzeln lassen. Die Datenstruktur sieht folgendermaßen aus:

```
Private Type OSVERSIONINFO
  dwOSVersionInfoSize As Long  'muß 148 enthalten
  Major As Long
  Minor As Long
  Build As Long
  Platform As Long
  Version As String * 128
End Type
```

Der Wert in *Platform* gibt an, ob es sich (1) um Windows 9x oder (2) um Windows NT handelt. Ausgehend von dieser Information können dann die weiteren Parameter ausgewertet werden:

- **Windows 9x:** Die Unterscheidung zwischen Windows 95 und 98 oder höher wird anhand von *Major* und *Minor* getroffen. Bei Windows 95 enthalten diese Parameter 4.0. Für Windows 98 oder höher ist entweder *Major>4* oder *Major=4 And Minor>0*.

  Bei Windows 95 gibt *Build* an, um welche OEM-Version es sich handelt (siehe oben). Außerdem enthält *Version* eine Zeichenkette wie *"B"*, die ebenfalls auf die OEM-Version schließen läßt.

- **Windows NT:** Die Versionsnummer von Windows NT setzt sich aus *Major* und *Minor* zusammen (beispielsweise 4.0). Die Zeichenkette *Version* enthält die Daten über das Service Release, beispielsweise *"Service Pack 3"*.

Name	Platform	Major	Minor	Build	Version
Windows 95 original	1	4	0	≥ 950	
Windows 95 OEM 1 (Windows 95A)	1	4	0	≥ 1000	*"A"*
Windows 95 OEM 2 (Windows 95B)	1	4	0	≥ 1080	*"B"*
Windows 95 OEM 2.1 (Windows 95B)	1	4	0	≥ 1212	*"B"*
Windows 95 OEM 2.5 (Windows 95C)	1	4	0	≥ 1212	*"C"*
Windows 98	1	4	>0	≥ 1721	
Windows NT 4 original	2	4	0	1381	
Windows NT 4 mit Service Pack 1, 2, 3 ...	2	4	0	1381	*"Service Pack n"*

Die Auswertung dieser Informationen per Programmcode wird im folgenden Beispiel demonstriert.

```
Private Declare Function GetVersionEx Lib "kernel32" Alias _
  "GetVersionExA" (lpVersionInformation As OSVERSIONINFO) As Long
Private Type OSVERSIONINFO
  dwOSVersionInfoSize As Long
  dwMajorVersion As Long
  dwMinorVersion As Long
  dwBuildNumber As Long
  dwPlatformId As Long
  szCSDVersion As String * 128
End Type
Private Const VER_PLATFORM_WIN32_NT = 2       'WinNt
Private Const VER_PLATFORM_WIN32_WINDOWS = 1  'Win9x
' Windows-Version ermitteln
Private Sub Command1_Click()
  Dim osinfo As OSVERSIONINFO, msg$
  With osinfo
    .dwOSVersionInfoSize = 148
    .szCSDVersion = Space(128)
    GetVersionEx osinfo
    msg = "Windows "
    If .dwPlatformId = VER_PLATFORM_WIN32_NT Then
      msg = msg & "NT " & .dwMajorVersion & "." & _
       .dwMinorVersion & vbCrLf
    Else
      If .dwMajorVersion > 4 Or (.dwMajorVersion = 4 And _
         .dwMinorVersion > 0) Then
        msg = msg & "98 oder größer "
      Else
        msg = msg & "95 "
        If (.dwBuildNumber And &HFFFF&) > 950 Then msg = msg + "OEM "
      End If
      msg = msg + "(Major: " & .dwMajorVersion & _
        ", Minor: " & .dwMinorVersion & ")" & vbCrLf
    End If
    msg = msg & "Build: " & (.dwBuildNumber And &HFFFF&) & vbCrLf
    msg = msg & "Zusatzinfo: " & C2VBString(.szCSDVersion)
    MsgBox msg
  End With
End Sub
```

GetVersionEx liefert wie alle DLL-Funktionen eine 0-terminierte Zeichenkette, die unter Visual Basic länger erscheint, als sie tatsächlich ist. Die auf Seite 621 schon erwähnte Hilfsfunktion *C2VBString* verkürzt die Zeichenkette dergestalt, daß sie an der Stelle des ersten 0-Codes endet.

```
' C-Zeichenkette in VisualBasic-Zeichenkette umwandeln
Public Function C2VBString$(cstring$)
  Dim pos&
  pos = InStr(cstring, Chr(0))
  If pos = 0 Then
    C2VBString = ""
  Else
    C2VBString = Left(cstring, pos - 1)
  End If
End Function
```

TIP

Die Windows-Version können Sie übrigens auch mit dem *SysInfo*-Steuerelement ermitteln, das auf Seite 662 beschreiben wird. Die SDK-Dokumentation empfieht allerdings, nicht zu testen, welche Windows-Version vorliegt, sondern explizit zu überprüfen, ob ein bestimmtes Feature unterstützt wird oder nicht. (Diese Unterstützung kann durch ein nachträgliches Update oder Service Pack auch bei 'alten' Betriebssystemen vorliegen.) Dazu können Sie beispielsweise die Funktion *GetSystemMetrics* benutzen, die auf Seite 637 im Rahmen des IntelliMouse-Beispiels vorgestellt wird.

Größe komprimierter Dateien ermitteln (GetCompressedSize, nur Windows NT)

Die Funktion *GetCompressedSize* steht zur Zeit nur unter Windows NT (nicht unter Windows 95) zur Verfügung. Sie ermittelt den Platzbedarf einer Datei. Falls die Datei komprimiert ist, ist der Platzbedarf kleiner als die mit *FileLen* ermittelte Dateigröße. *GetCompressedSize* liefert als Ergebnis die unteren 32 Bit des Platzbedarfs. Nur bei Dateien, die mehr als 4 GByte beanspruchen, muß auch der zweite Parameter berücksichtigt werden, der die oberen 32 Bit enthält.

Bild 13.7: Platzbedarf komprimierter Dateien

```
Declare Function GetCompressedFileSize Lib "kernel32" Alias _
  "GetCompressedFileSizeA" (ByVal lpFileName As String, _
  lpFileSizeHigh As Long) As Long
Dim dat$, uncompressed&, compressed&, high&
dat = ... 'Dateiname
uncompressed = FileLen(dat)
compressed = GetCompressedFileSize(dat, high)
```

Automatischer Aufruf von Prozeduren (SetTimer)

Das folgende Beispielprogramm aktiviert per Klick auf einen Button den automatischen Aufruf einer Visual-Basic-Funktion alle 3 Sekunden. Dieser automatische Aufruf findet allerdings nur statt, wenn Visual Basic auf ein Ereignis wartet bzw. wenn *DoEvents* ausgeführt wird. Während der Ausführung der 15-Sekunden-Schleife sind die automatischen Timer-Callbacks dagegen blockiert. (Der selbe Effekt könnte natürlich auch mit einem *Timer*-Steuerelement erreicht werden!)

Bild 13.8: Callback-Beispiel

Die Callback-Funktion des Beispielprogramms ändert die Hintergrundfarbe des Formulars. Bevor das Programm beendet wird, werden weitere automatischen Callback-Aufrufe durch *KillTimer* unterbunden.

```
' SystemnaheProgrammierung\TimerCallback.bas
Option Explicit
Declare Function SetTimer Lib "user32" (ByVal hWnd As Long, _
  ByVal nIDEvent As Long, ByVal uElapse As Long, _
  ByVal lpTimerFunc As Long) As Long
Declare Function KillTimer Lib "user32" (ByVal hWnd As Long, _
  ByVal nIDEvent As Long) As Long
' die Callback-Funktion
Public Sub TimerFunc(wndID&, msg&, eventID&, systime&)
  Form1.BackColor = Rnd * 256 ^ 3
  Debug.Print Rnd
  Beep
End Sub
```

```
' SystemnaheProgrammierung\TimerCallback.frm
Dim timerid&
' Callbacks starten
Private Sub Command1_Click()
  timerid = SetTimer(hWnd, 12345, 3000, AddressOf TimerFunc)
  Command2.Enabled = True
End Sub
' Callbacks stoppen
Private Sub Command2_Click()
  If timerid <> 0 Then KillTimer hWnd, 12345
  timerid = 0
  Command2.Enabled = False
End Sub
' Schleife für 15 Sekunden
Private Sub Command3_Click()
  Dim starttime, i, x
```

```
  starttime = Timer
  If starttime > 86385 Then starttime = starttime - 86400
  Do
    For i = 1 To 1000
      x = Sin(i)
    Next
    Caption = Rnd
  Loop While starttime + 15 > Timer
  Caption = "DLL-Callback-Demo"
End Sub
' Schleife für 15 Sekunden mit DoEvents
Private Sub Command4_Click()
  Dim starttime, i, x
  starttime = Timer
  If starttime > 86385 Then starttime = starttime - 86400
  Do
    For i = 1 To 1000
      x = Sin(i)
    Next
    Caption = Rnd
    DoEvents
  Loop While starttime + 15 > Timer
  Caption = "DLL-Callback-Demo"
End Sub
' Programmende
Private Sub Command5_Click()
  Command2_Click  'Callbacks stoppen
  End
End Sub
Private Sub Form_Unload(Cancel As Integer)
  Command2_Click  'Timer stoppen
End Sub
```

VERWEIS

Weitere Beispiele für die Verwendung von Betriebssystemfunktionen finden Sie natürlich in den weiteren Abschnitten dieses Kapitels. Darüberhinaus sind Beispiele im gesamten Buch verstreut. Die folgende Liste zählt die wichtigsten Referenzen auf.

Sleep (Programm für einige Millisekunden unterbrechen): Seite 280
GetCursorPos (absolute Mausposition ermitteln): Seite 409
GDI-Funktionen zur Grafikprogrammierung: Seite 488
SafeDelete (Dateien in den Papierkorb löschen): Seite 536
GDI-Funktionen zum Ausdruck: Seite 594

13.1.7 Syntaxzusammenfassung

DLL-Funktionen	
Declare Function / Sub name _	Name, unter dem die DLL aufgerufen wird
Lib "name.dll" _	DLL-Dateiname
[Alias "dll_fn_name"] _	Alias-Name der DLL-Funktion (default *name*)
(parameterliste)	wie bei Prozeduren
AddressOf funktionsname	ermittelt die Adresse einer Visual-Basic-Funktion

13.2 IntelliMouse-Ereignisse verarbeiten

Die sogenannte IntelliMouse ist eine Maus mit einem zusätzlichen Rädchen zwischen linker und rechter Maustaste. Dieses Rädchen kann in einigen Programmen (unter anderem in den Office-Komponenten und im Internet Explorer) zum Scrollen von Text sowie für diverse andere Zusatzfunktionen verwendet werden.

Visual Basic unterstützt die IntelliMouse leider nicht durch eigene Ereignisse. Je nach Betriebssystem funktioniert die IntelliMouse aber immerhin in einigen Steuerelementen automatisch: Zu den 'intelli'-Steuerelementen unter Windows NT 4 zählen etwa alle Listenfelder (inklusive *ListView-* und *TreeView*), mehrzeilige Textfeldern (inklusive *RichText*), das *CommonDialog*-Feld (Dialog zur Dateiauswahl) und das *Slider*-Feld. Einige andere Steuerelemente, bei denen es sich wirklich anbieten würden, zeichnen sich freilich durch 'intelli'-Ignoranz aus – unter anderem die Bildlaufleisten (inklusive *UpDown* und *FlatScroll*) sowie die Steuerelemente *MonthData, DTPicker* und *MSFlexGrid*. Noch schlimmer sieht es unter Windows 95 aus: Dort funktioniert die IntelliMouse in keinem einzigen der getesteten Steuerelemente. (Grundlage des Tests war Windows 95B nach der Installation des Internet Explorers 4.)

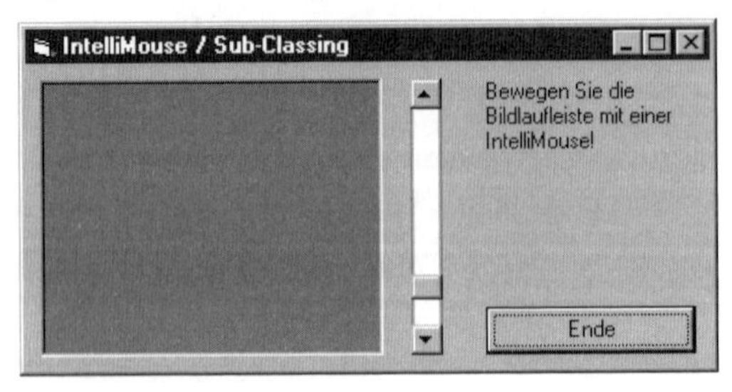

Bild 13.9: IntelliMouse-Beispiel

Dieser Abschnitt zeigt, wie IntelliMouse-Ereignisse dennoch verarbeitet werden können. Die Anwendung ist trivial: Die Bildlaufleiste zur Einstellung der Farbe im Bildfeld links kann per Mausrad verändert werden (Bild 13.9). Trotz der einfachen Aufgabe müssen die Tiefen der DLL-Programmierung recht gründlich ausgelotet werden.

Das Beispiel wird auf Seite 1017 nochmals aufgegriffen, wo es darum geht, die IntelliMouse-Unterstützung in den Code eines neuen ActiveX-Steuerelements zu integrieren. Vorweg aber noch einige allgemeine Informationen zur Natur der zu erwartenden IntelliMouse-Ereignisse.

TIP

Möglicherweise haben Sie mit Ihrer IntelliMouse das selbe Problem wie der Autor: Beim Drehen des Rads nach vorne drücken Sie dieses zu stark, so daß Sie irrtümlich einen Klick mit der dritten Maustaste verursachen. Der Grund ist ein Konstruktionsmangel: Der Drehwiderstand ist beinahe gleich groß wie der Druckpunkt der mit dem Rad kombinierten dritten Maustaste.

Die Bastler unter Ihnen können leicht Abhilfe schaffen: Da der Drehwiderstand leider nicht verringert werden kann (zumindest habe ich keine Möglichkeit gefunden), muß der Druckwiderstand erhöht werden. Dazu zerlegen Sie die Maus und tauschen die zwei unter dem Rad befindlichen Federn durch etwas stärkere Federn aus.

Zur Not können Sie eine geeignete Feder aus einem alten Kugelschreiber nehmen. Die Maus des Autors funktioniert mit ebensolchen Federn seither perfekt. Verwenden Sie aber keine zu starke Feder – sonst ist der Druckwiderstand zu groß und das Rad als Taste praktisch nicht mehr zu gebrauchen (es sei denn, Sie riskieren eine Sehnenscheidenentzündung, für die der Autor naturgemäß keine Verantwortung übernimmt).

13.2.1 IntelliMouse-Grundlagen

Damit Mäuse mit Zusatzrad überhaupt verwendet werden können, bedarf es zweierlei: eines geeigneten Maustreibers und der Unterstützung durch das Betriebssystem. Diese ist erst ab Windows NT 4 bzw. ab Windows 98 integraler Bestandteil. Bei Windows 95 müssen die fehlenden Funktionen nachgerüstet werden. (Dieses Betriebssystem-Update erfolgt im Rahmen der Maustreiberinstallation automatisch und vom Anwender unbemerkt.) Konsequenzen hat dieses Update allerdings auf die Programmierung: Je nach dem, ob die Mausradunterstützung integraler Teil des Betriebssystem oder erst nachträglich installiert ist, müssen unterschiedliche Vorgehensweisen gewählt werden. Das macht den Code nicht gerade übersichtlicher.

Wenn der Anwender das Mausrad bewegt, wird ein *WM_MOUSEWHEEL*-Nachricht versandt. Als Parameter wird neben den Maus-Koordinaten und dem Status der Zustandstasten (Shift, Strg etc.) eine Zahl übergeben, die das Ausmaß der Drehung angibt. Im Regelfall handelt es sich dabei um ein Vielfaches von 120. Das Vorzeichen gibt die Drehrichtung an.

Damit nicht genug: Die Ereignisprozedur sollte auch berücksichtigen, wie stark sich eine Mausdrehung je nach Einstellung des Benutzers auswirken soll. Die IntelliMouse Defaulteinstellung lautet, daß je Drehimpuls (also je 120 Dreheinheiten) um drei Zeilen nach oben bzw. nach unten gescrollt werden soll. (Je nach Anwendung wird es sich natürlich nicht immer um Zeilen handeln – es können auch Pixel einer Bitmap sein etc.) Der Anwender kann aber auch einen größeren oder kleineren Wert angeben (eine Zeile, 20 Zeilen etc.), oder er kann angeben, daß mit jedem Impuls um eine ganze Seite gescrollt werden soll.

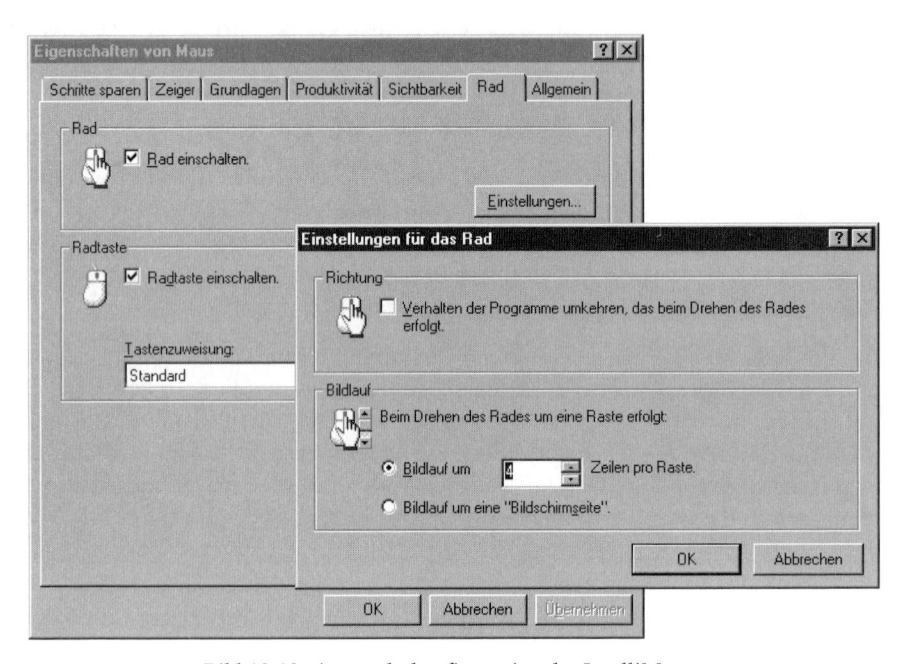

Bild 13.10: Anwenderkonfiguration der IntelliMouse

In der Dokumentation zum *WM_MOUSEWHEEL*-Ereignis wird erwähnt, daß in Zukunft möglicherweise feiner auflösende Mausräder verwendet werden, bei denen kleinere Delta-Werte (dafür öfters) übertragen werden. Das bedeutet aber für den Code, daß der Drehwert nicht einfach durch 120 dividiert werden darf – sonst tritt bei zukünftigen Mäusen womöglich immer 0 als Divisionsergebnis auf, und die Drehung des Mausrads bleibt ohne Reaktion. (Sie können darauf wetten, daß genau das bei vielen Programmen mit IntelliMouse-Unterstützung passieren wird!) Statt dessen müssen Sie die Drehwerte solange summieren, bis sich ein Wert ergibt, der eine sichtbare Reaktion des Programms zufolge hat.

Das Mausrad kann nicht nur gedreht, sondern auch gedrückt werden. In diesem Fall wird einfach ein *Click*- bzw. *MouseDown*-Ereignis ausgelöst, das mit gewöhnlichen Visual-Basic-Ereignisprozeduren ausgewertet werden kann. Das Mausrad entspricht damit also der dritten Maustaste.

Naturgemäß beziehen sich alle obigen Informationen nicht nur auf die originale IntelliMouse von Microsoft (der Begriff ist ein Markenzeichen), sondern auch auf kompatible Modelle.

13.2.2 IntelliMouse-Setup

Das Beispielprogramm beginnt mit diversen DLL-Deklarationen und der Definition einiger genereller Variablen.

```
' SystemnaheProgrammierung\IntelliMouse.bas
Option Explicit
DefLng A-Z          'alle nicht deklarierten Variablen sind Long!
Declare Function CallWindowProc& Lib "user32" Alias _
    "CallWindowProcA" (ByVal lpPrevWndFunc&, ByVal hWnd&, _
    ByVal Msg&, ByVal wParam&, ByVal lParam&)
Declare Function SetWindowLong& Lib "user32" Alias _
    "SetWindowLongA" (ByVal hWnd&, ByVal nIndex&, ByVal dwNewLong&)
Declare Function GetSystemMetrics& Lib "user32" (ByVal nIndex&)
Declare Function RegisterWindowMessage Lib "user32" Alias _
    "RegisterWindowMessageA" (ByVal lpString As String)
Declare Function SendMessage& Lib "user32" Alias "SendMessageA" _
    (ByVal hWnd&, ByVal wMsg&, ByVal wp%, ByVal lp&)
Declare Function FindWindow& Lib "user32" Alias "FindWindowA" _
    (ByVal lpClassName$, ByVal lpWindowName$)
Declare Function SystemParametersInfo& Lib "user32" Alias _
    "SystemParametersInfoA" (ByVal uAction&, ByVal uParam&, _
    ByRef lpvParam As Any, ByVal fuWinIni&)
Const GWL_WNDPROC = -4
Private wheel_support&          'gibt es MouseWheel-Unterstützung?
Private wheel_native_support&   'unterstützt das OS MouseWheel?
Private wheel_msg_id&           'Message ID für MouseWheel-Ereignisse
Private wheel_scr_lines&        'Zahl der Scroll-Lines (je 120)
```

Die Prozedur *Setup_MsWheel* wird beim Programmstart ausgeführt. Darin werden die Parameter des Mausrads ermittelt, d.h. im wesentlichen die Message-ID von *WM_-MOUSEWHEEL* und die Anzahl der Zeilen, die pro Impuls gescrollt werden sollen. *Setup_MsWheel* fällt deshalb so umfangreich aus, weil auf die verschiedenen Betriebssysteme bedacht genommen werden muß. Die Unterscheidung erfolgt durch *GetSystemMetrics*: Wenn das Mausrad direkt vom Betriebssystem unterstützt wird, ist die Message-ID eindeutig definiert; die Anzahl der Scroll-Zeilen kann durch einen einfachen *SystemParametersInfo*-Aufruf bestimmt werden.

```
' diese Funktion ermittelt
' (1) ob MouseWheel unterstützt wird         ---> wheel_support
' (2) ob es direkt vom OS unterstützt wird ---> wheel_native_support
' (3) den ID der MouseWheel-Messages         ---> wheel_msg_id
' (4) die Anzahl der Zeilen je Impuls        ---> wheel_scr_lines
Public Sub Setup_MsWheel()
  Const SM_MouseWheelPresent = 75
  Const SPI_GetWheelScrollLines = 104  'nur für NT4 / Win98
```

```
  Const WM_MouseWheel = &H20A          'nur für NT4 / Win98
  Dim wheel_scrl_msg&
  wheel_native_support = GetSystemMetrics(SM_MouseWheelPresent)
  If wheel_native_support Then
    ' message ID ist durch OS vorgegeben (WinNT >= 4 and Win >= 98)
    wheel_support = True
    wheel_msg_id = WM_MouseWheel  '&H20A
    SystemParametersInfo SPI_GetWheelScrollLines, 0, _
      wheel_scr_lines, 0
```

Bei älteren Betriebssystemen wird mit *FindWindow* getestet, ob ein IntelliMouse-Treiber läuft. (Genaugenommen wird nach einem Windows-Objekt mit der Bezeichnung *"Magellan MSWHEEL"* gesucht.) Wenn der Treiber gefunden wurde, muß als nächstes die ID von *WM_MOUSEWHEEL* ermittelt werden. (Da der Treiber erst nachträglich in das Betriebssystem eingebettet wurde, handelt es sich nicht um einen statisch vorgegebenen Wert.) Außerdem wird versucht, die Zahl der Scroll-Zeilen zu ermitteln. Gelingt das nicht, wird als Defaultwert 3 verwendet.

```
  Else
    ' keine direkte OS-Unterstützung
    ' feststellen, ob geeigneter Treiber läuft
    wheel_support = FindWindow("MouseZ", "Magellan MSWHEEL")
    If wheel_support Then
      ' message ID wird dynamisch ermittelt
      wheel_msg_id = RegisterWindowMessage("MSWHEEL_ROLLMSG")
      ' wheel_scr_lines wird dynamisch ermittelt
      wheel_scrl_msg = RegisterWindowMessage("MSH_SCROLL_LINES_MSG")
      If wheel_scrl_msg Then
        wheel_scr_lines = SendMessage(wheel_support, _
          wheel_scrl_msg, 0, 0)
      Else
        ' Defaultwert für wheel_scr_lines
        wheel_scr_lines = 3
      End If
    End If
  End If
End Sub
```

13.2.3 Sub-Classing-Funktion aktivieren / deaktivieren

Die Programmausführung beginnt mit der *Form_Load*-Ereignisprozedur des Formulars. Dort wird zuerst die oben abgedruckte Funktion *Setup_MsWheel* ausgeführt. Anschließend wird mit *IDE* getestet, ob das Programm in der Entwicklungsumgebung von Visual Basic ausgeführt wird (siehe unten). Wenn das der Fall ist, wird in einer

MsgBox davor gewarnt, das Programm anders als durch den ENDE-Button zu beenden. Anschließend wird mit *Hook* die SubClassing-Funktion für das Formular eingerichtet.

```
' SystemnaheProgrammierung\IntelliMouse.frm
Private Sub Form_Load()
  VScroll1_Change
  Setup_MsWheel
  If IDE Then MsgBox "VORSICHT! ... ", vbExclamation
  Hook Me.hWnd
End Sub
```

HINWEIS

Prinzipiell wäre es auch möglich, an *Hook* den Windows-Handle der Bildlaufleiste zu übergeben. Dann würde die Bewegung des Mausrads allerdings nur registriert, wenn dieses Steuerelement den Eingabefokus hat. Bei Programmen mit mehreren Steuerelementen, die per Mausrad zu bedienen sind, wäre das eine sinnvolle Vorgehensweise. Bei diesem Programm ist es aber praktischer, wenn das Mausrad unabhängig vom Mausfokus funktioniert.

Hook / Unhook

Das Aktivieren / Deaktivieren der Windows-Funktion erfolgt, wie bereits in der SubClassing-Einleitung beschrieben, durch durch *SetWindowLong*. Die Funktionen *Hook* und *Unhook* sind allerdings darüber hinaus gegen eine Fehlbedienung so weit als möglich abgesichert, d.h., *Hook* kann nur einmal ausgeführt werden, *Unhook* nur, wenn vorher *Hook* ausgeführt wurde. Die Adresse der bisherigen Windows-Funktion wird in *oldWinFunc* gespeichert.

```
' SystemnaheProgrammierung\IntelliMouse.bas
Private active_hook&          'kein doppelter Aufruf von Hook/Unhook
Private oldWinFunc&           'ursprüngliche Windows-Funktion
Public Sub Hook(handle&)
  If wheel_support Then
    If Not active_hook Then
      oldWinFunc = SetWindowLong(handle, GWL_WNDPROC, _
        AddressOf WindowProc)
      active_hook = True
    End If
  End If
End Sub
Public Sub Unhook(handle&)
  If active_hook Then
    SetWindowLong handle, GWL_WNDPROC, oldWinFunc
  End If
  active_hook = False
End Sub
```

Programmende

Zum Programmende kommt es, wenn der Anwender den ENDE-Button oder das SCHLIESSEN-Symbol des Fensters (das X) anklickt. Im ersten Fall wird durch *Unload Me* das Formular geschlossen. Dabei kommt es zum *Unload*-Ereignis, wo durch *Unhook* die Windows-Funktion deaktiviert wird.

```
' SystemnaheProgrammierung\IntelliMouse.frm
Private Sub Form_Unload(Cancel As Integer)
  Unhook Me.hWnd
End Sub
Private Sub Command1_Click()
  Unload Me
End Sub
```

HINWEIS

In einem ersten Versuch wurde für den ENDE-Button der folgende Code verwendet, der eigentlich korrekt aussieht:

```
Private Sub Command1_Click()
  Unhook Me.hWnd
  End
End Sub
```

Das Ergebnis ist allerdings ein unmittelbarer Absturz der Entwicklungsumgebung. Die Ursache des Absturzes ist unklar geblieben, sicher ist nur, daß es mit *Unload* eleganter und besser funktioniert.

Testen, ob Programm in der Entwicklungsumgebung ausgeführt wird

In *Form_Load* wird mit *IDE* getestet, ob das Programm in der Entwicklungsumgebung läuft. *IDE* verwendet für diesen Test die API-Funktion *GetModuleFileName*, die den Dateinamen des laufenden Programms ermittelt. Solange das Programm in der Entwicklungsumgebung läuft, liefert die Funktion den vollständigen Dateinamen zu `vb6.exe`. Ist das Programm dagegen kompiliert, dann liefert die Funktion den Dateinamen des Kompilats. Die Funktion erwartet als Parameter die Instanznummer des laufenden Prozesses, der mit *App.hInstance* ermittelt werden kann.

Der Zeichenkettenvergleich mit *Like* bewirkt, daß der Test auch mit Visual Basic 5 und möglicherweise auch noch mit Visual Basic 7 funktioniert. (Pech wäre natürlich, wenn die nächste Visual-Basic-Version die klingende Versionsnummer 2000 trägt.)

```
Declare Function GetModuleFileName Lib "kernel32" Alias _
  "GetModuleFileNameA" (ByVal hModule As Long, _
  ByVal lpFileName As String, ByVal nSize As Long) As Long
Public Function IDE() As Boolean
  Dim tmp$
  tmp = Space(256)
```

```
  GetModuleFileName App.hInstance, tmp, 256
  If LCase(tmp) Like "*vb?.exe*" Then
    IDE = True
  Else
    IDE = False
  EndIf
End Function
```

13.2.4 Die neue Windows-Funktion

Die neue Windows-Funktion wird bei jedem Formular-Ereignis aufgerufen. Nur wenn es sich tatsächlich um ein Mausradereignis handelt, werden die weiteren Parameter ausgewertet; ist das nicht der Fall, werden die Parameter sofort via *CallWindowProc* an die ursprüngliche Windows-Funktion weitergegeben (siehe *Else*-Teil am Ende der *WindowProc*-Funktion).

Die Auswertung der Parameter ist schwieriger als erwartet: Zum einen müssen die beiden *Long*-Parameter in je zwei *Int*-Parameter zerlegt werden. (Der Code der Hilfsfunktionen *Lo*- und *HiWord* wird im Anschluß beschrieben.) Zum anderen muß unterschieden werden, ob die IntelliMouse direkt vom Betriebssystem unterstützt wird: Je nach Betriebssystemunterstützung befindet sich die Mausradinformation (*delta*) mal in den beiden ersten Bytes des Parameters und mal im dritten und vierten Byte. (Da ist wohl etwas bei der Programmierung des Mausradtreibers schiefgegangen.) Ärgerlich ist auch, daß der *button*-Parameter unter Windows 95 immer 0 bleibt, auch wenn Tasten wie Strg oder Shift gedrückt werden.

```
Private Function WindowProc&(ByVal hw&, ByVal uMsg&, ByVal wParam&, _
     ByVal lParam&)
  Dim x&, y&, button&, delta&
  Dim newvalue&
  Static deltasum As Double
  ' hw   ... Window Handle    wParam ... erster Parameter
  ' uMsg ... Message ID       lParam ... zweiter Parameter
  On Error Resume Next
  If uMsg = wheel_msg_id Then
    ' Ereignisparameter auswerten
    If wheel_native_support Then
      button = LoWord(wParam)        'Tasten (Shift=4, Strg=8 etc.)
      delta = HiWord(wParam)         'Bewegung des Rads
    Else
      delta = LoWord(wParam)         'Bewegung des Rads
      button = HiWord(wParam)        'keine Tasteninfo unter Win 95
    End If
    x = LoWord(lParam)               'Mauskoordinaten in Screen-Pixel
    y = HiWord(lParam)
```

Der Rest der Windows-Funktion ist speziell auf die Steuerung einer Bildlaufleiste zugeschnitten. Wenn das Mausrad vom Anwender so konfiguriert ist, daß die Bewegung seitenweise erfolgen soll (d.h. *wheel_scroll_lines=-1*), wird die *Value*-Eigenschaft der Bildlaufleiste um den Betrag von *LargeChange* verändert. Dabei wird nur das Vorzeichen von *delta* berücksichtigt.

Andernfalls wird *Value* für jeden Impuls (also für je 120 Einheiten) um *wheel_scroll_lines* mal dem Wert von *SmallChange* verändert. Um auch mit zukünftigen Mausrädern kompatibel zu bleiben, wird die Veränderung für jeden Impuls zuerst in der statischen Variablen *deltasum* aufsummiert. Nur wenn sich dort ein Absolutbetrag größer 1 ergibt (gemessen an der *Value*-Veränderung), wird die Veränderung tatsächlich durchgeführt und *deltasum* entsprechend verkleinert.

```
    ' Reaktion auf Ereignis
    With Form1.VScroll1
      If wheel_scr_lines = -1 Then  'seitenweise
        newvalue = .Value - .LargeChange * Sgn(delta)
      Else                          'zeilenweise
        ' Veränderungen aufsummieren, bis 1 überschritten wird
        deltasum = deltasum + _
          .SmallChange * (delta / 120 * wheel_scr_lines)
        If Abs(deltasum) >= 1 Then
          newvalue = .Value - Fix(deltasum)
          deltasum = deltasum - Fix(deltasum)
        Else
          newvalue = .Value
        End If
      End If
      If newvalue > .Max Then newvalue = .Max
      If newvalue < .Min Then newvalue = .Min
      .Value = newvalue
    End With
  Else
    ' ursprüngliche Funktion aufrufen
    WindowProc = CallWindowProc(oldWinFunc, hw, uMsg, wParam, lParam)
  End If
End Function
```

Low- und High-Word aus einer Long-Zahl extrahieren

Bei der Auswertung von Parametern von DLL-Funktionen kommt es immer wieder vor, daß eine *Long*-Variable zwei *Int*-Werte enthält. Während in Programmiersprachen die Zerlegung einer 32-Bit- in zwei 16-Bit-Zahlen trivial ist, verursacht sie unter Visual Basic jede Menge Probleme. Zum einen fehlen Bit-Shift-Operatoren, zum anderen treten Überlauffehler auf (weil jede positive Zahl größer 32767 nicht als *Int*, sondern als *Long* klassifiziert wird – siehe auch Seite 108).

In *HiWord* wird die *Long*-Zahl durch 65536 (also durch 2^{16}) dividiert, nachdem vorher die unteren 16 Bits mit *And* auf 0 gesetzt werden, um Rundungsfehler bei der Division zu vermeiden. *LoWord* setzt zuerst die oberen 16 Bit auf 0; anschließend wird der Rest (eine Zahl zwischen 0 und 65535) in den Zahlenbereich zwischen +32767 und -32768 umgewandelt, der für *Int*-Variablen zulässig ist.

```
' Long-Zahl in zwei Int-Zahlen zerlegen
Public Function HiWord%(ByVal x&)
  HiWord = (x And &HFFFF0000) \ &H10000
End Function
Public Function LoWord%(ByVal x&)
  x& = x& And &HFFFF&
  If x > 32767 Then
    LoWord = x - 65536
  Else
    LoWord = x
  End If
End Function
```

VERWEIS

Wenn Sie sich für andere Spielarten von *Hi-* und *LoWord* interessieren, werfen Sie einen Blick in die MSDN-Library:

BOOKS | HARDCORE VISUAL BASIC | CHAPTER 5 | HAMMERING BITS

13.3 DLL-Funktionen in C++ programmieren

Durch in C oder C++ programmierte Funktionen kann die Effizienz von Visual-Basic-Programmen verbessert werden. Mit der Verfügbarkeit des Compilers seit Visual Basic 5 hat die Bedeutung von C-DLLs zwar abgenommen, manchmal bietet C aber noch immer bessere (und vor allem deutlich schnellere) Möglichkeiten zur Realisierung von Algorithmen.

Dieser Abschnitt beschreibt die C-Programmierung von DLLs, die in Visual Basic verwendet werden können. Da dieses Buch ein Visual-Basic-Buch und keines zur C-Programmierung unter Windows ist, wird das Thema eher knapp behandelt. Sie benötigen auf jeden Fall Grundkenntnisse in C und einen C-Compiler, der 32-Bit-DLLs erzeugen kann (Microsoft Visual C++ ab Version 2, Borland C++ ab Version 4 etc.). Die Beispiele in diesem Kapitel basieren auf Visual C++ 6.

Am Beispiel einer Funktion zur Berechnung von Apfelmännchengrafiken werden Sie sehen, daß die Programmierung kleiner DLLs so einfach sein kann, daß sie sich auch für Programmierer anbietet, die keine C-Experten sind.

VERWEIS

Bruce McKinney (Autor des Buchs *Hardcore Visual Basic*) hat eine ausgezeichnete Artikelserie zur DLL-Programmierung mit C++ geschrieben, die sich insbesondere mit der Bearbeitung von OLE-Datentypen in C-Programmen sehr intensiv auseinandersetzt (*String* und *Variant*). Sie finden die Texte in der MDSN-Libary:

TECHNICAL ARTICLES | VISUAL TOOLS | VISUAL BASIC | EXTENDING VB WITH C++ DLLS

13.3.1 DLL-Interna

Was ist eine DLL aus Sicht des Programmierers? Im Prinzip nichts anderes als ein Windows-Programm, das statt der Dateikennung `*.exe` die Kennung `*.dll` aufweist. Gegenüber gewöhnlichen Windows-Programmen gibt es aber zwei wesentliche Unterschiede: Zum einen kann eine DLL nicht für sich gestartet werden, sondern nur über ein anderes Programm (etwa ein Visual-Basic-Programm), das auf Funktionen der DLL zurückgreifen möchte. Zum anderen fehlt in einer DLL die Funktion *WinMain*, mit der alle Windows-Programme beginnen. Statt dessen kann es die Funktion *DllMain* geben (siehe unten).

ANMERKUNG

DLLs können von mehreren Prozessen gleichzeitig genutzt werden. Es besteht sogar die Möglichkeit, daß eine DLL von einem Prozeß durch mehrere Threads genutzt wird. (Threads sind, vereinfacht ausgedrückt, parallel laufende Programmteile, die ein besseres Multitasking ermöglichen.) Die gleichzeitige Verwendung einer DLL durch mehrere Programme kann Probleme bei der Initialisierung und Speicherverwaltung verursachen. Dieses Thema wird hier nicht weiter verfolgt, Sie sollten sich der Problematik bei der Entwicklung eigener DLLs aber bewußt sein und gegebenenfalls die Dokumentation dazu lesen (insbesondere zu den Aufgaben der Funktion *DllMain*).

Alle DLL-Funktionen, die nach außen hin zur Verfügung stehen sollen (also etwa für Visual-Basic-Programme), werden durch *__declspec(dllexport)* gekennzeichnet. Diese Anweisung erfolgt direkt im C-Code. Sie ersetzt das bei 16-Bit-DLLs gebräuchliche Schlüsselwort *_export* und die *EXPORTS*-Informationen in der Moduldefinitionsdatei. Eine Moduldefinitionsdatei ist zur Erzeugung von 32-Bit-DLLs nicht mehr zwingend erforderlich.

DLLs, die ohne Initialisierungsarbeiten auskommen, benötigen keine *DllMain*-Funktion im Programmcode. (*DllMain* ersetzt *LibMain* und *WEP*, die in 16-Bit-DLLs die Initialisierung bzw. die Aufräumarbeiten beim Beenden der DLL übernahmen.) Wenn die Funktion *DllMain* fehlt, verwendet Visual C++ eine Defaultfunktion, die einfach nur *TRUE* zurückgibt.

Visual-Basic-Anforderungen an DLLs

Visual Basic gibt sich nicht mit jeder 32-Bit-DLL zufrieden. Damit eine DLL in Visual Basic verwendet werden kann, müssen die darin enthaltenen Funktionen die *__stdcall*-Konvention erfüllen. (Diese Konvention regelt, wie und in welcher Reihenfolge Parameter am Stack übergeben werden, wer für die Aufräumarbeiten am Stack zuständig ist etc.). Diese *__stdcall*-Konvention wird auch von allen API-32-Funktionen eingehalten (also von den Systemfunktionen von Windows 9x bzw. Windows NT).

Damit Funktionen die *__stdcall*-Konvention erfüllen, muß bei der Deklaration der Funktion im C-Code das Schlüsselwort *_stdcall* angegeben werden. Ein typischer Funktionsprototyp sieht damit folgendermaßen aus:

```
long __declspec(dllexport) __stdcall calc_apfel_point
   (double, double, long);
```

Dabei gibt *long* das Datenformat des Rückgabewerts an. *_declspec(dllexport)* weist darauf hin, daß die Funktion exportiert werden soll (also nach außen hin verfügbar ist; innerhalb der DLL kann es natürlich auch private Funktionen geben, die nicht exportiert werden müssen). *__stdcall* gibt die Übergabekonvention an. *calc_apfel_point* ist der Name der Funktion, anschließend folgen die Datentypen der Parameter.

Die *__stdcall*-Konvention hat einen unangenehmen Nebeneffekt: Die Funktion wird nicht unter ihrem normalen Funktionsnamen exportiert, sondern unter *_name@n*: Dem Namen wird also ein Unterstrich vorangestellt, dann folgt das Zeichen @ und schließlich die Größe des Stackbereichs für die Parameterübergabe. (Im C-Jargon heißt so ein Funktionsname *mangled name*, weil in den eigentlichen Namen zusätzliche Informationen eingearbeitet wurden.) Bei *calc_apfel_point* ist der Stackbereich 20 Byte groß: zweimal 8 Byte für die *double*-Parameter und einmal 4 Byte für den *long*-Parameter. Die Deklaration von *calc_apfel_point* im Visual-Basic-Programm sieht so aus:

```
Private Declare Function calc_apfel_point& Lib "apfel.dll" _
  Alias "_calc_apfel_point@20" _
  (ByVal realconst#, ByVal imagconst#, ByVal rechentiefe&)
```

Verwendung einer Moduldefinitionsdatei

Der Umgang mit den vom C-Compiler produzierten *mangled names* ist nicht eben elegant. Jedesmal, wenn Sie die Parameterliste Ihrer Funktion ändern, müssen Sie die Länge der Parameterliste in Bytes ausrechnen und den *Alias*-Namen in der *Declare*-Anweisung ändern. Um das zu vermeiden, müssen Sie die schon vergessen geglaubten Moduldefinitionsdateien wieder einsetzen. Die Syntax einer Moduldefinitionsdatei geht aus den folgenden Zeilen hervor:

```
LIBRARY libname
EXPORTS
    funktionsnamea
    funktionsnameb
```

In der *LIBRARY*-Anweisung wird der Name der DLL angeben. Im *EXPORTS*-Abschnitt werden alle zu exportierenden Funktionen aufgezählt. (Bei manchen Compilern muß den Funktionsnamen noch *@1*, *@2* etc. nachgestellt werden. Dabei handelt es sich um interne Referenznummern. Wenn die Nummern nicht angegeben werden, sollte der Compiler sich selbst Nummern generieren.) Für Moduldefinitionsdateien sind eine Menge weiterer Schlüsselwörter definiert, die aber hier nicht von Interesse sind.

Für die in der Datei `apfel.c` definierte Funktion *calc_apfel_point* würde die dazugehörende Moduldefinitionsdatei `apfel.def` folgendermaßen aussehen:

```
LIBRARY apfel
EXPORTS
    calc_apfel_point
```

In der *Declare*-Anweisung im Visual-Basic-Programm kann *calc_apfel_point* jetzt direkt beim Namen genannt werden – ohne obskure Namenserweiterungen:

```
Private Declare Function calc_apfel_point& Lib "apfel.dll" _
  (ByVal realconst#, ByVal imagconst#, ByVal rechentiefe&)
```

Verwendung einer Type-Library

Die obige *Declare*-Anweisung ist zwar schon etwas übersichtlicher als die erste Version, aber es geht noch viel eleganter: nämlich ganz ohne *Declare*! Voraussetzung ist eine Type-Libary (Typenbibliothek, Dateikennung `*.tlb`), die Informationen über die in der DLL enthaltenen Funktionen und deren Parameter enthält. Damit Sie die DLL-Funktionen nützen können, müssen Sie jetzt nur noch mit PROJEKT | VERWEISE die Type-Library laden. Damit sind alle in der DLL enthaltenen Funktionen unter Visual Basic als globale Funktionen (vergleichbar etwa mit Rechen- oder Zeichenkettenfunktionen) verfügbar. Prinzipiell ist es sogar möglich, Type-Libraries zu fremden DLLs zu entwickeln, also beispielsweise für API-Funktionen des Betriebssystems.

Type-Libraries haben freilich nicht nur Vorteile: Zum einen ist deren Erstellung verhältnismäßig mühsam. (Die Vorgehensweise ist in einem eigenen Abschnitt ab Seite 650 beschrieben.) Zum anderen ist die Weitergabe von Programmen, die auf Type-Libraries basieren, etwas komplizierter als bei gewöhnlichen DLL-Programmen. Es reicht nicht, die Type-Library am Zielrechner zu installieren – Sie muß dort auch registriert werden. Der Grund: Der Zugriff auf Type-Libraries erfolgt über einen GUID (*globally unique identifier*). Diese 128-Bit-Zahl sowie grundlegende Informationen über die Bibliothek müssen in der Registrierdatenbank vermerkt werden.

Die Registrierung übernimmt zum Glück der Installationsassistent. Sie müssen nur darauf achten, daß sowohl die `*.dll`- als auch die `*.tlb`-Datei in die Liste der zu installierenden Dateien aufgenommen wird. Weniger glücklich endet der Versuch, ein entsprechendes Programm wieder zu entfernen. Das Deinstallationprogramm stürzt mit einem 'nicht behebbaren Anwendungsfehler' ab. Bei dieser Gelegenheit wird auch gleich die Datei `name.log` zerstört, so daß ein weiterer Deinstallationsveruch zwecklos ist.

Orte für DLL-Dateien

Damit das Visual-Basic-Programm die von Ihnen erzeugte DLL auch findet, muß die Datei in einen der folgenden Orte kopiert werden:

- Windows-Verzeichnis
- Windows-Systemverzeichnis
- Visual-Basic-Verzeichnis (also das Verzeichnis, in dem sich `vb6.exe` befindet; dieses Verzeichnis ist allerdings nur während der Programmentwicklung relevant)
- Verzeichnis des von Ihnen entwickelten Programms (nur wenn das Kompilat, also eine `*.exe`-Datei, ausgeführt wird)
- im aktuellen Verzeichnis (also *CurDir*; kann durch *ChDir* und *ChDrive* verändert werden)

Wenn Sie eine Type-Library verwenden, gelten ebenfalls alle oben genannten Verzeichnisse, allerdings mit einer Ausnahme: Das aktuelle Verzeichnis wird nicht berücksichtigt. Es ist bei der Programmentwicklung lästig, daß die DLL nicht im gleichen Verzeichnis wie der Programmcode untergebracht werden kann.

Der sinnvollste Ort hängt vom Verwendungszweck der DLL ab. Wenn die DLL nur für eine ganz spezielle Anwendung in einem Programm vorgesehen ist, dann ist der beste Ort das Programmverzeichnis. Während der Entwicklung der DLL kann durch *ChDrive / ChDir App.Path* erreicht werden, daß das Entwicklungsverzeichnis gleichzeitig das aktuelle Verzeichnis ist und die DLL daher dort gefunden wird. Wenn die DLL dagegen von mehreren unterschiedlichen Visual-Basic-Programmen verwendet werden soll, ist der beste Ort das Windows-Systemverzeichnis.

HINWEIS

Kopieren Sie keine Dateien in das Windows-Systemverzeichnis, wenn es nicht sein muß! Das Verzeichnis quillt auch so schon über von Dateien aller möglichen Programme.

13.3.2 Beispiel: Apfelmännchengrafiken per DLL

Auf Seite 498 wurde ein Visual-Basic-Programm zur Berechnung von Apfelmännchengrafiken vorgestellt. Trotz Compilers stellt sich die Frage, ob die Berechnung dieser Grafiken nicht beschleunigt werden kann. Die DLL `Apfel.dll` beweist, daß das der Fall ist.

Der C-Code

Die Deklaration der Funktion wurde im obigen Abschnitt schon beispielhaft besprochen. Der dazugehörende Code ist nahezu identisch mit dem der Visual-Basic-Funktion, die ersetzt werden soll. Da es keinerlei Initialisierungsaufgaben zu erfüllen gibt, kommt der Code ohne die Funktion *DllMain* aus.

Da keine Windows-spezifischen Funktionen genutzt werden, sind auch keine *#include*-Anweisungen erforderlich. DLLs, die auf die Windows-API zurückgreifen, benötigen in jedem Fall die Definitionen aus `Windows.h`; wenn darüber hinaus auch OLE-Funktionen verwendet werden sollen, muß auch `Ole2.h` inkludiert werden.

Bei umfangreicheren Projekten werden Sie Funktionsprototypen, Konstantendefinitionen etc. vom eigentlichen Code trennen und in eigenen `*.h`-Dateien speichern – hier wurde wegen der Kürze des Codes darauf verzichtet.

```
// SystemnaheProgrammierung\DLL-Programmierung\Apfel\Apfel.c
// DLL zur schnellen Berechnung von Apfelmänchengrafiken in
// Visual Basic

// Funktion
long  __declspec( dllexport ) __stdcall   calc_apfel_point
  (double realconst, double imagconst, long rechentiefe)
{
  long zaehler=rechentiefe;
  double realquad,imagquad,real,imag;
  real=realconst;
  imag=imagconst;
  do       /* Schleife zur Berechnung eines Punkts */
    {
    realquad=real*real;
    imagquad=imag*imag;
    if (realquad+imagquad>4) break;
    imag=real*imag*2+imagconst;
    real=realquad-imagquad+realconst;
    zaehler--;
    }
  while (zaehler>0);
  return(rechentiefe-zaehler);
}
```

Um im Visual-Basic-Programm eine direkte Nennung des Funktionsnamens in der *Declare*-Anweisung zu ermöglichen, wird der C-Code durch die folgende Moduldefinitionsdatei ergänzt:

```
; SystemnaheProgrammierung\DLL-Programmierung\Apfel\Apfel.def
LIBRARY apfel
EXPORTS
  calc_apfel_point
```

Unter Visual C++ sind die beiden Dateien Bestandteil eines Workspace-Projekts. (Die Datei `Apfel.mdp` befindet sich ebenfalls auf der CD.) Beim Öffnen des Projekts wurde angegeben, daß eine Win32-DLL erstellt werden soll (ohne Unterstützung durch den *MFC Application Wizzard*). Weitere Optionen sind nicht einzustellen.

Als Ergebnis eines Compile- und Link-Vorgangs erhalten Sie die Datei `Apfel.dll`. Diese Datei muß anschließend in das Visual-Basic-Verzeichnis oder in das Windows-Systemverzeichnis kopiert werden, damit Visual Basic die DLL bei der Programmausführung findet.

Verwendung der DLL im Visual-Basic-Programm

An dem auf Seite 498 vorgestellten Apfelmännchenprogramm sind nur minimale Änderungen erforderlich. Diese Änderungen wurden in der Datei `ApfelMainDLL.frm` durchgeführt, die die ursprüngliche Datei `ApfelStandard.frm` ersetzt. Die einzige Neuerung besteht darin, daß die Funktion *calc_apfel_point* deklariert werden muß. Damit es zu keinen Konflikten mit der gleichnamigen Visual-Basic-Prozedur kommt, wird diese gelöscht. (Die DLL-Funktion ersetzt ja die Visual-Basic-Funktion.)

```
' Beispielprogramm Grafik\ApfelMainDLL.bas
Private Declare Function calc_apfel_point& Lib "apfel.dll" _
  (ByVal realconst#, ByVal imagconst#, ByVal rechentiefe&)
```

Benchmark-Tests

Die interessanteste Frage ist jetzt natürlich: Wie groß ist der Leistungsgewinn durch die DLL? Seit Visual Basic mit einem echten Compiler ausgestattet ist, bringt die DLL nur noch etwa eine Beschleunigung um einen Faktor zwischen zwei und vier. (In Visual Basic 4, das noch keinen echten Compiler hatte, brachte die DLL dagegen eine Beschleunigung des Programms auf das Zehnfache.)

Die Ergebnisse sind abhängig von der Rechentiefe: Je größer die Rechentiefe, desto geringer wirkt sich der Overhead des Programms aus (Bildschirmausgabe etc.) Die Tests wurden im HiColor-Mode (65536 Farben) bei einer Auflösung von 1024*768 Punkten mit einem Pentium 133 durchgeführt.

	mit DLL	ohne DLL	Faktor
Rechentiefe 150	19 sec.	30 sec.	1.57
Rechentiefe 500	88 sec.	204 sec.	2.32
Rechentiefe 1000	158 sec.	674 sec.	4.27

13.3.3 DLLs mit Type-Library

Die Entwicklung einer Type-Library ist an sich unabhängig vom C-Code einer DLL – entscheidend ist nur, daß Sie wissen, welchen Namen die DLL hat, welchen Namen die darin enthaltenen (öffentlichen) Funktionen haben und wie deren Parameter aussehen.

Basierend auf diesen Daten erstellen Sie eine sogenannte Interface-Definition-Datei, die üblicherweise die Dateikennung `*.idl` trägt (*interface definition language*). Diese Datei wird mit dem Programm `Midl.exe` in eine Type-Library mit der Kennung `*.tlb` übersetzt. `Midl.exe` finden Sie nach einer Installation von Visual-C++ im Verzeichnis `Vstudio98\Vc98\Bin`. Der Aufruf erfolgt am bequemsten im Rahmen eines C++-Projekts aus der Visual-Studio-Entwicklungsumgebung.

HINWEIS

Oftmals werden Sie in der Literatur auf ODL-Dateien stoßen (*object description language*). Dabei handelt es sich um ein (beinahe) kompatibles Format, das sich am mittlerweile nicht mehr unterstützten Programm `MkTypLib.exe` orientiert. Die Dateikennung lautet `*.odl`. Ob Sie als Dateikennung `*.idl` oder `*.odl` verwenden, spielt keine Rolle; Sie sollten aber auf jeden Fall auf `Midl.exe` umsteigen.

IDL-Syntax

Die IDL-Datei beginnt mit einer UUID-Nummer, die die Type-Library weltweit eindeutig identifiziert (siehe Seite 960). Eine UUID für eine eigene Library erzeugen Sie mit dem Programm `VStudio/Common/Tools/Guidgen.exe`. Der *helpstring* enthält den Namen der Library, wie er im Visual-Basic-Dialog PROJEKT | VERWEISE angezeigt wird. *lcid* gibt die Sprache an, für die die Library konzipiert ist. Diese Angabe bezieht sich auf Hilfetexte, Texte in Dialogen etc. Funktionsnamen sind üblicherweise unabhängig von *lcid* immer englisch. Wichtige Werte sind 0 (neutral), *0x0809* (US-Englisch) und *0x0407* (Deutsch / Standard).

```
[ uuid(EA8D0225-1C75-11d2-8BFD-00C0F00A38D0),
  helpstring("library name"),      // für den Dialog Projekt|Verweise
  lcid (0x00000000),               // Sprache (0 für neutral)
  version(1.1) ]                   // Versionsnummer
```

Als nächstes folgt die Deklaration des Library-Namens. Der nach *library* angegebene Name wird im Objektkatalog als Library-Name angezeigt. Der *dllname* gibt den Dateinamen der DLL an. Wenn wie hier ein relativer Name verwendet wird, wird die Datei an den üblichen Dateien gesucht (Programmverzeichnis, Windows-Systemverzeichnis etc.).

```
// SystemnaheProgramm\DLL-Programmierung\Apfel-Typelib\Apfel.idl
library Mandelbrot                    // Library-Name im Objektdialog
{
  [ dllname("apfel.dll") ]
```

Daran schließen sich ein oder mehrere Module an. Module erscheinen im Visual-Basic-Objektdialog als Klassen. Da alle im folgenden definierten Funktionen in Visual Basic ohnehin globale Gültigkeit haben, wird der Modul- bzw. Klassenname im Programmcode selten verwendet. (Er kann aber zur Unterscheidung namensgleicher Funktionen benutzt werden. Wenn die Library ein zweites Modul mit Funktionen zur Berechnung von Punkten der zur Mandelbrot-Menge verwandten Julia-Menge enthält, könnten die Funktionen als *Mandel.CalculatePoint* und *Julia.CalculatePoint* verwendet werden.)

Innerhalb eines Moduls können mehrere Funktionen angegeben werden. Dabei wird innerhalb von *entry* der Name der Funktion im C-Code angegeben. Nach den eckigen Klammern folgt der Name, unter dem die Funktion im Objektkatalog angezeigt werden soll. Die Bedeutung der Parameter ist offensichtlich. *[in]* bezeichnet Wertparameter, *[in, out]* oder *[out]* Rückgabeparameter (Übergabe durch Zeiger).

```
   module Mandel {                    // Klassen-Name im Objektdialog
    [ entry("calc_apfel_point"),      // Funktionsname im C-Code
      helpstring("calculates one point of Mandelbrot set"), ]
    long CalculatePoint (             // Methoden-Name im Objektdialog
      [in] double Real,               // Parameter-Namen im Objektdialog
      [in] double Imag,
      [in] long Depth );
    [ entry(...) ...] funktion(...);    // weitere Funktionen
    [ entry(...) ...] funktion(...);
  }                                     // Modul-Ende
  module xy { ... }                     // weitere Module
  module z  { ... }
}                                       // Library-Ende
```

Die obige Datei enthält also – von den paar Pseudo-Code-Zeilen abgesehen – nur ein einziges Modul *Mandel* mit wiederum nur einer Funktion *CalculatePoint*. Im Visual-Basic-Beispielprogramm `ApfelDLL-Typelib.vbp`, der nunmehr dritten Variante des Apfelmännchenprogramms, wurde die DLL-Deklaration von *calc_apfel_point* entfernt. Die DLL-Funktion *CalculatePoint* kann ohne Deklaration aufgerufen werden.

```
Function Calc_Point()
  Calc_Point = rechentiefe - CalculatePoint(real, imag, rechentiefe)
End Function
```

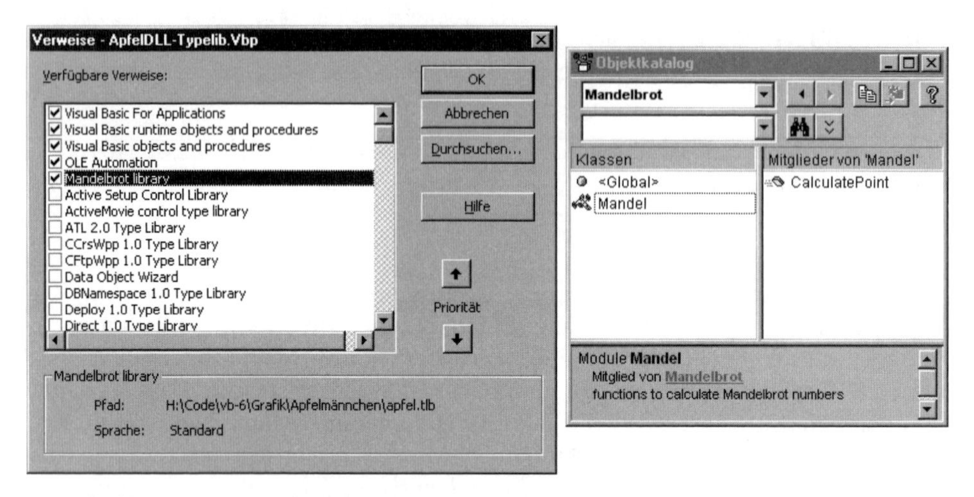

Bild 13.11: Das Ergebnis der IDL-Datei im Verweise-Dialog und im Objektkatalog

Für die Korrektheit der Deklarationen in der IDL-Datei sind Sie selbst verantwortlich. Der IDL-Compiler (also `Midl.exe`) verarbeitet lediglich die IDL-Datei. Der C-Code oder die DLL-Datei wird nicht ausgewertet!

ANMERKUNG

An der eigentlichen DLL hat sich nichts geändert! Es wird also weiterhin dieselbe Funktion aus `Apfel.dll` verwendet. (Auch die Geschwindigkeit ist unverändert geblieben.) Die Typenbibliothek hat hier also wirklich nur die Aufgabe, das Interface zur DLL zu definieren und so *Declare*-Anweisungen zu vermeiden. Ob das den Mehraufwand wert ist, müssen Sie selbst entscheiden. Wenn Sie DLLs zur Weitergabe an andere Anwender entwickeln, ist eine Typenbibliothek aber ganz sicher ein attraktives Feature.

VERWEIS

Das war jetzt natürlich keine vollständige Beschreibung der IDL-Syntax, sondern bestenfalls die ersten fünf Prozent! Weitere Informationen finden Sie im MSDN:

PLATTFORM SDK | COM AND ACTIVEX SERVICES | AUTOMATION | TYPE LIBRARIES

Stärker Visual-Basic-bezogene Informationen zu diesem Thema enthält die schon erwähnte Artikelserie zur C++-Programmierung für Visual Basic. Dort wird unter anderem der Umgang mit Zeichenketten, *Variant*-Variablen und Feldern behandelt:

TECHNICAL ARTICLES | VISUAL TOOLS | VISUAL BASIC | EXTENDING VB WITH C++ DLLS

13.4 Zugriff auf die Registrierdatenbank

13.4.1 Grundlagen

Eine der gravierendsten Neuerungen in Windows 95 bzw. Windows NT 4.0 war die Einführung der Registrierdatenbank. Dabei handelt es sich um mehrere Dateien, in denen sowohl system- als auch benutzerspezifische Informationen in einem Binärformat gespeichert werden. Die Registrierdatenbank ersetzt die bis dahin üblichen `*.ini`-Dateien, aber auch die berühmt-berüchtigten Dateien `Autoexec.com` und `Config.sys`.

Die Vorteile der Registrierdatenbank liegen in der kompakteren Speicherung und dem effizienteren Zugriff ohne die sonst erforderliche Konvertierung für die diversen Datenformate.

Zu den Nachteilen zählt die Tatsache, daß die Registrierdatenbank wie ein Verzeichnisbaum aufgebaut ist und es ausgesprochen mühsam ist, manuell irgendwelche Informationen darin zu finden. Eine einfache Änderung mit einem ASCII-Editor oder das simple Backup, in dem eine `*.ini`-Datei rasch kopiert wird, gehören der Vergangenheit an. Zudem übertrifft die unglaubliche Anzahl von Verästelungen die wegen Ihrer Unübersichtlichkeit gefürchteten Unix-Verzeichnisbäume bei weitem.

Lästig ist auch, daß der Aufbau der Registrierdatenbank in Windows 9x und in Windows NT zwar ähnlich, aber nicht gleich ist. Kurz die wichtigsten Erweiterungen durch Windows NT: Dieses Betriebssystem verwaltet für die Benutzerdatenbank auch Zugriffsrechte (wie für Dateien). `*.ini`-Dateien werden *automatisch* in die Registrierdatenbank abgebildet, d.h., die API-Funktionen zum Zugriff auf `*.ini`-Dateien lesen und schreiben jetzt automatisch entsprechende Einträge in der Registrierdatenbank. (Unter Windows 95 gab es noch beide Optionen, d.h., es konnten weiterhin `*.ini`-Dateien oder neue Funktionen für die Registrierdatenbank verwendet werden.)

Aufbau der Registrierdatenbank

Die Einträge der Registrierdatenbank sind in fünf Gruppen gegliedert:

HKEY_CLASSES_ROOT: In der Gruppe sind (systemweit) OLE- und ActiveX-Komponenten sowie die Dateikennungen verzeichnet.

HKEY_CURRENT_USER: Die Gruppe enthält spezifische Einstllungen (das Benutzerprofil) für den momentan eingeloggten (aktiven) Anwender.

HKEY_LOCAL_MACHINE: Die Gruppe faßt alle Informationen zur installierten Hard- und Software zusammen, soweit diese nicht benutzerspezfisch sind.

HKEY_USERS: Die Gruppe enthält alle zur Zeit geladenen Benutzerprofile. In jedem Fall zählen dazu das Profil des Defaultanwenders und des eingeloggten Anwenders. Im Netzwerkbetrieb können aber erheblich mehr Profile geladen sein.

HKEY_CURRENT_CONFIG: Die Gruppe enthält Informationen zum aktuellen Hardware-Profil. (Windows 9x / NT können mehrere Hardware-Profile verwalten, um einen raschen Hardware-Wechsel – etwa bei Laptops – zu unterstützen.)

ANMERKUNG

Genaugenommen handelt es sich nicht um fünf Gruppen, sondern nur um die zwei Hauptgruppen *HKEY_LOCAL_MACHINE* und *HKEY_USERS*. Die drei anderen Gruppen sind in Wirklichkeit nur Abkürzungen zu besonders wichtigen Einträgen:

HKEY_CLASSES_ROOT entspricht
HKEY_LOCAL_MACHINE\Software\Classes

HKEY_CURRENT_CONFIG entspricht
HKEY_LOCAL_MACHINE\System\CurrentControlSet\HardwareProfiles\Current

HKEY_CURRENT_USER entspricht
HKEY_USERS\usercode (für den zur Zeit aktiven Anwender)

Registrierdatenbankdateien

Unter Windows 95 werden die systemweiten Einträge (also *HKEY_LOCAL_MACHINE*) in der Datei `System.dat` im Windows-Verzeichnis gespeichert. Die benutzerspezifischen Einträge befinden sich in `User.dat`.

Unter Windows NT werden die systemweiten Einträge in einer ganzen Ansammlung von Dateien im Unterverzeichnis `Config` des Windows-Systemverzeichnisses gespeichert. Benutzerspezifische Daten werden nach Login-Namen getrennt. Sie befinden sich in den Unterverzeichnissen des Windows-`Profile`-Verzeichnis und haben einheitlich den Namen `Ntuser.dat`.

Sowohl Windows 95 als auch Windows NT verwalten eine Backup-Version der letzten funktionstüchtigen Version der Registrierdatenbank. Wenn es nach Änderungen in der Registrierdatenbank Probleme beim Start des Betriebssystem gibt, kann auf diese Backups zurückgegriffen werden. Dennoch ist es eine gute Idee, gelegentlich manuell Backups zu erstellen. Im Windows NT Resource Kit wird dazu das Programm `RegBack.exe` enthalten.

Manuelle Bearbeitung der Registrierdatenbank

Zur manuellen Bearbeitung der Registrierdatenbank steht unter Windows 95 das Programm `RegEdit.exe` zur Verfügung (Windows-Verzeichnis). Mit Windows NT wird dieses Programm ebenfalls mitgeliefert, außerdem gibt es die Variante `RegEdt32.exe` (Windows-Systemverzeichnis). Rein oberflächlich betrachtet besteht der einzige Unterschied darin, daß `RegEdit` sämtliche Einträge in einem hierarchischen Baum anordnet, während `RegEdt32` dazu fünf voneinander unabhängige Fenster verwendet.

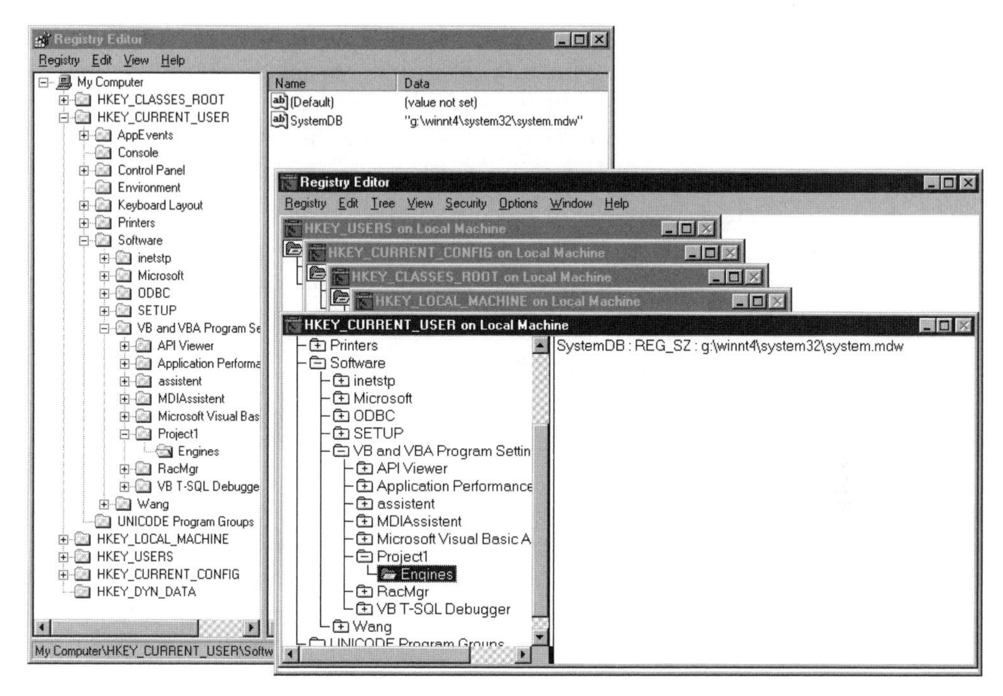

Bild 13.12: Links der Registriereditor von Windows 95, rechts der von Windows NT

Hinter den Kulissen gibt es aber noch mehr Unterschiede. `RegEdt32` unterstützt einige NT-spezifische Datenformate und die Verwaltung von Benutzerrechten für die Registriereinträge. Der einzige Grund, auch unter Windows NT manchmal auf `RegEdit` zurückzugreifen, besteht in der Möglichkeit dieses Programms, nach den Inhalten von Schlüsseleinträgen zu suchen – und das ist oft der einzige Weg, um Informationen zu finden.

Mit beiden Programmen können Sie den Baum der Registriereinträge durchsuchen, neue Einträge einfügen, vorhandene ändern oder löschen. Sehr wichtig sind auch die Kommandos zum Speichern eines Teilbaums in einer Textdatei bzw. zum Laden solcher Dateien. Auf diese Weise können Sie Backups von Teilen der Registrierdatenbank erstellen.

13.4.2 Zugriff auf die Registrierdatenbank

Visual Basic bietet seit Version 5 einige komfortable Funktionen an, um programmspezifische Informationen in der Registrierdatenbank zu speichern bzw. um die Informationen von dort wieder zu lesen:

SaveSetting *"progname", "verzeichnis", "schlüssel", "inhalt"* speichert die im letzten Parameter angegebene Zeichenkette im folgenden Eintrag der Registrierdatenbank:

HKEY_CURRENT_USER\Software\VB and VBA Program Settings\progname\verzeichnis

Die Gruppe *VB and VBA Program Settings* ist starr vorgegeben (und wird unter anderem auch von allen Visual-Basic-Add-Ins benutzt). Üblicherweise wird als Programmname *App.Title* verwendet. Diese Eigenschaft hat default den Wert *Projekt1* und muß mit PROJEKT | EIGENSCHAFTEN | ERSTELLEN aussagekräftiger eingestellt werden.

SaveSetting kann nur Zeichenketten speichern. Die Parameter *Verzeichnis* und *Schlüssel* müssen angegeben werden (keine leere Zeichenketten). Das bedeutet, daß kein einziger Eintrag direkt im Programmverzeichnis gespeichert werden darf – alle Einträge müssen zumindest noch eine Ebene tiefer liegen. (Angesichts solcher Funktionen wird verständlich, warum die Registrierdatenbank derart tief verzweigt ist.)

Mißbrauchen Sie die Registrierdatenbank nicht zum Speichern umfangreicher Daten, die in einer Datei besser aufgehoben sind. Die Registrierdatenbank ist nicht dahingehend optimiert, große Datenmengen aufzunehmen.

Die Umkehrfunktion zu *SaveSetting* lautet ***GetSetting****("p", "v", "s", "default")*. Die drei ersten Parameter stimmen mit den Parametern von *SaveSetting* überein. Im vierten Parameter kann ein Defaultwert angegeben werden, der dann verwendet wird, wenn der gesuchte Registry-Eintrag noch nicht existiert (also insbesondere beim ersten Programmstart).

GetAllSettings liest alle Schlüssel und Einträge eines Verzeichnisses in ein Datenfeld:

```
Dim x   'Variant
x = GetAllSettings(App.Title, "Window1")
```

x ist nun ein zweidimensionales Feld. *x(n,0)* enthält die Schlüssel, *x(n,1)* die dazugehörigen Werte des Registry-Verzeichnisses *Window1*. Der Wertebereich für *n* reicht von 0 bis *Ubound(x,1)*.

DeleteSettings *"p", "v" [,"s"]* löscht wahlweise alle Einträge eines Verzeichnisses oder nur einen einzelnen Eintrag.

Beispiel

Das Beispielprogramm speichert die Fensterposition und -größe, den Inhalt eines Textfelds sowie Datum und Uhrzeit der letzten Nutzung in die Registrierdatenbank. Diese Informationen werden beim nächsten Programmstart ausgewertet. Als Programmname wurde *Registry-Demo* eingestellt.

Noch einige Anmerkungen zum Programmcode: In *Form_Load* wird die Prozedur *LoadData* aufgerufen, die die Daten einliest. Für den ersten Programmstart sind in *LoadData* sinnvolle Defaultwerte vorgegeben. Beachten Sie bitte den Vergleich der gespeicherten Werte für *Left* und *Top* mit dem *Screen*-Objekt. Damit wird sichergestellt, daß das Fenster nicht außerhalb des sichtbaren Bereichs positioniert wird. (Dazu könnte es kommen, wenn der Anwender nach der letzten Verwendung des Programms die Bildschirmauflösung geändert hat.)

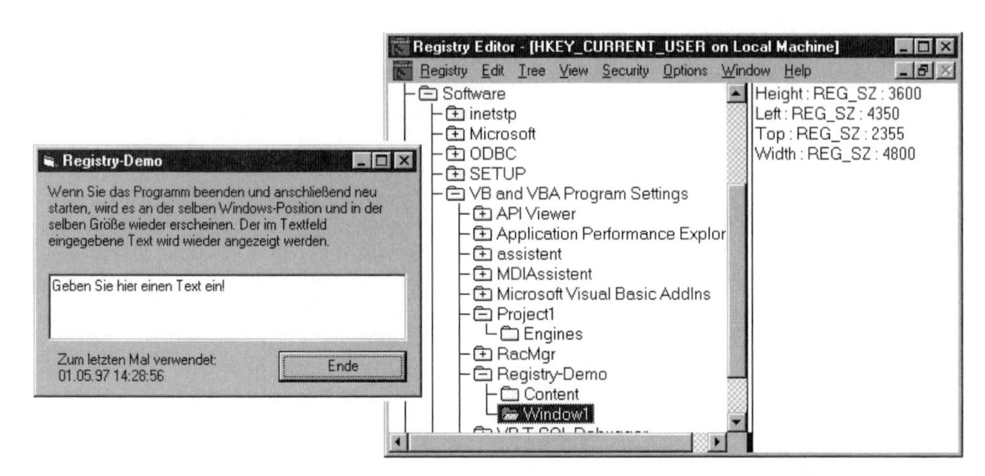

Bild 13.13: Das Beispielprogramm mit den resultierenden Registry-Einträgen

Auch in *SaveDate* ist eine Sicherheitsabfrage notwendig: Das Programm kann auch beendet werden, während es minimiert ist. In diesem Fall würden für *Left* und *Top* unsinnige (negative) Werte gespeichert. Um das zu vermeiden, wird das Fenster – in diesem Fall durch *WindowState=vbNormal* – wiederhergestellt.

SaveDate wird sowohl durch die Ereignisprozedur des ENDE-Buttons als auch durch *Form_Unload* augerufen. Die eigentlichen Daten werden in zwei Gruppen gespeichert, *Window1* für die Fensterposition und -größe und *Content* für den Inhalt des Textfelds sowie für Datum und Uhrzeit.

```
' Systemnahe Programmierung\Registry.frm
' Programmstart
Private Sub Form_Load()
  LoadData
End Sub
' Ende
Private Sub Command1_Click()
  SaveData
  End
End Sub
Private Sub Form_Unload(Cancel As Integer)
  SaveData
End Sub
' Daten in der Registry speichern
Private Sub SaveData()
  ' vermeiden, daß ungültige Werte gespeichert werden
  If WindowState = vbMinimized Then WindowState = vbNormal
  SaveSetting App.Title, "Window1", "Left", Left
  SaveSetting App.Title, "Window1", "Top", Top
  SaveSetting App.Title, "Window1", "Width", Width
```

```
  SaveSetting App.Title, "Window1", "Height", Height
  SaveSetting App.Title, "Content", "Text1", Text1
  SaveSetting App.Title, "Content", "LastTimeUsed", Date & " " & Time
End Sub
' Daten aus der Registry lesen
Private Sub LoadData()
  Dim l, t, w, h, txt
  l = GetSetting(App.Title, "Window1", "Left", "300")
  t = GetSetting(App.Title, "Window1", "Top", "300")
  w = GetSetting(App.Title, "Window1", "Width", "4800")
  h = GetSetting(App.Title, "Window1", "Height", "3600")
  Text1 = GetSetting(App.Title, "Content", "Text1", _
    "Geben Sie hier einen Text ein!")
  txt = GetSetting(App.Title, "Content", "LastTimeUsed", "")
  If txt <> "" Then Label2 = "Zum letzten Mal verwendet: " & txt
  If l < Screen.Width And h < Screen.Height Then
    Move l, t, w, h
  End If
End Sub
```

VERWEIS

Wenn Sie auf Registry-Einträge außerhalb der Gruppe *VB and VBA Program Settings* zugreifen möchten, müssen Sie die *RegXxx*-API-Funktionen einsetzen (*RegCloseKey, RegDeleteKey* etc.). Informationen zur Registrierdatenbank, ihres Aufbaus, der Win32-API-Funktionen zum Lesen und Verändern von Informationen etc. finden Sie im MSDN unter den folgenden Themen:

PLATTFORM SDK | WINDOWS BASE SERVICES | GENERAL LIBARY | REGISTRY

BOOKS | PROGRAMMING THE WINDOWS 95 INTERFACE | PART 2 |
- CHAPTER 10: THE REGISTRY

BOOKS | HARDCORE VB | CHAPTER 10: COM | REGISTRY BLUES

Eine Alternative zu den recht umständlichen API-Funktionen bieten die Registry-Funktionen der Windows-Scripting-Host-Library, die allerdings erst ab Windows NT 5 bzw. ab Windows 98 integraler Bestandteil es Betriebssystem sind.

Syntaxzusammenfassung

Registry-Funktionen	
SaveSetting progname, verzeichnis, schlüssel, inhalt	Eintrag speichern
inhalt = GetSetting(progname, verzeichnis, schlüssel [,default])	Eintrag lesen
datenfeld = GetAllSettings(progranme, verzeichnis)	alle Einträge einer Gruppe lesen
DeleteSetting progname, verzeichnis [,schlüssel]	Eintrag löschen

13.5 Ressourcendateien

Ressourcendateien sind Dateien, die landesspezifische Informationen zu einem Programm enthalten. Dazu zählen primär sämtliche Beschriftungstexte in Programmen (Buttons, Labelfelder, Fenstertitel, Menüeinträge, Zeichenketten für *MsgBox* etc.). Ressourcendateien können aber auch Bitmap-Dateien und andere Daten enthalten. Beim Start des Programms werden all diese Informationen aus der Ressourcendatei geladen.

Der Sinn einer Ressourcendatei besteht darin, die Portierung eines Programms für unterschiedliche Sprachen zu erleichtern. Wenn Ressourcendateien konsequent eingesetzt werden, muß das Programm in keiner Weise verändert (nicht einmal neu kompiliert) werden. Sämtliche Veränderungen werden nur an der Ressourcendatei durchgeführt. (In der Praxis ist das natürlich eher ein frommer Wunsch.)

Ressourcendateien haben üblicherweise die Kennung `*.res`. Solche Dateien können direkt in Visual-Basic-Projekte eingebunden werden (PROJEKT | DATEI HINZUFÜGEN). Allerdings können Sie Ressourcendateien nicht selbst mit Visual Basic erzeugen oder verändern. Dazu müssen Sie eine `*.rc`-Datei erstellen und mit einem Ressourcen-Compiler in das `*.res`-Format umwandeln. Ein Ressourcen-Compiler befindet sich in Verzeichnis `Tools\Resource` auf der Visual-Basic-CD (nur bei Professional- und Enterprise-Version).

`*.rc`-Datei können im einfachsten Fall – d.h., solange darin ausschließlich Zeichenketten gespeichert werden – manuell mit einem Texteditor erstellt werden. Die genaue Syntax ist in einer `Readme`-Datei in `Common\Tools\VB\Resource` beschrieben. Die Grundidee besteht darin, allen Elementen eine ID-Nummer zuzuordnen. Zeichenketten werden direkt in der `*.rc`-Datei definiert, Binärdaten durch Verweise auf Dateien. Die folgenden Zeilen geben einen ersten Eindruck vom Aufbau einer `*.rc`-Datei:

```
STRINGTABLE DISCARDABLE
BEGIN
        1000        "&Datei"
        1001        "&Neu"
        1002        "Ö&ffnen"
        1003        "S&chließen"
        1004        "&Speichern"
END
```

Zur Kompilierung verwenden Sie den Ressourcen-Compiler `rc` aus `Tools\Resource`:

```
rc /r [/v] name.rc
```

Als Ergebnis erhalten Sie `name.res`. Die Option `/r` ist notwendig, damit die Ressourcendatei nur kompiliert (aber nicht in eine `*.exe`-Datei eingebunden) wird. Mit `/v` erhalten Sie zusätzliche Informationen über den Kompiliervorgang.

Komfortabler und vor allem weniger fehleranfällig können Sie Ressourcendateien erstellen, wenn Ihnen eine moderne C++ Entwicklungsumgebung (Borland, Microsoft) mit einem Ressourcen-Editor samt integrierten Compiler zur Verfügung steht.

Sobald es gelungen ist, eine Ressourcendatei zu erstellen, zu kompilieren und in das Projekt einzufügen, ist die weitere Nutzung ganz einfach: Mit dem Visual-Basic-Kommando *s=**LoadResString**(n)* lesen Sie die Zeichenkette mit der Nummer *n*. Der Zugriff auf Bitmaps und binäre Daten kann über die Funktionen *LoadResPicture* bzw. ***LoadResData*** erfolgen.

Ein konkretes Beispiel zur Anwendung von Ressourcendateien bekommen Sie, wenn Sie mit dem Visual-Basic-Anwendungsassistenten ein Programm erstellen und dabei die Option für die Ressourcendateien aktivieren. Im so erzeugten Visual-Basic-Programm erfolgt die Zuordnung zwischen Ressourcentexten und Steuerelementen über die *Tag*-Eigenschaft, mit der zu jedem Steuerelement die Nummer des dazugehörenden Ressourcentexts gespeichert ist. Bei Menüeinträgen ist die ID-Nummer im Menütext gespeichert. Die folgenden Zeilen demonstrieren die Vorgehensweise:

```
Dim c As Control, b As Button, typ
For Each c In frm.Controls
    typ = TypeName(c)
    If typ = "Label" Then
        c.Caption = LoadResString(CInt(c.Tag))
    ElseIf typ = "Menu" Then
        c.Caption = LoadResString(CInt(c.Caption))
    ElseIf ...
      ...
    End If
Next
```

13.6 Informationen zum laufenden Programm

Auswertung von Command

Wenn beim Start Ihres kompilierten Visual-Basic-Programms (also der `*.exe`-Datei) eine Kommandozeile übergeben wurde, dann können Sie diese Zeile über das Schlüsselwort ***Command*** auswerten. *Command* enthält die Kommandozeile als einfache Zeichenkette.

Im Zusammenhang mit *Command* ist ein Sonderfall zu beachten: Wenn Ihr Visual-Basic-Programm gestartet wird, in dem eine andere Datei im Explore oder im Desktop über dem Programmsymbol fallengelassen wird (*Drag and Drop*), dann enthält *Command* den verkürzten Dateinamen in der 8+3-Notation (z.B. `testap~1.frm` statt `testapfeldll.Frm`). Lassen Sie sich dadurch nicht schrecken, Sie können mit diesem

Dateinamen wie mit dem langen Namen arbeiten und die Datei direkt mit *Open* oder einem anderen Kommando öffnen.

Wenn Sie den langen Dateinamen ermitteln möchten, führen Sie einfach *Dir(Command)* aus. *Dir* liefert allerdings nur den langen Dateinamen ohne Pfad und Laufwerksangabe zurück. Zudem funktioniert *Dir* standardgemäß nur für gewöhnliche Dateien. Wenn Ihr Programm auch mit Verzeichnissen, versteckten Dateien etc. arbeiten soll, müssen Sie die Funktionen von *Dir* durch den optionalen zweiten Parameter erweitern (etwa durch Angabe der Konstanten *vbHidden*).

ACHTUNG

Command kann auch mehrere Dateinamen enthalten. Wenn diese Dateinamen das Resultat einer Drag-and-Drop-Operation im Explorer sind, werden die Dateinamen durch Leerzeichen voneinander getrennt. Da an *Command* ja nur die verkürzten DOS-Namen übergeben werden, ergeben sich auch dann keine Komplikationen, wenn die (langen) Dateinamen selbst Leerzeichen enthalten.

TIP

Zum Testen von Programmen, die *Command* auswerten, können Sie in der Visual-Basic-Entwicklungsumgebung über EXTRAS | OPTIONEN | WEITERES eine Kommandozeile angeben, die dem Visual-Basic-Programm übergeben wird.

Das App-Objekt

Über das ***App***-Objekt können Sie auf diverse programmspezifische Informationen zurückgreifen. Viele der Informationen des *App*-Objekts können über DATEI | EXE-DATEI ERSTELLEN | OPTIONEN eingestellt werden. Die folgenden Absätze fassen nur die wichtigsten der beinahe 30 Eigenschaften dieses Objekts zusammen.

EXEName enthält den Namen der `*.exe`-Datei ohne Pfad und ohne Dateikennung (also ohne `*.exe` oder `*.dll`). ***Path*** enthält den Pfad der `*.exe` oder `*.vbp`-Datei. (Achtung: Bis Version 3.0 enthielt *Path* beim Testen von Programmen in der Entwicklungsumgebung den Pfad zur Entwicklungsumgebung und nicht zum aktuellen Projekt.)

FileDescription gibt eine kurze Beschreibung des Programms und seiner Aufgabe. ***Minor, Major, Revision*** enthalten die Versionsnummer des Programms. Diese Eigenschaften können in der Entwicklungsumgebung mit PROJEKT | EIGENSCHAFTEN | ERSTELLEN eingestellt werden.

TaskVisible gibt an, ob das Programm in der Taskleiste angezeigt wird. Die Eigenschaft kann im laufenden Programm verändert werden.

Title gibt die Zeichenkette an, die in der Taskleiste angezeigt werden soll. Die Eigenschaft kann in der Entwicklungsumgebung mit PROJEKT | EIGENSCHAFTEN | ERSTELLEN | NAME eingestellt werden.

13.7 SysInfo-Steuerelement

Das *SysInfo*-Steuerelement ist ein unsichtbares Zusatzsteuerelement. Wenn Sie es in ein Formular einfügen, können Sie Ereignisse empfangen, wenn sich die Bildschirmauflösung ändert, die Systemzeit neu eingestellt wird etc. Über die Eigenschaften des Steuerelements sind außerdem eine Menge Informationen über den Rechner und sein Betriebssystem leicht zugänglich.

Das folgende Beispielprogramm wird nach jeder Veränderung der Bildschirmauflösung zentriert am Bildschirm angezeigt. Dazu wird aus den Eigenschaften *WorkAreaHeight*, *-Width*, *-Left* und *-Top* der nutzbare Bildschirmbereich ermittelt (also abzüglich des Platzes, den die Task-Leiste beansprucht).

```
' SystemnaheProgrammierung\SysInfo.frm
' Fenster beim Programmstart zentrieren
Private Sub Form_Load()
  SysInfo1_DisplayChanged
End Sub
' Fenster bei einer Änderung der Bildschirmauflösung neu zentrieren
Private Sub SysInfo1_DisplayChanged()
  Dim x, y
  WindowState = vbNormal
  x = SysInfo1.WorkAreaLeft + (SysInfo1.WorkAreaWidth - Width) / 2
  y = SysInfo1.WorkAreaTop + (SysInfo1.WorkAreaHeight - Height) / 2
  Move x, y
  Beep
End Sub
```

Syntaxzusammenfassung

SysInfo – Eigenschaften	
BatteryXxx	Zustand der Batterie (für Notebooks)
OSBuild	Build-Nummer des Betriebssystem
OSPlatform	Betriebssystemtyp (Win32s, Windows 95, Windows NT)
OSVersion	Version des Betriebssystem (als Fließkommazahl)
ScrollBarSize	Breite von Bildlaufleisten gemäß Systemsteuerung (Twip)
WorkAreaHeight, -Width	Breite und Höhe des nutzbaren Bildschirmbereichs (Twip)
WorkAreaLeft, -Top	linker oberer Punkt des nutzbaren Bildschirmbereichs

SysInfo – Ereignisse	
ConfigXxx, QueryChangeConfig	Änderung des Hardware-Profils
DeviceXxx	Änderung der Devices (Geräte)
DisplayChanged	Änderung der Bildschirmauflösung
PowerXxx	Stromversorgungsprobleme (UPS)

SettingChanged	Änderung von Systemparametern (z.B. Position der Task-Leiste, Einstellung der Mausparameter etc.)
SysColorChanged	Änderung der Systemfarben
TimeChanged	Änderung von Datum / Uhrzeit

13.8 Hintergrundberechnungen und Warteschleifen

13.8.1 Hintergrundberechnungen

Windows 9x und NT sind Multitasking-Betriebssysteme. Das bedeutet, daß andere Programme auch dann noch verwendet werden können, wenn Ihr Visual-Basic-Programm in einer Endlosschleife hängen bleibt. Insofern ist das Thema Hintergrundberechnungen weniger kritisch als unter Windows 3.1, wo der ganze Rechner durch ein Visual-Basic-Programm blockiert werden konnte.

Dennoch ist es sinnvoll, sich bei längeren Berechnungen einige Gedanken zu machen, wie das Programm sich während dieser Zeit präsentiert. Zum einen ist es wünschenswert, wenn das Programm dem Anwender in irgendeiner Form ein Feedback gibt, daß es momentan arbeitet und noch nicht abgestürzt ist. Im Beispielprogramm des vorangegangenen Abschnitts gibt es gleich ein zweifaches Feedback: Der Mauscursor verändert sein Aussehen, und im Fenster wird das gerade aktuelle Verzeichnis angezeigt.

Mauscursor ändern

Unter Windows ist es üblich, den Mauszeiger in eine Sanduhr zu verwandeln, während das Programm längere Berechnungen durchführt. Das können Sie leicht mit der folgenden Anweisung erreichen:

```
MousePointer = vbHourglass    'Mauszeiger als Sanduhr
```

Solange das Visual-Basic-Fenster das aktive Fenster ist, wird jetzt eine Sanduhr angezeigt. Sobald ein Fenster eines anderen Programms angeklickt wird, verändert sich der Mauscursor und nimmt das im jeweiligen Programm gültige Symbol an. Am Ende Ihrer zeitaufwendigen Visual-Basic-Prozedur sollten Sie allerdings nicht vergessen, den Mauscursor wieder auf Normalzustand zurückzustellen:

```
MousePointer = vbDefault      'normaler Mauszeiger
```

Bildschirm aktualiseren (Refresh)

Wenn Sie während einer längeren Berechnung den Inhalt eines Steuerelements verändern, dann wird diese Veränderung nicht sofort am Bildschirm angezeigt. Vielmehr arbeitet Visual Basic zuerst die aktuelle Prozedur vollständig ab. Erst beim Warten auf das nächste Ereignis aktualisiert Visual Basic das Fenster. Mit dem Kommando ***Refresh*** können Sie ein sofortiges Neuzeichnen erzwingen. Sie sollten dieses Kommando in rechenintensiven Prozeduren nach jeder Veränderung eines Steuerelements aufrufen.

HINWEIS

Das Neuzeichnen des Fensters kostet natürlich Zeit. Wenn Sie eine große Anzahl von Steuerelementen verändern oder eine Menge Zellen eines *FlexGrid*-Felds mit neuen Inhalten belegen, ist es sinnvoll, *Refresh* nur selten oder gar nicht auszuführen.

Unterbrechungen ermöglichen (DoEvents)

Im Beispielprogramm des vorigen Abschnitts (rekursive Analyse des Verzeichnisbaums) wurde statt *Refresh* das Kommando ***DoEvents*** aufgerufen. *DoEvents* führt wie *Refresh* zu einer Aktualisierung des Bildschirms. Gleichzeitig gibt das Kommando Visual Basic aber die Möglichkeit, auf inzwischen eingetretene Ereignisse zu reagieren. Der Anwender kann daher jederzeit während des Programmablaufs den ENDE-Button anklicken. *DoEvents* ermöglicht so auch den Aufruf von Ereignisprozeduren durch das Timer-Feld. Visual Basic ruft zuerst die entsprechende Ereignisprozedur auf und setzt dann die durch *DoEvents* unterbrochene Prozedur fort. (Wenn das Programm in der Ereignisprozedur mit dem ENDE-Button beendet wird, kommt es natürlich nicht mehr zu einer Fortsetzung des Programms.)

ACHTUNG

Beachten Sie beim Aufruf von *DoEvents*, daß Sie Ihr Programm so gestalten, daß ein rekursiver Aufruf der durch *DoEvents* vorübergehend unterbrochenen Prozedur nicht möglich ist. Im Beispielprogramm des vorigen Abschnitts wurde dazu die *Enabled*-Eigenschaft des Buttons SPEICHERBEDARF ERMITTELN vorübergehend auf *False* gesetzt. Wenn Sie dies vergessen und der Anwender den Button ein zweites Mal anklickt, bevor der Speicherbedarf berechnet ist, kommt es wenig später zur Fehlermeldung 'ungültiger Prozeduraufruf'.

```
Private Sub btnStart_Click()
  Dim nrVerz, nrDat, speicher
  MousePointer = vbHourglass          'Sanduhr
  btnStart.Enabled = False            'Button deaktivieren
  lblSpeicher = verzSpeicher(...)     'DoEvents in verzSpeicher
  btnStart.Enabled = True             'Button wieder aktivieren
  MousePointer = vbDefault            'Maus wieder normal
End Sub
```

Statusbalken

Eine besonders elegante Form, den Zustand einer Berechnung darzustellen, bietet das *ProgressBar*-Steuerelement (siehe Seite 266). Das Steuerelement zeigt einen horizontalen Balken an, der allmählich mit blauen Quadraten gefüllt wird. Die Programmierung dieses Steuerelements ist denkbar einfach: Der *Value*-Eigenschaft muß ein Wert zwischen 0 und *Max* (Defaulteinstellung 100) zugewiesen werden. Visual Basic zeichnet dann automatisch die entsprechenden Anzahl von Quadraten. Im Gegensatz zu anderen Steuerelementen kommt es dabei automatisch zu einer Aktualisierung des Fensterinhalts, *Refresh* muß daher nicht aufgerufen werden.

13.8.2 Beispielprogramm

Das Beispielprogramm *DoEvents* demonstriert den Einfluß der Häufigkeit des *DoEvents*-Aufrufs auf die Geschwindigkeit einer Rechenprozedur. Durch drei Buttons kann dieselbe (Pseudo-)Berechnung gestartet werden: Beim ersten Button wird die Berechnung ohne *DoEvents* und ohne Feedback ausgeführt, beim zweiten mit zwei *DoEvents* pro Sekunde und beim dritten mit einem *DoEvents*-Aufruf pro Schleifendurchlauf (also 10000 mal). Beim zweiten und dritten Button wird außerdem ein *ProgressBar*-Feld aktualisiert.

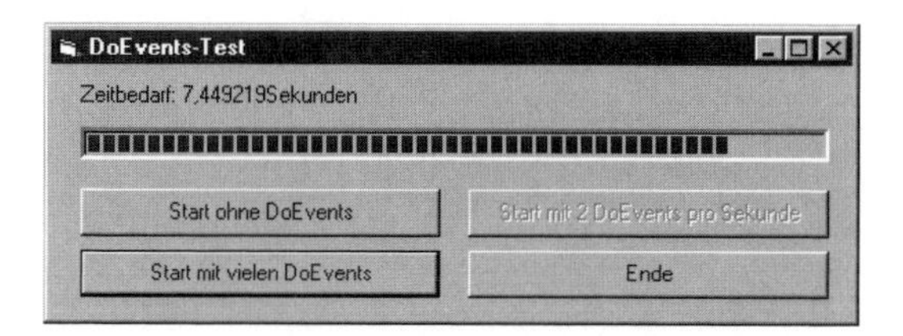

Bild 13.14: Testprogramm für DoEvents

Ergebnisse	ohne	wenig	viele DoEvents
Pentium 400	4.50 sec	4.52 sec.	7.39 sec

Obwohl die zweite Variante (fast unmeßbar) langsamer ist als die erste, wird Sie Ihnen wegen des optischen Feedbacks schneller erscheinen.

Vom Programmcode wurden hier nur die Prozeduren für den zweiten Button abgedruckt, die programmtechnisch am interessantesten sind. Um unabhängig von der Geschwindigkeit des Rechners ein *DoEvents*-Aufruf alle 0.5 Sekunden zu gewährleisten, wird mit der *Timer*-Funktion gearbeitet. In der Variablen *nextdoevent* wird die aktuelle Zeit plus einer halben Sekunde gespeichert. Die anschließende *If*-Abfrage gewährleistet, daß das auch über Mitternacht hinaus funktioniert. (Die *Timer*-Funktion springt dann von 86399 auf 0.)

```
' SystemnaheProgrammierung\DoEvents.frm
Const max = 10000
' mit DoEvents alle halbe Sekunde
Private Sub Command2_Click()
  Dim t1, i, nextdoevent
  t1 = Timer
  Command2.Enabled = False
  MousePointer = vbHourglass
  nextdoevent = Timer + 0.5
  If nextdoevent > 86399 Then nextdoevent = 0.5
  For i = 1 To max
    Rechnen i
    If Timer > nextdoevent Then
      ProgressBar1.Value = i / max * 100
      DoEvents
      nextdoevent = Timer + 0.5
      If nextdoevent > 86399 Then nextdoevent = 0.5
    End If
  Next i
  MousePointer = vbDefault
  Command2.Enabled = True
  label1 = "Zeitbedarf: " & (Timer - t1) & " Sekunden"
  ProgressBar1.Value = 0
End Sub
' Proforma-Funktion, um CPU-Zeit zu vernichten
Sub Rechnen(x)
  Dim i, y
  For i = 1 To 200
    y = Sin(x) * Cos(i) * Sqr(x) * Tan(i) * Atn(x)
  Next i
End Sub
```

13.8.3 Warteschleifen

So ziemlich das schlimmste, was Sie in einem Multitasking-Betriebssystem wie Windows 9x oder Window NT machen können, ist eine Warteschleife der folgenden Form:

```
Do         'so nicht!
  testen
Loop Until bedingung
```

Warteschleifen sollten bei geschickter Programmierung und bei Ausnutzung des ereignisgesteuerten Programmiermodells von Visual Basic so gut wie nie vorkommen. Nur in ganz seltenen Fällen sind sie dennoch notwendig, etwa wenn Sie asynchrone Datenbankoperationen ausführen, auf die Veränderung einer Variablen warten, die an verschiedenen Stellen im Programm geändert werden kann, etc. In solchen Fällen formulieren Sie Warteschleifen folgendermaßen:

```
Private Declare Sub Sleep Lib "kernel32" (ByVal dwMilliseconds&)
'
Do
  testen
  If bedingung Then Exit Do
  Sleep 50        'Kurzschlaf für 50/1000 Sekunden (also 1/20)
Loop
```

Wenn die Bedingung, auf deren Eintreffen Sie warten, nicht erfüllt ist, tritt das Visual-Basic-Programm kurz in den verdienten Ruhestand. Der Vorteil gegenüber der ersten *Do-Loop*-Schleife besteht darin, daß das Programm dabei praktisch keine CPU-Kapazität beansprucht und alle anderen Programme ungebremst ausgeführt werden können. (Bei der ersten Variante beansprucht das Visual-Basic-Programm die gesamte freie CPU-Kapazität!) Falls das Programm während der Warteschleife auch auf Eingaben reagieren soll, muß wie bei Hintergrundberechnungen auch *DoEvents* ausgeführt werden.

13.9 Fremde Programme starten

Programme mit der Shell-Funktion starten

Innerhalb Ihrer Visual-Basic-Programme können Sie mit der Funktion ***Shell*** weitere Windows- oder DOS-Programme starten:

```
progID = Shell(prog_name$, modus)
```

Als Programmname muß der vollständige Dateiname des Programms inklusive der Kennung (zumeist `*.exe`) angegeben werden. Bei Programmen, die sich im Windows- oder im Windows-Systemverzeichnis befinden, kann auf die Pfadangabe verzichtet werden. Der optionale *Shell*-Parameter *Modus* gibt an, in welcher Form das Programm am Bildschirm erscheinen soll:

vbNormalFocus	als normales Fenster mit Fokus
vbMinimizedFocus	als Icon mit Fokus
vbMaximizedFocus	als Vollbild mit Fokus
vbNormalNoFocus	als normales Fenster ohne Fokus
vbMinimizeNoFocus	als Icon ohne Fokus

Als Fokus wird die Eigenschaft eines Fensters oder Steuerelements bezeichnet, Tastatureingaben zu empfangen. Unter Windows kann immer nur ein Fenster den Fokus besitzen. Wenn ein Programm in den Modi 4 oder 7 gestartet wird, behält das Fenster, das den Fokus zuletzt hatte, diesen auch weiterhin.

Die *Shell*-Funktion gibt die Kennummer des gestarteten Programms (die Task ID) zurück. Diese Nummer kennzeichnet das Programm innerhalb von Windows eindeutig. In den meisten Anwendungen können Sie diese Kennummer ignorieren. Nur wenn Sie mit DLL-Funktionen des Betriebssystems direkt auf das Programm zugreifen möchten, müssen Sie den Wert speichern.

VORSICHT

Es kann passieren, daß die Task ID nicht unmittelbar nach der Ausführung von *Shell* zur Verfügung steht, sondern erst ein wenig später (wenn das Programm tatsächlich läuft). Falls Sie die Nummer sofort benötigen, führen Sie eine Warteschleife durch, bis *progID* ungleich Null ist.

Das gestartete Programm übernimmt automatisch das Verzeichnis, das für Ihr Visual-Basic-Programm gerade aktuell ist. Manche Programme erwarten allerdings, daß sie in ihrem eigenen Verzeichnis gestartet werden; dann müssen Sie das aktuelle Verzeichnis mit *ChDir* vorübergehend wechseln:

```
cur = CurDir               'aktuelles Verzeichnis speichern
ChDrive prgverzeichnis 'vorübergehend anderes Laufwerk
ChDir prgverzeichnis   'vorübergehend anderes Verzeichnis
Shell prgname, vbNormalFocus
ChDrive cur                'aktuelles Laufwerk wieder einstellen
ChDir cur                  'aktuelles Verzeichnis wieder einstellen
```

Die Ausführung im Visual-Basic-Programm wird unmittelbar nach dem Programmstart fortgesetzt. (Windows übergibt die Kontrolle an das neu gestartete Programm, dieses erledigt seine Initialisierungsarbeiten und erscheint am Bildschirm. Sobald das neue Programm die Kontrolle an Windows zurückgibt, wird die nächste Anweisung nach *Shell* ausgeführt.) Es ist mit *Shell* nicht möglich, ein fremdes Programm zu starten, dessen Ende abzuwarten und anschließend das eigene Programm fortzusetzen!

HINWEIS

Wenn Sie ein fremdes Programm starten und das eigene Programm erst dann fortsetzen möchten, wenn das fremde Programm beendet ist, müssen Sie statt *Shell* die API-Funktion *CreateProcess* verwenden. Die nicht ganz einfache Vorgehensweise ist im Knowledge-Base-Artikel Q129796 beschrieben (MSDN).

Programmpfad ermitteln

Über die Funktion ***Environ*** haben Sie Zugriff auf die Systemvariablen des Rechners. Das kann manchmal dazu ausgenutzt werden, um den Pfad zu einem Programm zu ermitteln. *Environ("WinDir")* ermittelt beispielsweise das Windows-Verzeichnis, *Environ("Path")* alle in *PATH* eingestellten Verzeichnisse. Unter Windows NT können Sie sich mit dem Diagnostics-Programm (START | PROGRAMS | ADMINSTRATIVE TOOLS | WINDOWS NT DIAGNOSTICS) einen raschen Überblick über die definierten Systemvariablen verschaffen. (Für die *Shell*-Funktion müssen Sie den Pfad übrigens nicht angeben, wenn sich das Programm im Windows-Verzeichnis oder in einem der PATH-Verzeichnisse befindet.)

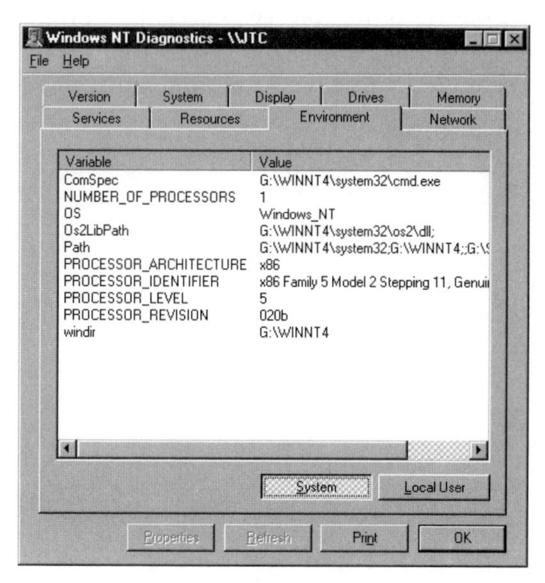

Bild 13.15: Systemvariablen unter Windows NT

Bereits geladene Programme aktivieren

Der Neustart eines Programms ist nicht immer sinnvoll – insbesondere dann nicht, wenn das Programm bereits geladen ist. Mit dem Befehl ***AppActivate*** können Sie schon geladene Anwendungsprogramme aktivieren. Als Parameter müssen Sie Text aus der Titelzeile des Fensters angeben. Da Sie diesen Text im Regelfall nicht kennen, ist *AppActivate* nur in seltenen Fällen sinnvoll zu gebrauchen. Eine einfache Form der Steuerung des Programms bietet *SendKeys* zur Simulation von Tastatureingaben (siehe Seite 545).

Der Titeltext muß nicht vollständig angegeben werden – es reichen die ersten Buchstaben. Bei einer Menge Programme beginnt die Titelzeile zudem nicht mit dem Namen des Programms (etwa *"Explorer"*), sondern mit dem Namen der gerade bearbeiteten Datei – etwa *"Unbenannt - Paint"* oder *"Bild.bmp - Paint"*.

AppActivate kann auch dazu verwendet werden, das laufende Visual-Basic-Programm wieder in den Vordergrund zu holen:

```
AppActivate Caption
```

An *AppActivate* kann statt des Titeltexts auch die Task-ID-Nummer übergeben werden, die aus einem vorherigen *Shell*-Aufruf stammt.

Programm wahlweise aktivieren oder starten

Wenn Sie nicht wissen, ob ein Programm schon gestartet ist, versuchen Sie zuerst, das Programm mit *AppActivate* zu aktivieren. Wenn das Programm noch nicht aktiv ist, tritt ein Fehler auf, den Sie mit *On Error Resume Next* und *Err* feststellen können. Reagieren Sie auf diesen Fehler, indem Sie das Programm nun mit *Shell* starten:

```
Private Sub Command1_Click()
  On Error Resume Next
  AppActivate "Explor"
  If Err = 0 Then
    SendKeys "% {enter}"
  Else
    Shell "explorer.exe", vbNormalFocus
  End If
End Sub
```

14 Eigene Online-Hilfe (HTMLHelp)

Ein Windows-Programm kann erst dann mit den Attributen bedienungsfreundlich oder professionell beschrieben werden, wenn es mit einer guten Online-Hilfe ausgestattet ist. Der Weg dorthin ist trotz der anstehenden Umstellung des Hilfesystems von WinHelp auf HTMLHelp sehr mühsam.

Dieses Kapitel beschreibt zuerst den HTMLHelp-Workshop zur Erstellung von HTMLHelp-Dateien und dann die Einbindung der `*.hcm`-Dateien in eigene Visual-Basic-Programme. Auch wenn bei weitem nicht alle Möglichkeiten von HTMLHelp behandelt werden können, erfahren Sie zumindest alle wesentlichen Grundlagen. Als praktisches Beispiel dient das Bitmap-Viewer-Programm aus Kapitel 7.

14.1 Einführung

Geschichtliches

Seit Windows 3.1 ist das Programm `Winhelp.exe` zur Anzeige von Hilfetexten integraler Bestandteil des Betriebssystems und wird beinahe ausnahmslos von allen Programmen zur Anzeige von Online-Informationen verwendet.

Mit Windows 95 bzw. Windows NT 4 wurde das Programm etwas modernisiert und heißt seither `Winhlp32.exe` (neues Design, Volltextsuche etc.). Dabei wurden aber keine fundamentale Änderungen am Format der Hilfedatei durchgeführt.

Momentan ist der Übergang auf die dritte Generation des Hilfesystems im Gange: In Windows 98 ist das neue System HTMLHelp bereits integriert. Ältere Betriebssysteme werden über Umwege nachgerüstet; beispielsweise enthält der Internet Explorer 4 alle Komponenten, die zur Anzeige der neuen HTMLHelp-Dateien erforderlich sind! Auch das Hilfesystem zu Visual Basic bzw. Visual Studio basiert auf HTMLHelp. Der große Durchbruch für die neue Generation des Hilfesystems ist wohl mit der Auslieferung der nächsten Office-Version zu erwarten. Spätestens dann wird HTMLHelp zum neuen Hilfestandard für alle 32-Bit-Betriebssysteme von Microsoft werden.

Kurz die zwei wichtigsten Vorteile von HTMLHelp:

- Das Inhalts- und Stichwortverzeichnis ist endlich in ein Fenster integriert, so daß das lästige Hin- und Herspringen ein Ende findet.
- Die einzelnen Seiten der Online-Hilfe basieren auf HTML-Dateien. Damit können alle Gestaltungsmöglichkeiten von HTML und die zahlreichen HTML-Entwicklung-Tools genutzt werden. Der Ärger mit dem RichText-Format gehört der Vergangenheit an.

Natürlich gibt es auch Nachteile:

- HTMLHelp ist noch nicht ganz ausgereift. Insbesondere die Entwicklungsumgebung (also der HTMLHelp-Workshop) ist noch sehr verbesserungswürdig.
- Da HTMLHelp unter Windows 95 bzw. Windows NT 4 nicht standardgemäß installiert ist, müssen Sie mit Ihren Programmen die Installationsdateien zu HTMLHelp mitliefern.
- Das Hilfefenster befindet sich immer im Vordergrund gegenüber dem Programm, das die Hilfe aufgerufen hat. Selbst auf sehr großen Monitoren ist das lästig, bei kleineren Bildschirmen ist ein komfortables Wechseln zwischen Anwendung und Hilfe schlicht unmöglich. (Auch WinHelp32 hatte diese unangenehme Eigenart, dort ließ sich das aber zumindest durch eine Option abstellen.)
- Popup-Fenster werden nicht mehr unterstützt.

- Die Integrationsmöglichkeiten von HTMLHelp in Visual-Basic-Projekte sind mangelhaft (um es gelinde zu formulieren).

Der HTMLWorkshop

Da das HTMLHelp-System noch nicht ohne Mängel ist, werden mit Visual Basic Professional und Enterprise sowohl das alte System als auch HTMLHelp 1.1 mitgeliefert (`Common/Tools/Hcw.exe` bzw. `Htmlhelp\Htmlhelp.exe`). Dieses Kapitel beschränkt sich allerdings auf HTMLHelp. Die Entwicklung herkömmlicher Hilfedateien wurde schon oft genug beschrieben – unter anderem in den letzten drei Auflagen dieses Buchs.

VERWEIS

Sollten Sie die VB Learning Edition besitzen, können Sie den Workshop auch vom Internet laden. Generell ist es eine gute Idee, gelegentlich einen Blick ins Internet zu werfen. Vielleicht gibt es ja mittlerweile eine aktuellere Version:

`http://www.microsoft.com/workshop/author/htmlhelp/`

Einbindung in eigene Visual-Basic-Programme

Ist die Hilfedatei einmal erstellt, muß sie mit dem Visual-Basic-Programm verbunden werden. Das Ziel besteht darin, daß F1 automatisch zum richtigen Hilfethema führt. Auch wenn die Integration zwischen Visual Basic und HTMLHelp nicht ganz optimal ist, führen einige API-Funktionen letzlich zum Ziel.

Auslieferung von Programmen mit HTMLHelp

Wenn Sie ein Programm mit HTMLHelp an einen Kunden ausliefern oder sonst weitergeben, können Sie sich nicht darauf verlassen, daß auf dem Rechner des Kunden bereits die Programme zur Anzeige von HTMLHelp installiert sind. Daher müssen Sie zusammen mit den Installationsdateien auch `Hhupd.exe` mitliefern (400 kByte). Dieses Programm installiert alle Dateien, die zur Anzeige von HTMLHelp-Dokumenten erforderlich sind. Weisen Sie in einer `Readme.txt`-Datei (oder sonstwie) darauf hin, daß dieses Programm gegebenenfalls ausgeführt wird – der Installationsassistent kümmert sich nicht darum!

`Hhupd.exe` befindet sich nach der Installation des HTML-Workshops im Verzeichnis `htmlworkshop\redist`. Die mit Visual Basic mitgelieferte Version 1.1 ist allerdings nicht mehr ganz aktuell – als dieser Text abgeschlossen war, stand am Internet bereits Version 1.1a mit diversen Bugfixes zur Verfügung (und bis Sie diesen Text lesen, gibt es vielleicht 1.2):

`http://www.microsoft.com/workshop/author/htmlhelp/`

HINWEIS

- `Hhupd.exe` setzt voraus, daß am Rechner der IE3.02 – oder besser IE4 – installiert ist.
- Bei Windows 95 muß außer außer dem IE auch DCOM 95 Version 1.2 installiert werden! Installationsdateien dafür suchen Sie vergeblich. Die VB-CD-ROM enthält statt dessen den Nachfolger `Dcom98\Dcom98.exe`.
- Unter Windows NT kann `Hhupd.exe` nur vom Administrator ausgeführt werden.

Ob Ihre Kunden besonders glücklich über diese Flut von Installationen sind, die sie noch dazu selbst vornehmen müssen, sei dahingestellt.

14.2 Aufbau eines HTML-Hilfedokuments

Bevor im nächsten Abschnitt die Bedienung des HTMLHelp-Workshops beschrieben wird, ist eine Art Glossar notwendig, damit die Komponenten eines HTML-Hilfedokuments eindeutig bezeichnet werden. Da die Dokumentation zum HTML-Workshop nur in englischer Sprache zur Verfügung steht, sind jeweils die entsprechenden englischen Termini angegeben.

Hilfedatei: Alle Informationen der Online-Hilfe werden in einer einzigen, komprimierten Datei mit der Kennung `*.chm` gespeichert. (Das ist ein Unterschied zu früher, als das Inhaltsverzeichnis und die Wörterliste für die Suchfunktionen in getrennten Dateien untergebracht wurden.)

Themen (topics): Die Hilfedatei enthält in erster Linie eine Liste eigenständiger HTML-Dokumente. Jedes dieser Dokumente wird für sich angezeigt und enthält Informationen zu einem bestimmten Thema.

ID-Nummer: Jedes Thema kann optional mit einer (unsichtbaren) ID-Nummer verbunden werden. Diese Nummern sind zum Aufruf kontextabhängiger Hilfe notwendig.

Inhaltsverzeichnis (content): Das Inhaltsverzeichnis ist jene hierarchische Liste, die im INHALT-Blatt des Hilfefensters angezeigt wird.

Index (index): Das Stichwortverzeichnis – also eine alphabetische Liste mit Schlüsselwörtern – wird im INDEX-Blatt des Hilfefensters angezeigt. Einzelne Stichwörter können mit mehreren Themen verbunden werden – im Hilfesystem wird dann ein Auswahldialog angezeigt.

Wörterliste (full-text search information): Im SUCHEN-Blatt des Hilfefensters können Sie nach einem beliebigen Wort suchen, das irgendwo im Hilfetext vorkommt (auch wenn es nicht als Stichwort erfaßt ist). Als Ergebnis der Suche werden die entsprechenden Überschriftstexte des Inhaltsverzeichnisses in einer Liste angezeigt (geordnet nach der Häufigkeit, mit der die Suchbegriffe gefunden wurden).

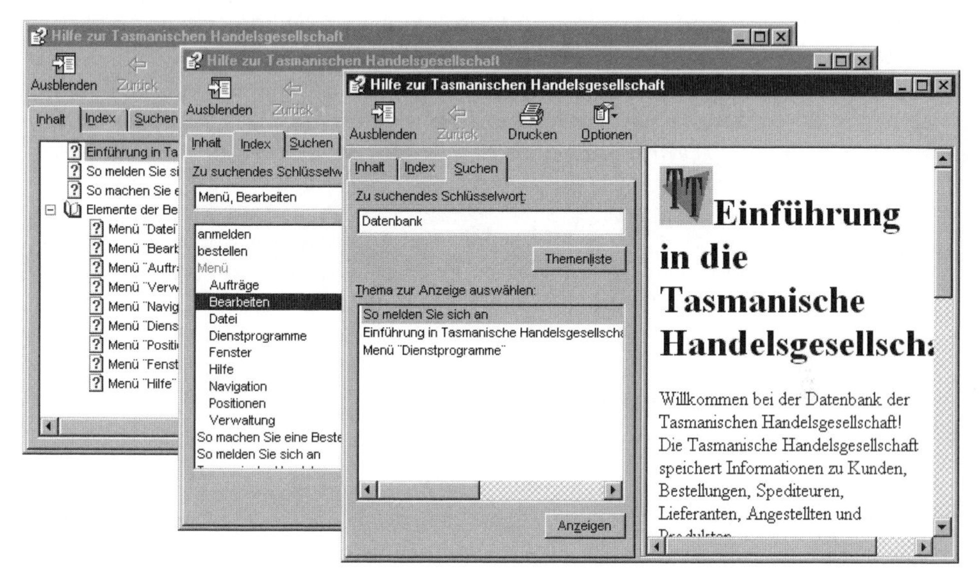

Bild 14.1: Inhaltsverzeichnis, Index und Suchfunktion am Beispiel einer FoxPro-Anwendung

14.3 HTMLHelp-Workshop

Der HTMLHelp-Workshop wird nicht automatisch installiert. Sie brauchen dazu aber nur das Programm `Htmlhelp\Htmlhelp.exe` von der VB-CD-ROM ausführen. Um es gleich vorwegzunehmen: Der Workshop eignet sich gut dazu, erste Hilfedateien zu erzeugen und HTMLHelp kennen und verstehen zu lernen. (Und selbst dazu benötigen Sie einen externen HTML-Editor.)

Für die Entwicklung eines umfangreichen Hilfesystems ist das Programm allerdings kaum geeignet. Insofern hat sich auch durch HTMLHelp nichts geändert – Microsoft treibt Sie geradewegs in die Arme der Drittanbieter. Die bekanntesten Programme sind DocToHelp und RoboHelp (beide Produkte basieren auf WinWord) sowie Help Magician (ein eigenständiges Produkt):

DocToHelp: `http://www.wextech.com/`
Help Magician: `http://www.sinterphase.com/`
RoboHelp: `http://www.blue-sky.com/`

TIP

Der HTML-Workshop ist ziemlich absturzfreudig. (Widerstehen Sie der Versuchung, das HELP-Registerblatt anzuklicken!)

Oft ist es sicherer und schneller, Änderungen in den Textdateien (`*.hhp`, `*.hhc` usw.) mit einem beliebigen Texteditor durchzuführen bzw. Arbeitsvorgänge durch kleine VB-Programme oder Perl-Skripte zu automatisieren. Sie brauchen den Workshop dann eigentlich nur noch, um dem Hilfe-Compiler aufzurufen – und der funktioniert zumindest nach den Erfahrungen des Autors recht stabil.

ANMERKUNG

Die mit dem Workshop mitgelieferte Hilfe ist ein ausgezeichnetes Beispiel, wie Hilfedokumente *nicht* aussehen sollten: Die Datei besteht aus unendlich vielen Miniseiten, von denen die meisten nur Links auf andere gleichartige Seiten enthalten, die wenigsten aber irgendwelche substantiellen Informationen. Der Leser verfolgt einen Link nach dem anderen (zum Teil im Kreis), ohne je auf Inhalte zu stoßen. Frustrierend!

Dateien eines Hilfeprojekts

Ein neues Hilfeprojekt beginnt im HMTL-Workshop mit FILE | NEW | PROJECT. Zuerst müssen Sie den Namen einer Projektdatei (Kennung `*.hhp`) angeben, die sich möglichst in einem eigenen, noch leeren Verzeichnis befinden sollte. Im Verlauf des Projekts werden nämlich noch zahlreiche weitere Dateien folgen.

Der nächste Schritt besteht darin, für jeden einzelnen Text der Online-Hilfe eine eigene HTML-Datei zu verfassen. Dazu müssen Sie einen eigenen Editor verwenden. Der Workshop besitzt weder einen eigenen HTML-Editor, noch ist er in der Lage, ein fremdes Tool komfortabel aufzurufen.

Querverweise zwischen Hilfe-Themen werden durch gewöhnliche HTML-Links realisiert. Ansonsten brauchen Sie kaum darauf Rücksicht nehmen, daß es sich um Hilfedokumente handelt – alles was in HTML (genauer: im IE3 / 4) erlaubt ist, ist nun auch in Hilfedokumenten erlaubt (Animationen, VBScript-Code, ActiveX-Steuerelemente etc.) Es ist aber nicht alles sinnvoll, was technisch möglich ist!

Die HTML-Dateien werden nun mit dem Button ADD TOPIC FILES in das Hilfeprojekt eingefügt. Im Dateiauswahldialog ist eine Mehrfachauswahl möglich! (In der Projektdatei werden eigentlich nur Verweise auf die Dateien eingefügt – die Datei kann also ohne weiteres weiterhin verändert werden. Wunderbarerweise werden Dateinamen relativ zum aktuellen Verzeichnis gespeichert, so daß es ohne Probleme möglich ist, später ein gesamtes Projekt in ein anderes Verzeichnis zu verschieben.)

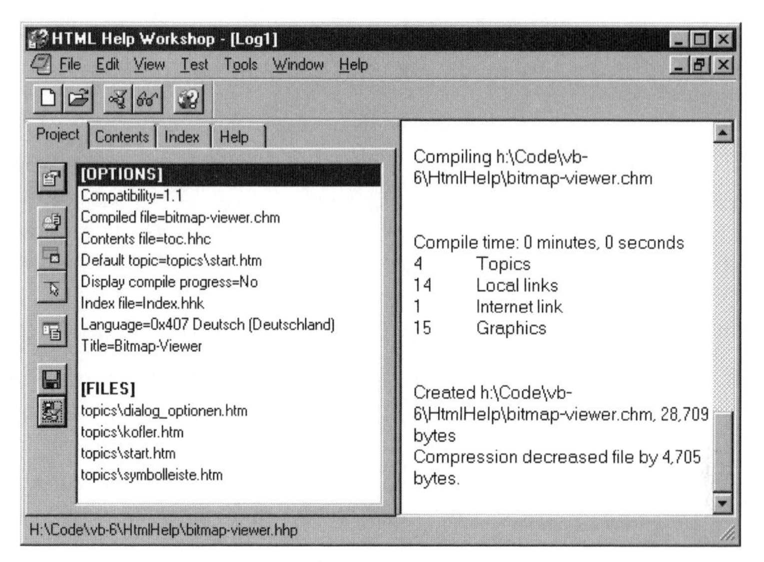

Bild 14.2: Die Benutzeroberfläche des Help-Workshops

TIP

Umfangreiche Hilfeprojekte bestehen aus sehr vielen HTML-Dateien. Verwenden Sie aussagekräftige Dateinamen und Unterverzeichnisse! Beachten Sie auch, daß nachträgliche Änderungen von Dateinamen eine Menge Probleme schaffen: Die Datei muß aus der Projektdatei entfernt und neu eingefügt werden, außerdem müssen alle Querverweise auf die Datei geändert werden.

Inhaltsverzeichnis und Index

Zur Erstellung des Inhaltsverzeichnisses klicken Sie das CONTENTS-Blattregister an. Sie müssen nun zuerst einen Dateinamen für die `*.hcc`-Datei angeben. In der Buttonleiste links befinden sich jetzt Buttons zum Einfügen von Überschriften (die eine neue Gruppe beginnen) und Themeneinträgen. Im dazugehörenden Dialog können Sie eine `*.htm`-Datei aussuchen und einen passenden Überschriftstitel angeben. Der ganze Vorgang ist zwar unnötig umständlich, aber handhabbar.

Wenn Sie einen Blick in die so entstandene `*.hcc`-Datei werfen, sehen Sie, daß es ein leichtes ist, die HTML-Datei selbst zu bearbeiten. Die Struktur des Inhaltsverzeichnisses entsteht durch *<UL>* und *<IL>*-Tags. Die eigentlichen Verzeichniseinträge haben folgenden Aufbau:

```
<OBJECT type="text/sitemap">
  <param name="Name"  value="Der Bitmapviewer">
  <param name="Local" value="topics\start.htm">
</OBJECT>
```

Die Erstellung des Indexverzeichnisses erfolgt ganz analog durch Buttons des INDEX-Registerblatts. Auch die resultierenden *<OBJECT>*-Einträge in der `*.hhk`-Datei sehen ganz ähnlich aus.

ANMERKUNG

Theoretisch scheint die Möglichkeit zu bestehen, die Informationen für das Inhaltsverzeichnis und für den Index direkt in den `*.htm`-Dateien anzugeben. Wenn die Projektoptionen AUTOMATICALLY CREATE CONTENT FILE sowie INCLUDE KEYWORDS FROM HTML FILES gesetzt werden, erzeugt der Compiler aus den `*.htm`-Dateien automatisch die entsprechenden `*.hhc`- und `*.hhk`-Dateien. (Vorsicht: Vorhandene `*.hhc`- und `*.hhk`-Dateien werden überschrieben!)

Leider ist nicht dokumentiert, in welchem Format die Inhalt- und Indexdaten in den `*.htm`-Dateien angegeben werden müssen. Experimente führten zu syntaktisch fehlerhaften Inhaltsdateien und Abbrüchen. Das Feature ist damit in der aktuellen Version wertlos.

Projektoptionen

Wieder im PROJEKT-Registerblatt können Sie mit dem OPTIONS-Button diverse Projekteinstellungen vornehmen. Die zwei wichtigsten sind die Angabe eines Titels für das Hilfefenster und die Angabe eines Defaultthemas, das beim Start der Hilfe automatisch erscheint. Wenn Sie möchten, daß der Compiler ein Wortverzeichnis für die Volltextsuche erstellt, aktivieren Sie die beiden Projektoptionen COMPILE FULL-TEXT SEARCH INFORMATION und CREATE BINARY INDEX.

Hilfedatei kompilieren und anzeigen

Ein Klick auf die Buttons SAVE ALL FILES AND COMPILE sowie VIEW COMPILED FILES sollte zum ersten Erfolgserlebnis führen. Vorsicht: Klicken Sie nicht das HELP-Registerblatt an, der Workshop stürzt dabei ab.

ID-Nummern

Rein optisch ist die Hilfedatei damit fertig. Wenn die Hilfe von Ihrem Visual-Basic-Programm kontextabhängig aufgerufen werden soll (d.h., wenn mit F1 automatisch das richtige Hilfethema erscheinen soll), müssen Sie die einzelnen Themen des Hilfedokuments mit ID-Nummern verbinden.

Dazu verlassen Sie den Workshop, laden die `*.hhp`-Projektdatei in einen Editor und geben dort die Einträge für die Abschnitte *[ALIAS]* und *[MAP]* nach dem folgenden Muster ein. (Prinzipiell läßt sich auch diese Arbeit im Workshop erledigen, aber selbst Microsoft rät davon in mehrern Knowledgebase-Artikeln ab – der Workshop stürzt dabei einfach zu oft ab.)

```
[ALIAS]
start          = topics\start.htm
symbolleiste   = topics\symbolleiste.htm
diologoptionen = topics\dialog_optionen.htm
...
[MAP]
#define start 10
#define symbolleiste 20
#define dialogoptionen 30
```

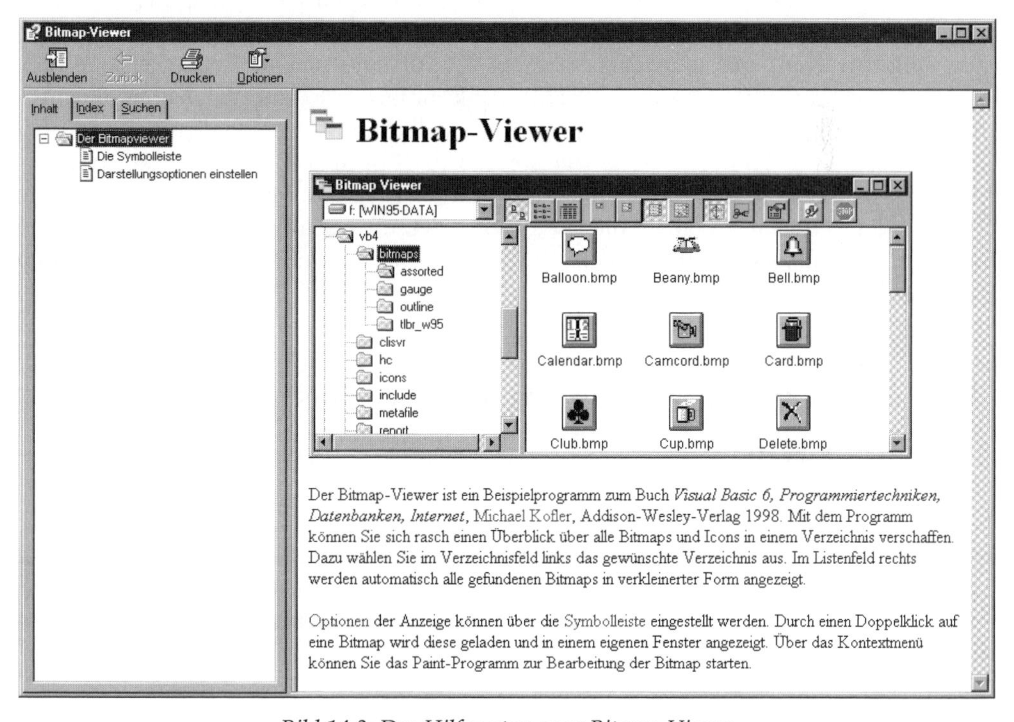

Bild 14.3: Das Hilfesystem zum Bitmap-Viewer

Der *[ALIAS]*-Abschnitt stellt die Verbindung zwischen HTML-Dateien und Konstanten her. Die Namen dieser Konstanten werden allerdings nur intern vom Hilfe-Compiler verwendet. Extern erfolgt der Zugriff auf die Themen über Nummern, die im *[MAP]*-Abschnitt den Konstanten zugeordnet werden.

Natürlich fragen Sie sich jetzt, ob die Entwicklungsabteilung bei Microsoft – wenn sie ein paar Tage ganz scharf nachgedacht hätte – womöglich auch eine direkte Zuordnung zwischen Nummern und HTML-Dateinamen zuwege hätte bringen können. Aber diese Frage ist, wie so oft, müßig. (Nebenbei erwähnt: Noch besser wäre es, wenn die ID-Nummern gleich direkt in den HTML-Dateien – etwa in einem *<OBJECT>*-Tag – angegeben werden könnten.)

Starten Sie den Workshop wieder und kompilieren Sie das Projekt neu. Dann führen Sie das Kommando TEST | HTMLHELP API aus, wählen im Dialog das Kommando HH_-HELP_CONTEXT und geben als Map-Nummer 20 ein. Wenn alles geklappt hat, wird im Hilfefenster jetzt direkt der Text zum Umgang mit der Symbolleiste angezeigt. (Im nächsten Abschnitt erfahren Sie, welche Bedeutung die ID-Nummern für Ihr Visual-Basic-Programm haben.)

Konversion von RTF-Dateien

Wenn Sie Ihr letztes Hilfeprojekt mit dem alten Hilfe-Compiler durchgeführt haben, existieren Ihre Hilfetexte noch als Richtext-Dokumente. Der Help-Workshop bietet immerhin eine Konversion in das neue HTML-Format an. Das Ergebnis ist mittelprächtig: Die Umwandlung RTF → HTML funktioniert recht gut. Allerdings wird die eine RTF-Datei in zahllose HTML-Dateien mit vollkommen unübersichtlichen Dateinamen zerlegt. Die Hilfe-IDs gehen verloren. Aus Popup-Fenstern werden normale Hilfetexte. Es ist also nach der Konversion sehr viel Handareit erforderlich, die bald die Frage entstehen läßt, ob es nicht einfacher wäre, das Hilfeprojekt ganz neu zu starten (und dabei bestenfalls die vom Konverter produzierten HTML-Dateien weiterzuverwenden).

14.4 Die Online-Hilfe im Visual-Basic-Programm aufrufen

Dieser Abschnitt geht davon aus, daß es Ihnen gelungen ist, eine Hilfedatei zu erzeugen. Nun geht es noch darum, die Hilfefunktion in Ihr Visual-Basic-Programm einzubinden. Microsoft verspricht in der Online-Dokumentation vollmundig, daß Visual Basic sowohl Hilfedateien im alten wie im neuen Format (also HTMLHelp) unterstützt:

VB-DOKUMENTATION | ARBEITEN MIT VB | PROGRAMMIERHANDBUCH | ADDING HELP

Das ist allerdings nur die halbe Wahrheit. VB kennt zahlreiche Mechanismen zum Aufruf der Online-Hilfe. Für `*.hlp`-Dateien stehen alle Mechanismen zur Verfügung, für `*.chm`-Dateien dagegen nur ganz wenige! Für alle anderen Varianten müssen Sie sich einigermaßen umständlich mit DLL-Funktionen helfen.

Dateiname der Hilfedatei

Damit Visual Basic die Hilfedatei findet, müssen Sie deren Dateinamen im aktuellen Visual-Basic-Programm verankern. Die Einstellung erfolgt in der Entwicklungsumgebung mit PROJEKT | EIGENSCHAFTEN. (Die Eigenschaft ***HelpContextID***, die Sie ebenfalls im Optionendialog einstellen können, ist nur relevant, wenn Sie einen ActiveX-Server entwickeln. Der hier eingestellte Hilfetext kann dann über den Objektkatalog aufgerufen werden, wenn Ihr ActiveX-Server von einem anderen Programm verwendet wird.)

Visual Basic speichert den absoluten Pfad der Hilfedatei. Wenn sich während der Entwicklung oder bei der Weitergabe des Programms das Verzeichnis verändert, sucht Visual Basic aber automatisch auch im aktuellen Verzeichnis nach der Hilfedatei.

Die einfachste Form der Online-Hilfe ist jetzt bereits geschaffen: Wann immer der Nutzer F1 drückt, erscheint das Hilfefenster mit dem Default-Thema. Für den praktischen Einsatz ist diese Lösung allerdings zu unbequem. Das Programm soll in Abhängigkeit von der aktuellen Operation einen dazu passenden Hilfetext anzeigen. Dazu muß die *HelpContextID*-Eigenschaft der Formulare und Steuerelemente des Programms eingestellt werden.

Kontextabhängige Hilfe in eigenen Dialogen

Visual Basic unterstützt zwei zueinander inkompatible Varianten zum kontextabhängigen Aufruf der Hilfe. Bei HTMLHelp-Dateien funktioniert allerdings nur die erste Variante!

- Variante 1: Die Formular-Eigenschaften *WhatsThisHelp* und *WhatsThisButton* müssen auf *False* gestellt sein (Defaulteinstellung). Für die einzelnen Steuerelemente bzw. das Formular als Ganzes müssen für die ***HelpContextID***-Eigenschaften die zum jeweiligen Steuerelement passenden ID-Werte eingestellt werden. Wenn der Anwender F1 drückt, wird der Hilfetext zum gerade aktiven Steuerelement automatisch angezeigt (ohne jeden Programmieraufwand).
- Variante 2: Sie müssen *WhatsThisHelp* und *WhatsThisButton* auf *True* stellen und außerdem für die einzelnen Steuerelemente die ***WhatsThisHelpID***-Eigenschaft einstellen. Der Anwender kann auf zwei verschiedene Weisen Hilfe aufrufen: Beim Drücken von F1 wird die aktuelle Position des Mauscursors berücksichtigt. Wenn sich der Cursor über einem Steuerelement mit gültiger *WhatsThisHelpID*-Einstellung befindet, wird die dazugehörende Hilfe in einem kleinen Popup-Fenster angezeigt (kein eigenständiges Hilfefenster!). Alternativ dazu kann der Anwender zuerst den Hilfebutton (ein kleines Fragezeichen) in der Titelzeile des Dialogs anklicken und danach das fragliche Steuerelement – die Reaktion ist dieselbe. Der aktuelle Tastaturfokus hat im Gegensatz zu Variante 1 keinerlei Einfluß darauf, welcher Hilfetext erscheint.

Die Nummern in *HelpContextID* und *WhatsThisHelpID* beziehen sich immer auf die in der Projektdatei Ihres Hilfeprojekts eingestellten Werte (*[MAP]*-Abschnitt).

Noch einige Anmerkungen zu den Formular-Eigenschaften *WhatsThisHelp* und *WhatsThisButton*: ***WhatsThisHelp*** aktiviert die neue Hilfefunktion für das aktuelle Formular. Der Hilfeaufruf über F1 funktioniert bereits jetzt, ein Hilfebutton wird aber nicht angezeigt. Dafür ist die zweite Eigenschaft ***WhatsThisButton*** verantwortlich.

HINWEIS

Damit der Hilfebutton wirklich angezeigt wird, muß der Dialog eine fixe Fenstergröße haben (*BorderStyle=1*). Der Dialog muß darüber hinaus mit einem Fenstermenü ausgestattet sein (*ControlBox=True*) und darf keinen Vergrößerungsbuttons aufweisen (*MaxButton=False*).

Beachten Sie auch, daß zwischen Variante 1 und 2 ein grundlegender Unterschied besteht: Bei Variante 1 wird ein eigenes Hilfefenster geöffnet, das am Bildschirm bleibt, bis der Anwender es schließt. Bei Variante 2 wird dagegen nur vorübergehend in einem kleinem Rechteck eine kurze Erklärung angezeigt.

Wenn Sie den Automatismen von Visual Basic nicht vertrauen oder aus einem anderen Grund kontextabhängige Hilfe per Programmcode anzeigen möchten, steht Ihnen die Methode ***ShowWhatsThis*** zur Verfügung. Die Methode wird auf das betreffende Steuerelement angewendet und zeigt das vorher durch *WhatsThisHelpID* eingestellte Thema:

```
Text1.ShowWhatsThis    'Kontexthilfe zur Textbox Text1 anzeigen
```

VERWEIS

Statt der Variante 2 können Sie bei HTMLHelp-Anwendungen die Eigenschaft *ToolTipText* verwenden. Das ist freilich kein vollwertiger Ersatz, weil dieser Text immer einzeilig (und damit sehr unübersichtlich) angezeigt wird. Eine recht umständliche Methode, wie trotz HTMLHelp Popup-Fenster mit Hilfetexten angezeigt werden können, beschreibt der Knowledgebase-Artikel Q192118.

Hilfe in Standarddialogen

Die Standarddialoge *MsgBox* und *InputBox* sowie die Dialoge des *CommonDialog*-Steuerelements können mit Hilfetexten verbunden werden. Allerdings funktioniert auch das nur mit herkömmlichen Hilfedateien, nicht mit HMTLHelp!

Der Vollständigkeit halber trotzdem eine kurze Beschreibung, wie es funktionieren sollte – vielleicht entschließt sich Microsoft ja, diesen Mangel mit dem nächsten Service Pack zu beheben. Im Fall von *MsgBox* und *InputBox* müssen Sie lediglich für die optionalen Parameter *helpfile* und *context* gültige Werte einstellen.

Etwas umständlicher sieht die Angelegenheit beim *CommonDialog*-Steuerelement aus. Gleich fünf Eigenschaften betreffen die Hilfe: ***HelpFile*** sowie ***HelpContext*** geben wie bisher die Hilfedatei und die Themen-ID an. Statt *HelpFile* können Sie in ***HelpKey*** auch eine Zeichenkette mit einem Schlüsselwort in der Hilfedatei angeben. ***HelpCommand*** gibt an, mit welchem Kommando die Hilfe gestartet werden muß. (Die Möglichkeiten sind etwas weiter unten bei *WinHelp* beschrieben. Im Regelfall lautet die sinnvollste Einstellung *cdlHelpContext*, damit das durch *HelpKey* eingestellte Thema angezeigt wird.) Und schließlich muß in der ***Flags***-Eigenschaft angegeben werden, daß der Hilfe-Button angezeigt wird. Das folgende Beispiel zeigt den Aufruf des Datei-Öffnen-Dialogs mit Hilfefunktion:

```
Dim dat$
With CommonDialog1
  On Error Resume Next         'wenn Nutzer 'Abbruch' wählt -> Fehler
  .CancelError = True
  .DialogTitle = "Datei auswählen"
  .Flags = cdlOFNFileMustExist + cdlOFNHelpButton
  .HelpFile = App.HelpFile
  .HelpContext = 10
  .HelpCommand = cdlHelpContext
  .ShowOpen
  On Error GoTo 0              'wieder normales Verhalten bei Fehlern
  If Err Then Exit Sub         'es wurde kein Dateiname ausgewählt
  dat = .filename
End With
```

Hilfe zu Menüeinträgen

HelpContextID kann auch zu jedem Menüeintrag eingestellt werden. Die Hilfe wird angezeigt, wenn der Anwender die Menüauswahl nicht ausführt, sondern F1 drückt. Oft ist es auch ausreichend, *HelpContextID*-Werte nur für die Einträge der Menüleiste zu definieren. Für die untergeordneten Einträge des jeweiligen Menüs gelten automatisch die *HelpContextID*-Werte der dazugehörenden Menüüberschrift. Wunderbarerweise funktioniert dieser Mechanismus auch für HTMLHelp.

Hilfe mit HtmlHelp anzeigen

In den vorangegangenen Abschnitten wurden Möglichkeiten beschrieben, wie Hilfetexte automatisch angezeigt werden. Manchmal besteht aber der Wunsch, die Anzeige des Hilfetexts per Programmcode auszulösen – etwa nach dem Auftreten eines Fehlers.

Für herkömmliche Hilfedateien kann dazu die Methode *ShowHelp* des *CommonDialog*-Steuerelements eingesetzt werden. Bei HTMLHelp-Dateien müssen Sie sich dagegen mit der DLL-Funktion *HtmlHelp* behelfen, die in der Datei `Hhctrl.ocx` im Windows-Systemverzeichnis definiert ist. (`Hhctrl.ocx` ist Teil der HTML-Help-Runtime-Dateien. Obwohl es sich um ein ActiveX-Steuerelement handelt, kann es als solches nicht in Visual Basic verwendet werden.)

```
' HtmlHelp\Html-Test-help.frm
' Deklaration und Konstanten laut htmlworkshop\include\htmlhelp.h
Const HH_DISPLAY_TOPIC = 0
Const HH_DISPLAY_TEXT_POPUP = 14
Const HH_HELP_CONTEXT = 15
```

```
Const HH_CLOSE_ALL = 18
Private Declare Function HtmlHelp& Lib "hhctrl.ocx" _
  Alias "HtmlHelpA" (ByVal hWnd&, ByVal lpHelpFile$, _
                     ByVal wCommand&, dwData As Any)
```

Damit kann das Default-Topic oder ein Thema mit einer bestimmten ID-Nummer angezeigt werden. Ebenso kann das Fenster wieder geschlossen werden. Achten Sie auf die Angabe von *ByVal* beim letzten Parameter! *ByVal* ist erforderlich, weil der Parameter verschiedene Datentypen entgegennehmen kann und daher mit *As Any* deklariert werden muß.

```
HtmlHelp hWnd, App.HelpFile, 0, ByVal 0
HtmlHelp hWnd, App.HelpFile, HH_HELP_CONTEXT, ByVal 20  'Topic-ID 20
HtmlHelp hWnd, "", HH_CLOSE_ALL, ByVal 0
```

Die obigen Zeilen gehen davon aus, daß *App.HelpFile* den korrekten Dateinamen der Hilfedatei enthält. Sie sollten *App.HelpFile* in *Form_Load* einstellen, damit das Programm auch dann noch funktioniert, wenn es in einem anderen Verzeichnis gestartet wird. Das Hilfefenster wird immer über dem Programmfenster angezeigt. Das Hilfefenster wird automatisch geschlossen, wenn das Programm beendet wird.

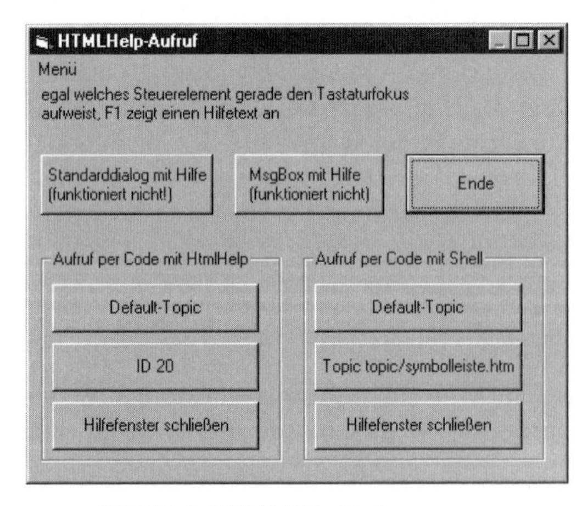

Bild 14.4: HTMLHelp-Testprogramm

Hilfe mit HtmlHelp anzeigen

Es besteht eine zweite Möglichkeit, HTML-Hilfe per Code anzuzeigen: nämlich mit dem Programm `Hh.exe`, das mit *Shell* gestartet wird. `Hh.exe` gehört ebenfalls zu den HTMLHelp-Runtime-Dateien. Das Miniprogramm befindet sich im Windowsverzeichnis und dient zum Start des Hilfesystems. An das Kommando muß eine ziemlich abstruse Zeichenkette übergeben werden, die den Dateinamen der Hilfedatei und optional das HTML-Dokument innerhalb der Hilfedatei angibt.

```
Shell "hh.exe mk:@MSITStore:" & App.HelpFile, vbNormalFocus
Shell "hh.exe mk:@MSITStore:" & _
  App.HelpFile & "::topics\symbolleiste.htm", vbNormalFocus
```

Bei dieser Variante zeichnet sich durch einige wesentliche Unterschiede zur *HtmlHelp*-Variante aus:

- Das Hilfefenster ist unabhängig vom Programmfenster und kann auch unter diesem angezeigt werden.
- Es ist nicht möglich, per Code ein anderes Hilfethema auszuwählen, ohne ein weiteres Hilfefenster zu öffnen.
- Das Hilfefenster wird beim Programmende nicht automatisch geschlossen.

Zumindest beim letzten Punkt besteht eine einfache Möglichkeit zur Abhilfe: Es wird mit *AppActive* versucht, ein Fenster mit dem Titel *"Hilfe Bitmap-Viewer"* zu aktivieren. Existiert dieses Fenster, wird es per *SendKeys* mit Alt+F4 geschlossen.

```
On Error Resume Next
AppActivate "Hilfe Bitmap-Viewer"
If Err = 0 Then SendKeys "%{f4}"
```

Hilfe bei Objektbibliotheken (ActiveX-Servern)

Ganz andere Voraussetzungen gelten, wenn Sie eine Objektbibliothek entwickeln, die als eigenständiger ActiveX-Server oder in Form einer ActiveX-DLL anderen Programmierern zur Verfügung stehen soll. Objektbibliotheken haben oft keine eigene Oberfläche, die einer Hilfefunktion bedarf. (Falls das doch der Fall ist, gelten für die Oberfläche dieselben Regeln wie oben beschrieben.) Dafür müssen aber die einzelnen Objekte (Klassen), deren Eigenschaften und Methoden etc. durch Hilfetexte dokumentiert werden.

Den für die gesamte Bibliothek gültigen Defaulthilfetext können Sie über die schon erwähnten Projekteigenschaften *App.HelpFile* und *App.HelpContextID* einstellen. Zu allen Modulen und Prozeduren der Bibliothek können Sie individuelle Hilfetexte (also die *HelpContextID*-Nummer) über den Dialog PROZEDURATTRIBUTE einstellen. Diesen Dialog können Sie wahlweise im Codefenster mit EXTRAS | PROZEDURATTRIBUTE oder im Objektkatalog mit dem Kontextmenüeintrag EIGENSCHAFTEN aufrufen. Im Dialog können Sie auch einen kurzen Beschreibungstext zu jeder Prozedur angeben. Dieser Text wird dann im Objektkatalog angezeigt und gibt erste Informationen über die Bedeutung der Prozedur.

Hilfe im Beispielprogramm Bitmap-Viewer

In dem auf Seite 355 beschriebene Programm Bitmap-Viewer steht in folgenden Situationen Online-Hilfe zur Verfügung:

- Hauptformular via F1 oder durch Anklicken des Hilfe-Buttons
- Optionen-Dialog via F1 oder durch Anklicken des Hilfe-Buttons (kontextabhängig)
- *Tooltip*-Texte zu den Eingabefeldern des Optionendialogs.

Das Programm mußte dazu nur um wenige Zeilen Code erweitert werden. Außerdem mußten diverse Eigenschaften wie *HelpFile, HelpContextID* und *ToolTipText* eingestellt werden.

```
' Zusatzsteuerelemente\Bitmapviewer\Module.bas
Public Const HH_DISPLAY_TOPIC = 0
Public Const HH_HELP_CONTEXT = 15
Public Const HH_CLOSE_ALL = 18
Public Declare Function HtmlHelp& Lib "hhctrl.ocx" _
  Alias "HtmlHelpA" (ByVal hWnd&, ByVal lpHelpFile$, _
  ByVal wCommand&, dwData As Any)
```

```
' Zusatzsteuerelemente\\Hauptformular.frm
Private Sub Form_Load()
  App.HelpFile = App.Path + "\bitmap-viewer.chm"
  ...
End Sub
' Reaktion auf Anklicken der Symbolleiste
Private Sub Tool_ButtonClick(ByVal Button As Button)
  Select Case Button.Key
  Case "help"
    HtmlHelp hWnd, App.HelpFile, 0, ByVal 0&
  ...
End Sub
```

Teil IV

Datenbanken

15 Datenbankgrundlagen

Selten gibt es für eine bestimmte Aufgabe so viele Möglichkeiten, die zum Ziel führen können: Sie haben für die effiziente Verwaltung von Daten die Wahl zwischen verschiedenen Datenbanksystemen (Jet alias Access, SQL-Server, Oracle), zwischen verschiedenen Zugriffsformen (datengebundene Steuerelemente, ADO-, DAO- oder RDO-Bibliothek) etc.

Dieses Kapitel gibt eine erste Orientierungshilfe. Es bietet Grundlagenwissen zu Begriffen wie *Client-Server-Datenbanken* oder *relationale Datenbanken* ebenso wie konkrete Informationen und Beispiele zu *SQL (Standard Query Language)* und zum Umgang mit dem Datenmanager (VisData).

15.1 Einführung

Kaum ein Begriff ist so aussagelos wie *Datenbank*. Als Datenbank gilt eine Adreßliste, die in einer Excel-Tabelle gespeichert werden kann, ebenso wie die Verwaltung eines Telekommunikationsunternehmens, in dem täglich mehrere Millionen Anrufe registriert und deren Gebühren korrekt und ausfallssicher verbucht werden müssen, monatliche Rechnungen und gegebenenfalls Mahnungen verschickt werden müssen etc. Einfache Datenbanken laufen *stand-alone* (lokal auf einem Rechner für einen Benutzer), andere werden gleichzeitig von Tausenden Nutzern beansprucht.

Die Größe einer Datenbank kann von wenigen kByte bis hin zu TByte (also 1024 GByte) reichen. Im üblichen Sprachgebrauch wird eine *Datenbank* gleichermaßen dazu verwendet, die eigentlichen Daten, die resultierende Datenbankdatei, das Datenbanksystem (etwa Oracle) oder einen Datenbank-Client (etwa ein Visual-Basic-Programm) zu bezeichnen.

Entsprechend groß ist das Potential für Konfusion, wenn sich zwei Personen über Datenbanken unterhalten, wenn ein Programmierer sich für ein Entwicklungssystem für Datenbankanwendungen entscheiden möchte, oder wenn Sie als Leser an dieser Stelle konkrete Informationen genau zu dem Problem suchen, das Sie momentan beschäftigt.

Dieses Kapitel wird Ihnen nur wenige Informationen bieten, die Sie unmittelbar in Programmcode umsetzen können. Es gibt vielmehr einen Überblick über die Dimension des Themas Datenbanken. Es soll dabei helfen, grundlegende Entscheidungen über die Art des Datenbanksystems zu treffen. Es beschreibt wichtige Begriffe aus der Datenbankwelt, die eine eindeutige Kommunikation erst möglich machen.

Es wäre vermessen zu glauben, daß die folgenden Kapitel ausreichend Informationen geben, um all Ihre Fragen bzw. Probleme bei der Datenbankprogrammierung zu lösen – dazu ist dieses Thema viel zu komplex! Der Datenbankteil dieses Buchs beschränkt sich auf die Anwendung der ADO-Bibliothek (neu in Visual Basic 6) und auf den Zugriff auf Jet-Datenbanken (Access-kompatibel).

HINWEIS

Einige Monate nach diesem Buch wird beim Addison-Wesley-Verlag ein eigenes Buch des Autors, das sich speziell mit der Programmierung von Client / Server-Datenbanken mit Visual Basic befaßt, erscheinen. Das Buch wird unter anderem das effiziente Zusammenspiel zwischen Visual Basic und Datenbank-Servern (Microsoft SQL-Server, Oracle etc.) behandeln. Ein weiterer Themenschwerpunkt wird darin liegen, einen Internet-Zugang zu solchen Datenbanksystemen herzustellen.

15.2 Kleines Datenbankglossar

Relationale und objektorientierte Datenbanken

Eine **Datenbank** ist eine geordnete Sammlung von Daten, die normalerweise in einer oder in mehreren zusammengehörenden Dateien gespeichert ist. Die Daten sind als Tabellen strukturiert, wobei Verweise von einer Tabelle auf eine andere möglich sind.

Dazu gleich ein Beispiel: Eine Datenbank könnte aus einer Tabelle mit den Daten zu den Kunden eines Betriebs (Name, Adresse ...), einer Tabelle mit den Daten der angebotenen Artikel und schließlich einer Tabelle mit den Bestellungen bestehen. In der Tabelle mit den Bestellungen kann auf die Daten der beiden anderen Tabellen (z.B. über die Kunden- und Artikelnummer) zugegriffen werden.

Aufgrund der Verknüpfungen zwischen den Tabellen wird die Datenbank relational bezeichnet. **Relationale Datenbanken** dominieren die Datenbankwelt seit Jahren (beinahe schon seit Jahrzehnten) und eigenen sich primär für geschäftliche Daten, die sich in Tabellen strukturieren lassen. In diesem Kapitel ist – mit Ausnahme der beiden folgenden Absätze – ausschließlich von relationalen Datenbanken die Rede (was daher nicht ständig neu betont wird).

Die Beschreibung der Tabellen mit ihren Feldern, Relationen, Indizes etc. wird als **Datenbankschema** bezeichnet. Dieses Schema definiert also den Aufbau der Datenstrukturen. Das Schema gibt gleichzeitig das Format vor, in dem die eigentlichen Daten gespeichert werden.

Bei der Datenbankprogrammierung wird noch viel von Objekten die Rede sein, und generell werben praktisch alle unter Windows verfügbaren Datenbankprogrammiersprachen mit ihrem objektorientierten Ansatz. Das bedeutet aber nicht, daß Sie es hier mit objektorientierten Datenbanken zu tun haben! Die Objektmodelle beziehen sich ausschließlich auf die Programmierung, nicht auf die Datenbank.

Wirklich **objektorientierte Datenbanken** sind in der Lage, selbst Objekte zu speichern. Davon ist Visual Basic momentan noch weit entfernt. Wenn Sie selbst eigene Objektklassen definieren und diese speichern möchten, ist eine Unmenge von Code erforderlich, um die Daten in ein relationales Modell zu pressen. Sehr viel einfacher klappt das bei den meisten OODBs (etwa ObjectStore, O2, Versant, Poet etc.) im Zusammenspiel mit C++, wo selbstdefinierte Objektklassen direkt gespeichert werden können.

Tabelle, Datensatz, Feld, Abfrage, SQL, Index, Schlüssel und Bericht

Die **Tabelle** als der Ort innerhalb der Datenbank, wo sich die eigentlichen Daten befinden, wurde weiter oben schon erwähnt. Jede Zeile in dieser Tabelle wird nun als **Datensatz** (Record) bezeichnet, wobei der Aufbau des Datensatzes durch die Definition der Tabelle vorgegeben ist. Bei einer Adreßdatenbank wird jeder Datensatz **Felder**

(Fields) für Familien- und Vorname, Straße etc. enthalten. Für jedes Feld existieren genaue Vorschriften über den Inhalt, der darin gespeichert werden kann (in erster Linie Zahlen in verschiedenen Formaten oder Zeichenketten mit einer vorgegebenen, maximalen Zeichenanzahl).

Tabellen enthalten die Daten üblicherweise ungeordnet (oder um es exakter auszudrücken: die Ordnung ergibt sich aus der Reihenfolge, in der die Daten eingegeben bzw. verändert werden). Zur effizienten Verwendung der Daten ist es aber erforderlich, daß aus diesen an sich ungeordneten Daten eine (nach unterschiedlichen Kriterien) geordnete Liste entsteht. Häufig ist es auch sinnvoll, daß diese Liste gar nicht alle Daten enthält, sondern nur eine Auswahl davon. Ein Beispiel wäre eine nach Postleitzahlen geordnete Liste aller Kunden, die in den letzen zwölf Monaten einen Einkauf getätigt haben.

Um eine solche Liste zu bilden, formulieren Sie eine **Abfrage** (Query). Das Ergebnis einer Abfrage ist abermals eine Tabelle, die allerdings nur im Speicher (RAM), nicht aber auf der Festplatte existiert.

Zur Formulierung der Abfrage bestehen verschiedene Möglichkeiten. Der gängigste Weg ist eine SQL-Anweisung, d.h. eine Reihe von Kommandos zur Auswahl und Selektion der Daten. **SQL** steht für Standard Query Language und stellt einen Standard zur Formulierung von Datenbankabfragen dar.

Grundsätzlich ist Visual Basic in der Lage, Abfragen zu jeder Tabelle zu bearbeiten. Bei umfangreichen Tabellen hängt die Geschwindigkeit der Abfragebeantwortung wesentlich davon ab, ob für die Reihenfolge der Datenfelder ein geeigneter **Index** zur Verfügung steht. Ein Index ist eine Zusatztabelle, die nur Informationen über die Reihenfolge der Datensätze enthält. **Schlüssel** ist ein deutschsprachiges Synonym für einen Index.

Ein Index beschleunigt zwar den geordneten Zugriff auf Daten, hat aber auch Nachteile: Erstens vergrößert jeder Index den Platzbedarf der Datenbankdatei auf der Festplatte, und zweitens muß der Index bei jeder Veränderung der Daten aktualisiert werden, was natürlich Zeit kostet. (Ein Index spart also Zeit beim Lesen von Daten, kostet aber Zeit beim Schreiben oder Verändern von Daten. Es hängt demnach von der Verwendung der Daten ab, ob ein Index insgesamt eine bessere Arbeitsgeschwindigkeit ergibt oder nicht.)

Ein Sonderfall zum Index ist ein **Primärindex** (oder **Primärschlüssel**, manchmal auch nur Schlüssel): Der wichtigste Unterschied besteht darin, daß der Primärindex eine eindeutige Zuordnung zu einem Datensatz sicherstellen muß. Primärindizes spielen bei relationalen Datenbanken eine große Rolle und können den Datenzugriff erheblich beschleunigen.

Wenn Sie das Ergebnis einer Abfrage ausdrucken möchten, wird dieser Ausdruck im Vokabular der Datenbankprogrammierer als **Bericht** (Report) bezeichnet. Ein Bericht stellt deutlich mehr dar als nur eine einfache Liste. Einerseits geht es dabei um die äußere Form, die sehr unterschiedlich ausfallen kann (von einer individuell gestalteten

Mahnung bis hin zum Ausdruck von Adreßetiketten). Andererseits kann ein Bericht auch Informationen enthalten, die aus mehreren Datensätzen unterschiedlicher Tabellen zusammengesetzt sind (z.B. die Auftragssummen aller Kunden einer Stadt, eines Bundeslandes und des ganzen Landes). In Visual Basic kann das Zusatzprogramm Crystal Report bzw. das dazugehörende Steuerelement zur Gestaltung von Berichten verwendet werden. Eine Alternative dazu ist die Steuerung von Access via Active-Automation.

Stand-Alone- und Netzwerkdatenbanken

Wenn eine Datenbank immer nur von einem Nutzer bzw. von einem Programm genutzt wird, ist das eine **Stand-Alone-Datenbank**. Sehr viel häufiger werden Datenbanken in einem Netzwerk von mehreren Anwendern genutzt. (Selbst auf einem einzelnen Rechner kann es vorkommen, daß zwei Programme gleichzeitig auf eine Datenbank zugreifen.)

Während eine Stand-Alone-Datenbank konzeptionell eine sehr einfache Angelegenheit ist, stellen Netzwerkdatenbanken noch immer eine Herausforderung dar:

- Zum einen müssen alle Anwender (die jetzt als **Clients** bezeichnet werden) überhaupt auf die Daten zugreifen können. Was bei zwei oder drei Clients noch weitgehend problemlos ist, entwickelt sich bei 20 oder 100 Clients rasch zu einem Netzwerkengpaß. Die zwei wichtigsten Datenbankkonzepte für Netzwerke, **File-Server-Datenbanken** und **Client / Server-Datenbanken**, werden auf Seite 715 genauer beschrieben.
- Zum anderen muß sichergestellt werden, daß beim gleichzeitigen Zugriff mehrerer Anwender auf gemeinsame Daten keine Konflikte auftreten. Beispielsweise kann immer nur ein Anwender (ein Programm) Schreibrechte für einen bestimmten Datensatz haben. Diese Konfliktlösung erfolgt durch sogenannte **Locking**-Mechanismen. Je nach Datenbanksystem wird dazu eine gemeinsame Locking-Datei angelegt oder die Locking-Verwaltung erfolgt direkt durch den Server.

Datenbankformate (Jet alias Access, dBase etc.)

Datenbankdateien enthalten neben den eigentlichen Daten auch Zusatz- und Verwaltungsinformationen, die den Zugriff auf die Daten beschleunigen, Sicherheitsmechanismen realiseren etc. Aus diesem Grund beansprucht eine Datenbank (manchmal substantiell) mehr Speicher als für die reinen Daten benötigt würden.

Im Laufe der Jahre sind unterschiedliche Formate zum Speichern von Datenbanken entstanden. Eines der populärsten Formate war lange Zeit dBase, das von manchen Datenbanksystemen (etwa Visual FoxPro) noch immer gut unterstützt wird.

Unter Windows dominiert bei kleineren Ansprüchen mittlerweile das Datenbankformat von **Access**. Dieses Format wird nicht nur von Access unterstützt, sondern auch von allen anderen Office-Programmen, von Visual Basic etc.

Um eine möglichst allgemeine Nutzung von Access-Datenbanken zu ermöglichen, ist die Access-Benutzeroberfläche von den elementaren Datenbankfunktionen getrennt. Diese Funktionen befinden sich in einer eigenen Programmbibliothek, der sogenannten **Jet-Engine**. Aus diesem Grund wird statt von Access-Datenbanken oft zutreffender von **Jet-Datenbanken** gesprochen. Das Datenbankformat resultiert nämlich aus der Jet-Engine, Access bietet lediglich eine von mehrere Möglichkeiten, darauf zuzugreifen. Die Jet-Engine darf im Gegensatz zu Access frei weitergegeben werden (etwa mit Visual-Basic-Programmen).

VERSIONEN

Bisweilen fällt es schwer, einen Überblick über die unterschiedlichen Versionsnummern zu bewahren: Access 97 sowie Visual Basic 5 basieren auf der Jet-Engine 3.5, Visual Basic 6 auf der Jet-Engine 3.51. Jet-Datenbankdateien tragen allerdings die Versionsnummer 3.0 (Eigenschaft *Version* des *Database*-Objekts der DAO-Bibliothek), um so eine weitgehende Kompatibilität mit früheren Versionen anzudeuten. Access speichert in Jet-Datenbanken zusätzlich zur Jet-Version auch eine eigene *AccessVersion*-Information. Bei Datenbankdateien von Access 7 ist *AccessVersion=6.68*, bei Access 97 gilt dagegen *AccessVersion=7.53*. Alles klar?

Die Jet-Engine ist durch sogenannte ISAM-Treiber auch in der Lage, auf dBase-, Paradox- und einige andere Datenbankformate zuzugreifen. (ISAM steht für *Index Sequential Access Method* und bezeichnet eine Methode, wie die Datensätze in der Datenbankdatei gespeichert werden.) Datenbanksysteme, die nicht der ISAM-Technologie entsprechen, können von der Jet-Engine via ODBC (siehe unten) angesprochen werden – das ist allerdings relativ ineffizient.

Bei Client / Server-Datenbanken (siehe unten) spielt das Datenbankformat nur noch eine untergeordnete Rolle, weil der Datenaustausch nicht durch einen direkten Dateizugriff, sondern über den Datenbank-Server erfolgt.

Open Database Connectivity (ODBC)

ODBC bezeichnet einen einheitlichen Mechanismus zum Zugriff auf alle Datenbanksysteme, die einen ODBC-Treiber zur Verfügung stellen (und das sind mittlerweile fast alle handelsüblichen Systeme). Als Datenbankprogrammierer kommen Sie mit ODBC normalerweise nicht direkt in Berührung. ODBC wird beispielsweise von der Jet-Engine benutzt, um auf Jet-fremde Datenbanken zuzugreifen.

Datenbankentwurf

Obwohl es prinzipiell möglich ist, neue Datenbanken per Programmcode zu erzeugen, erfolgt dieser Schritt zumeist interaktiv und unter Zuhilfenahme von dafür vorgesehenen Tools. Für Jet-Datenbanken kann dazu der mit Visual Basic mitgelieferte **Datenmanager** (das Programm VisData) verwendet werden. Mehr Komfort bietet allerdings Access. Server-Datenbanken können mit ihren mitgelieferten Tools (etwa mit dem Enterprise-Manager des Microsoft SQL-Servers) erstellt werden. Mit der Enterprise-Version von Visual Basic werden darüber hinaus die **Visual Database Tools** mitgeliefert, die besser in die Benutzeroberfläche von Visual Basic integriert sind. Weitere Informationen zum Datenbankentwurf finden Sie ab Seite 719.

15.3 Bibliotheken zur Datenbankprogrammierung

Die Aufgaben, die ein typisches Visual-Basic-Datenbankprogramm zu erfüllen hat, hängen vom Typ der Datenbank ab:

- In jedem Fall stellt das Visual-Basic-Programm eine Oberfläche zur Verfügung. Das Programm zeigt die gerade benötigten Daten an, ermöglicht Änderungen und Neueingaben, führt dabei Plausibilitätstests durch, hilft bei der Auswertung der Daten etc.
- Bei Stand-Alone- und bei File-Server-Datenbanken muß sich das Programm zusätzlich um die eigentliche Verwaltung der Daten kümmern (Zugriff auf die Datenbankdatei, Datensätze lesen / speichern / ändern).
- Bei Client / Server-Datenbanken übernimmt diese Aufgaben der Server, das Visual-Basic-Programm ist lediglich für die Kommunikation mit dem Server zuständig.

Für die tatsächliche Programmierung ist der Unterschied nicht so groß, wie es hier aussieht. Im Regelfall sind es nämlich dieselben Methoden, die im einen Fall die erforderliche Datenbankoperation auslösen und im anderen Fall den Server kontaktieren.

Der Zugang zu Datenbanken kann unter Visual Basic wahlweise über eine Datenbankbibliothek (ADO, DAO, RDO) oder über datengebundene Steuerelemente erfolgen. In der Praxis werden Sie am häufigsten auf eine Kombination dieser beiden Zugriffsformen stoßen.

Datengebundene Steuerelemente stellen ohne bzw. mit minimalem Programmieraufwand eine Verbindung zur Datenbank bzw. zum Datenbank-Server her und zeigen die resultierenden Daten an. (Diese Steuerelemente werden in Kapitel 18 ab Seite 805 beschrieben.)

DAO versus RDO versus ADO

Datenbankbibliotheken stellen ein komplexes Objektmodell zur Verfügung, mit dem direkt – also auf Wunsch auch ohne Steuerelemente – auf Datenbanken zugegriffen werden kann. Daß Visual Basic 6 gleich drei verschiedenen Objektbibliotheken mitliefert, hat historische Gründe.

- Visual Basic 3: Einführung der **DAO-Bibliothek (Data Access Objects)**. Die Bibliothek ist besonders im Hinblick auf Jet-Datenbanken optimiert. Via ODBC können auch fremde Datenbanksysteme angesprochen werden, allerdings nur langsam.
- Visual Basic 4 Enterprise: Einführung der **RDO-Bibliothek (Remote Data Objects)** als Alternative zu DAO. Diese Bibliothek ermöglicht einen effizienteren Zugang zu externen Datenbank-Servern (Microsoft SQL-Server, Oracle etc.)
- Visual Basic 5: DAO wird mit **ODBCDirect** erweitert. Nun kann auch via DAO eine ähnliche Performance wie mit RDO erzielt werden kann.
- Visual Basic 6: Einführung der **ADO-Bibliothek (ActiveX Data Objects)**. Damit gibt es erstmals ein einheitliches Objektmodell für den Zugang zu jeder Art von Datenbanksystemen.

ADO soll kurzfristig DAO und ODBCDirect ablösen, längerfristig auch RDO. DAO wird nicht mehr weiterentwickelt, aber sicher noch eine Weile aus Kompatibilitätsgründen unterstützt. Bei RDO verhält es sich wahrscheinlich ebenso, verbindliche Aussagen von Microsoft zu diesem Thema sind dem Autor nicht bekannt.

HINWEIS

Die Änderungen für Datenbankentwickler in Visual Basic 6 beschränken sich nicht auf die ADO-Bibliothek. Gleichzeitig werden mit Version 6 eine Menge neuer Steuerelemente und Werkzeuge (*DataEnvironment*-Designer, *DataReport*-Designer, Datenformular-Assistent) mitgeliefert, die die Entwicklung von Datenbankanwendung deutlich intuitiver machen. Ein Großteil dieser Features kann allerdings nur in Kombination mit ADO verwendet werden – sozusagen ein zusätzlicher Anreiz für den Umstieg.

ADO-Vorteile gegenüber DAO / RDO

- Die ADO-Objekthierarchie ist deutlich einfacher und übersichtlicher. Die ADO-Objekte können auch außerhalb ihrer Hierarchie verwendet werden, d.h. es ist nicht notwendig, zuerst ein *Connection*- und ein *Command*-Objekt zu erzeugen, um davon abgeleitet dann ein *Recordset*-Objekt zu bilden.
- Das ADO-Objektmodell unterstützt Ereignisse. Das hilft dabei, Redundanz im Code zu vermeiden. Beispielsweise kann Code, der beim Wechseln des aktuellen Datensatzes ausgeführt werden soll, jetzt zentral in der entsprechenden Ereignisprozedur plaziert werden. (Bisher mußte der Code an mehreren Stellen im Pro-

gramm angegeben werden – überall dort, wo ein Datensatzwechsel ausgelöst werden konnte. Zumeist wurden ein paar dieser Möglichkeiten vergessen.)

- ADO unterstützt asynchrone Operationen. (Auch bei deren Verwaltung sind Ereignisse sehr hilfreich – ein entscheidender Vorteil gegenüber ODBCDirect.)
- Das ADO-*Recordset*-Objekt kennt im Vergleich zum DAO-*Recordset* völlig neue Funktionen, etwa die Verwaltung hierarchischer Datensätze oder die Möglichkeit, die gesamte Datensatzliste lokal in einer Datei zu speichern (Persistenz).
- ADO ist gleichermaßen für den Zugriff auf Jet-Datenbanken und externe Datenbank-Server geignet. Das erleichtert eine spätere Migration einer anfangs kleinen Jet-Datenbank auf ein größeres Client / Server-System.
- ADO ist im Hinblick auf den Internet-Datenbankzugriff optimiert. Eigene *Remote-Data-Services*-Objekte können dazu verwendet werden, den Kommunikationsaufwand zu minimieren (was bei langsamen Netzwerkverbindungen ein entscheidender Vorteil ist).
- Die *DataEnvironment*- und *DataReport*-Designer, die *MSHFlexGrid*- und *MSChart*-Steuerelemente sowie das *StdFormat*-Objekt können nur zusammen mit ADO verwendet werden.
- Die ADO-Bibliothek ermöglicht auch die Programmierung neuer ADO-Steuerelemente sowie die Definition eigener Datenquellen (OLE-DB-Simple-Provider, werden in diesem Buch nicht behandelt). Daraus ergeben sich insbesondere für die mittlere Schicht zwischen ADO und OLE-DB ungeahnte Erweiterungsmöglichkeiten (etwa für Three-Tier-Programme) bis hin zu einer eigenen Query-Sprache.
- Die Verbindung zwischen ADO-Programmen (etwa zwischen Datenbank-Client und -Server) kann über unterschiedliche Netzwerkprotokolle erfolgen, unter anderem auch über eine http-Verbindung oder via DCOM.

VERWEIS

Die MSDN-Library enthält einen hervorragenden Artikel, in dem ADO aus der Sicht von RDO betrachtet wird. Der Artikel ist selbst dann lesenswert (und zum größten Teil auch verständlich), wenn Sie bisher nicht mit RDO gearbeitet haben. Der Artikel ist allerdings noch auf dem Stand von ADO 1.5. (Mit Visual Basic wird ADO 2.0 mitgeliefert.)

TECHNICAL ARTICLES | DATENBANK-DIENSTE | DATA ACCESS | EXPLORING ADO

ADO und OLE DB

Bei ADO geht es nicht nur darum, neue Objekte für altbekannte Aufgaben zu verwenden. Hinter den Kulissen stellt Microsoft schrittweise auch die dahinterliegende Technologie um. Das neue Zauberwort heißt dabei OLE DB.

OLE DB ist ein neues Interface (eine neue Treibergeneration), die Datenbanksysteme zur externen Programmierung zur Verfügung stellen. In gewisser Weise ist OLE DB der Nachfolger für ODBC.

Momentan gibt es nur für verhältnismäßig wenige Datenbanksysteme OLE-DB-Treiber: für die Jet-Engine, für den Microsoft SQL-Server und für Oracle. Für Systeme, die noch keinen eigenen OLE-DB-Treiber besitzen, gibt es einen ODBC-Treiber, d.h., die Kommunikation mit der Datenbank erfolgt dann über drei Ebenen: Datenbank → ODBC → OLE DB.

Der wesentliche Vorteil von OLE DB gegenüber bisherigen Technologien besteht darin, daß OLE DB nicht nur für relationale Datenbanken geeignet ist, sondern auch für objektorientierte Datenbanken (eine Implementierung steht noch aus) sowie für Server, die eigentlich nicht als Datenbanksysteme zu betrachten sind (etwa der Microsoft Index Server und das Microsoft Active Directory Service).

ADO-Probleme

Leider ist die Integration von ADO in Visual Basic ebensowenig ausgereift wie die meisten anderen neuen Features von Version 6:

- Neue Konzepte sind zum Teil inkonsequent umgesetzt, weshalb die Programmerstellung (etwa der Umgang mit den Designern) nicht immer intuitiv ist.
- Obwohl ADO sowohl DAO als auch RDO ablösen soll, ist deren Funktionsumfang in ADO nur unvollständig abgebildet. Beispielsweise fehlen die DAO-Objekte *User-* und *Group* zur Benutzerverwaltung von Jet-Datenbanken. Noch ärgerlicher ist das Fehlen von *Table*, *Index* und *Relation* – diese Objekte waren der Schlüssel zur komfortablen Veränderung des Datenbankschemas per Programmcode bzw. zur Bildung ganz neuer Datenbanken.
- Sehr viele Merkmale von ADO setzen einen Client-seitigen Cursor voraus. Wähend diese Merkmale auf einer Messe oder Konferenz toll demonstriert werden können, eigenen sie sich nur sehr beschränkt zur Manipulation wirklich große Datenbanken (der alte Gegensatz zwischen Traum und Wirklichkeit).
- Die Integration der Schlüsselwörter mit der Online-Dokumentation klappt nicht. Wenn Sie Hilfe zu einem ADO-Schlüsselwort brauchen, müssen Sie diese selbst in der MSDN-Library suchen. Am besten nehmen Sie den folgenden endlosen Pfad gleich in Ihre Favoriten-Liste auf:

  PLATTFORM SDK | DATENBANK-DIENSTE | MICROSOFT DATENZUGRIFFS-SDK |
  -MICROSOFT ACTIVEX DATA OBJECTS | ADO PROGRAMER'S REFERENCE |
  -ADO API REFERENCE

- Visual Basic stürzt bei der Ausführung von ADO-Code gelegentlich ab.

- Es gibt momentan weder fundierte ADO-Dokumentation noch Erfahrungswerte, welche Zugriffsmethoden effizienter / besser / stabiler sind als andere.

Bevor Sie sich in das ADO-Abenteuer stürzen (wahrscheinlich steht ADO ja für *adventurous data objects*!), sollten Sie also das erste oder zweite Service Pack zu Visual Basic bzw. zum ADO-SDK abwarten.

Um es ganz klar auszusprechen: Die Qualität der gegenwärtigen ADO-Version ist zum Experimentieren und für Read-Only-Zugriffe vollkommen ausreichend. Wenn Sie ADO aber dazu einsetzen, um firmenkritische Daten zu verändern, gehen Sie ein beträchtliches Risiko ein! Wenn Ihr Kunde *jetzt* eine Datenbanklösung verlangt, verwenden Sie DAO oder RDO!

HINWEIS

Als würde die obige Liste noch nicht ausreichen, spricht noch ein Argument gegen ADO: Wenn Sie Ihre ADO-Programme weitergeben möchten, bildet der Installationsassistent ein Paket von mindestens 8 MByte. Den größte Anteil beansprucht das komprimierte Programm `Mdac_typ.exe` zur Installation der ADO-Bibliotheken. Eine Liste der darin enthaltenen Dateien finden Sie in der MSDN-Library:

PLATTFORM SDK | DATENBANK-DIENSTE | MICROSOFT DATA ACCESS SDK |
- GETTING STARTED | REDISTRIBUTING

Damit nicht genug: Der Installationsassistent weist lakonisch darauf hin, daß ADO-Programme unter Windows 9x nur dann funktionieren, nachdem dort auch DCOM 98 installiert wurde! Diese Aufgabe übernimmt allerdings nicht das Setup-Programm – der Kunde muß selbst Hand anlegen. (Das DCOM-Installationsprogramm finden Sie auf der Visual-Basic-CD-ROM. Mit 1.2 MByte ist dessen Größe ja schon fast bescheiden.)

Die Qual der Wahl

Welche Bibliothek sollen Sie nun verwenden? Bei vorhandenen Projekten ist es vermutlich das vernünftigste, die Bibliothek bis auf weiteres zu belassen.

Wenn Sie ein DAO- oder RDO-Profi sind, sollten Sie diese Bibliotheken selbst für neue Projekte in Betracht ziehen. Gegenüber ADO gibt es nämlich einen entscheidenden Vorteil: Diese Bibliotheken sind ausgereift und stabil. (Vielleicht ist das der Grund, weswegen die Weiterentwicklung eingestellt wurde ...)

Wenn Sie sich dagegen neu in die Datenbankprogrammierung einarbeiten, ist es wohl das vernünftigste, gleich mit ADO zu beginnen. Auch wenn es momentan noch viele Probleme gibt, heißt die Datenbankzukunft in Visual Basic und vermutlich auch im nächsten Office-Paket ohne Zweifel ADO.

Trotz aller ADO-Probleme beschreiben die folgenden Kapitel einzig die ADO-Bibliothek und die ADO-Steuerelemente – sozusagen wider besseres Wissen! Der Grund:

Dokumentation und Bücher zu DAO / ODBC / RDO gibt es bereits zuhauf. Diese Bibliotheken sind unverändert geblieben, d.h., jedes gute Buch zu Visual Basic 5 gilt in dieser Beziehung uneingeschränkt auch für Version 6. (Eine parallele Beschreibung von DAO *und* RDO *und* ADO ist aus Platzgründen unmöglich. Der Platz in diesem Buch ist schon für ADO vollkommen unzureichend.)

15.4 Relationale Datenbanken

Relationale Datenbanken liegen dann vor, wenn die Daten in mehreren Tabellen verwaltet werden und die Tabellen aufeinander verweisen. Wenn Sie eine Datenbank planen, in der Sie mit einer einzigen Tabelle auskommen (etwa eine ganz einfache Adreßverwaltung), können Sie diesen Abschnitt überspringen. Beachten Sie aber, daß die wesentlichste Motivation für relationale Datenbanken darin besteht, Redundanzen zu vermeiden. Wenn Sie glauben, eine einzige Tabelle reicht für Ihr Problem, einzelne Datenfelder aber immer wieder dieselben Daten enthalten, dann wäre wahrscheinlich eine Umgestaltung der Datenbank in mehrere Tabellen sinnvoll.

Um eine effiziente und vor allem sichere Verwaltung der Daten in einer relationalen Datenbank zu gewährleisten, müssen einerseits bereits beim Design der Datenbank verschiedene Bedingungen beachtet werden (Normalisierung der Daten). Andererseits muß beim Betrieb der Datenbank die referentielle Integrität der Daten sichergestellt werden. Damit ist gemeint, daß Verweise zwischen den Tabellen eindeutig sind und nicht ins Leere führen. Die Datenbank-Engine von Visual Basic kann die referentielle Integrität automatisch sicherstellen, wenn die Optionen bei der Bildung von Relationen entsprechend eingestellt sind.

Daten auf mehrere Tabellen aufteilen

Das Beispiel für den Entwurf einer relationalen Datenbank basiert auf einem kleinem Betrieb, in dem Bestellungen noch manuell in Bestellformulare eingetragen und auf diese Weise verwaltet werden. Im Formular sind im wesentlichen folgende Felder vorsehen:

- Bestelldatum
- Name und Adresse des Kunden
- Name des Verkäufers
- Liste mit den bestellten Artikeln, bestehend aus Artikelname, Anzahl, Einzelpreis, Gesamtpreis
- die Bestellsumme
- eventuell besondere Lieferbedingungen wie Skontis etc.

Obwohl diese Vorgehensweise durchaus einsichtig ist, weist sie einige Nachteile auf:

- Wenn ein Kunde mehrere Bestellungen durchführt, muß dessen Name und Adresse jedesmal neu geschrieben werden. Bei einer eventuellen Adreßänderung müßten alle noch aktuellen Bestellformulare dieses Kundens gesucht und ausgebessert werden. Kundenspezifische Daten (z.B. besondere Konditionen für Stammkunden) müssen separat gespeichert werden.
- Wenn ein Artikel in mehreren Bestellungen vorkommt, muß jedesmal dessen Name und Preis angeschrieben werden, obwohl das eine Information ist, die ohnedies zentral (z.B. in einer Preistabelle) gespeichert wird. Die Gefahr von Tippfehlern ist enorm.
- Wenn sehr viele unterschiedlich Artikel bestellt werden, reicht ein Formular nicht aus. Es müssen mehrere Formulare zusammengeheftet werden etc.

Bei einer Umstellung auf ein EDV-System könnte das Bestellformular natürlich weitgehend unverändert in ein Netzwerkprogramm übernommen werden. Wegen der beschriebenen Nachteile ist das allerdings nicht sinnvoll. Vielmehr sollten die in den Bestellungen enthaltenen Daten auf mehrere Tabellen aufgeteilt werden:

Tabelle *Kunden*:	Kundennummer, Name, Adresse
Tabelle *Verkäufer*:	Verkäufernummer, Name
Tabelle *Artikel*:	Artikelnummer, Name, Einzelpreis, eventuell Staffelpreise
Tabelle *Bestellung*:	Bestellnummer, Datum, Kundennummer, Verkäufernummer
Tabelle *Bestellposten*:	Bestellnummer, Artikelnummer, Anzahl

Die Definition von eigenen Tabellen für Artikel, Kunden und Bestellungen ist vermutlich unmittelbar einsichtig. Damit werden vor allem die oben beschriebenen Redundanzprobleme vermieden.

Die Verkäufertabelle erscheint dagegen vielleicht schon übertrieben, weil darin außer dem Namen keine Informationen gespeichert werden. Da könnte der Name des Verkäufers gleich direkt in die Bestelltabelle eingegeben werden. Aber auch diese Tabelle hat ihre Berechtigung: Erstens spart sie Speicherplatz (weil in jeder Bestellung nur einige Bytes für die Verkäufernummer notwendig sind). Zweitens verhindert Sie Tippfehler. Und drittens würde sich die Verkäufertabelle durchaus zum Speichern weiterer Informationen (Gehalt etc.) eignen.

Wirklich umdenken müssen Sie bei der Tabelle Bestellposten: Darin werden die einzelnen Posten aller (!) Bestellungen des Betriebs gespeichert. Eine unmittelbare Integration dieser Bestellposten in die Bestelltabelle ist nicht möglich, weil die Anzahl der Posten variiert. (Wenn in der Bestelltabelle zehn Posten vorgesehen wären, blieben bei den meisten Bestellungen sieben oder acht Posten leer (vergeudeter Speicherplatz). Bei anderen Bestellungen wären auch zehn Posten zuwenig, die Bestellung müßte zerlegt werden (Redundanz).)

Die gewählte Lösung einer eigenen Tabelle erscheint deswegen so fremdartig, weil sie für den manuellen Betrieb gänzlich ungeeignet ist. Es wäre undenkbar, aus einer schier endlosen Liste von Bestellposten genau jene herauszusuchen, die zur Bestellung 1234 vom 5.6.1997 passen. Eine für die menschliche Arbeitsweise optimierte Lösung bestünde darin, in der Bestellung zumindest einen Verweis auf die Bestellposteneinträge zu speichern, um so die Sucharbeit zu minimieren. In einem Datenbankprogramm ist das überflüssig, weil die Daten in der Bestellpostentabelle ohnehin sehr schnell gefunden werden. (Voraussetzung ist natürlich, daß alle Zugriffe auf verknüpfte Tabellen über Indizes erfolgen. Für die Bestellpostentabelle dient die Kombination aus Bestellnummer und Artikelnummer als Primärindex.)

Etwas mehr Aufwand als bei der traditionellen Lösung ist für die Darstellung der Daten einer Bestellung am Bildschirm erforderlich. Die relevanten Daten müssen aus mehreren Tabellen zusammengesucht werden, einzelne Felder überhaupt erst berechnet werden (z.B. die Bestellsumme aus der Anzahl und dem Preis aller Bestellposten).

ANMERKUNG

Das vorliegende Beispiel wurde aus Gründen der Übersichtlichkeit stark vereinfacht. In der Praxis würde die Datenbank natürlich weitere Datenfelder für zusätzliche Informationen enthalten. Insbesondere würde bei den Namen zwischen Vor- und Nachnamen unterschieden, die Bestelltabelle würde Informationen zur Bezahlung enthalten, um eventuelle Mahnungen einfach durchzuführen etc.

Relationen zwischen mehreren Tabellen

Grundsätzlich existieren drei mögliche Relationen zwischen zwei Tabellen:

1:1 Eindeutige Beziehung zwischen zwei Tabellen: Jeder Datensatz der einen Tabelle entspricht genau einem Datensatz der anderen Tabelle. Solche Beziehungen sind selten, weil die Informationen beider Tabellen dann ebenso in einer einzigen Tabelle gespeichert werden könnten.

1:n Ein Datensatz der ersten Tabelle kann in mehreren Datensätzen der zweiten Tabelle auftreten (z.B. ein Verkäufer in mehreren Bestellungen). Umgekehrt ist keine Mehrdeutigkeit möglich, eine Bestellung kann nur von einem Verkäufer durchgeführt werden (zumindest in diesem Beispiel). Gelegentlich wird auch von einer n:1-Beziehung gesprochen, die aber mit einer 1:n-Beziehung identisch ist (lediglich die Blickrichtung ist anders).

n:m Ein Datensatz der einen Tabelle kann in mehreren Datensätzen der anderen Tabelle vorkommen und umgekehrt (z.B. mehrere verschiedene Artikel in einer Bestellung, ein Artikel in mehreren verschiedenen Bestellungen).

In einer Datenbank werden die 1:n-Relationen zwischen Tabellen über Schlüsselfelder (ID-Nummern) hergestellt. Alle Verkäufer besitzen in der Verkäufertabelle eine eindeutige Verkäufernummer (Primärschlüssel). In der Bestellung wird auf den Verkäufer über eben diese Verkäufernummer verwiesen. Das Feld in der Bestelltabelle wird Fremdschlüssel genannt, weil es auf den Schlüssel einer fremden Tabelle verweist.

Für n:m-Relationen ist eine eigene, zusätzliche Tabelle erforderlich, über die die n:m-Relation auf zwei 1:n-Relationen zurückgeführt wird. Im vorliegenden Beispiel existiert zwischen den Bestellungen und den Artikeln eine n:m-Beziehung. Als Zusatztabelle dient die Bestellpostentabelle. Der Primärschlüssel dieser Tabelle ist aus Bestell- und Artikelnummer zusammengesetzt (diese Kombination ist eindeutig, in einer bestimmten Bestellung kann ein Artikel nicht zweimal vorkommen). Bild 15.1 verdeutlicht die Relationen zwischen den Tabellen.

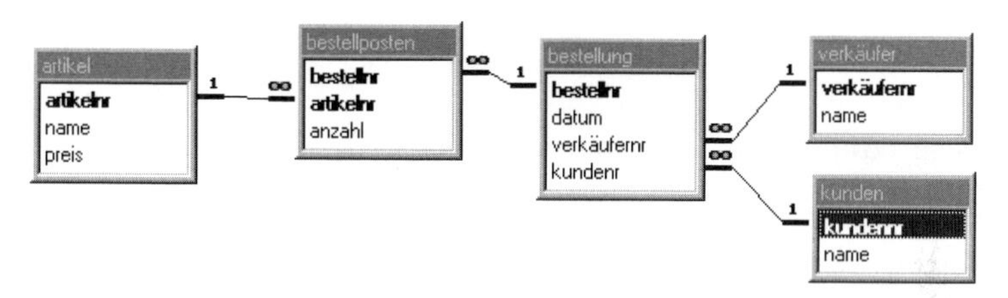

Bild 15.1: Die Relationen zur Verwaltung der Bestelldaten

Die Normalform von Datenbanken

In der Literatur zum Thema relationaler Datenbanken ist immer wieder von verschiedenen Normalformen die Rede. Eine Datenbank liegt dann in einer Normalform vor, wenn Sie bestimmte Bedingungen erfüllt. Diese Bedingungen haben vor allem den Sinn, mögliche Redundanzen zu vermeiden und führen zu einem (vom Standpunkt der Datensicherheit und der Effizienz aus) optimalen Datenbankentwurf. Etwas vereinfacht sehen die Normalisierungsbedingungen etwa so aus:

- In einer Tabelle mehrfach auftretende Datensätze müssen in einer eigenen Tabelle gespeichert und über eine Relation mit der ersten Tabelle verknüpft werden. (Im Beispiel oben: Eigene Verkäufertabelle, die Verkäufer werden nur noch über ID-Nummern in der Bestellung gespeichert.)
- Jedes Feld der Tabelle darf ausschließlich vom Primärschlüssel der Tabelle abhängig sein. (Es wäre beispielsweise nicht erlaubt, in der Bestellpostentabelle den resultierenden Gesamtpreis jedes Postens zu speichern, da dieser Preis vom Einzelpreis der Artikel (Artikeltabelle) abhängig ist.)

Natürlich stellt sich immer wieder die Frage, wie weit die Normalisierung der Daten sinnvoll ist. (In der Literatur ist von bis zu sechs Normalformen die Rede.) Wenn Vor- und Nachnamen in getrennten Datenfeldern gespeichert werden und dabei mehrere gleiche Namen auftreten (z.B. mehrere Kunden mit dem Nachnamen Huber), ist das kein ausreichender Grund, um eine neue Tabelle mit Nachnamen anzulegen und diese mit der Kundentabelle über einen Schlüssel zu verknüpfen.

Referentielle Integrität

Relationale Datenbanken basieren darauf, daß über Schlüsselfelder (normalerweise *Long*-Zahlen) auf Einträge in anderen Tabellen verwiesen wird. Es liegt auf der Hand, daß die Schlüsselfelder eindeutig sein müssen. (Es darf nicht zwei Verkäufer mit einer übereinstimmenden Verkäufernummer geben.) Außerdem muß sichergestellt sein, daß in einer Tabelle keine falsche Verweise auftreten können (z.B. die Verwendung einer Kundennummer, die gar nicht existiert). Dazu kann es kommen, wenn

- Datensätze mit Verweisen auf andere Tabellen neu erstellt oder geändert werden, oder wenn
- Datensätze, auf die verwiesen wird, gelöscht werden.

Im ersten Fall muß darauf geachtet werden, daß alle Verweise auf andere Tabellen gültig sind. Dazu ist lediglich eine Kontrolle notwendig, ob die angegebene ID-Nummer in der jeweiligen Tabelle existiert. Falls das nicht der Fall ist, wird das Speichern des neuen oder geänderten Datensatzes blockiert.

Der zweite Fall ist komplizierter: Es müssen alle Tabellen, in denen möglicherweise auf den zu löschenden Datensatz verwiesen wird, nach dem Auftreten des Schlüssel-Felds (der ID-Nummer) durchsucht werden. Falls die Suche erfolgreich ist, wird das Löschen des Datensatzes blockiert.

Eine manuelle Kontrolle der Integrität wäre mit einem verhältnismäßig hohen Programmieraufwand verbunden und würde zu ineffizienten Datenbanken führen. Die Jet-Engine und die meisten SQL-Server können diese Kontrolle selbständig durchführen, sofern bei der Erstellung der Relationen die entsprechenden Optionen aktiviert werden. Wenn die Integrität durch ein Datenbankkommando verletzt würde, kommt es zu einer Fehlermeldung, das Kommando wird nicht ausgeführt.

Beispieldatenbank Biblio.mdb

Mit Visual Basic werden zwei Beispieldatenbanken im Jet-Format mitgeliefert, `Biblio.mdb` und `Nwind.mdb`. Diese zwei Datenbanken werden in den folgenden Kapiteln für den Großteil der Beispiele verwendet. Gleichzeitig zeigen weitere Beispiele, wie relationale Datenbanken aufgebaut werden können.

In der Biblio-Datenbank werden die Bücher zusammen mit Autor und Verlag gespeichert. Die einzige Besonderheit besteht darin, daß ein Buch mehrere Autoren aufweisen und ein Autor auch mehrere Bücher schreiben kann. Aus diesem Grund ist zwischen *Titles* und *Authors* eine n:m-Beziehung notwendig, die durch die Tabelle *TitleAuthors* hergestellt wird.

Bei den Tabellen *Publishers, Titles* und *Authors* werden die Felder *PubID, ISBN* und *Au_ID* für den Primärindex verwendet. In der Tabelle *TitleAuthor* wird der Primärindex aus der Kombination von *ISBN* und *Au_ID* erzielt.

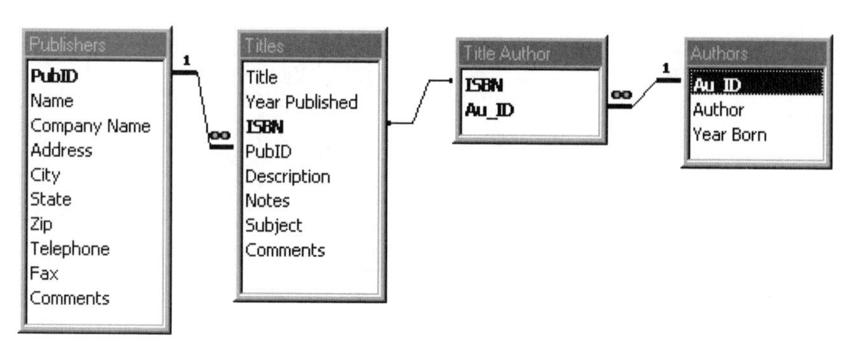

Bild 15.2: Die Tabellen der Biblio-Datenbank

Die Felder *PubID* und *Au_ID* weisen jeweils die Eigenschaft *AutoIncrement=True* auf und können als Datensatznummern verwendet werden. In der *Title*-Tabelle fehlt ein entsprechendes Datenfeld. Die *ISBN*-Nummer sollte zwar ebenfalls eindeutig sein, es handelt sich aber um eine Zeichenkette mit bis zu 20 Zeichen. Hier könnte eine Effizienzverbesserung erzielt werden, wenn ein neues *TitleID*-Feld eingefügt und dieses in der *TitleAuthor*-Tabelle zur Herstellung der Relation verwendet würde. Das würde zugleich in der *TitleAuthor*-Tabelle einigen Platz sparen (jeder *ISBN*-Eintrag kostet 20 Byte).

Die Biblio-Datenbank ist für eine Beispielsdatenbank erfreulich groß (3.5 MByte). Sie enthält 8600 Bücher von 6200 Autoren, die in über 700 Verlagen erschienen sind. Außer den Tabellen enthält die Datenbankdatei lediglich die Abfrage *All Titles* und ein gleichnamiges Access-Formular. (Jet-Datenbanken können außer den eigentlichen Daten auch Abfragen, Formulare, Module, Berichte etc. speichern. Diese Möglichkeit wird insbesondere von Access ausgenutzt. Unter Visual Basic können von diesen Zusatzobjekten nur Abfragen genutzt werden.)

Beispieldatenbank Nwind.mdb

`Nwind.mdb` ist eigentlich eine Beispieldatei von Access. Der Aufbau dieser Beispieldatenbank ist sehr viel komplexer wie der der Biblio-Datenbank, dafür sind aber viel weniger Daten enthalten (1.6 MByte). Die Beispieldatenbank enthält Daten der fiktiven Firma Nordwind, die Lebensmittelspezialitäten aus aller Welt an Kunden aus aller Welt liefert.

Kurz einige Informationen zum Aufbau der Datenbank: In *Artikel* werden die Stammdaten der Artikel gespeichert. Kategorie- und Lieferantendaten sind in zwei eigene Tabellen ausgelagert, um Redundanzen zu vermeiden. Die Tabelle *Bestellung* enthält Daten zu jeder Bestellung. Dabei wird in drei 1:n-Relationen auf die *Kunden*-Tabelle, die *Versandfirmen*-Tabelle und die *Personal*-Tabelle verwiesen. Damit in einer Bestellung beliebig viele Artikel angeführt werden können, wird die n:m-Verbindung zwischen *Bestellungen* und *Artikel* wieder über eine Zwischentabelle hergestellt.

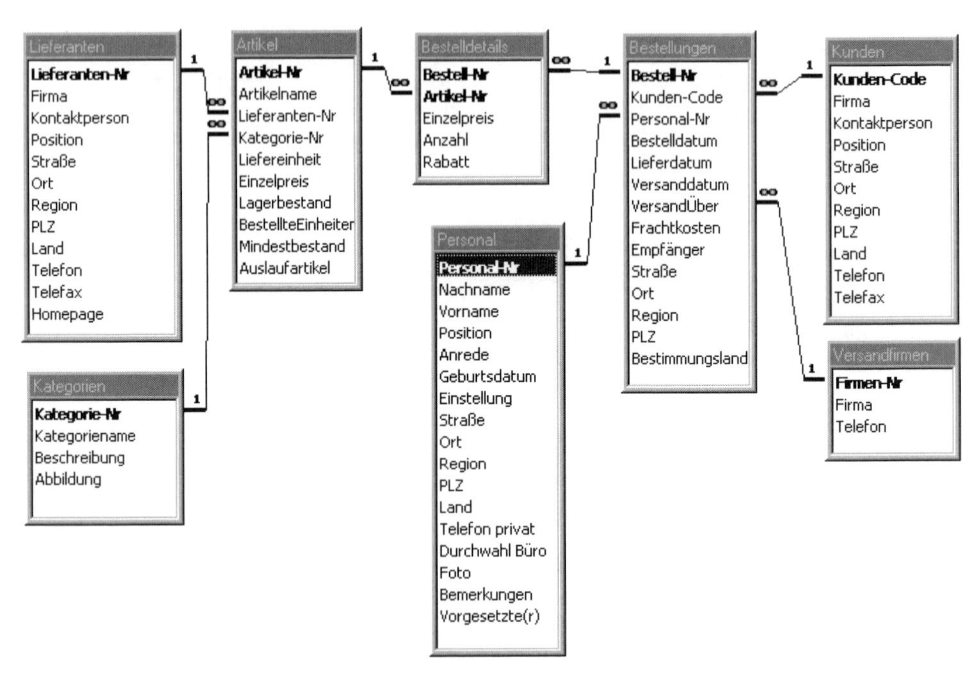

Bild 15.3: Die Tabellen der Nwind-Datenbank

Die Datenbank enthält etwa 80 Artikel in acht Kategorien von 30 Lieferanten. Es sind 800 Bestellungen von 90 Kunden gespeichert. Es gibt drei Versandfirmen, das Personal besteht aus neun Personen. Außer den eigentlichen Daten enthält die Datei zahlreiche Abfragen, Access-Formulare und -Berichte sowie eine Menge Programmcode. Unter Access kann die Datenbank als vollwertige Anwendung genutzt werden, um neue Bestellungen aufzunehmen, den Kundenstamm zu vergrößern etc.

Die Tabelle *Bestelldetails* enthält unter anderem das Datenfeld *Einzelpreis*. Dieses Datenfeld widerspricht eigentlich den Regeln zum Aufbau einer relationalen Datenbank, weil es redundant ist. (Der Einzelpreis kann über die Artikelnummer aus der verknüpften Tabelle *Artikel* entnommen werden.) Eine mögliche Begründung, warum der Einzelpreis dennoch bei jeder Bestellung nochmals gespeichert wird, ist ein einfacherer Umgang mit Preisänderungen: Wenn der Preis eines Produkts geändert wird, wirkt sich diese Änderung auf bereits verbuchte Aufträge in *Bestelldetails* nicht mehr aus.

VORSICHT

Je nachdem, ob Sie mit einer englischen oder deutschen Visual-Basic-Version arbeiten, sind auch die Tabellen- und Feldnamen in `Nwind.mdb` englisch oder deutsch! Alle Beispiele dieses Buchs gehen von der deutschen Variante aus. Falls Sie mit dem englischen VB arbeiten, funktionieren die Beispiele auf der beiliegenden CD-ROM nur mit der (ebenfalls auf der CD-ROM befindlichen) deutschen `Nwind.mdb`-Variante!

15.5 Standard Query Language (SQL)

Die Kommunikation zwischen einem Programm und der Datenbank (genauer: zwischen dem Programm und dem Datenbanktreiber bzw. zwischen Client und Datenbank-Server) erfolgt weitgehend unabhängig vom Datenbanksystem in einer einheitlichen Programmiersprache: SQL. Dieser Abschnitt gibt eine knappe, beispielorientierte Einführung in einige wichtige SQL-Kommandos. (Das Thema SQL würde ausreichend Stoff für ein eigenes Buch bieten.)

HINWEIS

Die in diesem Abschnitt abgedruckten SQL-Beispiele zur Formulierung von Abfragen gelten für die Jet-Engine. Gleichwertige Abfragen für den SQL-Server können geringfügig anders aussehen.

Lassen Sie sich von *Standard* im Kürzel SQL nicht irreführen. In der Praxis ist die Standardisierung nur ein frommer Wunsch. Es gibt vermutlich keine zwei Datenbanksysteme, die den gleichen SQL-Dialekt unterstützen. Nichtsdestotrotz gibt es immer wieder herstellerübergreifende Standardisierungsbemühungen, die in SQL-Definitionen wie ANSI SQL-92 münden. Datenbankhersteller verwenden diese Normierungen dann immerhin als Richtschnur und fügen der Dokumentation seitenlange Texte bei, die beschreiben, in welchen Punkten (und warum) der eigene SQL-Dialekt von ANSI SQL abweicht.

SQL ausprobieren

Am leichtesten lernen Sie SQL kennen, wenn Sie damit experimentieren. Die Beispiele dieses Abschnitts basieren auf der mit Visual Basic mitgelieferten Datenbank `Biblio.mdb`. Wenn Sie die Beispiele selbst nachvollziehen möchten, starten Sie mit ADD-INS | VISUAL DATA MANAGER das Programm VisData. Dort laden Sie die Datenbankdatei mit DATEI | ÖFFNEN | MICROSOFT ACCESS. Anschließend können Sie im Fenster SQL ANWEISUNG eine SQL-Abfrage eingeben. Beim Ausführen der Abfrage geben Sie an, daß es sich nicht um eine Pass-Through-Query handelt. (Der Datenmanager fragt ärgerlicherweise bei jeder Abfrage wieder nach.)

Die Ergebnisse der Abfrage werden normalerweise als einzelne Datensätze angezeigt (Subfenster links unten in Bild 15.4). Wenn Sie den Button DBGRID-STEUERELEMENT IM NEUEN FORMULAR VERWENDEN in der Symbolleiste aktivieren (der sechste Button von links), wird das Ergebnis der nächsten Abfrage in Tabellenform angezeigt (Subfenster rechts unten in Bild 15.4).

Abfragen

Abfragen dienen in erster Linie dazu, die in der Datenbank an sich ungeordneten Informationen in geordnete und nach verschiedenen Kriterien ausgewählte Listen zusammenzufassen. Das Ergebnis einer solchen Abfrage ist eine Tabelle, die vorübergehend im Hauptspeicher gehalten wird, in dieser Form aber nicht als eigene Datenbanktabelle existiert.

Mit einer besonderen Form von Abfragen, den sogenannten Aktionsabfragen, kann die Datenbank weitergehend bearbeitet werden. Beispielsweise können damit alle Bestellungen des Vorjahres aus einer Tabelle gelöscht werden. Aktionsabfragen werden am Ende dieses Abschnitts behandelt.

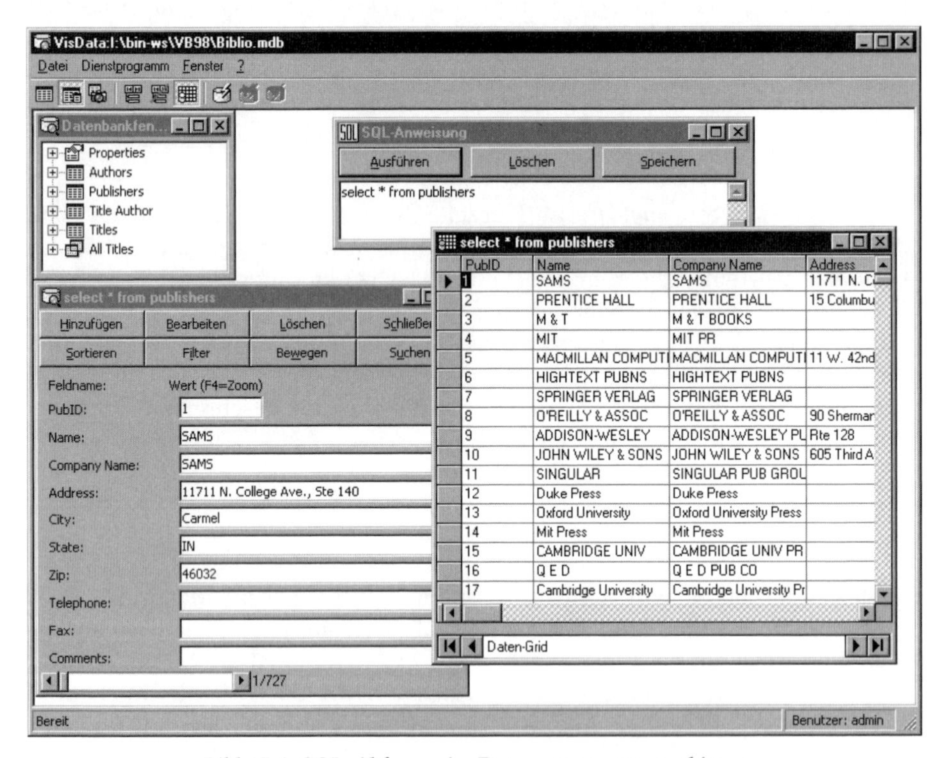

Bild 15.4: SQL-Abfragen im Datenmanager ausprobieren

Die Übersicht unten zählt die wichtigsten SQL-Kommandos zur Formulierung einfacher Abfragen auf. Die Kommandos sind in der Reihenfolge beschrieben, in der sie normalerweise in SQL-Anweisungen vorkommen. SQL-Kommandos werden in diesem Buch in Großbuchstaben geschrieben, damit sie auf den ersten Blick von Visual-Basic-Schlüsselwörtern unterschieden werden können. Grundsätzlich können Sie zwischen Groß- und Kleinschreibung der SQL-Kommandos aber beliebig wählen.

PARAMETERS ermöglicht es, eine SQL-Abfrage mit allgemeinen Parametern zu formulieren, die erst unmittelbar vor der Ausführung angegeben werden müssen. Damit lassen sich SQL-Abfragen allgemeingültig definieren. (Das ist vor allem dann wichtig, wenn SQL-Abfragen nicht dynamisch nach Bedarf erzeugt werden, sondern als vorkompilierte Abfragen in der Datenbank gespeichert werden.) Achtung: *PARAMETERS* ist eine Jet-spezifische Erweiterung des SQL-Sprachumfangs.

SELECT wählt Felder aus den anschließend mit *FROM* genannten Tabellen aus. Die Feldnamen werden durch Kommas voneinander getrennt. Falls die Namen der Felder Leer- oder Sonderzeichen enthalten, müssen Sie in eckige Klammern gestellt werden. Wenn in mehreren Tabellen die selben Feldnamen verwendet werden, muß der Tabellenname dem Feldnamen vorangestellt werden, z.B. tabellenname.feldname. Das Zeichen * gilt für alle Felder der Tabelle. Mit *AS* können mehrere Felder (z.B. Vorname & ", " & Nachname) zu einem neuen Feld (Name) zusammengefaßt werden.

DISTINCT und ***DISTINCTROW*** verhindern Doppelnennungen von Datensätzen mit gleichen Feldinhalten oder von identischen Datensätzen.

FROM gibt die Tabellen an, aus denen die zuvor bei *SELECT* genannten Felder entnommen werden sollen.

INNER JOIN verknüpft zwei Tabellen über ein gemeinsames Feld (z.B. eine ID-Nummer). *INNER JOIN* ist von zentraler Bedeutung in relationalen Datenbanken, wenn Daten aus mehreren Tabellen zusammengefügt werden sollen. Die Syntax lautet:

FROM tabelle1 INNER JOIN tabelle2 ON Tabelle1.Feld1 = Tabelle2.Feld2

WHERE gibt die Bedingungen an, welche die Felder erfüllen müssen. Wenn *WHERE* nicht verwendet wird, enthält das resultierende Recordset alle Datensätze der Tabelle(n).

GROUP BY faßt alle Datensätze, in denen das nach *GROUP BY* genannte Feld den gleichen Inhalt hat, zu einer Zeile zusammen (siehe Beispiel).

HAVING gibt die Bedingung für zuvor gruppierte Einträge an. Damit kann die *GROUP-BY*-Liste nochmals selektiert werden. In vielen Abfragen stellt *HAVING* eine Alternative zu *WHERE* dar.

ORDER BY gibt an, nach welchen Feldern die aus den bisherigen Anweisungen resultierende Liste geordnet werden soll. Durch die nachgestellten Kommandos *ASC* oder *DESC* kann eine auf- oder absteigende Sortierreihenfolge bestimmt werden (Default aufsteigend).

TRANSFORM erstellt Kreuztabellen (Pivottabellen). *TRANSFORM* steht am Beginn des SQL-Kommandos (vor *SELECT*) und wird mit ***PIVOT*** abgeschlossen.

HINWEIS

SQL-Anweisungen sind in den folgenden Beispielen aus Gründen der besseren Übersicht auf mehrere Zeilen verteilt. Im Datenmanager muß die SQL-Anweisung in einer langen Zeichenkette angegeben werden.

Abfrage aus einer Tabelle

Die Kommandos der folgenden drei Zeilen erstellen aus der Titeltabelle der Biblio-Datenbank eine Liste mit den Spalten Titel und ISBN-Nummer aller Bücher, die 1994 erschienen sind. Wenn die Anweisung durch die vierte Zeile ergänzt wird, dann wird die Liste nach der ISBN-Nummer sortiert. Das Datenfeld *Year Published* wurde wegen des Leerzeichens in eckige Klammern gesetzt.

```
SELECT Title,ISBN
  FROM Titles
  WHERE [Year Published] = 1994
  ORDER BY ISBN
```

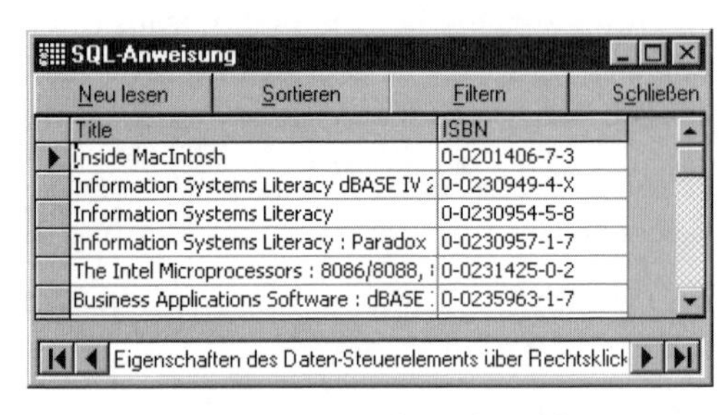

Title	ISBN
Inside MacIntosh	0-0201406-7-3
Information Systems Literacy dBASE IV :	0-0230949-4-X
Information Systems Literacy	0-0230954-5-8
Information Systems Literacy : Paradox	0-0230957-1-7
The Intel Microprocessors : 8086/8088, :	0-0231425-0-2
Business Applications Software : dBASE :	0-0235963-1-7

Bild 15.5: Das Ergebnis der Abfrage

Abfrage aus Tabellen, die durch Relationen verknüft sind (INNER JOIN)

Die folgende Abfrage verknüpft Informationen aus zwei Tabellen der Nwind-Datenbank: Es soll zu allen Bestellungen das Datum der Bestellung, die Bestellnummer und der Firmenname angezeigt werden. Da in der Tabelle *Bestellungen* nur der *Kunden-Code* gespeichert ist, muß der Firmenname aus einer zweiten Tabelle, der *Kunden*-Tabelle, gelesen werden.

Die Verknüpfung zwischen den Tabellen *Bestellungen* und *Kunden* erfolgt durch das Feld *Kunden-Code*, das in beiden Tabellen enthalten ist. Im SQL-Code wird diese Verknüpfung durch *INNER JOIN* ausgedrückt.

```
SELECT Bestellungen.[Bestell-Nr],
       Bestellungen.Bestelldatum,
       Kunden.Firma
FROM Kunden
  INNER JOIN Bestellungen
  ON Kunden.[Kunden-Code] =
     Bestellungen.[Kunden-Code]
ORDER BY Bestellungen.[Bestell-Nr]
```

SQL-Anweisung

Neu lesen | Sortieren | Filtern

Bestell-Nr	Bestelldatum	Firma
10645	26.09.95	Hanari Carnes
10646	27.09.95	Hungry Owl All-Night
10647	27.09.95	Que Delícia
10648	28.09.95	Ricardo Adocicados
10649	28.09.95	Maison Dewey
10650	29.09.95	Familia Arquibaldo
10651	02.10.95	Die Wandernde Kuh
10652	02.10.95	Gourmet Lanchonetes
10653	03.10.95	Frankenversand

Eigenschaften des Daten-Steuerelements über

Bild 15.6: Ergebnis der Abfrage

Wenn Sie eine Tabelle mit allen Posten einer bestimmten Bestellung ermitteln wollen, müssen Sie die *Bestell-Nr* mit *WHERE* auf einen konkreten Wert eingrenzen.

```
SELECT Bestelldetails.[Bestell-Nr],
       Artikel.Artikelname,
       Bestelldetails.Einzelpreis,
       Bestelldetails.Anzahl,
       Bestelldetails.Rabatt
FROM Artikel INNER JOIN Bestelldetails
       ON Artikel.[Artikel-Nr] = Bestelldetails.[Artikel-Nr]
WHERE (Bestelldetails.[Bestell-Nr])=10257
```

SQL-Anweisung

Neu lesen | Sortieren | Filtern | Schließen

Bestell-Nr	Artikelname	Einzelpreis	Anzahl	Rabatt
10257	Schoggi Schokolade	35,1	25	0
10257	Chartreuse verte	14,4	6	0
10257	Original Frankfurter	10,4	15	0

Eigenschaften des Daten-Steuerelements über Rechtsklick

Bild 15.7: Alle Posten der Bestellung 10257

Um einiges komplizierter wird die Syntax, wenn Daten aus mehr als zwei Tabellen berücksichtig werden müssen. Im folgenden wird in der Abfrage auch der Name des Verkäufers angezeigt. Die Informationen stammen aus der *Personal*-Tabelle, die Verbindung wird über das Feld *Personal-Nr* hergestellt. Es müssen zwei *INNER-JOIN*-Kommandos ineinander verschachtelt werden, was die Lesbarkeit nicht eben erhöht.

```
SELECT Bestellungen.[Bestell-Nr],
       Bestellungen.Bestelldatum,
       Kunden.Firma,
       Personal.Nachname
FROM Personal
  INNER JOIN
    (Kunden INNER JOIN Bestellungen
           ON Kunden.[Kunden-Code] = Bestellungen.[Kunden-Code])
  ON Personal.[Personal-Nr] = Bestellungen.[Personal-Nr]
ORDER BY Bestellungen.[Bestell-Nr]
```

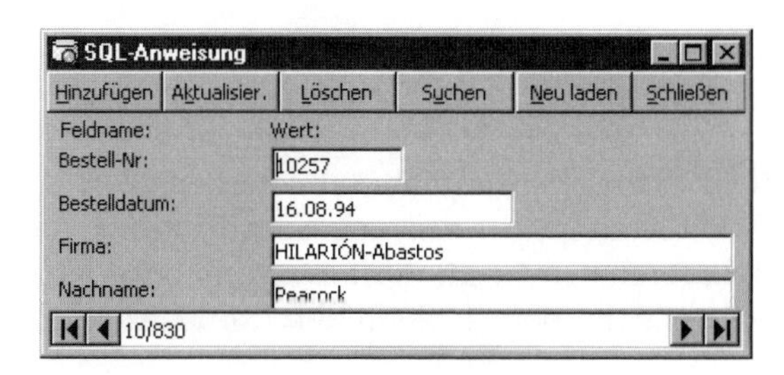

Bild 15.8: Ein Ergebnis-Datensatz der obigen Abfrage

Berechnungen in SQL-Abfragen

In SQL können sogenannte Aggregats-Funktionen eingesetzt werden, mit denen Informationen über die Inhalte mehrerer Datenfelder berechnet werden können. Zu den wichtigsten Funktionen zählen *MIN, MAX, COUNT* und *AVG* (Durchschnitt). Diese Funktionen sind natürlich nur sinnvoll, wenn sie auf mehrere Datensätze angewendet werden. Im Regelfall wird das dadurch erreicht, daß mehrere Datensätze mit *GROUP BY* zu Gruppen zusammengefaßt werden.

Die folgende Abfrage ermittelt, wie viele Artikel der *Artikel*-Tabelle der Nwind-Datenbank unter eine bestimmte Kategorie fallen. Die Tabelle wird nach der Größe dieser Kategoriegruppen geordnet. Die größte Gruppe ist die Kategorie-Nr 3 (Süßwaren) mit 13 Artikeln.

```
SELECT Artikel.[Kategorie-Nr],
       COUNT(Artikel.[Artikel-Nr]) AS ArtAnzahl
FROM Artikel
GROUP BY Artikel.[Kategorie-Nr]
ORDER BY Count(Artikel.[Artikel-Nr]) DESC
```

SQL-Anweisung

Neu lesen | Sortieren

Kategorie-Nr	ArtAnzahl
3	13
8	12
2	12
1	12
4	10
5	7
6	6
7	5

Eigenschaften de

Bild 15.9: Das Ergebnis

Natürlich wäre es jetzt wünschenswert, statt der aussagelosen Kategorienummern die Namen dieser Kategorien anzuzeigen. In der einfachen Form der obigen Abfrage ist das leider nicht möglich. Der naheliegende Weg – also *Kategorien.Kategoriename* einfügen und eine *INNER JOIN* Verbindung zur *Kategorien*-Tabelle herstellen – überfordert SQL (zumindest die Jet-Variante). Eine mögliche Lösung führt über *TRANSFORM* und *PIVOT*.

Wenn Sie in derselben Datenbank eine Liste mit allen Bestellposten einer bestimmten Bestellung (im Beispiel: Bestellnummer 10252) ermitteln möchten, ist folgende Abfrage erforderlich:

```
SELECT bestelldetails.[bestell-nr], bestelldetails.anzahl,
       artikel.artikelname, artikel.einzelpreis,
       [anzahl]*artikel.[einzelpreis] AS gesamtpreis
FROM artikel INNER JOIN bestelldetails
  ON artikel.[artikel-nr] = bestelldetails.[artikel-nr]
WHERE bestelldetails.[bestell-nr] = 10252
```

Damit werden aus der Liste der Bestellposten jene Zeilen ausgewählt, die zur aktuellen Bestellung passen. Mit *INNER JOIN* werden die zu den Artikelnummern passenden Daten aus der Artikeltabelle entnommen. Bemerkenswert an der Abfrage ist die Bildung des neuen Datenfelds *gesamtpreis* aus dem Produkt von Anzahl und Preis. (Die Datenbank wird dadurch nicht verändert. Das Ergebnis der Abfrage – ein *Recordset*-Objekt – steht ebenso wie das neue Datenfeld nur im RAM zur Verfügung.)

Abfragen mit Parametern

In der obigen Abfrage ist die Bestellnummer 10252 fixer Bestandteil der Abfrage. Um diese Abfrage allgemeingültiger zu formulieren, wird in der folgenden Variante der Parameter *querybestellnr* eingeführt.

```
PARAMETERS querybestellnr LONG;
SELECT bestelldetails.[bestell-nr], bestelldetails.anzahl,
       artikel.artikelname, artikel.einzelpreis,
       [anzahl]*artikel.[einzelpreis] AS gesamtpreis
FROM artikel INNER JOIN bestelldetails
  ON artikel.[artikel-nr] = bestelldetails.[artikel-nr]
WHERE bestelldetails.[bestell-nr] = [querybestellnr]
```

Wenn Sie die Abfrage im Datenmanager oder in Access ausprobieren, werden Sie automatisch zur Eingabe eines Werts für den Parameter aufgefordert. (Wenn Sie die Abfrage im Programmcode verwenden, müssen Sie sich darum natürlich selbst kümmern.)

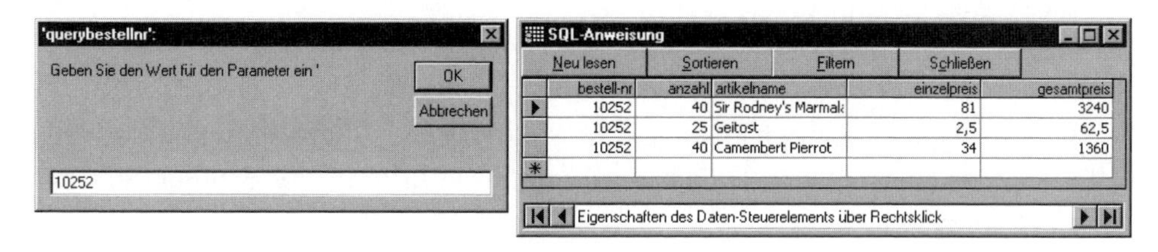

Bild 15.10: SQL-Abfrage mit Parametern

Aktionsabfragen

Die bisherigen Abfragebeispiele hatten die Aufgabe, eine nach verschiedenen Kriterien geordnete Liste zu erstellen, d.h. Daten zu lesen. Sie können in SQL aber auch Daten verändern, und zwar in vielen Fällen erheblich effizienter als durch eine satzweise Verarbeitung im Programmcode. Das gilt ganz besonders für Netzwerkanwendungen: Die über das Netz zu übertragende Datenmenge für ein SQL-Kommando ist vernachlässigbar. Wenn Sie dagegen jeden Datensatz zuerst über das Netz lesen und anschließend verändert wieder schreiben müssen, geht allein für die Datenübertragung viel Zeit verloren.

Aktionsabfragen können in folgende Gruppen eingeteilt werden:

- *Löschabfrage*: löscht Datensätze (z.B. alle Kunden, die mehr als zwei Jahre keine Bestellung mehr durchgeführt haben)
- *Aktualisierungsabfragen*: verändern vorhandene Datensätze (z.B. alle Preise um zehn Prozent erhöhen)

- *Anfügeabfrage*: fügt an eine vorhandene Tabelle zusätzliche Datensätze an (z.B. neue Artikel in den Artikelstamm)
- *Tabellenerstellungsabfrage*: erzeugt eine neue Tabelle auf Basis vorhandener Daten (z.B. eine Tabelle aller Kunden, deren Bestellungen im vergangenen Jahr 10000 DM überstiegen)

Zu allen vier Abfragetypen existieren eigene SQL-Kommandos:

DELETE löscht die mit *WHERE* selektierten Datensätze.

UPDATE aktualisiert Datenfelder, für die die unter *WHERE* genannten Bedingungen zutreffen.

INSERT INTO fügt Datensätze in eine schon vorhandene Tabelle ein.

SELECT INTO erstellt eine neue Tabelle.

Abschließend ein Beispiel:

```
DELETE  schüler.* FROM schüler, klassen,
schüler INNER JOIN klassen
  ON schüler.klassen_id = klassen.klassen_id
WHERE ((klassen.klasse LIKE "5?"))
```

Die SQL-Anweisung löscht alle Schüler aus einer Schülertabelle, die die fünfte Klasse (5A, 5B etc.) besuchen. *INNER JOIN* wird zur Verknüpfung der Schüler- und Klassentabelle verwendet.

Entwurf von Abfragen

Wenn Sie noch wenig Erfahrung mit SQL besitzen, ist die direkte Eingabe von SQL-Abfragen ein sehr mühseliges und fehleranfälliges Unternehmen. Viel einfacher geht es, wenn Sie dazu den SQL-GENERATOR des Visual-Basic-*DataEnvironment*-Designers bzw. das Office-Programm Access verwenden. Falls Sie mit der Enterprise-Version von Visual Basic arbeiten und den Microsoft SQL-Server oder Oracle als Datenbanksystem verwenden, können Sie auch die Visual Database Tools verwenden. Dort stehen zum Entwurf von Abfragen interaktive Tools, Assistenten und eine ausgezeichnete Online-Hilfe zur Verfügung.

VERWEIS

In der SQL-Kommandoreferenz im Dialekt der Jet-Engine finden Sie eine Menge praxisnaher Beispiele:

PLATTFORM SDK | DATENBANK-DIENSTE | DAO SDK |
- MICROSOFT JET DATABASE SQL REFERENCE

Brauchbare Beispiele enthält auch das Jet-Manual:

BOOKS | JET DATABASE ENGINE PROGRAMMIERHANDBUCH | CHAPTER 4: QUERIES

HINWEIS

Access speichert in Jet-Datenbankdateien nicht nur die eigentlichen Daten, sondern auch Abfragen und andere Informationen. In Visual Basic können gespeicherte Access-Abfragen wie Tabellen unmittelbar verwendet werden.

15.6 Datenbanken im Netzwerk

Zur Zeit sind für Netzwerkdatenbanken zwei prinzipielle Architekturen üblich: File-Server-Datenbanken und Client / Server-Datenbanken. Beide Datenbanktypen ermöglichen es mehreren Benutzern, gleichzeitig über ein Netzwerk auf die Daten zuzugreifen. Der wesentliche Unterschied besteht darin, wie dieser Zugriff gewährt wird. Auch wenn in diesem Buch nur File-Server-Datenbanken auf der Basis der Jet-Engine behandelt werden, erscheint es sinnvoll, hier den Unterschied dieser beiden Typen herauszuarbeiten.

File-Server-Datenbanken

Das kennzeichnende Merkmal dieser Datenbanken besteht darin, daß die Datenbankdateien am Netzwerk frei zugänglich sind. Entscheidend ist die Tatsache, daß nicht die einzelne Datensätze, sondern die Datenbankdatei als Ganzes (zumindest einzelne Pages davon) über das Netz übertragen werden. Die Auswertung, also das Ausführen einer Abfrage, das Lesen eines Datenfelds etc., erfolgt am lokalen Rechner durch den dort installierten Datenbanktreiber.

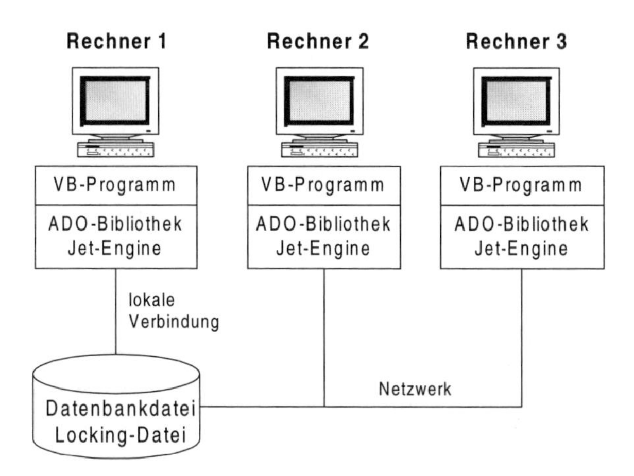

Bild 15.11: Eine typische Konfiguration für eine File-Server-Datenbank

Es ist Aufgabe des Datenbanktreibers (Jet-Engine), sich die gewünschten Daten aus den Dateien herauszusuchen. Wenn mehrere Anwender bzw. Programme gleichzeitig darauf zugreifen, kümmern sich die zwischengeschalteten Datenbanktreiber unter

Auswertung einer automatisch angelegten Locking-Datei darum, daß keine Zugriffskonflikte auftreten.

Bild 15.11 zeigt eine typische Konfiguration für eine File-Server-Datenbank: Die Datenbankdatei wird am ersten der drei Rechner gespeichert. Das Visual-Basic-Programm kann über das lokale Dateisystem darauf zugreifen. Auf den beiden anderen Rechnern kann dasselbe Programm laufen, auf die Datenbankdatei wird jetzt allerdings über ein Netzwerk zugegriffen.

Prinzipiell existiert kein großer Unterschied, ob Rechner eins als Netzwerk-Server und die beiden anderen Rechner als Clients konfiguriert sind oder ob die Vernetzung durch ein Peer-by-Peer-Netz erfolgt (Workgroup-Netz). Bei größeren Netzen ermöglicht die Variante mit einem Netzwerk-Server allerdings einen etwas besseren Durchsatz.

Die populärsten File-Server-Datenbanksysteme unter Windows sind Access (eigentlich alle Jet-Datenbanken, auch solche, die von Visual Basic verwaltet werden), Paradox, FoxPro und dBase. Diese Datenbanksysteme haben noch ein gemeinsames Merkmal: Es handelt sich durchweg um ISAM-Datenbanken. ISAM steht für *Index Sequential Access Method* und bezeichnet die Methode, wie die Datensätze einer Tabelle mit einer Index-Nummer versehen werden und hintereinander in der Datenbankdatei gespeichert werden.

HINWEIS

Traditionelle ISAM-Datenbanken (etwa dBase) waren keine echten relationalen Datenbanken. Die Jet-Datenbank-Engine geht in Ihrem Funktionsumfang weit über das hinaus, was ISAM-Datenbanken früher kennzeichnete. Insofern werden Jet-Datenbanken gelegentlich zu Recht in eine Kategorie für sich gestellt.

Client / Server-Datenbanken

Der wesentliche Unterschied zu einfachen File-Server-Datenbanken besteht darin, daß jeder Datenzugriff über einen Datenbank-Server erfolgt, der am besten auf einem eigenen Rechner läuft. Mit anderen Worten: Anstatt über einen Treiber direkt eine Datei anzusprechen wird jetzt ein Programm kontaktiert, das die angeforderten Daten zur Verfügung stellt.

Bild 15.12 zeigt eine mögliche Konfiguration für eine Client / Server-Datenbank: Auf Rechner 1 läuft lediglich der SQL-Server, aber keine weitere Anwendung. (Diese Annahme ist vor allem bei großen Datenbanksystemen gerechtfertigt. Dort beansprucht der SQL-Server soviel Rechenleistung, daß daneben ein interaktives Arbeiten so gut wie unmöglich ist.) Auf den Rechnern 2 und 3 läuft jeweils ein Client, also ein Visual-Basic-Programm, das auf die Daten zugreift bzw. sie verändert. Untypisch an der Konfiguration in Bild 15.12 ist lediglich die Anzahl der Clients: Normalerweise werden Client / Server-Datenbanken nur dann eingesetzt, wenn sehr viele Clients auf den Server zugreifen.

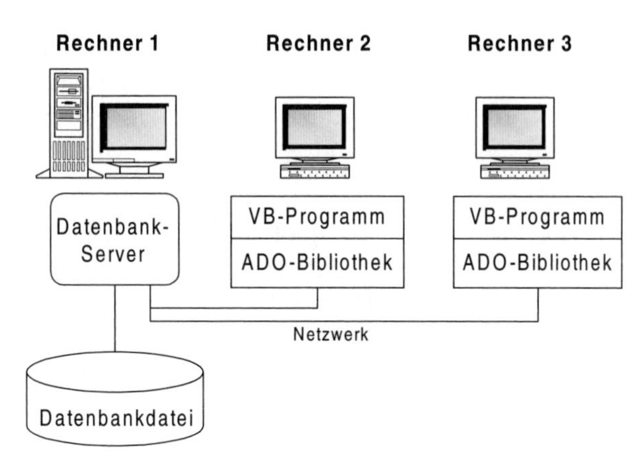

Bild 15.12: Konfigurationsbeispiel für eine Client / Server-Datenbank

Der wesentliche Unterschied zwischen Bild 15.11 und Bild 15.12 besteht also darin, daß im ersten Fall alle Clients direkt auf die Datenbankdatei zugreifen, im zweiten Fall dagegen indirekt über den Datenbank-Server.

Die unter Windows populärsten Datenbank-Server für Client / Server-Lösungen sind Microsoft-SQL-Server und Oracle. Daneben gibt es eine Vielzahl weiterer Hersteller, die Datenbank-Server anbieten, darunter Informix und Sybase.

HINWEIS

Alle hier genannten Server sind *SQL-Server*. Microsoft verwendet SQL als Teil des Produktnamens, nichtsdestotrotz erfolgt auch der Zugriff auf andere Datenbank-Server via SQL. Der Server muß nicht zwangsläufig unter Windows laufen. Ein großer Vorteil der Informix-, Oracle- und Sybase-Server besteht darin, daß diese auch auf Unix-Workstations laufen.

Unabhängig vom Server gibt es viele Möglichkeiten, Clients zu programmieren. Neben Visual Basic können dazu auch eine Menge anderer Programme bzw. Programmiersprachen verwendet werden (etwa Access, C / C++, Delphi, Excel, FoxPro, PowerBuilder, Power Objects etc.). In jedem Fall ist es Aufgabe des Clients, dem Endanwender den Datenbankzugriff so einfach wie möglich zu machen.

Vorteile eines Client / Server-Systems

Bei einer hinreichend großen Anzahl von Benutzern bietet ein Client / Server-System gegenüber einem File-Server-System folgende Vorteile:

- Der Server ist skalierbar. Wenn das gesamte System zu langsam wird, kann der Server auf einem eigens dazu konfigurierten Rechner mit besonders schneller Hardware (mehrere Prozessoren, RAID-SCSI-System etc.) installiert werden. Die Besonderheit eines Datenbank-Servers besteht darin, daß er diese Hardware tatsächlich ausnutzen kann.

- Die Belastung des Netzwerks hält sich in Grenzen: Natürlich wird das Netzwerk auch bei einem Client / Server-System um so stärker belastet, je mehr Clients Daten anfordern oder schreiben. Im Gegensatz zu einem File-Server-System werden über das Netz aber nur SQL-Kommandos (wenige Bytes) und tatsächlich benötigte Daten übertragen.

  Zur näheren Erläuterung hilft ein Beispiel: Wenn Sie in einem File-Server-System aus einer Tabelle von allen 100000 Datensätzen jene bearbeiten möchten, für die *x>100* gilt, müssen Sie alle 100000 Datensätze an den Client übertragen. (Genaugenommen übertragen Sie jene Teile der Datenbankdatei, in der diese Datensätze gespeichert werden, wodurch ein weiterer Overhead entsteht.) Am Client-Rechner analysiert die lokale Datenbank-Engine die Daten und verwirft womöglich 99000 Datensätze wieder, weil die Bedingung ohnehin nicht erfüllt ist. Während dieser Abfrage ist sowohl der Rechner mit der Datenbankdatei, der Client-Rechner und das Netzwerk so gut wie blockiert.

  Ganz anders bei einem Client / Server-System: Der Client schickt die SQL-Abfrage an den Server. Dieser analysiert die Daten (lokal am Server-Rechner) und sendet schließlich die ersten 100 Datensätze, die die Bedingung erfüllen, zurück an den Client. Dieser kann diese Datensätze bearbeiten und bei Bedarf weitere Datensätze anfordern. Die Belastung des Netzwerks und des Clients ist vergleichsweise verschwindend. Gleichzeitig kann der Server die ihm zugeteilte Hardware optimal ausnutzen und die Datensätze für einen weiteren Zugriff (vielleicht von einem anderen Client) im Speicher halten.

- Die Hardware-Anforderungen an den Client sind gering: Da der Client lediglich die Kommunikation mit dem Server erledigen muß, nicht aber mit der tatsächlichen Datenverwaltung beschäftigt ist, sind die Hardware-Anforderungen (CPU, Speicher) des Clients etwas geringer als bei einer File-Server-Lösung. Angesichts des hohen Ressourcenverbrauchs durch andere Visual-Basic-Komponenten und durch das Betriebssystem ist dieser Vorteil in der Praxis aber von geringer Relevanz.

Nachteile eines Client / Server-Systems

Natürlich gibt es auch Nachteile, die besonders dann zum Tragen kommen, wenn eigentlich nur eine *kleine* Datenbanklösung erforderlich wäre. Zum einen die Kosten: SQL-Server – egal welchen Herstellers – werden nicht gerade verschenkt und sind zudem recht anspruchsvoll, was die Hardware betrifft. (Die mit der Enterprise-Version mitgelieferte Development-Edition des Microsoft SQL-Servers darf nicht weitergegeben werden und ist zudem auf fünf Verbindungen limitiert.)

Zum anderen ist eine Client / Server-Lösung für kleine Netze und insbesondere für *stand-alone*-Datenbanken unter Umständen sogar langsamer als die einfachere File-Server-Lösung. Ein Geschwindigkeitsvorteil ergibt sich erst bei größeren Netzen, der prinzipielle Overhead und der hohe Verbrauch von Systemressourcen durch den Server ist dagegen sofort spürbar.

Wirklich schwierig ist die Entscheidung, ab welcher Größe (Datenumfang, Anzahl der Clients) das optimale Preis- / Leistungs-Verhältnis mit einem File-Server-System bzw. mit einem Client / Server-System erreicht werden kann. Die Antwort hängt von so vielen Faktoren ab, daß es nicht möglich ist, hier eine Faustregel anzugeben.

Es ist auf jeden Fall sinnvoll, sich *vor* Beginn der Implementierung Gedanken über das optimale System zu machen. Der Umstieg von einem File-Server- auf ein Client / Server-System ist mit erheblichem Aufwand verbunden, nicht zuletzt deswegen, weil dabei unterschiedliche Zugriffsmodelle und zumeist auch unterschiedliche SQL-Dialekte zum Einsatz kommen. (Nochmals der Hinweis: In den folgenden Kapitel werden ausschließlich File-Server-Datenbanken behandelt.)

15.7 Datenbankentwurf

Bei den meisten Datenbankprojekten stellt der Datenbankentwurf einen eigenständigen Schritt dar, der nach Möglichkeit vor Beginn der Programmierung und nach sorgfältiger Planung erfolgen sollte. (In der Praxis ist die Planung meist nicht sorgfältig genug, so daß das Datenbankschema während der Programmierung mehrfach – und jedesmal mit großem Umstellungsaufwand in der Datenbank und im Code – geändert werden muß.)

Bei anderen Datenbankprojekten existiert die Datenbank bereits, und es soll lediglich ein neuer Client programmiert werden. In diesem Fall ist das Datenbankschema quasi als Konstante vorgegeben, und Sie müssen sich vor Beginn der Programmierung in dieses Schema einarbeiten. Dazu bedienen Sie sich derselben Werkzeuge, die auch beim Entwurf einer neuen Datenbank eingesetzt werden.

15.7.1 Entwurf des Datenbankschemas

Der Entwurf eines Datenbankschemas entspricht der Beantwortung folgender Fragen:

- Wie können die zu speichernden Daten sinnvoll in einzelne Tabellen gegliedert werden und diese Tabellen effizient durch Relationen miteinander verknüpft werden? Dazu ist ein möglichst gutes Verständnis relationaler Datenbanken und ihrer Normalisierungsformen erforderlich (siehe Seite 700).
- Welche Datentypen eignen sich für die einzelnen Datenfelder? Die meisten Datenbanken können Zahlen in verschiedenen Typen (*Int, Long, Double*), Zeichenketten in variabler Länge sowie Binärdaten speichern. Im Detail müssen dabei die Eigenheiten des gewählten Datenbanksystems berücksichtigt werden – in Jet-Datenbanken gibt es zum Teil andere Datentypen als bei SQL-Servern.

- Für welche Datenfelder werden Indizes angelegt? Dabei müssen Sie überlegen, auf welche Art typische Anwendungen auf die Daten zugreifen, wie oft solche Zugriffe stattfinden, ob dabei Wartezeiten tolerierbar sind etc. Beachten Sie beim Anlegen der Indizes, daß diese zwar den Lesezugriff beschleunigen, gleichzeitig aber das Verändern bzw. Neuanlegen von Datensätzen langsamer machen.

Der Entwurf eines guten Datenbankschemas gelingt nur mit einiger Erfahrung (und selten im ersten Anlauf), nur bei einer guten Kenntnis über die Möglichkeiten des gewählten Datenbanksystems und nur nach einer gründlichen Analyse darüber, wie (d.h. mit welcher Aufgabenstellung) typischerweise auf die Daten zugegriffen wird.

VERWEIS

Die meisten Bücher, in denen Datenbankprogrammierung oder -anwendung im Vordergrund steht, halten sich nicht lange mit dem Thema Datenbankdesign auf (und dieses Buch ist keine echte Ausnahme). Einleitende Informationen dazu, wie der Entwurf einer relationalen Datenbank aussehen kann, finden Sie auf Seite 700 (Grundlagen relationaler Datenbanken). Wirklich seriöses Wissen über die Theorie guten Datenbankdesigns vermitteln aber zumeist nur Grundlagenbücher zu relationalen Datenbanken.

Auch die Online-Dokumentation zu Visual Basic ist bei dieser Frage wenig hilfreich. Etwas interessanter ist die Dokumentation zur Jet-Engine:

BOOKS | JET DATABASE ENGINE PROGRAMMER'S HANDBOOK |
- CHAPTER 3: DATA DEFINITION

15.7.2 Werkzeuge zum Datenbankentwurf

Grundsätzlich können Sie eine neue Datenbank per Programmcode erzeugen. Die DAO-Bibliothek enthält alle erforderlichen Methoden zum Erstellen neuer Jet-Datenbanken; Datenbanken auf SQL-Servern können Sie durch geeignete SQL-Kommandos (*CREATE TABLE* etc.) erzeugen. Da das Anlegen einer neuen Datenbank ein eher seltener und eher interaktiver Vorgang ist, gibt es bequemere Alternativen:

- Jet-Datenbanken können am komfortabelsten mit Access erstellt werden.
- Steht Ihnen Access nicht zur Verfügung, muß der mit Visual Basic mitgelieferte Datenmanager herhalten (siehe nächsten Teilabschnitt). Dieses Programm ist zwar kein Meisterwerk, was die intuitive Bedienung betrifft, der Funktionsumfang ist aber ausreichend.
- Mit dem Microsoft-SQL-Server wird der Enterprise-Manager mitgeliefert, der (neben anderen Aufgaben) auch beim Erstellen neuer Datenbanken hilfreich ist. Besonders komfortabel ist die Bedienung allerdings auch hier nicht.
- Schon um einiges attraktiver sind die mit der Enterprise-Version von Visual Basic mitgelieferten Visual Database Tools, die beim Entwurf einer Datenbank für Oracle

bzw. für den Microsoft-SQL-Server einen ähnlichen Komfort bieten wie Access für Jet-Datenbanken.

- Wenn Sie ein anderes Datenbanksystem verwenden, sind Sie auf die dort mitgelieferten Tools angewiesen.

15.7.3 Datenmanager (VisData)

VisData ist zweierlei: Zum einen ein Beispiel für die Visual-Basic-Programmierung (der umfangreiche Programmcode befindet sich in `Samples\Visdata`; das Programm basiert hauptsächlich auf der DAO-Bibliothek, die ADO-Bibliothek wird nur ganz vereinzelt eingesetzt). Zum anderen ein Tool der Entwicklungsumgebung von Visual Basic, das bei der Analyse und beim Neuanlegen von Jet-Datenbanken hilft. Während VisData als Beispielprogramm eindrucksvoll ist, sind seine Merkmale und Bedienung aus der Sicht des Anwenders weniger toll. Wenn Sie eine neue Jet-Datenbank anlegen möchten, können Sie das mit Access sehr viel komfortabler erledigen. Dieser Abschnitt richtet sich daher primär an alle Leser, denen Access nicht zur Verfügung steht und die auf VisData daher angewiesen sind.

Der Entwurf einer neuen Jet-Datenbank beginnt mit dem Kommando DATEI | NEU | MICROSOFT ACCESS | VERSION 7.0 MDB. (Gemeint ist eine Jet-Datenbank der Version 3.0, wie sie von Access 7 und von Access 97 verwendet wird.) Das Programm erstellt daraufhin eine neue (noch leere) Jet-Datenbank mit der Kennung `*.mdb`.

Entwurf einer neuen Tabelle

Der Tabelleneditor wird für neue Tabellen durch den Kontextmenüeintrag NEUE TABELLE aufgerufen. (Bei bereits bestehenden Tabellen verwenden Sie statt dessen das Kontextmenükommando ENTWERFEN.) Anschließend müssen Sie den Namen der Tabelle angeben und mindestens ein Datenfeld definieren (Name, Datentyp). Optional können Sie auch Indizes definieren.

> TIP: Bei der Definition von Datenfeldern und Indizes sollten Sie sich genau überlegen, was Sie tun – nachträgliche Änderungen der zentralen Eigenschaften (etwa des Datentyps) sind nicht möglich! (Sie können lediglich das Feld löschen und anschließend neu definieren.)

Als Tabellen-, Feld- und Indexnamen sind beliebige Kombinationen von bis zu 64 Zeichen erlaubt. Die Einschränkungen von Visual-Basic-Variablennamen gelten nicht; wenn Sie sich dennoch daran halten, ist der Zugriff auf Tabellen und Felder im Programmcode viel einfacher.

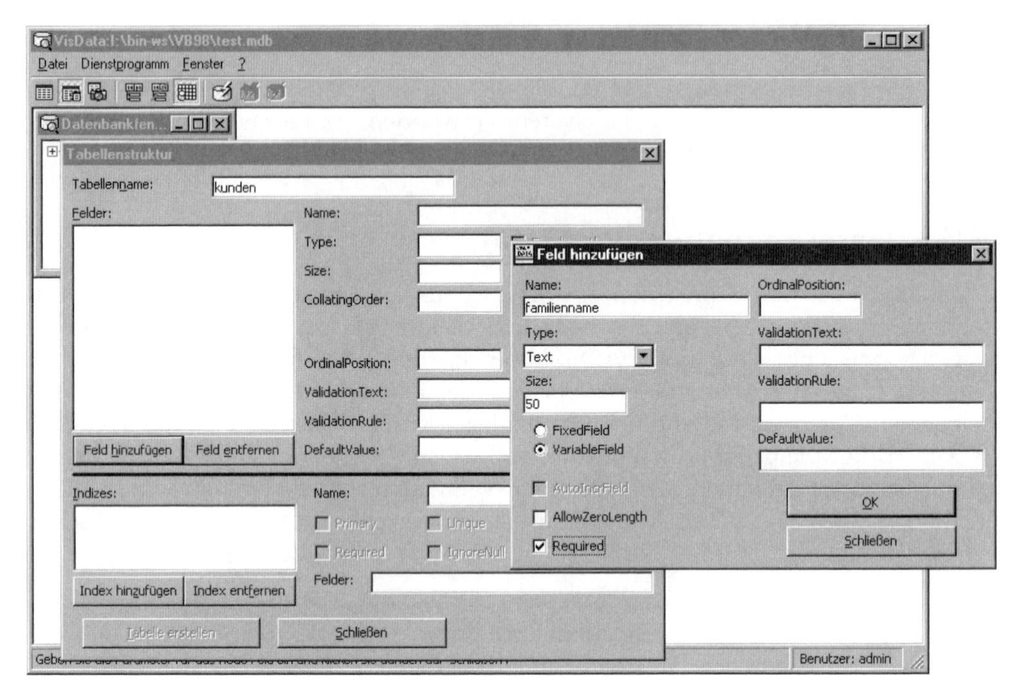

Bild 15.13: Der Datenmanager bei der Definition eines Tabellenfelds

Datentypen für Datenfelder

Bei der Definition eines jeden Datenfelds müssen Sie den Datentyp sowie – im Fall von Zeichenketten – deren maximale Länge angeben. Neben den üblichen Visual-Basic-Zahlentypen (*Byte, Integer, Long, Single, Double, Currency, Boolean* und *Date*) gibt es einige datenbankspezifische Datentypen:

Der Datentyp ***Text*** eignet sich zur Speicherung von Zeichenketten bis zu einer maximalen Länge von 255 Zeichen. Eine kleinere maximale Zeichenanzahl kann vorgegeben werden. Wenn Sie die Option VARIABLEFIELD verwenden, beanspruchen Zeichenketten in der Datenbank nur soviel Platz, wie zur Speicherung der Zeichen tatsächlich benötigt wird.

Memo-Felder eignen sich vor allem zum Speichern von Anmerkungen, deren Länge weitgehend unbegrenzt ist (bis zu 64000 Zeichen). Der Nachteil des *Memo*-Formats gegenüber *Text* besteht darin, daß es verhältnismäßig schwierig und langsam ist, nach den darin enthaltenen Daten zu suchen. *Memo*-Felder können nicht indiziert werden.

Für den Datentyp *Binary* gelten keine Größenbeschränkungen. Sie können damit beliebige binäre Daten (Bitmaps, OLE-Daten, Sound-Informationen) speichern.

Für die meisten Anwendungen ist es sinnvoll, in jeder Tabelle ein *Long*-Feld einzufügen, das zur eindeutigen Identifizierung des Datensatzes dient (Kundennummer, Artikelnummer etc.) Zusammen mit einem Index für dieses Feld kann dadurch der Zugriff erheblich beschleunigt werden, insbesondere dann, wenn die Tabellen durch Relationen verbunden sind. Das ID-Feld wird üblicherweise mit *name_nr*, *name_zähler*, *name_ID* oder ähnlichen Namen bezeichnet. Als zusätzliche Eigenschaft sollten Sie *AutoIncrField* aktivieren (siehe unten), damit dem Datenfeld beim Anlegen eines neuen Datensatzes automatisch eine neue Nummer zugewiesen wird.

HINWEIS

Die hier beschriebenen Datentypen und Eigenschaften gelten nicht nur für den Datenbankentwurf im Datenmanager, sondern generell für Jet-Datenbanken. Die meisten hier aufgezählten Datenfeldeigenschaften finden Sie im DAO-Objektmodell als Eigenschaften des *Field*-Objekts wieder, die Indexeigenschaften als Eigenschaften des *Index*-Objekts.

Bei der Definition der Datenfelder einer Tabelle ist darauf zu achten, daß die Gesamtgröße aller Felder 2 kByte nicht übersteigen darf. *Memo*- und *Binary*-Felder werden dabei nur mit einigen Verwaltungsbytes gerechnet, die eigentlichen Daten werden außerhalb des Datensatzes gespeichert.

Eigenschaften von Datenfeldern

In ***ValidationRule*** kann eine einfache Gültigkeitsregel für die Daten formuliert werden (z.B. *"<=100"*, wenn nur Zahlenwerte kleiner gleich 100 zugelassen werden). Die Syntax für die Regel ist dieselbe wie beim SQL-Schlüsselwort *WHERE*. Die Gültigkeitsregel wird bei jeder Änderung der Daten überprüft; wenn die Regel nicht erfüllt ist, kommt es zu einer Fehlermeldung, die Daten können nicht gespeichert werden. In ***ValidationText*** kann eine Zeichenkette angegeben werden, die in der Fehler-Dialogbox angezeigt wird. ***DefaultValue*** gibt den Defaultinhalt von Datenfeldern an, der beim Erzeugen eines neuen Datenfelds eingesetzt wird.

Required gibt an, ob für das Datenfeld beim Erzeugen eines neuen Datensatzes Daten eingegeben werden müssen. Wenn die Option aktiviert wird, kann das Datenfeld also nicht einfach leer gelassen werden. Eine ähnliche Bedeutung hat ***AllowZeroLength*** für Zeichenketten und *Binary*-Felder: Die Eigenschaft gibt an, ob *""* (also leere Zeichenketten) als gültige Inhalte gelten.

Von untergeordneter Bedeutung ist ***OrdinalPosition***. Die Eigenschaft gibt die Position des Datenfelds innerhalb der Liste aller Datenfelder an.

Die Optionen *FixedLength* und *VariableLength* können nur bei Textfeldern gewählt werden. *FixedLength* bedeutet, daß auch kurze Zeichenketten den maximal vorgesehenen Platz beanspruchen. Das kann bei manchen Anwendungen effizient sein, weil die Datensatzgröße dadurch unveränderlich wird. Allerdings nimmt der Platzbedarf für die Datenbankdatei dadurch zu.

Die Option *AutoIncrField* kann nur bei *Long*-Feldern aktiviert werden. Sie bewirkt, daß beim Erstellen eines neuen Datensatzes automatisch ein eindeutiger und unveränderlicher Wert für das Feld erzeugt wird. Diese Einstellung empfiehlt sich für Datenfelder, die zur Identifizierung von Datensätzen verwendet werden sollen.

Definition von Indizes

Indizes sind zusätzlich zur eigentlichen Tabelle gespeicherte Informationen, die den Zugriff auf Daten der Tabelle beschleunigen. (Im Deutschen wird für Index oft auch der Begriff Schlüssel verwendet.)

Indizes beanspruchen zusätzlichen Platz in der Datenbankdatei und reduzieren die Geschwindigkeit von Änderungen der Tabelle (weil der Index ebenfalls aktualisiert werden muß). Aus diesem Grund ist es nur sinnvoll, für solche Felder Indizes zu erstellen, nach denen häufig gesucht bzw. nach denen die Tabelle in Abfragen geordnet werden muß. Bei solchen Operationen ist der Zeitgewinn – vor allem in umfangreichen Tabellen – enorm. Indizes werden von der Jet-Engine automatisch verwaltet und sind mit keinem zusätzlichen Programmieraufwand verbunden.

Erster und bevorzugter Kandidat für einen Index ist das in der Regel vorgesehene ID-Feld (eine *Long*-Zahl zur eindeutigen Identifizierung des Datensatzes; typische Namen: *ID, nummer, nr, zähler*). Ansonsten orientiert sich die Definition von Indizes an der Verwendung von Daten. Bei einer Adressentabelle wird es in der Regel sinnvoll sein, einen Index über die Felder Familien- und Nachname zu bilden, wogegen ein Index für die Telefonnummer wenig Nutzen bringt. (Es wird nur selten – wenn überhaupt – vorkommen, daß Sie den Namen zu einer vorhandenen Telefonnummer suchen; in diesem seltenen Fall ist eine höhere Wartezeit tolerierbar.) Indizes können auch mehrere Felder umfassen (beispielsweise Vor- und Nachnamen).

Bei der Definition eines Indexes müssen Sie den Namen des neuen Indexes angeben (der Name kann mit dem Namen eines Datenfelds übereinstimmen) und mindestens ein Datenfeld als Basis für den Index auswählen. Darüber hinaus können Sie noch weitere Optionen einstellen:

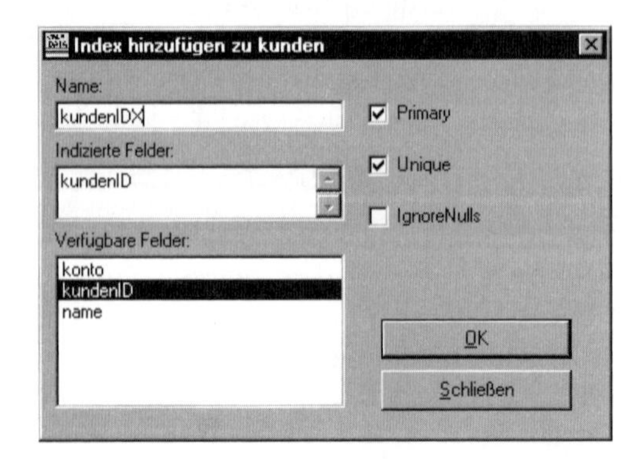

Bild 15.14: Definition eines Indexes im Datenmanager

Primary gibt an, ob es sich bei dem Index um einen Primärindex (Primärschlüssel) handelt. Ein Primärindex kann nur für solche Datenfelder erstellt werden, die nie leer sind, und wo ausgeschlossen ist, daß in zwei Datensätzen derselbe Inhalt auftritt.

Unique fordert, daß alle Indexeinträge eindeutig sind. Diese Option muß bei Primärindizes aktiviert werden. ***IgnoreNulls*** bestimmt, daß im Index leere Datenfelder ignoriert werden sollen. Diese Einstellung spart Speicherplatz, ist aber nicht mit der Definition von Primärschlüsseln verträglich.

Definition von Relationen

Der Datenmanager ist nicht in der Lage, zwei Tabellen durch eine Relation zu verbinden. Grundsätzlich ist die Definition einer Relation zur Verarbeitung einer SQL-Abfrage mit *INNER JOIN* auch nicht erforderlich – im SQL-Kommando muß ja ohnehin exakt angegeben werden, über welche Datenfelder die zwei Tabellen verknüpft werden sollen. Ohne die explizite Definition von Relationen ist die Jet-Engine allerdings nicht in der Lage, die referentielle Integrität der Datenbank sicherzustellen – und das ist ein gravierender Nachteil.

Wenn Sie in einer neuen Jet-Datenbank dennoch Relationen definieren möchten, stehen Ihnen zwei Möglichkeiten offen: Die eine besteht darin, die Relation per Programmcode zu erzeugen (DAO-Objekt *Relation*). Die andere besteht darin, Access zur Definition zu verwenden (Menükommando EXTRAS | BEZIEHUNGEN).

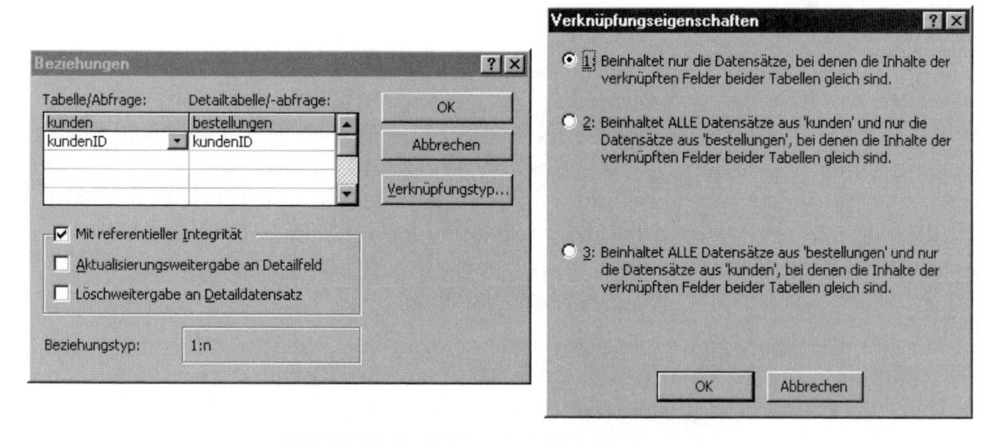

Bild 15.15: Definition einer Relation in Access

HINWEIS

Wenn in der Datenbank bereits Daten gespeichert sind, können die Relationen nur dann definiert werden, wenn dadurch keine Integritätsfehler auftreten. Leider gibt Access keine Information darüber an, in welchem Punkt die Integrität verletzt ist. Aus diesem Grund kann es sehr mühsam sein, bei einer bereits vorhandenen Datenbank Relationen mit referentieller Integrität nachträglich einzuführen.

Daten eingeben und ändern

Der Datenmanager eignet sich nicht nur zur Definition einer Datenbank, Sie können auch erste Testdaten eingeben oder die Inhalte einer schon vorhandenen Datenbank ansehen. Allzuviel Komfort sollten Sie dabei aber nicht erwarten.

Zur Veränderung von Daten müssen Sie zuerst den gewünschten Formulartyp angeben. Dazu sind die ersten sechs Buttons der Symbolleiste vorgesehen. Die drei ersten Buttons bestimmen den Typ der Datensatzliste (gemäß DAO-Konventionen *Table*, *DynaSet* oder *SnapShot*). Für Veränderungen sind nur die beiden ersten geeignet. Die nächsten drei Buttons bestimmen, ob die Daten in Form von einzelnen Datensätzen oder in einer Tabellensicht angezeigt werden. Änderungen sind in jedem Fall möglich. Die Einstellungen gelten für das nächste Fenster, das durch einen Doppelklick auf den Tabellennamen geöffnet wird.

Datenbank komprimieren / reparieren

Während der Bearbeitung einer Jet-Datenbank sammeln sich in der Datei zunehmend Leerstellen an (gelöschte Datensätze, vergrößerte oder verkleinerte Memo-Felder etc.), die aus Effizienz- und Sicherheitsgründen im normalen Datenbankbetrieb nicht aus der Datei gelöscht werden können. Aus diesem Grund ist es notwendig, die Datenbank von Zeit zu Zeit zu komprimieren. Der Begriff des Komprimierens ist hier etwas irreführend. Aus der Datenbankdatei werden lediglich irrelevante Daten entfernt, ein eigentliches Komprimieren, wie es von echten Komprimierprogrammen wie PKZip oder WinZip durchgeführt wird, findet nicht statt.

Um aus der Datenbankdatei alle nicht mehr relevanten Daten zu entfernen, rufen Sie das Kommando DATEI | MDB KOMPRIMIEREN auf. Sie müssen jetzt zuerst den Namen der Datenbankdatei und anschließend einen neuen Dateinamen der komprimierten Datei angeben. Der zweite Dateiname darf aus Sicherheitsgründen nicht mit dem ersten identisch sein. Auf Ihrer Festplatte muß daher ausreichend Platz für die alte und die komprimierte Version der Datenbank sein! Während des Komprimierens kann kein anderes Programm auf die Datenbankdatei zugreifen. Wenn das Kommando erfolgreich abgearbeitet wurde, kann die alte Version der Datenbankdatei gelöscht und die neue Version in den alten Dateinamen umbenannt werden.

16 ADO-Einführungsbeispiel

Dieses Kapitel demonstriert die Entwicklung eines kompletten Datenbankprogramms. Als Datenbanksystem wird eine Access-Datenbank (also die Jet-Engine) verwendet, der Zugriff auf die Daten erfolgt durch ADO-Steuerelemente und -Objekte.

Ziel des Kapitels ist es, eine erste Einführung zu den in Visual Basic für diesen Zweck vorgesehenen Tools und Technologien zu geben. Aus diesem Grund wurde ein denkbar einfaches Beispiel gewählt (Verwaltung einer Adreßkartei). Details zu den ADO-Steuerelementen bzw. zur ADO-Bibliothek folgen dann in zwei weiteren Kapiteln.

16.1 Datenbankentwurf

Bevor Sie mit Visual Basic eine Benutzeroberfläche zu einer Datenbank erstellen können, muß diese Datenbank zuerst existieren. Es geht also darum, die Tabellen, Felder, Relationen etc. einer Datenbank zu entwerfen. Bei komplexen Anforderungen ist das einer der schwierigsten Schritte bei der Entwicklung einer Datenbankanwendung, der erheblichen Einfluß auf die Stabilität und Geschwindigkeit der Anwendung hat. Für das Beispiel dieses Kapitels – einer einfachen Adreßdatenbank – bereitet der Datenbankentwurf aber selbst mit dem Datenmanager `Visdata` keine Probleme.

Mit DATEI | NEU | ACCESS DATENBANK | VERSION 7.0 erzeugen Sie eine neue Datenbankdatei. In diese fügen Sie mit NEUE TABELLE (Kontextmenü) die Tabelle `adress.mdb` ein. Darin definieren Sie die folgenden Felder:

Datenfeldname	Datentyp und Eigenschaften
Name	*Text* (50 Zeichen), *Required, AllowZeroLength=False*
Straße	*Text* (50 Zeichen)
Stadt	*Text* (50 Zeichen)
Staat	*Text* (50 Zeichen)
TelNr	*Text* (50 Zeichen)
FaxNr	*Text* (50 Zeichen)
EMail	*Text* (50 Zeichen)
Sonstiges	*Text* (250 Zeichen)
adrID	*Long* (4 Byte), *AutoIncrField, Required*

Der Verwendungszweck der meisten Felder sollte offensichtlich sein. *adrID* wurde deswegen mit aufgenommen, damit in einem weiteren Schritt ein Primärindex für die Tabelle erzeugt werden kann. Das beschleunigt bei großen Tabellen die Verwaltung erheblich. Der zusätzliche Namensindex hilft insbesondere bei der Suche bzw. beim Sortieren der Namen.

Indexname	Eigenschaften
adrIdx	*Primary, Unique*
nameIdx	keine

Für die ersten Experimente mit der Datenbank ist es sinnvoll, zumindest drei Testdatensätze anzulegen. Dazu öffnen Sie die Datenbank mit OPEN (Kontextmenü) als Tabelle und geben die Daten von zumindest drei Personen ein.

16.2 Programmdesign

In diesem Schritt geht es um die Entscheidung, wie das Programm gesteuert und bedient werden soll, also um das grundsätzliche Design der Benutzeroberfläche. Um den Aufwand des Beispiels nicht unnötig in die Höhe zu treiben, wurde ein relativ einfaches Konzept gewählt. Das Programm wird durch ein zentrales Fenster gesteuert, das beim Start automatisch erscheint. Mit den darin befindlichen Buttons kann eine Eingabemaske oder eine Tabellenansicht angezeigt bzw. der Ausdruck der Liste aller Namen, Telefonnummern und E-Mail-Adressen ausgelöst werden. Das Hauptmenü erscheint erst nach dem Schließen des jeweiligen Fensters.

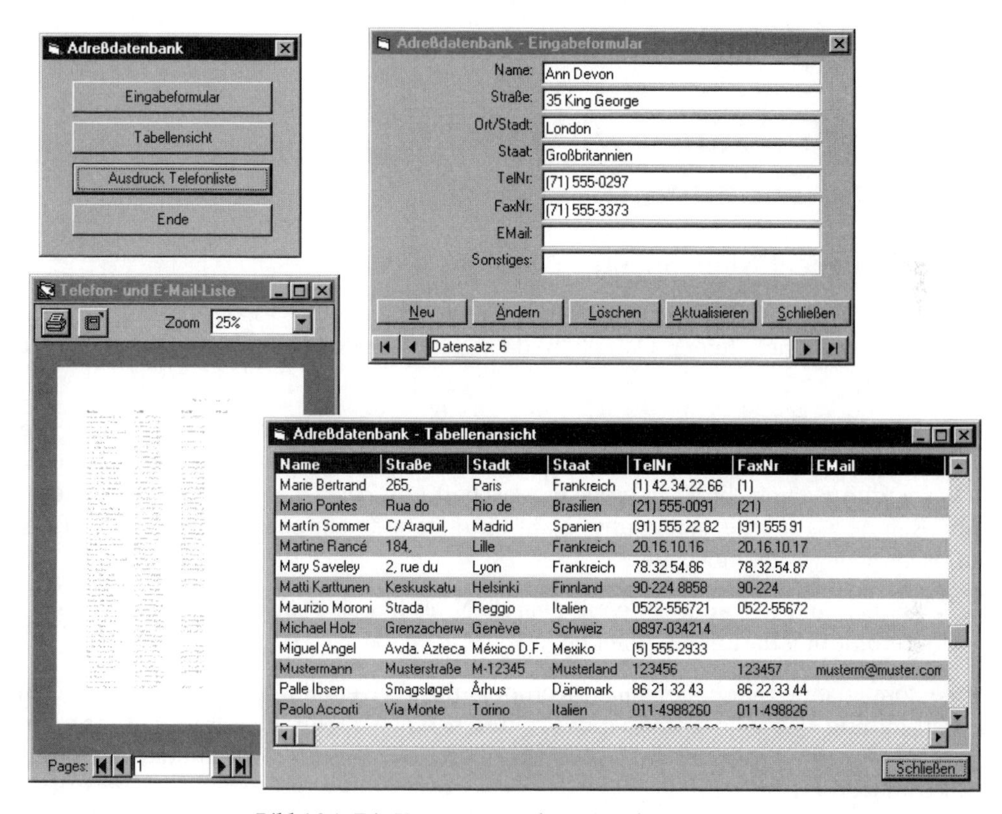

Bild 16.1: Die Komponenten des Beispielprogramms

Intern besteht das Programm aus den folgenden Komponenten bzw. Dateien, die im weiteren Verlauf des Kapitels beschrieben werden:

Name	Typ	Datei	Funktion
DataEnv	*DataEnvironment*	`DataEnvironm.dsr`	Verbindung Programm ↔ Datenbank
Main	*Form*	`Main.frm`	Hauptmenü
Inputmask	*Form*	`Inputmask.frm`	Eingabemaske
Grid	*Form*	`Grid.frm`	Tabellenansicht
OutputTel	*DataReport*	`OutputTel.dsr`	Anzeige Telefonnummern

Bitte beachten Sie, daß das Programm Demonstrationscharakter hat. Fortgeschrittene Funktionen – etwa Suchfunktionen, der Ausdruck einer Liste, die bestimmten Kriterien genügt, etc. – wurden nicht implementiert. Obwohl die verbleibenden Aufgaben trivial erscheinen – auch eine einfache Adreßdatenbank erfordert wesentlich mehr Fine-Tuning, als hier betrieben wird. Das Programm ist nur unvollständig gegen Fehler abgesichert, die Bedienung ist alles andere als optimal, es fehlen Import- und Export-Mechanismen etc.

16.3 Verbindung zwischen Programm und Datenbank

DataEnvironment-Komponente

Es gibt viele Möglichkeiten, eine Verbindung zwischen einem Visual-Basic-Programm und einer Datenbank (einer Datenbankdatei bzw. einem Datenbank-Server) herzustellen.

- Sie können ein *Adodc*-Steuerelement verwenden und die Verbindungsdaten in den Eigenschaften dieses Steuerelements speichern. Dabei können Sie wahlweise die Verbindungsdaten direkt in einer Eigenschaft (als Zeichenkette) speichern oder eine Referenz auf eine sogenannte Data-Link-Datei (Kennung `*.udl`) bzw. auf eine Datenquelle (DSN) einrichten.
- Sie können im Programmcode mit *Dim As New* ein *Connection*-Objekt erzeugen und die Verbindung dadurch herstellen.
- Sie können eine *DataEnvironment*-Komponente verwenden. In diesem Fall wird die Verbindung beim Programmentwurf durch einen Designer hergestellt, anschließend kann im Programmcode auf das *DataEnvironment*-Objektmodell zurückgegriffen werden.

Welche von diesen Vorgehensweisen gewählt wird, hängt von den Anforderungen des Programms an. Die ***DataEnvironment***-Variante hat den Vorteil, daß die Verbindungsdaten an einem zentralen Punkt im Programm verwaltet werden können (und nicht an mehreren Stellen). Die Variante bietet sich auch dann an, wenn im Programm ein *DataReport*-Objekt verwendet wird: Beim Entwurf von Datenbankberichten können dann einzelne Objekte per *Drag and Drop* vom *DataEnvironment*- zum *DataReport*-Designer kopiert werden. Für das Beispielprogramm wird daher eine *DataEnvironment*-Komponente verwendet. (Die anderen Varianten lernen Sie in den folgenden Kapiteln kennen.)

Der Programmentwurf beginnt also damit, daß Sie die Komponente mit PROJEKT | DATA ENVIRONMENT HINZUFÜGEN in ein neues Visual-Basic-Projekt einfügen. (Gegebenenfalls müssen Sie vorher den *DataEnvironment*-Designer mit PROJEKT | KOMPONENTEN aktivieren.)

Connection-Objekt

Innerhalb der *DataEnvironment*-Komponente können mehrere ***Connection***-Objekte verwaltet werden. Normalerweise reicht ein solches Objekt aus, um die Verbindung zu einer Datenbank herzustellen. Die Einstellung der Verbindungsdaten erfolgt im EIGENSCHAFTEN-Dialog des *Connection*-Objekts. Dabei geben Sie als PROVIDER den Typ *Microsoft Jet 3.51 OLE DB Provider* an und wählen dann den Dateinamen `Adress.mdb` aus (Bild 16.2).

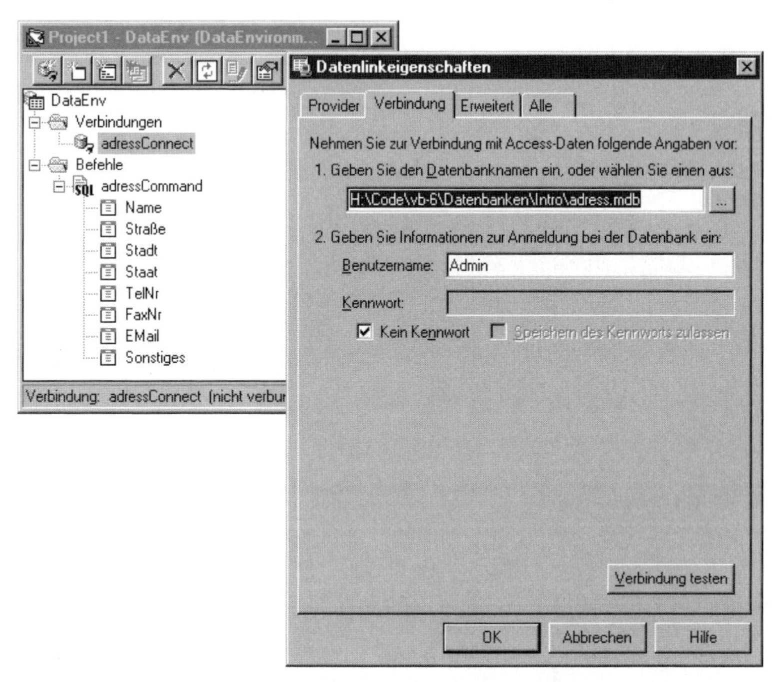

Bild 16.2: Die Verbindung zur Datenbankdatei erfolgt durch ein Connection-Objekt des DataEnvironment-Designers

HINWEIS

Vorsicht ist geboten, wenn Sie Projekte mit einem *DataEnvironment*-Objekt weitergeben möchten: Wie bei diversen anderen Komponenten wird auch in diesem Objekt der absolute Dateiname der Datenbankdatei gespeichert. Oft soll das Programm aber auf eine Datenbankdatei zugreifen, die sich nach der Installation an einem anderem Ort (etwa im lokalen Verzeichnis) befindet. In solchen Fällen müssen Sie die *ConnectionString*-Eigenschaft des *Connection*-Objekts in *DataEnvironment_Initialize* ändern.

Initialize-Ereignis

In *DataEnvironment_Initialize* wird die *Data-Source*-Einstellung des Objekts *adressConnect* an das aktuelle Verzeichnis angepaßt. Ohne dieser Prozedur würde das Beispiel auf Ihrem Rechner nicht funktionieren (es sei denn Sie würden den Code zufällig in das gleiche Verzeichnis wie der Autor installieren). Die Zeichenkette der *ConnectionString*-Eigenschaft kann beispielsweise so aussehen:

```
Provider=Microsoft.Jet.OLEDB.3.51;Persist Security Info=False;
  Data Source=H:\Code\vb-6\Datenbanken\Intro\adress.mdb
```

Diese Zeichenkette wird mit *Split* in ihre Bestandteile zerlegt. Nachdem der Veränderung der *Data-Source*-Einstellung kann die Zeichenkette mit *Join* wieder zusammengesetzt werden.

```
' Datenbanken\Intro\DataEnvironm.dsr
Private Sub DataEnvironment_Initialize()
  Dim i%, connItems
  connItems = Split(DataEnv.adressConnect.ConnectionString, ";")
  For i = LBound(connItems) To UBound(connItems)
    If connItems(i) Like "Data Source*" Then
      connItems(i) = "Data Source=" & App.Path + "\adress.mdb"
      Exit For
    End If
  Next
  DataEnv.adressConnect.ConnectionString = Join(connItems, ";")
End Sub
```

Command-Objekt

Mit dem *adressConnect*-Objekt ist jetzt zwar die Verbindung zur Datenbank hergestellt, aber zur Anzeige irgendwelcher Daten – etwa einer alphabetischen Adreßliste – ist das noch nicht ausreichend. Das Programm muß ja wissen, welche Felder aus welchen Tabellen wie sortiert werden sollen. (Die meisten Datenbanken enthalten ja mehrere Tabellen und nicht, wie in diesem Beispiel, nur eine einzige.)

Abermals gibt es mehrere Möglichkeiten, diese Information im Programm auszudrükken: Eine Vorgehensweise besteht darin, ein *Recordset*-Objekt mit den gewünschten Datensätzen mit der Hilfe eines SQL-Kommandos zu erzeugen. Für dieses Beispiel wurde aber wiederum eine komfortablere Variante auf der Basis des *DataEnvironment*-Designers gewählt.

Dazu fügen Sie in den *DataEnvironment*-Designer ein neues ***Command***-Objekt ein (Button BEFEHL HINZUFÜGEN). Im Eigenschaftsdialog geben Sie nun zuerst *adressConnect* als Verbindung zur Datenbank an. Dann wählen Sie als Datenquelle SQL-ANWEISUNG und zeigen mit SQL-GENERATOR ein Fenster zum bequemen Entwurf des SQL-Kommandos an.

In dieses Fenster ziehen Sie per *Drag and Drop* die *adresses*-Tabelle aus dem DATENANSICHT-Fenster. Nun aktivieren Sie die entsprechenden Auswahlkästchen in der gewünschten Reihenfolge (*Name, Straße* etc.). Der SQL GENERATOR erzeugt daraus automatisch ein SQL-Kommando. Mit dem Kontextmenükommando AUSFÜHREN können Sie das SQL-Kommando ausprobieren – das Ergebnis wird dann im untersten Abschnitt des Fensters als Tabelle angezeigt. (Wenn Sie schon einmal mit Access oder einer vergleichbaren Datenbank gearbeitet haben, wird Ihnen der Umgang mit dem SQL GENERATOR auf Anhieb intuitiv erscheinen.)

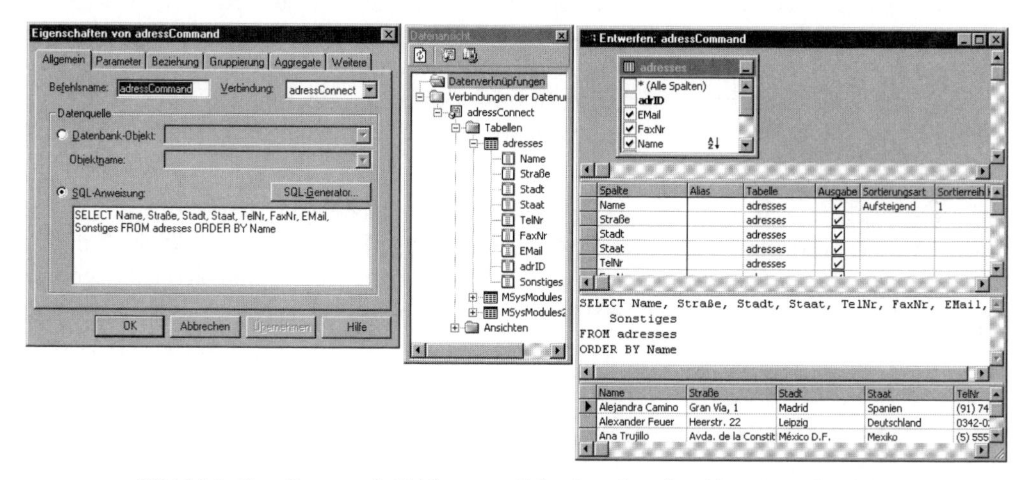

Bild 16.3: Das Command-Objekt ermöglicht einen komfortablen Zugriff auf eine alphabetisch sortierte Liste aller Namen, Adressen und Telefonnummern

TIP

So wie es empfehlenswert ist, die Namen von Steuerelementen in einem Formular nicht nachträglich zu verändern, gilt dies auch für die *DataEnvironment*-Objekte. Wenn Sie mit den Standardnamen (*DataEnvironment1, Connection1, Command1* etc.) nicht zufrieden sind, sollten Sie sofort aussagekräftige Namen wählen, bevor Sie die Namen in anderen Teilen des Programms verwenden.

16.4 Hauptmenü

Der Formularentwurf für das Hauptmenü ist trivial und hat mit Datenbankprogrammierung eigentlich nichts zu tun. Das Formular besteht aus einigen Buttons, deren Code nach dem folgenden Muster aufgebaut ist:

```
' Datenbanken\Intro\Main.frm
Private Sub Command1_Click()
  Inputmask.Show
  Me.Hide
End Sub
```

16.5 Eingabemaske

Die Aufgabe der Eingabemaske besteht darin, ein bequemes Blättern in der Adreßdatenbank zu ermöglichen. Vorhandene Einträge dürfen korrigiert, neue hinzugefügt werden.

Die Erstellung so einer Maske ist normalerweise recht mühsam: Die Maske besteht im wesentlichen aus zahlreichen Textfeldern, die mit Feldern des gerade aktuellen Datensatzes eines *Recordset*-Objekts verbunden werden. (Diese Verbindung erfolgt über die Eigenschaften *DataSource* und *DataField*, die in Kapitel 18 ausführlich beschrieben werden.) Der Programmcode ist zuerst für die Erzeugung des *Recordset*-Objekts zuständig, im weiteren dafür, daß per Button-Klick der jeweils nächste oder vorherige Datensatz des *Recordset*-Objekts angewählt werden kann, daß Änderungen gespeichert werden etc.

Wahrscheinlich fragen Sie sich jetzt, was ein ***Recordset***-Objekt überhaupt ist: Dabei handelt es sich um das wohl wichtigste Objekt der ADO-Bibliothek. Seine Aufgabe besteht darin, dem Programm Zugang zu einer Gruppe von Datensätzen zu geben. Die Datensätze werden auf der Basis eines SQL-Kommandos bzw. eines *Command*-Objekts aus der Datenbank gelesen.

16.5.1 Datenformular-Assistent

Statt das Formular Steuerelement für Steuerelement mühsam zusammenzusetzen und mit den erforderlichen Ereignisprozeduren zu verbinden, können Sie diese Arbeit einem Assistenten überlassen. Führen Sie PROJEKT | FORMULAR HINZUFÜGEN aus und klicken Sie DATENFORMULAR-ASSISTENT an. Es erscheint nun eine Dialogfolge, während der Sie einige Angaben zum Inhalt des gewünschten Datenbankformulars machen müssen. Der Assistent erzeugt daraufhin ein vollständiges Formular samt Code (der dann freilich noch ein wenig optimiert werden muß – doch dazu später). Die folgende Tabelle faßt die notwendigen Eingaben für das Beispielprogramm zusammen:

Datenbankformat:	Access
Datenbankname:	der Dateinamen `Adress.mdb`
Formularname:	z.B. `Inputmask`
Formularlayout:	Single Record (es soll immer nur ein Datensatz angezeigt werden)
Bindungstyp:	ADO Code (Erklärung siehe unten)
Datensatzquelle:	die Tabelle *adresses*
Ausgewählte Felder:	die Felder *Name*, *Straße* etc. (ohne *adrID*); achten Sie auf die korrekte Reihenfolge

Zu diesen Angaben sind noch einige Erläuterungen notwendig. Ein wesentlicher Mangel des Assistenten besteht darin, daß er eventuell vorhandene *DataEnvironment*-Komponenten ignoriert. Aus diesem Grund müssen Sie `Adress.mdb` abermals angeben, obwohl diese Information eigentlich schon bekannt ist. (Per Programmcode kann dieser Mangel wenig später überwunden werden, d.h., das einmal erzeugte Formular kann durchaus mit der *DataEnvironment*-Komponente verbunden werden.)

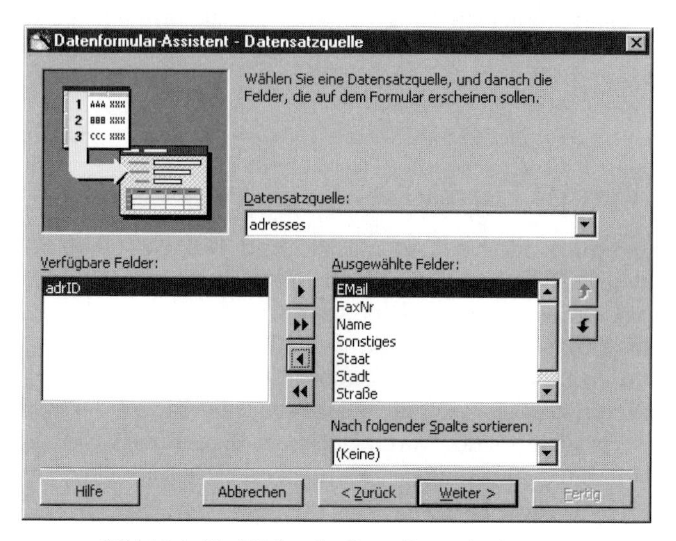

Bild 16.4: Ein Dialog des Data-Form-Assistenten

Unverständlich ist vermutlich noch die Auswahl zwischen drei *binding types*: Zur Auswahl stehen das *Adodc*-Steuerelement, ADO-Code oder eine eigene Klasse.

- Im ersten Fall fügt der Assistent ein *Adodc*-Steuerelement in das Formular ein und verbindet die restlichen Steuerelemente mit diesem Steuerelement. Die Verbindung zur Datenbank wird also über das *Adodc*-Steuerelement hergestellt, das ein *Recordset*-Objekt verwaltet.
- Im zweiten Fall wird mit einigen Zeilen Code ebenfalls ein *Recordset*-Objekt erstellt. Die Verwaltung dieses Objekts erfolgt jetzt ebenfalls per Programmcode (und nicht durch die in das *Adodc*-Steuerelement eingebauten Funktionen). Der Vorteil dieser Vorgehensweise: Sie haben mehr Kontrolle darüber, was in Ihrem Programm vor sich geht. Der Nachteil: Es ist etwas mehr Code erforderlich.
- Die Klassenvariante unterscheidet sich nur unwesentlich von der vorherigen. Der Unterschied besteht darin, daß der Großteil des Codes in eine externe Klasse ausgelagert wird, was dem Konzept objektorientierter Programmierung besser entspricht. Solange die Klasse freilich nur von einem einzigen Formular verwendet wird, sind keine Vorteile erkennbar.

Für das Beispielprogramm ist die zweite Variante – also ADO-Code – am günstigsten, weil das Programm in diesem Fall besonders einfach an die *DataConnection*-Komponente angepaßt werden kann.

VORSICHT

Datenfelder mit Sonderzeichen (etwa Bindestrichen) müssen in SQL-Kommandos für Jet-Datenbanken in nach rechts gerichtete Apostrophe ` gestellt werden. Der Assistent vergißt darauf, das resultierende Programm beginnt dann prompt mit einer Fehlermeldung. In diesem Fall müssen Sie die Apostrophe selbst einfügen (entweder in *Form_Load* oder in der *RecordSource*-Eigenschaft des *Adodc*-Felds).

16.5.2 Aufbau des Formulars

Das vom Assistenten erzeugte Formular ist in Bild 16.1 zu sehen. Beachten Sie bitte, daß es sich bei den Pfeilbuttons tatsächlich um eigenständige Buttons handelt (und nicht um das *Adodc*-Steuerelement, das damit täuschend ähnlich nachgebildet wird). Beachten Sie auch, daß es sieben Text-Buttons gibt (zwei sind unter den fünf sichtbaren verborgen und erscheinen je nach Zustand des Formulars). Die größte Bedeutung für das Funktionieren des Formulars haben aber die Textfelder *txtFields(0)*, die als Steuerelementefeld realisiert sind. Deren *DataField*-Eigenschaften enthalten die Namen der Datenfelder, die darin angezeigt werden sollen (*"Name"*, *"Straße"* etc.). *DataSource* ist nicht voreingestellt – diese Eigenschaft wird erst im Code eingestellt.

16.5.3 Programmcode

Auf den folgenden Seiten wird beinahe der gesamte Programmcode erläutert, der vom Assistenten erzeugt wurde – Sie sollen Ihr Programm ja verstehen! Der Abschnitt ist gleichzeitig eine Einführung in dem Umgang mit dem *Recordset*-Objekt, das hier über die Variable *adoPrimaryRS* angesprochen wird.

Initialisierung

Die vom Assistenten erzeugte *Form_Load*-Prozedur für die Initialisierung des Formulars sieht folgendermaßen aus. Darin wird zuerst mit einem *Connection*-Objekt die Verbindung zur Datenbankdatei hergestellt (wobei deren vollständiger Dateiname angegeben wird). Anschließend wird das *Recordset*-Objekt *adoPrimaryRS* auf der Basis einer SQL-Abfrage mit der Methode *Open* erzeugt. Anschließend wird in den *DataSource*-Eigenschaften aller Textfelder ein Verweis auf das *adoPrimaryRS*-Objekt gespeichert.

```
' Datenbanken\Intro\Inputmask.frm
Dim WithEvents adoPrimaryRS As Recordset
Dim mbChangedByCode As Boolean
Dim mvBookMark As Variant
Dim mbEditFlag As Boolean
Dim mbAddNewFlag As Boolean
Dim mbDataChanged As Boolean
```

```
Private Sub Form_Load()  'Version des Assistenten
  Dim db As Connection
  Dim oText As TextBox
  Set db = New Connection
  db.CursorLocation = adUseClient
  db.Open "PROVIDER=Microsoft.Jet.OLEDB.3.51;" & _
    "Data Source=H:\Code\vb-6\Datenbanken\Intro\adress.mdb;"
  Set adoPrimaryRS = New Recordset
  adoPrimaryRS.Open "select adrID,EMail,FaxNr,Name,Sonstiges," & _
    "Staat,Stadt,Straße,TelNr from adresses", db, _
    adOpenStatic, adLockOptimistic
  'Bind the text boxes to the data provider
  For Each oText In Me.txtFields
    Set oText.DataSource = adoPrimaryRS
  Next
  mbDataChanged = False
End Sub
```

Wie bereits angekündigt, muß der Code hier ein wenig angepaßt werden, um das Programm mit der *DataEnvironment*-Komponente zu verbinden. Der Code wird dadurch übersichtlicher und kompakter. Auf das *Connection*-Objekt kann verzichtet werden, in *adoPrimaryRS* wird einfach ein Verweis auf *rsadressCommand* gespeichert. (Die Eigenschaft *rsXyCommand* wird von *DataEnvironment* automatisch für jedes *Xy-Command*-Objekt zur Verfügung gestellt. Sie ermöglicht einen komfortablen Zugriff auf das *Recordset*-Objekt, das aus dem *Command*-Objekt gebildet wird.)

```
Private Sub Form_Load()  'veränderte Version
  Dim oText As TextBox
  Set adoPrimaryRS = DataEnv.rsadressCommand
  adoPrimaryRS.Open CursorType:=adOpenStatic, _
                    LockType:=adLockOptimistic
  'Bind the text boxes to the data provider
  For Each oText In Me.txtFields
    Set oText.DataSource = adoPrimaryRS
  Next
  mbDataChanged = False
End Sub
```

VERWEIS

Die optionalen Parameter *CursorType* und *LockType* haben Einfluß darauf, wie das *Recordset* intern (d.h. durch die Datenbank) verwaltet wird und welche Operationen damit durchgeführt werden. Eine Diskussion der möglichen Einstellungen finden Sie auf Seite 782.

Formular schließen

Das Gegenstück zur obigen Prozedur ist *Form_Unload*. Dort wird zuerst das *Recordset*-Objekt geschlossen, das über *adoPrimary* angesprochen wurde. Anschließend wird auch der Verweis von *adoPrimary* auf *rsadressCommand* entfernt. Außerdem muß dafür gesorgt werden, daß das Hauptformular nach dem Schließen der Eingabemaske wieder sichtbar wird.

HINWEIS

Bitte beachten Sie, daß es nur ein *Recordset*-Objekt gibt, das durch die *DataEnvironment*-Komponente zur Verfügung gestellt wird. *adoPrimary* enthält nur einen Verweis auf dieses *Recordset*-Objekt (also keine Kopie, kein zweites Objekt etc.). In C würde man *adoPrimaryRS* als einen Pointer bezeichnen. Wenn Sie hier Verständnisprobleme haben, werfen Sie eventuell nochmals einen Blick in den Abschnitt zum Umgang mit Objektvariablen (Seite 159).

```
Private Sub Form_Unload(Cancel As Integer)
  On Error Resume Next
  adoPrimaryRS.Close
  Set adoPrimaryRS = Nothing
  Screen.MousePointer = vbDefault
  Main.Show
End Sub
```

Navigation zwischen den Datensätzen

Die Prozeduren *cmdFirst_Click, cmdPrevious_Click, cmnNext_Click* und *cmdLast_Click* dienen zur Navigation zwischen den Datensätzen. Sie werden aufgerufen, wenn einer der vier Pfeil-Buttons angeklickt wird. Die Prozeduren sind alle nach dem selben Muster aufgebaut und unterscheiden sich vor allem durch die *Recordset*-Methoden ***MoveFirst, -Previous, -Next*** bzw. ***-Last,*** weswegen hier stellvertretend nur eine abgedruckt ist.

Bei den *Previous*- und *Next*-Prozeduren muß zudem sichergestellt werden, daß nicht versucht wird, über den ersten oder letzten Datensatz hinaus zu navigieren. (Ob das Ende der Datensätze bereits erreicht ist, kann mit den *Recordset*-Eigenschaften *EOF* und *BOF* festgestellt werden.)

```
Private Sub cmdNext_Click()
  On Error GoTo GoNextError
  If Not adoPrimaryRS.EOF Then adoPrimaryRS.MoveNext
  If adoPrimaryRS.EOF And adoPrimaryRS.RecordCount > 0 Then
    Beep
     'moved off the end so go back
    adoPrimaryRS.MoveLast
  End If
```

```
  'show the current record
  mbDataChanged = False
  Exit Sub
GoNextError:
  MsgBox Err.Description
End Sub
```

Neuen Datensatz anlegen (Add)

cmdAdd_Click wird ausgeführt, wenn Sie den Button NEU anklicken. In diesem Fall wird ein Verweis (*Bookmark*-Eigenschaft) auf den gerade aktuellen Datensatz in der Variablen *mvBookMark* gespeichert. Mit der Methode ***AddNew*** wird ein neuer, leerer Datensatz erzeugt. Außerdem wird die Prozedur *SetButtons* aufgerufen, um alle Buttons, mit Ausnahme von SPEICHERN und ABBRUCH, zu deaktivieren. Im Labelfeld *lblStatus* zwischen den Navigationsbuttons wird während dieser Zeit der Text *"neuer Datensatz"* angezeigt.

```
Private Sub cmdAdd_Click()
  On Error GoTo AddErr
  With adoPrimaryRS
    If Not (.BOF And .EOF) Then
      mvBookMark = .Bookmark
    End If
    .AddNew
    lblStatus.Caption = "neuer Datensatz"
    mbAddNewFlag = True
    SetButtons False
  End With
  Exit Sub
AddErr:
  MsgBox Err.Description
End Sub
Private Sub SetButtons(bVal As Boolean)
  cmdAdd.Visible = bVal            'die Buttons Neu, Ändern etc.
  cmdEdit.Visible = bVal
  cmdUpdate.Visible = Not bVal
  cmdCancel.Visible = Not bVal
  cmdDelete.Visible = bVal
  cmdClose.Visible = bVal
  cmdRefresh.Visible = bVal
  cmdNext.Enabled = bVal           'die Navigations-Buttons (Pfeile)
  cmdFirst.Enabled = bVal
  cmdLast.Enabled = bVal
  cmdPrevious.Enabled = bVal
End Sub
```

Änderungen speichern

cmdUpdate_Click wird ausgeführt, wenn Sie den Button SPEICHERN anklicken. Die entscheidende Methode ist hier ***UpdateBatch***, mit der der neue Datensatz gespeichert wird.

```
Private Sub cmdUpdate_Click()
  On Error GoTo UpdateErr
  adoPrimaryRS.UpdateBatch adAffectAll
  If mbAddNewFlag Then
    adoPrimaryRS.MoveLast        'neuen Datensatz aktivieren
  End If
  mbEditFlag = False
  mbAddNewFlag = False
  SetButtons True
  mbDataChanged = False
  Exit Sub
UpdateErr:
  MsgBox Err.Description
End Sub
```

Änderungen widerrufen (Abbruch)

Wenn Sie die Eingabe eines neuen Datensatzes mit ABBRUCH beenden, wird die Methode ***CancelUpdate*** ausgeführt. Damit werden sämtliche Eingaben in den Textfeldern widerrufen. Sofern die Variable *mvBookMark* einen Wert enthält, wird der zuletzt aktuelle Datensatz wieder aktiviert (andernfalls einfach der erste Datensatz).

```
Private Sub cmdCancel_Click()
  On Error Resume Next
  SetButtons True
  mbEditFlag = False
  mbAddNewFlag = False
  adoPrimaryRS.CancelUpdate
  If mvBookMark > 0 Then
    adoPrimaryRS.Bookmark = mvBookMark
  Else
    adoPrimaryRS.MoveFirst
  End If
  mbDataChanged = False
End Sub
```

Datensatz löschen

cmdDelete_Click wird aufgerufen, wenn Sie mit LÖSCHEN den aktuellen Datensatz löschen möchten. Dieser Wunsch wird sofort (und ohne Rückfragen) mit der Methode ***Delete*** in die Tat umgesetzt.

```
Private Sub cmdDelete_Click()
  On Error GoTo DeleteErr
  With adoPrimaryRS
    .Delete
    .MoveNext
    If .EOF Then .MoveLast
  End With
  Exit Sub
DeleteErr:
  MsgBox Err.Description
End Sub
```

Recordset-Ereignisprozeduren

Die oben abgedruckten Ereignisprozeduren werden unmittelbar durch den Anwender – durch das Anklicken eines Buttons – ausgelöst. Daneben gibt es aber auch Ereignisprozeduren, die durch *Recordset*-Operationen ausgelöst werden. (Das ist ein wesentlicher Unterschied zwischen DAO und ADO!) *Recordset*-Ereignisprozeduren ermöglichen es, zentral an einer Stelle im Code auf Ereignisse zu reagieren, die durch unterschiedliche Methoden in verschiedenen Ereignisprozeduren ausgelöst werden.

Im vom Assistenten erzeugten Programmcode sind nur zwei Prozeduren vorgesehen. *adoPrimaryRS_MoveComplete* wird immer dann aufgerufen, wenn ein neuer Datensatz zum aktuellen Datensatz wird. Die Aufgabe der Prozedur besteht darin, im Labelfeld zwischen den Navigationsbuttons die aktuelle Datensatznummer anzuzeigen. Dazu wird die *Recordset*-Eigenschaft ***AbsolutePosition*** ausgewertet.

```
Private Sub adoPrimaryRS_MoveComplete( _
    ByVal adReason As ADODB.EventReasonEnum,
    ByVal pError As ADODB.Error, adStatus As ADODB.EventStatusEnum, _
    ByVal pRecordset As ADODB.Recordset)
  'This will display the current record position for this recordset
  lblStatus.Caption = "Datensatz: " & _
    CStr(adoPrimaryRS.AbsolutePosition)
End Sub
```

Bei *adoPrimaryRS_WillChangeRecord* handelt es sich dagegen um ein Code-Fragment, das Sie vervollständigen müssen, damit es eine Funktion hat. Die Prozedur wird aufgerufen bevor ein anderer Datensatz zum aktuellen Datensatz wird. Das kann verschiedene Gründe haben: Der Anwender möchte einen neuen Datensatz anlegen, einen anderen Datensatz ansehen, die gerade durchgeführten Änderungen speichern etc. Entscheidend ist, daß jetzt der bisher aktuelle Datensatz gespeichert wird (sofern er verändert wurde). Die Prozedur wäre daher der ideale Ort, um zu überprüfen, ob überhaupt zulässige Eingaben durchgeführt wurden. Ist das nicht der Fall, kann die Operation durch *adStatus = adStatusCancel* abgebrochen werden.

```
Private Sub adoPrimaryRS_WillChangeRecord( _
    ByVal adReason As ADODB.EventReasonEnum,
    ByVal cRecords As Long, adStatus As ADODB.EventStatusEnum,
    ByVal pRecordset As ADODB.Recordset)
  'This is where you put validation code
  'This event gets called when the following actions occur
  Dim bCancel As Boolean
  Select Case adReason
  Case adRsnAddNew
  Case adRsnClose
  Case adRsnDelete
  Case adRsnFirstChange
  Case adRsnMove
  Case adRsnRequery
  Case adRsnResynch
  Case adRsnUndoAddNew
  Case adRsnUndoDelete
  Case adRsnUndoUpdate
  Case adRsnUpdate
  End Select
  If bCancel Then adStatus = adStatusCancel
End Sub
```

HINWEIS

Vielleicht ist Ihnen aufgefallen, daß das *adrID*-Feld weder im Formular noch im Code zu sehen ist. Das ist auch nicht notwendig: Dieses Feld wird zwar zur internen Verwaltung benötigt, die ID-Nummern werden von der Datenbank aber automatisch erzeugt und sind für den Anwender uninteressant.

16.6 Tabellenansicht

Die Eingabemaske ermöglicht zwar eine einigermaßen komfortable Eingabe der Adressen, zum Blättern oder Suchen in der Datenbank ist sie aber denkbar ungeeignet. Daher wird das Programm nun um ein zweites Formular mit einer Tabellenansicht der Daten ergänzt. Als Tabellenfeld wird das *MSHFlexGrid*-Steuerelement verwendet. Das Formular wird wiederum mit dem Datenformular-Assistenten zusammengesetzt.

Datenbankformat: Access
Datenbankname: der Dateinamen `Adress.mdb`

Formularname: z.B. `Grid`
Formularlayout: MSHFlexGrid
Bindungstyp: ADO Code
Datensatzquelle: die Tabelle *adresses*
Ausgewählte Felder: die Felder *Name, Straße* etc. (ohne *adrID*); achten Sie auf die korrekte Reihenfolge
Tabellentyp: Standard
Tabellenstil: Professional (hat nur Einfluß auf die optische Formatierung)
Optionen: Ziehen von Spalten zulassen, Sortierung durch Benutzer zulassen

Es gibt zwei Möglichkeiten, die Reihenfolge der Spalten einzustellen: einmal bei der Auswahl der Datenfelder und später ein zweites Mal bei der Layout-Einstellung der *MSHFlexGrid*-Feldes. Die zweite Variante ist scheinbar komfortabler (*Drag-and-Drop*-Unterstützung), allerdings erfordert es sehr viel Fingerspitzengefühl, Spalten exakt zwischen zwei anderen Spalten fallen zu lassen; und nur dann gilt die Operation.

Wie bei der Eingabemaske muß auch hier *Form_Load* und *Form_Unload* ein wenig angepaßt werden, damit das Formular mit dem restlichen Programm gut harmoniert. Dabei geht es um die Verbindung des *MSHFlexGrid*-Steuerelements mit dem *rsadress-Command*-Objekt aus dem *DataEnvironment*. Der restliche Code zum Formular hat nichts mit der Datenbankprogrammierung zu tun, sondern ist lediglich für die Verwaltung des *MSHFlexGrid*-Felds zuständig.

```
' Datenbanken\Intro\Grid.frm
Private datPrimaryRS As ADODB.Recordset
Private Sub Form_Load()
  Dim i As Integer, j As Integer, m_iMaxCol As Integer
  Set datPrimaryRS = DataEnv.rsadressCommand
  datPrimaryRS.CursorLocation = adUseClient
  datPrimaryRS.Open CursorType:=adOpenForwardOnly, _
                    LockType:=adLockReadOnly
  Set MSHFlexGrid1.DataSource = datPrimaryRS
  With MSHFlexGrid1
    ' optische Formatierung des FlexGrid-Feldes
    ' ...
  End With
End Sub
Private Sub Form_Unload(Cancel As Integer)
  On Error Resume Next
  Set MSHFlexGrid1.DataSource = Nothing
  datPrimaryRS.Close
  Set datPrimaryRS = Nothing
  Main.Show
End Sub
```

HINWEIS

Der Formularassistent bietet noch eine zweite Möglichkeit, Formulare mit Tabellenansicht zu erzeugen. Dazu wählen Sie als Formularlayout die Option TABELLE (DATENBLATT). Der wesentliche Unterschied zur Option MSHFLEXGRID besteht darin, daß nun ein *DataGrid*-Steuerelement zur Anzeige verwendet wird, das Veränderungen an der Datenbank ermöglicht. Das Formular hat also ein anderes Aussehen als die Eingabemaske, bietet aber dieselben Funktionen.

Im Gegensatz zur normalen Eingabemaske und zum eben beschriebenen *MSHFlexGrid*-Formular treten bei der Bedienung allerdings diverse Fehler auf. So ist es nicht möglich, die Eingabe eines neuen Datensatzes abzubrechen. Die Probleme haben damit zu tun, daß die Ereignisprozeduren der Buttons nicht mit der internen Organisation des Tabellenfelds harmonisieren.

Fazit: Verwenden Sie den Assistenten nicht, um damit Formulare mit einem Tabellenfeld zu erzeugen. Erstellen Sie das Formular und den Code lieber gleich selbst – das geht schneller, als die zahllosen Design-Schwächen des Assistenten nachträglich zu korrigieren.

16.7 Ausdruck der Adreßliste

Im Regelfall wollen Sie Ihre Adreßliste nicht nur am Bildschirm ansehen, sondern hin und wieder auch ausdrucken. Das *MSHFlexGrid*-Steuerelement bietet dazu leider keine Möglichkeit. Statt dessen ist für diese und ähnliche Aufgaben (etwa HTML-Export) der *DataReport*-Designer vorgesehen. Das Berichtformular wird in der Entwicklungsumgebung zusammengesetzt und kann dann als eigenes Fenster angezeigt werden. Der am Bildschirm sichtbare Bericht (eine Art Seitenvorschau) kann anschließend gedruckt oder exportiert werden (HTML- oder Text-Format).

HINWEIS

Eine Alternative zum *DataReport*-Designer ist das mit Visual Basic ebenfalls mitgelieferte Crystal Reports. Dieses System bietet bessere Gestaltungsmöglichkeiten, ist aber ADO-inkompatibel (was den Einsatz in ADO-Programmen aber keineswegs unmöglich macht). Siehe auch Seite 868.

DataReport-Grundlagen

Der Entwurf eines Datenbankberichts beginnt mit PROJEKT | DATA REPORT HINZUFÜGEN. Damit wird eine vorerst leere Schablone für den Bericht angezeigt. Diese Schablone besteht aus mehreren Bereichen:

Berichtskopf: Text, der am Beginn des Berichts gedruckt werden soll
Seitenkopf: Text, der am Beginn jeder Seite gedruckt werden soll
Detail: der eigentliche Inhalt des Berichts

Seitenfuß: Text, der am Ende jeder Seite gedruckt werden soll
Berichtsfuß: Text, der am Ende des Berichts gedruckt werden soll

In jeden dieser Bereiche können Sie die in der Toolbox angezeigten *Report*-Steuerelemente (aber keine normalen Steuerelemente) einfügen. Bei den *Report*-Steuerelementen kann es sich sowohl um statische Elemente (Texte, Bilder) als auch um dynamische Elemente handeln (etwa Textfelder, die mit einem Feld einer Datenbankabfrage verbunden sind). Beim Ausdruck werden die dynamischen Felder durch aktuelle Werte, also etwa durch das Datum, die Seitennummer bzw. durch Werte aus der Datenbank ersetzt. Während die Kop- und Fußbereiche nur einmal am Beginn / Ende der jeweiligen Einheit gedruckt werden, wird der Detailbereich für jeden Datensatz verwendet.

Am schnellsten verstehen Sie den Zusammenhang zwischen dem *Report*-Design und einem endgültigen Bericht, wenn Sie einen Blick auf Bild 16.5 werfen. Der Bericht besteht aus

- sechs statischen Label-Feldern (Seite, von, Name, TelNr etc.),
- zwei dynamischen Label-Feldern (mit den Texten %p für die aktuelle Seitennummer und %P für die Gesamtzahl der Zeilen) sowie aus
- vier Textfeldern, die via *DataMember* mit dem *adressCommand*-Objekt des *DataEnvironment*s verbunden sind.

VERWEIS

Der *DataReport*-Designer kann zum Entwurf von noch viel komplizierteren Berichten verwendet werden, in denen etwa mehrfach verschachtelte Detailbereiche mit Zwischen- und Endsummen vorkommen. Diese *DataReport*-Spezialitäten werden ab Seite 862 beschrieben.

Entwurf des Beispielberichts

Den in Bild 16.5 gezeigten Bericht können Sie natürlich dadurch bilden, indem Sie der Reihe nach einzelne Steuerelemente von der Toolbox in das Designer-Fenster verschieben und dann die jeweiligen Eigenschaften einstellen. (Vorher müssen Sie die Eigenschaften *DataSource=DataEnv* und *DataMember=adressCommand* des *DataReport*-Objekts einstellen.)

Schneller geht der Formularentwurf, wenn Sie Datenfelder per *Drag and Drop* von einem *Command*-Objekt des *DataEnvironment*-Designers in den *DataReport*-Designer kopieren. Dabei werden für jedes Datenbankfeld zwei Berichtfelder eingesetzt, eines zur Beschriftung und ein zweites für den Inhalt. Nicht immer ist es sinnvoll, diese Gruppen so zu belassen. Für das Beispielprogramm wurden die Beschriftungsfelder in die Seitenkopfgruppe verschoben; daher werden Sie nur einmal pro Seite gedruckt.

Labelfelder mit besonderem Inhalt (Seitennummer, Datum etc.) können am bequemsten per Kontextmenü in das Berichtformular eingefügt werden. Der letzte Schritt besteht darin, die Report-Bereiche soweit wie möglich zu verkleinern (sonst besteht der Bericht hauptsächlich aus 'leerer Luft').

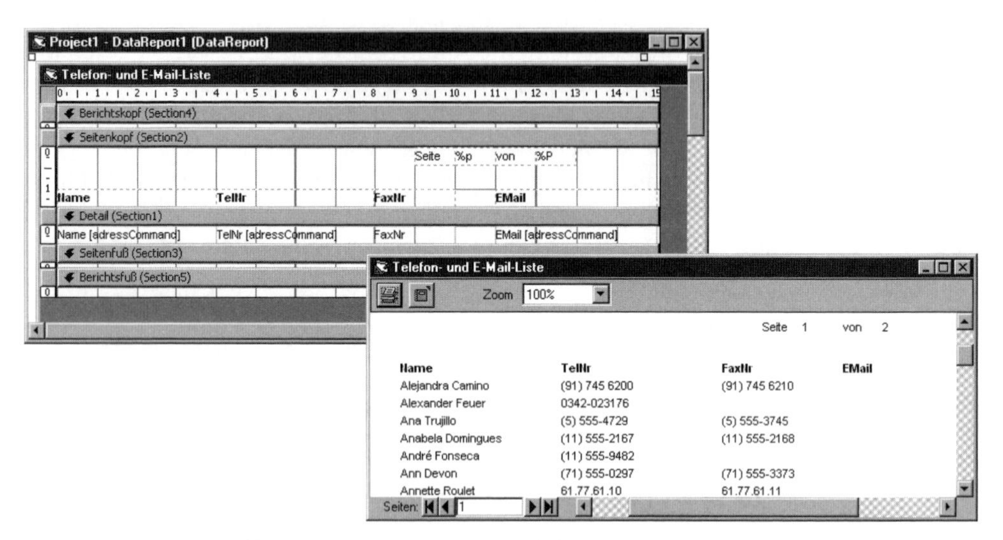

Bild 16.5: Ein Report-Design und der resultierende Bericht

Ein rascher Test, wie der Bericht mit den eingetragenen Daten aussieht, ist in der Entwurfsphase leider nicht möglich. Sie müssen das Programm starten und *DataReport1.Show* ausführen. (Während des Entwurfs ist es noch bequemer, den Designer in PROJEKT | EIGENSCHAFTEN einfach als Startobjekt zu definieren.)

TIP

Report-Felder können im Designer nur innerhalb eines sehr groben Rasters plaziert werden. Leider fehlt eine Möglichkeit, die Rasterweite zu verändern – aber zumindest können Sie den Raster per Kontextmenü ganz deaktivieren.

TIP

Die im Designer angezeigten Lineale verwenden als Maßeinheit Zentimeter. Definieren Sie keine Berichte, die breiter als ca. 15 cm sind – andernfalls beklagt sich die Komponente im laufenden Programm (nicht etwa schon vorher), daß die Seitenbreite überschritten wurde. Das Fenster bleibt in diesem Fall weiß. Ein Druck im Querformat ist nur möglich, wenn dies die Defaulteinstellung des Druckers ist.

Programmcode

Wie bereits eingangs erwähnt, steckt die 'Intelligenz' von *DataReport*-Formularen fast ausschließlich im Design. Programmcode ist nur erforderlich, wenn Sie auf die wenigen *DataReport*-Ereignisse reagieren möchten (etwa für Initialisierungsarbeiten, zur

Fehlerabsicherung etc.). Im Beispielprogramm sorgt die *Terminate*-Ereignisprozedur dafür, daß das Hauptmenü nach dem Schließen des Fensters wieder sichtbar wird.

```
' Datenbanke\Intro\OutputTel.dsr
Private Sub DataReport_Terminate()
  Main.Show
End Sub
```

17 ADO-Bibliothek

Dieses Kapitel beschreibt die Objekte der ADO-Datenbankbibliothek mit ihren wichtigsten Eigenschaften, Methoden und Ereignissen. Der Schwerpunkt wird dabei auf das *Recordset*-Objekt gelegt, das bei der Datenbankprogrammierung eine herausragende Rolle spielt.

Soweit nicht explizit auf andere Datenquellen hingewiesen wird, gilt die Beschreibung der ADO-Objekte für den Zugriff auf eine Jet-Datenbank (Access-97-kompatibel). Wenn Sie ADO zum Zugriff auf externe Datenbank-Server verwenden, müssen zum Verbindungsaufbau und zur Cursor-Verwaltung einzelne Eigenschaften bzw. Optionen anders gesetzt werden.

ADO-Steuerelemente und -Designer sowie das *StdFormat*-Objekt zur Formatierung von Daten sind Thema des nächsten Kapitels.

17.1 ADO-Objekthierarchie

Damit Sie die ADO-Objekte nutzen können, müssen Sie mit PROJEKT | VERWEISE die *Microsoft ActiveX Data Objects Library* aktivieren (kurz *ADODB*). In vielen Fällen wird die ADO-Bibliothek automatisch aktiviert, etwa wenn Sie ein ADO-Steuerelement in die Toolbox aufnehmen, eine *DataEnvironment*- oder *DataReport*-Komponente in Ihr Programm aufnehmen etc.

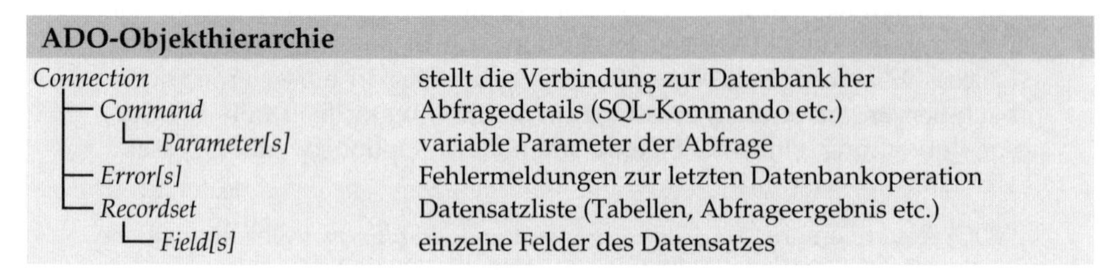

ADO-Objekthierarchie	
Connection	stellt die Verbindung zur Datenbank her
├─ *Command*	Abfragedetails (SQL-Kommando etc.)
│ └─ *Parameter[s]*	variable Parameter der Abfrage
├─ *Error[s]*	Fehlermeldungen zur letzten Datenbankoperation
└─ *Recordset*	Datensatzliste (Tabellen, Abfrageergebnis etc.)
└─ *Field[s]*	einzelne Felder des Datensatzes

Auch wenn die obige Hierarchie einen logischen Zusammenhang zwischen den Objekten darstellt, ist diese Hierarchie keine Voraussetzung für die Erzeugung neuer Objekte. Bild 17.1 wird dieser sehr flachen Objekthierarchie besser gerecht.

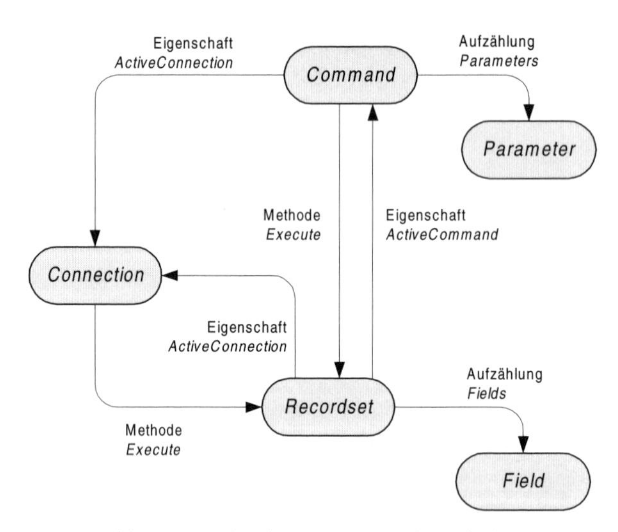

Bild 17.1: Verbindung zwischen den Objekten

Mit anderen Worten: Sie können ein neues *Recordset*-Objekt erzeugen, ohne vorher explizit eine Verbindung zur Datenbank herzustellen.

```
Dim rec As Recordset
Set rec = New Recordset
rec.Open "SELECT * FROM tabelle", "mydsn"
```

Sie müssen die Datenquelle natürlich weiterhin angeben, und intern wird dennoch ein *Connection*-Objekt erzeugt. In vielen Fällen führt diese Bequemlichkeit also zu schlecht wartbarem Code und zu unnötig vielen Verbindungen zur Datenbank. Es gibt aber auch Ausnahmen – etwa beim Erzeugen eines *Recordset*s aus einer Datei statt aus einer Datenbank – wo wirklich keine *Connection* erforderlich ist.

Zusätzliche (dynamische) Eigenschaften

Die Objekte *Connection, Command, Field, Parameter* und *Recordset* verweisen jeweils auf das Aufzählobjekt *Properties*, das aus Gründen der Übersichtlichkeit nicht in die obige Hierarchie aufgenommen wurde. Über *Properties* können zusätzliche (dynamische) Eigenschaften angesprochen werden. Der Zugang auf einzelne Eigenschaften erfolgt über das *Property*-Objekt. Diese dynamischen Eigenschaften hängen vom verwendeten Treiber ab – wenn Sie auf eine Jet-Datenbank zugreifen, stehen andere dynamische Eigenschaften zur Verfügung als beim Zugriff auf einen Oracle-Server.

An sich ist dieser Mechanismus sehr elegant: Er erlaubt eine Erweiterung der zugänglichen Eigenschaften, ohne gleich die ganze Objektbibliothek überarbeiten zu müssen. Das Problem besteht mehr darin, daß es momentan keinerlei Dokumentation zu den Zusatzeigenschaften gibt. Was nutzen 79 zusätzliche Eigenschaften des *Command*-Objekts beim Zugriff auf Jet-Datenbanken, wenn keine einzige irgendwo beschrieben ist?

Tips und Tricks

TIP

Die Indizes aller ADO-Aufzählungen reichen von 0 bis *Count*-1. (Das gilt allerdings nicht für die *DataEnvironment*-Aufzählungen, deren Indize von 1 bis *Count* reichen!)

TIP

Weisen Sie allen nicht mehr benötigten ADO-Objektvariablen *Nothing* zu! Dies gilt insbesondere für *Recordset*-Objekte, die selbst nach *Close* eine Verbindung zur Datenbank erfordern. Bei Programmen, die auf Jet-Datenbanken zugreifen, fällt dies zumeist nicht auf. Beim Zugriff auf Datenbank-Server ist die Anzahl der offenen Verbindungen aber meist limitiert (je nach Lizenz); der nachlässige Umgang mit globalen oder generellen Objektvariablen wird dann rasch zu einem ernsthaften Problem.

Bei lokalen Objektvariablen, die innerhalb einer Prozedur deklariert sind, können Sie auf *Set rec = Nothing* natürlich verzichten – mit Ende der Prozedur endet automatisch auch die Existenz der betreffenden Objekte.

TIP

Wie bereits erwähnt, klappt bei den ADO-Schlüsselwörtern die Verbindung zur MSDN-Library per F1 nicht. Weitergehende Informationen müssen Sie daher selbst suchen. Setzen Sie ein Lesezeichen (Tabellenblatt FAVORITEN) auf den folgenden Punkt, der gleichsam der Ausgangspunkt für jede Suche ist:

PLATTFORM SDK | DATENBANK-DIENSTE | MICROSOFT DATENZUGRIFFS-SDK |
- ADO PROGRAMMERS REFERENCE | ADO API REFERENCE

Zu manchen Eigenschaften und Methoden, die neu in ADO 2.0 sind, fehlen korrekte Links. Die Dokumentation ist auch in diesem Fall vorhanden, muß aber explizit gesucht werden. Geben Sie dazu im SUCHEN-Blatt *eigenschaft ADO* ein und sortieren Sie die resultierende Liste dann nach ihrer POSITION. Im Regelfall finden Sie den gesuchten Text in der Gruppe *ADO Help*.

HINWEIS

Beachten Sie, daß es vier (!) ADO-Bibliotheken gibt:

ADODB (Microsoft ActiveX Data Objects Library)
enthält *Command, Connection, Error[s], Field[s], Parameters, Properties, Property* und *Recordset*

ADOR (Microsoft ActiveX Data Objects Recordset Library)
enthält nur *Field[s], Properties, Property* und *Recordset*, siehe unten

RDS (Microsoft Remote Data Services Library)
enthält *DataControl* und *DataSpace*, siehe unten

RDSServer (Microsoft Remote Data Services Server Library)
enthält *DataFactory*, siehe unten

Wenn in diesem Buch von der ADO-Bibliothek die Rede ist, ist genaugenommen immer *ADODB* gemeint! Passen Sie auf, daß Sie im VERWEISE-Dialog nicht irrtümlich *ADOR* auswählen – sonst fehlen Ihnen einige Objekte.

Remote Data Services

In der MSDN-Library sind drei weitere ADO-Objekte beschrieben, die in der ADO-Bibliothek von Visual Basic fehlen. Diese Objekte befinden sich statt dessen in zwei eigenen Bibliotheken:

Steuerelemente der *Microsoft Remote Data Services Library*	
RDS.DataControl	ermöglicht einem Netz- bzw. Internet-Client den Zugriff auf eine externe Datenbank (die vom Server verwaltet wird).
RDS.DataSpace	steht zwischen Client und Server und kümmert sich um die Datenübertragung, um das Update veränderter Datensätze und um die Verwaltung von externen Objekten.

Steuerelemente der *Microsoft Remote Data Services Server Library*	
RDSServer.DataFactory	stellt am Netzwerk- bzw. Internet-Server einen Datenbankzugang zur Verfügung.

Die beiden Bibliotheken werden auf Client- bzw. auf Server-Seite in Kombination mit den normalen ADO-Objekten eingesetzt, um verteilte Datenbankanwendungen zu erstellen. Am Client können alle ADO-Funktionen genutzt werden, obwohl sich die Datenbank am Server befindet. Die Besonderheit besteht darin, daß der Kommunikationsaufwand zwischen Client und Server minimiert wird. (Natürlich können Sie auch ohne RDS von einem Client auf einen externen Server zugreifen – aber dabei wird immer vorausgesetzt, daß Client- und Server-Rechner über ein schnelles, lokales Netzwerk verbunden sind.) Die RDS-Objekte sind damit besonders für Datenbankanwendungen in langsamen Netzen geeignet, insbesondere also für das Internet.

Ein Anwendungsszenario könnte folgendermaßen aussehen: Auf der Server-Seite stellt ein Visual-Basic-Programm via *DataFactory* einen Datenbankzugang her (zumeist in Kombination mit dem Internet Information Server). Der Client-Zugriff erfolgt durch ein gewöhnliches VB-Programm oder eine JScript-, VBScript- oder DHMTL-Anwendung, die mittels *DataControl* und *DataSpace* die Verbindung zum Server herstellt. Um die Client-Anforderungen so gering wie möglich zu halten, kann dort zumeist statt der *ADODB*- die *ADOR*-Bibliothek verwendet werden.

Es handelt sich bei diesem Szenario also um eine Alternative zu rein Server-seitigen Internet-Datenbankanwendungen auf der Basis von Active Server Pages bzw. *WebClasses* (Kapitel 27 und 28). Der Vorteil des *RDS*-Modells besteht darin, daß die Client-Seite 'intelligenter' ist, also mehr Funktionen selbst ausführen kann. Der Nachteil: Am Client müssen die ADO-Bibliotheken zur Verfügung stehen.

Die RDS-Objekte ersetzen die ehemalige ADC-Bibliothek (*Advanced Data Connector*). Eine weitere Beschreibung der RDS-Objekte ist in diesem Buch nicht möglich. Auch die Visual-Basic- (bzw. die Visual-Studio-)Dokumentation ist in dieser Beziehung dürftig, wenn man von der eher allgemeinen Beschreibung der Objekte im Rahmen der ADO-Dokumentation absieht.

VERWEIS

Den wohl besten Überblick über die Anwendung der RDS-Technologien finden Sie an folgender Stelle in der MSDN-Library:

PLATTFORM SDK | INTERNET-/INTRANET | COMPONENT LIBRARY |
-MICROSOFT REMOTE DATA SERVICES

HINWEIS

Verwechseln Sie die RDS-Bibliotheken nicht mit dem RDO-Steuerelement und der RDO-Bibliothek: RDO steht für *Remote Data Objects*. Dabei handelt es sich um eine Alternative zum *Data*-Feld bzw. zur DAO-Bibliothek, die seit Visual Basic 4 in der Enterprise-Version mitgeliefert wird. RDO gilt als 'alte' Technologie, die durch ADO abgelöst werden soll.

17.2 Datenbankverbindung (Connection, Property)

17.2.1 Grundlagen

Das ***Connection***-Objekt stellt die Verbindung zwischen dem Visual-Basic-Programm und der Datenbank her. Es ist der Ausgangspunkt für alle weiteren Objekte. Im Regelfall wird im gesamten Programm nur ein *Connection*-Objekt benötigt. Dieses Objekt kann wahlweise wie hier beschrieben per Programmcode erzeugt, oder von einem *DataEnvironment*-Designer zur Verfügung gestellt werden (siehe Seite 729 und 806).

HINWEIS

In seltenen Fällen gibt es auch ADO-Programme ohne *Connection*-Objekt: nämlich dann, wenn das Programm ein *Recordset*-Objekt mit eigenen Daten füllt, ohne eine Verbindung zu einer richtigen Datenbank herzustellen.

Verbindungsaufbau

Der Aufbau einer Verbindung erfolgt durch ***Open***, wobei als Parameter eine Zeichenkette angegeben wird, die zumindest den Datenbanktyp (*Provider*) und den Dateinamen (*Data Source*) enthalten muß. Für die Jet-Datenbank `Nwind.mdb` sieht das so aus:

```
' Datenbanken\Connection.frm
Public conn As New Connection
conn.Open "Provider=Microsoft.Jet.OLEDB.3.51;" & _
          "Data Source=" & App.Path & "\nwind.mdb;"
```

Open kennt drei weitere Parameter, mit denen ein Benutzername, das dazugehörende Paßwort sowie Optionen angegeben werden können. Wird als Option die Konstante *adConnectAsync*, dann wird die Operation asynchron ausgeführt. Das bedeutet, daß das VB-Programm fortgesetzt wird, ohne auf den Verbindungsaufbau zu warten (siehe Seite 759).

Sie können *Open* auch beim ersten Mal ohne zusätzliche Parameter ausführen, wenn Sie die Verbindungsinformationen vorher in der ***ConnectionString***-Eigenschaft speichern. Diese Eigenschaft enthält nach *Open* eine bei weitem umfangreichere Zeichenkette, die außer *Provider* und *Data Source* noch eine Menge anderer Informationen enthält.

TIP

Wenn Sie Ereignisse des *Connection*-Objekts verarbeiten möchten, sieht die Deklaration folgendermaßen aus:

```
Public WithEvents conn As Connection
Set conn = New Connection
conn.Open ...
```

ADO limitiert den Verbindungsaufbau auf die in ***ConnectionTimeout*** genannte Zeitspanne (Default: 15 Sekunden). Klappt es innerhalb dieser Zeit nicht, wird ein Fehler ausgelöst. Beim Verbindungsaufbau zu stark belasteten Datenbank-Servern ist es sinnvoll, dieses Zeitlimit vor der *Open*-Methode etwas höher anzusetzen.

Die Eigenschaft ***Mode*** gibt an, welche Datenbankoperationen erlaubt sind (z.B. Readonly-Zugriff) und ob andere Anwender gleichzeitig auf die Datenbank zugeifen dürfen. Die Defaulteinstellung bei Jet-Datenbanken lautet *adModeShareDenyNone*. Im Gegensatz zu den Informationen in der ADO-Dokumentation bedeutet das, daß andere Anwender die Datenbank ebenfalls öffnen, lesen und verändern dürfen. Wenn Sie die Datenbank in einem anderem Modus öffnen möchten, müssen Sie die *Mode*-Eigenschaft vor der *Open*-Methode anders einstellen. Die zwei wichtigsten Einstellungen sind *adModeShareExclusive* (schließt jeden weiteren Zugriff aus) und *adModeRead* (Read-Only-Zugriff).

Wenn Sie ohnehin nicht vorhaben, eine Datenbank zu verändern, öffnen Sie eine Read-Only-Verbindung! Das ist nicht nur sicherer, sondern in vielen Fällen auch schneller.

Verbindung zum SQL-Server

Der Verbindungsaufbau zu der vom dem Microsoft SQL-Server verwalteten Beispieldatenbank erfolgt ganz gleich wie zu einer Jet-Datenbank. Lediglich die *ConnectionString*-Zeichenkette wird etwas umfangreicher. Statt *benutzer* geben Sie den Namen des Datenbankanwenders an, statt *rechnername* den Netzwerknamen des Rechners, auf dem der SQL-Server läuft.

```
conn.Open "Provider=SQLOLEDB.1;User ID=benutzer;" & _
          "Initial Catalog=pubs;Data Source=rechnername;"
```

Verbindung zu ODBC-Datenquellen (DSN)

Wenn Datenquellen für mehrere Anwender / Rechner einheitlich definiert werden sollen, wird dazu oft das ODBC-Modul der Systemsteuerung verwendet. Dort können Sie sogenannte Datenquellen definieren. Damit ist eine Verbindung zu einer Datenbank gemeint, die über einen *Database Source Name* (DSN) angesprochen werden kann (Bild 17.2). Der wesentliche Vorteil eines DSNs besteht darin, daß zum einen nicht jedesmal alle Verbindungsdaten angegeben werden müssen und daß zum anderen bei einer Veränderung des Orts der Datenbankdatei nur der DSN verändert werden muß, damit alle Programme ohne Veränderung weiterlaufen.

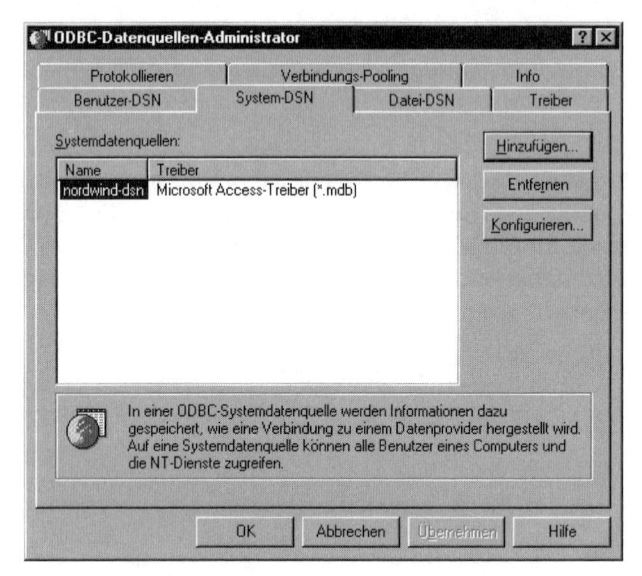

Bild 17.2: Der DSN 'nordwind-dsn' zeigt auf die Access-Datenbankdatei Nwind.mdb

Die *ConnectionString*-Zeichenkette für *Open* sieht jetzt folgendermaßen aus:

```
conn.Open "Provider=MSDASQL.1;Data Source=nordwind-dsn;"  'oder
conn.Open "Provider=MSDASQL.1;Data Source=pubs-dsn;"
```

DSNs werden vor allem für Datenbank-Server verwendet. Je nachdem, welcher Identifikationsmechanismus gewählt wird, muß darüberhinaus noch der Benutzername und ein Paßwort angegeben werden (*User ID=x;* und *Password=y;*).

VERWEIS

Ausführliche Informationen zur Syntax der *ConnectionString*-Zeichenkette finden Sie nicht etwa bei der Beschreibung dieser ADO-Eigenschaft, sondern gut versteckt im letzten Winkel der OLE-DB-Dokumentation:

PLATTFORM SDK | DATENBANK-DIENSTE | MICROSOFT DATENZUGRIFFS-SDK | OLE DB |
- OLE DB CORE COMPONENTS | DATA LINK API | OVERVIEW | CONNECTION STRING

Sehr informativ ist auch der folgende Text:

PLATTFORM SDK | DATENBANK-DIENSTE | MICROSOFT DATENZUGRIFFS-SDK |
- MICROSOFT ACTIVEX DATA OBJECTS | ADO PROGRAMMER'S REFERENCE |
- VERWENDEN VON OLE DB-PROVIDERN |
- MICROSOFT OLE DB-PROVIDER FÜR ODBC

Bitte beachten Sie, daß es *nicht* gleichgültig ist, ob Sie direkt auf eine Datenbank zugreifen oder über eine ODBC-Datenquelle. Im einen Fall erfolgt ein direkter Zugriff durch den jeweiligen OLE-DB-Treiber, im anderen Fall ein zweifach indirekter Zugriff (etwa MSDASQL → ODBC → Jet-Engine). MSDASQL ist ein allgemeiner Treiber für alle Datenbanken, zu denen es zwar ODBC-Treiber, aber noch keine direkten OLE-DB-Treiber gibt. Dieser Umweg sollte nur als Übergangslösung beschritten werden, bis es für die jeweilige Datenbank geeignete OLE-DB-Treiber gibt.

Verbindung schließen

Es überrascht nicht, daß die Verbindung mit ***Close*** getrennt werden kann. Damit werden auch alle von der Verbindung abgeleiteten Objekte (z.B. Datensatzlisten) ungültig. Die Verbindungsdaten des *Connection*-Objekts bleiben aber gespeichert, sodaß die Verbindung durch *Open* (ohne Parameter) jederzeit wiederhergestellt werden kann. Wollen Sie das *Connection*-Objekt ganz löschen, müssen Sie der Objektvariablen *Nothing* zuweisen.

Mit dem Ende der Verbindung (egal, wodurch dieses ausgelöst wurde) wird ein ***Disconnect***-Ereignis ausgelöst.

Obwohl die Datenbankverbindung beim Programmende normalerweise auch ohne *Close* korrekt gelöst wird, sollten Sie *Close* am Programmende explizit ausführen. Das ermöglicht beispielsweise auch eine Reaktion auf dabei auftretende Fehler. Vermeiden Sie *End*! Verwenden Sie besser Code wie in den folgenden Zeilen:

```
Private Sub cmdEnd_Click()
  Unload Me
End Sub
Private Sub Form_Unload(Cancel As Integer)
  conn.Close
End Sub
```

Datenbankkommandos und Abfragen ausführen

Die ADO-Bibliothek bietet zwei Möglichkeiten, Kommandos bzw. Abfragen auszuführen. Die eine Variante übergibt ein SQL-Kommando mit der ***Execute***-Methode des *Connection*-Objekts, die andere Variante basiert auf einem eigenen *Command*-Objekt. Bei einfachen Abfragen ist die *Execute*-Variante mit weniger Code-Aufwand verbunden – es muß nicht extra ein neues *Command*-Objekt erzeugt werden. Dieses hat wiederum den Vorteil, daß es mehrfach (eventuell mit unterschiedlichen Parametern) verwendet werden kann, was bisweilen zu einem übersichtlicheren Code führt.

Für welche Variante Sie sich auch entscheiden – das Ergebnis ist letztlich dasselbe. Bei gewöhnlichen Abfragen erhalten Sie ein *Recordset*-Objekt mit den angeforderten Datensätzen. Bei Kommandos ohne unmittelbares Ergebnis (etwa bei einem Löschkommando) wird die Zahl der veränderten Datensätze in der im zweiten Parameter angegebenen Variablen gespeichert.

```
Private Sub Command3_Click()
  Dim ergebnis As Recordset
  Text1.Text = ""
  Set ergebnis = conn.Execute( _
    "SELECT Firma FROM Lieferanten ORDER BY Firma")
  While Not ergebnis.EOF
    Text1.Text = Text1.Text & _
      ergebnis!Firma & vbCrLf
    ergebnis.MoveNext
  Wend
  ergebnis.Close
End Sub
```

VERWEIS

Die vielen Möglichkeiten, Abfragen zu formulieren und (asynchron) auszuführen, werden ab Seite 763 beschrieben. Die dort angegebenen Informationen gelten auch für *Execute*-Abfragen.

Zusatzinformationen über die Eigenschaften der Datenbank

Die Eigenschaften des *Connection*-Objekts geben nur über die allerwichtigsten Datenbankeigenschaften Auskunft. Darüber hinaus stehen aber eine Menge Zusatzinformationen zur Verfügung, die über die ***Properties***-Aufzählung ermittelt werden können. Für jedes ***Property***-Objekt gibt *Name* den Namen der Eigenschaft, *Type* den Datentyp (z.B. *adBoolean* für Wahrheitswerte) und *Value* den Inhalt. Die nebenstehende Abbildung zeigt einige Eigenschaften einer Verbindung zu einer Jet-Datenbank.

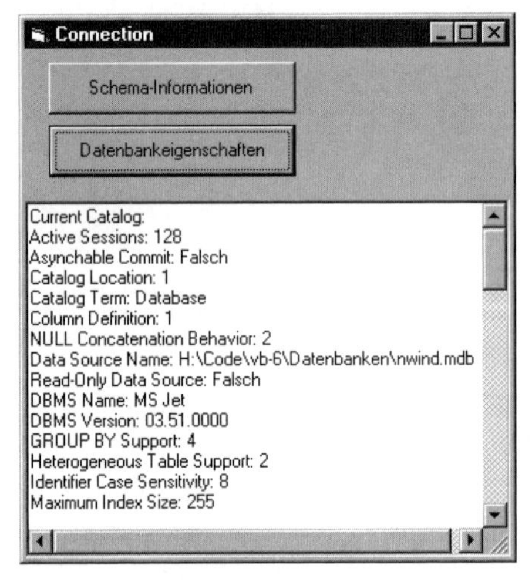

Bild 17.3: Eigenschaften einer Verbindung zu einer Jet-Datenbank

```
Private Sub Command2_Click()
  Dim prop As Property
  Text1.Text = ""
  For Each prop In conn.Properties
    Text1.Text = Text1.Text & _
      prop.Name & ": " & _
      prop.Value & vbCrLf
  Next
End Sub
```

Informationen über das Datenbankschema

Als Datenbankschema werden die Informationen über die interne Organisation der Datenbank bezeichnet (beispielsweise die Liste aller Tabellen der Datenbank). Diese Informationen können Sie mit der Methode ***OpenSchema*** ermitteln. Als Parameter muß eine Konstante angegeben werden, die den Typ der gewünschten Informationen angibt. Die Methode liefert dann ein *Recordset*-Objekt mit einer Liste aller angeforderten Daten. Eine lange Liste der möglichen Informationstypen enthält die Online-Dokumentation. Die folgenden Zeilen zeigen, wie die Liste der Tabellen ermittelt wird.

```
Private Sub Command1_Click()
  Dim schema As Recordset
  Set schema = conn.OpenSchema(adSchemaTables)
  Text1.Text = ""
  While Not schema.EOF
    Text1.Text = Text1.Text & _
      "Table name: " & schema!TABLE_NAME & vbCrLf & _
      "  Type: " & schema!TABLE_TYPE & vbCrLf & vbCrLf
    schema.MoveNext
  Wend
  schema.Close
End Sub
```

17.2.2 Asynchroner Verbindungsaufbau

Zwei Methoden des *Connection*-Objekts können auf Wunsch asynchron ausgeführt werden: *Open* und *Execute*. Das bedeutet, daß das Programm sofort fortgesetzt wird, ohne auf das Ende der Datenbankoperation zu warten. Ihr Programm kann also in der Zeit, während der es auf die Datenbank wartet, andere Aufgaben erfüllen oder zumindest ein optisches Feedback für den Anwender geben. An dieser Stelle wird nur der asynchrone Verbindungsaufbau behandelt. Asynchrone Abfragen werden im Rahmen der Beschreibung des *Command*-Objekts behandelt (Seite 769).

Um *Open* asynchron auszuführen, müssen Sie für den Parameter *Options* den Wert *adAsyncConnect* angeben, also:

```
conn.Open "...", Options:=adAsyncConnect
```

Es gibt nun zwei Möglichkeiten, um festzustellen, ob der Verbindungsaufbau geglückt ist. Die eine besteht darin, die Eigenschaft ***State*** abzufragen. Erst wenn diese Eigenschaft den Wert *adStateOpen (1)* enthält, kann das *Connection*-Objekt verwendet werden.

Alternativ können Sie auf das ***ConnectComplete***-Ereignis warten, das nach erfolgtem Verbindungsaufbau (aber auch nach einem Fehler) ausgelöst wird. Wenn der Parameter *adStatus* den Wert *adStatusOK* aufweist, hat es geklappt. Die folgenden Zeilen zeigen die Auswertung dieses Ereignisses. Alle Buttons des Programms (mit Ausnahme des ENDE-Buttons) bleiben solange deaktiviert, bis die Verbindung steht.

```
Public WithEvents conn As Connection
Private Sub Form_Load()
  Command1.Enabled = False
  Command2.Enabled = False
  Command3.Enabled = False
  Set conn = New Connection
  conn.Open "PROVIDER=Microsoft.Jet.OLEDB.3.51;" & _
    "Data Source=" & App.Path & "\nwind.mdb;", _
    Options:=adAsyncConnect
End Sub
Private Sub conn_ConnectComplete(ByVal pError As ADODB.Error, _
    adStatus As ADODB.EventStatusEnum, _
    ByVal pConnection As ADODB.Connection)
  If adStatus = adStatusErrorsOccurred Then
    MsgBox "ConnectComplete - Fehler: " & pError.Description
  ElseIf adStatus = adStatusOK Then
    Command1.Enabled = True
    Command2.Enabled = True
    Command3.Enabled = True
  End If
End Sub
```

17.2.3 Transaktionen

Der Begriff Transaktion beschreibt in der Datenbanken-Nomenklatur eine Gruppe von Kommandos, die gemeinsam ausgeführt werden. Scheitert eine Transaktion (oder wird sie gezielt abgebrochen), bleibt die Datenbank in einem konsistenten Zustand, wobei kein einziges Kommando der Transaktion ausgeführt wurde. Transaktionen haben zwei Vorteile:

- Datenbankoperationen werden sicherer ausgeführt. Dank der Transaktionen ist selbst bei einem Systemabsturz oder Stromausfall sichergestellt, daß entweder alle Operationen der Transaktion vollständig ausgeführt wurden, oder aber gar keine.
- Datenbankoperationen werden schneller ausgeführt, weil mehrere Kommandos zuerst zwischengespeichert und dann auf einmal ausgeführt werden; das spart Zeit bei der Datenübertragung, insbesondere im Netzwerkbetrieb.

Einschränkungen

Transaktionen werden von fast allen Datenbanksystemen unterstützt – allerdings nicht immer auf die gleiche Weise. Jet-Datenbanken unterstützen beispielsweise mehrere (ineinander verschachtelte) Transaktionsebenen. Bevor Sie eine Transaktion durchführen, sollten Sie testen, ob die Eigenschaft *Properties("Transaction DDL")* existiert und einen Wert größer als 0 enthält:

```
Dim transSupport As Boolean
On Error Resume Next
transSupport = False
If conn.Properties("Transaction DDL") > 0 Then transSupport = True
On Error GoTo 0   'Fehlertoleranz wieder deaktivieren
```

Transaktionsmethoden

Vor Beginn der Änderungsarbeiten wird die *Connection*-Methode ***BeginTrans*** ausgeführt. Ab diesem Zeitpunkt werden alle Datenbankoperationen zwischengespeichert, aber noch nicht tatsächlich in der Datenbank ausgeführt. Mit ***RollBack*** können Sie sämtliche Kommandos ab *BeginTrans* widerrufen. Erst ***CommitTrans*** bestätigt die durchgeführten Änderungen. Die drei Methoden *BeginTrans*, *CommitTrans* und *RollBack* gelten für alle über das *Connection*-Objekt durchgeführten Operationen (und nicht nur für einzelne Tabellen).

Die drei Methoden werden vor allem für Änderungen angewendet, die gleichzeitig mehrere Teile einer Datenbank betreffen und nur als Gesamtheit oder gar nicht durchgeführt werden. Ein gutes Beispiel dafür wären der Buchungs- und Gegenbuchungsvorgang in einem Buchhaltungsprogramm. Falls bei der Gegenbuchung ein Fehler auftritt, wird auch die erste Buchung rückgängig gemacht.

```
conn.BeginTrans
ok = Buchung(kontonr1, wert)  'Unterprogramm zur Buchung
If ok Then
  ok = Gegenbuchung(kontonr2, wert)
  If ok Then
    conn.CommitTrans
  Else
    conn.RollBack
  End If
Else
  conn.RollBack
End If
```

Bei vielen Datenbanksystemen darf *BeginTrans*, *CommitTrans* und *RollBack* mehrfach verschachtelt werden. *BeginTrans* liefert dabei die aktuelle Transaktionsebene als Rückgabewert. Es ist unbedingt erforderlich, daß zu jedem *BeginTrans*-Befehl der dazugehörende *CommitTrans*- oder *RollBack*-Befehl ausgeführt wird – auch dann, wenn irgendwo ein unvorhergesehener Fehler auftritt!

Nach Abschluß der jeweiligen Methoden werden ***BeginTransComplete-***, ***BeginTrans-Complete-*** und ***RollbackComplete-***Ereignisse ausgelöst. Auch die Parameter dieser Prozeduren geben Rückschluß über die aktuelle Transaktionsebene.

TIP

Bis die Transaktion bestätigt wird, müssen alle Transaktions-Kommandos zwischengespeichert werden. Bei sehr großen Transaktionen kann das erheblichen Speicherplatz (und Zeit) kosten. Aus diesem Grund ist es nicht zweckmäßig, eine zu große Anzahl an Kommandos zwischenzuspeichern. Wenn es primär darum geht, die Effizienz zu steigern, sollten Sie auch Batch-Updates in Erwägung ziehen.

Besonderheiten

Manche Datenbanksysteme starten mit jedem *CommitTrans* bzw. *RollBack* automatisch eine neue Transaktion. *BeginTrans* muß dann nicht mehr ausgeführt werden! Dieses Verhalten wird durch die ***Attributes***-Eigenschaft gesteuert. (Die Defaulteinstellung bei Jet-Datenbanken ist 0, es wird also kein automatisches *BeginTrans* durchgeführt.)

Die ***Isolation***-Eigenschaft beschreibt, wie sich die Datenbank verhält, wenn mehrere Transaktionen quasi gleichzeitig durch mehrere Datenbank-Clients durchgeführt werden. Bei Jet-Datenbanken hat die Eigenschaft den Wert *adXactReadCommitted*: Veränderungen durch eine Transaktion sind für andere Clients erwartungsgemäß erst nach Abschluß der Transaktion sichtbar.

Transaktionen können nur durchgeführt werden, wenn ein Server-seitiger Cursor verwendet wird (siehe den nächsten Abschnitt).

17.2.4 Syntaxzusammenfassung

ADODB.Connection – Eigenschaften	
Attributes	nach Transaktionen automatisch *BeginTrans* ausgeführen
ConnectionString	Zeichenkette mit den Verbindungsdaten (*Data Source, Provider ...*)
ConnectionTimeout	maximale Zeitspanne für Verbindungsaufbau (in Sekunden)
CursorLocation	*Recordsets* mit Client- oder Server-seitiger Cursor erzeugen
Isolation	Verhalten der Datenbank bei gleichzeitigen Transaktionen
Mode	Zugriffsrechte (read-only, write, sharing etc.)
Properties	verweist auf *Properties*-Aufzählung mit Zusatzeigenschaften
State	gibt den Zustand der Verbindung an (z.B. *adStateOpen*)
Version	ADO-Versionsnummer (zur Zeit 2.0)

ADODB.Connection – Methoden	
BeginTrans	Transaktion starten
Cancel	bricht die asynchrone Operation ab (für *Execute* und *Open*)
Close	Verbindung beenden
CommitTrans	Transaktion abschließen
Execute	Datenbankabfrage bzw. -kommando ausführen
Open	Verbindung herstellen
OpenSchema	liefert *Recordset* mit Informationen über Datenbankschema
RollBack	Transaktion abbrechen (widerruft alle bisherigen Operationen)

ADODB.Connection – Ereignisse	
BeginTransComplete	Transaktion wurde gestartet
CommitTransComplete	Transaktion wurde abgeschlossen
ConnectComplete	Statusinformation über den (asynchronen) Verbindungsaufbau
Disconnect	Verbindung wurde unterbrochen
ExecuteComplete	Abfrage wurde abgeschlossen (Seite 769)
RollbackComplete	Transaktion wurde abgebrochen

ADODB.Properties – Eigenschaften	
Count	Anzahl der Elemente

ADODB.Property – Eigenschaften	
Name	Name der Eigenschaft
Type	Datentyp (*adTyp*-Eigenschaften)
Value	Inhalt

17.3 Abfragen (Command, Parameter)

17.3.1 Grundlagen

Das ***Command***-Objekt ermöglicht es, die Parameter einer Datenbankabfrage bzw. eines Datenbankkommandos zu verwalten. Die Parameter können per Programmcode oder – komfortabler – mit dem *DataEnvironment*-Designer eingestellt werden (Seite 808). Die folgenden Zeilen zeigen, wie eine einfache Abfrage durchgeführt wird. Dabei wird vorausgesetzt, daß die Objektvariable *conn* eine Verbindung zur Nordwind-Datenbank enthält.

```
' Datenbanken\Command.frm
Private Sub Command1_Click()
  Dim comm As New ADODB.Command
  Dim rec As Recordset
  comm.CommandText = "SELECT * FROM Lieferanten ORDER BY Firma"
```

```
  comm.CommandType = adCmdText
  Set comm.ActiveConnection = conn
  Set rec = comm.Execute
  Label2 = comm.CommandText
  FillListView rec
End Sub
```

HINWEIS

In der Beispielprozedur ist das *Command*-Objekt als *ADODB.Command* deklariert. Das wäre nicht unbedingt erforderlich. Obwohl es auch eine *Command*-Methode gibt, erkennt Visual Basic auch ohne vorangestelltes *ADODB*, daß das ADO-Objekt gemeint ist. Die exakte Deklaration soll also nur beim Leser Mißverständnisse vermeiden helfen.

Das Ergebnis der Abfrage (also der Inhalt des resultierenden *Recordset*-Objekts) wird in einem *ListView*-Steuerelement angezeigt. Im Gegensatz zu anderen Steuerelementen kann das *ListView*-Feld nicht direkt mit einer Datensatzliste verbunden werden. Es muß also manuell mit Daten gefüllt werden. Die Wahl für *ListView* hat hier primär didaktische Gründe – der Schwerpunkt des Kapitels liegt auf ADO-Code und soll nicht mit der oft undurchsichtigen 'Automatik' gebundener Datenbankfelder überfrachtet werden.

Der Code zum Füllen des Steuerelements wird allerdings erst auf Seite 774 beschrieben, wo anhand der Prozedur *FillListView* der Umgang mit einzelnen Datenfeldern (also mit dem *Field*-Objekt) erläutert wird. Die Datensätze bleiben übrigens unsortiert (sofern sie nicht durch eine *ORDER-BY*-Klausel im SQL-Kommando sortiert werden).

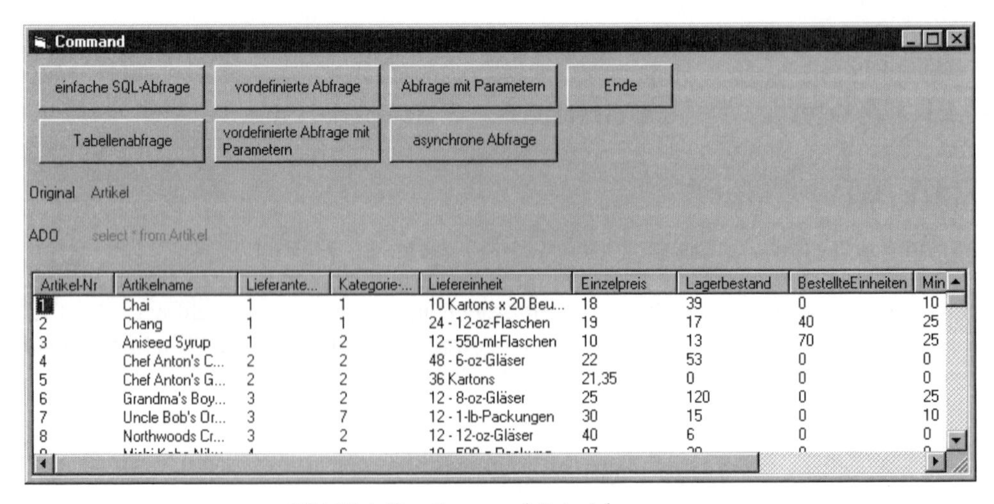

Bild 17.4: Das Command-Beispielprogramm

CommandText- und CommandType-Eigenschaft

Bevor die Abfrage mit ***Execute*** ausgeführt werden kann, müssen zumeist drei Eigenschaften eingestellt werden: ***CommandText*** enthält die Zeichenkette mit dem Kommando, das an die Datenbank übermittelt werden soll. Im Regelfall wird es sich dabei um ein SQL-Kommando handeln. Erlaubt ist aber aber auch, einfach den Namen einer Tabelle anzugeben – dann werden einfach alle Datensätze dieser Tabelle zurückgegeben. Wenn es sich beim OLE-DB-Provider nicht um eine relationale Datenbank handelt, sind schließlich auch Kommandos in einer anderen Syntax / Sprache als SQL denkbar.

CommandType gibt an, wie die Daten in *CommandText* interpretiert werden sollen. Wenn diese Eigenschaft nicht eingestellt wird (Defaultwert *adCmdUnknown*), versucht ADO selbst herauszufinden, was gemeint ist. Das verursacht aber einen zusätzlichen Kommunikationsaufwand. Wenn Sie beispielsweise einfach einen Tabellennamen angeben, muß ADO bei der Datenbank nachfragen, ob es eine Tabelle dieses Namens überhaupt gibt. Mögliche Einstellungen für *CommandType* sind:

adCmdText	die Zeichenkette enthält ein Kommando in der Sprache der Datenbank (zumeist SQL)
adCmdTable	die Zeichenkette enthält den Namen einer Tabelle; bei Jet-Datenbanken gelten auch vordefinierte Abfragen als Tabellen
adCmdTableDirect	die Bedeutung dieses Typs ist schleierhaft geblieben; scheint wie *adCmdText* zu funktionieren
adCmdStoredProc	die Zeichenkette enthält den Namen einer SQL-Prozedur (die beim Server gespeichert und auch dort ausgeführt wird); diese Einstellung ist beim Zugriff auf Jet-Datenbanken nicht zulässig

Die ADO-Dokumentation zu den *CommandType*-Einstellungen ist alles andere als schlüssig. Die Konstante *adCmdFile* ist beispielsweise nicht für das *Command*-Objekt gedacht, sondern für die *Open*-Methode des *Recordset*-Objekts, um eine Datensatzliste aus einer Datei zu laden (siehe Seite 797). Die Konstante *adExecuteNoRecords* gibt es laut Objektkatalog überhaupt nicht. Andere Konstanten sind wiederum falsch geschrieben etc.

Unklar ist auch geblieben, worin konkret der Unterschied zwischen den drei für *CommandType* letztlich relevanten Einstellmöglichkeiten besteht. Vermutlich ist der Sachverhalt aber recht einfach: Bei *adCmdText* wird die Zeichenkette unverändert an den Datenbank-Server weitergegeben. Bei den anderen Einstellungen wird die Zeichenketten zuerst verändert, und zwar nach dem folgenden Muster:

Abfragetyp	Ausgangskommando	Inhalt von *CommandText*
adCmdText	*"x"*	*"x"*
adCmdTable	*"x"*	*"select * from x"*
adCmdStoredProc	*"x"*	*"{ call x }"*

Mit anderen Worten: Nach den Kommandos

```
comm.CommandText = "Lieferanten"
comm.CommandType = adCmdTable
```

enthält *CommandText* nicht mehr die ursprüngliche Zeichenkette, sondern *"select * from Lieferanten"* – und dieses Kommando wird dann auch ausgeführt.

HINWEIS

CommandType=adCmdStoredProc wird von Jet-Datenbanken nicht unterstützt.

CommandText muß SQL-Code gemäß den Regeln des SQL-Dialekts von Access enthalten. Dabei gibt es allerdings Ausnahmen: Zeichenkettenvergleiche mit *LIKE* verwenden % und _ als Jokerzeichen (nicht mehr * und ?). Dafür können unbenannte Parameter jetzt einfach durch das Zeichen ? angegeben werden. Werfen Sie gegebenenfalls einen Blick in die folgenden Datei:

```
Programme\Gemeinsame Dateien\System\OLE DB\JoltReadme.txt
```

ActiveConnection- und CommandTimeout-Eigenschaft

Plausibler ist die dritte Eigenschaft der obigen Beispielprozedur, nämlich ***ActiveConnection***: Dort muß eine Referenz auf das *Connection*-Objekt gespeichert werden, für die die Abfrage durchgeführt wird.

Die Eigenschaft ***CommandTimeout*** bestimmt, wieviel Zeit während der Verarbeitung einer Abfrage verstreichen darf, bevor ein Fehler ausgelöst wird. Die Default-Einstellung von 15 Sekunden kann sich für komplexe Abfragen als zu gering erweisen.

Syntaxvarianten zur Durchführung einer Abfrage

Die ADO-Bibliothek bietet eine Menge syntaktischer Alternativen zur Durchführung von Abfragen. Die folgende Übersicht geht davon aus, daß aus der Abfrage ein *Recordset*-Objekt resultiert, mit dem weitergearbeitet werden soll. *conn, comm* und *rec* werden als Kürzel für *Connection-, Command-* und *Recordset*-Objekte verwendet. Bei allen Varianten können zusätzliche Optionen angegeben werden.

```
Set rec = comm.Execute()              'Command-Objekt
rec.Open comm
Set rec = conn.Execute("sql command") 'direkte Angabe des SQL-Codes
rec.Open "sql command"
```

Sowohl beim *Open*- als auch beim *Execute*-Kommando können Optionen angegeben werden – allerdings unterschiedliche. Die *Open*-Optionen beeinflussen den Typ des resultierenden *Recordset*-Objekts; dagegen eignen sich die *Execute*-Optionen zur Übergabe von Parametern. Das ist aber keine Einschränkung: Details, die nicht durch Parameter übergeben werden können, müssen vorher durch die Einstellung der entsprechenden Eigenschaften des betroffenen Objekts geklärt werden.

Der einzige inhaltliche Unterschied der vier obigen Varianten resultiert aus den zusätzlichen Einstellmöglichkeiten beim *Command*-Objekt gegenüber der direkten Angabe des SQL-Kommandos.

VERWEIS

Je nach dem, wie das aus einer Abfrage resultierende *Recordset*-Objekt weiterverarbeitet werden soll, müssen diverse Optionen gesetzt werden. Das ist aber ein Thema das nächsten Abschnitts (Seite 772), der sich speziell mit diesem Objekt auseinandersetzt.

Jet- bzw. Access-Abfrageobjekte

In Access können Abfragen als Datenbankobjekte gespeichert werden. Wenn Sie noch mit der DAO-Programmierung vertraut sind, werden Sie sich erinnern, daß diese vordefinierten Abfragen als *QueryDef*-Objekte zur Verfügung standen und auch in Visual-Basic-Programmen verwendet werden konnten. In ADO gibt es aber kein *QueryDef*-Objekt, und zum hier beschriebenen Nachfolgeobjekt *Command* gibt es keine Aufzählung für alle Access-Abfragen. Dennoch können Sie Access-Abfragen ganz einfach verwenden: diese gelten als Tabellen, d.h., in *CommandText* muß der Name der Abfrage, in *CommandType* der Wert *adCmdTable* angegeben werden.

TIP

Abfrageobjekte mit Leerzeichen oder deutschen Sonderzeichen sollten zwischen zwei eckige Klammern gesetzt werden. Dieselbe Regel gilt auch für derartige Datensatzfelder oder Parameter.

```
comm.CommandText = "[Artikel über Durchschnittspreis]"
comm.CommandType = adCmdType
```

17.3.2 Abfragen mit Parametern

SQL-Abfragen können Paramater enthalten, in die erst beim Ausführen der Abfrage ein Wert eingesetzt wird. Dadurch können Abfragen vielseitiger verwendet werden. Sie könnten beispielsweise eine SQL-Abfrage entwickeln, die alle Bestellungen für einen bestimmten Zeitraum liefert. Dabei wären Start- und Enddatum die beiden Parameter. Im SQL-Code können Parameter einfach durch ein Fragezeichen ausgedrückt werden.

```
SELECT * FROM Artikel WHERE [Artikel-Nr] = ?
```

Daneben bieten die meisten SQL-Dialekte auch die Möglichkeit, benannte Parameter zu verwenden (Schlüsselwort *PARAMETERS*). Sinnvoll sind Parameter dann, wenn der SQL-Code der Abfrage nicht vom Visual-Basic-Code erstellt wird, sondern Teil der Datenbank ist. Dabei kann es sich sowohl um eine vordefinierte Access-Abfrage als auch um eine SQL-Prozedur eines Datenbank-Servers handeln.

Grundsätzlich ist es das Bestreben jedes Datenbankadministrators, möglichst viel Datenbank-'Intelligenz' auf der Server-Seite zu realisieren. Das ist nicht nur in den meisten Fällen deutlich effizienter, es erleichert zudem auch die Wartung und Absicherung der Daten gegen unzulässige Zugriffe.

Parameter an Abfragen übergeben

Die einfachste Form, Parameter an SQL-Abfragen zu übergeben, bietet die *Execute*-Methode. Die Werte für die Parameter werden einfach als *Array()* übergeben.

```
Set rec = comm.Execute(Parameters:=Array(startdatum, enddatum))
```

Mit der *Parameters*-Aufzählung bietet das *Command*-Objekt aber auch einen viel leistungsfähigeren Mechanismus zur Parameterübergabe an. Für jeden Parameter kann ein ***Parameter***-Objekt definiert werden. Diese Objekt enthält primär den Namen, Typ und Inhalt des Parameters (*Name-*, *Type-* und *Value*-Eigenschaft).

Dank der ***Direction***-Eigenschaft kann für jeden Parameter eingestellt werden, ob er als Ein- oder Ausgabeparameter (oder beides) verwendet wird:

adParamInput	Eingabeparameter
adParamOutput	Ausgabeparameter
adParamInputOutput	Ein- und Ausgabe
adParamReturnValue	Rückgabewert (für SQL-Prozeduren, die ähnlich wie eine Visual-Basic-Funktion direkt einen Wert zurückgeben)

Die folgende Prozedur demonstriert die Anwendung zweier *Parameter*-Objekte zum Aufruf einer Access-Abfrage, die als Parameter ein Start- und ein Enddatum erwartet. Die Parameter haben recht lange Namen (etwa *"Umsätze nach Anfangsdatum"*). Die beiden *Parameter*-Objekte müssen mit ***Appends*** an die *Parameters*-Aufzählung des *Command*-Objekts angefügt werden, damit sie berücksichtigt werden.

```
Private Sub Command4_Click()
  Dim comm As New ADODB.Command, rec As Recordset
  Dim startdate As New Parameter, enddate As New Parameter
  startdate.Name = "Umsätze nach Anfangsdatum"
  startdate.Type = adDate
  startdate.Value = #1/1/1994#
  enddate.Name = "Umsätze nach Anfangsdatum"
  enddate.Type = adDate
  enddate.Value = #12/31/1995#
  comm.CommandText = "[Umsätze nach Jahr]"
  comm.CommandType = adCmdTable
  comm.Parameters.Append startdate
  comm.Parameters.Append enddate
  Set comm.ActiveConnection = conn
  Set rec = comm.Execute
```

```
  FillListView rec
End Sub
```

17.3.3 Asynchrone und kompilierte Abfragen

Asynchrone Abfragen

Abfragen können asynchron ausgeführt werden. Dazu muß *Execute* lediglich mit *Options:=adAsyncExecute* ausgeführt werden. Das Programm wird fortgesetzt, ohne auf die Beantwortung der Abfrage zu warten. Bei Abfragen, die kein *Recordset*-Objekt zurückliefern, sollten Sie außerdem noch *adExecuteNoRecords* als zusätzliche Option angeben (*Options:=adAsyncExecute+adExecuteNoRecords*), um das Kommando zu optimieren.

Der aktuelle Zustand der Abfrage kann der ***State***-Eigenschaft entnommen werden. Normalerweise treten nur zwei Zustände ein:

adStateExecuting	die Abfrage wird noch ausgeführt
adStateClosed	die Abfrage ist beendet (und das resultierende *Recordset*-Objekt steht damit zur Verfügung)

Eine zweite Möglichkeit, das Ende der Abfrage festzustellen, bietet die ***ExecuteComplete***-Ereignisprozedur: Diese Ereignisprozedur wird aber nicht etwa für das *Command*- oder das *Recordset*-Objekt ausgelöst, sondern für das zugeordnete *Connection*-Objekt. Die *Connection_ExecuteComplete*-Prozedur wird nach dem Ende *jedes* Kommandos ausgeführt (egal ob asynchron oder nicht), was die Auswertung nicht gerade erleichtert.

In den folgenden Zeilen wird die generelle Variable *asyncQuery* verwendet, damit in der *ExecuteComplete*-Prozedur klar ist, ob das Ereignis tatsächlich durch die asynchrone Abfrage ausgelöst wurde (und nicht durch eine andere Abfrage).

```
Dim asyncQuery As Boolean
Dim commEvt As ADODB.Command
Dim WithEvents recEvt As Recordset
Private Sub Command6_Click()
  ListView1.ListItems.Clear
  ListView1.ColumnHeaders.Clear
  Set commEvt = New ADODB.Command
  Label1 = "[Bestelldetails erweitert]"
  commEvt.CommandText = Label1
  commEvt.CommandType = adCmdTable
  Set commEvt.ActiveConnection = conn
  asyncQuery = True
  Set recEvt = commEvt.Execute(Options:=adAsyncExecute)
  Label2 = commEvt.CommandText
End Sub
```

```
Private Sub conn_ExecuteComplete(ByVal RecordsAffected As Long, _
    ByVal pError As ADODB.Error, adStatus As ADODB.EventStatusEnum, _
    ByVal pCommand As ADODB.Command,
    ByVal pRecordset As ADODB.Recordset,
    ByVal pConnection As ADODB.Connection)
  If adStatus = adStatusErrorsOccurred Then
    MsgBox "ConnectComplete - Fehler: " & pError.Description
  ElseIf adStatus = adStatusOK And asyncQuery Then
    FillListView recEvt
    Set recEvt = Nothing
    Set commEvt = Nothing
    asyncQuery = False
  End If
End Sub
```

VORSICHT

Eine *Msg-* oder *InputBox* (etwa in *Command6_Click* nach der *Execute*-Methode) kann das Auftreten des *ExecuteComplete*-Ereignisses verhindern! Die Ereignisprozedur wird nicht einfach nach Ende des Kommandos ausgeführt, das Ereignis ist vielmehr ganz verloren! Dieses Verhalten ist nicht dokumentiert, es ist daher unklar, ob es ein Bug oder ein Feature ist (aber eher wohl ersteres).

Asynchroner Recordset-Aufbau

Eine etwas andere Vorgehensweise müssen Sie wählen, wenn Sie eine Abfrage durchführen möchten, die ein *Recordset* stückweise zurückgibt. In diesem Fall wird das *Recordset*-Objekt vorerst nur mit den ersten Datensätzen gefüllt, die der Abfrage entsprechen. Die Abfrage läuft im Hintergrund weiter, das *Recordset*-Objekt wird dabei zunehmend umfangreicher.

Solche Abfragen können nicht mit der *Execute*-Methode des *Command*-Objekts durchgeführt werden; vielmehr muß die *Open*-Methode des *Recordset*-Objekts mit *Options:= adAsyncFetchNonBlocking* verwendet werden. Das *Recordset*-Objekt benötigt einen Client-seitigen Cursor (siehe Seite 782).

```
Dim WithEvents recEvt As Recordset
Private Sub Command7_Click()
  ListView1.ListItems.Clear
  ListView1.ColumnHeaders.Clear
  Set commEvt = New ADODB.Command
  commEvt.CommandText = "[Bestelldetails erweitert]"
  commEvt.CommandType = adCmdTable
  Set commEvt.ActiveConnection = conn
  Set recEvt = New Recordset
  recEvt.CursorLocation = adUseClient
  recEvt.Open commEvt, Options:=adAsyncFetchNonBlocking
End Sub
```

Während das *Recordset* gefüllt wird, tritt wiederholt das Ereignis ***FetchProgress*** auf – und zwar diesmal für das *Recordset*-Objekt (nicht für *Connection* wie beim vorherigen Beispiel!). Die Werte in den Parametern *Progress* und *MaxProgress* entsprechen leider in keiner Weise ihrer Dokumentation. Die Anzahl der bisher gelesenen Datensätze kann aber der Eigenschaft *RecordCount* des *Recordset*-Objekts entnommen werden. Wenn die Abfrage beendet ist, tritt das Ereignis ***FetchComplete*** auf.

```
Private Sub recEvt_FetchProgress(ByVal Progress As Long, _
    ByVal MaxProgress As Long, adStatus As ADODB.EventStatusEnum, _
    ByVal pRecordset As ADODB.Recordset)
  Debug.Print Progress, MaxProgress, pRecordset.RecordCount
End Sub
Private Sub recEvt_FetchComplete(ByVal pError As ADODB.Error, _
    adStatus As ADODB.EventStatusEnum, _
    ByVal pRecordset As ADODB.Recordset)
  FillListView pRecordset
End Sub
```

HINWEIS

Die Ereignisse *FetchProgress* und *FetchComplete* sind zwar dokumentiert, nicht aber die Option *adAsyncFetchNonBlocking*. Die obige Vorgehensweise wurde auf der BASTA 98 demonstriert (eine Visual-Basic-Entwicklerkonferenz).

Kompilierte Abfragen

Wenn eine Abfrage mehrfach ausgeführt werden soll, kann diese kompiliert werden. Das bedeutet, daß der Datenbank-Server die Abfrage in ein internes Format umwandelt (und möglicherweise dabei optimiert). Das dauert bei der ersten Ausführung der Abfrage zwar ein wenig, dafür wird in der Folge aber auf die kompilierte Version zurückgegriffen. In manchen Fällen ergibt sich daraus eine spürbare Beschleunigung. Ein Versuch kann auf jeden Fall nicht schaden – Sie müssen lediglich die ***Prepared***-Eigenschaft auf *True* setzen. (Wenn die Datenbank keine kompilierten Abfragen unterstützt, wird diese Zuweisung meistens ignoriert; es kann aber auch zu einem Fehler kommen, den Sie abfangen sollten.)

SQL-Prozeduren

In Jet-Datenbanken sind Abfragen mit Parametern bereits der Gipfel der Komplexität. Anders sieht es bei Datenbank-Servern aus, wo oft SQL-Prozeduren (*stored procedures*) als Abfragen / Kommandos verwendet werden: Diese Prozeduren können *mehrere Recordsets* als Ergebnis liefern, kennen Ein- und Ausgabeparameter etc.

VERWEIS

Beispiele zum Umgang von ADO mit SQL-Prozeduren finden Sie in der MSDN-Library:

TECHNICAL ARTICLES | DATENBANK-DIENSTE | DATA ACCESS | EXPLORING ADO

17.3.4 Syntaxzusammenfassung

ADODB.Command – Eigenschaften	
ActiveConnection	verweist auf das zugeordnete *Connection*-Objekt
CommandText	Code des Kommandos / der Abfrage (normalerweise SQL)
CommandTimeout	maximale Zeitspanne für Abfrage (in Sekunden)
CommandType	Kommandotyp (z.B. *adCmdText, adCmdTable*)
Parameters	verweist auf *Parameter*-Objekte
Prepared	kompilierte Abfrage (*True / False*)
State	Zustand einer asynchronen Abfrage (z.B. *adStateExecuting, -Closed)*

ADODB.Command – Methoden	
Cancel	asynchrone Abfrage abbrechen
Execute	Kommando / Abfrage ausführen

ADODB.Parameter – Eigenschaften	
Direction	Ein- / Ausgabe (z.B. *adParamInput, adParamOutput*)
Name	Name des Parameters
Type	Datentyp (z.B. *adBinary, adDate*)
Value	Wert

17.4 Datensatzlisten (Recordset, Field)

17.4.1 Grundlagen

Das *Recordset*-Objekt dient zur Verwaltung von Datensätzen, die aus einer Datenbankabfrage resultieren. Es bestehen unterschiedliche Möglichkeiten, ein *Recordset*-Objekt zu erzeugen bzw. zu verwenden:

- Sie führen eine Abfrage durch (siehe den vorangegangenen Abschnitt).
- Sie verwenden ein *Recordset*-Objekt des *DataEnvironment*-Designers.
- Sie verwenden das *Recordset*-Objekt des *Adodc*-Steuerelements.

Welche Herkunft die Datensatzliste auch immer hat – die Programmierung bleibt dieselbe. Im Vergleich zu den anderen ADO-Objekten stehen dazu sehr viele Eigenschaften, Methoden und Ereignisse zur Verfügung. Der Grund für die Komplexität liegt im großen Anwendungsbereich von *Recordset*-Objekten. Die folgende Liste zählt die wichtigsten Funktionen des Objekts auf:

- Sie können alle Datensätze der Reihe nach lesen.
- Sie können Datensätze ändern, neu einfügen und löschen.

- Sie können sich durch die Datensatzliste bewegen (also zum ersten, letzten, nächsten oder vorherigen Datensatz springen oder einen bestimmten Datensatz suchen).
- Sie können die Datensatzliste in einer lokalen Datei (unabhängig von der Datenbank) speichern und später wieder von dort laden.

Mit diversen Eigenschaften kann vor dem Erzeugen eines *Recordset*-Objekts sein Verwendungszweck angegeben werden. Dabei gilt eine einfache Regel: Je weniger Ansprüche Sie an das *Recordset*-Objekt stellen, desto weniger Methoden und Eigenschaften dürfen Sie verwenden, aber desto effizienter können die verbleibenden Operationen ausgeführt werden.

Dazu gleich ein Beispiel: Für manche Anwendungen reicht es aus, einfach alle Datensätze der Reihe nach zu lesen. Mit anderen Worten: Sie wollen keine Daten verändern, und Sie verzichten auf jede Navigation in der Datensatzliste mit der Ausnahme von *MoveNext*. Wenn ADO das von Anfang an weiß, kann es auf zahlreiche Verwaltungsinformationen verzichten. Damit sinken der Speicherbedarf und (wichtiger) die Netzwerkbelastung.

HINWEIS

Dieser Abschnitt beschreibt nur die wichtigsten Methoden und Eigenschaften der *Recordset*-Objekts. Nicht behandelt werden u.a. Methoden zur Verarbeitung von mehrteiligen *Recordset*s und zur Durchführung von Stapelaktualisierungen.

Geschwindigkeitsoptimierung

Der Umgang mit *Recordset*s kann auf verschiedene Weisen optimiert werden. Der Umfang dieses Buchs reicht nicht aus, um auf alle Varianten (etwa auf Batch-Updates) einzugehen. Wichtiger als jede Optimierungstechnik ist aber die Überlegung, ob Ihre Aufgabe nicht ganz ohne ein *Recordset*-Objekt erledigt werden kann – nämlich durch Server-seitigen SQL-Code! (Ein typisches Beispiel: die Datensätze aller Kunden, die in den letzten zwei Jahren nichts eingekauft haben, sollen gelöscht werden. Diese Operation läßt sich in wenigen Zeilen SQL-Code formulieren, der vom Datenbank-Server ausgeführt wird, ohne an ein *Recordset*-Objekt auch nur zu denken.)

Ein Beschleunigungsfaktor zwischen 10 bis 100 im Vergleich zu gut durchdachtem ADO-Code ist dabei nicht ungewöhnlich. Es gilt folgende Grundregel (mit wenigen Ausnahmen): Wenn keine interaktive Bearbeitung der Datensätze durch den Anwender notwendig ist, ist auch kein *Recordset*-Objekt notwendig!

Dieses Kapitel beschäftigt sich mit ADO und nicht mit SQL. Die Beispiele demonstrieren lediglich den Umgang mit *Recordset*-Methoden und -Eigenschaften, ohne jedesmal auch ein Szenario zu entwerfen, bei denen ein *Recordset*-Objekt wirklich erforderlich wäre. Kopieren Sie daher die Beispiele nicht blind für Aufgaben, bei denen gar kein *Recordset*-Objekt notwendig ist!

17.4.2 Datensatzfelder (Fields)

Mit dem *Recordset*-Objekt kann immer nur *ein* Datensatz angesprochen werden – der gerade aktuelle Datensatz. Wenn Sie in neues *Recordset*-Objekt öffnen, ist automatisch der erste Datensatz aktuell. In der Folge können Sie verschiedene Methoden verwenden, um einen anderen Datensatz auszuwählen, ihn also zum aktuellen Datensatz zu machen.

Jeder Datensatz besteht aus Feldern. (Theoretisch kann es auch nur ein Feld sein, das ist aber selten.) Wenn Sie die folgende Abfrage ausführen, dann enthält das *Recordset*-Objekt alle Felder (Spalten) der *Artikel*-Tabelle.

Wenn das *Recordset*-Objekt nicht mit den Methoden eines bereits existierenden *Connection-* oder *Command*-Objekts erzeugt wird (siehe den vorangegangenen Abschnitt), muß der Eigenschaft ***ActiveConnection*** ein gültiges *Connection*-Objekt zugewiesen werden. Im Beispiel wird wie immer in diesem Kapitel vorausgesetzt, daß *conn* die Verbindung zu `Nwind.mdb` herstellt.

```
Dim rec As New Recordset
Set rec.ActiveConnection = conn
rec.Open "SELECT * FROM Artikel"
```

Ein Blick auf Bild 15.3 auf Seite 706 gibt Aufschluß über die Namen der Felder. Zum Zugriff auf das Feld *Artikelname* des gerade aktuellen Datensatzes kann auf zwei Weisen erfolgen:

```
artname = rec.Fields("Artikelname")
artname = rec!Artikelname
```

Wenn der Feldname Leer- oder Sonderzeichen enthält, müssen bei der zweiten Variante eckige Klammern verwendet werden:

```
artnr = rec.Fields("Artikel-Nr")
artnr = rec![Artikel-Nr]
```

Die Aufzählung ***Fields***-gilt also als Defaulteigenschaft des *Recordset*-Objekts. Sie gewährt Zugang zu ***Field***-Objekten, die nicht nur den Inhalt des jeweiligen Datenfelds enthalten, sondern auch Zusatzinformationen wie *Name* (der Feldname) und *Type* (sein Datentyp).

Die Eigenschaften ***Precision*** (Anzahl der Stellen gesamt) und ***NumericScale*** (Anzahl der Nachkommastellen) verwirren ein wenig, weil es weder in Visual Basic noch in Jet-Datenbanken eine Entsprechung dafür gibt. Manche SQL-Server bieten aber die Möglichkeit, diese Eigenschaften bei eigenen Datentypen zur Speicherung von Festkommazahlen anzugeben (*Type=adNumeric* oder *adDecimal*).

DefinedSize und ***ActualSize*** sind wiederum primär bei Zeichenketten mit variabler Länge interessant. *DefinedSize* gibt dann die maximale Länge an, *ActualSize* die tatsächliche Größe (z.B. *Type=adVarChar*). Beide Angaben erfolgen in Byte.

HINWEIS

ADO bzw. OLE DB kommen im Prinzip mit Unicode-Zeichenketten zurecht. Allerdings unterstützen viele Datenbanksysteme noch kein Unicode (darunter Access 97 und SQL Server 6.5). Das wird sich aber vermutlich in den kommenden Versionen ändern.

Attributes enthält schließlich Zusatzinformationen über besondere Eigenschaften des Datenfelds. Die folgende Liste greift einige der wichtigsten zulässigen Werte heraus, die in Kombination verwendet werden können:

adFldLong (128)	das Datenfeld kann sehr große Datenmengen aufnehmen (etwa für Binärdaten oder lange Texte); zum Lesen oder Schreiben der Daten können die Methoden *AppendChunk* bzw. *GetChunk* verwendet werden (siehe ADO-Dokumentation)
adFldIsNullable (32)	im Datenfeld darf *Null* gespeichert werden (Daten schreiben)
adFldMayBeNull (64)	das Datenfeld kann *Null* enthalten (Daten lesen)
adFldUpdatable (4)	das Datenfeld darf verändert werden; bei ID-Feldern, die automatisch von der Datenbank verwaltet werden, ist dieses Attribut *nicht* gesetzt
adFldRowID (256)	beim Datenfeld handelt es sich um ein ID-Feld oder um ein anderes internes Feld zur Verwaltung des Datensatzes; Vorsicht: bei Jet-Datenbanken ist dieses Attribut bei ID-Feldern nicht (immer?) gesetzt

Beispiel

Das folgende Beispiel ist eigentlich ein Rückgriff auf den vorangegangenen Abschnitt. In Bild 17.4 auf Seite 764 sehen Sie ein *ListView*-Feld mit dem Ergebnis einer einfachen Abfrage. Die Aufgabe der unten abgedruckten Prozedur *FillListView* besteht darin, das Steuerelement mit den Elementen eines beliebigen Datensatzes zu füllen.

Die erste Schleife kümmert sich darum, daß die Datenfeldnamen als Überschriften verwendet werden. Beachten Sie, daß der Index bei der *Fields*-Aufzählung von 0 bis *Count-1* reicht, bei *ColumnHeaders* dagegen von 1 bis zur Anzahl der Spalten.

```
Private Sub FillListView(rec As Recordset)
  Dim litem As ListItem
  Dim row%  'Zeile
  Dim col%  'Spalte
  Const maxrow = 200
  With ListView1
    .ListItems.Clear
    .ColumnHeaders.Clear
    For col = 0 To rec.Fields.Count - 1
      .ColumnHeaders.Add
      .ColumnHeaders(col + 1).Text = rec.Fields(col).Name
```

```
    Next
```

Im folgenden werden alle, bzw. die ersten 200 (*maxrow*) Datensätze gelesen. Die Navigation in der Datensatzliste erfolgt durch *MoveNext*. Die Schleife wird abgebrochen, wenn das Ende der Liste (*EOF*, also *end of file*) erreicht ist.

Die Anweisung *On Error Resume Next* resultiert aus der Bequemlichkeit des Autors. Es ging auch ohne – aber dann müßte bei jedem Feld geprüft werden, ob sich der Datentyp in eine Zeichenkette umwandeln läßt (ADO kennt stattliche 40 Typen!) und ob das Feld überhaupt Daten (oder einfach nur *Null*) enthält.

```
    On Error Resume Next      'kein Fehler bei Null-Werten/Binärdaten
    While Not (rec.EOF Or row > maxrow)
      Set litem = .ListItems.Add(Text:=rec.Fields(0).Value)
      For col = 1 To rec.Fields.Count - 1
        litem.SubItems(col) = Left(CStr(rec.Fields(col).Value), 100)
      Next
      rec.MoveNext
      row = row + 1
    Wend
  End With
End Sub
```

17.4.3 Navigation in Datensatzlisten

HINWEIS

Nicht alle der im folgenden beschriebenen Methoden und Eigenschaften sind für alle *Recordset*-Typen verfügbar. Bei manchen *Recordset*-Typen ist die Auswertung der Eigenschaften bzw. die Ausführung von Methoden mit erheblichem Aufwand verbunden. Dieser Abschnitt stellt die Schlüsselwörter zunächst vor und geht dann auf einige Einschränkungen ein.

Die Navigation in Datensatzlisten erfolgt primär durch vier Methoden:

MoveNext	den nächsten Datensatz aktivieren
MovePrevious	den vorigen Datensatz aktivieren
MoveFirst	den ersten Datensatz aktivieren
MoveLast	den letzten Datensatz aktivieren
Move n	um *n* Datensätze nach vorne bzw. zurück (bei negativem *n*)

Beachten Sie, daß Sie nicht davon ausgehen dürfen, daß die Datensätze irgendeine bestimmte Reihenfolge einhalten – es sei denn, die Datensatzliste basiert auf einer SQL-Abfrage mit *ORDER-BY*-Klausel.

Der Zeiger auf den aktuellen Datensatz darf mit *MoveNext* bzw. *MovePrevious* um eine Position über den ersten bzw. letzten Datensatz hinausbewegt werden. In diesem Fall hat die Eigenschaft ***EOF*** (*end of file*) bzw. ***BOF*** (*bottom of file*) den Wert *True*, es liegt kein gültiger Datensatz vor.

Move ermöglicht es, den Zeiger auf den aktuellen Datensatz nicht nur um eine, sondern auch um mehrere Positionen zu bewegen (z.B. seitenweises Blättern). Optional kann in einem zweiten Parameter angegeben werden, daß *n* sich auf den ersten oder letzten Datensatz bezieht.

VORSICHT

Um es nochmals zu betonen: *EOF* bzw. *BOF* zeigen *nicht* den letzten gültigen Datensatz an! Wenn eine dieser Eigenschaften *True* ist, dann ist der Bereich der gültigen Datensätze bereits überschritten worden. Es liegt jetzt ein ungültiger Datensatz vor, der nicht weiter bearbeitet werden darf.

Oft wird erwartet, daß der erste ungültige Datensatz (*EOF=True*) zur Eingabe neuer Daten verwendet werden kann. (Viele Datenbankprogramme verhalten sich auf diese Weise.) Das stellt an sich kein Problem dar, aber ADO kümmert sich nicht automatisch darum. Sie müssen im Programmcode *EOF* feststellen und gegebenenfalls *AddNew* ausführen.

TIP

Das Erreichen des letzten Datensatzes kann auch durch eine Ereignisprozedur festgestellt werden: Das Ereignis ***EndOfRecordset*** wird beim Versuch ausgelöst, den Datensatzzeiger über den letzten gültigen Datensatz hinaus zu bewegen. Durch *adStatus=adStatusCancel* kann der Navigationsversuch abgebrochen werden.

Positionsinformationen

Die Eigenschaft ***AbsolutePosition*** gibt an, welcher der ***RecordCount*** Datensätze gerade aktiv ist (der erste, der zweite etc.). *AbsolutePosition* kann auch die Werte *adPosUnknown (-1)*, *adPosBOF (-2)* oder *-EOF (-3)* enthalten. Die Zuweisung eines Werts an *AbsolutePosition* stellt eine weitere Möglichkeit da, den gerade aktiven Datensatz auszuwählen.

Die Eigenschaften ***AbsolutePage*** und ***PageCount*** funktionieren analog, gelten aber für ganze Gruppen (Seiten) von Datensätzen. Die Größe der Gruppen wird mit ***PageSize=n*** eingestellt (Default 10). Ein seitenweises Navigieren ist beispielsweise bei Internet-Anwendungen praktisch, wenn pro Seite nur eine bestimmte Anzahl von Ergebnissen angezeigt werden soll.

Bookmarks

Gelegentlich besteht der Wunsch, zum gerade aktuellen Datensatz zu einem späteren Zeitpunkt zurückzukehren. Dazu speichern Sie den Inhalt der ***Bookmark***-Eigenschaft in einer *Variant*-Variablen. (Diese Variable dient also gleichsam als Lesezeichen.) Zur Rückkehr weisen Sie den gespeicherten Wert wieder der *Bookmark*-Eigenschaft zu.

Datensätze suchen und lokal sortieren

Mit der Methode ***Find*** können Sie ausgehend vom aktuellen Datensatz den nächsten Datensatz finden, der einem bestimmten Kriterium entspricht. Alle Parameter außer dem ersten sind optional. Wenn kein geeigneter Datensatz zu finden ist, zeigt das *Recordset*-Objekt auf einen ungültigen Datensatz (*EOF=True*).

```
rec.Find kriterium, offset, richtung, bookmark
```

Als Suchkriterium geben Sie eine Zeichenkette mit dem Spaltennamen und der Vergleichsoperation an, etwa *"Einzelpreis > 10"*. Bei Textvergleichen mit dem Operator *Like* kann als Joker für ein Textzeichen _ verwendet werden, für mehrere Textzeichen *, also etwa: *"Name Like M*"*. Datumsangeben werden zwischen zwei #-Zeichen eingeschlossen. Die Datumsangabe kann offensichtlich im jeweiligen Landesformat erfolgen, d.h., das folgende Kriterium findet den richtigen Datensatz: *"Bestelldatum = #12.9.1994#"*.

offset gibt an, bei welchem Datensatz die Suche begonnen wird. Die Default-Einstellung lautet 0, d.h., es wird mit dem aktuellen Datensatz begonnen. Erfüllt dieser das Suchkriterium, wird er wieder zurückgegeben. Verwenden Sie also entweder *MoveNext* oder *offset=1*, um den *nächsten* passenden Datensatz zu finden! Mit *richtung* können Sie die Suchrichtung angeben (*adSearchForward / -Backward*), mit *bookmark* ein Lesezeichen auf den Datensatz, bei dem die Suche begonnen wird.

Die folgende Prozedur gibt die Bestellnummer aller Bestellungen im Direktfenster aus, die am 24.5.1996 getätigt wurden. (Natürlich wäre es effizienter und einfacher, gleich eine entsprechende SQL-Abfrage durchzuführen.)

```
' Datenbanken\Recordset.frm
Private Sub Command7_Click()
  Dim rec As New Recordset
  rec.Open "SELECT * FROM Bestellungen", conn1, adOpenStatic
  While Not rec.EOF
    rec.Find "Bestelldatum = #24.5.1996#"
    If Not rec.EOF Then
      Debug.Print rec![Bestell-Nr], rec!Bestelldatum
      rec.MoveNext
    End If
  Wend
End Sub
```

Durch die Zuweisung eines Feldnamens an die Eigenschaft ***Sort*** kann die Liste der Datensätze lokal neu sortiert werden. Voraussetzung ist die Verwendung eines Clientseitigen Cursors. *Sort* ist insbesondere dann praktisch, wenn die Sortierung einer begrenzten Anzahl von Datensätzen zur lokalen Darstellung rasch geändert werden soll. Bei größeren Datensatzlisten sollen Sie das Sortieren dem Server überlassen (SQL-Klauses *ORDER BY*). Das Beispielprogramm in Abschnitt 17.4.7 beweist zudem, daß die *Sort*-Eigenschaft in Kombination mit dem *DataGrid*-Steuerelement Probleme verursachen kann.

Einschränkungen

Nicht alle oben beschriebenen Eigenschaften und Methoden können für jeden *Recordset*-Typ verwendet werden! Wenn Sie ein *Recordset* mit *Open* ohne jegliche Optionen oder Voreinstellungen öffnen, wird default ein Server-seitiger *ForwardOnly*-Cursor verwendet. Damit ist die einzige Navigationsmethode *MoveNext*. Außer *BOF* und *EOF* steht keine der oben beschriebenen Eigenschaften zur Verfügung. *Bookmarks* können nicht verwendet werden.

Wenn Sie einen anderen Cursortyp und / oder einen Client-seitigen Cursor verwenden (Eigenschaften *CursorType* und *CursorLocation*, siehe Seite 782), erhalten Sie mehr Navigationsfreiheit und *Bookmark*-Unterstützung etc. Welche Merkmale konkret zur Verfügung stehen, hängt jetzt aber immer noch vom Datenbanktyp ab. Ein Server-seitiger Cursor einer Jet-Datenbank kann sich durchaus anders verhalten als ein Server-seitiger Cursor des Microsoft SQL-Servers!

Wenn Sie das Verhalten nicht einfach ausprobieren möchten, können Sie die *Recordset*-Merkmale auch per Programmcode feststellen – und zwar mit der Methode ***Supports***. Mit *Supports(adBookmark)* können Sie beispielsweise testen, ob *Bookmarks* unterstützt werden (*True* oder *False*). Die folgende Tabelle nennt die drei *Supports*-Parameter, die die Navigation in Datensatzlisten betreffen:

adApproxPosition	Unterstützung für *AbsolutePosition* und *-Page*
adBookmark	Unterstützung für *Bookmark*
adMovePrevious	Unterstützung für *Move* und *MovePrevious*

17.4.4 Datensätze verändern

Damit Datensätze überhaupt verändert / gelöscht / neu eingefügt werden können, muß das *Recordset*-Objekt mit einer geeigneten *LockType*-Einstellung geöffnet werden. (Die Defaulteinstellung lautet *adLockReadOnly* und läßt keine Veränderung zu.) In den meisten Fällen ist zudem ein *Recordset*-Typ sinnvoll, bei dem der aktuelle Datensatz frei bewegt werden kann. (Die Defaulteinstellung für *CursorType* lautet *adOpenForwardOnly* und läßt keine Rückwärtsbewegung zu.)

```
rec.Open "SELECT * FROM Versandfirmen", conn1, _
  adOpenStatic, adLockOptimistic
```

Vorhandenen Datensatz verändern

Um einen vorhandenen Datensatz zu verändern, brauchen Sie nur eines der Felder zu verändern (also *rec!feldname = neuerwert*). Im Gegensatz zur DAO-Bibliothek gibt es keine *Edit*-Methode mehr, um einen Veränderungsvorgang einzuleiten.

Die Veränderungen werden gespeichert, sobald explizit die Methode ***Update*** ausgeführt wird. Zu einer automatischen Speicherung kommt es aber auch dann, wenn ein anderer Datensatz aktiviert wird (etwa mit einer *Move*-Methode).

Noch nicht gespeicherte Veränderungen können durch ***CancelUpdate*** widerrufen werden. In diesem Fall nehmen alle Felder des aktuellen Datensatzes wieder ihre ursprünglichen Werte an. (Diese Werte können Sie auch ohne *CancelUpdate* ermitteln, indem Sie die *Field*-Eigenschaft ***OriginalValue*** auswerten – also etwa durch *rec!feldname.OrignalValue*.)

Datensatz hinzufügen

Wenn Sie einen neuen Datensatz erzeugen möchten, führen Sie ***AddNew*** aus. (Auch dadurch werden eventuell noch ungesicherte Änderungen gespeichert.) Damit wird ein neuer, leerer Datensatz zum aktiven Datensatz. Dabei werden Datensatzfelder, die automatisch von der Datenbank verwaltet werden (oftmals ID-Felder, in die eine fortlaufende Nummer eingetragen wird), automatisch initialisiert. Alle weiteren Operationen erfolgen wie bei einer Datensatzveränderung: Sie müssen die Eigenschaften einstellen und die Änderungen durch *Update* speichern.

Datensatz löschen

Noch einfacher ist es, einen Datensatz zu löschen: Führen Sie einfach die Methode ***Delete*** aus.

Fehler

Bei allen drei Operationen besteht eine verhältnismäßig große Chance, daß ein Fehler ausgelöst wird. Die wahrscheinlichsten Gründe sind:

- Ein veränderter / neuer Datensatz kann nicht gespeichert werden, weil einzelne Datenfelder unzulässige Werte haben. Je nach Definition der Tabelle dürfen einzelne Felder nicht leer sein, bzw. nicht *Null* oder "" enthalten.
- Ein veränderter Datensatz kann nicht gespeichert werden, weil ein zweiter Anwender denselben Datensatz bearbeitet oder womöglich schon verändert hat.
- Ein Datensatz kann nicht gelöscht oder verändert werden, weil dadurch die Bedingungen der referentiellen Integrität verletzt werden. (D.h., daß die Beziehung zu einem Datensatz einer anderen Tabelle zerstört würde. In solchen Fällen müssen zuerst alle abhängigen Datensätze der anderen Tabellen gelöscht werden.)

Beachten Sie, daß diese Fehler auch an allen Stellen in Ihrem Programm ausgelöst werden können, an denen sich der aktuelle Datensatz ändern kann. Es ist also eine sehr gründliche Fehlerabsicherung erforderlich.

Ereignisse

Bei der Absicherung von Code zur Veränderung von Datensätzen können die *Recordset*-Ereignisprozeduren sehr hilfreich sein. Die folgende Tabelle faßt die dafür relevanten Ereignisse paarweise zusammen:

WillChangeField	der Inhalt eines Felds des aktuellen Datensatzes wird sich ändern; diese Änderung wird vorerst noch nicht gespeichert
FieldChangeComplete	das Feld hat sich geändert
WillChangeRecord	der Inhalt des aktuellen Datensatzes wird sich ändern; das Ereignis wird sowohl vor der ersten Änderung der lokalen Daten des Datensatzes als auch vor der endgültige Speicherung des veränderten Datensatzes aufgerufen; zur Differenzierung zwischen diesen vollkommen unterschiedlichen Operationen muß der Parameter *adReason* ausgewertet werden
RecordChangeComplete	die Änderung wurde durchgeführt
WillChangeRecordset	das ganze *Recordset*-Objekt wird sich ändern (etwa durch *Open, Close, Resync* etc.)
RecordsetChangeComplete	das Objekt hat sich geändert
WillMove	der aktuelle Datensatz wird sich ändern, z.B. als Folge einer *Move*-Methode; momentan enthält das *Recordset*-Objekt noch die Daten des ursprünglichen Datensatzes
MoveComplete	ein neuer Datensatz wurde zum aktuellen Datensatz

```
Private Sub Command5_Click()
  Set recEv = New Recordset
  recEv.CursorLocation = adUseClient
  recEv.Open "SELECT * FROM Versandfirmen", conn1, _
    adOpenKeyset, adLockOptimistic          '1
  recEv!Firma = recEv!Firma + "x"           '2
  recEv!Telefon = recEv!Telefon + "1"       '3
  recEv.MoveNext                            '4
  recEv.Close                               '5
End Sub
```

Die Abarbeitung der obigen Zeilen führt zu einer wahren Ereignisflut. Dabei ist bemerkenswert, daß das zu *RecordsetChangeComplete* gehörende Ereignis *WillChangeRecordset* nie auftritt.

Zeile 1: *WillMove, MoveComplete*
Zeile 2: *WillMove, MoveComplete, WillChangeRecord, WillChangeField, FieldChangeComplete, RecordChangeComplete*
Zeile 3: *WillChangeField, FieldChangeComplete*
Zeile 4: *WillMove, WillChangeRecord, RecordChangeComplete, MoveComplete*
Zeile 5: *RecordsetChangeComplete*

An die Ereignisprozeduren werden eine Reihe von Parametern übergeben. Einige Parameter sind Ereignis-spezifisch, andere sind bei allen Ereignissen gleich:

adstatus gibt den Status der Operation an; sofern der Status nicht *adStatusCantDeny* ist, kann die Operation in der *WillXxx*-Prozedur durch *adstatus=adStatusCancel* abgebrochen werden; in der *XxxComplete*-Prozedur gibt der Status an, ob die Operation erfolgreich war (*adStatusOK*) oder nicht (*adStatusCancel, adStatusErrorsOccurred*)
adreason gibt den Grund an, weswegen die Prozedur aufgerufen wurde; drei der möglichen 15 Werte sind *adRsnFirstChange, adRsnMoveNext* und *adRsnUpdate* (siehe Objektkatalog)
pRecordset enthält einen Verweis auf das *Recordset*-Objekt
pError enthält einen Verweis auf das *Error*-Objekt, das allerdings nur dann relevante Daten enthält, wenn *adstatus=adStatusErrorsOccured*

Recht hilfreich innerhalb der Ereignisprozedur ist oft die Eigenschaft ***EditMode***: Damit kann festgestellt werden, ob der aktuelle Datensatz momentan bearbeitet (verändert) wird und warum. Mögliche Werte sind *adEditNone, adEditInProgress, adEditAdd* und *adEditDelete.*

17.4.5 Locking, Cursor-Typ und andere Recordset-Eigenschaften

In den vorangegangen Abschnitten wurde immer wieder betont, daß viele *Recordset*-Merkmale nur bei bestimmten *Recordset*-Typen zur Verfügung stehen. Dieser Abschnitt versucht nun, die Unterschiede und Hintergründe der zahlreichen Varianten zu erläutern. Das Ergebnis ist leider aus mehreren Gründen wenig zufriedenstellend:

- Die ADO-Dokumentation beschreibt die Einstellmöglichkeiten vollkommen unzureichend. Welche Implikationen sich daraus ergeben, wenn als *Cursor*-Typ ein dynamischer Cursor statt eines Keyset-Cursors verwendet wird, kann bestenfalls erraten werden.
- Die untergeordneten OLE-DB-Treiber haben die Möglichkeit, statt des angeforderten Typs einen anderen zurückzugeben. Generell ist das Verhalten von *Recordset*-Objekten sehr stark vom jeweiligen Datenbanksystem, dessen Version und dessen Treiber abhängig. Beispielsweise wird der SQL-Server 7 vollkommen andere Locking-Algorithmen als der SQL-Server 6.5 verwenden.

- Für umfangreiche, experimentelle Untersuchungen und Benchmarktests mit unterschiedlichen Datenbanksystemen stand nicht genug Zeit zur Verfügung.

Fazit: Bis es bessere ADO-Dokumentation sowohl von Microsoft als auch von unabhängigen Seite gibt, sind Sie bei der Optimierung von ADO-Programmen leider auf die Methode *Versuch und Irrtum* angewiesen.

VORSICHT

Durch die Veränderung der Cursor-Eigenschaften ändert sich das Verhalten des *Recordset*-Objekts grundlegend! Das hat insbesonder Auswirkungen auf den Code zur Fehlerabsicherung. Code, der mit einem Client-seitigen Cursor funktioniert, kann mit einem Server-seitigen Cursor ein vollkommen anderes Verhalten aufweisen und jede Menge Fehler produzieren. Ähnliches gilt für die Umstellung zwischen einem statischen / dynamischen Cursor.

Versuchen Sie also die Entscheidung für einen bestimmten Cursor-Typ zu treffen, bevor Sie allzuviel Zeit in den weiteren Code investieren. Wenn Sie den Cursor-Typ nachträglich verändern, testen Sie Ihren vorhanden Code umfassend! Ein falscher Cursor-Typ kann auch der Grund sein, daß ein ein Beispielprogramm nicht funktioniert wie erwartet.

Einstellmöglichkeiten

Vorab muß eine Frage beantwortet werden: Wie wird der *Recordset*-Typ eingestellt? Zum einen können direkt beim Ausführen von *Open* der Cursor- und *Locking*-Typ angegeben werden. Zum anderen können die entsprechenden Eigenschaften eingestellt werden, bevor *Open* ausgeführt wird. Die jeweils erste Variante gilt als Default-Einstellung. Diese ist zumeist am effizientesten, unterstützt aber auch die wenigsten Funktionen. (Der Begriff *Cursor* meint in der Datenbanknomenklatur den Zeiger auf den gerade aktuellen Datensatz.)

CursorType	*ForwardOnly-*, *Static-*, *Keyset-* oder *Dynamic*-Cursor
CursorLocation	Server-seitiger- oder Client-seitiger-Cursor
LockType	*ReadOnly*-Zugriff oder optimistisches / pessimistisches Locking

Cursor-Typen

ADO kennt vier verschiedene Cursor-Typen.

adOpenForwardOnly	minimaler Verwaltungsaufwand (d.h. sehr effizient), aber geringe Anzahl von unterstützten Funktionen
adOpenDynamic	relativ geringer Verwaltungsaufwand, aber bessere Navigationsmöglichkeiten
adOpenKeyset	größerer Verwaltungsaufwand, alle Funktionen
adOpenStatic	noch größerer Verwaltungsaufwand; vergleichsweise langsam beim Zugriff auf die ersten Datensätze, schnell bei weiteren

Die ADO-Dokumentation gibt leider so gut wie keine Informationen darüber, wie die vier Cursor-Typen intern verwaltet werden. Es ist zu vermuten, daß die Mechanismen ähnlich wie bei der DAO- bzw. RDO-Bibliothek sind. Vermutlich gilt der folgende Zusammenhang:

adOpenForwardOnly	ehemals *dbOpenForwardOnly* (DAO)
adOpenDynamic	ehemals *dbOpenDynmaic* (DAO / ODBCDirect)
adOpenStatic	ehemals *dbOpenSnapshot* (DAO)
adOpenKeyset	ehemals *dbOpenDynaset* (DAO)

Der Anwendungsbereich des *adOpenForwardOnly*-Cursors ist klar: Immer dann, wenn Sie der Reihe nach jeden einzelnen Datensatz bearbeiten müssen und dabei keine anderen Navigationsfunktionen außer *MoveNext* benötigen, sollte dieser Cursortyp wegen des geringen Ressourcenverbrauchs die erste Wahl sein.

Der wesentliche Unterschied zwischen *adOpenStatic* auf der einen und *adOpenDynamic / -Keyset* auf der anderen Seite besteht darin, wie die Verbindung zur Datensatzliste des Servers hergestellt wird: Beim statischen Cursor wird eine Liste aller Datensätze ermittelt, wie sie zum Zeitpunkt der Abfrage existierten. Spätere Änderungen in der Datenbank sind für das *Recordset* unzugänglich. (Je nach Anwendung kann das sowohl ein Vor- als ein Nachteil sein.) Das bedeutet aber auch, daß die Liste aller Datensätze sofort erstellt werden muß, was bei großen Listen eine erhebliche Belastung für den Server sein kann. Diese Liste wird im weiteren auf der Client-Seite verwaltet, was dort ebenfalls mit einem erheblichen Speicherbedarf verbunden ist.

Bei den beiden dynamischen Cursorformen wird die Verbindung zwischen Datenbank und Programm durch Links gebildet. Aus diesem Grund sind auch Änderungen am Server, die zu einem späteren Zeitpunkt auftreten, noch sichtbar. Bei *adOpenDynamic* sind im *Recordset* sogar neue / gelöschte Datensätze zu bemerken, d.h., selbst die Verwaltung der Links erfolgt dynamisch. Bei *adOpenKeyset* werden die Links dagegen alle am Beginn der Operation hergestellt, weswegen neue Datensätze nicht bemerkt werden.

HINWEIS

Der Jet-Datenbanktreiber unterstützt *adOpenDynamic* nicht und liefert statt dessen automatisch einen *Keyset*-Cursor.

Auch wenn Datensätze verändert werden sollen (*LockType <> adReadOnly*), liefert der Jet-Treiber immer einen *Keyset*-Cursor. (Das ist der einzige Jet-Cursor, der Veränderungen zuläßt.)

In beiden Fällen wird die *CursorType*-Eigenschaft geändert, so daß nach dem Öffnen der *Recordsets* festgestellt werden kann, welcher Cursor wirklich vorliegt. Dieses Verhalten ist in der MSDN-Library dokumentiert:

PLATTFORM SDK | DATENBANK-DIENSTE | MICROSOFT ACTIVEX DATA OBJECTS |
- ADO PROGRAMMERS REFERENCE | VERWENDEN VON OLE-DB-PROVIDERN |
- OLE DB PROVIDER FÜR MICROSOFT JET

Die folgende Tabelle faßt zusammen, welche Navigationsfunktionen von den unterschiedlichen Cursor-Typen unterstützt werden:

CursorType	*Supports(adMovePrevious*	*/ adBookmark*	*/ adApproxPosition)*
adOpenForwardOnly	*False*	*False*	*False*
adOpenDynamic	*True*	*False*	*False*
adOpenKeyset	*True*	*True*	*True*
adOpenStatic	*True*	*True*	*True*

Client- und Server-seitiger Cursor

Der Cursor kann wahlweise vom Client (also von der ADO- / OLE-DB-Bibliothek) oder vom Datenbank-Server verwaltet werden. Beide Vorgehensweisen haben Vorteile:

- Mit einem Client-seitigen Cursor stehen deutlich mehr ADO-Funktionen zur Verfügung: Data-Shaping, lokale (temporäre) Indizes zur Optimierung von Such- und Sortieroperationen, Stapelaktualisierungen (Batch-Updates) etc. Manche ADO-Steuerelementen können überhaupt nur mit einem Client-seitigen Cursor verwendet werden.
- Ein Server-seitiger Cursor ist dafür in vielen Fällen deutlich effizienter, weil auf die Übertragung von Verwaltungsinformationen verzichtet werden kann. Das gilt insbesondere für den Netzwerkzugriff auf sehr große Datensatzlisten (mit Zehntausenden von Datensätzen). Ein weiterer Vorteil: Der Speicherbedarf am Client ist bei großen Datensätzen *viel* geringer. Das ist vor allem dann wichtig, wenn der Client nur eine beschränkte Rechenleistung bzw. wenig Speicher aufweist.

Die Eigenschaft ***CursorLocation*** bestimmt, ob bei dem im folgenden erzeugten *Recordset*-Objekten ein Client- oder Server-seitiger Cursor verwendet werden soll. Die Defaulteinstellung lautet *adUseServer*.

Die Eigenschaft *CursorLocation* steht auch für das *Connection*-Objekt zur Verfügung und wirkt sich dort nur für alle weiteren *Recordset*-Objekte aus. Bei bereits existierende *Recordset*-Objekten kann *CursorLocation* nicht mehr verändert werden!

HINWEIS

Es ist zwar nicht dokumentiert, aber der Eigenschaftsdialog zu *Command*-Objekten im *DataEnvironment*-Designer läßt vermuten, daß ein Client-seitiger Cursor automatisch auch statisch ist. Unklar ist, wie sich das mit dem Umstand verträgt, daß Jet-Datenbanken laut Dokumentation einen *Keyset*-Cursor brauchen, um Veränderungen in der Datenbank durchzuführen. Sicher ist, daß natürlich auch mit Client-seitigen Cursorn Veränderungen in Jet-Datenbanken durchgeführt werden können. Sie sehen schon, die Beschäftigung mit Cursortypen gleicht einem Puzzlespiel.

ANMERKUNG

Bei Datenbank-Servern gilt *jeder* Cursor als ineffizient! Den Einsatz eines Cursors können Sie oft durch SQL-Prozeduren vermeiden, die die Datensätze direkt am Server bearbeiten. Ein Cursor ist nur erforderlich, wenn die Datensätze interaktiv durch den Client bearbeitet werden sollen (also mit einem *Recordset*-Objekt).

Locking

Durch Locking wird verhindert, daß zwei Programme nacheinander den gleichen Datensatz verändern können, ohne aufeinander Rücksicht zu nehmen. Wenn beispielsweise zwei Programme nacheinander auf ein Konto 1000 DM buchen, ohne voneinander zu wissen, und beide vom alten Kontostand ausgehen, verändert sich der Kontostand insgesamt nur um 1000 statt um 2000 DM.

Es gibt verschiedene Methoden, wie dieses Horrorszenario vermieden werden kann. Im einfachsten Fall beschränken Sie sich auf einen *ReadOnly*-Zugriff. Daraus resultiert sehr effizienter Code, außerdem sind Locking-Probleme ausgeschlossen. Diese Variante fällt freilich flach, wenn Sie Datensätze nicht nur lesen, sondern auch verändern möchten. Damit bleiben zwei wesentliche Varianten:

- **Pessimistisches Locking (adLockPessimistic):** Hier wird der Datensatz für alle andere Anwender blockiert, sobald ein Datenfeld geändert wird (also u.U. schon lange bevor *Update* ausgeführt wird). Wenn der Datensatz schon durch einen anderen Anwender blockiert ist, kommt es sofort zu einem Fehler. Gelingt die Veränderung des Datensatzes, so ist sichergestellt, daß auch *Update* funktionieren wird. Das Problem: wenn viele Anwender gleichzeitig diese Locking-Form verwenden, kommt es rasch zu Performance-Problemen. (Das Problem besteht genaugenommen darin, daß die meisten Datenbank-Server beim Locking nicht einen einzelnen Datensatz blockieren, sondern gleich eine ganze Gruppe – etwa alle Datensätze, die innerhalb einem Speicherbereich von 2 oder 4 kByte gespeichert sind.) Pessimistisches Locking ist nur mit einem Server-seitigen Cursor möglich.

- **Optimistisches Locking (adLockOptimistic):** Diesmal wird das Locking erst unmittelbar beim eigentlichen Schreibvorgang durchgeführt (also wenn *Update* ausgeführt wird). Dabei wird gehofft, daß nicht zwei Anwender gerade denselben Datensatz bearbeiten. Wenn das dennoch passiert, wird die erste *Update*-Operation durchgeführt, während bei der zweiten Methode ein Fehler ausgelöst wird.

Der Unterschied zwischen optimistischen und pessimistischen Locking besteht also im Kommando, wo es zu einem Fehler kommt: bereits beim Versuch, den Datensatz zu ändern, oder erst beim Versuch, die Änderungen zu speichern.

Soweit zur Theorie. In der Praxis ist dann wieder alles anders. Trotz mehrerer Versuche ist es ist mit einer Jet-Datenbank nicht gelungen, irgendeinen Unterschied zwischen optimistischen und pessimistischen Locking festzustellen.

```
' conn1 und conn2 zeigen auf Nwind.mdb
Private Sub Command3_Click()
  Dim rec1 As New Recordset
  Dim rec2 As New Recordset
  rec1.Open "SELECT * FROM Artikel", conn1, , adLockPessimistic
  rec2.Open "SELECT * FROM Artikel", conn2, , adLockPessimistic
  rec1!Artikelname = Rnd
  rec2!Artikelname = Rnd  'bei pess. Lock. sollte hier ein Fehler
                          ' auftreten
  rec1.Update
  rec2.Update             'tatsächlich kommt es aber erst hier zu
                          ' einem Fehler, egal, ob opt. oder pess.
                          ' Locking verwendet wird
End Sub
```

Fazit: Ganz gleich, ob Sie optimistisches oder pessimistisches Locking einsetzen, Sie müssen darauf achten, daß alle Prozeduren, in denen ein *Update* ausgelöst werden kann (etwa auch beim Wechsel des aktuellen Datensatzes!), durch Fehlerbehandlungsroutinen abgesichert sind. Dort müssen Sie den Anwender informieren, daß es nicht möglich war, die Änderungen zu speichern. Anschließend brechen Sie den Änderungsversuch mit *CancelUpdate* ab. Testen Sie den Fehlerbehandlungscode, in dem Sie wie durch die obigen Zeilen Locking-Konflikte ganz gezielt erzeugen!

HINWEIS

Wenn Sie auf eine Jet-Datenbank zugreifen, erfolgt die Verwaltung der Lokking-Informationen in der Datei `name.ldb`. Diese Datei wird automatisch im gleichen Verzeichnis erzeugt, in dem sich die Datenbankdatei `name.mdb` befindet. Sobald kein Zugriff mehr auf die Datenbank erfolgt, wird die Datei wieder entfernt.

HINWEIS

Wie bereits erwähnt verwendet der Jet-Datenbanktreiber automatisch einen *Keyset*-Cursor sobald für *LockType* ein anderer Wert als *adLockReadOnly* eingestellt wird!

Maximale Anzahl der Datensätze limitieren

Durch ***MaxRecords*** kann die Anzahl der Datensätze limitiert werden, die als Ergebnis einer Datenfrage geliefert werden. Der Vorteil bei interaktiven Anwendungen besteht darin, daß die Belastung des Netzwerks durch unsinnige Abfragen begrenzt wird.

HINWEIS

Leider funktioniert *MaxRecords* bei Abfragen in Jet-Datenbanken nicht, d.h., die *Recordset*-Datensatzliste, die auf der Basis der Abfrage erzeugt wird, enthält in jedem Fall alle gefundenen Datensätze.

Beispielprogramm

Das Beispielprogramm ermöglicht es, mit verschiedenen *Recordset*-Typen der Reihe nach alle Einträge der *Titles*-Tabelle der Datenbank `Bigbiblio.mdb` zu durchlaufen. (Dabei handelt es sich um eine Datenbank nach dem Muster von `Biblio.mdb` – siehe Seite 705 – nur viel größer. Sie enthält unter anderem 45000 Titel.) Die SQL-Abfrage ist denkbar einfach: *SELECT * FROM Titles*. Sobald Sie versuchen, hier aufwendigere Abfragen durchzuführen – eventuell mit Sortierung oder mit der Verknüpfung zweier Tabellen – steigen die Rechenzeiten dramatisch an. (Die Datenbankgröße – ca. 40 MByte – legt ohnedies einen Umstieg von Jet auf einen richtigen Datenbank-Server nahe.)

Es werden zwei Zeiten gemessen: die erste für das Ausführen von *Open*, die zweite bis zur letzten *MoveNext*-Methode. Das Ziel dieser Zeitmessung ist weniger ein Benchmarktest; vielmehr sollen Sie einen ersten Eindruck davon bekommen, welchen Einfluß der *Recordset*-Typ auf die Geschwindigkeit Ihres Programms haben kann. Lassen Sie im Hintergrund den Task-Manager laufen und beobachten Sie den Speicherbedarf des Programms. Besonders große Unterschiede sind zu bemerken, wenn Sie zwischen Client- und Server-seitigem Cursor umschalten.

Beachten Sie, daß der erste Datenbankzugriff in jedem Fall langsamer ist als alle weiteren: Dabei wird die Datenbankdatei zum ersten Mal von der Festplatte in den Speicher übertragen (wo sie in der Folge bleibt, wenn genügend RAM zur Verfügung steht).

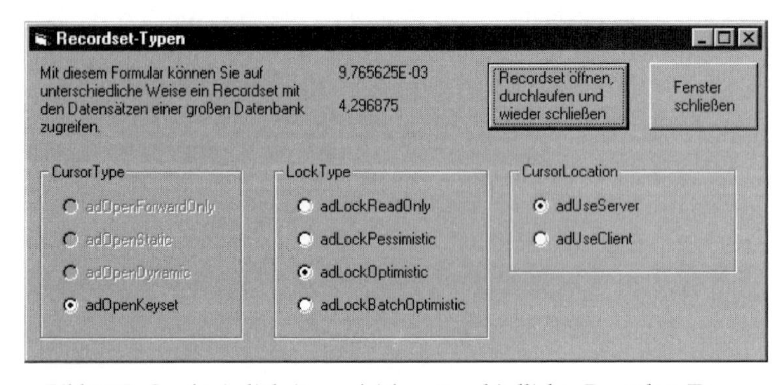

Bild 17.5: Geschwindigkeitsvergleich unterschiedlicher Recordset-Typen

Das Programm erlaubt nur Einstellmöglichkeiten, die vom Jet-Datenbanktreiber auch unterstützt werden. Wenn Sie das Programm für andere Datenquellen testen möchten, vereinfachen Sie die Prozedur *LockTypeOpt_Click* und setzen Sie im Eigenschaftsfenster *Enabled* des Optionsfeld *CursorTypeOpt(2)* auf *True*.

```
' Datenbanken\Recordset-Typen.frm
Option Explicit
Dim cursor_type As ADODB.CursorTypeEnum
```

```
Dim lock_type As ADODB.LockTypeEnum
Dim cursor_location As ADODB.CursorLocationEnum
Dim conn As New Connection
Dim sq$
Private Sub Form_Load()
  cursor_type = adOpenForwardOnly
  lock_type = adLockReadOnly
  cursor_location = adUseServer
  sq = sq + "SELECT * FROM Titles"
  conn.Open "PROVIDER=Microsoft.Jet.OLEDB.3.51;" & _
    "Data Source=" & App.Path & "\bigbiblio.mdb"
End Sub
Private Sub CursorTypeOpt_Click(Index As Integer)
  Select Case Index
  Case 0: cursor_type = adOpenForwardOnly
  Case 1: cursor_type = adOpenStatic
  Case 2: cursor_type = adOpenDynamic
  Case 3: cursor_type = adOpenKeyset
  End Select
End Sub
Private Sub LockTypeOpt_Click(Index As Integer)
  Select Case Index
  Case 0: lock_type = adLockReadOnly
  Case 1: lock_type = adLockPessimistic
  Case 2: lock_type = adLockOptimistic
  Case 3: lock_type = adLockBatchOptimistic
  End Select
  If lock_type = adLockReadOnly Then
    CursorTypeOpt(0).Enabled = True
    CursorTypeOpt(1).Enabled = True
  Else
    CursorTypeOpt(3).Value = True
    CursorTypeOpt(0).Enabled = False
    CursorTypeOpt(1).Enabled = False
  End If
End Sub
Private Sub CursorLocationOpt_Click(Index As Integer)
  Select Case Index
  Case 0: cursor_location = adUseServer
  Case 1: cursor_location = adUseClient
  End Select
End Sub
```

```
' Recordset öffnen, durchlaufen und wieder schließen
Private Sub Command1_Click()
  Dim rec As New Recordset
  Dim t, dummy
  Screen.MousePointer = vbHourglass
  t = Timer
  rec.CursorLocation = cursor_location
  rec.Open sq, conn, cursor_type, lock_type
  Label2 = Timer - t
  Beep
  Do While Not rec.EOF
    ' die Abfrage stellt sicher, daß die Daten tatsächlich
    ' zum Client übertragen werden
    If rec!ISBN > "5" Then dummy = dummy + 1
    rec.MoveNext
  Loop
  Label3 = Timer - t
  Beep
  Screen.MousePointer = vbNormal
  rec.Close
  Set rec = Nothing
End Sub
```

17.4.6 Hierarchische Datensatzlisten (Data Shaping)

Eine wesentliche Neuerung in ADO gegenüber früheren Datenbankbibliotheken ist die Unterstützung hierarchischer Datensatzlisten. Was damit gemeint ist, sehen Sie am besten anhand eines Beispiels (Bild 17.6).

In relationalen Datenbanken kommen sehr oft hierarchische Beziehungen zwischen zwei (oder mehreren) Tabellen vor. Die erste Tabelle enthält den Grundbegriff, die zweite Tabelle die Details (Produktkategorien und deren Artikel, Kunden und deren Bestellungen der letzten zwei Jahre, Bestellungen und die Liste der bestellten Artikel, Autoren und ihre Bücher etc.).

Der herkömmliche Weg, solche Beziehungen in einem Anwendungsprogramm darzustellen ist in Bild 17.6 unten zu sehen: Mit einem Steuerelement wird der Oberbegriff ausgewählt (erstes *Recordset*-Objekt), in einem zweiten Steuerelement werden dazu die Details angezeigt (zweites *Recordset*-Objekt). Dabei muß für jede neue Detailansicht eine SQL-Abfrage durchgeführt werden.

Ganz anders sieht es bei hierarchischen *Recordset*s aus: Dort werden sofort beim ersten Zugriff alle Detaildaten geladen. In der Folge stehen die gesamten Daten verzögerungsfrei in einem einzigen *Recordset* zur Verfügung. Der Begriff *hierarchisches Record-*

set resultiert daraus, daß als Datenfelder einer Datensatzebene wiederum *Recordsets* verwendet werden.

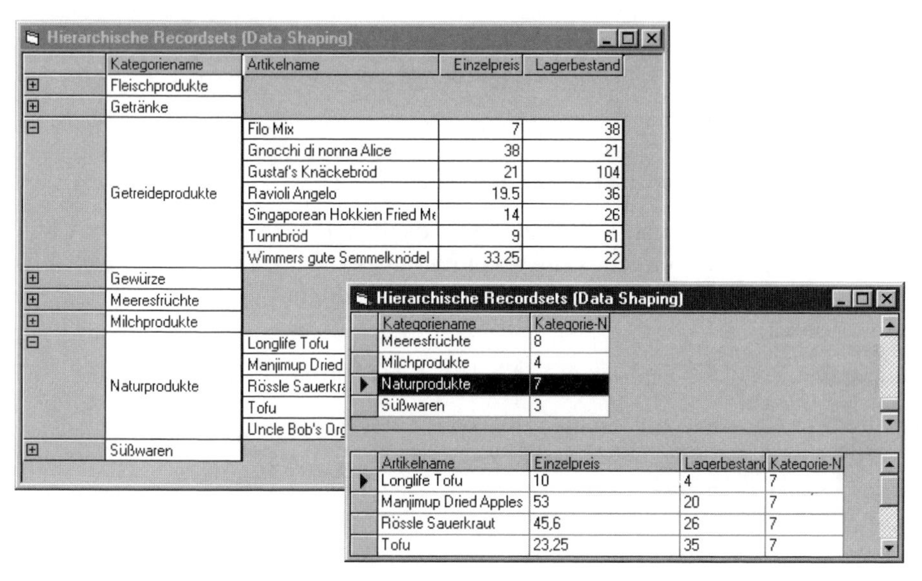

Bild 17.6: Ein hierarchisches Recordset, oben dargestellt in einem MSHFlexGrid-Steuerelement, unten durch zwei DataGrid-Steuerelemente

Die Datensatzliste für die Daten in Bild 17.6 besteht aus den folgenden Elementen:

Kategoriename	Zeichenkette
Kategorien-Nr	*Long* (in Bild 17.6 oben ausgeblendet)
Artikel	*Recordset*

Jedes Artikel-*Recordset* enthält abermals Datensatzfelder:

Kategoriename	Zeichenkette
Einzelpreis	*Currency*
Lagerbestand	*Long*
Kategorie-Nr	*Long* (in Bild 17.6 oben ausgeblendet)

Die Idee von hierarchischen *Recordsets* sollte damit klar sein. Jetzt bleibt nur noch zu erwähnen, daß auf diese Weise beliebig tiefe Hierarchien gebildet werden können. Das mit VB6 mitgelieferte Beispielprogramm `DataRept\Prjnwnd` zum *DataReport*-Designer verwendet eine vierfache Verschachtelung. (Der resultierende Bericht ist dann auch 80 Seiten lang!)

Hierarchische *Recordsets* werden von den neuen ADO-Steuerelementen und dem *DataReport*-Designer hervorragend unterstützt. Die Darstellung der komplexen Daten erfolgt (fast) automatisch.

HINWEIS

Die Verwaltung des hierarchischen *Recordsets* muß durch einen Client-seitigen Cursor erfolgen; alle Detaildaten müssen sofort geladen werden. Dem Datenbankprofi stellt es dabei – zurecht – die Haare auf. So toll hierarchische *Recordsets* in der Theorie sind, für wirklich große Datensatzlisten sind sie wegen der riesigen, plötzlich anfallenden Datenmengen meist ungeeignet.

SQL-Syntax für hierarchische Recordsets

Wie entstehen hierarchische *Recordsets*? Microsoft hat dazu die Syntax von SQL um den *SHAPE*-Befehl und einige weitere Schlüsselwörter ergänzt. (Der Begriff *Standard* Query Language wird damit wieder einmal ad absurdum geführt – keine Rede von einem Standard!)

Die folgenden Zeilen zeigen den SQL-Code für das *Recordset* aus in Bild 17.6:

```
SHAPE   {SELECT Kategoriename, `Kategorie-Nr` FROM Kategorien
         ORDER BY Kategoriename}
APPEND ({SELECT Artikelname, Einzelpreis, Lagerbestand,
         `Kategorie-Nr` FROM Artikel ORDER BY Artikelname}
RELATE 'Kategorie-Nr' TO 'Kategorie-Nr')
```

Im wesentlichen wird an ein normales *SELECT*-Kommandos ein zweites *SELECT*-Kommando mit Detailinformationen hinzugefügt. Die inhaltliche Verbindung der beiden Kommandos erfolgt durch *RELATE*.

Hierarchische Recordsets (Data Shaping)

Produktanzahl	Kategorie-Nr	Artikel-Nr	Artikelname	eferanten-Nr	Kategorie-Nr	Liefereinheit	Einzelpreis	agerbestand	llteEinheiten	destbe
12	1									
12	2									
13	3									
10	4									
		22	Gustaf's Knä	9	5	24 - 500-g-P	21	104	0	
		23	Tunnbröd	9	5	12 - 250-g-P	9	61	0	
		42	Singaporear	20	5	32 - 1-kg-Pa	14	26	0	
7	5	52	Filo Mix	24	5	16 - 2-kg-Ka	7	38	0	
		56	Gnocchi di r	26	5	24 - 250-g-P	38	21	10	
		57	Ravioli Ange	26	5	24 - 250-g-P	19.5	36	0	
		64	Wimmers gu	12	5	20 Beutel x ·	33.25	22	80	
6	6									
5	7									
12	8									

Bild 17.7: Ein weiteres Beispiel für ein hierarchisches Recordset

Etwas schwerer zu verstehen ist die zweite Variante des *SHAPE*-Kommandos. Hier bildet das *SELECT*-Kommando die Detailliste. Durch *COMPUTE ... BY* wird die Detailliste in Gruppen zusammengefaßt. Diese Gruppe ist jetzt das übergeordnete *Re-*

cordset! Im Beispiel unten wird innerhalb *COMPUTE* die Anzahl der Produkte pro Artikelkategorie berechnet.

```
SHAPE   {SELECT * FROM `Artikel`}  AS xy
COMPUTE xy, COUNT(xy.'Artikel-Nr') AS Produktanzahl
BY      'Kategorie-Nr'
```

Bild 17.7 zeigt das Ergebnis der Abfrage. Beachten Sie, daß hier eine Hierarchie aus einer einzigen Tabelle entstanden ist. (Wer sich in Excel schon einmal mit Pivottabellen auseinandergesetzt hat, dem / der wird sich diese Form des *SHAPE*-Kommandos vermutlich rascher erschließen.)

VERWEIS

Die vollständige Data-Shaping-Syntax findet sich in sehr abstrakter Form in der MSDN-Library:

PLATTFORM SDK | DATENBANK-DIENSTE | MICROSOFT DATENZUGRIFFS-SDK |
- MICROSOFT ACTIVEX DATA OBJECTS | ADO PROGRAMMER'S REFERENCE |
- NEUE FUNKTIONSMERKMALE | HIERARCHICAL CURSOR |
- FORMALE GRAMMATIK

Im Regelfall brauchen Sie sich damit aber nicht zu plagen. Statt dessen verwenden Sie den auf Seite 808 beschriebenen *DataEnvironment*-Designer zum Entwurf des erforderlichen *Command*-Objekts.

Der MSDataShape-Provider

Bisher wurde *Data-Shaping* einfach als Bestandteil von ADO beschrieben. Das ist eigentlich nicht ganz exakt. Es handelt sich vielmehr um einen von Microsoft mitgelieferten Provider, der sich zwischen Client und Server stellen kann.

In den obigen Beispielen wurden Daten einer Datenbank gelesen – und zwar mit dem OLE-DB-Jet-Treiber. Diese Daten wurden nicht direkt von der ADO-Bibliothek weiterverarbeitet, sondern durch den dazwischen agierenden *MSDataShape*-Provider. Dieses Konzept hat einen großen Vorteil: Es muß nicht jeder OLE-DB-Treiber mit *Data-Shaping*-Funktionen ausgestattet werden. Damit beschränkt sich auch die Gültigkeit der SQL-Erweiterung auf den *MSDataShape*-Provider.

In der nebenstehenden Abbildung erkennen Sie, daß dieses Konzept allgemeingültig ist: Wahrscheinlich wird es in Zukunft auch andere Provider geben, die zwischen ADO und OLE-DB gestellt werden.

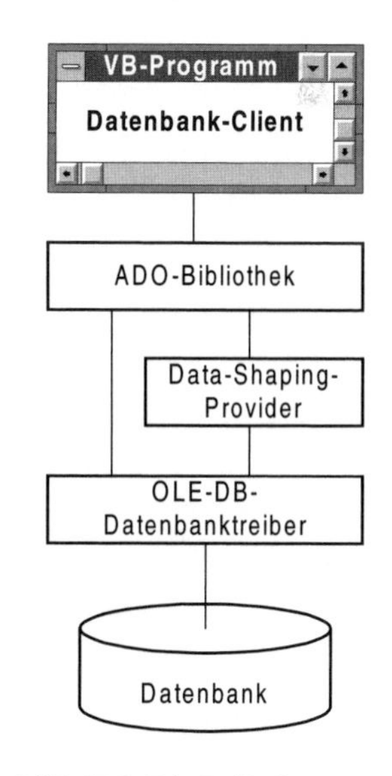

Bild 17.8: Die Rolle des Data-Shaping-Providers

HINWEIS

Es besteht sogar die Möglichkeit, sogenannte OLE-Simple-Provider, deren Funktionsumfang etwas eingeschränkt ist, mit Visual Basic selbst zu programmieren! Technisch handelt es sich dabei Klassen einer ActiveX-DLLs mit *DataSourcingBehaviour=vbOLEDBProvider*. Die Programmierung solcher Klassen wird in diesem Buch allerdings nicht behandelt. Die VB-Dokumentation gibt aber ein Beispiel für die Vorgehensweise:

VB-DOKUMENTATION | ARBEITEN MIT VB | KOMPONENTENHANDBUCH |
- ERSTELLEN VON ACTIVEX-KOMPONENTEN | ERSTELLEN VON DATENQUELLEN

Wenn Sie die SQL-Kommandos oben ganz genau angesehen haben, wird Ihnen vielleicht aufgefallen sein, daß darin unterschiedliche Apostrophe vorkommen: Die *SELECT*-Abfragen werden vom Jet-Treiber ausgeführt, für den Datenfelder mit Sonderzeichen mit `` oder [] gekennzeichnet werden müssen. Für den *MSDataShape*-Provider müssen solche Zeichenketten dagegen zwischen " oder [] eingeschlossen werden. Das ist nicht gerade ein Musterbeispiel für Konsistenz in der ohnedies ganz neuen ADO-Bibliothek, aber es unterstreicht den Einflußbereich der in Bild 17.8 dargestellten Komponenten.

Wenn Sie *Data-Shaping-Recordset*s direkt per Code erzeugen (und kein *Recordset*-Objekt verwenden, das Sie mit dem *DataEnvironment* gebildet haben), müssen Sie den *MSDataShape*-Provider auch in der *ConnectionString*-Eigenschaft bzw. im entsprechenden *Open*-Parameter angeben. Die folgenden Zeilen geben dazu ein Muster:

```
Provider=MSDataShape.1;Data Provider=Microsoft.Jet.OLEDB.3.51;
Data Source=verzeichnis\nwind.mdb
```

Programmcode

Damit birgt der Programm-Code zu Bild 17.6 keine Überraschungen mehr, wenn man vom *MSHFlexGrid*-spezifischen Code absieht – aber der ist Thema des nächsten Kapitels. Prinzipiell reicht es, das *Recordset*-Objekt der *DataSource*-Eigenschaft zuzuweisen, um den hierarchischen Datensatz mit beliebig vielen Ebenen korrekt anzuzeigen.

```
' Datenbanken\Test-Hierarchical1a.frm
Dim rec As New Recordset
Private Sub Form_Load()
  Dim constr$, sq$, i&, j&, s&
  constr = "Provider=MSDataShape.1;" & _
           "Data Provider=Microsoft.Jet.OLEDB.3.51;" & _
           "Data Source=" & App.Path + "\nwind.mdb"
  sq = "SHAPE   {SELECT Kategoriename, `Kategorie-Nr` " & _
       "         FROM Kategorien ORDER BY Kategoriename} " & _
```

```
        "APPEND ({SELECT Artikelname, Einzelpreis, " & _
        "         Lagerbestand, `Kategorie-Nr` FROM Artikel " & _
        "         ORDER BY Artikelname}  " & _
        "RELATE 'Kategorie-Nr' TO 'Kategorie-Nr')  "
   rec.CursorLocation = adUseClient  'wichtig!
   rec.Open sq, constr
   Set MSHFlexGrid1.DataSource = rec
   ' optisches Tuning ...
End Sub
```

Auch wenn Sie normalerweise ADO-Steuerelemente zur Anzeige von hierarchischen Steuerelementen verwenden, können Sie selbstverständlich auch auf alle Teile des *Recordset*s per Programmcode zugreifen (und es ist ja das erklärte Ziel dieses Kapitels, den Datenzugriff per Programmcode zu illustrieren). Das Prinzip ist einfach: Bei der Auswertung der Datenfelder eines hierarchischen *Recordset* müssen Sie jeweils die *Type*-Eigenschaft kontrollieren. Enthält diese den Wert *adChapter,* dann enthält das Datenfeld nicht ein einfaches Datum, sondern ein eigenes *Recordset*-Objekt mit Detailinformationen.

Das folgende Beispielprogramm zeigt den Inhalt eines beliebigen hierarchischen *Recordset*s als Text in einem *RichText*-Feld an. Von zentraler Bedeutung ist dabei die rekursive Prozedur *PrintRecordsetContent*: Darin wird zuerst eine Zeile mit den Überschriften und dann je eine Zeile für jeden Datensatz ausgegeben. Für Detail-*Recordset*s wird die Prozedur rekursiv aufgerufen, wobei die Ausgabe dann auch entsprechend eingerückt wird.

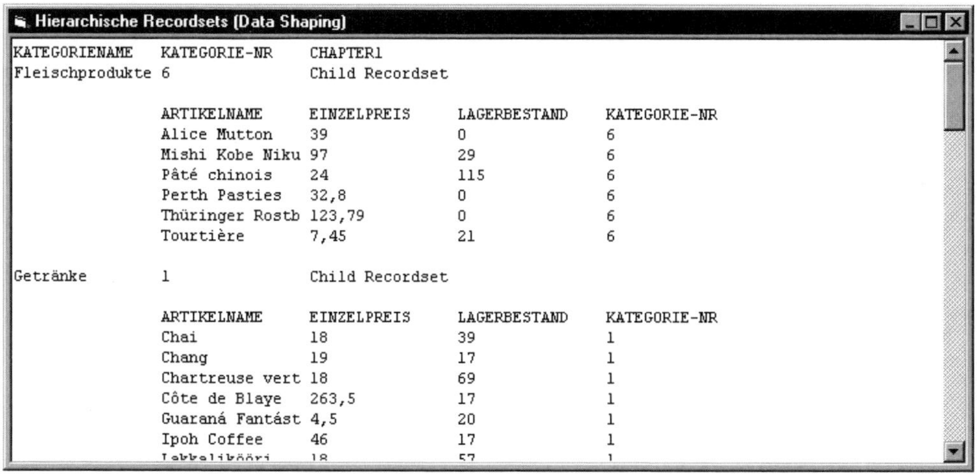

```
Hierarchische Recordsets (Data Shaping)
KATEGORIENAME   KATEGORIE-NR   CHAPTER1
Fleischprodukte 6              Child Recordset

                ARTIKELNAME    EINZELPREIS    LAGERBESTAND   KATEGORIE-NR
                Alice Mutton   39             0              6
                Mishi Kobe Niku 97            29             6
                Pâté chinois   24             115            6
                Perth Pasties  32,8           0              6
                Thüringer Rostb 123,79        0              6
                Tourtière      7,45           21             6

Getränke        1              Child Recordset

                ARTIKELNAME    EINZELPREIS    LAGERBESTAND   KATEGORIE-NR
                Chai           18             39             1
                Chang          19             17             1
                Chartreuse vert 18            69             1
                Côte de Blaye  263,5          17             1
                Guaraná Fantást 4,5           20             1
                Ipoh Coffee    46             17             1
```

Bild 17.9: Ausgabe eines hierarchischen Recordsets in einem Textfeld

```
' Datenbanken\Test-Hierarchical1b.frm
Public rec As Recordset
Const chars& = 16  'Anzahl der Zeichen pro Feld
Dim rtfbuffer$     'Buffer für RTF-Inhalt
Private Sub Form_Load()
  PrintRecordsetContent rec
  RTF.Text = rtfbuffer
  rtfbuffer = ""
End Sub
Private Sub PrintRecordsetContent(rec As Recordset)
  Dim lin$, i&
  Static intent&
  PrintLine "", intent
  With rec
    ' Spaltenbeschriftung
    For i = 0 To .Fields.Count - 1
      lin = lin + UCase(ShortenString(.Fields(i).Name))
    Next
    PrintLine lin, intent
    ' Inhalt der Spalten
    While Not rec.EOF
      For i = 0 To .Fields.Count - 1         ' Zeile ausgeben
        If .Fields(i).Type <> adChapter Then
          lin = lin + ShortenString(.Fields(i).Value)
        Else
          lin = lin + ShortenString("Child Recordset")
        End If
      Next i
      PrintLine lin, intent
      ' rekursiv eine Ebene tiefer gehen, falls Child-Recordset
      For i = 0 To .Fields.Count - 1
        If .Fields(i).Type = adChapter Then
          If .Fields(i).Value.RecordCount > 0 Then
            intent = intent + 1
            PrintRecordsetContent .Fields(i).Value
            intent = intent - 1
          End If
        End If
      Next i
      rec.MoveNext
    Wend
  End With
  PrintLine "", intent
End Sub
```

```
' Zeile an den RTF-Buffer anfügen (mit Einrückung)
Private Sub PrintLine(lin$, intent&)
  rtfbuffer = rtfbuffer + Space(chars * intent) + lin + vbCrLf
  lin = ""
End Sub
' Zeichenkette verkürzen/verlängern, sodaß exakt chars Zeichen
Private Function ShortenString(strng) As String
  Dim s$
  s = CStr(strng)
  If Len(s) > chars - 1 Then
    ' auf n-1 Zeichen verkürzen, am Ende ein Leerzeichen
    ShortenString = Left(s, chars - 1) + " "
  Else
    ' Leerzeichen anhängen, damit n Zeichen erreicht werden
    ShortenString = s + Space(chars - Len(s))
  End If
End Function
```

17.4.7 Recordsets ohne Datenbank

Um ein *Recordset*-Objekt mit Daten zu füllen, brauchen Sie keine Datenbank! Die folgenden Zeilen beweisen es:

```
Dim rec As New Recordset
With rec
  .Fields.Append "Name", adVarChar, 255
  .Fields.Append "Telefonnummer", adVarChar, 255
  .Open
  .AddNew
  !Name = "Kofler Michael"
  !Telefonnummer = "123-456-789"
  .Update
End With
Set DataGrid1.DataSource = rec
```

Damit wird ein neues, leeres *Recordset*-Objekt erzeugt, mit zwei Feldern für Name und Telefonnummer ausgestattet und geöffnet. Dieses *Recordset* wird intern ohne *Connection* verwaltet. (*ActiveConnection* enthält *Nothing*.) Es wird ein statischer, Client-seitiger Cursor verwendet.

Anschließend wird mit *AddNew* ein neuer Datensatz erzeugt. Wenn sich im aktuellen Fomular das Steuerelemente *DataGrid1* befindet, wird das gesamte *Recordset* dort nicht nur angezeigt, sondern kann auch verändert werden. Einfacher geht es nicht mehr!

Das *Recordset*-Objekt ist damit eine interessante Alternative zu den Objekten *Collection* und *Dictionary*! Die Vorteile: Sie haben ungleich mehr Möglichkeiten zur Verwaltung (inklusive *Find* und *Sort*) und Darstellung der Daten (alle ADO-Steuerelemente). Mit *Save* und *Open* können Sie den Inhalt des *Recordset*-Objekts sehr bequem in einer Datei speichern und später von dort wieder laden (siehe unten). Der Nachteil sei freilich auch nicht verschwiegen: Zur Weitergabe des Programms muß das gesamte ADO-Paket installiert werden (in komprimierter Form mehr als 8 MByte!).

Recordset-Objekte in lokalen Dateien speichern

Zwar ist die Verwaltung dynamischer Daten mit den *Recordset*-Möglichkeiten schon eine feine Sache, die Existenz der Datensätze endet allerdings mit dem Programmende. Falls Sie Ihre Daten später wiederverwenden möchten, können Sie den Inhalt des *Recordset*-Objekts mit ***Save*** speichern – und zwar nicht in einer Datenbank, sondern in einer einfachen Binärdatei.

ANMERKUNG

Dieses Feature wird auch oft als Persistenz beschrieben, was nicht ganz zutreffend ist. Persistenz bedeutet, daß dynamische Daten über das Programmende hinweg erhalten bleiben und beim nächsten Programmstart wieder verwendet werden können. Insofern sind an eine Datenbank gebundene *Recordset*-Objekte persistent, ungebundene *Recordset*-Objekte dagegen nicht. Die *Save*-Methode ermöglicht es nun, auch solche Objekte bleibend zu speichern (eben in einer Datei) und so – mit einigen Zeilen Code – auch in diesem Fall Persistenz zu erzielen.

Beim Speichern wird das sogenannten *Advanced-Data-Tablegram*-Format verwendet, zu dem in der MSDN-Library allerdings keine Dokumentation zu finden ist. Die im Beispielprogramm verwendete Dateikennung `*.adt` ist daher nicht von Microsoft vorgegeben, sondern eine Erfindung des Autors.

Um die Datei wieder in ein *Recordset*-Objekt zu laden, müssen Sie eine neues *Recordset*-Objekt erzeugen bzw. das vorhandene Objekt mit *Close* schließen. Danach führen Sie ***Open*** mit der Option *adCmdFile* aus:

```
rec.Save "dateiname"                    'speichern
rec.Close                               'wieder laden
rec.Open "dateiname", Options:=adCmdFile
```

HINWEIS

Die Methoden *Save* bzw. *Open Options:=adCmdFile* können übrigens durchaus auch bei gewöhnlichen *Recordset*-Objekten mit Datenbankverbindung eingesetzt werden.

Beispiel

Das Beispielprogramm verwendet ein *DataGrid*-Feld zur Anzeige eines dynamisch erzeugten *Recordset*-Objekts. So vielversprechend die Möglichkeiten in der Theorie sind, so groß sind leider auch die Probleme in der Praxis. Das Beispielprogramm holt den begeisterten Entwickler rasch wieder auf den Boden der Realität zurück, wenn Datensätze im *DataGrid*-Steuerelement plötzlich doppelt erscheinen. Wenn Sie den Button ADO-BUG anklicken, werden insgesamt neun Datensätze eingefügt. Dabei wird die Sortierung dreimal zwischen NAME- und TELEFONNUMMER geändert. Die Fehlerursache ist unklar geblieben; vermutlich resultieren die Fehler aus dem Zusammenspiel zwischen dem *Datagrid* und dem mit *Sort* sortierten *Recordset*. Wenn das *Recordset* in diesem Zustand gespeichert wird, werden aus den neun Datensätzen übrigens wirklich zwölf – gleichsam die wunderbare Datensatzvermehrung.

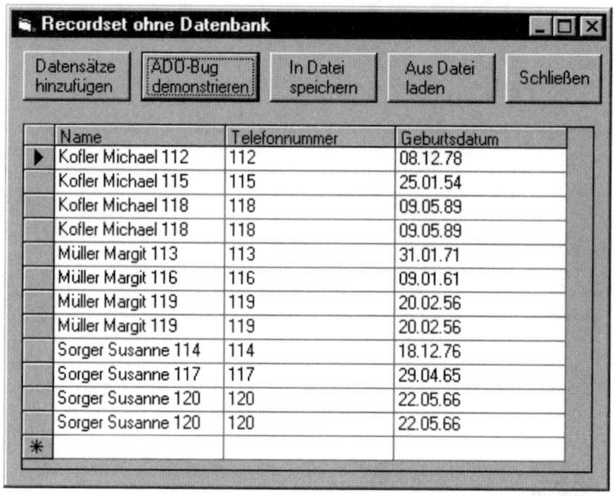

Recordset ohne Datenbank

Datensätze hinzufügen | ADO-Bug demonstrieren | In Datei speichern | Aus Datei laden | Schließen

Name	Telefonnummer	Geburtsdatum
Kofler Michael 112	112	08.12.78
Kofler Michael 115	115	25.01.54
Kofler Michael 118	118	09.05.89
Kofler Michael 118	118	09.05.89
Müller Margit 113	113	31.01.71
Müller Margit 116	116	09.01.61
Müller Margit 119	119	20.02.56
Müller Margit 119	119	20.02.56
Sorger Susanne 114	114	18.12.76
Sorger Susanne 117	117	29.04.65
Sorger Susanne 120	120	22.05.66
Sorger Susanne 120	120	22.05.66

Bild 17.10: Einige Datensätze werden doppelt angezeigt (es existieren nur 9 Datensätze, es werden aber 12 angezeigt)

```
' Datenbanken\Recordset-Standalone.frm
Option Explicit
Dim rec As Recordset
' Recordset erzeugen
Private Sub Form_Load()
  Set rec = New Recordset
  rec.Fields.Append "Name", adVarChar, 255
  rec.Fields.Append "Telefonnummer", adVarChar, 255
  rec.Fields.Append "Geburtsdatum", adDBDate
  rec.Open
  Set DataGrid1.DataSource = rec
End Sub
' Daten einfügen
Private Sub Command1_Click()
  Static counter As Long, n
  If counter = 0 Then counter = 100
```

```
  For Each n In Array("Kofler Michael", "Müller Margit", _
                      "Sorger Susanne")
    rec.AddNew
    rec!Name = n & " " & counter
    rec!Telefonnummer = counter
    rec!Geburtsdatum = DateSerial(1950 + Rnd * 40, Rnd * 12, _
      Rnd * 31)
    rec.Update
    counter = counter + 1
  Next
  DataGrid1.Refresh
End Sub
' ADO-Fehler demonstrieren
Private Sub Command5_Click()
  Command1_Click
  rec.Sort = "Name"
  Command1_Click
  rec.Sort = "Telefonnummer"
  Command1_Click
  rec.Sort = "Name"
  Stop
End Sub
' speichern
Private Sub Command2_Click()
  Dim ergebnis
  With CommonDialog1
    .CancelError = True
    .Filter = "Advanced Table Datagram (*.adt)|*.adt"
    If .InitDir = "" Then .InitDir = App.Path
    On Error Resume Next
    .ShowSave
    If Err = 0 Then
      On Error GoTo 0
      ... (Warnung, wenn Datei schon existiert)
      rec.Save .FileName
    End If
  End With
End Sub
' laden
Private Sub Command3_Click()
  ... (analog wie oben)
  rec.Close
```

```
  rec.Open .FileName, Options:=adCmdFile
  Set DataGrid1.DataSource = rec
  ...
End Sub
' spaltenweise sortieren
Private Sub DataGrid1_HeadClick(ByVal ColIndex As Integer)
  rec.Sort = DataGrid1.Columns(ColIndex).Caption
End Sub
```

17.4.8 Syntaxzusammenfassung

ADODB.Recordset – Eigenschaften	
AbsolutePage	Nummer der aktuellen Datensatzseite
AbsolutePosition	Nummer des aktuellen Datensatzes (1 für den ersten gültigen D.)
ActiveConnection	Verweis auf *Connection*-Objekt
BOF	der ungültige Datensatz vor dem ersten Datensatz ist aktiv
Bookmark	Identifikation des aktuellen Datensatzes
CursorLocation	Client- oder Server-seitiger Cursor
CursorType	Cursor-Typ (z.B. *adOpenForwardOnly, adOpenStatic*)
EditMode	Bearbeitungszustand (z.B. *adEditNone, adEditAdd*)
EOF	der ungültige Datensatz hinter dem letzten Datensatz ist aktiv
Fields	Verweis auf die Auflistung der Datensatzfelder
LockType	Locking-Mechanismus (z.B. *adReadOnly, adLockOptimistic*)
MaxRecords	Limit für Datensätze im *Recordset*-Objekt
PageCount	Anzahl der Datensatzseiten des Objekts
RecordCount	Anzahl aller Datensätze des Objekts
Sort	enthält den Spaltenname (Text) für die lokale Sortierung (Client)
State	Zustand des gesamten *Recordset*-Objekts (z.B. *adStateOpen*)
Status	Zustand des aktuellen Datensatzes (z.B. *adRecNew, adRecModified*)

ADODB.Recordset – Methoden	
CancelUpdate	Änderungen im aktuellen Datensatz widerrufen (nicht speichern)
Close	*Recordset* schließen
Find	Datensatz suchen, der einem bestimmten Kriterium entspricht
Move n	Datensatz-Cursor um *n* Positionen verändern
MoveFirst	ersten Datensatz aktivieren
MoveLast	letzten Datensatz aktivieren
MoveNext	nächsten Datensatz aktivieren
MovePrevious	vorherigen Datensatz aktivieren
Open	*Recordset* öffnen (Abfrage ausführen, aus Datei laden etc.)
Save	*Recordset* in einer Datei speichern
Supports	testen, ob das *Recordset* bestimmte Funktionen unterstützt
Update	Änderungen im aktuellen Datensatz speichern

ADODB.Recordset – Ereignisse	
EndOfRecordset	Bewegung über den letzten gültigen Datensatz hinaus
FieldChangeComplete	Inhalt eines Datensatzfelds hat sich geändert
MoveComplete	neuer Datensatz wurde zum aktuellen Datensatz
RecordChangeComplete	Inhalt des Datensatzes hat sich geändert
RecordsetChangeComplete	das *Recordset*-Objekt hat sich geändert (*Close*, *Open* etc.)
WillChangeField	Inhalt eines Datensatzfelds wird sich ändern
WillMove	neuer Datensatz wird zum aktuellen Datensatz
WillChangeRecordset	das *Recordset*-Objekt wird sich ändern (*Close*, *Open* etc.)

ADODB.Field – Eigenschaften	
ActualSize	tatsächlicher Speicherverbrauch in Byte
Attributes	besondere Merkmale (z.B. *adFldUpdatable*)
DefinedSize	maximale Größe (für Zeichenketten variabler Länge)
Name	Name des Datenfeldes
NumericScale	Anzahl der Nachkommastellen (bei Festkommadezimalzahlen)
Precision	Anzahl der Stellen (bei Festkommadezimalzahlen)
Type	Datentyp
Value	Wert

17.5 Fehlerverarbeitung (Error)

Wenn bei der Ausführung von ADO-Code ein Fehler auftritt, erfolgt die Benachrichtigung über die üblichen VB-Fehlerbehandlungsmechanismen – d.h., der Fehler kann mit *On Error Resume* abgefangen werden, *Err* enthält einen Verweis auf das *ErrObject*. (Fallweise wird unabhängig von *On Error Resume* eine Fehlermeldung am Bildschirm angezeigt. Diese muß mit OK bestätigt werden, bevor der Code in der Fehlerbehandlungsroutine ausgeführt wird. Es scheint keine Möglichkeit zu geben, diese automatische Anzeige zu verhindern.)

Der Unterschied zwischen ADO-Fehlern und herkömmlichen VB-Fehlern besteht darin, daß zusätzlich zu *ErrObject* auch die ADO-***Errors***-Aufzählung zur Verfügung steht. Der Grund für diese Doppelgleisigkeit besteht darin, daß eine einzelne ADO-Anweisung *mehrere* Fehlermeldungen verursachen kann, die unter Umständen von verschiedenen OLE-DB-Komponenten stammen. Der Sinn der *Errors*-Aufzählung besteht darin, dem Programmierer Zugang zu diesen Informationen zu geben.

Die *Errors*-Aufzählung kann über die gleichnamige Eigenschaft des *Connection*-Objekts angesprochen werden. Außerdem wird an alle ADO-Ereignisprozeduren ein Verweis auf das *Errors*-Objekt mitgeliefert. *Errors.Count* enthält die Anzahl der Fehlermeldungen. *Errors(n)* führt dann auf die entsprechenden ***Error***-Objekte, deren Eigenschaften Informationen über die Fehlerquelle geben:

ADODB.Error – Eigenschaften	
Description	Zeichenkette mit der Fehlermeldung
HelpContext	ID-Nummer für Hilfetext
HelpFile	Dateiname für Hilfedatei, leider leer!
NativeError	interne Fehlernummer des Providers
Number	ADO-Fehlernummer
Source	Zeichenkette mit dem Namen der Komponente, die den Fehler verursacht hat (z.B. *"Microsoft JET Database Engine"*)
SQLState	Zeichenkette mit leider nicht dokumentiertem Inhalt, Provider-abhängig

Ein Problem bei der Auswertung des *Error*-Objekts stellt die mangelnde Dokumentation über die Fehlernummern dar. Zu *NativeError* ist überhaupt keine Information zu finden, und die Fehlerliste zu *Number* ist nicht nur schwer zu finden, sondern außerdem noch unvollständig:

PLATTFORM SDK | DATENBANK-DIENSTE | MICROSOFT DATENZUGRIFFS-SDK |
- ADO PROGRAMMERS REFERENCE | FEHLERCODES | ADO FEHLERCODES

Dafür sind in Fehlerbehandlungsroutinen zwei Eigenschaften des *Recordset*-Objekts sehr hilfreich: *EditState* gibt an, ob der Datensatz gerade verändert oder neu angelegt wurde. *Status* gibt noch detailliertere Informationen über den Zustand des aktuellen Datensatzes (etwa *adRecConcurrencyViolation*).

TIP

Beispiele zur ADO-Fehlerabsicherung gibt das folgende Kapitel, z.B. in den Abschnitten 18.2 und 18.3.

18 ADO-Steuerelemente und -Designer

Mit Visual Basic wurde nicht nur die ADO-Bibliothek zum neuen Datenbankstandard erklärt, auch die vertrauten Steuerelemente wurden durch eine neue Kollektion von ADO-Steuerelementen und -Designern abgelöst.

Das Kapitel beginnt mit der Beschreibung zweier ADO-Datenquellen, dem *DataEnvironment*-Designer und dem *Adodc*-Steuerelement (dem Nachfolger des *Data*-Feldes). In den weiteren Abschnitten stehen Steuerelemente zur Anzeige und Veränderung von Datensatzlisten bzw. -feldern im Mittelpunkt: gebundene Standardsteuerelemente, Listen- und Tabellenfelder sowie *MSChart*. Einige Informationen zum *DataReport*-Designer zur Gestaltung von Datenbankberichten sowie zum *DataFormat*-Objekts zur Datenformatierung runden das Kapitel ab.

18.1 Verbindungsdaten (DataEnvironment)

Die Aufgabe des *DataEnvironment*-Designers besteht darin, bei der Verwaltung von oft benötigten ADO-Datenbankobjekten zu helfen. (Wer mit VB5 Enterprise gearbeitet hat, kennt den *UserConnection*-Designer, der eine Art Vorgänger zum *DataEnvironment*-Designer ist.)

Statt also ein *Connection*-Objekt per Programmcode einzurichten, können Sie diese Aufgabe sehr viel komfortabler im Designer erledigen (siehe auch Seite 729). Im Programmcode brauchen Sie dann nur noch auf das vorhandene *Connection*-Objekt des Designers zugreifen. Ähnliches gilt auch für den Entwurf von Datenbankabfragen. Der Designer kümmert sich um die korrekte Verwaltung der zahllosen *Command*- und *Recordset*-Eigenschaften und hilft beim Bilden des erforderlichen SQL-Codes.

Eigentlich ist die Verwendung des Designers optional. Es gibt allerdings eine Ausnahme: Wenn Sie einen Datenbankbericht auf der Basis des *DataReport*-Designers visuell erstellen möchten (und alles andere wäre unsinnig), müssen Sie vorher ein entsprechendes *Command*-Objekt im *DataEnvironment*-Designer erzeugen.

Die folgende Tabelle zeigt den Zusammenhang zwischen dem *DataEnvironment* und den davon abgeleiteten Objekten:

DataEnvironment – Objekthierarchie	
DataEnvironment	Startobjekt (im folgenden *de*)
├─ *Command[s]*	Verweise auf *Command*-Objekte
├─ *Connection[s]*	Verweise auf *Connection*-Objekte
└─ *Recordset[s]*	Verweise auf die von *Command*-Objekten abgeleiteten *Recordsets*

Der Zugriff auf die Objekte erfolgt über Aufzähleigenschaften. Bei *Recordset*-Objekten setzt sich der Name aus *rs* und dem *Command*-Namen zusammen. *Recordset*-Objekte können auch direkt (ohne *Recordsets*-Aufzählung) angesprochen werden.

```
de.Commands("cmdName")    'Zugriffsmöglichkeiten auf Command-Objekte
de.Commands(n)
de.Recordsets(n)          'Zugriffsmöglichkeiten auf Recordset-Objekte
de.rscmdName
```

Command-Objekte können durch direkte Namensnennung (ohne *Commands*-Aufzählung) ausgeführt werden. Das ist allerdings nur bei Kommandos sinnvoll, die kein *Recordset*-Objekt zurückliefern.

```
de.cmdName                'Kommando ohne Ergebnis-Rückgabe ausführen
```

ACHTUNG

Im Gegensatz zu den ADO-Objekten reichen die Indizes der *DataEnvironment*-Aufzählungen von 1 bis *Count* (nicht von 0 bis *Count*-1)! Da hat wohl wieder mal die linke Hand Microsoft's nicht gewußt, was die rechte tut ...

ACHTUNG

Damit die Kommunikation zwischen dem Microsoft SQL-Server und dem *DataEnvironment*-Designer bzw. dem Datenansichtsfenster klappt, müssen Sie im SQL-Server die mit Visual Basic mitgelieferte Datei `Winnt\System32\Instcat.sql` ausführen! Wenn Sie mit dem SQL-Server 6.5 arbeiten, ist zumindest das Service Pack 3 erforderlich. (Mit Visual Basic Enterprise wird SP4 mitgeliefert.)

18.1.1 Connection

Die Einstellung der auf Seite 754 beschriebenen *Connection*-Eigenschaften erfolgt in einem vierblättrigen Dialog. Besonders praktisch ist dabei der Button VERBINDUNG TESTEN, mit dem unmittelbar überprüft werden kann, ob ein Verbindungsaufbau möglich ist.

Wie bereits erwähnt, werden die Verbindungsinformationen zu Jet-Datenbanken in absoluten Dateinamen gespeichert. Nach der Weitergabe eines Projekts, bei dem die *Connection* auf eine Datenbankdatei im lokalen Verzeichnis verweist, führt daher zu Problemen. Eine entsprechende Prozedur zur Korrektur der *ConnectionString*-Einstellung finden Sie auf Seite 732. (Den Wert relativer Pfadangaben wird man bei Microsoft wahrscheinlich nie kapieren. Egal ob Sie mit WinWord oder Visual Basic arbeiten – wann immer Sie ein paar Dateien von einem Verzeichnis in ein anderes verschieben, sind alle Querverweise defekt.)

Kurz einige Anmerkungen zu Benutzername und Paßwort: diese Einstellungen werden unverschlüsselt gespeichert. Daher sollten Sie hier aus Sicherheitsgründen keine Angaben machen (zumindest nicht bei der Auslieferung des endgültigen Programms). Die Anwender bekommen dann im laufenden Programm die Möglichkeit, sich beim Datenbank-Server anzumelden und gegebenenfalls ihr Paßwort anzugeben.

ANMERKUNG

Als Alternative zur direkten Angabe von Benutzername und Paßwort können Sie auch die vier Eigenschaften *DesignPassword* und *-UserName* sowie *RunPassword* und *-UserName* einstellen. Solange *Design-* und *RunSaveAuthentication* auf *False* bleiben (Voreinstellung), werden Benutzername und Paßwort aber bei jedem Programmstart gelöscht. Mit *XxxSaveAuthentication=True* werden die Informationen dagegen bleibend gespeichert, und zwar sowohl im Programmcode als auch im Kompilat.

Die sechs Eigenschaften sind damit vollkommen sinnlos: Im einen Fall müssen die Eingaben ständig wiederholt werden (und dazu können Sie genauso gut den Datenbank-Login-Dialog verwenden), im anderen Fall ist die Sicherheit so gering wie bei einer direkten Einstellung. Vernünftiger wäre es gewesen, die Gültigkeit dieser Eigenschaften auf die Entwicklungsumgebung zu beschränken.

Datenbank-Login

Das Verhalten des *Connection*-Objekts bei einem Datenbank-Login ist nicht besonders glücklich. Der Login-Dialog kann nur dann mit OK verlassen werden, wenn ein richtiges Paßwort angegeben wird. Mit CANCEL löst die *Open*-Methode erwartungsgemäß einen Fehler auf. Das Problem besteht nun darin, daß *Open* nicht mehr wiederholt werden kann. *Cancel* und *Close* können auch nicht ausgeführt werden, weil die Verbindung gar nicht hergestellt werden konnte. Eine Fehlerbehandlungsroutine mit einem zweiten Login-Versuch ist daher unmöglich, das Programm muß beendet werden!

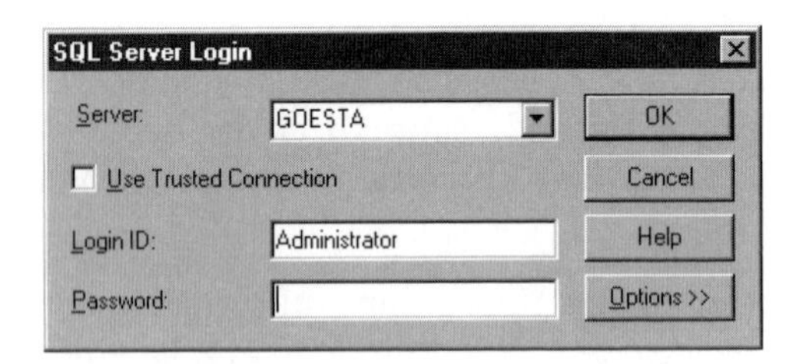

Bild 18.1: Datenbank-Login, wenn ein Paßwort erforderlich ist

```
Private Sub Form_Load()
  Dim result
  On Error Resume Next
  DataEnvironment1.SQLServerPubsConnection1.Open
  If Err Then
    MsgBox "Es ist ein Fehler aufgetreten: " & vbCrLf & vbCrLf & _
      Error & vbCrLf & vbCrLf & "Das Programm wird beendet."
    Unload Me
  End If
End Sub
```

18.1.2 Command

Wenn Sie mit dem *DataEnvironment*-Designer ein *Command*-Objekt erstellen, können Sie weit mehr Eigenschaften einstellen als das ADO-*Command*-Objekt eigentlich vorsieht. Der Grund: Der Designer verwaltet genaugenommen eine Kombination aus einem *Command*- und dem daraus resultierenden *Recordset*-Objekt. Daher überrascht es nicht, daß Sie später im Programmcode auf *zwei* Objekte zugreifen können:

name	ADO-*Command*-Objekt
rsname	ADO-*Recordset*-Objekt

Die eigentliche Stärke des Designers besteht darin, daß Abfragen vergleichsweise komfortabel mit dem SQL-GENERATOR erstellt werden können (siehe Bild 16.3 auf Seite 733). Vorher muß als Datenquelle SQL-ANWEISUNG eingestellt werden.

Aus *Command*-Objekten resultierenden *Recordsets* verwenden in der Default-Einstellung einen Client-seitigen Cursor sowie *LockType=adOpenReadOnly*. Wenn Sie mit dieser Voreinstellung nicht einverstanden sind, verändern Sie diese Eigenschaften im WEITERE-Blatt des Eigenschaftsdialog!

Parameter

Der SQL-GENERATOR hat massive Probleme mit Parametern in einer Abfrage. Die einzige Syntax, die das Programm zu verstehen scheint, ist das Fragezeichen als Platzhalter für einen unbenannten Parameter. Anschließend können im PARAMETER-Blatt des Eigenschaftsdialogs Name und Typ dieses Parameters angegeben werden. Diese Einstellungen werden allerdings nicht auf das SQL-Kommando zurückreflektiert und gehen bei der nächsten Veränderung der Abfrage im SQL-GENERATOR wieder verloren.

Im SQL-GENERATOR kann ein Eigenschaftendialog aufgerufen werden (Kontextmenü), um ein Sonderzeichen zur Identifizierung von Parametern anzugeben. Dieser Dialog kann allerdings nur durch SCHLIESSEN beendet werden (ein OK-Button fehlt!). Leider verbessert auch die Angabe eines Parameter-Identifikationszeichens die Parameterunterstützung nicht. Wird der SQL-GENERATOR geschlossen und neu geöffnet, sind die gerade spezifizierten Parameter-Identifikationszeichen ohnedies wieder vergessen.

Einigermaßen problemlos werden nur Parameter von SQL-Prozeduren unterstützt. Die Prozeduren muß der Designer allerdings erst ausführen, um die Parameter zu erkennen. Bei Aktionskommandos ('lösche alle Datensätze, die ein Kriterium erfüllen') ist ein derartiges, probeweises Ausführen natürlich auch nicht ideal.

Alles in allem herrscht hier also noch großer Verbesserungsbedarf. Manchmal fragt man sich wirklich, ob auch nur eine einzige Person bei Microsoft solche Features testet. Dokumentiert ist auf jeden Fall nur das PARAMETER-Dialogblatt, und die dort angegebenen Informationen haben keinen Praxisbezug.

Design hierarchischer Recordsets

Im vorherigen Kapitel ist bereits erwähnt worden, daß der Designer eine wichtige Hilfe zum Entwurf hierarchischer *Recordsets* ist. Der Designprozeß beginnt mit einem normalen *Command*-Objekt. Anschließend bestehen zwei Möglichkeiten:

- Sie fügen mit dem Button UNTERGEORDNETEN BEFEHL HINZUFÜGEN ein Subkommando ein, das den SQL-Code für die Detaillisten enthält. Die Verbindung zwischen über- und untergeordneten Kommando erfolgt im Dialogblatt BEZIEHUNG. (Diese Art der Verbindung entspricht der *SHAPE-APPEND*-Syntax – siehe Seite 790.) Sie können übrigens auch dann einen ÜBERGEORDNETEN BEFEHL angeben, wenn sich das aktuelle *Command*-Objekt noch gar nicht am richtigen Punkt in der Hierarchie befindet.

- Oder Sie verwenden das Dialogblatt GRUPPIERUNG, um eine Datensatzliste zu gruppieren. In einem weiteren Schritt können Sie im Dialogblatt AGGREGATE Funktionen wie *Count, Min, Average* oder *Sum* dazu verwenden, um die Gruppendatensätzen durch berechnete Werte zu ergänzen (entspricht *SHAPE-COMPUTE*).

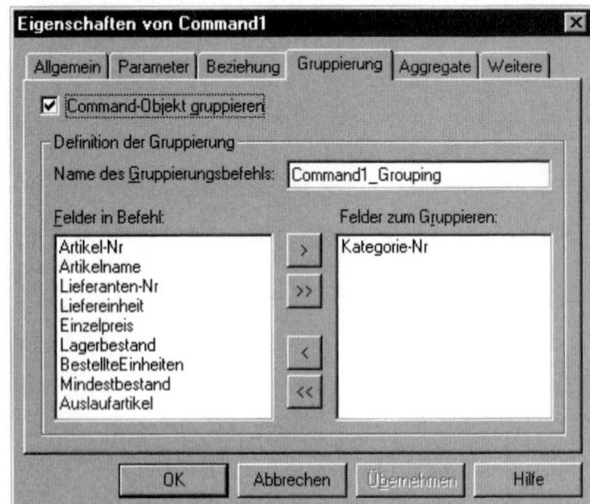

Bild 18.2: Die Dialogblätter zur Definition von SHAPE-APPEND- (links) bzw. SHAPE-COMPUTE-Recordsets (rechts)

18.1.3 DataEnvironment-Programmcode

Das *DataEnvironment*-Fenster ist ein Designer, und wie bei allen Designern können Sie auch hier Programmcode eingeben. Das Codefenster gibt die Möglichkeit, zu allen definierten *Connection*- und *Recordset*-Objekten zentrale Ereignisprozeduren zu definieren. Das ist besonders praktisch, wenn eines der dort definierten Objekte von mehreren Stellen im Programm verwendet wird. Anstatt in jedem Modul / Formular eine eigene Objektvariable mit *WithEvents* zu definieren und immer die gleichen Ereignisprozeduren zu formulieren, können Sie das zentral erledigen. Alle im vorherigen Kapitel beschriebenen *Connection*- und *Recordset*-Ereignisse werden unterstützt.

Darüber hinaus gibt es zwei *DataEnvironment*-Ereignisse: ***Initialize*** und ***Terminate***. Die *Initialize*-Ereignisprozedur wird aufgerufen, bevor zum ersten Mal auf ein *Data-Environment*-Objekt zugegriffen wird; wenn sich am Formular ein ADO-Steuerelement mit Verbindung zum *DataEnvironment* befindet, wird *Initialize* also vor *Form_Load* ausgeführt! Ein Beispiel für eine *Initialize*-Prozedur, in der der Pfad zur Datenbankdatei dynamisch eingestellt wird, finden Sie in Abschnitt 0 ab Seite 729.

Normalerweise erfolgt der erste Zugriff auf ein *DataEnvironment*-Objekt durch ein Steuerelement – dann klappt alles problemlos. Sehr eigenwillige Probleme sind allerdings beim Versuch aufgetreten, ein *Recordset* aus dem *DataEnvironment* per Code dem *MSHFlexGrid*-Steuerelement zuzuweisen. Der erste Versuch hat so ausgesehen:

```
Private Sub Form_Load()
  DataEnvironment1.rsKategorien.Open
  Set MSHFlexGrid1.DataSource = DataEnvironment1.rsKategorien
End Sub
```

Das resultiert im Fehler *Unable to set required data provider properties.* Besonders merkwürdig ist der Umstand, daß der Code ohne Veränderungen funktioniert, wenn er Schritt für Schritt mit F8 ausgeführt wird! Nach einigem Experimentieren entstand dann folgende Notlösung:

```
' Datenbanken\MSHFlexGrid.frm
Private Declare Sub Sleep Lib "kernel32" (ByVal dwMilliseconds _
  As Long)
Private Sub Form_Load()
  Dim rec As Recordset, versuche&
  Do
    On Error Resume Next
    DataEnvironment1.rsKategorien.Open
    On Error GoTo 0
    versuche = versuche + 1
    If versuche > 200 Then  'entspricht 10 Sekunden
      MsgBox "Verbindung zur Datenbank kann nicht " & _
             "hergestellt werden!"
      End
    End If
    Sleep 50
  Loop Until DataEnvironment1.rsKategorien.State = adStateOpen
  Set MSHFlexGrid1.DataSource = DataEnvironment1.rsKategorien
End Sub
```

Open wird also solange ausgeführt, bis die Verbindung offen ist. *Sleep* vermeidet eine unnötige Belastung der CPU. Unklar ist, ob das merkwürdige Verhalten – offensichtlich ein Initialisierungsproblem – wirklich ein Fehler ist, der in Zukunft von Microsoft korrigiert wird. Der obige Code sollte aber selbst dann unproblematisch sein, wenn alles auf Anhieb klappt – dann gehen eben 50 Millisekunden verloren.

Was zu tun ist, um ein *Terminate*-Ereignis auszulösen, ist unklar – dem Autor ist es auf jeden Fall nicht gelungen. Bei einem regulären Programmende wird die Ereignisprozedur ganz sicher nicht aufgerufen.

18.1.4 Das Datenansichtfenster

Um es gleich vorwegzunehmen: Das Datenansichtfenster ist *nicht* Teil des *DataEnvironment*-Designers, sondern ein davon unabhängiger, integraler Bestandteil der Visual-Basic-Entwicklungsumgebung. Es kann auch dann angezeigt werden, wenn ein Projekt (noch) keinen *DataEnvironment*-Designer enthält. Der Grund, warum diese Komponente gerade hier beschrieben wird, liegt im inhaltlichen Zusammenhang mit dem Designer.

ANMERKUNG

Das Datenansichtfenster hinterläßt nicht gerade den Eindruck, daß diese Komponente besonders gut durchdacht ist.

- Das Fenster wirkt in der Visual-Basic-Entwicklungsumgebung wie ein Fremdkörper. Es wird immer über allen anderen Fenstern angezeigt, was ausgesprochen lästig ist. Im Fenster werden zum Teil dieselben Informationen wie im *DataEnvironment*-Designer angezeigt. Es ist aber selten klar, welches der beiden Fenster (*DataView* oder *DataEnvironment*) als Quelle oder als Ziel von *Drag-and-Drop*-Operationen verwendet werden kann bzw. von wo andere Komponenten (etwa die Visual Database Tools) aktiviert werden können.
- Operationen im Datenansichtfenster bzw. in davon abgeleiteten Fenstern führen immer wieder zu wirren Fehlermeldungen.
- Das Datenansichtfenster sieht in den verschiedenen Visual-Studio-Komponenten unterschiedlich aus und verhält sich auch unterschiedlich.
- Bei DATENVERKNÜPFUNGS-Objekten führt der Kontexteintrag EIGENSCHAFTEN zu einem eigenwilligen Read-Only-Fenster. Um hingegen wirklich zum Eigenschaftsdialog zu gelangen, müssen Sie Kommando VERÄNDERN ausführen.
- Die Dokumentation ist vollkommen vage, die hier gesammelten Informationen stammen zumeist aus empirischer Beobachtung. (Der Autor hat sich dabei wie bei einem Puzzle-Spiel gefühlt.)

Fazit: Es ist zu hoffen, daß Microsoft in der nächsten Visual-Basic-Version das Datenansichtfensters mit dem *DataEnvironment*-Designer und den anderen Teilen der Entwicklungsumgebung integriert. Bis dahin müssen Sie wohl oder übel mit der nicht nachvollziehbaren Logik des Datenansichtfensters leben.

Inhalt des Datenansichtfensters

Das Datenansichtfenster enthält eine hierarchische Liste, die aus zwei Bereichen besteht. Im ersten Bereich werden alle definierten Datenverknüpfungen angezeigt. Dabei handelt es sich um Verbindungen zu Datenbanken, die *nicht* Teil eines bestimmten Visual-Basic-Projekts sind, sondern die in der Visual-Basic-Entwicklungsumgebung global gespeichert werden (siehe unten).

Bild 18.3: Das Datenansichtfenster

Der zweite Bereich enthält alle *Connection*-Objekte, die in den *DataEnvironment*-Designern des geladenen Projekts definiert sind. (Bei einem neuen Projekt ist dieser Teil der Liste noch leer.)

Zu den Datenverknüpfungen können alle dadurch verfügbaren Tabellen, Ansichten und SQL-Prozeduren angezeigt werden (mit deren Datenfeldern). Bei *Connection*-Objekten werden dieselben Objekte nochmals angezeigt. Wenn es sich um eine Datenbank handelt, die mit dem Microsoft SQL-Server oder mit Oracle verwaltet wird, kommt der Eintrag DATENBANKDIAGRAMM hinzu.

Funktion des Datenansichtfensters

Vordergründig werden im Datenansichtfenster also kaum andere Daten angezeigt als im *DataEnvironment*-Designer. (Das ist gleichzeitig ein der Grund, weswegen das Fenster so viel Verwirrung stiftet.) Der Unterschied liegt tatsächlich weniger in den angezeigten Daten als in den Operationen, die Sie damit durchführen können.

- Im Datenansichtfenster werden sämtliche Tabellen / Ansichten / SQL-Prozeduren der jeweiligen Datenbank angezeigt, und zwar schon bevor irgendwelche *Connections* definiert sind. Das Fenster hilft also, sofort einen ersten Überblick über die Datenbank zu erlangen.
- Sie können Tabellenen von Datenverknüfungen per *Drag and Drop* in ein neues leeres *DataEnvironment*-Fenster verschieben. Dort wird automatisch ein *Connection*- und ein *Command*-Objekt erzeugt.
- Beim Entwurf einer Abfrage (Button SQL-GENERATOR des BEFEHL-Eigenschaftsdialogs des *DataEnvironment*-Designers) können Sie Tabellenfelder einer dazugehörenden *Connection* Tabelle per *Drag and Drop* in den Abfrage-Designer verschieben. (Das ist übrigens die einzige Möglichkeit, dort Datenfelder einzufügen.)

Beachten Sie, daß Sie nicht eine Tabelle als ganzes, sondern nur ein einzelnes Datenfeld verschieben können. Falls Sie mehrere *Connections* verwenden, muß das Datenfeld vom richtigen *Connection*-Objekt stammen. Tabellenfelder von Datenverknüpfungen können nicht verschoben werden.

- Wenn Sie mit der Enterprise-Version von Visual Basic arbeiten und Ihre Datenbank mit dem Microsoft SQL-Server oder mit Oracle verwalten, können Sie über das Datenansichtfenster einige der in diesem Buch nicht behandelten Visual Database Tools aufrufen.

Datenverknüpfungen (Data Links)

Wahrscheinlich fragen Sie sich seit geraumer Zeit, was Datenverknüpfungen sind (*Data Links* in der englischen VB-Version) und worin der Unterschied zu den *Connection*-Objekten besteht: Die im Datenansichtfenster angezeigten Datenverknüpfungen werden global von der Visual-Basic-Entwicklungsumgebung verwaltet (sie sind also Projekt-unabhängig!). Sie können darin dieselben Informationen wie in einem *Connection*-Objekt des *DataEnvironment*-Designers speichern. Der einzige Unterschied besteht darin, daß das *Connection*-Objekt zum jeweiligen Projekt gehört, Datenverknüpfungen aber auch beim Start eines neuen Projektes zur Verfügung steht.

Der Grund (vermutlich): Sie brauchen nicht bei jedem neuen Datenbankprojekt alle Verbindungsdaten neu eingeben. Statt dessen ziehen Sie einfach eine Tabelle einer Datenverknüpfung in ein *DataEnvironment*-Fenster (und sparen damit wertvolle 20 Sekunden Arbeitszeit ...).

HINWEIS

Datenverknüpfungen sind eine lediglich visuelle Entsprechung der *ConnectionString*-Eigenschaft. Es gibt kein eigenes Visual-Basic- oder ADO-Objekt mit dem Namen *DataLink*. Sie können Datenverknüpfungen nicht per Programmcode ansprechen.

Data-Link-Dateien (*.udl)

Die gesamte Information einer Datenverknüpfung kann in einer einzigen Zeichenkette ausgedrückt werden (*ConnectionString*-Eigenschaft). Wird diese Information in einer Datei mit der Kennung `*.udl` gespeichert, spricht man von einer Data-Link-Datei. Die folgenden Zeilen zeigen den Inhalt einer `*.udl`-Datei. (Die beiden letzten Zeilen bilden in Wirklichkeit eine lange Zeile und sind hier nur aus Platzgründen auf zwei Zeilen aufgeteilt.)

```
[oledb]
; Everything after this line is an OLE DB initstring
Provider=SQLOLEDB.1;Persist Security Info=False;
  Initial Catalog=pubs;Data Source=GOESTA
```

`*.udl`-Dateien können zur Einstellung der *ConnectionString*-Eigenschaft verwendet werden (*Connection*-Objekt, *Adodc*-Steuerelement).

```
' VB-Code
object.ConnectionString = "FILE NAME=" & App.Path & "\connect.udl"
```

Der Vorteil einer `*.udl`-Datei gegenüber der direkten Angabe der Verbindungsinformationen im Code bzw. durch ein *Connection*-Objekt im *DataEnvironment*-Designer besteht darin, daß die `*.udl`-Datei extern zugänglich ist. Wenn sich beispielsweise der Ort oder Name der Datenbank(datei) ändert, kann die `*.udl`-Datei per Doppelklick im Explorer geöffnet und entsprechend verändert werden, ohne den Code des Programms anzutasten. (Das ist natürlich auch mit einem Risiko verbunden: Wenn ein unbedarfter Anwender hier unzulässige Veränderungen vornimmt, funktioniert nichts mehr.)

Der einzige Ort in Visual Basic, wo man die Existenz von `*.udl`-Dateien bemerkt, ist der Eigenschaftsdialog des *Adodc*-Steuerelements. Dort können Sie als Datenquelle (unter anderem) eine `*.udl`-Datei erzeugen, auswählen und verändern (Kontextmenü ÖFFNEN im Dateiauswahldialog). Darüberhinaus können Sie `*.udl`-Dateien im Explorer mit DATEI | NEU | MICROSOFT DATA LINK erzeugen.

Nach einer Möglichkeit, die *Connection*-Informationen eine Datenverknüpfung im Datenansichtfenster aus einer `*.udl`-Datei zu laden bzw. dort zu speichern, werden Sie vergeblich suchen. Gleiches gilt auch für *Connection*-Objekte im *DataEnvironment*-Designer.

VERWEIS

Hintergrundinformationen zu Data Links und zum Zusammenhang mit `*.udl`-Dateien finden Sie in der MSDN-Library:

PLATTFORM SDK | DATENBANK-DIENSTE | OLE DB | OLE DB CORE COMPONENTS | - DATA LINK API

18.2 Datenbankfeld (Adodc)

Das ADO-Datenbankfeld *Adodc* kombiniert ein ganz gewöhnliches *Recordset*-Objekt mit vier Navigation-Buttons, die den Methoden *MoveFirst*, *-Previous*, *-Next* und *-Last* entsprechen. Alle ab Seite 772 beschriebenen *Recordset*-Eigenschaften, Methoden und Ereignisse stehen auch für das *Adodc*-Steuerelement unverändert zur Verfügung – wenn nicht direkt, dann über das zugrundeliegende *Recordset*-Objekt, das mit der gleichnamigen Eigenschaft angesprochen werden kann. Aus diesem Grund wird hier auf Wiederholungen verzichtet.

Das *Adodc*-Felds erfüllt zwei Aufgaben: Es dient als Datenquelle für damit verbundene Steuerelemente (mehr dazu im nächsten Abschnitt) und hilft bei der Navigation durch die Datensatzliste. Im Inneren des Steuerelements kann ein Text angezeigt – üblicherweise eine Statusinformation oder die ID-Nummer des aktuellen Datensatzes.

Bild 18.4: Das Adodc-Steuerelement

Adodc – Pro und Kontra

Unverständlicherweise kooperiert das Steuerelement nicht mit einem eventuell im Projekt befindlichen *DataEnvironment*-Designer. Dort bereits definierte *Connection-* oder *Command*-Objekte können im *Adodc*-Steuerelement nicht verwendet werden. Unklar ist geblieben, ob Microsoft auf diese Möglichkeit einfach vergessen hat oder ob dahinter eine tiefere Philosophie steckt: Sicher ist, daß der *DataEnvironment*-Designer und das *Adodc*-Feld tatsächlich zwei fundamental unterschiedliche Möglichkeiten darstellen, woher eine Datenbankanwendung ihre Daten beziehen kann. (Die dritte Variante besteht darin, die entsprechenden ADO-Objekte direkt durch Programmcode zu erzeugen.)

Eine klare Empfehlung, Datenbankanwendungen mit oder ohne *Adodc*-Feld zu erstellen ist hier schwer möglich. Der Autor ist allerdings aufgrund der vielfältigen Probleme, die früher das *Data*-Feld bereitete, sehr skeptisch. Die ersten Erfahrungen mit dem *Adodc*-Feld haben auch nicht gerade dazu beigetragen, diese Skepsis zu verringern.

Das *Adodc*-Feld hat auf jeden Fall den Nachteil, daß keine direkte Kontrolle der Datenbankverbindung möglich ist. Ärgerlich ist auch, daß wie beim *Data*-Feld eine Navigation per Tastatur unmöglich ist (es sei denn, Sie werten Tastaturereignisse auf Formularebene selbst aus). Vorteile sind dagegen wenige zu erkennen: Das *Error*-Ereignis hilft dabei, die Fehlerabsicherung etwas besser zu zentralisieren. Die Zeitersparnis durch die automatische Verwaltung der vier Navigationsbuttons ist in einem Datenbankprojekt dagegen vernachlässigbar.

Verbindung zur Datenbank herstellen

Die Verbindung zwischen dem *Adodc*-Steuerelement und der Datenbank erfolgt über die vom *Connection*-Objekt ebenfalls schon bekannte ***ConnectionString***-Eigenschaft (siehe auch Seite 754). Zur Einstellung dieser Eigenschaft wird ein Dialog angezeigt. Als Datenquelle kann auch eine `*.udl`-Datei (siehe oben) oder ein ODBC-Data-Source-Name verwendet werden.

Ist die Verbindung zur Datenbank hergestellt, kann im nächsten Schritt die ***RecordSource***-Eigenschaft eingestellt werden. Diese Eigenschaft entspricht der *CommandText*-Eigenschaft des *Command*-Objekts, enthält also üblicherweise ein SQL-Kommando oder einen Tabellennamen. ***CommandType*** gibt an, worauf sich die Informationen in *RecordSource* beziehen (z.B. auf einen Tabellennamen, auf eine SQL-Prozedur etc.). Auch zur Einstellung dieser beiden Eigenschaften steht ein Dialog zur Verfügung.

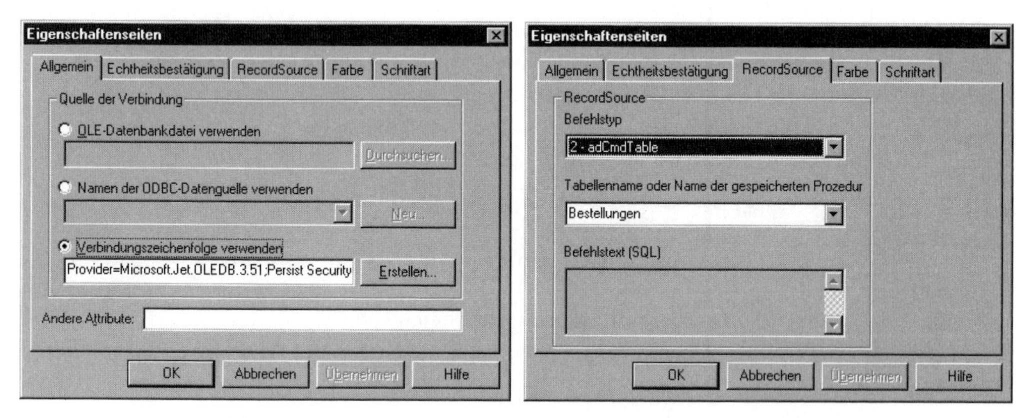

Bild 18.5: Die Dialoge zur Einstellung der Datenbankverbindung

TIP

Anstatt ein *Adodc*-Steuerelement und daran gebundene Felder manuell in ein Formular einzufügen, können Sie statt dessen auch den Datenformularassistent verwenden. Das spart nicht nur viele Mausklicks, sondern liefert auch gleich ein Code-Gerüst mit Prozeduren zum Einfügen und Löschen von Datensätzen etc.

Falls Sie im Wizard Datenfelder mit Sonderzeichen auswählen, müssen Sie anschließend das SQL-Kommando manuell ändern: Darin fehlen die `-Zeichen zur Kennzeichnung solcher Datenfelder.

Verbindung zu einer Datenbankdatei im lokalen Verzeichnis

Wie in den meisten Microsoft-Komponenten wird auch beim *Adodc* der Pfad zur Datenbankdatei absolut gespeichert. Anders als beim *DataEnvironment*-Designer hilft diesmal allerdings auch *Form_Load* nicht weiter: Wenn *Adodc* die Datenbankdatei nicht findet, beginnt die Programmausführung nicht mit *Form_Load*, sondern mit der *Adodc_Error*-Ereignisprozedur.

Das ist also der richtige Ort, um die *ConnectionString*-Eigenschaft entsprechend zu verändern. Der Code ist etwas trickreich, weil es über die Fehlernummern unmöglich ist, die Ursache des Fehlers zu ermitteln. Statt dessen wird die *Recordset*-Eigenschaft und eine eventuell noch nicht initialisierte Variable ausgewertet.

```
Dim init_adodc As Boolean
Private Sub Adodc1_Error(ByVal ErrorNumber As Long, ..., _
    fCancelDisplay As Boolean)
  Dim i%, connItems As Variant
  ' Datenbankdatei kann nicht gefunden werden
  If (Adodc1.Recordset Is Nothing) And init_adodc = False Then
    connItems = Split(Adodc1.ConnectionString, ";")
    For i = LBound(connItems) To UBound(connItems)
      If connItems(i) Like "Data Source*" Then
        connItems(i) = "Data Source=" & App.Path + "\nwind.mdb"
        Exit For
      End If
    Next
    Adodc1.ConnectionString = Join(connItems, ";")
    fCancelDisplay = True
    Exit Sub
  End If
  ' ... andere Fehler berücksichtigen
End Sub
```

Verhalten am Anfang und Ende der Datensatzliste

Die beiden Eigenschaften ***BOFAction*** und ***EOFAction*** steuern das Verhalten des *Adodc*-Felds, wenn die Anwender versuchen, sich über den ersten oder letzten Datensatz hinauszubewegen. Die übliche Reaktionen besteht darin, weiter den ersten bzw. letzten Datensatz als aktiven Datensatz zu verwenden. Mit *EOFAction=adDoAddNew* wird erreicht, daß nach dem Erreichen des letzten Datensatzes durch ein automatisches *Recordset.AddNew* Platz für einen neuen Datensatz geschaffen wird.

Ereignisse, Fehler-Management

Überraschenderweise kennt *Adodc* kein *Click-* und *DblClick*-Ereignis. Die Ereignisse *MouseDown, -Move* und *-Up* existieren zwar, aber ganz gleich, mit welcher Maustaste Sie wo auf das Steuerelement klicken, werden Sie vergeblich auf deren Eintreten warten.

Zusätzlich zu den *Recordset*-Ereignissen kennt das *Adodc*-Feld das oben bereits erwähnte ***Error***-Ereignis. Das Ereignis tritt nur dann auf, wenn der Fehler *nicht* durch Ihren Programmcode verursacht wurde, sondern durch ein Benutzerereignis (zumeist durch das Anklicken eines Navigation-Buttons des *Adodc*-Felds).

An die Prozedur werden zahlreiche Eigenschaften des auf Seite 802 beschriebenen *Error*-Objekts übergeben. Warum nicht gleich ein Verweis auf ein *Error*-Objekt übergeben wird, bleibt freilich rätselhaft – die Prozedurdeklaration wäre dann auf jeden

Fall viel übersichtlicher ausfallen. Die *Errors*-Aufzählung kann bei Bedarf als *Adodc1.Recordset.ActiveConnection.Errors* angesprochen werden.

```
Private Sub Adodc1_Error(ByVal ErrorNumber As Long, _
  Description As String, ByVal Scode As Long, _
  ByVal Source As String, ByVal HelpFile As String, _
  ByVal HelpContext As Long, fCancelDisplay As Boolean)
```

ErrorNumber sollte die in der Online-Dokumentation zum *Error*-Ereignis dokumentierten Werte enthalten (verfolgen Sie den Verweis SIEHE AUCH). Tatsächlich enthält der Parameter allerdings oft unabhängig vom tatsächlichen Fehler den Wert 16389. Der Wert in *Scode* (laut Online-Dokumentation der Server-Fehlercode) stimmt mit der Fehlernummer des ersten Fehlers der *Errors*-Aufzählung überein – diese Fehlercodes sind aber überhaupt nicht dokumentiert. Der einzige Parameter, der einigermaßen zuverlässig über die Fehlerursache informiert, ist *Description*. Wegen des Textformats ist dieser Parameter für eine Auswertung im Programm leider denkbar ungeeignet.

Wenn der Parameter *fCancelDisplay* auf *True* gesetzt wird, verzichtet Visual Basic am Ende der Prozedur auf die automatische Anzeige der Fehlermeldung. (Damit verhält sich der Parameter gerade umgekehrt wie in der Dokumentation beschrieben!)

Eine häufige Fehlerquelle besteht darin, daß die Anwender Datensatzfelder in einer Form verändern, die die Integrität der Daten verletzen (Relationen zu anderen Tabellen) oder die im Widerspruch zum erforderlichen Datenformat stehen (Texteingabe statt einer Zahl etc.). Wenn die Anwender nun zum nächsten Datensatz springen möchten, versucht Visual Basic die Änderungen zu speichern, scheitert und löst das *Error*-Ereignis aus. Ganz ähnliche Probleme treten auch beim Versuch ein, einen neuen Datensatz zu speichern, der inkorrekte Daten enthält.

Jetzt ist guter Rat teuer: Im Gegensatz zum *Data*-Feld kennt *Adodc* keine *UpdateRecord*-Methode, um in die gebundenen Steuerelemente die ursprünglichen Werte wieder einzutragen. (Daß diese Methode beim *Data*-Feld auch nicht immer funktioniert hat, ist nur ein schwacher Trost.) Es gibt damit keine einfache Möglichkeit, die Datenfelder per Programmcode in einen Zustand zu bringen, der eine unmittelbare Fortsetzung des Programms ermöglichen würde. Die folgende Liste faßt einige Vorgehensweisen zusammen, die sich jetzt anbieten.

- *Adodc1.Recordset.CancelUpdate* stellt den ursprünglichen Zustand eines bisher schon vorhandenen Datensatzes wieder her. Das Problem besteht dabei, daß es kein optisches Feedback gibt: In den gebunden Datenfelder bleiben die alten, also falschen Daten sichtbar. (Möglicherweise ist das ein Bug, der korrigiert wird – aber wer weiß es?)

  Ein neuerlicher Versuch, einen anderen Datensatz anzuwählen, gelingt jetzt zwar, aber vom Standpunkt einer intuitiven Benutzerführung ist diese Lösung eine Katastrophe.

- Statt der Methode *CancelUpdate* kann diese Operation auch manuell durchgeführt werden: Für jedes Feld des aktuellen Datensatzes wird *f.Value=f.OriginalValue* zugewiesen. (Siehe Code-Beispiel unten.) Dabei können allerdings ebenfalls Probleme auftreten, weil etwa jede Zuweisung an ein von der Datenbank selbst verwaltetes ID-Feld zu einem Fehler führt. Dennoch ist diese Vorgehensweise *CancelUpdate* vorzuziehen, weil in den gebundenen Feldern jetzt die korrekten Werte angezeigt werden.

- Keine der obigen zwei Varianten löst das Problem neuer, ungültiger Datensätze. Um die Eingaben wieder zu beseitigen, muß zuerst *CancelUpdate* durchgeführt und dann ein gültiger Datensatz aktiviert werden. Am einfachsten kann das durch *MoveLast* erfolgen. Wenn der zuvor gültige Datensatz bekannt ist (etwa als *Bookmark*), ist es natürlich eleganter, diesen wieder zu aktivieren.

- *Adodc1.Refresh* lädt einfach die gesamte Datensatzliste neu. Anschließend wird automatisch der ersten Datensatz aktiviert. Ein *Bookmark* auf den bisher aktuellen Datensatz kann nach *Refresh* nicht mehr verwendet werden, d.h. eine Rückkehr zum bisher aktuellen Datensatz ist zumeist nicht möglich. Zudem ist ein Neueinlesen der Datensatzliste (und möglicherweise das Ausführen einer komplexen Abfrage) ein zeitaufwendiger Prozeß.

- Am besten ist es, wenn Sie ungültige Eingaben von vorne herein verhindern: Dazu können Sie die *Validate*-Ereignisprozedur der gebundenen Steuerelemente nutzen. Daten, die nicht verändert werden sollen, werden in einem *Label*-Feld statt in einem *Text*-Feld angezeigt. Zur Eingabe von Daten aus einer vorgegebenen Gruppe setzen Sie Listenfelder ein. Schließich überprüfen Sie die getätigten Eingaben in der *WillChangeRecord*-Ereignisprozedur.

Diese Probleme haben übrigens nicht nur mit dem *Adodc*-Feld zu tun, sondern auch mit der Natur gebundener Steuerelemente. Ähnliche Schwierigkeiten treten auch dann auf, wenn eine andere Datenquelle für die gebundenen Steuerelemente verwendet wird.

Die folgende *Error*-Ereignisprozedur stellt bei mißglückten Veränderungs- oder Einfügeoperationen wieder einen Zustand her, mit dem weitergearbeitet werden kann. Veränderungen werden zurückgenommen, der neue Datensatz wird gelöscht. Beachten Sie, wie die *EditMode*-Eigenschaft genutzt wird, um den Zustand des Programms festzustellen. (Genaugenommen müßte außerdem noch die Fehlernummer berücksichtigt werden!)

ACHTUNG

Dieser Code setzt voraus, daß ein Client-seitiger Cursor verwendet wird (Defaulteinstellung von *Adodc*). Wenn die Eigenschaft *CursorLocation* anders eingestellt wird, verhält sich auch das Programm vollständig anders; der hier abgedruckte Code funktioniert dann nicht mehr!

```
' Datenbanken\Adodc.frm
' Fehler-Management
Private Sub Adodc1_Error(ByVal ErrorNumber As Long, _
    Description As String, ByVal Scode As Long, _
    ByVal Source As String, ByVal HelpFile As String, _
    ByVal HelpContext As Long, fCancelDisplay As Boolean)
  Dim ergebnis&, f As Field
  With Adodc1.Recordset
    If .EditMode = adEditInProgress Then
      ergebnis = MsgBox("Bei der Veränderung des Datensatzes " & _
        " ist ein Fehler aufgetreten:" & vbCrLf & vbCrLf & _
        Description & vbCrLf & vbCrLf & _
        "Soll der bisherige Zustand des Datensatzes " & _
        "wiederhergestellt werden?", vbYesNo)
      If ergebnis = vbYes Then
        On Error Resume Next
        For Each f In .Fields
          f.Value = f.OriginalValue
        Next
        On Error GoTo 0
      End If
      fCancelDisplay = True
    ElseIf .EditMode = adEditAdd Then
      ergebnis = MsgBox("Beim Versuch, einen neuen Datensatz " & _
        "anzulegen, ist ein Fehler aufgetreten:" & _
        vbCrLf & vbCrLf & Description & vbCrLf & vbCrLf & _
        "Soll der neue Datensatz wieder gelöscht werden?", vbYesNo)
      If ergebnis = vbYes Then
        .CancelUpdate
        .MoveLast
      End If
      fCancelDisplay = True
    End If
    ' wenn fCancelDisplay jetzt noch immer False ist,
    'wird die Fehlermeldung angezeigt
  End With
End Sub
```

Syntaxzusammenfassung (Unterschiede zum Recordset-Objekt)

Adodc – Eigenschaften	**siehe auch Seite 801**
BOFAction	Verhalten, wenn Beginn der Datensatzliste erreicht wird
Caption	Infotext, der im Inneren des Steuerelements angezeigt wird
CommandType	Art der Information in *RecordSource* (z.B. *adCmdText, adCmdTable*)
ConnectionString	Verbindung zur Datenbank (Datenbankname etc.)
EOFAction	Verhalten, wenn Ende der Datensatzliste erreicht wird
Recordset	verweist auf das zugrundeliegende *Recordset*-Objekt
RecordSource	SQL-Kommando oder -Prozedur, Tabelle oder Ansicht

Adodc – Ereignisse	
Error	es ist ein Fehler aufgetreten

18.3 Gebundene Standardsteuerelemente

18.3.1 Grundlagen

Die meisten Standardsteuerelemente und vereinzelt auch einige Zusatzsteuerelemente (etwa *Monthview* und *DTPicker*) können an Datenquellen gebunden werden. Damit wird in diesen Steuerelementen automatisch der Inhalt eines Datenfelds des gerade aktuellen Datensatzes angezeigt. Veränderungen in diesen Steuerelementen werden bei einem Datensatzwechsel automatisch gespeichert. Gebundene Steuerelemente werden daher in sehr vielen Datenbankanwendungen verwendet, um den Code-Aufwand zu minimieren.

Datenquellen

Wenn Sie Datenbankerfahrung mit früheren Versionen von Visual Basic gemacht haben, werden Sie mit gebundenen Steuerelementen automatisch das *Data*-Feld assoziieren. Diese Assoziation ist nicht falsch, aber unvollständig. Es kommen nämlich drei verschiedene Datenquellen in Frage:

- Natürlich das gerade beschriebene *Adodc*-Steuerelement.
- Im *DataEnvironment*-Designer definierte Kommandos. (Wenn Sie die Datensätze verändern möchten, achten Sie auf die korrekte Einstellung von *LockType* im letzten Dialogblatt des Eigenschaftsdialogs!)
- Jedes beliebige *Recordset*-Objekt, das per Programmcode erzeugt wurde.

Die beiden ersten Varianten haben den Vorteil, daß die Einstellung der entsprechenden Eigenschaften sehr komfortabel während des Formularentwurfs erfolgen kann.

Die dritte Variante ist dagegen mit dem größten Code-Aufwand verbunden und am wenigsten intuitiv.

Nach den Ausführungen zum *Adodc*-Steuerelement wird es Sie wahrscheinlich nicht weiter überraschen, daß der Autor gerade diese Variante empfiehlt. Der Grund: Die Programmerstellung ist zwar ein wenig mühsamer (ich schätze, etwa drei Minuten Mehrarbeit), dafür wissen Sie aber, was im Programm vor sich geht, und haben auf alle Operationen direkten Einfluß.

Im Verzeichnis `Datenbanken` auf der beiliegenden CD-ROM finden Sie zu allen drei Varianten Beispiele:

`Adodc.vbp`	mit *Adodc*-Steuerelement
`GebundenDataEnv.vbp`	mit *DataEnvironment*
`GebundenRecordset.vbp`	direkte Verbindung zu *Recordset*

Alle Beispiele greifen auf die Tabelle *Bestellungen* der Jet-Datenbank `Nwind.mdb` zu. Noch ein gemeinsames Merkmal: Keines der Beispiele erfüllt eine sinnvolle Aufgabe, d.h. der Demonstrationscharakter steht im Vordergrund.

Verbindung zur Datenquelle herstellen

Die Verbindung zur Datenquelle wird durch drei Eigenschaften hergestellt: Als ***DataSource*** wird der Name des *Adodc*-Steuerelements oder eines *DataEnvironment*-Objekts bzw. ein *Recordset*-Objekt akzeptiert. Nur bei der *DataEnvironment*-Variante muß in ***DataMember*** der Name eines *Command*-Objekts angegeben werden. ***DataField*** enthält schließlich den Namen des gewünschten Datensatzfeldes.

Die folgende Tabelle faßt die Einstellungen zusammen, um auf das Feld *Empfänger* der Tabelle *Bestellungen* zuzugreifen. (*Bestellungen* sei gleichzeitig der Name eines entsprechenden *Command*-Objekts im *DataEnvironment*-Designer.)

Datenquelle	***DataSource***	***DataMember***	***DataField***
Adodc	*"Adodc1"*	-	*"Empfänger"*
DataEnvironment	*"DataEnvironment1"*	*"Bestellungen"*	*"Empfänger"*
Recordset	*rec*	-	*"Empfänger"*

Bei den *Adodc*- und *DataEnvironment*-Varianten erfolgt die Einstellung der Eigenschaften während des Formularentwurfs. Nur bei der letzten Variante muß zumindest *DataSource* per Code zugewiesen werden:

```
' Datenbanken\GebundenRecordset.frm
Dim WithEvents rec As Recordset, cn$, sq$
cn = "Provider=MICROSOFT.JET.OLEDB.3.51;Data Source=" &
  App.Path & "\nwind.mdb"
sq = "SELECT * FROM Bestellungen"
Set rec = New Recordset
```

```
rec.Open sq, cn, adOpenStatic, adLockOptimistic
Set Text1.DataSource = rec
Text1.DataField = "Empfänger"
```

Alle Steuerelemente, die diese drei Eigenschaften besitzen, können an eine Datenquelle gebunden werden. Die folgenden Liste zählt die wichtigsten dieser Steuerelemente auf:

Label-Feld	Anzeige Text ohne Veränderungsmöglichkeit
Textfeld, *RichText*-Feld	Text mit Veränderungsmöglichkeit
Optionsfeld	boolsche Daten (*True / False*)
DTPicker, MonthView	Datum, Zeit
Bildfeld	Bitmaps

TIP

Die Entwicklungsumgebung bietet eine Menge Arbeitshilfen bei der Gestaltung von Datenbankformularen:

- Mit dem Datenformular-Assistent können Sie rasch ein Formular mit Steuerelementen erzeugen, die an ein *Recordset-* oder an das *Adodc*-Feld gebunden sind. (Der dabei produzierte Code ist allerdings verbesserungsbedürftig. Außerdem müssen die in SQL-Anweisungen fehlenden `-Zeichen zur Kennzeichnung von Datenfeldern mit Sonderzeichen eingefügt werden.)
- Vom *DataEnvironment*-Designer können Sie einzelne Datenfelder oder auch ganze Tabellen / Abfragen per *Drag and Drop* in ein Formular verschieben. Dabei werden automatisch gebundene Steuerelemente erzeugt (samt Beschriftung). Welcher Datentyp welchem Steuerelement zugeordnet wird, kann im Optionendialog zum *DataEnvironment*-Objekt eingestellt werden

DataChanged- und DataFormat-Eigenschaft

Aus der Eigenschaft ***DataChanged*** können Sie im laufenden Programm ermitteln, ob der Anwender die Daten im Steuerelement verändert hat (d.h., ob das Steuerelement momentan andere Daten enthält als der aktuelle Datensatz). Die ***DataFormat***-Eigenschaft bestimmt, wie die Daten formatiert werden sollen. Sie kommt zum Einsatz, wenn die Datendarstellung über die Default-Formatierung hinaus verändert werden soll – etwa zur Anzeige von Prozentwerten statt einfacher Dezimalzahlen. Die sich daraus ergebenden Möglichkeiten sind Thema eines eigenen Abschnitts ab Seite 831.

Gebundene Steuerelemente – Eigenschaften	
DataChanged	gibt an, ob die Daten durch den Anwender verändert wurden
DataField	Name des Datensatzfeldes
DataFormat	gibt an, wie die Daten formatiert werden sollen
DataMember	Name des *Command*-Objekts eines *DataEnvironments*
DataSource	Datenquelle (*Adodc*-Name, *DataEnvironm.*-Name oder *Recordset*)

18.3.2 Programmiertechniken

Das nebenstehende Bild zeigt das Formular eines einfachen Beispielprogramms, mit dem einige Felder der Tabelle *Bestellungen* angezeigt und verändert werden können.

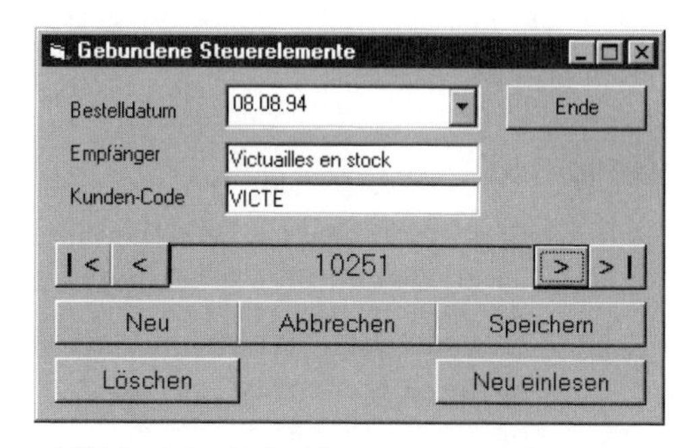

Bild 18.6: Im Beispielprogramm werden einige Datenfelder der Bestellungen-Tabelle angezeigt

Mit NEU wird ein neuer Datensatz eingefügt. SPEICHERN sichert die gerade durchgeführten Änderungen. (Eine Sicherung erfolgt auch bei jeder Navigation durch die Datensatzliste.) ABBRECHEN widerruft die gerade durchgeführten, aber noch nicht gespeicherte Änderungen. NEU EINLESEN aktualisiert die Datensatzliste, so daß Änderungen durch andere Anwender sichtbar werden.

Das Programm verwendet ein *Recordset*-Objekt mit Client-seitigem Cursor. Die Verbindung zu den Steuerelementen wird in *Form_Load* hergestellt.

```
' Datenbanken\GebundenRecordset.frm
Option Explicit
Dim WithEvents rec As Recordset
Dim lastposition As Variant     'für Bookmark
Private Sub Form_Load()
  Dim cn$, sq$, c As Object
  cn = "Provider=MICROSOFT.JET.OLEDB.3.51;Data Source=" & _
    App.Path & "\nwind.mdb"
  sq = "SELECT * FROM Bestellungen"
  Set rec = New Recordset
  rec.CursorLocation = adUseClient
  rec.Open sq, cn, adOpenStatic, adLockOptimistic
  rec.MoveFirst
  ' Steuerelemente an das Recordset-Objekt binden
  Set DTPicker1.DataSource = rec
  Set Text1.DataSource = rec
  Set Text2.DataSource = rec
  DTPicker1.DataField = "Bestelldatum"
  Text1.DataField = "Empfänger"
  Text2.DataField = "Kunden-Code"
End Sub
```

Der gesamte weitere Code befindet sich in der Prozedur *DataBtn_Click*, die beim Anklicken der zahlreichen Buttons aufgerufen wird. Diese Vorgehensweise hat den Vorteil, daß die Fehlerbehandlung zentral an einer Stelle im Programm erfolgen kann.

Navigation

Die Buttons mit den Indizes zwischen 0 und 3 dienen zur Navigation durch die Datensatzliste. Der Code enthält keine Überraschungen.

```
Private Sub DataBtn_Click(Index As Integer)
  Dim f As Field, ergebnis&
  On Error GoTo dataBtn_error
  With rec
    Select Case Index
    Case 0:
      .MoveFirst
    Case 1:
      If Not .BOF Then .MovePrevious: If .BOF Then .MoveFirst
    Case 2:
      If Not .EOF Then .MoveNext: If .EOF Then .MoveLast
    Case 3:
      .MoveLast
```

Neuen Datensatz anlegen

Vor dem Anlegen eines neuen Datensatzes wird versucht, die *Bookmark*-Eigenschaft des aktuellen Datensatzes in einer Variablen zu speichern. Das hat den Vorteil, daß ein Klick auf ABBRECHEN wieder zum zuletzt aktiven Datensatz führt. Dem Datenfeld *Bestelldatum* wird das aktuelle Datum zugewiesen. Damit wird erreicht, daß im gebundenen *DTPicker*-Steuerelement nicht weiter das Datum des zuletzt gerade gültigen Datensatzes angezeigt wird.

```
    Case 4:      'neuer Datensatz
      If Not (.EOF Or .BOF Or .EditMode = adEditAdd) Then
        lastposition = .Bookmark
      Else
        lastposition = Null
      End If
      .AddNew
      !Bestelldatum = Now
      RecordnrLabel = "neu"
```

Datensatz löschen

Beim Löschen eines Datensatzes muß darauf geachtet werden, daß anschließend ein anderer Datensatz aktiviert wird. (Andernfalls bleiben die gelöschten Daten weiterhin sichtbar!)

```
Case 5:        'Datensatz löschen
  .Delete
  .MoveNext
  If .EOF Then .MoveLast
```

Eingabe abbrechen

Die Eingabe eines neuen Datensatzes (*EditMode = adEditAdd*) kann einfach durch *CancelUpdate* beendet werden. Anschließend wird der zuletzt gültige Datensatz wieder aktiviert. Ist dieser nicht bekannt, wird der letzte Datensatz der Datensatzliste aktiviert.

```
Case 6:        'Vorgang abbrechen
  If .EditMode = adEditAdd Then   'Neueingabe abbrechen
    .CancelUpdate
    If Not IsNull(lastposition) Then
      .Bookmark = lastposition
    Else
      .MoveLast
    End If
```

Etwas schwieriger ist es, die Veränderung eines schon existierenden Datensatzes abzubrechen: *CancelUpdate* funktioniert nur 'halb': Die ursprünglichen Daten werden zwar wiederhergestellt, aber nicht angezeigt. Aus diesem Grund werden alle Felder des aktuellen Datensatzes durchlaufen; in der Schleife wird jeweils *Value* durch *OriginalValue* ersetzt. Nicht veränderliche Felder (bei denen das *adFldUpdatable*-Bit in *Attributes* nicht gesetzt ist), werden übersprungen.

```
  Else                            'Veränderung abbrechen
    On Error Resume Next
    For Each f In .Fields
      If f.Attributes And adFldUpdatable Then
        f.Value = f.OriginalValue
      End If
    Next
    On Error GoTo dataBtn_error
    .CancelUpdate
  End If
```

Änderungen speichern

Zum Speichern von Veränderungen – egal ob in neuen oder schon vorhandenen Datensätzen – reicht ein einfaches *Update*. Natürlich stellt sich die Frage, wie weit es sinnvoll ist, diese Operation überhaupt in einem eigenen Button anzubieten: Jeder Datensatz wird ja ohnehin automatisch gespeichert, sobald zu einem anderen Datensatz navigiert wird. Da sich ein entsprechender Button aber eingebürgert hat, würde es bei vielen Anwendern womöglich Verwirrung stiften, wenn keine explizite Speichermöglichkeit vorgesehen ist.

```
    Case 7:      'Änderungen speichern
      .Update
```

Datensatzliste neu einlesen

Auch das Neueinlesen der Datensatzliste bereitet wenig Schwierigkeiten – zuerst *Requery*, dann *MoveFirst*. Das Neueinlesen ist nicht nur notwendig, um allfällige Veränderungen in der Datensatzliste durch andere Anwender festzustellen, sondern auch, um neu eingefügte Datensätze zu verändern (siehe unten).

```
    Case 8:      'Datensatzliste neu einlesen
      .Requery
      .MoveFirst
    End Select
  End With
  Exit Sub
```

Fehler-Management

Die gemeinschaftliche Fehlerbehandlungsroutine verzichtet mit einer Ausnahme (siehe unten) auf eine Auswertung des Fehlercodes. Statt dessen bietet das Programm einen zum aktuellen Zustand des Programms passenden Dialog mit einer Undo-Option an. Der erste Teil der Fehlerbehandlungsroutine betrifft Fehler, die bei der Veränderung eines bereits existierenden Datensatzes auftreten. Dabei erhält der Anwender die Möglichkeit, den ursprünglichen Zustand des Datensatzes wieder herzustellen.

```
' Fehler-Management
dataBtn_error:
  With rec
    Select Case rec.EditMode
    Case adEditInProgress
      ergebnis = MsgBox("Bei der Veränderung des Datensatzes " & _
        " ist ein Fehler aufgetreten:" & vbCrLf & vbCrLf & _
        Err.Description & vbCrLf & vbCrLf & _
        "Soll der bisherige Zustand des Datensatzes " & _
        "wieder hergestellt werden?", vbYesNo)
```

```
    If ergebnis = vbYes Then
      On Error Resume Next
      For Each f In .Fields
        If f.Attributes And adFldUpdatable Then
          f.Value = f.OriginalValue
        End If
      Next
      On Error GoTo 0
    End If
```

Wenn der Fehler bei der Eingabe eines neuen Datensatzes auftritt, bekommt der Anwender die Gelegenheit, diesen Datensatz zu löschen. Anschließend wird der zuletzt aktive Datensatz wieder aktiviert.

```
  Case adEditAdd
    ergebnis = MsgBox("Beim Versuch, einen neuen Datensatz " & _
      "anzulegen, ist ein Fehler aufgetreten:" & _
      vbCrLf & vbCrLf & Err.Description & vbCrLf & vbCrLf & _
      "Soll der neue Datensatz wieder gelöscht werden?", vbYesNo)
    If ergebnis = vbYes Then
      .CancelUpdate
      If Not IsNull(lastposition) Then
        .Bookmark = lastposition
      Else
        .MoveLast
      End If
    End If
```

Auch beim Löschen eines Datensatzes können Fehler auftreten (etwa wenn der Datensatz mit anderen Daten der Datenbank verknüpft ist). Mangels Alternativen wird der Löschvorgang einfach abgebrochen.

```
  Case adEditDelete
    MsgBox "Beim Versuch, den aktuellen " & _
      "Datensatz zu löschen, ist ein Fehler " & _
      "aufgetreten: " & _
      vbCrLf & vbCrLf & Err.Description & vbCrLf & vbCrLf & _
      "Der Löschvorgang wird abgebrochen."
    .CancelUpdate
  Case Else
    MsgBox Err.Description
  End Select
```

Für ein Problem, auf das Sie beim Ausprobieren fast unweigerlich stoßen werden, gibt es keine rechte Lösung: Wenn Sie im Programm einen neuen Datensatz anlegen, können Sie diesen anschließend weder verändern noch löschen. Der Grund besteht darin, daß die Datenbank (Server-seitig) für jeden neuen Datensatz automatisch eine neue

Bestellnummer erzeugt. Für den Client ist diese Bestellnummer allerdings unzugänglich, d.h. *rec![Bestell-Nr]* enthält für alle neuen Datensätze *Null*.

Während der ADO-Bibliothek die Anzeige der Daten offensichtlich auch ohne diese ID-Nummer gelingt, scheitert sie bei Änderungen. Dabei tritt die (nirgendwo dokumentierte) Fehlernummer -2147217864 auf. Das Programm weist in solchen Fällen auf die Unmöglichkeit der Veränderung neuer Datensätze hin. Als einziger Lösungsvorschlag wird ein Neueinlesen der gesamten Datensatzliste angeboten.

```
    If rec.ActiveConnection.Errors(0).Number = -2147217864 Then
      MsgBox "Bevor Sie einen neuen Datensatz verändern ... "
    End If
  End With
End Sub
```

HINWEIS

Obwohl es schon mehrfach erwähnt wurde, hier abermals der Hinweis: Der obige Programmcode funktioniert in dieser Form nur, wenn ein Client-seitiger Cursor verwendet wird!

Aktuelle Bestellnummer anzeigen

Im Labelfeld *RecordnrLabel* zwischen den Navigationsbuttons wird jeweils die aktuelle Bestellnummer angezeigt. Dafür ist die *MoveComplete*-Ereignisprozedur zuständig. Falls die Bestellnummer bei neuen Datensätzen *Null* ist, wird ein Ersatztext angezeigt. Sollte während der Verarbeitung der Zeilen ein Fehler auftreten (etwa weil ein ungültiger Datensatz vorliegt), wird einfach gar nichts angezeigt.

```
Private Sub rec_MoveComplete(...)
  On Error Resume Next
  If IsNull(rec![Bestell-Nr]) Then
    RecordnrLabel = "unbekannt (neu)"
  Else
    RecordnrLabel = rec![Bestell-Nr]
  End If
  If Err Then RecordnrLabel = ""
End Sub
```

Programmende

Der Anwender kann das Programm beenden, ohne den zuletzt veränderten Datensatz zu speichern. Dieses selten beabsichtigte Verhalten wird durch eine Sicherheitsabfrage in *Form_Unload* verhindert.

```
Private Sub Command1_Click()   'Ende-Button
  Unload Me
End Sub
```

```
Private Sub Form_Unload(Cancel As Integer)
  Dim ergebnis&
  On Error Resume Next
  If rec.EditMode <> adEditNone Then
    ergebnis = _
      MsgBox("Der aktuelle Datensatz ist noch nicht gespeichert." & _
      vbCrLf & vbCrLf & "Soll die Änderungen gespeichert werden?", _
      vbYesNo)
    If ergebnis = vbYes Then DataBtn_Click 7
  End If
End Sub
```

Die DataEnvironment-Variante des Beispielprogramms

Zum obigen Beispielprogramm existiert die Variante `GebundenDataEnv.frm`, die fast genauso aussieht und gleich funktioniert. Es gibt nur zwei Unterschiede. Der erste betrifft die *Form_Load*-Prozedur, die um einige Zeilen kürzer ausfällt, weil die Steuerelemente schon beim Programmentwurf an das *Bestellungen*-Kommando des *DataEnvironment*-Designers gebunden wurden.

```
' Datenbanken\GebundenDataEnv.frm
Private Sub Form_Load()
  Set rec = DataEnvironment1.rsBestellungen
  rec.MoveFirst
End Sub
```

Der zweite Unterschied ist wesentlich gravierender und ziemlich unangenehm: Es ist nicht möglich, die Datensatzliste neu einzulesen! Sobald *Requery* für *rsBestellungen* ausgeführt wird, verlieren die Steuerelemente ihre Bindung zum *Recordset*-Objekt *rsBestellungen*! (Was dabei intern passiert, ist leicht nachzuvollziehen: Durch *Requery* wird ein Wirklichkeit ein neues *Recordset*-Objekt erzeugt. Die Steuerelemente bleiben aber an das alte Steuerelement gebunden.)

Der einzige Ausweg bestünde jetzt darin, die Steuerelemente per Programmcode an das neue *Recordset*-Objekt zu binden – aber dann können Sie sich gleich für die *Recordset*-Variante dieses Programms entscheiden.

18.4 Formatierung (DataFormat)

Eine Eigenschaft gebundener Steuerelemente ist im vorherigen Abschnitt übergangen worden: ***DataFormat***. Dabei ist deren Anwendung denkbar einfach: Zur Einstellung erscheint ein Eigenschaftsdialog, mit dessen Hilfe aus einer großen Anzahl vordefinierter Formate gewählt werden kann.

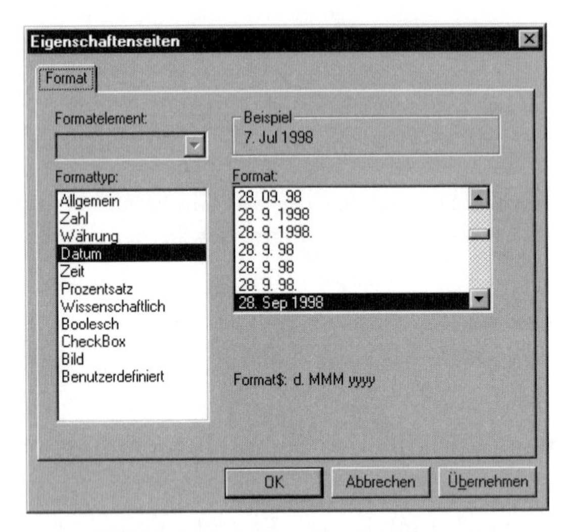

Bild 18.7: Einstellung des Datenformats

Im laufenden Programm wird diese Einstellung dazu genutzt, die Daten bei der Anzeige entsprechend zu formatieren. Damit wird beispielsweise statt der Dezimalzahl 0.123 der Text 12,30 % angezeigt. Die *DataFormat*-Einstellung funktioniert aber auch in die umgekehrte Richtung: Änderungen bzw. Neueingaben des Anwenders werden gemäß der Formatierung zurück in das Datenformat der Datenbank konvertiert.

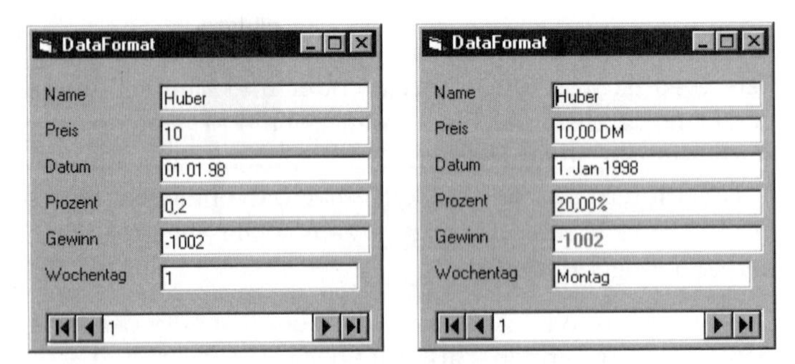

Bild 18.8: Links ein Datenbankprogramm ohne, rechts mit automatischer Formatierung

StdDataFormat-Objekt

Über die *DataFormat*-Eigenschaft kann ein eigenes *StdDataFormat*-Objekt an ein gebundenes Steuerelement gekoppelt werden. Was bis dahin wie ein recht einfaches Feature ausgesehen hat, entpuppt sich dann als einigermaßen komplexer Mechanismus. (So kompliziert, wie es im Beispiel der Online-Dokumentation dargestellt wird, ist es freilich auch wieder nicht!)

Das ***StdDataFormat***-Objekt stammt aus einer eigenen Bibliothek, der *Microsoft Data Formatting Library* (im Objektkatalog kurz *StdFormat*). Diese Bibliothek wird automatisch aktiviert, sobald die *DataFormat*-Eigenschaft eines gebundenen Steuerelements im Eigenschaftsfenster verändert wird.

Um Ihre eigenen Formatvorstellungen zu realisieren, erzeugen Sie im Code ein neues *StdDataFormat*-Objekt und weisen es der *DataFormat*-Eigenschaft eines gebundenen Steuerelements zu. Wenn Sie die eingebauten Formatierungsmöglichkeiten nutzen möchten, weisen Sie an *Format* eine Formatierungszeichenkette zu. (Die Syntax ist nicht explizit dokumentiert, scheint aber der Visual-Basic-Funktion *Format* zu entsprechen.)

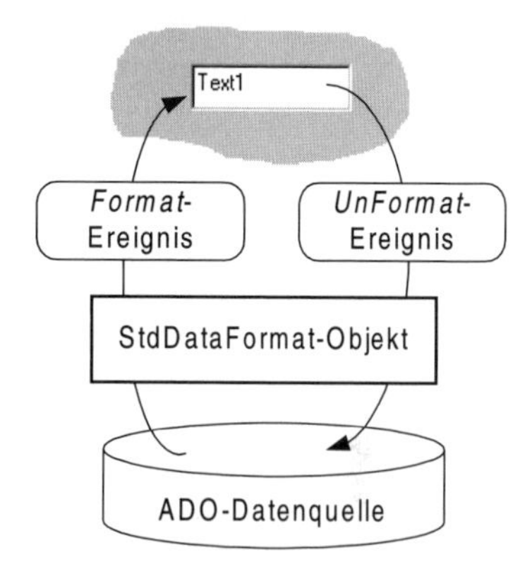

Bild 18.9: Kommunikationsfluß bei der Formatierung der Daten

Darüber hinaus können Sie die Formatierung selbst in den ***Format***- und ***UnFormat***-Ereignisprozeduren vornehmen, die automatisch aufgerufen werden, bevor die Daten angezeigt bzw. bevor die (veränderten) Daten zurück in die Datenbank geschrieben werden.

An die beiden Prozeduren wird jeweils ein ***StdDataValue***-Objekt als Parameter übergeben. Entscheidend ist dessen Eigenschaft *Value*, die ausgewertet und verändert werden muß.

	Format-Prozedur	**UnFormat-Prozedur**
Eingabe:	*Value* enthält den Wert aus der Datenbank	*Value* enthält den formatierten Inhalt des gebundenen Steuerelements
Rückgabe:	*Value* muß den Wert enthalten, wie er im gebundenen Steuerelement angezeigt werden soll	*Value* muß den Wert im Format der Datenbank enthalten

Beispiel

In Bild 18.8 rechts werden bei den Textfeldern *Gewinn* und *Wochentag* eigene *StdDataFormat*-Objekte eingesetzt: Negative Gewinne werden rot und in fetter Schrift angezeigt, und statt einer Zahl zwischen 1 und 7 wird der Wochentag ausgeschrieben. Die zwei *StdDataFormat*-Objekte werden in *Form_Load* initialisiert und den jeweiligen Textfeldern zugewiesen. Beide Objekte verwenden keine der eingebauten Formatierungsfunktionen. Die *MoveFirst*-Methode ist erforderlich, damit die Formatierung auch für den ersten Datensatz gilt. (Die gebundenen Steuerelemente werden schon angezeigt, bevor der *Form_Load*-Code ausgeführt wird!)

```
' Datenbanken\DataFormat.frm
Dim WithEvents datform1 As StdDataFormat
Dim WithEvents datform2 As StdDataFormat
' StdDataFormat-Objekte mit Textfeld verbinden
Private Sub Form_Load()
  Set datform1 = New StdDataFormat  'Verlust in Text5 rot anzeigen
  Set Text5.DataFormat = datform1
  Set datform2 = New StdDataFormat  'Wochentag <---> Zahl 1-7
  Set Text6.DataFormat = datform2
  ' sonst gelten die eigenen Formate erst ab dem zweiten Recordset
  Adodc1.Recordset.MoveFirst
End Sub
```

Zur Gewinnformatierung ist nur eine *Format*-Prozedur erforderlich. Dort wird über ***TargetObject*** das zugrundeliegende gebundene Steuerelement verändert.

```
Private Sub datform1_Format(ByVal DataValue _
    As StdFormat.StdDataValue)
  With DataValue
    If .Value < 0 Then
      .TargetObject.ForeColor = RGB(255, 0, 0)
      .TargetObject.Font.Bold = True
    Else
      .TargetObject.ForeColor = RGB(0, 0, 0)
      .TargetObject.Font.Bold = False
    End If
  End With
End Sub
```

Bei der *Format*-Prozedur für die Wochentagsausgabe reicht eine einfache Veränderung der *Value*-Eigenschaft. Beachten Sie bitte, daß es nicht zielführend ist, *TargetObject.Text* zu verändern. Nach Abschluß der Prozedur wird der aktuelle Wert von *Value* in das gebundene Steuerelement übertragen, die Änderung von *Text* ginge sonst wieder verloren.

```
Private Sub datform2_Format(ByVal DataValue _
    As StdFormat.StdDataValue)
  With DataValue
    If .Value < 1 Or .Value > 7 Then
      .Value = "ungültig"
    Else
      .Value = WeekdayName(.Value, , vbMonday)
    End If
  End With
End Sub
```

Etwas trickreicher ist die *UnFormat*-Prozedur: Hier enthält *Value* am Beginn beispielsweise *"Montag"*, die Prozedur muß daraus 1 ermitteln und in *Value* speichern. Der etwas trickreiche Algorithmus verwendet zuerst alle Zeichen der Texteingabe und vergleicht diese mit der entsprechend verkürzten Zeichenkette des Wochentags. Bleibt dieser Vergleich erfolglos, wird die Eingabe weiter verkürzt und der Vorgang wiederholt. Aus diesem Grund wird etwa die fehlerhafte Eingabe *"Monttag"* korrekt als Montag erkannt. (Vom Standpunkt einer guten Benutzerschnittstelle wäre an dieser Stelle allerdings ein Listenfeld zur Auswahl noch attraktiver.)

Wenn sich nicht einmal der erste Buchstabe der Eingabe einem Wochentag zuordnen läßt, gibt die Prozedur *"ungültig"* zurück. Das Beispielprogramm führt zu einem Fehler, wenn der Datensatz gespeichert werden soll (weil die Datenbank einen Zahlenwert erwartet). Dieser Fehler ist beabsichtigt, der Anwender wird so zu einer korrekten Neueingabe gezwungen.

Ein alternatives Vorgehen bestünde darin, den Wert 0 zurückzugeben. Dieser könnte gespeichert werden, würde aber keiner sinnvollen Eingabe entsprechen. Die *Format*-Prozedur kommt zwar auch damit zurecht (und zeigt *"ungültig"* an), generell sollte aber vermieden werden, daß in der Datenbank unzulässige Werte gespeichert werden können.

```
Private Sub datform2_UnFormat(ByVal DataValue _
    As StdFormat.StdDataValue)
  Dim i&, weekd&, val$, firstletters$
  On Error GoTo unformat_error
  With DataValue
    val = LCase(CStr(.Value))
    For i = Len(val) To 2 Step -1
      firstletters = Left(val, i)
      For weekd = 1 To 7
        If LCase(Left(WeekdayName(weekd, , vbMonday), i)) = val Then
          .Value = weekd: Exit Sub
        End If
      Next
    Next i
unformat_error:
    Beep
    ' DataValue.Value = 0
    .Value = "ungültig"
  End With
End Sub
```

Syntaxzusammenfassung StdFormat-Bibliothek

StdDataFormat – Eigenschaften	
Format	Formatierungszeichenkette
Type	Formatierungstyp (z.B. *fmtGeneral, fmtCustom*)

StdDataFormat – Ereignisse	
Change	das *Format*-Eigenschaft hat sich geändert
Format	die Daten sollen formatiert werden (Anzeige)
UnFormat	die Formatierung soll rückgängig gemacht werden (Speicherung)

StdDataValue – Eigenschaften	
TargetValue	Verweis auf Steuerelement, dessen Inhalt formatiert wird
Value	Verweis auf die Daten, die formatiert werden

18.5 Listenfelder (DataList / DataCombo)

Die Steuerelemente *DataList* und *DataCombo* für ADO-Datenquellen ersetzen *DBList* und *DBGrid* für DAO-Datenquellen. (*DBList / DBGrid* werden zwar weiterhin mitgeliefert, in diesem Buch aber nicht mehr beschrieben. Die beiden *DB*-Steuerelemente funktionieren ähnlich wie die entsprechenden *Data*-Steuerelemente, die meisten Eigenschaften stehen unter den selben Namen wie bisher zur Verfügung.)

Die eigentliche Aufgabe von *DataList* und *DataGrid* besteht darin, eine Spalte aus einer Tabelle (aus einem *Recordset*-Objekt) anzuzeigen. Solange Sie sich darauf beschränken, bereitet Ihnen die Anwendung der Steuerelemente keine Probleme.

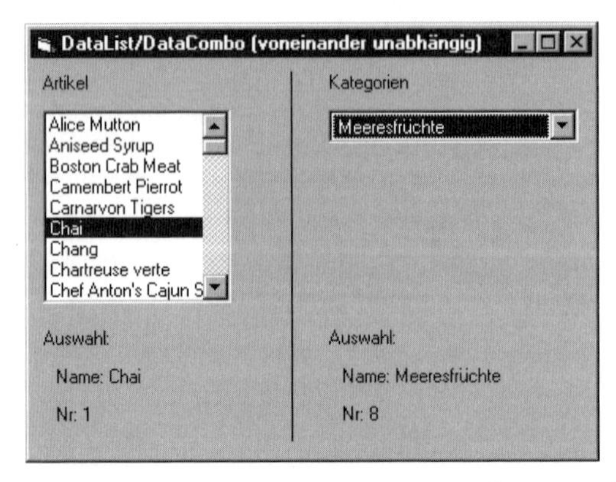

Bild 18.10: Die Steuerelemente DataList und DataCombo

RowSource und ***RowMember*** geben die Datenquelle an (vergleichbar mit *DataSource* und *-Member* bei gebundenen Steuerelementen). Als Datenquelle kommen *Commands* aus dem *DataEnvironment*, *Adodc*-Steuerelemente oder per Code erzeugte *Recordsets* in Frage. ***ListField*** gibt an, welche Spalte angezeigt werden soll (entspricht *DataField*). Die Einstellung dieser drei Eigenschaften reicht also aus, um eine Liste anzuzeigen!

Bei beiden Steuerelementen kann mit ***MatchEntry*** eingestellt werden, wie die Auswahl von Listeneinträgen per Tastatur erfolgen soll. Die Defaulteinstellung *dblBasicMatching* bedeutet, daß durch das Drücken eines Buchstabens der erste Eintrag mit diesem Buchstaben ausgewählt wird. Ein abermaliges Drücken des selben Buchstabens führt zum nächsten Eintrag mit diesem Anfangsbuchstaben.

Mit *dblExtendedMatching* verhalten sich die Steuerelemente etwas intelligenter (vor allem, wenn die Listen sehr lange sind): Hier werden mehrere aufeinanderfolgende Eingaben als Einheit betrachtet und das erste Element mit diesen Anfangsbuchstaben wird ausgewählt.

Der Unterschied zwischen *DataList* und *-Combo* besteht darin, daß die Liste ständig angezeigt oder nur bei Bedarf ausgeklappt wird. Wie beim gewöhnlichen Kombinationslistenfeld kann auch bei *DataCombo* mit ***Style*** aus drei Typen ausgewählt werden – siehe Seite 223. In vielen Fällen ist *dbcDropDownList=2* die beste Einstellung. (Das ist aber nicht die Defaulteinstellung.)

Ein weiterer Unterschied betrifft das Verhalten beim ersten Anzeigen einer Datensatzliste: In *DataList* wird automatisch der erste Listeneintrag aktiviert. In *DataCombo* wird dagegen kein Text oder die *Text*-Voreinstellung aus dem Eigenschaftsdialog angezeigt, bis der Anwender einen Listeneintrag auswählt. Es scheint keine Möglichkeit zu geben, auch hier automatisch den ersten Listeneintrag zu aktivieren. Setzen Sie aber zumindest *Text* auf *""*, um die irritierende Anzeige von *DataCombo1* oder einer ähnlichen Zeichenkette zu vermeiden.

Zusatzinformationen mit BoundColumn / BoundText

Mit der Eigenschaft ***BoundColumn*** (die *BoundField* heißen sollte, falls die Eigenschaften konsequent benannt worden wären) kann ein zweites Datenfeld aus der Datensatzliste ausgewählt werden. Dieses Feld wird zwar nicht angezeigt, kann aber aus der Eigenschaft ***BoundText*** gelesen werden. Im Regelfall wird mit *BoundColumn* das Feld mit der ID- bzw. Datensatznummer ausgewählt, so daß diese Nummer nach der Auswahl eines Eintrags für weitere Operationen verwendet werden kann.

Inhaltliche Verbindung zweier Listenfelder

In Bild 13.11 sehen Sie zwei Listenfelder: Mit dem ersten Listenfeld wird ein Lieferant der `Nwind`-Datenbank ausgewählt. Das zweite Feld zeigt dann alle verfügbaren Artikel dieses Lieferanten an. Wenn Sie nach dem Lesen der reichlich wirren Online-Dokumentation den Eindruck gewinnen, daß dies ohne Programmcode zu bewerkstelligen wäre, irren Sie. Vielmehr wird das *Recordset* für das untere Listenfeld im Programm dynamisch erzeugt, wobei als Parameter die Lieferantennummer aus dem oberen Kombinationsfeld verwendet wird.

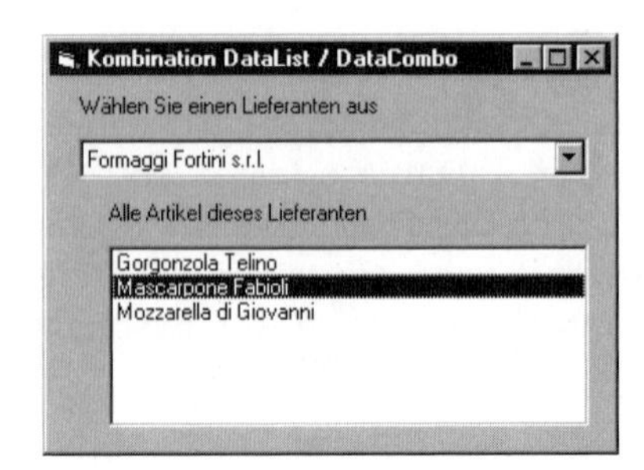

Bild 18.11: Kombination zweier Listenfelder

Zu den Details: Das Kombinationsfeld wird mit den Datensätzen des im *DataEnvironment* erstellten Kommandos *LieferantenSorted* gefüllt. Das Kommando basiert auf einer einfachen Abfrage. (Beachten Sie, daß die Listenfelder sich selbst nicht um die Sortierung kümmern!)

```
SELECT Firma, `Lieferanten-Nr` FROM Lieferanten ORDER BY Firma
```

Die Eigenschaften von *DataCombo1* sind folgendermaßen eingestellt:

RowSource: *DataEnvironment1*
RowMember: *LieferantenSorted*
ListField: *Firma*
BoundColumn: *Liefernantern-Nr*

Der SQL-Code für das Listenfeld *DataList1* sieht so aus:

```
SELECT Artikelname, `Lieferanten-Nr` FROM Artikel
  WHERE (`Lieferanten-Nr` = ?) ORDER BY Artikelname
```

Zur Definition wurde zwar abermals das *DataEnvironment* verwendet (Kommandoname *ArtikelSortedParam*), die Eigenschaften von *DataList1* werden aber erst im Programmcode eingestellt. Dafür ist die Prozedur *DataCombo1_Click* zuständig, die immer dann aufgerufen wird, nachdem ein neuer Lieferant ausgewählt wurde.

```
' Datenbanken\DataList2.frm
Private Sub DataCombo1_Click(Area As Integer)
  If DataCombo1.BoundText <> "" Then
    Set DataList1.RowSource = _
      DataEnvironment1.Commands("ArtikelSortedParam").Execute( _
          Parameters:=CLng(DataCombo1.BoundText))
    DataList1.ListField = "Artikelname"
  End If
End Sub
```

Bei der Ausführung des Kommandos *ArtikelSortedParam* durch *Execute* wird die Lieferantennummer (*BoundText*) als Parameter übergeben. *Execute* liefert ein neues *Recordset*-Objekt, das der *RowSource*-Eigenschaft zugewiesen wird.

Inhaltliche Verbindung zwischen Listenfeld und Tabellenfeld

Nun zu dem, was in der Online-Dokumentation als die Krone der Schöpfung gepriesen wird: der Verbindung eines Listenfelds mit einer Spalte eines Tabellenfelds *ohne* Programmcode (aber mit geschätzten 100 Mausklicks bis endlich alle Eigenschaften korrekt eingestellt sind ...).

Der Clou an der Sache besteht darin, daß die Kategorienummer der Artikelliste mit der Kategorienummer der Kategorieliste verbunden wird.

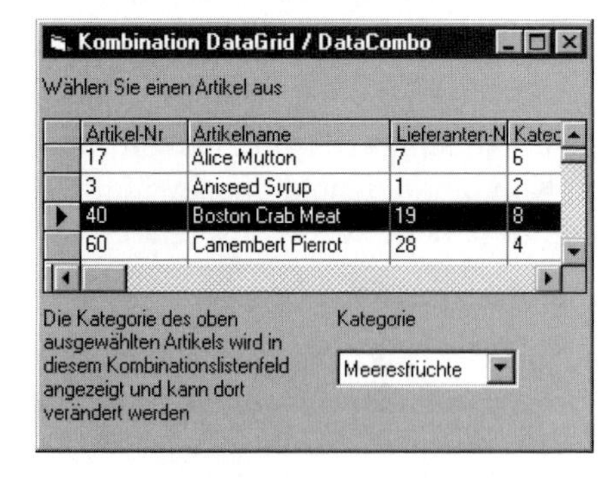

Bild 18.12: Das Kombinationsfeld enthält die Kategorie des ausgewählten Artikels

Das im nächsten Abschnitt ausführlich behandelte *DataGrid*-Feld (Bild 18.12 oben) zeigt Datensätze auf der Basis der folgenden SQL-Abfrage an (*ArtikelSorted* im *DataEnvironment*).

```
SELECT * FROM Artikel ORDER BY Artikelname
```

Die Einträge des *DataCombo*-Felds (Bild 18.12 unten) stammen aus der folgenden Abfrage (*KategorienSorted* im *DataEnvironment*):

```
SELECT * FROM Kategorien ORDER BY Kategoriename
```

Damit die Einträge korrekt angezeigt werden, sind folgende Einstellungen notwendig:

RowSource: *DataEnvironment1*
RowMember: *KategorienSorted*
ListField: *Kategoriename*
BoundColumn: *Kategorie-Nr*

Die Verbindung zur *ArtikelSorted*-Tabelle wird durch ***DataSource, DataColumn*** und ***DataField*** hergestellt. (Ja, die Listenfelder besitzen diese Eigenschaften doch! Nur haben Sie dort eine vollkommen andere Bedeutung als bei allen anderen gebundenen Steuerelementen.)

DataSource: *DataEnvironment1*
DataMember: *ArtikelSorted*
DataField: *Kategorie-Nr*

Diese Einstellung bewirkt, daß das Feld *Kategorie-Nr* zur Synchronisation zweier Datensatzlisten verwendet wird. Ändert sich *Kategorie-Nr* durch die Auswahl eines anderen Artikels im Tabellenfeld, wird im Listenfeld der dazu passende *Kategoriename* angezeigt. Vorsicht: Wird dieser Name umgekehrt im Listenfeld verändert, wirkt sich diese Änderung auch auf die Tabelle aus (auch wenn dort vorerst noch die bisherige Kategorienummer angezeigt wird); bei der Auswahl eines anderen Datensatzes wird automatisch die veränderte Kategorie des Artikels gespeichert. Voraussetzung dafür ist natürlich, daß die Artikeltabelle verändert werden darf (*LockType* <> *adOpenReadOnly*).

In der Praxis bietet sich diese Kombination von *DataGrid* und *DataCombo* besonders für die Neueingabe von Artikeln an: Dann kann die Kategorienummer bequem mit dem Kombinationsfeld ausgewählt werden. Im Tabellenfeld werden Sie die Kategorienummer üblicherweise ausblenden:

```
DataGrid1.Columns("Kategorie-Nr").Visible = False
```

Eine analoge Vorgehensweise ist natürlich auch für das Lieferantenfeld möglich, das in der Artikeltabelle ebenfalls durch eine ID-Nummer dargestellt wird.

Syntaxzusammenfassung MSDataListLib-Bibliothek

DataList / DataGrid – Gemeinsame Eigenschaften	
	Herkunft der angezeigten Daten
BoundColumn	Name des Felds aus Datensatzliste, das aus *BoundText* gelesen werden kann
BoundText	Zusatzinformation zum ausgewählten Eintrag (veränderbar!)
ListField	Name des anzuzeigenden Felds aus Datensatzliste
RowMember	*Command*-Name (wenn *RowSource=DataEnvironment*)
RowSource	Datenquelle (*DataEnvironment*, *Adodc*-Feld, *Recordset*)
	Synchronisation mit zweiter Datensatzliste (die durch ein anderes Steuerelement angezeigt wird)
DataField	Datenfeld zur Synchronisation (muß mit *BoundColumn* übereinstimmen)
DataMember	*Command*-Name (wenn *DataSource=DataEnvironment*)
DataSource	zweiter Datensatz, der mit *RowSource* synchronisiert wird
	Sonstige Eigenschaften
MatchEntry	Suchmodus bei Tastatureingabe
MatchedWithList	gibt an, ob *BoundText* einem Listeneintrag entsprcht
SelectedItem	*Bookmark*-Eigenschaft des ausgewählten Datensatzes
Text	Zeichenkette des momentan ausgewählten Eintrags
VisibleCount	Anzahl der maximal gleichzeitig sichtbaren Einträge
VisibleItem(n)	*Bookmark*-Eigenschaft des n-ten sichtbaren Datensatzes

DataList / DataGrid – Gemeinsame Methoden	
Refill	Datensatzliste neu einlesen

DataList / DataGrid – Gemeinsame Ereignisse	
Click	ein Eintrag wurde ausgewählt

18.6 Tabellenfelder (DataGrid / MSHFlexGrid)

Visual Basic bietet gleich zwei Möglichkeiten, Datensatzlisten in Tabellenform zu bearbeiten: Das *DataGrid*-Feld enthält alle Funktionen, um Datensätze nicht nur anzuzeigen, sondern auch zu verändern, neu einzufügen und zu löschen. Im Gegensatz dazu eignet sich das *MSHFlexGrid*-Feld zwar nur für eine *Read-Only*-Bearbeitung, dafür kann es aber hierarchische *Recordset*s mit minimalem Aufwand anzeigen.

Beide Steuerelemente sind ungeheuer leistungsstark, was sich nicht zuletzt in einer wahrlich überwältigenden Anzahl von Eigenschaften, Methoden, Ereignissen und Sub-Objekten niederschlägt. Dieser Abschnitt kann nur einen ersten Eindruck vermitteln (der aber wahrscheinlich für 90 Prozent aller Anwendungen ausreicht).

VERWEIS

Für die restlichen Feinheiten muß auf die Online-Hilfe verwiesen werden, die zumindet für das *DataGrid*-Feld überdurchschnittlich gut gelungen ist (auch wenn es vereinzelt nicht mehr zutreffende Passagen gibt, die sich auf *DBGrid* beziehen).

VB-DOKUMENTATION | ARBEITEN MIT VB | PROGRAMMIERHANDBUCH | TEIL 2 |
- VERWENDEN DER STANDARDSTEUERELEMENTE |
- DATAGRID/HIERARCHICAL FLEXGRID

18.6.1 DataGrid

Die folgende Liste zählt die interessantesten Merkmale des *DataGrid*-Felds auf:

- Datensätze im *DataGrid*-Feld können direkt in der Tabelle geändert bzw. neu eingefügt werden. Ebenso können Datensätze mit der Maus markiert und gelöscht werden. Im einfachsten Fall ist dazu keine Zeile Code erforderlich, d.h., das *DataGrid*-Feld kümmert sich selbständig um die gesamte ADO-Kommunikation.
- Tabellen mit sehr vielen Spalten können in Teilbereiche zerlegt werden. (Teilbereiche sind vertikale, synchronisierte Spalten, wie sie in Excel durch ANSICHT | FENSTER TEILEN erzeugt werden.)
- Das *DataGrid*-Feld bietet sehr weitgehende Möglichkeiten zur Steuerung des Layouts: Spaltenbreite und -ausrichtung, verschieden Zahlen- und Datumsformate,

Zeilenumbruch, Farbe und Schriftart, verborgene Spalten etc. Viele Formatierungsmerkmale sind allerdings nur auf ganze Spalten anwendbar.

- Zwei *DataGrid*-Felder können so miteinander kombiniert werden, daß darin zwei Komponenten einer hierarchischen Abfrage (Master- und Detail-Tabelle) angezeigt werden.

HINWEIS

Das *DataGrid*-Feld bietet zwar viele Funktionen, stellt aber auch große Anforderungen an die Datenquelle: Diese muß einen Client-seitigen Cursor zur Verfügung stellen!

Hintergründe

Das *DataGrid*-Feld übernimmt für ADO-Anwendungen die Nachfolge des *DBGrid*-Steuerelements. Laut Online-Dokumentation sind die zwei Steuerelemente mit einer Ausnahme Code-kompatibel. (Die Ausnahme betrifft die Verwendung des Steuerelements *ohne* Datenquelle – *DataMode=dbgUnbound* – die vom *DataGrid*-Feld nicht mehr unterstützt wird.)

Diese Kompatibilitätsbehauptung konnte nicht im Detail überprüft werden. Sicher ist, daß das neue Steuerelement nun *Microsoft* als Copyright-Inhaber ausweist, also nicht mehr die Firma *Apex Software Corporation*, die das *DBGrid*-Feld für Microsoft entwikkelt hat. Apex bietet mittlerweile eine ADO-kompatible Variante ihres Steuerelements *True DBGrid Pro* an, das noch mehr Funktionen als *DBGrid / DataGrid* aufweist (`www.apexsc.com`).

DataGrid

Bestellungen

Bestell-Nr	Kunden-Cod	Personal-Nr	Bestelldatum	Empfänger	Straße
10262	RATTC	8	22.08.94	Rattlesnake Canyon Gr	2817 Milton Dr.
10263	ERNSH	9	23.08.94	Ernst Handel	Kirchgasse 6
10264	FOLKO	6	24.08.94	Folk och fä HB	Åkergatan 24
10265	BLONP	2	25.08.94	Blondel père et fils	24, place Kléber
10266	WARTH	3	26.08.94	Wartian Herkku	Torikatu 38
10267	FRANK	4	29.08.94	Frankenversand	Berliner Platz 43
10268	GROSR	8	30.08.94	GROSELLA-Restaurant	5ª Ave. Los Palos
10269	WHITC	5	31.08.94	White Clover Markets	1029 - 12th Ave. S.
10270	WARTH	1	01.09.94	Wartian Herkku	Torikatu 38
10271	SPLIR	6	01.09.94	Split Rail Beer & Ale	P.O. Box 555
10272	RATTC	6	02.09.94	Rattlesnake Canyon Gr	2817 Milton Dr.
10273	QUICK	3	05.09.94	QUICK-Stop	Taucherstraße 10

Bild 18.13: Ein zweigeteiltes DataGrid-Feld mit den Nordwind-Bestelldaten

Erste Schritte

Wenn Sie keine Sonderwünsche haben (und das *DataGrid*-Feld erfüllt von sich aus schon sehr viele Wünsche), ist das erste *DataGrid*-Formular rasch fertiggestellt: Die

Eigenschaften ***DataSource*** und ***DataMember*** dienen wie üblich zur Einstellung der Datenquelle. Als Datenquelle kommen das *Adodc*-Steuerelement oder ein *DataEnvironment*-Objekt in Frage.

Anschließend klicken Sie das *DataGrid*-Feld mit der rechten Maustaste an und wählen das Kommando FELDER ABRUFEN. Damit ermittelt das Steuerelement die Struktur der Datenquelle, legt entsprechend viele Spalten an und beschriftet diese. (Im Programmcode kann diese automatische Initialisierung durch die Methode ***ReBind*** erreicht werden.) Für einen ersten Versuch reicht das bereits – starten Sie Ihr Programm!

Hierarchische Recordsets

Die Darstellung hierarchischer *Recordset*s ist ebenfalls denkbar einfach: Sie fügen zwei *DataGrid*-Felder in ein Formular, setzen *DataSource* auf dasselbe *DataEnvironment* und *DataMember* auf die zwei Kommandos der Hierarchie. Das war's! (Da bricht selbst beim sonst sehr skeptischen Autor die Begeisterung durch.) Wenn Sie einen Datensatz in der Master-Liste auswählen, wird die Detail-Liste automatisch aktualisiert.

Layout

Das *DataGrid*-Feld ist mit einem sehr umfassenden Eigenschaftsdialog ausgestattet, der über das Kontextmenü gestartet wird. Im ALLGEMEIN-Dialogblatt können diverse allgemeine Optionen eingestellt werden, im SPALTEN-Dialogblatt Eigenschaften der einzelnen Spalten (inklusive des gewünschten Zahlen- oder Datumsformats, das aber fallweise nicht korrekt funktioniert).

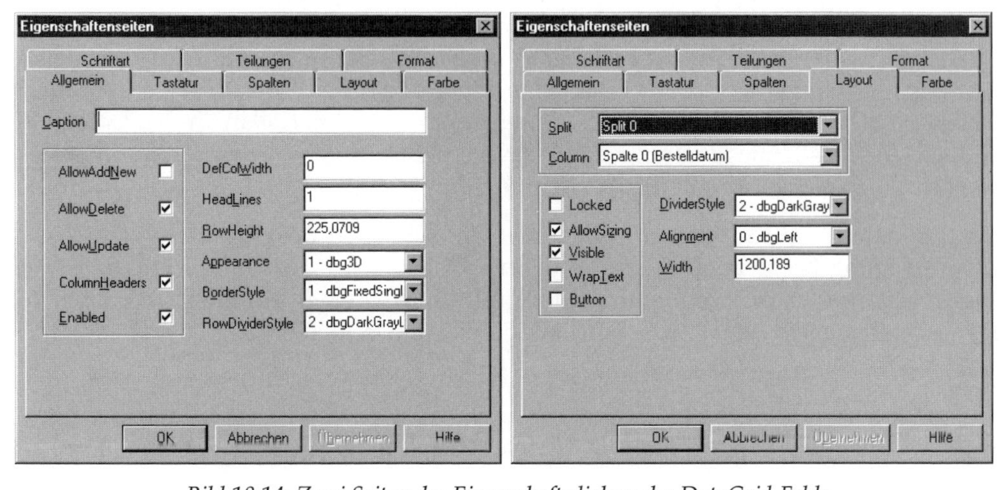

Bild 18.14: Zwei Seiten des Eigenschaftsdialogs des DataGrid-Felds

Im Eigenschaftsdialog werden Sie vermutlich die Möglichkeit suchen, neue Spalten einzufügen, vorhandene Spalten zu löschen etc. Sie suchen vergeblich. Diese Operationen müssen direkt im Steuerelement durchgeführt werden. Dazu schließen Sie den Eigenschaftsdialog und führen das Kontextmenükommando BEARBEITEN aus. Jetzt können Sie einzelne Spalten mit der Maus anklicken und anschließend mit einem neuen Kontextmenü bearbeiten (d.h. Spalten löschen oder einfügen etc.).

Auch eine Veränderung der Spaltenbreite ist jetzt möglich. Wenn Sie den Eigenschaftsdialog jetzt nochmals aufrufen, können Sie sogar im Dialog und im Steuerelement parallel arbeiten. Wenn man sich an diese recht eigenwillige Bedienung einmal gewöhnt hat, lassen sich die Eigenschaften rasch einstellen.

Formatierung der Tabelle

In den meisten Anwendungsfällen können Sie die Eigenschaften des *DataGrid*-Felds bereits beim Programmentwurf im Eigenschaftsfenster ausreichend einstellen. Wenn Sie per Programmcode darauf zugreifen möchten, gilt das folgende Objektmodell:

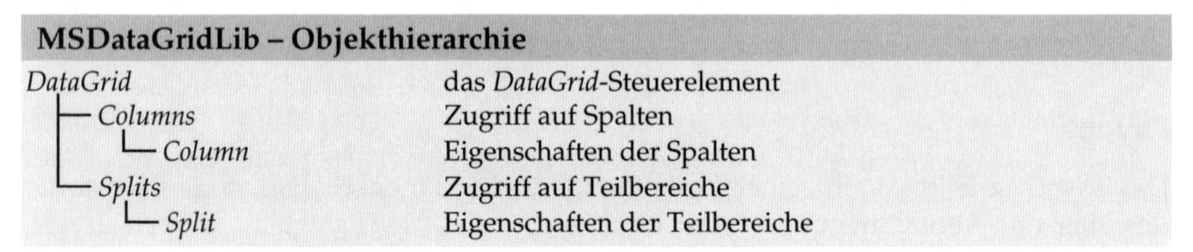

MSDataGridLib – Objekthierarchie	
DataGrid	das *DataGrid*-Steuerelement
├─ *Columns*	Zugriff auf Spalten
│ └─ *Column*	Eigenschaften der Spalten
└─ *Splits*	Zugriff auf Teilbereiche
└─ *Split*	Eigenschaften der Teilbereiche

Zeilen- und Spaltenanzahl: Die Spaltenanzahl ergibt sich aus *Columns.Count*. Die ungefähre Zeilenanzahl kann aus *ApproxCount* entnommen werden. Dabei muß allerdings die gesamte Datensatzliste eingelesen werden, was bei sehr großen Listen sonst vermieden wird, bis die Daten wirklich benötigt werden.

Spaltenformatierung: Über die ***Columns***-Eigenschaft können mit *Add* und *Remove* neue Spalten eingefügt bzw. vorhandene Spalten gelöscht werden. Jedes ***Column***-Objekt ist mit der Eigenschaft *DataField* ausgestattet, die den Namen des Datenfelds enthält. Die Spaltenbeschriftung kann davon unabhängig durch *Caption* eingestellt werden. *Alignment* bestimmt die Ausrichtung der Spalte.

Zur Formatierung der Spalten stehen alle Möglichkeiten des *StdDataFormat*-Objekts zur Verfügung (siehe auch Seite 831). Dieses Objekt wird über die Eigenschaft *DataFormat* angesprochen. Zur Kompatibilität mit dem *DBGrid*-Feld steht aber auch die Eigenschaft *NumberFormat* zur Verfügung, die den selben Inhalt hat wie *DataFormat.Format*.

ANMERKUNG

Das *DataGrid*-Steuerelement bietet keine Möglichkeit, den Tabelleninhalt nach einer Spalte zu sortieren – weder beim Programmentwurf noch im laufenden Programm. Die Reihenfolge der Datensätze ergibt sich ausschließlich durch die Datenquelle, d.h., eine Sortierung können Sie nur durch das SQL-Kommando *ORDER BY* erreichen.

Zugriff auf den Tabelleninhalt

Aktive Tabellenzelle: Die gerade aktive Zelle wird durch die Eigenschaften *ColIndex* (Spalte) und *Row* (Zeile) bestimmt. Die Spaltennummer ist absolut, die Zeilennummer bezieht sich allerdings auf die sichtbaren Zeilen (siehe nächsten Absatz). *Text* und *Value* enthalten den Inhalt des aktiven Felds, *Bookmark* einen Verweis auf den zugeordneten Datensatz im *Recordset* des *Data*-Felds.

Sichtbarer Tabellenbereich: *VisibleCols* und *VisibleRows* gibt die Anzahl der im Tabellenfeld sichtbaren Spalten und Zeilen an. *FirstRow* enthält die *Bookmark*-Eigenschaft der ersten im Tabellenfeld sichtbaren Zeile, *LeftCol* die Nummer der ersten sichtbaren Spalte.

Markierter Zellbereich: *SelStartCol* und *SelEndCol* geben die Nummer der ersten und der letzten markierten Spalte an. Die Anzahl der markierten Zeilen kann *SelBookmarks.Count* entnommen werden. *SelBookmarks(n)* liefert Verweise auf die entsprechenden Datensätze im *Recordset* des *Data*-Felds. Über *SelBookmarks* können Sie also beispielsweise alle markierten Datensätze bearbeiten (verändern, löschen etc.).

Gesamte Tabelle: *RowBookmark(n)* liefert einen *Bookmark*-Verweis auf den Datensatz, der in der Zeile *n* der Tabelle angezeigt wird. *GetBookmark(n)* funktioniert ähnlich, allerdings gibt *n* die Zeilen relativ zur aktiven Zeile an (negative Werte für Zeilen oberhalb). Mit *ColContaining(x)* und *RowContaining(y)* können Sie die Zeilen- und Spaltennummer für einen bestimmten Koordinatenpunkt ermitteln (etwa bei der Auswertung von Mausereignissen).

TIP

Das *DataGrid*-Feld kennt weder eine Methode noch ein Tastenkürzel, um zum letzten Datensatz der Tabelle zu springen. Gerade bei umfangreichen Tabellen ist das ein mühsamer Vorgang, weil die Bildlaufleiste nur die aktuell eingelesenen Datensätze berücksichtigt und daher ebenfalls keinen raschen Sprung an das Tabellenende zuläßt. Abhilfe bietet die folgende Anweisung, die auf das zugrundeliegende *Recordset* zugreift (hier ein *DataEnvironment*-Objekt):

```
DataEnvironment1.rsBestellungen.MoveLast
```

Auswahlbuttons in Tabellenfeldern

Wenn Sie die Eigenschaft ***Button*** für eine Spalte auf *True* setzen (LAYOUT-Seite im Eigenschaftsdialog), wird im aktiven Tabellenfeld dieser Spalte ein kleiner Pfeil-Button angezeigt. Wenn dieser Button angeklickt wird, tritt ein ***ButtonClick***-Ereignis auf. In der Ereignisprozedur können Sie beispielsweise ein Listenfeld unterhalb des Tabellenfelds sichtbar machen und darin die bequeme Auswahl aus mehreren Optionen ermöglichen. (Das Listenfeld muß schon beim Formularentwurf vorgesehen werden. Es ist normalerweise unsichtbar und wird nur bei Bedarf an die erforderliche Position verschoben und mit *Visible=True* sichtbar gemacht.)

An die *ButtonClick*-Ereignisprozedur wird die Spaltennummer durch den Parameter *ColIndex* übergeben. Die Zeilennummer kann aus der Eigenschaft *Row* ermittelt werden. Das *Column*-Objekt der Spalte enthält die horizontale Position der Spalte (*Left, Width*). Die Y-Koordinate der Zeile kann mit der Methode ***RowTop*** ermittelt werden, die Höhe aus ***RowHeight***.

Die folgenden Zeilen zeigen, wie in der *ButtonClick*-Ereignisprozedur die Koordinaten der betroffenen Zelle ermittelt werden. Anschließend wird über dieser Zelle ein farbiges Textfeld angezeigt, das verschwindet, sobald es den Eingabefokus verliert oder Esc gedrückt wird. Das Textfeld erfüllt keine Aufgabe, es demonstriert nur die Positionierung. Probieren Sie den Effekt im Beispielprogramm für die Spalte *Empfänger* aus!

```
' Textfeld anzeigen, wenn Zell-Button angeklickt wird
Private Sub DataGrid1_ButtonClick(ByVal ColIndex As Integer)
  Dim x, y, w, h
  With DataGrid1
    x = .Columns(ColIndex).Left + .Left
    y = .RowTop(.Row) + .Top
    w = .Columns(ColIndex).Width
    h = .RowHeight
    Text2 = .Text
    Text2.Move x, y, w, h
    Text2.Visible = True
  End With
End Sub
Private Sub Text2_KeyDown(KeyCode As Integer, Shift As Integer)
  If KeyCode = vbKeyEscape Then KeyCode = 0: Text2.Visible = False
End Sub
Private Sub Text2_LostFocus()
  Text2.Visible = False
End Sub
```

Ereignisse

Das *DataGrid* ist mit einer Unmenge von Ereignissen ausgestattet. Neben den von anderen Steuerelementen bekannten *Click-*, *MouseXxx-* und *KeyXxx*-Ereignissen kann die Änderung der Spaltenbreite durch ***ColResize***, das Anklicken der Spaltenbeschriftung durch ***HeadClick*** und die Veränderung von Teilbereichen durch ***SplitChange*** festgestellt werden. ***Scroll*** meldet einen Bildlauf, ***RowColChange*** einen Wechsel der aktiven Zelle, ***SelChange*** einen Wechsel des markierten Zellbereichs.

Einige dieser Ereignisse würde man sich für das *Recordset*-Objekt auch wünschen! Die Ereignisse sind in der folgenden Tabelle in der Reihenfolge ihres Auftretens angegeben.

BeforeColEdit	der Anwender möchte die Zelle verändern
ColEdit	Zelle wird bearbeitet
BeforeColUpdate	die Veränderungen sollen im Buffer für die aktuelle Zeile (aber noch nicht in der Datenbank) gespeichert werden
AfterColUpdate	die Veränderungen sind im Buffer gespeichert worden
AfterColEdit	die Bearbeitung der Zelle ist beendet
BeforeUpdate	der veränderter Datensatz soll in der Datenbank gespeichert werden
AfterUpdate	der veränderte Datensatz wurde gespeichert
BeforeDelete	ein Datensatz soll gelöscht werden
AfterDelete	der Datensatz wurde gelöscht
BeforeInsert	ein neuer Datensatz soll eingefügt werden
AfterInsert	der Datensatz wurde eingefügt

Tabelle drucken

Beim Ausdruck hat es eine substantielle Verbesserung im Vergleich zum *DBGrid*-Feld gegeben. Zwar fehlt nach wie vor eine Methode, den Inhalt des Felds direkt auszudrucken; aber immerhin liefert die Methode ***CaptureImage*** ein Abbild des sichtbaren Teils der Tabelle im Windows-Metafile-Format (und nicht mehr – wie bisher – als Bitmap). Diese Grafik kann einem Bildfeld zugewiesen und anschließend ausgedruckt werden.

Störend ist wie bisher die Limitierung auf den sichtbaren Bereich, die den Ausdruck umfangreicher Tabellen so gut wie unmöglich macht. Lästig ist auch, daß *CaptureImage* im Randbereich eine Bitmap anfügt (offensichtlich für die Bildlaufleisten, selbst wenn diese abgeschalten werden), so daß die Druckqualität dort eingeschränkt ist.

Die folgende Prozedur setzt voraus, daß im Formular ein (unsichtbares) Bildfeld mit dem Namen *Picture1* existiert. Beim *DataGrid*-Feld werden zuerst alle überflüssigen Randelemente abgeschaltet und die Hintergrundfarbe auf weiß gesetzt. Anschließend wird *CaptureImage* ausgeführt und das *DataGrid*-Feld dann wieder restauriert.

```
Private Sub Command1_Click()
  Dim border, backc, scrb, recs
  With DataGrid1
    backc = .BackColor
    recs = .RecordSelectors
    scrb = .ScrollBars
    .BackColor = RGB(255, 255, 255)  'Tabellenhintergrund weiß
    .ScrollBars = dbgNone            'keine Scrollbars
    .RecordSelectors = False         'keine Zeilenbuttons
    .Refresh
    Picture1.Picture = .CaptureImage
    ' Clipboard.Clear                'in die Zwischenablage kopieren
    ' Clipboard.SetData Picture1
    .BackColor = backc               'ursprünglichen Zustand
    .ScrollBars = scrb               'wiederherstellen
    .RecordSelectors = recs
    Printer.Orientation = vbPRORLandscape
    border = Printer.ScaleWidth / 20
    Printer.PaintPicture Picture1.Picture, border, border, _
      border + DataGrid1.Width, border + DataGrid1.Height
    Printer.EndDoc
  End With
End Sub
```

VERWEIS

Die wenigen Zeilen Code bauen auf einer ganzen Menge Visual-Basic-Know-how auf: Das Kommando *PaintPicture* ist auf Seite 461 beschrieben. Der Umgang mit der Zwischenablage ist auf Seite 581 beschrieben. Informationen zum Thema Drucken und zum Umgang mit dem *Printer*-Objekt finden Sie ab Seite 588.

Beispielprogramm

Im Beispielprogramm können Sie in einem *DataCombo*-Feld einen Verkäufer / Vertreter aus der Personalliste auswählen. Anschließend werden alle von dieser Person durchgeführten Bestellungen geordnet nach Bestelldatum im *DataGrid*-Feld angezeigt. Der Datenzugriff erfolgt mit *ReadOnly =True,* d.h., eine Veränderung der Daten ist nicht möglich. Der erste bzw. letzte Datensatz im Tabellenfeld kann mit Strg+Pos1 bzw. Strg+Ende angesprungen werden.

Die meisten Eigenschaften des *DataGrid*-Felds wurden bereits während des Entwurfs eingestellt – auf der Basis der *Bestellungen*-Tabelle aus dem *DataEnvironment*. Diese Tabelle wird allerdings nie angezeigt. Statt dessen wird in *DataCombo1_Click* ein neues *Recordset*-Objekt erzeugt und dem *DataGrid* zugewiesen. Da das *Recordset*-Objekt dieselbe Datenstruktur hat wie in der Entwurfsphase, bleiben alle Einstellungen erhalten.

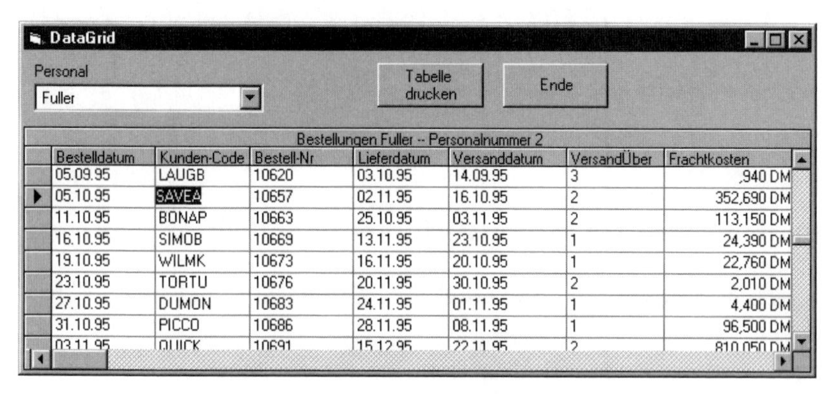

Bild 18.15: DataGrid-Beispielprogramm

```
' Datenbanken\DataGrid.frm
Private Sub DataCombo1_Click(Area As Integer)
  Dim rec As Recordset, sql$
  If Area <> dbcAreaList Then Exit Sub
  With DataCombo1
    If .Text = "" Then Exit Sub
    sql = "SELECT * FROM Bestellungen WHERE `Personal-Nr`=" & _
      .BoundText & " ORDER BY `Bestelldatum`"
    Set rec = New Recordset
    rec.CursorLocation = adUseClient
    rec.Open sql, DataEnvironment1.Connection1, adOpenStatic, _
      adLockReadOnly
  End With
  With DataGrid1
    .DataMember = ""
    Set .DataSource = rec
    .ReBind
    .Columns("Personal-Nr").Visible = False
    .Caption = "Bestellungen " & DataCombo1.Text & _
      " -- Personalnummer " & DataCombo1.BoundText
    .Visible = True
  End With
End Sub
' Sprung an den Beginn bzw. das Ende der Tabelle
' mit <Strg>+<Pos1> bzw. <Strg>+<Ende>
Private Sub DataGrid1_KeyDown(KeyCode As Integer, Shift As Integer)
  With rec
    If KeyCode = vbKeyEnd And Shift = vbCtrlMask Then
      .MoveLast
      KeyCode = 0
    ElseIf KeyCode = vbKeyHome And Shift = vbCtrlMask Then
```

```
      .MoveFirst
      KeyCode = 0
    End If
  End With
End Sub
```

Syntaxzusammenfassung MSDataGridLib-Bibliothek

DataGrid – Allgemeine Eigenschaften	
ColumnHeader	Spaltenbeschriftung sichtbar (*True / False*)
Columns	Zugriff auf Spalten
Columns.Count	Anzahl der Spalten
DataMember	*Command*-Name (nur wenn *DataSource=DataEnvironment*)
DataSource	Datenquelle (*DataEnvironment, Adodc, Recordset*)
RowHeight	Höhe einer Zeile
Splits	Zugriff auf Teilbereiche

DataGrid – Eigenschaften für den Tabellenzugriff	
Bookmark	Verweis auf aktuellen Datensatz
ColIndex	aktuelle Spalte
FirstRow	Verweis auf ersten sichtbaren Datensatz
LeftCol	Nummer der ersten sichtbaren Spalte
Row	aktuelle Zeile (bezogen auf die sichtbaren Zeilen!)
SelBookmarks.Count	Anzahl der markierten Zeilen
SelBookmarks(n)	Verweis auf markierte Datensätze
SelStartCol / -EndCol	Nummer der ersten / letzten markierten Spalte
Text	Inhalt der aktuellen Zelle
VisibleCols / -Rows	Anzahl der sichtbaren Spalten / Zeilen

DataGrid – Methoden	
CaptureImage	sichtbarer Bereich der Tabelle als Metafile-Grafik
ColContaining(x)	ermittelt Spaltennummer aus X-Koordinate
Columns.Add / Remove	Spalten hinzufügen / löschen
GetBookmark(n)	Verweis auf Datensatz der Zeile *n* (relativ zur aktuellen Zeile)
HoldFields	Formatierung durch *ReBind* nicht ändern
ReBind	Steuerelement neu initialisieren (Spalten einlesen)
RowBookmark(n)	Verweis auf Datensatz der Zeile *n* (absolute Zeilennummer)
RowContaining(y)	ermittelt Zeilennummer aus Y-Koordinate
RowTop	Y-Koordinate der aktuellen Zeile

DataGrid – Allgemeine Ereignisse	
ButtonClick	Auswahl-Button wurde angeklickt
ColResize	Spaltenbreite wurde verändert
HeadClick	Spaltenbeschriftung wurde angeklickt

RowColChange	aktive Zeile / Spalte hat sich geändert
Scroll	Bildlauf
SelChange	Auswahl (markierter Bereich) hat sich geändert
SplitChange	Teilbereich hat sich geändert

DataGrid – Datenbankbezogene Ereignisse	
AfterColEdit	die Bearbeitung der Zelle ist beendet
AfterColUpdate	die Veränderungen sind im Buffer gespeichert worden
AfterDelete	der Datensatz wurde gelöscht
AfterInsert	der Datensatz wurde eingefügt
AfterUpdate	der veränderte Datensatz wurde gespeichert
BeforeColEdit	der Anwender möchte die Zelle verändern
BeforeColUpdate	die Veränderungen sollen im Zeilenbuffer gespeichert werden
BeforeDelete	ein Datensatz soll gelöscht werden
BeforeInsert	ein neuer Datensatz soll eingefügt werden
BeforeUpdate	der veränderte Datensatz soll endgültig gespeichert werden
ColEdit	Zelle wird bearbeitet

Column – Eigenschaften	
Alignment	Ausrichtung
Button	Auswahl-Button anzeigen
Caption	Spaltenbeschriftung
DataField	Name des Datenfelds
DataFormat	Verweis auf *StdDataFormat*-Objekt
NumberFormat	*Format*-Zeichenkette zur Formatierung (*DataFormat.Format*)
Value	Wert des Datenfelds des ausgewählten Datensatzes

18.6.2 MSHFlexGrid

Das *MSHFlexGrid*-Feld kann ähnlich wie das *DataGrid*-Feld zur Darstellung von Tabellen verwendet werden. Die folgende Tabelle faßt die Vor- und Nachteile zusammen:

Vorteile

- sehr viele Formatierungsmöglichkeiten (zumeist nur per Code)
- Sortiermöglichkeit
- ausgezeichnete Unterstützung hierarchischer *Recordsets*

Nachteile

- weniger Einstellmöglichkeiten in der Entwurfsphase
- keine *DataFormat*-Unterstützung
- nur *Read-Only*-Zugriff
- mühsame Programmierung (keine Sub-Objekte, chaotische Ansammlung zahlloser Eigenschaften)

Die eigentliche Stärke des Steuerelements liegt in der Darstellung hierarchischer *Recordsets*. Das Steuerelement ist damit nicht zuletzt ein wertvolles Hilfsmittel, um die im *DataEnvironment* erstellten Hierarchien rasch und mühelos zu testen.

Bild 18.16 zeigt ein *Recordset* mit vier Ebenen: Die Tabelle enthält für alle Länder eine Liste aller dort befindlichen Kunden, mit einer Liste derer bisherigen Bestellungen, jeweils mit einer Detailliste aller Bestellposten. (In Bild 18.16 wurden einige Spalten zusammengeschoben, um die gesamte Struktur anzuzeigen; daraus resultieren die schwarzen Streifen.) Die Abbildung basiert auf dem hierarchischen *Recordset* des VB-Beispielprogramms `DataRept\Prjnwind.vbp`. Dieses Programm wurde um ein Formular mit einem *MSHFlexGrid*-Feld erweitert. Die Verbindung zum *Recordset* wurde wie üblich mit ***DataSource*** und ***DataMember*** hergestellt, anschließend wurde per Kontextmenü STRUKTUR ABRUFEN ausgeführt. Das war's!

Das Beispiel zeigt gleichzeitig Stärken und Grenzen des Steuerelements: Die Darstellung gelingt zwar mühelos, aber jede Veränderung (etwa das Ein- und Ausklappen von Details) dauert selbst auf einem Pentium 400 mit ausreichend Speicher Sekunden. Intern umfaßt die Tabelle immerhin 43 Spalten und 2150 Zeilen, der Speicherbedarf für das *Recordset* und das Steuerelement beträgt rund 9 MByte.

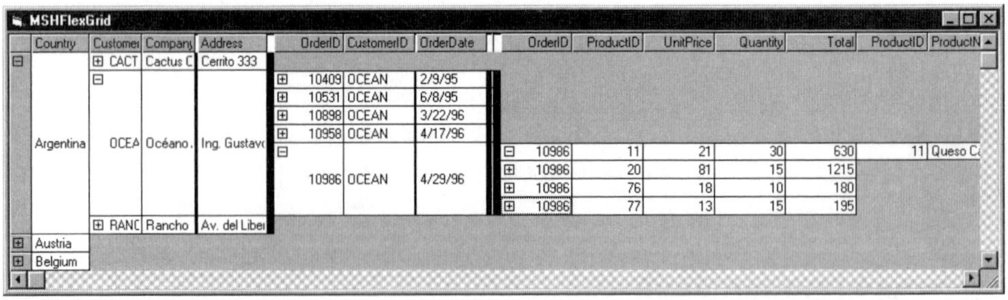

Bild 18.16: Ein vierfach-hierarchisches Recordset im MSHFlexGrid-Feld

Charakteristische Eigenschaften und Methoden

Der Zugriff auf das Steuerelement erfolgt mit den selben Eigenschaften und Methoden wie beim *MSFlexGrid*-Feld, dem kleinen Bruder von *MSHFlexGrid* – siehe Seite 334. An dieser Stelle werden nur die wichtigsten Ergänzungen in *MSHFlexGrid* zusammengefaßt.

Die Verbindung zur Datenbank erfolgt mit den mittlerweile schon hinlänglich bekannten ***DataSource***- und ***DataMember***-Eigenschaften. Die Datenquelle kann im laufenden Programm zugewiesen werden, wobei dann als Alternative zu *DataSource* auch die Eigenschaft *Recordset* verwendet werden kann. In beiden Fällen wird die gesamte Struktur des Steuerelements automatisch neu gebildet (Spaltenbeschriftungen etc.).

Gewöhnlich zeigt das Steuerelement alle Detaildaten an. Gerade bei umfangreichen Datensätzen ist diese Sicht recht unübersichtlich. ***CollapseAll*** klappt alle Detaillisten zusammen und reduziert den Inhalt des Tabellenfelds auf ein Minimum. ***ExpandAll*** hat genau die gegenteilige Wirkung.

Bands enthält die Anzahl der Hierarchieebenen (bei einfachen Tabellen ist *Bands=1*), ***Cols****(n)* die Anzahl der Spalten je Ebene. ***Rows*** enthält die Anzahl der Zeilen. Diese Zahl bezieht sich auf die Zeilen am rechten Ende der Tabelle (also in der detailliertesten Form). Dabei wird die Überschriftenzeile mitgerechnet. Zusammengeklappte Zeilen zählen nur einfach.

Ein unglaubliches Wirrwarr herrscht bei den Parametern diverser Eigenschaften zur Veränderung des Inhalts und Layouts der Tabelle. Dazu einige Beispiele:

Typ 1:	***ColHeaderCaption****(ebene,spalte)*	Zugriff auf Überschriftenzellen
	DataField*(ebene,spalte)*	Namen der Datensatzfelder
Typ 2:	***ColWidth****(spalte,ebene)*	Spaltenbreite (umgekehrte Parameterreihenfolge)
Typ 3:	***ColAlignment****(spalte)*	Ausrichtung (ohne Ebenenangabe)
	ColIsVisible*(spalte)*	Sichtbarkeit der Spalte (kann nur gelesen werden)
Typ 4:	***RowIsVisible****(zeile)*	Sichtbarkeit der Zeile (kann nur gelesen werden)
Typ 5:	***TextMatrix****(zeile, spalte)*	Textinhalt der Zelle
Typ 6:	***RowExpanded***	ein- / ausgeklappter Zustand (bezieht sich auf die *aktuelle* Zelle (!), Einstellung per *Row* und *Col*)

Am unangenehmsten sind die Eigenschaften ab dem dritten Typ, bei denen der Parameter für die Hierarchieebene fehlt und die Spalten einfach durchnumeriert sind. Um die zweite Spalte der dritten Hierarchieebene unsichtbar zu machen, müssen Sie zuerst ermitteln, wieviele Spalten die erste und zweite Hierarchieebene haben! (Alle Indizes beginnen mit 0 für das erste Element.)

Wenn Sie eine Spalte ausblenden möchten, setzen Sie *ColWidth* auf 0. *ColIsVisible* kann im Code nur gelesen, nicht verändert werden.

Alles in allem wird der Umgang mit dem Steuerelement zum Abenteuer, sobald Sie das automatisch vorgegebene Layout verändern möchten. Die Dokumentation ist wenig hilfreich, Sie sind wieder einmal auf die Methode *Versuch und Irrtum* angewiesen.

Beispiel

Das Beispielprogramm zeigt alle Artikel der `Nwind`-Datenbank geordnet nach Kategorien an. Als Datenquelle wird ein *DataEnvironment*-Objekt verwendet, das dem *MSHFlexGrid* in *Form_Load* zugewiesen wird. (Die dabei auftretenden Probleme wurden schon auf Seite 810 beschrieben.) Anschließend wird eine minimale Formatierung vorgenommen.

```
' Datenbanken\MSHFlexGrid.frm
Option Explicit
Private Declare Sub Sleep Lib "kernel32" (ByVal dwMilliseconds _
  As Long)
Private Sub Form_Load()
  Dim rec As Recordset
  Dim i&, j&, versuche&
  ' Datenquelle zuweisen
  Do
    On Error Resume Next
    DataEnvironment1.rsKategorien.Open
    On Error GoTo 0
    versuche = versuche + 1
    If versuche > 200 Then  'entspricht 10 Sekunden
      MsgBox "Verbindung zur Datenbank kann nicht " & _
        "hergestellt werden!"
      End
    End If
    Sleep 50
  Loop Until DataEnvironment1.rsKategorien.State = adStateOpen
  MSHFlexGrid1.DataMember = ""
  Set MSHFlexGrid1.DataSource = DataEnvironment1.rsKategorien
  ' MSHFlexGrid formatieren
  With MSHFlexGrid1
    For i = 0 To .Bands - 1
      For j = 0 To .Cols(i) - 1
        If .ColHeaderCaption(i, j) = "Kategorie-Nr" Then
          .ColWidth(j, i) = 0
        Else
          .ColWidth(j, i) = 2000
        End If
      Next
    Next
    .ColWidth(0, 0) = 300  ' Breite der ersten Spalte mit +/-
    .CollapseAll
  End With
End Sub
```

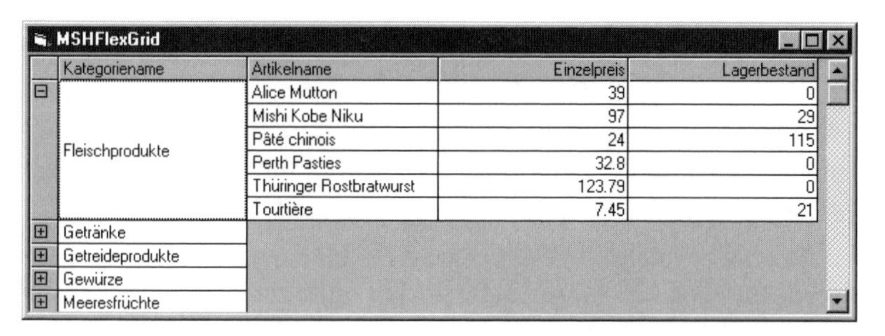
MSHFlexGrid

	Kategoriename	Artikelname	Einzelpreis	Lagerbestand
⊟	Fleischprodukte	Alice Mutton	39	0
		Mishi Kobe Niku	97	29
		Pâté chinois	24	115
		Perth Pasties	32.8	0
		Thüringer Rostbratwurst	123.79	0
		Tourtière	7.45	21
⊞	Getränke			
⊞	Getreideprodukte			
⊞	Gewürze			
⊞	Meeresfrüchte			

Bild 18.17: Artikel geordnet nach Kategorien

Syntaxzusammenfassung MSHierarchicalFlexGridLib-Bibliothek

MSHFlexGrid – Eigenschaften	**siehe auch S. 334**
Bands	Anzahl der Hierarchieebenen
Cols(n)	Anzahl der Spalten in Ebene *n*
DataMember	*Command*-Name (nur wenn *DataSource=DataEnvironment*)
DataSource	Datenquelle (*DataEnvironment, Adodc, Recordset*)
Recordset	Alternative zu *DataSource* zur Angabe der Datenquelle

MSHFlexGrid – Methoden	
CollapseAll	Detaillisten zusammenklappen
ExpandAll	Detaillisten auseinanderklappen

18.7 Tabellen-Containerfeld (DataRepeater)

Das *DataRepeater*-Steuerelement ist ein Containerfeld für ein anderes Steuerelement. Im laufenden Programm wird das eingesetzte Steuerelement gleichsam für jeden Datensatz vervielfacht. (Intern wird das natürlich raffinierter gemacht, aber zumindest hat der Anwender diesen Eindruck der Vervielfachung.) Bild 18.18 illustriert den Zusammenhang besser als jede langatmige Beschreibung.

Im Prinzip ist das Steuerelement also eine feine Sache: Erstmals können mehrere Datensätze gleichzeitig betrachtet werden, ohne den Nachteil der oft mehrere Seiten breiten Tabellen in Kauf zu nehmen. Leider gibt es auch einige Einschränkungen:

- Das *DataRepeater*-Feld verhält sich nicht wie ein normales Container-Steuerelement (etwa das Bildfeld), in das Sie einfach die gewünschten Steuerelemente einfügen. Vielmehr müssen Sie ein neues ActiveX-Steuerelement (*UserControl*) erzeugen und kompilieren. Erst das Kompilat kann dann im *DataRepeater* eingesetzt werden. Von einem intuitiven Formularentwurf ist also keine Rede. Vielmehr wechseln Sie ständig zwischen zwei Projekten hin und her, die Sie nicht einmal gleichzeitig in der

Entwicklungsumgebung lassen können, weil es sonst ständig Zugriffsprobleme bei der `*.ocx`-Datei des Steuerelements gibt.

- Im *DataRepeater*-Feld können keine *Read-Only*-Datensatzlisten angezeigt werden. (Versuchen Sie es dennoch, wird immer der erste Datensatz angezeigt.)
- Sobald Sie versuchen, einen Datensatz zu verändern (natürlich bei einem veränderlichen *Recordset*-Objekt), treten massive Probleme auf: Visual Basic beansprucht plötzlich 100 Prozent CPU-Kapazität, in den anderen Bereichen des *DataRepeater*-Felds werden falsche Datensätze angezeigt usw. Testet denn Microsoft nicht einmal die elementarsten Funktionen!?
- Selbst wenn Sie Schreibzugriff auf das *Recordset* haben, können im *DataRepeater* keine Datensatzfelder angezeigt werden, die vom Anwender nicht modifizierbar sind (typischerweise ID-Nummern, die die Datenbank selbst verwaltet). Die immer gleichbleibende Fehlermeldung: *field not updateable*.
- Es ist nicht gelungen, boolsche Werte in Optionsfeldern darzustellen. Auch hier endeten alle Experimente mit *field not updateable*.

Angesichts dieser Probleme ist das *DataRepeater*-Feld momentan als interessante Design-Studie zu betrachten. Bei vielen Punkten ist mangels Dokumentation nicht einmal klar, wie sich das Steuerelement verhalten *soll*. Vielleicht sind einige der Einschränkungen *by design*, wie sich Microsoft in entsprechenden Knowledge-Base-Artikeln auszudrücken pflegt; vielleicht werden einzelne Probleme aber auch irgendwann behoben. (Und vielleicht liegt das Problem auch beim Autor, der mangels hellseherischer Fähigkeiten einfach nicht erraten hat, wie sich Microsoft die Bedienung des Steuerelements vorstellt. Da wäre ein Beispielprogramm natürlich hilfreich gewesen – aber mit VB6 wird leider keines mitgeliefert.)

Für den Praxiseinsatz ist das Steuerelement in der gegenwärtigen Form also noch ungeeignet. Da aber die Hoffnung auf Besserung besteht (Service Packs, Visual Basic 7 etc.), finden Sie hier dennoch ein Beispielprogramm. Es sei aber nochmals ausdrücklich betont, daß Sie damit die Artikeldaten nur anzeigen, nicht aber verändern können!

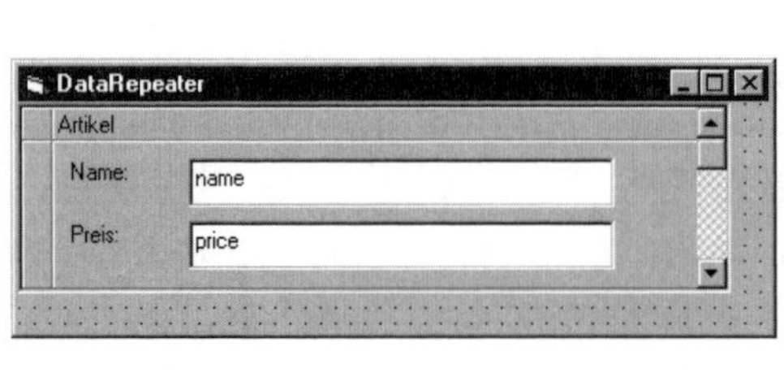

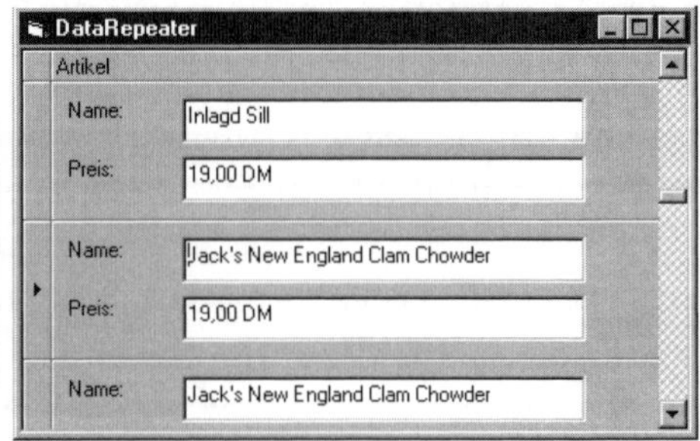

Bild 18.18: Das DataRepeater-Beispielprogramm im Entwurf (links) und bei der Ausführung (rechts)

Daten-gebundene ActiveX-Steuerelemente

Diese Abschnitt setzt eigentlich voraus, daß Sie mit der Erstellung von ActiveX-Steuerelementen vertraut sind (Kapitel 1 ab Seite 991). Wenn das nicht der Fall ist, brauchen Sie auch nicht zu verzagen – das *DataRepeater*-Feld stellt vergleichsweise geringe Anforderungen an das zu integrierende Steuerelement. Der Entwurf eines derartigen Steuerelements sollte selbst ohne tiefere ActiveX-Kenntnisse klappen.

Beginnen Sie also ein neues Projekt vom Typ ACTIVEX-CONTROL und stellen Sie die *Public*-Eigenschaft des Steuerelements auf *True*. Der Bibliotheksname des neuen Steuerelements ergibt sich aus dem Projektnamen (Einstellung durch PROJEKT | EIGENSCHAFTEN). Der Steuerelementname wird durch die *Name*-Eigenschaft im Eigenschaftsfenster bestimmt. Beim Beispielprogramm `DataRepeaterUserControl.vbp` lauten diese beiden Namen *DataRepeaterCtr.DRCtrl1*.

In den noch leeren Steuerelement-Container fügen Sie jene Standardsteuerelemente ein, die später im Inneren des *DataRepeater*-Felds angezeigt werden sollen. Im Regelfall sind das einige Label-Felder zur Beschriftung und einige Textfelder zur Anzeige der Datenbankfelder. (Zur Anzeige der Daten kommen laut Dokumentation auch andere Steuerelemente in Frage – etwa Auswahlkästchen für *True / False*-Werte. Dem Autor ist ein entsprechendes Erfolgserlebnis aber versagt geblieben.)

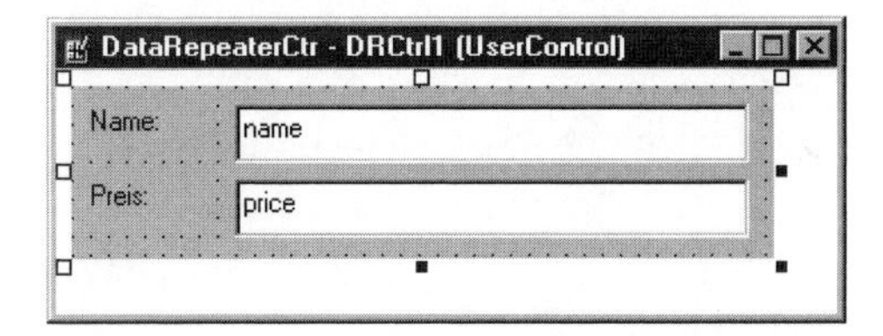

Bild 18.19: Das ActiveX-Steuerelement zu Bild 18.18

Nun zum Programmcode: Hier geht es darum, ein Interface zwischen dem neuen Steuerelement und *DataRepeater*-Feld herzustellen. Diese erfolgt über neue Eigenschaften. Wenn das *DataRepeater*-Feld diese Eigenschaft verändert, müssen die entsprechenden Daten im neuen Steuerelement angezeigt werden. Liest das *DataRepeater*-Feld die Eigenschaften, muß der aktuelle Inhalt des jeweiligen Textfelds zurückgegeben werden. So wird beispielsweise für das Textfeld *txtName* die Eigenschaftsprozedur *recName* deklariert. *txtName_Change* ist erforderlich, damit das *DataRepeater*-Feld Veränderungen (also Benutzereingaben) feststellen kann.

```
Public Property Get recName() As String
  recName = txtName.Text
End Property
Public Property Let recName(ByVal newValue As String)
  txtName = newValue
End Property
```

```
Private Sub txtName_Change()
  PropertyChanged recName
End Sub
```

Der Code für das zweite Textfeld *txtPrice* (Eigenschaft *recPrice*) ist analog aufgebaut. Die letzte Voraussetzung für das Interface zum *DataRepeater*-Feld besteht nun darin, daß die zwei neuen Eigenschaften als *data-bound* gekennzeichnet werden. Dazu müssen Sie für die Eigenschaftsprozeduren mit EXTRAS | PROZEDURATTRIBUTE entsprechende Optionen einstellen – siehe Bild 18.20.

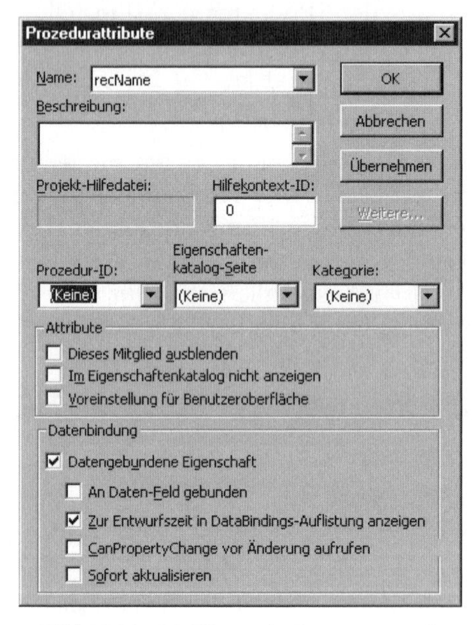

Bild 18.20: Die Eigenschaften müssen als 'data-bound' gekennzeichnet werden

Damit ist die Entwicklung des Steuerelements abgeschlossen. Sie müssen das Projekt nur noch kompilieren und erhalten als Ergebnis eine `*.ocx`-Datei.

Integration des Steuerelements in das DataRepeater-Feld

Damit beginnt die zweite Phase der Programmentwicklung: In Ihrem Datenbankprojekt fügen Sie das neue Steuerelement in die Toolbox auf (PROJEKT | KOMPONENTEN). Vollkommen unüblich ist der nächste Schritt. Statt das neue Steuerelement einfach in das *DataRepeater*-Feld einzufügen, müssen Sie die Eigenschaft ***RepeatedControlName*** einstellen: Dort werden in einer endlosen Liste alle im System definierten Steuerelemente angegeben. Wählen Sie den Namen Ihres Steuerelements aus. (Für das Beispielprogramm war das *DataRepeaterCtr.DRCtrl1*.) Damit wird das Steuerelement innerhalb des *DataRepeater*-Felds angezeigt.

ACHTUNG

Wenn Sie das Beispielprogramm von der CD-ROM ausprobieren möchten, müssen Sie zuerst das neue Steuerelement (Projektname `DataRepeaterUser-Control.vbp`) neu kompilieren, damit das Steuerelement auf Ihrem Rechner registriert wird!

Die Verbindung zwischen der Datenbank und dem *DataRepeater*-Feld erfolgt wie üblich durch *DataSource* und *DataMember*. Nachdem Sie diese Eigenschaften eingestellt haben (verwenden Sie als Datenquelle ein *Adodc*-Steuerelement oder ein *DataEnvironment*-Objekt), muß zuletzt die Verbindung zwischen dem *DataRepeater*-Feld und dem darin befindlichen Steuerelement definiert werden. Das kann komfortabel im Eigenschaftsdialog durchgeführt werden. In Bild 18.21 wird die Eigenschaft *recName* mit dem Datensatzfeld *Artikelname* sowie *recPrice* mit *Einzelpreis* verbunden.

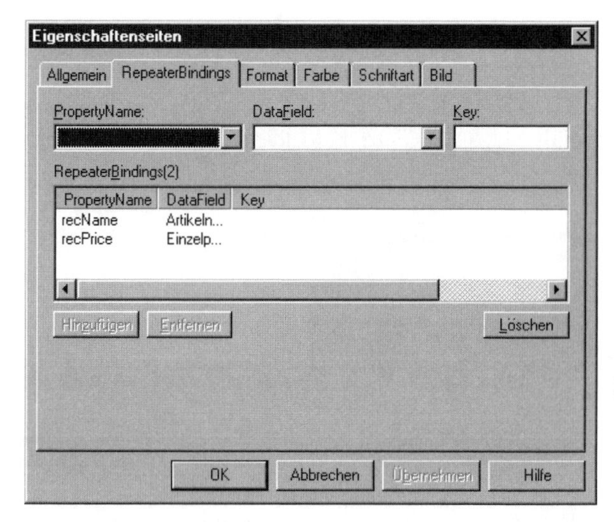

Bild 18.21: Die Verbindung zwischen DataRepeater und DRCtrl1

DataFormat-Probleme

Während die Währungsformatierung (DM) in dem in Abschnitt 18.4 beschriebenen Beispielprogramm anstandslos funktioniert (Seite 831), führt dieselbe Einstellung innerhalb des *DataRepeaters* zu einer falschen Anzeige mit viel zu vielen Dezimalstellen. Offensichtlich ist die Wirkung der Formatzeichen . und , vertauscht. Um im hier vorgestellten Beispielprogramm eine korrekte Formatierung zu erzielen, wurde ein *Custom*-Format mit der Formatzeichenkette *"#,##0.00 DM"* verwendet. Die Ursache des Problems ist unklar geblieben.

18.8 Diagramme (MSChart)

Eine Neuerung des auf Seite 344 bereits beschriebenen *MSChart*-Steuerelements in Version 6 besteht darin, daß dieses jetzt auch mit ADO-Datenquellen verbunden werden kann. Wie üblich müssen dazu die Eigenschaften *DataSource* und *DataMember* korrekt eingestellt werden.

Das Problem bei der Darstellung von Daten im *MSChart*-Steuerelement besteht darin, Datensatzlisten in einem geeigneten Format zur Verfügung zu stellen. (Normale Tabellen aus relationalen Datenbanken sind dazu fast immer ungeeignet.) Das Steuerelement erwartet sich *Recordsets*, die folgendermaßen aufgebaut sind:

Spalte A	Spalte B	Spalte C	...
Text	Wert	Wert	
Text	Wert	Wert	
...	...	...	

Entscheidend ist, daß das *Recordset* ab Spalte B (also ab dem zweiten Feld je Datensatz) nur noch Zahlen enthält – das *MSChart*-Feld kann ja nur Zahlen, aber keine Texte verarbeiten!

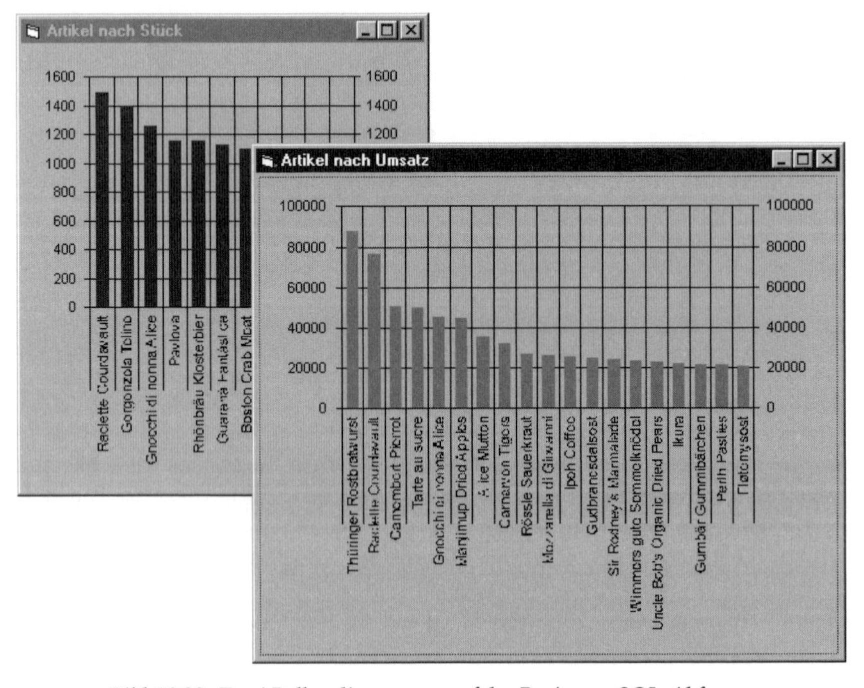

Bild 18.22: Zwei Balkendiagramme auf der Basis von SQL-Abfragen

Beschriftung: Die Texte in Spalte A werden zur Beschriftung der x-Achse verwendet. (Leider ist die Darstellungsqualität vertikaler Texte miserabel.) Die Spaltenüberschriften B, C etc. werden zur Beschriftung der Datenreihen benutzt, wenn *ShowLegends* auf *True* gesetzt ist. (Default ist das nicht der Fall; sinnvoll ist das nur, wenn es mehrere Spalten gibt.)

Inhalt: Die Werte in Spalte B werden bei 2D-Diagrammen als eine Datenreihe betrachtet, die von links nach rechts gezeichnet wird. Nur bei 3D-Diagrammen werden weitere Spalten berücksichtigt und bilden dann weitere Reihen. Bei Kreisdiagrammen werden die Werte einer Zeile in einem Kreis dargestellt.

Beachten Sie auch die Möglichkeit, die Struktur einer Tabelle gleichsam auf den Kopf zu stellen, also Zeilen und Spalten zu vertauschen. Dazu aktivieren Sie im Eigenschaftsdialog DATENREIHEN IN ZEILEN bzw. setzen im Code *MSChart1.Plot.SeriesInRow = True*. So kann beispielsweise ein *Recordset* mit zwei Spalten (Text plus Zahlen) in *einem* Kreisdiagramm dargestellt werden.

Beispielprogramm

Das Beispielprogramm zu Bild 18.22 trägt den Namen 'Programm' zu unrecht – es gibt nämlich (abgesehen von *Form_Resize*) keinen Code. Die Leistung des Programms resultiert vielmehr aus den beiden Abfragen *MSChartQuery1* und -2, die im *DataEnvironment* entworfen wurden. Damit wird für alle Artikel errechnet, wie oft diese insgesamt verkauft wurden bzw. welcher Umsatz damit erwirtschaftet wurde.

An dieser Stelle ist nur der SQL-Code der zweiten Abfrage abgedruckt. (Die erste Abfrage ist analog aufgebaut, es fehlt lediglich die Multiplikation für den Umsatz.) Dazu ist wohl eine kurze Erklärung notwendig, auch wenn hier kein SQL-Buch vorliegt: Die *Bestelldetails*-Tabelle enthält eine schier endlose Liste *n Stück des Artikels nr*. Die Listeneinträge können über die Bestellnummern einzelnen Bestellungen zugeordnet werden, das ist hier aber nicht von Interesse.

Vielmehr wird die Liste nach Artikelnummern gruppiert. Für jede dieser Gruppen wird die Summe über *Anzahl* mal *Einzelpreis* gebildet. (Das ist der für diesen Artikel erzielte Umsatz.) Die *MIN*-Funktion für den Artikelname erfüllt keine wirkliche Aufgabe; es ist vielmehr eine formale Notwendigkeit des SQL-GENERATOR, daß für jedes Feld einer Gruppe auch eine Funktion berechnet wird. (Innerhalb einer Gruppe mit lauter gleichen Artikeln ist natürlich auch der Artikelname immer derselbe, d.h., *MAX* würde das gleiche Ergebnis liefern!)

WHERE stellt die Verbindung zwischen den *Artikel-* und *Bestelldetails*-Tabellen her (damit die endgültige Liste keine Artikelnummern, sondern Artikelnamen hat). *HAVING* reduziert die Liste auf jene Einträge, deren Umsatz größer 20000 ist. *ORDER BY* sortiert die Liste schließlich nach Umsatz.

```
SELECT MIN(Artikel.Artikelname) AS Name,
       SUM(Bestelldetails.Anzahl * Bestelldetails.Einzelpreis)
         AS Umsatz
FROM Artikel, Bestelldetails
WHERE Artikel.`Artikel-Nr` = Bestelldetails.`Artikel-Nr`
GROUP BY Artikel.`Artikel-Nr`
HAVING
  (SUM(Bestelldetails.Anzahl * Bestelldetails.Einzelpreis) > 20000)
ORDER BY SUM(Bestelldetails.Anzahl * Bestelldetails.Einzelpreis) DESC
```

18.9 Datenbankberichte (DataReport)

18.9.1 Einführung

In diesem Kapitel haben Sie nun schon unzählige Steuerelemente zur Verwaltung von Datenbanken kennengelernt. Allerdings ist kein einziges dieser Steuerelemente – mit Ausnahme des *MSChart*-Felds – in der Lage, seinen Inhalt in einer ordentlichen Qualität auszudrucken.

Damit wird die große Bedeutung des *DataReport*-Designers sofort offensichtlich: Es stellt in Visual Basic die zur Zeit einzige Möglichkeit dar, ADO-Daten komfortabel auszudrucken. (Wenn Sie sich nicht auf ADO einschränken, steht Ihnen auch das bei weitem leistungsfähigere System *Crystal Reports* zur Verfügung – siehe Seite 868.) Darüberhinaus können die Tabellen auch am Bildschirm angezeigt werden (Seitenvorschau) oder in Dateien exportiert werden (HTML- und ASCII-Format).

Die *DataReport*-Komponente ist kein Steuerelement, sondern ein Designer. In der Praxis bedeutet das, daß das *DataReport*-Formular zwar so ähnlich wie ein Formular aussieht, sich aber ganz anders verhält. Es können keine Standardsteuerelemente, sondern nur spezielle *DataReport*-Felder eingefügt werden. Diese Felder werden automatisch in der *Toolbox* angezeigt, sobald der *DataReport*-Designer aktiv ist.

Dieser Abschnitt beschreibt die Grundlagen sowie einige fortgeschrittene Funktionen des Designers, soweit diese in der Entwicklungsumgebung eingestellt werden können. Ein erstes Anwendungsbeispiel finden Sie auf Seite 744.

Steuerung per Programmcode

Die drei wesentlichen Funktionen des Designers können im Programm durch Methoden aufgerufen werden:

DataReport – Methoden	
ExportReport	Bericht als HTML- oder Textdatei speichern
PrintReport	Bericht ohne Seitenvorschau ausdrucken
Show	Seitenvorschau anzeigen (mit Druckmöglichkeit)

Wie bei allen Designern kann auch ein *DataReport* mit Programmcode verbunden werden, um auf diverse Ereignisse zu reagieren. In der Praxis ist dies zumeist nur für die Ereignisse *Error* und *ProcessingTimeout* sinnvoll. Mit dem *AsyncProcess*-Ereignis sollte es möglich sein, den Fortschritt eines lang andauernden Ausdrucks zu verfolgen – tatsächlich ist es aber nicht gelungen, dieses Ereignis auszulösen.

Prinzipiell kann ein vorhandener Bericht über das *MSDataReportLib*-Objektmodell per Code manipuliert werden – aus Platzgründen wird aber hier von einer Beschreibung abgesehen. (Zu allen Objekten / Methoden / Eigenschaften / Ereignissen kann vom Objektkatalog mit F1 zur Dokumentation gesprungen werden.)

Probleme

Der *DataReport*-Designer ist gut in die Entwicklungsumgebung integriert und einfach zu bedienen. Er kommt mit hierarchischen *Recordset*s mühelos zurecht. Leider merkt man dennoch an allen Ecken und Enden, daß man es mit einer neuen Komponente zu tun hat:

- Der Designer bietet keine Möglichkeit, im Querformat zu drucken.
- Bei einer Überschreitung der Seitenbreite wird im laufenden Programm eine lakonische Fehlermeldung angezeigt, das Report-Fenster bleibt weiß. Während des Report-Entwurfs ist dieses Problem nicht offensichtlich.
- Bei der Plazierung von Steuerelementen im Designer gilt ein sehr grobes Raster. Es besteht keine Möglichkeit, dieses Raster zu verfeinern. (Abhilfe: Schalten Sie die Wirksamkeit des Rasters mit dem Kontextmenükommando AM RASTER AUSRICHTEN einfach ab. Sobald Sie mehrere Steuerelemente mit der Maus markieren, stehen eine Menge Kommandos zur Verfügung, um die Elemente horizontal und vertikal auszurichten.)
- Es besteht keine Möglichkeit, mehrspaltige Berichte oder Adreßettiketen zu drukken.
- Es besteht keine Möglichkeit, bei mehrseitigen Detailtabellen am Beginn jeder neuen Seite die Spaltenüberschriften neuerlich anzugeben. Ebenso fehlen Zwischensummen am Seitenende.
- Die Steuerungsmechanismen für den Seitenumbruch sind unzureichend.
- Praktisch alle fortgeschrittenen Features von *Crystal Reports* fehlen.

18.9.2 DataReport-Komponenten

Report-Abschnitte

Jeder Bericht ist in mehrere Abschnitte gegliedert:

Report Header:	Text, der am Beginn des Berichts gedruckt werden soll
Page Header:	Text, der am Beginn jeder Seite gedruckt werden soll
Group 1 Header:	Text, der am Beginn jeder Gruppe der Hierarchieebene 1 gedruckt werden soll
Group 2 Header:	Text, der am Beginn jeder Gruppe der Hierarchieebene 2 gedruckt werden soll
...	
Detail:	der eigentliche Inhalt des Berichts
...	
Group 2 Footer:	Text, der am Ende jeder Gruppe der Hierarchieebene 2 gedruckt werden soll
Group 1 Footer:	Text, der am Ende jeder Gruppe der Hierarchieebene 1 gedruckt werden soll
Page Footer:	Text, der am Ende jeder Seite gedruckt werden soll
Report Footer:	Text, der am Ende des Berichts gedruckt werden soll

Bei Berichten, die auf gewöhnlichen (nicht hierarchischen) *Recordset*s basieren, fehlen die Gruppen-*Header* und *-Footer*. Generell sind alle Bereiche mit Ausnahme des *Detail*-Abschnitts optional. Wenn Sie leer bleiben, sollten sie entweder mit der Maus zusammengeschoben oder überhaupt gelöscht werden. (Zusammengehörende *Header* und *Footer* werden immer gemeinsam gelöscht.)

Der Entwurf jedes Berichts beginnt damit, daß Sie für den Designer (klicken Sie den Fenstertitel an!) *DataSource* und *DataMember* einstellen. Die Eigenschaften geben das zu druckende *Command*-Objekt aus dem *DataEnvironment* an.

Der nächste Schritt besteht darin, per Kontextmenükommando STRUKTUR ABRUFEN die Hierarchieebenen des *Command*-Objekts im Designer abzubilden. Anschließend fügen Sie Report-Steuerelemente in den Designer ein. Das kann auf drei Arten erfolgen:

- durch *Drag and Drop* aus dem *DataEnvironment*-Designer (Achtung: nur Felder aus dem per *DataMember* eingestellten *Command*-Objekts können eingefügt werden!),
- durch *Drag and Drop* aus der Toolbox, oder
- per Kontextmenü.

Die erste Variante hat den Vorteil, daß Sie sich die mühsame Einstellung der Eigenschaften der Steuerelemente weitgehend sparen können.

Report-Steuerelemente

In das Formular des *DataReport*-Designers können Sie sechs Steuerelemente einsetzen:

RptLabel	Beschriftung, Seitennummer etc.
RptTextBox	dynamischer Text (Feld aus Datensatzliste)
RptImage	Bitmap oder Vektorgrafik (`*.bmp / *.gif / *.jpg / *.wmf` ...)
RptLine	Linie
RptShape	geometrisches Objekt (Kreis, Rechteck etc.)
RptFunction	Rechenfunktion (z.B. Summe über alle Elemente einer Datensatzliste)

RptImage, -Line und *-Shape* sind statische Elemente – sie werden genau so gedruckt, wie sie am Designer angezeigt werden. Ihr einziger Verwendungszweck besteht in der Beschriftung und optischen Gestaltung des Berichts. Die Einstellung der Eigenschaften erfolgt wie bei normalen Steuerelementen.

Beschriftung (RptLabel)

Beim Labelfeld wird normalerweise einfach der Inhalt der *Caption*-Eigenschaft ausgedruckt. Die einzige Besonderheit besteht darin, daß einige spezielle Codes durch die Anzahl der Seiten, die Seitennummer, das Datum etc. ersetzt werden:

%p	aktuelle Seitennummer
%P	Anzahl der Seiten des gesamten Berichts
%d / %D	aktuelles Datum in kurzem / langem Format
%t / %T	aktuelle Uhrzeit in kurzem / langem Format
%i	Titel des Berichts (*Title*-Eigenschaft des *DataReport*-Objekts)
%%	ein Prozentzeichen

Datenfelder (RptTextBox)

Datenfelder können nur in den Detailbereichen eines Berichts verwendet werden (bei hierarchischen *Recordsets* auch in den *Header*- und *Footer*-Bereichen der jeweiligen Hierarchieebene). Die Felder können aber nicht in den *Header*- und *Footer*-Bereichen für die Seite bzw. für den ganzen Bericht verwendet werden.

Die Verbindung zur Datenbank wird durch *DataMember* und *DataField* hergestellt. (Nach *DataSource* suchen Sie vergeblich – diese Eigenschaft wird global für das *DataReport*-Objekt eingestellt. Bei einfachen Berichten gilt das auch für *DataMember*. Bei hierarchischen Berichten kann es aber erforderlich sein, ein bestimmtes *Recordset* explizit auszuwählen.) Mit *DataFormat* können Sie eine (fast) beliebige Formatierung der Felder erreichen.

Wirklich neu ist die Eigenschaft ***CanGrow***: Wird diese auf *True* gesetzt, wird das Steuerelement bei sehr langen Texten vertikal vergrößert (d.h., der Inhalt des Datenfelds wird über mehrere Zeilen gedruckt).

Rechenfelder (RptFunction)

Rechenfelder können nur in den *Footer*-Bereichen eingesetzt werden. Wie bei Datenfeldern wird durch *DataSource* und *DataMember* die Verbindung zur Datenbank hergestellt.

Die Eigenschaft ***FunctionType*** bestimmt die Rechenfunktion (Anzahl, Summe, Durchschnitt, Minimum und Maximum, Standardabweichung etc.). Die Rechenfunktion wird auf alle durch *DataSource* angegebenen Felder der darüber befindlichen Gruppe bzw. Gruppen angewendet.

18.9.3 Beispiele

Das Beispielprogramm `Datenbanken\DataReport.vbp` enthält zwei vorgefertigte Berichte. Zur Darstellung ist kein Code erforderlich, so daß hier nur die Berichte in der Entwurfsphase und im laufenden Programm abgedruckt sind.

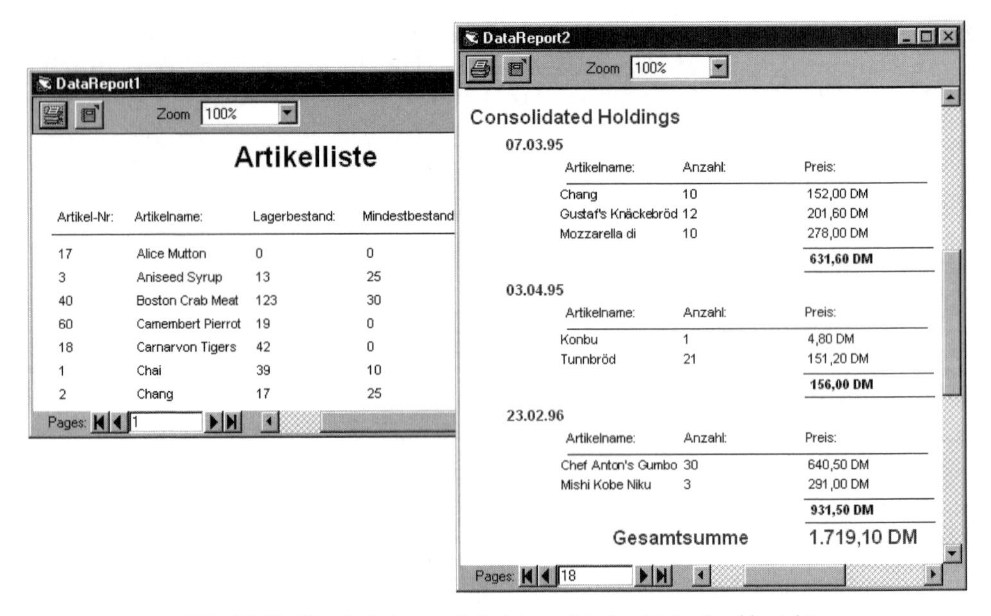

Bild 18.23: Ein einfacher und ein hierarchischer Datenbankbericht

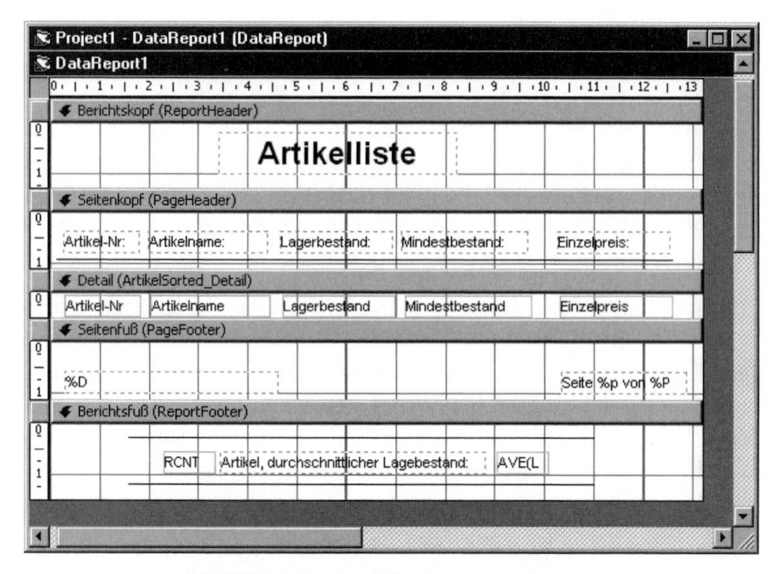

Bild 18.24: Bericht 1 in der Entwurfsphase

Bild 18.25: Bericht 2 in der Entwurfsphase

18.9.4 Alternativen zum DataReport-Designer

Crystal Reports

Crystal Reports besteht aus zwei Komponenten: Zuerst erstellen Sie mit dem Report-Generator einen oder mehrere Berichte (deren Definitionen in kleinen Dateien gespeichert werden). Anschließend fügen Sie in Ihr Programm das *CrystalReport*-Steuerelement ein und zeigen den Bericht an bzw. drucken ihn aus.

Die mit Visual Basic mitgelieferte Version ist leider alles andere als aktuell (mitgeliefert wird Version 4.6, aktuell ist Version 6). Das Programm wird nicht einmal automatisch installiert. Es befindet sich auf der Visual-Studio-CD 3 im Verzeichnis `Common\Tools\VB\Crysrept`. Lassen Sie sich von diesen Hürden aber nicht abschrecken: Selbst in dieser alten Version bietet Crystal Reports viel bessere Gestaltungsmöglichkeiten als der *DataReport*-Designer!

Der wesentliche Nachteil liegt woanders: Die mitgelieferte Version kennt kein ADO. Das macht die Integration in ADO-Programme zwar nicht unmöglich (Crystal Reports agiert zumeist weitgehend unabhängig von Ihrem Programm), in vielen Fällen erschwert es aber die Programmentwicklung und erfordert eine Menge zusätzlicher Bibliotheken und Ressourcen.

HINWEIS

Informationen zur aktuellen Version von Crystal Reports, zu Update-Möglichkeiten sowie zu kostenlosen Report-Komponenten finden Sie im Internet:

`www.seagatesoftware.com/scrvbasic/`

Access

Auch die Office-Komponente Access enthält einen relativ leistungsfähigen Berichtgenerator. Wenn Access am Rechner des Kunden installiert ist, können Sie das Programm recht einfach per ActiveX Automation zur Anzeige und zum Ausdruck von Berichten verwenden. Das bietet sich natürlich insbesondere für Jet-Datenbanken an. Ein Beispiel finden Sie auf Seite 939.

Teil V

Internet / ActiveX

19 ActiveX- und Internet-Grundlagen

Die folgenden Seiten geben einen ersten Überblick über die Kapitel des ActiveX- / Internet-Teils. Im ersten Abschnitt wird versucht, ein wenig Ordnung in das ActiveX-Chaos zu bringen. Seit Visual Basic 5 trägt ja beinahe jedes neue Merkmal das Kürzel ActiveX. Ein zweiter Abschnitt stellt dann die Verbindung zum Internet her, das der zentrale Motor hinter der Entwicklung der meisten ActiveX-Technologien war.

19.1 Was ist ActiveX?

Um es gleich vorwegzunehmen: ActiveX ist ein inhaltloses Modewort, das für sich alleine keinerlei Rückschluß zuläßt, welche Technologie gemeint ist. Wenn von *ActiveX-Programmierung* gesprochen wird, können damit Internet-Anwendungen, die Erstellung oder die Nutzung von Steuerelementen, die Steuerung fremder Programme etc. gemeint sein.

Der Begriff ActiveX wird seit 1996 allen möglichen alten und neuen Technologien vorangestellt, von denen viele in irgendeiner Form auf OLE bzw. COM basieren. OLE steht eigentlich für *Object Linking and Embedding*, wurde aber auch für eine ganze Menge verwandter Technologien zur Steuerung / Programmierung von Objekten verwendet. COM steht für *Component Object Model* und ist eine schon etwas treffenderes Kürzel für den Umgang mit Objekten / Komponenten.

ActiveX wurde ursprünglich von Microsoft verwendet, um auf OLE 2.0 basierenden Steuerelemente einen neuen, klingenden Namen zu geben. Die wesentliche Motivation bestand vermutlich darin, dem Internet-Boom eine eigene Note aufzuzwingen. Mit dem Internet haben ActiveX-Steuerelemente allerdings nur soviel zu tun, daß sie innerhalb von HTML-Seiten verwendet werden können – und auch das nur dann, wenn der Microsoft Internet Explorer (ab Version 3) als Browser eingesetzt wird.

Bei den ActiveX-Steuerelementen ist es freilich nicht geblieben. Die folgende Liste gibt einen ersten Überblick über die wichtigsten ActiveX-Begriffe:

- **ActiveX-Steuerelemente:** Das sind Steuerelemente, die in Visual Basic (und diversen anderen Programmiersprachen, etwa Delphi) als Bausteine zur Formulargestaltung eingesetzt werden können. Seit Version 5 ermöglicht Visual Basic auch die Programmierung neuer ActiveX-Steuerelemente.

- **ActiveX-Dokumente:** Dieser Anwendungstyp wurde mit Visual Basic 5 eingeführt und stellt eine Variante zur Gestaltung Client-seitiger Internet-Anwendungen dar. ActiveX-Dokumente sind Programme, die direkt im Internet Explorer (ab Version 3) ausgeführt werden.

- **ActiveX-DLLs:** Dabei handelt es sich um Dynamic Link Libraries mit einer objektorientierten Programmierschnittstelle (im Sinne von OLE / COM). ActiveX-Steuerelemente und zumeist auch ActiveX-Dokumente (je nach Kompilierung) basieren auf ActiveX-DLLs.

- **ActiveX-EXEs:** Auch mit Visual Basic erstellte Programme (`*.exe`) dürfen das Kürzel ActiveX tragen, wenn Sie via OLE / COM von anderen Programmen genutzt werden können. Früher wurden solche Programme OLE-Server bezeichnet.

- **ActiveX-Komponenten:** Das ist ein Sammelbegriff für ActiveX-DLLs und -EXEs und allen darauf basierenden Produkten.

- **ActiveX Automation:** Damit wird der Steuerungsmechanismus bezeichnet, mit dem ein Programm die von einer anderen Komponenten zur Verfügung gestellten Objekte / Methoden / Eigenschaften nutzt. Früher hieß es Object Automation oder OLE Automation, technologisch hat sich nichts fundamental geändert.
- **ActiveX Data Objects (ADO):** Diese Bibliothek steht seit Visual Basic 6 zur Verfügung und bietet ein komfortables Objektmodell zur Datenbankprogrammierung (siehe Kapitel 16 bis 18). Wohl ist die Bibliothek OLE- / COM- / Internet-tauglich – aber mit derselben Begründung könnte man dutzenden weiteren Bibliotheken *ActiveX* voranstellen.
- **Active Server Pages:** Hier handelt es sich um eine Erweiterung des Internet Information Servers (ab Version 3), dank der VBScript-Code in HTML-Dateien eingefügt und vom Server verarbeitet werden kann. Warum es hier nur *Active* und nicht *ActiveX* heißt, weiß Microsoft alleine.

Nach dieser Zusammenfassung des ActiveX-Vokabulars liefern die folgenden Seiten Grundlageninformationen über die Hintergründe dieser Technologien, über ihre Unterschiede und Anwendungsmöglichkeiten.

VERWEIS

Wenn Ihre Neugierde über die Grundlagen von ActiveX mit diesem Kapitel noch nicht gestillt ist, werfen Sie einen Blick in die MSDN-Library!

PLATTFORM SDK | COM- AND ACTIVEX OBJECT SERVICES

In den Texten werden Sie übrigens weiterhin sehr oft auf OLE stoßen. Offensichtlich war das Dokumentationsteam nicht ganz so konsequent wie die Marketing-Abteilung

19.2 Komponentenorientierte Programmierung

Visual Basic verfolgt einen komponentenorientierten Ansatz. Einige Komponenten sind integraler Bestandteil von Visual Basic – etwa die Standardsteuerelemente oder Objekte wie *Screen* oder *Printer*. Alle anderen Komponenten müssen vor ihrer Nutzung in Form von Zusatzsteuerelementen oder Bibliotheken mit einem Visual-Basic-Projekt verbunden werden.

19.2.1 Typen von Komponenten

Eigenständige Programme mit Objektbibliothek: Zu dieser Kategorie zählt beispielsweise das Office-Paket. Die Programme dieses Pakets können unabhängig von Visual Basic verwendet werden. Über *CreateObject* kann ein Visual-Basic-Programm aber den Kontakt zu Office-Programmen herstellen, diese steuern und – falls erwünscht – in einem eigenständigen Fenster oder in einem OLE-Steuerelement anzeigen. Das Objektmodell dieser Programme wird dem Visual-Basic-Programmierer durch eine eigenständige Datei (der Objektbibliothek) verfügbar gemacht.

Objektbibliotheken ohne Oberfläche: Die wahrscheinlich bekanntesten Vertreter dieser Kategorie sind die DAO-Bibliothek und deren Nachfolger, die ADO-Bibliothek. Beide Bibliotheken geben den Programmierern vollen Zugriff auf Datenbanken, stellen aber selbst keine Benutzeroberfläche zur Verfügung und könne nnicht als eigenständiges Programm ausgeführt werden.

Objektbibliotheken können als Dynamic Link Libraries oder als ausführbare (aber unsichtbare) Programme organisiert sein. Beide Varianten haben Vor- und Nachteile, die aber nichts an der Art der Anwendung ändern. (Als Programmierer merken Sie im Regelfall nicht, ob Sie es mit einer Objektbibliothek auf der Basis einer DLL oder einer `*.exe`-Datei zu tun haben. Auf die Dateikennungen ist hier auch kein Verlaß – es gibt alle möglichen DLL-Typen, die nicht die Kennung `*.dll` tragen.)

Steuerelemente: Steuerelemente fallen im Prinzip – also von ihrer internen Organisation her – in die gerade genannte Gruppe der Objektbibliotheken auf der Basis von DLLs. Sie können ebenfalls nicht als selbständige Programme ausgeführt werden, sondern müssen in einem anderen Programm genutzt werden. Der wesentliche Unterschied zu Objektbibliotheken besteht darin, daß Steuerelemente sowohl beim Programmentwurf als auch bei der Programmausführung sichtbar sind. (Es gibt auch unsichtbare Steuerelemente, aber diese Feinheit soll hier nicht weiter berücksichtigt werden.)

ActiveX-Dokumente: Hinter diesem Begriff verbergen sich Programme, deren Formulare nicht als selbständige Fenster angezeigt werden. Die Programme müssen statt dessen innerhalb eines sogenannten Container-Programms (meist der Internet Explorer) ausgeführt werden. Technologisch handelt es sich abermals um Objektbibliotheken (nicht um eigenständige Programme), die als DLLs oder als EXEs ausgeführt werden können. ActiveX-Dokumente passen nicht ganz in die Gruppe der drei vorigen Komponententypen, weil sie kein Programmier-Interface zur Verfügung stellen und sich extern nicht steuern lassen. Es geht hier um die pure Ausführung dieser Programme – aber eben im Sinne einer Komponente für Container-Programme.

ANMERKUNG

Vielleicht fragen Sie sich jetzt, wie in diesem Zusammenhang OLE einzuordnen ist. OLE basiert zumeist auf eigenständigen Programmen, die auch – aber nicht nur – im Sinne von Komponenten innerhalb anderer Programme verwendet werden können. Insofern sind OLE-Programme wie Excel oder Winword flexibler als ActiveX-Dokumente. Andererseits sind OLE-Programme momentan nicht für eine unkomplizierte Nutzung (Installation) via Internet konzipiert und in dieser Beziehung eingeschränkt im Vergleich zu ActiveX-Dokumenten.

19.2.2 Nutzung von Komponenten

Programmierbare Komponenten

Die Nutzung von programmierbaren Komponenten war das zentrale Thema der vorangegangenen vier Datenbankkapitel – nur wurde nicht ständig betont, daß Sie es eigentlich mit Komponenten zu tun haben. Ob Sie Zusatzsteuerelemente verwenden oder Datenbankprogrammierung via DAO betreiben – all das bedeutet, daß Sie auf bereits vorhandene Komponenten zugreifen.

Die Steuerung fremder Komponenten wird generell als **ActiveX Automation** bezeichnet (ehemals Object Automation). Da ActiveX Automation aber ohnedies eine – oft unbemerkte – Selbstverständlichkeit ist, wird dieser Begriff in der Praxis meist nur dann verwendet, wenn eigenständige Programme (also etwa Excel) gesteuert werden. Diese besondere Variante von ActiveX Automation wird in Kapitel 21 ab Seite 913 behandelt.

Nutzung im Internet

Eine wesentliche Motivation für die Weiterentwicklung der Komponententechnologie bestand darin, die Nutzung von Komponenten via Internet zu vereinfachen. Das Ergebnis dieser Bemühungen besteht darin, daß ActiveX-Steuerelemente direkt in HTML-Dokumenten genutzt werden können. ActiveX-Dokumente werden direkt im Explorer angezeigt und vermitteln so ebenfalls den Eindruck von Internet-Anwendungen (obwohl das Programm in Wirklichkeit lokal ausgeführt wird). Das Thema Internet wird im nächsten Abschnitt ausführlicher behandelt.

19.2.3 Programmierung neuer Komponenten

Seit Visual Basic 5 können Sie praktisch jeden Komponententyp selbst programmieren, insbesondere auch Steuerelemente. Dieser Abschnitt beschreibt die wichtigsten in diesem Zusammenhang gebräuchlichen Begriffe.

COM und DCOM: Hinter all den ActiveX-Kürzeln stecken die Technologien COM und DCOM, also *(Distributed) Component Object Model*. Dort ist definiert, welche Funktionen das Betriebssystem zum Datenaustausch zur Verfügung stellt. Visual Basic bietet mit ActiveX einfach einen komfortableren Zugang zu den COM- / DCOM-Funktionen.

ActiveX-DLLs / ActiveX-EXEs: Laut Online-Dokumentation gibt es den Begriff ActiveX-Server nicht mehr. OLE-Server aus Visual Basic 4 tragen jetzt den Namen ActiveX DLL oder ActiveX EXE, je nachdem wie sie kompiliert wurden. Das ist allerdings keine eindeutige Bezeichnung – auch ActiveX-Steuerelemente und ActiveX-Dokumente sind, je nach Kompilierung, entweder ActiveX-DLLs oder ActiveX-EXEs.

(EXE steht ganz nach Belieben für die Dateikennung `*.exe` oder für *executable program.*)

Auch der in der Online-Dokumentation benutze Begriff Codekomponenten ist nicht sehr treffend: Jedes Modul mit zehn Zeilen Code ist eine Codekomponente, ob es nun auf ActiveX- / COM-Technologie aufbaut oder nicht.

Daher wird in diesem Buch der Begriff ActiveX-Server verwendet, wenn ActiveX-Komponenten ohne eigene Oberfläche beschrieben werden.

Anwendung Technologie:	ActiveX-DLL	ActiveX-EXE
ActiveX-Komponenten (ActiveX-Server)	•	•
ActiveX-Komponenten mit Multithreading		•
Remote-ActiveX-Server (DCOM)		•
ActiveX-Steuerelement	•	
ActiveX-Dokument	•	•
Add-Ins (VB-Entwicklungsumgebung)	•	•
DHTML-Anwendungen	•	
IIS-Anwendungen	•	

Vordergründig besteht der Unterschied zwischen DLL und EXE nur in der Art der Kompilierung. Tatsächlich ergeben sich daraus aber erheblich mehr Unterschiede, die sich auf die Geschwindigkeit, Stabilität und gemeinsame Nutzung durch mehrere Programme auswirkt. Diese Unterschiede und die Begriffe Out-of-Process-Server und In-Process-Server werden auf Seite 947 beschrieben.

ActiveX-Komponenten (ActiveX-Server): Die Programmierung von ActiveX-Komponenten ist dann interessant, wenn Sie für andere Programme eine Objektbibliothek (oft ohne eigene Oberfläche) zur Verfügung stellen möchten. Beispielsweise können Sie eine Statistik-Bibliothek oder ein neues Datenbank-Interface programmieren, die dann gleichermaßen in anderen Visual-Basic-Programmen, in Excel, in WinWord etc. genutzt werden können.

Eines der interessantesten Merkmale von ActiveX-Komponenten besteht darin, daß sie (nur bei der EXE-Variante) Multithreading ermöglichen, also die quasi-parallele Ausführung von Programmteilen. ActiveX-Komponenten-Programmierung wird in Kapitel 1 ab Seite 945 behandelt.

Eine Sonderform sind Remote-ActiveX-Server: Der wesentliche Unterschied besteht darin, daß der Server nun seinem Namen wirklich gerecht wird und auf einem anderen Rechner läuft wie der Client (also das Programm, das die Komponente nutzt). Der Datenaustausch erfolgt über das Netzwerk. Die Nutzung von Remote-ActiveX setzt die Installation von DCOM voraus. Unter Windows NT ist das ab Version 4 automatisch der Fall, für Windows 95 kann DCOM nachinstalliert werden. (Besonderheiten der Programmierung von Remote-ActiveX-Server bzw. von DCOM-Anwendungen werden in diesem Buch nicht behandelt.)

ActiveX-Steuerelemente: Die Programmierung eigener ActiceX-Steuerelemente ist dann sinnvoll, wenn Sie dieses Steuerelement in mehreren eigenen Programmen nutzen wollen, wenn Sie das Steuerelement für die Gestaltung von Internet-Dokumenten (HTML-Dateien) benutzen oder das Steuerelement als solches an andere Visual-Basic-Entwickler weitergeben oder verkaufen möchten. Im Vergleich zu herkömmlichen Visual-Basic-Programmen gibt es eine Unzahl von Änderungen, die dabei berücksichtigt werden müssen. Die Entwicklung eines funkionellen und vor allem stabilen ActiveX-Steuerelement ist – der Werbung zum Trotz – mit einer Menge Arbeit verbunden. Alles weitere – etwa auch die Gestaltung von Eigenschaftsseiten zu den neuen Steuerelementen – finden Sie in Kapitel 1 ab Seite 991.

ActiveX-Dokumente: Im Vergleich zu ActiveX-Steuerelementen ist die Programmierung von ActiveX-Dokumenten einfach. In vielen Fällen können vorhandene Programme mit dem ActiveX-Dokumentenassistent konvertiert werden und laufen auf Anhieb. Der einzige wesentliche Vorteil gegenüber normalen Visual-Basic-Programmen besteht darin, daß die Installation über das Netz sehr viel einfacher ist. Mehr zu diesem Thema finden Sie in Kapitel 0 ab Seite 1027.

Add-Ins: Add-Ins sind Erweiterungen zur Entwicklungsumgebung von Visual Basic. Mit Visual Basic werden eine ganze Reihe von Add-Ins mitgeliefert, die die Bandbreite der Add-In-Programmierung veranschaulichen: Von einfachen Assistenten bis hin zu eigenständigen Programmen, die von Visual Basic aus gestartet werden, ist alles denkbar. Technologisch gesehen sind Add-Ins ActiveX-Server, die auf der VBIDE-Bibliothek aufbauen. (Die Add-In-Programmierung wird in diesem Buch nicht behandelt.)

DHTML- und IIS-Anwendungen: Diese beiden Anwendungstypen (neu in Visual Basic 6) werden im nächten Abschnitt behandelt.

19.3 Internet / Intranet

Wenn in diesem Buch vom Internet gesprochen wird, ist das Intranet – also firmeninterne Netze auf der Basis von Internet-Protokollen (TCP/IP) – immer mit eingeschlossen. Alle hier beschriebenen Technologien lassen sich im Prinzip sowohl im Inter- wie im Intranet einsetzen. Tatsächlich funktionieren viele Internet-Technologien in lokalen Netzen wegen der höheren Übertragungsgeschwindigkeit sowie wegen der geringeren Komaptibilitätsprobleme viel besser.

Vorbemerkungen

Wenig Diskussionen in den News-Gruppen des Internets und in manchen Fachzeitschriften werden mit so viel Verbitterung und Aggresivität geführt wie die über Internet-Technologien im allgemeinen und den Marktkampf zwischen Microsoft und Netscape / Sun im besonderen.

Wenn in diesem Buch ein Microsoft-zentriertes Bild des Internets und seiner Technologien widergegeben wird, dann nicht, weil der Autor es nicht besser wüßte, sondern weil dies nun einmal ein Visual-Basic-Buch ist. Wenn Sie A sagen (also Internet-Programmierung mit Visual Basic betreiben wollen), dann müssen Sie in den meisten Fällen auch B sagen (und Ihre Anwender auf den Internet Explorer bzw. auf Microsoft-Betriebssysteme einschränken). Dazu gibt es zweifellos gute Alternativen, aber die sind nicht Thema dieses Buchs.

Fast alle ActiveX-Technologien werden zur Zeit nur vom Internet Explorer unterstützt. Dessen Portierung auf Windows-fremde Betriebssysteme ist zwar in Gang (und fallweise sogar schon geglückt), allerdings lassen sich für Intel-Prozessoren kompilierte ActiveX-Komponenten auch dann nicht unter fremden Betriebssystemen nutzen! Zudem wird das Hauptaugenmerk Microsofts auch weiterhin primär der Windows-Plattform gelten.

Den momentan einzigen Ausweg aus dem ActiveX-Kompatiblitätsproblem bietet die Server-seitige Programmierung von Internet-Servern. Dazu können Sie vertraute Werkzeuge wie Visual Basic verwenden; Sie haben Zugriff zu Daten, die auf einem Windows-Rechner (etwa in einer Jet- oder SQL-Server-Datenbank) verwaltet werden; und Sie können dynamisch HTML-Seiten erzeugen, die so portabel sind, daß sie von allen Browsern angezeigt werden können, also beispielsweise auch Netscape-Browsern. Server-seitige Programmierung ist das Thema der Kapitel 27 und 28 ab Seite 1087.

TIP

Gehen Sie bei der Entwicklung von Internet-Anwendungen nicht davon aus, daß alle Anwender einen ähnlich gut und modern ausgestatten Rechner wie Sie selbst haben! Nach wie vor gibt es Millionen von Rechnern, die unter Windows 3.1 laufen und – aus heutiger Sicht – mit Uraltversionen des Netscape Navigators oder Internet Explorers ausgestattet sind.

Internet-Programmierung

Der Begriff Internet-Programmierung wird zwar gerne benutzt, ist aber sehr unpräzise. Unter Visual-Basic kann Internet-Programmierung unter anderem die folgenden Formen annehmen:

- Die Erstellung von Programmen, die Merkmale oder Protokolle des Internets nutzen: In diese Kategorie fallen E-Mail-Clients, Web-Browser, Client / Server-Systeme auf der Basis des Protokolls TCP etc. Seit Visual Basic 5 werden für diese Kategorie von Programmen Zusatzsteuerelemente mitgeliefert, die in Kapitel 20 ab Seite 881 beschrieben werden.

- Die Erstellung von Programmen, die auf einem Netzwerk-Server ausgeführt werden und über Remote-ActiveX-Server (also DCOM) mit anderen Programmen kommunizieren. (Mit dem Internet hat das nur so weit zu tun, als der Datenübertragung die Protokolle des Internets zugrundeliegen. Details der DCOM-Programmierung werden in diesem Buch nicht beschrieben.)
- Die Erstellung von Steuerelementen, die in HTML-Seiten verwendet werden: Siehe Kapitel 1 ab Seite 991 zur Programmierung von ActiveX-Steuerelementen.
- Die Erstellung von ActiveX-Dokumenten, also von Programmen, deren Code auf den lokalen Rechner übertragen und dann im Internet Explorer ausgeführt wird: Kapitel 0 ab Seite 1027.
- Die Einbettung von VBScript-Code in HTML-Seiten: Siehe Kapitel 1 ab Seite 1043.
- Die Erstellung von DHTML-Anwendungen, wo das HTML-Text und der Code (in Form einer ActiveX-DLL) voneinander getrennt sind. Siehe Kapitel 26 ab Seite 1059.
- Die Einbettung von VBScript-Code in ASP-Seiten: Siehe Kapitel 27 ab Seite 1087.
- Die Programmierung von Internet-Server-Erweiterungen: Solche Programme werden vom Internet-Server gestartet. Siehe Kapitel 28 ab Seite 1127.

Client-seitige versus Server-seitige Programmierung

Vielleicht fragen Sie sich, worin die Motivation für die Entwicklung unzähliger neuer Programmiersprachen und Werkzeuge für die Internet-Programmierung liegt. Das wesentlichste Problem bei der ersten Version von HTML (Hypertext Markup Language, also die Sprache des WWW) bestand darin, daß nur statische Daten angezeigt werden konnten.

Rasch entstand der Wunsch, dynamisch auf Eingaben des Anwenders reagieren zu können: Der Anwender gibt beispielsweise einen Suchbegriff an und der Server sendet als Antwort eine dynamisch erzeugte HTML-Seite, die Ergebnisse der Suche enthält. Dieser dynamische Datenaustausch ist auch die Grundlage aller Geschäftstransaktionen und jedes Datenbankzugriffs über das Internet.

HTML wurde dazu mit Formular-Merkmalen erweitert, die es ermöglichen, einfache Dialoge zu gestalten und Informationen zurück an den Internet-Server zu senden. Am Server hat sich das CGI (Common Gateway Interface) durchgesetzt, um diese Informationen an ein Programm zur Auswertung weiterzugeben. Das Programm liefert dann wiederum eine neue HTML-Seite, die zurück an den Client übertragen wird.

Noch immer basieren viele interaktive Web-Anwendungen auf dieser Technik. Es ergeben sich aber zwei wesentliche Nachteile: Der eine besteht darin, daß der Datenaustausch über das Internet langsam ist. Oft ließen sich Eingaben gleich beim Client auswerten und stünden dann fast verzögerungsfrei zur Verfügung. (Client meint hier einen Anwender mit Web-Browser.) Der zweite Nachteil besteht darin, daß der Server nicht unbegrenzt viele CGI-Programme gleichzeitig starten kann. Stark frequentierte Web-Seiten bringen mit CGI-Programmen selbst gut ausgestattete Unix-Server in Verlegenheit (Konsequenz: noch längere Wartezeiten oder überhaupt eine Verweigerung des Verbindungsaufbaus).

Für diese zwei Probleme gibt es zwei Lösungsansätze: Der eine besteht darin, möglichst viel Funkionen zum Client zu verlagern, also in Programme, die lokal am Rechner des Anwenders ausgeführt werden (Java, JavaScript, VBScript, ActiveX-Dokumente und -Steuerelemente, DHTML-Anwendungen etc.). Der zweite Lösungsansatz geht dahin, CGI-Skripte durch effizientere Programme zu ersetzten. Microsoft bietet dazu für den Internet Information Server (IIS) das Internet Server Application Interface (ISAPI), Active Server Pages und IIS-Anwendungen an.

Natürlich lassen sich beide Lösungsansätze kombinieren. Das Ziel ist in jedem Fall, die zu übertragende Datenmenge und den Ressourcenverbrauch am Server zu minimieren. ActiveX-Dokumente und -Steuerelemente, HTML-Dokumente mit eingebetteten VBScript-Code sowie DHTML-Anwendungen (Kapitel 1 bis 26) verfolgen den Client-seitigen Lösungsansatz. ISAPI-Programmierung, Active Server Pages und IIS-Anwendungen sind Server-seitige Technologien (Kapitel 27 und 28).

ANMERKUNG

Erwarten Sie nicht, daß dieses Buch alle Fragen beantwortet, die sich am Weg zu einer Web-Merchant-Lösung samt Datenbankverbindung, sicherer Kreditkartenabbuchung etc. stellen. So wie der vorangegangene Teil zur Datenbankprogrammierung genug Stoff für mehrere Bücher bietet, gilt das auch (womöglich in noch höherem Ausmaß) für das Thema Internet / ActiveX-Komponenten.

20 Internet-Steuerelemente

Dieses Kapitel beschreibt die Nutzung der sogenannten Internet-Steuerelemente, die einen weitgehend problemlosen Zugang zu elementaren Internet-Funktionen ermöglichen. Visual Basic ist mit überraschend wenigen solchen Steuerelementen ausgestattet:

Inet dient zur Kommunikation mit FTP- und HTTP-Servern, *Winsock* ermöglicht den Datenaustausch zwischen zwei Programmen auf der Basis der Protokolle TCP und UDP. Die *MAPI*-Steuerelemente dienen zum Senden und Empfangen von E-Mails, allerdings nur auf der Basis der selten genutzten MAPI-Funktionen. Wenn am Rechner der Internet Explorer installiert ist, stellt dieser schließlich noch das *WebBrowser*-Steuerelement zur Verfügung. (Dieses Steuerelement wird nicht mit Visual Basic mitgeliefert!)

Verweis: Es geht in diesem Kapitel nicht um die Programmierung neuer, Internet-tauglicher ActiveX-Steuerelemente. Das ist Thema eines eigenen Kapitels, das auf Seite 991 beginnt.

20.1 Überblick

Web-Browser

Das interessanteste Internet-Steuerelement ist ironischerweise gar kein Visual-Basic-Steuerelement! Es handelt sich vielmehr um eine Objekt-Bibliothek, die zum normalen Lieferumfang des Internet Explorers gehört und bereits unter Visual Basic 4 genutzt werden konnte (was aber vielfach nicht bekannt war). Die Library ermöglicht es, den Internet Explorer als Steuerelement in ein Visual-Basic-Formular einzufügen. Selbst wenn Sie keinen Browser benötigen, bietet das Steuerelement eine attraktive Möglichkeit, OLE-Programme auszuführen oder einfach nur HTML-Dateien anzuzeigen (etwa mit der Online-Dokumentation zum Programm). Die Objekt-Library ermöglicht es auch, den Internet Explorer als eigenständiges Programm zu starten und per ActiveX Automation zu steuern.

MAPI (E-Mail)

Schon seit Visual Basic 2 beglückt Microsoft die Programmierer mit zwei MAPI-Steuerelementen. MAPI steht für *Messaging Application Program Interface* und ist der Versuch von Microsoft, eine Schnittstelle für die Verwaltung von E-Mails zu schaffen. Das Problem besteht darin, daß sich dieser Standard bisher nicht durchgesetzt hat. Insofern ist die Attraktivität dieses Steuerelements eher gering.

Internet-Transfer (FTP)

Das Internet-Transfer-Steuerelement *Inet* ermöglicht es, über die Internet-Protokolle HTTP (hyper text transfer protocol) und FTP (file transfer protocol) Daten auszutauschen. HTTP ist das Protokoll des WWW. Dateien können nicht nur gelesen, sondern auch geschrieben werden (sofern Sie Schreibrechte am FTP-Server haben).

Winsock

Auch mit dem Winsock-Steuerelement können Sie Daten zwischen zwei Rechnern austauschen. Der Unterschied besteht darin, daß dazu kein FTP- oder HTTP-Server erforderlich ist. Die Kommunikation erfolgt direkt unter Ausnutzung der Netzwerkprotokolle TCP (Transmission Control Protocol) oder UDP (User Datagram Protocol). Das klingt vielleicht ganz ähnlich wie beim *Inet*-Steuerelement, die Kommunikation spielt sich aber auf einer viel niedrigeren Ebene ab und ist komplexer zu programmieren. Das Steuerelement ermöglicht es zwei Visual-Basic-Programmen, auf unterschiedlichen Rechnern miteinander direkt zu kommunizieren.

Internet Control Pack

Eine eher unerfreuliche Überraschung in Visual Basic 5 bestand darin, daß das Internet Control Pack nicht mitgeliefert wird. Dabei handelt es sich um eine Gruppe von Steuerelementen zum komfortablen Zugang zu E-Mails, News, FTP etc. Diese Steuerelemente wurden von NetManage Inc. (`www.netmanage.com`) entwickelt und von Microsoft eine Weile als frei verfügbare Beta-Version verteilt. Die Steuerelemente wurde dann aber nicht für Visual Basic 5 / 6 lizenziert, und im Knowledge-Base-Artikel Q156422 stellt Microsoft lapidar fest: *Internet Control Pack Is Not Supported by Microsoft.* Damit fehlt auch in Version 6 ein einfacher Zugang zu News-Gruppen. Schade.

20.2 WWW-Dokumente anzeigen

Die Bibliothek `Shdocvw.dll` mit dem Namen *Microsoft Internet Controls* ist keine Visual-Basic-Komponente, sondern Bestandteil des Internet Explorers (kurz IE). Die Bibliothek kann in Visual-Basic-Programmen auf zweierlei Weisen genutzt werden: Entweder Sie aktivieren die Bibliothek mit PROJEKT | KOMPONENTEN, dann können Sie das *WebBrowser*-Steuerelement zur Anzeige von HTML-Dateien verwenden. Oder Sie aktivieren `Shdocvw.dll` mit PROJEKT | VERWEISE, dann steht dieselbe Objektbibliothek zur Steuerung des Internet Explorers via ActiveX Automation zur Verfügung. In den beiden folgenden Abschnitten werden beide Varianten beschrieben.

TIP

Zu den beiden Bibliotheken gibt es leider keine Online-Hilfe mit F1. Die exzellente und sehr umfassende Dokumentation ist tief in der MSDN-Library versteckt:

PLATTFORM SDK | INTERNET/INTRANET | INTERNET TOOLS | REUSING THE WEBBROWSER

ACHTUNG

Wenn Sie Programme weitergeben, die auf `Shdocvw.dll` basieren, muß am Rechner des Kunden der Internet Explorers installiert sein! Da eine Visual-Basic-Installation den Internet Explorer 4 voraussetzt (und Ihre `Shdocvw.dll` daher zum IE4 gehört), muß auch Ihr Kunde den IE4 besitzen!

Die Bibliothek `Shdocvw.dll` gab es auch schon für den IE3, damals standen aber noch weniger Eigenschaften und Methoden zur Verfügung. Der gesamte Abschnitt bezieht sich auf den IE4.

HINWEIS

Nach dem Aktivieren der Komponenten *Microsoft Internet Controls* mit PROJEKT | KOMPONENTEN befindet sich neben dem *WebBrowser*-Feld ein *ShellFolderViewOC*-Steuerelement in der Toolbox. Ob, wie und wofür dieses Steuerelement in Visual Basic verwendet werden kann, ist leider unklar geblieben.

20.2.1 Das WebBrowser-Steuerelement

Die Steuerung des *WebBrowser*-Felds erfolgt im wesentlichen durch diese Methoden:

GoBack	zurück zum vorigen Dokument
GoForward	Undo zu *GoBack*
GoHome	zur Startseite
GoSearch	zur Suchseite
Navigate	Dokument von neuer Web-Adresse übertragen
Refresh	Bildschirm neu zeichnen
Refresh2	Dokument neu übertragen
Stop	aktuelle Übertragung abbrechen

GoHome und ***GoSearch*** beziehen sich auf die im Internet Explorer eingestellten Adressen (ANZEIGEN | OPTIONEN | NAVIGATION). Generell gelten sämtliche im Internet Explorer vorgenommenen Einstellungen, also etwas die Defaultschriftarten, die Anzeige von Bildern etc. Das *WebBrowser*-Steuerelement bietet keine Möglichkeit, diese Eigenschaften zu ändern.

Mit ***Navigate*** lösen Sie das Laden eines neuen Dokuments aus. Die Methode erwartet bis zu fünf Parameter (von denen hier nur die ersten drei beschrieben sind):

```
wb.Navigate adresse [, flags [, frame]]
```

adresse muß einen Dateinamen (in der Syntax *"file://c:\name.dat"*) oder eine WWW-Adresse enthalten (*"http://server.com/name"*). *flags* hat Einfluß darauf, wie und wohin das Dokument geladen wird. Jede Kombination der folgenden vier Werte ist möglich:

navOpenInNewWindow (1)	Dokument in neuem Fenster öffnen (startet den Internet Explorer)
navNoHistory (2)	Dokument nicht in den Buffer der zuletzt aktiven Dokumente eintragen
navNoReadFromCache (4)	Dokument nicht vom lokalen Cache lesen (sondern neu übertragen)
navNoWriteToCache (8)	Dokument nicht im lokalen Cache speichern

Mit *frame* kann der Name des Frames angegeben werden, in dem das neue Dokument angezeigt wird. (Das ist nur sinnvoll, wenn momentan ein Dokument mit mehreren HTML-Frames sichtbar ist.)

Neu im IE4 ist die Methode *Navigate2*: In C++-Programmen kann damit der Inhalt spezieller Verzeichnisse (wie DESKTOP, MEIN COMPUTER) dargestellt werden. In Visual Basic ist das allerdings nicht möglich; *Navigate2* kann also nicht mehr als *Navigate*.

Bei ***Refresh2*** steuert ein optionaler Parameter, ob das Dokument lediglich aus dem lokalen Cache neu gelesen werden soll, ob ein Vergleich mit dem tatsächlichen Dokument durchgeführt werden soll und das Dokument nur bei Bedarf neu übertragen wird, oder ob das Dokument in jedem Fall neu eingelesen werden soll. (Die erforderlichen Konstanten finden Sie im Objektkatalog.)

HINWEIS

Im *WebBrowser*-Feld können auch OLE-Objekte angezeigt werden, also beispielsweise eine Excel-Tabelle. Der Inhalt des *WebBrowser*-Felds wird dann vollständig durch Excel bestimmt, das zu diesem Zweck gestartet wird. Werfen Sie auch einen Blick auf Seite 914, wo das Thema OLE eingehender betrachtet wird. In gewisser Weise stellt das *WebBrowser*-Feld eine leistungsfähige Variante zum OLE-Feld dar, allerdings mit weniger Steuerungsmöglichkeiten.

Eigenschaften

Zu den wichtigsten Eigenschaften zählen ***Busy*** (gibt an, ob der Browser gerade mit der Übertragung von Dokumenten, mit deren Anzeige oder mit der Ausführung von Code beschäftigt ist) sowie ***LocationName*** und ***-URL*** mit dem Kurznamen und der vollständigen Adresse des aktiven Dokuments.

Mit ***RegisterAsDropTarget*** (neu seit IE4) kann eingestellt werden, ob im Steuerelement auch Dokumente angezeigt werden, die vom Explorer über das Steuerelement gezogen und dort fallengelassen werden (OLE-Drop). Die Darstellung erfolgt automatisch, allerdings gibt es kein Ereignis, mit dem OLE-Drop-Operationen festgestellt werden könnten. (Es treten aber wie bei jedem anderen Dokumentwechsel diverse Ereignisse auf, die über den Ladevorgang informieren.)

Eine weitere neue IE4-Eigenschaft ist ***Offline***: Aus dieser Eigenschaft kann entnommen werden, ob das Steuerelement im Offline-Modus betrieben wird. Das bedeutet, daß momentan alle Web-Seiten aus dem lokalen Cache gelesen werden (und nicht über eine Internet-Verbindung). Diese Einstellung gilt systemweit, d.h. für alle IE-Instanzen.

Obwohl es den Anschein hat, als könnte diese Eigenschaft verändert werden, ist dies nicht der Fall! Eine Veränderung ist zwar syntaktisch erlaubt, bleibt aber wirkungslos. Noch verblüffender ist, daß sich der Zustand der *Offline*-Eigenschaft nicht einmal ändert, wenn der Offline-Modus nach dem Start des Visual-Basic-Programms durch eine andere IE-Instanz tatsächlich verändert wurde (Menükommando DATEI | OFFLINE BETRIEB). In der gegenwärtigen Version ist die *Offline*-Eigenschaft damit vollkommen nutzlos.

Verwirrung stiften einige Eigenschaften, die gleichermaßen für das *WebBrowser*- wie für das *InternetExplorer*-Objekt (siehe den nächsten Abschnitt) zur Verfügung stehen zu scheinen und im Objektkatalog bzw. Eigenschaftsfenster angezeigt werden. Tatsächlich zeigen diese Eigenschaften aber nur beim *InternetExplorer*-Objekt auch eine Wirkung! Veränderungen der Eigenschaften *AdressBar, FullScreen, MenuBar, Resizeable, StatusBar, StatusText, TheaterMode* und *ToolBar* werden beim *WebBrowser*-Steuerelement ignoriert! Diese und einige weitere Eigenschaften sind in der Syntaxzusammenfassung am Ende des Abschnitts aufgezählt.

ACHTUNG

Die Eigenschaft ***Document*** ist der Einstieg zum IE-internen Objektmodell. Dieses ist allerdings nicht Teil von `Shdocvw.dll` und wird daher im Objektkatalog nicht abgebildet. Das Objektmodell wird vielmehr durch die *HTML Object Library* (`Mshtml.dll` im Windows-Systemverzeichnis) dargestellt – siehe Seite 1068.

Beachten Sie bitte, daß die *HTML Object Library* des IE4 in einigen Punkten mit dem *Internet Explorer Scripting Object Model* des IE3 inkompatibel ist! Code für den IE3 funktioniert daher in manchen Fällen mit dem IE4 nicht mehr. Insbesondere lautet der Name der Eigenschaft *Count* nunmehr *length*!

VERWEIS

Weitere Informationen über die zahlreichen Objekte, mit denen alle Komponenten (dynamischer) HTML-Seiten angesprochen werden können, gibt wie immer die MSDN-Library:

PLATTFORM SDK | INTERNET/INTRANET | DYNAMIC HTML | DOCUMENT OBJECT MODEL
PLATTFORM SDK | INTERNET/INTRANET | DYNAMIC HTML | DHTML-REFERENCE

Die dort beschriebenen Objekte werden üblicherweise nicht in VB-Programmen genutzt, sondern in VBScript-Prozeduren, der wiederum in HTML- oder ASP-Dokumente eingebettet ist.

Ereignisse

Dem *WebBrowser*-Feld mangelt es sicherlich nicht an Ereignissen: Nicht weniger als 23 Ereignisse geben Auskunft darüber, welcher Vorgang gleich beginnen wird oder gerade erfolgreich abgeschlossen wurde. Tatsächlich auswerten müssen Sie zumeist nur ganz wenige Ereignisse:

StatusTextChange und ***TitleChange*** übergeben Zeichenketten, die Sie in der Status- bzw. in der Titelzeile anzeigen können.

Progress informiert das Programm, wie weit die Übertragung einer Datei fortgeschritten ist. Die beiden Parameter *Progress* und *ProgressMax* können dazu verwendet werden, den aktuellen Zustand in einem *ProgressBar*-Steuerelement anzuzeigen. Wenn *Progress* den Wert -1 übergibt, ist die Übertragung abgeschlossen.

Zum ***NavigateComplete***-Ereignis kommt es, wenn die Übertragung eines Dokuments (bzw. aller betroffener Dateien, wenn mehrere Frames oder Bilder angezeigt werden) abgeschlossen wurde.

Beispielprogramm

Das Beispielprogramm demonstriert die Programmierung eines einfachen Web-Browsers. Es ist überraschend, wie wenig Code dazu erforderlich ist!

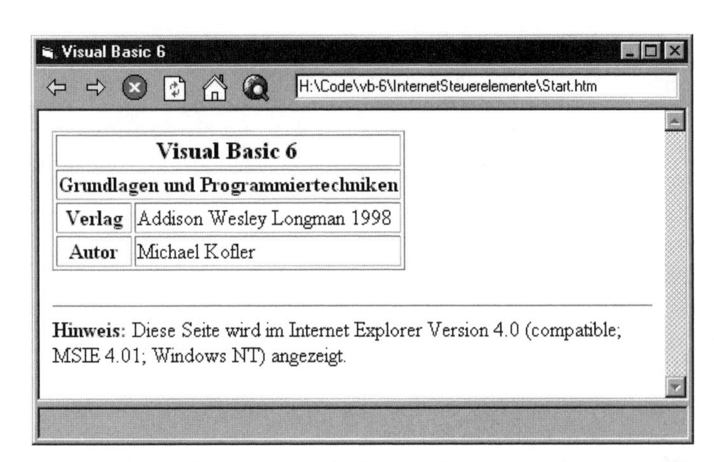

Bild 20.1: Fünfzig Zeilen Code – und schon ist ein neuer Web-Browser geboren!

```
' InternetSteuerelemente\Browser.frm
Private Sub Form_Load()
  On Error Resume Next
  If Dir(App.Path + "\start.htm") <> "" Then
    WebBrowser1.Navigate App.Path + "\start.htm"
    Text1.Text = App.Path + "\start.htm"
  Else
    WebBrowser1.GoHome
  End If
End Sub
' neue Fenstergröße (Toolbar, Statusbar)
Private Sub Form_Resize()
  On Error Resume Next
  If WindowState = vbMinimized Then Exit Sub
  Text1.Width = ScaleWidth - Text1.Left - 100
  WebBrowser1.Move 0, tbToolBar.Height, ScaleWidth, _
    ScaleHeight - (tbToolBar.Height + picStatus.Height) - 60
  ProgressBar1.Left = ScaleWidth - ProgressBar1.Width - 120
  Label1.Width = ProgressBar1.Left - Label1.Left - 240
End Sub
' zu einer neuen Adresse springen (Return in Textfeld)
Private Sub Text1_KeyPress(KeyAscii As Integer)
  If KeyAscii = vbKeyReturn Then
    WebBrowser1.Navigate Text1.Text
  End If
End Sub
```

```
' Toolbar-Buttons
Private Sub tbToolBar_ButtonClick(ByVal Button As Button)
  On Error Resume Next
  With WebBrowser1
    Select Case Button.Key
      Case "Back"
        .GoBack
      Case "Forward"
        .GoForward
      Case "Refresh"
        .Refresh
      Case "Home"
        .GoHome
      Case "Search"
        .GoSearch
      Case "Stop"
        .Stop
        Caption = .LocationName
    End Select
  End With
End Sub
' Textfeld aktualisieren (z.B. nach Drag and Drop)
Private Sub WebBrowser1_NavigateComplete2(ByVal pDisp As Object, _
    URL As Variant)
  Text1.Text = URL
End Sub
' Zustand der Statusleiste ändern
Private Sub WebBrowser1_ProgressChange(ByVal Progress As Long, _
    ByVal ProgressMax As Long)
  If Progress = -1 Then ProgressBar1 = 0: Exit Sub
  If ProgressMax <> 0 Then
    ProgressBar1.Max = ProgressMax
    ProgressBar1 = (Progress * 100) / ProgressMax
  End If
End Sub
Private Sub WebBrowser1_StatusTextChange(ByVal Text As String)
  Label1 = Text
End Sub
' Fenstertitel ändern
Private Sub WebBrowser1_TitleChange(ByVal Text As String)
  Caption = Text
End Sub
```

Die in Bild 20.1 sichtbare Datei `start.htm` stellt übrigens ein einfaches Beispiel für die VBScript-Programmierung in HTML-Seiten dar. Die Zeilen innerhalb der *<Script>*-Tags werden vom Internet Explorer ausgeführt. *Document.Write* erzeugt HTML-Code, der dann angezeigt wird. Mit *Navigator.AppVersion* wird die Version des Internet Explorers ermittelt. *Document* und *Navigator* stammen aus der Internet-Explorer-Objektbibliothek, die allerdings nur in VBScript-Code genutzt werden kann (nicht aber in gewöhnlichem Visual-Basic-Code).

```
<HTML>
  <!-- InternetSteuerelemente\Home.htm -->
  <HEAD><TITLE>Visual Basic 6</TITLE></HEAD>
  <BODY>
    <TABLE BORDER=1>
      <TR><TH COLSPAN=2><BIG> Visual Basic 6 </BIG></TH>
      <TR><TH COLSPAN=2> Grundlagen und Programmiertechniken</TH>
      <TR><TH>Verlag</TH><TD>Addison Wesley Longman 1998</TD>
      <TR><TH>Autor</TH><TD>Michael Kofler</TD>
    </TABLE>
    <SCRIPT LANGUAGE="VBScript">
    <!--
    Document.Write "<P><HR><B>Hinweis:</B> "
    Document.Write "Diese Seite wird im Internet Explorer Version "
    Document.Write Navigator.AppVersion
    Document.Write " angezeigt.<P>"
    -->
    </SCRIPT>
  </BODY>
</HTML>
```

20.2.2 ActiveX-Steuerung des Internet Explorers

Die Objektbibliothek `Shdocvw.dll` kann nicht nur als Steuerelement, sondern auch zur ActiveX Automation eingesetzt werden. Damit können Sie den Internet Explorer als Programm starten und quasi fernsteuern. Der Internet Explorer wird jetzt nicht mehr im Formular des Visual-Basic-Programms angezeigt, sondern in einem eigenen Fenster mit seiner ganzen Oberfläche (Menüs, Symbolleisten etc.). Diese Vorgehensweise bietet sich beispielsweise dann an, wenn Sie den Explorer zur Anzeige einer HTML-Datei verwenden möchten (egal ob lokal oder im Internet). Auch wenn es möglich ist, das mit dem *WebBrowser*-Steuerelement innerhalb eines Fensters Ihres Visual-Basic-Programms zu erledigen, können Sie so doch einige Zeilen Code sparen.

ANMERKUNG

Wie immer, wenn Sie ActiveX Automation nutzen, ist es Ihnen überlassen, ob Sie tatsächlich einen Link auf die Bibliothek herstellen (PROJEKT | VERWEISE) oder ob Sie die Verbindung erst dynamisch im Programm durch *CreateObject("InternetExplorer.Application")* herstellen. Die Verwendung der Objektbibliothek `Shdocvw.dll` hat freilich zwei Vorteile: Erstens ist bereits bei der Codeeingabe eine Syntaxkontrolle möglich (weil Visual Basic weiß, welche Eigenschaften und Methoden erlaubt sind), und zweitens können Ereignisse empfangen werden.

Das ***InternetExplorer***-Objekt kennt mehr Eigenschaften und Methoden als das *WebBrowser*-Objekt. Einige der Methoden und Eigenschaften werden im folgenden Beispiel demonstriert – etwa *Quit* zum Beenden des Explorers sowie *StatusBar*, *MenuBar* und *ToolBar* zur Steuerung, welche Bedienungselemente des Explorers sichtbar sein sollen. Mit *Left*, *Top*, *Width* und *Height* könnten Sie auch die Position voreinstellen, an der das Programm erscheint.

Empfang von Ereignissen

Damit IE-Ereignisse empfangen werden können, muß die Objektvariable zur Verwaltung des IEs mit *WithEvents* deklariert werden.

```
Dim WithEvents ie As InternetExplorer
Set ie = New InternetExplorer
```

Im Code-Fenster sind jetzt alle *InternetExplorer*-Ereignisse unter dem Namen der Objektvariablen bekannt – Sie brauchen nur noch eine entsprechende Ereignisprozedur zu programmieren:

```
Private Sub ie_OnQuit()
  MsgBox "Der Internet Explorer wurde beendet."
End Sub
```

Beispielprogramm

Das folgende Codefragment demonstriert den Start und das Ende des Internet Explorers durch zwei Button-Ereignisprozeduren.

```
' InternetSteuerelemente\IExplorer.frm
Dim WithEvents ie As InternetExplorer
Private Sub Form_Load()
  Command2.Enabled = False
End Sub
```

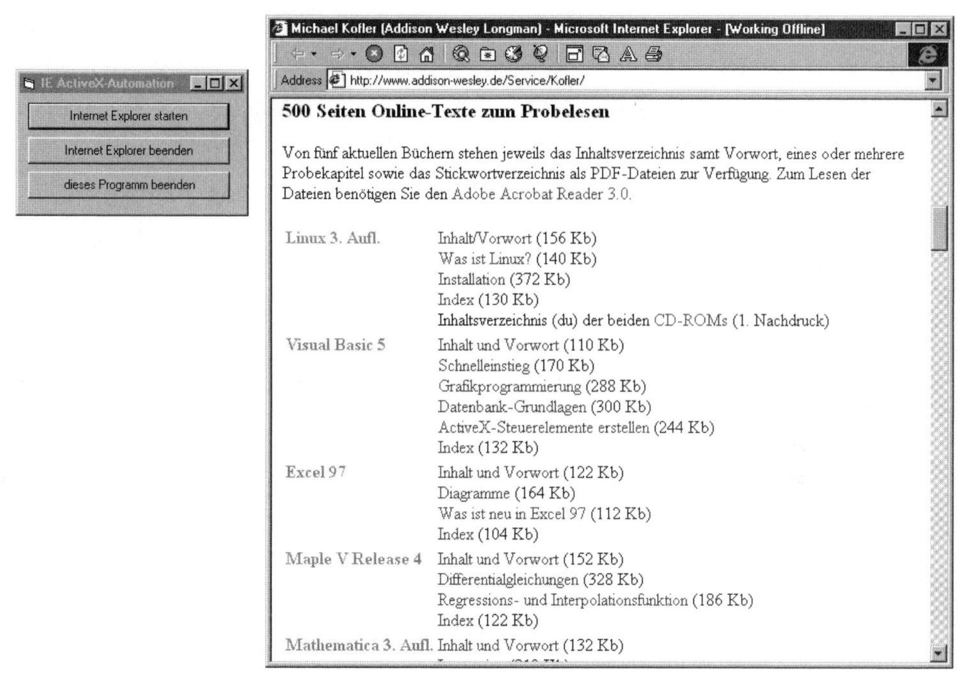

Bild 20.2: Der Internet Explorer wurde per ActiveX Automation gestartet und zur Homepage des Autors geleitet

```
' IE starten
Private Sub Command1_Click()
  On Error Resume Next
  Set ie = New InternetExplorer
  ie.Navigate "http://www.addison-wesley.de/Service/Kofler"
  ie.Statusbar = False   'Statusleiste deaktivieren
  ie.MenuBar = False     'Menü deaktivieren
  ie.ToolBar = 1         'Toolbar aktivieren
  ie.Visible = True      'Internet Explorer anzeigen
  If Not Err Then Command1.Enabled = False: Command2.Enabled = True
End Sub ' IE beenden
Private Sub Command2_Click()
  On Error Resume Next
  If Not ie Is Nothing Then
    ie.Quit
    Set ie = Nothing
  End If
End Sub
```

```
' IE wird beendet
Private Sub ie_OnQuit()
  Command1.Enabled = True
End Sub
```

20.2.3 Syntaxzusammenfassung

Mit * gekennzeichnete Eigenschaften / Methoden / Ereignisse stehen nur für das *InternetExplorer*-Objekt zur Verfügung.

WebBrowser / InternetExplorer – Eigenschaften	**siehe auch Seite 1047**
AdressBar *	Eingabefeld für WWW-Adressen anzeigen (*True / False*)
Busy	der Browser ist gerade beschäftigt
Container	Verweis auf Programm, das *WebBrowser* enthält
Document	Verweis auf HTML-Dokument (sofern geladen)
FullScreen *	*InternetExplorer* ohne Dekoration Bildschirm-füllend anzeigen (*True / False*)
LocationName	Kurzname der aktuellen HTML-Seite
LocationURL	vollständige Adresse der HTML-Seite
MenuBar *	Menü anzeigen (*True / False*)
Offline	gibt den Offline-Modus an, nicht veränderbar (*True / False*)
RegisterAsDropTarget	OLE *Drag and Drop* verarbeiten (*True / False*)
StatusBar *	Statuszeile anzeigen (*True / False*)
StatusText *	Text in der Statuszeile
TheaterMode *	Modus GANZER BILDSCHIRM (*True / False*)
Type	gibt den Dokumenttyp an (etwa *"Windows HTML Viewer"*)

WebBrowser / InternetExplorer – Methoden	
GoBack	zurück zum vorigen Dokument
GoForward	Undo zu *GoBack*
GoHome	zur Startseite (Einstellung durch ANSICHT | INTERNET OPTIONEN | ALLGEMEIN im Internet Explorer)
GoSearch	zur Suchseite (Einstellung ebenfalls im Internet Explorer)
Navigate	Dokument von neuer Web-Adresse übertragen
Quit *	Internet Explorer beenden
Refresh	Bildschirm neu zeichnen
Refresh2	Dokument neu übertragen
Stop	aktuelle Übertragung abbrechen

WebBrowser / InternetExplorer – Ereignisse	
BeforeNavigate	ein neues HTML-Dokument soll geladen werden
DownloadBegin	Übertragung beginnt
DownloadComplete	Übertragung ist beendet

FrameBeforeNavigate	ein neues Dokument für ein Frame soll geladen werden
FrameNavigateComplete	Dokument wurde vollständig übertragen und angezeigt
FrameNewWindow	ein Frame soll in einem neuen Fenster angezeigt werden
NavigateComplete	HTML-Seite wurde vollständig übertragen
NewWindow	eine HTML-Seite soll in neuem Fenster gezeigt werden
OnQuit *	Internet Explorer wird beendet
ProgressChange	aktueller Zustand der Übertragung
StatusTextChange	in der Statuszeile soll ein neuer Text angezeigt werden
TitelChange	ein neuer Dokumenttitel soll angezeigt werden

20.3 E-Mail-Verwaltung (MAPI)

20.3.1 Grundlagen

MAPI steht für *Messaging Application Program Interface* und ist der Versuch von Microsoft, eine Schnittstelle für die Verwaltung, dem Empfang und die Weiterleitung von E-Mails zu schaffen. Obwohl die MAPI-Funktionen mit Windows 95 (unter dem Namen Exchange) bzw. mit Windows NT 4.0 (dort als Windows Messaging) mitgeliefert werden, hat sich MAPI bis jetzt nicht so recht durchsetzen können. Anders als unter Unix, wo sich ein zentrales Programm (meist `sendmail`) um die Verwaltung von E-Mails kümmert und Clients auf diese Funktionen zurückgreifen können, kocht unter Windows noch fast jedes E-Mail-Programm sein eigenes Süppchen:

Private Anwender verwenden meist E-Mail-Programme, die sich (ohne Mail-Server) selbst um die Verwaltung der Nachrichten, das Senden und das Empfangen kümmern. Beispiele für solche Programme sind die Mail-Module von Netscape sowie das Mail-Programm Eudora. Microsoft selbst hat mit Internet Mail (einem Zusatzprogramm zum Internet Explorer 2) ein nicht MAPI-konformes E-Mail-Programm kostenlos und damit in riesigen Stückzahlen unter das Volk gebracht. Ganz ähnlich sieht es mit Outlook Express aus (wird mit Internet Explorer 4 ausgeliefert): Dieses Programm ist zwar mit den eventuell installierten MAPI-Funktionen kompatibel, kommt aber auch gut ohne MAPI aus.

In großen Betrieben basiert die E-Mail-Verwaltung wiederum häufig auf Lotus Notes. Dabei handelt es sich nicht um ein einfaches E-Mail-Programm, sondern um ein komplexes Client / Server-System zum Nachrichtenaustausch, das neben vielen anderen Funktionen auch E-Mail-Funktionen anbietet.

FAZIT

Die Wahrscheinlichkeit, daß auf einem durchschnittlichen Windows-Rechner die MAPI-Funktionen tatsächlich installiert und richtig konfiguriert sind, geht gegen Null.

Damit die MAPI-Steuerelemente überhaupt verwendet werden können, muß MAPI also installiert sein. Selbst wenn das der Fall ist, bedeutet das noch nicht automatisch, daß die E-Mail-Funktionen eines Visual-Basic-Programms mit dem E-Mail-System des jeweiligen Anwenders nahtlos integriert werden können! Wenn Ihr VB-Programm beispielsweise via MAPI-Steuerelement eine E-Mail versendet, der Anwender aber ein E-Mail-Programm ohne MAPI verwendet, wird diese E-Mail nicht in die Liste der versandten E-Mails eingetragen, was einer zentralen Verwaltung des E-Mail-Verkehrs nicht gerade zuträglich ist.

Noch schlimmer wird es, wenn Ihr Programm versucht, auch E-Mails zu empfangen. Sofern MAPI richtig konfiguriert ist, wird das gelingen – nur können diese E-Mails jetzt nicht mehr mit dem regulären E-Mail-Programm des Anwenders empfangen werden. Es streiten sich also gleichsam Ihr Visual-Basic-Programm und das vom Anwender installierte E-Mail-Programm um neue Nachrichten.

In der Praxis bieten sich für die MAPI-Steuerelemente damit primär zwei Anwendungsmöglichkeiten an:

- Die erste besteht darin, einen kompletten E-Mail-Client zu programmieren, der beispielsweise statt Eudora oder Outlook verwendet werden kann. Angesichts der Leistungstärke dieser Programme wäre das mit riesigem Aufwand verbunden und erscheint wenig sinnvoll.
- Die zweite Möglichkeit besteht darin, nur minimale E-Mail-Funktionen in Ihr Programm zu integrieren, etwa zum Versenden einer E-Mail mit Registierungsinformationen oder Fehlermeldungen, eventuell auch zur Nachrichtenübermittlung an einen zentralen Firmen-Server, aber nicht zum Nachrichtenempfang. Sie sollten dem Anwender die Möglichkeit geben, die E-Mail als Kopie (CC-Feld) an sich selbst zu senden, so daß der E-Mail-Verkehr auf diese Weise dokumentier- und nachvollziehbar bleibt.

Die Verwendung der MAPI-Steuerelemente ist also davon abhängig, ob Sie am Rechner Ihrer Kunden MAPI-Funktionen voraussetzen können. Aufgrund der aufgezählten konzeptionellen Probleme beschränkt sich die folgende Beschreibung der MAPI-Steuerelemente auf ein Minimum. Das prinzipielle Schema der Verwendung geht aus dem Beispielprogramm hervor, alle weiteren Informationen finden Sie in der Online-Hilfe.

20.3.2 Die MAPI-Steuerelemente

Es gibt zwei MAPI-Steuerelemente, die üblicherweise gemeinsam verwendet werden. Das ***MAPISession***-Steuerelement kümmert sich um den Verbindungsaufbau zu den MAPI-Funktionen des Betriebssystems. Bevor Sie E-Mails versenden oder lesen möchten, stellen Sie mit der Methode *SignOn* eine Verbindung her. Als Ergebnis können Sie anschließend die Eigenschaft *SessionID* auslesen und diesen Wert der gleichnamigen Eigenschaft des *MapiMessage*-Steuerelements zuweisen. Nach Abschluß der E-Mail-Operationen wird die Verbindung zu den MAPI-Funktionen durch *SignOff* wieder beendet.

Das *MAPIMessage*-Steuerelement kümmert sich um den eigentlichen Nachrichtenaustausch, also um das Senden und Empfangen von E-Mails. Zum Versenden einer E-Mail führen Sie zuerst *Compose* aus, stellen dann diverse Eigenschaften ein, die die Empfängeradresse, das Thema der E-Mail (Subject-Feld), den Nachrichtentext und weitere Informationen enthalten, und versenden die E-Mail schließlich mit *Send*. Im Parameter von *Send* können Sie angeben, ob die Nachricht sofort verschickt werden soll, oder ob der E-Mail-Editor des installierten MAPI-Clients (beispielsweise Outlook) angezeigt werden soll.

MAPI-Beispielprogramm

Mit dem Beispielprogramm können Sie eine E-Mail verfassen und absenden. Beim Versenden bestehen zwei Optionen: Bei der ersten Option wird Ihre Nachricht an ein installiertes MAPI-Mail-Programm weitergegeben und kann dort editiert und schließlich abgeschickt werden. Die zweite Option versendet die E-Mail in ihrer aktuellen Form ohne weitere Rückfragen. Wenn Ihr Internet-Zugang per Modem erfolgt, wird die Verbindung sofort hergestellt.

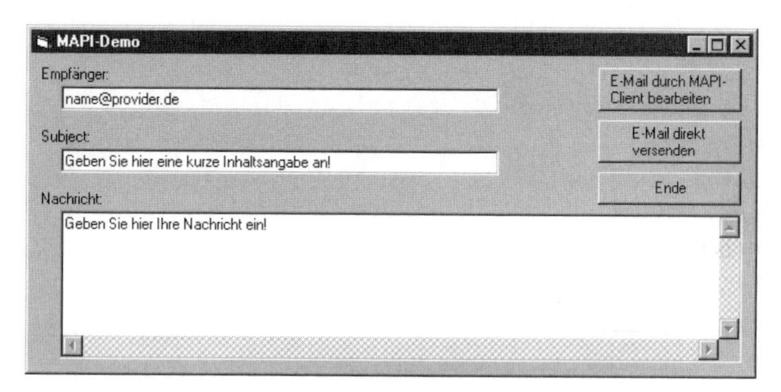

Bild 20.3: Ein einfaches Programm zum Versenden von E-Mail

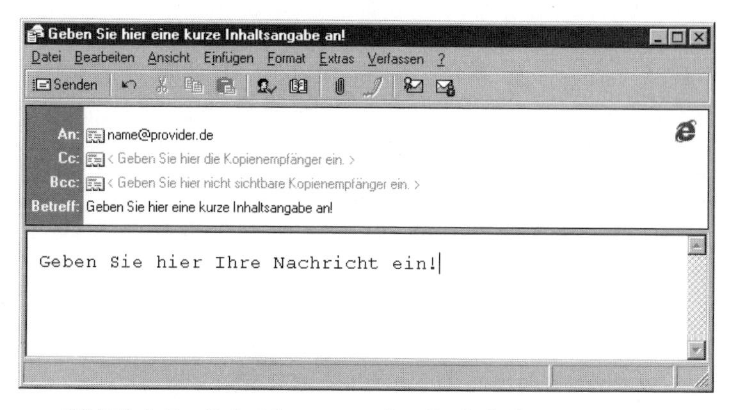

Bild 20.4: Das Beispielprogramm hat Outlook Express gestartet

Programmcode

Die beiden Mail-Buttons des Beispielprogramms haben die *Index*-Nummern 0 (direkt versenden) und 1 (MAPI-Client starten). Das Listing enthält auch auskommentierte Codefragmente zum Versenden von Dateien als Beilage (Attachment) und zum Versenden einer Kopie an einen zweiten Adressaten.

```
' InternetSteuerelemente\Mapi.frm
Private Sub cmdSend_Click(Index As Integer)
  On Error Resume Next
  'MAPI session starten
  MAPISession1.SignOn
  MAPIMessages1.SessionID = Form1.MAPISession1.SessionID
  With MAPIMessages1
    .Compose             'neue Nachricht
    .MsgSubject = txtSubject
    .MsgNoteText = txtMessage
    ' so kann eine Datei als Attachment versendet werden
    ' .AttachmentPosition = 0
    ' .AttachmentType = mapData
    ' .AttachmentName = "Kurzbeschreibung"
    ' .AttachmentPathName = "C:\verzeichnis\name.dat"
    .RecipIndex = 0              'erster Empfänger (weitere mit 1, 2)
    .RecipType = mapToList       'To-Feld
    .RecipDisplayName = txtTo    'Adresse
    ' so kann eine Kopie an einen anderen Empfänger versandt werden
    ' .RecipIndex = 1
    ' .RecipType = mapCcList
    ' .RecipDisplayName = "copy@provider.de"
    ' Nachricht versenden
    If Index = 0 Then 'direkt versenden
      .Send False
    Else              'MAPI-Client (etwa Outlook) aufrufen
      .Send True
    End If
  End With
  MAPISession1.SignOff
  If Err <> 0 Then
    MsgBox "Es ist ein Fehler aufgetreten: " & Error
  End If
End Sub
```

HINWEIS

Damit Sie das Beispielprogramm ausprobieren können, müssen Sie die mit dem Betriebssystem mitgelieferten MAPI-Funktionen installieren. Unter Windows NT 4 erfolgt dies über die Systemsteuerung, Komponente SOFTWARE, Tabellenblatt WINDOWS NT SETUP. Von den drei WINDOWS-MESSAGING-Komponenten ist nur WINDOWS MESSAGING erforderlich, nicht aber INTERNET MAIL oder die MICROSOFT MAIL DIENSTE. Nach der Installation müssen Sie MAPI konfigurieren: Sie können sich dabei auf ein Minimum beschränken – aber Sie müssen zumindest einen Ordner angeben, in dem MAPI Nachrichten speichern soll.

Wenn Sie möchten, daß die MAPI-Funktionen auf Outlook Express als Client zugreifen (d.h., daß Sie dieses Programm zum Verfassen von Nachrichten verwenden können), müssen Sie in Outlook Express in EXTRAS|OPTIONEN|ALLGEMEIN die Option OUTLOOK ALS STANDARD CLIENT FÜR SIMPLE MAPI EINRICHTEN auswählen. Outlook Express ist im Vergleich zu dem mit MAPI mitgelieferten Client sicherlich komfortabler zu bedienen.

VERWEIS

Ein umfangreiches MAPI-Beispielprogramm (ein vollständiges Mail-Programm zum Lesen, Beantworten und Versenden von E-Mails) finden Sie in den Beispielprogrammen, die mit Visual Basic mitgeliefert werden:

`Samples\Misc\VBMail`

20.3.3 Alternativen zum MAPI-Steuerelement

Start eines E-Mail-Programms via Internet Explorer

Unter Umständen brauchen Sie gar nicht vielen Funktionen des MAPI-Steuerelements und Sie möchten lediglich dem Anwender eine bequeme Möglichkeit geben, eine E-Mail abzusenden. Dazu gibt es einen einfachen Weg: Sie verwenden die im vorigen Abschnitt beschriebene *SHDocVB*-Bibliothek, erzeugen ein *InternetExplorer*-Objekt und verwenden *Navigate*, um von dort das Default-E-Mail-Programm des Systems zu starten. Den IE können Sie sofort wieder beenden.

```
' InternetSteuerelemente\EMail-Variante.frm
Private Sub Command1_Click()
  Dim ie As InternetExplorer
  On Error Resume Next
  Set ie = New InternetExplorer
  ie.Navigate "mailto:bugreport@devoloper.com"
  ie.Quit
End Sub
```

Auch diese Vorgehensweise hat Nachteile: indem Sie die *SHDocVW*-Bibliothek verwenden, setzen Sie eine IE-Installation beim Anwender voraus. Das ist zwar wahrscheinlicher als eine korrekte MAPI-Konfiguration, aber auch nicht sicher. Zudem haben Sie keinerlei Einfluß auf die *Subject:*-Zeile des E-Mails oder den Inhalt. (Gerade für Fehlermeldungen wäre das ausgesprochen praktisch.)

Outlook

Das E-Mail-Programm Outlook ist seit Office 97 Bestandteil des Office-Pakets. Die erste Version dieses Programms war leider weitgehend wertlos. (Es ist einfach unglaublich, wie langsam dieses an sich einfaches Programm läuft!) Warum das Programm dennoch erwähnenswert ist: es existiert eine Objektbibliothek zur VBScript-Programmierung bzw. zur ActiveX Automation.

Mittlerweile wird (gegen gutes Geld) die neuere Version Outlook 98 angeboten, die in jeder Hinsicht verbessert wurde (Geschwindigkeit, Funktionsumfang, Objektbibliothek). Es ist noch unklar, ob diese Version auch mit Office 2000 mitgeliefert wird, oder ob es zu Office 2000 eine weitere Outlook-Version gibt (eventuell sogar mit integriertem VBA).

Wie auch immer: Es ist abzusehen, daß Outlook in Zukunft eine relativ weite Verbreitung finden wird – auf jeden Fall eine weitere Verbreitung als MAPI. Das Programm ist leistungsstark, und es kann via ActiveX Automation gesteuert werden. Damit gibt es also einen gewissen Hoffnungsschimmer, daß sich E-Mail-Funktionen in Zukunft leichter in VB-Programme integrieren lassen.

HINWEIS

Outlook Express – eine weitere Version der Outlook-Familie, irgendwo zwischen Version 97 und 98 angesiedelt – wird zwar kostenlos mit dem IE4 mitgeliefert, allerdings leider ohne Objektbibliothek.

20.4 Dateien übertragen (Inet)

Das Internet-Transfer-Steuerelement (kurz *Inet*-Feld) ermöglicht den Verbindungsaufbau zu Internet-Servern, die eines der folgenden Protokolle unterstützen:

`FTP`	File Transfer Protocol
`GOPHER`	Protocol für Gopher, dem Vorgänger des WWWs
`HTTP`	Hypertext Transfer Protocol (WWW)
`HTTPS`	Hypertext Transfer Protocol Secure (WWW mit Verschlüsselung)

Wenn der Verbindungsaufbau klappt, können in jedem Fall Dateien vom Server an das Visual-Basic-Programm übertragen werden. Je nach Protokoll und Ihren Zugriffsrechten beim Internet-Server ist auch eine Übertragung in die umgekehrte Richtung möglich. Außerdem können die vom jeweiligen Protokoll unterstützten Kommandos ausgeführt werden. Die Anwendung des Steuerelements setzt also eine Kenntnis dieser Protokolle voraus (die hier aus Platzgründen aber nicht beschrieben werden können).

Die wichtigste Anwendung des Steuerelements besteht darin, FTP- oder WWW-Dateien (etwa Bitmaps) zu übertragen. Das Steuerelement kann aber auch dazu verwendet werden, um FTP- oder WWW-Server nach Dateien zu durchsuchen oder um eine komfortable Benutzeroberfläche für FTP-Zugang zu programmieren. (Solche Programme gibt es allerdings schon dutzendweise als Public Domain oder Shareware.)

ANMERKUNG

Im Gegensatz zur ersten mit Visual Basic 5 ausgelieferten Version ist das *Inet*-Steuerelement mittlerweile so weit ausgereift, daß man tatsächlich damit arbeiten kann. Ein paar kleinere Ungereimtheiten gibt es freilich noch immer. Aber zumindest die eigenwillige Umwandlung von Dateinamen in die Großschreibung unterbleibt, so daß jetzt selbst mit UNIX-ftp-Servern ein Datenaustausch möglich ist. (Dort wird nämlich – im Gegensatz zur Microsoft-Welt – zwischen Groß- und Kleinschreibung exakt differenziert.)

FTP-Datei synchron übertragen

Im einfachsten Fall übertragen Sie eine FTP-Datei, indem Sie der Methode ***OpenURL*** die gültige FTP-Adresse übergeben, etwa *"ftp://server.com/datei"*. Die Methode liefert als Ergebnis die Zeichenkette mit der angegebenen Datei.

```
Dim txt$
txt = Inet1.OpenURL("ftp://server.com/datei")
```

ACHTUNG

Wenn die FTP-Adresse aus einem Textfeld entnommen wird, müssen Sie *vbCr* an die Zeichenkette anhängen – andernfalls liefert das Steuerelement aus unerfindlichen Gründen die Fehlermeldung 'ungültige URL':

```
txt = Inet1.OpenURL(Text1.Text + vbCr)
```

Das *Inet*-Steuerelement verwendet für den Login am Server automatisch den Namen *anonymous* und das Paßwort *ie40user@*. Damit sind die formalen Voraussetzungen für einen Login bei einem öffentlichen FTP-Server zwar erfüllt, der Internet-Etikette entspricht dieser Login allerdings nicht: Als Paßwort wird eigentlich der vollständige E-Mail-Name des Anwenders erwartet. Es ist nicht auszuschließen, daß der eine oder andere öffentliche FTP-Server den Login verweigert und auf ein aussagekräftigeres Paßwort besteht. In diesem Fall müssen Sie die Eigenschaften ***UserName*** und ***Password*** manuell einstellen. Allerdings können Sie dann die Methode *OpenURL* nicht mehr verwenden – siehe unten. Gleiches gilt natürlich auch, wenn Sie nicht anonymous FTP betreiben möchten, sondern sich bei einem mit Paßwort abgesicherten Account anmelden möchten.

An *OpenURL* kann als zweiter Parameter die Konstante *icByteArray* übergeben werden. In diesem Fall wird das Ergebnis binär übertragen (nicht als Text) und muß in einem *Byte*-Array gespeichert werden:

```
Dim b() As Byte
b() = Inet1.OpenURL("ftp://server.com/datei", icByteArray)
```

ANMERKUNG

In der Online-Dokumentation zum *Inet*-Feld wird unter anderem gezeigt, wie Abfrageergebnisse einer Search-Engine übertragen werden können. Das folgende Kommando sucht auf `www.yahoo.de` nach Visual-Basic-Einträgen:

```
find = "http://search.yahoo.de/search/de?p=Visual+Basic"
Inet1.OpenURL(find)
```

Als Ergebnis erhalten Sie dann eine Zeichenkette mit dem HTML-Dokument – und das wollen Sie vermutlich jetzt mit dem *WebBrowser*-Steuerelement anzeigen. Sie müßten es dazu in einer lokalen Datei zwischenspeichern. Da ist es erheblich sinnvoller, gleich die *Navigate*-Methode des *WebBrowser*-Steuerelements zu verwenden:

```
WebBrowser1.Navigate find
```

FTP-Datei asynchron übertragen

Im obigen Beispiel ist das Visual-Basic-Programm blockiert, bis die Datei übertragen ist oder die mit der Eigenschaft ***RequestTimeout*** eingestellte Zeit verstrichen ist, die maximal für die Übertragung vorgesehen ist (Default: 60 Sekunden). Um das zu vermeiden, können Sie mit der ***Execute***-Methode ein Kommando an das *Inet*-Steuerelement übergeben, das dieses dann selbständig bearbeitet. (Welche Kommandos zulässig sind, hängt vom jeweiligen Protokoll ab – siehe Online-Dokumentation. Das wichtigeste FTP-Kommando lautet *GET*.) Die korrekte Syntax für *Execute* sieht folgendermaßen aus:

```
Inet1.Execute "ftp://server.com", _
              "GET verzeichnis/datei c:\lokaledatei"
```

Um festzustellen, ob das Kommando abgeschlossen ist, müssen Sie die ***StateChanged***-Ereignisprozedur des *Inet*-Felds auswerten. An diese Prozedur wird ein Parameter mit einer ID-Nummer für den aktuellen Zustand des Steuerelements übergeben. Wenn alles klappt, sieht die Sequenz von ID-Nummern in etwa folgendermaßen aus:

```
1        Resolving
2        Resolved
3        Connecting
4        Connected
7        ResponseReceiving
8        ResponseReceived
5        Requesting
```

```
6       Requested
7       ResponseReceiving
8       ResponseReceived (5-8 tritt mehrfach auf)
12      Completed
```

Entscheidend ist eigentlich nur, daß die Übertragung mit dem Status *icResponseCompleted* (12) abgeschlossen wird. Wenn dagegen ein Fehler auftritt, endet die Sequenz mit *icError* (11).

Wenn die lokale Datei bereits existiert, tritt ein Fehler auf. Sie müssen die Datei gegebenenfalls vorher löschen.

Beispielprogramm

Das Beispielprogramm testet beide Übertragungsvarianten. Nach einer synchronen Übertragung wird die Datei in einem Textfeld angezeigt. Der meiste Code fällt an, um die Zeichenketten für die asynchrone Übertragung zu bilden.

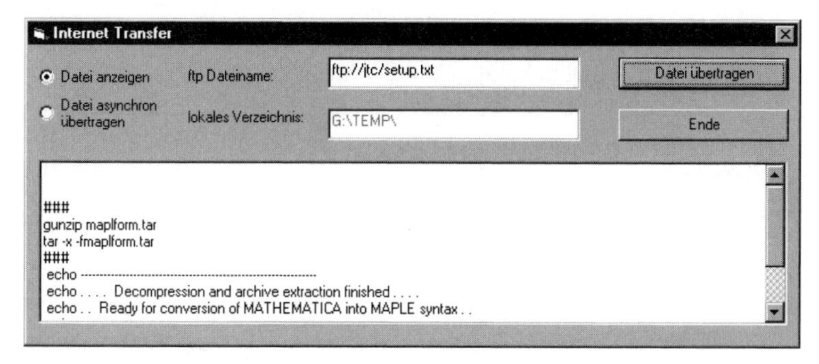

Bild 20.5: Testprogramm zum Internet Transfer Control

```
' InternetSteuerelemente\InternetTransfer.frm
' Datei übertragen
Private Sub cmdTransfer_Click()
  Dim url$, fullname$, shortname$
  Dim pos, lastpos, ok
  On Error Resume Next
  SaveSetting App.Title, "ftp", "adress", txtFTP
  If Option1(0).Value = True Then
    ' Datei synchron übertragen und anzeigen
    Screen.MousePointer = vbHourglass
    txtOutput = Inet1.OpenURL(txtFTP + vbCrLf)
    Screen.MousePointer = vbDefault
    MsgBox "completed"
```

```
    Else
      ' Datei asynchron übertragen
      ' URL und Dateinamen ermitteln
      pos = InStr(txtFTP, "://")
      If pos = 0 Then MsgBox "ungültige Adresse": Exit Sub
      pos = InStr(pos + 3, txtFTP, "/")
      If pos = 0 Then MsgBox "ungültige Adresse": Exit Sub
      url = Left(txtFTP, pos - 1)
      fullname = Mid(txtFTP, pos + 1)
      pos = 0
      Do
        lastpos = pos
        pos = InStr(pos + 1, fullname, "/")
      Loop Until pos = 0
      If lastpos = 0 Then
        shortname = fullname
      Else
        shortname = Mid(fullname, lastpos + 1)
      End If
      ' bereits existierende lokale Datei löschen
      If Dir(txtLocal & shortname) <> "" Then
        ok = MsgBox("Die lokale Datei " & txtLocal & shortname & _
          " muß vor Beginn der Übertragung gelöscht werden", _
          vbOKCancel)
        If ok = vbOK Then Kill txtLocal & shortname
      End If
      ' Übertragung starten
      Screen.MousePointer = vbHourglass
      Inet1.Execute url, "GET " & fullname & " " & txtLocal & shortname
    End If
    If Err <> 0 Then
      MsgBox Error: Inet1.Cancel: Screen.MousePointer = vbDefault
    End If
  End Sub
  ' Debugging
  Private Sub Inet1_StateChanged(ByVal State As Integer)
    Select Case State
      Case 0: Debug.Print State, "None"
      Case 1: Debug.Print State, "Resolving"
      Case 2: Debug.Print State, "Resolved"
      Case 3: Debug.Print State, "Connecting"
      Case 4: Debug.Print State, "Connected"
      Case 5: Debug.Print State, "Requesting"
      Case 6: Debug.Print State, "Requested"
```

```
    Case 7: Debug.Print State, "ResponseReceiving"
    Case 8: Debug.Print State, "ResponseReceived"
    Case 9: Debug.Print State, "Disconnecting"
    Case 10: Debug.Print State, "Dissconnected"
    Case 11:
      Debug.Print State, "Error"
      MsgBox "error"
      Inet1.Cancel
    Case 12:
      Debug.Print State, "Completed"
      MsgBox "completed"
      Screen.MousePointer = vbDefault
  End Select
End Sub
```

Wenn es Probleme gibt

Wenn die Kommunikation mit dem *Inet*-Steuerelement nicht wunschgemäß funktioniert, sollten Sie als erstes versuchen, eine vergleichbare Kommunikation manuell mit `Ftp.exe` zu testen. Das Programm befindet sich im Windows-Systemverzeichnis.

Wenn Sie Zugang zu den Logging-Dateien des FTP-Servers haben, sollten Sie einen Blick hinein werfen. Hier sind alle erfolgreichen wie erfolglosen Login-Versuche sowie alle ausgeführten Kommandos gespeichert. Wenn Sie als Server den Internet Information Server (IIS) verwenden, werden die Logging-Dateien normalerweise in `Winnt\System32\LogFiles` gespeichert. (Vorsicht: Die Logging-Dateien werden nur alle paar Minuten aktualisiert.)

20.5 Daten übertragen (Winsock)

Auf ersten Blick klingt die Beschreibung des *Winsock*-Steuerelements ähnlich wie die des gerade behandelten *Inet*-Steuerelements: Sie können damit Daten zwischen zwei Programmen austauschen (theoretisch auch Daten innerhalb eines Programms, wenngleich das selten sinnvoll ist).

Dennoch liegen zwischen den beiden Steuerelementen Welten: Während das *Inet*-Steuerelement davon ausgeht, daß Sie mit Ihrem Visual-Basic-Programm zu einem Server Kontakt aufnehmen, über den Sie keine Kontrolle haben, können Sie mit dem *Winsock*-Steuerelement nicht nur Clients, sondern auch Server selbst programmieren. Dazu stehen zwei Protokolle zur Auswahl, TCP und UDP. Im Vergleich zu FTP oder HTTP sind das Low-Level-Protokolle. Sie versenden bzw. empfangen einen Strom von Bytes. Begriffe wie Dateien gibt es nicht, Sie sind selbst dafür verantwortlich, ein fehlersicheres Kommunikationsschema zu entwickeln. Die Programmierung des *Winsock*-Steuerelements ist daher sehr viel mühsamer als die des *Inet*-Steuerelements.

Anwendungsmöglichkeiten des *Winsock*-Steuerelements gibt es überall dort, wo zwei oder mehr Programme direkt miteinander kommunikzieren möchten. Sofern beide Rechner ans Internet angeschlossen sind, funktioniert TCP weltweit – Sie können also auch Daten zwischen einem Rechner in Hamburg und einem in Seattle austauschen! Wegen des Low-Level-Ansatzes kostet so eine Verbindung wenig Rechnerressourcen – inbesondere dann, wenn es mit Verfahren wie ActiveX Automation dem DCOM (Distributed Component Object Model) verglichen wird.

Im folgenden wird die Anwendung des *Winsock*-Steuerelements getrennt nach den Protokollen TCP und UDP behandelt.

20.5.1 TCP-Kommunikation

TCP steht für *Transmission Control Protocol*. Diesem Protokoll und seiner Erweiterung IP (*Internet Protocol*) liegt das gesamte Internet zugrunde. Die Grundidee des Protokolls besteht darin, daß Datenpakete mit der Empfängeradresse – einer Identifikationsnummer – losgeschickt werden. Dank dieser Nummer und der Verwaltungsstrukturen des Netzes weiß jeder Rechner, der die Daten erhält, an welchen anderen angeschlossenen Rechner er die Daten weiterleiten muß, damit schließlich der Zielrechner erreicht werden kann. TCP funktioniert auch in lokalen Netzen, setzt also keinen Internet-Anschluß voraus (wohl aber die Installation der TCP-Dienste). Sie können TCP sogar auf einem nicht vernetzten Rechner ausprobieren – TCP erlaubt auch, daß zwei Programme am selben Rechner Daten austauschen.

TCP-Kommunikation basiert auf einem Client / Server-Ansatz. Es muß auf einem Rechner einen Server geben, der bereit ist, mit anderen Programmen zu kommunizieren. Der Server beansprucht für sich eine sogenannte Port-Adresse. Port-Adressen werden dazu genutzt, um unterschiedliche TCP-Dienste – etwa den FTP-Server, den Mail-Server, den HTTP-Server, den News-Server etc. – voneinander zu trennen. Jeder dieser Dienste beansprucht eine Port-Nummer zwischen 0 und 65535. Eine ganze Menge dieser Port-Nummern sind vergeben und dürfen von eigenen Programmen nicht verwendet werden (es sei denn, Sie wollen eben mit diesen Servern kommunizieren).

VERWEIS

Eine sehr ausführliche Liste aller (oder zumindest der meisten) vergebenen Port-Nummern und ihrer Bedeutung finden Sie im Windows NT Resource Kit, Anhang C. (In der Online-Version im Rahmen der MSDN-Library ist dieser Anhang als Element von Anhang B falsch eingeordnet.)

WINDOWS RESOURCE KITS | NT WORKSTATION 4 | APPENDIX B | APPENDIX C

Nicht so vollständig, aber für einen ersten Eindruck auch ausreichend ist die Datei `Winnt\System32\Drivers\Etc\Services`.

Das Winsock-Steuerelement

Das *Winsock*-Steuerelement wird gleichermaßen auf der Client- wie auf der Server-Seite eingesetzt. Es kann immer nur eine TCP-Verbindung verwalten. Wenn ein Server gleichzeitig mit mehreren Clients in Kontakt stehen soll (der Regelfall), müssen mehrere *Winsock*-Steuerelemente verwendet werden. Die folgende Tabelle beschreibt den Verbindungsaufbau auf Client- und Server-Seite. *ws* steht dabei jeweils für das *Winsock*-Steuerelement des Clients und des Servers.

Aktion	Server	Client
Server startet	*ws.LocalPort = 1001* *ws.Listen*	
Kontakt durch Client		*ws.Connect "srvname", 1001*
Server akzeptiert	*ConnectionRequest*-Ereignis: *ws.Accept socketHandle*	
Client wird informiert		*Connect*-Ereignis
Client sendet Daten		*ws.SendData d*
Server empfängt	*DataArrival*-Ereignis: *d=ws.GetData*	
Server sendet	*ws.SendData d*	
Client empfängt		*DataArrival*-Ereignis: *d=ws.GetData*
Client beendet Verbindung		*ws.Close*
Server wird informiert	*Close*-Ereignis	

Noch einige Anmerkungen zu diesem Protokoll: Der Client muß zur Kontaktaufnahme durch die ***Connect***-Methode sowohl den Rechnernamen des Servers als auch die Port-Nummer des Servers (in diesem Beispiel 1001) angeben. Der Rechnername ist bei lokalen Netzen einfach der Name, unter dem der Rechner im Netz angemeldet ist, bei Internet-Verbindungen der vollständige Internet-Name (IP-Name, etwa *firma.de*) oder seine Internet-Adresse (IP-Nummer 123.178.12.5). Wenn der Server am lokalen Rechner läuft, geben Sie einfach *"localhost"* an.

Beim *Connect*-Ereignis wird eine ID-Nummer als Parameter übergeben (die interne Kennzeichnung der Verbindung durch das Betriebssystem). Diese ID-Nummer muß bei *Accept* verwendet werden und ändert sich nicht mehr, bis die Verbindung unterbrochen wird.

Beachten Sie, daß die Port-Nummer des Servers nur für den Server gilt. Dem Client wird automatisch eine freie Port-Nummer zugewiesen. Server und Client verwenden also unterschiedliche Port-Nummern. Entscheidend ist nur, daß beide Verbindungspartner wissen, welchen Port der jeweils andere benutzt. Dieser Informationsaustausch erfolgt automatisch durch das *Winsock*-Steuerelement. Sie können den Port des Verbindungspartners der Eigenschaft *RemotePort* entnehmen.

Daten werden in Paketen übertragen. Wenn Pakete größer als die Paketgröße sind, werden Sie automatisch zerlegt. In diesem Fall treten auf der Seite des Senders mehrere ***SendProgress***-Ereignisse auf, die angeben, wie weit die Übertragung fortgeschritten ist. ***SendComplete*** meldet dem Sender, daß die Übertragung abgeschlossen ist.

Auch auf der Empfängerseite kommt es nun zu mehreren *DataArrival*-Ereignissen, die Daten können Stück für Stück mit *GetData* gelesen werden. Wegen dieser Paketierung muß der Sender neben den eigentlichen Daten auch Verwaltungsdaten (etwa die Länge der Nachricht) mitsenden, so daß der Empfänger in jedem Fall in der Lage ist, die Daten wieder zusammenzusetzen.

Die Definition eines Protokolls für Client und Server (also eine Ebene über TCP), das auf der einen Seite das Zusammensetzen der Datenpakete sicherstellt, auf der anderen Seite fehlertolerant ist (etwa bei einer Verbindungsunterbrechung), kostet in realen Anwendungen oft sehr viel Zeit und Mühe. Sehr nützlich ist für diese Zwecke die Methode ***PeekData***, die wie *GetData* funkioniert, die Daten aber im Buffer läßt und damit ein abermaliges Auslesen ermöglicht. Auch das ***Error***-Ereignis ist von großer Bedeutung, das über Probleme beim Verbindungsaufbau und bei der Datenübertragung informiert.

ACHTUNG

Die Eigenschaft *RemoteHost* beim *Winsock*-Steuerelement des Servers liefert leider immer eine leere Zeichenkette (statt des Rechnernamens des verbundenen Clients).

20.5.2 TCP-Beispielprogramm

Eigentlich handelt es sich nicht um ein Beispielprogramm, sondern um zwei: ein Server- und ein Client-Programm. Der Server nimmt beinahe beliebig viele Verbindungen entgegen. Nach dem Verbindungsaufbau sendet er dem Client die aktuelle Uhrzeit sowie einige Verbindungsinformationen (unter anderem die Anzahl der Clients, die momentan verbunden sind). Der Client seinerseits kontakiert den Server alle fünf Sekunden und erhält dann die aktualisierten Informationen. Zum Testen des Programms müssen Sie entweder die Visual-Basic-Entwicklungsumgebung zweimal starten oder die kompilierten Versionen der Programme verwenden.

Die beiden Beispielprogramm sind sind insofern nicht besonders realtitätsnah als keine wirkliche Auswertung der übertragenen Daten erfolgt (und daher auch auf die Definition eines richtigen Protokolls und dessen fehlertoleranter Auswertung verzichtet wird). Immerhin sind die Programme ausreichend fehlertolerant, um den Abbruch der Verbindung (etwa durch Programmende eines Clients oder des Servers) zu erkennen.

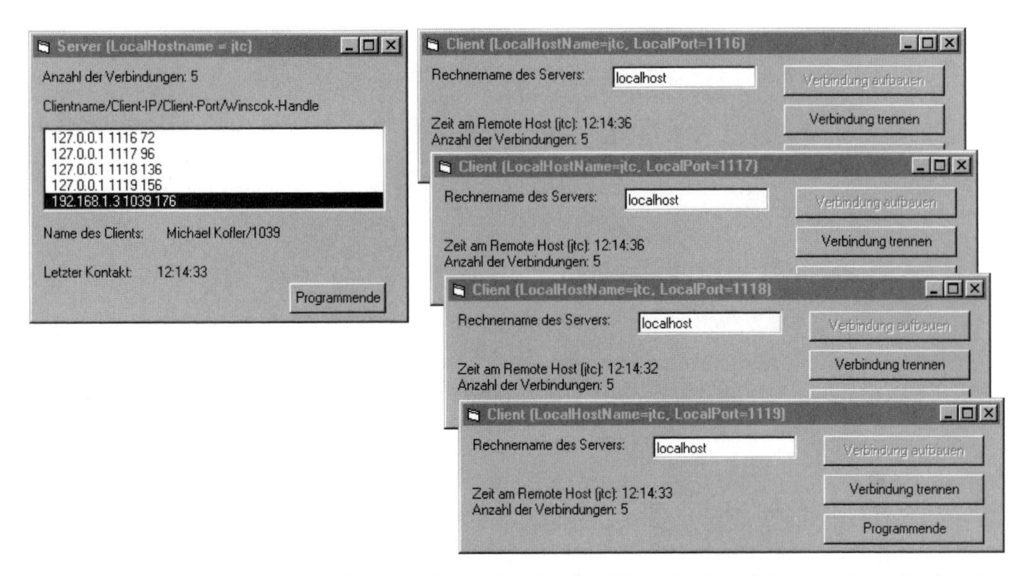

Bild 20.6: Links der Server, rechts vier Clients (ein fünfter Client läuft auf einem anderen Rechner)

Programmcode des Servers

Um mit mehreren Verbindungen zurechtzukommen, verwendet das Programm ein Steuerelementfeld von *Winsock*-Feldern. *Winsock(0)* ist lediglich für die Kontaktaufnahme zuständig (Port 1001). Sobald ein neuer Client eine Verbindung anfordert, wird ein neues *Winsock(n)*-Feld erzeugt. Als *LocalPort* wird dabei 0 verwendet – das Steuerelement verwendet dann automatisch einen freien Port.

Das Programm verwaltet ein Listenfeld, in das alle aktiven Verbindungen eingetragen werden, sowie zwei *Collection*-Objekte, in die der Zeitpunkt des letzten Kontakts und der Name des Clients gespeichert wird. (Diese Information wird von den Clients übertragen, siehe unten.) Als Schlüssel für die *Collection*-Einträge wird die ID-Nummer der jeweiligen TCP-Verbindung verwendet. (Diese Nummer ändert sich nicht, solange die Verbindung aufrecht ist.) Um Informationen einer *Collection* zu ändern, muß das jeweilige Element gelöscht und neu angelegt werden (siehe etwa *Winsock1_DataArrival*).

```
' InternetSteuerelemente\Winsock-TCPServer.frm
Dim nrConnections
Dim lastcontact As New Collection
Dim clientname As New Collection
' Server starten
Private Sub Form_Load()
  nrConnections = 0
  Winsock1(0).LocalPort = 1001
  Winsock1(0).Listen
```

```
  Caption = "Server (LocalHostname = " & _
            Winsock1(0).LocalHostName & ")"
End Sub
' neue Verbindung entgegennehmen
Private Sub Winsock1_ConnectionRequest(Index%, ByVal requestID&)
  If Index = 0 Then
    nrConnections = nrConnections + 1
    Load Winsock1(nrConnections)
    With Winsock1(nrConnections)
      .LocalPort = 0
      .Accept requestID
      Label1 = "Anzahl der Verbindungen: " & nrConnections
      ' .RemoteHost liefert leider immer ""
      List1.AddItem .RemoteHost & " / " & .RemoteHostIP & " / " & _
                    .RemotePort & " / " & .SocketHandle
      List1.ItemData(List1.NewIndex) = .SocketHandle
      lastcontact.Add Time, Str(.SocketHandle)
      clientname.Add "", Str(.SocketHandle)
    End With
  End If
End Sub
' auf Client-Kontakt reagieren und Zustandsinformationen übertragen
Private Sub Winsock1_DataArrival(Index%, ByVal bytesTotal&)
  Dim client As String
  With Winsock1(Index)
    .GetData client
    clientname.Remove Str(.SocketHandle)
    clientname.Add client, Str(.SocketHandle)
    lastcontact.Remove Str(.SocketHandle)
    lastcontact.Add Time, Str(.SocketHandle)
    .SendData "Zeit am Remote Host (" & .LocalHostName & "): " & _
       Time & vbCrLf & _
       " Anzahl der Verbindungen: " & nrConnections
  End With
End Sub
' Informationen zum ausgewählten Listeneintrag anzeigen
Private Sub List1_Click()
  Dim id
  If List1.ListIndex >= 0 And List1.ListCount > 0 Then
    id = Str(List1.ItemData(List1.ListIndex))
    lblClientname = clientname(id)
    lblLastContact = lastcontact(id)
  Else
    lblClientname = ""
```

```
    lblLastContact = ""
  End If
End Sub
' einmal pro Sekunde
Private Sub Timer1_Timer()
  List1_Click
End Sub
' Verbindung trennen
Private Sub Winsock1_Close(Index As Integer)
  Dim i
  For i = 0 To List1.ListCount
    If List1.ItemData(i) = Winsock1(Index).SocketHandle Then
      List1.RemoveItem i: Exit For
    End If
  Next
  lastcontact.Remove Str(Winsock1(Index).SocketHandle)
  clientname.Remove Str(Winsock1(Index).SocketHandle)
  nrConnections = nrConnections - 1
  Label1 = "Anzahl der Verbindungen: " & nrConnections
  Unload Winsock1(Index)
End Sub
```

Programmcode des Clients

Der Client verwendet nur ein einziges *Winsock*-Steuerelement, da ja nur eine Verbindung zum Server verwaltet werden muß.

```
' InternetSteuerelemente\Winsock-TCPClient.frm
' Verbindung aufbauen
Private Sub cmdConnect_Click()
  On Error Resume Next
  Winsock1.Connect txtRemoteHost, 1001
  cmdDisconnect.Enabled = True
  cmdConnect.Enabled = False
End Sub
' Verbindungsaufbau hat geklappt
Private Sub Winsock1_Connect()
  Winsock1.SendData Winsock1.LocalHostName
  Timer1.Enabled = True
  Caption = "Client (LocalHostName=" & Winsock1.LocalHostName & _
            ", LocalPort=" & Winsock1.LocalPort & ")"
End Sub
```

```
' alle fünf Sekunden Server kontaktieren
Private Sub Timer1_Timer()
  Winsock1.SendData Winsock1.LocalHostName & "/" & Winsock1.LocalPort
End Sub
' Daten des Servers anzeigen
Private Sub Winsock1_DataArrival(ByVal bytesTotal As Long)
  Dim strData As String
  Winsock1.GetData strData
  Label2 = strData
End Sub
' Verbindung trennen
Private Sub cmdDisconnect_Click()
  On Error Resume Next
  Winsock1.Close
  Timer1.Enabled = False
  Label2 = "Verbindung unterbrochen"
  Caption = "Client"
  cmdConnect.Enabled = True
  cmdDisconnect.Enabled = False
End Sub
' Verbindung wurde vom Server getrennt
Private Sub Winsock1_Close()
  cmdDisconnect_Click
End Sub
' Fehler (z.B. beim Verbindungsaufbau)
Private Sub Winsock1_Error(ByVal Number As Integer, _
    Description$, ByVal Scode As Long, ByVal Source$, _
    ByVal HelpFile$, ByVal HelpContext As Long, _
    CancelDisplay As Boolean)
  On Error Resume Next
  MsgBox "Fehler: " & Description
  CancelDisplay = True
  cmdDisconnect_Click
End Sub
```

Das Beispielprogramm der Online-Dokumentation

Das Beispielprogramm der Online-Dokumentation ist etwas einfacher. Es erlaubt nur eine Verbindung. Sobald die Verbindung steht, werden Tastatureingaben im Eingabetextfeld des einen Programms in einem Anzeigetextfeld des anderen Programms angezeigt (und umgekehrt). Obwohl das trivial klingt und das Beispielprogramm nur wenige Zeilen Code umfaßt, gibt es einige Tücken.

- Wenn beim Sender das Eingabetextfeld gelöscht wird, versucht der Sender, eine leere Zeichenkette zu übertragen. Das *Winsock*-Steuerelement entscheidet, daß eine leere Zeichenkette keine Daten sind und verzichtet auf die Übertragung. Auf der Empfängerseite wird also weiterhin der bisherige Text angezeigt.

- Wenn beim Sender sehr rasch einige Eingaben durchgeführt werden, zeigt der Empfänger plötzlich eine doppelt oder dreifach lange Zeichenkette an. Der Grund: Die Daten werden ohne Protokoll (etwa Länge der Zeichenkette) übertragen. Es kann passieren, daß mehrere *SendData*-Methoden zu *einem* Paket zusammengefaßt werden, das dann auf Empfängerseite als eine lange (anstatt zwei oder drei kurzer Zeichenketten) interpretiert wird.

20.5.3 UDP-Kommunikation

UDP steht für *User Datagram Protocol*. Während TCP für Client / Server-Anwendungen optimiert ist, ist UDP für die Kommunikation zwischen zwei an sich gleichwertigen Programmen gedacht (Peer-to-Peer-Kommunikation). Damit das *Winsock*-Steuerelement UDP unterstützt, muß die ***Protocol***-Eigenschaft im Eigenschaftsfenster auf *sckUDPProtocol* gesetzt werden.

UDP ist insofern einfacher als TCP, als die Administration des Verbindungsaufbaus entfällt. Dafür müssen die Verbindungsinformationen aber im voraus starr codiert werden, was die Anwendung von UDP sehr einschränkt. Die beiden Programme müssen beanspruchen jeweils selbst einen Port für sich (***RemotePort***, 1001 für A) und erwarten Daten auf einem zweiten Port (***Bind***, 1002 für A). Auch der Rechnername des Kommunikationspartners muß im voraus eingestellt werden (***RemoteHost***).

Die Methoden *SendData*, *GetData* und *PeekData*, die meisten Eigenschaften und die Ereignisse *DataArrival* und *Error* funktionieren wie bei TCP.

Aktion	Programm A	Programm B
Verbindung vorbereiten	*ws.RemoteHost = "rechnerb"* *ws.RemotePort = 1001* *ws.Bind 1002*	
Verbindung vorbereiten		*ws.RemoteHost = "rechnera"* *ws.RemotePort = 1002* *ws.Bind 1001*
A sendet Daten	*ws.SendData d*	
B empfängt		*DataArrival*-Ereignis: *d=ws.GetData*
B sendet Daten		*ws.SendData d*
A empfängt	*DataArrival*-Ereignis: *d=ws.GetData*	

20.5.4 Syntaxzusammenfassung

WinSock – Eigenschaften	
LocalHostname	lokaler Rechnername
LocalIP	lokale IP-Nummer
LocalPort	lokaler Port
Protocol	Protokoll (TCP oder UDP)
RemoteHost	Hostname des Verbindungspartners
RemoteHostIP	IP-Nummer des Verbindungspartners
RemotePort	Port-Nummer des Verbindungspartners
SocketHandle	ID-Nummer der Verbindung
State	aktueller Zustand der Verbindung (10 Möglichkeiten!)

WinSock – Methoden	
Accept	Verbindung akzeptieren (Server)
Bind	Empfangs-Port festlegen (UDP)
Close	Verbindung beenden (meistens durch Client)
Connect	Verbindung herstellen (Client)
GetData	Daten lesen
Listen	auf Verbindungsaufbau warten
PeekData	Daten lesen, aber im Buffer belassen
SendData	Daten übertragen

WinSock – Ereignisse	
Close	Verbindung wurde beendet (meist Server)
ConnectionRequest	Wunsch nach Verbindungsaufbau (Server)
Connect	Verbindung steht (Client)
DataArrival	Daten sind eingetroffen
Error	Fehler bei Übertragung oder Verbindungsaufbau
SendComplete	Übertragung umfangreicher Daten abgeschlossen
SendProgress	Fortschritt der Übertragung

21 ActiveX Automation (Office-97-Steuerung)

Prinzipiell wird ActiveX Automation (ehemals Object Automation, kurz Automation) immer dann eingesetzt, wenn Sie eine Komponente mit Visual Basic steuern – also in jedem Visual-Basic-Programm, das Zusatzsteuerelemente oder Objektbibliotheken verwendet. Dieses Kapitel beschäftigt sich mit einem Sonderfall von ActiveX Automation – der Steuerung externer Programme. Alle drei Beispiele betreffen Office-97-Komponenten (WinWord, Excel und Access).

Die Einführung am Beginn dieses Kapitels klärt dazu notwendige Begriffe wie OLE (Object Linking and Embedding) oder In-Place-Editing und beschreibt die Unterschiede zwischen Clients und Servern. Nach einer Beschreibung des OLE-Steuerelements zeigen einige Beispiele das Potential, aber auch die Grenzen von ActiveX Automation.

21.1 OLE-Einführung

Was ist OLE?

OLE steht offiziell für »Object Linking and Embedding« – richtiger wäre aber »... or Embedding«. Hinter der Abkürzung verbergen sich nämlich zwei recht unterschiedliche Verfahren, um auf Daten fremder Programme zuzugreifen. Bevor diese Verfahren beschrieben werden, müssen noch zwei Begriffe des neuen Vokabulars erklärt werden:

Containerprogramm (Client): Damit ist jenes Programm gemeint, das die aus einem anderen Programm stammenden Daten anzeigt.

OLE-Server: Damit ist jenes Programm gemeint, das die Daten zur Verfügung stellt und bearbeitet.

Manche Programme arbeiten als Server und als Client: Sie können ein Excel-Diagramm in Winword anzeigen (dann ist Excel der Server und WinWord der Client), Sie können in die Excel-Tabelle aber auch eine Corel-Draw-Grafik einbetten (dann ist Excel der Client und Corel Draw der Server).

Object Linking

Object Linking ermöglicht es, Teile einer großen Datenmenge (einige Tabellenfelder, einige Absätze Text) in einem zweiten Programm anzuzeigen. Dazu werden im OLE-Server die betreffenden Daten markiert und in die Zwischenablage kopiert. Im Containerprogramm werden diese Daten über das Kommando BEARBEITEN | INHALTE EINFÜGEN wieder eingefügt. (Das Menükommando kann auf unterschiedlichen Programmen unterschiedlich lauten. Es ist aber nicht das normale EINFÜGEN gemeint, das Daten nur statisch über die Zwischenablage einfügt.)

Der wesentliche Vorteil gegenüber einem normalen Einfügen der Daten aus der Zwischenablage besteht darin, daß die Daten automatisch aktualisiert werden. Wenn Sie die Ursprungsdaten im Serverprogramm ändern, wird diese Änderung auch im Client durchgeführt. Sie können also in einem Bilanzbereich (WinWord-Text) das Ergebnis einer langen Berechnung in Excel (einige Zellen) einbetten. Wenn sich in letzter Minute die Kalkulationsdaten ändern, steht der aktualisierte Text sofort zur Verfügung.

Object Embedding

Diese Form von OLE ist weiter verbreitet als Object Linking. Ein Objekt (eine mathematische Formel, ein Diagramm, eine Grafik etc.) wird als Ganzes in das Containerprogramm eingelagert. Per Doppelklick auf das Objekt (oder über das Kontextmenü) können die Daten bearbeitet werden. Kurz die zwei wichtigsten Unterschiede gegenüber Object Linking:

- Die OLE-Daten sind eine abgeschlossene Einheit (also nicht Teil einer größeren Datenmenge).
- Die Daten müssen vollständig vom Containerprogramm verwaltet werden. Das betrifft insbesondere das Laden und Speichern der Daten. Das OLE-Programm wird nur aufgerufen, wenn vorhandene Objekte geändert werden sollen. (Bei Object Linking wird nur ein Verweis auf die Daten gespeichert. Die eigentlichen Daten werden vom Serverprogramm verwaltet und gespeichert.)

Object Embedding wird in den Office-Programmen über das Kommando EINFÜGEN | OBJEKT aufgerufen. Aus einer Liste mit allen registrierten OLE-Programmen können Sie nun eines auswählen (z.B. den Formeleditor zur Eingabe einer mathematischen Formel). Dieses Programm wird gestartet. Beim Schließen des Programms werden die Daten in den Text eingefügt.

In Place Editing

In Place Editing ist inzwischen zu einer Selbstverständlichkeit geworden: Damit ist gemeint, daß sich bei der Bearbeitung von OLE-Objekten (egal ob Linking oder Embedding) das Menü und die Symbolleisten ändern. (Bei älteren OLE-Programmen war es üblich, daß die Bearbeitung der OLE-Objekte in einem eigenen Fenster erfolgte.)

ActiveX Automation

ActiveX Automation hat vordergründig nichts mit OLE im Sinne der oben beschriebenen Möglichkeiten des Datenaustauschs zu tun. ActiveX Automation ist vielmehr ein Mechanismus, der es erlaubt, fremde Programme zu steuern (sofern diese ActiveX Automation unterstützen). Ein Beispiel: In einem Excel-Programm können Sie via ActiveX Automation auf alle Datenbankfunktionen von Access zugreifen.

Worin besteht nun die Verbindung zwischen ActiveX Automation und OLE? Es ist prinzipiell möglich, Objekte, die via OLE in ein Programm eingefügt wurden, anschließend via ActiveX Automation zu bearbeiten. Diese Variante macht OLE für Visual Basic erst richtig interessant. Diese Spielart von OLE / ActiveX Automation ist auch das primäre Thema dieses Kapitels.

Visual Basic für Applikationen (VBA)

Die Sprache, in der die Kommandos zwischen Visual Basic und dem zu steuerenden Programm ausgetauscht werden, ist im Prinzip beliebig. So richtig interessant (und komfortabel) für Visual-Basic-Programmierer wird die Sache aber erst, wenn das zu steuernde Programm VBA unterstützt. Das ist mittlerweile für alle Komponenten des Microsoft Office-Pakets der Fall. VBA wurde auch von anderen Herstellern lizenziert, so daß in Zukunft mit noch mehr Programmen zu rechnen ist, die via VBA programmiert und via ActiveX Automation von außen gesteuert werden können.

Damit steht ein einheitliches Programmierkonzept zur Verfügung, mit dem jedes VBA-Programm auf die Funktionen aller anderen Programme zugreifen kann. Visual Basic hat sich also zu einer anwendungsübergreifenden Programmiersprache entwikkelt.

Sie können beispielsweise Excel dazu verwenden, die von Ihrem Programm erzeugten Daten in ein dreidimensionales Diagramm zu packen, am Bildschirm anzuzeigen und gegebenenfalls auch auszudrucken. Analog gilt dies auch für Access (etwa zur Gestaltung und Ausdrucks eines Datenberichts), für WinWord (für den Ausdruck von Mahnungen), für Outlook (für den Zugriff auf E-Mails und Termine) etc. Da diese Programme alle erforderlichen Funktionen schon beinhalten, sparen Sie sich eine Menge Programmierarbeit.

ANMERKUNG

Glauben Sie nicht, ActiveX Automation würde Sie oder andere Programmierer arbeitslos machen! Die Zeit, die Sie investieren müssen, um sich in das Objektmodell von Excel oder eines anderen VBA-Programms einzuarbeiten, ist immens. ActiveX Automation rentiert sich nur bei wirklich professionellen Anwendungen.

Einschränkungen

So toll das Potential von ActiveX Automation ist, so groß sind leider auch die damit verbundenen Probleme:

- Ganz ist die Steuerung externer Programme noch immer nicht ausgereift. Selbst bei Excel, wo die Kombination VBA mit ActiveX Automation bereits in die dritte Runde geht (Version 5, Version 7 alias 95 und Verison 8 alias 97), funktioniert nicht alles wie es sollte. Ein hohes Ausmaß an Experimentierfreude ist noch immer Voraussetzung für ein funktionierendes Programm. Auch die Hoffnung, daß ein Programm zur Steuerung der Office-Komponente *x* der Version *n* mit der Version *n+1* auch funktioniert, erweist sich meistens als Illusion.
- ActiveX Automation setzt voraus, daß die jeweiligen externen Programme installiert sind. Das ist vielleicht auf Ihrem Rechner der Fall, aber nicht immer auf den Rechnern Ihrer Kunden.
- ActiveX Automation funktioniert nur auf einem leistungsstarken Rechner in einer akzeptablen Geschwindigkeit. Dieses Problem tritt angesichts immer leistungsfähiger Computer aber zunehmend in den Hintergrund.

Programmierung von ActiveX-Servern

OLE und ActiveX Automation wurden in den obigen Absätzen aus Client-Sichtweise beschrieben: Visual Basic fungiert als Client und nutzt die Fähigkeiten anderer Programme.

Seit Visual Basic 4 können Sie ActiveX Automation aber auch aus der umgekehrten Richtung sehen: Sie können selbst ActiveX-Server programmieren. Die Funktionen dieser Programme kann sowohl von anderen Visual-Basic-Programmen als auch von VBA-Programmen wie Excel oder Access genutzt werden.

Die Anwendungen von ActiveX-Servern reichen von einfachen Modulen zur Visual-Basic-Programmierung über Erweiterungsfunktionen zu Standardprogrammen wie Excel bis hin zu eigenständigen Datenbank-Servern für den Netzwerkbetrieb. Die Programmierung von ActiveX-Servern ist Thema des folgenden Kapitels.

21.2 OLE-Feld

Das OLE-Feld ist eines der Standardsteuerelemente von Visual Basic. Es dient zur Anzeige der Daten, die ein OLE-Programm zur Verfügung stellt (etwa eine Excel-Tabelle). Größe und Ort des Steuerelements bestimmen, wo und in welcher Größe OLE-Daten im Fenster dargestellt werden. Pro OLE-Steuerelement kann nur ein Objekt verwaltet werden. Wenn Sie in Ihrem Programm mehrere unabhängige OLE-Verbindungen aufrechterhalten möchten, müssen Sie mehrere OLE-Steuerelemente in das Formular einfügen oder ein Steuerelementfeld verwenden.

Vorbemerkungen

Die erste Variante des OLE-Felds gab es schon in Visual-Basic-Version 2. Dennoch ist mir bis heute kein vernünftiger Verwendungszweck für das Feld eingefallen, solange das Feld für sich isoliert eingesetzt wird, also ohne ActiveX Automation. Auch die Dokumentation zu dem Steuerelement und das Beispielprogramm (im Verzeichnis `samples/olecont`) sind wenig erhellend.

Es mag ja faszinierend sein, eine Excel-Tabelle in einem Visual-Basic-Formular anzuzeigen, eine konkrete und sinnvolle Anwendung ergibt sich daraus allein aber noch nicht. Die Idee von OLE – das Einbetten fremder Daten – ist primär für ein Textverarbeitungsprogramm interessant, wo die (automatisch aktualisierten Daten) dann gemeinsam mit dem restlichen Text ausgedruckt werden können.

Für eine Programmiersprache wie Visual Basic wird OLE erst im Zusammenhang mit ActiveX Automation interessant, d.h., wenn vom Programm her eine Möglichkeit besteht, die im OLE-Feld angezeigten Daten zu manipulieren. Dabei sollten Sie aber keine falschen Erwartungen haben: Obwohl zahllose Programme OLE unterstützen (bis hin zum Zeichenprogramm Paint), gibt es immer noch verhältnismäßig wenig OLE-Programme, die auch ActiveX Automation unterstützen.

HINWEIS

Seit Visual Basic 4 besteht die Möglichkeit, alle OLE-Programme wie Zusatzsteuerelemente in der Toolbox darzustellen und wie Steuerelemente in das Formular einzufügen (Kontextmenü ZUSATZSTEUERELEMENTE, Tabellenblatt EINFÜGBARE OBJEKTE). Rein optisch ist kein Unterschied zu erkennen, ob Sie die betreffenden Daten in ein OLE-Feld einbetten oder ob Sie mit diesen Pseudo-Steuerelementen arbeiten. Allerdings verlieren Sie beim direkten Einfügen von OLE-Objekten ohne OLE-Feld jeglichen Steuerungszugriff auf die Daten: Weder stehen die zahlreichen Eigenschaften und Methoden des OLE-Felds zur Verfügung, noch ist ActiveX Automation möglich. Diese Pseudo-Steuerelemente sind also ein netter Gag, mehr nicht.

21.2.1 OLE-Objekte beim Programmentwurf festlegen

Unmittelbar nach dem Einfügen des OLE-Felds in ein Formular erscheint ein Standarddialog zum Einfügen von OLE-Daten. Sie können damit sofort OLE-Daten eines anderen Programms einfügen; die Daten werden dann im OLE-Feld angezeigt (schon während des Programmentwurfs). Sie können den Dialog aber auch abbrechen und das OLE-Feld einstweilen leer lassen (um es dann erst im Programmcode mit Daten zu füllen). Mit dem Standarddialog können Sie OLE-Daten in ein OLE-Feld einfügen. Dabei sind drei Varianten möglich:

- Ein neues *embedded object* herstellen (Defaultvariante): Dazu wählen Sie eines der im Listenfeld aufgezählten Programme aus. Das Programm wird gestartet, sein Menü wird im gerade aktuellen Formular angezeigt. Sie können jetzt das OLE-Objekt bearbeiten, bis Sie die Maus außerhalb des OLE-Felds anklicken.
- Ein *embedded object* aus einer Datei heraus erzeugen: Dazu klicken Sie das Optionsfeld AUS DATEI ERSTELLEN an und wählen die gewünschte Datei aus. Zur Anzeige der Datei wird das dazugehörende Programm automatisch gestartet (zu einer `*.bmp`-Datei beispielsweise Paintbrush).
- Ein *linked object* aus einer Datei heraus erzeugen: Wie oben, Sie müssen zusätzlich aber noch das Kontrollkästchen LINK anklicken.

Bei allen drei Varianten können Sie zusätzlich durch das Kontrollkästchen ALS SYMBOL festlegen, daß nicht die Daten, sondern nur das Icon des OLE-Programms angezeigt werden soll. Dadurch wird zwar der Speicherbedarf für die OLE-Daten minimiert und die Verarbeitungsgeschwindigkeit erhöht, im OLE-Feld ist außer dem Icon allerdings nichts mehr zu sehen. Dateien, zu denen kein OLE-Programm registriert ist (etwa `*.txt`-Textdateien), werden immer als Icon angezeigt.

Daten können auch über das Menükommando BEARBEITEN | VERKNÜPFUNG EINFÜGEN aus der Zwischenablage eingefügt werden. In diesem Fall gelten die Daten als ein *linkedobject*.

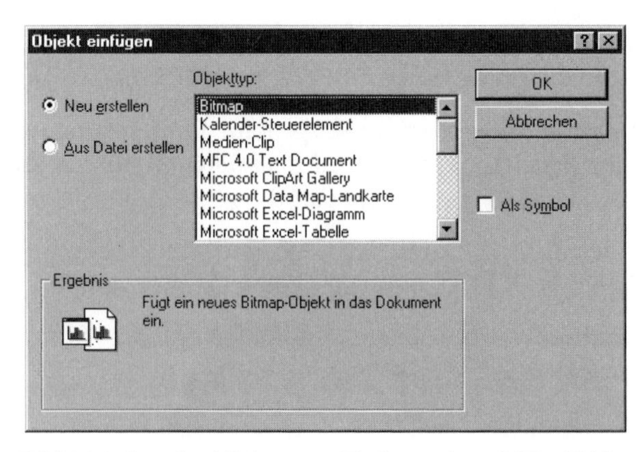

Bild 21.1: Standarddialog zum Einfügen eines OLE–Objekts

Unabhängig davon, wie Sie die Daten während des Programmentwurfs einfügen, sollten Sie einige Dinge beachten:

- Die OLE-Daten müssen zusammen mit dem Programm gespeichert werden. Das erfordert unter Umständen sehr viel zusätzlichen Speicherplatz. *Object Linking* ist dabei viel sparsamer als *Object Embedding*, weil im ersten Fall nur ein Abbild der Daten und ein Verweis gespeichert werden müssen, im zweiten Fall das Abbild, der Verweis und die eigentlichen Daten.
- Eine Änderung der Daten nach dem Einfügen wird bei *Object Embedding* nicht mehr gespeichert! Auch im Programmcode ist ein Speichern der Daten nur in einer vom Programm losgelösten Datei möglich.

Aus diesen Gründen ist das Einfügen von OLE-Daten während des Programmentwurfs nur während der Testphase praktisch. Ein für die Praxis brauchbares Programm muß das Einfügen von Objekten während des Programmablaufs ermöglichen (das erfordert ohnedies nur wenige Zeilen Code).

21.2.2 Programmierung des OLE-Felds in Visual Basic

Zur Steuerung des OLE-Felds stehen eine Menge Methoden zur Verfügung – etwa *CreateLink*, *ReadFromFile* etc. Bevor diese Methoden und die dazugehörenden Programmiertechniken besprochen werden, müssen noch einige Eigenschaften beschrieben werden, die fallweise auch als Parameter dieser Methoden auftreten:

Class enthält den Namen des OLE-Programms, zu dem eine Verbindung existiert (oder aufgebaut werden soll). Damit ist allerdings nicht der Dateiname der `*.exe`-Datei gemeint, sondern der OLE-Klassenname der Anwendung. Wenn mit Excel 97 ein Diagramm bearbeitet werden soll, lautet die korrekte Einstellung beispielsweise "Excel.Chart.8". (Die interne Versionsnummer der aktuellen Excel lautet also 8, nicht 97.) Eine Liste aller verfügbaren Klassennamen kann im Eigenschaftsfenster durch einen Doppelklick auf die *Class*-Eigenschaft ermittelt werden. Alle verfügbaren Programme werden auch im Systeminformationsprogramm angezeigt (Aufruf via HILFE | VISUAL BASIC INFO, Informationsgruppe OLE-REGISTRIERUNG).

OLETypeAllowed gibt an, welcher OLE-Typ beim Einfügen neuer Daten erlaubt ist: *vbOLELinked* (0) für Object Linking, *vbOLEEmbedded* (1) für Object Embedding und *vbOLEEither* (2), wenn beide Typen erlaubt sind.

OLEType gibt an, welche OLE-Daten des OLE-Feld aktuell enthält: 0 und 1 wie oben, *vbOLENone* (3), wenn das OLE-Feld zur Zeit keine Daten enthält.

PasteOK gibt an, ob die Zwischenablage OLE-Daten enthält.

SourceDoc enthält den Dateinamen einer Datei des OLE-Programms (z.B. `tabelle.xls` für eine Excel-Datei).

SourceItem enthält die exakte Angabe, welche Daten innerhalb der Datei als OLE-Objekt gelten sollen (z.B. *"Mappe1!Tabelle1!Z2S1:Z3S2"* für einige Zellen einer Excel-Datei). Das Format ist vom jeweiligen OLE-Programm abhängig. Im Fall von Excel ist das Format sogar von der Landessprache abhängig: In einer englischen Version von Excel werden Zellen im Format *"r1c1:r4c4"* angegeben! *SourceItem* kann nicht ausgelesen werden (d.h., Sie erhalten nur eine leere Zeichenkette) – die Informationen aus *SourceItem* werden mit denen von *SourceDoc* verbunden und in *SourceDoc* in einer gemeinsamen Zeichenkette gespeichert.

HINWEIS

In diesem Abschnitt werden bei weitem nicht alle Eigenschaften und Methoden des OLE-Felds beschrieben (es sind insgesamt über 70!). Gegebenenfalls müssen Sie also die Online-Hilfe zu Rate ziehen.

Objekt via Standarddialog einfügen

Die einfachste Methode, ein OLE-Objekt in ein leeres oder auch schon mit Daten belegtes OLE-Feld einzufügen, besteht im Aufruf des Standarddialogs OBJEKT EINFÜGEN mit ***InsertObjDlg***. In den meisten Programmen wird diese Aktion durch das Menükommando EINFÜGEN | OBJEKT ausgelöst. Durch die Eingaben des Anwenders im Standarddialog werden die Eigenschaften *Class* und *SourceDoc* eingestellt. Anschließend muß das so spezifizierte OLE-Programm mit *DoVerb* aktiviert werden.

```
Ole1.OLETypeAllowed = vbOLEEither  'linking und embedding erlaubt
Ole1.InsertObjectDlg               'Standarddialog Objekt einfügen
If Ole1.OLEType <> vbOLENone Then  'wurden OLE-Daten geladen?
  Ole1.DoVerb                      'ja, OLE-Prg. zur Daten-Eingabe
End If
```

Objekt direkt einfügen (Object Embedding)

Wenn Sie Daten via Object Embedding direkt (ohne Standarddialog) in das OLE-Feld einfügen möchten, verwenden Sie die Methode ***CreateEmbed***. Dabei müssen Sie entweder *SourceDoc* (den ersten Parameter von *CreateEmbed*) oder *Class* (den zweiten Parameter) angeben: *SourceDoc* bestimmt durch die zu ladende Datei gleichzeitig auch die Klasse. Wenn die Klasse vorgegeben ist, wird ein Defaultobjekt erzeugt.

```
OLE1.CreateEmbed "text.xls"   'Datei laden
OLE1.CreateEmbed "", "Excel.chart.8"  'neues XL-Diagramm erzeugen
```

Objekt direkt einfügen (Object Linking)

Das direkte Einfügen von Daten via *Object Linking* erfolgt mit der Methode ***CreateLink***. Im ersten Parameter wird mit *SourceItem* die Datei angegeben, im zweiten (optionalen) Parameter eine Teilmenge der Datei (z.B. einige Zellen).

```
Ole1.OLETypeAllowed = vbOLELinked    'object linking
Ole1.CreateLink "test.xls"
```

Objekt direkt aus der Zwischenablage einfügen

Das Einfügen von OLE-Daten über die Zwischenablage mit ***Paste*** funktioniert nur, wenn sich dort geeignete Daten befinden. Das kann sehr einfach über die Eigenschaft ***PasteOK*** festgestellt werden. Diese Eigenschaft berücksichtigt die Einstellung von *OLETypeAllowed*, d.h., wenn die Daten nicht den geeigneten OLE-Typ aufweisen, enthält *PasteOK* den Wert *False*. Mit *OLETypeAllowed=vbOLEEither* werden beide Typen akzeptiert. Falls die Zwischenablage Daten in beiden Formaten enthält, wird *Object Embedding* durchgeführt. Die meisten Programme stellen über die Zwischenablage nur *embedded* Daten zur Verfügung. Excel unterstützt beide Typen.

```
Ole1.OLETypeAllowed = vbOLEEither  'linking oder embedding
If Ole1.PasteOK Then               'enthält die Zwischenablage Daten?
  Ole1.Paste
End If
```

Objekt via Standarddialog aus der Zwischenablage einfügen

Das gleiche Schema gilt auch, wenn vor dem Einfügen der Daten der Standarddialog INHALTE EINFÜGEN angezeigt werden soll. Falls die OLE-Daten sowohl *linked* als auch *embedded* eingefügt werden können, ermöglicht der Standarddialog die Auswahl zwischen den beiden Verfahren.

```
Ole1.OLETypeAllowed = vbOLEEither 'linking oder embedding
If Ole1.PasteOK Then              'enthält die Zwischenablage Daten?
  Ole1.PasteSpecialDlg            'Standarddialog Paste Special
End If
```

Objekt in die Zwischenablage kopieren

Das Übertragen der Daten im OLE-Feld in der Zwischenablage erfolgt durch die folgende Programmzeile:

```
Ole1.Copy
```

Objekt in einer OLE-Datei speichern

Mit ***SaveToFile*** werden OLE-Dateien im Format 2.0 geschrieben. Sie können die Datei nur mit *ReadFromFile* wieder einlesen. Die resultierende Datei ist also nicht zum Dateiformat des jeweiligen OLE-Programms kompatibel ist (z.B. `*.xls` für Excel), sondern weist ein eigenes Format auf. Üblicherweise wird für den Dateinamen die Kennung `*.ole` verwendet. Vor dem Speichern muß mit dem Befehl *Open* eine Binary-Datei geöffnet werden; die dabei verwendete Datenkanalnummer muß als Parameter angegeben werden.

```
Dim kanal
If Ole1.OLEType <> vbOLENone  Then         'enthält das OLE-Feld Daten ?
  kanal = FreeFile                         'freien Datenkanal ermitteln
  Open "daten.ole" For Binary As kanal 'Datenkanal öffnen
  Ole1.SaveToFile kanal
  Close kanal                              'Kanal schließen
End If
```

Objekt aus einer OLE-Datei laden

Das Laden von OLE-Daten geht wie das Speichern vor sich, allerdings mit ***ReadFromFile***. Auf diese Weise können nur solche Daten geladen werden, die vorher mit *SaveTo[Ole1]File* gespeichert wurden! Wenn Sie eine Datei im Format des OLE-Programms laden möchten (also etwa eine `*.xls`-Datei), müssen Sie *CreateEmbed* verwenden.

```
Dim kanal
kanal = FreeFile                         'freien Datenkanal ermitteln
Open "daten.ole" For Binary As kanal     'Datenkanal öffnen
Ole1.ReadFromFile kanal
Close kanal                              'Datenkanal schließen
```

OLE-Programm des Objekts aktivieren

Das Aktivieren des OLE-Programms erfolgt üblicherweise automatisch durch einen Doppelklick auf das OLE-Feld. Falls Sie diese Automatik mit *AutoActivate=0* abschalten, müssen Sie das Aktivieren des Programms durch die folgende Programmzeile selbst durchführen.

```
Ole1.DoVerb                'OLE-Objekt bearbeiten
```

OLE-Kommando ausführen

OLE-Programme stellen in der Regel einige Kommandos zur Verfügung, die innerhalb des OLE-Felds über das Kontextmenü ausgeführt werden können. Zumindest ein Kommando kennen alle OLE-Programme, nämlich BEARBEITEN. Manche OLE-Programme unterstützen darüber hinaus noch weitere Kommandos (z.B. der Sound-Recorder das Kommando WIEDERGEBEN).

Die automatische Anzeige des Kontextmenüs können Sie verhindern, indem Sie *AutoVerbMenu* auf *False* stellen. Das hat den Vorteil, daß das OLE-Feld jetzt *Click*-Ereignisse empfangen kann, die Sie in der zugehörenden Ereignisprozedur selbst auswerten können.

Über die Eigenschaften *ObjectsVerbsCount* und *ObjectsVerbs* können Sie die zur Verfügung stehenden Kommandos selbst ermitteln und mit der Methode *DoVerbs* ausführen.

HINWEIS

DoVerbs zur Ausführung der vom OLE-Programm unterstützten Kommandos hat nichts mit ActiveX Automation zu tun. Wenn das OLE-Programm ActiveX Automation unterstützt, können Sie über die *Object*-Eigenschaft direkt auf das OLE-Programm zugreifen und dieses steuern. Siehe den nächsten Abschnitt!

OLE-Objekt löschen

Zum Löschen der OLE-Daten reicht folgende Programmzeile aus:

```
Ole1.Delete
```

Darstellung von Menü und Symbolleisten

Sobald ein OLE-Objekt bearbeitet wird, versucht das OLE-Programm, sein Menü und seine Symbolleisten direkt im Visual-Basic-Fenster anzuzeigen. Dazu müssen allerdings bestimmte Voraussetzungen erfüllt sein:

- Damit das OLE-Programm sein Menü anzeigen kann, muß das Visual-Basic-Formular ebenfalls mit einem Menü ausgestattet sein. (Wenn Ihr Programm kein Menü vorsieht, reicht ein einziger unsichtbarer Menüeintrag.)
- Damit das OLE-Programm seine Symbol- und Statusleisten anzeigen kann, muß sich das OLE-Objekt in einem MDI-Fenster befinden. In normalen Formularen besteht keine Möglichkeit, Symbolleisten von OLE-Programmen anzuzeigen, selbst wenn das Formular mit einem *ButtonBar*-Steuerelement ausgestattet ist.

Dazu noch einige Anmerkungen: Standardgemäß ersetzt die OLE-Menüleiste Ihre eigene Menüleiste vollständig. Sie können aber beim Entwurf Ihrer Menüleiste für einige Menüs eine ***NegotiatePosition*** ungleich 0 (Defaulteinstellung) zuweisen: Dadurch wird erreicht, daß diese Menüs parallel zum OLE-Menü angezeigt werden, und zwar wahlweise am linken Rand, am rechten Rand oder in der Mitte. (Mitte meint in diesem Fall ebenfalls den rechten Rand, aber noch links von einem eventuellen Hilfemenü, dessen Position ganz rechts bleibt.)

Nur das Menü von MDI-Subfenstern kann parallel zu einem OLE-Menü angezeigt werden, nicht aber das Menü des MDI-Hauptfensters!

Eine Einstellung von *NegotiatePosition* ist dann sinnvoll, wenn einzelne Menüs Ihres Programms in jedem Fall zur Verfügung stehen sollen. Im Regelfall werden das die Menüs DATEI zum Öffnen neuer Dateien und FENSTER zur Auswahl des aktiven Fensters sein. Am einfachsten können Sie die Wirkung von *NegotiatePosition* mit dem Beispielprogramm im Verzeichnis `Samples\PGuide\Olecont` testen.

Uneinheitlich ist das Verhalten bei der Darstellung von Symbolleisten: Bei einigen OLE-Programmen (etwa WordPad) bleibt die eigene Symbolleiste sichtbar und verdeckt einen Teil der OLE-Symbolleisten. Bei anderen OLE-Programmen (etwa Excel) verschwinden beim Aktivieren alle eigenen Symbolleisten. Dieses Verhalten kann nicht durch irgendwelche Eigenschaften gesteuert werden. Sie können lediglich die *Visible*-Eigenschaft Ihrer eigenen Symbolleiste auf *False* stellen, um eventuelle Konflikte zu vermeiden.

Uneinheitlich ist auch der Umgang mit der Statuszeile: Die meisten OLE-Programme sind nicht in der Lage, ihre Statusleisten anzuzeigen, manche (etwa Paint) schon. Falls Ihr eigenes Programm ebenfalls mit einer Statusleiste ausgestattet ist, kommt es allerdings zu Konflikten.

Die Anzeige von Symbolleisten oder Menüs von OLE-Programmen können Sie gezielt deaktivieren, indem Sie die Eigenschaften ***NegotiateToolbars*** (für MDI-Formulare) und ***NegotiateMenus*** (für normale Formulare, die als MDI-Subfenster verwendet werden) auf *False* setzen. Die Defaulteinstellungen für beide Eigenschaften lauten *True*.

Darstellung der Daten im OLE-Feld

Ein Problem für sich ist die Darstellung der Daten im OLE-Feld: Visual Basic bzw. das damit verbundene OLE-Programm würde hellseherische Fähigkeiten benötigen, um zu wissen, wie es die OLE-Daten in Abhängigkeit von der Größe des OLE-Felds anzeigen soll: Sollen die Daten auf die Größe des OLE-Felds skaliert (also vergrößert oder verkleinert werden)? Sollen die Daten außerhalb des sichtbaren Bereichs abgeschnitten werden (Clipping)? Sollen außer den eigentlichen Daten auch Zusatzinformationen angezeigt werden (etwa Zeilen- und Spaltenbeschriftung bei einer Tabelle)? Wie soll sich das Feld bei wirklich großen Datenmengen (etwa bei einem zehnseitigen WinWord-Text) verhalten?

Einen gewissen Einfluß bietet hier die Eigenschaft ***SizeMode***. Die vier möglichen Einstellungen lauten:

vbOLESizeClip (0)	die OLE-Daten werden in Originalgröße angezeigt und gegebenenfalls am Rand des OLE-Felds abgeschnitten
vbOLESizeStretch (1)	die Daten werden auf die Größe des OLE-Felds skaliert
vbOLESizeAutoSize (2)	das OLE-Feld wird an die Größe der Daten angepaßt
vbOLESizeZoom (3)	wie 1, allerdings bleiben die Proportionen der OLE-Daten erhalten

Beispielprogramm

Auf ein eigenes Beispielprogramm wurde an dieser Stelle verzichtet (siehe auch die Vorbemerkungen zu diesem Abschnitt). Sehr illustrativ ist das mit Visual Basic mitgelieferte Beispielprogramm im Verzeichnis `Samples\Olecont`: Es erfüllt zwar keine sinnvolle Aufgabe, zeigt aber, mit wie wenig Code (etwa 150 Zeilen) es möglich ist, in einem MDI-Programm verschiedene OLE-Objekte anzuzeigen und zu bearbeiten.

Bild 21.2 zeigt das Beispielprogramm, nachdem drei OLE-Objekte in eigenen Fenstern eingefügt wurden: Ein Paint-Bild (also eine Bitmap), eine Formel im WinWord-Formeleditor und eine Excel-Tabelle. Zur Zeit ist die Excel-Tabelle aktiv, weswegen dessen Symbolleisten und Menüs angezeigt werden. Das FILE- und das CLOSE-OLE-OBJECT-Menü stammen vom Visual-Basic-Programm (*NegotiatePosition<>0*).

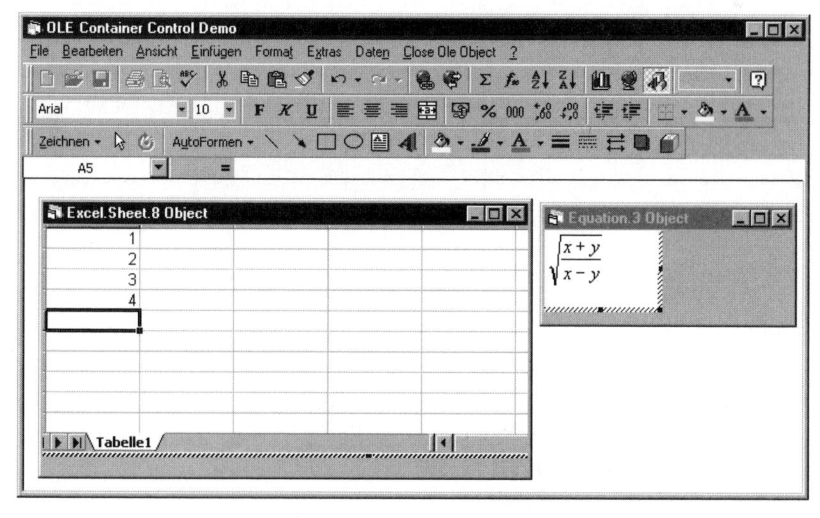

Bild 21.2: OLE-Beispielprogramm

Syntaxzusammenfassung

OLE-Feld – Eigenschaften	
Class	Name des OLE-Programms (etwa *"Excel.Chart.8"*)
Object	Verweis auf Objekt (für ActiveX Automation)
OLETypeAllowed	erlaubter OLE-Typ (Linking und / oder Embedding)
OLEType	Typ der momentan enthaltenen OLE-Daten
PasteOK	gibt an, ob die Zwischenablage OLE-Daten enthält
SourceDoc	Dateiname der OLE-Datei (etwa *"grafik.xls"*)
SourceItem	Angabe des Referenzobjekts (nur Object Linking)

OLE-Feld – Methoden	
Close	OLE-Programm deaktivieren (dabei geht der Objektverweis für ActiveX Automation verloren)
Copy	Daten in die Zwischenablage kopieren
CreateEmbed	Datei für Object Embedding laden
CreateLink	Datei für Object Linking laden
Delete	OLE-Daten löschen
DoVerb	OLE-Programm aktivieren (Daten bearbeiten)
InsertObjDlg	Standarddialog zum Einfügen eines OLE-Objekts anzeigen
Paste	OLE-Daten aus Zwischenablage einfügen
PasteSpecialDlg	Dialog zur Einfügen der Daten anzeigen
ReadFromFile	Daten aus OLE-Datei laden
SaveToFile	Daten als OLE-Datei speichern

Form (für MDI-Subfenster)	
NegotiateMenus	OLE-Programm kann seine Menüs anzeigen

MDIForm	
NegotiateToolbars	OLE-Programm kann seine Symbolleisten anzeigen

Menüs	
NegotiatePosition	Ort, an dem Menüs des Programms angezeigt werden, wenn gleichzeitig OLE-Menüs sichtbar sind

21.3 ActiveX Automation

Herstellung einer Verbindung zum OLE-Programm

Bevor Sie den Steuerungsmechanismus ActiveX Automation verwenden können, müssen Sie eine Verbindung zum OLE-Programm herstellen. Dazu bestehen vier Möglichkeiten:

- Sie erzeugen ein neues OLE-Objekt mit ***CreateObject***.
- Sie erzeugen ein OLE-Objekt auf der Basis einer Datei mit ***GetObject***.
- Sie greifen über die Eigenschaft ***Object*** des OLE-Felds auf das OLE-Programm zu.
- Sie erzeugen ein neues OLE-Objekt mit *Dim x As **New** objclass*.

Die beiden ersten Varianten werden von allen eigenständigen OLE-Programmen unterstützt. Das OLE-Programm und seine Daten bleiben unsichtbar. Sie können aber alle Möglichkeiten des Datenzugriffs ausnutzen und die Ergebnisse dann in Visual-Basic-Steuerelementen anzeigen. Das ist besonders bei Datenbankfunktionen sinnvoll.

Die dritte Variante (OLE-Feld) ermöglicht es, die Ergebnisse von ActiveX Automation unmittelbar in einem Visual-Basic-Formular anzuzeigen. Aus den im vorigen Abschnitt beschriebenen Gründen ist es aber nicht immer ganz einfach, dabei auch eine befriedigende Darstellungsqualität zu erzielen. Auch der Zugriff auf die OLE-Daten bereitet manchmal gewisse Probleme (siehe etwas weiter unten).

Die vierte Variante (*Dim As New*) ist nur möglich, wenn der Zugriff auf das OLE-Programm über eine Objektbibliothek erfolgt und gleichzeitig die Objektbibliothek das Erzeugen neuer Objekte unterstützt. Bei den meisten OLE-Programmen (wie Excel) ist das nicht der Fall, wohl aber bei vielen OLE-Servern, die mit Visual Basic programmiert wurden (siehe das nächste Kapitel).

Alle vier Varianten enden damit, daß Sie in einer Objektvariablen einen Verweis auf das OLE-Programm haben. Alle weiteren Methoden, die Veränderung von Eigenschaften etc., erfolgen über diese Objektvariable. Dazu gleich ein Beispiel:

```
Dim wb As Object
Set wb = CreateObject("excel.sheet.8")      'liefert Workbook-Objekt
wb.Worksheets(1).Range("a1").Value = 1      'Zugriff auf Zelle A1
wb.Worksheets(1).[a2] = 2                   'Kurzschreibweise für Zelle A2
wb.Worksheets(1).[a3].Formula = "=a1+a2"    'A1+A2 ausrechnen
Debug.Print wb.Worksheets(1).[a3]           'Ergebnis anzeigen
Set wb = Nothing                            'Excel beenden
```

Mit ***CreateObject*** wird ein neues Tabellenblatt erzeugt. Als Objekttyp können Sie *"excel.sheet.8"* oder *"excel.chart.8"* angeben. Als Ergebnis erhalten Sie in jedem Fall ein *Workbook*-Objekt. (Diese Objektklasse ist im Excel-Objektmodell definiert und beschreibt eine Excel-Arbeitsmappe.)

HINWEIS

An dieser Stelle beginnen bereits die Inkompatibilitäten zwischen Excel 97 und den Vorgängerversionen 5 und 7. Bei Excel 7 lieferte *CreateObject("excel.sheet.5")* ein *Worksheet*-Objekt und *CreateObject("excel.sheet.5")* ein *Chart*-Objekt. In Excel 97 ist es plötzlich ein *Workbook*-Objekt, wobei aber *ActiveSheet* im ersten Fall auf ein Tabellenblatt und im zweiten Fall auf ein Diagramm zeigt. Weitere Ungereimtheiten werden im nächsten Abschnitt beschrieben.

Über die Objektvariable *wb* wird mit *Worksheets(n)* das erste Tabellenblatt angesprochen. Dort werden in die Zellen A1 und A2 Zahlenwerte eingetragen, in die Zelle A3 eine Formel. *[a2]* ist eine Kurzschreibweise für die Methode *Range("a2").Value*: *Range* ist eine Methode zum Zugriff auf einzelne Zellen oder Zellbereiche; *Value* ist eine Eigenschaft des *Range*-Objekts und ermöglicht den Zugriff auf den Inhalt einer Zelle.

Während in Visual Basic der Wertebereich für die meisten Aufzählungen von 0 bis *Count-1* reicht, geht er bei den meisten Office-Objekten von 1 bis *Count*.

Anschließend wird der Inhalt von A3 gelesen, also das Ergebnis der dort eingetragenen Formel. Excel wurde also dazu eingesetzt, um zwei Zahlen zu addieren. Durch die *Nothing*-Zuweisung an *ws* wird die Objektreferenz anschließend wieder aufgelöst. Falls in Excel nicht andere Dateien bearbeitet werden, wird Excel wieder beendet.

Range, *Value* und *Formular* sind Schlüsselwörter von der Objektbibliothek von Excel. Diese Schlüsselwörter stehen zur Verfügung, sobald *wb* einen gültigen Verweis auf Excel enthält. Das Einrichten einer Referenz auf die Objektbibliothek von Excel ist dazu nicht erforderlich, hilft in vielen Fällen aber bei der Codeeingabe (siehe etwas weiter unten).

Erlaubte Zeichenketten für *CreateObject* können Sie mit dem Systeminformationsprogramm ermitteln (Start via HILFE | VISUAL BASIC INFO). Weitere gültige Zeichenketten können mit dem Registriereditor (`Regedit.exe`) gesucht werden, und zwar im Registrierverzeichnis *HKEY_LOCAL | Software | Classes*.

Ein entsprechendes Beispiel mit ***GetObjekt*** würde folgendermaßen aussehen: Das Excel-Objekt wird auf der Basis der schon existierenden Datei `test.xls` erzeugt. (*GetObjekt* liefert im Fall von Excel ein *Worksheet*-Objekt.)

```
Dim wb As Object
Set wb = GetObject("test.xls")      'liefert Workbook-Objekt
wb.Worksheets(1).[a1] = 1
wb.Worksheets(1).[a2] = 2
wb.Worksheets(1).[a3].Formula = "=a1+a2"
Debug.Print wb.Worksheets(1).[a3]
Set wb = Nothing                    'Excel beenden
```

TIP

Wenn Sie das Testprogramm dreimal starten und beenden, wird auch Excel dreimal gestartet und beendet. Auch auf einem leistungsfähigen Rechner kommt es dadurch zu ständigen Wartezeiten. Sie gewinnen an Arbeitskomfort, wenn Sie Excel unabhängig von Ihrem Visual-Basic-Testprogramm starten. Damit stellen Sie sicher, daß Excel unabhängig vom Visual-Basic-Programm im Speicher gehalten wird und praktisch verzögerungsfrei zur Verfügung steht.

ActiveX Automation und Objektbibliotheken

Prinzipiell ist ActiveX Automation ohne den Verweis auf einen Objektkatalog möglich – wie die beiden Beispielen oben demonstrieren: Visual Basic testet erst zur Laufzeit, ob die von Ihnen im Programmcode genannten Schlüsselwörter überhaupt existieren.

So richtig interessant wird ActiveX Automation aber erst, wenn zur Programmierung eine VBA-Objektbibliothek zur Verfügung steht. Diese Bibliothek müssen Sie mit PROJEKT | VERWEISE aktivieren. (Die Objektbibliotheken des Microsoft Office-Pakets befinden sich im `Office`-Verzeichnis. Beim ersten Mal müssen Sie im VERWEISE-Dialog nach der Objektbibliothek suchen, in der Folge merkt sich Visual Basic dann die Bibliothek und zeigt sie automatisch im VERWEISE-Dialog an.)

Die Verwendung einer Objektbibliothek bringt eine Menge Vorteile mit sich: *wb* kann jetzt als Objekt der Klasse *Workbook* definiert werden. Bei der Eingabe der weiteren Programmzeilen erscheinen automatisch Auswahllisten mit den möglichen Eigenschaften und Methoden, mit F1 kann die Online-Hilfe aufgerufen werden (also die entsprechende Hilfedatei von Excel) etc.

```
Dim wb As Workbook
Set wb = CreateObject("excel.sheet.8")      'liefert Workbook-Objekt
wb.Worksheets(1).Range("a1").Value = 1      'Zugriff auf Zelle A1
...
Set wb = Nothing                            'Excel beenden
```

Early Binding

Laut Visual-Basic-Dokumentation sollte es Early Binding (siehe Seite 191) auch für OLE-Objekte geben. Ein einfaches Experiment führt aber zum Schluß, daß Early Binding für OLE-Objekte nicht funktioniert. Auf jeden Fall wird der folgende Code anstandslos kompiliert, obwohl das *Workbook*-Objekt keine *Namme*-Eigenschaft besitzt. (Hier wurde also absichtlich ein Tippfehler gemacht, um zu prüfen, ob wirklich Early Binding stattfindet.)

```
' early binding für das OLE-Objekt Workbook ?
Dim wb As Workbook
Set wb = CreateObject("excel.sheet.8") 'liefert Workbook-Objekt
Debug.Print wb.Namme                   'Fehler tritt erst hier auf
```

Syntaxzusammenfassung

ActiveX Automation für OLE-Programme	
Dim obj As New oletyp	neues OLE-Objekt erzeugen
Set obj = Ole1.Object	Objektverweis aus OLE-Feld
Set obj = CreateObject(oletyp)	neues OLE-Objekt erzeugen
Set obj = GetObject(dateiname)	bereits vorhandene Datei laden

21.4 ActiveX Automation mit Office 97

Der Mechanismus von ActiveX Automation ist so transparent, daß Visual Basic mit ganzen zwei OLE-Kommandos – *GetObject* und *CreateObject* – sein Auskommen findet. Die tatsächliche Erstellung eines Programms, das ActiveX Automation nutzt, setzt aber die genaue Kenntnis der Objektbibliothek des beteiligten Programms voraus – und gerade hier beginnen die Probleme mit ActiveX Automation.

Die folgenden drei Beispiele mit Excel, Access und WinWord zeigen das Spektrum von ActiveX Automation – und die zahlreichen dabei auftretenden Ungereimtheiten. Es ist übrigens kein Zufall, daß alle drei Beispiele in irgendeiner Form mit dem formatierten Ausdruck von Daten zu tun haben – hier liegt nämlich eine große Schwäche von Visual Basic. ActiveX Automation bietet dazu oft die beste Lösung an.

TIP

Sie sind gut beraten, wenn Sie in allen betroffenen Programmen eventuell ungesicherte Daten speichern, bevor Sie Experimente mit ActiveX Automation beginnen.

VERWEIS

Ein weiteres – wenngleich nur sehr kurzes – Beispiel zu ActiveX Automation gibt es auf Seite 887. Dort wird beschrieben, wie der Internet Explorer gestartet und gesteuert wird. Das Programm wird allerdings nicht in einem OLE-Feld angezeigt.

ActiveX-Automation-Strategien

Generell gibt es unterschiedliche Vorgehensweisen, ein konkretes Problem mit ActiveX Automation zu lösen. Eine besteht darin, mit *CreateObject* eine leeres Dokument zu erzeugen und dann mit unzähligen Einzelkommandos die Objekte aufzubauen, die Sie benötigen – etwa ein Diagramm mit all seinen Formatierungen.

Vernünftiger ist es zumeist, möglichst große Teile der Programmentwicklung in das zu steuerende Programm zu verlagern: Wenn ein Diagramm in Form einer Schablone schon fertig ist und nur noch als Excel-Datei geladen werden muß, macht es kaum noch Mühe, das Zahlenmaterial auf Excel zu verlagern und das somit vollendete Diagramm anzuzeigen. Außerdem bereitet es keinerlei Probleme, direkt in Excel ein Diagramm per Mausklick ansprechend zu gestalten, geeignete Farben einzustellen etc. Wenn Sie diese Operationen dagegen per Programmcode auszuführen möchten, sind Sie mindestens einen halben Tag beschäftigt. Dasselbe gilt natürlich auch für Datenbankberichte, WinWord-Dokumente etc.

VBA-Prozeduren von Visual Basic aus ausführen

Sie können im jeweiligen Office-Programm sogar Code entwickeln und die fertigen Prozeduren dann direkt vom Visual Basic Programm aus starten. Der Vorteil: die Programmentwicklung direkt in der jeweiligen Office-Komponente ist oft einfacher als unter Visual Basic (bessere Testmöglichkeiten). Außerdem können Sie auf die automatische Makroaufzeichnung zurückgreifen, die oft eine langwierige Suche nach den gerade benötigten Schlüsselwörtern erspart.

Mit der Methode *Run* (die auf das *Application*-Objekt von Excel angewendet wird), können Sie Prozeduren in Office-Dateien ausführen. Allerdings müssen Sie als Parameter von *Run* den vollständigen Namen der Prozedur angeben, der aus dem Namen der Mappe, des Moduls und dem eigentlichen Prozedurnamen zusammengesetzt ist. Am leichtesten wird das anhand eines Beispiels verständlich:

In der Objektvariablen *wb* sei ein Verweis auf eine Excel-Arbeitsmappe gespeichert. In dieser (zuvor geladenen) Arbeitsmappe mit dem Namen *Mappe5* befindet sich in *Modul1* die Prozedur *DiagrammDrucken*. Um diese Prozedur via Visual Basic auszuführen, muß an *Run* der Prozedurname *Mappe5.Modul1.DiagrammDrucken* übergeben werden. Dabei ist zu beachten, daß *Mappe5* beim nächsten Start des Programms *Mappe6* heißen wird, also nicht fix vorgegeben ist, sondern erst bei der Ausführung von *CreateObject* benannt wird. Daher wird der aktuelle Name der Arbeitsmappe aus der *Name*-Eigenschaft des *Workbook*-Objekts entnommen.

```
Dim wb As Workbook, pname$
Set wb = ...
pname = wb.Name & "!Modul1.DiagrammDrucken"
wb.Application.Run pname
```

Beachten Sie, daß Sie in den VBA-Prozeduren möglichst keine Schlüsselwörter wie *ActiveWorkbook* verwenden. Sie können bei der Programmentwicklung nämlich nicht vorhersehen, welches Objekt gerade aktiv ist, wenn der Code dann wirklich ausgeführt wird.

21.4.1 3D-Diagramm mit Excel erzeugen und ausdrucken

Es stimmt schon – auch in Excel werden Sie nur mit Objekten, Methoden und Eigenschaften konfrontiert, mit lauter alten Bekannten sozusagen. Das Problem ist dabei allerdings, daß es über 140 Objekte, dazu etwa 700 Methoden und Eigenschaften und weitere 800 Konstanten gibt. Von diesen 1600 Schlüsselwörtern werden Sie zwar nur einen winzigen Bruchteil tatsächlich benötigen, es wird aber einige Zeit dauern, bis Sie sich einen Überblick verschafft haben. (Ich empfehle zu diesem Zweck natürlich mein ebenfalls bei Addison Wesley erschienenes Buch zur VBA-Programmierung in Excel.)

In diesem Beispiel geht es darum, ein zweidimensionales Feld mit 21*21 Feldern als dreidimensionale Fläche darzustellen. In ähnlicher Weise könnten Sie Daten jeder Art zur Visualisierung an Excel übergeben: Labormeßdaten, die mit Visual Basic verarbeitet wurden, mathematischen Kurven, die mit Visual Basic berechnet wurden etc.

Natürlich könnten Sie zur Visualisierung auch rasch einige Prozeduren in Visual Basic programmieren – aber was, wenn das Diagramm beliebig gedreht werden soll, die Achsenbeschriftung variabel sein soll, das Diagramm auch ausgedruckt werden soll? Schon steigt der Aufwand ins Unermeßliche. Da ist es vielleicht noch vernünftiger, sich ein wenig in Excels Objektwelt einzuarbeiten. (Eine andere Alternative ist natürlich die Verwendung des *MSGraph*-Zusatzsteuerelements, das aber nicht ganz so viele Möglichkeiten wie Excel bietet.)

Merkmale und Bedienung des Beispielprogramms

Nach dem Start des Programms `ExcelGrafik` wird Excel im Hintergrund gestartet. Excel wird dabei nicht sichtbar. (Das könnte durch *Application.Visible=True* erreicht werden, ist aber nicht notwendig. Wenn Excel bereits läuft, wird es natürlich nicht neu gestartet.) Anschließend wird eine erstes Diagramm gezeichnet. Da das alles einige Zeit dauern kann, wird bis zum Erscheinen des Diagramms ein kleines Formular mit Informationen zum Startprozeß und dem Text 'Bitte Warten' angezeigt.

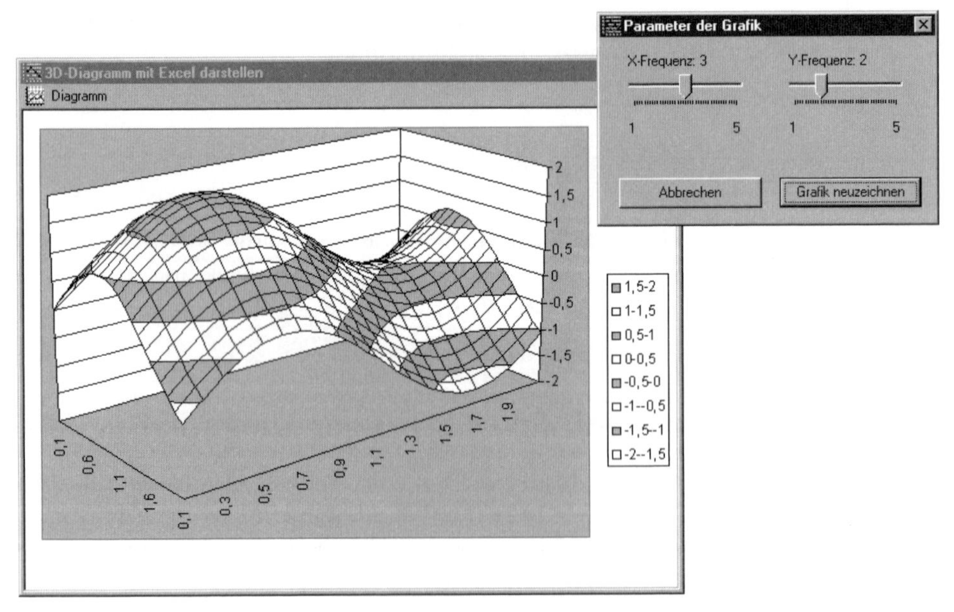

Bild 21.3: Das Diagramm wurde von Excel gezeichnet, die Daten stammen von Visual Basic

Sobald das Diagramm sichtbar ist, können über das Menükommando DIAGRAMM | PARAMETER ÄNDERN die Frequenz der Sinus-Schwingung in X- und Y-Richtung verändert werden. Zur Einstellung der Frequenz wird das *Slider*-Steuerelement verwendet (in erster Linie, um auch dieses neue Steuerelement in einem konkreten Beispielprogramm vorzustellen). Die Grafik wird anschließend sofort neu gezeichnet.

Über das Menükommando DIAGRAMM | EINSTELLUNGEN IN EXCEL VERÄNDERN oder durch einen Doppelklick auf das Programm wird Excel aktiviert (d.h., erst jetzt werden auch das Menü und die Symbolleisten von Excel eingeblendet). Sie können jetzt alle in Excel vorgesehenen Änderungen am Diagramm vornehmen. Mit Esc können Sie Excel wieder deaktivieren (d.h., das Diagramm bleibt sichtbar, die Bedienungselemente verschwinden aber wieder). Mit dem Kommando DIAGRAMM | DRUCKEN kann das Diagramm schließlich in seiner aktuellen Einstellung ausgedruckt werden.

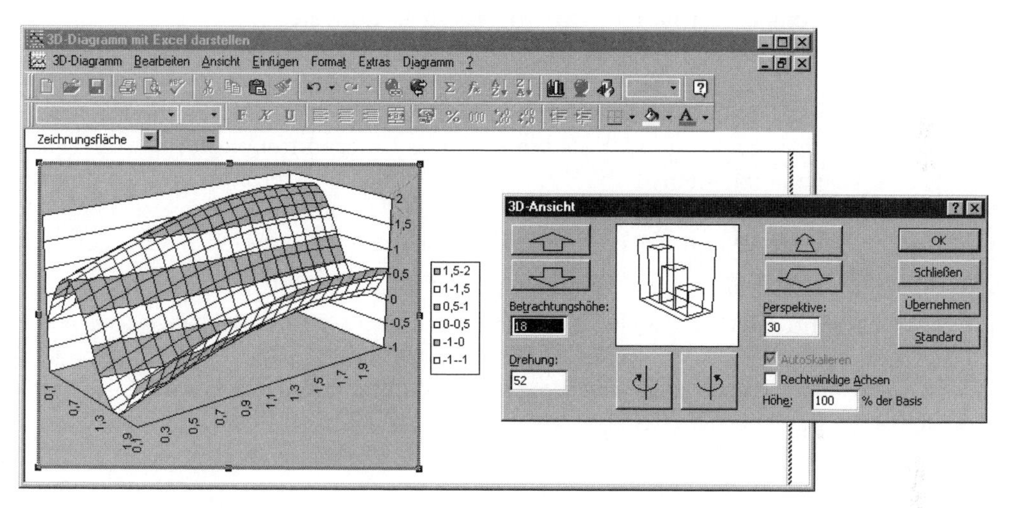

Bild 21.4: Excel wurde zur Veränderung der 3D-Parameter aktiviert

Programmaufbau

Das Programm besteht aus insgesamt vier Formularen:

`ExcelGrafikMain.frm`	das MDI-Hauptfenster
`ExcelGrafikChild.frm`	das MDI-Subfenster mit dem OLE-Feld zur Anzeige des Diagramms und mit dem Menü
`ExcelGrafikParameter.frm`	das Formular mit den Grafikparametern (Bild 21.3)
`ExcelGrafikWarten.frm`	ein kleines Formular, das während der Startphase des Programms angezeigt wird

Das Programm wurde als MDI-Programm realisiert, um eine ordnungsgemäße Anzeige der Symbolleisten von Excel zu gewährleisten. Es wird aber nur ein einziges Fenster angezeigt, um das Programm nicht unnötig mit MDI-Verwaltungsaufwand aufzublähen. Der Großteil des Codes befindet sich in `ExcelGrafikChild.frm`.

Erweiterungsmöglichkeiten – etwa das Speichern des Diagramms in seiner aktuellen Einstellung – wären natürlich vorstellbar. Das Programm demonstriert aber auch so ganz gut den Mechanismus von ActiveX Automation.

Für das ordnungsgemäße Funktionieren des Programms ist noch eine Datei von großer Wichtigkeit:

`ExcelGrafik.xls`	Musterdatei mit einem vorformatierten Diagramm

Die Excel-Datei besteht aus zwei Blättern, einem Tabellenblatt mit (vorläufig beliebigen) Testdaten und einem Diagrammblatt, in dem diese Daten dargestellt werden. Das Diagramm ist bereits vorformatiert (Farben, 3D-Blickpunkt etc.)

ANMERKUNG

Zwei Monate nach der Entwicklung dieses Programms wurde es nochmals getestet. Ergebnis: Nichts funktioniert mehr. Ganz gleich, ob das Programm in der Entwicklungsumgebung oder als kompiliertes Programm getestet wurde – das Ergebnis war eine neunstellige Automatisierungsfehlernummer und ein unsichtbarer Excel-Prozeß (5 MByte), der nur mehr im Task-Manager beendet werden konnte. Wenn ich das Programm nicht selbst entwickelt und getestet hätte, ich wäre mir sicher gewesen: Dieses Programm hat nie funktioniert.

Nun beginnt die Fehlersuche: Test unter Windows 95 (normalerweise arbeite ich unter Windows NT), Neuinstallation von Office etc. Einen halben Tag später bemerke ich eher zufällig, daß trotz Neuinstallation das Excel-Add-In «Automatisches Speichern« aktiviert ist. Nachdem das Add-In deaktiviert ist, klappt wieder alles. Wie schön!

In Kombination mit all den anderen Automatisierungsproblemen, die im Verlauf der Entwicklung dieses kleinen Programms aufgetreten sind, stellt sich einmal mehr die Frage, ob weniger nicht mehr wäre. Weniger Funktionen, aber die dafür ausgereift, getestet und stabil sind. Es bleibt nur der (natürlich vergebliche) Wunsch, daß die Qualitätskontrolle bei Microsoft irgendwann so gut funktioniert wie das Marketing ...

Initialisierung des Programms

Die Programmausführung beginnt in *MDI_FormLoad* – oder genauer gesagt, schon in der Variablendeklaration davor: Durch *Dim of As New OLEForm* wird nämlich erreicht, daß bereits beim Start des Programms ein MDI-Subfenster erzeugt wird. Durch *of.Show* muß dieses dann nur noch angezeigt werden.

```
' Beispielprogramm ActiveX Automation\Excel\ExcelGrafikMain.frm
Dim of As New OLEForm
Private Sub MDIForm_Load()
  of.Show                   'OLEForm anzeigen
End Sub
```

Die Programmausführung wird dann in *Form_Load* des MDI-Subfensters fortgesetzt. Dort wird via *CreateEmbed* die Datei `ExcelGrafik.xls` geladen und so der Kontakt zu Excel hergestellt. Weil Excel das Diagramm während der Initialisierungsphase gezählte vier Mal neuzeichnet (drei Mal also vollkommen sinnlos), wird das OLE-Feld vorrübergehend unsichtbar gemacht. Das ist nicht nur für den Anwender weniger irritierend, sondern auch ein wenig schneller.

HINWEIS

Das OLE-Felds hat eine gravierende Schwäche in seiner Implementierung: Nach *CreateEmbed* besteht keine Möglichkeit, auf die gerade geladene Datei zuzugreifen. Nun kann es aber vorkommen (wahrscheinlich gar nicht so selten), daß Excel bereits läuft und schon einige Arbeitsmappen geladen sind. Die Ermittlung der gerade geladenen Datei wird dann zu einem nicht-trivialem Problem, weil nicht einmal der Dateiname erhalten bleibt (aus `ExcelGrafik.xls` wird *MappeN*).

Um das Problem zu lösen, wurde beim Erstellen von `ExcelGrafik.xls` mit dem Excel-Kommando DATEI | EIGENSCHAFTEN ein möglichst eindeutiger Titel angegeben (*"ExcelGrafik.xls-ActivceX-Automation"*). In `Form_Load` werden nun in einer Schleife alle in Excel geöffneten Fenster durchsucht, bis das richtige gefunden wird. *win.Parent* liefert einen Verweis vom Fenster auf die dazugehörende Arbeitsmappe. Ein Objektverweis auf die Arbeitsmappe wird in der generellen Variablen *wb* gespeichert.

```
'ActiveX-Automation\Excel\ExcelGrafikChild.frm
Dim wb As Workbook
' Initialisierung: Excel-Datei laden, Verweis auf die Datei in der
' Variablen wb speichern, Daten einfügen, via OLE-Feld anzeigen
Private Sub Form_Load()
  Dim xl As Object, win As Window
  Dim tb As Excel.Toolbar
  On Error Resume Next
  ChDrive App.Path
  ChDir App.Path
  Me.OLE1.Visible = False   'vorläufig unsichtbar
  WartenForm.Show           'Bitte warten ...
  MousePointer = vbHourglass
  With Me
    .OLE1.CreateEmbed App.Path + "\ExcelGrafik.xls"
    Set xl = .OLE1.object.Application
    ' alle XL-Fenster durcharbeiten, das neu
    ' erzeugte Fenster suchen
    For Each win In xl.Windows
      If win.Parent.Title ="ExcelGrafik.xls-ActivceX-Automation" Then
        ' wir haben es gefunden!
        Set wb = win.Parent
```

```
        Exit For
      End If
    Next
  End With
  ' wenn bis jetzt ein Fehler aufgetreten ist, steht
  ' Excel wahrscheinlich nicht zur Verfügung
  If Err <> 0 Then
    MsgBox "Es ist ein Fehler aufgetreten. " _
      & "Das Programm wird beendet. Zur Ausführung " _
      & "dieses Beispielprogramms muß Excel 97 installiert " _
      & "sein."
    Unload Me
  End If
  DiagrammZeichnen
  Me.OLE1.Visible = True
  MousePointer = 0
  WartenForm.Hide
End Sub
```

Diagramm zeichnen

Das Zeichnen des Diagramms erfolgt in einer eigenen Prozedur. Die Idee ist einfach: In zwei Schleifen werden für jeden Punkt in einem 21*21 Elemente großen Bereich die Z-Koordinate der Fläche berechnet. Die Z-Werte werden in einer einzigen riesigen Zeichenkette aneinandergereiht, wobei die einzelnen Werte durch *vbTab* und die Zeilen durch *vbCr* (Carriage Return) voneinander getrennt werden. Diese Zeichenkette wird anschließend in die Zwischenablage übertragen.

HINWEIS

Bei der Übergabe der Daten über die Zwischenablage tritt das nächste Excel-Problem auf. In Version 7 war das dafür erforderliche Zahlenformat 0,123, also mit einem Komma als Dezimalkennung. In Excel 97 muß hingegen 0.123 angegeben werden. Im Programmcode sorgt die Funktion *DecimalPoint* dafür, daß Kommas durch Punkte ersetzt werden.

Es ist unklar geblieben, ob dieses Verhalten ein Fehler von Excel 7 oder einer von Excel 97 ist (eher letzteres, weil beide Versionen Zahlen mit Kommata in die Zwischenablage kopieren; da sollten sie eigentlich auch in der Lage sein, solche Daten zu lesen). Selbstredend ist diese Inkompatibilität nirgendwo dokumentiert.

Mit der Excel-Methode *Paste* werden die Daten dann aus der Zwischenablage in die Tabelle 1 ab Zelle B2 eingefügt. (Das Diagramm in `ExcelDiagramm.xls` erwartet seine Daten im Zellbereich A1:V22, wobei die erste Zeile und Spalte für die Beschriftung der Achsen vorgesehen und schon mit Werten versehen sind. Prinzipiell wäre es auch möglich, die Daten in einer Schleife direkt in die einzelnen Zellen des Tabellenblatts zu schreiben – aber das hat sich als viel langsamer herausgestellt.)

Nach der Übertragung der Daten wird im OLE-Feld automatisch die Tabelle (und nicht das Diagramm) angezeigt. Um diesen Mißstand zu beseitigen, wird das Diagrammblatt aktiviert und das Tabellenblatt unsichtbar gemacht. Im Prinzip sollte jede dieser Maßnahmen für sich schon ausreichen, es hat sich aber herausgestellt, daß nur beide Kommandos gemeinsam zum Ziel führen. Es sind gerade diese Kleinigkeiten, die einem zur Zeit das Leben mit ActiveX Automation so schwer machen und eine Menge Zeit bei der Fehlersuche kosten.

```
Sub DiagrammZeichnen()
  Dim xfreq, yfreq, x#, y#, z#, data$
  xfreq = ParaForm.SliderX
  yfreq = ParaForm.SliderY
  ' neue Daten ausrechnen
  For y = 0 To 2.00001 Step 0.1
    For x = 0 To 2.00001 Step 0.1
      z = Sin(x * xfreq / 10) + Sin(y * yfreq / 10)
      data = data & DecimalPoint(Str(z)) & vbTab
    Next x
    data = data & vbCr
  Next y
  Clipboard.Clear
  Clipboard.SetText data
  wb.Sheets("Tabelle1").Paste (wb.Sheets("Tabelle1").Cells(2, 2))
  ' damit das Diagramm und nicht die Tabelle angezeigt wird
  wb.Sheets("Diagramm1").Activate
  ' Activate alleine hilft nichts - warum auch immer
  wb.Sheets("Tabelle1").Visible = False
End Sub
' Komma durch Dezimalpunkt ersetzen
Private Function DecimalPoint$(x$)
  Dim pos
  pos = InStr(x, ",")
  If pos <> 0 Then Mid(x, pos, 1) = "."
  DecimalPoint = x
End Function
```

Excel-Dialog anzeigen

Damit die Excel-Dialoge verwendet werden können, muß Excel zuerst aktiviert werden. (Bisher war Excel ja passiv, d.h., es hat zwar das Zeichnen des Diagramms erledigt, war aber selbst nicht sichtbar.) Die Aktivierung wird durch die OLE-Methode *DoVerb* erreicht.

```
' Einstellungen in Excel ändern
Private Sub MenuEinstellungen_Click()
  of.OLE1.DoVerb
End Sub
```

In der letzten Version dieses Programms konnte außerdem der Dialog zur Veränderung der 3D-Parameter (Blickrichtung, Perspektive etc.) direkt vom Menü des Visual-Basic-Programms aufgerufen werden. Der erforderliche Code sah so aus:

```
Private Sub Menu3DEinstellung_Click()
  of.OLE1.DoVerb
  wb.Application.Dialogs(xlDialogView3d).Show
End Sub
```

Was in Visual Basic 4 mit Excel 7 tadellos funktioniert hat, bewirkt unter Visual Basic 5 / 6 in Kombination mit Excel 97 allerdings eine Deadlock-Situation. Der Dialog kann zwar angezeigt und verwendet werden, aber anschließend kann Excel nicht mehr deaktiviert werden. Weder das Visual-Basic-Programm noch Excel reagieren auf irgendwelche Eingaben. Der einzige Ausweg: Beide Programme müssen im Task-Manager gewaltsam beendet werden. Da Excel nicht als sichtbares Programm in der Programmliste angezeigt wird, muß es in der Prozeßliste gesucht und dort beendet werden. (Man muß Windows NT zugute halten, daß es diese Prozedur trotz der obligatorischen Warnung, die Stabilität von Windows sei durch das gewaltsame Beenden von Prozessen gefährdet, gut ein Dutzend Mal klaglos überstanden hat. Der Task-Manager war während der Entwicklung dieses Programms ein allzu oft benutztes Werkzeug.)

Diagramm drucken

Die nächsten Probleme ergeben sich beim Versuch, das Diagramm auszudrucken: Die Anweisung *wb.Sheets("Diagramm1").PrintOut* kann nämlich nur dann ausgeführt werden, wenn Excel nicht aktiv ist (d.h., wenn keine Menüs, Symbolleisten etc. sichtbar sind). Das OLE-Feld bietet aber keine Möglichkeit, das Programm zu deaktivieren (sozusagen die Umkehrung zu *DoVerb*). *Close* bewirkt zwar eine Deaktivierung, nur geht dadurch auch der Objektverweis auf Excel verloren, was natürlich nicht erwünscht ist.

Per Tastatur kann diese Deaktivierung mit Esc erreicht werden – und per Programmcode nur mit einem kleinen Trick: Im MDI-Subfenster befindet sich außer dem OLE-Feld noch ein Textfeld. Dieses Textfeld ist unsichtbar, weil *Left* auf -2000 gesetzt wurde. Nichtsdestotrotz kann der Eingabefokus mit *SetFocus* in das Textfeld gerichtet werden. Dadurch verliert das OLE-Feld den Eingabefokus und das OLE-Programm wird deaktiviert. Warum einfach, wenn es auch eine komplizierte Lösung gibt!

```
Private Sub MenuDrucken_Click()
  On Error Resume Next
  Text1.SetFocus                   'Excel deaktivieren
  wb.Sheets("Diagramm1").PrintOut  'Diagramm drucken
```

```
  If Err <> 0 Then
    MsgBox "Beim Versuch, das Diagramm zu drucken, ist " & _
           "ein Fehler aufgetreten"
  End If
End Sub
```

Der Rest des Programms

Für `ExcelGrafik.frm` bleibt nur noch die Prozedur *MenuParameter_Click* zu erwähnen, in der der Parameterdialog angezeigt und ausgewertet wird. Auch der verbleibende Code in `ExcelGrafikParameter.frm` und `ExcelGrafikChild.frm` ist kaum der Rede wert: Die Reaktion auf das Verschieben der Slider sieht wie bei Bildlaufleisten aus (*Change*- und *Update*-Ereignis). Die *Resize*-Prozedur im MDI-Subfenster paßt die Größe des OLE-Felds an die Fenstergröße an. Für das OLE-Feld wurde beim Programmentwurf *SizeMode=3* eingestellt: Deswegen wird das Diagramm zwar automatisch an die Größe es OLE-Felds angepaßt, dabei aber nicht verzerrt.

21.4.2 Datenbankbericht mit Access ausdrucken

Der mit Visual Basic mitgelieferte *DataReport*-Designer sowie das Zusatzprogramm Crystal Reports sind zwar mächtige Werkzeuge zur Erstellung von Datenbankberichten, aber wenn Sie schon Erfahrungen mit Access haben, spricht nichts dagegen, Datenbankberichte damit auszudrucken. Ganz so nahtlos wie mit Excel klappt die Visual-Basic-Integration allerdings nicht, und zwar aus zwei Gründen:

- Access kann nicht in einem OLE-Feld angezeigt werden (Access ist kein OLE-Server).
- VBA für Access (genaugenommen das Objektmodell von Access) ist immer noch recht halbherzig implementiert. Im Vergleich dazu ist das Objektmodell von Excel ein Musterbeispiel für durchdachtes Design.

Für das Beispielprogramm gilt: In der Kürze liegt die Würze. In einem Formular kann eine Bestellnummer ausgewählt werden. Mit DRUCKEN wird zu dieser Bestellnummer eine komplette, perfekt formatierte Rechnung ausgedruckt.

Das Beispielprogramm baut auf dem Bericht *Rechnung* auf, der als Objekt der Nwind-Datenbank bereits existiert. Um diesen Bericht für eine bestimmte Bestellnummer auszudrucken, wird an die Methoden *OpenReport* als Bedingung eine SQL-Anweisung übergeben, die die Bestellnummer festlegt. (Die Bestellnummer wird dem aktuellen Datensatz eines *DataGrid*-Steuerelements entnommen – siehe auch Seite 841).

Die Definition von *access* als statische Variable bewirkt, daß Access nach dem ersten Ausdruck im Speicher bleibt, bis das Programm beendet wird. Wird *access* dagegen als normale Variable definiert, dann wird Access bereits am Ende der Prozedur wieder beendet (wenn *access* den Wert *Nothing* annimmt). Beim nächsten Ausdruck müßte das Programm neu gestartet werden, was eine Menge Zeit kostet.

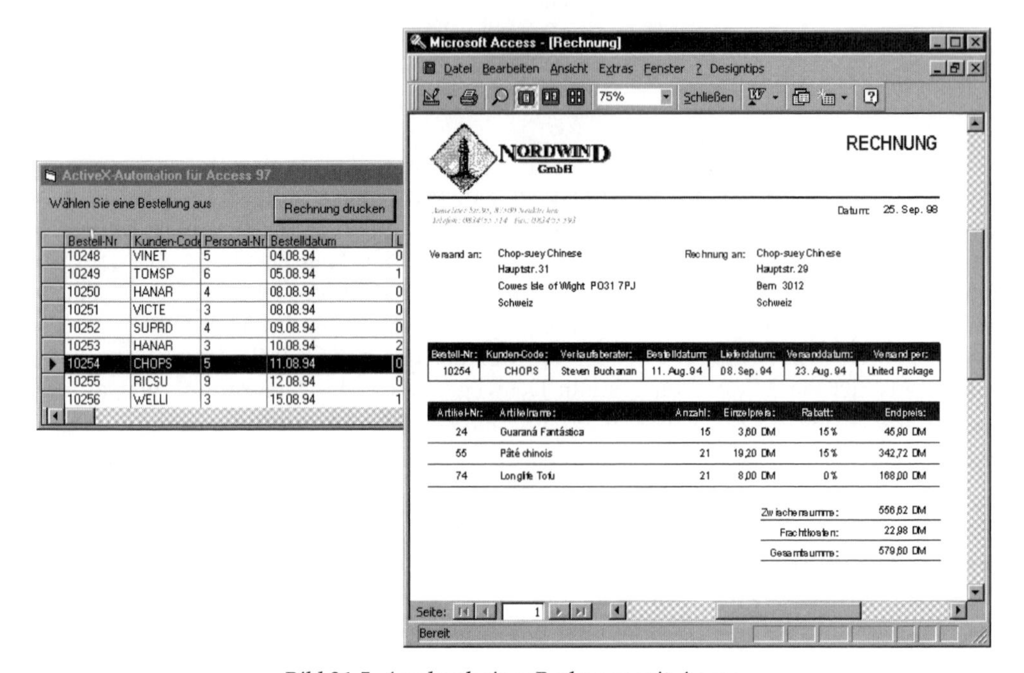

Bild 21.5: Ausdruck einer Rechnung mit Access

Die Fehlerroutine ist für den Fall vorgesehen, daß der Anwender nach dem Ausdruck einer Rechnung Access beendet und dann versucht, noch eine Rechnung auszudrucken. *access* verweist dann auf das nicht mehr laufende Access, es kommt zu einem Fehler. In der Fehlerroutine wird *access* auf *Nothing* gesetzt und ein zweiter Versuch gestartet.

```
' Datenbanken\ActiveX-Access.frm
Dim access As Object
Private Sub Command1_Click()
  Dim ok As Boolean
  Dim databasename$
  Dim i%, connItems As Variant
  ' Namen der Access-Datenbank aus ConnectionString herauskitzeln
  connItems = Split(DataEnvironment1.Connection1.ConnectionString, _
    ";")
  For i = LBound(connItems) To UBound(connItems)
    If connItems(i) Like "Data Source=*" Then
      databasename = Mid(connItems(i), Len("data source=") + 1)
      Exit For
    End If
```

```
  Next
  On Error GoTo report_error
  Static access As Object
report_secondtry:
  If access Is Nothing Then
    Set access = GetObject(databasename)
  End If
  access.DoCmd.OpenReport "Rechnung", , , _
    "[Bestell-Nr]=" & DataGrid1.Columns("Bestell-Nr")
  Exit Sub
report_error:
  ok = MsgBox("Es ist ein Fehler aufgetreten: " & Error & vbCrLf & _
    vbCrLf & "Noch ein Versuch?", vbYesNo)
  Set access = Nothing
  If ok = vbYes Then
    GoTo report_secondtry
  End If
End Sub
```

Wenn Sie statt einem sofortigen Ausdruck der Rechnung eine Seitenvorschau realisieren möchten, müssen Sie im zweiten Parameter von *OpenReport* die Konstante *acViewPreview* angeben. Damit diese Konstante zur Verfügung steht, muß mit PROJEKT | VERWEISE die Access-Objektbibliothek aktiviert werden. Access wird normalerweise nur als Icon angezeigt. Damit die Seitenvorschau sichtbar wird, muß Access mit *AppActivate* und *SendKeys* aktiviert werden.

```
access.DoCmd.OpenReport "Rechnung", acViewPreview, , _
    "[Bestell-Nr]=" & DataGrid1.Columns("Bestell-Nr")
AppActivate "Microsoft Access"
SendKeys "{enter}"
```

HINWEIS

Die Seitenvorschau muß geschlossen werden, bevor eine zweite Rechnung angezeigt bzw. ausgedruckt werden kann. Ist das nicht der Fall, tritt ein Fehler auf. Sie können den Vorgang dann zwar wiederholen, Access wird dazu aber beendet und neu gestartet.

21.4.3 Text mit WinWord ausdrucken

Das letzte Beispiel zeigt einen Weg, wie das Druckproblem des *RichText*-Felds (siehe Seite 319) sehr elegant umgangen werden kann: Der zu druckende Text wird über die Zwischenablage in ein leeres WinWord-Dokument eingefügt. Dort können dann alle Formatierungsmöglichkeiten von WinWord genutzt werden, so daß etwa ein Ausdruck mit Seitennummern möglich wird. (Beim Kopieren über die Zwischenablage bleiben alle Formatierungen des RTF-Felds – Farben, Schriftgrößen etc. – erhalten.)

Leider ist ActiveX Automation auch mit WinWord mit massiven Problemen verbunden. Genaugenommen betreffen diese Probleme nicht die Steuerung von WinWord, sondern diesmal die Methode *CreateEmbed* für das OLE-Feld: Weder ist es möglich, ein OLE-Objekt auf der Basis einer vorhandenen WinWord-Datei zu öffnen, noch kann ein neues Dokument erstellt werden:

```
' funktioniert beides nicht
OLE1.CreateEmbed App.Path + "\datei.doc"
OLE1.CreateEmbed "", "Word.Document.8"
```

Aus diesem Grund fällt einmal mehr die Seitenvorschau flach. Immerhin gelingt der Ausdruck ohne Seitenvorschau in einem OLE-Feld problemlos.

Beispielprogramm

Ausgangspunkt für das Beispielprogramm ist ein RichText-Feld, daß mit 200 Zeilen Zufallstext gefüllt wird. Dieser Text wird an WinWord übergeben und dort in der Seitenansicht mit Seitennummern angezeigt. Sie können die folgende Prozedur natürlich für beliebige andere Texte verwenden, die im *RichText*-Feld dargestellt werden.

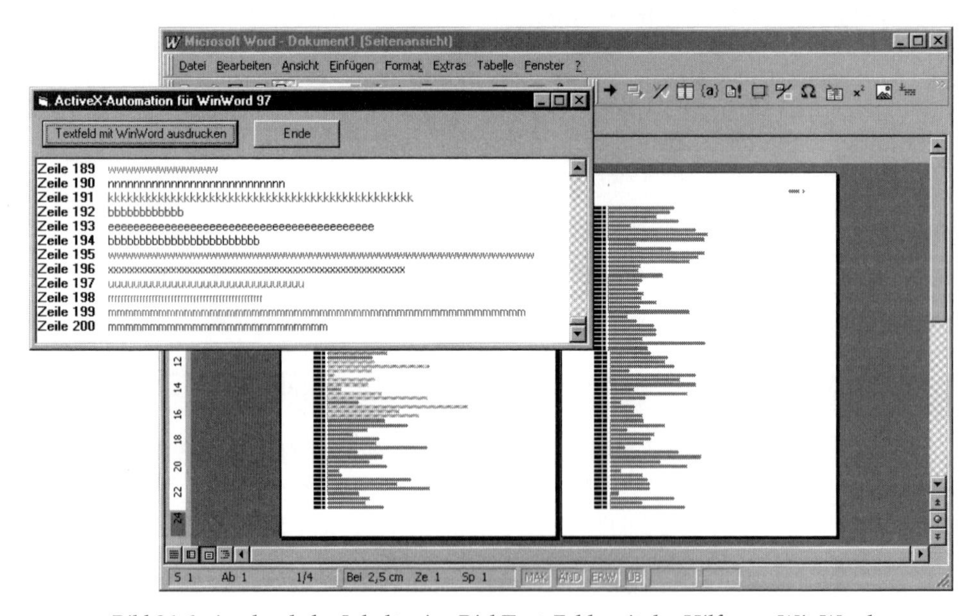

Bild 21.6: Ausdruck des Inhalts eine RichText-Felds mit der Hilfe von WinWord

In der folgenden Prozedur wird als erstes mit *CreateObject* ein neues, leeres WinWord-Dokument erzeugt. WinWord wird dabei gestartet, wenn es noch nicht läuft. In diesen Text wird der Inhalt der Zwischenablage kopiert. Die Einstellung der Kompatibilitätsoption *wdPrintColBlack* bewirkt, daß bunte Texte schwarz ausgedruckt werden. (Wenn Sie einen Farbdrucker besitzen, sollten Sie diese Zeile entfernen.) Anschließend wird die Kopfzeilenansicht aktiviert und dort die Seitennummer eingefügt.

Die Prozedur endet damit, daß der Text ohne Rückfragen ausgedruckt wird. Anschließend wird das neue Dokument gelöscht. Wenn Sie eine einfache Seitenvorschau realisieren wollen, können Sie WinWord an dieser Stelle wie beim vorigen Beispiel durch *AppActivate* in den Vordergrund bringen.

Die WinWord-Anweisungen wurden übrigens direkt in WinWord durch eine Makroaufzeichnung erstellt. Das Ergebnis dieser Aufzeichnung muß zwar manuell bearbeitet werden (es befinden sich darin dutzende Zeilen Code, die für die konkrete Anwendung vollkommen überflüssig sind), aber diese Art der Programmentwicklung ist immer noch viel schneller als das mühsame Ermitteln der erforderlichen Objekte, Methoden und Eigenschaften aus dem Objektkatalog.

```
' ActiveX-Automation\ActiveX-Winword.frm
Dim winword As Object
Private Sub Command1_Click()
  ' Text aus RTF-Feld in die Zwischenablage kopieren
  RTF1.SelStart = 0
  RTF1.SelLength = Len(RTF1.Text)
  Clipboard.Clear
  Clipboard.SetText RTF1.TextRTF, vbCFRTF
  ' neues Dokument anlegen
  If winword Is Nothing Then
    Set winword = CreateObject("Word.Document.8")
  End If
  ' Text kopieren, Kopfzeile mit Seitennummer dazu, anzeigen
  With winword.Application
    .Visible = True
    .Selection.Paste
    .Selection.HomeKey Unit:=wdStory
    .ActiveDocument.Compatibility(wdPrintColBlack) = True
    .ActiveWindow.ActivePane.View.Type = wdPageView
    .ActiveWindow.ActivePane.View.SeekView = wdSeekCurrentPageHeader
    .Selection.ParagraphFormat.Alignment = wdAlignParagraphRight
    .Selection.TypeText Text:="Seite "
    .Selection.Fields.Add Range:=Selection.Range, Type:=wdFieldPage
    .ActiveWindow.ActivePane.View.SeekView = wdSeekMainDocument
    .ActiveDocument.PrintPreview
  End With
  AppActivate "Microsoft Word"
  Clipboard.Clear
End Sub
```

Wenn Sie den Text ohne Seitenvorschau sofort ausdrucken möchten, verwenden Sie statt *PrintPreview* die Methode *PrintOut*. In diesem Fall können Sie das ausgedruckte Dokument auch gleich (ohne zu speichern) schließen. Auf *AppActivate* können Sie jetzt natürlich verzichten.

```
.ActiveDocument.Close wdDoNotSaveChanges
```

HINWEIS

Das Testprogramm erzeugt 200 Textzeilen mit zufälligen Farben. Bei den ersten 50 Zeilen bleiben diese Farben erhalten, die restlichen Zeilen werden beim Import in WinWord 97 schwarz. Die Ursache dieses Phänomen ist nicht ganz klar; eventuell gibt es in WinWord ein Limit für die Maximalanzahl unterschiedlicher Textfarben.

22 ActiveX-Komponenten

Das vorangegangene Kapitel hat beschrieben, wie fremde Programme dank ActiveX Automation von Visual Basic aus genutzt werden können. Dieses Kapitel geht den umgekehrten Weg und zeigt, wie Sie mit Visual-Basic Programme erstellen können (sogenannte ActiveX-Komponenten bzw. ActiveX-Server), die selbst Funktionen für andere Programme zur Verfügung stellen.

Zwei Sonderformen der ActiveX-Komponenten, nämlich ActiveX-Dokumente und -Steuerelemente, werden in den beiden folgenden Kapiteln behandelt. Voraussetzung ist aber dieses Kapitel, das Grundlageninformationen vermittelt, die für *alle* ActiveX-Komponenten gelten!

In Version 6 hat es zwar keine fundamentalen Neuerungen im Bereich ActiveX-Programmierung gegeben, wohl aber eine ganze Reihe unscheinbarer Verbesserungen, die sowohl den Komfort der Programmentwicklung als auch die Qualität der Komponenten deutlich steigern. Abschnitt 22.1.7 auf Seite 958 faßt die wichtigsten Änderungen zusammen.

22.1 Einführung

Bitte beachten Sie, daß dieses Kapitel – wie auch die beiden folgenden Kapitel zu ActiveX-Steuerelementen und -Dokumenten – nur eine erste Einführung geben können. Das Ausloten aller Möglichkeiten und Probleme der Komponentenprogrammierung würde ein eigenes Buch erfordern!

ACHTUNG

Gleich vorweg ein Hinweis zu den Beispielprogrammen: ActiveX-Komponenten können nur verwendet werden, wenn Sie auf Ihrem Rechner registriert sind. Aus diesem Grund funktionieren die mitgelieferten Beispielprogramme erst, nachdem Sie die Komponenten neu kompiliert haben. (Dabei kümmert sich die Entwicklungsumgebung automatisch um die Registrierung.) Aus demselben Grund müssen Sie bei manchen Client-Programmen auch die Verweise neu einrichten (PROJEKT | VERWEISE). Verweise werden nämlich nicht in Form von Dateinamen gespeichert, sondern als ID-Nummern der Registrierdatenbank. Diese Details werden im Verlauf dieses Kapitels noch ausführlich besprochen.

22.1.1 Was sind ActiveX-Komponenten?

Eine ActiveX-Komponente ist ein Programm, das von anderen Programmen via ActiveX Automation genutzt werden kann. Es stellt Objekte (genauer: Klassen) mit Methoden und Eigenschaften zur Verfügung. Andere Programme (also Clients) können auf diese Objekte zurückgreifen. Zur Zeit kommen als Clients Visual-Basic-Programme, Office-Komponenten etc. in Frage – kurz gesagt, jedes Programm, das die Programmiersprache VB / VBA und den Mechanismus ActiveX Automation unterstützt.

Die Programmierung von ActiveX-Komponenten erfolgt systemnäher als die normale Programmierung und erfordert daher eine sehr viel gründlichere Fehlerabsicherung. (Andernfalls riskieren Sie, daß nicht nur der Server, sondern auch der Client abstürzt.) Die Programmierung setzt außerdem voraus, daß Sie ein Grundwissen über die Speicher- und Prozeßverwaltung unter Windows haben.

Die Programmierung von ActiveX-Komponenten wird durch Visual Basic in zwei Varianten unterstützt:

- **Out-of-Process-Server**: Hinter diesem etwas mysteriösem Begriff verbirgt sich ein ActiveX-Server, der die Form einer selbständigen `*.exe`-Datei hat (daher auch der oft benutzte Name ActiveX-EXE). Sobald ein Programm (Client) auf Funktionen des Servers zurückgreifen möchte, wird dieser automatisch gestartet. *Out-of-Process* bedeutet, daß der Server unabhängig vom Clientprogramm läuft, einen eigenen Adreßbereich, einen eigenen Thread etc. besitzt.

- **In-Process-Server:** Diese Form des ActiveX-Servers kann in seiner Funktion ganz ähnlich ausgebildet sein wie ein Out-of-Process-Server, nur liegt das Programm als sogenannte ActiveX-DLL (Kennung `*.dll`) vor. Wenn der Client Funktionen des Servers nutzen möchte, wird die DLL in den Adreßraum des Clients geladen. Der Server gehört damit zum selben Prozeß wie der Client (daher die Bezeichnung *In-Process*).

Falls Ihnen Visual Basic Enterprise zur Verfügung steht, können Sie auch **Network-Server** oder **Remote-Server** programmieren: Die Grundlagen sind dieselben wie bei Out-of-Process-Servern. Die Besonderheit besteht darin, daß der Server auf einem anderen Rechner laufen kann als der Client. Ein zentraler Server kann über ein Netzwerk mehrere Clients bedienen.

ANMERKUNG

Bereits Visual Basic 4 bot die Möglichkeit, ActiveX-Komponenten zu programmieren. Damals gab es allerdings nur ein bescheidenes Angebot von Komponententypen (keine Steuerelemente, keine ActiveX-Dokumente), und auch die Nomenklatur war anders: Die Komponenten wurden OLE-Server genannt.

Das, was damals OLE-Server waren, sind heute ActiveX-DLLs bzw. ActiveX-EXEs. Einstige OLE-Server werden in diesem Buch ActiveX-Server oder ActiveX-Komponenten genannt, um so eine Unterscheidung zur ActiveX-Steuerelementen und -Dokumenten zu ermöglichen. (Die Online-Dokumentation spricht von 'Code-Komponenten', was dem objektorientierten Ansatz aber nicht gerecht wird. Auch jede `*.bas`-Datei mit globalen Prozeduren ist eine Code-Komponente.) Anmerkungen zur bisweilen verwirrenden ActiveX-Nomenklatur finden Sie auch auf Seite 875.

22.1.2 Stabilität versus Geschwindigkeit

Die folgenden Anmerkungen sollen die Unterschiede zwischen Out-of-Process- und In-Process-Servern genauer beleuchten. Die Diskussion findet vom Standpunkt des Out-of-Process-Servers statt, der das allgemeinere Konzept darstellt.

Vorteile von Out-of-Process-Servern

Der größte Vorteil von einem Out-of-Process-Server besteht darin, daß dessen Code unabhängig vom Client ausgeführt wird. Das kann zum einen dazu genutzt werden, unter Visual Basic Multithreading zu realisieren, also die quasi-parallele Ausführung von Teilprogrammen. Ein entsprechendes Kommunikationsverfahren vorausgesetzt kann erreicht werden, daß der Server Aufgaben erledigt, ohne daß der Client auf deren Abschluß warten muß.

Ein weiterer Vorteil von Out-of-Process-Servern liegt in der höheren Sicherheit für das Clientprogramm: Ein Fehler im Server führt zwar zum Abbruch der Verbindung zwischen Server und Client, aber nicht automatisch zum Absturz des Clients. Anders bei In-Process-Servern: Da der Server praktisch ein Teil des Clients ist, führt ein nicht abgefangener Fehler im Server zwangsläufig zum Tod des Clients. Ein schlampig programmierter In-Process-Server kann also ein an sich recht stabiles Programm wie Excel mühelos ins Nirwana befördern.

Noch ein Argument spricht für Out-of-Process-Server: die größere Freiheit bei der Programmierung. Out-of-Process-Server können beispielsweise nicht-modale Fenster verwenden, um den Zustand des Servers anzuzeigen, während in In-Process-Servern je nach Client nur modale Dialogboxen erlaubt sind.

Falls Ihnen die Enterprise-Version zur Verfügung steht, können Sie Out-of-Process-Server auch für verteilte Systeme einsetzen: Der Server kann also auf einem anderen Rechner laufen als der Client.

Nachteile von Out-of-Process-Servern

Wo es so viele Vorteile gibt, müssen auch Nachteile sein – sonst wären In-Process-Server ja überflüssig: Der Aufruf von Funktionen sowie die Übergabe von Parametern sind bei Out-Of-Process-Servern erheblich langsamer als bei In-Process-Servern. Der Geschwindigkeitsunterschied ist vor allem dann von Bedeutung, wenn es sich um kleine und an sich schnelle Funktion handelt, die häufig aufgerufen werden sollen. Da kann es schon vorkommen, daß der Verwaltungs-Overhead größer ist als die eigentliche Zeit zur Ausführung der Funktion.

Insbesondere die Übergabe großer Datenmengen bremst Out-of-Process-Server sehr stark ab. Alle Daten – egal ob sie als Werte (*ByVal*) oder als Referenzen (*ByRef*) übergeben werden – müssen in den Adreßraum des Servers kopiert werden. *ByRef*-Parameter müssen außerdem wieder zurück in den Adreßraum des Clients kopiert werden. Aus diesem Grund ist die Parameterübergabe mit *ByVal* bei Out-of-Process-Servern schneller als mit *ByRef*.

Der Hintergrund für die langsame Übergabe von Parametern sind die Schutzmechanismen, durch die in Windows 9x und noch besser in Windows NT Programme voneinander getrennt werden: Es ist einem Programm nicht möglich, Daten (Speicherbereiche) eines anderen Programms zu verändern. Dieser Schutzmechanismus trägt wesentlich zur Stabilität von Windows NT bei, behindert aber einen effizienten Datenaustausch.

ANMERKUNG

ByRef ist die Defaulteinstellung und wird normalerweise nicht explizit angegeben. Innerhalb des Visual-Basic-Codes und beim Aufruf von In-Process-Funktionen ist die Parameterübergabe mit *ByRef* deutlich schneller als mit *ByVal*, weil nur die Adresse – also ein Zeiger – nicht aber die eigentlichen Daten übertragen werden. Bei Out-of-Process-Servern kommt es also zu einer Verkehrung altbekannter Tatsachen.

Ein weiterer Nachteil von Out-of-Process-Servern sieht auf ersten Blick nicht so wichtig aus: Die vom Out-of-Process-Server angezeigten Dialoge oder Formulare erscheinen nicht automatisch auf derselben Ebene wie die des Clientprogramms. Es kann also passieren, daß Sie im Server einen Dialog anzeigen, der Anwender diesen aber nicht sieht, weil der Dialog unterhalb eines anderen Fensters plaziert wurde und daher verdeckt ist.

Globale Variablen

Bei Out-of-Process-Servern sind globale Variablen wirklich global. Wenn mehrere Clients auf den Server zugreifen, gelten globale Variablen gemeinsam für alle Clients. Bei In-Process-Servern beschränkt sich die Gültigkeit globaler Variablen dagegen auf einen Client. Ob dieses Verhalten ein Vor- oder Nachteil ist, hängt von der Aufgabenstellung des Servers ab. Sie sollten sich aber der Tatsache bewußt sein. Besonders kritisch ist die Initialisierungsprozedur *Main*, die bei Out-of-Process nur bei der Kontaktaufnahme zum ersten Client ausgeführt wird!

Unterschiede zwischen In-Process- und Out-of-Process-Servern

	In-Process (ActiveX-DLL)	**Out-of-Process (ActiveX-EXE)**
Effizienter Datenaustausch	•	
Unabhängige globale Variablen für Clients	•	
Nicht-modale Formulare	•	•
Multithreading möglich	•	•
Remote Automation / DCOM		•
Stabilität (Client unabhängig von Server)		•

Nicht-modale Formulare in ActiveX-DLLs sind nur dann zulässig, wenn die DLL von einem modernen Client genutzt wird. Als modern gelten Office 97 Komponenten, Visual Basic 5 Programme sowie der Internet Explorer 4 (nicht aber die jeweils vorangegangenen Versionen dieser Programme).

ActiveX-DLLs unterstützen zwar selbst kein Multithreading, können aber von Out-of-Process-Servern verwendet werden, die ihrerseits Multithreading anbieten. Die DLL ist Thread-sicher, verursacht also keine Fehler, wenn Sie von mehreren Threads des Servers quasi gleichzeitig verwendet wird. Voraussetzung für dieses Verhalten ist die Aktivierung der Option UNBEAUFSICHTIGT in PROJEKT | EIGENSCHAFTEN | ALLGEMEIN. Die DLL darf keine Formulare enthalten und keine Benutzereingaben entgegennehmen.

22.1.3 Optionen und Einstellungen

Wenn Sie einen ActiveX-Server programmieren, müssen Sie gewisse Spielregeln einhalten. Die folgende Aufzählung faßt die wichtigsten Punkte zur Entwicklung des ersten ActiveX-Servers zusammen (egal ob In- oder Out-of-Process). Ein Großteil dieser Einstellungen erfolgt automatisch, wenn Sie beim Start eines neuen Projekts ACTIVEX-EXE oder ACTIVEX-DLL angeben. Sie können aber auch ein vorhandenes Programm durch die manuelle Veränderung der Einstellungen in einen ActiveX-Server umwandeln.

- In PROJEKT | EIGENSCHAFTEN | ALLGEMEIN muß die Option ACTIVEX-EXE bzw. ACTIVEX-DLL aktiviert werden. Diese Option ist erforderlich, damit der ActiveX-Server in der Entwicklungsumgebung von Visual Basic getestet werden kann.
- Der ActiveX-Server muß zumindest eine öffentliche Klasse haben. Dazu fügen Sie ein Klassenmodul ein, öffnen das Codefenster und aktivieren mit F4 das Eigenschaftsfenster. Dort stellen Sie die Eigenschaft *Instancing* auf *MultiUse* (5). Eine Beschreibung der möglichen *Instancing*-Einstellungen finden Sie auf Seite 182. Die sich daraus ergebenden Komponenteneigenschaften (inklusive Multithreading) werden ab Seite 971 erläutert.

ANMERKUNG

In Visual Basic 4 mußte ein ActiveX-Server ein Modul mit die Prozedur *Main* enthalten – selbst dann, wenn die Prozedur keine einzige Zeile Code enthielt. Seit Visual Basic 5 ist das nicht mehr erforderlich. Sie können die Programmausführung eines ActiveX-Servers aber weiterhin in *Main* beginnen, um Initialisierungsaufgaben zu erledigen. Wenn es *Main* gibt und diese Prozedur beim Programmstart ausgeführt werden soll, muß *Main* in PROJEKT | EIGENSCHAFTEN | ALLGEMEIN | STARTOBJEKT angegeben werden.

Sie sollten einigen Komponenten des ActiveX-Servers vernünftige Namen geben. (Das müssen Sie nicht, es erleichtert aber die ersten Tests ganz erheblich.)

- Wieder in PROJEKT | EIGENSCHAFTEN | ALLGEMEIN stellen Sie den Projektnamen des ActiveX-Servers ein. (Als Defaulteinstellung wird *Projekt1* verwendet.) Der hier eingestellte Name wird als interne Referenz auf den Server (beispielsweise als Parameter des Visual-Basic-Kommandos *CreateObject*) benötigt und muß den Regeln eines Variablennamens entsprechen (keine Leerzeichen, keine Bindestriche).
- Im Textfeld PROJEKTBESCHREIBUNG können Sie eine etwas aussagekräftigere Zeichenkette eingeben. Diese Zeichenkette wird im Dialog PROJEKT | VERWEISE angezeigt, sobald der ActiveX-Server registriert ist. (Wenn Sie keine Beschreibung angeben, wird statt der Beschreibung der Server-Name angezeigt.)
- Zuletzt sollten Sie Ihrer neuen Klasse im Eigenschaftsfenster noch einen sinnvollen Namen geben. (Die Defaulteinstellung lautet *Class1*.)

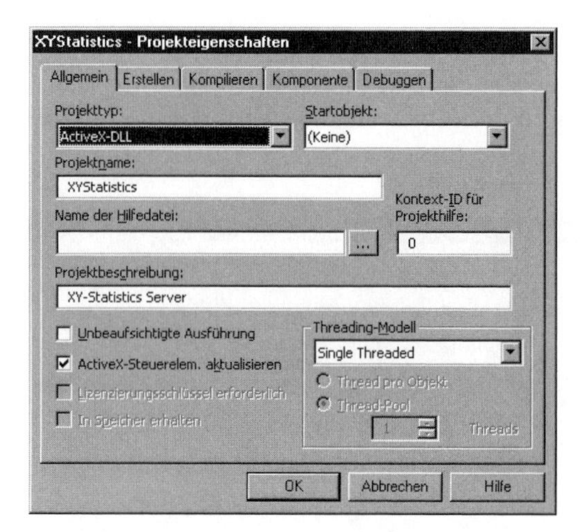

Bild 22.1: Projekteigenschaften für einen ActiveX-Server

Schließlich müssen Sie angeben, auf welche Weise die Komponenten getestet werden sollen (Bild 22.2). Dabei stehen folgende Varianten zur Auswahl:

- WARTEN BIS KOMPONENTE ERSTELLT IST: Die ActiveX-Komponente verhält sich passiv, bis ein anderes Programm via ActiveX Automation ein Objekt erzeugt. Diese Variante kommt bei der Programmierung von ActiveX-Servern zum Tragen, die durch ein anderes Visual-Basic-Programm (in einer zweiten Entwicklungsumgebung) getestet werden.

- KOMPONENTE STARTEN: Erzeugt ein Objekt der angegebenen Komponente. Soweit sinnvoll (etwa bei ActiveX-Steuerelementen oder -Dokumenten) wird das Objekt im Internet Explorer angezeigt. Die dazu erforderliche `*.htm`-Datei erzeugt die Entwicklungsumgebung als temporäre Datei.

- PROGRAMM STARTEN: Gleichzeitig mit der ActiveX-Komponente wird ein anderes Programm (`*.exe`) gestartet, das auf die Komponente zugreift.

- BROWSER STARTEN MIT URL: Startet den IE. Die URL-Adresse sollte auf eine vorhandene HTML-Datei zeigen, die das Objekt nutzt.

- BESTEHENDEN BROWSER VERWENDEN: Diese Option bestimmt, das Objekt in einer bereits laufenden Instanz des IE angezeigt wird (Defaulteinstellung), oder ob eine neue Instanz gestartet wird.

Restriktionen für In-Process-Server

- Die *Instancing*-Einstellungen *SingleUse* (3) und *GlobalSingleUse* (4) sind nicht erlaubt. (*SingleUse* bedeutet, daß für jede Objektinstanz ein neuer Server gestartet wird. Das ist nur bei EXE-Dateien möglich.)

- Das Kommando *End* darf nicht verwendet werden. (Da der Server Teil des Client-Prozesses ist, würde *End* ein Programmende auch für den Client bedeuten. Diese Entscheidung steht dem Server nicht zu, für das Programmende ist der Client verantwortlich.)

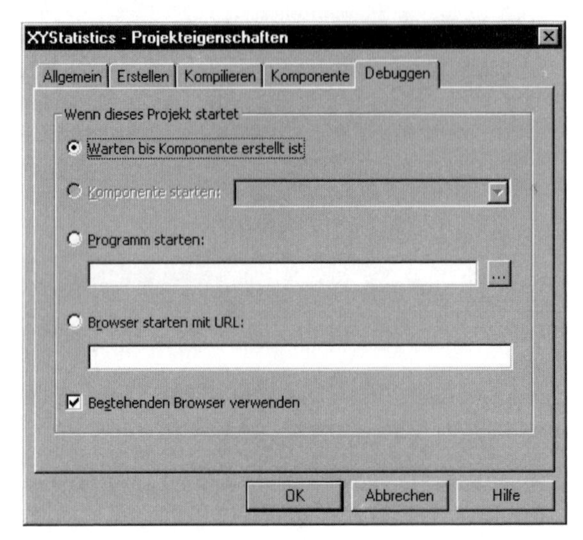

Bild 22.2: Testumgebung für ActiveX-Komponenten

Restriktionen für Out-of-Process-Server

Vermeiden Sie die Kommandos *MsgBox* und *InputBox*! Diese Kommandos sind zwar bei manchen Server-Varianten erlaubt, sie blockieren aber den Server (und damit *alle* Clients). Noch schlimmer wird das dadurch, daß der Anwender den Dialog oft gar nicht sieht, weil er durch das im Vordergrund befindliche Client-Fenster verdeckt wird! Der Client reagiert also nicht mehr, und der Anwender erkennt nicht, warum. Kein sehr benutzerfreundliches Szenario! (Wenn die Einstellung PROJEKT | EIGENSCHAFTEN | ALLGEMEIN | UNBEAUFSICHTIGE AUSFÜHRUNG aktiviert ist, werden *MsgBox*-Texte automatisch in eine Logging-Datei des Betriebssystems geschrieben. Das funktioniert allerdings nur bei Kompilaten.)

VERWEIS

Eine Zusammenfassung aller Eigenschaften, die Sie bei ActiveX-Komponenten einstellen können bzw. müssen (PROJEKT | EIGENSCHAFTEN) gibt ein eigener Abschnitt auf Seite 965.

22.1.4 Entwicklungsumgebung

Bei der Entwicklung von ActiveX-Servern haben Sie es im Regelfall mit zumindest zwei Programmen (Projekten) zu tun, einem Server und einem Client, der die Funktionen des Servers testet. Das Client-Programm ist ein ganz gewöhnliches Visual-Basic-Programm, dessen einzige Besonderheit darin besteht, daß ein Verweis auf den Server eingerichtet wird.

Bei Out-of-Process-Servern müssen Sie die VB-Entwicklungsumgebung zweimal starten, einmal für den Client und einmal für den Server. Wenn Sie dagegen einen In-Process-Server entwickeln (oder zumindest für die erste Entwicklungsphase den Projekttyp ACTIVEX-DLL verwenden), können das Client- und das Server-Projekt in derselben Entwicklungsumgebung gehalten werden.

Dazu müssen Sie eine Gruppe aus zwei Projekten bilden: Laden Sie das erste Projekt mit DATEI | PROJEKT ÖFFNEN und das zweite mit DATEI | PROJEKT HINZUFÜGEN; dann klicken Sie im Projektfenster das Client-Projekt an und führen das Kontextmenükommando ALS STARTEINSTELLUNG FESTLEGEN aus.

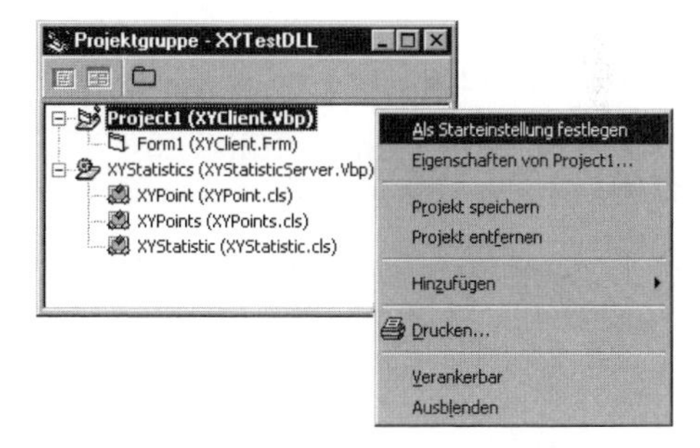

Bild 22.3: Projektgruppe für ActiveX-DLL und Testprogramm

Verweise

Damit der Client auf den Server zugreifen kann, muß für das Client-Projekt PROJEKT | VERWEISE ausgeführt werden und ein Verweis auf das Server-Projekt eingericht werden.

Bei der Entwicklung von ActiveX-DLLs (mit beiden Projekten in der Entwicklungsumgebung), müssen Sie darauf achten, daß Sie im Projektfenster den Client anklicken, bevor Sie PROJEKT | VERWEISE ausführen (sonst gilt der Dialog VERWEIS für das Server-Projekt).

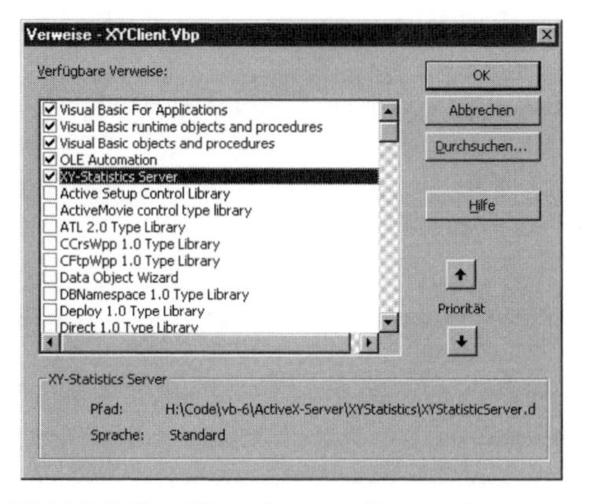

Bild 22.4: Der Client benutzt die vom Server zur Verfügung gestellte Objektbibliothek

Wenn Sie dagegen mit zwei Entwicklungsumgebungen arbeiten, müssen Sie in der einen Entwicklungsumgebung den Server starten, bevor Sie in der zweiten Entwicklungsumgebung den Verweis einrichten können. (Der Server wird erst dann in die Verweisliste eingetragen, wenn er tatsächlich zur Verfügung steht.)

HINWEIS

In Visual Basic 6 hat es einige kleine Verbesserungen gegenüber Version 5 gegeben, die den Testkomfort erhöhen. Beispielsweise brauchen keine unterschiedlichen Objektverweise für Server in einer Entwicklungsumgebung und Kompilate eingerichtet werden: Wenn ein ActiveX-Server durch eine laufende Entwicklungsumgebung bereit gestellt wird, verwendet der Client automatisch diesen Server, andernfalls ein bereits bestehendes Kompilat.

22.1.5 Einführungsbeispiel

In-Process-Server

Das Beispielprogramm erfüllt keine vernünftige Aufgabe – es soll einfach nur zeigen, wie die Entwicklung und der Test eines Servers prinzipiell aussehen.

Das Programm `MeinErsterServer` liegt in zwei Varianten vor: In einer Out-of-Process-Variante (`*.exe`) und in einer In-Process-Variante (`*.dll`). Der Programmcode und die Module der beiden Varianten unterscheiden sich nicht voneinander. Es gibt lediglich zwei unterschiedliche Projektdateien, in denen als Server-Name einmal *MeinErsterServerEXE* und das andere Mal *-DLL* eingetragen ist.

Die wenigen Zeilen Code des Servers sind auf zwei Dateien verteilt:

`MeinErsterServer.cls`	Code für die Klasse *MeineErsteKlasse*
`MeinErsterServer.frm`	ein Dialog, der über die Methode *ShowMessage* der Klasse *MeineErsteKlasse* aufgerufen wird

```
' ActiveX-Server\Intro\MeinErsterServer.cls
' die Klasse 'MeineErsteKlasse' kennt nur eine Methode (ShowMessage)
' und eine ReadOnly-Eigenschaft (Description)
Sub ShowMessage()
  Form1.Show vbModal
End Sub
Property Get Description()
  Description = "Meine Erste Klasse"
End Property
```

```
' ActiveX-Server\Intro\MeinErsterServer.frm
Private Sub Command1_Click()
  Unload Me  'Hide reicht nicht aus!
End Sub
```

Für das Klassenmodul `MeinErsterServer.cls` wurde *Instancing=5* (*Multiuse*) verwendet. In *ShowMessage* wird das Formular *Form1* modal angezeigt. (Eine nicht-modale Anzeige wäre nur für die Out-of-Process-Variante zulässig und ist bei diesem Beispiel nicht sinnvoll.) In *Command1_Click* zum OK-Button des Formulars wird das Formular nicht wie sonst üblich nur mit *Hide* verborgen, sondern explizit mit *Unload* aus dem Speicher geworfen. Das ist wichtig, damit der ActiveX-Server nicht endlos läuft, weil es noch geöffnete Formulare gibt.

Wenn Sie das Programm in der Entwicklungsumgebung von Visual Basic starten, passiert erst mal gar nichts. Der ActiveX-Server wird zwar vorübergehend als solcher registriert, kann also von anderen Programmen (Clients) verwendet werden, solange der Server läuft; der Server wird aber erst aktiv, wenn ein Client-Programm ein *Meine-ErsteKlasse*-Objekt erzeugt und auf dessen Eigenschaften und Methoden zugreift.

Client

In der Testphase wird es wohl in erster Linie ein zweites Visual-Basic-Programm sein, das als Client auf den Server zugreift. Je nach Server-Typ (`*.dll` oder `*.exe`) fügen Sie einfach ein zweites Projekt ein oder starten die Entwicklungsumgebung ein zweites Mal. Über PROJEKT | VERWEISE können Sie einen Verweis auf den Server einrichten. Anschließend können Sie den Server mit wenigen Zeilen Code testen:

```
' Beispielprogramm ActiveX-Server\Intro\MeinErsterClient.frm
Private Sub Command1_Click()
  Dim x As New MeineErsteKlasse
  x.ShowMessage
  MsgBox x.Description
  Set x = Nothing
End Sub
```

Durch die Anweisung *Dim x As New* wird ein neues Objekt der angegebenen Klasse erzeugt und in *x* ein Verweis auf das Objekt gespeichert. (Die eigentlichen Daten werden vom Server verwaltet. *x* beansprucht praktisch keinen Speicher, es handelt sich um einen Zeiger.) Falls verschiedene ActiveX-Server den gleichen Klassennamen verwenden (was zwar nicht wünschenswert ist, aber vorkommen kann), ist auch folgende Variablendeklaration erlaubt:

```
Dim x As New MeinErsterServerDLL.MeineErsteKlasse
```

Mit *x.ShowMessage* wird eine Methode des neuen Objekts angewendet. Möglicherweise sehen Sie die dadurch angezeigte Dialogbox nicht (es handelt sich um das Formular aus `MeinErsterServer.frm`), weil das Fenster hinter anderen gerade am Bildschirm befindlichen Fenstern erscheint. Begeben Sie sich also auf die Suche!

Nachdem Sie den Dialog mit OK quittiert haben, erscheint ein weiterer Dialog, in dem der Inhalt der *Description*-Eigenschaft angezeigt wird. Anschließend kann das Programm beendet werden.

Beachten Sie die Anweisung *Set x = Nothing*. Sie bewirkt, daß der Verweis auf den ActiveX-Server aufgelöst wird. Wenn der ActiveX-Server als eigenständiges `*.exe`-

Programm läuft, wird das Programm jetzt beendet. (Im Beispielprogramm oben würde das auch ohne die *Nothing*-Zuweisung funktionieren, weil die Variable *x* ohnedies nur innerhalb *Command1_Click* gültig ist. In vielen Programmen kann eine vergessene *Nothing*-Zuweisung aber dazu führen, daß der ActiveX-Server länger ausgeführt wird, als notwendig wäre, und damit Speicher blockiert!)

Statt der Anweisung *Dim As New* können Sie auch die folgende Codevariante verwenden:

```
Dim x As MeineErsteKlasse
Set x = CreateObject("MeinErsterServerDLL.MeineErsteKlasse")
```

Auch eine dritte Variante ist denkbar. Sie hat den Vorteil, daß sie sogar ohne das Einrichten eines Verweises (PROJEKT | VERWEISE) funktioniert. Allerdings ist dann nur *Late Binding* möglich (siehe Seite 191). Diese Variante ist vor allem dann interessant, wenn Sie via Remote Automation oder DCOM auf einen Server zugreifen möchten, der sich auf einem anderen Rechner befindet.

```
Dim x As Object
Set x = CreateObject("MeinErsterServerDLL.MeineErsteKlasse")
```

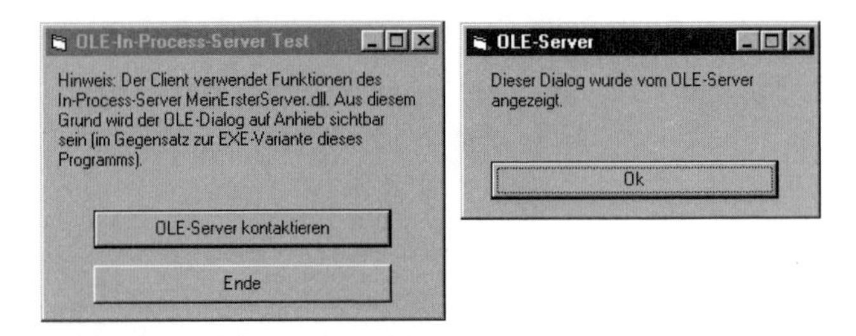

Bild 22.5: In-Process-Server und Client während der Testphase

Um das Programm in der Entwicklungsumgebung auszuführen, müssen Sie vorher den dazugehörenden ActiveX-Server in einer eigenen Visual-Basic-Entwicklungsumgebung starten und für das Clientprogramm via PROJEKT | VERWEISE den Verweis auf den Server neu einstellen. Das Client-Programm enthält zur Zeit einen Verweis auf das Kompilat des Servers, wie er bei der Entwicklung des Programms verwendet wurde. Löschen Sie diesen Verweis und stellen Sie den Verweis auf die Runtime-Version des Servers (`*.vbp`) neu ein.

Out-of-Process-Server und Client

Die Ouf-of-Process-Varianten von Client und Server weisen denselben Code auf. Ihr Test ist aber ein wenig aufwendiger: Sie müssen die Projekte `MeinErsterServer-EXE.vbp` und `MeinErsterClientEXE.vbp` in zwei getrennte Instanzen der Entwicklungsumgebung laden. Anschließend müssen Sie zuerst den Server starten, dann in der Entwicklungsumgebung den Verweis des Clients auf den Server (`*.vbp`-Datei) neu einrichten; erst jetzt können Sie auch den Client starten.

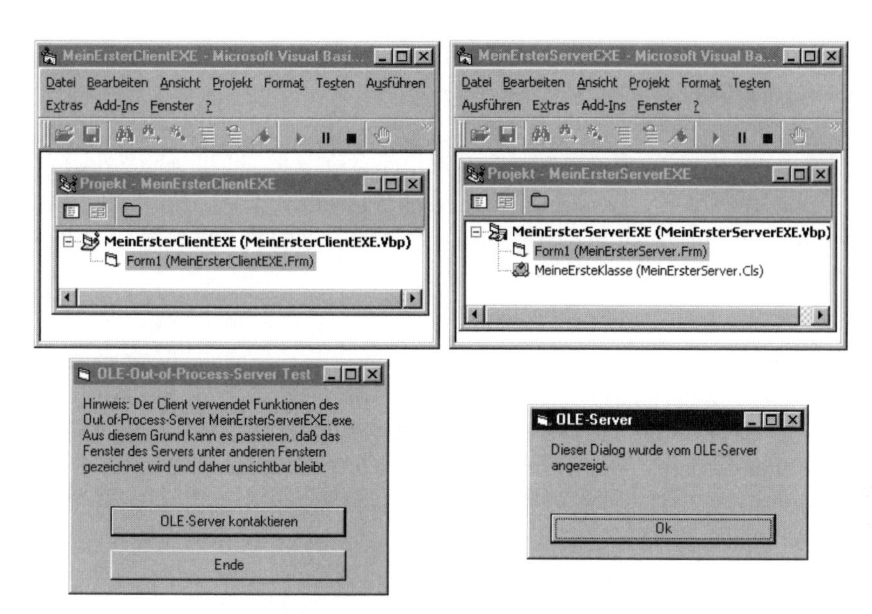

Bild 22.6: Out-of-Process-Server und Client werden in zwei getrennten Entwicklungsumgebungen ausgeführt

22.1.6 Server-Kompilate

Bis jetzt wurde immer davon ausgegangen, daß Server und Clients in zwei Instanzen der Entwicklungsumgebung von Visual Basic laufen. Während der Testphase ist das sicherlich eine vernünftige Annahme, längerfristig ist es aber natürlich das Ziel, Kompilate zu erstellen (DLLs im Fall von In-Process-Servern, `*.exe`-Dateien im Fall von Out-of-Process-Servern).

Zum Erstellen des Kompilats führen Sie einfach DATEI | EXE- / DLL-DATEI ERSTELLEN aus. Beim Kompilieren wird der ActiveX-Server automatisch in die Registrierdatenbank aufgenommen.

HINWEIS

Sobald der Server zum ersten Mal erfolgreich kompiliert ist, sollten Sie mit PROJEKT | EIGENSCHAFTEN | KOMPONENTE | VERSIONSKOMPATIBILITÄT eine der beiden Optionen PROJEKT- oder BINÄR-KOMPATIBILITÄT auswählen und dabei die `*.exe`-Datei des ersten Kompilats als Dateinamen angeben. Sie erreichen damit, daß der Server immer die gleiche UUID hat. Das ist wichtig, damit im Client nicht ständig ein neuer Verweis eingerichtet werden muß. Damit Sie wirklich verstehen, was hier vor sich geht, müssen Sie die Abschnitte zu den Themen UUIDs und Kompatibilität lesen (Seite 960 bzw. Seite 964).

Unterschied zwischen Servern in der Entwicklungsumgebung und Server-Kompilaten

Im wesentlichen sollte sich der kompilierte Server so wie in der Entwicklungsumgebung verhalten. Der einzig wesentliche Unterschied betrifft das Multithreading-Verhalten von Out-of-Process-Servern: Dieses Verhalten kann nur mit Kompilaten, nicht aber in der Entwicklungsumgebung getestet werden (was die Fehlersuche in Multithreading-Servern sehr erschwert).

Excel als Client

Sobald der Server kompiliert ist, kann er auch von anderen Programmen (und nicht nur von Visual Basic) verwendet werden. In Frage kommen alle Programme, die VBA als Programmiersprache unterstützen. Als ein Vertreter dieser Gruppe wurde Excel ausgewählt. Auf der CD-ROM befinden sich Beispiele für beide Varianten (In- und Out-of-Process).

Ähnlich wie bei Visual-Basic-Clients müssen Sie auch unter Excel in der VBA-Entwicklungsumgebung (Alt+F11) mit EXTRAS | VERWEISE einen Verweis auf den Server einrichten. Die Verbindung wird dann mit *CreateObject* hergestellt.

```
' Excel-Beispielprogramm ActiveX-Server\Intro\ExcelClientEXE.xls
' ActiveX-Server-Test, Out-of-Process-Variante (EXE)
Sub OLE_Test()
  Dim x As MeineErsteKlasse
  Set x = CreateObject("MeinErsterServerEXE.MeineErsteKlasse")
  x.ShowMessage
  MsgBox x.Description
End Sub
```

22.1.7 Neu in Visual Basic 6

Das gesamte Kapitel wurde (wie das restliche Buch) im Hinblick auf Version 6 überarbeitet. Dadurch ergibt sich zwar ein konsistentes Bild, für VB5-Programmierer gehen die Neuerungen aber leicht im Text unter. Daher hier ganz kurz eine Zusammenfassung der Veränderungen:

- **UUID-Verwaltung:** Bei Binär- oder Projektkompatibilität kann jetzt ein direkter Verweis auf das Kompilat eingerichtet werden. Es ist nicht mehr notwendig, dazu zuerst eine Kopie des Kompilat zu erstellen. Komponenten haben beim Test in der Entwicklungsumgebung und im Kompilat dieselbe UUID, d.h., es ist nicht mehr notwendig, zum Test des Kompilats den Verweis auf die Objektbibliothek zu verändern. Bei neuen Projekten verwendet Visual Basic beim ersten Kompilieren die Einstellung KEINE KOMPATIBILITÄT, in der Folge automatisch PROJEKT-KOMPATIBILITÄT. Daher ist es in den vielen Fällen nicht mehr notwendig, die Kompatibilitäts-Einstellungen je zu verändern.

- **Multithreading:** Formulare, *UserDocuments* und *-Controls* (also ActiveX-Dokumente und Steuerelemente) sowie ActiveX-Designer sind Thread-sicher. Das bedeutet, daß Multithreading selbst dann funktioniert, wenn ein Programm bzw. eine Komponente darauf zurückgreift. (Genaugenommen gilt das schon seit dem Service Pack 2 für VB5.)

  Die Einstellung UNBEAUFSICHTIGTE AUSFÜHRUNG im Eigenschaften-Dialog ist nicht mehr Voraussetzung für die Programmierung Thread-sicherer DLLs bzw. Multithreading-fähiger Out-of-Process-Server.

  DLLs können jetzt so kompiliert werden, daß sie gemäß dem *Apartment Model* für Multithreading effizient genutzt werden können. Dieses Modell ist ein Mechanismus, der einen sicheren und schnellen Zugriff auf eine ActiveX-Komponente durch mehrere Threads zuläßt. Das erste Programm, das *Apartment Multithreading* nutzte, war der IE4.

- **Neue Klassen-Eigenschaften:** Je nach Komponenttyp und je nach Einstellung von *Instancing* stehen für Objektklassen die neuen Eigenschaften *Persistable, DataBindingBehavior, DataSourceBehavior* und *MTSTransactionMode* zur Verfügung.

- **Neue Projekt-Eigenschaften:** Mit der Option IM SPEICHER ERHALTEN kann erreicht werden, daß Programmcode selbst dann im Speicher gehalten wird, wenn kein Objekt mehr existiert. Das kann bei der Entwicklung von *WebClasses* für den Internet Information Server sinnvoll sein, um die Performance zu steigern.

- **Debugging / Startmodus:** Um den Test von ActiveX-Komponenten zu erleichtern, kann zugleich mit der Komponente ein externes Testprogramm gestartet werden, das die Komponente nutzt (beispielsweise der Internet Explorer). Die Debugging-Funktionen von Visual Basic funktionieren weiterhin, d.h. es nicht mehr notwendig, ein neues Steuerelement zur Fehlersuche in ein Visual-Basic-Formular einzubetten. (Das klingt trivialer, als es in Wirklichkeit ist. Damit das funktioniert, muß das neue Steuerelement für den Internet Explorer wie eine In-Process-Komponente wirken, obwohl die Visual-Basic-Entwicklungsumgebung nur eine Out-of-Process-Komponente zur Verfügung stellen kann.)

22.2 ActiveX-Grundlagen

Die folgenden Abschnitte beschreiben einige grundlegende Gemeinsamkeiten von ActiveX-Komponenten, die gleichermaßen für ActiveX-Server, -Steuerelemente und -Dokumente gelten.

22.2.1 Identifikationsnummern (UUIDs) und Registrierung

Wenn ein Programm auf eine beliebige ActiveX-Komponente zugreift, dann erfolgt dieser Zugriff nicht über einen Dateinamen, sondern über eine Identifikationsnummer (den sogenannten *Universal Unique Identifier*, eine 32-stellige hexadezimale Zahl). Das gilt sowohl für die Entwicklungsumgebung (PROJEKT | VERWEISE und PROJEKT | KOMPONENTEN) als auch für kompilierte Programme. Bei der Ausführung des Clients wird die Registrierdatenbank nach dem UUID durchsucht. Der entsprechende Eintrag enthält dann unter anderem die Versionsnummer und den Dateinamen der Komponente.

Eine einigermaßen lesbare Übersicht aller installierten Komponenten erhalten Sie, wenn Sie den Registriereditor starten (das Programm befindet sich im Windows-Systemverzeichnis) und einen Blick in eines der beiden (intern gleichwertigen) Verzeichnisse werfen:

HKEY_CLASSES_ROOT
HKEY_LOCAL_MACHINE\SOFTWARE\Classes

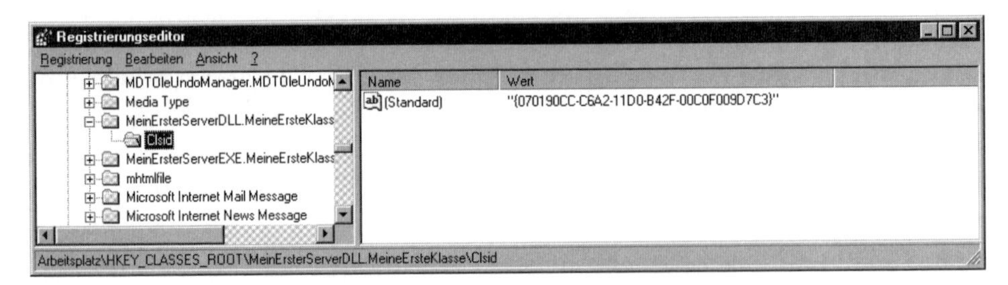

Bild 22.7: Der ActiveX-Server MeinErsterServerDLL

An dieser Stelle wird lediglich die Klassennummer gespeichert. Mit etwas Suchaufwand finden Sie diese Klassennummer in den folgenden Verzeichnissen als Schlüsselname wieder:

HKEY_CLASSES_ROOT\CLSID
HKEY_LOCAL_MACHINE\SOFTWARE\Classes\CLSID

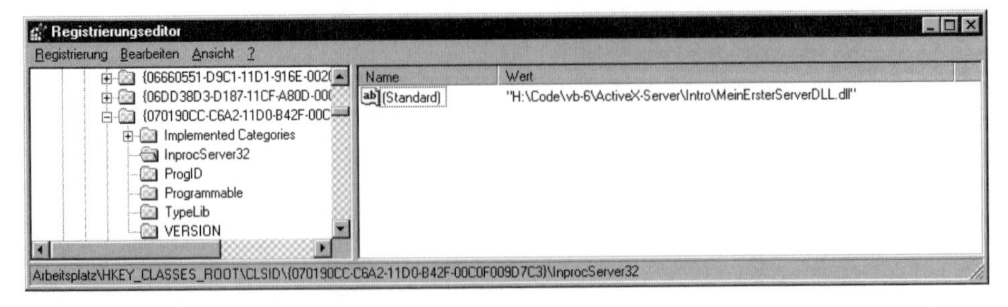

Bild 22.8: Die interne Verwaltung dieser Klasse enthält auch den exakten Dateinamen des Servers

An dieser Stelle sind diverse Informationen zu dieser Klasse gespeichert, unter anderem der Ort der Datei, die den Programmcode für diese Klasse enthält. Beachten Sie, daß es sich beim Eintrag *Version* nicht um die Versionsnummer der ActiveX-Komponente handelt, die Sie in PROJEKT | EIGENSCHAFTEN | ERSTELLEN einstellen. Diese Versionsnummer wird nur direkt in der Datei der Komponente gespeichert und kann beispielsweise mit dem Explorer angezeigt werden (Alt+Return bzw. DATEI | EIGENSCHAFTEN).

Die ID-Nummern werden nicht nur bei der Programmausführung verwendet, sondern auch in der Projektdatei des Clients gespeichert. Der Dialog PROJEKT | VERWEISE ist genaugenommen nur eine schöne Benutzeroberfläche, die Ihnen die manuelle Eingabe von UUIDs erspart.

```
' aus der Projektdatei MeinErsterClientDLL.vbp
Type=Exe
Reference=*\G{070190CF-C6A2-11D0-B42F-00C0F009D7C3}#1.0#0#_
  MeinErsterServerDLL.dll#Mein erster Server, DLL-Version
Form=MeinErsterClientDLL.Frm
...
```

Einen bequemeren Zugang zu den registrierten Komponenten und allen damit verbundenen Informationen bekommen Sie mit dem Programm `OLEView.exe` im Verzeichnis `Common\Tools`. (Da hat Microsoft doch glatt vergessen, OLE in ActiveX zu übersetzen!) ActiveX-Server befinden sich in der Gruppe *Automation Objects*.

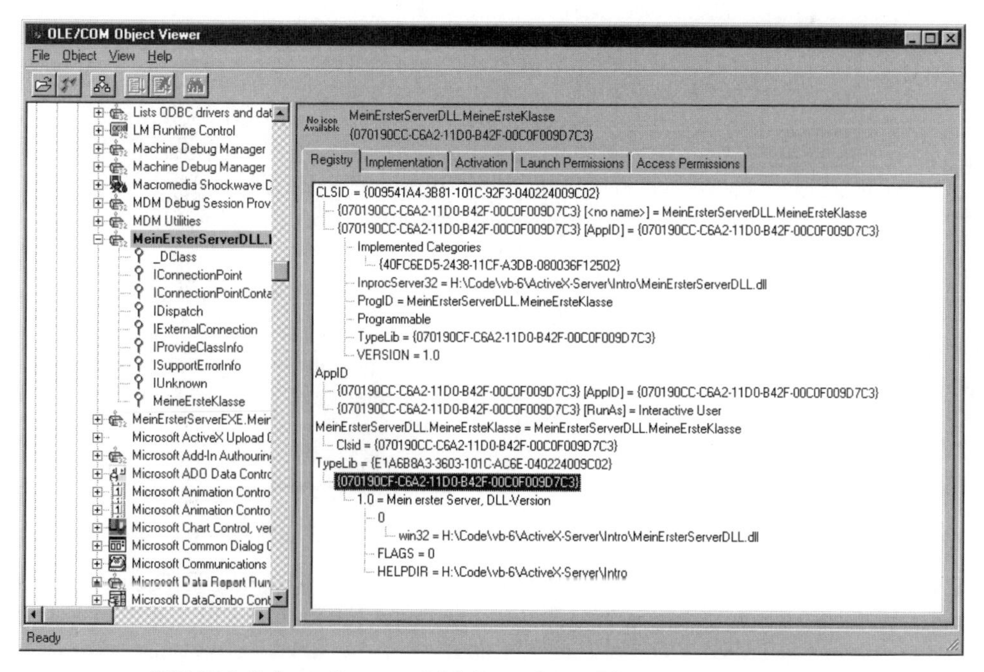

Bild 22.9: Informationen zu MeinErsterServerEXE.exe im OLE-Viewer

Herkunft von UUIDs

Woher kommen diese Identifikationsnummern nun? Wenn Sie in Visual Basic eine neue Komponente programmieren, erzeugt die Entwicklungsumgebung bei der ersten Verwendung (beim Kompilieren) automatisch einen zufälligen UUID. Je nach Einstellung von PROJEKT | EIGENSCHAFTEN | KOMPONENTE | VERSIONSKOMPATIBILITÄT wird dieser UUID beim nächsten Kompilieren beibehalten oder auch nicht (siehe den übernächsten Teilabschnitt zum Thema Kompatibilität).

Wenn Sie eine ActiveX-Komponente an einen anderen Anwender weitergeben oder via Internet zur Verfügung stellen, dann wird derselbe UUID auch am Rechner des Anwenders verwendet. Der UUID dient also nicht nur auf Ihrem lokalen Rechner zur Identifikation, sondern weltweit.

Falls Sie UUIDs ohne die Visual-Basic-Benutzeroberfläche erzeugen möchten, können Sie dazu die Programme `Guid.exe` (Windows-Oberfläche) und `Uuid.exe` (DOS-Tool) im Verzeichnis `Common\Tools` einsetzen.

ANMERKUNG

UUID steht für *Universal Unique Identifier*. Ob sich daraus der verwegene Vorsatz ableiten läßt, gleich das ganze Universum zu erfassen und womöglich mit Microsoft-Software zu versorgen, soll hier nicht Thema der Diskussion sein.

Statt dessen einige Hintergrundinformationen zu diesen merkwürdigen Zahlen, die oft auch als GUIDs bezeichnet werden (*Global UID*): Es handelt sich um Integerzahlen mit 32 hexadezimalen Stellen. Daraus ergeben sich 2^{128}=3.4028*10^{38} Möglichkeiten.

Selbst wenn sechs Milliarden Menschen ein Jahrhundert lang je eine UUID pro Sekunde erzeugen (und dazu müßten sie recht fleißig programmieren), wären erst 1.8921*10^{19} IDs vergeben. Mit anderen Worten: es ist unwahrscheinlich, daß dieser Zahlenbereich ebenso rasch eng wird wie die 640 kByte eines DOS-Rechners. Es ist sogar ziemlich unwahrscheinlich, daß derselbe UUID zweimal (auf zwei verschiedenen Rechnern) erzeugt wird.

Zur Erzeugung eines UUIDs werden unter anderem der Netzwerkname des Rechners, die Uhrzeit, ein Zähler sowie diverse quasi-zufällige Werte (etwa CPU-Register) verwendet. Wenn Sie an näheren Details interessiert sind, werfen Sie einen Blick in *Inside OLE* von Kraig Brockschmidt (Microsoft Press bzw. MSDN-Library).

Änderung des UUIDs

Wenn Sie eine Komponente neu kompilieren und dabei eine neue UUID erzeugt wird, können Clients, die für den alten UUID kompiliert wurden, nicht mehr verwendet werden. Beim Laden von Visual-Basic-Projekten in die Entwicklungsumgebung tritt die Fehlermeldung 'Kann Verweis nicht erstellen' auf. Abhilfe: Sie müssen den Verweis neu erstellen bzw. den Client neu kompilieren. Um das zu vermeiden, gibt es die Kompatibilitätsoptionen in PROJEKT | EIGENSCHAFTEN | KOMPONENTE, die Thema des übernächsten Teilabschnitts sind.

22.2.2 Registrierung

Die Visual-Basic-Entwicklungsumgebung erzeugt nicht nur nach Bedarf neue UUIDs, sie kümmert sich beim Kompilieren auch automatisch um die Registrierung der Komponenten auf Ihrem Rechner. (Eine ActiveX-Komponente kann nur verwendet werden, wenn sie registriert ist. Es reicht nicht aus, daß sich die `*.dll`- oder `*.exe`-Datei im selben Verzeichnis befindet wie der Client!) Daneben gibt es einige weitere Möglichkeiten zur Registrierung:

- Auswahl einer momentan nicht registrierten Komponente mit PROJEKT | VERWEISE | DURCHSUCHEN in der Visual-Basic-Entwicklungsumgebung.
- Installation der Komponente durch das Setup-Programm (siehe Seite 88) oder durch den Internet Explorer.
- Ausführung eines ActiveX-EXE-Servers. (Das Programm wird sofort wieder beendet. Der einzige Sinn des Starts besteht darin, die Datei zu registrieren.)
- Manuelle Registrierung durch `Regsrv32.exe` oder durch `regocx32.exe`. Diese beiden Programme befinden sich mit einer kurzen Anleitung im Verzeichnis `Common\Tools` auf der Visual-Basic-CD-ROM. Eine manuelle Registrierung ist nur in ganz seltenen Fällen erforderlich, etwa wenn Sie eine DLL in ein anderes Verzeichnis verschieben.

Server aus der Registrierdatenbank entfernen

Nach zwei oder drei Tagen Komponentenprogrammierung werden Sie feststellen, daß das eigentliche Problem nicht die Registrierung ist – ganz im Gegenteil! Durch die fortwährende automatische Registrierung irgendwelcher Testprogramme quillt die Registrierdatenbank bald über vor lauter nicht mehr aktuellen Verweisen auf ActiveX-Komponenten. Der Dialog PROJEKT | VERWEISE wird ebenfalls zunehmend unübersichtlicher.

Am einfachsten geht das Löschen von Registrierinformationen mit dem oben schon erwähnten Programm `RegSvr32`: Außer dem Dateinamen müssen Sie noch die Option `/u` angeben, also etwa:

```
RegSvr32 /u testserver.exe
```

Mit früheren Versionen von Visual Basic wurde das Programm `RegClean.exe` mitgeliefert. Es durchsucht die Registrierdatenbank und entfernt alle ungültigen Einträge. Das ist natürlich einigermaßen riskant, und tatsächlich gab es mit früheren Versionen dieses Programms immer wieder Probleme. Das ist wohl auch der Grund, warum dieses Tool nicht mehr offiziell mitgeliefert wird (frei nach dem Motto: Lieber ein paar Einträge in der Registrierdatenbank zuviel als einer zuwenig!). Wenn Sie das Programm dennoch einsetzen möchten, müssen Sie am Internet-Server von Microsoft danach suchen.

Alternativ können Sie Einträge der Registrierdatenbank auch mit dem Registrier-Editor `RegEdit.exe` löschen, was natürlich sehr mühsam ist. Nochmals die Warnung: Wenn Sie versehentlich einen falschen Eintrag löschen, können die Folgen unabsehbar sein! `RegEdit` befindet sich im Windows-Verzeichnis.

Das Programm `Ole2vw32.exe` – wahrscheinlich eine Vorgängerversion vom schon erwähnten Programm `OleView.exe` – besticht zwar nicht durch eine übersichtliche Oberfläche, hat aber einen anderen Vorzug: mehrfach registrierte Komponenten werden tatsächlich mehrfach anzeigt. Das Programm bietet damit eine Möglichkeit, falsch registrierte Komponenten zu finden und dann mit `RegEdit` manuell zu entfernen.

22.2.3 Kompatibilität

Ein Vorteil von Komponenten besteht darin, daß man sie austauschen kann, ohne gleich ein ganzes Programm austauschen zu müssen. Mit anderen Worten: Wenn sich ein ActiveX-Server als fehlerhaft herausstellt, kann die Server-Datei durch eine korrigierte Version ersetzt werden. Die eigentliche Anwendung braucht nicht neu kompiliert werden. Das klappt natürlich nur dann, wenn sich die Namen von Objekten, Methoden und Eigenschaften, die Datentypen der Parameter etc. nicht ändern.

Um das bei der Weiterentwicklung sicherzustellen, kann mit PROJEKT | EIGENSCHAFTEN | KOMPONENTE | VERSIONSKOMPATIBILITÄT zwischen drei Kompatibilitätsoptionen gewählt werden:

- KEINE KOMPATIBILITÄT: Es erfolgt kein Vergleich mit vorhandenen Versionen. Jedesmal, wenn Sie die Komponente kompilieren, wird ein neuer UUID erzeugt. Diese Einstellung ist auf jeden Fall beim ersten Kompilieren erforderlich.

- PROJEKT-KOMPATIBILITÄT: Es muß der Dateiname einer alten Version der ActiveX-Komponente angegeben werden. Beim Kompilieren erhält der neue Server denselben UUID wie die angegebene Datei. Bei neuen Projekten aktiviert Visual Basic diese Option automatisch nach dem ersten Kompilieren.

- BINÄR-KOMPATIBILITÄT: Wie oben, allerdings testet Visual Basic jetzt vor jedem Programmstart, ob Sie am Server Änderungen durchgeführt haben, die mit der bisherigen Implementierung inkompatibel sind. (Es stellt kein Problem dar *neue* Objekte, Methoden, Eigenschaften etc. einzuführen. Schon vorhandene Schnittstellen dürfen sich aber nicht ändern.)

Die Bezeichnung PROJEKT-KOMPATIBILITÄT ist also ein wenig irreführend. Die Option bewirkt lediglich, daß sich die UUID nicht ändert, ermöglicht aber durchaus inkompatible Änderungen.

22.2.4 Projekt-Eigenschaften

Dieser Abschnitt gibt eine Zusammenfassung über alle Projekt-Eigenschaften, die bei ActiveX-Servern und anderen ActiveX-Komponenten mit PROJEKT | EIGENSCHAFTEN eingestellt werden kann.

Projekttyp (Dialogblatt Allgemein)

Gibt an, ob es sich um ein normales Programm, einen ActiveX-Server (DLL oder EXE) oder um ein ActiveX-Steuerelement handelt. ActiveX-Dokumente gelten intern als ActiveX-Server (ACTIVEX-DLL). Die Unterschiede zwischen In- und Out-of-Process-Server (DLL oder EXE) werden auf Seite 947 beschrieben.

Startobjekt (Dialogblatt Allgemein)

Gibt an, an welcher Stelle die Codeausführung beginnt. Bei normalen Programmen muß entweder die Prozedur *Main* in einem Modul oder der Name eines Formulars genannt werden (in diesem Fall beginnt die Programmausführung mit *Form_Load* oder *Form_Initialize*). Bei ActiveX-Komponenten sind die Einstellungen MAIN oder KEIN STARTOBJEKT zulässig.

Unabhängig davon kann im Dialogblatt TESTEN eine Startkomponente angegeben werden. Das ist beispielsweise bei ActiveX-Dokumenten oder DHTML-Projekten sinnvoll, um anzugeben, welche Komponente in einer Testumgebung (z.B. im Internet Explorer) zuerst angezeigt werden soll.

Der Grund, weswegen die zwei Einstellungen getrennt vorgenommen werden können (und damit nicht unbeträchtliche Verwirrung stiften) besteht darin, daß es theoretisch möglich ist, MAIN als Startobjekt *und* eine beliebige Startkomponente gleichzeitig anzugeben. In diesem Fall würde zuerst *Main()* ausgeführt an dann die jeweilige Komponente erzeugt.

Projektname (Dialogblatt Allgemein)

Der Projektname wird zur Registrierung des Projekts verwendet. Unter diesem Namen kann die ActiveX-Komponente später angesprochen werden. Aus diesem Grund gelten die Regeln für Variablenenamen (keine Leerzeichen, keine Bindestriche).

Projektbeschreibung (Dialogblatt Allgemein)

Hier ist eine etwas ausführlichere Beschreibung des Objekts möglich. Der Text wird beispielsweise im Dialog PROJEKT | VERWEISE angezeigt.

Unbeaufsichtigte Ausführung (Dialogblatt Allgemein)

Diese Option kann nur bei ActiveX-Servern und bei normalen Programmen (nicht aber bei ActiveX-Steuerelementen) gewählt werden, und nur dann, wenn das Projekt kein Formular enthält. Die Option bedeutet, daß das Programm keine direkten Benutzereingaben entgegennimmt und keine Ausgaben am Bildschirm vornimmt. Die gesamte Kommunikation erfolgt über das Komponentenmodell. Fehlermeldungen und *MsgBox*-Texte werden bei Kompilaten automatisch in eine Logging-Datei des Betriebssystems geschrieben. (Unter Windows NT können Sie diese Meldungen mit dem Programm VERWALTUNG (ALLGEMEIN) | EREIGNISANZEIGE lesen.) Im Gegensatz zu VB5 ist das Aktivieren dieser Option seit Version 6 *nicht* mehr Veraussetzung, um Thread-sichere In-Process- bzw. Multithreading-fähige Out-of-Process-Server zu erstellen.

ActiveX-Steuerelemente aktualisieren (Dialogblatt Allgemein)

Diese Option gibt an, ob vom Projekt genutzte ActiveX-Komponenten automatisch durch neuere Versionen ersetzt werden sollen, soweit solche gefunden werden. Diese Option ist normalerweise gesetzt. Sie bewirkt unter anderem, daß beim Laden von VB5-Projekten alle VB5-Steuerelemente durch die neueren VB6-Varianten ersetzt werden. Sie sollten diese Option nur dann deaktivieren, wenn Sie kompatibel zu alten Bibliotheken bleiben möchten (etwa bei einem Bugfig für ein VB5-Programm, wenn Sie dem Anwender das Update aller Steuerelemente ersparen möchten).

Lizenzierungsschlüssel (Dialogblatt Allgemein)

Die Option kann nur bei ActiveX-Steuerelementen verwendet werden. Sie bewirkt, daß das Steuerelement nur verwendet werden kann, wenn am Installationsrechner die Lizenzierungsdatei `*.vbl` registriert wird.

VERWEIS

Auf der Visual-Basic-CD-ROM befindet sich im Verzeichnis `Common\Tools\Vb\LPK_Tool` ein Programm, mit dem Sie lizenzpflichtige ActiveX-Komponenten erstellen können. Weitere Informationen gibt die MSDN-Library:

VB-DOKUMENTATION | ARBEITEN MIT VB | KOMPONENTENHANDBUCH |
- ERSTELLEN VON INTERNET-ANWENDUNGEN |
- DOWNLOADEN VON ACTIVEX-KOMPONENTEN |
- VORBEREITEN | LIZENZIERUNG

VB-DOKUMENTATION | ARBEITEN MIT VB | KOMPONENTENHANDBUCH |
- ERSTELLEN VON ACTIVEX-KOMPONENTEN |
- ERSTELLEN VON ACTIVEX-STEUERELEMENTEN IM DETAIL |
- VERTEILEN

PLATTFORM SDK | COM AND ACTIVEX | COMPONENT DEVELPOMENT |
- ACTIVEX CONTROLS | LICENSING

In Speicher erhalten (Dialogblatt Allgemein)

Diese Option ist neu in Version 6. Sie kann nur dann aktiviert werden, wenn auch die Einstellung UNBEAUFSICHTIGTE AUSFÜHRUNG aktiviert ist. Die Option sollte ausschließlich bei IIS-Projekten verwendet werden. Sie bewirkt, daß Programmcode selbst dann im Speicher gehalten wird, wenn vorübergehend kein Objekt mehr existiert. Dieses normalerweise unerwünschte Verhalten kann bei IIS-Projekten die Performance steigern.

Threading model (Dialogblatt Allgemein)

Bei ActiveX-DLLs und -Steuerelementen können Sie hier zwischen SINGLE THREADED und APARTMENT THREADED wählen. *Apartment-Threaded*-Komponenten sind deutlich effizienter, wenn Sie von einem Multithreading-Programm genutzt werden (siehe auch Seite 975).

Bei ActiveX-EXEs besteht die Auswahl zwischen THREAD PER OBJECT und einem THREAD POOL. Die zweite Variante bietet sich vor allem dann an, wenn eine sehr große Anzahl von Objekten verarbeitet werden soll, ohne daß der Speicherbedarf des Out-of-Process-Servers unbegrenzt steigt. Die Anzahl der Threads muß auf einen Wert größer 1 gestellt werden! (Auch hierzu finden Sie Details ab Seite 975.)

Versionsnummer (Dialogblatt Erstellen)

Die Versionsnummer wird in der `*.dll`- oder `*.exe`-Datei gespeichert. Bei der Installation von ActiveX-Komponenten wird getestet, ob diese Komponente schon installiert ist, und wenn ja, ob die Version noch aktuell ist. Nur wenn das nicht der Fall ist, wird die Datei tatsächlich (neu) installiert. Die Versionsnummer ist also von großer Bedeutung, wenn Sie mehrere Versionen einer Komponente ausliefern.

Anwendungsname (Dialogblatt Erstellen)

Als wären PROJEKTNAME und PROJEKTBESCHREIBUNG noch nicht genug, bietet ANWENDUNGSNAME eine dritte Möglichkeit, das Projekt zu benennen. Der ANWENDUNGSNAME wird im Task-Manager angezeigt, wenn der Server läuft. (Der PROJEKTNAME ist dagegen für die Benennung der Objekte wichtig, also etwa *CreateObject("projektname.klassenname")*.)

DLL-Basisadresse (Dialogblatt Erstellen)

Bei ActiveX-DLLs und bei ActiveX-Steuerelementen können Sie eine DLL-Basisadresse angeben. Der Sinn dieser Adreßangabe besteht darin, daß das Betriebssystem alle DLLs in denselben Adreßraum laden muß. Wenn zwei DLLs dieselbe Basisadresse haben und beide gleichzeitig benötigt werden, muß eine der DLLs an eine andere Adresse angepaßt werden, was beim Laden der DLLs zu einer kleinen Verzögerung führt. Wenn Sie also abschätzen können, daß es zu einer Überschneidung mit einer anderen DLL kommen könnte, geben Sie einen vom Defaultwert abweichenden Wert an. Die Basisadresse muß ein Vielfaches von 64 kByte betragen, größer als 4MByte und kleiner als 2 GByte sein.

Startmodus (Dialogblatt Komponente)

Die Option steht nur bei Out-of-Process-Servern zur Verfügung. Die übliche Einstellung lautet ACTIVEX-KOMPONENTE. Das bedeutet, daß das Programm automatisch gestartet wird, sobald ein anderes Programm die Komponenten nutzen möchte. Wenn versucht wird, das Programm direkt zu starten (ohne Objektnutzung), wird das Programm sofort wieder beendet.

Der Startmodus EIGENSTÄNDIG bedeutet dagegen, daß das Programm auch als eigenständiges Programm gestartet werden kann. Das ist dann sinnvoll, wenn das Programm auch als normale Anwendung benutzt werden kann und die Verwendung der Objektbibliothek nur eine zusätzliche Steuerungsvariante darstellt (etwa in der Art von Excel). Manchmal kann es notwendig sein, ganz normalen Programmen den Projekttyp ACTIVEX-EXE und den Startmodus EIGENSTÄNDIG zu geben: etwa dann, wenn Sie asynchrone Callback-Funktionen eines (anderen) ActiveX-Servers empfangen möchten (siehe Seite 982).

Remote Server (Dialogblatt Komponente)

Die Option steht für alle ActiveX-Komponenten zur Verfügung, allerdings nur in der Enterprise-Version. Sie bewirkt, daß beim Kompilieren eine `*.tlb` und eine `*.vbr`-Datei erzeugt werden. Die `*.tlb`-Datei enthält eine Objektbibliothek, die vom Client verwendet werden kann, wenn der Server sich auf einem anderen Rechner befindet. (Bei lokalen Servern befinden sich die Informationen zur Objektbibliothek direkt in der `*.dll`- oder `*.exe`-Datei, so daß in PROJEKT | VERWEISE lediglich ein Verweis auf die Binärdatei eingerichtet werden muß.)

Die `*.vbr`-Datei enthält Informationen über den Server, die der Client auf einem anderen Rechner benötigt, um die Verbindung zum Server herzustellen (sowohl für Remote-Automation- als auch für DCOM-Verbindungen). Die `*.vbr`-Datei muß also mit dem Client installiert werden.

Versionskompatibilität (Dialogblatt Komponente)

Beim Erstellen von ActiveX-Komponenten bekommt das Kompilat automatisch eine ID-Nummer (UUID). Clients, die auf einer schon vorhandenen Version der Komponenten aufbauen, können nur dann unverändert weiterbenutzt werden, wenn diese ID-Nummer unverändert bleibt *und* die vorhandene Schnittstelle der Komponente – also Objektnamen, Methoden, Eigenschaften – nicht verändert werden. (Sie dürfen aber neue Objekte, Methoden etc. hinzufügen.) Um das sicherzustellen, können Sie zwischen drei verschiedenen Kompatibilitätsoptionen wählen, die im vorangegangenen Abschnitt beschrieben wurden (siehe Seite 964).

HINWEIS

Im laufenden Programm können Sie über zwei Eigenschaften des *App*-Objekts feststellen, mit welchen Einstellungen die ActiveX-Komponente kompiliert wurde: *NonModalAllowed* gibt an, ob nicht-modale Fenster geöffnet werden können. *UnattendedApp* liefert die Einstellung der Option UNBEAUFSICHTIGTE AUSFÜHRUNG.

Startverhalten (Dialogblatt Debuggen)

Hier können Sie angeben, ob zusammen mit der ActiveX-Komponente ein anderes Programm zum Test der Komponente gestartet werden soll. In vielen Fällen (ActiveX-Steuerelemente und -Dokumente, DHTML-Projekte) bietet sich dazu der Internet Explorer an. Das Programm wird gestartet, wenn Sie die Option KOMPONENTE STARTEN auswählen. Dabei wird automatisch eine HTML-Seite erzeugt, in der das Objekt referenziert wird. Alternativ können Sie durch BROWSER STARTEN MIT URL auch eine eigene HTML-Testdatei angeben.

Die Auswahlkästchen BESTEHENDEN BROWSER VERWENDEN bezieht sich in beiden Fällen darauf, ob eine neue Instanz gestartet oder ob eine eventuell schon laufende Instanz des IEs genutzt werden soll; dort wird der bisherige Inhalt einfach durch das ActiveX-Testdokument ersetzt. Die Option vermeidet, daß unzählige verwaiste IE-Instanzen übrig bleiben, wenn Sie nicht jede Instanz explizit beenden.

22.2.5 Wie lange läuft ein ActiveX-Server?

Der ActiveX-Server sollte automatisch beendet werden, wenn er nicht mehr benötigt wird – *sollte*, weil das bei den ersten Experimenten mit Out-of-Process-Servern oft nicht der Fall ist. Damit die Programmausführung des Servers beendet wird, müssen folgende Voraussetzungen erfüllt werden:

- Der Client darf keinen Objektverweis auf den Server mehr haben. Alle Variablen, die auf den Server verweisen, müssen mit *Set x=Nothing* gelöscht werden. (Lokale Variablen müssen am Ende von Prozeduren nicht explizit gelöscht werden, weil dort ohnedies ihre Gültigkeit endet.)
- Ebenso darf der Server keine Objektverweise auf noch existente Objekte haben.
- Alle Formulare des Servers müssen mit *Unload* geschlossen werden. *Hide* reicht nicht aus. (Der Grund ist derselbe wie oben: Ein offenes Formular gilt als offener Objektverweis und verhindert das Programmende.)
- Es darf kein Code mehr ausgeführt werden. Das betrifft insbesondere eine eventuell in *Main* plazierte Schleife.

Im Regelfall ist der Server unsichtbar, d.h., er ist nicht mit einem eigenen Formular ausgestattet. Deswegen ist es oft nicht auf Anhieb klar, ob der Server noch läuft oder ob er ordnungsgemäß beendet wurde. Die einfachste und schnellste Kontrolle bietet der Taskmanager (der unter Windows 95 und Windows NT mit der berühmt-berüchtigten Tastenkombination Strg+Alt+Entf aufgerufen werden kann).

Tools zur Fehlersuche

Oft ist nur schwer festzustellen, welche Prozesse laufen, auf welche Bibiliotheken und Komponenten sie zugreifen etc. Das `Common\Tools\Vb`-Verzeichnis der Visual-Basic-CD-ROM enthält eine Sammlung von Programmen, die bei der Analyse laufender ActiveX-Komponenten ausgesprochen wertvoll sind.

`PSpy.exe` im Verzeichnis `Pspy` zeigt an, welche Libraries ein Programm nutzt. Die Bedienung des Programms ist etwas ungewöhnlich. Mit PROCESS|EXAMINE wird ein kleiner Dialog angezeigt, desses Lupen-Icon mit der Maus bewegt werden kann. Sie müssen die Lupe über das Fenster des Programms bewegen, das Sie analysieren wollen.

`PSpy.exe` kann allerdings nur solche Prozesse anzeigen, die in unmittelbarem Kontakt mit dem Client stehen. Das Programm ist nicht in der Lage, Out-of-Process-Server anzuzeigen, die vom Client (ohne PROJEKT|VERWEISE) durch *CreateObject("klassenname")* aufgerufen werden.

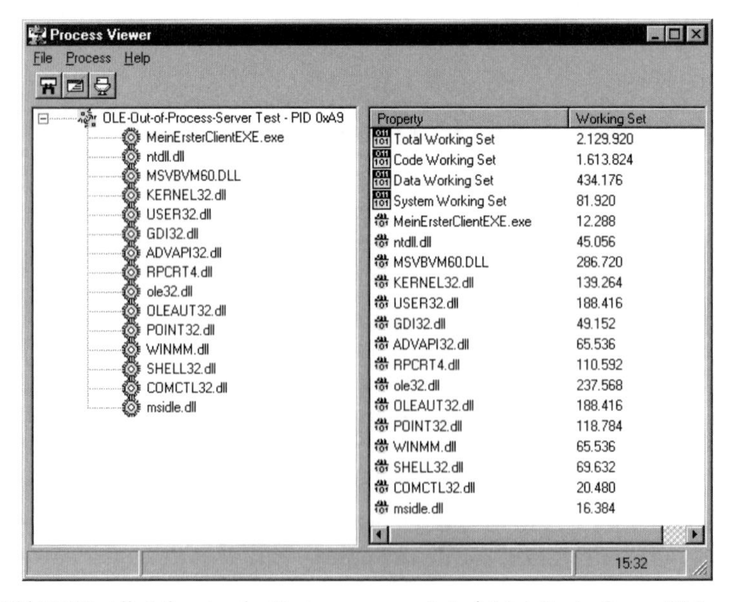

Bild 22.10: Alle Libraries des Testprogramms Intro\MeinErsterServerDLL.exe

Das Programm `Pview.exe` im Verzeichnis `Pview` zeigt eine Liste aller laufenden Prozesse und ihrer Threads an. Das Programm ist vor allem für Windows-95-Anwender sehr praktisch. Unter Windows NT können vergleichbare Informationen mit dem Task-Manager und dem Performance-Monitor ermittelt werden.

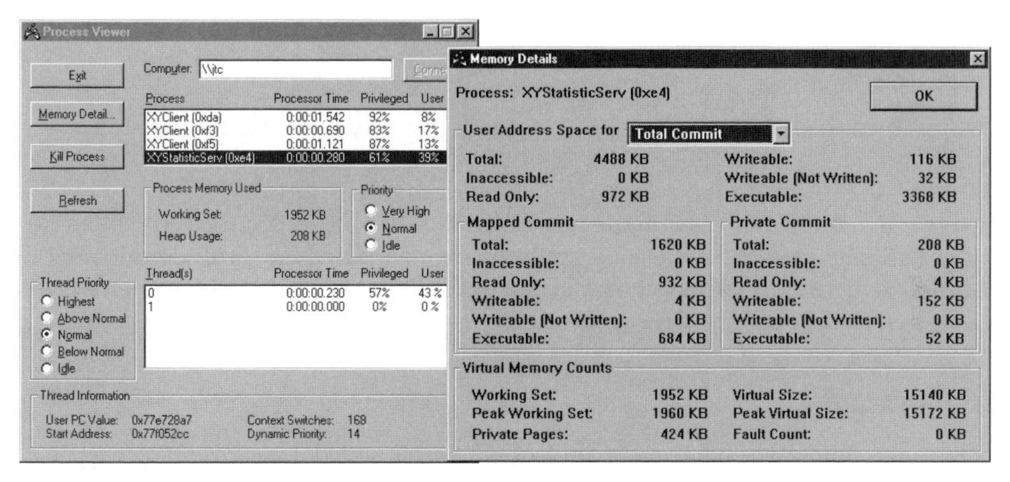

Bild 22.11: Speicherverbrauch des Testprogramms XYStatisticServer.exe

Eine gewisse Hilfe kann auch `MsInfo32` darstellen, das in Visual Basic über ?|Info|Systeminfo gestartet wird. In der Kategorie *Aktive Module* werden alle zur Zeit laufenden Programme und DLLs angezeigt. Der Vorteil gegenüber dem Task-Manager besteht darin, daß die Prozesse mit ihrem kompletten Pfad angezeigt werden – so können Sie beispielsweise feststellen, ob die DLL aus dem lokalen Verzeichnis oder eine andere Version aus dem Windows-Systemverzeichnis verwendet wird.

22.3 Klassen und Instanzen

Die wichtigste und vielleicht schwierigste Entscheidung bei der Programmierung eines ActiveX-Servers besteht darin, eine vernünftige Hierarchie eigener Objekte (Klassen) zu entwerfen, über die alle Funktionen des ActiveX-Servers gut und effizient genutzt werden können. Grundvoraussetzung dafür ist, daß Sie die möglichen Einstellungen der Klasseneigenschaft ***Instancing*** verstehen (siehe auch Seite 182).

Globale, öffentliche und private Klassen

Die meisten Klassen eines ActiveX-Server sind öffentlich (*public*). Das bedeutet, daß sie von externen Clients benutzt werden können.

Globale Klassen gehen noch einen Schritt weiter: Ein Objekt solcher Klassen wird von jedem Client automatisch erzeugt; Methoden und Eigenschaften stehen in der Folge ohne die Angabe von Objekten zur Verfügung. Oft ist es bei der Programmierung einer Klassenbibliothek sinnvoll, eine globale Klasse vorzusehen, die sozusagen als Einstiegspunkt für die Erzeugung aller weiteren Objekte verwendet wird.

Private Klassen sind nur dann sinnvoll, wenn Sie Objekte dieser Klasse ausschließlich innerhalb des Servers zur Verwaltung diverser Daten verwenden möchten.

Objekte erzeugen / verwenden

Etwas schwieriger sind die unterschiedlichen Verwendungsformen zu verstehen: *PublicNotCreatable* bedeutet keineswegs, daß Sie diese Klasse vom Client aus nicht verwenden können. Diese *Instancing*-Einstellung verhindert nur, daß Sie *Dim x As New* bzw. *CreateObject* zur Erzeugung eines neuen Objekts dieser Klasse verwenden können. Das Erzeugen der Klasse muß statt dessen über eine *Add*-Methode erfolgen, die auf der Basis eines anderen Objekt ausgeführt wird. Daher muß es zumindest eine Klasse geben, die auch das Erzeugen von Objekten zuläßt (Einstellungen 3 bis 6).

Multithreading

Der Unterschied zwischen *Single-* und *MultiUse* besteht darin, daß bei *MultiUse* ein und derselbe Server für alle Objekte zuständig ist. Bei *SingleUse* wird dagegen für jedes Objekt eine neue Instanz des Servers gestartet. Das ist zwar eine Ressourcen-Vergeudung, gleichzeitig aber auch die einfachste Form des Multithreading, also der quasi-parallelen Ausführung von Code. *[Global]SingleUse* steht nur bei Out-of-Process-Servern zur Auswahl. Diese und andere Formen des Multithreadings werden im folgenden Abschnitt im Detail behandelt. Die folgende Tabelle faßt vorerst die sechs möglichen Einstellungen von *Instancing* nochmals zusammen.

Instancing-Einstellungen	Private	Public	Global
Klasse nur für Server	*Private (1)*		
Client kann Objekte nutzen		*PublicNotCreatable (2)*	
Client kann Objekte erzeugen		*MultiUse (5)*	*GlobalMultiUse (6)*
Neuer Server für jedes Objekt		*SingleUse(3)*	*GlobalSingleUse (4)*

Persistenz

Bei allen *Instancing*-Einstellungen außer *Private* kann die Klasseneigenschaft ***Persistable*** auf 1 (*Persistable*, treffender wäre wohl *True*) gesetzt werden. Das bedeutet, daß die Klasse mit den zusätzlichen Ereignissen *InitProperties*, *ReadProperties* und *WriteProperties* ausgestattet wird, die dazu genutzt werden können, Eigenschaften bleibend zu speichern. (Bei ActiveX-Dokumenten und -Steuerelementen existieren diese Ereignisse schon seit Version 5 – siehe Seite 1008 und 1038.)

Das Lesen / Speichern von Daten erfolgt über den Umweg eines *PropBag*-Objekts, das Sie im Code selbst anlegen müssen. Dessen Inhalt kann dann in einer Binärdatei gespeichert bzw. von dort gelesen werden. Besonders elegant ist die Vorgehensweise nicht gerade, vor allem wenn man weiß, wie Persistenz in objektorientierten Datenbanken (meist in Kombination mit C++) gehandhabt wird. Da wird sich Microsoft für künftige Versionen von Visual Basic vermutlich noch mehr einfallen lassen!

VERWEIS

Ein nachvollziehbares Beispiel für die Anwendung von *Persistable* finden Sie in der MSDN-Libary:

VB-DOKUMENTATION | ARBEITEN MIT VB | KOMPONENTENHANDBUCH |
- ERSTELLEN VON ACTIVEX-KOMPONENTEN | ALLGEMEINE PRINZIPIEN |
- HINZUFÜGEN VON EIGENSCHAFTEN | BESTÄNDIGE DATEN

Data-Binding / Data-Source

Die Eigenschaften *DataBindingBehavior* und *DataSourceBehavior* geben an, ob die Klasse mit einer Datenquelle verbunden werden kann bzw. ob sie selbst eine Datenquelle darstellt. Die Programmierung von Datenbankkomponenten wird in diesem Buch allerdings nicht behandelt.

Transaction Modus

Die Eigenschaft *MTSTransactionMode* steht nur bei Klassen von ActiveX-DLLs zur Verfügung. Sie gibt an, wie sich Objekte dieser Klassen verhalten sollen, wenn Sie durch den Microsoft Transaction Server erzeugt werden. Bei einer Nutzung der Objekte ohne Transaction Server wird die Einstellung ignoriert. Auch diese Eigenschaft wird in diesem Buch nicht weiter beschrieben.

Klassenhierarchie-Beispiel

Am einfachsten ist eine Klassenhierarchie anhand eines Beispiels zu verstehen: Es soll ein ActiveX-Server zur Durchführung verschiedener Statistikberechnungen programmiert werden. Eine Objektklasse dieses Servers heißt *XYStatistic* und eignet sich zur Untersuchungen zweidimensionaler Datenmengen. *XYStatistic* ist öffentlich, die *Instancing*-Einstellung lautet *MultiUse.*

XYStatistic verweist auf das Aufzählungsobjekt *XYPoints*, dieses Aufzählungsobjekt wiederum auf eine Liste von *XYPoint*-Objekten. Sowohl bei *XYPoints* als auch bei *XYPoint* wurde *Instancing* auf *PublicNotCreatable* gesetzt. Dennoch können die Objekte verwendet werden: Ein *XYPoints*-Objekt wird automatisch mit jedem *XYStatistic*-Objekt erzeugt. Neue Datenpunkte können mit der *Add*-Methode des *XYPoints*-Objekts eingefügt werden. Die Anwendung der Objektklassen sieht folgendermaßen aus:

```
' ActiveX-Server\XYStatistics\XYClient.frm
Private Sub Command1_Click()
  Dim xys As New XYStatistic
  xys.XYPoints.Add 3, 4
  xys.XYPoints.Add 7, 2
  xys.XYPoints.Add 6, 5
  MsgBox xys.XYPoints.Count & " Punkte sind gespeichert."
  MsgBox "Der X-Mittelwert beträgt " & xys.XYPoints.XMean
  Set xys = Nothing
End Sub
```

Das Objekt *XYPoints* kennt also neben der Methode *Add* auch die Eigenschaften *Count* und *XMean* zur Berechnung des Mittelwerts aller X-Koordinaten. (Weitere Methoden zur Berechnung anderer statistischer Größen sind denkbar, wurden aber nicht implementiert.) Der erforderliche Code des Servers verteilt sich zwar auf drei Klassenmodule, ist ansonsten aber recht kompakt:

```
'  ActiveX-Server\XYStatistics\XYStatistic.cls
'  Klasse XYStatistic, Instancing = MultiUse
Public XYPoints As New XYPoints
```

```
'  ActiveX-Server\XYStatistics\XYPoints.cls
'  Klasse XYPoints, Instancing = PublicNotCreatable
Private points As New Collection
Property Get Count()
  Count = points.Count
End Property
Property Get XMean()
  Dim p, xm
  If points.Count = 0 Then XMean = 0: Exit Property
  For Each p In points
    xm = xm + p.x
  Next
  xm = xm / points.Count
  XMean = xm
End Property
Public Function Add(x, y)
  Dim xyp As New XYPoint
  xyp.x = x
  xyp.y = y
  points.Add xyp
  Set Add = xyp
End Function
```

```
'  ActiveX-Server\XYStatistics\XYPoint.cls
'  Klasse XYPoint, Instancing = PublicNotCreatable
Public x As Double, y As Double
```

22.4 Multithreading

Normalerweise – also ohne Multithreading – behandelt ein ActiveX-Server die eintreffenden Kommandos zum Erzeugen neuer Objekte, zum Ausführen von Methoden, zum Ändern von Eigenschaften etc. der Reihe nach. Wenn mehrere Clients gleichzeitig auf den Server zuzugreifen versuchen, werden sie der Reihe nach bedient und müssen warten.

Damit die folgenden Ausführungen verständlich sind, muß zuerst der Begriff Thread erklärt werden: Ein Thread ist ein Teil eines Prozesses, der vom Betriebssystem Rechenzeit zugeordnet bekommt. So wie das Betriebssystem schon seit geraumer Zeit in der Lage ist, die Rechenzeit zwischen mehreren Prozessen (z.B. zwischen WinWord und Excel) aufzuteilen, ist es auch in der Lage, die Rechenzeit zwischen mehreren Komponenten *eines* Prozesses aufzuteilen. Deswegen können Sie während des Ausdruck eines WinWord-Dokuments weiterarbeiten – ein Thread kümmert sich um den Ausdruck, ein zweiter um die Benutzereingaben. Der Explorer ist dagegen ein Beispiel, wo Multithreading leider nicht funktioniert: Während der Explorer die Diskette A: formatiert können Sie nicht nachsehen, welche Dateien sich in C: befinden.

Multithreading ist also die Fähigkeit von Programmen, mehrere Teilaufgaben parallel auszuführen. Wenn bei einer Teilaufgabe eine Wartezeit auftritt (etwa weil der Datenbank-Server gerade nach Daten sucht, über das Netz angeforderte Daten noch nicht verfügbar sind etc.), dann ist nur dieser eine Thread blockiert, während alle anderen Threads weiter ausgeführt werden können. Auf Rechnern mit mehreren CPUs können Threads sogar auf verschiedenen CPUs ausgeführt werden.

Multithreading ermöglicht daher unter Umständen – nämlich dann, wenn systembedingte Wartezeiten auftreten können – eine sehr viel effizientere Ausnutzung der Hardware. Besonders attraktiv ist Multithreading in Kombination mit asynchroner Kommunikation, die das Thema des nächsten Abschnitts ist. Das Programm kann damit eine Operation starten, muß aber nicht auf deren Abschluß warten.

Multithreading bringt hingegen (auf einem Rechner mit nur einer CPU) keine Vorteile, wenn die Operationen sehr rechenintensiv sind. Zehn Berechnungen werden durch eine größere Anzahl von Threads nicht schneller. (Im Gegenteil: durch die Threads ergibt sich ein höherer Verwaltungsaufwand für das Betriebssystem, das allen Threads kleine Zeitscheiben zuteilt, während der sie aktiv sind.)

VERWEIS

Hintergrundinformationen zu Prozessen und Threads auf Betriebssystemebene finden Sie in der MSDN-Library:

VISUAL C++ | ARBEITEN MIT VISUAL C++ | PROGRAMMIERHANDBUCH |
- HINZUFÜGEN VON PROGRAMMFUNKTIONEN | VORGEHENSWEISEN |
- AUFGABEN BEIM MULTITHREADING

PLATTFORM SDK | WINDOWS BASE SERVICES | EXECUTABLES | PROCESSES AND THREADS

Multithreading in Visual Basic

Multithreading wird in Visual Basic leider ausschließlich bei Out-of-Process-Servern unterstützt. Dafür erfordert es dort keine einzige Zeile Code! Sie müssen lediglich ein paar Optionen richtig einstellen. Aus diesem Grund finden Sie in diesem Abschnitt auch keine Beispielprogramme. Multithreading-Beispiele finden Sie im nächsten Abschnitt, wo zugleich auch asynchrone Kommunikation demonstriert wird.

Im Vergleich zu C haben Sie keine unmittelbare Kontrolle auf Threads, sondern müssen deren Bildung und Verwaltung Visual Basic überlassen. Es ist nicht möglich, die Programmausführung durch ein einfaches Kommando in zwei voneinander unabhängige Prozesse aufzuspalten (wie das in C unter Unix die Regel ist). Solange Sie nicht Funktionen Ihres Programms in einen externen Out-of-Process-Server verlagern, ist es also auch in Visual Basic 6 nicht möglich, ein Anwendungsprogramm mit Multithreading zu erstellen.

Multithreading kann in der Entwicklungsumgebung von Visual Basic nicht getestet werden (was die Fehlersuche extrem schwierig machen kann). Alle Multithreading-Einstellungen gelten erst für den kompilierten Server!

Generell verwendet Visual Basic bei der Nutzung von ActiveX-Komponenten das sogenannte *Apartment Model* zur Verwaltung der Threads. (Das gilt für alle ActiveX-Komponenten: für mitgelieferte Steuerelemente und Objektbibliotheken ebenso wie für die von Ihnen programmierten Out-of-Process-Server.) Stark vereinfacht bedeutet *Apartment Multithreading*, daß jeder Thread einen eigenen Bereich (ein eigenes Apartement) für globale Variablen bekommt. Damit ist es ausgeschlossen, daß zwei Threads sich durch die gleichzeitige Veränderung globaler Variablen in die Quere kommen. Das *Apartment Model* ist also ein Sicherheitsmechanismus. Allerdings verhindert dieser Mechanismus auch die Nutzung gemeinschaftlicher Daten und macht eine Kommunikation zwischen Threads weitgehend unmöglich.

VORSICHT

Das Multithreading-Konzept steht und fällt mit einer einzigen Komponente, die nicht Multithreading-fähig ist. Wenn Sie also in Ihrem tollen Out-of-Process-Server eine nicht-Multithreading-fähige Komponente (z.B. eine DLL) nutzen, kann diese eine DLL, wenn Sie von mehreren Threads aufgerufen wird, das gesamte Multithreading-Konzept zunichte machen.

Das gleiche gilt, wenn Sie selbst eine nicht-Multithreading-fähige Komponente programmieren und in einem anderen Programm (etwa dem IE4) nutzen. Wohl beherrscht der IE4 Multithreading, aber Ihre Komponente kann dazu führen, daß die Multithreading-Mechanismen des IE4 zumindest vorübergehend blokkiert sind.

Der Grund für diese Blockade sind Sicherheitsmechanismen, die dafür sorgen, daß bei Komponenten ohne Multithreading alle Anforderung schön der Reihe nach (und eben nicht parallel) verarbeitet werden.

VERWEIS

Die Visual-Basic-Online-Dokumentation geht mittlerweile sehr ausführlich auf das Thema Multithreading ein. Werfen Sie also einen Blick in die MSDN-Library!

VB-DOKUMENTATION | ARBEITEN MIT VB | KOMPONENTENHANDBUCH |
-ERSTELLEN VON ACTIVEX-KOMPONENTEN |
- ERSTELLEN VON CODE-KOMPONENTEN | SKALIERBARKEIT

22.4.1 Out-of-Process-Multithreading (EXEs)

Bei Out-of-Process-Servern gibt es zwei Formen des Multithreadings:

- Wenn in PROJEKT | EIGENSCHAFTEN | ALLGEMEIN die Option UNBEAUFSICHTIGT aktiviert ist (nur möglich bei Komponenten ohne Formulare!), kann der Server mehrere Threads bilden. Diese Threads werden innerhalb desselben Prozesses ausgeführt, d.h., große Teile des ActiveX-Servers werden von allen Threads gemeinsam genutzt. Aus diesem Grund ist dieses 'echte' Multithreading sehr viel ökonomischer als die zweite Variante. Es gibt allerdings zwei Einschränkungen: Der Server kann jetzt nicht mehr als eigenständiges Programm verwendet werden (sondern nur als ActiveX-Komponente), und es ist keinerlei Interaktion erlaubt (keine Formulare zur Anzeige von Informationen, keine Benutzereingaben). Fehlermeldungen müssen in eine Logging-Datei geschrieben werden.
- Eine einfacheres Konzept verfolgt die zweite Variante: Durch die Deklaration von Objektklassen mit *Instancing=SingleUse* wird erreicht, daß für jedes neue Objekt eine weitere Instanz des gesamten Servers gestartet wird. Genaugenommen handelt es sich hier nicht um echtes Multithreading – es wird nämlich für jedes Objekt ein neuer Prozeß gestartet, was mit enormen Speicherbedarf verbunden ist.

Echtes Multithreading

Echtes Multithreading setzt voraus, daß Sie in PROJEKT | EIGENSCHAFTEN | ALLGEMEIN die Option UNBEAUFSICHTIGT aktivieren. Für die einzelnen Klassen des Servers muß *Instancing <> [Global]SingleUse* eingestellt werden. In PROJEKT | EIGENSCHAFTEN | ALLGEMEIN können Sie jetzt zwischen zwei Varianten wählen, wie Threads gebildet werden: Die erste Variante lautet ein Thread pro Objekt: Mit jedem neuen Objekt, das durch denselben oder unterschiedliche Clients gebildet wird, wird auch ein neuer Thread erzeugt. Jeder Thread hat seine eigenen 'globalen' Variablen, und für jeden Thread wird gegebenenfalls die Prozedur *Main* ausgeführt (falls diese existiert).

Bei der zweiten Variante wird ein Thread-Pool verwaltet, also eine Anzahl von Threads, denen gleichmäßig neue Objekte zugeteilt wird. Wenn Sie also einen Thread-Pool mit zehn Threads definieren, werden die ersten zehn Objekte jeweils einem eigenen Thread zugeordnet. Das elfte Objekt muß dann einem Thread zugeteilt werden, das schon ein anderes Objekt verwaltet. Die beiden Objekte können sich jetzt wie bei einem Programm ohne Multi-Threading blockieren. Sie haben als Programmierer keinen Einfluß darauf, welchem Thread ein Objekt zugeordet wird. Mit *App.**ThreadID*** können Sie aber immerhin die Thread-Nummer ermitteln, dem das Objekt zugeordnet wurde.

Der Vorteil eines Thread-Pools besteht darin, daß die Systemanforderungen limitiert sind. Wenn ein Programm plötzlich mehrere Hundert Objekte erzeugt, müssen nicht gleich hundert neue Threads gebildet werden. In vielen Fällen stellt ein Thread-Pool einen guten Kompromiß zwischen Verfügbarkeit und Ressourcenverbrauch dar.

Bei der Programmierung von Thread-Pools müssen Sie unbedingt die Regeln zur Thread-sicheren Programmierung beachten (Seite 980) – andernfalls sind schwer aufzuspürende Fehle die Folge. Generell stellt die Fehlersuche das größte Problem bei dieser Form des Multithreadings dar. Solange Sie den Server in der Entwicklungsumgebung ausführen, gibt es nur einen Thread, d.h., Sie können keinerlei Aussagen über die besonderen Merkmale des Programms treffen, die sich durch das Multi-Threading ergeben. Wenn Sie aber mit dem kompilierten Server arbeiten, fehlen die Testmöglichkeiten der Entwicklungsumgebung.

HINWEIS

Jeder Thread besitzt eine lokale Kopie der globalen Variablen – die Bezeichnung *global* ist also nicht mehr zutreffend. Wenn Sie einen Thread pro Objekt verwenden, gelten die globalen Variabeln nur für dieses eine Objekt. Etwas komplizierter ist es bei Thread-Pools: Dort teilen sich alle Objekte, die zufällig in einen Thread fallen, globale Variablen. Gehen Sie mit globalen Variablen daher besonders vorsichtig um!

Multithreading durch Instanzen (SingleUse-Objekte)

Diese Form des Multithreadings wird aktiviert, indem die *Instancing*-Eigenschaft einer oder mehrerer Klassen auf *SingleUse* oder *GlobalSingleUse* gesetzt wird. Jedesmal, wenn durch einen neuen (oder auch durch denselben) Client ein neues Objekt erzeugt wird, wird auch eine weitere Instanz des Servers gestartet.

Bei vielen ActiveX-Servern gibt es nur eine einzige Objektklasse mit *Instancing= SingleUse*. Alle anderen Klassen sind durch *Instancing=PublicNotCreatable* gekennzeichnet und daher vom ersten Objekt abhängig.

Wenn es mehrere Klassen mit *Instancing=SingleUse* gibt, wird nur dann ein neuer Server gestartet, wenn vom neu angeforderten Objekt bereits eine Instanz existiert. Es kann also der Fall eintreten, daß eine Instanz für mehrere Objekte unterschiedlicher Klassen zuständig ist. Diese Objekte können sich wie bei Servern ohne Multithreading blockieren.

HINWEIS

Auch beim Multithreading durch Instanzen sind globale Variablen nicht wirklich global (wenn auch aus einem anderen Grund): Der Server wird für jede Instanz in einem eigenen Prozeß neu gestartet – und hat damit seine eigenen globalen Variablen. Beispielsweise ist es unmöglich, eine globale Variable mit einem Objektzähler zu realisieren – mit jedem neuen Objekt wird auch der Server neu gestartet; der globale Objektzähler hat in jedem Prozeß den Wert 1.

22.4.2 In-Process-Multithreading (DLLs)

In-Process-Server (DLLs) werden in den Threads der Prozesse ausgeführt, die die DLL nutzen. DLLs können daher keine eigenen Threads bilden, unterstützen von sich aus also auch kein Multithreading.

Dennoch ist Multithreading auch für In-Process-Server ein wichtiges Thema – nämlich dann, wenn die DLL oder das ActiveX-Steuerelement von einem Multithreading-Prozeß genutzt wird. Damit das klaglos und effizient klappt, müssen zwei Voraussetzungen erfüllt sein: Die DLL muß Thread-sicher sein (siehe den nächsten Abschnitt), und sie sollte gemäß dem *Apartment Model* kompiliert werden.

Single Threaded versus Apartment Threaded

Die Unterscheidung in PROJEKT | EIGENSCHAFTEN | ALLGEMEIN zwischen SINGLE THREADED und APARTMENT THREADED bezieht sich darauf, wie sich die DLL verhält, wenn sie von einem Multithreading-Prozeß genutzt wird: Im ersten Fall werden alle Aufrufe von Prozeduren, Eigenschaften etc. der Reihe nach ausgeführt. Das klappt zwar problemlos, bremst den Multithreading-Prozeß aber unnötig ab. Im zweiten Fall werden globale Daten der DLL für jeden Thread neu angelegt. Prozeduren der DLL können jetzt von jedem Thread quasi gleichzeitig ausgeführt werden, und das zeitaufwendige Kopieren von Daten zwischen Threads entfällt.

VORSICHT

Für *Apartment-Threaded*-DLLs gelten die gleichen Einschränkungen bezüglich globaler Variablen wie bei Out-of-Process-Servern: Für jeden Thread, der die DLL nutzt, existiert eine eigene Kopie aller globalen Variablen. 'Global' bezieht sich damit also nur auf jeweils einen Thread!

Umstellung vorhandener DLLs auf das Apartment Model

ActiveX-Komponenten aus VB5 (ohne Service Pack) sind automatisch SINGLE THREADED. In den meisten Fällen brauchen Sie nur in PROJEKT | EIGENSCHAFTEN | ALLGEMEIN die Einstellung APARTMENT THREADED wählen und die DLL neu zu kompilieren, damit die Komponente auch von Multithreading-Prozessen effizient genutzt werden kann. Das klappt allerdings nicht, wenn

- die DLL MDI-Formulare enthält, oder wenn
- die DLL andere Single-Threaded-Komponenten benutzt (z.B. alte Zusatzsteuerelemente).

Beachten Sie auch die Implikationen, die sich eventuell daraus ergeben können, daß globale Variablen nicht mehr ganz so global sind wie bisher (also nur innerhalb eines Threads gelten, siehe Hinweis oben) und daß Formulare dem Thread zugeordnet werden, in dem sie erzeugt wurden (und somit ebenfalls nur Thread-global sind).

22.4.3 Thread-sichere Komponenten

Thread-sicher bedeutet, daß Datenzugriffskonflikte verhindert werden, die durch die quasi-gleichzeitige Ausführung einer Prozedur durch zwei verschiedene Threads entstehen können (*Reentrancy*-Problem). Dazu kann es kommen, wenn die Ausführung der gerade aktuellen Prozedur unterbrochen werden muß, um zuerst Code eines anderen Threads auszuführen.

Bei einer derartigen Unterbrechung kann es nun passieren, daß lokale Variablen einer Prozedur von zwei Threads quasi gleichzeitig verwendet und verändert werden. Die daraus resultierenden Folgen können *unfortunate* (unglücklich) sein, wie die Online-Dokumentation das lakonisch beschreibt. Das Problem ist nicht zuletzt deswegen schwerwiegend, weil derartige Fehler nur selten und nicht reproduzierbar auftreten, die Fehlersuche also sehr schwierig ist.

Die ActiveX-Bibliothek und das Betriebssystem, die sich um die Prozeßverwaltung kümmern, verhindern *Reentrancy*-Konflikte dank *Apartment Multithreading* automatisch – zur Not auf Kosten der Geschwindigkeit, indem Code von *Single-Threaded*-Komponenten bzw. innerhalb eine Threads der Reihe nach ausgeführt wird (und nicht parallel). Aber diese Sicherheitsmechanismen haben Grenzen, wenn Sie beim Programmieren von ActiveX-Servern gegen die folgenden Spielregeln verstoßen. Die Regeln gelten sowohl für *Apartment-Threaded*-DLLs als auch für Out-of-Process-Server mit einem Thread-Pool.

- Im Code der Komponente darf *DoEvents* nicht verwendet werden.
- Es darf kein Formular angezeigt werden.
- Während der Abarbeitung von Code des Objekts x dürfen keine Eigenschaften oder Methoden eines Objekts y benutzt werden bzw. keine Ereignisse von y ausgelöst werden. Der Grund: y befindet sich möglicherweise in einem anderen Thread (oder gar in einem anderen Prozeß).

  Unter normalen Umständen besitzt x gar keine Referenz auf y und kann diese auch nicht ohne weiteres erlangen. Allerdings kann der Server (also das Programm, das die Komponente nutzt und die Objekte x und y erzeugt hat) Referenzen an die jeweils anderen Objekte weitergeben – etwa zu Verwaltungszwecken. Und dabei ist eben größte Vorsicht angebracht.

Der Hintergrund dieser Liste: Bei allen oben aufgezählten Aktionen geben Sie – sozusagen mutwillig – die Prozeßkontrolle ab; das Betriebssystem kann bzw. muß sogar zuerst Code eines anderen Threads abarbeiten, bevor es den aktuellen Thread fortsetzt.

22.5 Asynchrone Kommunikation

Grundsätzlich können Client und Server auf zwei Arten miteinander kommunizieren: synchron und asynchron. Die einfachere Variante ist die synchrone: Der Client verwendet eine Methode oder greift auf eine Eigenschaft zu. Der zugeordnete Server führt den dazu notwendigen Code aus und liefert ein Ergebnis zurück. Der Nachteil dieser Vorgehensweise: Der Client muß warten, bis der Server das Ergebnis liefert. Wenn dazu rechenintensive Operationen oder zeitaufwendige Datenbankzugriffe erforderlich sind, wenn der Server gerade stark belastet ist o.ä., dann ist der Client für längere Zeit blockiert.

Etwas schieriger ist die asynchrone Variante zu programmieren: Der Client übermittelt jetzt (ebenfalls über eine Eigenschaft oder Methode) ein Kommando an den Server. Der Server antwortet sofort, daß er den Auftrag entgegengenommen hat, und der Client kann weiterarbeiten. Wenn der Server den Auftrag abgeschlossen hat, tritt er mit dem Client in Kontakt und übermittelt das Ergebnis.

Der Kommunikationsmechanismus wird deswegen als asynchron bezeichnet, weil Client und Server voneinander unabhängig arbeiten (also asynchron). Typische Einsatzmöglichkeiten für asynchrone Kommunikation sind die regelmäßige Übertragung eines Werts an den Client (Aktienkurse, Meßwerte etc.) oder die Überwachung von Werten und die Benachrichtigung bei der Überschreitung von Grenzwerten.

Wenn Sie in einem Server ein *Timer*-Steuerelemente benötigen würden, dieses aber nicht einsetzen können, weil Sie dazu ein Formular brauchen, können Sie sich mit der API-Funktion *SetTimer* behelfen (siehe Seite 628).

Asynchrone Kommunikation und Multithreading

Sehr oft besteht der Wunsch, asynchrone Kommunikation zusammen mit Multithreading zu verwenden: Die Zielvorstellung sieht meistens so aus, daß mehrere Clients beim Server Kommandos hinterlassen können. Der Server kümmert sich dann selbständig um die Verarbeitung der Kommandos, benutzt Multithreading, um eine höhere Effizienz zu erzielen, und sendet die Ergebnisse, sobald sie vorliegen, an die Clients.

Es gibt zwei Möglichkeiten, dieses Schema zu realisieren: Die erste Variante besteht darin, für jedes Objekt eine neue Instanz des Servers zu starten (Multithreading durch Instanzen). Innerhalb des Servers wird in einer Endlosschleife auf Kommandos gewartet, die in Methoden des Klassenmoduls in globalen Variablen gespeichert werden. Die Programmierung ist einfach, aber aus zwei Gründen ineffizient: Erstens kostet der immer wieder erforderliche Neustart des Servers Zeit, und zweitens steigt der Speicherverbrauch bei einer großen Anzahl von Objekten ins Uferlose. Zudem ist die Notwendigkeit einer Warteschleife nicht elegant.

Die zweite Variante erfordert nicht einen Server, sondern mindestens zwei: Der erste Server nimmt die Aufträge der Clients entgegen, verwaltet sie und leitet sie je nach Verfügbarkeit an die Threads oder Instanzen des zweiten Servers weiter. Der zweite Server ist für die eigentliche Verarbeitung der Kommandos zuständig. (Die beiden Funktionen können nicht in einem Server kombiniert werden, weil dann die Gefahr besteht, daß die Annahme von Kommandos durch gerade aktive Threads blockiert ist.)

Die Realisierung dieses Schemas (das manchmal als Objektwarteschlangenmodell bezeichnet wird) sprengt den Rahmen dieses Einführungskapitels. Aus diesem Grund basieren die beiden folgenden Beispielprogramme für asynchrone Kommunikation auf der einfacheren ersten Variante.

Callbacks oder Ereignisse?

Asynchrone Kommunikation kann auf der Basis von zwei unterschiedlichen Mechanismen durchgeführt werden: Der eine Mechanismus steht seit Visual Basic 4 zur Verfügung und baut auf sogenannten Callback-Funktionen auf. Dieser Mechanismus erfordert die Definition einer eigenen Klasse beim Client, die die Callback-Funktion enthält. Die zweite Variante wurde in Visual Basic 5 eingeführt und basiert auf Ereignissen; sie fügt sich viel besser in das vertraute Objektmodell von Visual Basic ein.

22.5.1 Callback-Funktionen

Seit Version 4 werden in Visual Basic Callbacks unterstützt, wenn auch nur über den Umweg einer Klasse, die eigens für diesen Zweck auf der Client-Seite eingerichtet werden muß. Der Client muß ein Objekt dieser internen Klasse erzeugen und die Referenz auf dieses Objekt an den Server übergeben. Der Server ist dann in der Lage, eine Methode dieser Klasse aufzurufen.

HINWEIS

Die zum Empfangen der Callbacks erforderliche Klasse des Clients muß öffentlich sein (*Instancing* ungleich *Pricate*). Das ist wiederum nur möglich, wenn als Projekttyp eine ActiveX-Komponente gewählt wird. Callbacks an Standardanwendungen sind daher nicht möglich!

Beispiel

Das Konzept der asynchronen Kommunikation kann am einfachsten durch ein Beispiel illustriert werden. Das Beispiel demonstriert gleichzeitig auch einen Multithreading-Server mit *Instancing=SingleUse*.

Im Client des Beispielprogramms können Sie mit dem Button BERECHNUNG STARTEN beliebig viele Berechnungsfenster öffnen. Für jedes Fenster wird am Server eine Berechnung gestartet und nach dessen Abschluß das Ergebnis angezeigt. Die Besonderheit des Programms besteht darin, daß die Berechnungen parallel ausgeführt werden (Multithreading) und das Hauptprogramm nicht blockieren. Natürlich kann auch der Client selbst mehrfach gestartet werden.

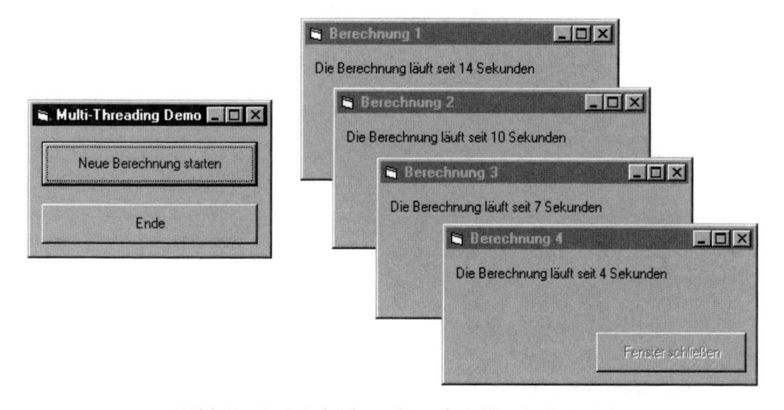

Bild 22.12: Multithreading / Callback-Beispiel

ANMERKUNG

Ganz egal, wieviele Clients Sie starten, die maximale Zeit von gut 20 Sekunden wird nie überschritten. Das liegt natürlich nur daran, daß das Programm keine echte Berechnung durchführt. Wäre das der Fall, würde jede einzelne Berechnung um so langsamer, je mehr Berechnungen gleichzeitig durchgeführt würden. Aber selbst dann wäre ein Vorteil – die sofortige Fortsetzung des Client-Programms nach Start der Berechnung – noch immer gegeben.

TIP

Beachten Sie bitte, daß der Server wegen seiner Multithreading-Merkmale nicht in der Entwicklungsumgebung getestet werden kann. Sie müssen den Server kompilieren und im Client einen Verweis auf die `*.exe`-Datei des Servers einrichten. Anschließend können Sie den Client wahlweise von der Entwicklungsumgebung oder ebenfalls als kompiliertes Programm starten.

Programmcode des Clients

Vor der detaillierten Beschreibung ein kurzer Überblick über das Kommunikationskonzept: Der ActiveX-Server *CalculationCallback* kennt die Klasse *Calculation*. Durch dessen Methode *Start* wird eine Berechnung gestartet. (Im Beispielprogramm wird nur eine zufällige Zeitspanne von maximal 22 Sekunden simuliert und dann ein ebenso zufälliges Ergebnis zurückgegeben.) Sobald das Ergebnis vorliegt, wird der Client durch den Aufruf der *Finished*-Prozedur davon benachrichtigt. Die *Finished*-Prozedur ist eine Methode der Klasse *CalcCallback* des Clients.

Der Client hat den Typ ACTIVEX-EXE und besteht aus vier Dateien (ein Modul mit *Main*, zwei Formulare und eine Klasse für die Callback-Funktion). Außerdem ist ein Verweis auf den Server `CalculationServer.exe` eingericht. Die Programmausführung beginnt mit der Prozedur *Main*. Die einzige Aufgabe dieser Prozedur besteht darin, das Startformular anzuzeigen.

```
' ActiveX-Server\CalculationCallback\CalculationClientMain.bas
Sub Main()
  MainForm.Show
End Sub
```

Im Startfenster *MainForm* können beliebig viele Berechnungsfenster (Formularname *CalcForm*) geöffnet werden.

```
' ActiveX-Server\CalculationCallback\CalculationClientMainForm.frm
Dim n
Private Sub Command1_Click()        'neues Berechnungsfenster öffnen
  Dim f As New CalcForm
  n = n + 1
  f.Caption = "Berechnung " & n
  f.Move (n - 1) * 1400, Top + Height + (n - 1) * 800
  f.Visible = True
End Sub
```

In der *Form_Load*-Prozedur von *CalcForm* wird sofort eine neue Berechnung gestartet. Dazu wird ein *CalcCallback*-Objekt erzeugt. Diesem Objekt werden alle Daten übergeben, die zur Ausführung der *Finished*-Callback-Funktion erforderlich sind.

Die Berechnung wird mit der Methode *Start* initiiert. Dabei wird eine Referenz auf das *CalcCallback*-Objekt übergeben, damit der ActiveX-Server nach Beendigung der Berechnung *Finished* aufrufen kann.

Form_Load wird anschließend sofort beendet, also ohne das Ende der Berechnung abzuwarten. Solange die Berechnung läuft, wird im Fenster einmal pro Sekunde angezeigt, wie lange die Berechnung schon läuft.

```
' ActiveX-Server\CalculationCallback\CalculationClientCalcform.frm
Dim starttime
Private Sub Form_Load()
  starttime = Now
  Dim ccb As New CalcCallback  'interne Klasse für den Callback
  Dim calc As New Calculation  'externe Klasse des ActiveX-Servers
  Set ccb.objForm = Me
  Set ccb.calc = calc
  ZustandLabel = "Start"
  calc.Start ccb               'Berechnung starten
End Sub
' zeigen, daß das Programm asynchron weiterläuft
Private Sub Timer1_Timer()
  ZustandLabel = "Die Berechnung läuft seit " _
    & Second(Now - starttime) & " Sekunden"
End Sub
```

Der einzige Sinn der Klasse *CalcCallback* besteht darin, dem ActiveX-Server die Methode *Finished* zur Verfügung stellen. Der Server ruft diese Prozedur nach dem Ende der Berechnung auf und gibt dabei das Ergebnis der Berechnung zurück. In *Finished* wird das Ergebnis in einem Labelfeld des Berechnungsformulars angezeigt und der periodische Aufruf der *Timer*-Ereignisprozedur von *CalcForm* beendet. Außerdem wird der Button zum Schließen des Fensters aktiviert.

```
' ActiveX-Server\CalculationCallback\CalculationClient.cls
' Klasse CalcCallback: Instancing = PublicNotCreatable
Public objForm As Form
Public calc As Calculation
' die Prozedur Finished wird vom ActiveX-Server
' als Callback aufgerufen, sobald die Berechnung
' beendet ist
Public Sub Finished(ergebnis)
  objForm.ZustandLabel = "Die Berechnung ist beendet, " _
    & "Ergebnis: " & Format(ergebnis, "0.###")
  objForm.Timer1.Enabled = False
  objForm.SchließenButton.Enabled = True
  Set calc = Nothing
  Set objForm = Nothing
End Sub
```

Programmcode des Servers

Beim Server teilt sich der Code glücklicherweise auf nur zwei Module auf. Ein Modul enthält die Prozedur *Main* mit der zentralen Steuerung, das zweite Modul die Klasse *Calculation* mit *Instancing = SingleUse*.

Die *Main*-Prozedur des ActiveX-Servers enthält eine Schleife, in der darauf gewartet wird, daß die globale Variable *letsStart* auf *True* gesetzt wird. (Das erfolgt durch die *Start*-Methode der *Calculation*-Klasse – siehe unten.) Sobald das der Fall ist, wird die Berechnung durch einen Aufruf von *doCalculation* gestartet. Dort wird dann allerdings keine echte Berechnung durchgeführt, sondern nur eine zufällig lange Zeit gewartet und anschließend ein ebenso zufälliger Wert zurückgegeben.

Anschließend wird die Callback-Prozedur *Finished* ausgeführt, um den Client vom Ende der Berechnung zu benachrichtigen. Die globale Variable *clientObj* wurde ebenfalls durch die *Start*-Methode initialisiert und enthält einen Verweis auf die *CalcCallback*-Klasse des Clients. Die Variable wird anschließend gelöscht (andernfalls würde der Server wegen eines offenen Objekverweises nicht beendet). Mit dem Ausstieg aus der *Do*-Schleife wird auch die Ausführung des Servers beendet.

Beachten Sie, daß die Schleife im Regelfall nur wenige Male durchlaufen wird. Die Ausführung des Servers beginnt ja erst, wenn ein Client ein *Calculation*-Objekt erzeugt. Die Schleife endet, sobald die *Calculation*-Methode *Start* ausgeführt wird.

```
' ActiveX-Server\CalculationCallback\CalculationMain.bas
Public letsStart
Public clientObj As Object
Private Declare Sub Sleep Lib "kernel32" (ByVal dwMilliseconds&)
Sub Main()
  Dim result As Double
  Do
    If letsStart Then
      result = doCalculation
      clientObj.Finished result   'Callback-Prozedur des Clients
      letsStart = False
      Set clientObj = Nothing     'wird nicht mehr benötigt
      Exit Do
    End If
    Sleep 20                      '1/50 Sekunden nichts tun
    DoEvents
  Loop
End Sub
Function doCalculation() As Double
  ' hier könnte der Code für eine echte Berechnung stehen
  Dim zeit
  Randomize
  zeit = 2 + Rnd * 20  'zufällige Rechenzeit: 2 bis 22 Sekunden
  Sleep zeit * 1000
  doCalculation = Rnd  'zufälliges Ergebnis
End Function
```

Überraschend kurz fällt der Code für die *Calculation*-Klasse aus: Darin wird nur das übergebene *CalcCallback*-Objekt in der globalen Variablen *clientObj* gespeichert und der Start der Berechnung mit *letsStart=True* initiiert. Entscheidend ist die Einstellung der *Instancing*-Eigenschaft auf 1 (creatable singleuse)! Dadurch wird erreicht, daß für jedes neue *Calculation*-Objekt tatsächlich ein neuer Server gestartet wird. (Erst dadurch wird Multithreading möglich.) Beachten Sie, daß auch der gesamte Programmcode davon ausgeht, daß nur ein einziges *Calculution*-Objekt erzeugt werden kann.

```
' ActiveX-Server\CalculationCallback\Calculation.cls
' Klasse Calculation, Instancing = SingleUse
Public Sub Start(client As Object)
  Set clientObj = client
  letsStart = True
End Sub
```

ANMERKUNG

Das vorliegende Beispiel wurde so programmiert, daß der Server nur eine einzige Berechnung durchführen kann und anschließend beendet wird. Natürlich wäre es durch eine kleine Adaption des Programms ebenso möglich, mehrere Berechnungen durchzuführen. Die *Do-Loop*-Schleife darf dann allerdings erst nach Abschluß der letzten Berechnung verlassen werden. Dazu müßte noch eine globale Variable eingeführt werden, die in einer neuen *End*-Methode der *Caluclation*-Klasse gesetzt würde.

22.5.2 Ereignisprozeduren

Ereignisprozeduren für die asynchrone Kommunikation unterscheiden sich nicht von normalen Ereignisprozeduren, die auf Seite 176 vorgestellt wurden: Im Klassenmodul des Servers muß die Ereignisprozedur mit *Event* deklariert werden. Das Ereignis kann dann mit *RaiseEvent* ausgelöst werden. Im Client muß die Ereignisprozedur mit *WithEvents* deklariert werden. Im folgenden wird die Vorgehensweise anhand desselben Beispiels wie im vorangegangenen Abschnitt demonstriert. Der Code ist etwas übersichtlicher, weil keine eigene Klasse für die Callback-Funktion erforderlich ist.

Programmcode des Clients

Der Client kann als normales Programm realisiert werden. Die Programmausführung beginnt mit der Anzeige des Startformulars. In der Ereignisprozedur *Command1_Click* wird ein neues *CalcForm*-Formular erzeugt:

```
' ActiveX-Server\CalculationEvent\CalculationClientMainForm.frm
Private Sub Command1_Click()
  Dim f As New CalcForm
  f.Visible = True
End Sub
```

Im Formular *Calcform* ist die Objektvariable *calc* als Variable des Typs *Calculation* deklariert, wobei das zusätzliche Schlüsselwort *WithEvents* den Empfang von Ereignissen ermöglicht. Durch *calc.Start* wird die Berechnung gestartet. Zum Ende der Berechnung wird die Ereignisprozedur *calc_Finished* aufgerufen.

```
' ActiveX-Server\CalculationEvent\CalculationClientCalcform.frm
Option Explicit
Dim starttime
Public finished
Dim WithEvents calc As Calculation  'externe Klasse des OLE-Servers
' Berechnung sofort beim Anzeigen des Formulars starten
Private Sub Form_Load()
  Set calc = New Calculation
  starttime = Now
  ZustandLabel = "Start"
  calc.Start                'Berechnung starten
End Sub
' Berechnung ist beendet
Private Sub calc_Finished(ByVal result As Double)
  Timer1.Enabled = False
  SchließenButton.Enabled = True
  finished = True
  Set calc = Nothing
  ZustandLabel = "Ergebnis = " & result
End Sub
```

Programmcode des Servers

Der Programmcode des Servers besteht aus der Schleife in *Main* in einem normalen Modul und dem restlichen Code im Klassenmodul *Calculation*. In *Main* wird abermals darauf gewartet, daß *letsStart* den Wert *True* annimmt. Sobald das der Fall ist, wird die Berechnung gestartet.

```
' ActiveX-Server\CalculationEvent\CalculationMain.bas
Option Explicit
Public clientObj As Calculation
Public letsStart
Private Declare Sub Sleep Lib "kernel32" (ByVal dwMilliseconds&)
Sub Main()
  Dim result As Double
  Do
    If letsStart Then
      clientObj.DoCalculation
      Exit Do
    End If
```

```
    Sleep 20          ' 1/50 Sekunden nichts tun
    DoEvents
  Loop
End Sub
```

Im Klassenmodul *Calculation* wird das Ereignis *Finished* definiert und in der Prozedur *DoCalculation* mit *RaiseEvent* ausgelöst. Beachten Sie, daß *DoCalculation* als *Friend* deklariert ist. Das bedeutet, daß die Methode zwar innerhalb des Servers verwendet werden kann (also in der Prozedur *Main*), nicht aber vom Client.

```
' ActiveX-Server\CalculationEvent\Calculation.Cls
' Klasse Calculation, Instancing = SingleUse
Option Explicit
Private Declare Sub Sleep Lib "kernel32" (ByVal dwMilliseconds&)
Event Finished(ByVal result As Double)
Public Sub Start()
  Set clientObj = Me
  letsStart = True
End Sub
' Berechnung durchführen (Pseudo-Code)
Friend Sub DoCalculation()
  Dim zeit, result As Double
  Randomize
  zeit = 2 + Rnd * 20  'zufällige Rechenzeit: 2-22 Sekunden
  Sleep zeit * 1000
  result = Rnd         'zufälliges Ergebnis
  RaiseEvent Finished(result)
End Sub
```

23 ActiveX-Steuerelemente erstellen

Seit Version 5 kann Visual Basic dazu verwendet werden, neue Steuerelemente zu programmieren. Diese Steuerelemente können dann wahlweise in anderen Visual-Basic-Projekten, in MS-Forms-Dialogen von VBA-Programmen, in HTML-Dokumenten etc. eingesetzt werden.

Dieses Kapitel wird zeigen, daß es zwar möglich ist, in fünf Minuten ein neues Steuerelement zu erstellen (so die Werbung), daß die Entwicklung eines produktionsreifen Steuerelements aber Wochen (wenn nicht Monate) erfordert. Angesichts der zahllosen Visual-Basic-Erweiterungen, die zur Steuerelementprogrammierung erforderlich waren, kann dieses Kapitel allerdings nur einen ersten Einstieg vermitteln, ohne auf alle Möglichkeiten der ActiveX-Steuerelementprogrammierung einzugehen.

23.1 Einführung

23.1.1 Was sind ActiveX-Steuerelemente?

Eigentlich sollte sich diese Frage erübrigen – alle Zusatzsteuerelemente von Visual Basic sind ActiveX-Steuerelemente. Sie haben also schon jede Menge Erfahrung mit dem Umgang mit den verschiedensten Spielarten von ActiveX-Steuerelementen – sichtbaren und unsichtbaren, an Datenquellen gebundene etc. Sie wissen, daß die meisten Steuerelemente mit einem eigenen Eigenschaftsdialog ausgestattet sind, der eine bequemere Einstellung der Eigenschaften ermöglicht als das Eingeschaftsfenster.

Neu seit Version 5 ist nicht nur die Bezeichnung (also das magische Wort ActiveX), sondern auch die Möglichkeit, Steuerelemente in komprimierte `*.cab`-Dateien zu verpacken. Diese Dateien werden automatisch über das Internet übertragen, sobald der Anwender auf eine Seite mit ActiveX-Steuerelemente stößt; ihr Inhalt wird (nach einer Rückfrage) am lokalen Rechner installiert. Das Anbieten von ActiveX-Steuerelementen am Internet und die daraus resultierenden Sicherheitsbedenken sind Thema des folgenden Abschnitts. Und nochmals der Hinweis: HTML-Dokumente mit integrierten ActiveX-Steuerelementen können nur vom Internet Explorer und nur auf Rechnern mit Intel-Prozessoren problemlos angezeigt werden.

Bevor Sie sich in das Abenteuer ActiveX-Steuerelement-Programmierung stürzen, sollten Sie kurz überlegen, wozu Sie ActiveX-Steuerelemente überhaupt benötigen. Wenn es nur darum geht, einen neuen Button in ein oder zwei Ihrer Programme zu integrieren, kann diese Funktion durch ein Bildfeld und zwei oder drei Ereignisprozeduren direkt im Projekt erheblich einfacher erzielt werden als durch ein eigenes ActiveX-Steuerelement. Und zur Gestaltung modernern Web-Seiten sollten Sie auch die Alternativen (eingebetteter VBScript- bzw. JScript-Code, ActiveX-Dokumente, DHTML-Dokumente) berücksichtigen, die in den folgenden Kapiteln behandelt werden.

Die Programmierung eines professionellen ActiveX-Steuerelements umfaßt unter anderem die folgenden Schritte:

- den Entwurf des Interfaces (Eigenschaften, Methoden, Ereignisse)
- dessen Realisierung durch Programmcode
- eine möglichst hundertprozentige Absicherung gegen Fehler
- den Entwurf eines Eigenschaftsdialogs
- die Dokumentation (eventuell mit Online-Hilfe)

Der Aufwand für ein professionelles Steuerelement, das mehr Funktionen als ein einfacher Button bietet, ist riesig – ganz abgesehen vom Zeitaufwand für die Einarbeitung in diese Technologie. Die Entwicklung eines neuen Steuerelements ist im Regelfall nur dann zielführend, wenn das Steuerelement selbst das primäre Ziel ist (nicht ein Programm, das das Steuerelement nutzt).

FAZIT

Entwickeln Sie kein neues Steuerelement, wenn es nicht wirklich sinnvoll ist! Der Komponentenansatz von Visual Basic führt ins Leere, wenn sich die Festplatte des Anwenders mit Hunderten Steuerelementen füllt, deren Funktionen zum überwiegenden Anteil redundant sind. Schlecht entwickelte und unzureichend abgesicherte Steuerelemente werden Visual Basic rasch den Ruf einhandeln, daß es instabil sei – obwohl es die Steuerelemente sind, die sowohl die Entwicklungsumgebung als auch fertige Programme zum Absturz bringen.

23.1.2 Ein Steuerelement in fünf Minuten

Dieser Abschnitt demonstriert anhand eines Beispiels den prinzipiellen Arbeitsablauf bei der Programmierung eines neuen Steuerelements. Das Steuerelement besteht aus einem kleinen Textfeld und zwei Buttons, mit denen der numerische Inhalt des Textfelds verkleinert und vergrößert werden kann (Bild 23.1). Zur Entwicklung eines Steuerelements verwenden Sie normalerweise eine Gruppe aus zwei Projekten (Bild 23.2): Das eine Projekt ist für das Steuerelement (Programmtyp ACTIVEX-STEUERELEMENT), das zweite ein Testprogramm (Programmtyp STANDARD-EXE).

Das Steuerelement

Beginnen Sie vorerst mit dem Steuerelementprojekt: Dort fügen Sie ein Textfeld und eine Bildlaufleiste in den Steuerelementebereich ein und verkleinern anschließend den Steuerelementbereich so weit, daß es am Rand zu den Steuerelementen keine Grenzen gibt (Bild 23.3). Im Eigenschaftsfenster geben Sie dem neuen Steuerelement den Namen *Spinner* und dem Projekt den Namen *SpinnerControl*.

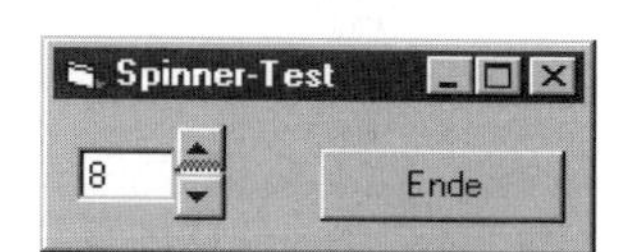

Bild 23.1: Testprogramm mit dem Spinner-Steuerelement

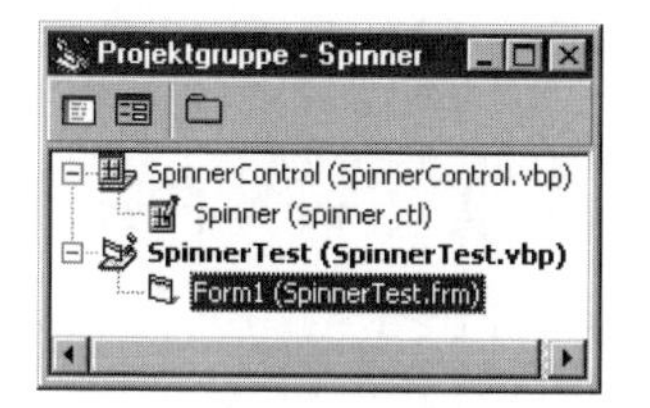

Bild 23.2: Projektgruppe für das Beispielprogramm

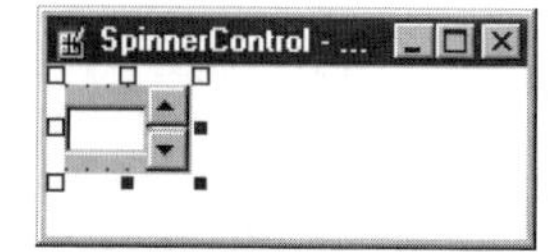

Bild 23.3: Der Entwurf des Steuerelements

Damit der Pfeil nach oben tatsächlich eine Vergrößerung des Werts bewirkt (und keine Verkleinerung), stellen Sie die Eigenschaften *Min* und *Max* der Bildlaufleiste auf 100 und 0. Jetzt benötigen Sie noch eine Ereignisprozedur zur Bildlaufleiste:

```
' ActiveX-Steuerelemente\Intro\Spinner.ctl
Private Sub VScroll1_Change()
  Text1 = VScroll1.Value
End Sub
```

Das Testprogramm

Mit PROJEKT | HINZUFÜGEN bilden Sie nun eine Projektgruppe. Sobald Sie das Entwurfsfenster für das neue Steuerelement schließen, wird das *Spinner*-Steuerelement in der Toolbox sichtbar. Sie können das Steuerelement in das Formular Ihres Testprogramms einfügen und sofort starten. (Code ist nur für den ENDE-Button erforderlich.)

Einschränkungen

Nun, länger als fünf Minuten werden Sie vermutlich wirklich nicht gebraucht haben, um Ihr erstes eigenes Steuerelement zu programmieren. Dafür gibt es aber auch noch einige Probleme:

- Sie können den eingestellten Text weder durch eine Eigenschaft lesen noch verändern. Das Steuerelement ist in dieser Form vollkommen wertlos.
- Bei der Veränderung des Inhalts des Steuerelements wird kein Ereignis ausgelöst.
- Das Steuerelement selbst berücksichtigt Tastatureingaben nicht. Wenn Sie eine Zahl eingeben und danach auf den Pfeil-Button nach oben drücken, wird der zuletzt durch die Bildlaufleiste eingestellte Wert berücksichtigt, nicht Ihre Eingabe.
- Das Steuerelement hat eine starre Größe. Es kann im Anwendungsprogramm weder verkleinert noch vergrößert werden.
- Sie können im Anwendungsprogramm keinen Wert voreinstellen.

Im Abschnitt Programmiertechniken (Seite 1006) finden Sie Antworten zu den Fragen, die sich hier auftun. Auf der beiliegenden CD-ROM finden Sie in `ActiveX-Steuerelemente\Spinner2` eine verbesserte Version. Die dritte Variante – `Spinner3` – zeichnet sich zusätzlich durch IntelliMouse-Unterstützung aus.

23.1.3 Verwendung von ActiveX-Steuerelementen

ActiveX-Steuerelemente können auf drei Arten verwendet werden. Die erste Variante besteht darin, die Steuerelementdatei (Kennung `*.ctl`) direkt in das Projekt einzufügen, das gerade entwickelt wird. Die *Public*-Eigenschaft des Steuerelements muß dazu auf *False* gestellt werden. Damit kann das Steuerelement nicht mehr als eigenständige Komponente verwendet werden. Der Vorteil dieser Vorgehensweise besteht darin, daß das Steuerelement ein integrativer Teil des Projekts ist. Beim Kompilieren entsteht eine einzige `*.exe`-Datei, die (neben vielem anderen) auch das neue Steuerelement enthält.

Die zweite und gebräuchlichere Variante besteht darin, wie im Einführungsbeispiel das Steuerelement und das Anwendungsprogramm in eigenen Projekten zu entwikkeln. Wenn beide Projekte in die Entwicklungsumgebung geladen werden, ist ein problemloser Test möglich. Bevor Sie Ihr Anwendungsprogramm kompilieren können, müssen Sie das Steuerelement zu einer `*.ocx`-Datei kompilieren. Das neue Steuerelement wird dadurch in der Registrierdatenbank Ihres Rechners eingetragen. Jetzt kann auch das Anwendungsprogramm kompiliert werden. Das Kompilat enthält den UUID des neuen Steuerelements (Universal Unique Identifyer). Beim Start wird aus der Registrierdatenbank ermittelt, wo sich die `*.ocx`-Datei befindet. Nur wenn die Datei gefunden werden kann, ist eine Ausführung des Programms möglich.

Hinweis

In Projekt | Eigenschaften | Komponente des Steuerelements gilt keine Kompatibilität als Defaulteinstellung. Das bedeutet, daß das Steuerelement bei jedem Kompilieren einen neuen UUID bekommt. In der Folge muß auch das Anwendungsprogramm neu kompiliert werden, damit es das Steuerelement findet. Wenn Sie das vermeiden möchten, müssen Sie eine andere Kompatibilitätseinstellung wählen. Details dazu finden Sie auf Seite 964.

Die dritte Form der Steuerelementnutzung bietet das Internet – oder genauer die Integration in HTML-Seiten. Doch das ist ein Thema für einen eigenen Abschnitt ...

23.2 ActiveX-Steuerelemente im Internet

23.2.1 ActiveX-Steuerelemente in HTML-Dokumenten

Damit Sie ein ActiveX-Steuerelement in eine HTML-Datei einbetten können, müssen Sie es zuerst einmal kompilieren. Anschließend benötigen Sie dessen UUID (Universal Unique Identifier), der das Steuerelement weltweit eindeutig identifiziert. Diese Nummer können Sie beispielsweise mit dem Registriereditor feststellen: *HKEY_CLASSES_ROOT\projektname.steuerelementname\Clsid*:

Bild 23.4: Der Eintrag des Spinner-Steuerelements in der Registrierdatenbank

Einfacher geht es, wenn Sie das Programm `Oleview.exe` aus dem Verzeichnis `Common\Tools` der Visual-Basic-CD-ROM verwenden und dort einen Blick in die Gruppe der Steuerelemente (Controls) werfen: Neben einer Fülle anderer Informationen wird in diesem Programm auch der UUID angezeigt.

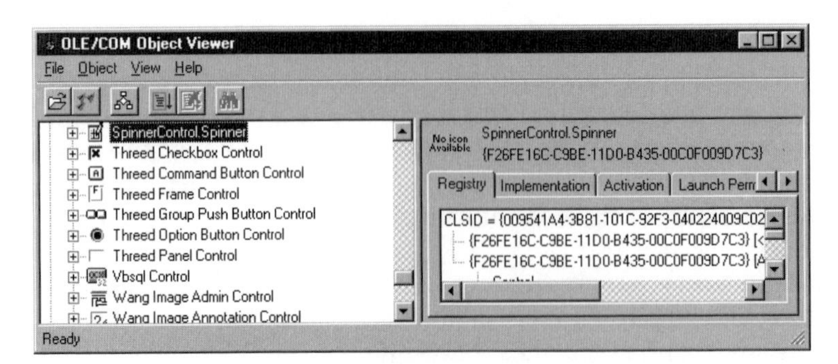

Bild 23.5: Das Steuerelement im OLE-Viewer

Auf der Basis der UUID können Sie das Steuerelement nun in eine HTML-Datei einfügen. Dazu dient das HTML-Tag *<OBJECT>*.

```
<HTML>
<HEAD><TITLE>Spinner Test</TITLE></HEAD>
<BODY>
<OBJECT ID="Spinner1" WIDTH=51 HEIGHT=35
 CLASSID="CLSID:F26FE16C-C9BE-11D0-B435-00C0F009D7C3">
</OBJECT>
</BODY>
</HTML>
```

Wenn Sie einzelne Eigenschaften des Steuerelements einstellen möchten, können Sie das mit dem optionalen Kommando *<PARAM NAME="eigenschaft" VALUE = "wert">* erledigen. In den folgenden Zeilen wird die Eigenschaft *Value* auf 4 gesetzt.

```
<OBJECT ID="Spinner1" WIDTH=51 HEIGHT=35
 CLASSID="CLSID:F26FE16C-C9BE-11D0-B435-00C0F009D7C3">
    <PARAM NAME="Value" VALUE="4">
</OBJECT>
```

Wenn Sie diese Datei im Internet Explorer öffnen, sieht das Ergebnis wie in der nebenstehenden Abbildung aus. Es liegt auf der Hand, daß diese manuelle Vorgehensweise für die Praxis viel zu mühsam ist. Aus diesem Grund gibt es diverse Werkzeuge, die das Einbetten von Steuerelementen in HTML-Dateien erleichtern. Ideal ist, wenn Ihnen Visual Interdev zur Verfügung steht – damit können HTML-Seiten mit integrierten Steuerelementen sehr bequem zusammengestellt werden. Alternativ erzeugt auch der Visual-Basic-Installationsassistent eine HTML-Datei, die als Grundlage für weitere Experimente verwendet werden kann.

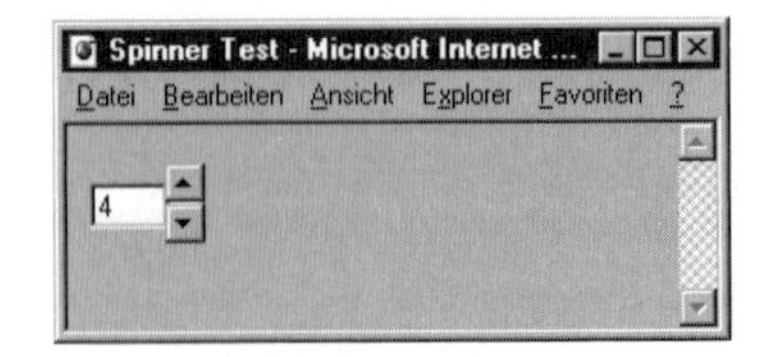

Bild 23.6: Das Spinner-Steuerelement im Internet Explorer

In den meisten Fällen ist es mit der bloße Anzeige des Steuerelements noch nicht getan: Im HTML-Dokument soll auch eine Auswertung der Eingaben durch den Anwender erfolgen, daraus resultierende Ergebnisse angezeigt oder zurück an den Server übertragen werden etc. Zu diesem Zweck müssen Sie VBScript-Code in die HTML-Datei einbetten. Mit VBScript können Sie auf die Eigenschaften und Methoden des Steuerelements zugreifen, Ereignisse empfangen etc.

VERWEIS

VBScript ist ein Dialekt von Visual Basic, der in einem eigenen Kapitel ab Seite 1043 beschrieben wird. Ein konkretes Beispiel zur Anwendung des *Spinner*-Felds in einer HTML-Datei finden Sie auf Seite 1054.

23.2.2 Cabinet-Dateien

Auf Ihrem lokalen Rechner ist die Verwendung des Steuerelements nur deswegen möglich, weil das Steuerelement dort erstellt und registriert ist. Ein Anwender auf einem anderen Rechner, der die HTML-Datei über das Netz lädt, kennt das Steuerelement hingegen noch nicht, der in der HTML-Datei genannte UUID ist unbekannt. Damit das Steuerelement auch auf fremden Rechnern genutzt werden kann, muß es dort installiert werden. Der erste Schritt zu dieser Installation besteht darin, daß Sie mit dem Installationsassistenten (also dem Paket- und Weitergabe-Assistenten) eine sogenannte Cabinet-Datei erstellen.

Im Installationsprogramm geben Sie als Installationstyp INTERNET-PAKET an und wählen die Projektdatei mit dem Steuerelement aus. Im nächsten Schritt können Sie angeben, woher der Anwender die zur Ausführung von ActiveX-Steuerelementen erforderlichen Bibliotheken laden soll (Laufzeitkomponenten, ebenfalls Cabinet-Dateien), und ob Ihr Steuerelement 'sicher' ist. Mehr Informationen zu diesen beiden Punkten folgen etwas weiter unten.

Der Installationsassistent liefert als Ergebnis im wesentlichen eine HTML-Datei, die den Code zur Einbettung des Steuerelements enthält, sowie eine Cabinet-Datei, die neben dem komprimierten Steuerelement (`*.ocx`-Datei) diverse Verwaltungsinformationen enthält. Der Installationsassistent erzeugt außerdem das Verzeichnis `Support`, das die in der Cabinet-Datei enthaltenen Dateien in unkomprimierter Form enthält. Der Inhalt des `Support`-Verzeichnisses dient nur zu Ihrer Information, am Internet-Server muß lediglich die `*.cab`-Datei gespeichert werden.

Die einzige Neuerung im HTML-Code besteht in der zusätzlichen Option *CODEBASE*, die angibt, in welcher Datei das Steuerelement gespeichert wird.

```
<OBJECT ID="Spinner1" WIDTH=51 HEIGHT=35
 CLASSID="CLSID:F26FE16C-C9BE-11D0-B435-00C0F009D7C3"
 CODEBASE="SpinnerControl.CAB#version=1,0,0,0">
</OBJECT>
```

Laufzeitkomponenten

Leider ist es mit einer kleinen `*.cab`-Datei nicht getan – zumindest beim ersten Mal nicht. Zur Ausführung von ActiveX-Komponenten, die mit Visual Basic erstellt wurden, sind nämlich diverse DLLs erforderlich, unter anderem `Msvbvm60.dll`, `Asycfilt.dll`, `Oleaut32.dll` und `Olepro32.dll`. Wenn Ihre Komponente auf Zusatzsteuerelemente oder Bibliotheken zurückgreift, dann werden auch deren Libraries benötigt (`*.dll`, `*.ocx` etc.).

Die Information, welche Komponenten zur Ausführung benötigt werden, ist in komprimierter Form in der `*.cab`-Datei des ActiveX-Steuerelements gespeichert. In lesbarer Form finden Sie diese Informationen in der vom Installationsassistenten erzeugten Datei `Support\Steuerelementname.inf`.

Auf Ihrem Rechner sind diese Libraries im Rahmen der Visual-Basic-Installation bereits vorhanden. Am Rechner des Anwenders ist das hingegen nur dann der Fall, wenn dort schon eine vergleichbare ActiveX-Komponente ausgeführt worden ist. Bevor die erste ActiveX-Komponente verwendet werden kann, müssen daher zumindest 1.2 MByte Cabinet-Dateien mit den oben erwähnten DLLs auf den Rechner des Anwenders übertragen und installiert werden. Falls Ihr Anwender nur einen Internet-Zugang per Modem hat, bereitet das erste ActiveX-Steuerelement wenig Freude!

Cabinet-Dateien für alle Libraries und Zusatzsteuerelemente von Visual Basic stehen am Web-Server von Microsoft zur Verfügung (`activex.microsoft.com/controls/-vb6/`). Eine Kopie aller Dateien finden Sie auch auf der Visual-Basic-CD-ROM im Verzeichnis `Common\Tools\VB\Cabinets`. Um eine höhere Übertragungsgeschwindigkeit zu erzielen bzw. um einen Zugriff auf die Laufzeitkomponenten in einem lokalen Netzwerk ohne Zugang zu `www.microsoft.com` zu ermöglichen, können Kopien aller Cabinet-Dateien am selben Server plaziert werden wie die HTML-Datei mit den ActiveX-Steuerelementen.

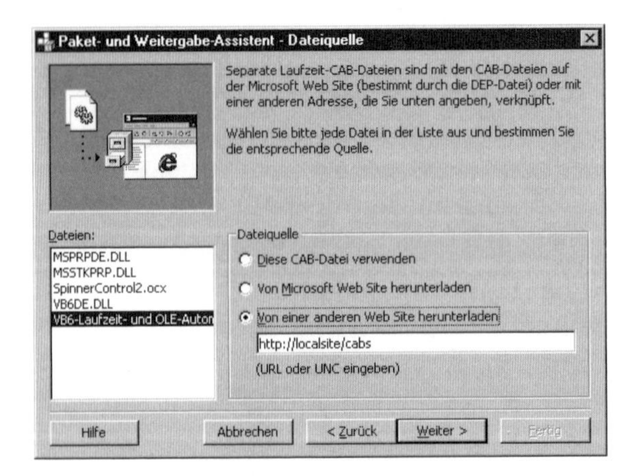

Bild 23.7: Laufzeitbibliotheken von einem lokalen Server laden

Die Abbildung oben zeigt, welche Einstellung im Installationsassistenten erforderlich ist, damit die Laufzeit-Cabinet-Dateien nicht vom Microsoft-Server, sondern vom lokalen Web-Server `localsite` aus dem Verzeichnis `cabs` geladen werden. (Wenn als Internet Server der Microsoft IIS verwendet wird, müssen sich jetzt alle erforderlichen `*.cab`-Dateien im virtuellen Verzeichnis `cabs` befinden. Beachten Sie, daß die Dateiquelle im Installationsassistenten für jede Datei extra angegeben werden muß!)

Wenn es Probleme gibt

Der Internet Explorer liefert leider keinerlei Informationen über mögliche Fehlerursachen, wenn die Installation eines Steuerelements nicht klappt. Die wahrscheinlichste Fehlerursache besteht darin, daß Laufzeitkomponenten fehlen und der lokale Rechner darauf keinen Zugriff hat. In diesem Fall wird das Steuerelement trotz gegenteiliger Meldungen am Bildschirm nicht installiert. Es wird nicht einmal eine Fehlermeldung angezeigt; statt der Steuerelemente werden im HTML-Dokument lediglich kleine Icons mit einem roten X angezeigt. Zu einer Fehlermeldung kommt es nur dann, wenn ein VBScript-Programm auf Eigenschaften des Steuerelements zuzugreifen versucht.

Abhilfe: Stellen Sie alle benötigten Laufzeit-Bibliotheken lokal zur Verfügung und erstellen Sie mit dem Installationsassistenten eine neue `*.cab`-Datei, wobei Sie den Pfad zu den lokalen `*.cab`-Dateien wie oben beschrieben angeben.

Eine zweite wahrscheinliche Fehlerursache besteht darin, daß die HTML-Datei eine falsche UUID enthält (besonders dann, wenn die Datei manuell erstellt oder das Steuerelement später nochmals neu kompiliert wurde). Die korrekte UUID erhalten Sie unter anderm, indem Sie den Installationsassistenten neuerlich starten und einen Blick in die resultierende `*.htm`-Datei werfen.

VORSICHT

Sie können die Installation nur ausprobieren, wenn Ihnen ein zweiter Rechner zur Verfügung steht. Auf Ihrem Arbeitsrechner erkennt der Internet Explorer, daß die Komponente schon zur Verfügung steht (das ActiveX-Steuerelement wurde ja in Visual Basic kompiliert und bei dieser Gelegenheit auf Ihrem Rechner registriert), und verzichtet auf eine neuerliche Installation. Die Tatsache, daß es auf Ihrem Rechner klappt, läßt daher keinen Schluß zu, daß es auf einem anderen Rechner auch funktioniert.

ActiveX-Komponenten für Entwickler

Wenn Sie ActiveX-Komponenten entwickeln, die für andere Visual-Basic-Programmierern gedacht sind, sollten Sie eine sogenannte Abhängigkeitsdatei erstellen und mit der `*.ocx`-Datei mitliefern. Abhängigkeitsdateien enthalten Informationen darüber, welche Voraussetzungen (Libraries) erfüllt sein müssen, damit das Steuerelement verwendet werden kann. Abhängigkeitsdateien werden vom Installationsassistenten erzeugt, wenn Sie beim VERPACKEN im dritten Schritt den gleichnamigen PAKETTYP auswählen.

23.2.3 Installation am lokalen Rechner

Was passiert nun, wenn der Anwender wirklich auf eine HTML-Datei stößt, in der eine ActiveX-Komponente benutzt wird? Der Internet Explorer lädt den Informationsteil der `*.cab`-Datei und testet, ob alle erforderlichen Komponenten bereits am Rechner installiert sind. Wenn das nicht der Fall ist, erscheinen je nach Sicherheitseinstellung im Internet Explorer diverse Warnungen (siehe die folgenden Abschnitte). Sofern Sie der Übertragung und Installation zustimmen, werden in der Folge alle Cabinet-Dateien auf den lokalen Rechner übertragen und dort installiert. Systembibliotheken landen im Windows-Systemverzeichnis, Zusatzsteuerelemente und ActiveX-Dokumente im Windows-Verzeichnis `Occache` (IE3) oder `Downloaded Program Files` (IE4). Nach der Installation wird mit der Ausführung der Komponente begonnen.

Während der Installationsassistent bei normalen Setup-Programmen eine Deinstallation vorsieht, gilt das für ActiveX-Komponenten leider nicht. Nach und nach landen immer mehr Visual-Basic-Standardbibliotheken im Windows-Systemverzeichnis, das entsprechend Verzeichnis quillt über vor Steuerelementen und ActiveX-Dokumenten, von denen nach wenigen Tagen kein Mensch mehr weiß, welche Aufgabe sie erfüllen und ob sie noch benötigt werden. Wen wundert's, daß Fachzeitschriften ernsthaft empfehlen, Windows alle halbe Jahr komplett neu zu installieren, um solche Altlasten und evt. damit verbundene Stabilitätsprobleme wieder loszuwerden?

23.2.4 Wie sicher sind ActiveX-Steuerelemente?

Als ActiveX-Steuerelemente vor bald zwei Jahren eingeführt wurden, entbrannte eine heftige Sicherheitsdiskussion, deren generelles Fazit lautet: *ActiveX ist unsicher.* Dieser Abschnitt versucht, das Problem etwas differenzierter zu betrachten und einige Hintergrundinformationen zu geben. Grundsätzlich sind ActiveX-Komponenten genauso sicher (und genauso unsicher) wie normale Visual-Basic-Programme. Mit Visual-Basic-Programmen können Sie:

- Dateien der Festplatte löschen
- Dateien ändern
- Informationen über den Rechner des Anwenders ermitteln
- andere Programme ausführen und steuern
- auf fast alle Betriebssystemfunktionen zugreifen

All das können Sie auch mit ActiveX-Steuerelementen oder -Dokumenten, und zwar (bei geschickter Vorgehensweise) so, daß der Anwender es nicht sofort bemerkt. Denkbar sind etwa Programme, die gezielt nach E-Mails an bestimmte Personen suchen. Denkbar sind Programme, die einzelne Einträge einer Datenbank verändern (finanzielle Transaktionen!). Denkbar sind Programme, die feststellen, welche Programme am Rechner installiert sind. Kurz: ein Horror-Szenario.

All das ist aber eigentlich nichts Neues und hat wenig mit ActiveX zu tun: Dieselben Möglichkeiten gab es auch schon bei Programmen, die mit früheren Versionen von Visual Basic erstellt wurden.

Der Grund für die lebhafte Sicherheitsdiskussion war vielmehr der Vergleich mit anderen Internet-Programmiersprachen, vor allem mit Java, aber auch mit JavaScript und VBScript. Insbesondere Java wurde mit ausgeprägten Sicherheitsüberlegungen entwickelt. Der Zugriff auf lokale Dateien ist ebenso beschränkt wie der Zugriff auf Betriebssystemfunktionen. All diese Sicherheitsfunktionen fehlen in ActiveX. Im Vergleich zu Java ist ActiveX also tatsächlich eine vollkommen unsichere Technologie.

Konsequenzen für Anwender

Wie bisher müssen Sie sich überlegen, welche Programme – und welche Komponenten – Sie auf Ihrem Rechner installieren. So wie Sie schon bisher bei Shareware-Programmen unklarer Herkunft vorsichtig waren, muß das in Zukunft auch für Internet-Komponenten gelten. Das Problem bei Internet-Komponenten besteht darin, daß deren Installation sehr einfach und die Versuchung daher groß ist, ein Programm rasch auszuprobieren.

Ein zweites Problem besteht darin, daß normalerweise eine Netzwerkverbindung aufrecht ist, wenn die Komponente ausgeführt wird. Das kann natürlich dazu mißbraucht werden, sofort Daten auf einen anderen Rechner zu übertragen (wenn es die Absicht der ActiveX-Komponente ist, Daten aus Ihrem Rechner zu erschnüffeln). Das ist gewissermaßen eine neue Dimension des Mißbrauchs.

TIP

Unter Windows NT gilt: ActiveX-Komponenten haben dieselben Zugriffsrechte wie andere Programme, die vom aktuellen Anwender ausgeführt werden. Eine sehr einfache Sicherheitsmaßnahme besteht darin, einen Login mit minimalen Rechten zu schaffen und zum Surfen bzw. zum Ausprobieren unbekannter ActiveX-Komponenten zu verwenden.

Konsequenzen für Entwickler

Erwarten Sie nicht, daß sich Anwender voll Begeisterung auf Ihre neu entwickelten Komponenten stürzen. Die Diskussion über die (Un-)Sicherheit von ActiveX hat unter anderem dazu geführt, daß viele Anwender prinzipiell und ausnahmslos die Installation von ActiveX-Komponenten während des Web-Surfens vermeiden. Wenn der Internet Explorer ständig anfragt, ob diese oder jene Datei geladen und installiert wird, kann das als extrem lästig empfunden werden.

HINWEIS

Man kann es wahrscheinlich nicht oft genug wiederholen: Die Bedeutung und Anwendung von ActiveX-Komponenten reicht weit über die des Internets hinaus! Die Tatsache, daß Sie selbst auf den Seiten von `www.microsoft.com` nur selten auf ActiveX-Komponenten stoßen (und anderswo noch seltener), bedeutet nicht, daß ActiveX-Steuerelemente damit ihre Daseinsberechtigung verlieren. ActiveX-Steuerelemente sind gut geeignet für geschlossene Intranets großer Firmen, sie finden Einsatz als Komponenten für die herkömmliche Programmierung mit Visual Basic bzw. VBA etc.

23.2.5 Sicherheit per Definition

Microsofts Antwort auf ActiveX-Sicherheitsbedenken ist zweiteilig: Zum einen kann bei ActiveX-Komponenten angegeben werden, ob Sie sicher für die Initialisierung und Skriptenerstelltung sind. Zum anderen können Komponenten durch das Authenticode quasi unterschrieben werden. Das bedeutet, daß zusammen mit der Komponente auch sein Urheber gespeichert wird. Authenticode wird im nächsten Teilabschnitt behandelt, hier geht es vorerst nur um Sicherheit per Definition.

Die provokokante Überschrift bezieht sich auf die Tatsache, daß Sie beim Erstellen einer Cabinet-Datei im Installationsassisten gefragt werden, ob Ihre Komponente (sei es nun ein Steuerelement oder ein ActiveX-Dokument) zwei Sicherheitskriterien erfüllt. Sie brauchen die betreffenden Auswahlkästchen nur anklicken – schwups! –, schon ist die Komponente sicher! Mit anderen Worten: Es erfolgt keine wie immer geartete Kontrolle. Wer immer Ihnen eine bösartige ActiveX-Komponente unterjubeln will – Sie können sich sicher sein, daß beide Optionen aktiviert sind.

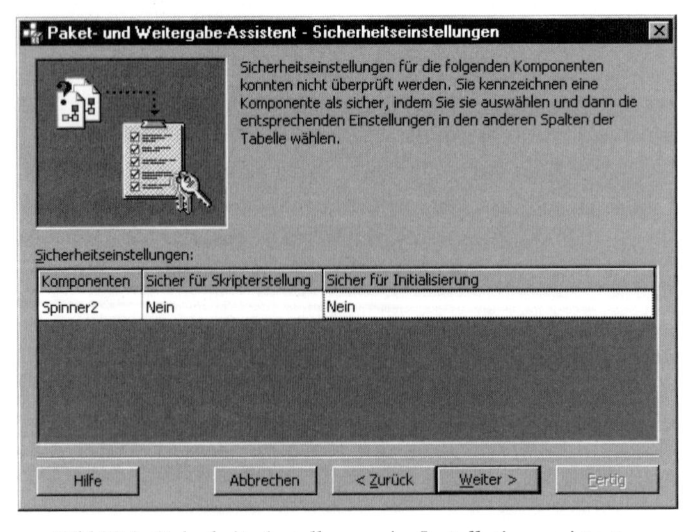

Bild 23.8: Sicherheitseinstellungen im Installationsassistenten

Kurz einige Informationen dazu, was die beiden Optionen eigentlich bedeuten: SICHER FÜR INITIALISIERUNG bedeutet, daß sich das Steuerelement zivilisiert verhält und keine Daten löscht, ganz egal, wie sinnlos, fehlerhaft oder bewußt bösartig die Einstellungen sind, die bei der Initialisierung der Komponenten verwendet werden. (Bei der Verwendung in HTML-Dateien erfolgt die Initialisierung durch die *PARAM*-Schlüsselwörter innerhalb des HTML-*OBJECT*-Kommandos.)

SICHER FÜR SKRIPTENERSTELLUNG geht noch einen Schritt weiter: Sie garantieren dafür, daß es weder einem einfallsreichem Programmierer noch einem Chaoten gelingt, durch die Verwendung von Eigenschaften und Methoden ein Verhalten hervorzurufen, das für den Anwender schädlich sein könnte (Lesen / Löschen von Dateien, Herbeiführen eines Programm- / Systemabsturzes etc.) Beispielsweise können Sie kein Steuerelement sicher nennen, wenn es die Möglichkeit bietet, via Scripting Daten in einer durch einen Parameter angegebenen Datei zu speichern.

Wenn Ihre ActiveX-Komponente nur ein besonders einfallsreicher Button ist, ist eine Bejahung beider Kriterien vielleicht gerade noch möglich. Wenn Ihre Komponente aber auch nur ein Minimum an Funktionen bietet, ist eine seriöse Bejahung der Fragen streng genommen unmöglich. Die Garantie der Fehlerlosigkeit ist ein ebenso interessantes wie ungelöstes Thema der theoretischen Informatik.

Wenn Sie sich als seriöser Programmierer nun dazu entschließen, die Optionen nicht zu bejahen, wird der Anwender mit einer Warnung des Internet Explorers konfrontiert. (Der genaue Inhalt hängt sowohl von den Sicherheitseinstellungen als auch von der IE-Version ab. Bild 23.9 wurde mit dem IE4 erstellt.) Der Anwender ist von dieser Meldung irritiert und bricht den Vorgang womöglich ab. Fazit: Es ist damit zu rechnen, daß Sie am Internet nur 'sichere' Komponenten finden werden.

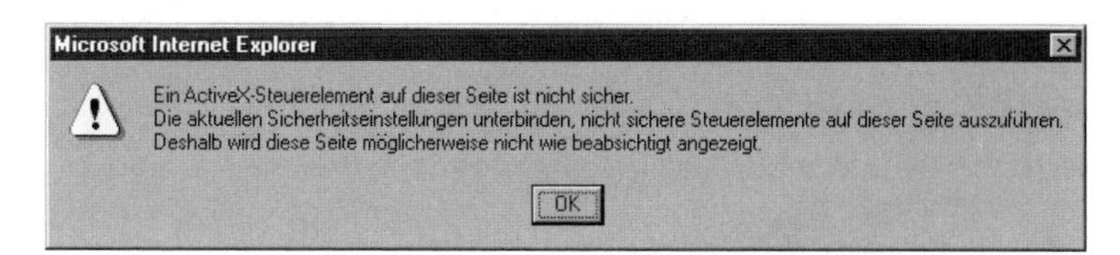

Bild 23.9: Sicherheitswarnung im Explorer

23.2.6 Authentifizierung und Signaturen

Authenticode ist ein Verfahren, das Daten über den Urheber eines ActiveX-Steuerelements bzw. -Dokuments mitspeichert. Bei jedem Installationsversuch werden diese Daten angezeigt. Microsoft vergleicht die Technik mit einer digitalen Unterschrift, mit der Firmen bzw. Entwickler ihr Programm signieren und so für Herkunft und Qualität burgen. Verschlüsselungstechniken stellen sicher, daß die Datei nach dem Signieren nicht mehr verändert wurde.

Authenticode funktioniert im Zusammenspiel mit dem Internet Explorer. Bevor irgendeine Komponente installiert wird, zeigt der Explorer (je nach Sicherheitseinstellung) bei nicht signierten Komponenten eine Warnmeldung an. Bei signierten Komponenten erscheint statt der Warnung ein Dialog mit einem Zertifikat, das sowohl den Entwickler bzw. die Firma nennt, als auch die Firma, die die Zertfizierung durchgeführt hat.

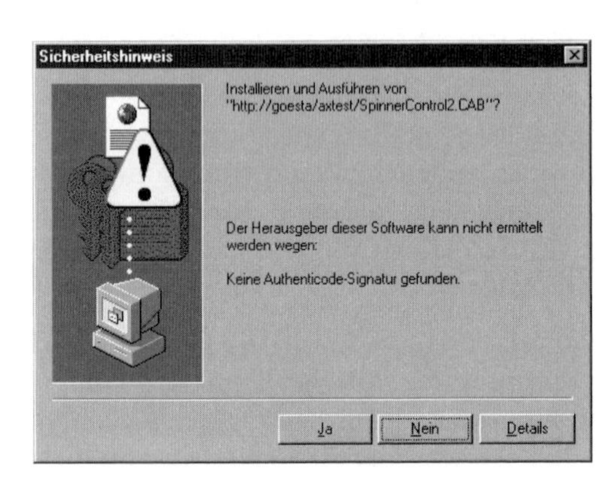

Bild 23.10: Warnung vor unsignierten Komponenten

Bild 23.11: Zertifikat einer signierten Komponente

Dabei lautet die Grundidee: Nur Anwender, die Vertrauen zum Urheber der Komponente haben, stimmen der Installation zu. Wenn sich die Komponente dann doch als fehlerhaft oder gar bösartig herausstellt, ist zumindest bekannt, von wem sie stammt (mit allen – noch unklaren – rechtlichen Konsequenzen).

Grenzen der Authentifizierung

Das Konzept der Authentifizierung ist sicherlich ein Schritt in die richtige Richtung. Die Authenticode-Technik garantiert allerdings nur, daß eine signierte Komponente nach dem Signieren nicht mehr verändert wurde – mehr nicht! Die Tatsache, daß eine Komponente signiert ist, darf daher nicht überbewertet werden:

- Eine signierte Komponente muß nicht fehlerfrei sein. Bei der Authentifizierung erfolgt keinerlei Kontrolle, ob und wie die Komponente funktioniert. Selbst wenn die Komponente von einem renommierten Hersteller stammt, haben Sie keinerlei Garantie, daß diese nicht dennoch – unbeabsichtigt – Ihren Rechner zum Absturz bringt. (Natürlich ist auch der Umkehrschluß zulässig: Wieviel Vertrauen haben Sie beispielsweise in die kostenlose Komponente eines Herstellers, in dessen Office-Paket sich auch nach dem zweiten Service Release eineinhalb Jahre nach der Markteinführung zahllose Bugs befinden?)

- Die Authentifizierung steht und fällt mit den Institutionen, die diese Authentifizierung durchführen. Dazu gibt es wenig Erfahrungswerte. Wie gründlich wird wirklich kontrolliert, ob die von der authentifizierungswilligen Firma oder Person gemachten Angaben tatsächlich korrekt sind? Ob diese Firma tatsächlich existiert? Und ob sie auch seriös ist?
- Ein weiteres Problem liegt in der Bekanntheit der authentifizierten Person bzw. Firma. Wie exakt kennen Sie den Firmennamen? Sind Sie wirklich sicher, daß Sie die Firma nicht mit einer anderen, namensähnlichen Firma verwechseln? (Etwa nach dem Motto: Nicht überall, wo *Windows Software* drauf steht, ist auch Microsoft drin.)
- Es ist vollkommen unklar, welche rechtlichen Konsequenzen sich aus der Authentifizierung ergeben. Was ist, wenn sich eine Signatur falsch erweist (die angegebene Firma also gar nicht existiert oder eine Scheinfirma ist)? Haftet dann die Certificate Authority (siehe unten)? Was, wenn zwar die Signatur richtig ist, das Programm aber dennoch – vielleicht versehentlich – eine wichtige Datei Ihres Rechners beschädigt?

Eigene Komponenten signieren

Der erste Schritt zur Signatur besteht darin, daß Sie für sich als Privatperson oder für Ihre Firma um die Authentifizierung ansuchen. Ansprechpartner sind sogenannte CAs (Certificate Authorities, Authentifizierungsbehörden). Nachdem eine CA Ihre Angaben überprüft hat, bekommen Sie einen privaten Schlüssel und eine elektronische Beglaubigung (Software Publishing Credential) zugesandt. (Natürlich müssen Sie für diese Schlüsselausgabe bezahlen. Außerdem ist die Gültigkeit des Schlüssels begrenzt.)

ANMERKUNG

Als diese Zeilen geschrieben wurden (September 98) war weder am amerikanischen noch am am deutschen Internet-Server von Microsoft auch nur eine einzige europäische Firma oder Organisation zu finden, die in eine Authentifizierung für Privatpersonen durchführen würde. Etwas besser sieht es für Firmen aus: Die amerikanische Firma VeriSign führt eine Authentifizierung auch für nicht-amerikanische Firmen durch ($400 für das erste Jahr), benötigt dafür aber eine beglaubigte Übersetzung des Handelsregisterauszugs.

Jetzt können Sie das Programm `Signcode.exe` ausführen. An dieses Programm müssen die folgenden Informationen übergeben werden:

- Dateiname der zu signierenden Komponente (im Regelfall eine `*.cab`-Datei, die mit dem Installationsassistenten erstellt wurde)

- Name des Programms
- Ihre Internetadresse
- Ihr Software Publishing Credential (eine Datei, die Ihnen der CA gesandt hat)
- Ihr privater Signationsschlüssel (noch eine Datei, die von der CA stammt)

Anschließend können Sie mit `Chktrust.exe` testen, ob das Signieren geklappt hat. Das Programm zeigt in diesem Fall den vom Explorer bekannten Dialog mit dem Zertifikat an. `Chktrust.exe` und `Signcode.exe` werden unverständlicherweise nicht mit Visual Basic mitgeliefert. Sie können die Programme aber als Bestandteil des kostenlosen ActiveX-SDKs (Software Development Kit) vom Internet-Server Microsofts laden.

VERWEIS

Weitere Informationen finden Sie in der MSDN-Library bzw. im Internet:

PLATTFORM SDK | COM AND ACTIVEX | COMPONENT DEVELOPMENT |
- ACTIVEX CONTROLS | SIGNING CODE WITH AUTHENTICODE

```
www.microsoft.com/security
www.rsa.com
www.verisign.com
```

23.3 Programmiertechniken

23.3.1 Grundlagen

Nomenklatur

Container: Als Container wird jenes Objekt bezeichnet, in das das ActiveX-Steuerelement eingefügt wird. Wenn das Steuerelement unter Visual Basic verwendet wird, dient ein Formular als Container. In den Office-Komponenten wird statt dessen ein *UserForm*-Formular verwendet. Wenn das Steuerelement in einer HTML-Datei eingesetzt wird, gilt das *Form*-Objekt der *WebBrowser*-Klassenhierarchie als Container. Der Container ist deswegen wichtig, weil eine Menge Eigenschaften, die einem Steuerelementen zugeordnet werden, in Wirklichkeit vom Container stammen.

Konstituierende Steuerelemente: Die meisten ActiveX-Steuerelemente basieren auf schon vorhandenen Steuerelementen. Um eine klare Unterscheidung zwischen dem neuen ActiveX-Steuerelement und den darin eingesetzten Steuerelementen zu ermöglichen, werden letztere auch *konstituierende* Steuerelemente genannt.

Steuerelementtypen

Eigene Steuerelemente können wahlweise aus bereits existierenden Steuerelementen zusammengesetzt werden (diese Steuerelemente werden dann konstituierende Steuerelemente genannt) oder vollkommen neu programmiert werden. Die zweite Variante ist meist sehr viel aufwendiger, weil Sie sich von der Anzeige des Inhalts des Steuerelements bis hin zur Anzeige eines Rahmens zur Markierung des Eingabefokus um alle Details selbst kümmern müssen. Oft sind dazu API-Funktionen erforderlich.

Das Beispiel dieses Kapitels bildet das neue *Spinner*-Steuerelement aus zwei konstituierenden Steuerelementen, einem Textfeld und einer Bildlaufleiste. Wenn Sie das Steuerelement ohne konstituierende Steuerelemente erstellen wollten, wären zumindest die folgenden Schritte erforderlich:

- Anzeige zweier Pfeil-Buttons (etwa durch Bitmaps)
- Effekt des Drückens eines Buttons simulieren (Farben von Schattierung und Umrandung ändern)
- Anzeige des Texts (mit der *Print*-Methode)
- Verarbeitung von Tastaturereignissen

Wirklich aufwendig wird es, wenn Sie für das nachgebildete Textfeld auch die Markierung von Buchstaben mit Shift oder mit der Maus ermöglichen, wenn Sie Text in die Zwischenablage kopieren und von dort wieder einfügen möchten etc. Für das *Spinner*-Beispiel ist das nicht unbedingt notwendig, es zeigt aber, wie rasch die Programmierung vollkommen neuer Steuerelemente sehr aufwendig werden kann.

UserControl-Objekt

Neue Steuerelemente basieren auf dem *UserControl*-Objekt. Dieses Objekt stellt eine Menge Eigenschaften, Methoden und Ereignisse zur Verfügung, die im Code des Steuerelements zur Programmierung verwendet werden können, die nach außen hin (also für den Anwender des neuen Steuerelements) aber unsichtbar sind. Einige (wenn auch nicht alle) Eigenschaften, Methoden und Ereignisse werden in diesem Kapitel beschrieben.

ACHTUNG

Die Aufzählung der Eigenschaften im Objektkatalog ist unvollständig! Eigenschaften, die im Programmcode nicht verwendet werden können, werden nur im Eigenschaftsfenster angezeigt. Eine Zusammenfassung der charakteristischen Schlüsselwörter finden Sie auf Seite 1017.

Codeausführung

Vielleicht der verwirrendste Aspekt der Steuerelementprogrammierung besteht darin, daß manche Prozeduren eines neuen Steuerelements schon ausgeführt werden, bevor das Programm, in dem das Steuerelement verwendet wird, überhaupt gestartet wird. Beispielsweise wird *UserControl_Initialize* zum ersten Mal ausgeführt, wenn Sie ein ActiveX-Steuerelement nur in ein Formular einfügen. Wenn Sie am Formular die Größe des Steuerelements ändern, wird die *Resize*-Prozedur ausgeführt etc. Wenn dabei

Fehler auftreten, kann das Steuerelement unter Umständen nicht einmal in ein Formular eingefügt werden.

VORSICHT

In Visual Basic 5 wurde das Ereignis *ReadProperties* vor *Resize* ausgelöst. In Visual Basic 6 ist die Reihenfolge gerade umgekehrt. Wenn sich die *Resize* darauf verläßt, daß in *ReadProperties* definierte Werte bereits zur Verfügung stehen, kann es zu Problemen führen! Zur Abhilfe können Sie eine generelle Variable verwenden, in der Sie speichern, ob benötigte Werte bereits initialisiert sind; ist das nicht der Fall, können Sie in Ihren Code entsprechend darauf reagieren.

Bitmap für die Toolbox

Visual Basic stellt für neue Steuerelemente automatisch eine Default-Bitmap zur Verfügung, mit der das Steuerelement in der Toolbox symbolisiert wird. Sie sollten aber unbedingt eine eigene Bitmap zur Verfügung stellen, die eine einfachere Identifizierung des Steuerelements erlaubt. Die Bitmap muß 16*15 Pixel groß sein. Als Editor können Sie Paint oder das Programm `ImagEdit` im Verzeichnis `Common\Tools\Vb\-ImagEdit` der Visual-Basic-CD-ROM verwenden. Die Bitmap muß in die Eigenschaft *ToolboxBitmap* des *UserControl*-Objekts geladen werden.

23.3.2 Eigenschaften, Methoden und Ereignisse

Ein neues ActiveX-Steuerelement kennt von sich aus (d.h., bevor Sie noch eine einzige Zeile Code schreiben) bereits eine Menge Eigenschaften, die von außen verwendbar sind. Einige wenige Eigenschaften stehen in jedem Fall zur Verfügung, unabhängig davon, in welchem Container die Steuerelemente verwendet werden:

Eigenschaften: *Cancel, Default, Name, Parent* und *Visible*

Wenn das Steuerelement in einem Visual-Basic-Formular eingesetzt wird (und nur dann), stellt dieses dem Steuerelement über ein sogenanntes *Extender*-Objekt eine Menge weiterer Eigenschaften, Methoden und Ereignisse zur Verfügung:

Eigenschaften: *Container, DragIcon, DragMode, Enabled, Height, HelpContextID, Index, Left, TabIndex, TabStop, Tag, ToolTipText, Top, WhatThisHelpID* und *Width*.

Methoden: *Drag, Move, SetFocus, ShowWhatsThis* und *ZOrder*.

Ereignisse: *DragDrop, DragOver, GotFocus* und *LostFocus*.

Wenn das Steuerelement dagegen in einem *UserForm*-Formular (Office) oder in einer HTML-Seite eingesetzt wird, stehen über *Extender*-Objekt andere Eigenschaften, Methoden und Ereignisse zur Verfügung (oft deutlich weniger)!

Der Zugriff auf alle hier genannten Eigenschaften innerhalb des Programmcodes des ActiveX-Steuerelements erfolgt durch ***Extender***.*eigenschaft*. Beachten Sie, daß das *User-*

Control-Objekt zum Teil gleichnamige Eigenschaften zur Verfügung stellt (Zugriff ohne das vorangestellte *Extender*-Schlüsselwort).

Nach Möglichkeit sollten Sie im Code Ihres ActiveX-Steuerelements keine *Extender*-Eigenschaften verwenden. (Es wird sich nur recht selten die Notwendigkeit dazu ergeben.) Wenn es sich wirklich nicht vermeiden läßt, sollte Ihnen bewußt sein, daß Sie damit den Einsatz des Steuerelements auf ganz bestimmte Container – etwa Visual-Basic-Formulare – einschränken. Sobald das Steuerelement in einem anderen Container eingesetzt wird, tritt ein Fehler auf, weil die Eigenschaft nicht existiert. (Der Fehler kann mit *On Error* abgefangen werden.)

Bei Ihren ersten Versuchen werden Sie mit den Eigenschaften und ihrer Gültigkeit vermutlich durcheinanderkommen. Die folgende Tabelle versucht, ein wenig Klarheit zu schaffen. Die zweite Spalte gibt an, wie die Eigenschaft im Code des ActiveX-Steuerelements verwendet werden kann, die dritte Spalte, ob die Eigenschaft bei einer externen Nutzung zur Verfügung steht.

Herkunft	Verwendung intern	Verwendung extern
UserControl	*name*	-
Extender-Objekt des Containers	*Extender.name*	*name*
konsistuierende Steuerelemente	*konstSteuerel.name*	-
neue Eigenschaftsprozeduren	*name*	*name*

Neue Eigenschaften programmieren

Im Regelfall wollen Sie bei neuen Steuerelementen zusätzlich zu den automatisch zur Verfügung stehenden *Extender*-Eigenschaften einige weitere Eigenschaften hinzufügen. Die Vorgehensweise ist wie bei Klassenmodulen – Sie müssen für jede Eigenschaft ein Paar Eigenschaftsprozeduren programmieren (je eine zum Lesen und zum Schreiben der Eigenschaft). Die Vorgehensweise ist auf Seite 173 im Rahmen der objektorientierten Programmierung beschrieben.

Das folgende Beispiel zeigt, wie für das *Spinner*-Steuerelement aus der Einführung dieses Kapitels eine fehlertolerante *Value*-Eigenschaft definiert werden kann. Wenn an *Value* Werte übergeben werden, die außerhalb des zulässigen Zahlenbereichs liegen, wird automatisch der durch die Eigenschaften *Min* oder *Max* vorgegebene Grenzwert verwendet.

```
' ActiveX-Steuerelemente\Spinner2\Spinner2.ctl
Public Property Get Value() As Integer
  Value = VScroll1.Value
End Property
Public Property Let Value(ByVal newVal As Integer)
  Dim temp
  temp = newVal
```

```
  If newVal < Min Then newVal = Min
  If newVal > Max Then newVal = Max
  VScroll1.value = newVal
End Property
```

Die folgenden Zeilen zeigen den Aufbau von Eigenschaftsprozeduren, wenn nicht einfache Werte, sondern Objekte verändert werden müssen (*Property Set* statt *Let*). Statt des Objekttyps *Font*, der im Objektkatalog nicht aufscheint, aber offensichtlich doch existiert, kann übrigens auch *IFontDisp* verwendet werden.

```
Public Property Get Font() As Font
  Set Font = Text1.Font
End Property
Public Property Set Font(ByVal newValue As Font)
  Set Text1.Font = newValue
End Property
```

Eigenschaftseinstellungen bleibend speichern

Bei vorhandenen Steuerelementen sind sie gewöhnt, daß Sie die Eigenschaften bereits während der Programmentwicklung im Eigenschaftsfenster einstellen können. Diese Einstellungen müssen vom Container des Steuerelements – in Visual-Basic-Programmen also vom Formular – gespeichert werden. Werfen Sie mit einem Editor einen Blick in eine `*.frm`-Datei, dann sehen Sie, wie Visual Basic Einstellungen speichert:

```
' aus SpinnerTest.frm
Begin VB.Label Label1
  Caption   =   "Label1"
  Height    =   255
  Left      =   1320
  TabIndex  =   2
  Top       =   240
  Width     =   495
End
```

Der Container übernimmt zwar die Speicherung, allerdings nicht automatisch. (Dazu fehlt die Information, welche Eigenschaften unter welchen Umständen gespeichert werden sollen.) Aus diesem Grund merkt sich das Steuerelement Einstellungen nur vorübergehend während des Entwurfs. Beim Start des Programms gehen sie wieder verloren.

Abhilfe bieten die Methode ***PropertyChanged***, die in die *Property-Let*-Ereignisprozeduren eingebaut werden muß, sowie die Ereignisprozeduren ***Init-***, ***Read-*** und ***WriteProperties*** des *UserForm*-Objekts. Das folgende Codefragment demonstriert deren Anwendung:

```
Public Property Let Max(ByVal newVal As Integer)
  ' ...
  PropertyChanged "Max"    'die Eigenschaft Max wurde verändert
End Property
Private Sub UserControl_InitProperties()
  Max = 100   'Defaultwerte
  ' ...
End Sub
Private Sub UserControl_ReadProperties(PropBag As PropertyBag)
  Max = PropBag.ReadProperty("Max")
  ' ...  für alle anderen Eigenschaften, die gelesen werden sollen
End Sub
Private Sub UserControl_WriteProperties(PropBag As PropertyBag)
  PropBag.WriteProperty "Max", Max
  ' ... für alle anderen Eigenschaften, die gespeichert werden sollen
End Sub
```

Der Zugriff auf die vom *Container* gespeicherten Daten erfolgt über das *PropertyBag*-Objekt, das als Parameter der *Read*- und *WriteProperties*-Ereignisprozeduren übergeben wird. Mit dem Methoden *Read*- und *WriteProperty* können einzelne Werte gelesen bzw. geschrieben werden.

Die Prozeduren *ReadProperties* und *WriteProperties* werden nur beim Start und beim Ende eines Programms ausgeführt, nie aber während der eigentlichen Programmausführung. Sie brauchen also keine Angst zu haben, daß sich diese Prozeduren negativ auf die Geschwindigkeit auswirken. Sie können in *ReadProperty* und *WriteProperty* Defaultwerte angeben. Das ist zwar nicht unbedingt notwendig (Defaultwerte können Sie auch durch *InitProperties* definieren), spart aber Speicherplatz in der Container-Datei: Dort werden Einstellungen nur dann gespeichert, wenn sie von den Defaultwerten abweichen.)

InitProperties wird nur ein einziges Mal beim Einfügen eines neuen Steuerelements in ein Formular ausgeführt. (Dafür kommt es zu diesem Zeitpunkt zu keinem *ReadProperties*-Ereignis.) *InitProperties* eignet sich daher besonders zur Einstellung von Defaultwerten.

Attribute neuer Eigenschaften

Zu neuen Eigenschaften können Sie vom Codefenster aus mit EXTRAS | PROZEDURATTRIBUTE eine Menge Optionen einstellen, die eine genauere Kontrolle über die Attribute der Eigenschaft ermöglichen: In BESCHREIBUNG können Sie eine Kurzbeschreibung des Steuerelements angeben, die sowohl im Eigenschaftsfenster als auch im Objektkatalog angezeigt wird. In EIGENSCHAFTSSEITE können Sie die Eigenschaft einer Seite des Eigenschaftsdialogs zuordnen. Das ist nur notwendig, wenn diese Eigenschaftsseite direkt vom Eigenschaftsfenster durch einen Klick auf den Button mit drei Punkten aufgerufen werden soll.

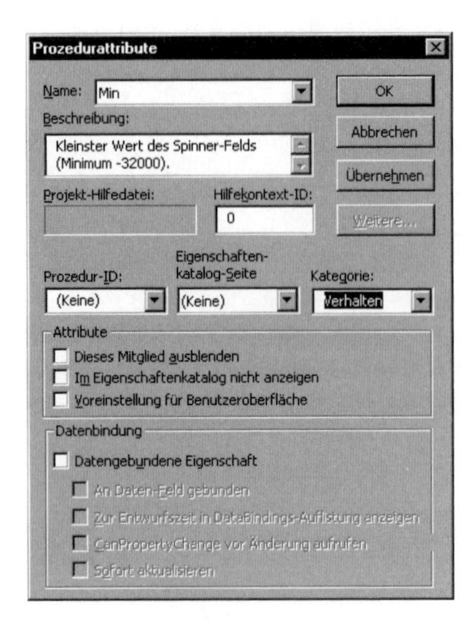

Bild 23.12: Attribute neuer Eigenschaften

KATEGORIE gibt an, in welcher Kategorie des Eigenschaftsfensters die Eigenschaft angezeigt werden soll. Zur Auswahl stehen vordefinierte Kategorien wie DARSTELLUNG, VERHALTEN etc.

Mit PROZEDUR-ID können Sie eine eigene Eigenschaft als Standardeigenschaft deklarieren. Das ist sinnvoll, wenn Sie Standardeigenschaften wie *BackColor*, *BorderColor* etc. selbst implementieren. Die Angabe der Prozedur-ID ist eine Hilfe für den Container, der sich dann darauf verlassen kann, wie sich die Eigenschaft verhält.

In ATTRIBUTE können Sie die Eigenschaft ausblenden. Sie wird dann weder im Eigenschaftsfenster noch im Objektkatalog angezeigt, kann aber normal verwendet werden.

Weniger restriktiv ist die Einstellung IM EIGENSCHAFTSKATALOG NICHT ANZEIGEN: Damit ist gemeint, daß die Eigenschaft nur im Objektkatalog (aber nicht im Eigenschaftsfenster) zur Verfügung steht. Die Einstellung eignet sich für Eigenschaften, die nur zur Programmierung vorgesehen sind, die aber nicht beim Programmentwurf voreingestellt werden können.

Die DATENBINDUNG-Optionen sind relevant, wenn Sie Steuerelemente programmieren, die an Datenquellen gebunden werden können (*Data*-Feld, *Adodc*-Feld, ADO-*Recordset* etc.). Dieser Aspekt der Steuerelementprogrammierung wird in diesem Buch allerdings nicht ausführlich behandelt. Das einzige Beispiel zu diesem Thema finden Sie bei der Beschreibung des *DataRepeater*-Felds ab Seite 855.

Neue Methoden programmieren

Die Programmierung von Methoden ist denkbar einfach – jede öffentliche Prozedur des Steuerelements gilt als Methode (wie in Klassenmodulen – siehe Seite 176).

Neue Ereignisse programmieren

Auch das Auslösen eigener Ereignisse ist von Klassenmodulen bereits bekannt (siehe Seite 176). Das Ereignis muß mit *Event* deklariert und mit *RaiseEvent* ausgelöst werden. Die Quelle des Ereignisses ist in den meisten Fällen ein Ereignis eines konstituierenden Steuerelements. Die folgenden Zeilen zeigen, wie das *Change*-Ereignis des Textfelds im *Spinner*-Beispiel weitergegeben wird.

Die statische Variable *isrunning* hat nichts mit dem Ereignis zu tun, sondern ist für die interne Kommunikation im Steuerelement erforderlich. Durch die Zuweisung eines Werts an *VScroll1.Value* kommt es zu einem *VScroll1_Change*-Ereignis, das in der Folge wieder ein *Text1_Changed*-Ereignis auslösen kann. *isrunning* stellt sicher, daß die Prozedur nur einmal ausgeführt wird.

```
Public Event Changed(Value As Integer)
Private Sub Text1_Change()
  Static isrunning
  Dim x
  On Error Resume Next
  If isrunning Then Exit Sub  'rekursiven Aufruf vermeiden
  isrunning = True
  x = Val(Text1.Text)
  If x >= Min And x <= Max Then
    VScroll1.Value = Val(Text1.Text)
    RaiseEvent Changed(VScroll1.Value)
  End If
  isrunning = False
End Sub
```

Konstanten

Viele Steuerelemente definieren eigene Konstanten, die zur Einstellung der Eigenschaften verwendet werden können. Zu diesem Zweck bietet sich das *Enum*-Kommando an, das auf Seite 178 beschrieben ist. Wenn Sie als Datentyp für eine Eigenschaft den Namen der Konstantegruppe angeben, dann können alle definierten Werte bequem durch eine Drop-Down-Liste im Eigenschaftsfenster eingestellt werden.

```
Public Enum spModeConstants
  spModeA
  spModeB
  spModeC
End Enum
Public Property Get Mode() As spModeConstants
  ' ...
End Property
```

```
Public Property Let Mode(ByVal newVal As spModeConstants)
  ' ...
End Property
```

23.3.3 Darstellung des Steuerelements

Die *Paint* und *Resize*-Ereignisprozeduren funktionieren im wesentlichen wie bei Formularen. Innerhalb der Prozeduren können Sie aus den *ScaleXxx*-Eigenschaften die aktuelle Größe des Steuerelements ermitteln. Falls Sie eine Minimalgröße des Steuerelements sicherstellen möchten, können Sie in der *Resize*-Prozedur *Width* und *Height* (ebenfalls *UserControl*-Eigenschaften) verändern. Die folgenden Zeilen zeigen, wie die Größe des Textfelds des *Spinner*-Steuerelements an die Breite des gesamten Steuerelements angepaßt wird.

```
Private Sub UserControl_Resize()
  On Error Resume Next
  If Width < 500 Then Width = 500    'Mindestgröße
  If Height < 500 Then Height = 500
  VScroll1.Left = ScaleWidth - VScroll1.Width
  Text1.Width = VScroll1.Left
End Sub
```

Bei einer Veränderung der *Width*- und *Height*-Eigenschaften kommt es im Gegensatz zu *Form_Resize*-Prozeduren nicht zu einem neuen *Resize*-Ereignis. Wenn Sie statt dessen die *Size*-Methode verwenden, kann es eben dazu kommen. Wenn Ihr Code ungeschickt formuliert ist, lösen Sie in jeder Ereignisprozedur neue Ereignisse aus (Rekursion). Um das zu vermeiden, können Sie eine statische Variable *isrunning* am Beginn der Prozedur auf *True* und am Ende wieder auf *False* setzen. Noch vor der ersten Zuweisung testen Sie den Zustand dieser Variable und verlassen die Prozedur gegebenenfalls sofort wieder:

```
Private Sub UserControl_Resize()
  Static isrunning
  If isrunning Then Exit Sub  'rekursiven Aufruf vermeiden
  isrunning = True
  ' ... Code
  isrunning = False
End Sub
```

Besonders kritisch ist die *Resize*-Prozedur bei Steuerelementen mit ***Alignable****=True*. Solche Steuerelemente können an einen der vier Fensterränder gebunden werden. In der Folge treten im laufenden Programm bei jeder Änderung der Fenstergröße *Resize*-Ereignisse auf (während *Resize*-Ereignisse sonst oft nur während der Programmentwicklung vorkommen).

Durchsichtige Steuerelemente

Oft ist erwünscht, daß die Teile des Steuerelements, die nicht benötigt werden, durchsichtig sind (also die Farbe des Containers annehmen). Dazu reicht es, die Eigenschaft ***BackStyle*** auf *Transparent (0)* zu setzen. Diese Eigenschaft steht zwar schon seit Version 5 zur Verfügung, wurde aber erst in Version 6 dokumentiert.

Viele durchsichtige VB5-Steuerelemente basieren daher auf einem umständlicheren Mechanismus: In der *Show*-Ereignisprozedur des Steuerelements kann die Hintergrundfarbe des Containers aus dem ***AmbientProperties***-Objekt ausgelesen werden. Diese Vorgehensweise funktioniert allerdings nur dann, wenn der Hintergrund eine solide Farbe ist (und nicht eine Bitmap mit einem Muster). Sie sollten alte VB5-Projekte also auf *BackStyle=0* umstellen und dafür die *UserControl_Show*- und *UserControl_AmbientChanged*-Ereignisprozeduren entfernen.

23.3.4 Asynchrone Datenübertragung

Zu den besonderen Features in ActiveX-Steuerelementen (übrigens auch in ActiveX-Dokumenten) zählt die Möglichkeit, eine Datei asynchron zu laden: Dazu wird an die Methode ***AsyncRead*** des *UserControl*-Objekts der Auftrag zum Laden der Datei übergeben. *AsyncRead* kommt gleichermaßen mit den Namen lokaler Dateien und mit Internet-Adressen zurecht. Sobald die Übertragung der Datei abgeschlossen ist, tritt das *AsyncReadComplete*-Ereignis auf, wo die Daten dann verarbeitet werden können. Der große Vorteil dieser Vorgehensweise: Während der Wartezeit kann das Programm praktisch verzögerungsfrei fortgesetzt werden. Es tut sich nur eine Frage auf: Warum ist das nicht auch in normalen Programmen möglich (womöglich gar auch zum Speichern von Dateien)? An *AsyncRead* werden drei Parameter übergeben:

```
AsyncRead "dateiname", typ, "übertragungs-ID"
```

Der erste Parameter ist der Dateiname. Er muß den allgemeinen Regeln von Dateinamen bzw. Internet-Adressen entsprechen. *typ* gibt an, in welcher Form die Daten in der *AsyncReadComplete*-Ereignisprozedur zur Verfügung gestellt werden:

vbAsyncFile	Dateiname einer temporären Datei
vbAsyncByte	*Byte()*-Feld
vbAsyncPicture	*Picture*-Objekt

Der dritte Parameter ist optional. Es kennzeichnet die Übertragungsoperation und ist erforderlich, wenn mehrere Übertragungen parallel gestartet werden. In diesem Fall kann es passieren, daß die Dateien in einer anderen Reihenfolge eintreffen, als die *AsyncRead*-Kommandos ausgeführt wurden. Der ID muß dann in der *AsyncReadComplete*-Ereignisprozedur ausgewertet werden, um die Zugehörigkeit der Kommandos wiederherzustellen.

Sobald die Daten am lokalen Rechner angelangt und in einer temporären Datei zwischengespeichert sind, tritt das ***AsyncReadComplete***-Ereignis auf. An die Ereignisprozedur wird ein Parameter des Objekttyps ***AsyncProperty*** übergeben. Das Objekt weist drei Eigenschaften auf: *Value* mit den Daten, *PropertyName* mit der ID und *AsyncType* mit dem Datentyp. Die folgenden Zeilen demonstrieren das Laden einer Bitmap, wobei als Datentyp ein *Picture*-Objekt verwendet wird.

```
Private Sub Command1_Click()
  AsyncRead "name.bmp", vbAsyncTypePicture, "id"
End Sub
Private Sub UserDocument_AsyncReadComplete(AsyncProp As AsyncProperty)
  If AsyncProp.PropertyName = "id" Then
    Picture1.Picture = AsyncProp.Value
  End If
End Sub
```

Ganz ähnlich sieht der Code aus, wenn eine temporäre Datei verwendet wird (diesmal ohne ID-Test):

```
Private Sub Command1_Click()
  AsyncRead "name.bmp", vbAsyncTypeFile
End Sub
Private Sub UserDocument_AsyncReadComplete(AsyncProp As AsyncProperty)
  Picture1.Picture = LoadPicture(AsyncProp.Value)
  Kill AsyncProp.Value
End Sub
```

VORSICHT

Die *AsyncReadComplete*-Ereignisprozedur wird selbst dann aufgerufen, wenn die Übertragung aus irgendeinem Grund gescheitert ist (etwa wegen eines ungültigen Dateinamens). Unverständlicherweise gibt es keine Möglichkeit, den Fehler festzustellen! Sie sollten also eine Fehlerbehandlungsroutine vorsehen.

Wie die beiden Beispiele oben zeigen, kann *AsyncRead* auch zum Laden lokaler Dateien verwendet werden. Das bietet aber keinen nennenswerten Vorteil und verursacht durch die erforderliche lokale Datei einigen Overhead. *AsyncRead* kommt also nur dann richtig zur Geltung, wenn Dateien über lokale Netze oder über das Internet geladen werden. Wenn die Übertragung einer Datei zu lange dauert, können Sie den Vorgang mit ***CancelAsyncRead*** abbrechen.

HINWEIS

Zur Ausführung von *AsyncRead* wird im temporären Verzeichnis eine Datei angelegt. Bei den Typen *vbAsyncByte* oder *vbAsyncPicture* wird diese Datei zwar weder am Ende der Prozedur noch beim Programmende gelöscht, es wird aber zumindest immer wieder dieselbe Datei verwendet. Beim Typ *vbAsyncFile* wird dagegen jedesmal eine neue Datei erzeugt. Da die Methode oft zur Übertragung von Bitmaps verwendet werden, kann der Platzbedarf im temporären Verzeichnis rasch beträchlich werden. Daher sollten Sie Dateien, die Sie via *vbAsyncFile* geladen haben, nach ihrer Verwendung durch *Kill* löschen.

23.3.5 Windowless-Steuerelemente

Normalerweise werden Steuerelemente durch ein Window repräsentiert. (Betriebssystem-intern gelten nicht nur Fenster von Anwendungsprogrammen als *windows*, sondern beinahe jedes eigenständige rechteckige Objekt – Buttons, Listenfelder etc.) Ausnahmen bei den Standardsteuerelementen sind *Label, Image, Line* und *Shape*. Diesen Steuerelementen fehlt nicht nur die *hWnd*-Eigenschaft, es fehlen zum Teil auch andere Merkmale, die Sie von normalen Steuerelementen gewohnt sind. Der große Vorteil dieser Steuerelemente besteht darin, daß ihr Ressourcenverbrauch viel kleiner ist als bei gewöhnlichen Steuerelementen. Das ist insbesondere bei Internet-Anwendungen ein Vorteil.

Seit Version 6 sind Sie nun in der Lage, selbst Steuerelemente ohne Window-Overhead zu erstellen. Solche Steuerelemente werden dann *lightweight* oder *windowless* genannt. Im Prinzip brauchen Sie dazu nur die ***WindowLess***-Eigenschaft des *UserControl*-Objekts auf *True* setzen. Sie müssen allerdings einige Einschränkungen beachten:

- *Windowless*-Steuerelemente eigenen sich nicht als Container.
- *Windowless*-Steuerelemente können als konstituierende Steuerelemente ebenfalls nur Lightweight-Steuerelemente aufnehmen. Neben den oben erwähnten Standardsteuerelementen bieten sich zu diesem Zweck die Windowless-Steuerelemente aus der *Microsoft-Windowless-Controls*-Bibliothek an (Seite 235).
- Es ist sehr schwierig, durchsichtige *Windowless*-Steuerelemente zu programmieren. Das resultierende Steuerelement ist zudem extrem ineffizient bei Mausbewegungen. In der Praxis schließen sich Durchsichtigkeit und *Windowless* daher aus.
- Die Eigenschaften *BorderStyle* und *EditAtDesignTime* können nicht genutzt werden.
- API-Funktionen, die zumeist auf *hWnd* aufbauen, können nicht verwendet werden.
- Die Dokumentation zu diesem Thema ist ein einziges Trauerspiel.

23.3.6 Sub-Classing in ActiveX-Steuerelementen

Die in den Abschnitten 23.3.1 bis 23.3.3 vorgestellten Programmiertechniken sind in das Steuerelement *Spinner2* eingeflossen. Das so entstandene Steuerelement ist ein überschaubares Beispiel für eine einfach weiterverwendbare Komponente. Die in diesem Abschnitt vorgestellte Variante *Spinner3* baut darauf auf, fügt aber noch ein Merkmal hinzu: Die Unterstützung der IntelliMouse.

Ein Großteil des zusätzlichen Codes wurde aus dem Beispielprogramm von Seite 634 übernommen, wo das Konzept des Sub-Classings anhand der IntelliMouse-Unterstützung demonstriert wurde. Dieser Abschnitt geht daher nur auf die Besonderheiten ein, die sich durch die Adaption des Codes an die Rahmenbedingungen eines ActiveX-Steuerelements ergeben.

Testumgebung

Im Regelfall werden Sie zur Entwicklung von ActiveX-Steuerelementen eine Projektgruppe verwenden: ein Projekt enthält das Steuerelement, ein zweites das Testprogramm. Während der Entwicklung eines Steuerelements mit einer Callback-Funktion ist das hingegen nicht möglich. Der Grund: selbst wenn Sie das Programm nicht starten, wird der Steuerelement-Code ausgeführt, damit das Steuerelement in der Entwicklungsumgebung angezeigt werden kann. Da Callback-Funktionen von der Entwicklungsumgebung aber nicht verarbeitet werden können, führt das fast zwangsläufig zu Abstürzen. Die Abhilfe besteht darin, daß Sie das Steuerelement für sich alleine entwickeln und testen – zumindest solange, bis das Einrichten und Auflösen der Callback-Funktion (*Hook / Unhook*) zuverlässig funktioniert.

Zugriff auf das Steuerelement durch ein Modul

Bei der Adaption des Codes tritt das Problem auf, daß in Modulen nicht auf Bestandteile des Steuerelements (also auf *UserControl*-Objekte) zugegriffen werden kann. Um diese Einschränkung zu umgehen, wurde *Hook* erweitert, so daß eine Referenz auf das Steuerelement (durch das Schlüsselwort *Me*) übergeben werden kann.

Die (De)Aktivierung der CallBack-Funktion erfolgt in den *Initalize-* und *Terminate-*Ereignisprozeduren des Steuerelements. Wenn das Steuerelement durch die Entwicklungsumgebung ausgeführt wird, erfolgt dabei eine Warnung.

```
' ActiveX-Steuerelemente\Spinner3\Spinner3.ctl
Private Sub UserControl_Initialize()
  Setup_MsWheel
  If IDE Then
    MsgBox "VORSICHT! Callback ... ", vbExclamation
  End If
  Hook hWnd, Me
End Sub
Private Sub UserControl_Terminate()
  Unhook hWnd
End Sub
```

Die *Hook*-Prozedur im Modul `IntelliMouse.bas` speichert *Me* in der generellen Variable *ucontrol*.

```
' ActiveX-Steuerelemente\Spinner3\IntelliMouse.bas
Private ucontrol As Spinner3
' Windows-Funktion einrichten
Public Sub Hook(handle&, uctrl As Spinner3)
  If wheel_support Then
    If Not active_hook Then
      oldWinFunc = SetWindowLong(handle, GWL_WNDPROC, _
        AddressOf WindowProc)
```

```
      active_hook = True
      Set ucontrol = uctrl
    End If
  End If
End Sub
```

Diese Variable wird in der neuen Windows-Funktion genutzt, um den aktuellen Wert des Steuerelements zu verändern. Dabei wird *With* eingesetzt, um einen möglichst übersichtlichen Code zu erzielen.

```
Private Function WindowProc&(ByVal hw&, ByVal uMsg&, _
    ByVal wParam&, ByVal lParam&)
  ...
    ' Reaktion auf Ereignis
    With ucontrol
     If wheel_scr_lines = -1 Then  'seitenweise
        newvalue = .Value + 5 * Sgn(delta)
      Else                          'zeilenweise
        deltasum = deltasum - delta / 120 * wheel_scr_lines
        If Abs(deltasum) >= 1 Then
          newvalue = .Value - Fix(deltasum)
          deltasum = deltasum - Fix(deltasum)
        Else
          newvalue = .Value
        End If
      End If
      If newvalue > .Max Then newvalue = .Max
      If newvalue < .Min Then newvalue = .Min
      .Value = newvalue
    End With
  Else
    ' ursprüngliche Funktion aufrufen
    WindowProc = CallWindowProc(oldWinFunc, hw, uMsg, wParam, lParam)
  End If
End Function
```

23.3.7 Syntaxzusammenfassung

UserControl-Objekt

Die Eigenschaftstabelle enthält gleichermaßen Eigenschaften, die zur Programmierung vorgesehen sind und solche, die ausschließlich im Eigenschaftsfenster während der Entwicklung des Steuerelements eingestellt werden können. Zum überwiegenden Teil stimmen die Schlüsselwörter mit denen des *Form*-Objekts für Visual-Basic-Standardformulare überein; diese Schlüsselwörter werden hier nicht nochmals beschrieben.

UserControl – Eigenschaften	siehe auch Seite 433
AccessKeys	Zeichenkette mit Buchstaben der Zugriffstasten (Alt+Taste)
ActiveControl	verweist auf aktives konstituierendes Steuerelement
Alignable	gibt an, ob Steuerelement am Fensterrand ausgerichtet wird
Ambient	verweist auf *AmbientProperties*-Objekt (Container-Eigenschaften)
CanGetFocus	Steuerelement kann Eingabefokus erhalten (nur sinnvoll, wenn das Steuerelement keine fokusfähigen konstituierenden Steuerelemente enthält)
ContainedControls	Aufzählung von Steuerelementen, die vom Anwender in das ActiveX-Steuerelement eingefügt wurden (das ActiveX-Steuerelement wird also selbst als Container verwendet)
ControlContainer	Anwender kann Steuerelemente in das ActiveX-Steuerelement einfügen
Controls	Aufzählung der konstituierenden Steuerelemente
EditAtDesignTime	Steuerelement kann in Entwicklungsumgebung bearbeitet werden
Extender	verweist auf Objekt des Containers mit Standardeigenschaften
ForwardFocus	Steuerelement gibt Tastaturfokus an nächstes Steuerelement im Formular weiter (wie beim *Label*-Feld)
InvisibleAtRuntime	Steuerelement ist im laufenden Programm unsichtbar
Parent	verweist auf Container
PropertyPages	Liste aller Eigenschaftsseiten zum Steuerelement
Public	gibt an, ob Steuerelement außerhalb des Projekts verwendbar ist
ScaleLeft, -Top, ...	Koordinatensystem innerhalb des Steuerelements
ToolboxBitmap	Bitmap des Symbols, das in Toolbox angezeigt wird (16*15 Pixel)

UserControl – Methoden	
AsyncRead	Daten asynchron lesen (für Internet-Übertragungen)
CancelAsyncRead	Übertragung abbrechen
PropertyChanged	eine Eigenschaft wurde verändert (während des Programmentwurfs im Eigenschaftsfenster)

UserControl – Ereignisse	
AccessKeyChanged	Zugriffstaste wurde neu eingestellt (während Formularentwurf)
AmbientChanged	Umgebungseigenschaft des Containers hat sich geändert
AsyncReadComplete	Übertragung wurde abgeschlossen
Hide	Steuerelement wurde unsichtbar gemacht
Initialize	Initialisierung (bei jedem Programmstart und -ende)
InitProperties	Steuerelement wurde in Formular eingefügt (tritt nur einmal auf)
ReadProperties	Eigenschaften können gelesen werden (Programmstart und -ende)
WriteProperties	Eigenschaften können geschrieben werden (Prg.start und -ende)

AmbientProperties-Objekt

Das *AmbientProperties*-Objekt ermöglicht den Zugriff auf Eigenschaften des Containers, die bei manchen Steuerelementen mit berücksichtigt werden sollten. Wenn Sie beispielsweise ein stellenweise durchsichtiges Steuerelement erstellen möchten, können Sie die Hintergrundfarbe des Containers mit *AmbientProperties.Backcolor* ermitteln.

AmbientProperties – Eigenschaften	
BackColor	Hintergrundfarbe
ForeColor	Vordergrundfarbe
Font	Zeichensatz
Palette	Verweis auf Bitmap mit Palette
ScaleUnits	Name der Koordinateneinheit als Zeichenkette (etwa "Twip")
TextAlign	Textausrichtung

AsyncProperty-Objekt

Das *AsyncProperty*-Objekt wird als Parameter der *AsyncReadComplete*-Ereignisprozedur übergeben.

PropertyBag – Eigenschaften	
PropertyName	Identifizierung der Übertragoperation
Type	Datentyp (Dateiname / *Picture*-Daten / *Byte*-Feld)
Value	Daten

PropertyBag-Objekt

Auf das *PropertyBag*-Objekt können Sie in den *UserControl*-Ereignisprozeduren *Read*- und *WriteProperties* zugreifen, um geänderte Einstellungen via Container zu speichern bzw. zu lesen.

PropertyBag – Methoden	
ReadProperty	Einstellung von Eigenschaft lesen
WriteProperty	Eigenschaft (durch Container) speichern

23.4 Eigenschaftsdialoge

Viele Zusatzsteuerelemente sind mit eigenen Eigenschaftsdialogen ausgestattet, die oft eine übersichtlichere Einstellung charakteristischer Eigenschaften ermöglichen als das Eigenschaftsfenster. Die Programmierung solcher Dialoge basiert auf dem ***PropertyPage***-Objekt, das die Definition einer Eigenschaftsseite ermöglicht. Die Gestaltung von *PropertyPage*-Objekten erfolgt wie bei Formularen. Auch die Programmierung zeigt viele Parallelen. Die Abbildung rechts zeigt die neue Eigenschaftsseite für das *Spinner*-Steuerelement.

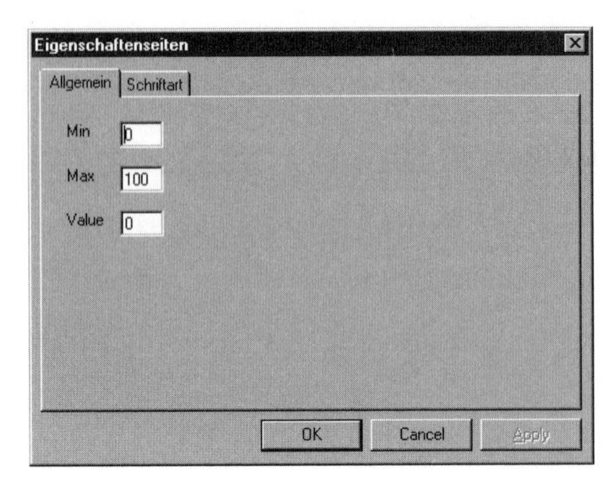

Bild 23.13: Eine neue Eigenschaftsseite

SelectionChanged-Ereignis

Das ***SelectionChanged***-Ereignis tritt zuerst bei der Initialisierung (also bei der Anzeige) der Eigenschaftsseite auf und in der Folge immer dann, wenn zusätzliche Steuerelemente aktiviert oder deaktiviert werden. (Dabei werden nur solche Steuerelemente berücksichtigt, für die ein Eigenschaftsdialog vorgesehen ist. Wenn der Anwender ein anderes Steuerelement anklickt, wird Ihr Eigenschaftsdialog automatisch deaktiviert und statt dessen der zum Steuerelement passende Dialog angezeigt.)

In der Ereignisprozedur müssen Sie die aktuellen Einstellungen der Eigenschaften aller markierten Steuerelemente auswerten und in den Steuerelementen Ihrer Seite anzeigen. Solange nur ein einziges Steuerelement markiert ist, ist diese Aufgabe trivial. Wenn dagegen mehrere Steuerelemente markiert sind, müssen Sie testen, ob die Einstellung einer Eigenschaft für alle Steuerelemente gleich ist. Wenn das der Fall ist, können Sie einen eindeutigen Wert anzeigen, andernfalls müssen Sie darauf verzichten. Der Zugriff auf die markierten Steuerelemente erfolgt über die Eigenschaft ***SelectedControls*** des *PropertyPage*-Objekts.

Die folgenden Zeilen demonstrieren die Auswertung für die Eigenschaften *Min, Max* und *Value* des *Spinner*-Steuerelements. *txtMin, txtMax* und *txtValue* sind drei Textfelder auf der Eigenschaftsseite, die zur Veränderung der Einstellungen der drei Eigenschaften vorgesehen sind.

```
' ActiveX-Steuerelemente\Spinner2\SpinnerProp.pag
Private Sub PropertyPage_SelectionChanged()
  Dim tmp, i
  On Error Resume Next
  If SelectedControls.Count = 1 Then   ' es ist nur ein Steuerelement
    txtMin = SelectedControls(0).Min   ' markiert
    txtMax = SelectedControls(0).Max
    txtValue = SelectedControls(0).Value
```

```
  Else
    ' testen, ob die Eigenschaften aller selektierten Steuerelemente
    ' denselben Wert aufweisen
    tmp = SelectedControls(0).Min
    For i = 1 To SelectedControls.Count - 1
      If tmp <> SelectedControls(i).Min Then
        tmp = "": Exit For
      End If
    Next
    txtMin = tmp
    ' analog für Max und Value
    ' ...
  End If
  Changed = False
End Sub
```

Changed-Eigenschaft

Die ***Changed***-Eigenschaft des *PropertyPage*-Objekts muß auf *True* gesetzt werden, sobald irgendeine Einstellung auf der Eigenschaftsseite verändert wird. Die Änderungen werden zu diesem Zeitpunkt noch nicht auf die markierten Steuerelemente übertragen, es wird aber der ÜBERNEHMEN-Button des Eigenschaftsdialogs aktiviert.

```
Private Sub txtMin_Change()
  Changed = True
End Sub
' analog für txtMax und txtValue
```

ApplyChanges-Ereignisprozedur

Das ***ApplyChanges***-Ereignis tritt immer dann auf, wenn der Anwender den OK- oder ÜBERNEHMEN-Button anklickt. In der Ereignisprozedur müssen Sie den markierten Steuerelementen die neuen Eigenschaftseinstellungen zuweisen.

```
Private Sub PropertyPage_ApplyChanges()
  On Error Resume Next
  Dim s As Spinner2
  For Each s In SelectedControls
    If txtMin <> "" Then s.Min = Val(txtMin)
    If txtMax <> "" Then s.Max = Val(txtMax)
    If txtValue <> "" Then s.Value = Val(txtValue)
  Next
End Sub
```

Eigenschaftsseiten aktivieren

Damit die neue Eigenschaftsseite tatsächlich benutzt werden kann, muß diese Seite durch das Anklicken der ***PropertyPages***-Eigenschaft des Steuerelements aktiviert werden. Diese Eigenschaft führt zu einem Dialog, in dem alle verfügbaren Eigenschaftsseiten einzeln aktiviert werden können. (In diesem Dialog werden auch drei vordefinierte Eigenschaftsseiten zur Einstellung der Schriftart und der Farben sowie zum Laden von Bitmap-Dateien aufgezählt.)

Wenn Sie möchten, daß zur jeweiligen Eigenschaft ein Button mit drei Punkten im Eigenschaftsfenster angezeigt werden soll, müssen Sie außerdem mit EXTRAS | PROZEDURATTRIBUTE die passende Eigenschaftsseite aktivieren. Das Anklicken dieses Buttons bewirkt jetzt, daß nicht der gesamte Eigenschaftsdialog, sondern nur die eine Eigenschaftsseite angezeigt wird.

Direkte Eingabe in Steuerelementen ermöglichen

Manche konstituierende Steuerelemente ermöglichen eine direkte Veränderung ihres Inhalts. Diese Steuerelemente müssen dazu aktiviert werden (Kontextmenüeintrag BEARBEITEN). Besonders gut funktioniert das bei Textfeldern, in die direkt mehrzeiliger Text eingegeben werden kann. Um diese Direkteingabe zu ermöglichen, müssen Sie die ***Editable***-Eigenschaft des neuen Steuerelements auf *True* setzen.

Syntaxzusammenfassung

Das *PropertyPage*-Objekt kennt einen Großteil der Eigenschaften, Methoden und Ereignisse von Formularen. Hier sind nur die charakteristischen Schlüsselwörter beschrieben.

PropertyPage – Eigenschaften	**siehe auch Seite 433**
Changed	gibt an, ob eine der Einstellungen verändert wurde
SelectedControls	Aufzählung aller Steuerelemente, die bearbeitet werden

PropertyPage – Ereignisse	
ApplyChanges	der OK- oder ÜBERNEHMEN-Button wurde gedrückt
SelectionChanged	die Auswahl der markierten Steuerelemente hat sich geändert

23.5 Assistenten

Wenn Sie die Grundlagen für den Entwurf neuer Steuerelemente und der zugehörigen Eigenschaftsseiten verstanden haben, können Sie sich von zwei Assistenten etwas Arbeit abnehmen lassen.

23.5.1 ActiveX-Schnittstellenassistent

Die Aufgabe des Schnittstellenassistent besteht darin, ein Codegerippe für die Prozeduren neuer Eigenschaften, Methoden und Ereignisse zu erstellen. Bevor Sie den Assistenten starten, müssen Sie die konstituierenden Steuerelemente in das neue Steuerelement einfügen. Anschließend können Sie mit dem Schnittstellenassistent Codefragmente für beinahe 100 vordefinierte Prozeduren einfügen (*ActiveControl, Alignment, Appearance* etc.). Im zweiten Schritt können Sie neue Eigenschaften, Ereignisse und Methoden definieren.

Im dritten Schritt können Sie den neuen Eigenschaften vorhandene Eigenschaften der konstituierenden Steuerelemente zuweisen. Beispielsweise könnten Sie eine neue Eigenschaft *Font* definieren und mit der *Font*-Eigenschaft eines konstituierenden Textfelds verbinden. Im letzten Schritt können Sie schließlich sehr komfortabel Attribute für die Prozeduren angeben.

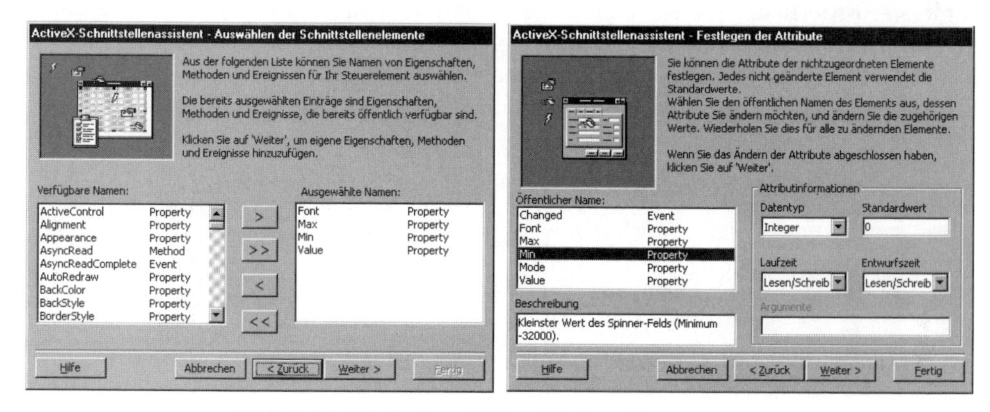

Bild 23.14: Schritt 1 und 4 des Schnittstellenassistenten

Der vom Assistenten erzeugte Code ist nicht immer perfekt, kann aber immerhin eine Menge monotoner Arbeitsschritte sparen.

23.5.2 Eigenschaftsseitenassistent

Der Eigenschaftsseitenassistent bietet ein wenig Unterstützung bei der Definition neuer Eigenschaftsseiten und bei der Zuordnung von Eigenschaften an die zur Auswahl stehenden Eigenschaftsseiten. Der Assistent besteht nur aus zwei Schritten. Im ersten Schritt können Sie neue (leere) Eigenschaftsseiten erzeugen und benennen. Im zweiten Schritt ordnen Sie die zur Verfügung stehenden Eigenschaften den einzelne Eigenschaftsseiten zu.

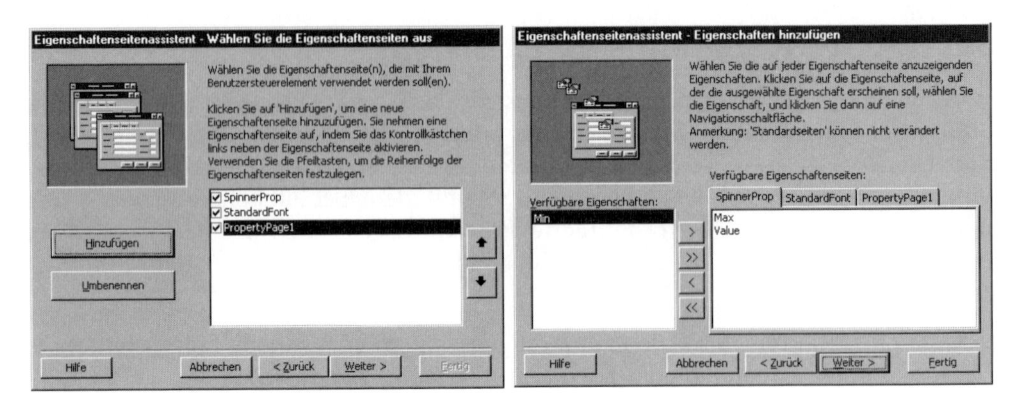

Bild 23.15: Der Eigenschaftsseitenassistent

Aus diesen spärlichen Informationen erstellt der Assistent neue Eigenschaftsseiten samt des erforderlichen Codes. Der Code enthält allerdings keinerlei Sicherheitsabfragen und kommt nicht mit der gleichzeitigen Markierung mehrerer Steuerelemente zurecht. Es bleibt also noch einige Handarbeit zu erledigen.

24 ActiveX-Dokumente

ActiveX-Dokumente sind Visual-Basic-Programme, deren Fenster (Formulare) direkt im Internet Explorer angezeigt werden. ActiveX-Dokument ist also die Bezeichnung für ein Visual-Basic-Programm, das nicht eigenständig, sondern als Komponente ausgeführt wird. Intern basieren ActiceX-Dokumente auf ActiveX-EXEs oder -DLLs.

24.1 Grundlagen

Was sind ActiveX-Dokumente?

ActiveX-Dokumente sind Visual-Basic-Programme, die direkt im Internet Explorer (nicht in eigenständigen Fenstern) ausgeführt werden. ActiveX-Dokumente sind somit eine weitere Möglichkeit, Internet-taugliche Programme zu erstellen. Der wesentliche Vorteil gegenüber normalen Visual-Basic-Programmen besteht darin, daß sie problemlos in lokalen Netzen oder am Internet zur Verfügung gestellt werden können:

Der Anwender klickt den Link auf Ihr ActiveX-Dokument an. Der Internet Explorer testet daraufhin, ob das Programm bereits auf den lokalen Rechner übertragen wurde (und wenn ja, ob die übertragene Version noch aktuell ist). In diesem Fall wird das lokale Programm sofort ausgeführt und direkt im Fenster des Internet Explorers angezeigt. Das ActiceX-Dokument übernimmt also die Rolle eines HTML-Dokuments – daher auch der Name. Wenn keine aktuelle Version des Programms lokal verfügbar ist, werden das Programm und, wenn nötig, auch diverse Libraries über das Netz übertragen und automatisch installiert. Der Anwender braucht sich um nichts zu kümmern und wird nicht mit irgendwelchen Setup-Programmen konfrontiert.

ActiveX-Dokumente können auch in der Office-Sammelmappe ausgeführt werden, eignen sich also auch zur Ergänzung des Office-Pakets durch zusätzliche Tools.

Probleme / Nachteile

- Selbstredend können ActiveX-Dokumenten nur vom Internet Explorer bzw. von der Office-Sammelmappe ausgeführt werden, nicht aber von anderen Web-Browsern wie Netscape.
- Zur Ausführung von ActiveX-Dokumenten sind dieselben DLLs wie für ActiceX-Steuerelemente erforderlich. Beim ersten Mal muß der Anwender rund 900 kByte Cabinet-Dateien auf den lokalen Rechner übertragen, wo die dekomprimierten Versionen rund 1.5 MByte beansprucht (siehe Seite 997).
- Alle Sicherheitsbedenken für ActiveX-Steuerelemente gelten ohne Einschränkungen auch für ActiveX-Dokumente (siehe Seite 1000).
- Die Ausführung von unterschiedlichen ActiveX-Dokumenten in mehreren Instanzen des Internet Explorers kann für den Anwender verwirrend sein. Unterschiedliche Programme sind nur noch schwer unterscheidbar. Eigenständige Programme bieten dagegen mehr Möglichkeiten, eine unverwechselbare Oberfläche zu definieren (angefangen mit Icons, die in der Task-Liste angezeigt werden).
- Ein zentrales Problem von ActiveX-Dokumenten besteht darin, daß der Anwender rasch jegliche Kontrolle darüber verliert, was auf seinem Rechner vor sich geht. Es wird kaum große Freude ausbrechen, wenn nach ein paar Stunden Internet-Surfens alle möglichen ActiveX-Dokumente die Festplatte füllen (Windows-Verzeichnis

`Occache`). Im Endeffekt weiß kein Computer-Benutzer mehr, was wann warum wohin installiert wurde. Im Zeitalter, da über *Zero Administration* diskutiert wird (also über eine möglichst effiziente Verwaltung lokaler Netze), scheinen ActiveX-Dokumente ein Schritt in die falsche Richtung zu sein.

- Seit ActiveX-Dokumente mit Visual Basic 5 quasi erfunden wurden, sind sie trotz mancher Vorteile auf wenig Gegenliebe bei Internet-Entwicklern und -Anwendern gestoßen. Der Autor ist bisher aber noch nie auf ein ActiveX-Dokument im Internet gestoßen, nicht einmal auf der Web-Site von Microsoft. (Mag sein, daß die Technologie in Intranets häufiger eingesetzt wird.)

  Bei der BASTA 98 – einer Visual-Basic-Entwicklerkonferenz – fand sich bei einem Vortrag mit mehreren hunderten Zuhörern nur ein einziger Programmierer, der ActiveX-Dokumente entwickelt. Auch die Tatsache, daß es bei ActiveX-Dokumenten in Visual Basic 6 praktisch keinerlei Weiterentwicklung zu verzeichnen gibt, läßt Rückschlüsse auf den Stellenwert dieser Technologie zu. Kurz und gut: Manches deutet darauf hin, daß ActiveX-Dokumente keiner rosigen Zukunft entgegensehen. (Das ist mit ein Grund, warum dieses Kapitel sehr knapp ausfällt.)

Wozu ActiveX-Dokumente?

Das wesentlichste Argument für ActiveX-Dokumente besteht darin, daß vorhandene Programme mit minimalem Aufwand Internet- bzw. Intranet-tauglich gemacht werden können (zumindest wenn man das Internet mit dem gleichsetzt, was Microsoft darunter versteht). Die Entwicklung neuer Programme unterscheidet sich nur geringfügig von der Entwicklung normaler Visual-Basic-Programme.

Ein weiteres Argument ist jenes der einfachen Administration. Wenn ein Programm von mehreren Anwendern (etwa in einem Firmennetz) genutzt werden soll, muß es nur zentral an einer Stelle gespeichert werden. Sobald es durch eine neue Version ersetzt wird, lädt der Anwender diese neue Version beim nächsten Zugriff automatisch auf seinen lokalen Rechner. (Ein ähnlicher Effekt läßt sich natürlich auch mit einem zentralen File-Server erzielen. Allerdings muß das Programm dann bei *jedem* Zugriff übertragen werden, nicht nur dann, wenn es sich geändert hat. Dafür braucht es dann lokal überhaupt nicht mehr installiert werden.)

Alternativen zu ActiveX-Dokumenten sind HTML-Seiten mit eingebetteten JavaScript- oder VBScript-Code (Kapitel 1), Java-Programme sowie DHTML-Anwendungen (Kapitel 26). Der Vorteil von ActiveX-Dokumenten gegenüber VBScript: höhere Geschwindigkeit, bessere Möglichkeiten zur Programmentwicklung. Der Vorteil gegenüber DHTML: Die Programmentwicklung von ActiveX-Dokumenten hat mehr Ähnlichkeiten mit herkömmlichen Visual-Basic-Programmen, Programmierer brauchen also wenig dazulernen. (Bei allen drei Varianten ist zur Anzeige bzw. Ausführung der Internet Explorer erforderlich.)

24.2 ActiveX-Dokumente ausführen

Programmentwicklung in der Entwicklungsumgebung

Die Entwicklung eines ActiveX-Dokuments beginnt damit, daß Sie sich bei PROJEKT | HINZUFÜGEN für den Projekttyp ACTIVEX-DOKUMENT-DLL oder -EXE entscheiden. Die Programmierung basiert auf einem *UserDocument*-Objekt, das sich sehr ähnlich wie ein normales Formular verhält. Sobald Sie das Programm starten, erstellt die Entwicklungsumgebung für jedes *UserDocument*-Objekt des Projekts eine temporäre Datei `DokumentName.vbd` im Verzeichnis der Visual-Basic-Entwicklungsumgebung. Das erste dieser Dokumente wird automatisch in den Internet Explorer geladen. (Mit PROJEKT | EIGENSCHAFTEN | DEBUGGING können Sie auch andere Startbedingungen festlegen.

Bild 24.1: Ein erstes ActiveX-Testdokument, dargestellt vom Internet Explorer

Kompilate

Wenn Sie das ActiveX-Dokument kompilieren, wird außer dem Kompilat auch die Datei `Name.vbd` erzeugt – jetzt aber im Projektverzeichnis. Zum Test laden Sie diese Datei in den Internet Explorer (z.B. durch *Drag and Drop*).

Installation von ActiveX-Dokumenten für Internet / Intranet

Die Netzwerkinstallation erfolgt wie bei ActiveX-Steuerelementen mittels Cabinet-Dateien, die mit dem Installationsassistenten erzeugt werden. Die Vorgehensweise ist im vorangegangenen Kapitel ab Seite 995 ausführlich beschrieben.

ActiveX-Dokumente werden beim ersten Laden in das Windows-Verzeichnis `Occache` oder `Downloaded Program Files` des lokalen Rechners installiert. Wie schon bei ActiveX-Steuerelementen ist es aber auch bei ActiveX-Dokumenten nicht möglich, die Installation am selben Rechner auszuprobieren, auf dem das Programm entwickelt wurde: Da die Dokumente bereits beim Kompilieren in der Entwicklungsumgebung registriert werden, verzichtet der Internet Explorer auf eine Installation.

Einbettung in HTML-Dateien

Die Einbettung von ActiveX-Dokumenten hat sich in Visual Basic 6 geändert. Der Installationsassistent erzeugt automatisch eine `*.htm`-Datei mit folgendem Aufbau:

```
<HTML><HEAD><TITLE>Intro.CAB</TITLE></HEAD>
<BODY>
  <A HREF=UserDocument1.VBD>UserDocument1.VBD</a>
  <A HREF=UserDocument2.VBD>UserDocument2.VBD</a>
</BODY></HTML>
```

Die HTML-Datei enthält also einfach Links auf `*.vbd`-Dateien für jede Seite des ActiveX-Dokuments. Die `*.vbd`-Dateien enthalten allerdings selbst wiederum nur einen Verweis auf die ActiveX-DLL bzw. auf die `*.cab`-Datei, in der die DLL enthalten ist.

ActiveX-Dokumente für den Internet Explorer 3

`*.vbd`-Dateien werden in dieser Form erst ab dem IE4 automatisch als ActiveX-Dokumente erkannt. Wenn Ihre ActiveX-Dokumente auch mit dem IE3 verwendbar sein sollen, müssen Sie den aus Visual Basic 5 bekannten Mechanismus verwenden, der allerdings VBScript voraussetzt. In der vom Installationsassistenten erzeugten `*.htm`-Datei befindet sich dazu eine Code-Schablone nach dem folgenden Muster, die allerdings auskommentiert ist. Dieser Mechanismus funktioniert zwar auch im IE4, Microsoft weist allerdings (in einem Kommentar in der `*.htm`-Datei) darauf hin, daß dies bei künftigen IE-Versionen eventuell nicht mehr der Fall sein wird.

```
<HTML>
<OBJECT ID="UserDocument1"
  CLASSID="CLSID:5B1E0179-5376-11D2-B07F-00C0F00A38D0"
  CODEBASE="Intro.CAB#version=1,0,0,0">
</OBJECT>
<SCRIPT LANGUAGE="VBScript">
Sub Window_OnLoad
    Document.Open
    Document.Write "<FRAMESET>"
    Document.Write "<FRAME SRC=""UserDocument1.VBD"">"
    Document.Write "</FRAMESET>"
    Document.Close
End Sub
</SCRIPT></HTML>
```

VERWEIS

Eine Beschreibung der Programmiersprache VBScript finden Sie im nächsten Kapitel. Die Methoden *Write* und *Navigate* werden vom Objektmodell des Internet Explorers zur Verfügung gestellt – siehe auch Seite 1047.

24.3 Programmiertechniken

24.3.1 Interna von ActiveX-Dokumenten

In-Process-Server (DLL) versus Out-of-Process-Server (EXE)

ActiveX-Dokumente beruhen intern auf ActiveX-Servern. Wie auf Seite 947 bereits eingehend diskutiert, können ActiveX-Server als Out-of-Process-Server zu einer `*.exe`-Datei kompiliert werden oder als In-Process-Server zu einer `*.dll`-Datei. Für die DLL-Variante sprechen:

- Höhere Effizienz.
- Globale Variablen sind nur innerhalb einer Instanz global. Wenn das ActiveX-Dokument mehrfach gestartet wird, sind die globalen Variablen der Instanzen voneinander unabhängig. Das vermeidet eventuelle Konflikte zwischen zwei Instanzen, macht es aber gleichzeitig unmöglich, den mehrfachen Start des Programms festzustellen (und zu verhindern).

Für die EXE-Variante sprechen:

- Es können nicht-modale Formulare verwendet werden. (In ActiveX-DLLs können Fenster nur als modale Dialoge verwendet werden. Der Dialog muß beendet werden, bevor im ActiveX-Dokument weitergearbeitet werden kann. Nicht-modale Formulare sind zwar auch bei ActiveX-DLLs möglich, allerdings nur dann, wenn als Container der Internet Explorer ab Version 4 verwendet wird.)

Ob Sie nicht-modale Fenster öffnen können, entnehmen Sie der Eigenschaft *NonModalAllowed* des *App*-Objekts.

Container

Als Container wird das Programm bezeichnet, in dem das ActiveX-Dokument angezeigt wird. Als Container kommen neben dem Internet Explorer auch die Sammelmappe des Office-Pakets in Frage. Eine dritte Variante sind Fenster innerhalb der Visual-Basic-Entwicklungsumgebung, die mit *CreateToolWindow* im Rahmen der Programmierung eines Add-Ins erstellt werden.

Das Problem mit den Containern besteht darin, daß diese bestimmen, ob und wie das *Hyperlink*-Objekt verwendet werden kann, ob und wo *PropertyBag*-Einstellungen gespeichert werden können etc. Es sind die Container, die die Programmierung von fehlertoleranten ActiveX-Dokumenten wirklich mühsam macht. Die Informationen in diesem Kapitel beziehen sich ausschließlich auf den Internet Explorer als Container, Sie werden aber immer wieder Hinweise finden, wo es zu Problemen kommen kann.

Den Container des laufenden Programms können Sie im *UserDocument*-Code mit *TypeName(Parent)* ermitteln. Das Ergebnis ist eine Zeichenkette:

"IWebBrowserApp"	Internet Explorer 3
"IWebBrowser2"	Internet Explorer 4
"Section"	Office-Sammelmappe
"Window"	Fenster der Visual-Basic-Entwicklungsumgebung (Add-In)

Der Zugriff auf das Objektmodell des Containers erfolgt über die *Parent*-Eigenschaft. Natürlich sieht auch das Objektmodell je nach Container vollkommen unterschiedlich aus. Das Objektmodell des Internet Explorers wird im Rahmen der DHTML-Programmierung ab Seite 1068 beschrieben, jenes der Office-Sammelmappe kann über die *Microsoft Binder Object Library* angesprochen werden (PROJEKT|VERWEISE, Datei `Msbdr8.olb` im Verzeichnis des Office-Pakets).

Fenstergröße

ActiveX-Dokumente haben selbst keinen Einfluß auf die Fenstergröße – diese wird vom Container vorgegeben. *ScaleWidth* und *ScaleHeight* geben die gesamte zur Verfügung stehende Größe des Fensters an. (Die Größe des Dokuments während des Programmentwurfs kann im laufenden Programm nicht mehr ermittelt werden.)

Das Defaultverhalten sieht so aus, daß das Dokument einfach an den Container-Grenzen abgeschnitten wird, wenn der Innenbereich des Containers kleiner ist als die Größe des Dokuments in der Entwicklungsumgebung. Gleichzeitig werden automatisch Bildlaufleisten angezeigt, die die Auswahl des sichtbaren Bereichs ermöglichen. (Über die Eigenschaft *ScrollBars* können Sie Bildlaufleisten auch deaktivieren.)

Die Grenzen des sichtbaren Bereichs gehen aus den Eigenschaften ***ViewPortLeft***, ***-Top***, ***Width*** und ***-Height*** hervor. *ViewPortLeft* und *-Top* können im Programmcode verändert werden, die beiden anderen Eigenschaften sind schreibgeschützt.

Die Anzeige der Bildlaufleisten und die automatische Verwaltung des sichtbaren Ausschnitts hat auch Einfluß auf die *Resize*-Ereignisse: Bei einer Änderung der Container-Größe wird *UserDocument_Resize*-Ereignissen nur dann aufgerufen, wenn der Innenbereich des Containers größer ist als die Voreinstellung der Entwicklungsumgebung. Sobald der Innenbereich kleiner wird, wird die Dokumentgröße als konstant betrachtet und nur ein Teilbereich eingeblendet.

Menüs

UserDocument-Formulare können mit Menüs ausgestattet werden. (Leider werden die Menüs in der Entwicklungsumgebung nicht angezeigt und können nur im Menüeditor bearbeitet werden.) Bei der Ausführung von ActiveX-Dokumenten werden diese in das Menü des Containers integriert.

Wenn als Container der Internet Explorer verwendet wird und das ActiveX-Dokument ein eigenes Menü hat, wird beim Internet Explorer das ANSICHT-Menü ausgeblendet.

Icons

Das *UserDocument*-Objekt besitzt zwar wie ein normales Formular eine *Icon*-Eigenschaft, deren Einstellung wird aber zumindest vom Internet Explorer ignoriert.

Asynchrone Datenübertragung

In ActiveX-Dokumenten können Sie ebenso wie in ActiveX-Steuerelementen Dateien asynchron laden. Das ist beispielsweise praktisch, um größere Dateien über ein Netzwerk zu laden, ohne das Programm in dieser Zeit zu blockieren. Die Vorgehensweise ist im vorigen Kapitel auf Seite 1015 beschrieben.

Einschränkungen bei der Programmentwicklung

- ActiveX-Dokumente dürfen das OLE-Feld nicht verwenden und dürfen OLE-Komponenten nicht direkt in die Formulare einbetten.
- ActiveX-Dokumente haben keinen Einfluß auf die Formulareigenschaften *Left*, *Top*, *Width* und *Height*. Größe und Position der Formulare werden durch den Container bestimmt.
- In ActiveX-Dokumenten können *Show* und *Hide* nur verwendet werden, um modale Fenster anzuzeigen. Der Wechsel zwischen unterschiedlichen Dokumenten kann im Internet Explorer mit *Hyperlink.Navigate* erfolgen (siehe nächsten Abschnitt).
- Bei ActiveX-DLLs ist *End* nicht zulässig (siehe übernächsten Abschnitt).

24.3.2 Navigation zwischen mehreren Dokumenten

Bei Programmen, die aus nur einem ActiveX-Dokument und einer beliebigen Zahl modaler Formulare bestehen, bereitet die Navigation kein Problem. Problematischer sind Programme, wo die Oberfläche auf mehrere gleichwertige Fenster verteilt ist. Bei einem normalen Programm sind alle Fenster gleichzeitig sichtbar und der Anwender kann per Mausklick zwischen den Fenstern wechseln. In ActiveX-Dokumenten ist es dagegen unmöglich, mehrere *UserDocument*-Objekte gleichzeitig in einer Instanz des Containers anzuzeigen. Auch die sonst üblichen Methoden *Show* und *Hide* stehen nur für nicht-modale Formulare zur Verfügung.

Abhilfe bietet das neue Objekt ***Hyperlink***, das über die gleichnamige Eigenschaft des *UserDocument*-Objekts angesprochen wird. Mit dessen Methode ***NavigateTo*** können Sie zu einer beliebigen Seite des Objekts springen.

```
Hyperlink.NavigateTo CurDir + "\Userdocument2.vbd"
```

HINWEIS

Die Methoden *GoBack* und *GoForward* des *Hyperlink*-Objekts können nur verwendet werden, wenn das Programm im Internet Explorer ausgeführt wird. *NavigateTo* kann zwar in jedem Fall ausgeführt werden, führt aber nicht immer zum beabsichtigten Erfolg: In der Office-Sammelmappe wird durch *NavigateTo* eine neue Instanz des Internet Explorers gestartet und die genannte Datei dort angezeigt. Ein Wechsel zwischen Dokumenten innerhalb der Sammelmappe kann nur über deren Objektmodell durchgeführt werden.

Testen, ob Programm in Entwicklungsumgebung läuft

Das Problem am obigen *Navigate*-Kommando besteht darin, daß es nur funktioniert, solange das Programm in der Entwicklungsumgebung getestet wird. *CurDir* zeigt in diesem Fall in das Programmverzeichnis von *vb6.exe*. Nachdem das Programm kompiliert wurde, zeigt *CurDir* in das aktuelle Verzeichnis, das keinesweg das Verzeichnis des laufenden Programms zu sein braucht. Jetzt wäre *App.Path* die richtige Wahl – aber dann könnte das Programm in der Entwicklungsumgebung nicht mehr getestet werden.

Einen Ausweg aus diesem Dilemma bietet die auf Seite 640 vorgestellte Funktion *IDE*, die testet, ob das aktuelle Programm in der Entwicklungsumgebung ausgeführt wird. Die Programmierung von *vbdPath* ist jetzt ein Kinderspiel. Diese Funktion liefert den Pfad zu den `*.vbd`-Dateien (sofern diese sich im selben Verzeichnis befinden wie die `*.vbd`-Datei des laufenden Dokuments).

```
' ActiveX-Dokumente\Intro\Global.bas
Public Function vbdPath() As String
  If IDE Then
    vbdPath = CurDir
  Else
    vbdPath = App.Path
  End If
End Function
```

Der *NavigateTo*-Aufruf sieht damit folgendermaßen aus:

```
Hyperlink.NavigateTo vbdPath + "\Userdocument2.vbd"
```

Probleme durch Lesezeichen des Internet Explorers

Zu recht verblüffenden Effekten kann es je nach Programm kommen, wenn der Anwender auf das zweite oder dritte Dokument ein Lesezeichen setzt und sich zu einem späteren Zeitpunkt wieder dorthin bewegt. Die Programmausführung beginnt jetzt mit diesem Dokument. (Bei normalen Programmen müssen Sie das Startformular in PROJEKT | EIGENSCHAFTEN angeben. Bei ActiveX-Dokumenten ist es dagegen nicht vorhersehbar, mit welchem Dokument die Programmausführung beginnt.)

In manchen Fällen ist ein Programmstart allerdings nur im ersten Dokument sinnvoll – insbesondere dann, wenn dort Initialisierungsarbeiten durchgeführt werden oder wenn das erste Dokument für Einstellungen vorgesehen ist, die dann für die weiteren Dokumente gelten.

Das Problem kann relativ leicht gelöst werden: Sie führen in einem Modul die globale Variable *isrunning* ein. Diese Variable wird in *UserForm_Initialize* des Start-Dokuments auf *True* gesetzt. In den *UserForm_Show*-Prozeduren aller anderen Dokumente fügen Sie das folgende Kommando ein:

```
' ActiveX-Dokumente\Intro\IntroDocument2.dob
Private Sub UserDocument_Show()
  If isrunning = 0 Then
    Hyperlink.NavigateTo vbdPath + "\UserDocument1.vbd"
  End If
End Sub
```

Beachten Sie, daß derselbe Code in *UserForm_Initialize*, wo man die Zeilen eigentlich eher plazieren würde, nicht funktioniert. Warum das so ist, weiß nur Microsoft.

24.3.3 Programmausführung

Die Frage, wie lange das Programm eines ActiveX-Dokuments läuft, klingt trivial. Ganz so einfach ist es aber nicht. Die Programmausführung beginnt, wenn das Dokument geladen und angezeigt wird. Das Dokument befindet sich jetzt an der ersten Stelle eines vierstufigen Puffers, in dem der Internet Explorer die vier zuletzt sichtbaren Dokumente zwischenspeichert.

Wenn Sie zu einer anderen HTML-Seite springen, rutscht das ActiveX-Dokument an die zweite Stelle und wird unsichtbar, läuft aber weiter! Wenn der Anwender EXPLORER | ZURÜCK ausführt, wird das ActiveX-Dokument wieder sichtbar, und zwar verzögerungsfrei und exakt in dem Zustand, in dem es zuletzt war. Das funktioniert solange, wie das Dokument nicht aus dieser vierstufigen Pipeline rausrutscht. Erst wenn das der Fall ist, endet die Programmausführung. Sie können sich auch jetzt noch mit ZURÜCK wieder zum ActiveX-Dokument bewegen, es muß dann aber vollkommen neu gestartet werden.

Sie können diese Verhalten sehr einfach und sehr anschaulich testen: Plazieren Sie im Dokument ein *Timer*-Feld, aktivieren Sie den Timer mit einer Intervallzeit von 1000 (eine Sekunde) und geben Sie in der Ereignisprozedur *Beep* an. Solange das Programm piept, läuft es noch (auch unsichtbar).

Ereignisse

Sie werden recht präzise durch vier Ereignisse über den aktuellen Zustand des Programms informiert.

Initialize	Programm / ActiveX-Dokument wurde gestartet
Show	das ActiveX-Dokument wurde sichtbar
Hide	das ActiveX-Dokument wurde unsichtbar
Terminate	das Programm wird beendet

Show und *Hide* können während des Programmverlaufs mehrfach auftreten (*Hide*, wenn das Dokument vom ersten Platz im Puffer verdrängt wird, *Show*, wenn es den ersten Platz wieder einnimmt).

Programmende

Das Kommando *End* ist in DLLs nicht erlaubt. Idealerweise gestalten Sie Ihr Programm so, daß kein explizites Programmende notwendig ist. Bei Programmen mit nur einem ActiveX-Dokument im Internet Explorer können Sie den Eindruck eines Programmendes mit *Hyperlink.GoBack* erzielen. Wie oben bereits erwähnt, bleibt das Programm aber dennoch im Speicher.

Eine zuverlässigere Möglichkeit ist, das Programmende durch Methoden des Containers hervorzurufen. Beim Internet Explorer ist es besonders einfach: *Parent.Quit* schließt die Instanz des Internet Explorers (wie das Menükommando DATEI | SCHLIESSEN). Zu einem Programmende kommt es allerdings auch bei dieser Maßnahme nur im Kompilat. Wenn Sie das Programm dagegen in der Entwicklungsumgebung ausprobieren, müssen Sie es explizit durch AUSFÜHREN | BEENDEN stoppen. (Das ist neu in Version 6.)

```
' ActiveX-Dokumente\Intro\Intro.dob
Private Sub Command2_Click()
  If TypeName(Parent) Like "IWebBrowser*" Then
    Parent.quit
  End If
End Sub
```

24.3.4 Einstellungen speichern

Wie in ActiveX-Steuerelementen gibt es auch in ActiveX-Dokumenten die Möglichkeit, Einstellungen in *PropertyBag*-Objekten zu speichern. Der Umgang mit diesen Objekten und die Ereignisprozeduren *ReadProperties*, *WriteProperties* und *InitProperties* wurden bereits im vorigen Kapitel auf Seite 1010 beschrieben. Dieser Abschnitt geht lediglich auf die Besonderheiten bei ActiveX-Dokumenten ein. Vorerst ein kurzes Codebeispiel, mit dem der Inhalt eines Textfelds bleibend gespeichert wird. (Das bedeutet, daß der Inhalt des Textfelds wieder auf den alten Wert gestellt wird, wenn Sie das ActiveX-Dokument verlassen und zu einem späteren Zeitpunkt wieder aktivieren.)

```
' ActiveX-Dokumente\Intro\Intro.dob
' Änderungen im Textfeld registrieren
Private Sub Text1_Change()
  PropertyChanged "Text1"
End Sub
' Eigenschaften neu einlesen (beim Aktivieren der Seite)
Private Sub UserDocument_ReadProperties(PropBag As PropertyBag)
  Text1 = PropBag.ReadProperty("Text1")
End Sub
' Eigenschaften speichern (automatisch beim Verlassen der Seite)
Private Sub UserDocument_WriteProperties(PropBag As PropertyBag)
  PropBag.WriteProperty "Text1", Text1.Text
End Sub
```

Die *InitProperties*-Prozedur wird nur bei der allerersten Verwendung des Dokuments ein einziges Mal aufgerufen (wenn noch keine gespeicherten Einstellungen gefunden werden). Die Prozedur eignet sich dazu, Defaultwerte einzustellen. Wenn Sie die Steuerelemente bereits beim Entwurf des *UserControl*-Objekts in der Entwicklungsumgebung voreinstellen, können Sie auf *InitProperties* verzichten.

Automatische Rückfrage

Jedesmal, wenn die *WriteProperties*-Prozedur ausgeführt wird, zeigt das Programm automatisch einen Dialog an, in dem der Anwender gefragt wird, ob er vorgenommene Änderungen speichern möchte. Diese für den Anwender verwirrende Rückfrage kann leider nicht verhindert werden.

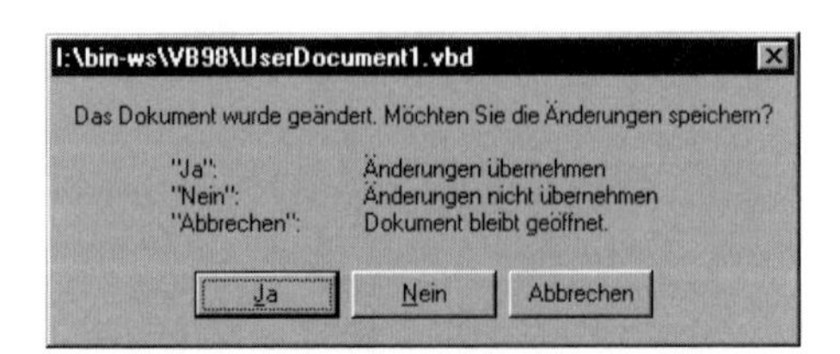

Bild 24.2: Rückfrage vor dem Speichern

Speicherort

Der Ort, in dem die Einstellungen gespeichert werden, hängt wieder einmal vom Container ab. Der Internet Explorer hängt die Einstellungen an die `*.vbd`-Datei an. (Das ist auch der Grund, warum sich die Speicherung von Einstellungen in der Entwicklungsumgebung nicht testen läßt. Jedesmal, wenn das Programm neu gestartet wird, wird eine neue, temporäre `*.vbd`-Datei erzeugt. Die letzten Einstellungen gehen damit verloren.) Im Gegensatz dazu speichert die Office-Sammelmappe die Einstellungen aller Dokumente in der Sammelmappendatei mit der Kennung `*.obd`.

Dieser unterschiedliche Speicherort hat die unangenehme Konsequenz, daß ein und dasselbe ActiveX-Dokument Einstellungen an verschiedenen Orten speichert. Welche Einstellungen gerade verwendet werden, hängt vom gerade eingesetzten Container ab.

Alternativen

Aufgrund der genannten Probleme stellen *PropertyBag*-Objekte sicherlich nicht den idealen Weg zur Speicherung von Einstellungen dar. Die wohl attraktivste Alternative besteht darin, die Einstellungen in der Registrierdatenbank zu speichern (siehe auch Seite 653). Eine andere Variante besteht darin, eine Datei zu verwenden. (Wenn ein Dokument am Rechner eines Anwenders installiert ist, zeigt *App.Path* in das `Occache`-Verzeichnis.)

24.3.5 Syntaxzusammenfassung

Das *UserDocument*-Objekt hat große Ähnlichkeiten mit den Objekten *Form* und *UserControl*. An dieser Stelle werden nur charakteristische Elemente genannt.

UserDocument – Eigenschaften	**siehe auch Seite 433 und 1020**
ContinuousScroll	gibt an, ob das *Scroll*-Ereignis während oder nur am Ende der Bewegung ausgeöst wird (nur bei *ScrollBars<>0*)
Hyperlink	Zugriff auf das *Hyperlink*-Objekt
ScrollBars	gibt an, ob das Dokument mit Bildlaufleisten ausgestattet ist
ViewportLeft / -Top	Koordinate des Beginns des sichtbaren Bereichs
ViewportWidth / -Height	Größe des sichtbaren Bereichs

UserDocument – Ereignisse	
EnterFocus	ein Steuerelement des Dokuments hat Eingabe-Fokus erhalten
ExitFocus	die Steuerelemente des Dokuments haben den Fokus verloren
Hide	das ActiveX-Dokument wurde unsichtbar
Initialize	Programm / ActiveX-Dokument wurde gestartet
InitProperties	Defaultwerte für noch nicht gespeicherte Eigenschaften zuweisen

ReadProperties	gespeicherte Einstellungen neu einlesen
Show	das ActiveX-Dokument wurde sichtbar
Terminate	das Programm wird beendet
WriteProperties	Einstellungen speichern

Hyperlink – Methoden	
GoBack	zur letzten HTML-Seite bzw. zum letzten Dokument springen
GoForward	Undo zu *GoBack*
NavigateTo	zu einer beliebigen Internet-Adresse springen

24.4 ActiveX-Dokumentassistent

Der ActiveX-Dokumentassistent hilft bei der Konvertierung vorhandener Visual-Basic-Programme in ActiveX-Dokumente. Die Anwendung des Assistenten ist im Regelfall unkompliziert und führt überraschend schnell zu funktionierenden ActiveX-Dokumenten.

Der Assistent wird gestartet, nachdem das gesamte Projekt in ein neues Verzeichnis kopiert und von dort geladen wird. (Ohne diese Sicherheitsmaßnahme ändert der Assistent den Code des vorhandenen Programms.)

Im ersten Schritt des Assistenten können Sie für alle Formulare Auswahlkästchen anklicken, wenn diese Formulare in Dokumente umgewandelt werden sollen. Wählen Sie nur die Formulare aus, die wirklich als Dokumente angezeigt werden müssen. Dialoge oder Formulare mit Statusmeldungen sollten nicht konvertiert werden und statt dessen von einem der Dokumente als modale Fenster angezeigt werden.

Im zweiten Schritt können Sie einige Optionen angeben:

UNGÜLTIGEN CODE AUSKOMMENTIEREN: Diese Option ist ein zweischneidiges Schwert. Auf der einen Seite erreichen Sie damit, daß das Programm meist auf Anhieb läuft. Auf der anderen Seite ist die Gefahr groß, daß Sie an der einen oder anderen Stelle im Programm vergessen, den auskommentierten Code durch Anweisungen zu ersetzen, die für ActiveX-Dokumente besser geeignet sind. Wenn Sie die Option nicht aktivieren, kommt es beim Kompilieren zu Fehlermeldungen, d.h., es ist nicht schwierig, die problematischen Passagen im Programm aufzuspüren.

URSPRÜNGLICHE FORMULARE ENTFERNEN: Diese Option bewirkt, daß alle zur Konvertierung vorgesehenen Formulare anschließend aus dem Projekt entfernt werden. Das ist sinnvoll, weil statt diesen Formularen jetzt Dokumente zur Verfügung stehen. Aktivieren Sie diese Option (default ist das nicht der Fall).

PROJEKTTYP: Hier müssen Sie sich zwischen ACTIVEX-DLL und ACTIVEX-EXE entscheiden. Meistens ist die erste Variante die bessere Wahl.

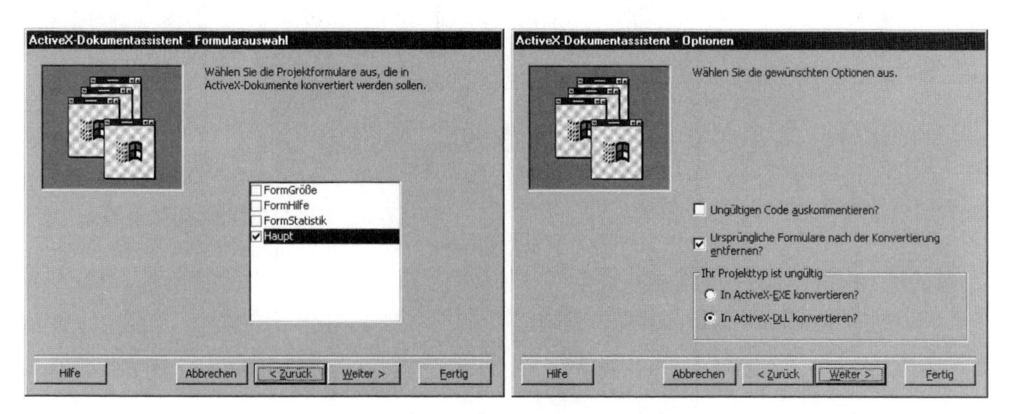

Bild 24.3: Der ActiveX-Dokumentassistent

24.5 Beispielprogramm: 5 Gewinnt

Die treuen Leser dieses Buchs kennen das Beispielprogramm 5 Gewinnt bereits aus den vorangegangen vier Auflagen. Bereits bei der letzten Auflage (Visual Basic 5) war geplant, das Programm endgültig rauszuwerfen – aber da kamen ActiveX-Dokumente und die Notwendigkeit, ein griffiges Beispiel anzubieten. Daher ist es zu einem Kompromiß gekommen: 5 Gewinnt bleibt weiter als Beispielprogramm in diesem Buch, die Beschreibung der dahinterstehenden Algorithmen wurde aber aus Platzgründen und wegen des geringen Neuigkeitsgehaltes aus dem Buch entfernt.

Wenn Sie sich für die Funktionsweise des Programms interessieren, werfen Sie einen Blick in die Datei `ActiveX-Dokumente\5Gewinnt-EXE\5Gewinnt.doc`. Im Verzeichnis `5Gewinnt-EXE` befindet sich auch die herkömmliche Version dieses Programms (also ohne ActiveX).

Änderungen für die ActiveX-Variante waren so gut wie keine erforderlich. Das Programm wurde mit dem Dokumentassistenten konvertiert. Die Menüeinträge wurde etwas umstrukturiert, die Online-Hilfe wird als modaler Dialog angezeigt (statt bisher als nicht-modales Fenster). Die Einstellungen des Programms werden in der Registrierdatenbank statt in einer Datei gespeichert (Größe des Spielfelds, Anzahl der gewonnen, verlorenen und unentschiedenen Partien).

Unverändert geblieben sind der ebenso schnelle wie leistungsfähige Algorithmus. Die Grundidee des Algorithmus besteht darin, ein Feld über alle möglichen Fünfer-Linien des Spielfelds zu verwalten. Der Wert eines Zuges richtet sich danach, wieviel potentielle Siegeslinien dadurch eröffnet bzw. ausgebaut werden, und wieviel mögliche Siegeslinien des Gegners gleichzeitig verbaut werden. Viel Spaß beim Spielen!

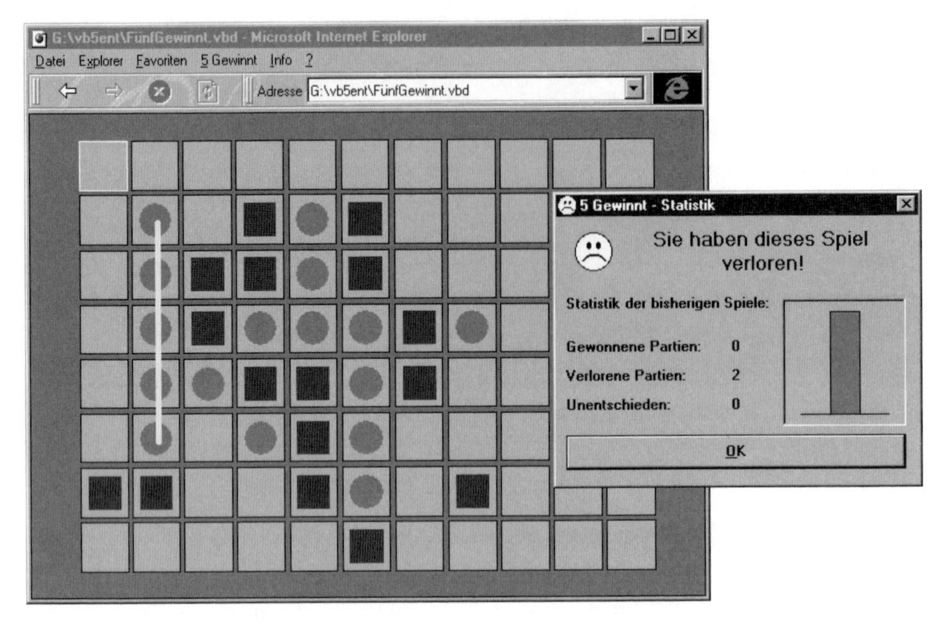

Bild 24.4: Das Spiel 5 Gewinnt als ActiveX-Dokument

25 Visual Basic Script

Visual Basic Script (kurz VBScript) hat sich neben der vollwertigen Programmiersprache VB und der VBA-Entwicklungsumgebung als dritter wichtiger VB-Dialekt etabliert. Ursprünglich nur zur Client-seitigen Programmierung in Web-Seiten konzipiert, wird es mittlerweile auch zur Server-seitigen Programmierung (Active Server Pages, siehe Kapitel 27), zur Batch-Programmierung (Windows Scripting Host) sowie zur Anpassung diverser Anwendungsprogramme eingesetzt.

Dieses Kapitel behandelt sehr kompakt die VBScript-Programmierung in HTML-Dateien für den Internet Explorer. VBScript-Alternativen bei der Client-seitigen Internet-Programmierung sind ActiveX-Dokumente (Kapitel 0) und DHTML-Anwendungen (Kapitel 26).

25.1 Einführung

VBScript war ursprünglich die Antwort Microsofts auf die Sprache JavaScript von Netscape. Für Visual-Basic-Programmierer ist VBScript vor allem deswegen attraktiv, weil es wegen der Ähnlichkeiten zu Visual Basic leicht zu erlernen ist. Dem steht freilich ein wesentlicher Nachteil gegenüber: Die Browser von Netscape sind nicht in der Lage, VBScript-Code auszuführen. Deswegen wird in öffentlich zugänglichen Internet-Dokumenten bevorzugt JavaScript (bzw. die weitgehend kompatible Microsoft-Variante JScript) verwendet, das in diesem Buch allerdings nicht beschrieben wird.

Mittlerweile geht die Bedeutung von VBScript weit über die Programmierung von HTML-Seiten hinaus: VBScript kann in auch zur Server-seitigen Programmierung im Internet Information Server eingesetzt werden (Active Server Pages, siehe Seite 1087), ferner zur Steuerung des Betriebssystem (durch den Microsoft Windows Scripting Host, der ab Windows 98 bzw. Windows NT 5 integraler Bestandteil des Betriebssystem ist) sowie zur Steuerung diverser Fremdprodukte, die VBScript als einfache Makro-Sprache integriert haben. Unterschiede bei der Programmierung ergeben sich lediglich aus unterschiedlichen Objektbibliotheken, die je nach Anwendung eingesetzt werden.

Der Sprachumfang von VBScript ist bei all diesen Varianten derselbe. Tatsächlich kommt bei der Ausführung von VBScript-Code dieselbe Bibliothek (Scripting-Engine) zum Einsatz. Dabei handelt es sich um einen Interpreter, d.h., VBScript-Programme sind spürbar langsamer als kompilierter Visual-Basic-Code.

JScript versus VBScript

Ist es überhaupt sinnvoll, VBScript-Code im Internet einzusetzen? Wenn es darum geht, allgemein zugängliche HTML-Seiten durch etwas Code leistungsfähiger zu machen, ist die Antwort ein klares *Nein* – eben weil Netscape nur JScript versteht. Das hat mittlerweile sogar Microsoft eingesehen: Selbst Tools wie Frontpage und Interdev erzeugen bei Bedarf JScript-Code.

Daß dieses Kapitel hier dennoch VBScript-Beispiele für den Internet Explorer vorstellt, hat eher didaktische Gründe (außerdem ist das nun einmal kein JScript-Buch). Das eigentliche Ziel dieses Kapitel ist es aber, Ihnen VBScript vorzustellen. Trotz prinzipieller Schwächen – keine richtige Entwicklungsumgebung, eingeschränkte Debugging-Möglichkeiten – entwickelt sich VBScript immer mehr zu einer allgemein verfügbaren Skriptsprache unter Windows, die Sie als VB-Entwickler beherrschen sollten. (Das ist nicht schwierig!)

25.1.1 'Hello World' in VBScript

VBScript-Programmcode kann in den aus Visual Basic vertrauten Ereignisprozeduren formuliert werden und wird dann automatisch ausgeführt, wenn das entsprechende

Ereignis eintritt (hier ein Mausklick auf das *<INPUT>*-Feld mit dem Namen *MyButton*). Sie können den Programmcode aber auch ohne Ereignisprozedur angeben – er wird dann beim Laden der HTML-Datei einmal ausgeführt. Diese Vorgehensweise ist beispielsweise für Initialisierungsarbeiten sinnvoll.

Die folgende HTML-Datei sieht bis auf drei Zeilen aus wie eine gewöhnliche HTML-Datei. Sie enthält außer der Überschrift nur noch einen Button, der mit dem *<INPUT>*-Kommando erstellt wird. Neu sind die drei Zeilen zwischen den *<SCRIPT>*-Tags: Dabei handelt es sich um ganz normalen Visual-Basic-Code, der wie eine Ereignisprozedur beim Anklicken des Buttons ausgeführt wird.

Bild 25.1: 'Hello World' in VBScript

```
<HTML>
  <!-- VBScript/HelloWorld.htm -->
  <HEAD> <TITLE>Das erste VBScript-Beispiel</TITLE> </HEAD>
  <BODY>
    <H3>'Hello World' in VBScript</H3>
    <INPUT TYPE="Button" NAME="MyButton" VALUE="Click Me">
    <SCRIPT LANGUAGE="VBScript">
      <!--
      Sub MyButton_OnClick()
         MsgBox "Hello World!"
      End Sub
      -->
    </SCRIPT>
  </BODY>
</HTML>
```

Der VBScript-Programmcode muß also zwischen *<SCRIPT>*-Tags eingeschlossen werden. Die Kommentarzeichen *<!--* und *-->* werden von VBScript ignoriert, sie vermeiden aber, daß der Programmcode in alten Browsern angezeigt wird, die das *<SCRIPT>*-Tag nicht kennen. In diesem Kapitel wird der VBScript-Code gegenüber dem HTML-Code durch eine fette Auszeichnung hervorgehoben.

Innerhalb einer HTML-Datei sind mehrere *<SCRIPT>*-Abschnitte zulässig. Solche Abschnitte gelten dann wie eigene Module, globale Variablen sind nur innerhalb eines Moduls bekannt.

VERWEIS

VBScript-Programmierung im Internet Explorer ist ohne ein Grundverständnis von HTML undenkbar. In der letzten Auflage dieses Buchs gab es an dieser Stelle eine minimale HTML-Einführung, die in dieser Auflage aber aus Platzgründen entfernt wurde. Sie finden den Text auf der beiliegenden CD-ROM im Verzeichnis `Html` der Beispieldateien. Weiterführende Informationen erhalten Sie in zahllosen Büchern zum Thema HTML sowie in der MSDN-Library:

PLATTFORM SDK | INTERNET/INTRANET | DYNAMIC HTML

Darüber hinaus bietet Anhang B am Ende dieses Buchs eine kompakte Referenz der wichtigsten Schlüsselwörter.

25.1.2 VBScript-Sprachumfang

Die VBScript-Sprachreferenz in der MSDN-Library (PLATTFORM SDK | INTERNET/INTRANET | SCRIPTING | VBSCRIPT LANGUAGE REFERENCE) sieht auf ersten Blick recht vollständig aus – aber je mehr Sie mit VBScript programmieren, desto mehr Einschränkungen gegenüber Visual Basic werden Sie feststellen.

- Die traditionellen Kommandos zum Dateizugriff fehlen. (Statt dessen kann aber die FSO-Bibliothek verwendet werden.)
- Aus Sicherheitsgründen ist der direkte Aufruf von DLL-Funktionen verboten, d.h., das *Declare*-Kommando wird nicht unterstützt. (Es können aber Objektbibliotheken via *CreateObject* oder *<OBJECT>* genutzt werden!)
- Nach der Fixierung von Objekten durch *With* suchen Sie vergeblich.
- Die oft benötigte Funktion *IIf* fehlt.
- VBScript kennt als einzigen Variablentyp *Variant*. Auf die vielseitigen Variablentypen von Visual Basic kann man ganz gut verzichten – zur Not läßt sich der Datentyp in den *Variant*-Variablen ja auch mit den Konversionsfunktionen (*CDbl* etc.) recht exakt einstellen. Die Einschränkung auf *Variant* beweist allerdings, daß maximale Geschwindigkeit sicher kein Kriterium bei der Entwicklung von VBScript war.
- Das Auffangen von Fehlern beschränkt sich auf *On Error Resume Next* und eine Auswertung von *Err*. Es ist nicht möglich, eine Fehlerbehandlungsroutine mit *On Error Goto label* einzubinden.
- VBScript kennt nicht wie Visual Basic eine Unmenge vordefinierter Konstanten. Wenn Sie also beispielsweise die Optionen von *MsgBox* einstellen möchten, müssen Sie dazu explizite Zahlenwerte anstatt Konstanten wie *vbCritical* verwenden.

- Bei der Verwaltung von HTML-Steuerelementen in VBScript-Code fällt auf, daß es nicht möglich ist, Steuerelementfelder zu bilden. Wenn Sie fünf Optionsfelder verwalten möchten, benötigen Sie fünf Ereignisprozeduren (von denen Sie dann eine zentrale Prozedur aufrufen können, die die eigentliche Arbeit erledigt).

ANMERKUNG

VBScript hat sich in den vergangen zwei Jahren sehr rasch entwickelt. Als dieser Text geschrieben wurde, befand sich bereits Version 5 im Beta-Test. Die in diesem Kapitel zusammengefaßten Erfahrungen beziehen sich noch auf Version 4, die mit Visual Studio 6 ausgeliefert wird. Der einzige Unterschied zur Vorgängerversion 3 (IE4, IIS4) besteht in zusätzlichen Debugging-Möglichkeiten, d.h., VBScript wurde vor allem in Hinblick auf das Zusammenspiel mit Visual InterDev optimiert.

25.1.3 Internet-Explorer-Objekte

Wenn VBScript-Programme vom Internet Explorer ausgeführt werden, können diese auf diverse Objekte des Explorers zugreifen und dessen Ereignisse empfangen. Die Schnittstelle zum Internet Explorer erfolgt – wie könnte es anders sein – durch ein umfangreiches Objektmodell. Dieses wird allerdings nicht hier, sondern im Rahmen der DHTML-Programmierung im nächsten Kapitel beschrieben (Seite 1068).

Wenn Sie die Eigenschaften experimentell erforschen möchten, erstellen Sie am besten eine Minimal-HTML-Datei, die aus einem Button und einem Textfeld besteht. Beim Anklicken des Buttons ändern Sie den Inhalt des Textfelds und können so unkompliziert den Inhalt einer Eigenschaft anzeigen. Im Beispiel unten wird etwa der Name des Web-Browsers ausgegeben.

ACHTUNG

Die MSHTML-Bibliothek ist in einigen Punkten inkompatibel zum *Internet Explorer Scripting Object Model* (`Mshtmdbg.dll`) des Internet Explorers 3! VBScript-Code für den IE3 funktioniert deswegen in vielen Fällen mit dem IE4 nicht mehr und muß geändert werden. Ein besonders markantes Beispiel: Die Eigenschaft *Count* existiert nicht mehr, es muß nunmehr *length* verwendet werden! Beachten Sie auch, daß die Indizes aller Aufzähleigenschaften in der Objekt-Hierarchie des Internet Explorers mit dem Index 0 beginnen!

```
<HTML>
<!--- VBScript\IEObjects.htm -->
<HEAD><TITLE>IE Objekt Model</TITLE></HEAD>
<BODY>
    <INPUT TYPE="Textbox" NAME="MyText"   VALUE="" SIZE=50><P>
    <INPUT TYPE="Button"  NAME="MyButton" VALUE="Info anzeigen">
    <SCRIPT LANGUAGE="VBScript">
       <!--
```

```
      Sub MyButton_OnClick()
        ' zeigt den Namen des Browsers an
        MyText.Value = Navigator.UserAgent
      End Sub
      -->
    </SCRIPT>
</BODY></HTML>
```

<INPUT>-Objekte

Wenn Sie *<INPUT>*-Tags in HTML-Dateien verwenden, können Sie auf die Eigenschaften der Eingabefelder wie auf Visual-Basic-Steuerelemente zugreifen. Alle *<INPUT>*-Tags können im Programmcode einfach über ihren Namen angesprochen werden (verwenden Sie die *<INPUT NAME="meinname">*-Option!). So können Sie beispielsweise durch *meinname.Value=...* den Text eines Buttons verändern.

In der folgenden Übersicht sind alle wichtigen Ereignisse, Eigenschaften und Methoden aufgezählt. Selbstverständlich sind nicht alle Steuerelemente mit der ganzen Palette von Eigenschaften / Ereignissen ausgestattet – das richtet sich nach der Funktion des Steuerelements.

Ereignisse	
OnBlur	das Steuerelement hat den Fokus verloren
OnChange	Text oder Listenauswahl hat sich geändert
OnClick	das Steuerelement wurde angeklickt
OnFocus	das Steuerelement hat den Fokus erhalten
OnSelect	Text innerhalb eines Textfelds wurde markiert

Eigenschaften	
Checked	Zustand bei Kontrollkästchen
DefaultChecked	Defaulteinstellung für *Checked*
DefaultSelected	Defaulteinstellung für *Selected*
DefaultValue	Defaulteinstellung für *Value*
Form	Verweis auf das zugrundeliegende Formular
Name	Name des Steuerelements
Selected	Zustand bei Optionsfeldern
SelectedIndex	ausgewähltes Element bei Listenfeldern
Value	Beschriftung bei Buttons, Inhalt bei Textfeldern, Identifikationswert bei Options- und Kontrollfeldern

Methoden	
Click	Mausklick simulieren
Focus	Fokus auf ein Steuerelement richten
Select	Text eines Textfelds markieren

VERWEIS

Eine vollständige Aufstellung der Eigenschaften, Methoden und Ereignisse der verschiedenen *<INPUT>*-Elemente finden Sie wie üblich in der MSDN-Library:

PLATTFORM SDK | INTERNET/INTRANET | DYNAMIC HTML | DTHML-REFERENCE | -DOCUMENT OBJECT MODELS | INPUT

25.2 Programmiertechniken

25.2.1 Zeitverzögerte Umleitung auf eine andere Seite

Bekanntlich ändert sich nichts häufiger als Internet-Adressen. Im Regelfall folgt der Anwender einem Link und landet im Leeren. In manchen Fällen wird statt des gewünschten Dokuments zumindest die neue Adresse angezeigt. Noch besser ist die folgende Variante: Es wird kurz ein Text angezeigt, der den Anwender darauf hinweist, daß sich die Adresse geändert hat. Nach wenigen Sekunden wird diese Adresse automatisch aktiviert.

Das Kommando *SetTimeout* wird nicht von VBScript zur Verfügung gestellt, sondern ist eine Methode des Internet Explorers. Das in der nachfolgenden Zeichenkette formulierte Kommando wird nach der angegebenen Anzahl von Millisekunden ausgeführt.

```
<HTML>
<!--- VBScript\Umleitung.htm -->
<HEAD><TITLE>Automatische URL-Umleitung</TITLE></HEAD>
<BODY>
    Die von ihnen gewählte Adresse hat sich geändert.
    Sie werden automatisch an die neue Adresse
    <A HREF="Default.htm">Default.htm</A>
    umgeleitet.
    <SCRIPT LANGUAGE="VBScript">
      <!--
      SetTimeout "Navigate ""Default.htm""", 3000, "VBScript"
      -->
    </SCRIPT>
</BODY>
</HTML>
```

TIP

In VBScript-Code wird es immer wieder vorkommen, daß Sie das Zeichen " innerhalb einer Zeichenkette angeben müssen. Damit VBScript das nicht als Ende der Zeichenkette interpretiert, müssen Sie " gleich zweimal angeben.

25.2.2 HTML-Seiten beim Laden dynamisch aufbauen

Mit VBScript können Sie den Inhalt von HTML-Seiten verändern, bevor das Dokument zum ersten Mal angezeigt wird. Dazu gibt es zwei Einsatzmöglichkeiten:

- Sie können das aktuelle Dokument – also die Datei, in der sich auch der VBScript-Code befindet – während des Ladens verändern. Das wird sehr oft dazu ausgenutzt, um zeitabhängige Anpassungen an einer Web-Seite vorzunehmen.
- Sie können in einem anderen Dokument – im Regelfall in einem momentan ebenfalls sichtbaren Frame – eine Ausgabe vornehmen und so beispielsweise das Ergebnis einer Berechnung, Bestellung, Suche etc. anzeigen.

HINWEIS

Dank DHTML ist auch eine Veränderung des aktiven Dokuments *nach* dem Laden möglich. Diese Spielart setzt allerdings den Internet Explorer 4 voraus (während die Beispiele dieses Kapitels auch mit der Vorgängerversion funktionieren sollten). DHTML wird im nächsten Kapitel ausführlich beschrieben.

Datum und Wochentag anzeigen

Im ersten Beispiel geht es darum, den aktuellen Wochentag anzuzeigen. Die nebenstehende Abbildung zeigt, wie der HTML-Text nach dem Laden aussieht. Beachten Sie, wie der Programmcode ohne die Definition einer Prozedur unmittelbar eingelagert ist. Die Ausgabe erfolgt mit der Methode *Write* für das Objekt *Document*.

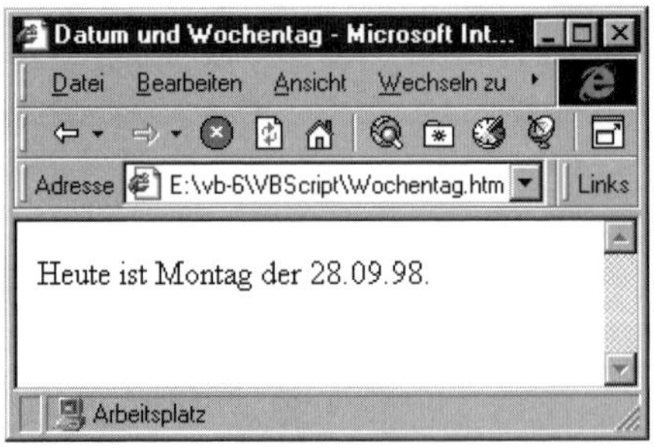

Bild 25.2: Das Datum wird beim Laden eingesetzt

```
<HTML>
<!-- VBScript\Wochentag.htm -->
<HEAD><TITLE>Datum und Wochentag
</TITLE></HEAD><BODY>
<SCRIPT LANGUAGE="VBScript">
<!--
  Document.Write "Heute ist " & WeekdayName(Weekday(Now)) & _
                 " der " & Date & "."
-->
</SCRIPT></BODY></HTML>
```

Neue Einträge kennzeichnen

Schon etwas origineller ist das folgende Beispiel: Dabei werden alle Einträge einer Liste, die jünger als ein Monat sind, mit dem Icon NEU gekennzeichnet. Diese Kennzeichnung erfolgt automatisch durch einen Vergleich des aktuellen Datums mit dem Datum, das in der Funktion *Kennzeichne()* angegeben wird. Auf diese Weise kann das Dokument einmal erstellt werden, ohne daß Bildverweise auf das NEU-Icon ständig geändert werden müssen.

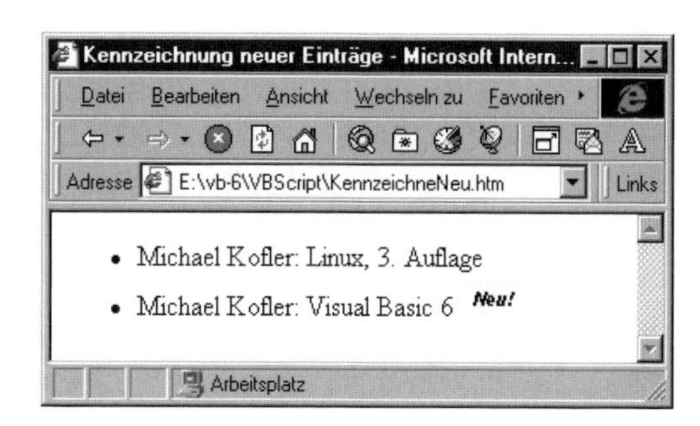

Bild 25.3: Das NEU-Icon wird beim Laden automatisch eingefügt

Die Funktion *Kennzeichne()* wird am Beginn der HTML-Datei definiert und anschließend fortlaufend bei jedem Listeneintrag aufgerufen. Dabei wird als Parameter jeweils das Datum angegeben, bei dem der Eintrag erstellt wurde (in diesem Fall die Veröffentlichungsdaten zweier Bücher).

```
<HTML>
  <!-- VBScript\KennzeichneNeu.htm -->
  <HEAD>
    <TITLE>Kennzeichnung neuer Einträge</TITLE>
  </HEAD>
  <BODY>
    <SCRIPT LANGUAGE="VBScript"><!--
      Function Kennzeichne(datum)
        If Now-datum<=180 And Now-Datum>=0 Then
          Document.Write "<IMG SRC=""neu.gif"" ALT=""neu"">"
        End If
      End Function
    --></SCRIPT>
    <UL>
    <LI>Michael Kofler: Linux, 3. Auflage
    <SCRIPT LANGUAGE="VBScript"> <!--
    Kennzeichne(#11/1/97#)
    --> </SCRIPT>
    <LI>Michael Kofler: Visual Basic 6
    <SCRIPT LANGUAGE="VBScript"><!--
    Kennzeichne(#10/1/98#)
    --> </SCRIPT>
    </UL>
  </BODY>
</HTML>
```

> **HINWEIS**
>
> Wenn Sie die Beispieldatei auf Ihrem Rechner ansehen, werden Sie das NEU-Icon nur bis zum 30.3.1999 sehen (also bis zum 1.10.1998 plus 180 Tage der *Kennzeichne*-Funktion). Ändern Sie gegebenenfalls das Datum in der *Kennzeichne*-Funktion.

Tabelle variabler Größe erzeugen

Noch umfangreicher fällt das nächste Beispiel aus. Es erzeugt eine Tabelle, deren Größe vom Anwender vorgegeben werden kann. Die Tabelle wird in einem eigenen Frame ausgegeben. Sie ist mit Zufallszahlen gefüllt. Damit das Ergebnis ein wenig ansprechender aussieht, wird auf die Hintergrundfarbe der einzelnen Felder zufällig eingestellt.

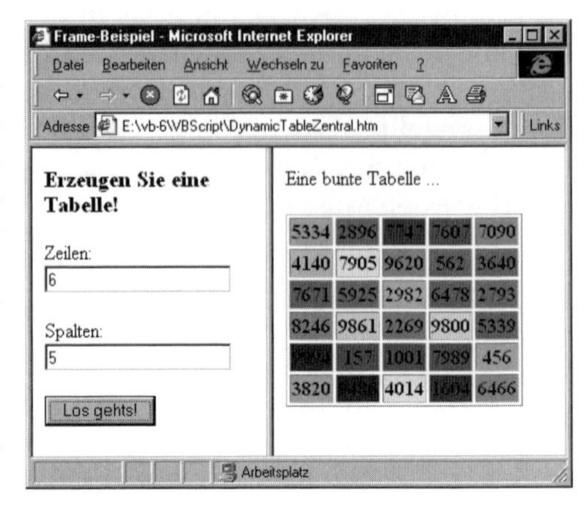

Bild 25.4: Eine Tabelle nach Maß

Das Beispiel besteht aus zwei Dateien: `DynamicTableZentral` stellt die Zentraldatei für die beiden Frames dar. `DynamicTableControl` enthält ein einfaches Formular und den Programmcode. Der zweite Frame ist beim Laden noch leer. Dank *NAME="result"* läßt er sich im Programmcode leicht ansprechen.

```
<HTML>
  <!-- VBScript\DynamicTableZentral.htm -->
  <HEAD><TITLE>Frame-Beispiel</TITLE></HEAD>
  <FRAMESET COLS="150,*">
    <FRAME SRC="DynamicTableControl.htm">
    <FRAME SRC="" NAME="result" >
  </FRAMESET>
</HTML>
```

Im Programmcode verstecken sich einige interessante Aspekte: Bevor in zwei Schleifen die Tabelle erzeugt wird, testet das Programm, ob gültige Eingaben vorliegen. Wenn das nicht der Fall ist, wird der Eingabe-Cursor in das betroffene Textfeld gesetzt (*Focus*-Methode) und der gesamte Text markiert (*Select*-Methode).

Anhand der Variablen *out* wird demonstriert, daß Objektvariablen auch unter VBScript erlaubt sind und oft eine Menge Tipparbeit sparen (*With* gibt es in VBScript ja nicht). Ganz problemlos ist der Einsatz von Objektvariablen übrigens auch wieder nicht: Eigentlich war geplant, *Set out=Parent.Frames("result").Document* auszuführen. Diesen Plan hat VBScript aber mit obskuren Fehlermeldungen zunichte gemacht.

```
<HTML>
<!--- VBScript\DynamicTableControl.htm -->
<HEAD><TITLE>IE Objekt Model</TITLE></HEAD>
<BODY>
    <H3> Erzeugen Sie eine Tabelle! </H3>
    Zeilen: <INPUT TYPE="Textbox" NAME="TextZeilen" VALUE="6"><P>
    Spalten: <INPUT TYPE="Textbox" NAME="TextSpalten" VALUE="5"><P>
    <INPUT TYPE="Button" NAME="MyButton" VALUE="Los gehts!">
    <SCRIPT LANGUAGE="VBScript"><!--
        Sub MyButton_OnClick
          Dim i, j, ok, out
          ok = True
          ' Kontrolle, ob korrekte Eingabe
          If Not IsNumeric(TextZeilen.Value) Then
            TextZeilen.Focus: TextZeilen.Select: ok=False
          ElseIf TextZeilen.Value<=0 Then
            TextZeilen.Focus: TextZeilen.Select: ok=False
          ElseIf Not IsNumeric(TextSpalten.Value) Then
            TextSpalten.Focus: TextSpalten.Select: ok=False
          ElseIf TextSpalten.Value<=0 Then
            TextSpalten.Focus: TextSpalten.Select: ok=False
          End If
          If Not ok Then
            MsgBox "Geben Sie bitte eine Zahl ein!"
          Else
            ' Tabelle erzeugen
            Set out=Parent.Frames("result")
            out.Document.Open
            ' auf HTML-Header darf verzichtet werden
            out.Document.WriteLn "Eine bunte Tabelle ... <P>"
            out.Document.WriteLn "<TABLE BORDER=1>"
            For i=1 To TextZeilen.Value
              out.Document.WriteLn "<TR>"
              For j=1 To TextSpalten.Value
                out.Document.Write "<TH BGCOLOR=#" & Hex(Rnd*256^3)
                out.Document.WriteLn ">" & CInt(Rnd*10000)  & "</TH>"
              Next
            Next
            out.Document.WriteLn "</TABLE>"
            out.Document.Close
          End If
        End Sub
       -->
</SCRIPT></BODY></HTML>
```

ANMERKUNG

Wenn Sie die Grenzen des Internet Explorers erforschen möchten, geben Sie für die Tabellengröße 100*100 Elemente an. Mit dem Erstellen und Anzeigen einer derart großen Tabelle ist der IE4 auf einem Pentium 400 immerhin mehrere Minuten beschäftigt. Der Speicherbedarf steigt dabei von 6 auf 17 MByte. Das ist nicht gerade als Beispiel für effizienten Microsoft-Code zu werten ...

25.2.3 ActiveX-Steuerelemente verwenden

Das folgende Beispiel baut auf dem ab Seite 991 vorgestellten *Spinner*-Steuerelement auf, das sich auf der beiliegenden CD-ROM im Verzeichnis `ActiveX-Steuerelemente\Spinner2` befindet. Die Aufgabe des Programms ist trivial: Es berechnet bei jeder Veränderung einen der beiden Werte das Produkt und zeigt es an. Das Ziel dieses Programms ist weniger, ein sinnvolles Programm vorzustellen, als den Umgang mit ActiveX-Steuerelementen (Initialisierung, Ereignisprozeduren) zu demonstrieren. Das HTML-Dokument besteht aus zwei *Spinner*-Feldern und einem Textfeld, das als *<INPUT>*-Tag realisiert wurde.

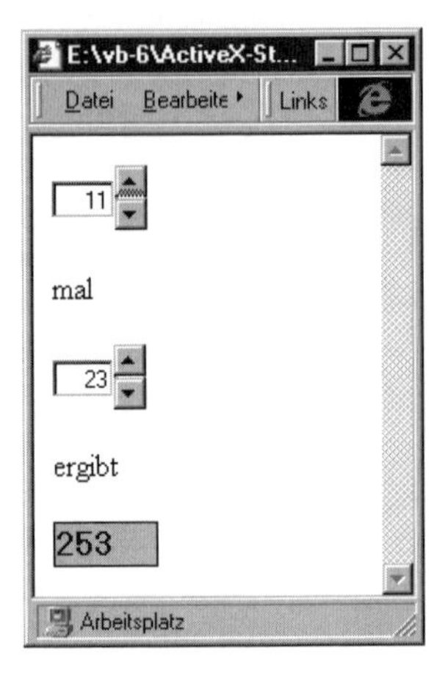

Bild 25.5: ActiveX-Beispiel

Die HTML-Datei beginnt mit den *OBJECT*-Kommandos zur Einbettung der drei Steuerelemente *SpinnerA*, *SpinnerB* und *Label1* in die Datei. Bei allen drei Steuerelementen werden mit *PARAM* diverse Eigenschaften eingestellt.

Vielleicht fragen Sie sich, woher die oskuren *<OBJECT>*-Tags kommen: Eine Möglichkeit besteht darin, das *<OBJECT>*-Tag aus der `*.htm`-Datei zu kopieren, die der Installations-Assistent automatisch erzeugt, wenn Cabinet-Dateien für ein ActiveX-Steuerelement erzeugt werden. Noch komfortabler geht es freilich, wenn Ihnen Visual Interdev zur Verfügung steht: Dort können Sie das ActiveX-Steuerelement direkt in den Code einfügen und diverse Eigenschaften komfortabel über ein Eigenschaftsfenster verändern.

Der VBScript-Code ist trivial: Die *Multiply*-Prozedur multipliziert den Inhalt der beiden *Spinner*-Felder miteinander und weist das Ergebnis dem Labelfeld zu. Diese Prozedur wird zur Initialisierung durch *Window_OnLoad* sowie bei jeder Änderung der beiden *Spinner*-Werte aufgerufen (*Changed*-Ereignisprozedur).

```
<HTML><BODY>
<!-- ActiveX-Steuerelemente\Spinner2\Setup\Spinner-Test.htm -->
<OBJECT classid="CLSID:90890D03-CA19-11D0-B436-00C0F009D7C3"
        codeBase=SpinnerControl2.CAB#version=1,0,0,0
        id=SpinnerA  VIEWASTEXT>
      <PARAM NAME="_ExtentX" VALUE="1323">
      <PARAM NAME="_ExtentY" VALUE="900">
      <PARAM NAME="Max" VALUE="50">
      <PARAM NAME="Min" VALUE="0">
      <PARAM NAME="Value" VALUE="20"></OBJECT>

<P> mal <P>

<OBJECT classid="CLSID:90890D03-CA19-11D0-B436-00C0F009D7C3"
        codeBase=SpinnerControl2.CAB#version=1,0,0,0
        id=SpinnerB  VIEWASTEXT>
      <PARAM NAME="_ExtentX" VALUE="1323">
      <PARAM NAME="_ExtentY" VALUE="900">
      <PARAM NAME="Max" VALUE="50">
      <PARAM NAME="Min" VALUE="0">
      <PARAM NAME="Value" VALUE="20"></OBJECT>

<P> ergibt <P>

<INPUT TYPE="Text" NAME="Label1" VALUE="">

<SCRIPT LANGUAGE="VBScript">
   <!--
   Sub SpinnerA_Changed(value)
      Multiply
   End Sub
   Sub SpinnerB_Changed(value)
      Multiply
   End Sub
   Sub Window_OnLoad()
      Multiply
   End Sub
   Sub Multiply
      Label1.Value = SpinnerA.Value * SpinnerB.Value
   End Sub
   -->
</SCRIPT></P></BODY>
</HTML>
```

25.3 Script-Debugger

Der Script-Debugger ist ein Zusatzprogramm, das am Web-Server von Microsofts zum Download bereit steht (etwa im Rahmen des Windows NT Option Pack). Der Debugger eignet sich zur Fehlersuche aller JScript- und VBScript-Programme, unabhängig davon, ob diese vom Internet Explorer, Internet Information Server oder anderen Programmen ausgeführt werden.

HINWEIS

Wenn Sie Visual Interdev 6.0 installieren (etwa im Rahmen des Visual Studio Pakets), übernimmt dieses Programm automatisch auch die Rolle des Debuggers. Der Interdev-Debugger von ist zwar deutlich komfortabler, aber auch etwas komplizierter zu bedienen als der Standard-Debugger. Siehe auch Seite 1097.

Nach der Installation wird das Programm beim Auftreten eines Fehlers in einer VBScript-Prozedur automatisch gestartet. Der Debugger kann auch über die Explorer-Kommandos ANSICHT | SCRIPT DEBUGGER | OPEN (sofort) und - | BREAK AT NEXT STATEMENT (bei der Ausführung des nächsten VBScript-Kommandos) aktiviert werden.

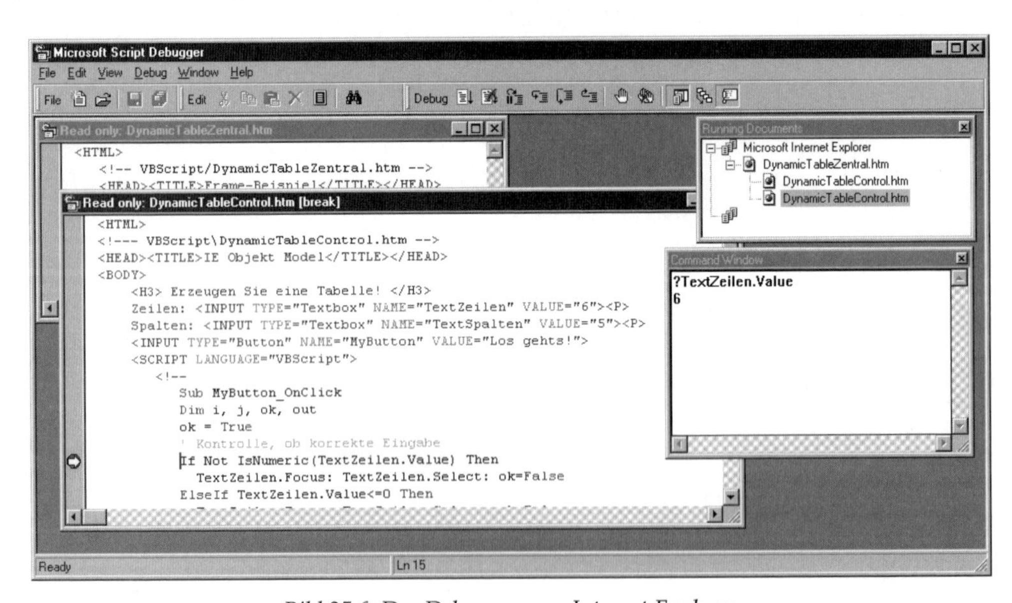

Bild 25.6: Der Debugger zum Internet Explorer

Im Debugger wird der VBScript-Code wird in verschiedenen Farben angezeigt (Syntax-Highlighting). Sie können Haltepunkte setzen und sich im COMMAND WINDOW den Inhalt einzelner Variablen ansehen. Bei HTML-Seiten mit Frames werden automatisch Fenster für alle Frames angezeigt. Die zentrale Verwaltung erfolgt über das Fenster RUNNING DOCUMENTS, das auch die Hierarchie der Frames anzeigt. Die einzig wirklich lästige Einschränkung des Debuggers besteht darin, daß keine Veränderung des Codes möglich ist. (Die müssen Sie in einem externen Editor durchführen.)

Wenn der Debugger installiert ist, kennt VBScript drei neue Schlüsselwörter: *Stop* unterbricht die Ausführung der aktuellen Prozedur und startet den Debugger. *Debug.Write(..)* und *Debug.WriteLine(..)* schreiben eine Zeichenkette in das IMMEDIATE WINDOW. Der Unterschied zwischen den beiden Kommandos besteht darin, daß die Ausgabe bei *WriteLine* mit einem Zeilenumbruch endet.

Bei der Fehlersuche müssen Sie beachten, daß der Debugger keine Informationen über die gesetzten Haltepunkte speichern kann. Aus diesem Grund gehen Haltepunkte beim Neuladen einer HTML-Seite bzw. beim Wechsel in eine andere Seite verloren. Dieses Verhalten ist ungewohnt und oft ärgerlich. Der einfachste Ausweg besteht darin, anstatt der Haltepunkte *Stop*-Anweisung zu verwenden.

26 DHTML-Programmierung

DHTML-Projekte sind eine Neuerung in Visual Basic 6. Dabei handelt es sich um eine Kombination von dynamischen HTML-Seiten mit einer ActiveX-DLL. Technologisch haben DHTML-Projekte zwar Ähnlichkeiten mit VBScript-Seiten bzw. mit ActiveX-Dokumenten, sie vereinen aber gleichsam deren Vorteile: Zum einen bleibt die Dokumentenstruktur von HTML-Seiten erhalten (das ist bei ActiveX-Dokumenten trotz ihres Namens nicht der Fall), zum anderen ist der Code vollkommen von der HTML-Seite getrennt und kann daher komfortabel in der Visual-Basic-Entwicklungsumgebung erstellt werden. (Gerade das ist ja bei VBScript-Code unmöglich.)

DHTML-Seiten bieten also eine neue und im Prinzip elegante Möglichkeit, Client-seitige Internet- bzw. Intranet-Anwendungen zu erstellen. Der wesentliche Nachteil besteht freilich darin, daß diese Technologie noch unausgegoren ist.

26.1 Einführung

26.1.1 Grundlagen

Die beiden vorangegangenen Kapitel haben zwei Möglichkeiten gezeigt, wie 'dynamische' Internet-Seiten erzeugt werden können. ActiveX-Dokumente sind herkömmlichen Visual-Basic-Programmen sehr ähnlich, werden aber im Internet Explorer (anstatt in einem eigenen Fenster) ausgeführt. HTML-Seiten mit VBScript-Code haben mit Visual Basic genaugenommen gar nichts zu tun; der enthaltene VBScript-Code wird vom Script-Interpreter des Clients ausgeführt.

Neu in Visual Basic 6 ist nun eine dritte Variante: DHTML-Anwendungen. Die Abkürzung steht für Dynamic Hypertext Markup Language. In gewisser Weise vereinen DHTML-Anwendungen sehr elegant die Vorzüge von ActiveX-Dokumenten und VBScript-Seiten:

- Zum einen bleibt (wie bei VBScript) die Nähe zum HTML-Dokumentkonzept erhalten. Bei ActiveX-Dokumenten ist davon ja nichts mehr zu bemerken; Visual-Basic-Formulare werden einfach im Internet Explorer angezeigt, unterliegen aber ansonsten den gleichen Größenbeschränkungen wie in gewöhnlichen Visual-Basic-Anwendungen.
- Zum anderen steht (wie bei ActiveX-Dokumenten) die Visual-Basic-Entwicklungsumgebung zur Verfügung, um DHTML-Anwendungen mit allem Komfort zu erstellen und darin enthaltene Fehler zu suchen. DHTML-Anwendungen haben gegenüber VBScript-Seiten außerdem den Vorteil, daß es sich um kompilierten Code handelt, der sehr viel effizienter ausgeführt wird.

Gegenüber VBScript-Seiten und ActiveX-Dokumenten haben DHTML-Anwendungen einen weiteren Vorzug: Noch nie war es so einfach, optische Spielereien zu realisieren. Der Ausdruck 'dynamic' in der Abkürzung DHTML kommt also nicht von ungefähr. Das mit Visual Basic mitgelieferte Beispielprogramm gibt diesbezüglich einen guten ersten Eindruck.

HINWEIS

Bevor Sie das Beispielprogramm `DHShowMe` ausprobieren können, müssen Sie bei allen DHTML-Dokumenten des Projekts den Eigenschaftsdialog öffnen, dort die Option HTML IN EXTERNER DATEI SPEICHERN anklicken und mit ÖFFNEN den Dateinamen der externen HTML-Datei angeben. Die Verweise auf die HTML-Dateien werden nämlich absolut gespeichert. Da sich die Dateien auf Ihrem Rechner in einem anderen Verzeichnis befinden als bei den Microsoft-Entwicklern, sind die Links durchwegs falsch.

Was sich auf ersten Blick nur für Spielereien eignet, hat aber durchaus einen ernsthaften Hintergrund für die Entwicklung professioneller HTML-Seiten. Sie können nun erstmals den Inhalt einer bereits geladenen HTML-Seite nach Belieben verändern.

Damit können Sie in sehr vielen Fällen die ebenso häufigen wie lästigen Wechsel der HTML-Seite zur Darstellung von irgendwelchen Ergebnissen vermeiden (seien es nun Datenbankabfragen oder die Berechnung des Endpreises einer Bestellung).

Das ist gleichermaßen für Entwickler wie für Anwender ein Vorteil: DHTML-Entwickler müssen inhaltlich zusammengehörenden Code nicht mehr auf mehrere HTML-Seiten aufteilen; und Anwender ersparen sich die Wartezeiten bei einem Seitenwechsel. DHTML verspricht damit mehr Komfort und kleinere Reaktionszeiten für Internet-Anwender.

Grundlagen / Technologie

Technologisch handelt es sich bei DHTML-Anwendungen um HTML-Dokumente, an deren Beginn eine ActiveX-DLL mit einem *<OBJECT>*-Tag eingebunden ist. Diese DLL enthält den gesamten Code (Ereignisprozeduren etc.), der damit vom eigentlichen HTML-Dokument vollständig getrennt ist. Bevor das Dokument beim Client angezeigt werden kann, muß die DLL zum Rechner des Clients übertragen und dort installiert werden.

Die Trennung zwischen VB-Code und HTML-Dokument ist ein elementarer Vorteil von DHTML-Anwendungen: Während Sie zur Code-Entwicklung Visual Basic verwenden, können Sie zur optischen Gestaltung des Dokuments einen beliebigen HTML-Editor einsetzen. (Das müssen Sie aber nicht: Mit Visual Basic wird ein einfacher HTML-Editor mitgeliefert, der zumindest für erste Experimente ausreichend ist.)

DHTML-Dateien sind in der Visual-Basic-Entwicklungsumgebung durch einen sogenannten Designer eingebunden. Ein Designer ist ein externes Modul zur Entwicklungsumgebung, das Funktionen zum Modifizieren eines bestimmten Dateityps enthält.

Im Prinzip bauen DHTML-Anwendungen auf Technologien, die schon unter VB5 zur Verfügung standen. Schon damals gab es die Möglichkeit, ActiveX-DLLs zu entwikkeln, und auch das *<OBJECT>*-Tag zum Einbinden der DLL in eine HTML-Seite ist nicht neu. Der wesentliche Fortschritt in Version 6 besteht darin, daß HTML-Dateien in die Entwicklungsumgebung integriert wurden. Erst dadurch ist es nun möglich, per Mausklick zur Ereignisprozedur eines HTML-Buttons zu springen, via Objektkatalog und IntelliSense auf Objekte der HTML-Seite und deren Eigenschaften / Methoden / Ereignisse zuzugreifen, via Eigenschaftsfenster Attribute von HTML-Objekten zu verändern etc.

Der Zugriff auf das DHTML-Objektmodell erfolgt übrigens durch zwei Bibliotheken, die *HTML Object Library* (`Mshtml.dll`) des Internet Explorers und die *DHTML Page Runtime Library* (`Mshtmpgr.dll`) des DHTML-Designers. Die Objektmodelle dieser Bibliotheken sind das Thema eines eigenen Abschnitts ab Seite 1068.

DHTML / HTML 4

DHTML hat eigentlich nichts mit Visual Basic zu tun, sondern ist eine Weiterentwicklung von HTML, die mehr Layout-Möglichkeiten (inklusive Style-Sheets) und einen objektorientierten Zugang zu allen Dokumentbestandteilen verspricht. Die DHTML-Programmierung kann nicht nur im Rahmen von DHTML-Projekten erfolgen, sondern auch mit VBScript, JavaScript, Java etc.

Die natürlich inkompatiblen DHTML-Neuerungen in Netscape 4 und Internet Explorer 4 werden mittlerweile durch die offizielle HTML-4-Spezifikation ergänzt. Daraus ergeben sich *drei* unterschiedliche 'Standards'.

Da die in diesem Kapitel vorgestellten DHTML-Anwendungen ohnedies den IE4 voraussetzen, wird auf das firmenpolitische Hickhack um den HTML-Standard hier nicht weiter eingegangen, sondern der IE4 als Maß der Dinge akzeptiert. Im übrigen ist zu erwarten, daß sich bis zur nächsten Version von Visual Basic XML als Nachfolger von HTML etabliert und neue (sicherlich wieder inkompatible) Werkzeuge und Bibliotheken mit sich bringt.

VERWEIS

Ein Grundwissen über HTML / DHTML ist Voraussetzung zum Verständnis dieses Kapitels. Leider reicht der Platz hier nicht aus, um (D)HTML auch nur ansatzweise zu beschreiben. Umfassende Informationen und eindrucksvolle Beispiele enthält auch die MSDN-Library:

PLATTFORM SDK | INTERNET/INTRANET | DYNAMIC HTML

Weitere Informationen finden Sie im Internet, beispielsweise bei:

```
http://www.dhtmlzone.com/resources/
http://www.w3.org/TR/REC-html40/
```

Nachteile

Leider gibt es eine Gemeinsamkeit, die VBScript-Seiten, ActiveX-Dokumente und DHTML-Anwendungen eint: alle drei Varianten erfordern auf der Client-Seite den Internet Explorer; bei DHTML-Anwendungen muß es sogar ein IE4 sein, während bei den zwei anderen Varianten auch der IE3 ausreicht.

Wegen der Vielzahl inkompatibler Betriebssysteme (Apple, Unix / Linux etc.) und Browser (Netscape) werden Sie sich mit DHTML-Seiten im Internet also nicht nur Freunde machen. Damit gilt für DHTML dasselbe wie für die restlichen Möglichkeiten zur Client-seitigen Internet-Programmierung mit Visual Basic: Das Konzept ist technologisch interessant, die Anwendung aber besser für firmenspezifische Intranets als für das globale Internet geeignet.

Wenn Sie Unabhängigkeit vom Browser erzielen möchten, sollten Sie die Server-seitige Programmierung in Betracht ziehen (Kapitel 27 und 28). Und noch ein Argument spricht zumeist für die Server-seitige Programmierung: Datenbankanwendungen lassen sich damit deutlich einfacher realisieren. Da sich die Datenbank ja ebenfalls am Server befindet, ist die Kommunikation mit der Datenbank einfacher und kann im Regelfall auch effizienter realisiert werden.

Anwender, die zum ersten Mal auf eine DHTML-Anwendung stoßen, müssen zuerst die gesamte VB-Runtime-Bibliothek auf ihren Rechner übertragen (ca. 1.2 MB). Dazu kommt noch die DHMTL-Runtime-Bibliothek (`Mshtmpgr.dll`, ca. 100 kB).

Wie bei ActiveX-Dokumenten und -Steuerelementen wird die zu den DHTML-Seiten gehörende DLL bleibend am Client-Rechner installiert, ohne daß eine De-Installationsmöglichkeit vorgesehen wird. Die Online-Dokumentation verkauft diesen Nachteil übrigens als Vorteil – DHTML-Seiten können auch 'offline' benutzt werden, da die DLL jetzt ja bis zur Neuinstallation des Betriebssystems auf der Festplatte bleibt.

Auch sämtliche Sicherheitsbedenken von ActiveX-Dokumenten und -Steuerelementen gelten für DHTML-Anwendungen ohne Einschränkungen (wenngleich eine Sicherheitsdiskussion wie bei der Einführung von ActiveX-Steuerelementen bisher ausgeblieben ist). Diese beiden Nachteile wurden in diesem Buch bereits ausreichend diskutiert – siehe Seite 997 bzw. 1000.

VORSICHT

Neben diesen Argumenten, die eher technischer Natur sind, noch eine persönliche Empfehlung, die aus der leidvollen Erfahrung des Autors während der Arbeit an diesem Kapitel resultiert: Mit DHTML bauen Sie auf eine vollkommen unausgereifte Technologie, die noch in ihren Kinderfüßen steckt. Keine Neuerung von Visual Basic 6 ist derart schlampig und halbherzig realisiert worden wie DHTML.

Ob es nun die fehlende Verbindung zur Online-Hilfe oder die zahllosen Fehler des DHTML-Designers sind – Sie merken an allen Ecken und Enden, daß Microsoft DHTML mit Gewalt in Visual Basic 6 integrieren wollte, ohne sich aber ausreichend Zeit zu nehmen, die neuen Features zu testen und zumindest die offensichtlichen Fehler zu korrigieren. Daher der Rat des Autors: Hände weg von DHTML bis Microsoft in der Lage ist (etwa durch Service Packs), DHTML-Projekte in einer auch nur einigermaßen akzeptablen Qualität zu unterstützen.

VERWEIS

Angesichts der oben angeführten Probleme fehlt diesem Kapitel ein sinnvolles Beispielprogramm. Microsoft war auch nicht viel erfolgreicher: Das mitgelieferte Beispiel `DHShowMe` demonstriert zwar eine Menge Spielereien und Effekte, erfüllt aber auch keine wirkliche Aufgabe. Dafür findet sich aber etwas überraschend bei der ADO-Dokumentation eine Anleitung für eine einfache DHTML-Anwendung:

VB-DOKUMENTATION | ARBEITEN MIT VB | DATENZUGRIFFSHANDBUCH |
- ERSTELLEN EINER DHTML ANWENDUNG

26.1.2 Hello DHTML-World

Das folgende Beispielprogramm basiert auf einer HTML-Datei mit zwei Buttons und dem Text 'Hello DHTML-World!'. Dieser Text wird jedesmal, wenn der erste Button angeklickt wird, um dieselben drei Worte erweitert – allerdings jedesmal in eine anderen Farbe und Schriftgröße. Mit jedem Button-Klick ändert sich also der Inhalt des HTML-Dokuments dynamisch.

Bild 26.1: Der Begrüßungstext ändert sich mit jedem Button-Klick

Der Ausgangspunkt für das Projekt ist eine winzige HTML-Datei, die mit dem DHTML-Designer erstellt werden kann. Das einzig entscheidende Detail besteht darin, daß der erste Textabsatz mit *id=dynPara* gekennzeichnet wird. Diese Kennzeichnung erfolgt im Eigenschaftsfenster. (Die *id*-Eigenschaft von HTML-Objekten hat dieselbe Bedeutung wie die *Name*-Eigenschaft von Visual-Basic-Steuerelementen. Ein wesentlicher Unterschied besteht allerdings darin, daß keine deutschen Sonderzeichen verwendet werden dürfen.)

```
<BODY>
<P id=dynPara>Hello DHTML-World! </P>
<P>
<INPUT id=Button1 name=Button1
       type=button value="Text dynamisch verändern">
<INPUT id=Button2 name=Button2
       type=button value="Text löschen"></P>
</BODY>
```

In den Ereignisprozeduren zu den beiden Buttons wird die Eigenschaft ***innerHTML*** des Objekts *dynPara* verändert. Diese Eigenschaft gibt Zugriff auf den HTML-Code zwischen den Tags eines HTML-Objekts (in diesem Fall also auf den Code zwischen *<P id=dynPara>* und *</P>*).

```
' DHTML\HelloDHTML\DHTMLPage1.dsr
Private Function Button1_onclick() As Boolean
  dynPara.innerHTML = dynPara.innerHTML & _
    "<FONT" & _
      " COLOR=" & RGB(Rnd * 255, Rnd * 255, Rnd * 255) & _
      " SIZE=" & 1 + Int(Rnd * 7) & ">" & _
    "Hello DHTML-World!</FONT> "
End Function
Private Function Button2_onclick() As Boolean
  dynPara.innerHTML = ""
End Function
```

Bereits in den wenigen Code-Zeilen fällt auf, daß Eigenschaften und Ereignisse andere Namen als bei Visual-Basic-Standardsteuerelementen haben und im Regelfall mit einem kleinen Anfangsbuchstaben beginnen.

Wenn Sie das Beispiel in der Entwicklungsumgebung starten, erzeugt Visual Basic eine temporäre HTML-Datei, die zusätzlich zum oben abgedruckten HTML-Code die folgenden Zeilen enthält. Damit wird die Verbindung zwischen der HTML-Seite und der ActiveX-DLL hergestellt (bzw. mit der Visual-Basic-Entwicklungsumgebung, solange der Code nicht kompiliert wird).

```
<!--METADATA TYPE="MsHtmlPageDesigner" startspan-->
  <object id="DHTMLPage1"
          classid="clsid:7AE223A8-3409-11D2-8C47-00C0F00A38D0">
  </object>
<!--METADATA TYPE="MsHtmlPageDesigner" endspan-->
```

26.1.3 DHTML-Projekte ins Netz stellen

Wenn das kompilierte DHTML-Projekt lokal funktioniert, besteht der nächste Schritt darin, das Projekt ins Netz zu stellen. Dabei hilft der Installationsassistent. Als erstes (Kommando PAKET) müssen Sie ein Internet-Paket zusammenstellen (`*.cab`-Datei). Diese Datei enthält nur die DLL und Verweise auf die Runtime-Bibliotheken, nicht aber die `*.htm`-Dateien.

Im zweiten Schritt (VERTEILEN) vereinen Sie die eben erzeugte `*.cab`-Datei mit den `*.htm`-Dateien. Die `*.htm`-Dateien werden dabei ein wenig angepaßt – statt des Verweises auf die `*.dll`-Datei enthält das *<OBJECT>*-Tag jetzt einen Verweis auf die `*.cab`-Datei.

```
<!--METADATA TYPE="MsHtmlPageDesigner" startspan-->
  <OBJECT codebase=DHTMLProject.CAB#Version1,0,0,0
          id="DHTMLPage1" width=0 height=0
          classid="clsid:7AE223A8-3409-11D2-8C47-00C0F00A38D0" >
  </OBJECT>
<!--METADATA TYPE="MsHtmlPageDesigner" endspan-->
```

Diese Dateien können nun entweder in ein lokales Verzeichnis oder direkt in ein Verzeichnis eines Web-Servers kopiert werden. (Der Autor hat mit der zweiten Variante zusammen mit dem IIS 4 keinen Erfolg gehabt – alle Versuche sind mit diversen Fehlermeldungen gescheitert. Lesen Sie in diesem Zusammenhang auch die mit Visual Basic mitgelieferte Datei `Readmevb.htm`, die auf die hier auftretenden Probleme eingeht.)

26.2 DHTML-Designer

Das Konzept des DHTML-Designers ist recht einfach: in einem zweigeteilten Fenster wird links die Hierarchie des Dokuments angezeigt, rechts der Inhalt im WYSIWYG-Modus.

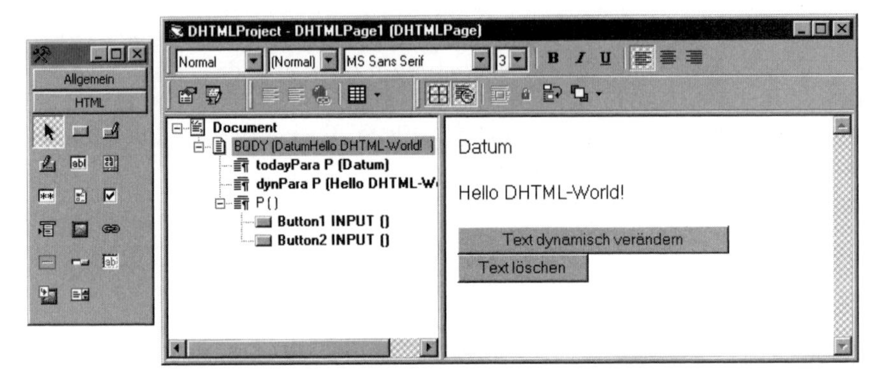

Bild 26.2: Der DHTML-Designer

Zwar ist der Designer als einigermaßen komfortabler HTML-Editor für erste Experimente geeignet, er unterstützt aber bei weitem nicht alle Layout-Möglichkeiten von HTML. Zudem hat der Designer massive Probleme damit, Änderungen ordnungsgemäß in die Dokumenthierarchie zu integrieren. Die mit Visual Basic mitgelieferten Datei `Readmevb.htm` enthält eine schier endlose Liste weiterer Probleme. Die Bezeichnung Designer ist hier wohl eher vom Begriff 'Design-Studie' abgeleitet. Als Endprodukt kann man diese Komponente sicherlich nicht betrachten.

HTML-Datei extern speichern

Normalerweise ist der HTML-Code zusammen mit dem Programmcode in einer Designer-Datei integriert (Kennung `*.drs`). Wenn Sie neben dem DHTML-Designer ein externes Programm verwenden möchten, um das HTML-Dokument zu bearbeiten (oder auch nur den HTML-Code anzusehen), müssen Sie die HTML-Datei von der `*.dsr`-Datei trennen. Dazu klicken Sie im Designer den Eigenschafts-Button an (erster Button in der zweiten Zeile), wählen dort die Option HTML IN EXTERNER DATEI

SPEICHERN und geben anschließend einen Dateinamen an. Dann können Sie den Button EDITOR STARTEN zum Start des externen Editors verwenden.

Visual Basic verwendet als externen Editor normalerweise `Notepad.exe`. Einen komfortableren Editor können Sie mit EXTRAS | OPTIONEN | WEITERE einstellen.

Visual Basic fragt automatisch nach jeder externen Veränderung der `*.htm`-Datei, ob es den geänderten Code in den Designer laden soll. Sie brauchen sich also keine Sorgen zu machen, daß Visual Basic nicht den aktuellen Code enthält. (Umgekehrt ist die Gefahr größer, daß in Visual Basic durchgeführte Änderungen im gleichzeitig laufenden, externen HTML-Editor nicht berücksichtigt werden!)

Leider ändert der HTML-Designer bisweilen den extern erstellten HTML-Code. Beispielsweise kann es vorkommen, daß optionale Tags (etwa *</LI>*) vom Designer einfach entfernt bzw. eingefügt werden. Solche mutwilligen Änderungen erschweren das Zusammenspiel mit externen Tools natürlich erheblich.

HINWEIS

Es wurde oben bereits erwähnt, daß der Verweis auf die externe HTML-Datei in der `*.dsr`-Datei als absoluter Dateiname gespeichert wird. Das macht die Weitergabe von DHTML-Projekten praktisch unmöglich – weil alle externen Verweise falsch sind, sobald das Projekt (samt HTML-Dateien) in ein anderes Verzeichnis verschoben wird. Dieses Problem tritt auch bei dem mit Visual Basic mitgelieferte Beispielprogramm auf. Abhilfe: Sie müssen mit dem Eigenschafts-Button den Verweis auf die HTML-Dateien neu einrichten.

Bei den Beispielen auf der beiliegenden CD-ROM wurde dieses Dilemma insofern umgangen, als am Ende der Entwicklung (die natürlich mit einem externen Editor – dem GNU Emacs – durchgeführt wurde) die HTML-Datei wieder in die Designer-Datei integriert wurde. Es sollte daher möglich sein, die DHTML-Projekte auf Ihrem Rechner problemlos zu laden und auszuprobieren.

Der externe Dateiname wird übrigens auch im Eigenschaftsfenster zum *DHTMLPage*-Objekt als ***SourceFile*** angezeigt und kann dort auch verändert werden. Als zweite Eigenschaft können Sie ***BuildFile*** einstellen. Dieser Dateiname gibt an, wie die Datei heißt, die Visual Basic beim Ausführen oder Kompilieren eines DHTML-Projekts erzeugt. (Im wesentlichen wird dabei in den HTML-Code der Objektverweis auf die ActiveX-DLL eingefügt. Unabhängig vom Pfad für *SourceFile* wird die Datei zur Ausführung durch die Entwicklungsumgebung übrigens im `Temp`-Verzeichnis erstellt. Der in *SourceFile* gespeicherte Pfad wird nur beim Kompilieren berücksichtigt.)

In der Defaulteinstellung verwendet Visual Basic für die erste DHTML-Seite eines Projekts `DHTMLProjekt1_DHTMLPage1.htm` als *BuildFile*, für alle weiteren Seiten dagegen den gleichen Dateinamen wie bei *SourceFile*. Im Regelfall ist es sinnvoll, daß *BuildFile* und *SourceFile* übereinstimmen, um zusätzliche Konfusion zu vermeiden.

Steuerelemente

Trotz zahlreicher Mängel hat der Designer zwei wesentliche Vorzüge gegenüber externen Werkzeugen: Zum einen ist es sehr einfach, Steuerelemente einzufügen, zum anderen können die Eigenschaften aller HTML-Objekte (nicht nur von Steuerelementen) sehr bequem im Eigenschaftsfenster eingestellt werden.

Die Toolbox enthält eine ganze Kollektion von HTML-Steuerelementen. Dabei handelt es sich einfach um grafische Entsprechungen der *<INPUT>*-Tags. Darüber hinaus können in DHMTL-Seiten alle Zusatzsteuerelemente verwendet werden – nicht aber die Visual-Basic-Standardsteuerelemente.

Steuerelemente können in DHTML-Dokumenten wahlweise frei oder zwischen HTML-Objekten (z.B. zwischen zwei Absätzen) plaziert werden. Die erste Variante ist vor allem sinnvoll, wenn das HTML-Dokument aus Bitmap-Grafiken besteht. Die zweite Variante hat den Vorteil, daß das Steuerelement sich mit dem Text bewegt – wenn also oben Text eingefügt wird, rückt das Steuerelement nach unten.

Zwischen den beiden Plazierungsvarianten kann mit dem Button MODUS FÜR ABSOLUTE POSITION des DHTML-Designers umgeschalten werden. Intern erfolgt die freie Plazierung durch ein *style*-Option innerhalb des *<INPUT>*-Tags:

```
<INPUT id=Button1
       style="POSITION: absolute; LEFT: 29px; TOP: 85px"
       type=button value=Button1>
```

26.3 DHTML-Objekthierarchie

Im DHTML-Code können Sie auf das Objektmodell des Internet Explorers zugreifen. In einer einfachen Form bestand diese Möglichkeit schon beim IE3. Im Zuge der DHTML-Implementierung wurde dieses Objektmodell aber erheblich erweitert; es ermöglicht jetzt einen objektorientierten Zugriff auf wirklich jedes HTML-Tag eines HTML-Dokuments, auf die darin enthaltenen Steuerelemente etc.

Beim Objektzugriff spielen zwei Bibliotheken eine Rolle: Die *DHTML Page Runtime Library* (`Mshtmpgr.dll`) des DHTML-Designers stellt lediglich die Verbindung zwischen den Visual-Basic-DHTML-Seiten (*DHTMLPage*-Objekten) und dem Objektmodell des Internet Explorers her. Die *HTML Object Library* (`Mshtml.dll`) enthält dann das eigentliche IE-Objektmodell mit über 100 Objekten.

Dieser Abschnitt versucht einen ersten Überblick über die Objekte zu geben, mit denen Sie in DHTML-Projekten konfrontiert werden. Eine vollständige Beschreibung ist aber aus Platzgründen unmöglich.

26.3.1 DHTMLPage-Objekt

Jede DHTML-Seite in einem DHTML-Projekt wird durch das ***DHTMLPage***-Objekt repräsentiert. Dieses Objekt gilt im Code als Default-Objekt, es kann aber auch explizit durch *Me* angesprochen werden. (Wenn Sie nicht selbst einen anderen Namen einstellen, bekommen DHTML-Seiten automatisch die Namen *DHTMLPage1*, *DHTMLPage2* etc.)

Zwei Eigenschaften des *DHTMLPage*-Objekts sind für die Verbindung zur *HTML Object Library* entscheidend: ***BaseWindow*** verweist auf das Objekt des Internet Explorers, in dem das Objekt angezeigt wird (*HTMLWindow2*-Objekt), und ***Document*** verweist auf den Startpunkt des Objektmodells für das Dokument (*HTMLDocument*-Objekt). Die *Document*-Eigenschaft wäre streng genommen gar nicht erforderlich, weil das *HTMLDocument*-Objekt auch über die *document*-Eigenschaft des *HTMLWindow2*-Objekts zugänglich ist.

Verbindung zwischen der DHTMLPage- und MSHTML-Bibliothek

DHTMLPage-Objekt	VB-Startobjekt der DHTML-Seite (*Me* im Code)
├─ *BaseWindow*-Eigenschaft	verweist auf ...
│ └─ *HTMLWindow2*-Objekt	Instanz des Internet Explorers
└─ *Document*-Eigenschaft	verweist auf ...
└─ *HTMLDocument*-Objekt	Seiteninhalt (Startpunkt für das DHTML-Modell)

Obwohl `Readmevb.htm` das Gegenteil behauptet, kann das Schlüsselwort *Me* im Code eines DHTML-Projekts durchaus verwendet werden. *Me* verweist auf das aktuelle *DHTMLPage*-Objekt. Der Compiler weigert sich aber, an sich korrekten Code wie *Me.Document* zu akzeptieren. (Im Direktfenster kann *Me.Document* dagegen ausgeführt werden.) Eine echte Einschränkung ist dieses Syntax-Problem des Compilers aber nicht, weil *Me* ohnedies als Default-Objekt gilt. *Me.Document* und *Document* haben also dieselbe Bedeutung.

Ereignisse während der Initialisierung bzw. beim Schließen der Seite

*DHTMLPage_**Initialize*** ist die erste Ereignisprozedur, die beim Laden einer DHTML-Seite ausgeführt wird. Zu diesem Zeitpunkt ist der HTML-Code der Seite allerdings noch nicht vollständig geladen, d.h., Sie können noch nicht auf die Objekte zugreifen und daher auch keine Veränderungen durchführen. Die Ereignisprozedur eignet sich also bestenfalls zur Initialisierung einiger Variablen.

*DHTMLPage_**Load*** tritt etwas später auf, wenn der HTML-Code bereits geladen, aber noch nicht sichtbar ist. (Der Internet Explorer wird bereits angezeigt, aber der Inhalt des Fensters ist noch leer.) Das Ereignis eignet sich dazu, den Inhalt des Dokuments anzupassen, bevor es sichtbar wird. Wenn Sie im DHTML-Dokument einen Absatz der Form *<P id=todayPara></P>* haben, dann können Sie mit der folgenden Prozedur dort das aktuelle Datum einsetzen.

```
Private Sub DHTMLPage_Load()
  todayPara.innerHTML = "Heute ist der " & Date & "."
End Sub
```

VORSICHT

Die obige Prozedur funktioniert nur, wenn die Eigenschaft ***AsyncLoad*** der DHTML-Seite auf *False* gestellt ist (die Default-Einstellung). Eine Einstellung von *True* bewirkt, daß mit der Ausführung des *Load*-Ereignisses schon begonnen wird, bevor die Seite vollständig aufgebaut ist. Das kann ein Geschwindigkeitsvorteil sein, setzt aber voraus, daß die *Load*-Ereignisprozedur nicht auf DHTML-Objekte zugreifen muß. Die Online-Dokumentation rät von dieser Einstellung ab.

Beim Verlassen der Seite wird die *DHTMLPage_**Unload***-Prozedur ausgeführt. Zu diesem Zeitpunkt kann noch auf alle Objekte der DHTML-Seite zugegriffen werden.

Das in der Online-Dokumentation erwähnte Ereignis *Terminate*, das auftreten sollte, nachdem alle DHTML-Objekte aus dem Speicher entfernt wurden, konnte weder in der Entwicklungsumgebung noch in Kompilaten festgestellt werden.

DHTMLPage – Eigenschaften	
BaseWindow	Verweis auf *HTMLWindow2*-Objekt
Document	Verweis auf *HTMLDocument*-Objekt

DHTMLPage – Ereignisse	
Initialize	DHTML-DLL wurde geladen
Load	DHTML-Dokument wurde geladen, ist aber noch nicht sichtbar
Unload	das DHTML-Dokument wird gleich aus dem Speicher entfernt

26.3.2 HTML Object Library (MSHTML)

Die *HTML Object Library* unterscheidet sich von allen anderen unter Visual Basic üblichen Bibliotheken in zahlreichen Punkten und stiftet damit viel Verwirrung:

- Methoden, Eigenschaften und Ereignisse werden klein geschrieben. Generell werden fast alle sonst üblichen Namenskonventionen mißachtet.
- Die Anzahl der Elemente von Aufzählungen wird durch *length* ermittelt (nicht durch *Count*)!
- Sehr häufig haben Eigenschaften, die auf Objekte verweisen, andere Namen als die Objekte selbst. So verweist beispielsweise die Eigenschaft *location* des *HTMLDocument*-Objekts auf ein *HTMLLocation*-Objekt. Das gilt auch für die *DHTML Page Runtime Library* (siehe die obige Syntaxbox).

- Die Bibliothek ist in einigen Punkten inkompatibel zum *Internet Explorer Scripting Object Model* (`Mshtmdbg.dll`) des Internet Explorers 3. Diese Bibliothek übernahm früher die Rolle der jetzigen MSHTML-Bibliothek. ActiveX Automation bzw. VBScript-Code für den IE3, der auf `Mshtmdbg.dll` aufbaut, funktioniert deswegen in vielen Fällen mit dem IE4 nicht mehr und muß geändert werden.

- Die Online-Hilfe per `F1` im Objektkatalog bzw. Code-Fenster funktioniert nicht. Die meisten Objekte der Bibliothek (leider nicht alle) sind in der MSDN-Library aber sehr wohl dokumentiert:

  PLATTFORM SDK | INTERNET/INTRANET | DYNAMIC HTML |
  - DHTML-REFERENCES | DOCUMENT OBJECT MODEL REFERENCES

- Die Objektnamen in der MSHTML-Bibliothek stimmen nicht mit denen der Dokumentation überein. Statt des Objektnamens *xy* verwendet die Bibliothek meist *HTMLxyElement* (manchmal auch *IHTMLxyElement*).

- Einige Objekte erscheinen doppelt in der Bibliothek, einmal als *HTMLxy* und einmal als *IHTMLxy*. Der Grund für diese Doppelgleisigkeit ist ebenso undokumentiert wie unbegreiflich. Zum Teil liefert *TypeName* die Zeichenkette *"IHTMLxy"* als Objektname, obwohl es dieses Objekt gar nicht gibt und es sich in Wirklichkeit um ein *HTMLxy*-Objekt handelt.

  Die *HTMLxy*-Objekte haben zumeist weit mehr Eigenschaften / Methoden / Ereignisse als die entsprechenden *IHTMLxy*-Objekte. Möglicherweise sind die *IHTML*-Objekte für C / C++ gedacht und die *HTML*-Objekte für Visual Basic. In den DHMTL-Beispielen der Visual-Basic-Online-Dokumentation werden auf jeden Fall nur *HTML*-Objektvariablen deklariert.

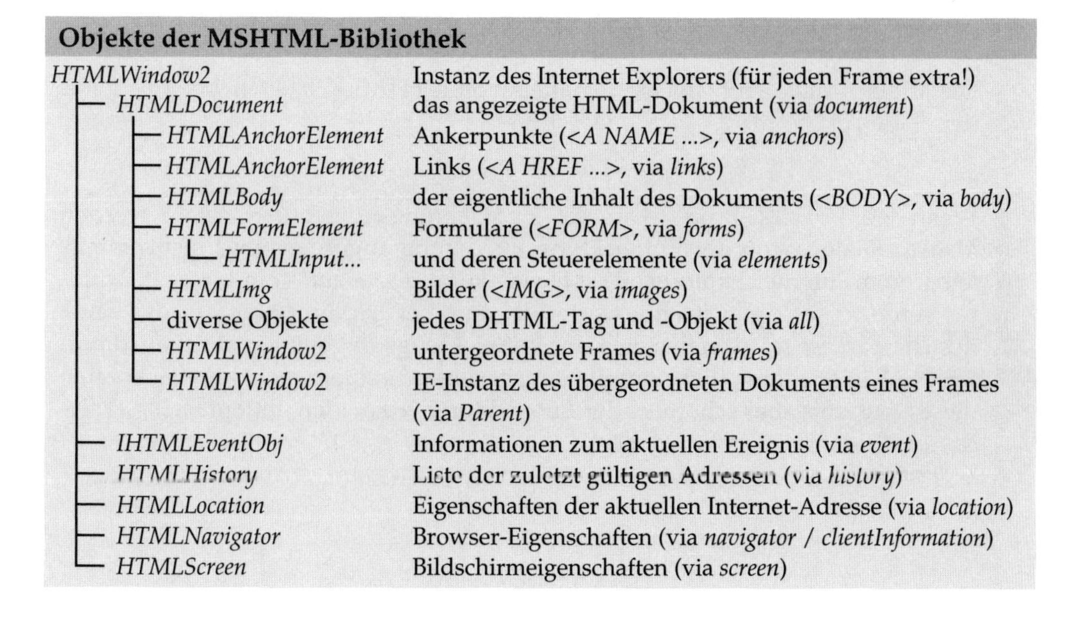

Objekte der MSHTML-Bibliothek

Objekt	Beschreibung
HTMLWindow2	Instanz des Internet Explorers (für jeden Frame extra!)
├─ *HTMLDocument*	das angezeigte HTML-Dokument (via *document*)
│ ├─ *HTMLAnchorElement*	Ankerpunkte (<*A NAME ...*>, via *anchors*)
│ ├─ *HTMLAnchorElement*	Links (<*A HREF ...*>, via *links*)
│ ├─ *HTMLBody*	der eigentliche Inhalt des Dokuments (<*BODY*>, via *body*)
│ ├─ *HTMLFormElement*	Formulare (<*FORM*>, via *forms*)
│ │ └─ *HTMLInput...*	und deren Steuerelemente (via *elements*)
│ ├─ *HTMLImg*	Bilder (<*IMG*>, via *images*)
│ ├─ diverse Objekte	jedes DHTML-Tag und -Objekt (via *all*)
│ ├─ *HTMLWindow2*	untergeordnete Frames (via *frames*)
│ └─ *HTMLWindow2*	IE-Instanz des übergeordneten Dokuments eines Frames (via *Parent*)
├─ *IHTMLEventObj*	Informationen zum aktuellen Ereignis (via *event*)
├─ *HTMLHistory*	Liste der zuletzt gültigen Adressen (via *history*)
├─ *HTMLLocation*	Eigenschaften der aktuellen Internet-Adresse (via *location*)
├─ *HTMLNavigator*	Browser-Eigenschaften (via *navigator / clientInformation*)
└─ *HTMLScreen*	Bildschirmeigenschaften (via *screen*)

Die obige Syntaxbox gibt einen ersten (unvollständigen!) Überblick über das Objektschema. In der linken Spalte sind Objektnamen angegeben. Die Eigenschaftsnamen in der rechten Spalte (via *xy*) beziehen sich auf das jeweils übergeordnete Objekt.

ANMERKUNG

Man würde eigentlich erwarten, daß die *links*-Aufzähleigenschaft auf *HTMLLinkElement*-Objekte verweist. Das ist nicht der Fall, es handelt sich tatsächlich wie oben angegeben um *HTMLAnchorElement*-Objekte. Da beide Objekte weitgehend dieselben Eigenschaften aufweisen, ist das nicht wirklich ein Problem – aber Sie müssen bei der Deklaration von Objektvariablen auf diesen Umstand achten. (Natürlich ist nicht auszuschließen, daß dieser Fehler irgendwann korrigiert wird – dann führt diese Problemlösung zu neuerlichen Problemen.) Zur Vervollständigung des *anchor / link*-Chaos sei noch erwähnt, daß es laut DHTML-Referenz gar kein *anchor*-Objekt gibt (wohl aber ein *link*-Objekt).

Neben den hier erwähnten Objekten gibt es eigene Objekte zu allen HTML-Tags. Die folgende Tabelle macht klar, daß die Namenskonventionen dabei alles andere als einheitlich sind.

<P>	*HTMLParaElement*
* *	*HTMLBRElement*
<BODY>	*HTMLBody*
<!-- xy -->	*HTMLCommentElement*
...	

Beachten Sie, daß es zwar Aufzähleigenschaften wie *elements* oder *frames* gibt, nicht aber entsprechende Objekte (etwa *HTMLFrameElement*). *frames* verweist auf *HTMLWindow2*-Elemente, *elements* auf diverse *HTMLInputXyElement*-Objekte, etwa *HTMLInputButtonElement* oder *HTMLInputTextElement*.

TIP

Die Indizes aller Aufzähleigenschaften von DHTML-Objekten beginnen mit dem Index 0!

TIP

Wenn Sie DHTML-Projekte in der Entwicklungsumgebung testen, werden *MsgBox*-Dialoge von der Entwicklungsumgebung angezeigt (und nicht unmittelbar vom Internet Explorer). Der Dialog kann deswegen vom Internet Explorer verdeckt sein; gleichzeitig wartet der Internet Explorer aber auf das Ende des Dialogs! Sie müssen das Icon der Entwicklungsumgebung anklicken, damit Sie den Dialog sehen. (Bei Kompilaten tritt dieses Problem nicht auf. Sie können dieses Ärgernis aber schon bei der Entwicklung vermeiden, indem Sie *BaseWindow.alert* statt *MsgBox* verwenden.)

Gemeinsame Eigenschaften

Es ist in diesem Abschnitt nicht möglich, alle Objekte detailliert zu beschreiben. Statt dessen geben die folgenden Syntaxboxen einen Überblick über wichtige Eigenschaften, Methoden und Ereignisse, die bei fast allen Objekten verfügbar sind. Beachten Sie, daß Sie in DHTML-Projekten nur jene Objekte problemlos bearbeiten bzw. deren Ereignisse empfangen können, bei denen Sie im DHTML-Designer eine *id*-Eigenschaft eingestellt haben.

In der obigen Objektübersicht wurden einige Aufzähleigenschaften wie *anchors, images* etc. erwähnt. Es gibt aber bei weitem nicht zu allen Objekten, die in einem HTML-Dokument mehrfach vorkommen können, eine eigene Aufzähleigenschaft. Statt dessen kennen sehr viele Objekte die Aufzähleigenschaft ***all***. Dabei handelt es sich um eine allgemeingültige Aufzählung, mit der alle singulären Objekte angesprochen werden können, die dem Ausgangsobjekt untergeordnet sind. Mit *all("id")* kann die Aufzählung auf alle Objekte eingeschränkt mit einer bestimmten *id*-Eigenschaft eingeschränkt werden. (Allerdings kommt es nur in Ausnahmefällen vor – etwa bei einer Gruppe von Radio-Buttons in einem Formular – daß mehrere Objekte die gleiche *id*-Zeichenkette aufweisen.)

Die folgende Schleife fügt in alle HTML-Absätze der aktuellen Seite (also in jede *<P>text</P>*-Konstruktion) *<FONT color=#FF0000>* ein. Der Text erscheint damit rot. Das Beispiel funktioniert auch für Absätze, die ohne das optionale *</P>* abgeschlossen werden.

```
Dim htmlobj As Object
For Each htmlobj In Document.All
  If TypeName(htmlobj) = "HTMLParaElement" Then
    htmlobj.innerHTML = "<FONT color=#FF0000> " & htmlobj.innerHTML
  End If
Next
```

Auf HTML-Objekte mit einem *ID="objname"*-Tag kann im Programmcode direkt als *objname* zugegriffen werden. Im *ID*-Text sind allerdings keine deutschen Sonderzeichen zulässig.

Eine Variante zu *all* ist die Aufzählung ***children***: Diese Aufzählung enthält nur die unmittelbar untergeordneten Objekte, nicht aber deren Sub-Elemente. Am einfachsten ist der Unterschied zwischen *all* und *children* anhand eines Beispiels erkennbar. Als Ausgangspunkt dient das folgende HTML-Dokument:

```
<BODY><UL id=liste>
  <LI> Punkt 1 </LI>
  <LI> Punkt 2 </LI>
</UL></BODY>
```

Die folgende Schleife mit *all* liefert alle Objekte innerhalb der *<BODY>*-Tags. (Die Schleife könnte beispielsweise im Direktfenster nach einer Programmunterbrechung ausgeführt werden.)

```
For Each x In Document.body.all: ?TypeName(x);" ";: Next

        HTMLUListElement HTMLLIElement HTMLLIElement
```

Eine Schleife mit *children* liefert dagegen nur *HTMLUListElement*, nicht aber die darin enthaltenen Punkte:

```
For Each x In Document.body.children: ?TypeName(x);" ";: Next

        HTMLUListElement
```

Die wohl wichtigsten Eigenschaften aller Objekte, die HTML-Tags entsprechen, sind ***innerHTML / -Text*** und ***outerHTML / -Text***. Damit können Sie den Inhalt eines HTML-Tags ansprechen und gegebenenfalls auch verändern. Die folgenden Beispiele basieren abermals auf dem obigen HTML-Code und illustrieren den Unterschied der Eigenschaften.

```
?liste.innerHTML
        <LI>Punkt 1 </LI>
        <LI>Punkt 2 </LI>

?liste.outerHTML
        <UL id=liste>
        <LI>Punkt 1 </LI>
        <LI>Punkt 2 </LI></UL>
```

```
?liste.innerText
        Punkt 1
        Punkt 2

?liste.outerText
        Punkt 1
        Punkt 2
```

innerText und *outerText* liefern fast immer dasselbe Ergebnis. Wenn Sie den Inhalt eines HTML-Tags verändern möchten, müssen Sie *innerHTML* verwenden. Wollen Sie auch den Typ des HTML-Tags (oder dessen Attribute) ändern, ist dagegen *outerHTML* angebracht.

offsetLeft, -Top, -Width und ***-Height*** geben den Koordinatenbereich an, der vom jeweiligen Objekt gefüllt wird. Die Koordinatenangaben erfolgen im Koordinatensystem des übergeordneten Objekts. Als Einheit werden normalerweise Pixel verwendet.

Die ***style***-Eigenschaft verweist auf ein *HTMLStyle*-Objekt. Dessen Eigenschaften eignen sich hervorragend dazu, alle möglichen Formatierungsdetails zu verändern (Farben, Schriftart, -attribut und -größe etc.).

Eigenschaften	
all	Aufzählung aller Sub-Objekte
children	Aufzählung der direkten Sub-Objekte
innerHTML	HTML-Code exklusive der Start- und End-Tags
innerText	Text exklusive der Start- und End-Tags
offsetLeft, -Top, -Width, -Height	Koordinatenbereich des Elements innerhalb der Seite

outerHTML	HTML-Code inklusive der Start- und End-Tags
outerText	Text
style	Verweis auf *HTMLStyle*-Objekt zur Layout-Einstellung

Gemeinsame Methoden

Modifikationen im Dokument können nicht nur durch die Veränderung der *inner- / outerHTML*-Eigenschaften durchgeführt werden, sondern auch mit den Methoden ***insertAdjacentHTML*** und ***insertAdjacentText***. Bei beiden Methoden wird im ersten Parameter die Position als Zeichenkette angegeben, im zweiten Parameter der einzufügende Text. Für die Positionsangabe bestehen die folgenden Möglichkeiten:

"BeforeBegin"	Text unmittelbar vor dem Start-Tag (also z.B. vor <*UL*>) einfügen
"AfterBegin"	unmittelbar nach dem Start-Tag (nach <*UL*>)
"BeforeEnd"	unmittelbar vor dem Ende-Tag (vor </*UL*>)
"AfterEnd"	unmittelbar nach dem Ende-Tag (nach </*UL*>)

scrollIntoView eignet sich insbesondere bei umfangreichen Texten dazu, ein bestimmtes Objekt sichtbar zu machen. Dabei werden die Bildlaufleisten des Explorers entsprechend verändert.

Mit den Methoden ***get-***, ***remove-*** und ***setAttribute*** können die Attribute von HTML-Tags (also <*IL attrname=inhalt*>) bequem gelesen bzw. verändert werden.

Methoden	
inhalt = getAttribut("attrname")	ermittelt die Einstellung eines bestimmten Attributs
insertAdjacentHTML pos, text	HTML-Code einfügen
insertAdjacentText pos, text	Text einfügen
removeAttribute("attrname")	Attribut löschen
scrollIntoView	Objekt sichtbar machen
setAttribut "attrname", "inhalt"	Attribut verändern bzw. neu einfügen

Gemeinsame Ereignisse

Das Ereignis *onmouseover* können Sie dazu nutzen, um das Aussehen des Dokuments zu verändern, wenn der Anwender die Maus über ein bestimmtes Objekt (z.B. über eine Überschrift, einen Link) bewegt. Beispielsweise können Sie Informationen zu einem Link anzeigen, bevor der Link durch einen Mausklick tatsächlich verfolgt wird.

Ereignisse	**siehe auch Seite 1082**
onclick	Objekt wurde angeklickt
onmouseover	Maus wurde über Objekt bewegt

26.3.3 HTMLWindow2-Objekt

Der Objektname ist insofern irreführend, als nicht das gesamte Fenster des Internet Explorers gemeint ist, sondern nur ein einzelner Frame. Im VBScript-Code gilt automatisch dieses Objekt als Defaultobjekt, in dem sich auch der Code befindet. In DHTML-Projekten erfolgt der Zugriff durch *BaseWindow.*

Der Zugriff auf untergeordnete Frames erfolgt über die *frames*-Eigenschaft, die wiederum auf *HTMLWindow2*-Objekte verweist. Statt *frames(n)* ist auch die Schreibweise *frames("name")* erlaubt. Übergeordnete Frames können mit *Parent* oder *top* angesprochen werden. (Bei mehrfach verschachtelten Frames verweist *top* auf die Spitze der Hierarchie, *Parent* dagegen nur auf die nächsthöhere Ebene.)

HTMLWindow2 – Eigenschaften	
defaultstatus	Defaulttext für die Statuszeile
name	Name des aktuellen Dokuments (read-only)
status	Text für die Statusleiste (hat Priorität gegenüber *defaultStatus*)
Parent	übergeordnetes *HTMLWindow2*-Objekt (liefert das aktuelle Objekt, wenn es kein übergeordnetes gibt)
top	*HTMLWindow2* an der Spitze der Hierarchie
frames.length	Anzahl der untergeordneten Frames
frames(n) oder *frames("name")*	*HTMLWindow2*-Objekt des untergeordneten Frames
document	Verweis auf *HTMLDocument*-Objekt
event	Verweis auf *IHTMLEvent*-Objekt
history	Verweis auf *HTMLHistory*-Objekt
location	Verweis auf *HTMLLocation*-Objekt
navigator	Verweis auf *HTMLNavigator*-Objekt

HTMLWindow2 – Methoden	
alert text	Warnung anzeigen
ok = confirm(text)	Ja / Nein-Dialog anzeigen
eingabe = prompt(text, default)	Zeichenkette eingeben
navigate adresse	neues HTML-Dokument laden
fenster = open(adresse, target ...)	neues HTML-Dokument laden und entweder in einem vorhandenen oder in einem neuen Fenster bzw. Frame anzeigen
close	Fenster schließen
setTimeout "kommando", n, "VBScript"	Kommando nach *n* Millisekunden ausführen

26.3.4 HTMLDocument-Objekt

Das *HTMLDocument*-Objekt ist das wichtigste Objekt für die DHTML- und VBScript-Programmierung. Es beschreibt das HTML-Dokument (eines Frames) so, wie der Anwender es im Browser sieht. In VBScript ermöglichen die *write*- und *writeln*-Methoden das Erstellen oder Verändern eines HTML-Dokuments während des Ladens. In DHTML-Projekten ist das zwar nicht möglich, dafür kann das Dokument aber anschließend beinahe nach Belieben umgestaltet werden.

Die Abfolge *open*, *write*, *close* kann zum Erzeugen neuer Dokumente verwendet (oft in einem anderen Frame, also etwa durch *frames(...).document.open*). Der Sinn von *open* und *close* besteht darin, die Ausgabe zwischenzuspeichern. Bis zur *close*-Methode bleibt die Ausgabe also unsichtbar, erst dann wird das bisherige Dokument durch das neue ersetzt.

HTMLDocument – Eigenschaften	
bgColor, fgColor	Hintergrund- und Vordergrundfarbe
linkColor, alinkColor, vlinkColor	Farbe von Links
cookie	Zugriff auf Informationen, die lokal (im Verzeichnis `Windows\Cookies`) am Rechner des Anwenders gespeichert werden
title	Titel des Dokuments (read only)
all	Zugriff auf alle untergeordneten Objekte
anchors(n)	Verweis auf *HTMLAnchorElement* (n beginnt mit 0)
body	Verweis auf *HTMLBody*-Objekt
forms(n)	Verweis auf *HTMLFormElement*-Objekte
frames(n)	Verweis auf *HTMLWindow2*-Objekt eines Frames
links(n)	Verweis auf *HTMLAnchorElement*-Objekte

HTMLDocument – Methoden	
open	Ausgabe in einem anderen Frame einleiten
write zeichenkette	Ausgabe ohne Zeilenende-Zeichen
writeln zeichenkette	Ausgabe mit Zeilenende-Zeichen (aber ohne * *)
close	Ausgabe abschließen, das neue Dokument anzeigen

26.3.5 HTMLFormElement-Objekt

Für jedes Formular eines Dokuments, das mit *<FORM>* gebildet ist, existiert ein *HTMLFormElement*-Objekt. Über dieses Objekt können einige Eigenschaften dieses Formulars ermittelt werden. Für die Programmierung ist vor allem das *onsubmit*-Ereignis relevant. Dieses Ereignis wird ausgelöst, wenn der Anwender den Button *<INPUT TYPE="SUBMIT" ...>* anklickt.

In der Ereignisprozedur kann eine Kontrolle erfolgen, ob korrekte Eingaben vorliegen. (Bei traditionellen Formularen konnte diese Kontrolle erst vom Server erfolgen, was langsam und umständlich war.) Die *elements*-Aufzähleigenschaft gibt Verweise auf die einzelnen Elemente (*<INPUT>*-Tags) des Formulars.

HTMLFormElement – Eigenschaften	
action	Adresse, die mit der <*ACTION*>-Option eingestellt ist
elements(n)	Objektverweise (Typ *Objekt*, es gibt kein *Element*-Objekt)

HTMLFormElement – Methoden	
submit	Daten des Formulars an den Server übertragen

26.3.6 HTMLAnchor- und HTMLLocationElement

Die beiden Objekte sind insofern miteinander verwandt, als sie (beinahe) dieselben Eigenschaften aufweisen. Das ***HTMLLocationElement***-Objekt gibt Auskunft über die (Internet-)Adresse des aktuellen Frames, das ***HTMLAnchorElement***-Objekt beschreibt sowohl Links als auch Sprunglabels im aktuellen Dokument. Je nach Inhalt des Links kann aber auch eine FTP-Übertragung eingeleitet (*ftp://adresse*), das Default-E-Mail-Programm gestartet werden (*mailto:adresse*) etc.

Die Eigenschaften der Objekte ermöglichen eine sehr genaue Einstellung des URLs (Universal Resource Locator), setzen aber auch das entsprechende Wissen über die zulässige URL-Syntax voraus. Die meisten Anwendungen können sich dabei auf die *href*-Eigenschaft beschränken.

HTMLAnchor- und HTMLLocationElement – Gemeinsame Eigenschaften	
host	*hostname* und *port* (etwa *www.addison-wesley.de:80*)
hostname	Name des WWW-Servers (etwa *www.addison-wesley.de*)
href	URL (etwa *http://www.addison-wesley.de/index.htm*)
name	Name des Sprunglabels
pathname	nur der Pfad (etwa *index.htm*)
port	Internet-Port (bei WWW-Servern meist 80, bei direktem Dateizugriff "")
protocol	Protokoll (etwa *http://* oder *ftp://* oder *file://* oder *mailto:*)
search	Search-Zeichenkette (*?abc* für *http://www.name.de/query?abc*)
target	Frame, in dem Adresse angezeigt werden soll (nur bei *link*)

26.3.7 HTMLHistoryElement

Das *HTMLHistoryElement*-Objekt ist eine halbherzige Angelegenheit. Intern werden die Adressen aller bisher besuchten Adressen gespeichert. Für den Programmierer sind diese Adressen allerdings nicht unmittelbar zugänglich. Mit dem Objekt kann nur ermittelt werden, wie viele Adressen es gibt und welche davon aktiviert werden soll.

HTMLHistoryElement – Eigenschaft	
length	Anzahl der gespeicherten Adressen

HTMLHistoryElement – Methoden	
go n	zur Adresse *n* springen
back n	*n* Seiten zurück
forward n	*n* Seiten vorwärts

26.3.8 HTMLNavigator-Objekt

Der Name dieses Objekts verrät die ursprüngliche Herkunft der ersten Version dieser Klassenbibliothek (nämlich Netscape). Seine Eigenschaften geben Auskunft darüber, welcher Web-Browser in welcher Versionsnummer läuft.

HTMLNavigator – Eigenschaften	
appCodeName	aus historischen Gründen *"Mozilla"* (Netscape läßt grüßen)
appName	Name des Browsers (etwa *"Microsoft Internet Explorer"*)
appVersion	Versionsnummer (etwa *"4.0 (compatible; MSIE 4.01; Windows NT)"*)
cpuclass	Prozessortyp (z.B. *"x86"*)
online	Online- (*True*) oder Offline-Modus (*False*)
platform	Betriebssystem (z.B. *"Win32"*)
userAgent	Internet Explorer liefert zur Zeit *"Mozilla/4.0 (compatible; MSIE 4.01; Windows NT)"*

26.4 Programmiertechniken

26.4.1 SPAN- und DIV-Tags

Auch wenn der Platz hier nicht ausreicht, um eine DHTML-Einführung zu geben, sind doch minimale Informationen über zwei wichtige DHTML-Tags erforderlich, die es in bisherigen HTML-Versionen noch nicht gab (bzw. dort noch nicht ihre jetzige Bedeutung hatten). *<DIV>* dient dazu, mehrere HTML-Tags zu einer logischen Einheit zusammenzufassen, *<SPAN>* zur Zerlegung eines HTML-Tags in kleinere Einheiten.

HINWEIS

Der DHTML-Designer enthält zwei Buttons, um zuvor markierten Text in *<SPAN>* bzw. in *<DIV>*-Tags einzuschließen. Allterdings tritt oft das Problem auf, daß der Designer die Tags ein wenig anders setzt, als Sie es sich erwarten. Die Folge sind unerwünschte Hierarchien, falsche Plazierung von *</END>*-Tags etc. Da hilft dann nur eine manuelle Bearbeitung der HTML-Datei mit einem externen Editor.

<DIV> HTML-Code </DIV>

Mit dem *<DIV>*-Tag kann ein beliebiger Block von HTML-Code zu einer logischen Gruppe (engl. division) zusammengefaßt werden. Optisch ist diese Gruppe nicht sichtbar (es sei denn, Sie verwenden besondere Formatierungsmerkmale). Die Bedeutung der Gruppierung liegt vielmehr darin, daß für die gesamte Gruppe eine gemeinschaftliche Ereignisverwaltung durchgeführt wird und daß die Gruppe als eigenständiges Objekt angesprochen und manipuliert werden kann.

Ein einfaches Beispiel illustriert die Anwendung von *<DIV>*. Der HTML-Code ist mit *<DIV>* in zwei Teile gegliedert. Der erste Teil enthält eine Überschrift und einen Absatz Text, der zweite Teil zusätzlich einen Button. Wenn die Maus über die Teile bewegt wird, bekommt der gesamte Inhalt eine neue Farbe. Durch Anklicken des Buttons kann zudem die Ausrichtung der beiden Blöcke verändert werden (zentriert, links- oder rechtsbündig).

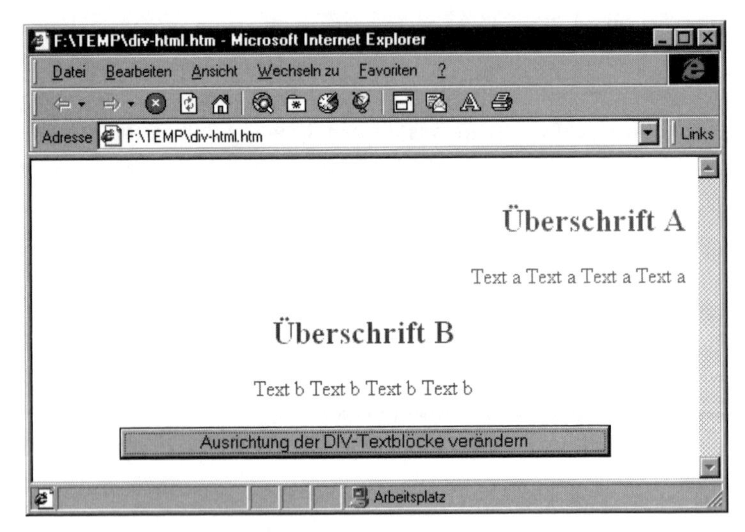

Bild 26.3: <DIV>-Beispiel

Die HTML-Datei sieht folgendermaßen aus:

```
<DIV id=divA>
  <H2>Überschrift A</H2>
  <P>Text a Text a Text a Text a</P>
</DIV>
<DIV id=divB>
  <H2>Überschrift B</H2>
  <P>Text b Text b Text b Text b</P>
  <P><INPUT id=Button1 name=Button1 type=button
          value="Ausrichtung der DIV-Textblöcke verändern"></P>
</DIV>
```

Der dazugehörige Code ist auch nicht länger:

```
' DHTML/Div/DHTMLPage1.dsr
Private Function Button1_onclick() As Boolean
  divA.Align = Choose(1 + Fix(Rnd * 3), "center", "left", "right")
  divB.Align = Choose(1 + Fix(Rnd * 3), "center", "left", "right")
End Function
Private Sub divA_onmouseover()
  divA.Style.Color = RGB(Rnd * 255, Rnd * 255, Rnd * 255)
End Sub
Private Sub divB_onmouseover()
  divB.Style.Color = RGB(Rnd * 255, Rnd * 255, Rnd * 255)
End Sub
```

<SPAN> HTML-Code </SPAN>

Während die Aufgabe von *<DIV>* darin besteht, mehrere HTML-Tags zu gruppieren, ermöglicht *<SPAN>* das Gegenteil: die Zerlegung eines HTML-Tags in noch kleinere Einheiten. Das ist beispielsweise dann erforderlich, wenn das Anklicken einzelner Wörter eines Texts unterschiedliche Aktionen bewirken soll. *<SPAN>* kann in Kombination mit Style-Sheets zur Formatierung solcher Texteinheiten verwendet werden.

Auch bei *<SPAN>* hilft ein Beispiel zum raschen Verständnis der Idee: Der Text 'Demonstration des <SPAN>- Tags' wurde mit *<SPAN>* in vier Worte zerlegt. Bei jedem Wort ändert sich ein Detail der Formatierung, wenn die Maus darüber bewegt wird (fette Auszeichnung, rote Farbe, Schriftgröße etc.). Bild 26.4 zeigt den Text im Grundzustand und in der erweiterten Formatierung.

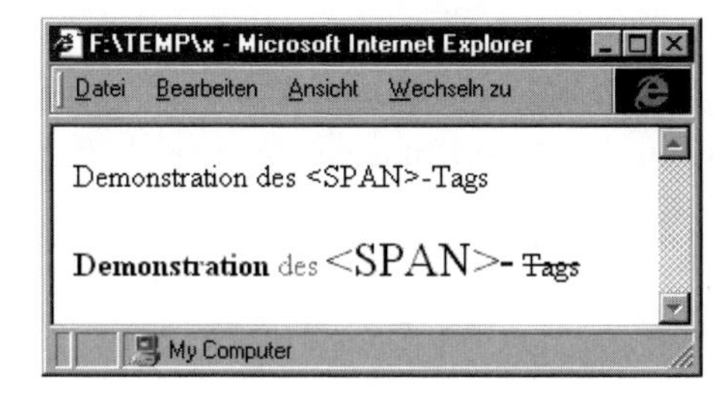

Bild 26.4: <SPAN>-Beispiel

Die HTML-Datei sieht folgendermaßen aus:

```
<BODY>
<SPAN id=span1>Demonstration</SPAN>
<SPAN id=span2>des</SPAN>
<SPAN id=span3>&lt;SPAN&gt;-</SPAN>
<SPAN id=span4>Tags</SPAN>
</BODY>
```

Der dazugehörende Code für die Formatierung benutzt die *onmouseover* und *-out*-Ereignissprozeduren:

```
' DHTML\Span\DHTMLPage1.dsr
Private Sub span1_onmouseover()
  span1.Style.fontWeight = 700        'fette Schrift
End Sub
Private Sub span1_onmouseout()
  span1.Style.fontWeight = 400        'normal
End Sub
Private Sub span2_onmouseover()
  span2.Style.Color = RGB(0, 0, 255)  'rot
End Sub
Private Sub span2_onmouseout()
  span2.Style.Color = 0               'schwarz
End Sub
Private Sub span3_onmouseover()
  span3.Style.FontSize = "150 %"      'große Schrift
End Sub
Private Sub span3_onmouseout()
  span3.Style.FontSize = "100 %"
End Sub
Private Sub span4_onmouseover()
  span4.Style.textDecorationLineThrough = True
End Sub
Private Sub span4_onmouseout()
  span4.Style.textDecorationLineThrough = False
End Sub
```

HINWEIS

Die Byte-Reihenfolge der DHTML-Farbcodes ist nicht mit der von Visual Basic identisch! Vielmehr sind rot und blau vertauscht. Wenn Sie Farben zuweisen, gilt daher *RGB(blau, grün, rot)*!

26.4.2 Ereignisse

Damit Ereignisse von HTML-Objekten empfangen werden können, müssen diese durch die *id*-Eigenschaft identifiziert werden. (Diese Eigenschaft entspricht der *Name*-Eigenschaft von Standardsteuerelementen.) Während Steuerelementen beim Einfügen in das Dokument automatisch eine *id*-Einstellung erhalten, ist dies bei allen anderen HTML-Tags nicht der Fall. Verwenden Sie das entsprechende Feld im Eigenschaftsfenster!

Event bubbling

Ereignisse können wie in Visual-Basic-Formularen durch Ereignisprozeduren verarbeitet werden. (Lediglich die Namen der Ereignisse haben größtenteils andere Namen als unter Visual Basic.) Anschließend wird das Ereignis an das HTML-Objekt weitergegeben, das in der Hierarchie übergeordnet ist (und zuletzt an das Dokument selbst, also an das Objekt *Document*). Das bedeutet, daß ein Klick auf einen Button nicht nur zum Aufruf von *Button_onclick* führt, sondern auch zum Aufruf von *Document_onclick* (und möglicherweise weiteren *_onclick*-Prozeduren von Objekten, die in der Hierarchie dazwischen liegen). Dieses Konzept wird *event bubbling* genannt.

Wenn Sie *event bubbling* verhindern möchten, müssen Sie in die Ereignisprozedur die folgenden Zeile einfügen:

```
Document.parentWindow.event.cancelBubble = True
```

Damit erreichen Sie, daß das gerade verarbeitete Ereignis nicht an übergeordnete Objekte weitergereicht wird. Die *cancleBubble*-Einstellung wird nicht bleibend gespeichert, sondern gilt nur für dieses eine Ereignis.

Steuerelementfelder

DHTML-Seiten kennen leider keine Steuerelementfelder. Dank *event bubbling*, dem *<DIV>*-Tag und dem *IHTMLEvent*-Objekt ist es aber dennoch möglich, zentrale Ereignisprozeduren für mehrere gleichartige Steuerelemente zu realisieren. Ausgangspunkt für das Beispiel ist der folgende HTML-Code für drei Buttons:

```
<DIV id=buttonArray>
  <INPUT id=b1 type=button value="Button 1">
  <INPUT id=b2 type=button value="Button 2">
  <INPUT id=b3 type=button value="Button 3">
</DIV>
```

Statt nun für jeden der drei Buttons eine eigene Ereignisprozedur zu programmieren, schreiben Sie *eine* Prozedur für das *onclick*-Ereignis des *buttonArray*-Objekts (also für das *<DIV>*-Tag). Dort haben Sie via *BaseWindow.event.**scrElement*** Zugriff auf das Steuerelement, welches das Ereignis ausgelöst hat. In der Prozedur unten wird nur der Inhalt der *id*-Eigenschaft angezeigt; aber das Prinzip sollte klar sein.

```
' DHTML\Span\Test\DHTMLPage1.dsr
Private Function buttonArray_onclick() As Boolean
  BaseWindow.alert BaseWindow.event.srcElement.id
End Function
```

26.4.3 Navigation zwischen DHTML-Seiten

Die *Navigate*-Methode des *HTMLWindow2*-Objekts bietet die einzige Möglichkeit, von einer DHTML-Seite zur nächsten zu wechseln. Als Parameter der Methode muß eine Zeichenkette mit dem Pfad der betreffenden `*.htm`-Datei angegeben werden (lokaler Dateiname oder URL). Beachten Sie bei der Angabe des Dateinamens auf die Einstellung der Eigenschaft *BuildFile* der DHTML-Seite! Diese Eigenschaft gibt an, welchen Dateinamen die beim Kompilieren erstellte `*.htm`-Datei mit dem Objektverweis auf die ActiveX-DLL erhält.

```
Private Function Button1_onclick() As BooleanBase
  BaseWindow.navigate "DHTMLProject_TestPage2.htm"
End Function
```

VORSICHT

Bei der Navigation zu einem DHTML-Dokument wird dieses neu initialisiert! Alle vorher durchgeführten Veränderungen gehen verloren. Daher befindet sich Dokument 1 nach den beiden *navigate*-Methoden Dokument 1 → Dokument 2 → Dokument 1 nicht mehr im Ausgangszustand. Anders sieht es dagegen aus, wenn Sie zur Rückkehr in Dokument 1 im Internet Explorer den ZURÜCK-Button bzw. im Code die Methode *BaseWindow.history.**back*** verwenden: Dann wird das noch im Cache befindliche Dokument 1 im bisherigen Zustand angezeigt.

26.4.4 Cookies

Einige Konfusion richtet Microsoft damit an, daß bei jedem neuen DHTML-Projekt automatisch die Datei `DHTML.bas` (aus dem Verzeichnis `Template\Projects`) eingefügt wird. Die Kommentare in diesem Modul versprechen, daß mit den dort zur Verfügung gestellten Funktionen *Put-* und *GetProperty* Informationen als Cookies gespeichert werden können. (Und das, nachdem es zuvor in der Online-Dokumentation hieß, ein Vorteil der DHTML-Technologie bestünde darin, daß keine Cookies mehr erforderlich wären.)

Nun sind Cookies eigentlich dazu vorgesehen, bei Server-seitigen Internet-Anwendungen Informationen beim Client zu speichern, so daß bei einem späteren Zugriff auf dieselbe HTML-Seite Statusinformationen (etwa der Name des Benutzers) ohne langwierige Rückfragen wieder zur Verfügung stehen.

Welchen Sinn ergeben *Put-* und *GetProperty* nun wirklich? Keinen! Sie können damit Informationen speichern, so daß diese nach einem Seitenwechsel (aber während die ActiveX-DLL weiterläuft) weiterhin zur Verfügung stehen. Aber das können Sie natürlich auch viel einfacher: Indem Sie eine globale Variable in einem Modul verwenden! Statt *PutProperty* verwenden Sie *myGlobalVar = ...*, statt *GetProperty* lesen Sie die Variable einfach wieder aus. Da haben sich die Microsoft-Programmierer wohl gedacht, warum einfach, wenn es auch kompliziert geht?

Völlig wirkungslos sind *Put-* und *GetProperty* übrigens, wenn es darum geht, Informationen zwischen zwei Sessions zu speichern. Aber auch das ist kein Problem – Visual Basic bietet ja wahrlich genug Möglichkeiten, solche Informationen in ganz gewöhnlichen Dateien oder auch in der Registry zu speichern. Die ActiveX-DLL läuft ja am lokalen Rechner, all die Cookie-Klimmzüge von Server-seitigen Anwendungen sind überflüssig. Fazit: Entfernen Sie `DHTML.bas` aus dem Projekt und vergessen Sie die ganze Angelegenheit.

VERWEIS

Falls Sie der Versuchung nicht widerstehen können und einen Blick auf den Code werfen, stoßen Sie prompt auf die nächste Ungereimtheit: In *GetProperty* wird nämlich der offiziell nicht dokumentierte Befehl *On Local Error* verwendet. Der Unterschied zu einem normalen *On Error* ist unklar geblieben, ein wenig Erhellung gibt aber die MSDN-Libary:

BOOKS | ADVANCED VB | CHAPTER 1 | TIP 5

27 Active Server Pages

Dieses Kapitel gibt zuerst einen Überblick über die zahlreichen Möglichkeiten zur Server-seitigen Programmierung des Internet Information Servers (kurz IIS). Anschließend finden Sie Grundlageninformationen und Beispiele zur Erstellung von Active Server Pages.

Active Server Pages sind HTML-Dateien, in die VBScript-Code integriert ist. Der Code wird direkt vom IIS ausgeführt, der Anwender (Browser) sieht nur die aus dem Code resultierenden HTML-Kommandos. Daher sind die Anforderungen an den Browser gering, auch ältere Versionen bzw. Browser von anderen Herstellern sind geeignet.

Im nächsten Kapitel stehen dann IIS-Anwendungen im Vordergrund (neu in Visual Basic 6): Diese basieren zwar prinzipiell auch auf Active Server Pages und verwenden zum Teil dieselben Objekte, allerdings wird die ASP-Datei jetzt nur als Einstiegspunkt verwendet. Der eigentliche Code befindet sich jetzt in einer ActiveX-DLL, so daß zur Programmentwicklung Visual Basic verwendet werden kann. Das Verständnis der ASP-Technologie ist aber in jedem Fall eine Voraussetzung für IIS-Projekte.

27.1 CGI und andere Formen der Server-seitigen Programmierung

Server-seitige Programmierung wird manchmal noch immer einfach als CGI-Programmierung bezeichnet. Diese Vereinfachung ist für den Microsoft Internet Information Server allerdings nicht gerechtfertigt. CGI-Skripte können in Visual Basic nur mit Umwegen und sehr ineffizient realisiert werden. Dafür gibt es aber eine Fülle von Alternativen, von denen allerdings nicht alle eine praktische Bedeutung haben.

Dieser Abschnitt erklärt, wie und warum aus CGI-Skripten Active Server Pages bzw. IIS-Anwendungen wurden. Bei dieser Gelegenheit wird auch verraten, was sich hinter Abkürzungen wie CGI, WinCGI, ISAPI, IDC, HTX und ASP verbirgt. (In den letzten Jahr gab es alle paar Monate einen neuen 'Standard' zur Server-Programmierung. Wie Sie gleich merken werden, sind die meisten dieser selbsternannten Standards dann ebenso rasch wieder durch neue Ideen obsolet geworden und werden nicht mehr unterstützt.)

ANMKERUNG

Im folgenden wird ununterbrochen von Internet-Servern oder Web-Servern gesprochen. Genaugenommen sind beide Begriffe inkorrekt: Es handelt sich um HTTP-Server, die Daten (HTML-Seiten) gemäß dem *Hypertext Transfer Protocol* zur Verfügung stellen. Zu den verbreitetsten Internet-Servern zählen Apache (der samt Programmcode frei erhältlich ist), der Internet Information Server (kurz IIS, Microsoft), Website (O'Reilly) sowie eine ganze Server-Familie von Netscape. Dieses Kapitel beschäftigt sich allerdings primäre mit dem IIS.

Common Gateway Interface (CGI)

Als HTML vor einigen Jahren seinen Siegeszug antrat, war es in seiner ersten Version eine Sprache zur statischen Beschreibung von Dokumenten. Schon bald stellte sich HTML als zu inflexibel heraus – es gab keine Möglichkeit zum Datenaustausch zwischen Client und Server, etwa für Suchoperationen oder andere Datenbankzugriffe.

Aus diesem Grund wurde HTML mit den Formular-Tags erweitert. Formulare können aus einigen elementaren Steuerelementen (Textfelder, Optionsfelder, Listenfelder) zusammengesetzt werden. Nachdem der WWW-Benutzer seine Eingaben durchgeführt hat und einen TRANSMIT-Button anklickt, werden seine Eingaben an den Server übertragen.

Damit die Daten dort verarbeitet werden können, wurde CGI geschaffen. CGI steht für *Common Gateway Interface*. Der Web-Server startet jedesmal nach der Übertragung von Dateien ein Programm und übergibt diesem die Formulardaten. Dieses Programm, das oft als CGI-Script bezeichnet wird, wertet die Eingaben aus, formuliert das Ergebnis als HTML-Datei und liefert diese HTML-Datei an den Server zurück. Der

Server überträgt die HTML-Datei an den Benutzer, der so das Ergebnis in seinem WWW-Browser betrachten kann.

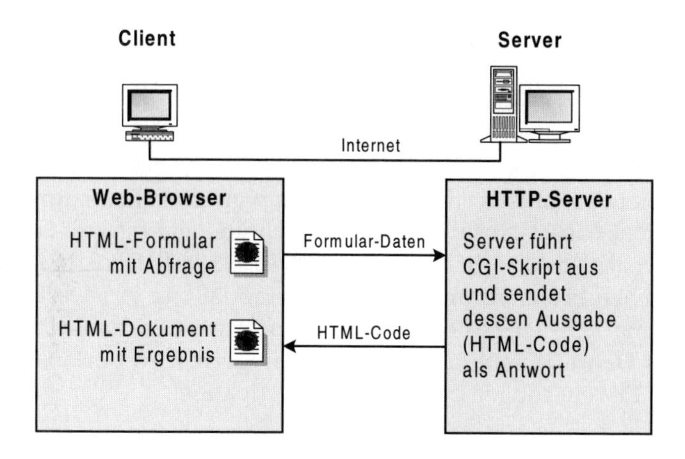

Bild 27.1: CGI-Kommunikation

CGI-Programme müssen die Eingabe von einem speziellen Standardeingabekanal (*StdIn*) lesen und die Ergebnisse an den Standardausgabekanal (*StdOut*) schreiben. Unter Unix ist dazu praktisch jedes Programm in der Lage. Als beliebte CGI-Programmiersprachen haben sich Perl und Phyton herauskristallisiert. Beide Sprachen zeichnen sich durch sehr leistungsfähige Kommandos zur Bearbeitung von Zeichenketten aus – und gerade die sind ja erforderlich, wenn die Formulareingaben (eine Textdatei) ausgewertet bzw. eine HTML-Datei als Ergebnis erstellt werden soll. Für Visual-Basic-Programmierer ist CGI dagegen uninteressant, weil die Datenkanäle *StdIn* und *StdOut* nicht angesprochen werden können.

WinCGI

Damit auch Windows-Programmiersprachen wie Visual Basic für CGI-Skripte verwendet werden können, wurde WinCGI definiert. Die Datenübergabe erfolgt jetzt über temporäre `*.ini`-Dateien. Die Spezifikation von WinCGI finden Sie im Internet:

`http://website.ora.com/wsdocs/32demo/windows-cgi.html`

Nun hätte man meinen sollen, daß Microsoft glücklich über den Quasi-Standard WinCGI ist, der Visual Basic zur CGI-Sprache macht. Ironischerweise unterstützt aber ausgerechnet Microsofts Internet Information Server WinCGI nicht. Die nicht unberechtigte Begründung: WinCGI ist sehr ineffizient. (Vorübergehend war die DLL-Datei `Is2wcgi.dll` im Umlauf, die den IIS um WinCGI-Funktionen erweiterte. Die Datei war allerdings nur das Ergebnis eines mittlerweile nicht mehr unterstützten Beispiels für die ISAPI-Programmierung mit Visual C++.)

Internet Server Applications Programming Interface (ISAPI)

CGI-Skripte sind eine ziemlich ineffiziente Sache: Für jede Formularauswertung muß ein eigener Prozeß gestartet werden. Selbst wenn der Web-Server auf einem leistungsfähigen Rechner läuft, kann die Verarbeitung vieler CGI-Skripte rasch zu einem Engpaß werden. WinCGI macht die Sache noch schlimmer – jetzt müssen auch noch temporäre Dateien angelegt, ausgelesen und analysiert werden.

Aus diesem Grund bieten viele Web-Server zusätzliche Schnittstellen an, über die Programme zur Formularauswertung aufgerufen werden können. Im Fall des Internet Information Servers von Microsoft heißt diese Schnittstelle *Internet Server Applications Programming Interface* (ISAPI), bei Netscape ist es NSAPI. Der größte Vorteil dieser herstellerspezifischen Erweiterungen besteht darin, daß zur Auswertung von Formularen nicht jedesmal ein neues Programm gestartet werden muß. Der Nachteil liegt ebenfalls auf der Hand: Während CGI-Scripts einigermaßen portabel sind, sind herstellerspezifische Erweiterungen zueinander inkompatibel.

OLEISAPI

Eine direkte Verwendung des ISAPI in Visual-Basic-Programmen wäre ausgesprochen mühsam. Darum hat Microsoft eine Weile die Library `Oleisapi.dll` für Visual-Basic-Programmierer angeboten. Diese Library ermöglicht den Zugriff auf die wichtigsten ISAPI-Funktionen via ActiveX Automation (ehemals Object Automation). Mittlerweile ist `Oleisapi.dll` allerdings vollständig verschwunden, und zwar sowohl vom Web-Server Microsofts, aus der MSDN-Library als auch aus dem ActiveX-SDK. Informationen über den Verbleib gibt es nicht, aber es kann wohl angenommen werden, daß `Oleisapi.dll` nicht mehr unterstützt wird.

Internet Database Connector (IDC)

In der Mehrzahl aller Fälle besteht die Motivation zum Schreiben von Server-seitigen Skripten darin, einen Datenbankzugriff zu ermöglichen. Speziell für diesen Zweck wurde der IIS bereits in Version 1 mit dem *Internet Database Connector* erweitert. Dieses Interface ermöglicht einen unkomplizierten Zugriff auf alle ODBC-Datenbanken (inklusive Access und Microsoft-SQL-Server).

Zur Verarbeitung einer Abfrage sind drei Dateien erforderlich: eine HTML-Datei mit dem Abfrageformular, eine `*.idc`-Datei mit dem SQL-Code der Abfrage und schließlich eine `*.htx`-Datei (Extended HTML Template), die als Schablone für die HTML-Ergebnisdatei verwendet wird.

IDC-Dateien enthalten keinen Code und haben insofern nichts mit Visual Basic zu tun. Zudem ist die Anwendung auf elementare Datenbankabfragen limitiert. In manchen Fällen stellen IDC-Dateien aber die einfachste Lösung für einen Datenbankzugang dar. IDC- / HTX-Dateien können sehr einfach aus Access-Abfragen und -Formularen gebildet werden.

VERWEIS

Weitere Informationen finden Sie in der MSDN-Library:

MICROSOFT OFFICE DEVELOPMENT | OFFICE 97 | ACCESS | BUILDING APPLICATIONS | - DEVELOPING APPLICATIONS FOR THE INTERNET

Active Server Pages (ASP)

Active Server Pages sind HTML-Dateien, in die Programmcode integriert ist. Der Programmcode in VBScript oder JavaScript wird direkt vom Server ausgeführt, was sehr viel effizienter als der Umweg über CGI / WinCGI ist. Als Server für Active Server Pages kommen der IIS (NT Server), der Peer Web Server (NT Workstation) sowie der Personal Web Server (Windows 9x) in Frage.

Der Client (Browser) bekommt nur das daraus resultierende Ergebnis zu sehen, im Regelfall eine ganz normale HTML-Datei. Active Server Pages stellen damit keine besondere Anforderungen an den Browser und können daher auch von Anwendern mit alten Web-Browsern (auch solchen von Netscape) betrachtet werden.

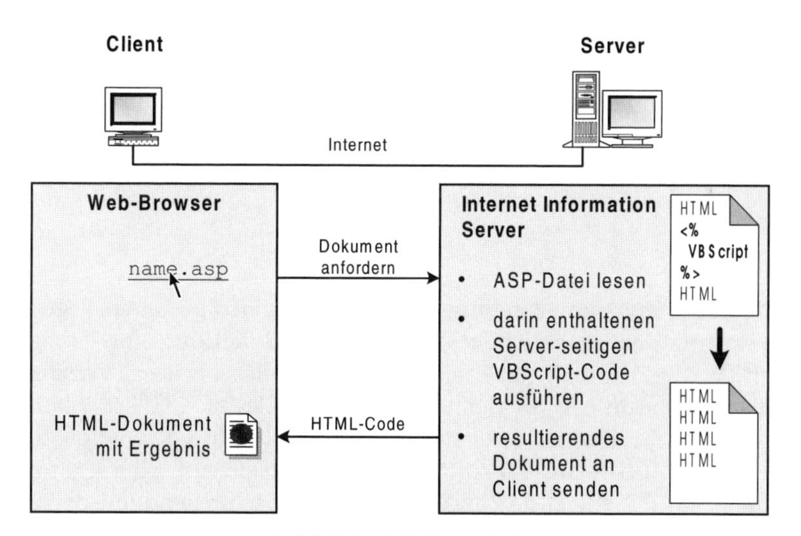

Bild 27.2: ASP-Datenfluß

Zur Entwicklung von ASP-Dokumenten reicht im Prinzip ein normaler Texteditor. Komfortabler geht es freilich mit einem geeigneten Tool, etwa mit Visual InterDev. Die Visual-Basic-Entwicklungsumgebung ist für die ASP-Entwicklung leider ungeeignet.

TIP

ASP-Dateien, die keine VBScript-Anweisungen enthalten, werden vom Server unverändert an den Client weitergeleitet. Sie sollten solchen Seiten wie bisher die Kennung `*.htm` geben! Damit ersparen Sie dem IIS eine zeitraubende Analyse der Seite, ob VBScript-Code enthalten ist.

ANMERKUNG

Trotz des *Active* im Namen hat das Konzept von Active Server Pages wenig mit ActiveX-Komponenten zu tun – es handelt sich einfach um eine Erweiterung der Funktionen des IIS. Es besteht allerdings die Möglichkeit, im Server-seitigen VBScript-Code auf ActiveX-Komponenten zurückzugreifen. Das hat allerdings weniger mit ASP zu tun, sondern ist ein Standardmerkmal von VBScript.

IIS-Anwendungen mit WebClasses

Der größte Nachteil von ASP besteht darin, daß als Programmiersprache nicht Visual Basic, sondern VBScript verwendet wird. Aus diesem Grund kann die Entwicklungsumgebung von Visual Basic nicht verwendet werden, und der Code wird vergleichsweise langsam ausgeführt.

Seit VB6 besteht nun die Möglichkeit, sogenannte *WebClass*-Objekte zu erzeugen. Dabei handelt es sich um ActiveX-DLLs, die vom IIS geladen und ausgeführt werden. IIS-Anwendungen auf der Basis von *WebClasses* unterscheiden sich aus der Sicht des Client nicht vom ASP-Dateien (und tatsächlich werden ASP-Dateien verwendet, um das *WebClass*-Objekt zu erzeugen). Aus der Sicht des Servers sind IIS-Anwendungen aber viel effizienter, weil der Code jetzt in kompilierter Form vorliegt. (Und aus der Sicht des Programmierers sind *WebClasses* ebenfalls sehr attraktiv, weil die VB-Entwicklungsumgebung zur Erstellung und Fehlersuche eingesetzt wird.) Weitere Informationen folgen dann im nächsten Kapitel ab Seite 1127.

Fazit

Wenn Sie die obige Zusammenstellung aufmerksam verfolgt haben, werden Sie feststellen, daß es trotz der unzähligen Varianten tatsächlich nur eine einzige Möglichkeit gibt, den IIS direkt mit Visual Basic zu programmieren: die in Version 6 neu eingeführten IIS-Anwendungen auf der Basis von *WebClasses*. CGI ist inkompatibel zu VB, WinCGI wird vom IIS nicht unterstützt, OLEISAPI wird von Microsoft nicht mehr unterstützt, IDC hat nichts mit VB zu tun und ASP basiert auf VBScript und nicht auf echtem Visual Basic. Die folgende Tabelle gibt einen abschließenden Überblick.

Technologie	Programmiersprache	Server*	Datenbank	Browser**
CGI	beliebig (nicht VB)	alle	alle	alle
WinCGI	Visual Basic	einige (nicht IIS)	alle	alle
ISAPI	C / C++	IIS	alle	alle
OLEISAPI	obsolet	–	–	–
IDC	Access / SQL	IIS	ODBC	alle
ASP	VBScript, JavaScript	IIS 3	ODBC 3 (ADO)	alle
WebClasses	Visual Basic	IIS 3	ODBC	alle

* Für ASP und IIS-Anwendungen auf der Basis von *WebClasses* können statt des IIS auch aktuelle Versionen des Peer Web Servers bzw. des Personal Web Servers verwendet werden, sofern diese ASP unterstützen. (Bei dem mit FrontPage 98 mitgelieferten Personal Web Server fehlt diese ASP-Unterstützung.)

* Vom Server erzeugte HTML-Dokumente können nur dann mit allen Browsern betrachtet werden, wenn sie weder Client-seitigen VBScript-Code noch ActiveX-Komponenten enthalten! Besonders bei ASP-Seiten, die mit Visual InterDev erzeugt werden, ist das oft nicht mehr der Fall; die Seiten können nur mit dem Internet Explorer betrachtet werden.

VERWEIS

Dieses Kapitel kann nur eine erste Einführung in die ASP-Programmierung geben. Mittlerweile gibt es eine ganze Reihe von Büchern, die sich ausschließlich mit ASP beschäftigen!

Alle Informationen beziehen sich auf den IIS 4 (VBScript-Version 3). Weitere Dokumentation zu Active Server Pages finden Sie in der MSDN-Library:

PLATTFORM SDK | INTERNET/INTRANET | ACTIVE SERVER PAGES

Wenn Sie das Windows NT Option Pack mit dem IIS 4 installiert haben, finden Sie auch in dessen Hilfesystem ausführliche Informationen und vor allem eine Reihe von Beispielprogrammen:

MICROSOFT INTERNET INFORMATION SERVER | DEVELOPER SAMPLES

Eine Menge weiterer Beispielprogramme werden mit IIS4 installiert. Sie befinden sich im folgenden Verzeichnis:

`inetpub/iisamples/sdk/asp`

27.2 Hello ASP-World

Die Grundidee von `*.asp`-Dateien ist ganz einfach: Es handelt sich um herkömmliche HTML-Dateien, in die zwischen den Tokens <% und %> Programmcode eingefügt ist. Durch das zusätzliches Zeichen = wird erreicht, daß das Ergebnis eines Ausdrucks als HTML-Ausgabe verwendet wird.

Default wird als Programmiersprache VBScript verwendet. Der Internet Information Server kommt auch mit JavaScript zurecht. Andere Programmiersprachen wie Perl oder Tcl können nur mit entsprechenden Erweiterungen verwendet werden.

Wenn ein Anwender auf eine `*.asp`-Datei zugreift, wird nur der HTML-Teil unverändert übertragen. Der Programmcode wird dagegen vom Server ausgeführt. Soweit der Code Ergebnisse liefert, werden diese ebenfalls zum Anwender übertragen.

Am einfachsten ist dieses Konzept anhand eines kleinen Beispiels zu verstehen: In den folgenden Zeilen ist der Codeanteil durch fette Schrift gekennzeichnet. Der Server führt die Schleife aus und sendet dreimal <H*i*>Hello World</H*i*> an den Browser.

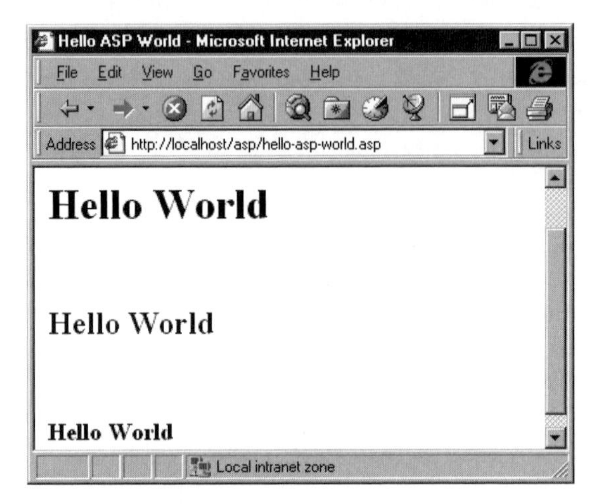

Bild 27.3: Das Resultat im Internet Explorer

Das ist der Inhalt von `Hello-Asp-World.asp`, den der IIS verarbeitet:

```
<HTML>
  <!-- ActiveServerPages\Hello-ASP-World.asp -->
  <HEAD><TITLE>Hello ASP World</TITLE></HEAD>
  <BODY>
    <% For i = 1 To 3 %>
      <H<%= i %>> Hello World </H<%= i %>>
    <% Next %>
</BODY></HTML>
```

Und das ist der resultierende Code, den der Browser zu sehen bekommt:

```
<HTML>
  <!-- ActiveServerPages\Hello-ASP-World.asp -->
  <HEAD><TITLE>Hello ASP World</TITLE></HEAD>
  <BODY>
      <H1> Hello World </H1>
      <H2> Hello World </H2>
      <H3> Hello World </H3>
  </BODY>
</HTML>
```

Voraussetzungen

Damit Sie das Beispiel testen können, müssen einige Voraussetzungen erfüllt sein:

- Es muß ein ASP-konformer Web-Server zur Verfügung stehen (zur Zeit Internet Information Server ab Version 3 sowie aktuelle Versionen des Peer Web Servers oder des Personal Web Servers).
- Die ASP-Erweiterung muß installiert sein (das ist beim IIS3 default nicht der Fall, beim IIS4 dagegen schon).
- Das Verzeichnis mit den `*.asp`-Daten muß als Web-Server-Verzeichnis angemeldet sein, die Optionen READ und EXECUTE müssen aktiviert sein. Bild 27.4 zeigt, wie im Internet Information Server ein virtuelles Verzeichnis eingerichtet wird. (Virtuell meint, daß der reale Ort des Verzeichnisses und sein Name nicht übereinstimmen müssen. In Bild 27.4 wird das Verzeichnis als `ASP` angesprochen, obwohl es sich in einem Unterverzeichnis der Partition `H:` befindet.)
- Die Beispiele dieses Kapitels setzten voraus, daß die Default-Scripting-Sprache VBScript ist (normalerweise ist das automatisch der Fall).

  Beim IIS4 kann diese Einstellung in der Microsoft Management Console bei den Eigenschaften virtueller Verzeichnisse (Button CONFIGURATION) verändert werden. Beim IIS3 muß gegebenenfalls der Registrier-Editor verwendet werden:

  HKEY_LOCAL_MACHINE\SYSTEM\CurrentControlSet\Services\W3SVC\ASP\Parameters\DefaultScriptLanguage

  Wenn eine andere Sprache als VBScript eingestellt ist, muß in allen Beispielen dieses Kapitels vor dem ersten VBScript-Kommando die folgende Anweisung eingefügt werden:

  ```
  <%@ LANGUAGE = VBScript %>
  ```

- Die `*.asp`-Datei muß über den Server gelesen werden. Ein direktes Laden der Datei durch die exakte Angabe des Pfades funktioniert nicht. (Der Server muß ja den Code ausführen!)
- Wenn Sie den Script-Debugger für ASP-Code verwenden möchten, muß in der Microsoft Management Console bei den Eigenschaften des virtuellen Verzeichnisses (Button CONFIGURATION, Dialogseite APP-DEBUGGING) die Option ENABLE SERVER-SIDE SCRIPT DEBUGGING aktiviert werden.

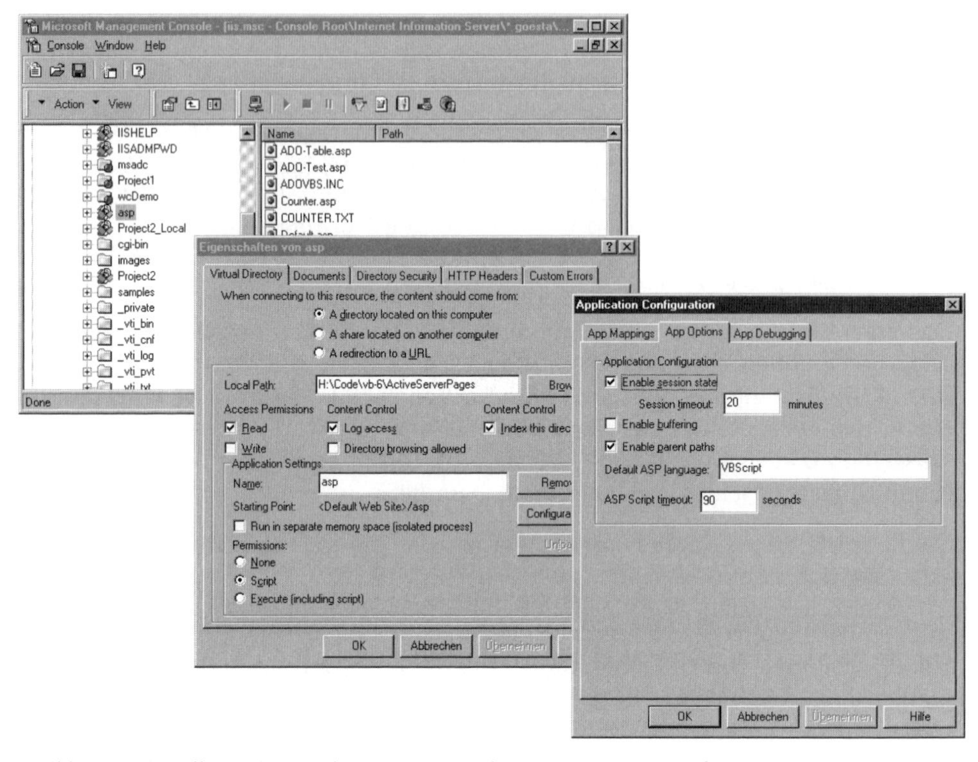

Bild 27.4: Einstellung eines Web-Server-Verzeichnisses im Internet Information Server Manager

HINWEIS

Hier ganz kurz die Schritte, wie Sie die ASP-Beispiele der beiliegenden CD-ROM rasch ausprobieren können (für IIS4):

- Kopieren Sie das `ActiveServerPages`-Verzeichnis auf Ihre Festplatte.
- Richten Sie in der Management-Console des IIS ein virtuelles Verzeichnis mit dem Namen `asp` an, das auf das `ActiveServerPages`-Verzeichnis Ihrer Festplatte verweist (Bild 27.4).
- Setzen Sie die Option SCRIPT-PERMISSION. (Damit erlauben Sie die Ausführung von ASP-Code.)
- Starten Sie den Internet Explorer und geben Sie als URL die folgende Adresse ein:

  `http://localhost/asp`

- Voraussetzung für den Test der Datenbankbeispiele ist das Vorliegen der Datenquelle `biblio-dns`, die auf die mit Visual Basic mitgelieferte Beispieldatenbank `biblio.mdb` zeigen muß. Die Datenquelle kann mit dem ODBC-Manager (Systemsteuerung) eingerichtet werden.

Entwicklung von ASP-Projekten

Zur Erstellung von ASP-Dateien bestehen prinzipiell drei Möglichkeiten:

- ASP-Dokumente können mit einem beliebigen Text-Editor verfaßt werden. Auf diese Weise sind auch die Beispiele dieses Kapitels entstanden. Besonders komfortabel ist das aber nicht: der von Visual Basic gewohnte Komfort fehlt (farbige Syntax-Hervorhebung, Syntax-Kontrolle, Debugging-Hilfe etc.)
- ASP-Dateien können wie IDC / HTX-Dateien sehr bequem aus Access-Formularen gebildet werden (DATEI | IM HTML-FORMAT SPEICHERN in Access).
- Für professionelle ASP-Anwendungen bietet sich Microsoft Visual InterDev an (das auch im Rahmen von Visual Studio mitgeliefert wird). Dabei handelt es sich um eine komplette Entwicklungsumgebung für Internet-Projekte, die zumeist aus einer ganzen Kollektion von HTML- und ASP-Seiten bestehen.

  Visual InterDev bietet auch während der ASP-Entwicklung einen Großteil des Komforts, an den man sich beim Programmieren mit Visual Basic gewöhnt hat. Visual InterDev ist allerdings kein Gelegenheits-Tool, sondern erfordert eine gründliche Einarbeitung. Dafür bietet es sehr umfassende Möglichkeiten, in ASP-Seiten auch Client-seitigen Code, ActiveX-Steuerelemente etc. einzubetten. Insbesondere die Entwicklung von Datenbankprojekten wird dadurch sehr erleichert. Dem steht freilich auch ein Nachteil gegenüber: derart angereicherte ASP-Seiten erfordern auf der Client-Seite den Internet Explorer, womit ein wesentlicher Vorteil von ASP verloren geht – die Kompatibilität mit verschiedenen Browsern.

HINWEIS

Wenn Visual InterDev 6.0 installiert ist, wird dadurch der Script-Debugger deaktiviert. Diese Funktion übernimmt jetzt InterDev (für alle Scripte, auch solche, die gar nicht mit InterDev entwickelt wurden).

Damit der InterDev-Debugger für Server-seitigen ASP-Code tatsächlich funktioniert, müssen allerdings zwei Voraussetzungen erfüllt werden: Zum einen muß für das virtuelle IIS-Verzeichnis mit den ASP-Dateien die DEBUGGING-Option gesetzt werden (in der IIS-Management-Console). Und zum anderen muß InterDev mit dem IIS-Prozeß verbunden werden. Dazu führen Sie in InterDev das Kommando DEBUG | PROCESSES aus und klicken im nun erscheinenden Dialog `inetinfo.exe` an.

Wenn es Probleme gibt (das ist leider nicht ganz ungewöhnlich), sollten Sie einen Blick in die Dokumentation des NT Option Packs werfen:

IIS | ADVANCED WEB APPLICATION DEVELOPMENT | DEBUGGING YOUR APPLICATION

Hilfreich ist auch der folgende Text in der MSDN-Library:

VISUAL INTERDEV DOKUMENTATION | ERSTE SCHRITTE | PROBLEMBEHANDLUNG

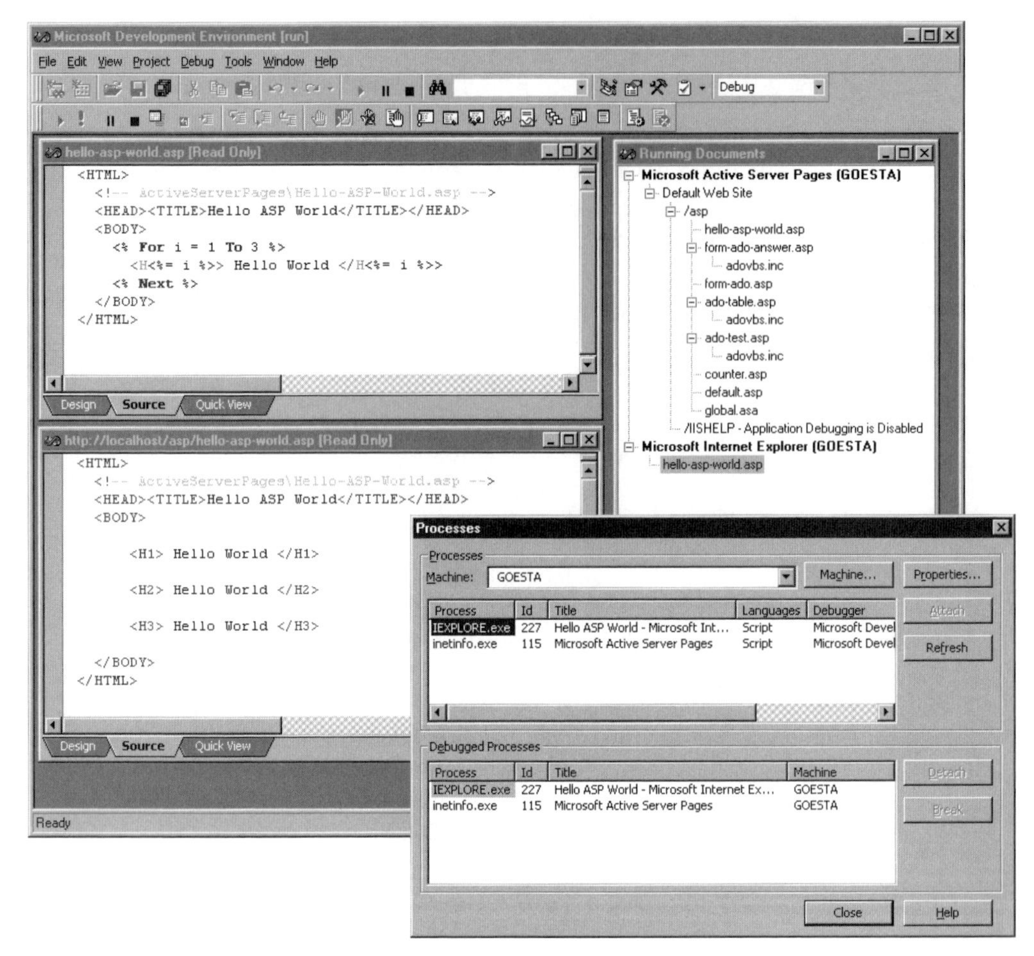

Bild 27.5: ASP-Debugging mit Visual InterDev

27.3 ASP-Objektbibliothek

Der Programmcode in Active Server Pages kann fünf ASP-Objekte verwenden: *Application, Request, Response, Server* und *Session*. Dieser Abschnitt gibt eine kurze Einführung zu den wichtigsten Eigenschaften, Methoden und Ereignissen dieser Objekte. Dabei beziehen sich die Begriffe Client und Server auf den Anwender mit einem Web-Browser (Client) bzw. auf den Internet-Server, der die ASP-Dateien verwaltet.

Sie können übrigens auch die VB-Entwicklungsumgebung verwenden, um einen raschen Überblick über die Objektbibliothek zu gewinnen: Richten Sie einen Verweis auf die *Microsoft Active Server Pages Object Library* ein und werfen einen Blick in den Objektkatalog! Die Objektbibliothek wird übrigens auch in allen IIS-Anwendungen genutzt (siehe nächstes Kapitel).

27.3.1 Application-Objekt

Das *Application*-Objekt dient als zentrale Schnittstelle zum Datenaustausch zwischen verschiedenen ASP-Dateien eines Projekts. (Als Projekt gelten in diesem Zusammenhang alle ASP-Dateien, die sich in einem virtuellen Web-Server-Verzeichnis und dessen Unterverzeichnissen befinden. HTML-Dateien im selben Verzeichnis werden nicht berücksichtigt – Sie können aber HTML-Dateien einfach in `*.asp`-Dateien umbenennen.)

Mit dem Objekt können beispielsweise Variablen definiert werden, die in allen ASP-Dateien aller Clients angesprochen werden können und daher wie globale Variablen funktionieren. Der Zugriff auf Variablen erfolgt über die Eigenschaft *Value*. Da *Value* als Defaulteigenschaft gilt, wird sie normalerweise nicht angegeben.

```
Application.Value("meineVar") = 123  'Variable speichern
x = Application("meineVar")          'Var. lesen (Kurzschreibweise)
```

Im *Application*-Objekt können auch Objekte gespeichert werden:

```
Set Application("meinObj") = ..
```

Um die gleichzeitige Veränderung von *Application*-Variablen durch zwei ASP-Programme auszuschließen, kann der Zugriff auf *Application* vorübergehend durch ***Lock*** blockiert werden. ***Unlock*** beendet diese Blockierung wieder.

```
Application.Lock
Application("meineVar") = Application("meineVar") + 1
Application.Unlock
```

Das *Application*-Objekt kennt zwei Ereignisse, ***OnStart*** und ***OnEnd***. Die zugehörigen Ereignisprozeduren müssen sich in `Global.asa` befinden. Sie werden aufgerufen, wenn der erste Zugriff auf eine der ASP-Dateien erfolgt oder die letzte Verbindung gelöst wird. Beachten Sie, daß die Verbindungen durchaus von unterschiedlichen Anwendern stammen können. *OnEnd* wird auch aufgerufen, wenn der Code in `Global.asa` geändert wird.

27.3.2 Session-Objekt

Während das *Application*-Objekt als globales Objekt für alle Client-Verbindungen gilt, ermöglicht das *Session*-Objekt die Verwaltung von Daten, die einen bestimmten Client betreffen. Das Objekt bleibt beim Wechsel zwischen verschiedenen ASP-Dateien bestehen, sofern der Browser Cookies unterstützt. (Cookies sind Informationseinheiten, die am Rechner des Clients gespeichert werden. Cookies werden vom *Session*-Objekt zur Speicherung einer ID-Nummer benötigt. Anhand dieser ID-Nummer erkennt der

Server, ob der Zugriff auf eine ASP-Seite vom selben oder von einem anderen Client erfolgt.)

Das *Session*-Objekt kennt wie das *Application*-Objekt die Defaulteigenschaft *Value*, die sich zur Verwaltung von Variablen eignet. Diese Variablen gelten für einen bestimmten Client, solange die Verbindung besteht.

Der Server kann das Ende einer Client-Server-Verbindung auf zwei Arten erkennen: Entweder durch die Methode ***Abandon*** des *Session*-Objekts, die alle Informationen des aktuellen *Session*-Objekts löscht, oder durch das Verstreichen einer gewissen Zeit, während der ein bestimmter Client keine neuen Seiten mehr anfordert. Diese Zeitspanne kann durch die ***Timeout***-Eigenschaft eingestellt werden. Die Defaulteinstellung beträgt 20 Minuten. Das Limit wird nicht exakt eingehalten – wenn der Server keine anderen Verbindungen herstellen muß, kann eine Verbindung auch länger aktiv bleiben.

Das *Session*-Objekt kennt dieselben Ereignisse wie das *Application*-Objekt: ***OnStart*** und ***OnEnd***. Die dazugehörenden Ereignisprozeduren müssen sich in `Global.asa` befinden. Sie werden aufgerufen, wenn eine Verbindung zu einem neuen Client hergestellt oder beendet wird.

ACHTUNG

Das *Session*-Objekt bleibt nur dann erhalten, wenn darin Informationen gespeichert werden! Wenn das in Ihrem Programm nicht der Fall ist, führen Sie in *Session_OnStart* die folgende Anweisung aus:

```
Session("dummy") = "dummy"
```

Andernfalls kommt es zu einem *Session_OnEnd*-Ereignis, sobald der Code der gerade aktiven ASP-Datei abgearbeitet ist.

27.3.3 Server-Objekt

Das *Server*-Objekt ermöglicht den Zugriff auf einige Methoden, die vom Internet-Server zur Verfügung gestellt werden. Die einzige Eigenschaft lautet ***ScriptTimeout***. Sie gibt die maximale Laufzeit für ein Programm an (Default 90 Sekunden). Dieses Limit verhindert, daß außer Kontrolle geratene Programme zuviel Rechenzeit beanspruchen.

Die Methode ***CreateObject*** funktioniert wie das gleichnamige Visual-Basic-Kommando. Besonders häufig werden in ASP-Programmen das VBScript-Objekt *FileSystemObject* zum Dateizugriff (siehe Seite 1048) sowie die ADO-Objekte zum Zugriff auf Datenbanken benötigt (siehe Seite 1114). Beachten Sie, daß Verweise auf Objektbibliotheken wie in Visual Basic nicht möglich sind und daß es daher keine vordefinierten Konstanten gibt.

Die Methode ***MapPath*** ermittelt wahlweise den absoluten Pfad eines virtuellen Verzeichnisses (Pfadangabe beginnt mit / oder \) oder den Pfad zu einer Datei, deren Name relativ zum Verzeichnis der aktuellen Datei angegeben wird.

```
fname = Server.MapPath("/asp")   'Pfad zum virtuellen Verzeichnis asp
fname= Server.MapPath("err.log") 'Pfad zu err.log im aktuellen Verz.
```

Ausgesprochen praktisch ist die Methode ***HTMLEncode***. Sie wandelt eine Zeichenkette in das HTML-Format um. Diese Umwandlung ist insbesondere für alle Sonderzeichen notwendig. *Server.HTMLEncode("äö")* liefert beispielsweise *äö*.

Ähnlich wie *HTMLEncode* funktioniert ***URLEncode***. Die Methode wird eingesetzt, wenn an eine Internet-Adresse Parameter übergeben werden sollen. Dabei werden unter anderem Leerzeichen durch + ersetzt. Mit *URLEncode* können Sie beispielsweise ein SQL-Kommando an eine ASP-Datei zur Anzeige von Datensätzen übergeben:

```
sql = "SELECT * FROM Orders WHERE ...
Response.Redirect("Query.asp?sql=" & Server.URLEncode(sql))
```

Damit wird die ASP-Datei `Query.asp` angezeigt. Die komplette Adresse sieht dann etwa so aus:

```
Query.asp?SELECT+*+FROM+Orders+WHERE+...
```

In `Query.asp` kann die SQL-Zeichenkette mit *Request.QueryString("sql")* ermittelt werden.

27.3.4 Request-Objekt

Über das *Request*-Objekt können Sie Daten des Clients ermitteln. Die wichtigste Methode lautet ***Form*** und dient zum Lesen von Formularfeldern. Der Umgang mit dieser Methode und die Vorgehensweise zur Formularauswertung ist auf Seite 1109 beschrieben.

QueryString liefert jenen Teil der aktuellen Internet-Adresse, der dem Fragezeichen folgt und üblicherweise zur Angabe von Abfrageparametern verwendet wird. Am leichtesten wird die Anwendung der Methode anhand eines Beispiels verständlich:

Adresse: `http://server/name.asp?source=datei.asp`

```
Request.QueryString            'liefert: source=datei.asp
Request.QueryString("source")  'liefert: datei.asp.
Request("source")              'Kurzschreibweise
```

Etwas unglücklich ist der Name der Methode ***ServerVariables*** ausgefallen: Damit können Sie nämlich diverse Umgebungsvariablen des Servers auslesen, die zum Teil aber Eigenschaften des Clients (!) enthalten. So liefert *Request.ServerVariables("REMOTE_-HOST")* den Internet-Namen des Clients. Am einfachsten bekommen Sie einen Überblick über die zur Verfügung stehenden Variablen, wenn Sie die folgende mit IIS4 mitgelieferte Beispieldatei ausprobieren:

```
http://localhost/IISSAMPLES/sdk/asp/interaction/ServerVariables_VBScript.asp
```

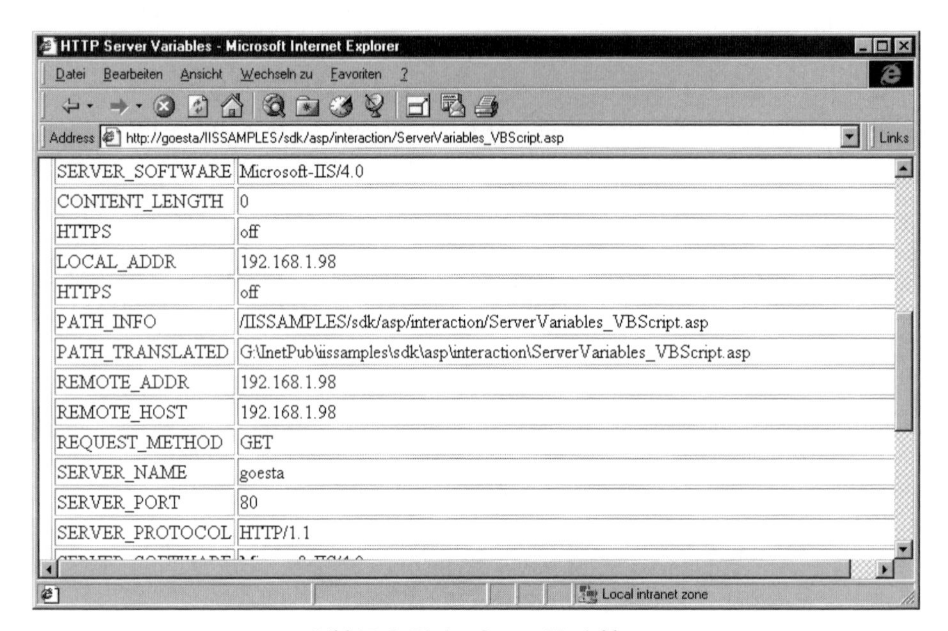

Bild 27.6: Einige Server-Variablen

Mit ***ClientCertificate*** können Sie bei sicheren HTTP-Verbindungen eine eindeutige, verschlüsselte ID-Nummer des Clients ermitteln. Das setzt voraus, daß Sie HTTPS verwenden (Secure Hypertext Transfer Protocol).

27.3.5 Response-Objekt

Die primäre Aufgabe des *Response*-Objekts besteht darin, Ausgaben im aktuellen Dokument durchzuführen. *Response.**Write*** ist eine Alternative zu <%= .. %>. Die Methode übersetzt wie *Server.HTMLEncode* alle Sonderzeichen in die HTML-Syntax. Wenn Sie diese automatisch Übersetzung vermeiden möchten, können Sie statt *Write* die Methode ***BinaryWrite*** verwenden.

Wenn die Möglichkeit besteht, daß während der Abarbeitung eines ASP-Programms ein Fehler auftritt, sollten Sie die Ausgabe durch ***Buffer**=True* puffern. Sie können dann die gesamte bisherige Ausgabe mit ***Clear*** löschen und anschließend das ASP-Programm mit ***End*** beenden. Sie verhindern auf diese Weise die Anzeige falscher oder halbfertiger Resultate.

Normalerweise sollen die Ausgaben eine HTML-Datei bilden. Wenn Sie hingegen eine normale Textdatei bilden möchten, sollten Sie vor jeder anderen Ausgabe ***Content-***

Type=*"text/plain"* ausführen. Eine der wenigen Anwendungen für diese Eigenschaft wird in den Dateien `Sales_by_Product.asp` und `Sales_by_Product_Chart.asp` demonstriert. In der ersten Datei wird an das ActiveX-Steuerelement die Internet-Adresse der zweiten Datei übergeben. Das Steuerelement liest diese Datei vom Internet-Server, der den darin enthaltenen Code erst jetzt verarbeitet.

Recht praktisch für die Fehlersuche erweist sich ***AppendToLog***. Mit dieser Methode können Texte in die Logging-Datei des Internet-Servers geschrieben werden. (Beachten Sie bitte, daß diese Ausgaben vom Server gepuffert und nur alle paar Minuten tatsächlich in die Logging-Datei übertragen werden!)

Die ***Redirect***-Methode dient dazu, per Code zu einem anderen Dokument zu springen. *Redirect* wirkt im aktuellen Code wie eine *End*-Anweisung – der Sprung zur neuen Seite erfolgt sofort, die bisherige ASP-Datei wird nicht weiter bearbeitet. *Redirect* ist nur zulässig, wenn noch keine Ausgaben für die neue Seite durchgeführt wurden (kein *Response.Write*, kein <%= ... %>, keine implizite Ausgabe durch HTML-Code).

Die Adresse der neuen Seite kann relativ zum lokalen Verzeichnis oder absolut unter Verwendung virtueller Verzeichnisse angegeben werden. Verwenden Sie nicht *Server.MapPath*! Das würde dem direktem Zugriff auf eine Datei (unter Umgehung des Servers) entsprechen, der ASP-Code der neuen Seite könnte nicht vom Server verarbeitet werden.

27.3.6 ScriptingContext-Objekt

Dieses Objekt ist nur von Interesse, wenn Sie mit VB ActiveX-Server programmieren möchten, die als eigene Objekte im ASP-Code verwendet werden können. Der Zugriff auf die fünf oben beschriebenen ASP-Objekte erfolgt dann durch das übergeordnete Objekt *ScriptingContext*.

27.3.7 Syntaxzusammenfassung

Application – Eigenschaften, Methoden und Ereignisse	
Value	Zugriff auf globale Variablen (Defaulteigenschaft)
Lock	Zugriff auf *Application*-Objekt blockieren (Methoden)
UnLock	Zugriff wieder freigeben
OnStart	Zugriff durch ersten Client
OnEnd	Ende der Verbindung zum letzten Client

Session – Eigenschaften, Methoden und Ereignisse	
SessionID	ID-Nummer des Clients
TimeOut	Zeit (Minuten), nach der die Verbindung getrennt wird
Value	Zugriff auf Client-spezifische Variablen (Defaulteigenschaft)

Abandon	Verbindung zum Client beenden, *Session*-Objekt löschen
OnStart	Zugriff durch ersten Client
OnEnd	Ende der Verbindung zum letzten Client

Server – Eigenschaften und Methoden	
ScriptTimeout	maximale Zeit für Client-Skripte (default 90 Sekunden)
CreateObject	Instanz eines ActiveX-Objekts erzeugen
HTMLEncode	Zeichenketten in HTML-Syntax umwandeln
MapPath	absolute Dateinamen ermitteln
URLEncode	Zeichenketten in URL-Syntax umwandeln

Request – Methoden	
Form	Zugriff auf Eingaben des zuletzt angezeigten Formulars
QueryString	Zugriff auf den Abfrageteil der URL-Adresse

Response – Eigenschaften und Methoden	
Buffer	gibt an, ob Ausgaben gepuffert werden sollen
ContentType	gibt an, in welchem Format die Ausgabe durchgeführt wird
AppendToLog	Textausgabe in die Protokolldatei des Servers
Clear	Ausgabepuffer löschen
End	Ausgabe und Programmcode beenden
Flush	aktuellen Inhalt des Ausgabepuffers an den Client übertragen
Redirect	zu einer anderen Seite springen
Write	Ausgabe in das aktuelle Dokument
WriteBinary	binäre Ausgabe in das aktuelle Dokument

27.4 Programmiertechniken

27.4.1 Grundlagen

Prozeduren definieren

Die übliche Syntax zur Integration von ASP-Code in ein HTML-Dokument lautet <% *code* %>. Wenn Sie dagegen Prozeduren definieren möchten, die an einer anderen Stelle im ASP-Code aufgerufen werden sollen, müssen Sie oft eine andere Syntaxvariante benutzen:

```
<SCRIPT LANGUAGE=VBScript RUNAT=Server>
  Sub prozedurname
    ...
  End Sub
</SCRIPT>
```

Zwischen den <*SCRIPT*>-Tags können sich mehrere Prozeduren befinden. Innerhalb der Prozeduren können Sie mit *Response.Write* Ausgaben in das HTML-Dokument durchführen.

Client- und Server-seitigen Code mischen

Selbstverständlich können Sie in ASP-Dateien auch VBScript-Code integrieren, der vom Client ausgeführt werden soll. Das setzt natürlich voraus, daß der Browser des Anwenders VBScript versteht. Ein wesentlicher Vorteil von ASP – die Browser-Unabhängigkeit – geht dadurch verloren.

Client-Code wird (wie im vorigen Kapitel ausführlich beschrieben) zwischen zwei <*SCRIPT*>-Tags gesetzt, diesmal aber ohne *RUNAT=Server*. Innerhalb des Client-Codes ist es sogar möglich, Server-Kommandos mit <% ... %> einzubetten. Mit anderen Worten: Erst im Server wird der Code für den Client endgültig fertiggestellt.

```
<SCRIPT LANGUAGE=VBScript RUNAT=Server>
  Server-Prozeduren
</SCRIPT>
<SCRIPT LANGUAGE="VBScript">
  <!--
  Client-Code <% Server-Code %>
  dateiname = "<%= Request.ServerVariables("PATH_NAME") %>"
  ...
  -->
</SCRIPT>
```

Variablendeklaration

Option Explicit hat im ASP-Code dieselbe Bedeutung wie in Visual Basic. Das Kommando muß allerdings vor jeder HTML-Anweisung im Code plaziert werden. Es reicht nicht aus, daß *Option Explicit* die erste VBScript-Anweisung ist! Der folgende Code ist somit korrekt:

```
<% Option Explicit %>
<HTML>
  <HEAD><TITLE>Titel</TITLE></HEAD>
  <BODY>
    <%
    Dim f1, f2, ergebnis
    ' weiterer VBScript-Code
    %>
  </BODY>
</HTML>
```

Die folgenden Zeilen – die eigentlich auch plausibel aussehen – führen dagegen zu einem Fehler!

```
<HTML>
  <HEAD><TITLE>Titel</TITLE></HEAD>
  <BODY>
    <%
    Option Explicit
    Dim f1, f2, ergebnis
    ' weiterer VBScript-Code
    %>
  </BODY>
</HTML>
```

Ein- und Ausgabe

Die VBScript-Methoden *MsgBox* und *InputBox* können in ASP-Code nicht verwendet werden. Der Grund ist leicht verständlich: Die Dialoge müßten am Rechner des Servers angezeigt werden, während der Client endlos auf deren Beendigung wartet. Eingaben können über HTML-Formulare durchgeführt werden, Ausgaben direkt in die HTML-Datei geschrieben werden. Alternativ können Sie auch VBScript-Code für den Client in die ASP-Datei integrieren und *MsgBox* dort ausführen.

Include-Dateien

Wenn Sie bestimmte Codekomponenten immer wieder benötigen, können Sie diese in einer eigenen Datei speichern und diese durch das *INCLUDE*-Kommando in die ASP-Datei einfügen. Die übliche Dateikennung für Include-Dateien ist `*.inc`. Für das *INCLUDE*-Kommando gibt es zwei Syntaxvarianten:

```
<!--#INCLUDE FILE="pfad/datei.inc"-->
<!--#INCLUDE VIRTUAL="/virtverz/datei.inc"-->
```

Bei der *FILE*-Variante ist der Dateiname relativ zum aktuellen Verzeichnis. Sofern im Registriereditor *EnableParentPaths* auf 1 gestellt ist (das ist die Defaulteinstellung), können mit */../verz* auch Unterverzeichnisse zum aktuellen Verzeichnis angesprochen werden. Bei der *VIRTUAL*-Variante muß der Dateiname mit / und dem Namen eines virtuellen Verzeichnisses beginnen. (Virtuelle Verzeichnisse können in der Management Console des IIS definiert werden.)

HINWEIS

Das *INCLUDE*-Kommando muß außerhalb von ASP-Code angegeben werden. Es darf also nicht zwischen <% und %> und nicht zwischen <*SCRIPT*>-Tags angegeben werden. Die *INCLUDE*-Kommandos werden vom Server durchgeführt bevor der Code ausgeführt wird.

Die Datei Global.asa

In jedem virtuellen Verzeichnis des Internet-Servers kann sich eine Datei `Global.asa` befinden. Diese Datei enthält globale Ereignisprozeduren und Objektedefinitionen, die für das gesamte Projekt gelten – also für alle ASP-Dateien des virtuellen Verzeichnisses.

Die Prozeduren *Application_OnStart* und *-OnEnd* sowie *Session_OnStart* und *-OnEnd* müssen innerhalb von *<SCRIPT>*-Tags mit der Option *RUNAT=Server* plaziert werden. Die Objektdefinition erfolgt durch eigene *<OBJECT>*-Tags:

```
<OBJECT RUNAT=Server
        SCOPE=Application/Session
        ID=varname
        PROGID="biblio.objektname" oder
        CLASSID="Clsid:12345678-1234-5678-9ABC-123456789ABC">
```

Die *SCOPE*-Option gibt an, ob das Objekt für das gesamte Projekt gelten soll oder ob für jede Verbindung eine neue (eigene) Instanz des Objekts erzeugt werden soll. Die *ID*-Option gibt den Variablennamen an, unter dem das Objekt im ASP-Code benutzt werden kann. Die Objektreferenz kann wahlweise durch den UUID oder den Objektnamen erfolgen. Beachten Sie, daß die Objekte nur am Server zur Verfügung stehen und nur im ASP-Code verwendet werden können. Der bzw. die Clients wissen nichts von diesen Objekten.

TIP

Objekte, die nur innerhalb einer einzelnen ASP-Datei benötigt werden, können auch direkt im Code mit *CreateObject* erzeugt werden. Die Objektdefinition in `Global.asa` hat den Vorteil, daß Objekte für eine Verbindung (Session) oder für das gesamte Projekt global verwendet werden können und nicht für jede Seite neu erzeugt werden müssen (was Zeit und Rechner-Ressourcen kostet).

<OBJECT>-Tags für Server-Objekte sind übrigens auch in normalen `*.asp`-Dateien erlaubt. Der IIS erkennt an der Option *RUNAT=Server*, daß es sich um ein Server-Objekt handelt (und nicht um ein Client-Objekt wie beim normalen HTML-*<OBJECT>*-Tag ohne die *RUNAT*-Option).

Die Schablone für eine `Global.asa`-Datei sieht damit folgendermaßen aus:

```
<OBJECT ... >
<OBJECT ... >
<SCRIPT LANGUAGE=VBScript RUNAT=Server>
  Sub Application_OnStart ...
  Sub Application_OnEnd   ...
</SCRIPT>
```

Konstanten

In ASP-Programmen werden Sie oft auf fremde Objekte bzw. Objektbibliotheken zugreifen, die Sie durch *Server.CreateObject* oder durch *<OBJECT>*-Tags in `Global.asa` erzeugen. Das klappte zwar schon mit dem IIS3 anstandslos – allerdings mußten alle Konstanten explizit definiert werden. Dem VBScript-Code waren die in Objektbibliotheken definierten Konstanten nämlich unzugänglich. Im Regelfall wurden Konstanten daher in einer eigenen Datei definiert, die mit *<!--#INCLUDE FILE= "dateiname.inc"-->* in den Code integriert wurde.

Mit IIS4 hat sich das glücklicherweise geändert. Ein Eintrag der Form *<!--METADATA TYPE="TypeLib" ... -->* am Begin von `Global.asa` reicht aus, um die in den angegebenen Objektbibliotheken definierten Konstanten allen ASP-Dateien des Verzeichnisses zugänglich zu machen! Wenn Sie beispielsweise die FSO-Bibliothek (*Scripting*-Bibliothek) verwenden möchten, müssen Sie die folgenden Zeilen an den Beginn von `Global.asa` stellen:

```
<!-- METADATA TYPE="TypeLib"
     FILE="g:\Winnt4\system32\scrrun.dll" -->
```

Statt des absoluten Dateinamens der Objektbibliothek können Sie auch deren UUID angeben. Für die aktuelle Version der *Scripting*-Bibliothek wäre das:

```
<!-- METADATA TYPE="TypeLib"
     UUID="420B2830-E718-11CF-893D-00A0C9054228" -->
```

Jetzt können Sie in allen ASP-Dateien innerhalb des `Global.asa`-Verzeichnisses Variablen wie *ForReading*, *ForWriting* etc. ohne weitere Deklaration verwenden.

TIP

Am schnellsten finden Sie die UUID zu einer Objektbibliothek mit dem OLE / COM Object Viewer (Visual Studio Verzeichnis `Common/Tools`) heraus. Leider müssen Sie die Nummer dann abtippen, weil dieses Programm nicht in der Lage ist, die UUID in die Zwischenablage zu kopieren.

VORSICHT

So attraktiv dieses neue Feature des IIS4 auch ist – ganz ausgereift ist der Mechanismus offensichtlich nicht. Während es mit der *Scripting*-Bibliothek keine Probleme gab, endete der Versuch, die ADO-Konstanten auf gleichem Weg zu aktivieren damit, daß der IIS außer Kontrolle geriet: Das Programm reagierte nicht mehr, konsumierte 100 Prozent der Rechenleistung und war nur noch durch einen Shutdown zu stoppen. Das ist nicht gerade das Verhalten, das man sich für einen zuverlässigen Server-Betrieb erwartet ...

Programmierung neuer ASP-Objekte in Visual Basic

In Visual Basic können Sie eigene Objekte zur Verwendung in ASP-Code programmieren. Auf diese Weise können Sie einen Teil der Funktionen Ihrer Active Server Pages in der komfortablen Entwicklungsumgebung von Visual Basic programmieren, statt sich den Restriktionen von VBScript zu beugen.

Bei den Objekten handelt es sich um ActiveX-Server, die nach Möglichkeit als Thread-sichere DLLs kompiliert werden sollten (Option UNBEAUFSICHTIGTE AUSFÜHRUNG in PROJEKT | EIGENSCHAFTEN | ALLGEMEIN). Bei der Programmierung können Sie auf die oben schon beschriebene *Microsoft Active Server Pages Object Library* zurückgreifen, die über das Objekt *ScriptingContext* Zugriff auf die fünf ASP-Objekte bietet. Wenn Sie in Ihren Objektklassen die Methoden *OnStart-* und *OnEndPage* implementieren, werden diese automatisch aufgerufen, bevor eine Instanz des Objekts verwendet wird bzw. bevor das Objekt wieder gelöscht wird.

VERWEIS

Allgemeine Informationen zur Programmierung von ActiveX-Servern finden Sie in Kapitel 1. Die Programmierung von ASP-Komponenten ist in der MSDN-Library beschrieben:

PLATTFORM SDK | INTERNET/INTRANET | INTERNET INFORMATION SERVER |
- PROGRAMMER'S REFERENCE | CREATING COMPONENTS FOR ASP

Beispielcode und weitere Informationen finden Sie schließlich (nach einer IIS4-Installation) in folgendem Verzeichnis:

`inetpub/iisamples/sdk/components/vb`

27.4.2 Auswertung von Formularen

Noch nie war die Auswertung von Formularen – normalerweise die Motivation zur CGI-Programmierung – so einfach! Sie benötigen zwei Dateien: eine HTML- oder ASP-Datei für das Formular und eine ASP-Datei zur Reaktion und Auswertung. Die zweite ASP-Datei wird als *ACTION* im *<FORM>*-Tag der ersten Datei angegeben.

Das folgende Beispiel demonstriert die Vorgehensweise anhand eines trivialen Beispiels: Im Formular können zwei Zahlenwerte eingegeben werden. Mit dem Anklikken des SUBMIT-Buttons werden die Eingaben an den Server übermittelt, wo die Datei `Form-answer.asp` die Auswertung übernimmt.

```
<HTML><!-- ActiveServerPages\Form.asp -->
  <HEAD><TITLE>Ein einfaches Formular</TITLE></HEAD>
  <BODY>
    Bitte geben Sie zwei Zahlen ein!   <P>
    <FORM METHOD="POST" ACTION="form-answer.asp">
      Erste Zahl: <INPUT NAME="faktor1" > <P>
      Zweite Zahl: <INPUT NAME="faktor2" > <P>
      Berechnung ausführen: <INPUT TYPE=SUBMIT>
    </FORM>
</BODY></HTML>
```

In der ASP-Datei werden die beiden Formulareingaben aus der *Form*-Aufzählung des *Request*-Objekts gelesen. Die Auswertung besteht in diesem Fall aus einer einfachen Multiplikation. In der Praxis ist hier natürlich mehr Code erforderlich, beispielsweise um auf eine Datenbank zuzugreifen und die Ergebnisse einer Abfrage anzuzeigen.

```
<% Option Explicit %>
<HTML>
  <!-- ActiveServerPages\Form-Answer.asp -->
  <HEAD><TITLE>Formularauswertung</TITLE></HEAD>
  <BODY>
    <%
    Dim f1, f2, ergebnis
    f1 = Request.Form("faktor1")
    f2 = Request.Form("faktor2")
    ergebnis = f1 * f2
    %>
    Die Multiplikation der Zahlen <%= f1 %> und
    <%= f2 %> gibt <%= ergebnis %>.
  </BODY>
</HTML>
```

Der Code ist nicht gegen fehlerhafte Eingaben (etwa Text statt Zahlen) abgesichert. Eine sicherere Variante der Berechnung des Ergebnisses könnte so aussehen:

```
ergebnis = 0
If IsNumeric(f1) Then
  If IsNumeric(f2) Then
    ergebnis = f1 * f2
  End If
End If
```

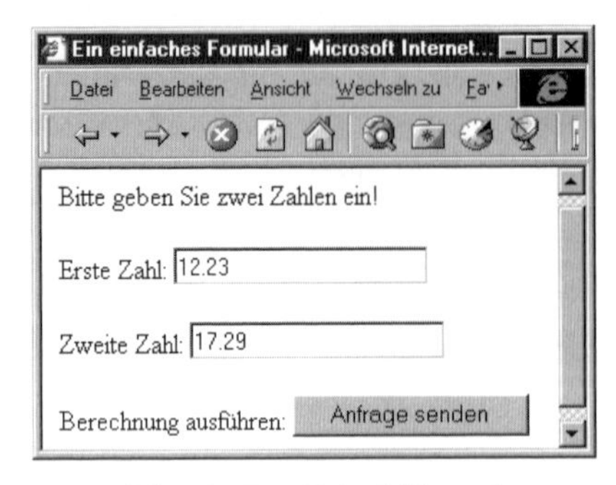

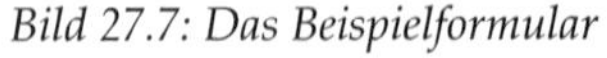
Bild 27.7: Das Beispielformular

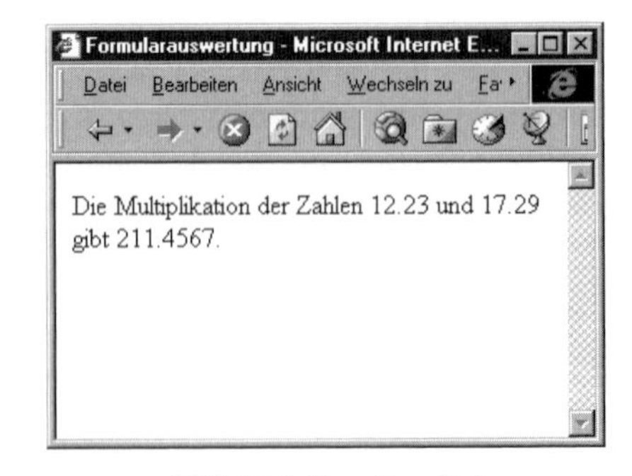

Bild 27.8: Das Resultat

`Form-Answer.asp` demonstriert bereits zwei Möglichkeiten, wie Ausgaben an den Browser übermittelt werden können: Durch die unmittelbare Angabe von HTML-Text und durch die Schreibweise <%= *ausdruck* %>. Eine dritte Variante bietet das *Response*-Objekt. Der Code kann damit so formuliert werden:

```
<HTML>
  <!-- ActiveServerPages\Form-Response.asp -->
  <HEAD><TITLE>Formularauswertung</TITLE></HEAD>
  <BODY> <%
    Dim f1, f2, ergebnis
    f1 = Request.Form("faktor1")
    f2 = Request.Form("faktor2")
    ergebnis = f1 * f2
    Response.Write "Die Multiplikation der Zahlen "
    Response.Write f1 & " und " & f2 & " gibt " & ergebnis & "."
  %> </BODY>
</HTML>
```

27.4.3 Automatische Umleitung zur Startseite

Oft kommt es vor, daß der Anwender auf eine beliebige Seite eines ASP-Projekts ein Lesezeichen setzt. Wenn er zu einem späteren Zeitpunkt dieses Lesezeichen benutzt, springt er damit mitten in das Projekt. Oft ist aber der Start bei einer zentralen Startseite wünschenswert (etwa um dort einen Login oder andere Initialisierungsarbeiten durchzuführen).

Die automatische Umleitung zur Startseite stellt kein Problem dar – es sind nur einige Zeilen Code in *Session_OnStart* in `Global.asa` erforderlich. Die folgenden Zeilen gehen davon aus, daß sich die Startseite `default.asp` im virtuellen Verzeichnis `asp` befindet.

```
<SCRIPT LANGUAGE=VBScript RUNAT=Server>
' ActiveServerPages\Global.asa
Sub Session_OnStart()
  Dim currentPage, startPage
  startPage = "/asp/default.asp"
  currentPage = Request.ServerVariables("SCRIPT_NAME")
  If LCase(currentPage) <> startPage Then
    Response.Redirect startPage
  End If
End Sub
</SCRIPT>
```

27.4.4 Besucheranzahl messen

Ebenso beliebt wie überflüssig sind die auf vielen Web-Seiten üblichen Zähler, die angeben, wie oft die Seite bereits abgerufen worden ist. Die Messung folgt im Regelfall vollkommen undifferenziert: firmeninterne Zugriffe werden wie externe Zugriffe gezählt, es wird nicht gezählt, wie viele *unterschiedliche* Besucher zugreifen etc. Wenn Sie dennoch Wert auf einen Zugriffszähler legen, dann sind dank ASP zumindest keine Server-belastende Klimmzüge mehr erforderlich.

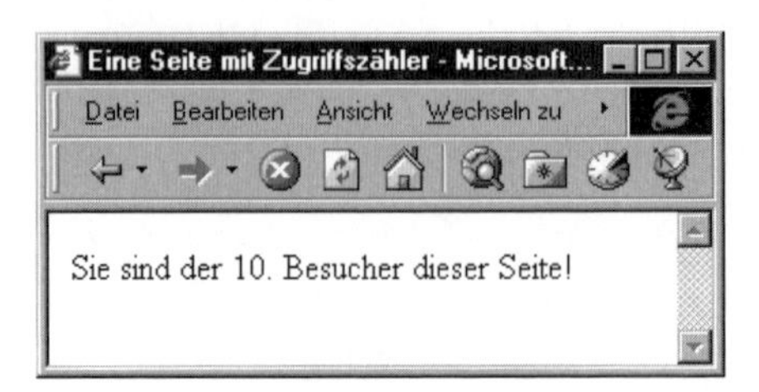

Bild 27.9: Eine Web-Seite mit Zugriffszähler

In *Application_OnStart* wird der aktuelle Stand des Zählers aus der Textdatei `Counter.txt` gelesen und in der *Application*-Variablen *counter* gespeichert. `Counter.txt` muß vor dem ersten Start des Programms manuell eingerichtet werden und den Text 0 enthalten! Die *METADATA*-Anweisung aktiviert die Scripting Runtime Bibliothek, sodaß die FSO-Konstanten (etwa *ForReading*) verwendet werden können.

```
<SCRIPT LANGUAGE=VBScript RUNAT=Server>
' ActiveServerPages\Global.asa
' Konstanten der Scripting Runtime Bibliothek:
<!-- METADATA TYPE="TypeLib"
     UUID="420b2830-e718-11cf-893d-00a0c9054228" -->
Sub Application_OnStart()
  Dim fs, ts, filen
  filen = Server.MapPath("counter.txt")
  Application("counterfile") = filen
  Set fs = Server.CreateObject("Scripting.FileSystemObject")
  Set ts = fs.OpenTextFile(filen, ForReading)
  Application("counter") = ts.ReadLine
  ts.Close
End Sub
```

In *Application_OnEnd* wird der Wert nach dem letzten Zugriff wieder in der Textdatei gespeichert.

```
Sub Application_OnEnd()
  Dim fs, ts, filen
  filen = Application("counterfile")
  Set fs = Server.CreateObject("Scripting.FileSystemObject")
  Set ts = fs.CreateTextFile(filen, True)
  ts.WriteLine Application("counter")
  ts.Close
End Sub
</SCRIPT>
```

Der Zähler wird in der ASP-Datei `Counter.asp` bei jedem Zugriff um eins erhöht und angezeigt:

```
<HTML>
  <!-- ActiveServerPages\Counter.asp -->
  <HEAD><TITLE>Eine Seite mit Zugriffszähler</TITLE></HEAD>
  <BODY>
    <% Application("counter") = Application("counter") + 1  %>
    Sie sind der <%= Application("counter") %>.
    Besucher dieser Seite!
  </BODY>
</HTML>
```

HINWEIS

Sie können auch einen Zähler realisieren, der die Zugriffe auf das gesamte Projekt registriert (nicht auf eine einzelne Seite). Der einzig wesentliche Unterschied zum Beispiel oben besteht darin, daß die Zählervariable jetzt in *Session-_OnStart* um 1 erhöht wird. Ein wesentlicher Vorteil dieser Vorgehensweise besteht darin, daß mehrere Zugriffe auf dieselbe Seite innerhalb einer Verbindung nur einfach gezählt werden. Dafür ist aber keine Messung für individuelle Seiten des Projekts möglich.

27.4.5 Protokollierung von Ereignissen

Zu den größten Problemen bei der Entwicklung von ASP-Anwendungen zählt die Fehlersuche. Das folgende Beispiel für `Global.asa` zeigt, wie die Ereignisse *OnStart* und *OnEnd* für die *Session-* und *Application*-Objekte protokolliert werden können. Auf der Basis dieses Codes können Sie auch andere Kontrollausgaben in die Logging-Datei vornehmen. Zu Testzwecken können Sie in *Session_OnStart* das *Timeout*-Limit auf einen kleineren Wert als die Defaulteinstellung (20 Minuten) stellen.

Der Dateiname der Logging-Datei – `Logging.log` im lokalen Verzeichnis – wird in *Application_OnStart* ermittelt und als *Application*-Variable gespeichert. Das ist deswegen notwendig, weil die Methode *MapPath* in *Application_OnEnd* nicht mehr aufgerufen werden kann. (Ursprünglich war geplant gewesen, gleich das *TextStream*-Objekt als *Application*-Objekt zu speichern. Das hat sich allerdings als unmöglich herausgestellt.)

```
<SCRIPT LANGUAGE=VBScript RUNAT=Server>
' ActiveServerPages\Global.asa
Sub Application_OnStart()
  Dim fs, ts, filen
  filen = Server.MapPath("logging.log")
  Application("filename") = filen
  Set fs = Server.CreateObject("Scripting.FileSystemObject")
  Set ts = fs.OpenTextFile(filen, ForAppending, True)
```

```
  ts.WriteLine
  ts.WriteLine "-------------------"
  ts.WriteLine "Application OnStart " & Now
  ts.Close
End Sub

Sub Application_OnEnd()
  Dim fs, ts, filen
  filen = Application("filename")
  Set fs = Server.CreateObject("Scripting.FileSystemObject")
  Set ts = fs.OpenTextFile(filen, ForAppending)
  ts.WriteLine "Application OnEnd " & Now
  ts.Close
End Sub

Sub Session_OnStart()
  Dim fs, ts, filen
  ' Session.Timeout = 1
  Session("dummy") = "dummy"
  filen = Application("filename")
  Set fs = Server.CreateObject("Scripting.FileSystemObject")
  Set ts = fs.OpenTextFile(filen, ForAppending)
  ts.WriteLine "Session OnStart.  ID = " & Session.SessionID & _
    ",  Remote Host = " & Request.ServerVariables("REMOTE_HOST") & _
    ",  Zeit = " & Now
  ts.Close
End Sub

Sub Session_OnEnd()
  Dim fs, ts, filen
  filen = Application("filename")
  Set fs = Server.CreateObject("Scripting.FileSystemObject")
  Set ts = fs.OpenTextFile(filen, ForAppending)
  ts.WriteLine "Session OnEnd " & Session.SessionID & " " & Now
  ts.Close
End Sub
</SCRIPT>
```

27.5 Datenbankzugriff mit der ADO-Bibliothek

Die in Kapitel 17 beschriebene ADO-Bibliothek eignet sich auch zur ASP-Programmierung. (Tatsächlich war der IIS das erste Produkt von Microsoft, mit dem ADO mitgeliefert wurde.)

27.5.1 Einführungsbeispiel

Das Einführungsbeispiel zeigt die (alphabetisch) ersten 100 Datensätze der Autorentabelle der Biblio-Datenbank im Web-Browser an. Voraussetzung für die Ausführung des Programms ist das Einrichten der Datenquelle (DSN) *biblio-dsn* im ODBC-Datenquellenadministrator (Systemsteuerung). Diese Datenquelle wird auch für die folgenden Beispiele benötigt.

Der eigentliche Code ist nicht weiter schwer verständlich: Zuerst wird je ein *Connection-* und *Recordset*-Objekt erzeugt. Auf der Basis dieser Objekte werden die Verbindung zur Datenbank hergestellt und eine Abfrage durchgeführt. Das *Author*-Datenfeld wird zeilenweise für jeden Datensatz mit *Response.Write* ausgegeben.

Beachten Sie die Fehlerabsicherung im Code: Mit *On Error Resume Next* wird sichergestellt, daß der Code nicht wegen eines Fehlers abgebrochen wird. Falls beim Verbindungsaufbau ein Problem auftritt, wird der Großteil des Codes übersprungen und statt dessen eine Fehlermeldung angezeigt.

VORSICHT

Beachten Sie bitte, daß alle im Programmcode erzeugten ADO-Objekte zum Programmende ordnungsgemäß wieder mit *Close* geschlossen werden. Mit IIS3 / ADO1.5 war das nicht erforderlich. Bei IIS3 / ADO2 funktioniert es scheinbar auch ohne *Close* – allerdings nur ein einziges Mal! Die offene Datenbankverbindung wird anschließend offensichtlich nicht mehr automatisch geschlossen (was bei einem neuerlichen Zugriff ein Vorteil ist); in der Folge tritt bei weiteren Versuchen, eine neue Datenbankverbindung herzustellen, ein (undokumentierter) Fehlercode 500 auf.

VORSICHT

Wie oben bereits erwähnt, endete der Versuch, die ADO-Konstanten durch ein *<METADATA>*-Tag in `global.asa` zu aktivieren, damit, daß der IIS außer Kontrolle geriet. Daher werden die ADO-Konstanten durch eine *INCLUDE*-Anweisung geladen. Übrigens gehen auch die mit dem IIS4 mitgelieferten Beispiele so vor.

TIP

Falls Ihnen Visual Interdev nicht zur Verfügung steht, ist die Entwicklung eines ASP-Programms etwa so komfortabel wie das Programmieren in QBasic vor zehn Jahren. Bei der Entwicklung von Datenbankanwendungen können Sie Zeit und Nerven sparen, wenn Sie die erste Version Ihres Programms in Visual Basic entwickeln und den Code erst dann in eine ASP-Datei übernehmen und adaptieren, wenn er prinzipiell läuft. Werfen Sie einen Blick in das Beispielprogramm `Datenbanken\ADO-Test.vbp`!

Bild 27.10: Das Ergebnis des Einführungsprogramms

Bild 27.11: Die Fehlermeldung, wenn die Datenquelle nicht richtig definiert ist

```
<% Option Explicit %>
<HTML>
  <!-- ActiveServerPages\ADO-Test.asp -->
  <!--#INCLUDE FILE="adovbs.inc"-->
  <HEAD><TITLE>ADO Test</TITLE></HEAD>
  <BODY>
    <H1>Die ersten 100 Autoren der Authors-Tabelle aus
        Biblio.mdb</H1>
    <%
    Dim con, rec
    On Error Resume Next
    Set con = CreateObject("ADODB.Connection")
    Set rec = CreateObject("ADODB.Recordset")
    con.Open "biblio-dns"
```

```
  If Err = 0 Then
    rec.MaxRecords = 100
    rec.Open "SELECT Author FROM Authors ORDER BY Author", con, _
            adOpenForwardOnly, adLockReadOnly
    While Not rec.EOF
      Response.Write rec.Fields("Author") & "<P>" & Chr(13)
      rec.MoveNext
    Wend
  Else
  %>
    Damit Sie dieses Beispiel testen können,
    müssen Sie mit dem ODBC-Manager (Systemsteuerung)
    die Datenquelle biblio-dns einrichten. Die Datenquelle
    muß auf die Datei biblio.mdb zeigen.
  <%
  End If
  rec.Close
  con.Close
  %>
 </BODY>
</HTML>
```

27.5.2 Abfrage als HTML-Tabelle formatieren

HTML bietet viele Möglichkeiten, Abfrageergebnisse effektvoll zu formatieren: Sie können verschiedene Farben, Textauszeichnungen (fett, kursiv) etc. verwenden. Die wohl beliebteste Formatierung sind aber Tabellen. Dieses Beispiel zeigt, wie eine Datensatzliste als Tabelle angezeigt werden kann. Das einzige Problem besteht darin, die *<TD>*-Tags zum Aufbau der Tabelle richtig einzusetzen.

Die Abfrage ermittelt diesmal alle Verlage aus der Biblio-Datenbank, bei denen das Adreßfeld nicht leer ist. Die *Connection*- und *Recordset*-Objekte werden mit *<OBJECT>*-Tags erzeugt – in erster Linie, um diese Syntaxvariante zu demonstrieren. Die Ausgabe der Daten erfolgt mit <%= .. %> statt durch *Response.Write* – auch in diesem Fall, um die große Anzahl der Möglichkeiten anzudeuten, die bei der ASP-Programmierung zur Auswahl stehen. Der Code wird dadurch allerdings unübersichtlich, weswegen der ASP-Anteil der Datei im folgenden Listing durch fette Auszeichnung hervorgehoben wird.

```
<HTML>  <!-- ActiveServerPages\ADO-Table.asp -->
        <!--#INCLUDE FILE="adovbs.inc"-->
 <OBJECT RUNAT=Server ID=Con PROGID="ADODB.Connection"></OBJECT>
 <OBJECT RUNAT=Server ID=Rec PROGID="ADODB.Recordset"></OBJECT>
 <HEAD><TITLE>ADO-Abfrage als Tabelle formatieren </TITLE></HEAD>
 <BODY>
```

```
    <H2>Tabelle mit allen Verlagen aus Biblio.mdb mit Adresse</H2>
    <%
    Dim i
    On Error Resume Next
    con.Open "biblio-dns"
    If Err = 0 Then
      rec.Open "SELECT [Company Name], Address, Telephone " & _
               "FROM Publishers WHERE Address <> ''  " & _
               "ORDER BY [Company Name]", _
               con, adOpenForwardOnly, adLockReadOnly
      %>
      <!-- Kopfzeile der Tabelle -->
      <TABLE BORDER=1>
      <TR><% For i = 0 to rec.Fields.Count - 1 %>
              <TD><B><%= rec(i).Name %></B></TD>
          <% Next %>
      </TR>
      <!-- Inhalt der Tabelle -->
      <% While Not rec.EOF %>
        <TR><% For i = 0 to rec.Fields.Count - 1 %>
                <TD><%= rec(i) %></TD>
            <% Next %>
        </TR>
        <% rec.MoveNext %>
      <% Wend %>
      </TABLE>
      <%
    Else
      %>
      Damit Sie dieses Beispiel testen können,
      müssen Sie mit dem ODBC-Manager (Systemsteuerung)
      die Datenquelle biblio-dns einrichten. Die Datenquelle
      muß auf die Datei biblio.mdb zeigen.
      <%
    End If
    rec.Close
    con.Close
    %>
  </BODY>
</HTML>
```

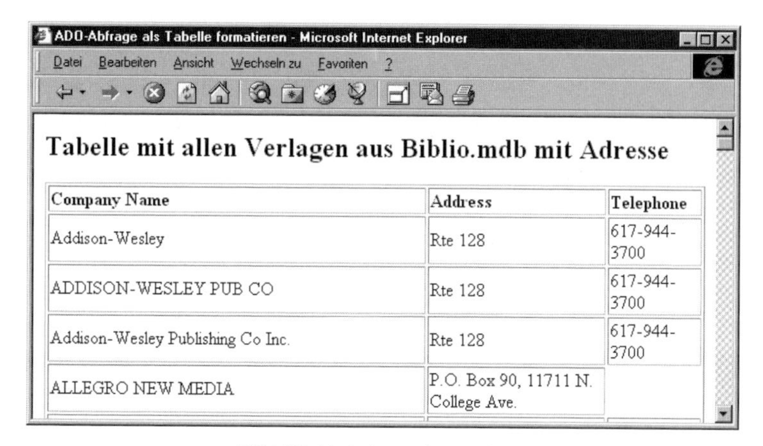

Bild 27.12: Die Verlegertabelle

27.5.3 Abfrageergebnisse über mehrere Seiten verteilen

Bei vielen Abfragen ist eine sehr große Anzahl von Ergebnisdatensätzen möglich. Wenn der Anwender im nebenstehenden Formular keine Eingaben durchführt und einfach ABFRAGE DURCHFÜHREN anklickt, werden *alle* Datensätze als Ergebnis geliefert. Die Übertragung derart großer Datenmengen über das Internet würde aber viel zu lange dauern. Aus diesem Grund ist es üblich, die gefundenen Datensätze in kleine Teile zu zerlegen, die seitenweise betrachtet werden können.

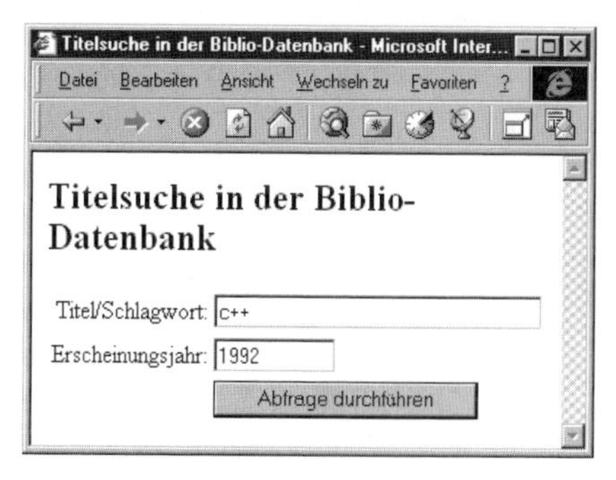

Bild 27.13: Das Abfrageformular

HTML-Code des Abfrageformulars

Das Beispiel verteilt sich auf zwei Dateien. Wenig Verständnisprobleme wird das Abfrageformular bereiten. Entscheidend für den Code in `Form-ado-answer.asp` sind eigentlich nur die Namen der *<INPUT>*-Tags des Formulars.

```
<HTML>
  <!-- ActiveServerPages\Form-ADO.asp -->
  <HEAD><TITLE>Titelsuche in der Biblio-Datenbank</TITLE></HEAD>
  <BODY>
    <H2> Titelsuche in der Biblio-Datenbank </H2>
      <FORM METHOD="POST" ACTION="form-ado-answer.asp">
      <TABLE>
        <TR> <TD ALIGN=RIGHT> Titel/Schlagwort:
             <TD> <INPUT NAME="title" SIZE=30 >
```

```
        <TR> <TD ALIGN=RIGHT> Erscheinungsjahr:
             <TD> <INPUT NAME="year" SIZE=10 >
        <TR> <TD>
             <TD> <INPUT NAME="querybutton" TYPE=SUBMIT
                         VALUE="Abfrage durchführen">
      </TABLE>
      </FORM>
  </BODY>
</HTML>
```

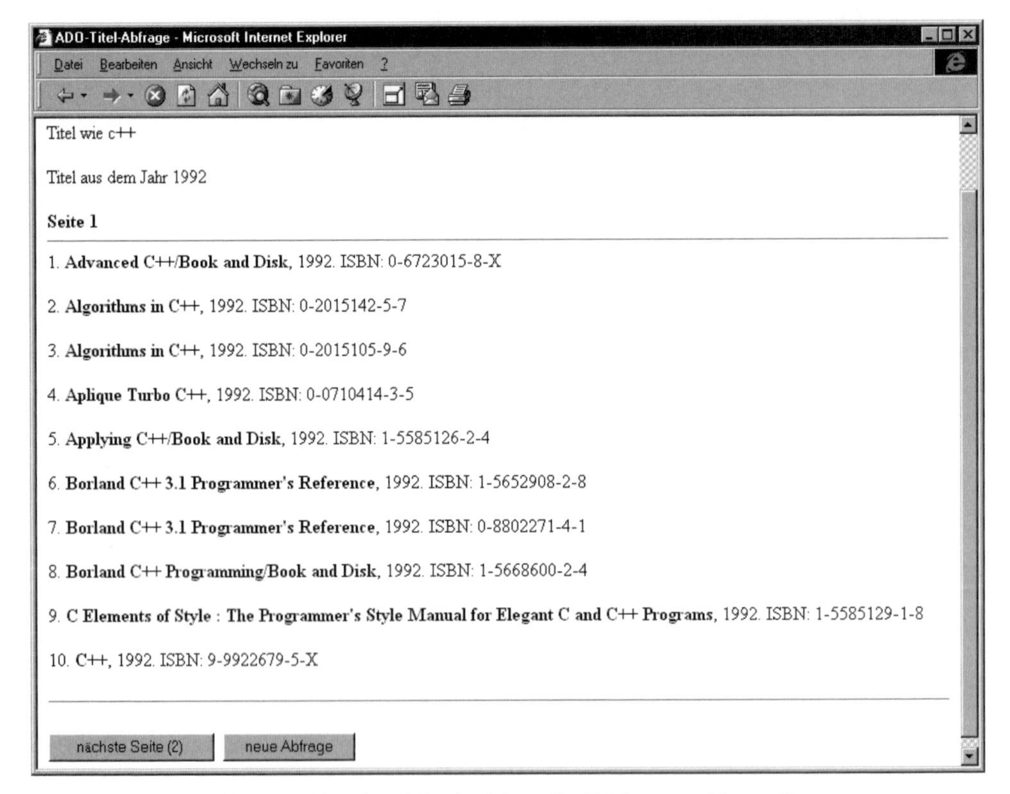

Bild 27.14: Die achte Seite der Liste aller Bücher zum Thema C++

HTML-Code der Ergebnisseite

Der folgende HTML-Text resultiert aus der Verarbeitung der Datei `Form-ado-answer.asp` durch den Server. An dieser Stelle wird eine mögliche Ergebnisdatei abgedruckt, um die Orientierung im Beispiel ein wenig zu erleichern. Achten Sie insbesondere darauf, wie die drei Buttons VORIGE und NÄCHSTE SEITE sowie NEUE ABFRAGE als Formular in das HTML-Dokument integriert sind.

```
<HTML>
  <!-- ActiveServerPages\Form-ADO-Answer.asp -->
  <HEAD><TITLE>ADO-Titel-Abfrage</TITLE></HEAD>
  <BODY>
    <H2> Abfrageergebnisse </H2>
    Titel wie c++<P>
    61. <B>C++ : An Introduction to Computing/Book and Disk</B>,
        1994. ISBN: 0-0236940-2-5<P>     ...
    <HR>
    <FORM METHOD="POST" ACTION="form-ado-answer.asp">
     <INPUT TYPE=HIDDEN NAME="title" VALUE="c++">
     <INPUT TYPE=HIDDEN NAME="year"  VALUE="1990">
     <INPUT TYPE=SUBMIT NAME="prevbutton" VALUE="vorige Seite (1) ">
     <INPUT TYPE=HIDDEN NAME="prevpage" VALUE="1">
     <INPUT TYPE=SUBMIT NAME="nextbutton" VALUE="nächste Seite (3) ">
     <INPUT TYPE=HIDDEN NAME="nextpage" VALUE="3">
     <INPUT TYPE=SUBMIT NAME="newquery" VALUE="neue Abfrage">
    </FORM>
  </BODY>
</HTML>
```

Programmcode

Es gibt vier Buttons, deren Anklicken die Verarbeitung von `Form-ado-answer.asp` auslösen kann: Der Button des Startformulars und die drei Buttons des Ergebnisformulars. Jeder dieser Buttons hat einen eindeutigen Namen. *Request.Form("name")* enthält für den gedrückten Button (und nur für diesen) die Zeichenkette mit dem Button-Text. Diese Tatsache kann zur Ermittlung des gedrückten Buttons ausgenutzt werden. Wenn weder der Button des Abfrageformulars noch die Buttons VORIGE oder NÄCHSTE SEITE gedrückt wurden, wird der Code bereits in den ersten Zeilen abgebrochen und statt dessen das Abfrageformular angezeigt.

Response.Redirect wird also immer dann ausgeführt, wenn der Button NEUE ABFRAGE gedrückt oder die ASP-Datei direkt geladen wurde. Die Methode kann weiter unten im Code nicht mehr ausgeführt werden. Die Abfrage muß erfolgen, bevor mit der Ausgabe der Ergebnisseite begonnen wird!

```
<%
' ActiveServerPages\Form-ADO-Answer.asp
If  Request.Form("querybutton") = "" And _
    Request.Form("prevbutton") = "" And _
    Request.Form("nextbutton") = "" Then
  Response.Redirect "form-ado.asp"
End If
%>
```

Als nächstes folgt die aus den vorherigen Beispielen schon bekannten Fehlerabsicherung für den Fall, daß die Datenquelle *biblio-dns* nicht definiert ist.

```
<HTML>
  <!--#INCLUDE FILE="adovbs.inc"-->
  <HEAD><TITLE>ADO-Titel-Abfrage</TITLE></HEAD>
  <BODY>
    <H2> Abfrageergebnisse </H2>
    <%
    ' Initialisierung
    Dim con, rec, pagenr
    Dim title, year, sq, where
    Dim n, i, j
    On Error Resume Next
    Set con = CreateObject("ADODB.Connection")
    Set rec = CreateObject("ADODB.Recordset")
    con.Open "biblio-dns"
    If Err <> 0 Then
      rec.Close
      con.Close
      Response.Write "Damit Sie dieses Beispiel testen können, "
      Response.Write "müssen Sie mit dem ODBC-Manager "
      Response.Write "(Systemsteuerung) die Datenquelle biblio-dns "
      Response.Write "einrichten. Die Datenquelle muß auf die "
      Response.Write "Datei biblio.mdb zeigen."
      Response.End
    End If
```

Zur Anzeige der Abfrageergebnisse werden drei Parameter benötigt: die gewünschte Seitennummer und die beiden Suchkriterien. Wenn die ASP-Datei durch den Button ABFRAGE AUSFÜHREN des Abfrageformulars aufgerufen wurde, wird automatisch die erste Seite angezeigt. In den beiden anderen Fällen kann die gewünschte Seitennummer dem unsichtbaren Feld *querybutton* des Ergebnisformulars entnommen werden.

Die Suchkriterien werden sowohl im Abfrageformular als auch im Ergebnisdokument in den gleichnamigen Feldern *title* und *year* gespeichert. (Im Ergebnisdokument sind die Felder unsichtbar).

```
    ' Abfrageparameter ermitteln
    If Request.Form("querybutton") <> "" Then
      pagenr = 1
    ElseIf Request.Form("prevbutton") <> "" Then
      pagenr = Request("prevpage")
    ElseIf Request.Form("nextbutton") <> "" Then
      pagenr = Request("nextpage")
    End If
```

```
title = Request("title")
year = Request("year")
' Abfrageparameter anzeigen
If title = "" And year = "" Then
  Response.Write "Abfrage nach allen Titel <P>"
Else
  If title <> "" Then
    Response.Write "Titel wie " & title & "<P>"
  End If
  If year <> "" Then
    Response.Write "Titel aus dem Jahr " & year & "<P>"
  End If
End If
Response.Write "<B>Seite " & pagenr & "</B><HR>"
```

Beim Bilden der Abfrage muß darauf geachtet werden, daß nicht zweimal *WHERE* verwendet wird. Wenn als Suchkriterien sowohl Informationen für den Titel als auch für das Erscheinungsjahr angegeben wurden, müssen die Kriterien mit *AND* verknüpft werden.

```
' SQL-Kommando vorbereiten
sq = "SELECT Title, ISBN, [Year Published] FROM Titles "
If year <> "" Then
  sq = sq + "WHERE [Year Published] = " & year & " "
  where = True
End If
If title <> "" Then
  If where Then
    sq = sq + "AND Title LIKE '%" & title & "%' "
  Else
    sq = sq + "WHERE Title LIKE '%" & title & "%' "
  End If
End If
sq = sq + "ORDER BY Title"
```

Das resultierende SQL-Kommando sieht beispielsweise so aus:

```
SELECT Title, ISBN, [Year Published] FROM Titles
WHERE [Year Published] = 1990 AND Title LIKE '%C++%'
ORDER BY Title
```

Wenn die Abfrage keine Ergebnisse liefert, wird eine kurze Meldung angezeigt und das ASP-Programm mit *Response.End* beendet. Andernfalls werden die Ergebnisse der gewünschten Seite angezeigt.

```
' Abfrage durchführen
rec.MaxRecords = 100  'wird leider ignoriert
rec.Open sq, con, adOpenKeyset, adLockReadOnly
```

```
If rec.EOF Then ' kein Datensatz gefunden
  Response.Write "Keine Datensätze gefunden."
  Response.End
End If
'Ergebnisse anzeigen
rec.PageSize = 10
rec.AbsolutePage = 1
n = 1 + rec.PageSize * (pagenr - 1)
For j = 0 To rec.PageSize - 1
  Response.Write n & ". "
  Response.Write "<B>" & rec.Fields("Title") & "</B>, "
  Response.Write rec.Fields("Year Published") & ". "
  Response.Write "ISBN: " & rec.Fields("ISBN")  & "<P>"
  rec.MoveNext
  n = n + 1
  If rec.EOF Then Exit For
Next
```

Das Ergebnisdokument endet mit einem kleinen Formular. Das Formular enthält in vier unsichtbaren Feldern die beiden Abfragekriterien, die Nummer der vorherigen und die Nummer der nächsten Seite. Außerdem werden bis zu drei Buttons angezeigt, mit dem zur vorherigen, zur nächsten Seite oder zurück in das Abfrageformular gesprungen werden kann.

```
' Navigations-Buttons anzeigen
%>
<HR>
<FORM METHOD="POST" ACTION="form-ado-answer.asp">
<INPUT TYPE=HIDDEN NAME="title" VALUE="<%=title%>">
<INPUT TYPE=HIDDEN NAME="year" VALUE="<%=year%>">
<% If pagenr > 1 Then %>
  <INPUT TYPE=SUBMIT   NAME="prevbutton"
         VALUE="vorige Seite (<%= pagenr - 1 %>) ">
  <INPUT TYPE=HIDDEN NAME="prevpage"
         VALUE="<%= pagenr - 1 %>">
<% End If %>
<% If Not rec.EOF Then %>
  <INPUT TYPE=SUBMIT   NAME="nextbutton"
         VALUE="n&auml;chste Seite (<%= pagenr + 1 %>) ">
  <INPUT TYPE=HIDDEN NAME="nextpage"
         VALUE="<%= pagenr + 1 %>">
<% End If
' Datenbank schließen
rec.Close
con.Close %>
```

```
    </FORM>
  </BODY>
</HTML>
```

Etwas unbefriedigend bei diesem Beispiel ist die Tatsache, daß die Abfrage für jede Seite neu ausgeführt werden muß, obwohl jedesmal nur eine geringe Anzahl von Datensätzen tatsächlich benötigt wird. Das Problem wird insofern gemildert, als die ASP-Erweiterung des Information Servers zumindest versucht, Datenbankverbindungen möglichst effizient zu verwalten. Eine bessere Lösung ist schwer zu realisieren, weil im voraus nicht klar ist, ob der Anwender weitere Seiten abruft oder nicht. Wenn die Ergebnisse einer Abfrage zwischengespeichert werden (etwa in *Session*-Variablen), könnte zwar die wiederholte Ausführung der Abfrage vermieden werden, dafür wäre der Speicheraufwand aber unverhältnismäßig groß.

28 IIS-Anwendungen

IIS-Anwendungen sind ActiveX-DLLs, die vom Internet Information Server ausgeführt werden. Es handelt sich also wie bei ASP-Dateien um eine Form der Server-seitigen Web-Programmierung. IIS-Anwendungen sind mit ASP-Dateien verwandt: Zum einen dient eine winzige ASP-Datei als Startpunkt in die IIS-Anwendung; zum anderen stehen in IIS-Anwendungen alle im vorherigen Kapitel beschriebenen ASP-Objekte zur Verfügung.

Der große Unterschied zu ASP-Seiten besteht darin, daß IIS-Anwendungen in der Visual-Basic-Entwicklungsumgebung mit dem neuen *WebClass*-Designer entwickelt werden können. Die Vorteile liegen auf der Hand: mehr Komfort bei der Programmerstellung und Fehlersuche, erheblich mehr Effizienz bei der Ausführung.

28.1 Grundlagen

Aus der Sicht des Clients, der auf Ihre Web-Site zugreift, gibt es keinen Unterschied zwischen ASP-Seiten, *WebClasses* und anderen Formen Server-seitiger Programmierung: Der Server erzeugt bei jedem Zugriff dynamisch eine neue oder modifzierte HTML-Seite und sendet diese an den Client. Als Client kommt damit jeder noch so alte HTML-Browser jedes Herstellers in Frage (sofern Sie nicht gerade die allerneuesten HTML-Erweiterungen nutzen).

Aus der Sicht des Web-Servers besteht der Unterschied zwischen ASP-Seiten und *WebClasses* primär darin, daß im ersten Fall VBScript-Code interpretiert werden muß, während im zweiten Fall eine kompilierte ActiveX-DLL verwendet werden kann. Das bedeutet, daß der CPU-Aufwand zur Bedienung eines Seitenzugriffs wesentlich geringer ist. Wirklich zum Tragen kommt dieser Unterschied bei sehr stark frequentierten Web-Sites.

Aus der Sicht des Programmierers besteht der Unterschied in den verfügbaren Entwicklungswerkzeugen. Hier sind *WebClasses* klar im Vorteil, weil die VB-Entwicklungsumgebung verwendet werden kann.

HINWEIS

WebClasses sind mit ASP-Dateien verwandt. Zum Verständnis dieses Kapitels ist es erforderlich, daß Sie das im vorigen Kapitel beschriebene Prinzip von ASP-Dateien verstehen (Seite 1088) und daß Sie die ASP-Objekte kennen (Seite 1098).

ANMERKUNG

WebClasses haben dagegen nichts mit DHTML-Projekten zu tun! IIS- und DHTML-Anwendungen sind beide neu in VB6, beide sind zur Internet-Programmierung vorgesehen, beide sind als Designer in die Entwicklungsumgebung integriert – aber technologisch gibt es keine Gemeinsamkeiten.

DHTML-Anwendungen laufen am Client und setzen als Browser den IE4 voraus. IIS-Anwendungen werden dagegen vom Server ausgeführt und stellen keine Anforderungen an den Browser. Allerdings gilt das herkömmliche, Seiten-basierte Prinzip: Ein einmal übertragenes HTML-Dokument kann nicht mehr verändert werden, Ergebnisse etc. müssen in einem neuen Dokument angezeigt werden.

Nomenklatur

Das Einlesen in die Grundlagen von *WebClasses* wird durch die etwas unübersichtliche Nomenklatur erschwert. Vorab also eine kurze Erklärung der wichtigsten Begriffe:

WebClass: Eine *WebClass* ist ein neues Objekt, das durch die *Microsoft WebClass Library* (`Mswcrun.dll`) zur Verfügung gestellt wird. Das *WebClass*-Objekt stellt die Verbindung zwischen IIS und dem VB-Code her. Die meisten IIS-Anwendungen bestehen nur aus einer einzigen *WebClass*. (Innerhalb einer *WebClass* können mehrere HTML-Seiten erzeugt und verwaltet werden.) Der Eintritt in ein *WebClass*-Projekt erfolgt über eine winzige ASP-Datei, die von der VB-Entwicklungsumgebung erzeugt wird (siehe Überschrift *Interna*).

WebItems: Jede *WebClass* besteht aus mehreren *WebItems*. Diese Objektklasse ist ebenfalls von `Mswcrun.dll` zur Verfügung gestellt. *WebItems* sind logische Einheiten, die in der laufenden Anwendung – also für den Client – meistens als eigenständige HTML-Seiten sichtbar werden. (Zu dieser Regel gibt es Ausnahmen: Auf der einen Seite können neue HTML-Seiten auch ohne eigene *WebItems* direkt aus einer Ereignisprozedur erzeugt werden. Auf der anderen Seite kann es notwendig sein, ein Element einer Seite – etwa eine Bitmap-Datei, die durch *<IMG>* eingebunden ist – durch ein eigenes *WebItem* zu verwalten.)

WebItems können wahlweise auf vorhandene HTML-Seiten aufbauen (dann bekommen Sie vom Designer den Namen *TemplateNnn*) oder ausschließlich durch Code erzeugt werden. Im ersten Fall wird die HTML-Seite als Schablone verwendet, in der einzelne HTML-Tags dynamisch ersetzt werden. Im zweiten Fall wird der für den Client sichtbare HTML-Code ausschließlich durch *Write*-Methoden in Ihrem VB-Programm erzeugt.

WebClass-Designer: Wie so viele Neuerungen in Visual Basic 6 basieren auch *WebClasses* auf einem Designer. Diese Erweiterung der Entwicklungsumgebung hilft bei der visuellen Verwaltung der *WebItems* und bei der Zuordnung der Ereignisprozeduren.

Interna

Bei den im vorigen Kapitel beschriebenen ASP-Dateien wird der integrierte VBScript-Code vom IIS ausgeführt. Auch bei Projekten, die auf einer *WebClass* basieren, ist die Startseite eine ASP-Datei. Deren Inhalt besteht im wesentlichen aus zwei VBScript-Anweisungen:

```
Set Application("~WC~WebClassManager") = _
  Server.CreateObject("WebClassRuntime.WebClassManager")
Application("~WC~WebClassManager").ProcessNoStateWebClass _
  "proj1.webclass1", Server, Application, Session, Request, Response
```

Durch *CreateObject* erzeugt der IIS ein Objekt vom Typ *WebClassManager*. Konkret ist leider nicht dokumentiert, welche Bedeutung diese Klasse und deren Methode *ProcessNoStateWebClass* hat. Im Prinzip bewirken die obigen Zeilen aber, daß das mit Visual Basic programmierte Objekt *proj1.webclass1* initialisiert wird. (Der IIS lädt dazu die ActiveX-DLL in seinen Adreßraum.)

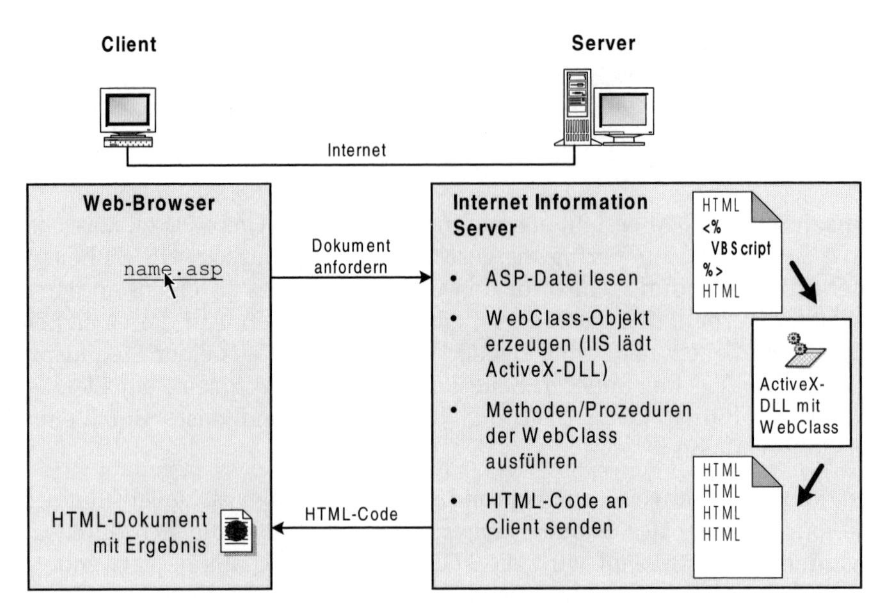

Bild 28.1: Erster Zugriff auf ein WebClass-Projekt

Die ActiveX-DLL des *proj1.webclass1*-Objekts erzeugt HTML-Code, der an den Client zurückgesendet wird. Wenn der Anwender (Client-seitig) Links oder andere Objekte anklickt, werden diese Ereignisse vom Server festgestellt. Dieser ruft dann abermals Prozeduren der ActiveX-DLL auf.

Die Startadresse für den Eintritt in eine IIS-Anwendung lautet `projname.asp`. Links zwischen verschiedenen Seiten der IIS-Anwendung haben Adressen in der Art von:

```
projname.asp?WCI=WebItem1
projname.asp?WCI=WebItem1&WCE=CustomEventInWebItem1
```

Die Arbeitsweise von *WebClasses* ist also etwas abstrakter als die von ASP-Dateien. Der durch *WebClasses* erzeugte HTML-Code kann von vorhandenen HTML-Schablonen stammen (also HTML-Dateien, in denen einzelne Elemente per Code ausgetauscht werden), aber auch direkt durch Code erzeugt werden (*Response.Write*).

Die größten Verständnisprobleme bereiten wahrscheinlich Ereignisse: Da es sich bei *WebClasses* um eine Server-seitige Technologie handelt, kommen nur Ereignisse in Frage, die der Server (nicht der Client) feststellen kann! Dafür kommen nur ganz wenige Operationen in Frage:

- Die Aufforderung, eine in die HTML-Seite eingelagerte Bitmap, Multimedia-Datei etc. zu senden: Dieser Fall tritt am häufigsten ein, wenn die HTML-Seite (Hintergrund-)Bitmaps zur optischen Gestaltung enthält. Der Server kann einfach die entsprechenden Daten an den Client senden, er kann aber auch – wenn eine entsprechende Ereignisprozedur Ihres IIS-Projekts vorliegt – diese Prozedur aufrufen. In diesem Fall ist es die Aufgabe Ihres Programms, die gewünschten Daten zu senden. (Sie könnten beispielsweise eine Bitmap aus einer Datenbank lesen und jedesmal eine andere Bitmap senden!)

- Das Anklicken eines Links, mit dem eine andere Seite im Bereich des IIS angesprochen wird: Der Server erhält die Aufforderung, eine neue HTML-Datei zu senden. Auf dieses 'Ereignis' reagiert er, indem er die entsprechende Ereignisprozedur Ihrer IIS-Anwendung aufruft.
- Das Anklicken eines Formular-Buttons: Der Server erhält die Eingabedaten eines Formulars und soll diese auswerten. Abermals ruft er eine Ereignisprozedur Ihrer IIS-Anwendung auf, die sich um die Auswertung kümmern muß.

HINWEIS

Der IIS erzeugt normalerweise bei jedem Zugriff auf eine Seite der *WebClass* eine neue Instanz der ActiveX-DLL. Wie bei ASP-Seiten gibt es in *WebClasses* also gewöhnlich keine generellen Variablen, die bei einem Wechsel von einer Seite zur nächsten ihre Gültigkeit bewahren. Für Web-Programmierer ist das zwar das tägliche Brot, für VB-Entwickler ist dieses Verhalten aber ungewöhnlich. Daher kann durch die Einstellung *StateManagement=wcRetainInstance* erreicht werden, daß die Instanz der ActiveX-DLL bei einem Seitenwechsel erhalten bleibt. Das vereinfacht die Programmierung, ist aber etwas ineffizienter.

Voraussetzungen

Zur Entwicklung und Ausführung von *WebClasses* gelten im Prinzip die gleichen Voraussetzungen wie bei ASP-Dateien: Es muß ein ASP-konformer Web-Server zur Verfügung stehen (zur Zeit Internet Information Server ab Version 3 sowie aktuelle Versionen des Peer Web Servers oder des Personal Web Servers), und die ASP-Erweiterung muß installiert sein (das ist beim IIS3 default nicht der Fall, beim IIS4 dagegen schon). Wenn auf Ihrem Rechner kein entsprechend konfigurierter Web-Server installiert ist, können Sie in der Entwicklungsumgebung ein neues *WebClass*-Projekt nicht einmal beginnen (geschweige denn testen).

Probleme / Einschränkungen

WebClasses haben sich – zumindest im Testbetrieb – als überraschend stabil herausgestellt. Kein anderes neues Feature von Visual Basic wirkt so gut ausgereift! Der Grund, weswegen *WebClasses* beim ersten Kontakt recht unübersichtlich und abstrakt wirken, besteht darin, daß diese Technologie mehr Features enthält, als unbedingt notwendig wäre. Zur Lösung einer bestimmten Aufgabe gibt es zumeist nicht eine, sondern mindest drei richtige Vorgehensweisen – und das stiftet anfangs natürlich Verwirrung.

Das einzig ernsthafte Problem besteht in der Integration von IIS-Projekten in eine Web-Site: Während es zu ASP-Dateien mittlerweile brauchbare Werkzeuge gibt, die für viele Fälle sogar automatisch den Code erzeugen, wirken IIS-Projekte darin noch wie Fremdkörper. Sowohl die Verbindung herkömmlicher Web-Techniken mit

WebClasses als auch die Wartung des daraus entstehenden Gesamtsystems bereitet viele organisatorische Probleme.

VORSICHT

Wenn Sie mit dem Installationsassistenten ein Paket zur Weitergabe Ihres IIS-Pakets erstellen (etwa um die Dateien am Web-Server-Rechner zu installieren), 'vergißt' der Assistent die `*.htm`-Schablonen! Sie müssen diese Dateien manuell hinzufügen.

Anwendungsbereiche

Es könnte sein, daß das an sich recht triviale Integrationsproblem eine weite Anwendung von *WebClasses* vorerst verhindert – zumindest solange, bis es eine direkte *WebClasses*-Unterstützung auch in Visual Interdev, Frontpage und vergleichbaren Produkten gibt. Es gibt zwei Anwendungsbereiche, wo sich *WebClasses* dennoch geradezu aufdrängen:

- Bei Web-Sites mit sehr vielen Zugriffen pro Tag kommt vor allem der Geschwindigkeitsvorteil zur Geltung. Hier kann die Umstellung der am häufigsten benötigten Seiten von ASP auf *WebClasses* durchaus den Kauf eines neuen, schnelleren Servers ersparen.
- Bei sehr komplexen Anwendungen, die über zahlreiche Seiten reichen, ist die bessere Programmierbarkeit das entscheidende Argument: Der Code in ASP-Dateien hat die Tendenz, daß er bereits nach zwei Wochen für niemanden mehr nachvollziehbar (und damit wartbar) ist. Hier bieten *WebClasses*, die innerhalb der VB-Entwicklungsumgebung und beinahe losgelöst vom HTML-Code erstellt werden können, viele Vorteile.

HINWEIS

Das Argument, IIS-Projekte seien effizienter als ASP-Dateien, ist in der Theorie auf jeden Fall korrekt. Ob der Geschwindigkeitsgewinn in der Praxis aber tatsächlich so groß ist wie erwartet, hängt stark vom Typ der Anwendung ab.

In vielen Fällen werden IIS-Projekte wie ASP-Dateien zum Datenbankzugriff via HTML verwendet. In diesem Fall ist der limitierende Faktor zumeist das Datenbanksystem! Ob die paar Zeilen Code, die zwischen dem IIS-Server und der Datenbankabfrage stehen, nun interpretiert werden müssen oder nicht, spielt vermutlich nur noch eine untergeordnete Rolle. (Der Autor hatte leider keine Möglichkeit, eine Geschwindigkeitsuntersuchung in einem realistischen Testszenario durchzuführen.)

Einführungsbeispiel

Das erste Erfolgserlebnis mit *WebClasses* stellt sich erfreulich rasch ein: Beginnen Sie ein neues IIS-Projekt, geben Sie dem Projekt und dem *WebClass*-Objekt einprägsame

Namen, und starten Sie das Programm. Nach wenigen Augenblicken erscheint der Internet Explorer und zeigt die Startseite Ihres Projekts an – ohne daß Sie auch nur eine einzige Zeile Code geschrieben oder eine HTML-Datei erstellt haben (Bild 28.2).

Bild 28.2: Die erste IIS-Anwendung (ohne eine Zeile Code zu schreiben)

Im Hintergrund hat die VB-Entwicklungsumgebung eine Menge Arbeit erledigt: Zum einen hat sie (nach einer Rückfrage) ein virtuelles Verzeichnis im Internet Information Server erzeugt, das in Ihr Projektverzeichnis zeigt. Dann wurde die oben schon erwähnte ASP-Startdatei erzeugt, die dafür zuständig ist, daß der IIS eine Instanz Ihres *WebClass*-Objekts erzeugt. Und schließlich wird im Internet Explorer nur deshalb eine Startseite angezeigt, weil Visual Basic bei jedem neuen Projekt automatisch eine *WebClass_Start*-Prozedur erzeugt, die bei der Initialisierung des *WebClass*-Objekts ausgeführt wird.

```
Private Sub WebClass_Start()
  'Write a reply to the user
  With Response
    .Write "<html>"
    .Write "<body>"
    .Write "<h1><font face=""Arial"">WebClass1's Starting " &
      "Page</font></h1>"
    .Write "<p>This response was created in the Start event of " & _
      "WebClass1.</p>"
    .Write "</body>"
    .Write "</html>"
  End With
End Sub
```

28.2 WebClass-Designer

Der *WebClass*-Designer hilft bei der Verwaltung der *WebItems* und ihrer Eigenschaften. Dabei wird zwischen zwei Typen von *WebItems* unterschieden: solchen, die auf einer

HTML-Datei basieren (diese Datei wird wie eine Schablone verwendet, daher der Name *Template*), und solchen, die nur aus Code bestehen.

28.2.1 Templates

Templates basieren auf einer HTML-Datei. Diese wird mit dem Button WEBITEM DER HTML-VORLAGE HINZUFÜGEN erzeugt. Die Übersetzung des Button-Textes ist nicht besonders gut gelungen – gemeint ist, daß ein *WebItem*-Objekt aus einer HTML-Vorlage erzeugt werden soll. (Es gibt auch *WebItems* ohne HTML-Vorlage.)

Nach der Auswahl der HTML-Datei erstellt der Designer eine Kopie der Datei im Projektverzeichnis. Ab jetzt wird nur noch die Kopie bearbeitet. Änderungen im Original wirken sich auf das IIS-Projekt nicht mehr aus!

In der Entwicklungsumgebung ist nicht ersichtlich, unter welchem Namen der Designer die Kopie der HTML-Datei speichert. Diese Information können Sie nur direkt der `*.dsr`-Datei entnehmen. (Sofern es keine Namenskonflikte gibt, die Quelldatei also nicht aus dem Projektverzeichnis gelesen wurde, bleibt der Dateiname unverändert.)

Wenn Sie die HTML-Datei nachträglich verändern, achten Sie darauf, daß Sie die Kopie aus dem Projektverzeichnis bearbeiten (nicht die ursprüngliche Datei). Am einfachsten verwenden Sie den Designer-Button HTML-VORLAGE BEARBEITEN. Den gewünschten HTML-Editor können Sie übrigens mit EXTRAS | OPTIONEN | WEITERE einstellen.

HINWEIS

Der Designer führt an der Datei kleine Veränderungen durch, die Ihr HTML-Editor nicht wieder zerstören sollte (und genau das passiert leider allzuoft). Ebenso intolerant ist übrigens auch der Designer selbst, der glaubt, die Zeilenumbrüche innerhalb der HTML-Datei ständig verändern zu müssen. Das ist ausgesprochen lästig, wenn Sie, wie der Autor, mit einem ASCII-Editor (etwa GNU Emacs) und nicht mit einem visuellen HTML-Editor (etwa Frontpage) arbeiten möchten.

HINWEIS

Während der Entwicklung einer IIS-Anwendung gilt das Projektverzeichnis als lokales Verzeichnis für alle Links in HTML-Dateien. Bilder (`*.gif`-Dateien) und andere Dateien, auf die ohne Pfadangabe verwiesen wird, müssen deswegen in das Projektverzeichnis kopiert werden!

TIP

Wenn Sie eine HTML-Datei als *Template* in Ihr Objekt einfügen, wird diese beim Aktivieren des Objekts noch nicht automatisch angezeigt! Dazu müssen Sie in der *Respond*-Ereignisprozedur die Methode *WriteTemplate* ausführen. (Weitere Details folgen im Abschnitt *Programmiertechniken* ab Seite 1139.)

Ereignisse

Der Designer analysiert die HTML-Datei beim ersten Einfügen und nach jeder Veränderung automatisch. Dabei wird eine Liste möglicher Ereignisse erstellt und im Designer angezeigt. Folgende Elemente einer HTML-Datei sind potentielle Ereignisquellen:

- URL-Adressen (also alle Links auf andere HTML-Dateien).
- Buttons von Formularen.
- Alle HTML-Attribute von HTML-Kommandos, in denen eine URL angegeben werden kann. Das betrifft beispielsweise das *<BODY>*-Kommando, weil darin mit *Background=...* eine Bitmap-Datei für das Hintergrundmuster angegeben werden kann.

Diesen potentiellen Ereignissen ist vorerst noch keine Ereignisprozedur zugeordnet, d.h., im Designer-Fenster wird als Ziel *<keine>* angezeigt (Bild 28.3). Durch einen Doppelklick auf eine Ereignismarke ordnen Sie dem Ereignis eine Ereignisprozedur zu. (Der Name ergibt sich aus dem Template- und dem Markennamen, also etwa *Template2_Table1*.) Sie können den Ereignisnamen aber im Designer aussagekräftiger machen (etwa *HyperlinkBack* statt *Hyperlink2*). Die Veränderung erfolgt per Kontextmenü oder direkt im hierarchischen Listenfeld links im Designer (sehr langsamer Doppelklick).

Sie können den potentiellen Ereignissen auch direkt ein anderes *WebItem* zuordnen. In diesem Fall wird beim Auslösen dieses Ereignis der Code dieses *WebItems* ausgeführt.

In Bild 28.3 sind nur den Marken *Body1* sowie *Hyperlink1* Ereignisprozeduren zugeordnet. Die Marke *Hyperlink2* ist dem *StartTemplate-WebItem* zugeordnet, so daß beim Anklicken des Links ein Sprung zur Startseite erfolgt. Die weiteren potentiellen Ereignisse (zur dynamische Veränderung der Hintergrund-Bitmaps der Tabelle) sind ungenutzt.

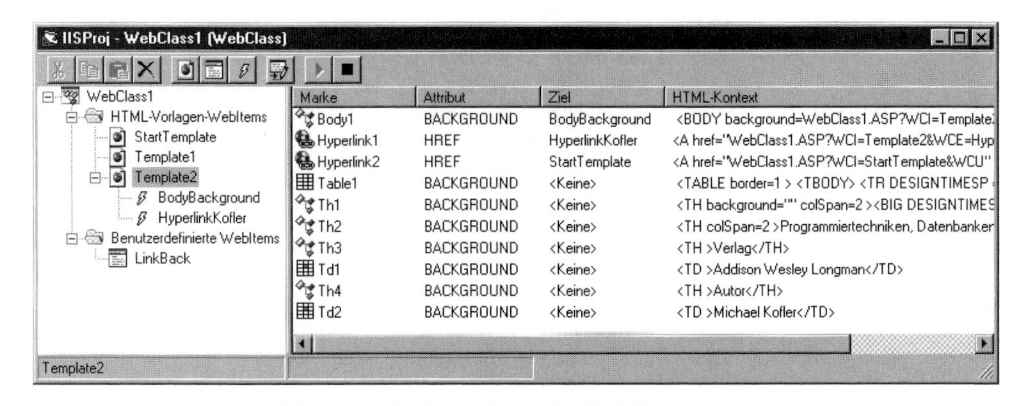

Bild 28.3: Ereigniszuordnung im WebClass-Designer

Sobald Sie einem potentiellen Ereignis eine Prozedur zuordnen, verändert der Designer den HTML-Quellcode. Diese Veränderung ist notwendig, damit der IIS das Ereignis feststellen und die betreffende Visual-Basic-Prozedur aufrufen kann. Vorsicht: Die bisherige Einstellung des Attributs geht dabei verloren.

Die folgenden Zeilen veranschaulichen die Quellcode-Veränderung. So sah der ursprüngliche HTML-Code aus:

```
<BODY BACKGROUND="background.jpg">
<A HREF="http:\\www.addison-wesley.de/Service/Kofler">
       Michael Kofler</A>
<A HREF="WebClass1.asp">
       Zurück zur Startseite</A></P>
```

Und das ist der Code, nach dem die in Bild 28.3 angezeigten Ereignisse zugeordnet wurden.

```
<BODY BACKGROUND=WebClass1.ASP?WCI=Template2&amp;WCE=BodyBackground&amp;WCU>
<A HREF="WebClass1.ASP?WCI=Template2&WCE=HyperlinkKofler&WCU">
       Michael Kofler</A>
<A HREF="WebClass1.ASP?WCI=StartTemplate&WCU">
       Zurück zur Startseite</A></P>
```

Die Attributseinstellungen enthalten jetzt also – ein wenig verschlüsselt – die für den IIS erforderliche Information zum Aufruf der Ereignisprozedur: *WCI* steht für *WebClass-Item*, *WCE* für *WebClass-Event*, *WCU* vermutlich für *WebClass-Userdefined Data*.

Abschließend zur Komplettierung des Bilds und als Vorgriff auf Abschnitt 28.3 noch der Code zu den Ereignisprozeduren der beiden ersten HTML-Elemente, so daß die ursprüngliche Wirkung der Attribute wiederhergestellt wird. (Beim Link zurück zur Startseite ist kein Code erforderlich. In der Praxis werden Sie Ereignisprozeduren natürlich nur dann verwenden, wenn Sie Effekte erzielen möchten, die durch eine statische Einstellung nicht möglich sind. Hier geht es nur um das Prinzip.)

```
Private Sub Template2_BodyBackground()
  Dim handle As Long
  handle = FreeFile
  Open App.Path & "\background.jpg" For Binary As #handle
  Response.BinaryWrite InputB(LOF(handle), handle)
  Close #handle
End Sub
Private Sub Template2_HyperlinkKofler()
  Response.Redirect "http://www.addison-wesley.de/Service/Kofler"
End Sub
```

VORSICHT

Wenn die HTML-Datei nachträglich verändert wird, passiert es manchmal, daß die Verbindung zwischen Ereignisprozedur und HTML-Marke verloren geht. Wenn Ihr Projekt also plötzlich nicht mehr funktioniert, werfen Sie einen scharfen Blick auf die Ereignisliste im Designer und stellen Sie die Ereigniszuordnung gegebenenfalls wieder her.

28.2.2 WebItems ohne zugeordnete HTML-Datei

WebItems ohne HTML-Schablone – im Designer als 'benutzerdefinierte *WebItems*' bezeichnet – sind quasi die vereinfachte Form der gerade behandelten Templates. Auf den ersten Blick ist nicht ganz einsichtig, welche Aufgabe solche *WebItems* überhaupt erfüllen sollen – es gibt nämlich keine Funktion, die nicht genausogut durch eine Ereignisprozedur eines *Templates* erfüllt werden könnte.

Die Vorteile von *WebItems* bestehen darin, daß zum einen von mehreren *Templates* benötigte Aufgaben zentral an einer Stelle erledigt werden können und daß zum anderen eine klarere Strukturierung und Kapselung des gesamten Projekts möglich ist. Wenn Sie beispielsweise ein HTML-Dokument ohne Schablone erzeugen, sollten Sie den entsprechenden Code nicht in einer *Template*-Ereignisprozedur unterbringen, sondern in einem eigenen *WebItem*. Damit wird deutlich, daß es sich hier um ein eigenständiges Dokument handelt.

Bei *WebItems* ist das *Respond*-Ereignis zumeist das einzig relevante Ereignis. Es besteht allerdings die Möglichkeit, zusätzliche Ereignisse zu definieren. Diese Ereignisse werden nur dann aufgerufen, wenn beim Link zum *WebItem* zusätzlich zum Objekt auch das Ereignis angegeben wird (also etwa *WebClass1.ASP?WCI=WebItemName&WCE=EventName*).

28.2.3 Projekteigenschaften

Dieser Abschnitt faßt die wichtigsten Eigenschaften des Projekts, seiner *WebClasses* und *Templates* zusammen, so weit diese in der Entwicklungsumgebung eingestellt werden.

WebClass-Eigenschaften

Im Eigenschaftsfenster zum *WebClass*-Objekt können einige Eigenschaften eingestellt werden. Dazu einige Erläuterungen:

Name: Gibt den Namen des *WebClass*-Objekts an (normalerweise *WebClass1*, sie sollten aber einen aussagekräftigeren Namen verwenden, der angibt, welche Funktion die *WebClass* erfüllt).

NameInURL: Die URL-Adressen aller Seiten der IIS-Anwendung beginnen normalerweise mit *webclassname.asp*. (Die ASP-Datei stellt ja die Verbindung zum *WebClass*-Objekt her.) *NameInUrl* enthält normalerweise denselben Text wie *Name*. Wenn die ASP-Dateien einen vom *WebClass*-Namen abweichenden Namen erhalten soll, müssen Sie *NameInUrl* verändern.

VORSICHT

Bei jeder Veränderung von *NameInURL* durchsucht der Designer automatisch alle HTML-Vorlagen nach statischen Links und verändert diese Links entsprechend. Das ist notwendig, damit Verweise auf Seiten innerhalb des Projekts weiterhin gültig bleiben. Generell sollten Sie aber versuchen, auf statische Links möglichst zu verzichten und diese Links statt dessen dynamisch mit der Methode *URLFor* in die Vorlagen einzubauen.

Public: Damit der IIS die *WebClass* verwenden kann, muß diese Eigenschaft den Wert *True* haben (Defaulteinstellung).

Lebensdauer von Instanzen (StateManagement)

Die Eigenschaft ***StateManagement*** des *WebClass*-Objekts erfordert eine etwas ausführlichere Auseinandersetzung. Ihre Defaulteinstellung lautet *wcNoState*. Für alle HTML-Seiten einer IIS-Anwendung gilt dann dasselbe Verhalten wie bei ASP-Seiten: Bei jedem Seitenwechsel gehen alle Variableninhalte verloren. Der Grund: Der IIS erzeugt bei jedem Zugriff auf eine *WebClass*-Seite eine neue Instanz Ihrer ActiveX-DLL. Sobald die Seite fertig aufgebaut ist, wird diese Instanz sofort wieder zerstört. Im nächsten Abschnitt werden eine Reihe von Möglichkeiten beschrieben, wie Zustandsinformationen dennoch von einer Seite zur nächsten hin erhalten werden können (siehe Seite 1147).

Deutlich bequemer ist es, wenn generelle Variablen im *WebClass*-Code bei einem Seitenwechsel einfach erhalten bleiben. Dazu müssen Sie lediglich *StateManagement* auf *wcRetainInstance* stellen. Der IIS behält die Instanz der ActiveX-DLL jetzt solange im Speicher, bis diese entweder explizit durch die Methode ***ReleaseInstance*** zerstört wird oder bis ein Zeitlimit überschritten wird. (Der IIS zerstört die Instanz also automatisch, wenn längere Zeit keine Ereignisse mehr ausgelöst werden.)

Während diese Vorgehensweise zweifellos den Komfort bei der Programmierung erhöht, gibt es erhebliche Nachteile: Zum einen benötigt der IIS deutlich mehr Speicher, um die Instanzen temporär zu speichern. Zum anderen leidet die Skalierbarkeit auf Multiprozessorsystemen, weil die CPU-Zuordnung nach dem ersten Zugriff nicht mehr verändert werden kann.

Die Entscheidung für die *StateManagement*-Einstellung wird also maßgeblich dadurch bestimmt, wieviele Zugriffe Sie sich auf Ihre *WebClass*-Seiten erwarten. Solange ohnehin nur alle paar Minuten ein Neuzugriff erfolgt, ist die Auswirkung auf die Performance vernachlässigbar. Wenn Sie allerdings Tausende von Zugriffe pro Tag verarbeiten müssen, verändert sich die Server-Last je nach *StateManagement*-Einstellung erheblich.

ANMERKUNG

IIS-Anwendungen sind gewöhnliche ActiveX-DLLs, deren Projekteigenschaften bereits auf Seite 965 ausführlich beschrieben wurden. Die einzige IIS-spezifische Einstellung betrifft die Option IM SPEICHER HALTEN (Einstellung durch PROJEKT | EIGENSCHAFTEN | ALLGEMEIN): Sie bewirkt, daß die ActiveX-DLL auch dann im Speicher des IIS gehalten wird, wenn vorübergehend keine Objektinstanz mehr existiert.

Dieses normalerweise unerwünschte Verhalten ist bei IIS-Anwendungen sinnvoll, weil ja zu erwarten ist, daß in kurzer Zeit ein weiterer Zugriff auf die ActiveX-DLL erfolgen wird. Die Einstellung ist genaugenommen nur bei *StateManagement=wcNoState* von Interesse. Bei *wcRetainInstance* muß die ActiveX-DLL in jedem Fall im Speicher bleiben.

Template-Eigenschaften

Auch wenn Sie ein *Template*-Objekt im Designer anklicken, können zwei Einstellungen im Eigenschaftsfenster verändert werden (wobei in beiden Fällen nicht einsichtig ist, warum es sich hier nicht um *WebClass*-Eigenschaften handelt).

ReScanReplacements: Normalerweise wird die HTML-Vorlage nur einmal nach <WC>-Tags durchsucht, die dann in der *Template_ProcessTag*-Ereignisprozedur durch dynamischen HTML-Code ersetzt wird. Wenn Sie diesen Vorgang rekursiv wiederholen möchten, setzen Sie *ReScanReplacements* auf *True*. (Das wird nur in sehr exotischen Anwendungsfällen sinnvoll sein. Stellen Sie sicher, daß Sie keine endlose Rekursion verursachen!)

TagPrefix: Diese Eigenschaft gibt an, welcher HTML-Tag in der *ProcessTag*-Ereignisprozedur dynamisch durch neuen HTML-Code ersetzt wird. Die Defaulteinstellung lautet *WC@*, und es bestehen wenig Gründe, diese Einstellung zu verändern. (Das Tag <*WC@*> ist eine nicht-standardisierte Microsoft-Erfindung. Das Tag wird im HTML-Standard zur Zeit nicht verwendet. Sollte sich das in Zukunft ändern, muß *TagPrefix* unter Umständen anders eingestellt werden, um Konflikte zu vermeiden.)

28.3 Programmiertechniken

Die Objekthierarchie der *WebClassLibrary* ist sehr flach. Ein ganze Gruppe von Eigenschaften verweist auf ASP-Objekte, die in einer eigenen Bibliothek definiert sind (siehe vorheriges Kapitel). Damit bleiben nur vier eigenständige Objekte: *WebClass*, *WebClassError*, *WebItem* und *WebItemProperties*.

WebClassLibrary – Objekthierarchie

WebClass	
├─ *Error*	verweist auf *WebClassError*-Objekt (Fehlerinformationen)
├─ *NextItem*	verweist auf *WebItem*-Objekt, das als nächstes aktiviert wird
│	
├─ *Application*	verweist auf *Application*-Objekt der ASP-Bibliothek (Seite 1098)
├─ *Request*	*Request*-Objekt der ASP-Bibliothek
├─ *Response*	*Response*-Objekt der ASP-Bibliothek
├─ *Server*	*Server*-Objekt der ASP-Bibliothek
└─ *Session*	*Session*-Objekt der ASP-Bibliothek
WebItem	
└─ *Properties*	verweist auf *WebItemProperties*-Aufzählung zur Speicherung von Statusinformationen

Im Code des *WebClass*-Designers verweist *Me* auf das aktuelle *WebClass*-Objekt. (*TypeName(Me)* liefert also beispielsweise *WebClass1*.) Das *WebClass*-Objekt gilt gleichzeitig als Defaultobjekt, so daß dessen Eigenschaften und Methoden unmittelbar verwendet werden können.

HINWEIS

Sowohl der WebClass-Designer als auch dieses Kapitel differenziert immer wieder zwischen *Templates* und *WebItems*. Das stiftet möglicherweise einige Verwirrung: Das zugrundeliegende Objekt ist nämlich auf jeden Fall vom Typ *WebItem*. Es gibt gar kein eigenes *Template*-Objekt! Der Unterschied bezieht sich nur auf den Umstand, ob das *WebItem* mit einer HTML-Datei verbunden ist oder nicht. Der Begriff *Template* ist also einfach eine Kurzschreibweise für '*WebItem* mit HTML-Schablone'.

Beispielprogramm

Den Code der hier vorgestellten Programmiertechniken finden Sie im Beispielprogramm `WebClasses\Intro\WebClass1.dsr`. Das Beispielprogramm hat – ähnlich wie das mit Visual Basic mitgelieferte Beispiel `WCDemo` – reinen Demonstrationscharakter und erfüllt keine konkrete Aufgabe. Die Beispiele orientieren sich zum Teil an den bereits im vorherigen Kapitel vorgestellten ASP-Beispielen.

Das Beispielprogramm besteht aus folgenden *WebItems*:

StartTemplate	Startseite, basiert auf `start_document.htm`
Template1	Dokument 1 (statischer Inhalt), basiert auf `document1.htm`
Template2	Dokument 2 (dynamischer Inhalt), basiert auf `document2.htm`
GenericDocument	Dokument 3 (einfaches Dokument ohne HTML-Schablone)
FormTemplate	Dokument 4 (Formular), basiert auf `document4.htm`

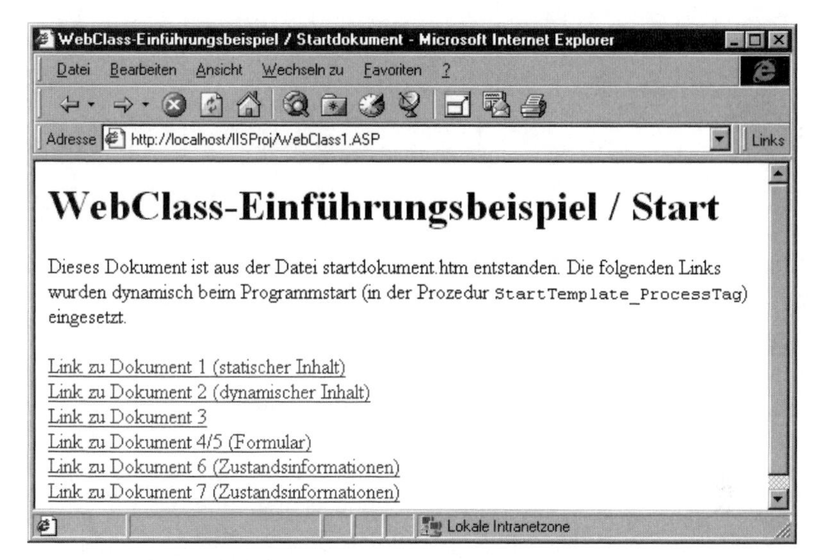

Bild 28.4: Startseite des Beispielprogramms zur Demonstration elementarer IIS-Programmiertechniken

Startseite des Projekts bestimmen (NextItem)

Beim ersten Zugriff auf ein Objekt einer *WebClass* wird als URL die Adresse `../wcname.asp` verwendet. In diesem Fall beginnt die Code-Ausführung mit der Prozedur *WebClass_**Start***. Es gibt nun zwei mögliche Vorgehensweisen:

- Sie können den HTML-Code der Startseite direkt innerhalb dieser Prozedur mit *Response.Write* erzeugen. (Wenn Sie ein neues IIS-Projekt beginnen, enthält *WebClass_Start* automatisch einen dementsprechenden Code.)
- Sie können mit der Anweisung *Set **NextItem** = webclassobject* ausführen. Das bewirkt, das am Ende der Ereignisprozedur automatisch das betreffende *WebClass*-Objekt aktiviert wird. Der HTML-Code der Startseite wird dann durch die *Respond*-Prozedur dieses Objekts erzeugt; diese kann wiederum auf eine HTML-Schablone zurückgreifen.

Bei den weiteren Zugriffen auf das IIS-Projekt – also beim Verfolgen von Links innerhalb des Projekts – lautet die URL-Adresse `../wcname.asp?WCI=webitemname`. In diesem Fall wird statt *WebClass_Start* direkt die *Respond*-Ereignisprozedur des betreffenden *WebItems* ausgeführt.

HTML-Code senden (WriteTemplate)

Bei allen *WebItems* tritt das Ereignis ***Respond*** auf, wenn der Client den Inhalt des betreffenden Dokuments anfordert. Bei *WebItems* mit HTML-Schablone enthält dies Ereignisprozedur normalerweise nur eine einzige Zeile: *objekt.**WriteTemplate***. Damit wird die Übertragung der Schablone initiiert. (Während der Übertragung können dann *ProcessTag*-Ereignisse auftreten – siehe etwas weiter unten.)

```
Private Sub Template2_Respond()
  Template2.WriteTemplate
End Sub
```

Bei *WebItems* ohne Schablone muß in der *Respond*-Prozedur der HTML-Code durch VB-Anweisungen erzeugt und mit *Response.Write* an den Client gesendet werden.

```
Private Sub GenericDocument_Respond()
  With Response
    .Write "<HTML><HEAD><TITLE>Dokument 3 ohne "
    .Write "Schablone</TITLE></HEAD><BODY>"
    .Write "<H1>WebClass-Einführungsbeispiel / Dokument 3</H1>"
    .Write "<P>Dieses Dokument wurde ohne Schablone in der Prozedur "
    .Write "<TT>GenericDocument_Respond</TT> erzeugt.</P>"
    .Write "<P><A HREF=""" & URLFor(StartTemplate) & """>"
    .Write "Zurück zur Startseite</a>"
    .Write "</BODY></HTML>"
  End With
End Sub
```

TIP

Oft müssen Sie im Visual-Basic-Code Hochkommas an den Client senden. Diese müssen in Zeichenketten jeweils doppelt angegeben werden. Eine Dreifachkombination ergibt sich, wenn die zu sendende Zeichenkette mit einem Hochkomma beginnt oder endet. Das jeweils dritte Hochkomma stammt dann von Visual Basic und leitet die Zeichenkette ein bzw. beendet sie.

URL-Adressen von WebItems erzeugen (URLFor)

Wenn Sie HTML-Dokumente per Code erzeugen, besteht oft die Notwendigkeit, Links auf andere Dokumente des Projekts einzusetzen (in der Form *<A HREF=...>*). Am einfachsten können Sie den korrekten Code dieser Links mit der Methode ***URLFor*** des *WebClass*-Dokuments erzeugen. In der oben abgedruckten Prozedur *GenericDocument-_Respond* wird *URLFor* verwendet, um einen Link zurück auf die Startseite zu erzeugen.

Wenn Sie erreichen möchten, daß beim Verfolgen des Links nicht das *Respond*-Ereignis des *WebItems* ausgeführt werden soll, sondern ein anderes Ereignis, können Sie den Namen dieses Ereignisses im zweiten Parameter von *URLFor* angeben. Falls die Ereignisprozedur nicht existiert, wird statt dessen *witem_**UserEvent*** ausgeführt. An diese Prozedur wird der Name des Ereignisses übergeben. Fehlt auch die *UserEvent*-Ereignisprozedur, erfolgt keine Reaktion, und es wird eine leere Seite angezeigt.

HTML-Code dynamisch ersetzen (<WC@>-Kommand, ProcessTag)

Schablonen vereinen gegenüber der direkten Erzeugung von HTML-Code mit *Response.Write* zwei Vorteile: Einerseits bleibt Ihr VB-Programm übersichtlich, weil auf endlose Kommandos zur Erzeugung von HTML-Code verzichtet werden kann. Andererseits behalten Sie genug Flexibilität, um die variablen Teile dynamisch in das HTML-Dokument einzufügen.

Die Voraussetzung für diesen Mechanismus sind *<WC@>*-Tags, die in den HTML-Code eingefügt werden können. In den folgenden Zeilen geben den HTML-Code für das Dokument 2 der Beispielanwendung ausschnittsweise wieder. Die *WC*-Tags sind fett hervorgehoben.

```
<HTML><HEAD><TITLE>...</TITLE></HEAD><BODY>
<H1>...</H1>
<P>Diese Datei ist ein Beispiel für ...</P>
<P><WC@willkommen></WC@willkommen>
   Heute ist der <WC@datum></WC@datum>.</P>
...
</BODY></HTML>
```

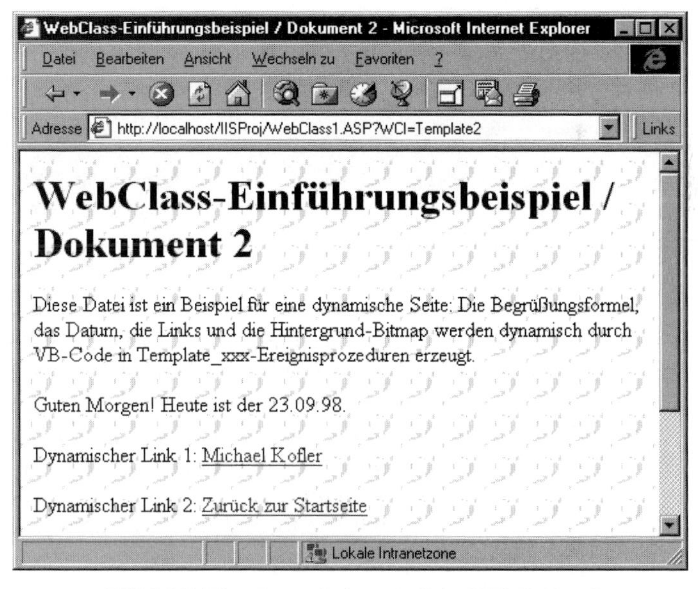

Bild 28.5: Eine dynamisch veränderte HTML-Datei

Bild 28.5 zeigt die endgültige HTML-Datei, wie sie vom Browser angezeigt wird. Die beiden *<WC>*-Tags sind durch eine Begrüßungsfloskel ('Guten Morgen') und das aktuelle Datum ersetzt worden. Der IIS hat dazu zweimal die Prozedur *Template2_**ProcessTag*** aufgerufen. An diese Prozedur werden zwei Informationen übergeben, die anhand des Beispiels *<WC@xy>abc</WC@xy>* beschrieben werden:

TagName enthält den Text des ersten <WC>-Tags, also *"WC@xy"*
TagContents enthält den Text zwischen den <WC>-Tags, also *"abc"*

Am Ende der Prozedur muß *TagContents* den HTML-Code enthalten, der anstelle des <WC>-Platzhalters eingesetzt wird. *SendTags* gibt an, ob dabei die <WC>-Tags erhalten bleiben sollen. Normalerweise ist das nicht der Fall, die Defaulteinstellung lautet daher *False*. Es gibt selten einen Grund, *SendTags* zu verändern.

```
Private Sub Template2_ProcessTag(ByVal TagName As String, _
    TagContents As String, SendTags As Boolean)
  Dim html$
  Select Case LCase(TagName))
  Case "wc@datum"
    html = Date
  Case "wc@willkommen"
    If Time < #5:00:00 AM# Then
      html = "Gute Nacht!"
    ElseIf Time < #11:00:00 AM# Then
      html = "Guten Morgen!"
    ElseIf Time < #6:00:00 PM# Then
      html = "Guten Tag!"
    ElseIf Time < #8:00:00 PM# Then
      html = "Guten Abend!"
    Else
      html = "Gute Nacht!"
    End If
  End Select
  TagContents = html
End Sub
```

Die Funktion der obigen Prozedur sollte plausibel sein. Der einzig kritische Punkt ist die Erkennung der <WC>-Marken. Dazu bestehen zwei Möglichkeiten. *Template2_-ProcessTag* wertet den Markentext aus. Eine alternative Vorgehensweise besteht darin, den Inhalt zwischen den Marken (also *TagContents*) auszuwerten. Das ist insofern fehleranfälliger, als der Designer die unangenehme Angewohnheit hat, überflüssige Leerzeichen und Zeilenumbrüche einzufügen, an denen die Erkennung dann oft scheitert.

Reaktion auf Hyperlink-Ereignisse

Wenn Sie einen Link (*<A HREF=...>*) mit einem Ereignis verbunden haben, tritt dieses Ereignis ein, wenn der Anwender den Link anklickt. In der Ereignisprozedur können Sie

- mit *Response.Write* HTML-Code ausgeben, der dann als Ergebnis (als neues Dokument) angezeigt wird,

- mit *Response.Redirect* zu einer anderen (externen) HTML-Seite springen oder
- mit *Set NextItem = ...* zu einer anderen HTML-Seite innerhalb der IIS-Anwendung springen.

In jedem Fall ist die Ereignisprozedur dafür verantwortlich, welches Dokument als Reaktion auf das Anklicken des Links erscheint. Wenn die Ereignisprozedur keinen Code enthält, erscheint im Browser eine leere Seite.

Bitmaps senden

Zu allen Attributen von HTML-Kommandos, die als Parameter den Namen einer Bitmap-Datei erwarten (z.B. *SRC*-Attribut bei *<IMG>*), können Ereignisprozeduren angegeben werden. Darin muß dann mit *Respond.**BinaryWrite*** der Inhalt einer Bitmap-Datei gesendet werden. (Das ist natürlich nur dann sinnvoll, wenn in der Ereignisprozedur zwischen verschiedenen Bitmaps differenziert wird, die je nach Kontext gesendet werden. Besonders beliebt sind zufällig wechselnde Werbebanner.) Die folgende Prozedur zeigt, wie zufällig eine der Dateien `Background1.jpg` bis `Background3.jpg` als Reaktion auf das Ereignis an den Client gesendet wird.

```
Private Sub Template2_BodyBackground()
  Dim handle As Long, nr As Integer
  handle = FreeFile
  nr = 1 + Fix(Rnd * 3)
  Open App.Path & "\background" & nr & ".jpg" For Binary As #handle
  Response.BinaryWrite InputB(LOF(handle), handle)
  Close #handle
End Sub
```

Beachten Sie, daß das keineswegs die einzig mögliche Vorgehensweise ist. Eine zweite Variante bestünde darin, den *<BODY>*-Tag in ein *<WC>*-Tag einzuschließen und in *Process_Tag* den gewünschten Dateinamen einzustellen. Diese Variante hat zudem den Vorteil, daß Sie wahrscheinlich effizienter ist. (Sie können damit allerdings keine Bitmaps aus einer Datenbank lesen.)

```
<!--- HTML-Code -->
<WC@body></WC@body>

' VB-Code
Private Sub Template2_ProcessTag(...)
  Select Case LCase(TagName)
  Case "wc@body"
    TagContents = "<BODY background=background1.jpg>"
  End Select
End Sub
```

Formular auswerten

Die Formularauswertung erfolgt ganz ähnlich wie bei ASP-Dateien (siehe Seite 1109). Der einzige Unterschied besteht darin, daß Sie im *WebClass*-Designer nun ein anderes *WebItem* angeben, das sich um die Formularauswertung kümmert. Im vorliegenden Beispiel übernimmt diese Rolle das Objekt *FormAnswer* (ein *WebItem* ohne HTML-Schablone).

Der HTML-Code des Formulars sieht bis auf den vom Designer eingestellten *ACTION*-Parameter wie im vorherigen Kapitel aus:

```
<FORM METHOD="post" ACTION="WebClass1.ASP?WCI=FormAnswer&amp;WCU">
  Erste Zahl: <INPUT NAME="faktor1" > <P>
  Zweite Zahl: <INPUT NAME="faktor2" > <P>
  Berechnung ausführen: <INPUT TYPE=submit value="Anfrage senden">
</FORM></P>
```

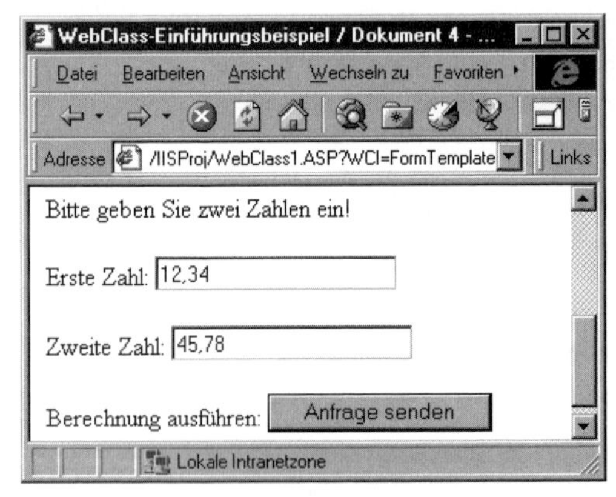

Bild 28.6: Das Beispielformular

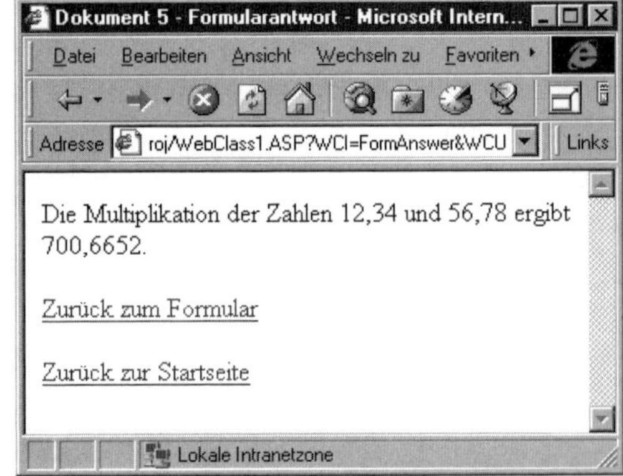

Bild 28.7: Das Resultat

Auch der Code in *FormAnswer_Respond* hat Ähnlichkeiten mit der entsprechenden ASP-Datei:

```
Private Sub FormAnswer_Respond()
  Dim f1, f2
  With Response
    .Write "<HTML><HEAD><TITLE>Formularantwort</TITLE></HEAD><BODY>"
    f1 = Request.Form("faktor1")
    f2 = Request.Form("faktor2")
    If IsNumeric(f1) And IsNumeric(f2) Then
      .Write "Die Multiplikation der Zahlen " & f1 & " und "
      .Write f2 & " ergibt " & f1 * f2 & "."
    Else
      .Write "ungültige Eingabe. Bitte geben Sie Zahlenwerte ein."
    End If
```

```
    .Write "<P><A HREF=""" & URLFor(FormTemplate) & _
      """>Zurück zum Formular</a>"
    .Write "<P><A HREF=""" & URLFor(StartTemplate) & _
      """>Zurück zur Startseite</a>"
    .Write "</BODY></HTML>"
  End With
End Sub
```

Statusinformationen weitergeben (wcNoState)

Ein zentrales Problem jeder Server-seitigen Internet-Anwendung besteht in der Verwaltung von Statusinformationen. Bei IIS-Projekten können Sie das Problem umgehen, indem Sie die Einstellung *StateManagement=wcRetainInstance* verwenden: Dann bleibt die Objektinstanz während des gesamten Zugriffs im Speicher, und Sie können ganz einfach generelle Variablen zur Speicherung des Zustands verwenden. Diese Bequemlichkeit beim Programmieren geht allerdings auf Kosten der Performance.

Die folgende Liste faßt einige Möglichkeiten zusammen, wie auch mit *StateManagement=wcNoState* Statusinformationen von einer Seite zur nächsten weitergegeben werden können:

- Gemeinsame Zustandinformationen mehrerer Benutzer können in der *Value*-Eigenschaft des *Application*-Objekts gespeichert werden (Seite 1099).
- Zur Speicherung von Zustandsinformationen eines Benutzers können Sie auf das *Session*-Objekt zurückgreifen (Seite 1099). Das setzt allerdings voraus, daß auf der Client-Seite die Verwendung von Cookies erlaubt ist.
- Wenn Sie die neue Seite per Code erzeugen, können Sie darin unsichtbare Formularfelder einfügen, um Informationen weiterzugeben. Dieser Mechanismus wurde beim ASP-Beispiel auf Seite 1119 eingesetzt und ist in gleicher Weise auch in IIS-Anwendungen möglich.
- Zur Weitergabe von Daten kann schließlich die URL-Adresse verwendet werden: Der bequemste Weg in IIS-Anwendungen führt über das *UserEvent*-Ereignis – die Information wird einfach als Ereignisname weitergegeben. Noch allgemeingültiger läßt sich die Eigenschaft *URLData* einsetzen.

Da die drei ersten Varianten in diesem Buch schon beschrieben wurden, widmet sich dieser Abschnitt den zwei Spielarten der vierten Variante. Die Aufgabenstellung lautet in beiden Fällen, daß das gleiche Dokument mit einer wechselnden Seitennummer angezeigt werden soll. (In Datenbankanwendungen ist es oft erforderlich, daß lange Ergebnislisten auf mehrere Seiten verteilt werden. Die Verwaltung einer Seitennummer ist erforderlich, um ein Blättern zwischen diesen Seiten zu ermöglichen. Das ADO-Beispiel im nächsten Abschnitt zeigt dafür eine Anwendung.)

Statusinformation als Event-Name weitergeben

Der Code zum Dokument in Bild 28.8 ist recht kurz. Der HTML-Code wird in der Hilfsprozedur *Write_StateDemo1* erzeugt. Diese Prozedur wird wahlweise von *StateDemo1_Respond* oder von *StateDemo1_UserEvent* aufgerufen.

Dabei dient *StateDemo1_Respond* für den ersten Zugriff auf das Dokument (also Seitennummer 1). Die URL-Adresse für diesen Zugriff lautet *WebClass1.ASP?WCI=StateDemo1*.

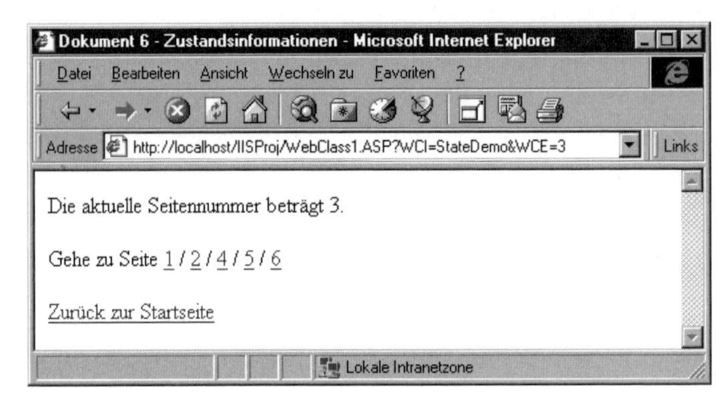

Bild 28.8: Durch Anklicken von Links kann in einem mehrseitigen Dokument geblättert werden

In *Write_StateDemo* werden die Links auf die vorangegangenen bzw. nachfolgenden Seiten (gerechnet von der aktuellen Seitennummer) erzeugt. Dabei wird in *URLFor* nicht nur das *WebItem*-Objekt angegeben, sondern als Ereignisname die gewünschte Seitennummer. Die URL-Adresse lautet dann *WebClass1.ASP?WCI=StateDemo1&WCE=3*, d.h., die Seitennummer ist jetzt Teil der Adresse!

Da es keine Ereignisse mit den Namen *StateDemo1_1, _2, _3* etc. gibt, ruft der IIS automatisch *StateDemo1_UserEvent* auf. Diese Prozedur erhält als Ereignisname die Seitennummer und kann damit wieder *Write_StateDemo1* aufrufen.

```
Private Sub StateDemo1_Respond()
  Write_StateDemo 1
End Sub
Private Sub StateDemo1_UserEvent(ByVal EventName As String)
  Write_StateDemo Val(EventName)
End Sub
Private Sub Write_StateDemo(counter&)
  Dim i&
  With Response
    .Write "<HTML><HEAD><TITLE>Dokument 6 - " & _
           "Zustandsinformationen</TITLE></HEAD><BODY>"
    .Write "<P>Die aktuelle Seitennummer beträgt " & counter & "."
```

```
    .Write "<P>Gehe zu Seite "
    For i = counter - 3 To counter + 3
      If i <> counter And i > 0 Then
        .Write "<A HREF=""" & URLFor(StateDemo1, CStr(i)) & _
          """>" & i & "</A>"
        If i <> counter + 3 Then .Write " / "
      End If
    Next
    .Write "<P><A HREF=""" & URLFor(StartTemplate) & _
       """>Zurück zur Startseite</a>"
    .Write "</BODY></HTML>"
  End With
End Sub
```

Statusinformation mit URLData weitergeben

Die Eigenschaft ***URLData*** des *WebClass*-Objekts bestimmt, welche Zeichenkette an die mit *URLFor* erzeugten Adressen in der Form *WCU=data* angehängt wird. Normalerweise enthält *URLData* eine leere Zeichenkette, und auf diesen Zustand sollten Sie die Eigenschaft nach ihrer Verwendung zumeist auch wieder zurücksetzen.

Die mit *URLData* übergebenen Daten können in der Folge mit *Request.QueryString* wieder gelesen werden. *QueryString* enthält allerdings die gesamte URL-Erweiterung, auch jene Teile, die IIS-spezifisch sind. Daraus muß der *WCU*-Teil extrahiert werden. Die Vorgehensweise wird in der Prozedur *StateDemo2_Respond* demonstriert.

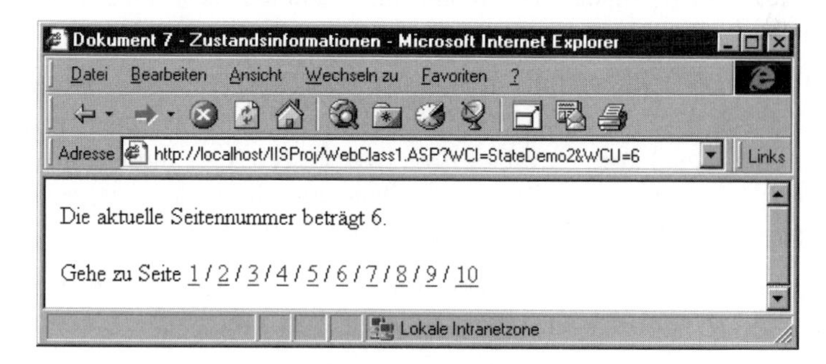

Bild 28.9: Durch Anklicken von Links kann in einem mehrseitigen Dokument geblättert werden

```
Private Sub StateDemo2_Respond()
  Dim i&, counter&, pos&
  With Response
    .Write "<HTML><HEAD><TITLE>Dokument 7 - " & _
           "Zustandsinformationen</TITLE></HEAD><BODY>"
    pos = InStr(Request.QueryString, "wcu=")
```

```
    If pos <> 0 Then
      counter = Val(Mid(Request.QueryString, pos + 4))
    Else
      counter = 1
    End If
    .Write "<P>Die aktuelle Seitennummer beträgt " & counter & "."
    .Write "<P>Gehe zu Seite "
    For i = 1 To 10
      URLData = i
      .Write "<A HREF=""" & URLFor(StateDemo2) & """>" & i & "</A>"
      If i <> 10 Then .Write " / "
    Next i
    URLData = ""
    .Write "</BODY></HTML>"
  End With
End Sub
```

28.4 ADO-Beispiel

Das in diesem Abschnitt vorgestellte Beispiel entspricht in seiner Aufgabenstellung dem ASP-Beispiel von Seite 1119. Ganz kurz zusammengefaßt nochmals die Aufgabenstellung: Die Datenbank `Biblio.mdb` soll nach Büchern durchsucht werden. Als Suchkriterium kann sowohl ein Stichwort als auch das Erscheinungsjahr angegeben werden. Wenn die Ergebnisliste mehr als zehn Bücher umfaßt, soll sie seitenweise angezeigt werden.

Grundsätzlich ist es möglich, die auf Seite 1119 skizzierte Vorgehensweise beinahe unverändert auf ein IIS-Projekt zu übertragen. Dabei kommen die Vorteile einer IIS-Anwendung allerdings kaum zur Geltung, weswegen hier von einer Beschreibung abgesehen wird. Wenn Sie sich für die Realisierung interessieren, werfen Sie einen Blick in die Dateien des Verzeichnisses `WebClasses\Ado-Version1`.

Dieser Abschnitt beschreibt eine zweite Variante, wie die Aufgabenstellung gelöst werden kann (und vermutlich gibt es noch drei oder vier weitere, grundsätzlich verschiedene Lösungsansätze!). Der wesentliche Unterschied zu Variante 1 besteht darin, daß die Einstellung *StateManagement=wcRetainInstance* gewählt wurde: Damit können generelle Variablen verwendet werden, um den Zustand des Programms zu speichern. Damit ist es auch möglich, bei einem Seitenwechsel das zuvor erstellte *Recordset*-Objekt weiter zu verwenden (während bei Version 1 und bei der ASP-Version die Abfrage für das *Recordset*-Objekt bei jeder Seite neu ausgeführt werden muß).

Bild 28.10: Einige Bücher über C++ aus dem Jahre 1992

Welche Variante effizienter ist, läßt sich schwer sagen: Variante 1 (und die ASP-Variante) benötigt deutlich weniger Speicher, weil weder Zustandsinformationen noch (viel schlimmer) ganze *Recordset*-Objekte über längere Zeit gespeichert werden müssen. Auch die Anzahl der gleichzeitig offenen Datenbankverbindungen ist verschwindend gering, während dies bei Variante 2 ein ernsthaftes Problem darstellen kann.

Auf der anderen Seite müssen bei Variante 1 Abfragen beim Blättern über mehrere Seiten unnötig oft wiederholt werden, was bei großen Datenbanken eine erheblich Belastung des Datenbank-Servers darstellen kann. Aber einen wirklich optimalen Ausweg aus diesem Dilemma gibt es wohl nicht.

HINWEIS

Bevor Sie das Beispiel – egal welche Version – ausprobieren, müssen Sie eine ODBC-Datenquelle mit dem Namen 'biblio-dns' einrichten (im ODBC-Manager der Systemsteuerung). Die Datenquelle muß auf die mit Visual Basic mitgelieferte Access-Datei `biblio.mdb` zeigen.

Struktur

Das Programm besteht aus drei *WebItems*:

ErrorMessage	Fehlermeldung (HTML-Schablone `errormessage.htm`)
QueryForm	Abfrageformular (HTML-Schablone `queryform.htm`)
Answer	Anzeige der Ergebnisse (ohne Schablone)

Das Formular in *QueryForm* ist mit *Answer* verbunden (d.h. nach dem Anklicken von ABFRAGE DURCHFÜHREN wird *Answer_Respond* ausgeführt). *Answer* ist zudem mit zwei benutzerdefinierten Ereignissen ausgestattet, *Next-* und *PreviousPage*. Die entsprechenden Ereignisprozeduren werden durch die Links NÄCHSTE SEITE / VORIGE SEITE aufgerufen.

Der Programmcode beginnt mit der Deklaration von vier generellen Variablen. Der Inhalt dieser Variablen bleibt bei einem Seitenwechsel erhalten. Im Code werden Sie dennoch immer wieder auf Sicherheitsabfragen stoßen, ob die Variablen gültige Werte enthalten. Der Grund: Die Anwender können auf einer beliebigen Seite des Projekts ein Lesezeichen setzen und später wieder zurückkehren, oder Sie können mit den Button VORWÄRTS und RÜCKWÄRTS zu Seiten springen, deren Zustandsinformationen längst nicht mehr existieren.

```
' WebClasses\Ado-Variante2\FindBook.dsr
Dim con As Connection
Dim rec As Recordset
Dim pagenr&
Dim queryinfo$
```

Abfrageformular anzeigen

Die Programmausführung beginnt mit der Übertragung des *QueryForm*-Templates an den Client. In *QueryForm_Respond* werden die generellen Variablen *pagenr* und *rec* gelöscht. Beim ersten Zugriff wäre das gar nicht notwendig; wenn derselbe Anwender hingegen mehrere Abfragen durchführt, ist es wichtig, daß diese Variablen zurückgesetzt werden.

```
Private Sub WebClass_Start()
  Set NextItem = QueryForm
End Sub
```

```
Private Sub QueryForm_Respond()
  QueryForm.WriteTemplate
  pagenr = 0
  Set rec = Nothing
End Sub
```

Ergebnisse anzeigen

Der Großteil des Codes befindet sich in der Prozedur *Anwer_Respond*. Diese Prozedur wird immer dann aufgerufen, wenn eine Titelliste angezeigt werden soll – und zwar sowohl bei der Auswertung des Formulars als auch beim Blättern durch die Ergebnisliste.

Falls noch keine Verbindung zur Datenbank hergestellt wurde, wird diese hergestellt und in *con* gespeichert. Wenn die Verbindung nicht hergestellt werden kann, wird eine Fehlermeldung angezeigt.

```
Private Sub Answer_Respond()
  Dim j&, n&, sq$, title$, year$
  On Error Resume Next
  If con Is Nothing Then
    pagenr = 0
    Set con = New Connection
    con.Open "biblio-dns"
    If Err <> 0 Then
      ' es hat nicht geklappt: Fehlermeldung anzeigen
      con.Close
      Set con = Nothing
      Set NextItem = ErrorMessage: Exit Sub
    End If
  End If
```

Wenn *pagenr* den Wert 0 enthält, liegt eine neue Abfrage vor. In diesem Fall muß ein neues *Recordset*-Objekt mit den Ergebnissen der Abfrage erzeugt werden. Dieser Teil des Codes ist weitgehend identisch mit dem des ASP-Beispiels. Ein eventuell noch vorhandenes, altes *Recordset*-Objekt wird vor jeder neuen Abfrage explizit geschlossen.

```
  ' neue Abfrage: Recordset erzeugen
  If pagenr = 0 Or (rec Is Nothing) Then
    title = Request("title")
    year = Request("year")
    sq = "SELECT Title, ISBN, [Year Published] FROM Titles "
    If year <> "" Then
      sq = sq + "WHERE [Year Published] = " & year & " "
    End If
    If title <> "" Then
```

```
    If year <> "" Then
      sq = sq + "AND Title LIKE '%" & title & "%' "
    Else
      sq = sq + "WHERE Title LIKE '%" & title & "%' "
    End If
  End If
  sq = sq + "ORDER BY Title"
  ' Abfrage durchführen
  If Not (rec Is Nothing) Then rec.Close
  Set rec = New Recordset
  rec.MaxRecords = 100     'wird vom Jet-Treiber leider ignoriert
  rec.Open sq, con, adOpenKeyset, adLockReadOnly
  rec.PageSize = 10
  pagenr = 1
```

Am Beginn jeder Seite wird eine kurze Information über die aktuelle Abfrage angezeigt. Die dafür notwendige HTML-Zeichenkette wird gleichzeitig mit dem *Recordset*-Objekt erzeugt und in einer generellen Variablen für die Verwendung auf weiteren Seiten gespeichert.

```
  ' Abfrageinformationen im HTML-Format zusammenstellen
  If title = "" And year = "" Then
    queryinfo = "Abfrage nach allen Titel <P>"
  Else
    queryinfo = ""
    If title <> "" Then
      queryinfo = "Titel wie " & title & "<P>"
    End If
    If year <> "" Then
      queryinfo = queryinfo & "Titel aus dem Jahr " & year & "<P>"
    End If
  End If
End If   'bezieht sich auf:   If pagenr = 0 ...
```

Der weitere Code geht davon aus, daß sowohl das *Recordset*-Objekt als auch die *queryinfo*-Zeichenkette existieren und daß *pagenr* die gewünschte Seite angibt. Die folgenden Zeilen produzieren den HTML-Code zur Anzeige der gefundenen Bücher.

```
With Response
  .Write "<HTML><HEAD><TITLE>Titel-Abfrage</TITLE></HEAD>"
  .Write "<BODY><H2> Abfrageergebnisse</H2>"
  .Write queryinfo
  .Write "<B>Seite " & pagenr & "</B><HR>"
  If rec.EOF Then
    .Write "Keine Daten gefunden.<P>"
  Else
```

```
        rec.AbsolutePage = pagenr
        n = 1 + rec.PageSize * (pagenr - 1)
        For j = 0 To rec.PageSize - 1
          .Write n & ". "
          .Write "<B>" & rec.Fields("Title") & "</B>, "
          .Write rec.Fields("Year Published") & ". "
          .Write "ISBN: " & rec.Fields("ISBN") & "<P>"
          rec.MoveNext
          n = n + 1
          If rec.EOF Then Exit For
        Next
        .Write "<HR>"
```

Jetzt geht es noch darum, Links zur vorigen bzw. zur nächsten Seite einzurichten. Beim ASP-Beispiel wurden dazu Buttons eines Formulars verwendet. Hier werden statt dessen gewöhnliche Links eingesetzt, wodurch sich ein paar Zeilen Code sparen lassen. Die Grundidee besteht darin, daß die Seitennummer in den Ereignisprozeduren *Answer_PreviousPage* und *_NextPage* um eins verkleinert bzw. vergrößert wird. Daher zeigen die Links nicht einfach auf das *Answer*-Objekt, sondern enthalten zusätzlich noch den Namen des jeweiligen Ereignisses. Zum Erzeugen des HTML-Codes der Querverweise wird die Hilfsfunktion *HRef* eingesetzt.

```
        ' Links zur vorigen/nächsten Seite
        If pagenr > 1 Then
          .Write HRef(URLFor(Answer, "previouspage"), _
                   "vorige Seite (" & pagenr - 1 & ")") + " / "
        End If
        If Not rec.EOF Then
          .Write HRef(URLFor(Answer, "nextpage"), _
                   "nächste Seite (" & pagenr + 1 & ")") + " / "
        End If
      End If  ' bezieht sich auf:  If rec.EOF Then ...
      .Write HRef(URLFor(QueryForm), "neue Abfrage")
      .Write "</BODY></HTML>"
    End With
End Sub
```

In den erwähnten Ereignisprozeduren wird *pagenr* verändert und anschließend *Answer_Respond* aufgerufen, um die neue Seite auch anzuzeigen.

```
Private Sub Answer_PreviousPage()
  If pagenr = 0 Or (rec Is Nothing) Then
    Set NextItem = QueryForm
  Else
    pagenr = pagenr - 1
    Answer_Respond
```

```
  End If
End Sub
Private Sub Answer_NextPage()
  If pagenr = 0 Or (rec Is Nothing) Then
    Set NextItem = QueryForm
  Else
    pagenr = pagenr + 1
    Answer_Respond
  End If
End Sub
```

Die Funktion *HRef* soll dabei helfen, den immer wiederkehrenden Aufbau von <*A HREF*>-Tags zu vereinfachen und den Code ein wenig besser lesbar zu machen.

```
Private Function HRef(url, text) As String
  HRef = "<A HREF=""" & url & """>" & text & "</A>" & vbCrLf
End Function
```

28.5 Syntaxzusammenfassung

WebClassLibrary.WebClass

WebClass – Eigenschaften	
NextItem	bestimmt das nächste anzuzeigende *WebItem*
StateManagement	gibt an, wie lange Statuszustände gespeichert werden
URLData	gibt an, mit welcher Zeichenkette URL-Adressen ergänzt werden sollen (zur Weitergabe von Informationen)

WebClass – Eigenschaften (Verweise auf ASP-Objekte)	**siehe Seite 1103**
Application	verweist auf das *AppTypeLibrary.Application*-Objekt
Request	verweist auf das *AppTypeLibrary.Request*-Objekt
Response	verweist auf das *AppTypeLibrary.Response*-Objekt
Server	verweist auf das *AppTypeLibrary.Server*-Objekt
Session	verweist auf das *AppTypeLibrary.Session*-Objekt

WebClass – Methoden	
ReleaseInstance	*WebClass* freigeben (nur bei *StateManagement=wcRetainInstance*)
URLFor	erzeugt Link auf ein anderes *WebItem*

WebClass – Ereignisse	
Start	Initialisierung des Objekts

WebClassLibrary.WebItem

WebItem – Eigenschaften	
Properties	Zugriff auf Statusinformationen (verweist auf *WebItemProperties*)
ReScanReplacement	<WC>-Tags mehrfach (rekursiv) durch HTML-Code ersetzen
TagPrefix	Text im Tag, das ersetzt werden soll (normalerweise *WC@*)

WebItem – Methoden	
WriteTemplate	initiiert die Übertragung der HTML-Datei an den Client

WebItem – Ereignisse	
ProcessTag	<*WC@*>-Tags durch dynamischen HTML-Code ersetzen
Respond	HTML-Code senden
UserEvent	es ist ein Ereignis aufgetreten, zu dem keine eigene Ereignisprozedur existiert

WebItems kennen darüber hinaus benutzerspezifische Ereignisse sowie Ereignisse, die sich aus den Elementen der HTML-Vorlage ergeben.

Anhang A Dateikennungen

Die folgende Tabelle zählt die Kennungen der wichtigsten Dateitypen auf, mit denen Sie während der Programmierung in Visual Basic zu tun haben. Bei allen Dateitypen ist in Klammern angegeben, von welchem Programm die Datei verarbeitet werden kann.

`*.ani`	animierter Mauscursor (Windows, wird von Visual Basic nicht unterstützt)
`*.apf`	Apfelmännchenparameter (Beispielprogramm von Seite 498)
`*.asa`	globale Active-Server-Application-Datei (Internet Information Server)
`*.asp`	Active Server Page (Internet Information Server)
`*.avi`	Animationsdatei
`*.bak`	Backup-Datei
`*.bas`	Moduldatei (Visual-Basic-Code)
`*.bat`	Batch-Datei mit DOS-Kommandos (MS-DOS)
`*.bmp`	Bitmap (pixelorientierte Grafikdatei, Windows)
`*.cab`	komprimierte Installationsdatei (z.B. für ActiveX-Komponenten)
`*.cls`	Moduldatei mit Code zur Definition einer Klasse (Visual Basic)
`*.chi`	Indexverzeichnis zu Hilfedateien (HTMLHelp / MSDN)
`*.chm`	kompilierte HTML-Datei (HTMLHelp / MSDN)
`*.chq`	Indexverzeichnis zu Hilfedateien (HTMLHelp / MSDN)
`*.chw`	Indexverzeichnis zu Hilfedateien (HTMLHelp / MSDN)
`*.cnt`	Inhaltsübersicht zu Hilfedateien (herkömmliche Windows-Hilfe)
`*.ctl`	Benutzersteuerelement (Visual Basic)
`*.ctx`	Benutzersteuerelement, Binärdaten (Visual Basic)
`*.cur`	Cursordatei (Windows)
`*.dca`	ActiveX-Designer-Cache (Visual Basic)
`*.ddf`	Informationsdatei (Visual Basic Installationsassistent)
`*.dsr`	Visual-Basic-Designer-Modul (Visual Basic)
`*.dsr`	Visual-Basic-Designer-Binärdatei (Visual Basic)
`*.def`	Moduldefinitionsdatei (Programmiersprache C unter Windows 3.1)
`*.dep`	Abhängigkeitsdatei (VB-Installationsassistent)
`*.dib`	Device-Independent-Bitmap-Datei, wird häufig zur Definition einer 256-Farben-Palette verwendet (Windows)
`*.dll`	Dynamic Link Library, Bibliothek mit System- oder C-Funktionen (Windows)
`*.dob`	*UserDocument*-Datei (ActiveX-Dokument in der Visual-Basic-Entwicklungsumgebung)
`*.doc`	Textdatei (WinWord, WordPad)

`*.dox`	Binärdaten zu *UserDocument* (ActiveX-Dokument in der Visual-Basic-Entwicklungsumgebung)
`*.dsp`	Projektdatei (Developer Studio, Visual Database Tools)
`*.dsr`	ActiveX-Designer-Datei (Visual Basic)
`*.dsx`	ActiveX-Designer-Binärdatei (Visual Basic)
`*.dtq`	Datenbankabfrage (Visual Database Tools)
`*.dws`	Script-Datei (Visual Basic Installationsassistent)
`*.emf`	Variante zu `*.wmf` (Enhanced Metafile, Windows)
`*.err`	Protokolldatei mit Fehlermeldungen (Hilfecompiler `Hc`)
`*.exe`	ausführbares Programm (Windows)
`*.fon`	Zeichensatz, Fontdatei (Windows)
`*.frm`	Formulardatei zur Definition eines Fensters (Visual-Basic)
`*.frx`	Binärdaten zur Formulardatei mit Bitmaps, Icons etc. (Visual Basic)
`*.ftg`	Indexdatei zur Volltextsuche (Windows-Hilfe)
`*.fts`	Indexdatei zur Volltextsuche (Windows-Hilfe)
`*.gid`	Indexdatei zur Volltextsuche plus Lesezeichen (Windows-Hilfe)
`*.gif`	komprimierte Bitmap-Dateien mit maximal 256 Farben (Graphics Interchange Format)
`*.hlp`	Hilfedatei (Windows-Hilfe)
`*.h`	Header-Datei (Programmiersprache C)
`*.hhc`	Hilfeinhaltsverzeichnis (HTML-Help-Workshop)
`*.hhk`	Hilfestichwortverzeichnis (HTML-Help-Workshop)
`*.hhp`	Hilfeprojektdatei (HTML-Help-Workshop `Hhw.exe`)
`*.hpj`	Hilfeprojektdatei (Hilfe-Compiler, alte Version `Hcw.exe`)
`*.htm`	HTML-Datei
`*.htx`	Extended HTML Template (Internet Information Server)
`*.ico`	Icon (Windows)
`*.idc`	Internet-Database-Connector-Datei (Internet Information Server)
`*.idl`	Interface-Definition-Language-Datei (Visual C++ / `Midl.exe`)
`*.idx`	Indexdatei zu Hilfedateien (Windows-Hilfe)
`*.inc`	Include-Datei (Active Server Pages, Internet Information Server)
`*.ini`	Initialisierungs- und Konfigurationsdatei (Windows)
`*.ldb`	Datenbankdatei, enthält Infos über gesperrte Seiten, um einen kontrollierten Zugriff mehrerer Programme auf eine Datenbank zu ermöglichen (Access)
`*.lst`	Konfigurationsdatei des Installationsassistenten (Visual Basic)
`*.log`	Protokolldatei mit Meldungen zu Fehlern, die beim Laden eines Visual-Basic-Projekts aufgetreten sind (Visual Basic); Protokollierungsdatei nach der Installation von Visual-Basic-Programmen mit dem Setup-Programm des Installationsassistenten
`*.mak`	Projektdatei, altes Format (Visual Basic 1.0 bis 3.0); Makefile (Programmiersprache C)
`*.mdb`	Datenbankdatei (Access)
`*.mdp`	Workspace-Projektdatei (Visual C++)
`*.mvb`	Online-Buch (`Infoview.exe`)

`*.obd`	Office-Sammelmappe
`*.oca`	Objektbibliothek zu Zusatzsteuerelement (Visual Basic); `*.oca`-Dateien werden nur während der Programmentwicklung benötigt (nicht aber zur Ausführung der Programme)
`*.ocx`	Zusatzsteuerelement (Visual Basic)
`*.odl`	Object-Definition-Language-Datei (Visual C++ / `Mktyplib.exe`)
`*.olb`	Objektbibliothek mit Objekten, Methoden und Eigenschaften (Visual Basic, Visual Basic für Applikationen)
`*.opt`	Visual-Basic-Projekt-Optionen (z.B. Verbindungsdaten für die Visual Database Tools)
`*.pag`	*PropertyPage*-Datei (Visual Basic)
`*.pdm`	Konfigurationsdatei des Installationsassistenten (Visual Basic)
`*.pgx`	*PropertyPage*-Binärdatei (Visual Basic)
`*.ph`	temporäre Datei des Hilfecompilers `Hc` zur Komprimierung von Hilfedateien
`*.png`	komprimierte Bitmap-Dateien (Portable Network Graphics)
`*.rc`	Ressourcendatei (ASCII-Format), aus der mit dem Ressourcen-Compiler eine *.res-Datei gebildet werden kann
`*.reg`	Registrierungsdatei für OLE-Programme; die Datei wird von `Regedit.exe` verarbeitet und dient dazu, daß alle OLE-Programme zentral registriert werden (Windows 3.1)
`*.res`	Ressourcendatei (Binärformat) mit Bitmaps und Texten (Visual Basic, Programmiersprache C)
`*.rle`	Run-Length-Encoded-Datei, das ist eine komprimierte Grafikdatei (Windows)
`*.rpt`	Report-Datei für einen Datenbankbericht (Crystal Reports)
`*.rwp`	Assistent-Profile-Datei (Visual Basic)
`*.scc`	Source-Safe-Datei (Versionskontrollprogramm der Enterprise-Version von Visual Basic)
`*.shg`	Bitmap mit Hot-Spots, die angeklickt werden können (Windows-Hilfe)
`*.sql`	ODBC-Abfrage (SQL, Visual Database Tools)
`*.ssq`	ODBC-Abfrage (Visual Database Tools)
`*.swt`	Vorlagendatei des Installationsassistenten (Visual Basic)
`*.rtf`	Rich-Text-Format-Datei mit formatiertem Text (Visual Basic, Hilfecompiler, WordPad)
`*.tlb`	Type Library (ActiveX Automation)
`*.tsq`	ODBC-Abfrage (Transact SQL, Visual Database Tools)
`*.ttf`	Zeichensatz, TrueType-Font-Datei (Windows)
`*.txt`	Textdatei (Windows)
`*.udl`	Data-Link-Dateien (Visual Basic / OLE-DB)
`*.vbd`	ActiveX-Dokument
`*.vbg`	Visual-Basic-Projektgruppendatei
`*.vbl`	Steuerelement-Lizenzierungsdatei (ActiveX-Steuerelemente)
`*.vbp`	Projektdatei (Visual-Basic-Programm)

`*.vbr`	Registrierungsdatei für Remote-ActiveX-Server (Visual Basic Enterprise, die Datei wird zur Ausführung des Clients benötigt)
`*.vbw`	Arbeitsbereichdatei (Plazierung von Fenstern in Visual Basic)
`*.vbx`	Steuerelement, altes 16-Bit-Format (Visual Basic 1 bis 3)
`*.vbz`	AddIn bzw. Assistent / Wizard (Visual Basic)
`*.wct`	WebClass-HTML-Template (Visual Basic)
`*.wmf`	Metafile-Dateien mit auflösungsunabhängigen Grafikdaten (Windows)
`*.wri`	Textdatei (Wordpad)
`*.xl*`	Tabelle (Excel)

Anhang B HTML-Kurzreferenz

Zur Entwicklung von Internet-Projekten ist ein elementares Wissen über HTML unabdingbar. Dieses kann an dieser Stelle zwar nicht vermittelt werden, die folgenden Tabellen bieten aber zumindest eine kompakte Referenz der wichtigsten Schlüsselwörter.

Elementare Kommandos

Dokumentaufbau	
<HTML>	Beginn der HTML-Datei
<HEAD> ...	Beginn des Einleitungsteils
<TITLE> ... </TITLE>	Überschrift (wird in der Titelzeile des Web-Browsers angezeigt)
</HEAD>	Ende der Einleitung
<BODY>	Beginn des eigentlichen Inhalts
...	Text
</BODY>	Ende des Inhalts
</HTML>	Dateiende

Body – Optionen	
<BODY	
LEFTMARGIN=n	Einrückung vom linken Rand (in Pixeln)
RIGHTMARGIN=n	Einrückung vom rechten Rand
TOPMARGIN=n	Einrückung vom oberen Rand
BOTTOMMARGIN=n	Einrückung vom unteren Rand
BGCOLOR=#rrggbb >	Hintergrundfarbe (als Hex-Wert, #FFFFFF für Weiß)

Formatierung	
* *	Zeilenende (neben * * gilt auch eine Leerzeile als Zeilenende)
<P>	Absatzende
<HR>	horizontale Linie
<!-- ... -->	Kommentar (wird nicht angezeigt)

Sonderzeichen					
ä	ä	*Ä*	Ä	*<*	<
ö	ö	*Ö*	Ö	*>*	>
ü	ü	*Ü*	Ü	*&*	&
ß	ß			*"*	"

Schriftarten	
<B> ... </B>	fett (bold)
<I> ... </I>	kursiv (italic)
<TT> ... </TT>	courier (typewriter)
<PRE> ... </PRE>	mehrere Zeilen als ASCII-Text (inklusive Sonderzeichen)

Überschriften	
<H1> ... </H1>	Überschrift erster Ordnung (größte Schrift)
...	
<H6> ... </H6>	Überschrift sechster Ordnung (kleinste Schrift)

Aufzählungen	
<OL>	numerierte Aufzählung
<LI> ...	Punkt 1
<LI> ...	Punkt 2
</OL>	
<UL>	nicht numerierte Aufzählung
<LI> ...	Punkt 1
<LI> ...	Punkt 2
</UL>	

Bilder	
<IMG SRC="adresse.gif"	Adresse der Bilddatei
ALT="text"	optional: kurzer Ersatztext
ALIGN=MIDDLE/TOP >	optional: Bildausrichtung

Verweise (Links)	
<A HREF="adresse.htm"> Linktext </A>	Link auf eine andere WWW-Datei
<A NAME="sprunglabel"></A>	definiert Sprunglabel (unsichtbar)
<A HREF="ad.htm#sprunglabel"> Linktext </A>	Link auf Sprunglabel in WWW-Datei
<ADDRESS> name@adre.sse </ADDRESS>	E-Mail-Adresse

Tabellen

Tabellen	
<TABLE >	Beginn der Tabelle
<CAPTION> ... </CAPTION>	Beschriftung der Tabelle
<TR>	Beginn einer Zeile (table row)
<TH> ... </TH>	Beschriftung der ersten Spalte (table header)
<TH> ... </TH>	Beschriftung der zweiten Spalte
</TR>	

<TR>	Beginn der nächsten Zeile
<TD> ... </TD>	Inhalt des ersten Felds (table detail)
<TD> ... </TD>	Inhalt des zweiten Felds
</TR>	
...	
</TABLE>	

Tabellen – Optionen	
<TABLE	
BORDER=1	Umrandung sichtbar
BORDERCOLOR=#rrggbb	Farbe der Umrandung
BORDERCOLORLIGHT=#rrggbb	Farben für 3D-Effekt
BORDERCOLORDARK=#rrggbb	
BGCOLOR=#rrggbb	Hintergrundfarbe
WIDTH=...>	Breite (in Pixel oder in Prozent)
<CAPTION	
ALIGN=LEFT/RIGHT/CENTER	Plazierung der Tabellenbeschriftung
VALIGN=TOP/BOTTOM >	
<TR/TH/TD	
ALIGN=LEFT/RIGHT/CENTER	Ausrichtung des Texts in einem Feld
BGCOLOR=#rrggbb	Hintergrundfarbe
COLSPAN=n	Feld *n* Spalten breit oder
ROWSPAN=n >	*n* Zeilen hoch

Die Optionen *BORDERxxx* und *BGCOLOR* sind spezifisch für den Internet Explorer.

Frames

Frames	
<FRAMESET ROWS="25%,75%"> oder	zwei Frames nebeneinander
<FRAMESET COLS="25%,75%">	zwei Frames übereinander
<FRAME SRC="adresse1.htm">	Adresse des ersten Frames
<FRAME SRC="adresse2.htm">	Adresse des zweiten Frames
</FRAMESET>	

Frame – Optionen	
<FRAME	
NAME="targetname"	Frame-Name (für Verweise mit *TARGET*)
SCROLLING=YES/NO	mit/ohne Bildlaufleiste
FRAMEBORDER=YES/NO>	Frame-Grenzen anzeigen

Verweise zwischen Frames	
<A HREF="adr" TARGET ="target" Link </A>	neuer Inhalt für Target
<BASE TARGET="target">	alle Verweise beziehen sich auf Target
vordefinierte Target-Namen:	verweist auf
_top	... den Frame an der Spitze der Hierarchie
_parent	... den unmittelbar übergeordneten Frame
_self	... den aktuellen Frame
_blank	... ein neues Dokument ohne Frames

Formulare

Formulare	
<FORM ACTION="adresse" METHOD=POST>	Einleitung eines herkömmlichen Formulars
<INPUT TYPE="..." NAME="..." ...>	einfache Formular-Elemente (Details siehe unten)
<SELECT ... > ... </SELECT>	Listenfeld (Details siehe unten)
</FORM>	Ende des Formulars

<INPUT>-Steuerelemente		
<INPUT		
TYPE="CHECKBOX"	oder	Auswahlkästchen
TYPE="HIDDEN"	oder	unsichtbares Textfeld (ermöglicht unsichtbaren Informationsaustausch mit dem Server)
TYPE="IMAGE"	oder	Bildfeld, verhält sich beim Anklicken wie *SUBMIT*
TYPE="PASSWORD"	oder	einzeiliges Textfeld zur Eingabe von Passwörtern
TYPE="RADIO"	oder	Optionsfeld
TYPE="RESET"	oder	Button, um alle Steuerelemente zurückzusetzen
TYPE="SUBMIT"	oder	Button zum Senden (Beenden) des Formulars
TYPE="TEXTAREA"	oder	mehrzeiliges Textfeld
TYPE="TEXTBOX"		einzeiliges Textfeld
MAXLENGTH="n"		maximale Zeichenanzahl (*TEXTBOX* und *-AREA)*
NAME="name"		Name des Steuerelements
SIZE="n"		Anzahl der Zeilen
SIZE="n,m"		Anzahl der Zeilen und Spalten (*TEXTAREA*)
SRC="adresse"		Verweis auf Bilddatei (*IMAGE*)
VALUE="..." >		Beschriftung bei Buttons, Inhalt bei Textfeldern, Identifikationswert bei Options- und Kontrollfeldern (wird als Ergebnis übertragen)

<SELECT>-Listenfeld	
<SELECT NAME="..."	Listenfeld
MULTIPLE	Mehrfachauswahl zulassen (optional)
SIZE=n>	Größe n Zeilen (1 für Drop-Down-Listenfeld)
<OPTION VALUE="..."> Text	Listeneintrag
....	
</SELECT>	Ende Listenfeld

Objekte

Objekte	
<OBJECT	
CLASSID="..."	weltweit gültige ID-Nummer für das Objekt
CODEBASE="adresse"	Internet-Adresse für den Code des Steuerelements
CODETYPE="..."	Objekttyp (etwa *"application/x-oleobject"*)
DATA="adresse"	Internet-Adresse für den im Objekt angezeigten Inhalt
ID="..."	Objektname für den Programmcode
ALIGN="..."	Ausrichtung
WIDTH="..." HEIGHT="..." >	Größe
<PARAM	Einstellung von Eigenschaften
NAME="..."	Eigenschaftsname
VALUE="..." >	Wert
</OBJECT>	

VB-spezifische Erweiterungen

DHTML-Projekte	
<DIV> html code </DIV>	vereint mehrere HTML-Tags zu einer Gruppe
<SPAN> xy </SPAN>	zerlegt den Inhalt eines HTML-Tags in kleinere Einheiten

IIS-Projekte	
<WC@xy> text </WC@xy>	markiert Text, der vor der Übertragung an den Client dynamisch ersetzt werden soll

Anhang C Die beiliegende CD-ROM

Beispielprogramme

Die größte Datei - die Testdatenbank `Big-Biblio.mdb` mit beinahe 40 MByte - befindet sich im Verzeichnis `Datenbanken`. Sie benötigen diese Datei nur für ein einziges Testprogramme zur ADO-Programmierung und können daher eine Menge Platz sparen, wenn Sie diese Datei von Ihrer Festplatte wieder löschen. Ebenfalls sehr viel Platz konsumieren die Bitmap-Dateien im Verzeichnis `Grafik\Apfelmännchen`. Auch diese Dateien können bei Platzproblemen gelöscht werden.

Bitte beachten Sie bei allen ActiveX-Beispielen, daß diese erst dann funktionieren, wenn die entsprechenden Komponenten auf Ihrem Rechner registriert sind. Die Registrierung erfolgt durch Neukompilierung. Bitte lesen Sie zu diesem Thema Abschnitte 22.2 zu UUIDs und zur Registrierung von ActiveX-Komponenten. Bei Visual-Basic-Programmen, die auf registrierte Komponenten zurückgreifen, müssen die Verweise fallweise neu eingestellt werden.

Bei einigen Projekten kann es auch passieren, daß einzelne Dateien scheinbar nicht gefunden werden. Der Grund besteht darin, daß die Visual-Basic-Entwicklungsumgebung in vielen Fällen absolute Pfade zu Dateien speichert. Da der Pfad zu den Beispielprogrammen am Rechner des Autors nicht derselbe ist wie auf Ihrem Rechner, findet Visual Basic die Dateien nicht. Sie müssen die fehlenden Dateien manuell zum das Projekt hinzufügen. (Dieses seit Jahren andauernde Microsoft-Ärgernis ist nicht die Schuld des Autors. Auch die mit VB6 mitgelieferten Beispielprogrammen leiden unter diesem Problem.)

HINWEIS

Um Mißverständnisse auszuschließen: Wann immer in diesem Buch von der *Visual-Basic-CD-ROM* die Rede ist, dann ist jene Original-CD-ROM von Microsoft gemeint, die die Installationsdateien zu Visual Basic enthält.

Installation

Zur Installation der Beispielprogramme kopieren Sie diese einfach in ein Verzeichnis Ihrer Festplatte. Anschließend führen Sie bitte das Batch-Programm `ReadWrite.bat` aus. Es löscht das Read-Only-Attribut aller Beispieldateien. (Das Programm enthält lediglich ein Kommando: `attrib /s -r *.*`)

Die CD-ROM wurde im Joliet-Format erstellt. Dieses Format erlaubt die Verwendung langer Dateinamen, setzt allerdings Windows 95 bzw. Windows NT voraus. Falls trotz Windows 95 nur kurze Dateinamen angezeigt werden, liegt dies an der Installation eines alten (DOS-kompatiblen) CD-ROM-Treibers. Sie können das mit START | EINSTEL-

LUNGEN | SYSTEMSTEUERUNG | SYSTEM | LEISTUNGSMERKMALE feststellen. Abhilfe schafft nur die korrekte Installation eines Windows-95-Treiber für das CD-ROM-Laufwerk.

Updates / Errata

Falls nach der Produktion des Buchs bzw. der CD-ROM Fehler bekannt werden, finden Sie diesbezügliche Informationen auf der Homepage des Autors:

`http://www.addison-wesley.de/Service/Kofler`

Anhang D Quellenverzeichnis

Naturgemäß habe ich während der Arbeit an diesem Buch intensiv auf die umfassende Online-Dokumentation (MSDN) zu Visual Basic zurückgegriffen. Weitere wichtige Informationsquellen waren:

Dan Appleman: Developing ActiveX Components with Visual Basic 5. Ziff Davis Press 1997.

Dan Appleman: Visual Basic 5 Programmer's Guide to the Win32 API. Ziff Davis Press 1997.

Walter Doberenz, Thomas Kowalski: Programmierpraxis Visual Basic 4. Hanser 1996.

Alex Homer, Darren Gill: Instant VBScript. Wrox Press 1996.

Roger Jennings: Database Developer's Guide with Visual Basic 4. SAMS 1996.

Michael Kofler: VBA-Programmierung mit Excel 97. Addison Wesley Longman 1997.

Bruce McKinney: Hardcore Visual Basic. Microsoft Press 1997. (Das Buch ist vollständig in der MSDN-Library enthalten: BOOKS | HARDCORE VISUAL BASIC!)

Microsoft: Windows NT Workstation Resource Kit. Microsoft Press 1996. (Auch dieses Buch steht Ihnen im Rahmen der MSDN-Library zur Verfügung: WINDOWS RESOURCE KITS.)

Dušan Petkovic: Microsoft SQL Server 6.5. Addison Wesley 1996.

David Solomon et al: Microsoft SQL Server 6.5 Unleashed. SAMS 1996.

William Vaugh: Hitchhiker's Guide to Visual Basic and SQL-Server. Microsoft Press 1996.

Stichwortverzeichnis

D

J

K